신용정보의 이해와 활용

김상봉 • 김정렬 • 박덕배 • 손영범 • 심현섭 • 이보우 • 전인구 • 조경준 | 공저

Understanding Credit Information

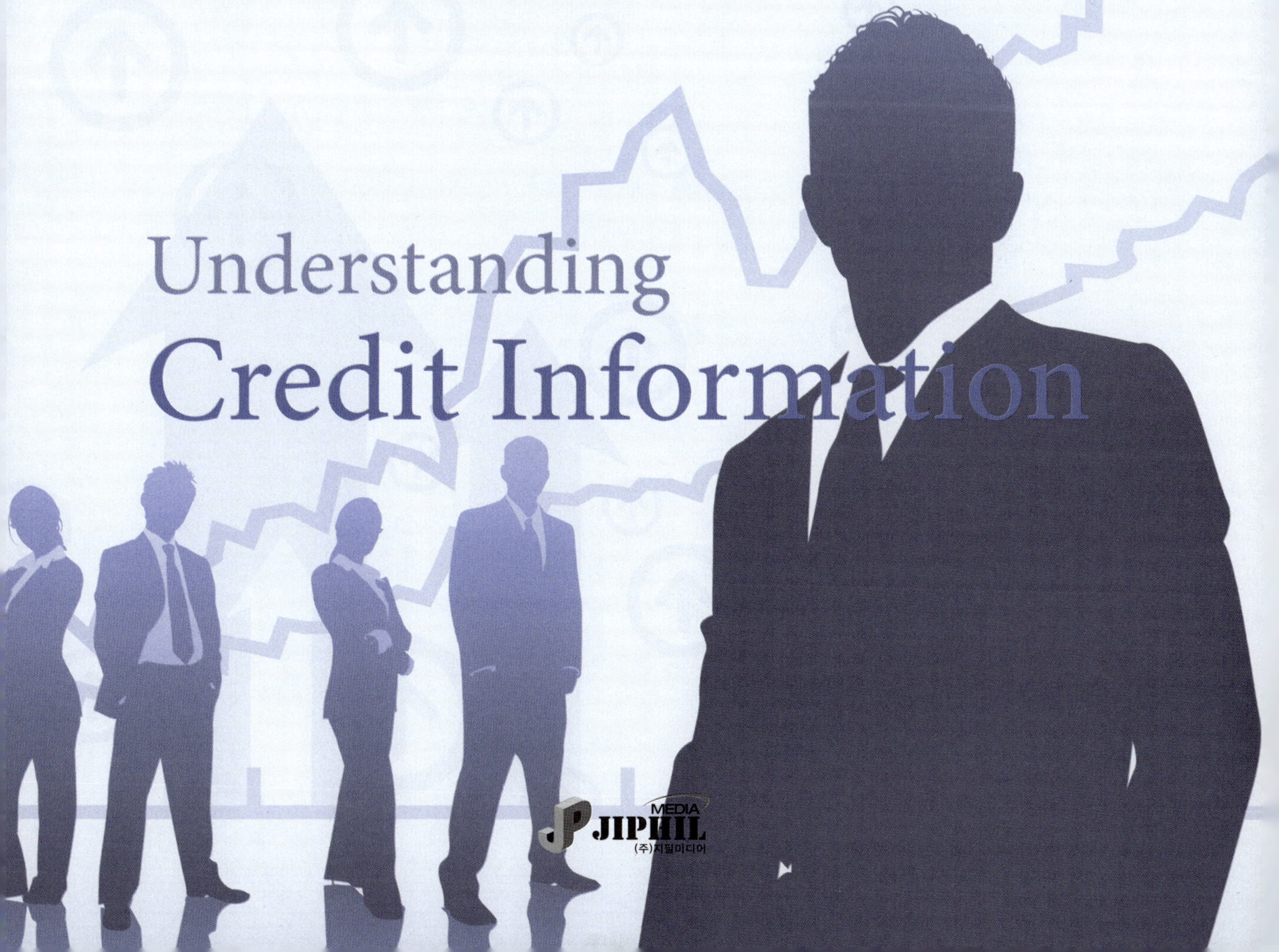

MEDIA JIPHIL
(주)지필미디어

서문

최근 뉴스에서 개인정보가 유출되었다는 소식을 자주 접하게 된다. 뉴스를 접할 때마다 개인이나 기업의 정보가 안전하게 지켜지고 있는 지를 확인해야 하고 정보가 외부로 유출되었다면 유출된 정보의 범위 등에 대해 관심을 가지게 된다. 또한, 개인이나 기업은 대응책을 마련하여 법적 소송까지도 불사하게 된다. 개인정보를 넘어 신용정보가 누출되었다면 상황은 상당히 심각해지게 된다. 신용정보는 화폐의 일정 역할도 하기 때문에 본인의 자산이 외부로 유출된다면 대응을 빠르게 하는 것이 자산을 잃지 않는 방법이다. 이렇듯 신용정보는 개인이나 기업에 상당히 중요하다. 또한, 금융기업 입장에서도 신용정보는 상당히 중요하다. 대출 등을 비롯한 여러 가지 사업을 시행하거나 사후관리에도 사용되기 때문이다. 신용정보를 이용하여 신용을 평가하게 되고 신용을 평가하고 마케팅이 이루어지며 사후 리스크관리를 하게 된다. 이렇듯 신용정보는 개인이나 기업 또는 모든 금융기업에 상당히 중요함에도 불구하고 신용정보에 대한 소개된 책자가 거의 없는 것이 현실이다. 이 책을 집필하게 된 이유도 신용정보의 중요성에서부터 시작하였다. 신용정보가 어떻게 발생하고, 어떻게 수집되며, 어떻게 가공되고, 어떻게 사용되는 지를 다루었다. 즉, 신용정보가 생성되어 없어질 때까지의 일대기를 다루었다고 보면 된다. 그 신용정보가 사용되는 시점마다의 산업 전문가와 학계 전문가가 이 책의 집필에 참여하였다.

이 책의 구성은 다음과 같다. 1장~7장은 신용정보에 대한 일반적인 생성부터 수집, 가공 등을 다룬다. 1장은 학계에서 바라보는 신용정보의 역할을 담았으며 2장은 신용정보에 어떤 내용이 포함되는 지를 설명하고 있으며 3장은 신용정보의 수집에 대한 설명을 한다. 4장은 실제 보고되고 있는 보고서를 토대로 구성하였으며 5장은 신용정보를 수집하고 가공하는 기관들, 6장은 제도 발전에 대해 다룬다. 7장은 실제 최근 유출사태에 대한 원인 및 결과에 대해 다룬다. 따라서 1장~7장은 신용을 이용하는 개인이나 기업에 유용할 부분으로 파악된다. 8장~10장은 신용정보를 이용한 신용평가시스템과 신용평가시스템을 가지고 있는 기관에 대해 다룬다. 8장은 개인 신용평가시스템을 다루고 9장은 기업 신용평가시스템을 다룬다. 10장은 신용평가시스템을 가지고 있는 신용평가기관에 대해 다룬다. 11장~15장은 신용정보를 금융기관이 어떻게 이용되는 지를 보여주며 신용평가에 이은 신용리스크 측정에 금융기관들이 어떻게 이용하고 있는 지 설명한다. 11장은 신용리스크 모형에 대해 주로 다루게 되며 12장은 은행산업, 13장은 신용카드산업, 14장은 보증산업이 어떻게 신용정보를 모형 등에 이용하고 있는 지 보여준다. 15장은 리스크 측정 후, 성과측정에 대해 살펴본다. 16장은 마케팅 측면에서 어떻게 신용정보가 이용되는 지를 설명한다.

이 책이 나오기까지 각 기관들에서 강의하던 자료를 먼저 취합하였다. 우리은행, 신한카드, 단국대학교, 한성대학교, 서강대학교, 한국금융연수원에서 강의하던 자료들이 많은 부분에 취합되었으며 해당 수업에 참여했던 학생이나 직원에게 감사드린다. 그리고 새로운 회사로 태어난 글로벌금융연구소 직원들도 교정이나 자료수집에 참여하여 노력하였다. 마지막으로 본 책이 나오기까지 많은 도움을 주셨던 지필미디어 고현희 대표님과 김성준 부장님께도 감사드린다.

2011년 9월 1일
저자씀

목차

제1장 금융의 기능과 신용정보

제1절 경제활동과 신용정보

자급자족 경제(autarchy)란 원래 한 명의 개인이 생활필수물자를 자급하는 하는 것을 말한다. 예를 들어, 요크(York)의 선원 로빈슨 크루소(Robinson Crusoe)의 생애와 이상하고 놀라운 모험 'The Life and Strange Surprising Adventures of Robinson Crusoe of York'를 보면 요크 태생인 크루소는 아버지의 만류를 뿌리치고 모험 항해에 나선다. 바다에서 난파, 홀로 무인도에 표착하여 창의와 연구, 그리고 근면과 노력으로 착실한 무인도 생활을 설계해 나간다. 우선 배에서 식량·의류·무기, 그리고 개·고양이를 운반하여 오두막집을 짓고 불을 지피며 염소를 길러 고기와 양젖을 얻고 곡식을 재배하는 한편, 배를 만들어 탈출을 꾀한다. 또한, 무인도에 상륙한 식인종의 포로 프라이데이를 구출하여 충실한 하인으로 삼고, 마지막에는 무인도에 기착한 영국의 반란선을 진압하여 선장을 구출, 28년 만에 고국에 돌아온다는 이야기이다. 이러한 로빈슨 크루소의 생애에서 혼자 생활필수물자를 자급하는 것이 대표적인 자급자족경제의 예이다.

이러한 자급자족경제를 거쳐 물물교환 경제가 도입된다. 물물교환 경제는 '욕망의 이중적 일치(double coincidence of wants)'가 이루어지기 어렵다. 화폐가 없는 물물교환경제(barter economy)에서는 거래가 어떻게 이뤄지는가를 상상해보자. 쌀을 생산하는 갑이 자신이 생산한 쌀과 을이 생산하는 돼지고기를 교환하고 싶다면 돼지고기를 가지고 있으면서 쌀과 교환하고 싶은 을과 만나야 한다. 즉, 물물교환경제에서의 거래는 욕망의 이중적 일치(double coincidence of wants)가 일어날 때에만 가능하다. 이와 같이 욕망의 이중적 일치가 정확하게 두 사람이 원하는 시간과 장소에서 일어나는 일은 쉬운 것이 아니다. 왜냐하면 이와 같은 거래과정은 시간(기회비용)이 많이 소요되므로 경제 전체의 생산성을 저하시키게 되기 때문이다.

물물교환 경제에 이어 화폐가 등장하게 된다. 상품화폐는 다음과 같은 성질을 가지고 있어야 한다. 휴대성(transportability)을 보유하여 운반이 용이해야 한다. 또한, 내구성(durability)을 가지고 있어 오랫동안 변질되지 않아야 한다. 화폐의 재료는 가분성(divisibility)이 있어야 하고 동질성(homogeneity)이 있어 화폐는 동일한 양이 동일한 가치를 가져야 화폐로서의 역할을 할 수 있다. 더불어 발행권한이 독점되지 않고 누구나 화폐공급에 참여 가능해야 한다. 그리고 교환의 매개물 역할을 수행하였던 교환성 높은 재화여야 하는데 예를 들어 직물, 곡물, 피혁, 가축 등이 있을 수 있다. 그러나 문제점으로는 단위별 가치측정이 어렵고, 소액분할이 불가능하다. 또한, 운반이 어려우며 장기간 보관 시 변질과 노쇠하여 가치하락이 발생할 수 있다.

거래비용 측면에서 살펴보자. 그림 1-1은 가로축은 거래기간 길이를 나타내고 세로축은 비용을 나타낸다. 거래비용은 거래기간이 길어질수록 낮아지고 기다리는 것에 대한 기회비용은 거래기간이 길어질수록 늘어난다. 이 두 가지를 합하면 거래비용은 U자형을 이루게 된다.

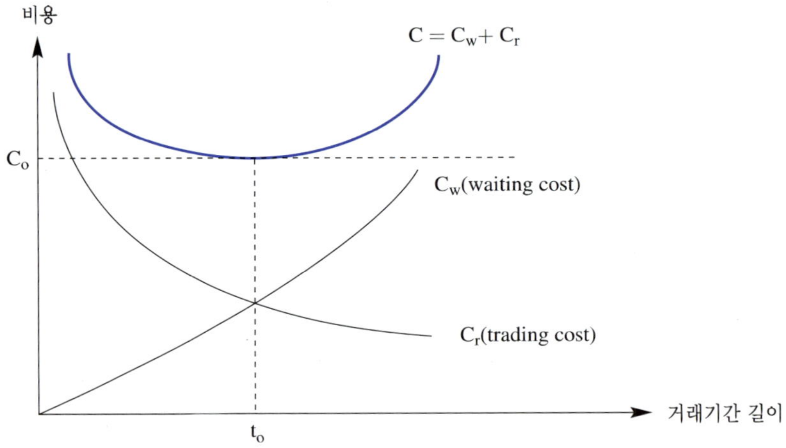

그림 1-1 | 물물교환 경제의 거래비용과 비용곡선

또한, 평균거래비용은 하방이동할 수 있다. 축에 영향을 미치는 경우를 제외하고 다른 변수가 작용하면 곡선은 이동할 수 있다. 평균거래비용곡선의 하방이동 경우를 살펴보면, 서로 떨어져 있는 물물거래자(isolated barter)인 경우는 교환일시 및 장소 미확정으로 비용이 존재한다. 그러나 일정한 장소를 정한 물물거래자(fairground barter)인 경우, 교환시기 및 장소의 정기화 및 고정으로 거래비용은 하락한다. 또한 교역소 물물거래자(trading-post barter)는 장소의 세분화나 교환중개물 등장으로 앞의 두 경우보다 거래비용은 하락한다. 마지막으로 화폐교환(monetary exchange)에서는 단일 교환중개물(화폐) 등장으로 거래비용은 보다 하락한다.

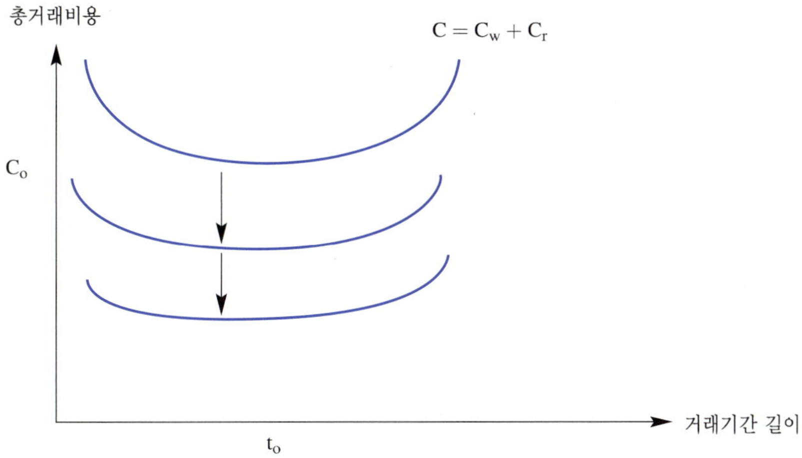

그림 1-2 ▌총거래비용의 이동

상품화폐의 여러 문제로 인해 금속화폐가 등장하게 된다. 금속화폐의 특징으로는 적은 양으로도 고유의 가치를 유지하면서 보관과 휴대 및 운반이 편리해야 한다. 따라서 장거리 무역 발달에 기여할 수 있다. 예를 들어 금, 은, 동이 금속화폐이다. 문제점으로는 유통과정에서 마모되어 금속 함유량이 점차 줄어들 수 있다. 또한 주화제조를 독점한 정부가 함량미달의 화폐를 발행하여 주조차익(seigniorage)을 누릴 수 있다. 또한, 측량의 번거로움이 존재할 수 있으며 진위의 문제에 빠질 수 있다. 금속화폐에서 등장하는 그레샴의 법칙(Gresham's law)은 '악화는 양화를 구축한다(Bad money drives out good money)' 는 것인데 시장에서 양화는 퇴장하고 악화만 유통되는 현상을 가리킨다. 소재의 가치가 서로 다른 화폐가 동일한 명목가치를 가진 화폐로 통용되면, 소재가치가 높은 화폐(good money)는 유통시장에서 사라지고 소재가치가 낮은 화폐(bad money)만 유통되는 현상을 말한다.

이후, 화폐주조비용을 줄이고 유통과정에서 금속화폐의 마모를 없애기 위해 금태환을 보장하는 증서를 발행한 것이 지폐(paper money)의 시작이다. 장점으로는 주조비용이 저렴하며 운반비용이 적고 단위를 설정하는데 신축적인 것에 있다. 문제점으로는 지폐 남발의 위험이 존재한다. 따라서 지급준비금없이 지폐 발행을 불환지폐 또는 신용화폐라고 한다. 여기서부터 우리가 아는 화폐가 등장한다.

그러나 현대사회에 이르러 인간의 욕구가 다양해지고 여러 거래상대방과 이해관계가 생기면서 화폐만으로 경제활동을 영위하기는 어렵다. 따라서 생겨난 것이 신용(credit)이다. 일반적으로 신용이란 사람의 언행이나 약속이 지켜질 것이라고 확신하는 믿음이다. 경제활동에서 신용이란 경제주체(개인·기업·정부)가 현재의 시점에서 어떤 재화를 빌리거나 이용한 후, 일정기간이 지난 후 미래의 시점에서 재화의 가치를 지급할 것을 약정할 수 있는 능력을 의미한다. 여기에서 재화는 현금, 제품 또는 서비스 등의 실제생활에 이용되는 모든 것들을 포함한다. 즉, 신용은 미래의 예상소득을 현재시점에서 미리 차용하여 소비할 수 있는 능력을 의미하며 신용한도는 경제주체의 현재소득과 미래의 예상소득이 갖는 현재가치의 합계금액이 된다. 따라서 부채상환능력이나 지불능력 등이 신용이 될 수 있다.

현대인은 자신도 모르는 사이에 하루에도 몇 번씩 크고 작은 신용거래를 하며 살아가고 있다. 동네 구멍가게에서 외상으로 물건을 사기도 하고, 은행 등의 금융기관에서 대출을 받기도 한다. 다른 생각 없이 사용하는 신용카드 결제도 결국 외상거래와 동일한 신용거래이다. 신용은 있다/없다의 개념이 아니라 높다/낮다의 개념이다. 구멍가게 이야기로 다시 돌아가면 구멍가게 외상값이 1만원에서 10만원, 또 20만원으로 계속 늘어만 간다면 어느 순간 주인이 더 이상 물건을 팔 수 없다고 하게 될 것이다. 자칫, 외상 대금을 떼일 가능성이 있다고 판단하기 때문이다. 그러나 모든 고객에게 동일한 기준이 적용되지는 않을 것이다. 직업도 안정적이고 믿음이 가는 A고객에게는 50만원까지 외상을 줄 수도 있지만, 직업이 불안정하고 믿음이 덜 가는 B고객에게는 10만원까지만 외상을 줄 수도 있다. 이 경우 A의 신용이 B의 신용보다 높다고 얘기할 수 있다. 즉, 본인의 신용도에 따라 보유한 자산의 열 배 규모의 경제 활동을 할 수 도 있고, 반대로 모든 경제활동에서 제약을 받을 수도 있다. 뿐만 아니라, 신용도에 따라서 대출 한도와 이자율도 크게 유리하게, 혹은 불리하게 적용 받을 수 있다. 신용정보란 위와 같은 금융거래등 상거래에 있어서 거래상대방에 대한 식별·신용도·신용거래능력 등의 판단을 위하여 필요로 하는 정보를 말한다.

제2절 금융의 기능과 정보의 비대칭성

앞에서 살펴본 바와 같이 현대인들은 매일 실물의 거래와 더불어 화폐나 신용을 통한 거래를 실시한다. 이후에 화폐와 신용에 대해 알아보기 이전에 먼저 화폐(money)의 순기능을 살펴보자. 화폐는 물물교환의 불편을 완화시키고, 거래비용을 줄여준다. 물물교환은 욕망의 이중적 일치(double coincidence of wants)가 전제되어야 한다. 이 때 발생하는 거래비용은 탐색비용, 교섭비용, 운반비용, 감시비용, 강제집행비용 등을 총칭하는 말이다. 또한, 화폐는 생산을 하는 데 필수적인 요소로서의 기능도 수행하기도 한다.

1. 화폐와 금융의 순기능

다음으로 금융(finance)의 순기능을 살펴보자. 먼저, 소비측면에서 보면 금융은 자금을 융통해 주는 것이다. 시간선호(time preference)란 경제주체들이 현재소비를 미래소비보다 상대적으로 선호하는 정도를 나타낸다. 시간선호율(rate of time preference)이란 미래소비(미래소득)의 할인율로서, 미래소비(미래소득)에 비해 현재소비(현재소득)를 얼마나 더 선호하는지를 나타내는 척도가 된다. 선호의 정도를 측정하는 지표로서 개개인의 시간선호율을 구체적으로 계산하기 쉽지 않다. 그러나 일반적으로 동일한 크기의 현재소비를 미래소비보다 선호한다. 예를 들어, 대출자 A가 차입자 B에게 오늘 100원을 빌려주고 정확히 1년 후 106원을 돌려받기로 약정을 맺었다. 앞으로 1년 동안 물가는 불변이며 대출자 A와 차입자 B는 그러한 사실을 잘 알고 있다고 한다. 이들의 시간선호율에 대해 무엇을 알 수 있는가? A의 입장에서 보면 A의 시간선호율이 연 이자율 6%보다 크다면 1년 후의 106원을 위해 오늘 100원을 포기하지 않는다. 따라서 A의 시간선호율은 6%보다 크지 않다. B의 입장에서는 B의 시간선호율이 연 이자율 6%보다 작아 1년 후의 106원보다 오늘의 100원을 더 높게 평가한다면 B의 시간선호율은 6%보다 작지 않다.

다음의 그림에서 시간선호율이 상대적으로 큰, 즉 현재소비를 더 선호하는 B는 초기부존점 E_0에서 현재소비를 늘림으로써 효용이 증가한다. 시간선호율이 상대적으로 작은 A는 초기부존점 E_0에서 미래소비를 늘림으로써 효용이 증가한다.

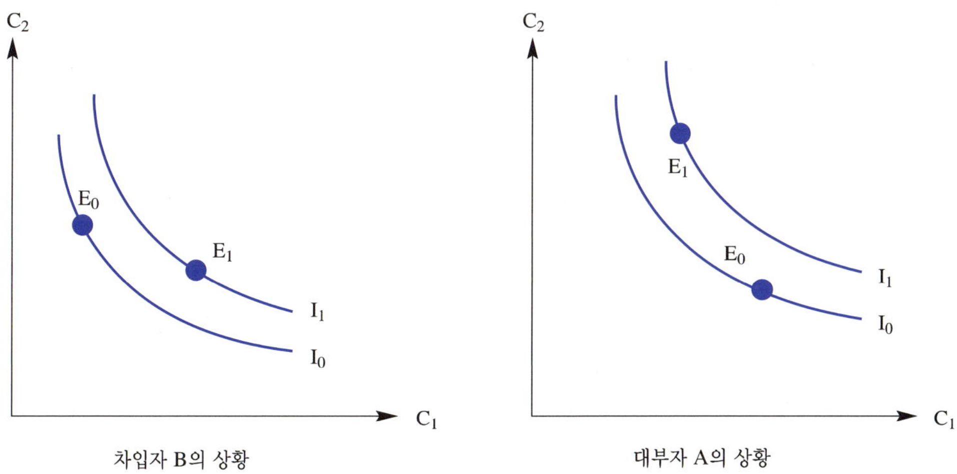

그림 1-3 ▌시간선호율과 소비의 선택

또한, 생산측면에서 금융의 순기능을 보면 금융과정을 통한 자금의 세분화를 통해, 투자를 더욱 용이하게 한다. 이를 바탕으로 경제 성장 및 발전에 기여한다. 직간접 금융시장의 발전은 실물부문의 원활한 투자를 제도적으로 뒷받침할 수 있어야 한다.

따라서 화폐와 금융의 순기능을 바탕으로 본 화폐금융시장의 역할을 살펴보자. 금융중개자의 필요성이 존재한다. 이를 위해 투자 안에 대한 막대한 정보 및 전문지식이 필요하게 되고 적절한 신용과 대규모의 자금 동원력, 그리고 정보 수집 및 분석 능력을 갖춘 금융중개자의 필요성 대두된다. 금융시장은 자금수급과 관련된 불확실성을 완화시켜 실물부문의 성장을 뒷받침하게 되며 금융제도는 금융시장 및 금융중개기관과 이들을 통제·운영하는 법규와 관행을 총칭하는 것을 말한다.

2. 화폐와 금융의 역기능

실물부문의 성장 정도를 넘어 과도하게 화폐량이 공급되면 인플레이션을 초래하게 된다. 인플레이션(inflation)이란 물가수준의 지속적인 상승 현상을 말한다. 효율적인 자원배분을 저해하고 만성화되면 화폐경제자체의 존립을 위태롭게 한다. 이러한 경우 물물교환경제로 이행할 가능성이 존재한다. 예를 들어, 중남미 및 1920년대 독일의 하이퍼인플레이션(hyperinflation)이 있을 수 있다.

금융의 역기능을 살펴보면 금융중개기관이 역할을 제대로 수행하지 못하여 잉여자금이 건전하고 발전가능성 있는 부분에 투자되지 않고 부실하고 비효율적인 부분으로 유입되면, 경제성장 및 균형발전에 악영향을 끼칠 수도 있다. 또한, 금융위기의 가능성이 항상 존재한다. 금융위기의 역사적 경험을 개략적으로 살펴보자. 갈브레이드(J. Galbraith)는 금융공황의 근본적인 원인을 불확실성이 가득한 금융제도가 사람들의 투기적 환상(speculative euphoria)을 자생적으로 조장하기 때문이라고 규정하였다. 예들 들어, 최초의 폭발적 투기의 대상은 튤립투기(1637)인데 네덜란드에서 버블 붕괴 후 몇 년 동안 경제불황을 겪는 등 심각한 후유증에 시달리게 되었다. 또한, 주식투기(1720, 프랑스 및 영국), 대공황(1929, 미국)은 1920년 부동산 투기로 인해 1926년 부동산 가격폭락으로 이어졌고 주식시장으로의 자금이 이동하여 주가가 폭락하는 사태가 발생하였다. 금융위기(financial crisis)의 유형을 살펴보면 외환위기(currency crisis), 은행위기(banking crisis), 외채위기 (foreign debt crisis)가 있을 수 있다.

제3절 정보의 비대칭성과 신용할당

1. 금융중개의 기능과 역할

금융중개의 역할은 유동성 및 안정성제고, 거래비용 절감, 위험의 집중과 분산, 만기구조의 변환(짧게 빌려서 길게 빌려주는 역할으로 만기불일치 해소), 비대칭적 정보하의 문제의 완화 등이 있다. 금융중개의 효과는 저축과 투자를 증대시킬 수 있다. 즉, 유동성 및 위험분산, 거래비용의 절감으로 저축을 유도하며 안정성제고·거래비용절감·자문 등으로 투자를 증대시킨다. 따라서 가계 저축이 투자 비용으로 운용되도록 중개하여 사회적 효용을 증가시키고 효율성을 제고한다.

거래비용절감의 측면을 살펴보자. 거래비용(transaction cost)이란 자금 공급자와 수요자가 거래 상대방을 찾는 탐색비용에서부터 거래 상대방을 만나 협상·조정하는 데 드는 모든 비용을 말한다. 예를 들어, 서비스 이용자에게 부과하는 각종 수수료, 이자율 스프레드 등이 포함된다.

예를 살펴보자. 기업A가 자금수요자라고 하고 개인B가 자금공급자라 하자. 개인B는 1000만원의 자금을 공급한다고 하고 이자율은 10%라고 하면 연간 100만원의 이자소득이 발생된다고 하자. 기업A는 자금대차계약을 해야 하고 원리금상환을 조건으로 하여 500만원의 거래비용이 발생하면 거래는 발생하지 않는다. 그러나 금융중개기관이 존재한다면 거래비용을 절감시켜 금융거래를 가능하게 할 수 있다. 즉, 여러 명의 자금공급자를 통해 많은 금융거래를 수행한다면 금융중개기관은 전문화되고 규모의 경제를 발생시킬 수 있게 된다. 즉, 금융거래가 증가하면 금융거래비용이 감소하게 된다. 여기서 자금대차계약은 한번 수행되면 반복할 수 있다는 점이다. 이렇게 되면 추가비용이 크게 감소하게 된다. 금융거래당 거래비용 500만원 대신에 변호사를 고용하는데 500만원이 든다고 하자. 또한 2000건의 금융거래 계약에 활용되면 거래비용은 25만원으로 줄어들게 된다. 따라서 개인B는 이자 소득이 발생하게 되므로 금융거래가 가능해진다.

금융중개의 역할의 두 번째 기능은 정보비용의 감소이다. 정보비용이란 비대칭적 정보로 인해 공급자와 수요자 사이에 발생하는 비용이다. 여기서 비대칭적 정보(asymmetric information)란 거래 당사자들 사이에 정보가 불균등하게 배분되는 것을 의미한다. 예를 들어, 비대칭적 정보가 다음과 같다고 하자. 차입자인 기업A는 투자계획(investment project)에 대한 위험(risk)과 잠재적 수익률(potential return)에 대한 정보를 가지고 있지만 대부자인 개인B는 정보의 부족에 직면하게 된다.

정보의 비대칭성이 유발하는 문제는 다음과 같이 두 가지가 있다. 먼저, 역선택(adverse selection)은 정보 우월자가 자신의 특성(hidden characteristics)을 상대방(정보 열등자)에게 숨기려 하는 기회주의로 인해 금융거래가 이루어지기 이전에 발생한다. 예를 들어, 신용위험이 높은 차입자인 기업A가 자금 차입을 위해 열심히 노력하고, 대출을 일으키는 바람직하지 못한 결과가 초래되는 상황이 있을 수 있다. 신용위험이 낮은 기업C가 있다고 하자. 자금의 대여자가 정보를 제대로 갖고 있다면 A기업 보다는 기업C에게 자금 대여가 발생해야 한다. 그러나 대여자B가 자금 차입 기업에 대한 정보를 갖고 있지 못하다면 기업C 보다는 기업A에게 자금을 대여하는 결과를 초래하게 된다. 왜냐하면 신용에 대한 정보가 부족하기 때문이다. 만일 기업A에게 10%의 이자율을 부과하고 기업C에게 4%의 이자율을 부과하지 않고 동일하게 10%의 이자율을 부과한다고 하자. 그러면 기업C는 더 이상 여신을 받지 않으려고 할 것이고 기업A에만 자금 대여가 발생하게 된다.

도덕적 해이(moral hazard)란 정보 우월자가 자신의 행동(hidden action)을 상대방(정보 열등자)에게 숨기려 하는 기회주의에 의해 금융거래가 이루어진 이후에 발생한다. 즉, 차입자가 대여자의 입장에서 볼 때 바람직하지 못한 경제행위를 하여 증대되는 위험이 있을 수 있다. 예를 들어, 기업A는 1000만원을 차입하여 프로젝트(project)에 투자하면 회수가능성은 높아 안전한 편이라고 하자. 차입 후에 기업A가 위험이 더 큰 프로젝트(project)에 투자한다면 위험(risk)은 증대되고 회수가능성은 축소된다. 따라서 만일 차입금 비중이 높은 기업이거나 자기자본이 낮은 경우 이익이 발생하면 경영자에게 귀속되지만 손실이 발생하면 은행의 손실로 잡히게 된다. 따라서 보다 위험해 진다.

이러한 역선택과 도덕적 해이는 금융시장의 기능을 제한하게 된다. 금융중개기관은 이러한 문제들을 해소 가능하게 하거나 축소할 수 있다. 시장 내적인 해결방식으로 신호(signaling)가 있다. 즉, 정보 우월자가 자신이 보유한 정보를 상대방에게 표출·제공하는 것이다. 다른 방식으로 금융중개기관은 개인대여자보다 차입자에 대한 정보를 보유하여 낮은 신용위험에 대한 정보를 확보하여 역선택 문제를 경감할 수 있다. 또한, 자금 차입자에 대한 모니터링(monitoring) 기술이 발달하여 도덕적 해이 문제도 해소 가능하다. 금융중개기관은 신용평가를 하기도 하며 신용정보를 보유하여 경제의 효율성 증대에 기여할 수 있다.

금융중개의 위험분산의 역할은 다음과 같다. 예금자와 차입자 사이의 위험에 대한 상이한 선호에 따른 수익률 격차를 이용하여 보험서비스를 공급한다. 일반적으로 보험가입자는 위험회피적이다. 위험을 회피하려는 유인으로 보험회사에 보험료 지불한다. 보험회사는 위험중립적이다. 즉, 사고가 서로 독립적으로 발생하고 확률이 대수의 법칙(큰 모집단에서 무작위로 뽑은 표본의 평균이 전체 모집단의 평균과 가까울 가능성이 높음)을 따르도록 보험금을 책정한다. 이 보험료로 고수익 부문에 투자한다. 여기서 금융중개기관의 위험 집중·분산을 살펴보면 금융기관은 개별 예금자의 위험을 집중하여 금융기관이 위험을 부담하여 집중된 위험을 다시 모든 거래자에게 분산시킨다. 개별자산소유자는 거래를 통한 채무불이행 위험이 대부분 감소하게 된다. 스프레드(spread)는 예금자에게 부여하는 낮은 이자와 차입자에게 부여하는 높은 이자 간의 차이를 말하는데 스프레드가 거래비용과 위험 프리미엄보다 작다면, 예금자는 직접금융시장보다는 금융중개기관을 이용하게 될 것이다.

유동성제고, 즉 만기 불일치 해소의 역할은 다음과 같다. 테일러링(tailoring) 또는 자산변환(asset transformation)이란 예금자와 차입자 사이의 서로 다른 선호를 이용하여 낮은 수익률로 예금자에게 매력적인 종류의 부채를 발행·공급하고, 높은 수익률을 갖춘 투자안에 자금을 공급하는 금융기관의 기능을 말한다. 기업(주요 자금 수요자)은 대규모 자금을 장기간 차입하기를 원하고 개인(자금 공급자)은 소액 자금을 단기간에 빌려주기를 원하는 것(자산운용의 유동성)이 일반적이다. 금융중개기관은 자금 공급자에게 부채(예금)를 발행하여 자금을 예치하고 자금 수요자에게 본원적 증권(primary securities)을 받아 거액의 장기대출을 할 수 있게 된다. 유동성 높은 단기자금을 유동성 낮은 실물자산으로 변환시킨 것이다.

2. 신용할당

일부 차입자가 높은 금리를 지불할 의사가 있다고 할지라도 은행이 역선택 문제를 우려하여 금리를 인상하기보다는 낮은 금리를 책정하고 기업의 초과자금 수요는 기업에게 자금을 할당하여 대처하는 현상을 신용할당(credit rationing)이라고 한다. 정보의 비대칭성(asymmetry of information)에 의해 금융시장이 불완전하다면 담보가 부족하거나 자산규모가 작은 기업들은 대출시장에서 자금조달에 제약을 받게 된다. 이러한 정보의 비대칭성에 의해 금융시장에서 기업들이 자금제약에 직면해있다면 필요한 투자자금을 적기에 조달하지 못하기 때문에 금융시장에서의 자금제약 여부는 또는 유동성 제약 여부는 지금가지 재무관리나 거시경제학에서 오랫동안 중요한 연구과제로 여겨져 오고 있다.

정보의 비대칭성에 의해 대출시장에서의 신용할당은 자금의 초과수요를 초래하고, 기업 특히, 중소기업이나 개인의 자금조달을 어렵게 하는 부작용을 초래한다. 그림 1-4에서 대출시장에서 자금의 수요, 공급이 일치하는 이자율 수준(= r^e)에서 균형이 이루지는 것이 아니라 이보다 낮은 수준인 r^0에서 결정되어 신용할당에 의한 자금의 초과수요 현상이 발생한다. 신용할당은 대출이자율의 경직성에 의해 초래되는 현상이므로 신용할당에 관한 이론들은 신용할당을 직접적으로 도출하거나 대출이자율이 균형이자율보다 낮은 경직성을 도출하여 신용할당을 설명한다.

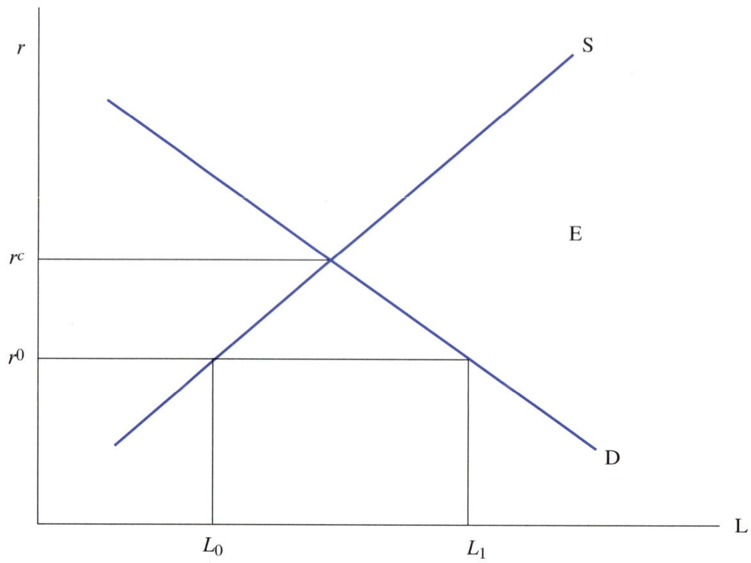

그림 1-4 ▎대출자금시장의 초과수요

대출시장에서 나타나는 신용할당 현상은 과거에는 정부의 대출이자율에 대한 금리규제로 대출시장에서 자금의 초과수요를 유발하는 경우, 소위 타율적 신용배분론으로서 금융기관의 합리적인 선택을 제약하는 것으로 인식되어 왔다. 그러나 대출금리에 대한 규제가 없는 경우에도 정보의 비대칭성 등으로 인해 금융기관의 수익극대화란 합리적 경제선택에 의해 금리의 경직성이 나타나 자금의 초과수요를 초래하는, 소위 내생적 경직성을 초래하는 자율적 신용배분론에 의해서도 나타날 수 있는 현상이다.

자율적 신용배분론은 금리규제가 없더라도 대출금리의 상승이 차입자의 대출원리금 상환위험을 상승시킬 수 있기 때문에 은행은 이자율을 상승시키지 않고 신용할당에 의존한다는 이론이다. 이러한 신용배분론은 대출시장의 시장청산에 의한 대출금리의 결정이 아니기 때문에 왈라스적 불균형(Walrasian disequilibrium)으로 보는 시각도 있으나 비록 자금의 초과수요가 발생하지만 이는 대출이자율외의 다른 요인들을 고려한 시장참가자의 합리적 선택에 의한 결과이기 때문에 불균형 상태가 아닌 균형상태로 받아들이는 시각이 중요하다.

대출금리를 시장청산 수준보다 낮게 유지하는 것이 은행의 이익극대화에 부합하는 이유는 역유인(adverse incentive)과 역선택(adverse selection)에 의해 설명이 가능하다. 역유인은 은행이 대출금리를 인상하여 이익극대화를 추구할 때, 대출받은 기업이 높은 대출금리를 부담하기 위해 위험이 높은 사업을 촉진하여 은행의 이익을 저해할 수 있는 현상을 지칭한다.

보다 자세히 모형을 통해 알아보자. 가정은 다음과 같다. 사업 I은 저위험, 저수익 사업인 반면에 사업 II는 고위험, 고수익 사업으로 가정하고, 각각 사업의 성공확률을 P^{I}, P^{II} 그리고 수익은 각각 R^{I}, R^{II}으로 표시하면, $P^{I} > P^{II}$와 $R^{I} < R^{II}$이 성립한다고 하자. 이러한 가정하에서의 기업의 예상수익($E(\Pi)$)은 아래와 같이 표시될 수 있다.

- 사업 I의 예상수익: $E(\Pi^{I}) = P^{I}(R^{I} - (1 + r)L)$
- 사업 II의 예상수익: $E(\Pi^{II}) = P^{II}(R^{II} - (1 + r)L)$

기업의 두 가지 사업의 예상수익을 표시하면 그림 1-5으로 나타낼 수 있으며, 은행이 대출을 해주는 경우 대출금리를 r*이하 수준에서 유지하는 것이 은행의 이익극대화 목적이 부합한다. 만약에 대출금리를 r*보다 높은 수준으로 인상하면 기업은 사업 I보다 위험은 높지만 예상수익도 높은 사업 II를 선택하기 때문에 은행입장에서는 바람직하지 못하므로 대출금리를 낮게 유지한다.

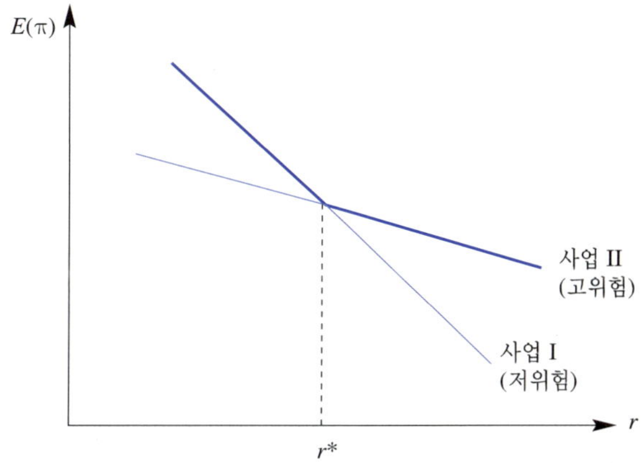

그림 1-5 ▎역유인(adverse incentive)과 대출금리 결정

정보의 비대칭성에 의한 역선택 역시 은행으로 하여금 시장청산 금리수준보다 낮은 수준의 대출금리를 유지하게 하여 자금의 초과수요를 초래한다. 예를 들어, 두 부류의 기업이 존재한다고 가정하고, 첫 번째 부류의 기업(기업 I)은 대출금을 성실하게 갚으려는 기업으로 이 기업의 수익은 낮지만 대출금 상환을 위해 위험이 낮은 사업에 투자하는 반면에 두 번째 부류의 기업(기업 II)은 채무상환에 관심이 크지 않은 기업으로 이 기업은 은행의 대출금 상환보다 수익에 관심이 크므로 위험이 큰 사업에 투자한다고 하자.

은행입장에서는 기업 I에 대출을 해주는 것이 바람직하고, 이 두 부류의 기업에 대한 신용정보가 충분히 있다면 기업 I에 대출을 해줄 것이나 정보가 부족한 경우에는 기업 I과 기업 II에 대출을 해주거나 최악의 경우에는 기업 II에만 대출을 해주는 결과를 초래할 수 있다.

은행의 예상수익은 기업 I에만 대출을 하는 경우, 기업 I과 II에 대출을 하거나 기업 II에만 대출하는 경우로 나눠 다음과 같이 계산될 수 있다.

- 기업 I에만 대출하는 경우: $E(\Pi^B) = P^I(1 + r)L$
- 기업 I과 II에 대출하는 경우: $E(\Pi^B) = \lambda P^I(1 + r)L + (1 - \lambda)P^{II}(1 + r)L$, 단 $0<\lambda<1$
- 기업 II에만 대출하는 경우: $E(\Pi^B) = P^{II}(1 + r)L$

정보의 비대칭성이 있는 경우 은행은 기업 I과 II에 대출을 하는 것이 현실적이나 이자율이 상승한다면 기업 I은 대출을 기피하고, 금융시장에는 기업 II만 남아있어 결국 은행은 기업 II에만 대출하는 결과를 초래하고, 은행의 수익은 악화된다. 이러한 상황에서는 은행은 이자율을 상승하기보다는 시장청산 수준 이하인 r*에서 유지하여 초과대출수요 상태가 초래된다.

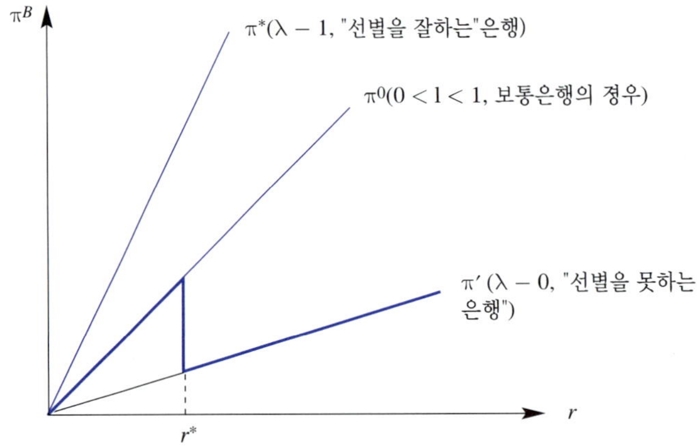

그림 1-6 ▍역선택과 은행의 수익곡선

대출이자율의 상승이 차입자의 차입규모에만 영향을 주는 것이 아니라 차입자의 위험도의 변화, 즉 질(quality)에도 영향을 주기 때문에 역선택을 초래하고, 은행은 시장청산 수준이하에서 대출이자율을 유지하여 수익극대화 원리에 충실하게 된다. 예를 들어, 정보의 비대칭성이 존재하는 경우 은행의 대출이자율이 높다면 기업은 위험이 높은 사업에 투자하려는, 소위 도덕적해이로 인해 은행은 채무상환이 불확실한 상황이 발생하므로 시장청산 수준이하에서 대출이자율을 유지한다. 그림 1-7에서 보듯이 은행은 대출이자율을 시장청산수준(r^c)보다 낮은 수준인 $\bar{r}$에서 유지하여 이익극대화를 추구하고, 신용할당이 발생한다.

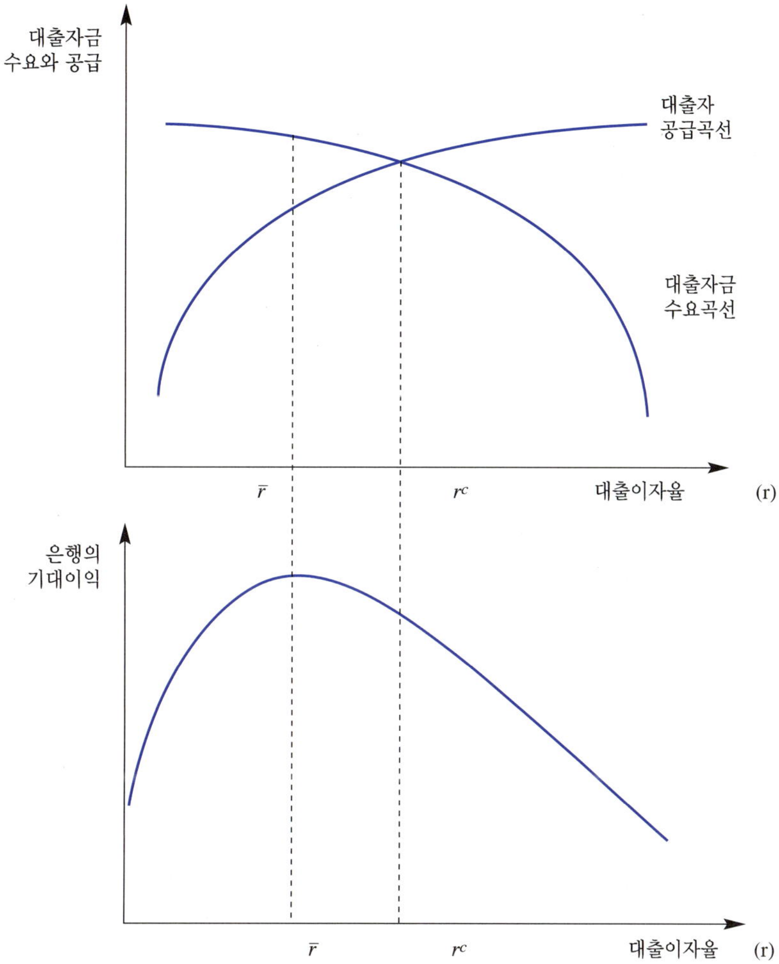

그림 1-7 ▌정보의 비대칭성과 신용할당

정보의 비대칭성으로 인한 대출시장에서의 신용할당현상을 좀 더 자세히 살펴보면, 우선 은행의 대부자금 공급함수는 대출금리가 일정 수준보다 높아지면 공급을 축소하기 때문에 그림 1-8과 같이 후방굴절곡선(backward bending supply curve) 형태를 띠게 된다.

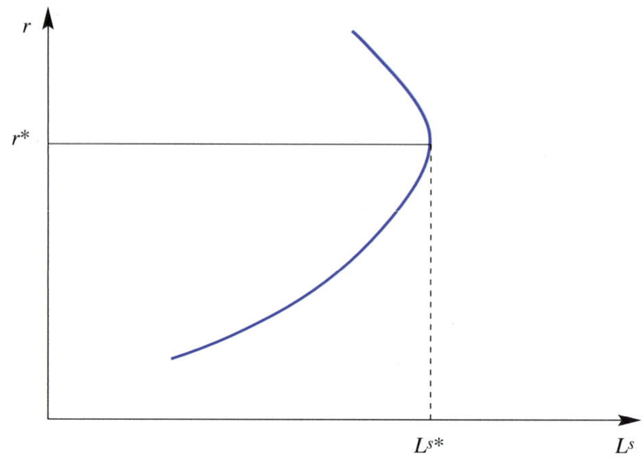

그림 1-8 | 은행의 대출금리와 대부자금 공급함수

또한, 그림 1-9와 같이 대부자금 수요함수는 대부자금 수요가 큰 경우와 작은 경우가 있다고 가정하면 대부자금수요가 작은 경우에는 시장청산이 이루어지나 큰 경우에 신용할당이 발생한다(Stiglitz and Weiss, 1981).

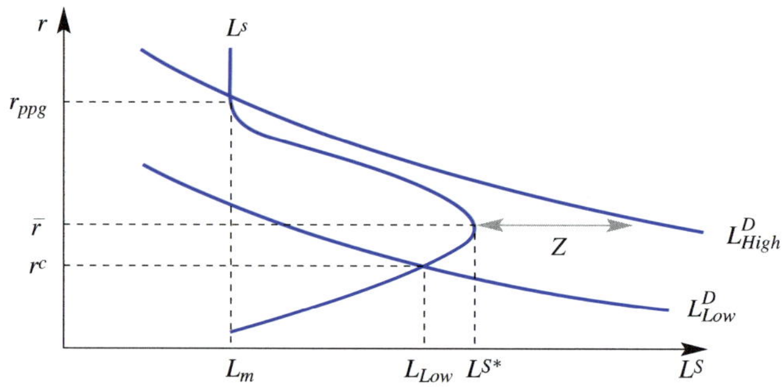

그림 1-9 | 자금수요공급과 신용할당

이러한 신용할당의 결과로서 가계 대출 부문이 줄어들 수 있다. 이에 대해서는 다음 절에서 다루기로 하고 기업의 측면에서도 투자가 감소할 수 있다. 자금제약에 관한 기존의 대부분의 연구들은 기업의 투자결정요인을 설명하기 위해 토빈Q 모형에 근거하여 기업내부의 현금흐름(cash flow)이 투자에 미치는 민감도 분석에 초점을 맞추고 있다. 예를 들어, 토빈Q 모형에 근거하여 유동성 척도로써 현금흐름이 적절한지를 검정하기 위해 전체기업을 배당률에 따라 3그룹으로 분류하여 배당률차이에 다른 현금흐름의 민감도를 분석하였다. 토빈Q 모형 하에서 영국의 제조업체 자료를 이용하여 Q와 현금흐름 변수에 대한 관계를 분석하기도 하였다. 또한, 대리인 비용이나 기업부실비용을 토빈Q 투자모형에 도입하여 720개의 영국제조업체를 대상으로 기업규모가 큰 기업들이 작은 기업에 비해 유동성 제약을 강하게 받을 수 있는 것으로 보고되고 있다.

제4절 신용정보와 서민금융

위에서 살펴본 바와 같이 정보의 비대칭성으로 인해 서민은 대출을 받기 어려운 실정이다. 제도권 금융기관은 신용등급을 기준으로 서민금융을 제공하지만 최근 저신용계층에 대한 신용공여는 감소하는 추세를 나타낸다. 은행의 경우, 신용등급 1등급~3등급 대출비중이 2006년말 50%를 넘어선 후 지속적으로 확대되고 있으나 2003년 가계신용위기 이후 담보위주 여신운용 현상 심화되고 있다. 저축은행의 경우, 저신용계층에 대한 가계대출 비중이 제도권 금융기관 중 높으나 대출증가세는 미미하고 일부 소액신용대출을 제외하면 대부분 담보대출이다.

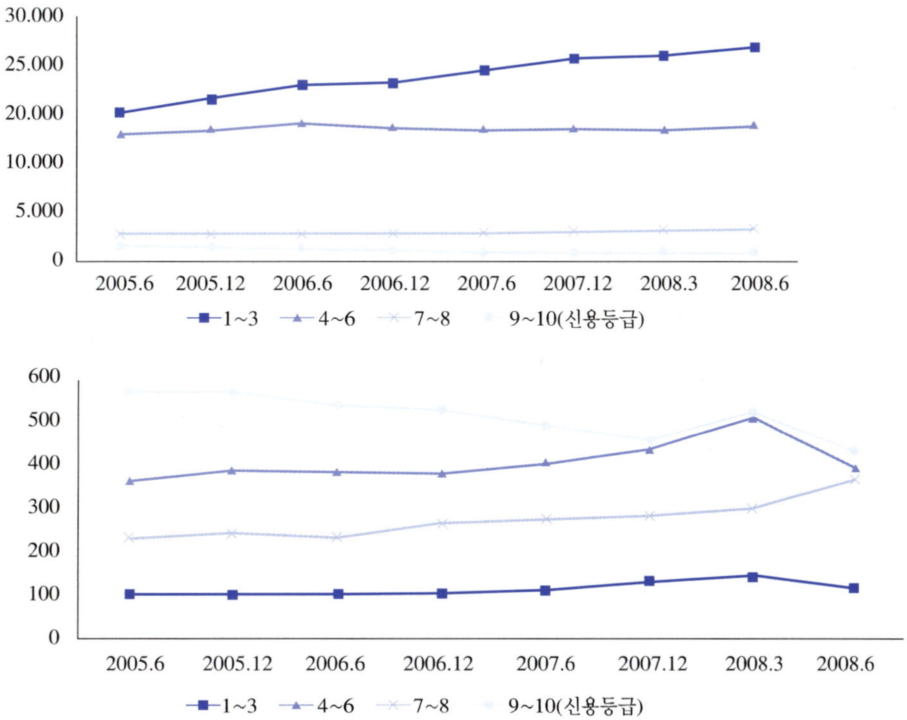

그림 1-10 | 은행 및 저축은행의 신용등급별 가계대출 잔액 추이

※ 자료: NICE

은행이나 저축은행의 고객층의 신용리스크 상승에 따른 건전성 악화와 단순수익구조와 제한된 고객기반에 의한 수익성을 악화시킬 수 있다.

표 1-1 ▎신용등급별 저축은행 이용자 분포 (단위: 천명, %)

등급구분	전 국 민		저축은행 대출 거래자				비 고
	해당자수	구성비	해당자수	구성비	대출금액	구성비	
1등급	2,398	6.8	2	0.2	455	0.3	1금융권 거래가능자 38.4%
2등급	2,901	8.2	9	1.1	4,268	3.2	
3등급	13,080	37.1	12	1.3	5,907	4.5	
4등급	4,999	14.2	43	4.9	15,746	11.9	
5등급	2,847	8.1	55	6.3	11,677	8.8	
6등급	1,928	5.5	51	5.8	12,571	9.5	
7등급	1,640	4.7	56	6.4	19,561	14.8	저신용자 61.6% (81,316억원)
8등급	2,289	6.5	75	8.6	12,416	9.4	
9등급	1,703	4.8	154	17.6	17,230	13.1	
10등급	1,466	4.2	421	48.1	32,109	24.3	
합 계	35,250	100.0	875	100.0	131,940	100.0	

※ 주: 2007년 7월 말 기준

※ 자료: 저축은행 중앙회 및 한국신용정보(NICE), 이현식(2008)

신용카드산업도 신용정보를 이용한 신용등급으로 수수료율을 결정한다. 신용등급이 나쁠수록 현금서비스·할부·카드론·리볼링의 수수료율은 높아진다. 표 1-2는 총회원기준과 이용회원기준으로 나타낸 카드회원의 등급별 분포이다. 회원등급은 5등급~18등급 체계로 나누어져 있다. 기업은행을 제외하면 대부분 5등급~10등급 체계로 세분화하고 있다. 그러나 총회원기준으로 보면 대부분 상위등급이 차지하는 비중이 높은 것을 알 수 있다. 이용회원기준으로 보면, 중하위 등급의 비중이 높음을 알 수 있다. 또한, 최대비중등급비율을 보면 한 등급에 매우 치우쳐져 있음을 알 수 있다.

표 1-2 ▎카드회원 등급별 분포(2009년 3월말)

	총회원기준					이용회원기준			
	회원 등급수	최대 비중등급	최대비중 등급비율	최저 비중등급	최저비중 등급비율	최대 비중등급	최대비중 등급비율	최저 비중등급	최저비중 등급비율
롯데	8	3	32.44	8	0.65	6	32.07	8	3.54
삼성	6	2	65.96	5	1.27	2	34.39	5	5.75
신한	6	2	38.3	5	2.1	3	36.3	1	0.3
하나SK	8	1	34.8	7	0.9	5	47.2	8	0.5
현대	10	3	17.4	1	3	7	17.2	2	1.2
SC제일	10	2	31.47	1	0.11	7	25.06	1	0.03
광주	10	4	22.1	10	0.9	4	22.5	1	4.3
기업	18	17	13.72	1	0.06	10	21.93	1	0.03
농협	10	4	29.5	10	2.3	7	20.6	1	0.8
씨티	9	1	19.46	9	4.17	7	38.26	2	0.78
외환	7	2	42.67	6	2.17	5	24.18	1	1.49
우리	6	4	21.57	6	4.53	5	45.19	1	1.69
제주	5	3	39.04	4	11.27	5	59.58	2	2.31

※ 자료: 여신금융협회

신용정보를 이용한 신용등급이 서민금융에 미치는 영향을 살펴보자. 신용등급이 낮은 서민에 대한 정책적 자금지원은 서민금융이 발달되지 못한 국내현실에서 고금리 및 자금부족을 해소하는데 중요하다고 볼 수 있다. 캐피탈사, 저축은행 등 제2금융권에서 서민들에 대한 대출을 공급하고 있지만 서민금융의 공급이 충분치 않고, 대출금리가 지나치게 높아 오히려 서민들의 부채증가와 가계수지의 악화를 초래하고 있다. 국내에서는 글로벌 금융위기 이후, 정부의 서민금융 지원정책은 크게 미소금융, 서민금융회사 보증부 대출(햇살론), 은행의 서민대출(새희망홀씨대출)을 주요 축으로 추진되고 있다.

표 1-3 ▌서민금융 지원제도의 구조

대상 및 자금수요		지원제도	주체	실적('10년.12월)
신용등급 1~5등급	⇒	일반 금융	시중은행	
(7등급이하 또는 2천만원 이하) (5등급 이하 또는 3천 만원 이하)		(희망 홀씨) (새희망 홀씨)	서민금융 회사	(2.7 조원) (2684억원)
6등급 또는 2천만원 이하, 은행이용 곤란	⇒	햇살론	서민 금융 회사	1.4조원
7등급 이하, 2금융권 이용 곤란	⇒	미소금융	미소금융	1160억원
9~10등급, 전금융권 이용 곤란	⇒	신용회복 지원	신복위	83만건
경제활동 능력 없음	⇒	기초생활보장	정부	

※ 자료: 금융감독원

서민금융회사들이 신용정보 및 리스크관리 능력의 부족 등으로 지나치게 높은 금리를 전과시키는 금융관행을 유지하고 있으며, 이러한 금융관행으로는 서민금융의 발전에 한계가 발생하고 있다. 2010년 현재 시행되고 있는 서민금융 지원제도 현황은 다음과 같다.

표 1-4 ▌서민금융 지원제도 현황

지원기관	구분	지원대상	지원 내용	재원
농·수·신협, 새마을금고, 산림조합, 저축은행	햇살론	신용등급 6등급 이하로 연 소득 4천만원 이하자 또는 연 소득 2천만원 이하인 자	• 한도 – 긴급생계: 1천만원 – 사업자금: 2천만원 – 창업자금: 5천만원 • 금리상한(연 10~13%) – 상호금융, 새마을금고: 조달원가+6.38% – 저축은행: 조달원가 + 8.99%	서민금융회사 자금(5년간 10조원)(85% 보증부대출, 보증재원은 서민금융회사 출연금 및 정부재정)
16개 은행	희망홀씨 대출	신용등급 7등급이하 또는 연 소득 2천만원 이하인 자	• 생계자금, 사업자금 • 한도: 통상 2천만원 이내 • 평균금리: – 신용대출: 연 13% – 기취급 보증부대출: 연 7%	은행자금 (보증부대출 중단)

표 1-4 ❙ 서민금융 지원제도 현황 (계속)

지원기관	구분	지원대상	지원 내용	재원
미소금융 중앙재단 (지점)	미소금융	• 신용등급 7등급 이하인 자(일정 조건에 해당하는 5, 6등급 포함)	• 한도 – 창업자금: 5천만원 – 사업운영자금: 1천만원 • 금리: 연 4.5%	기부금, 휴면예금 (년 1,500~2,000 억원)
신용 회복기금	소액대출	• 신용회복프로그램 성실이행자	• 한도: 500만원 • 금리: 연 4%	은행권 및 제2금융권 출연금(부실채권 정리기금 반환자금)
	채무조정	• 신용회복기금 매입채권의 채무자* * 5천만원 이하의 채무를 3개월 초과 연체중인 자	• 이자채권 전액 감면 • 원금 최대 30% 감면 • 변제기간: 8년 이내	
	전환대출 신용보증	• 신용등급이 6등급이하이고 연 소득이 4천만원 이하인 정상상환자	신용보증을 통해 20% 이상의 고금리대출(대부업체, 캐피탈 등)을 은행의 연 12% 내외 대출로 전환	
신용회복 위원회	사전채무 조정(프리 워크아웃)	• 2개이상 금융회사에 5억원 이하의 채무를 보유한자로 3개월 미만 연체자	• 연체이자 감면 • 변제기간: 무담보채권 최장 10년, 담보채권 최장 20년	금융기관 분담금 (신용회복위원회와 지원협약을 체결한 은행·보험·상호금융사 등 채권보유 금융기관)
	개인 워크아웃	• 5억원 이하의 채무를 보유한 자로 3개월 이상 연체자	• 이자채권 전액 감면 • 원금은 상각채권에 한해 최대 1/2 감면 • 변제기간: 8년 이내	
	소액대출	• 신용회복프로그램 성실이행자	• 한도: 1천만원 • 금리: 연 2~4%	

미소금융은 서민금융 사각지대를 최소화하면서 저소득·저신용계층의 경제적 자립을 지원하기 위해 2009년 12월 소액 서민금융재단을 미소금융 중앙재단으로 확대개편하고 민간의 지원을 더하여 사업을 추진하고 있다. 미소금융 중앙재단, 중앙재단 지역지점, 민간 미소금융재단을 축으로 하여 추진되고 있다. 향후 10년간 적립될 미소금융 재원총액은 개별재단을 설립한 기업 및 금융권으로부터의 기부금 1.5조원(기업 1조원, 금융권 5천억원), 휴면예금 7천억원(매년 500억원의 휴면예금 발생 추정)을 합하여 총2조 2천억원 이상이 될 것으로 전망되고 있다. 지역법인과 은행 및 기업의 미소금융 사업은 크게 영세자영업자 운영자금 지원, 프렌차이즈 창업지원, 일반창업지원, 공동대출 및 사회적 기업지원으로 구분하고 있다. 기존의 전통시장대출, 신용회복 지원 사업은 미소금융 중앙재단이 상인회와 신용회복위원회를 통해 지속적으로 수행하고 기업 및 은행 미소금융재단은 용달사업자 등 특정 취약계층에 대한 맞춤형 사업도 추진하지만 일반인 대상의 생활안정 자금대출은 미소금융 사업에 포함되지 않는다.

대상자 선정에 신용정보를 이용한 신용등급이 이용된다. 대출신청일 현재 신용정보회사에서 평가한 개인신용등급 중 1개이상의 회사에서 평가등급이 7등급이하인 저소득·저신용계층이 대상이 된다. KCB 기준 신용등급 5~6등급인자 중에서 최근 3년 내 금융거래가 없거나 소득이 2천만원이하이면서 1년 내 금융신규거래가 없는 자도 지원대상에 포함되며 채무불이행 경험이 있거나 단기연체가 있는 자도 최근 1년내 금융신규거래가 없는 자는 지원대상에 포함된다. 2010년 9월 6일 현재 6,931명에게 407억원을 지원하였다. 66개 미소금융지점을 통해 2,711명에게 235.5억원을 지원하였으며 기존 복지사업자를 통해 4,220명에게 171.5억원 지원되었으며 대출금리는 대부분 5% 미만이다.

표 1-5 ▎미소금융지점 월별 대출 추이 (단위: 명, 억원)

구 분	'10.1월	'10.2월	'10.3월	'10.4월	'10.5월	'10.6월	'10.7월	'10.8월	계
대출자	120	245	282	244	224	257	452	771	2,595
대출금액	7.4	17.5	22.1	17.8	21.3	23.0	42.2	73.3	224.6
		(137%)	(26%)	(−20%)	(20%)	(8%)	(84%)	(74%)	

※ 주: ( )는 전월 대비 증감

※ 자료: 금융위원회

햇살론은 2010년부터 향후 5년간 서민금융회사(상호금융회사 및 저축은행)와 정부가 각각 1조원을 지역신용보증재단에 출연하여 서민에 대해 부분 신용보증대출(햇살론)을 공급한다. 출연재원 2조원에 보증배수를 5배로 하여 향후 5년간 약 10조원의 햇살론이 서민금융회사를 통해 공급될 예정이며, 서민금융회사의 도덕적해이 방지와 여신심사 역량강화를 위해 보증비율은 85%로 제한된다.

햇살론의 대상자 역시 신용정보를 이용한 신용등급이 적용된다. 햇살론은 신용등급이 6~10등급이거나 연소득이 2천만원 이하인 저소득자 영업자, 농림어업인, 근로자를 대상으로 공급되며 평균 대출액을 1천만원으로 가정하면 약 100만명이 혜택을 받게 된다. 대출개시 후, 2011년 4월까지 취급실적은 총 167,603건에 12,017억원에 이르고 있다.

표 1-6 ▎햇살론 월별 취급실적 (단위: 억원)

구분	햇살론(합계)				햇살론(근로자)				햇살론(사업자)			
	공급(당월)		잔액		공급(당월)		잔액		공급(당월)		잔액	
	건수	금액	건수	금액	건수	금액	건수	금액	건수	금액	건수	금액
2010.7	2,944	199	2,929	198	2,881	193	2,866	192	63	6	63	6
2010.8	58,719	4,337	61,499	4,619	41,058	2,638	43,788	2,916	17,661	1,699	17,711	1,703
2010.9	44,487	3,756	105,788	8,213	20,636	1,430	64,268	4,190	23,851	2,326	41,520	4,023
2010.10	24,393	1,883	129,808	9,973	12,876	804	76,847	4,880	11,517	1,079	52,961	5,093
2010.11	13,194	963	142,533	10,790	7,653	472	84,146	5,219	5,541	491	58,387	5,571
2010.12	8,994	643	150,967	11,279	5,361	332	89,103	5,413	3,633	311	61,864	5,866
2011.1	5,890	427	156,135	11,524	3,392	208	92,010	5,474	2,498	219	64,125	6,050
2011.2	4,467	328	159,896	11,688	2,573	160	94,166	5,501	1,894	168	65,730	6,187
2011.3	5,808	437	164,372	11,887	3,254	204	96,588	5,523	2,554	232	67,784	6,363
2011.4	4,924	369	167,603	12,017	2,842	180	98,358	5,524	2,082	189	69,245	6,493

※ 자료: 신용보증재단중앙회, 남주하(2011)

신용등급별 대출실적 비중을 살펴보면 1~5등급은 적고, 6~10등급은 상대적으로 많은 대출을 보여 저신용층에 대한 대출이 비교적 활발한 것으로 나타나고 있다. 신용등급 1등급(0.53%), 2등급(1.45%), 3등급(2.46%), 4등급(6.79%), 5등급(16.76%), 6등급(29.98%), 7등급(28.42%), 8등급(10.95%), 9등급(2.18%), 10등급(0.47%)의 분포를 보이고 있어 주로 6등급과 7등급에 대한 비중이 가장 높고, 다음으로 5등급과 8등급의 비중이 높은 것으로 나타나 대체적으로 신용등급이 낮은 저신용자에 대한 자금지원이 이루어지고 있다.

표 1-7 ▎햇살론 신용등급별 취급실적 (단위: 건, 백만원)

구 분		잔액	
		2010.12	2011.04
1등급	건수	662	733
	비중	0.44%	0.44%
	금액	6,002	6,370
	비중	0.53%	0.53%
2등급	건수	1,840	2,053
	비중	1.22%	1.22%
	금액	16,173	17,369
	비중	1.43%	1.45%
3등급	건수	3,154	3,612
	비중	2.09%	2.16%
	금액	26,948	29,521
	비중	2.39%	2.46%

표 1-7 ▎햇살론 신용등급별 취급실적 (계속)

(단위: 건, 백만원)

구 분		잔액	
		2010.12	2011.04
4등급	건수	9,130	10,421
	비중	6.05%	6.22%
	금액	74,925	81,549
	비중	6.64%	6.79%
5등급	건수	23,226	26,341
	비중	15.38%	15.72%
	금액	186,442	201,398
	비중	16.53%	16.76%
6등급	건수	40,601	44,543
	비중	26.89%	26.58%
	금액	343,001	360,282
	비중	30.41%	29.98%
7등급	건수	45,255	50,197
	비중	29.98%	29.95%
	금액	320,402	341,493
	비중	28.41%	28.42%
8등급	건수	20,966	23,010
	비중	13.89%	13.73%
	금액	123,976	131,626
	비중	10.99%	10.95%
9등급	건수	5,037	5,508
	비중	3.34%	3.29%
	금액	24,485	26,253
	비중	2.17%	2.18%
10등급	건수	1,042	1,121
	비중	0.69%	0.67%
	금액	5,310	5,648
	비중	0.47%	0.47%
계	건수	150,967	167,603
	비중	100%	100%
	금액	1,127,852	1,201,719
	비중	100%	100%

※ 주: 무등급 취급실적이 일부 있으나 비중이 미미하여 보고는 생략

※ 자료: 신용보증재단중앙회, 남주하(2011)

희망홀씨대출의 수혜인원 및 실적은 취급 이후 1개월동안 6천5백명, 323억원에 그쳤으나 이후 크게 증가하여 2010년 6월말까지 약 35만명, 2.3조원을 기록하였다. 신용대출이 7,684억원으로 33.4%를 차지하고 있으며 지역신용보증재단의 특례보증부대출이 1조 5,324억원으로 66.6%를 차지하고 있다. 특례보증기간이 만료됨에 따라 향후 보증부 희망홀씨 대출은 공급되지 않으며, 이에 따라 희망홀씨 대출공급 규모도 크게 감소할 전망이다. 연체율은 2% 초반의 낮은 수준을 유지되고 있다. 최근, 햇살론 출시('10. 7. 26) 이후 은행권의 서민금융 상품인 희망홀씨 보증부대출이 중단되고, 희망홀씨 신용대출도 햇살론에 비해 금리 경쟁력을 잃어 은행의 희망홀씨대출을 통한 서민금융 지원이 위축되고 있는 실정이다.

표 1-8 | 희망홀씨대출 추이 (단위: 억원)

구분	'10. 1분기	4월	5월	6월	7월
보증부 대출	2,697 (월평균 899)	1,154	1,274	2,035	754
신용대출	1,058 (월평균 353)	513	488	502	550
계	3,755 (월평균 1,252)	1,667	1,762	2,537	1,304

※ 자료: 전국은행연합회

새희망홀씨대출은 기존 "희망홀씨대출"을 발전적으로 개편한다는 의미와 서민들에게 새로운 희망을 키울 수 있도록 지원한다는 두 가지 의미를 가지고 있다. 대상은 CB사 신용등급 5등급 이하로 연 소득 4천만원 이하인 자 또는 연 소득 3천만원 이하인 자이며 햇살론 금리 등을 감안하여 금리를 책정하고 있다.

표 1-9 | 새희망홀씨와 희망홀씨대출 · 햇살론 대비표

구분	새희망홀씨	희망홀씨대출*	햇살론
대출기관	16개 은행	16개 은행	• 농·수·신협, 새마을금고, 산립조합, 저축은행 등
재 원	은행자금	은행자금 * 보증부대출: 중단	• 서민금융회사 자금 *보증부대출(재원: 서민금융회사 출연금 및 정부재정)
대출대상	CB사 신용등급 5등급 이하로 연 소득 4천만원 이하인 자 또는 연 소득 3천만원 이하인 자	CB사 신용등급 7등급 이하 또는 연 소득 2천만원 이하인 자	• CB사 신용등급 6등급 이하로 연소득 4천만원 이하 또는 연 소득 2천만원 이하인 자
자금용도	생계자금, 사업자금 등	생계자금, 사업자금	생계자금, 사업자금, 창업자금
대출한도	2천만원	통상 500만원~2천만원 대출	• 긴급생계: 1천만원 • 사업운영: 2천만원 • 창업자금: 5천만원
대출금리	햇살론 금리 등을 감안하여 책정	연 7~19% (순수신용대출 평균: 연 13%)	• 금리상한 – 상호금융, 새마을금고: 조달원가 + 6.38% – 저축은행: 조달원가 + 8.99%

※ 주: "희망홀씨대출"은 "새희망홀씨"로 대체
※ 자료: 전국은행연합회

지금까지 신용정보를 이용한 신용등급이 영향을 미치는 점을 서민금융을 통해 살펴보았다. 여기에서도 역차별의 문제는 존재한다. 즉, 햇살론 등 저금리 서민대출 지원정책으로 인해 신용등급간 금리역차별이 발생하여 금리 형평성이 저해된다는 비판이 있을 수 있다. 현재, 신용등급 6~10등급인 자가 햇살론을 통해 10~13%의 금리로 대출을 받을 수 있는 반면 이보다 신용등급이 높은 자는 여신전문회사로부터 20~30%의 고금리로 대출을 받고 있어 일정부분 금리역차별 존재한다. 미소금융의 경우, 5% 미만의 저금리가 적용되나 현재 경제활동을 하지 못하고 있는 자를 대상으로 한다는 점에서 복지사업의 성격도 지니기 때문에 상업적 원리에 의한 대출과 직접 비교는 부적절하다. 햇살론은 일시적인 대책으로 만일 이를 통해 저신용계층에 대한 신용대출의 수익성이 확인되는 경우 서민금융회사가 햇살론보다 높은 금리의 무보증 신용대출을 확대할 것이다. 그리고 신용도가 이들 정책의 지원대상보다 높은 계층, 예를 들어 4~5등급인자에 대한 신용대출은 현재보다 낮은금리(6~10등급에 비해서도 낮은 금리)로 출시될 것으로 기대된다. 또한, 햇살론의 경우 대출한도가 낮음(생계자금의 경우 1천만원이하이며 신용등급에 따라 하향조정)을 감안할 필요가 있다.

1등급~5등급에 대한 고금리대출은 수익성분석을 통해 금리인하 여력을 확인한 후, 금리인하를 유도해야할 것으로 보인다. 최근 문제가 되고 있는 여신전문회사 신용대출의 경우, 담보대출에 비해 매우 높은 수익성을 기록하고 있는 것으로 나타났는데, 이는 여전사가 신용대출 시장의 초과수요를 이용하여 과도하게 높은 금리를 부과하고 있음을 시사하고 있다. 따라서 담보대출과 유사한 수익을 유지하는 선에서 금리인하를 추진할 필요가 있으며, 이 경우 금리역차별은 상당부분 해소될 것이다.

또한, 도덕적해이 문제가 존재한다. 서민금융정책의 수혜자는 신용등급 관리와 대출상환 노력에 최선을 다하지 않을 가능성이 크고 서민금융정책으로 인해 가계부채문제가 심화될 수 있다는 비판이 있을 수 있다. 햇살론 등 서민금융정책의 수혜자가 되기 위해 고의연체 등을 통한 신용등급 하락의 유인이 발생하기 때문이다. 신용카드사태 이후, 신용이력관리의 중요성에 대한 인식이 확산되었으며, 햇살론의 경우 대출상환이 이루어지지 않는 경우 채무불이행자로 등록되기 때문에 고의로 대출상환 노력을 경주하지 않을 것이라는 견해는 기우에 불과하다. 신용등급하락, 채무불이행자 등록 등은 금융회사거래에 있어 큰 불이익을 초래하기 때문에 소액에 불과한 지원금을 수령하기 위해 고의로 연체를 하거나 채무상환을 하지 않을 가능성은 매우 낮을 것이다.

제2장 신용정보의 의의와 내용

제1절 신용정보제도와 신용정보산업의 역할

1. 신용정보제도의 연혁

전세계적으로 신용사회가 급속도로 진행됨에 따라 오늘날 신용정보는 금융거래 등 경제활동에 중요한 인프라로서의 역할을 담당하고 있으며, 바람직한 신용정보 관리제도의 정착은 국가 경제 발전에 매우 큰 변수로 작용하고 있다. 국내에서도 신용정보의 유통을 촉진하고 신용공여에 따른 역효과를 최소화시키기 위해 금융기관 간 신용정보의 공유가 필요하게 되었다. 이러한 필요성을 충족시키기 위해 1995년 시행된 「신용정보의 이용 및 보호에 관한 법률」 즉, 신용정보법이 제정되었고 이후 여러 차례 개정을 통해 현재의 제도로 자리잡고 있다.

표 2-1 ❙ 신용정보제도의 연혁

시기	내용
1955. 4	「금융기관 연체대출금 정리에 관한 협약」 제정
1961. 7	「연체대출금 정리 대책」 제정
1973. 4	「금융부실거래처에 대한 제재조치」 제정
1974. 7	「여신정보집중관리제」 제정
1977. 4	「개인신용정보집중관리」 제정
1978. 7	「기업정보집중관리협정」 제정
1982. 4	「금융기관 불량거래처에 대한 정보교환」 업무가 은행감독원으로부터 전국은행협회로 이관
1984. 5	「금융기관 불량거래처에 대한 정보교환」 업무가 전국어음교환관리소로 이관
1986. 6	금융기관 불량거래처에 대한 정보교환」 업무가 전국은행연합회로 이관 및 「기업정보 교환 및 활용에 관한 시행규칙」 제정
1992. 2	「신용정보 교환 및 활용 지침」 제정
1992.12	'신용정보 관련규약' 일원화
1995. 1	「신용정보의 이용 및 보호에 관한 법률」 제정
1995. 7	「신용정보의 이용 및 보호에 관한 법률」, 「동법률 시행령」, 「동법률 시행규칙」 및 「신용정보업무운용지침」 시행, 전국은행연합회를 '신용정보집중기관'으로 지정
1997.11	「신용정보의 이용 및 보호에 관한 법률」 개정, '종합신용정보집중기관'으로 명칭변경
1998. 4	재정경제부의 「신용정보업무운용지침」 폐지 및 금융감독위원회의 「신용정보업무운용 규정」 제정
2001. 1	전 금융업권에 공동으로 적용되는 「신용정보관리규약」 제정·시행
2001. 7	금융감독위원회의 「신용정보업무운용규정」 폐지 및 「신용정보업감독규정」 제정
2005. 4	「신용정보의 이용 및 보호에 관한 법률」 개정: 신용불량자 등록제 폐지

※ 자료: 전국은행연합회

2. 신용정보산업의 역할[1)]

첫째, 차입자의 정확한 위험 추정에 따른 대출 효율화 기능이다. 즉, 신용정보의 공유가 신용배분의 효율성을 높여줄 뿐만 아니라 전체 대출의 양을 늘리는 효과가 있다. 대부분의 차입자는 여러 금융기관을 상대하기 때문에 이들 금융기관의 정보를 모으면 동 차입자의 예상 연체율을 보다 정확하게 예측할 수 있게 된다. 연체율 예측력이 크게 향상될 경우 금융기관들은 신용공여 규모를 늘리면서도 연체율을 낮게 유지할 수 있다. 특히, 부정적 정보뿐 아니라 긍정적 정보까지 교환하게 되면 금융기관의 리스크관리가 현저히 제고되고 이에 따라 신용공여 규모도 확대된다는 것이 많은 실증분석의 결과로 입증되고 있다. 미국의 경우, 목표 승인율이 40%일 때 부정적 정보에 긍정적 정보를 추가하는 경우 연체율이 2.92%에서 1.08%로 낮아지며 목표 승인율이 75%일 때에도 연체율이 4.07%에서 3.04%로 하락하였다. 아르헨티나 브라질 등의 사례의 연구에서도 긍정적 정보의 추가에 따른 연체율 하락효과 및 신용공여 확대효과를 보여주고 있다. 우리나라의 경우, 은행연합회 불량정보로만 구성된 모델(A), 단기연체정보 추가 모델(B) 및 조회정보 추가 모델(C)의 예측력 비교 결과, C>B>A 순으로 나타난 바 있다.

둘째, 대출기관의 정보 이질성 감소에 따른 경쟁 촉진이 있을 수 있다. 정보의 공유는 금융기관의 해당 고객에 대한 독점력(monopoly power)을 소멸시킴으로써 금융기관 간 경쟁을 촉진하는 효과가 있다. 정보의 공유에 따른 독점력 상실은 금융기관들이 차입자로부터 획득할 수 있는 정보지대(information rent)를 축소함으로써 금융소비자를 보호하기도 한다. 이와 같은 금융기관 간 경쟁 촉진 및 정보지대 축소 효과는 대부시장 및 사채시장에서 특히 중요하다. 우리나라 대부분의 제도권 금융기관이 대부업체의 신원조회 기록만 있어도 해당 고객에 대한 대출을 거부하는 등 대부시장과 제도권 금융시장이 분리되어 있을 뿐만 아니라 대부시장이 불완전경쟁구조를 지니고 있어 대부업자가 고객에 대한 독점력을 바탕으로 고금리를 부과할 수 있다. 대부시장이 상품 고객 지역별로 분할되어 있고 대부업체간 정보공유가 이루어지지 않아 우량고객에 대해서도 대부업체의 독점력 행사가 가능함에 따라 대부시장의 금리가 연 100%를 상회하는 경우도 많다. 그런데 금융기관 간 경쟁이 심화되고 정보지대가 축소될 것을 우려하여 각 금융기관이 자발적으로 신용정보를 공유하지 않을 가능성이 크다. 신용정보가 공유될 경우 상환실적이 좋거나 신용도가 상대적으로 높은 고객이 낮은 금리를 제시하는 업체로 이탈할 가능성이 있다. 신용정보가 독점된다면 금융기관은 고객에게 신용도에 비하여 높은 금리를 부과할 수 있으며 이 금리와 해당 고객이 다른 금융기관으로부터 제시받을 수 있는 최저 금리와의 차이만큼 정보지대를 향유하게 된다.

---

1) 이인호·강경훈(2010)을 주로 인용하여 재구성함.

셋째, 차입자의 명성 관리 효과로 인한 도덕적 해이 감소가 있을 수 있다. 도덕적 해이와 역선택을 모두 가정하고 다기간 반복적 게임 모델(repeated game)을 이용하여 신용공여시장에서 평판효과(reputation effect)가 균형을 최선의 상태(first-best)에 근접하게 함으로써 전체 복지(welfare)를 향상시킨다는 것을 보여주고 있다. 차입자는 자신의 평판 또는 신용경력을 해칠 가능성에 대한 우려로 인해 과도하게 위험한 투자를 시도하거나 노력을 게을리 하는 단기적인 도덕적 해이 유인을 줄이게 된다. 차입자는 과도하게 위험한 투자를 시도하지 않고 많은 노력을 기울인 대가로 상대적으로 저렴한 차입 비용을 영유하게 되며 결국 이는 전체적인 복지 증진으로 연결된다. 이와 같은 평판 효과에 따라 신용대출 관행이 확산될 수 있다는 점에도 주목할 필요가 있다. 평판 효과가 존재하는 경우, 평판이 담보(reputation collateral)로서 기능하게 되어 물적 담보(physical collateral)의 필요성이 줄어든다. 물적 담보가 별로 없는 저소득층의 경우 평판 담보의 가치가 더욱 크기 때문에 긍정적 정보의 공유는 저소득층의 연체율 하락 및 신용대출 확대에 기여할 수 있다. 그런데 공유되는 신용정보가 장기간을 포함하는 경우 평판효과가 감소하여 차입자에게 충분한 유인을 주지 못할 수 있다고 지적할 수 있다. 이에 따라 평판효과를 유지하여 사회의 전체적인 복지를 증진하기 위해서는 금융기관들에 의해 공유되는 차입자 정보의 흐름을 일정기간으로 제한하여야 하며 여러 나라에서 신용정보의 최장 보유 기간을 법으로 정해놓은 것이 그 예라고 주장할 수 있다. 차입자에 대한 정보가 전혀 없을 경우 금융기관은 새로운 정보에 의해 자신의 평가를 조정할 가장 큰 유인을 가지므로 이 경우 평판 효과가 가장 강하게 작용한다. 따라서 장기간 정보 축적으로 금융기관이 특정 차입자 집단의 성향을 정확히 파악하게 됨에 따른 평판효과의 감소는 해당 차입자 집단의 결과적인 복지 감소 가능성을 시사한다. 한편, 평판효과의 정도가 은행간 공유하는 정보의 타입과 정확성에 영향을 받는다. 도덕적 해이 문제와 역선택 문제가 존재하는 기간 모형을 사용하여 파산에 관한 정보만을 공유하는 시스템이 파산과 차입자에 대한 특성까지도 포함한 정보를 공유하는 시스템보다 차입자에게 강한 채무상환 인센티브를 줄 수 있으며 이에 따라 파산 정보만이 공유되는 경우에 파산율과 이자율이 가장 낮게 된다. 또한 완전한 정보공유가 이루어지면 대출을 안 했을 은행이 파산 정보만이 공유되는 상황에서는 대출을 할 수도 있다.

넷째, 신용정보의 공유에 따라 차입자가 최선(first-best)의 수준을 넘어서는 파산방지 노력을 기울일 수도 있으나 이러한 경우 은행은 공유되는 정보의 타입과 양을 조절하여 최선의 수준을 이끌어낼 수 있다. 흥미로운 점은 파산에 관한 정보 외에 더 많은 정보를 공유할 경우 차입자의 노력수준을 향상시키기보다는 저하시킨다는 점이다. 왜냐하면 우량 차입자의 경우 자신의 타입이 밝혀지면 파산을 하더라도 자신을 불량 차입자로 보지 않을 것임을 알기 때문이다. 따라서 우량 차입자는 파산을 막기 위한 노력을 상대적으로 적게 들인다. 그러나 파산 정보만을 공유하는 경우 차입자가 파산을 막기 위해 과도한 투자를 할 수도 있다. 이러한 경우 은행이 우량 차입자의 일부분을 무작위로 골라내어 우량 타입이라고 공표할 경우 최선의 결과를 이끌어낼 수 있다. 현실에서는 차입자에 대한 신용정보의 공유에 따라 차입자의 타입이 완벽하게 드러나는 경우가 나타나기 어렵기 때문에 이와 같은 결론들은 비현실적인 측면이 있다. 그러나 역선택과 도덕적 해이 문제가 공존하는 경우, 공유정보의 범위를 신중하게 선택하여야 한다.

다섯째, 신용정보공유의 신용불량자 축소 효과가 있다. 신용정보공유가 확산되어 대출시장에서의 정보비대칭성이 완화되면 장기적으로 신용불량자의 수를 축소하는 효과가 있다. 금융기관의 신용평가가 보다 정확해짐에 따라 무분별한 차입이 제한될 뿐 아니라 개별 차입자의 채무상황에 대한 정보가 공유됨으로써 돌려막기 등을 통하여 감당할 수 없을 정도로 부채규모가 커지는 것을 예방하기 때문이다. 또한, 신용이력(credit history)의 중요성이 커짐에 따라 차입자의 상환 의지가 강화되고 장기적으로는 차입자들이 소득흐름과 자금수급에 대한 신중한 판단을 거쳐 차입 결정을 하는 등 건전한 신용생활을 영위하도록 유도하는 효과도 있다. 아울러 대부시장 등에서의 고금리 피해를 줄임으로써 신용불량자 구제에 일조한다. 이에 따라 신용정보공유를 통하여 대출시장의 정보비대칭성을 해소하는 것은 신용불량자 수를 줄이는 근본적인 처방이자 신용회복 지원제도에 대한 보완 효과도 가지고 있다. 이에 비해 그동안 정부가 시행해 왔던 각종 신용회복 지원제도들은 많은 신용불량자에게 신용재건의 기회를 제공하기는 하지만 개인 소비자의 도덕적 해이를 유발하는 의미가 있다. 또한, 긍정적 정보가 공유되어 신용이력의 가치가 높아질 경우 어려운 가운데서도 성실하게 채무를 변제해 온 사람들의 입장에서 제기될 수 있는 신용회복 지원제도의 형평성 문제를 완화한다.

그러나 신용정보공유의 부정적 효과도 존재한다. 지금까지 살펴본 것처럼 신용정보의 공유는 여러 긍정적 효과를 가져오는 한편 소비자의 프라이버시를 침해할 가능성이 있다. 정보는 일반적인 재화(goods)와 달리 소모적이지 않으며, 또한 비배제성(non-exclusivity)을 갖고 있어 개인정보가 누출되었을 때의 손실은 돌이킬 수 없는 성질(irreversiblity)을 가지고 있다. 더욱이 최근 신용정보의 가치가 커지고 마케팅 목적의 신용정보 사용도 늘어나면서 사생활 침해 문제가 중요한 사회문제로 대두되고 있다. 한편, 각 금융기관들이 공유되는 신용정보에 근거하여 상대방 금융기관의 고객을 유인하는 경쟁이 유발될 수도 있으며 신용정보공유가 정보생산의 유인을 약화시킬 수도 있다. 고객에 대한 모든 정보가 공유될 경우 각 금융기관의 연체율 예측이 가장 정확해진다고 생각할 수 있으나 이 경우 오히려 더 이상 고객에 대한 정보를 생산할 유인이 사라지게 된다. 신용정보의 생산은 그 과정에서 비용이 들어가는데 정보의 공공재적인 성격으로 인해 이를 생산단계에서 공유시키는 것은 신용정보사업자들의 무임승차를 부추길 가능성이 있다. 만일 한 신용정보사업자가 개발하여 수집한 정보가 공유될 경우, 정보재의 특성으로 인해 그로 인한 수익은 완전히 사라지는 극단적인 결과가 발생한다. 이 경우 신용정보사업자들은 유용한 신용정보서비스의 개발에 지불해야 하는 비용조차 되찾을 가능성이 없어지므로 애초에 그런 서비스를 개발하려 들지 않을 것이다. 따라서 정보공유의 장점을 살리면서도 각 금융기관의 정보생산 유인은 약화시키지 않도록 정보공유의 메커니즘을 적절하게 설계할 필요가 있다.

3. 복수 신용카드 정보공유 현황

이제, 신용카드와 관련한 현행 복수카드 정보공유 현황을 살펴보고 향후 개정될 점을 간단히 살펴보자. 2011년 현재, 복수카드 소지자에 대한 각 카드사의 정보를 여신금융협회가 종합하여 회원이 가입한 각 카드사에 매월 일괄통보하고 있다. 여신금융협회는 개별신용정보 집중기관으로 「신용카드 정보교환 및 관리규약」에서 복수카드정보의 범위(금융위 승인사항)를 정하여 관리·활용하고 있다. 여기서 공유정보는 신용카드 3개 이상(발급회사 기준) 소지자에 대한 인적사항, 카드 사용실적(회사별로 구분), 이용한도(회사별 한도를 합산) 등이다. 1997년 4월 4개이상이면 공유하던 정보를 2009년 3월, 3개이상으로 확대되었다.

여신금융협회는 전국은행연합회, 신용정보사로부터 받을 수 없는 카드회원의 총 카드 이용실적 및 이용한도에 대한 정보를 공유함으로써 위험정도와 연체 가능성을 점검하여 다중채무자 확대로 인한 부실화를 예방하고 있다.

표 2-2 ▎복수카드 정보의 집중현황

복수카드 정보	은행연합회 및 CB사 정보
거래월, 월이용한도(신판+현금서비스 합계), 신용판매 이용실적, 현금서비스 이용실적, 연체금액	대출정보, 채무보증정보, 대출상환실적, 연체정보, 금융질서문란정보, 신용등급정보 등

그러나 복수카드 정보공유의 문제점도 현재 나타나고 있다. 3매 이상 소지자(55%)의 정보만 공유되어 2매 소지자(21%)에 대한 위험관리가 취약해질 소지가 있다.

표 2-3 ▎신용카드 매수별 소지현황(2011.2월말 현재) (단위: 만 명, %)

	계	1매	2매	3매이상
인원(비중)	2,545 (100)	615 (24.2)	534 (21.0)	1,396 (54.8)

2010년중, 저신용층(개인신용등급 7~10등급)의 신용카드 신규개설 비중(8.7%, 전년비 +2.1%p)이 증가하였다. 또한 리볼빙 이용잔액은 가계채무상환능력 악화 시 일시에 부실화될 소지가 있어 위험관리가 중요한 상품임에도 그동안 정보가 공유되지 않고 있다. 특히, 2010

년 리볼빙 이용잔액 중 저신용층(9~10등급)의 비중이 36.4%로 높은 편으로 나타나고 있다. 신용판매과 현금서비스별로 이용한도가 구분되지 않고 합산제공되어 상품별 이용한도 파악이 어렵다.

개선 방안으로 복수카드 정보공유 범위를 발급사 기준으로 3장이던 것을 2장이상 소지자로 확대하는 것이 2011년 4월 금융위원회에서 승인되었다. 정보공유 회원 비중이 54.8%(1,396만명)에서 76.8%(1,930만명)로 확대(534만명, 21.0%p)되어 신용카드 건전성 관리 개선을 기대할 수 있다. 또한 카드사별 리볼빙 이용잔액(실적)을 공유정보에 추가될 수 있다. 신용카드 이용한도 정보는 신용판매와 현금서비스로 구분하되 회사별 한도를 각각 합산하여 공유할 수 있다. 단, 2장 소지자의 경우 타사의 카드 이용한도 등 영업정보가 노출되는 것을 방지하기 위해 카드사명을 비공개로 한다. 따라서 신용정보의 공유 수위에 따라 각 신용카드사의 영업전략이나 리스크관리에 영향을 미칠 수 있다.

신용정보는 금융거래 등 상거래에 있어서 거래상대방에 대한 신용도와 신용거래능력 등을 판단할 때 필요한 정보로서 식별정보, 신용거래정보, 신용도 판단정보, 신용능력정보 및 공공정보 등을 말한다.

제2절 신용정보의 내용

1. 식별정보

식별정보는 타인과 구별되는 특정 개인만이 가지고 있는 구분 정보들의 총합이다. 개인과 법인이 서로 정보체계가 다르며 개인일 경우 주로 주민등록번호가 이용되며 법인은 사업자등록번호와 법인등록번호가 주로 이용된다. 식별정보 자체로서의 활용외에도 신용거래정보, 신용도 판단정보, 신용능력정보, 공공정보 등과 결합되어 주로 이용되고 있다.

표 2-4 ▎식별정보

구분	등록정보	등록시기	이용기관
개인	성명, 주민등록번호(외국인의 경우 외국인등록번호, 재외동포의 경우 국내거소신고번호로 하되, 외국인등록번호 또는 국내거소신고번호가 없는 경우 외국인·재외동포 신용정보등록번호), 직업	수 시	식별정보와 연결된 정보의 이용기관
기업 및 법인	기업체명, 법인등록번호, 사업자등록번호, 대표자명, 업종		

2. 신용거래정보

개인의 신용거래정보는 금융 등 상거래와 관련하여 신용정보 주체의 거래내용 및 신용도를 파악할 수 있는 정보이다. 신용정보 종합집중기관에서 집중, 처리하여 신용정보 이용기관에 제공됨으로써 여신거래자에 대한 심사와 여신의 관리에 활용된다. 개인대출(카드론, 신용카드 현금서비스 포함), 기업의 대출, 지급보증, 법인채무보증 및 채무인수약정 등 신용공여현황 등, 개인채무보증정보, 신용카드발급 및 해지사실, 당좌(가계당좌)예금 및 해지사실 등을 포함하고 있다.[2)]

다음 각 호의 어느 하나에 해당하는 개인과의 거래를 종합신용정보집중기관 등에게 제공하거나 사후관리를 위하여 신용정보를 조회하고자 할 때에는 「개인신용정보의 제공 및 조회 동의서」에 의한 동의를 받아야 한다. 가계당좌예금 개설 및 해지 거래, 신용카드(신용체크카드)발급(자동갱신 발급 제외) 및 해지거래, 대출거래 약정시 1회 징구, 채무보증시 1회 징구한다.

신용공여(연체포함) 및 담보현황, 한도거래상황, 기업어음정보, 법인채무보증 및 채무인수약정 제공 대상거래처(이하 '대상기업체'라 한다)의 신규발생, 변경, 합병 등의 사유가 발생한 경우에는 「기업신용거래정보 대상기업체 변동상황 보고서」에 의거 파일전송 또는 서면으로 해당 사유발생일로부터 2영업일 이내에 종합신용정보집중기관에 등록하여야 한다. 종합신용정보집중기관은 금융기관으로부터 통보받은 내용을 종합한 대상기업체 명단을 파일 등 전산매체로 금융기관에 매월 2회(10일, 25일 기준) 통보함을 원칙으로 한다. 금융기관은 당해 금융기관 거래처가 소속된 계열 기업군중 주채무계열이 아닌 기타계열기업군에 대하여 계열 기업군형성 및 변동상황을 매분기말 익월 30일 이내 종합신용정보집중기관에 등록하여야 한다.

---

2) 신용정보의 이용 및 보호에 관한 법에 의하여 전국은행연합회가 종합 신용정보 집중기관으로 금융회사로부터 식별정보 및 신용거래정보 등의 기초정보를 수집하여 이를 금융권의 공유정보로 활용한다. 정보집중 및 정보공유가 법적 근거를 바탕으로 제도적으로 의무화되어 있다는 점에서 외국의 PCR(Public Credit Registry)와 비슷하나 다른 나라들과는 달리 정보 집중관리의 주체가 중앙은행이나 금융감독기관이 아닌 민간기구라는 점에서 차이가 있다. 집중정보의 범위 등 정보 집중기관의 운영지침은 업종별 민간 금융회사의 대표자로 구성된 신용정보협의회에서 결정한다. 이에 따라 종합 신용정보 집중기관은 소유구조 및 지배구조 측면에서 CB에 가깝고 법제도적 근거에서는 외국의 PCR과 비슷한 양면성이 있다. 정보 집중기관의 자료는 금융부문의 신용창출총액의 계산이 가능하여 금융제도 전반의 체계적 위험이 측정될 수 있다. 또한 개별금융회사별로 차입자별 대출현황이 수집될 수 있어 개별 금융회사의 신용위험 집중도의 점검이 가능하며 대손충당금 책정기준으로 활용할 수 있다.한편, 종합 신용정보 집중기관은 낮은 비용으로 기초정보를 CB시장에 제공함으로써 신규진입을 지원하는 효과가 있어 신용정보시장의 경쟁을 강화시킬 수 있다.

표 2-5 ▎개설 및 발급정보

구분	대상거래처	등록사유	집중시기
개설 및 발급정보	개인	가계당좌예금 개설 및 해지사실	사유발생일로부터 10일이내
		신용카드 발급 및 해지사실	
		신용체크카드 발급 및 해지사실	
	개인기업 및 법인	가계당좌 개설 및 해지사실	
		당좌예금 개설 및 해지사실	
		신용카드 발급 및 해지사실	

표 2-6 ▎개인대출정보

구분	대상거래처	등록사유	집중시기
대출현황	개인	대출거래사실	사유발생일로부터 10일이내
카드론현황		카드론 거래사실	
신용카드현금서비스정보		신용카드 현금서비스 거래사실	

표 2-7 ▎개인채무보증정보

구분	대상거래처	등록사유	집중시기
개인채무보증정보	개인	채무보증사실	사유발생일로부터 10일이내

표 2-8 ▎기업신용공여정보

구분	대상거래처	등록사유	집중시기
• 대출(연체포함)·지급보증, 기업어음, 법인채무보증 및 채무인수약정 등 신용공여(담보, 한도거래 및 신용공여기간 포함)	• 개인기업 및 법인 • 금융감독원장이 지정하는 주채무계열 기업군 소속 기업체 • 종합신용정보집중기관에서 지정하는 기타계열기업군 소속 기업체	• 개인기업 및 법인의 대출(10일 이상 연체 포함)·지급보증, 기업어음, 법인채무보증 및 채무인수약정 등 신용공여	• 집중시기 – 일일집중〔신용공여(10일 이상 연체 포함), 기업어음〕: 사유발생일로부터 2영업일 이내(단, 말일보 6영업일 이내) – 월집중(신용공여, 담보 현황, 한도거래상황, 법인채무보증 및 채무인수약정): 익월 6영업일이내

3. 신용도 판단정보

신용도 판단정보는 금융거래 등 상거래와 관련하여 신용정보주체의 거래내용 및 신용도 등을 판단할 수 있는 정보를 말한다. 연체정보, 대위변제·대지급정보, 부도정보, 관련인정보, 금융질서문란정보가 여기에 포함된다.

"연체 등"에 의한 신용도 판단정보의 등록은 다음 각 호로 한다. 첫째, 연체 및 대위변제·대지급정보에 의한 신용도 판단정보의 등록사유발생일은 연체기산일로부터 「관리기준」의 등록사유에서 정하는 기간이 되는 시점을 말한다. 다만 등록사유발생일이 공휴일(토요일 포함)인 경우에는 다음 영업일을 등록사유발생일로 한다. 둘째, 첫째의 연체기산일이라 함은 원금(분할상환금 포함) 또는 이자를 상환하기로 한 약정기일의 다음날을 말하며, 원금 또는 이자의 일부상환에 의해 차기납입일이 변경된 경우 연체기산일은 차기납입일의 익일로 한다. 셋째, 연체에 의한 신용도 판단정보 등록금액은 잔여대출원금으로 하며, 연체금액은 실제 연체가 발생한 금액으로 한다. 단, 신용카드의 경우 등록금액은 사유발생일 기준으로 청구 후 미결제원금으로 한다(할부로 청구된 경우 미결제원금을 포함). 넷째, 최초 "연체 등"에 의한 신용도 판단정보를 해당 금융기관에서 특수채권으로 편입할 경우에는 각 등록코드 앞에 "7"을 추가하여 구분 표시한다. 다만, 특수채권으로 편입된 신용도 판단정보의 관련인에 대하여는 각 등록코드 앞에 "8"을 추가하여 등록한다. 다섯째, 해외대출금연체, 해외지급보증대지급금 등록대상은 해외영업점 거래처로서 주민등록번호로 약정한 개인, 개인기업, 국내법인 및 해외지사 등으로 한다. 여섯째, 채무부존재소송 등과 관련된 경우에는 최종 확정판결일을 등록사유발생일로 본다. "연체 등"에 의한 신용도 판단정보의 해제사유발생일은 해당 등록사유가 해소된 날로 한다.

다음의 표 2-9는 연체정보에 대한 집중내용이다.

표 2-9 ▎연체정보

구분	등록사유	해제사유	기록보존기간	집중시기
대출금 연체	1. 대출원금, 이자 등을 3개월 이상 연체한 거래처	해당 연체사유 해소시	• 채무를 변제하지 아니한 기간(최장1년) • 등록사유발생일로부터 90일 이내 해제시 또는 등록금액 1천만원 이하인 경우에는 해제와 동시삭제. 다만 기간경과 해제시는 1년 동안 보존	사유발생 일로부터 10일이내
	2. 분할상환방식의 개인주택자금대출금을 9개월 이상 연체한 거래처(단, 만기 경과시에는 3개월 이후 등록)			
	3. 신용보증기금이 보증한 청년창업대출의 대출원금, 이자 등을 6개월 이상 연체한 거래처(단, 만기 경과시, 3개월 이후 등록)			
	4. 교육과학기술부(정부)지원 학자금 대출 등의 대출원금, 이자 등을 6개월 이상 연체한 거래처(단, 만기 경과시에는 3개월 이후 등록). 다만 졸업 후 24개월이 경과하지 않은 자는 졸업 후 24개월 까지 등록 유예			
	5. 5만원 이상의 카드론대금을 3개월 이상 연체한 거래처			
신용카드 대금연체	6. 5만원 이상의 신용카드 대금을 3개월 이상 연체한 거래처		• 채무를 변제하지 아니한 기간(최장1년) • 등록사유발생일로부터 90일 이내 해제시 또는 등록금액 500만원 이하인 경우에는 해제와 동시삭제. 다만, 기간경과 해제시는 1년 동안 보존	
할부금융 대금연체	7. 5만원 이상의 할부금융 대금을 3개월 이상 연체한 거래처			
매입외환 연체	8. 매입외환 부도대전 미결제액을 취급점의 부도 또는 차기 통지접수일에 3영업일을 가산한 날로부터 3개월이상 보유하고 있는 거래처(추심후 부도 지급 포함)		• 채무를 변제하지 아니한 기간(최장 1년) • 등록사유발생일로 부터 90일 이내 해제 시 또는 등록금액 1천만원 이하인 경우 해제시: 해제와 동시 삭제 • 기간경과 해제시: 1년	
외환관련 연체	9. 외환관련 수수료 및 기한수입신용장에 의한 이자 미결제액을 취급점의 부도 또는 차기 통지접수일에 3영업일을 가산한 날로부터 3개월이상 보유한 거래처			
해외대출금연체	10. 해외대출금을 3개월 이상 연체한 거래처			
기일경과 어음미결제	11. 만기일 경과 어음을 1개월 이상 미결제한 거래처	해당기일경과 어음 결제시		
무보증회사채상환 불이행	12. 만기도래하여 지급제시된 무보증 회사채에 대하여 상환 약정금의 지급을 불이행한 거래처	해당 만기도래지급제시 무보증회사채 상환시		
무담보미수채권	13. 무담보미수채권을 3개월이상 보유한 거래처	해당 무담보미수 채권 상환시	• 해제와 동시에 삭제 • 기간경과해제시: 1년	
부실채권 인수	14. 한국자산관공사가 인수한 부실채권차주	해당 등록사유 해소시	• 채무를 변제하지 아니한 기간(최장 1년) • 등록사유발생일로 부터 90일 이내 해제 시 또는 등록금액 1천만원 이하인 경우 해제시: 해제와 동시 삭제 • 기간경과 해제시:1년	
부실채권 차주	15. 정리금융공사가 인수한 부실채권차주		• 채무를 변제하지 아니한 기간(최장 1년) • 등록금액 1천만원 이하인 경우 해제시: 해제와 동시 삭제 • 기간경과 해제시 : 1년	

다음의 신용도 판단정보는 대위변제 및 대지급 정보이다.

표 2-10 ▎대위변제 및 대지급 정보

<table>
<tr><th>구분</th><th>등록사유</th><th>해제사유</th><th>기록보존기간</th></tr>
<tr><td rowspan="3">지급보증
대지급
·
대위 변제</td><td>1. 지급보증대지급금 또는 대위변제금을 3개월 이상 보유한 거래처[보증보험사의 이행성보증 (신용)보험 대위변제금 포함]</td><td>해당 지급보증대지급금 또는 대위변제금을 정리한 때</td><td rowspan="4">• 채무를 변제하지 아니한 기간(최장 1년)
• 등록사유발생일로부터 90일 이내 해제시 또는 등록금액 1천만원 이하인 경우 해제시: 해제와 동시삭제
• 기간경과 해제시: 1년</td></tr>
<tr><td>2. 신용보증대지급금을 보유하고 있는 거래처 [보증보험사의 금융성 (신용)보증보험 대위변제금, 지역신용보증재단의 대위변제금, 주택금융신용보증대지급금, 농림수산업자신용보증대지급금 포함]</td><td>해당 신용보증대지급금을 정리한 때</td></tr>
<tr><td>3. 자체대손보전 관련기금으로 부터 대위변제를 발생시킨 거래처</td><td>해당 대위변제금을 정리한 때</td></tr>
<tr><td>해외지급
보증대
지급금</td><td>4. 해외지급보증대지급금을 3개월 이상 보유한 거래처</td><td>해당 해외지급보증대지급금을 정리한 때</td></tr>
<tr><td>소구
·
구상 불능</td><td>5. 구상채무발생일로부터 구상불능채무를 상환하지 않거나 소구불능수출어음 보험금을 지급일로부터 3개월 이내 상환하지 않은 수출업체 (단, 선적전금융은 대위변제 후 1개월로 가능)</td><td>해당 소구 · 구상불능 채무를 정리한 때</td><td></td></tr>
<tr><td rowspan="2">공단신용
보증대
지급금</td><td>6. 근로복지공단의 신용보증 대지급금을 보유하고 있는 거래처</td><td rowspan="2">해당 채무액을 완납한 때</td><td rowspan="2">• 해제와 동시에 삭제
• 기간경과 해제시: 1년</td></tr>
<tr><td>7. 근로복지공단의 신용보증 대지급금 발생으로 손실을 초래케한 자</td></tr>
<tr><td>장학재단
보증
대지급금</td><td>8. 정부보증학자금 신용보증대지급금을 보유하고 있는 거래처. 단, 졸업 후 24개월이 경과하지 않은 자는 졸업 후 24개월까지 등록 유예</td><td>해당 신용보증대지급금 정리 시</td><td>• 채무를 변제하지 아니한 기간(최장 1년)
• 등록사유발생일로부터 90일 이내 해제시 또는 등록금액 1천만원 이하인 경우 해제시: 해제와 동시삭제
• 기간경과 해제시: 1년</td></tr>
</table>

다음은 신용도 판단정보 중, 집중되는 부도정보이다.

표 2-11 ▎부도정보

구분	등록사유	해제사유	기록보존기간
어음·수표 부도사실	1. 어음·수표 부도사실이 있는 거래처 – 어음교환업무규약에서 정하는 거래 정지처분사유로 인한 부도 사실거래 처를 말하며, 등록사유발생일은 부도 일 익영업일로함	등록사유가 발생한 때	1년
가계수표 최종부도	2. 가계수표 거래정지처분거래처 – 어음교환업무규약에서 정하는 거래 정지처분 대상거래처를 말하며, 등록 사유발생일은 거래정지처분일로 함	부도수표를 회수한 때	
당좌수표 최종부도	3. 당좌수표 거래정지처분거래처 – 어음교환업무규약에서 정하는 거래 정지처분 대상거래처를 말하며, 등록 사유발생일은 거래 정지처분일로 함		
약속어음 최종부도	4. 약속어음 거래정지처분거래처 – 어음교환업무규약에서 정하는 거래 정지처분 대상거래처를 말하며, 등록 사유발생일은 거래정지처분일로 함	• 부도어음을 회수한 때 • 기간경과 해제 없음 단, 2001. 1. 2. 전에 등록사유발생한 어음부도 거래정보는 등록 사유발생일로부터 10년이 경과한 경우 10년이 경과한 날을 당해 정보의 해제사유발생일로 봄	

다음은 신용도 판단정보 중, 집중되는 관련인정보이다.

표 2-12 ▎관련인정보

구분	등록사유	해제사유	기록보존기간
관련인	• 연체정보, 대위변제·대지급 정보, 부도정보의 거래처 중 다음 각목에 해당하는 자. 다만, 어음 · 수표부도사실(0404)의 관련인은 제외 가. 과점주주에 해당하는 자로서 최다출자자인 자 나. 과점주주에 해당하는 자로서 당해 회사의 채무에 연대보증을 한 감사 또는 이사 다. 당해회사의 발행주식총수 또는 지분총액의 100분의 30 이상을 소유 하고 있는 자로서 최대출자자인 자 라. 당해 회사의 무한책임사원	관련 거래처의 신용거래정보 등록사유가 해소되는 때 또는 금융기관이 정한 본인부담액을 정리한 때	• 관련 거래처의 해지시: 동시삭제 • 관련 거래처의 기간경과해제시: 관련거래처의기록보존기간을 따름 (단, 금융질서문란정보의 관련인 5년)

다음의 〈표 2-13〉는 신용도 판단정보 중, 집중되는 금융질서 문란정보이다.

표 2-13 | 금융질서 문란정보

구분	등록사유	해제사유	기록보존기간
금융거래 관련부당 행위자	1. 금융사기 등과 관련하여 법원으로부터 유죄판결을 받은자(기소중지자 포함)	해당 금융기관이 해제를 요청한 때	5년
	2. 사기, 결탁, 기타 부정한 방법으로 대출을 받거나 거래약정 등을 체결한 거래처		
	3. 여신거래와 관련하여 허위, 위·변조 또는 고의로 부실자료를 금융기관에 제출한 사실이 확인된 거래처 및 고의·중과실에 의한 분식회계가 확인된 거래처		
	4. 대출금을 약정용도외 유용한 사실이 확인된 거래처	유용한 대출금을 상환한 때	
	5. 대여시설물(리스물건 포함) 불법 처분 또는 중대한 사항을 위반한 거래처	계약사항의 원상회복 또는 해당 채무를 정리한 때	
	6. 양도담보물을 금융기관이 승인없이 임대 또는 처분한 거래처	해당채무를 정리한 때	
	7. 여신관련 명의대여 및 차명거래 등의 사유로 해당 금융기관과의 약정 사항을 부인하는 자		
가계당좌 불량	1. 가계수표를 할인한 거래처	해당 금융기관이 해제를 요청한 때	
	2. 타인 수표용지를 사용하여 가계 수표를 발행하거나 타인에게 가계수표용지를 제공한 거래처		
외국환 거래법 위반자	1. 계약파기 등으로 대외신용을 추락 또는 외화를 유용, 도피하거나 허위보고한 자	해당 금융기관(한국은행 포함)이 해제를 요청한 때	
수출보험사고	1. 수출보험사고의 귀책사유가 있는 거래처		
신용카드 관련 부당 행위자	1. 허위로 신용카드의 도난 및 분실신고를 한 거래처 2. 타인의 신용카드(도난, 분실 신용카드)를 부정하게 사용한 사실이 확인된 거래처 3. 신용카드에 의해서 현금융통한 사실이 확인된 거래처 4. 신용카드에 의해서 현금융통을 제공한 사실이 확인된 가맹점과 대표자 및 관련자 5. 신용카드를 위·변조한 거래처 또는 이를 사용한 거래처 6. 신용카드 매출전표를 할인·유통시키거나 허위작성(위·변조 포함) 또는 이중작성 하여 대금을 청구한 거래처 7. 100만원 이상의 신용카드 자기 매출대금을 청구한 거래처 8. 사기·타인의 명의도용(차명 포함) 기타 부정한 방법으로 신용카드를 발급, 가맹점 개설 등 금융거래질서를 문란케한 거래처 9. 가맹점수수료를 신용카드회원에게 전가한 가맹점 및 대표자 10. 신용카드를 양도, 수수, 차용, 대여하여 신용질서를 문란케한 자	해당 금융기관이 해제를 요청한 때	
신용회복 지원 관련자	1. 신용회복지원 승인신청시 제출한 자료나 진술 등이 허위로 판명된 경우 2. 신용회복지원 내용을 이행하는 과정에서 허위사실 선고, 재산의 도피, 은닉, 기타 책임자산의 감소행위 등의사실이 발견된 경우	해당 금융기관이 신용회복지원위원회에 해제를 요청한 때	5년

4. 신용능력정보

신용능력정보는 회사의 개황, 사업의 내용 등 일반정보, 재무상태, 재무비율 등 재무에 관한 사항, 감사인의 감사의견 및 납세실적 등 비재무에 관한 사항으로 현재는 은행권 내에서만 집중 및 활용되고 있다.

표 2-14 ▌신용능력정보

정보내용	대상거래처	제공기관	집중시기
1. 회사의 개황, 사업의 내용 등 일반정보	외부감사실시 기업 거래	금융기관	사유발생일로 부터 20일 이내
2. 재무상태, 재무비율 등 재무에 관한 사항			
3. 감사인의 감사 의견 및 납세 실적 등 비재무에 관한 사항			

5. 공공정보

공공정보는 국세·지방세·관세·과태료·고용·산재보험료의 체납, 법원의 판결에 의해 채무불이행자로 등록된 사실, 개인회생절차가 진행중인 거래처, 신용회복지원이 확정된 거래처, 파산으로 인한 면책결정을 받은 거래처 등이다.

표 2-15 ▎공공정보

구분	등록사유	해제사유	기록보존기간
국세 체납	1. 국세체납 발생일로부터 1년이 경과하고 체납액이 5백만원 이상인 자 2. 국세를 1년에 3회 이상 체납하고 체납액이 5백만원 이상인 자 3. 국세 체납결손처분액이 5백만원 이상인 자	• 해당 등록사유가 해소된 때 • 등록사유발생일로부터 7년이 경과한 경우 동 경과한 날을 당해 정보의 해제사유발생일로 봄	해제와 동시에 삭제
지방세 체납	4. 지방세 체납발생일로부터 1년이 경과하고 체납액이 5백만원 이상인 자 5. 지방세를 1년에 3회이상 체납하고 체납액이 5백만원 이상인 자 6. 지방세 체납 결손처분액이 5백만원 이상인 자		
과태료 체납	7. 과태료체납 발생일로부터 1년이 경과하고 체납액이 5백만원 이상인 자 8. 과태료를 1년에 3회 이상 체납하고 체납액이 5백만원 이상인 자 9. 과태료 체납결손 처분액이 5백만원 이상인 자		
관세 체납	10. 관세 등 체납발생일로부터 1년이 경과하고 체납액이 5백만원 이상인 자 11. 1년에 3회 이상 관세 등을 체납하고 그 체납액이 5백만원 이상인 자 12. 관세 등 체납 결손처분액이 5백만원 이상인 자		
채무 불이행자	13. 법원의 판결에 의하여 채무불이행자로 결정된 경우		
산재·고용 보험료체납	14. 고용·산재보험료 체납발생일로부터 1년이 경과하고 체납액이 5백만원 이상인 자 15. 고용·산재보험료를 1년에 3회 이상 체납하고 체납액이 5백만원 이상인 자 16. 고용·산재보험료 체납결손처분액이 5백만원 이상인 자		
신용회복 지원	17. "채무자회생 및 파산에 관한법률"에 의한 회생 절차가 진행되고 있는 기업체 및 그 관련인 – "채무자회생 및 파산에 관한법률"에 의한 보전처분 명령이 있는 때	• 등록사유가 해소된 때	
	18. 신용회복지원협약에 따라 신용회복 지원이 확정된 거래처	• 확정된 신용회복채무를 변제완료하거나 확정된 이후 2년 이상 변제한때 • 신용회복지원내용이 효력을 상실하여 '연체등' 또는 금융질서문란정보로 등록될 경우	
	19. 법원등으로부터 파산으로 인한 면책결정을 받은 거래처	• 면책채권을 변제한 때 또는 등록사유발생일로부터 5년이 경과한 때	
	20. "채무자회생 및 파산에 관한 법률"에 의한 개인의 회생절차가 진행중인 거래처	• 변제계획에 따른 변제완료 시 또는 5년이 경과한 때	
	21. – 한국자산관리공사의 신용회복지원 규정에 의해 채무조정이 확정된 경우 – 2년이상 채무 변제로 채무조정사실 해제 후 3개월 이상 채무상환을 불이행한 경우	• 등록사유발생일로부터 5년이 경과한때 또는 확정된 내용대로 변제를 완료하거나, 확정된 이후 2년 이상 변제한 때	
국외이주 신고	22. 해외이주법에 의한 해외이주신고 확인서상 신고자 – 해외이주비 환전용 해외이주신고확인서에 의거 해외이주비를 환전(또는 송금) 하는 날	• 등록사유발생일로부터 1년이 경과한때 또는 국외이주 포기신고서에 의하여 국외이주를 포기한 때	

제3절 비전통적 정보[3)]

우리나라의 현행 개인신용평가체계의 문제점 중 하나로 부정적(negative) 정보 활용 비중이 너무 높다는 점이 계속 지적되어 오고 있다. 일반적으로 부정적(negative, black)정보란 과거 연체정보를 의미하고 긍정적(positive, white)정보란 직업, 전반적인 부채 상황, 가족 및 직장 이력, 범죄기록 등의 차입자 특성정보를 의미한다. 현재 CB사들이 신용평점을 산정할 때 연체 정보 등 부정적 정보를 높은 비중으로 반영하고 있으며, 보다 정확한 신용평점의 산정과 신뢰성을 높이기 위해서는 긍정적(positive) 정보와 부정적 정보의 조화로운 수집과 이용이 필요하다는 주장이다. 신용등급 산정 시, 긍정적 정보의 비중이 높아지게 되면 연체정보로 인한 등급변동이 상대적으로 줄어들게 되거나 등급회복 소요기간이 단축되는 등 부정적 정보의 영향이 축소되게 되는 것이다.

또한, 청년 실업률 증가와 경제 활동 참가율 감소 및 불평등도의 악화에 따라 증가된 저소득층의 경우 금융거래 실적이 미미하여 신용등급이 산출되지 않아 정상적인 신용 이력의 축적이 매우 어려운 상황이다. 이러한 금융 소외 계층의 경우 제도권으로부터의 저렴한 신용대출이 필요한 상황이나 이전까지의 신용 이력이 아예 없거나 정확한 신용평점을 부여할 만큼 충분하지 못하여 은행 등의 제도권 금융기관으로부터의 대출을 받을 수 없는 집단이다. 그러므로 정부의 서민 금융 지원 정책 등을 통하여 정상적인 신용거래 이력을 꾸준히 쌓게 하고 이들을 제도권 금융으로 흡수하는 것은 매우 주요한 사안임에 틀림없다. 이에 따라 금융기관의 개인에 대한 신용 평가 정확도를 제고하고 금융 소외 계층의 신용 회복을 통한 서민 금융의 활성화에 도움을 주기 위한 하나의 방안으로 기존의 신용정보 이외의 새로운 정보를 신용대출의 판단에 추가적으로 이용하고자 하는 필요성이 금융기관, 금융소비자, 및 정부 등 다방면에서 점차 증가하고 있다. 이와 관련하여 외국 문헌에서 전기료, 가스요금, 통신요금, 월세 등의 납부 실적 등과 같이 기존에 주로 이용되어온 개인신용정보 이외에 소비자의 신용도를 평가하기 위한 정보로 새로이 활용되고 있는 정보를 비전통적(non-traditional)정보라고 한다. 이러한 거래는 상품 또는 서비스를 먼저 사용하고 주기적으로 상환한다는 점에서 신용거래와 매우 유사한 성격을 가지며, 이러한 거래 관련 정보를 비금융(non-financial)정보 또는 대안(alternative)정보라고도 부른다.

3) 권영준·남재현·조민정(2011)을 주로 인용하여 재구성함

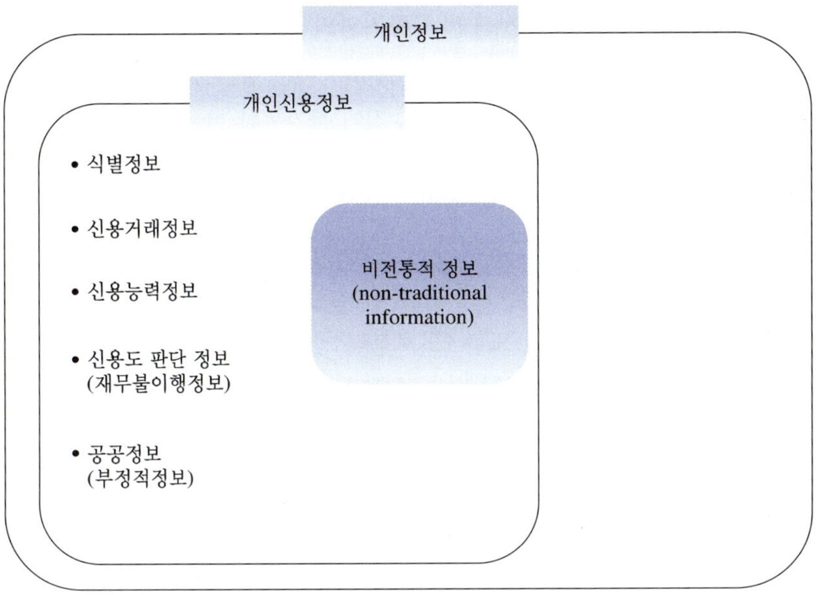

그림 2-1 ▌개인정보의 구성

1. 비전통적 정보 이용현황

우리나라의 경우, 현재 비전통적 정보 중 공공정보의 경우 국세, 지방세, 관세, 과태료, 고용 및 산재 보험료의 체납 정보에 대하여 체납 발생일로부터 1년이 경과하고 체납액이 5백만원 이상인 자, 1년에 3회 이상 체납하고 체납액이 5백만원 이상인 자, 체납 결손처분액이 5백만원 이상인자에 한하여 공유되고 있다. 이와 더불어 법원의 판결에 의한 채무불이행자 정보 및 파산면책정보, 개인회생정보, 신용회복지원 정보 등이 활용되고 있다.

이러한 국내 기존 비전통적 정보 특히 공공정보의 공유 활성화를 위한 법적 장치의 변화로서 우선 최근의 신용정보법 개정을 들을 수 있다. 금융회사의 신용평가능력을 제고하여 신용을 필요로 하는 금융소비자에게 보다 많은 금융서비스를 제공하기 위해 또한 신용소외 계층의 신용회복에 긍정적 도움을 주기 위한 공공정보의 활용 필요성이 증대됨에 따라 2009년 10월 신용정보법의 개정을 통하여 공공정보의 활용 범위가 확대되었다. 개정법에서는 공공정보의 활용 범위를 확대하여 고용보험, 산업재해보상보험, 국민건강보험 및 국민연금에 관한 정보로서 보험료 납부정보, 전기사용에 관한 정보로서 전력사용량 및 전기요금 납부 정보, 정부납품실적 및 납품액, 사망자 정보, 주민등록번호 및 성명 변경 정보, 국외 이주신고 및 이주포기신고정보 등을 포함하도록 하고 있다. 법은 신용조회회사 또는 신용정보집중기관이 공공기관에 이러한 정보를 요청하면 공공기관의 장은 정보를 제공할 수 있음을 명시하여 정보 제공의 법적 근거를 확보하고 있다. 그러나 이는 동시에 관계 기관이 내부 법률을 근거로 정보 제공을 거부하면 이러한 정보의 수집이 불가능한 한계를 동시에 가지고 있기도 하다.

구체적인 공공정보 활용 방법 및 절차는 우선 신용정보집중기관 또는 CB가 해당 공공기관에 신용정보의 제공을 문서로 요청하면 공공기관의 장은 해당 정보를 무선, 주기적 파일 제공 또는 행정정보공동이용센터 등을 통해 신용정보집중기관 또는 CB에 제공한다. 또한 금융회사가 신용정보집중기관 또는 CB로부터 공공정보를 제공받아 이용할 경우에는 해당 개인으로부터 조회 동의를 받아야하며 금융회사는 제공받은 공공정보를 제3자에게 제공할 수 없도록 규정하고 있다.

그러나 현실적으로는 공공기관들이 관련 법령상 '목적 외 사용불가' 또는 '누설금지'조항을 이유로 거부하거나, "신용정보업자 등에게 정보를 제공할 관련 법령상의 근거 조항"이 없음을 이유로 CB사에 제공을 거부하는 것이 일반적이므로 해당 공공기관의 자율적인 협조 없이 법적 강제를 통한 공공정보 이용의 활성화는 불가능한 상황이다. 즉 공공정보의 공유 및 활용은 소비자, 금융회사뿐만 아니라 공공정보 제공 기관 모두에게 긍정적인 효과를 가지고 온다는 인식이 보편화되지 않는 한 공공정보의 이용 활성화는 매우 요원한 상황이라 하겠다.

우리나라와 마찬가지로 외국 특히 미국의 경우에도 신용거래 계좌건수가 전무하거나 (no file) 2개 이하인 (thin file) 소비자들은 스코어링이 가능한 최소 계좌건수를 보유하지 못해 제도권 금융을 이용하는데 제약이 존재한다. 2005년 현재, 미국에서는 적어도 약 3,500만명 정도의 소비자들이 신용정보가 부족하거나 전무한 소비자로 분류되어 제도권 금융의 이용이 불가능한 상황이다. 이러한 추정치는 구체적 포괄 범위 및 추정 기관에 따라 많게는 4,500만명 또는 불법이민자까지 포함할 경우 7,000만명에까지 육박한다.[4] 일반적으로 이들에는 카드 사용 또는 채무를 싫어하는 부류로 현금 위주의 생활에도 불편함을 느끼지 않고 신용상품을 싫어하는 사람, 상당한 정도의 재산을 가진 대단한 재력가 및 금융상품을 원하지만 금융기관의 최소한의 고객 조건에 합당하지 않는 극빈층 등 매우 다양한 집단이 포함될 수 있다. 실제 조사 결과, 이들 중 880만명은 신용이력을 쌓기 시작하는 18세에서 21세 사이의 젊은 성인층이며, 670만명은 소수 인종, 290만명은 이민자 등으로 나타났다. 결국 보다 낮은 가격의 제도권 금융상품을 이용하기 위해서는 신용을 이용한 경험이 있어야 한다는 문제로 인하여 이러한 취약 계층은 매우 높은 가격을 지불하고 대출은 받는 약탈적 대출관행(predatory lending)에 노출되고 있다.

4) Experian Data Reporting Prepaid Executive Roundtable April 28, 2005

그러나 이러한 전통적 신용평가모형으로는 스코어를 지정할 수 없는 사람들 역시 월세, 전기료, 가스료, 전화료 또는 보험, 저축, 자녀양육비(childcare), 의료보험비, 대부업 대출 상환 등 특정 구입 재화와 서비스에 대한 반복적이고 지속적인 납부행위를 하고 있다. 미국의 CB산업의 경우, 이미 이러한 비전통적 정보 또는 비전통적 정보를 이용한 새로운 신용평가 상품을 개발하고 기존의 신용평가상품에 이를 추가하는 등의 작업이 진행되어 오고 있다. 다만, 아직까지는 이러한 여러 비전통적 정보 중 어느 데이터가 가장 필요한지 엄밀하게 연구되어 확인된 것이 없는 상황에서 개별 회사들은 기존의 신용정보 외의 비전통적 정보를 포함한 신용평점 모형을 자체적으로 연구·개발 중이거나 또는 개발된 모형을 실제 심사업무에 활용하고 있는 상황이다.

사실 수년 동안 대형은행들과 모기지 브로커들은 비전통적 정보를 이용한 CB로부터의 자료를 거의 이용하지 않고, 신용이력이 거의 없는 주택 구매자에게는 일괄적으로 더 높은 대출 금리를 추징하여 왔다. 그러나 서브프라임사태 이후 은행들은 잠재적 차입자 특히 전통적 대출 기준에는 적합하지 않는 그룹에 대한 관심이 매우 커지게 되었다. 이들은 최근에 이민을 왔거나, 대학을 졸업했거나, 이혼 또는 사별을 한 여자이거나 등의 사유로 일반적으로 전통적인 신용평점이 존재하지 않아 그들이 비록 소득이 충분하고 여타 요금을 성실히 납부하는 사람의 경우라 하더라도 신용을 공여하는 것이 거의 불가능한 그룹이다. 이러한 그룹의 사람들을 타겟으로 하여 PRBC(Payment Reporting Build Credit)와 신용리포트 프로세싱 업체인 First American Credco, 자료 제공업체인 LexisNexis 그리고 3대 CB 중 하나인 TransUnion과 같은 기업들은 전통적 정보에는 포함되지 않던 여러 납부 정보를 모으기 시작했고 은행들은 이러한 잠재적 차입자에게 대출을 확장하기 위하여 이러한 정보들을 이용하기 시작하였다.

구체적으로 2002년에 설립된 PRBC의 경우 소비자들이 스스로 등록하고 자신들의 월세, 유선방송, 전기, 가스, 통신, 보험료의 성실한 납부에 기초한 긍정적 신용정보 파일을 쌓아가게 하고 있다. PRBC의 경우 소비자들은 회사의 웹사이트에 자신이 직접 은행계좌 정보를 제공하고 다른 관련 문서 및 영수증 등을 팩스로 보내며 확인 비용으로 65불을 지불하면 PRBC는 외부인을 고용하여 이러한 정보를 확인하는 과정으로 이루어진다. 이와 관련하여 Fair Isaac & Company의 FICO Expansion Scoring은 debit 자료, 회원가입 자료, 전기료·전화료 등의 자료, 파산 선고, 저당권 설정 자료 등의 정보를 이용하여 왔다. 이후 2007년 말 Fair Isaac 사는 PRBC와 제휴를 맺어 PRBC Credit Report with FICO® Expansion® Score를 제공하고 있다. 이는 기존의 FICO Expansion Scoring에 PRBC 보관소의 rental 및 bill 납부 자료와 제삼자로부터 획득된 비금융신용이력정보 및 3개의 주요 CB로부터의 전통적 신용정보 등을 포함하는 포괄적인 신용리포트를 결합한 상품이다. 반면 경쟁사인 LexisNexis의 경우 소비자가 아니라 대출기관이 요금을 지불하며 이를 이용하여 LexisNexis는 통신기록 등의 소비자의 정보를 공공문서를 통하여 확보하여 제공하고 있다. LexisNexis의 RiskView Total Solutions은 300개 이상의 공공정보 자료를 이용하여 평점 산정을 하고 있으며, 이에 따라 전통적으로 CB Score가 없는 고객의 집단 중 90% 이상을 scoring하는 것이 가능하게 되었다. 또한 L2C의 First Score Direct도 전화료 납부 자료, Debit 및 수표(checking) 계좌 사용 내역, 다수의 대체 대출 자료(임차료 납입 정보 등)를 이용하여 신용 평점 산정을 하고 있으며, 전통적으로 CB Score가 없는 고객의 집단 중 80~90%를 scoring하는 것이 가능하게 되었다.

이 외에 TransUnion사는 비전통적 정보를 포함한 신용평점 모형 개발을 발표한 바 있고, Experian사도 기존의 신용평점 모형에 전화요금 정보를 포함하려는 계획을 발표했으며, 주택금융회사인 MassHousing은 First American CredCo가 개발한 비전통적 정보에 기초한 신용평점 모형인 Anthem을 사용하여 미국 전역에서 심사업무를 수행한 바 있다. 그리고 Bank of America도 일부 고객을 위해 기존의 신용평가 절차에 비전통적 정보를 포함한 바 있다.

2. 비전통적 정보에 관한 연구

Brookings Institution과 Political and Economic Research Council(PERC)는 2006년 전기, 가스, 통신 등 비전통적 정보의 공유가 특히 신용 소외계층의 신용접근성에 어떤 효과를 발휘하는지에 대한 공동연구를 실시하였다. 이는 비전통적 정보를 활용해 신용 프로파일(profile)의 변화를 고찰한 첫 번째 연구로 TransUnion으로부터 2005년 3월말 기준으로 전기/가스정보 또는 통신정보 중, 적어도 하나의 정보를 가지고 있는 소비자 8백만 건의 신용 파일을 이용하였다. 연구 결과, 소비자의 신용 평점 산출 시 기존의 신용정보에 이러한 유틸리티(utility) 정보를 포함시킬 경우 소비자는 신용거래 기회가 증가하고 금융회사는 위험비용을 감소시키는 것으로 나타났다. 소비자의 경우, 비전통적 정보가 포함되면 거의 모든 소비자의 신용평점(score)에 영향을 주지만 특히 신용거래 실적 2건 이하인 thin file 소비자에게 가장 큰 영향을 주는 것을 발견하였다. 즉, 전기/가스 정보가 신용보고서에 포함될 경우 전체 표본 중에서 thin file로 분류되는 비율은 17%에서 12%로 감소하고 통신정보의 경우 23%에서 18%로 감소하였다. 또한, 이러한 비전통적 정보를 신용평가 모형에 포함할 경우 기존에 신용평점 산출 불가에서 산출 가능으로 전환하는 소비자의 수 역시 크게 증가하였다. 전기 및 가스 정보를 포함할 경우, 신용평점 산출이 불가능하였던 소비자 중 83.3%가 그리고 통신정보를 포함할 경우 신용평점 산출이 불가능하였던 소비자 중 94.1%가 신용평점 산출이 가능하게 되었다.

비전통적 정보의 추가는 또한 thin file 소비자의 신용접근성을 확대하고 신용한도를 증가시키는 효과를 가지는 것으로 분석되었다. 비전통적 정보를 포함하시 않을 경우 5% 정도의 소비자가 신규계좌를 개설한 대 비하여 비전통적 정보를 포함하는 경우 16% 정도의 소비자가 신규계좌를 개설하였다. 또한 비전통적 정보를 보유하고 있는 소비자의 경우 그렇지 않은 소비자에 비해 신용한도가 증가하는 것으로 나타났다. 전기/가스 정보의 경우 2,500달러 통신정보의 경우 1,100달러가 증가하는 것으로 분석되었다.

금융회사에 미치는 영향은 금융회사의 신용평점모형에 비전통적 정보를 포함하는 경우 신용평점모형의 예측력이 크게 향상하는 것으로 분석되었으며, 동일한 대출승인율 하에서는 연체율이 감소하여 위험비용이 줄어드는 것으로 나타났다. 비전통적 정보가 포함될 경우와 포함되지 않을 경우를 대비하여 VantageScore, TransRisk new account, TransRisk Bankruptcy, Bankruptcy Model II10) 등의 여러 모형을 이용한 예측력을 실험한 결과 비전통적 정보를 포함한 경우 예측력이 크게 높아진 것으로 나타났다. 비전통적 정보를 포함할 경우 기존의 신용거래정보가 풍부한 소비자와 그렇지 못한 소비자 중 어느 쪽의 예측력 개선 효과가 더 큰지를 보기 위하여 전체 표본을 두 그룹으로 나누어 분석한 결과 신용거래 3건 이상의 thick file의 소비자의 경우 비전통적 정보의 포함으로 인한 신용평가모형의 예측력 개선은 미미한 데 반하여 thin file 소비자의 경우 모형의 예측력이 3배 이상으로 개선되었다. 또한, 이러한 모형 예측력의 개선은 결국 동일한 목표 승인율하에서 비전통적 정보를 포함하는 경우 연체율이 감소하는 것으로 나타난다.

한편, 비전통적 정보를 신용평가에 포함하는 경우 비전통적 정보를 제공하는 회사에 미치는 영향에 관한 연구는 매우 희박하다. 이와 관련하여 TransUnion사의 Nicor Gas Corporation에 대한 사례연구에 따르면 신용보고서에 비전통적 정보를 포함할 경우 비전통적 정보를 제공하는 회사의 연체율 및 부실채권이 감소하였음을 보고하고 있다. 즉, 소비자들이 자신의 가스비 납부 실적이 자신의 신용평점에 영향을 준다는 것을 인지하게 됨에 따라 이전보다는 가스비 납부에 훨씬 성실하게 임하게 되어 회사의 연체율 및 부실채권이 감소하게 되는 경로를 생각해 볼 수 있다.

국내의 경우, 권영준외 (2011)는 비전통적 정보를 신용평가에 활용하는 것이 어떤 효과를 가지고 오는지를 살펴보기 위하여 비전통적 정보 중 우리나라에서 지속적으로 관심이 되어오고 있는 공공정보를 중심으로 분석하였다. 특히, 이러한 공공요금 정보(전기요금, 가스요금 등), 4대 보험 정보(고용보험, 산재보험, 건강보험, 국민연금 관련 정보), 개인파산 및 개인회생정보, 신용회복정보, 주민등록 관련 정보(주민등록번호, 사망자 정보, 국외이주자 정보 등), 국세청 세금 관련 정보 등의 공공정보 중 공공요금정보의 효과를 우선 살펴보았다. 해외 문헌들의 결과는 주로 유틸리티(utility) 정보가 가장 효과가 크다는 보고서가 다수 존재하고, 기존의 해외 실증 분석 역시 전기/가스 및 전화요금을 이용하고 있으므로 그 결과와 우리나라 자료를 이용한 결과와의 비교가 가능하다. 이 경우 전기요금, 가스요금, 전화요금의 세 자료를 모두 가지고 분석을 하는 것이 가장 이상적일 것이나 자료의 획득의 어려움으로 인하여 전기요금 납부 실적자료만을 이용하였다. 사용하는 자료는 코리아크레딧뷰로(KCB)가 보유하고 있는 자료에 서울시 거주자의 전기요금 납부실적을 결합하여 데이터를 구축하였다. 구체적으로 서울시내 저압 주택용 주거용 고객 중 2009년 10월 사용량이 300Kw 이하인 고객의 2009년 전기요금월청구액 및 2009년 10월 현재의 전기요금 연체정보 자료를 이용하였다. 그러나 전기요금 납부자의 정확한 식별 정보 부재로 성명, 생년월일, 행정동명 정보만으로 고객의 추정이 가능한 265,491명의 자료만을 사용하였다. 한편, 일반적으로 전기요금청구액이 2,000원 미만이 경우에는 청구서 자체가 발송이 되지 않으므로 이러한 가구들을 제외하는 것이 필요하다. 이 가구의 경우 청구서 자체를 받지 못하는 상황이므로 이들을 전기요금연체자로 보기에는 부적합하여 제외하는 것이 합리적이라 판단된다. 이 경우 265,491명의 이용 가능 데이터 중, 일부 가구가 제외되어 최종 데이터는 255,084명을 대상으로 연구하였다.

이상의 자료를 이용한 결론은 다음과 같다. 개인의 신용대출 결정에 있어서 기존의 스코어 모형에 비전통적 정보로써 전력요금 청구 및 전력요금 연체 정보를 추가로 이용하는 경우에 발생하는 경제적 효과를 thin file 고객을 중심으로 금융기관의 측면과 금융소비자의 측면에서 실증적으로 살펴보았다. 그 결과 비전통적 정보를 포함한 스코어 모형의 신용평가 정확도가 증가함에 따라 thin file 고객 전체의 신용대출 관련 불량 고객 수 및 불량률이 감소하며, 특히 CB 하위 등급 또는 채무불이행 경험이 없는 고객의 경우에 불량률 감소 효과가 상대적으로 더 높게 나타나는 등 금융기관들은 주어진 승인율 하에서 신용연체율을 감소시킴으로써 자본적정성 및 수익성 개선의 효과를 기대할 수 있다.

또한, 개인신용평가에 비전통적 정보를 활용함으로써 금융소비자의 경우, 우선 기존의 스코어 산출이 불가능한 계층들의 신용등급 부여가 가능해짐에 따라 제도권 금융을 이용할 수 있는 소비자의 범위가 확대되게 된다. 또한, 기존에 신용등급이 이미 부여된 thin file 고객의 경우에도 CB 하위등급, 저소득층, 채무불이행을 경험한 고객군, DTI를 추정할 수 없는 고객 및 50% 이상의 과다채무 고객군 등에서 상대적으로 전기요금정보를 포함한 스코어의 상향고객 비율이 높게 나타났으며, 이러한 스코어 상승은 결국 주어진 금융기관의 목표 신용연체율 하에서 대출승인률을 상승시킴으로써 소비자들의 신용대출 규모를 증가시키는 긍정적인 효과를 가져오는 것을 확인할 수 있었다.

개인신용평가에 비전통적 정보를 포함함으로써 발생하는 이러한 여러 경제적 혜택 중 현재의 우리나라의 상황에 비추어 볼 때 가장 주목을 받는 부분은 이전에 신용거래가 없거나 부족하여 제도권 금융시장에서 신용대출을 받기 쉽지 않았던 금융소외 계층들이 새롭게 제도권 금융을 이용할 수 있게 된다는 점이라 보여진다. 비전통적 정보를 이용하여 신용등급의 정확성과 신뢰도를 제고함으로써 신용거래 미비자들에게 유용한 금융 서비스를 제공하고 서민금융 지원 대상자를 제대로 선별하는 하나의 방안을 제공한다는 점에서 정부 당국에게 시사점을 제공하기 때문이다. 또한, 신용등급 산정 시 비전통적 정보의 축적을 통한 긍정적 정보의 비중이 높아지게 되면 연체 정보로 인한 등급 변동이 작아지게 되고, 등급 회복에 걸리는 기간이 줄어드는 등 현재 우리나라 개인신용평가체제의 문제점 중 하나로 지적되고 있는 부정적 정보의 지나친 영향이 줄어들게 되는 효과도 존재한다.

그러나 위와 같은 분석을 하기 위해 여러 어려움이 존재한다. 관련 데이터의 획득에 있었다. 사용된 전력요금 관련 정보뿐만 아니라 통신요금 관련 정보, 가스비 요금 관련 정보, 의료비 납부 관련 정보 등의 대표적인 비전통적 정보들은 비록 학술적인 목적에 국한하더라고 자료를 얻는 것이 매우 힘이 드는 것이 현실이다. 이들 데이터들은 그 속성상 개인의 사생활 침해 위험의 소지가 매우 큰 자료들이기 때문에 데이터 보유 기관에서 임의로 자료를 유출하는 것이 매우 힘든 상황이기도 하지만, 데이터 보유 기관이 자발적으로 자신이 보유하고 있는 비전통적 정보를 위험을 무릅쓰고 제공할 유인이 없는 것 또한 중대한 이유이다. 한편, 전기요금 이외의 다른 비전통적 정보들을 함께 모형에 도입함으로써 그 영향을 살펴보는 것 또한 필요하다. 예를 들어, 통신요금 정보, 가스비 정보, 의료비 정보 등을 함께 모형에 추가할 경우 모형의 예측력은 훨씬 높아질 것이고 그에 따른 금융 소외자들에게 제공되는 신용공여의 정도도 상당히 증가할 것이기 때문이다. 보다 장기적인 연구로 이러한 비전통적 정보의 개인신용평가 활용이 일반화되면 그로 인하여 소비자들이 자신의 비금융거래의 납부 실적이 자신의 신용평점에 영향을 준다는 것을 인지하게 됨에 따라 이전보다는 비금융거래 관련 납부에 훨씬 성실하게 임하게 되어 관련기관의 연체율 및 부실채권이 감소하게 되는 경로에 대한 연구를 통하여 비전통적 정보의 보유 및 제공 기관에 미치는 영향에 대한 연구 또한 필요하다.

제3장 신용정보의 수집 및 활용

제1절 신용정보의 수집

우리나라 개인 신용정보시장의 구조를 정확히 이해하기 위해서는 신용정보 흐름의 각 단계, 즉 정보의 풀링 단계와 정보의 가공·평가 단계를 나누어 살펴볼 필요가 있다. 우리나라 신용정보시장은 정보의 풀링 단계에 있어서는 모든 금융회사의 일정 범위 정보를 제도적으로 집중하는 정보집중 부문과 민간 신용정보업자(CB)와 금융회사간 개별 계약에 기초한 자발적인 정보수집 부문이 병존하고 있다.

제도적인 정보집중 부문을 살펴보면 우선 정보 집중기관으로는 종합 신용정보 집중기관인 전국은행연합회가 있으며, 업종별 개별 신용정보 집중기관으로 생명보험협회, 손해보험 협회, 한국 여신 전문금융업협회, 한국정보통신 산업협회 등이 있다. 종합 신용정보 집중기관과 개별 신용정보 집중기관은 비영리 사단법인으로서 개인 신용정보를 집중 및 제공하는 역할을 담당하고 있다.

정보수집 부문은 민간 신용정보회사들도 담당한다. 민간 신용정보 회사들은 개인 신용을 제공하는 금융회사 또는 백화점 등 판매사들과 개별계약을 체결하여 집중정보 이외의 기타 상세한 신용정보를 수집한다. 민간 신용정보 업자는 종합집중기관의 집중정보와 자체적으로 수집한 기타 정보를 이용하여 작성한 개인 신용평가 자료를 개인 및 정보이용기관들에게 제공하고 있다.

아래의 표 3-1는 우리나라 신용정보 취급기관을 나타낸다. 신용정보를 집중하는 집중기관이 있으며, 신용정보를 가공·평가·유통하는 신용정보업체가 존재한다. 신용정보업자에 대해서는 다음 절에서 자세히 살펴보기로 한다.

표 3-1 ❙ 우리나라 신용정보 취급기관

구분	기관	기타
신용정보 집중기관 (수집 및 집중)	• 종합 신용정보 집중기관 – 전국은행연합회(금융기관의 신용정보 집중)	정보의 의무집중 (신용정보법 제 17조2항1호)
	• 개별 신용정보 집중기관 – 여신금융협회, 한국정보 통신산업 협회(업권 내 신용정보를 자체적으로 수집,관리) – 생명보험협회, 손해보험협회(업권 내 신용정보를 은행연합회로 집중)	업권별 협약에 의한 정보집중 (신용정보법 제 17조2항2호)
신용정보업체 (가공·평가·유통)	• 신용조회업 허가업체 – 7개사 (KCB, 한기평, 한신정, 한신평정보, 서신평, KED, 나이스디앤비) • 개인신용정보 취급업체 – 4개사 (KCB, 한신정, 한신평정보, 서신평)	• 신용조회업: 신용정보 수집,처리, 의뢰인의 조회에 따른 제공 • 신용조사업: 타인의 의뢰를 받아 신용정보 조사, 의뢰인에게 제공(신용정보법 제2조)

표 3-2 ❙ 신용정보 집중기관의 정보집중 내용

구분	정보내용	정보제공기관	비고
전국 은행연합회	• 대출정보 및 채무보증정보 • 가계당좌/당좌예금 개설 및 해지 정보 • 신용카드 발급 및 해지 정보 • 신용불량 정보	거래 금융기관	
여신금융협회	• 4개 이상 복수카드 소지자 사용정보 • 신용카드 해외 사용정보 • 가맹점 정보	카드사	
5개 카드사	• 10만원 이상 5일 이상 연체정보	삼성, 신한, BC, 국민, 외환	
4개 카드사	• 10만원 이상 5일 이상 연체정보	BC, 외환, 현대, 롯데	
한국정보통신 산업협회	• 유선: 3만원 이상 3개월 이상 연체정보 • 무선: 정지 후 2개월 이상 경과정보	통신회사	
기타	• 생명보험협회: 보험계약정보 • 손해보험협회: 계약/보험금 지급 정보	보험사	인가를 취득하였으나 정보 집중은 미실행

이러한 기관들에 대해 알아보자. 전국은행연합회(www.kfb.or.kr)의 법적 위치는 신용정보 종합집중기관으로 신용정보의 이용 및 보호에 관한 법률에 기반한다. 구성을 살펴보면 정사원은행이 10개 시중은행, 4개 특수은행, 6개 지방은행, 2개 신용보증기관(총 22개)으로 구성되고 준사원은행은 외국은행 국내 지점(총 38개)으로 구성되어 있다. 설립 목적은 금융기관

상호 업무협조, 금융문제의 조사연구, 은행업무 개선을 통한 금융산업의 발전을 도모하고 금융기관거래처 신용정보의 집중관리 및 평가 등을 통한 건전한 신용거래 질서를 확립하며 금융인의 자질향상, 복리후생의 증진을 통한 사회적 지위 향상을 위해 노력하고 있다.

한국정보통신산업협회(www.eprivacy.or.kr)의 법적 위치는 신용정보 개별 집중기관(신용정보의 이용 및 보호에 관한 법률)에 의하는데 존립근거는 정보통신망 이용촉진 및 정보보호 등에 관한 법률 59조에 있다. 구성을 살펴보면 임원사 KT 등 20개 대형 정보통신사(내부적으로 회장/부회장/이사/감사로 나뉨)와 중/소형 기관으로 구성되어 있다. 설립목적은 회원의 협력과 유대강화를 통해 정보통신망 이용촉진 및 정보화 사회 기반 조성에 기여하는 것이다. 기타사항으로 30개 기관만이 정보통신 요금 미납자 공동관리를 위해 거래기록정보 수준의 정보 교환하고 있으며 상기 정보공유 업체들의 대부분은 시중의 신용정보조회업자에 거래기록정보로 재등록되고 있다.

생명보험협회(www.klia.or.kr)의 법적 위치는 신용정보 개별 집중기관(신용정보의 이용 및 보호에 관한 법률)이며 존립근거는 보험업법 175조에 기반한다. 구성을 살펴보면 생명보험사(외국계 포함 23개)와 재보험사(코리안리재보험주식회사)로 구성된다. 설립목적은 공동이익 증진과 회원 상호간의 업무협조유지, 생명보험 문화의 확산 등 생명보험 사업의 건전한 발전에 기여하는 것이다. 기타사항으로 생명보험에 한정된 정보로써 실제 '보험개발원'에서 DB를 관리, 회원사에게만 제공하고 있으며 고액보장보험 등을 통한 보험사기 등에 대한 수요가 증가 중에 있다. 손해보험협회(www.knia.or.kr)의 법적 위치는 신용정보 개별 집중기관(신용정보의 이용 및 보호에 관한 법률)이며 존립근거는 보험업법 198조에 기초한다. 구성을 보면 국내 손해보험사인 서울보증, 코리안리, 교보 등을 포함하는 14개사, 준회원사 3개사와 해외 손해보험사 13개로 구성된다. 설립목적은 보험사업자 상호간 업무질서 유지 및 보험사업 발전을 도모하는 것이다. 기타사항으로 손해보험에 한정된 정보로써 실제 '보험개발원'에서 DB를 관리, 회원사에게만 제공하고 있다.

여신금융협회(www.crefia.or.kr)의 법적 위치는 신용정보 개별 집중기관(신용정보의 이용 및 보호에 관한 법률)이며 존립근거는 여신전문금융업법 62조에 기반한다. 구성을 살펴보면 신용카드(롯데, BC, 삼성, 신한, 현대, KB국민, 하나SK 카드 등 7개사), 리스사(한국개발금융 등 19개사), 할부금융(현대캐피탈 등 18개사), 신기술금융(IBK캐피탈 등 7개사)으로 구성되어 있다. 설립목적은 회원상호간 업무협조와 여신전문금융에 대한 연구개발 및 홍보를 통하여 여신전문 금융업의 건전한 발전을 도모하는 것이다. 기타사항으로 복수카드정보(2개 이상 카드 보유자)로 식별(주민등록번호, 성명) 및 사용실적(이용금액, 연체금액, 한도 등)을 공유하고 있으며 신용카드 회원사에 한정하여 제공하고 있다.

제2절 우리나라 신용정보공유시스템 현황 및 특징

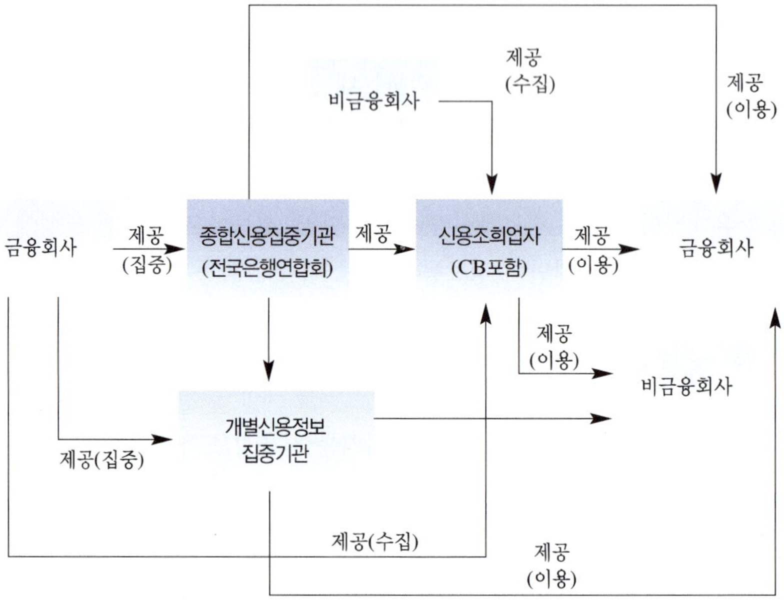

그림 3-1 ▎우리나라 신용정보공유제도 개관

※ 자료: 이인호·김경훈(2010)

현행 우리나라 개인 신용정보공유시스템은 기초정보의 집중을 제도적으로 의무화하고 있는 집중부문 신용정보집중기관(PCR)과 계약에 기초한 정보의 수집부문(CB)이 공존하고 있는 형태이다.

정보의 집중부문을 통한 신용정보의 관리와 공유는 종합신용정보 집중기관인 전국은행연합회와 4개의 업종별 개별 신용정보집중기관들이 담당하고 있다. 제1·2금융권과 보험권의 대출정보 및 연체정보 등 개인신용정보가 종합집중기관인 은행연합회로 집중되어 금융권의 공유정보로 활용되고 있다. 계약에 기초한 개인 신용정보의 수집과 신용정보의 가공, 평가 및 조회서비스 제공은 신용조회업을 허가 받은 민간 신용정보업자(CB)가 담당하고 있다. 한편, 신용정보집중기관들은 비영리 사단법인으로서 개인 신용정보를 집중 제공할 수는 있으나 개인 신용정보의 가공 및 평가는 제도적으로 금지되어 있다.

우리나라의 종합집중기관은 전국은행연합회로서 이는 신용정보의 이용 및 보호에 관한 법률 제17조 제2항 제1호 '종합 신용정보 집중기관 지정'에 의거한 것이다. 종합집중기관은 은행을 비롯한 각 금융기관에서 금융거래 시 발생하는 신용정보 및 공공기관에서 보유하고 있는 공공기록정보를 수집하여 정보제공기관은 물론 재정경제부, 한국은행, 금융감독원 등의 공공기관 및 신용정보업자 등에게 제공함으로써 정책당국의 정책수립 자료로 활용하는 한편 금융기관의 여신심사 및 사후관리의 효율성을 제고시켜 합리적인 자금운용과 신용거래 질서의 확립을 도모한다. 원래 우리나라의 신용정보 집중업무는 금융기관 불량거래처에 대한 정보에 국한되어 은행감독원에서 담당하였으나 1982년 4월 전국은행협회로 업무가 이관되었다. 이후 신용정보의 이용이 많아짐에 따라 신용정보의 집중 및 이용과 관련하여 각종 규칙 및 지침이 만들어졌는데 1995년 「신용정보의 이용 및 보호에 관한 법률」이 제정되어 관련 제도의 일대 정비가 이루어지게 되었다 신용정보를 집중하여야 하는 신용정보 제공기관의 지정도 이 법령에 따른 것이다.

한편, 1997년에는 「신용정보의 이용 및 보호에 관한 법률」을 개정하여 신용정보협의회를 신설하였다. 이 신용정보협의회는 각 금융업권의 대표 등 신용정보의 이용자들이 주축이 되어 구성되어 있으며 집중정보의 범위를 결정하는 기구이다. 따라서 우리나라의 신용정보 집중은 법적으로 의무화되어 있는 한편으로 그 범위에 대해서는 금융기관들이 자율적으로 결정하도록 되어 있으나 감독당국 또한 이에 영향력을 행사할 수 있는 구조로 되어 있다. 현재, 우리나라 종합집중기관에서 집중하고 있는 개인신용정보는 개인신용거래정보, 금융질서문란정보, 공공정보 등이다.

종합집중기관이 신용정보등록 의무자 모두로부터 신용정보를 집중·관리 활용하는 반면 개별신용정보집중기관은 동종의 금융기관 또는 금융기관외의 동종의 사업자가 설립한 협회 등의 협약에 의하여 신용정보를 집중관리 활용한다. 개별집중기관은 동종업체간의 협약으로 집중관리 활용대상 정보의 범위를 정하여 금융감독위원회의 승인을 얻어야 하며 현재 생명보험협회, 손해보험협회, 한국여신전문금융업협회 및 정보통신산업협회 등이 있다.

제3절 신용정보 활용의 간단한 예시

예를 들어, 신용카드회사는 신용영업이 기본이므로 개인의 신용정보를 수집하고 이를 효율적이고 체계적 관리가 매우 중요하므로 간단히 살펴보자. 신용정보는 신용평가의 기초자료가 되며, 개인신용평가시스템을 가동하여 경영효율을 제고한다. 신용정보는 구체적으로 신용부적격 기준수립과 회원의 성향(속성)분석, 그리고 잠재고객이나 기존고객의 신용도를 산정하는 자료로 활용된다.

1. 신용부적격 기준수립

신용카드 회원 입회심사에서 가장 중요한 것은 신용을 평가하는 일이다. 자체로 조사한 연체 및 조회정보와 기타 외부의 신용등급 등을 이용하여 부적격 항목과 기준으로 활용한다. 이 기준에 미달하는 경우는 입회가 불허되거나 기타의 신용조건을 부가하여 거래할 입회할 수도 있다.

표 3-3 | 부적격 주요항목(예시)

구분	부적격 주요항목
외부정보	채무불이행정보, 소액대출정보, 신용평점, 신용정보조회정보, 부정매출정보
자사정보	부정사용정보, 사고정보, 장기연체정보

2. 회원 속성분석

내부 및 외부로부터 수집한 회원의 신용정보를 이용하여, 개별 회원의 특성이나 리스크 분석을 통하여 심사기준에 반영하고 관리한다. 연체이력이나 대출 및 채무보증 이력 및 신용평가회사 등으로부터의 신용평가점수 등이 이들 정보이다. 분석요인은 연체금액 및 기간, 대출금액과 기간, 채무보증금액 및 기간, 복수카드 소지매수와 이용 매수와 이의 이용금액 및 연체금액, 신용평가점수 등을 중심으로 빈도수, 평균, 표준편차 등의 통계분석과 분석요인간의 상관관계분석, 동일 성향회원간의 군집분석 등이 속성분석으로 이용된다.

3. 신용도평가

신용카드 영업은 신용 비즈니스이니 만큼 회원의 신용도의 평가가 매우 중요하다. 회원의 신용도에 따라 신용공여 한도를 상향하거나 하향하는 등 한도를 탄력적으로 운영하고, 현금서비스 등 대출한도나 기준을 설정하며 채권의 배분전략 등에도 활용된다.

제4장 국내의 신용정보 보고서

제1절 경제활동과 신용정보

1. 개인신용보고서

개인신용보고서(personal consumer credit report)란 한 개인에 대해 여신 상황을 중심으로 한 금융거래 상태를 종합적으로 나타낸 보고서를 말한다. 여기서 여신이란 대출, 신용카드, 보증, 할부 등과 관련된 금융거래 형태를 의미하며 이용금액, 연체상태, 거래건수 등 다양한 형태로 표시된다. 이와 관련된 주요 규정은 앞에서 다룬「신용정보의 이용 및 보호에 관한 법률(신용정보법)」에서 다루어진다. 여기서 주의할 것은 예금, 보험, 신탁, 주식 등과 같은 수신과 관련된 내용은 보고서 내에서 제외된다. 왜냐하면 수신과 관련된 내용은「금융실명거래 및 비밀보장에 관한 법률(금융실명제법)」에 따라 처리되기 때문이다. 만약, 예금이나 주식과 관련된 금융정보가 광범위하게 유통된다면 이러한 정보가 유출되었을 때 범죄의 표적이 될 수도 있고 개인 프라이버시와도 밀접하게 관련될 수 있으므로 일반적인 개인신용보고서에서는 제외된다. 이러한 개인신용보고서는 표준화된 CB등급과 더불어 금융기관 여신 상품의 가입 여부, 한도, 이자율 등의 의사결정 및 렌터카 사용 등의 일반 상거래 개설 및 유지 목적, 취업 서류 제출 시 등 다양한 영역에서 중요한 판단 자료로 활용되고 있다. 또한, 이러한 보고서 내의 정보는 최근 IT기술의 발달로 인해 실시간으로 변하기도 하므로 개인은 언제나 관심을 가져야 한다. 2010년 1월부터는 CB사로부터의 '개인신용정보 무료열람제도'가 연간 3회까지 확대되었으므로 적극적으로 이를 활용할 필요가 있다.

개인신용보고서를 제공하는 곳은 여러 곳이 있으나 가장 범용되어 활용되는 것은 현재 CB사로부터의 보고서이다. 이러한 보고서는 정보의 출처에 따라 크게 2가지로 나뉜다. 즉, 전국은행연합회로부터의 자료와 CB사 자체적으로 수집하는 정보로 나누어진다. 1980년대 초기만 하더라도 현재의 CB사인 신용조회업자들이 설립되기 시작했고 전국은행연합회로부터의 정보를 제공받아 백화점 등으로 단순하게 되파는 업무를 지속하였다. 이후, 금융 및 경제 제도의 발전에 따라 보고서의 수요자들은 다양한 정보를 요구하게 됨에 따라 백화점 등의 비금융기관들의 연체정보 수집과 유통이라는 새로운 영역의 개발과 더불어 금융기관과 비금융기관의 가교 역할을 하게 되었다. 또한, 2000년대 초반에 이르러서는 금융시장의 팽창 및 대형금융기관의 이해관계 등이 얽히면서 정보의 유통 및 신용보고서의 내용은 현저한 변화를 이루게 된다. 즉, CB사에서 단기연체정보를 시작으로 금융기관들로부터 직접 정보를 수집 및 유통하기 시작하였고 이를 소극적 CB정보라 할 수 있다. 이들은 상당히 중복적인 내용이 많으나 전국은행연합회는 강제적 규율에 따른 법적 기관으로 금융기관입장에서 정보를 공유하지 않을 경우에는 제재금 납부의 의무를 가지지만 소극적 CB정보의 경우는 시장 내 자율적 정보공유 풀(pool)이므로 금융기관 입장에서는 상대적으로 자유롭다고 할 수 있다. 최근에는 소극적 CB정보에 (중대형)대부업 정보가 포함되고 있다. 결론적으로 관련 기관의 형성 시기와 금융시장의 발전 상황에 따라 크게 좌우되어 왔다고 할 수 있다. 종합신용정보 집중기관인 전국은행연합회, 개별신용정보 집중기관은 여신금융협회, 생명보험협회, 손해보험협회, 금융투자협회, 정보통신산업협회, 저축은행중앙회 등으로 이들은 각각 고유의 신용정보보고서를 제공 중이다.

2. 개인신용보고서 사례

개인신용보고서는 크게 신용개설정보, 신용조회정보, 개인대출정보, 개인보증정보, 연체정보, 공공정보 등으로 나누어진다.

(1) 신용개설정보

신용개설정보는 현재 개설되어 있는 신용과 관련된 계좌정보이다. 즉, 신용카드(신용체크카드) 발급 및 해지사실, 가계당좌예금 개설 및 해지사실 등의 금융개설정보 및 할부금융, 백화점카드 등의 거래와 관련한 거래개설 정보를 의미한다. 다만, 신용카드의 한도나 만기일 등은 개별 금융기관으로부터 전국은행연합회로 공유되지 않으므로 현실적으로 (소극적) CB정보로 공유되고 있다. 이러한 결과는 신용주체인 개인의 입장에서는 일일이 개별 금융기관에 확인하거나 CB사로 별도로 상세내역을 청구해야 할 불편함이 있다.

◎ 신용개설정보

구분	금융개설	유통개설	기타 개설	총계
최근 1년이내 건수	1건	0건	0건	1건
전체 신용개설 건수	5건	1건	0건	6건

◎ 상세내역

▸ 최근 1년이내 신용개설 내역 ▸ **전체 신용개설 내역**

사유	개설내용	개설점포	개설일	만기일	금액(천원)
0081	은행업계 신용개설정보	외환카드	2010/10/28	-	-
0081	은행업계 신용개설정보	농협중앙회	2010/06/10	-	-
0081	은행업계 신용개설정보	SC제일은행	2010/03/02	-	-
0081	은행업계 신용개설정보	우리은행	2007/09/10	-	-
0181	백화점신용카드 개설자	한화갤러리아	2007/05/17	-	-
0081	은행업계 신용개설정보	신한카드(통합)	2001/12/04	-	-

그림 4-1 ▌신용개설정보

(2) 신용조회정보

신용조회정보는 본인이 아닌 신용정보 이용자(즉, 금융기관 등 신용정보 수요자)가 본인을 조회한 내역 중에서 현재 유통되고 있는 내용이다. 즉, 신용조회정보는 거래업체가 본인의 신용상태를 조회했다는 기록이다. 신용조회정보는 비록 실거래가 성사되지 않더라도 조회사실이 남게 된다. 다만, 유의해야 할 점은 연간 3회 이하의 금융권 조회기록은 신용등급 산정에 활용되지 않으며 인터넷, 콜센터 등의 비대면 신용조회기록 역시 활용되지는 않지만, 여신정책 및 금융사기거래 방지 차원에서는 활용될 수 있으므로 각별히 유의할 필요는 있다. 제도적으로 추가 검토할 부문으로 인사 목적으로 신용정보의 활용 부문이다. 현재는 취업희망자의 동의를 통해 인사상의 목적으로 이용할 수 있는 부문이 있지만 제도적으로 이용할 수 있는 업종이나 업무를 한정하는 것이 보다 합리적일 것이다. 왜냐하면 채무불이행자나 면책 등 상대적으로 열악한 신용 상태에 있는 취업 희망자의 약점을 이용하여 고용주나 인력중개업체의 부당한 이익을 취할 가능성이 크기 때문이다.

◉ 신용조회정보

▸ 조회사유별 신용조회건수　▸ 기관별 신용조회건수

구분	최근 3개월 이내 조회	3개월 ~ 1년 이내 조회	1년 이전 조회	총계
신용카드발급	0	0	2	2
보증/대리/인사	0	0	0	0
기타	0	0	1	1
융자/대출/주택	0	1	0	1
대부신용조회	0	0	0	0
할부/리스/렌탈	0	0	0	0
총계	0건	1건	3건	4건

◉ 상세내역

▸ 최근 3개월 이내 조회　▸ 3개월 ~ 1년 이내 조회　▸ 1년 이전 조회　▸ **전체 조회**

순번	조회일	조회업체	사유	조회내용	관리기관
1	2010/11/01	한국외환은행	04	융자/대출	한신정
2	2010/06/10	농협카드	01	신용카드발급	한신정
3	2010/04/13	케이티	11	신용거래개설	한신정
4	2010/02/26	SC제일은행	01	신용카드발급	한신정

그림 4-2 ▌신용조회정보

그러나 여러 문제점 때문에 당국은 신용조회기록 활용 종합개선방안을 제시하였다.[5] 검토의 배경을 살펴보면 대부분 신용조회회사(CB) 및 금융회사는 금융소비자에 대한 신용도 평가시 신용조회기록(금융회사 등이 신용조회회사에 개인의 신용정보를 조회한 기록)을 활용하고 있으나 금리쇼핑 등 일상적인 거래과정에서 수반되는 조회기록이 신용등급 하락요인으로 작용하는 것은 부당하다는 의견('07년 이후 조회기록 관련하여 월평균 20건 민원 제기)이 지속적으로 제기되었다. 따라서 대부분 일반국민들이 조회기록으로 인한 불이익을 받지 않고 일상적인 금융거래를 영위할 수 있는 여건 조성이 필요하다.

조회기록의 활용현황을 보면 신용조회회사(CB)는 개인신용평가시 조회기록을 반영하고 있다. 일반적으로 부정적인 요소로 작용하며 제2금융권(저축은행, 캐피탈), 대부업체 조회기록이 상대적으로 큰 영향을 미친다. 평가모형내 조회기록 반영비중은 약 16%(총평점기준) 정도로 알려져 있다. 미국 3대CB(Experian, Equifax, TransUnion)가 사용하는 개인신용평점모델인 FICO Score에서도 조회기록을 5% 내외 반영중에 있다. 다만, 기존고객에 대한 거래유지여부 판단목적 및 채용·민원·본인열람 등 금융거래와 무관한 신용조회기록은 신용평가에

5) 금융감독원(2010. 6. 29), 신용조회기록 활용 종합개선방안.

미반영된다. 이는 조회기록으로 개인의 금융거래패턴(빈도, 승인·거절여부 등) 파악이 가능하고 연체발생률과 통계적 유의성이 존재하며 사기대출(fraud) 시도를 파악할 수 있는 중요한 수단이 되기 때문이다. 금융회사는 CB에서 제공받은 신용등급 및 조회기록을 신용평점시스템(CSS)에 반영하거나 대출심사기준(policy)으로 활용하고 있다. 조회기록은 일반적으로 CSS에 약 5~25%의 비중으로 반영한다. 또한, 일부 금융회사는 비은행권 조회기록이 있는 경우 정밀심사(review)를 실시하거나 대출을 거절(cut-off) 하기도 한다.

이러한 조회기록의 활용에 대한 문제점은 다음과 같다. 첫째, 금리쇼핑 등 일상적인 금융거래가 제약될 수 있다. 금리 등 조건이 유리한 상품을 알아보기 위해 금융회사에 문의하는 과정에서 발생한 조회기록으로 신용도 하락이 가능하다. 예를 들어, 자동차할부거래를 위해 2개 캐피탈사에서 금리조건을 알아보았으나 금리가 높은 것 같아, 다음날 타사를 방문하여 거래조건을 문의하였더니 전날의 신용조회로 인해 신용등급이 하락하여 거래가 불가하다는 답변을 받는 경우가 있었다. 특히, 서민층일수록 조회기록에 따른 신용등급 하락으로 인한 금리상승, 대출거부 등 불이익 가능성이 높아진다. 둘째, 신용등급 격차로 인한 금융소비자 불이익이 있을 수 있다. 조회기록을 반영하는 CB와 반영하지 않는 CB간 신용등급 차이가 발생하기 때문이다. 금융회사는 통상 복수(2~3개) CB로부터 신용등급을 조회하여 가장 낮은 등급에 따라 보수적으로 거래여부를 판단하는 경향이 있다.

표 4-1 ❙ 신용조회기록 활용개선 내역 (×: 활용제한, ○: 현행유지)

		신용조회회사(CB)		금융회사	
		신용등급 반영	금융회사에 제공	신용평점에 활용	여신정책 및 금융사기거래 방지에 활용
금융회사 창구에서 조회	1~3회 (85%)	×	○	×	○
	4회~ (15%)	○	○	○	○
인터넷, 전화, 대출·카드 모집인을 통한 조회		×	×	×	×

개선방안은 다음과 같다. 첫째, 연간 3회 이내의 조회기록 신용등급 반영을 금지한다. 일상적인 금융거래 과정에서 수반되는 연간 3회 이내의 조회기록(대출기록이 금융권과 공유되지 않는 대부업체 조회기록은 적용대상에서 제외)은 CB 및 금융회사 자체 개인신용평가에 반영이 금지된다. 조회기록은 여신정밀심사, 사기대출방지 등에 활용할 수 있도록 현행과 같이 금융회사에 제공하되 연간 3회 이내인 경우 "신용평점시스템(CSS)에 활용할 수 없음"을 표시하여 제공한다. 여기서 사기대출은 조회기록 활용시 대출정보 집중·활용에 3일내외 소요되

는 점을 악용한 사기대출(fraud) 예방 가능(조회기록은 실시간 제공됨)하다고 본다. 따라서 대출보유자(약 1,600만명)의 85.5%는 조회기록이 연3회 이내(최근 3년평균)이므로 대부분의 금융소비자는 조회기록으로 인한 불이익을 받지 않을 전망이다. 다만, 신용정보가 부족하여 조회기록 배제시 등급산정이 안되는 고객("0등급")의 경우, 금융거래가 가능토록 조회기록 활용을 허용한다. 또한, 금융회사가 신용평가 반영 금지를 회피하기 위한 수단으로서 3회 이내의 조회기록만을 이유로 거래거부·가산금리부과 등 금융소비자에게 불이익을 부과하는 행위도 금지되고 있다. 시행시기는 2011년 1월 1일부터이다. 둘째, 비대면 조회기록의 신용평가 미반영한다는 점이다. 인터넷·콜센터 등 이미 활발하게 이용(시중은행 및 중대형 여신전문회사, 저축은행 등의 경우 인터넷 대출상담서비스 시행중)되고 있는 비대면채널을 통한 대출상담시 발생한 조회기록을 CB 신용평가 미반영 및 금융회사 미제공하고 있다. 영업점을 방문한 고객도 비대면 대출상담을 이용할 수 있도록 영업점내에 인터넷PC 설치하도록 지도하며 연내 전지점 설치가 가능하다고 보고 있다. 시행시기는 2010년 7월 1일부터 전면시행에 들어간다.

(3) 개인대출정보

다음으로 현재 유통되고 있는 금융기관의 개인대출정보가 있다. 현재 대부업과 관련된 내용은 유통되지 않는다. 이는 개인이 CB사나 대부업체로 별도의 요청으로 가능하다. 이러한 이유는 신용조회정보뿐만 아니라 대부업과의 거래 여부만으로도 다른 금융기관들에서는 차별적 처우를 하기 때문에 일반적으로 제공되지는 않는다. 또한, 여기에는 개인대출정보뿐만 아니라 채무보증정보, 채무조정정보, 현금서비스 등이 포함된다. 첫째, 개인대출정보는 현재 개인대출정보에는 주택담보여부만이 포함되어 유통된다. 이는 부동산 정책을 대출을 통해 제약하려는 정부의 요청에 의한 것이다. 다만, 이러한 주택담보만이 유통될 것이 아니라 상가, 토지 등 다양한 부동산 대출은 담보대출이 아닌 일반 신용대출과 동일하게 신용등급에 반영되므로 자영업자들은 급여소득자와 동일하게 대출을 받더라도 상대적으로 낮게 평가될 수에 없는 단점이 있다.

◎ 대출거래 상세 정보

총 대출건수	1 건	총 대출금액	100,000 천원

사유	거래내용	발생기관명	지점명	개설일	변경일	금액(천원)	주택담보
0031	대출거래사실	외환은행	본부총괄	2010/11/10	-	100,000	없음

그림 4-3 ǀ 개인대출정보

둘째, 채무보증정보는 금융기관 및 제3자에 대한 보증 정보가 유통된다. 금융기관마다 상이하지만 채무보증금액 역시 신용정보주체의 채무한도에 영향을 줄 수 있으므로, 부득이한 경우로 제한할 필요가 있다.

채무보증 상세 정보

총 보증건수	0 건	총 보증금액	0 천원

사유	보증내용	발생기관명	지점명	발생일	변경일	금액(천원)
해당 내역이 없습니다.						

그림 4-4 | 채무보증정보

셋째, 채무조정정보는 기존 채무의 정상적 상환 등에 문제가 생기게 되면 이를 금융기관 등에서는 조정하게 된다. 여기에는 신용회복위원회 또는 한국자산관리공사에서 운용되는 희망모아 채권 등이 여기에 해당된다. 비록 대출관련정보이긴 하지만 금융기관 등에서는 이를 연체정보로 간주되는 경향이 강하다. 이 경우, 기존에 유통되던 연체정보는 해제 처리된다.

채무조정 정보 요약

총 조정건수	0 건	총 조정금액	0 천원

순번	상품유형	상품코드	개설일	총 금액(천원)	잔액(천원)
해당 내역이 없습니다.					

그림 4-5 | 채무조정정보

넷째, 현금서비스정보는 은행이나 신용카드사의 인별 현금서비스 사용 총액이다. 현금서비스의 이율은 통상 은행 이율보다 높은 경우가 많으므로 잦은 현금서비스를 이용하는 사람이라면 주거래 금융기관과 대출 전환에 대해 고려해 보는 것도 좋다.

현금서비스 정보

총 현금서비스건수	0 건	총 현금서비스 금액	0 천원

사유	사유설명	발생기관	발생지점	개설일	변경일	금액(천원)
해당 내역이 없습니다.						

그림 4-6 | 현금서비스 정보

다섯째, 학자금대출보증정보는 한국주택금융공사에서 보증을 선 학자금대출정보이다. 이는 학자금대출을 취급한 시중은행 15군데에서 추가로 확인할 수 있다. 다만, 실제 대출자는 시중은행이므로 상기 대출거래 상세정보에 중복되어 대출금액이 유통될 수 있다.

◎ 학자금대출보증정보 상세내역

총 대출건수	0건	총 대출금액	0천원

거래내용	발생기관명	지점명	개설일	변경일	금액

해당 내역이 없습니다.

그림 4-7 ▌학자금대출보증 정보

(4) 연체관련정보

연체관련정보는 금융기관 및 거래처와의 거래 중 연체와 관련된 내용이다. 통상 해제와 삭제라는 개념이 있는데 해제라는 것은 통상적으로 '변제'하였다는 형태로 여전히 연체정보가 유통되는 것을 의미하고 삭제라는 것은 관련된 연체정보 전체가 더 이상 유통되지 않는다고 보면 이해가 빠르다. 또한, 다른 신용정보와 달리 정보 등록 및 유통을 위한 신용주체의 동의를 받을 필요는 없다. 다음과 같이 실제 사례를 살펴볼 수 있다. 첫째, 전국은행연합회의 채무불이행정보는 통상 3개월 이상의 연체정보나 부도, 대지급 등 기일 내에 변제를 이행하지 아니한 경우의 정보이며 유일하게 해제라는 개념을 사용하고 있다. 전국은행연합회는 대부업을 제외한 제도권 전금융기관이 회원사로 등록되어 있으며, 이런 금융기관의 고객연체 발생 시는 반드시 전국은행연합회로 등록하도록 되어 있다.

◎ 채무불이행(은행연합회) 정보

총 건수	0건	총 등록금액	0천원
		총 연체금액	0천원

사유	등록내용	발생기관명	발생일	제공일	해제일
	관련인정보	발생지점명	등록금액(천원)	연체금액(천원)	해제사유

해당 내역이 없습니다.

그림 4-8 ▌채무불이행(은행연합회) 정보

둘째, 신용정보사의 채무불이행정보는 비금융기관의 연체정보(통상 3개월)나 부도, 대지급 등 기일 내에 변제를 이행하지 않은 경우의 정보이다. 해제라는 개념은 없다. 또한, 금융기관에서 발생한 연체에 대해, 해당 보증인에 대해 대위청구가 실질적으로 해소되지 못할 때 금융기관이 직접 해당 보증인을 신용정보사의 채무불이행정보로 등록할 수 있다. 즉, 신용정보사가 1차적으로 수집하는 통상 3개월 이상의 연체정보라고 할 수 있다.

◎ 채무불이행(신용정보사) 정보

총건수	0 건	총 연체금액	0 천원

사유	등록내용	등록기관	발생일	제공일	금액(천원)
해당 내역이 없습니다.					

그림 4-9 ▌채무불이행(신용정보사) 정보

셋째, 금융질서문란정보는 전국은행연합회가 1차적으로 수집하는 정보로써 허위 또는 부정한 방법으로 금융질서를 문란하게 한 정보를 가리킨다. 세부적으로 금융사기 등과 관련하여 법원으로부터 유죄판결을 받거나 여신거래와 관련하여 허위, 위변조 또는 고의로 부실자료를 금융기관에 제출한 사실이 확인 또는 고의중과실에 의한 분식회계가 확인된 경우 등과 같이 단순한 금융회사 대출금 및 이자 상환미납이 아닌 경우 등록사유가 된다. 2005년 4월에 신용불량정보(현재는 채무불이행정보로 변경)에서 별도로 분리되어 운용되어 오고 있다.

◎ 금융질서문란 정보

총 건수	0 건	총 등록금액	0 천원
		총 연체금액	0 천원

사유	등록내용	발생기관명	발생일	제공일	해제일
	관련인정보	발생지점명	등록금액(천원)	연체금액(천원)	해제사유
해당 내역이 없습니다.					

※ 금융질서문란 정보의 기록보존기간은 5년입니다.

그림 4-10 ▌금융질서문란 정보

넷째, 단기연체정보는 예정 결제일에 정상 납입이 되지 않은 연체정보로 결제일로부터 5일이 경과된 정보를 말한다. 다만, 최근 IT기술의 발전으로 일부 대형 금융기관들은 1일만 연체해도 공유되는 경우도 있다. 이 때 연체된 개인이 3개월을 경과하게 되면, 금융기관은 전국은행연합회로도 정보를 등록하는데 CB사에서는 출처가 다르기 때문에 각기 관리한다고 보는 것이 편하다. 또한, 향후 연체를 해소하였을 경우에는 각기 다른 출처로의 정보원을 감안하여 개인신용보고서 내에서 변경 상황을 살펴보아야 한다.

◎ 단기연체 정보 요약

구분	대출연체	카드연체	할부/리스	기타 단기연체	합계
연체 건수	없음	없음	없음	없음	없음
연체 금액(천원)	없음	없음	없음	없음	없음

◎ 종류별 단기연체 상세내역

대출 | 카드 | 할부/리스 | 기타

정보구분	구분기준	총 건수	총 연체금액 (천원)
대출연체	5일 이상 연체	없음	없음

※ 대출과 관련하여 등록된 단기연체 내역입니다.

◎ 상세내역

순번	연체종류	연체 사유	최초 연체일	연체금액 (천원)	발생기관
		최종 등록 사유	현재 연체일	잔액 (천원)	발생지점
해당 내역이 없습니다.					

그림 4-11 ▎금융질서문란 정보

다섯째, 일반연체정보는 통신 등 일반 업체의 예정 결제일에 정상 납입이 되지 않은 연체정보로 결제일로부터 5일이 경과된 정보를 말한다.

◎ 일반연체 정보

총건수	0 건	총 미납금액	0 원

순번	의뢰업체명	의뢰지점명	미납금액(원)	담당운영자	전화번호
해당 내역이 없습니다.					

※ 연체정보는 단지 회원님의 신용관리를 위해서만 제공되는 정보로 납부독촉과는 관계없는 단순 안내입니다.

그림 4-12 ▎일반연체 정보

(5) 공공정보

공공정보는 공공기관에서 등록하는 정보이다. 실질적으로 금융거래 등 상거래에 있어서 신용정보주체의 식별·신용도 및 신용거래능력을 판단할 수 있는 법원의 심판·결정정보, 조세 또는 공공요금등의 체납정보, 주민등록 및 법인등록에 관한 정보 및 기타 공공기관이 보유하는 정보라고 할 수 있다. 그러나 현실적으로는 국세, 지방세, 관세 등의 세금 미납정보만 유통된다.

◎ 공공정보

총 건수	0 건	총 등록금액	0 천원

사유	등록내용	발생일	제공일	해제일
	발생기관명	등록금액(천원)	연체금액(천원)	해제사유
해당 내역이 없습니다.				

그림 4-13 | 공공정보

제2절 신용보고서 발급 사례와 교정

1. 신용보고서 발급 사례

통상 특정한 개인신용보고서의 서식은 없으며, 기본적인 개인신용정보의 요약본과 CB신용등급이 같이 제공된다. 거래기준 신용정보 요약은 신용개설정보나 신용조회정보 등이 포함된다.

◎ 거래기준 신용정보 요약

정보 구분	건수	금액 (천원)	선택
신용개설 정보	6	-	상세보기 »
신용조회 정보	4	해당사항없음	상세보기 »
총계	총 10 건	총 0	

그림 4-14 | 거래기준 신용정보 요약

대출기준 신용정보 요약은 대출정보, 개인보증정보 등이 포함된다.

◉ 대출기준 신용정보 요약

정보 구분	건수	금액 (천원)	선택
대출 정보	1	100,000	상세보기 »
채무보증 정보	-	-	상세보기 »
채무조정 정보	-	-	상세보기 »
현금서비스 정보	-	-	상세보기 »
총계	총 1 건	총 100,000	

그림 4-15 ▎대출기준 신용정보 요약

연체기준 신용정보 요약은 연체정보, 공공정보 등을 포함한다.

◉ 연체기준 신용정보 요약

정보 구분	건수	금액 (천원)	선택
채무불이행 (은행연합회) 정보	-	-	상세보기 »
채무불이행 (신용정보사) 정보	-	-	상세보기 »
금융질서문란 정보	-	-	상세보기 »
공공정보	-	-	상세보기 »
일반연체 정보	-	-	상세보기 »
총계	총 0 건	총 0	

그림 4-16 ▎연체기준 신용정보 요약

위의 정보를 이용하여 개인신용평점 및 신용등급이 산정되고 요인별 설명이 간략이 첨부된다.

◉ 개인신용평점 및 신용등급

신용평점
934점 / 1000점

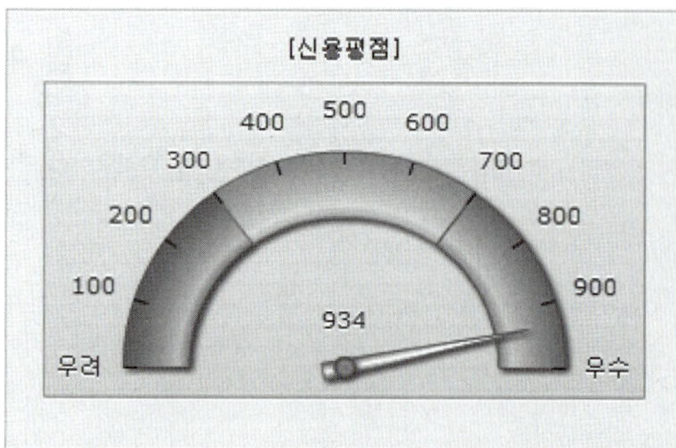

⊠ 신용평점 : 신용위험모형을 통해 산출된 평점으로 점수가 높을수록 우량합니다. (0점~1000점)

긍정적 요인	비교적 오랜 신용카드거래 이력 보유 다중채무 문제없음. 은행업권 대출만 보유중임 과거 주택담보대출 경험 있음
부정적 요인	최근2년내 30일미만 CB연체 보유 최근3년내 30일미만 CB연체 보유 현재 비 주택담보대출만 보유
평점 프로파일	없음

● 적용배제 사유 (평점산출 불가요인)

- 적용배제 사유가 없습니다.

그림 4-17 | 개인신용평점 및 신용등급

2. 신용보고서 교정(repair)

「신용정보의 이용 및 보호에 관한 법률(이하 신용정보법)」에서 보장하고 있는 개인의 권리에 대한 내용은 다음과 같다. 〈부록〉의 신용정보법에서 가장 먼저 '신용정보 주체'라는 용어는 '처리된 신용정보에 의하여 식별되는 자로서 당해 신용정보의 주체가 되는 자(신용정보법 제2조2항)'로서 개인과 기업을 특별히 구분하고 있지 않다. 앞에서 언급한 전국은행연합회등과 같은 신용정보집중기관, 각종 금융기관 등(은행, 신용카드사, 캐피탈, 신협, 새마을금고, 백화점 등)의 신용정보이용/제공자, 한국신용정보와 같은 신용정보업자 등으로 구분될 수 있다. 이러한 신용정보 유통구조 하에서 신용정보 주체인 개인은 상대적으로 약자이므로 신용정보법에서 보장하는 신용정보 주체의 권리에 대해 다음 표와 같이 간단히 정리를 할 수 있다.

표 4-2 신용정보법이 보장하는 신용정보 주체의 권리

구분	제공사실의 통보 요구권	열람권	정정 청구권
규정	신용정보법제24의2	신용정보법제25조	신용정보법제25조
요청내용	• 제공받은자, 이용목적, 제공일자, 제공한 정보의 주요내용 등	• 본인정보의 정보의 제공 또는 열람	• 본인정보 중 사실과 다른 내용의 정정
대상기관	• 신용정보업자, 신용정보제공/이용자(금융기관 등), 신용정보집중기관	좌동	좌동
처리	• 개인: 본인 입증 • 대상기관: 요구일로부터 7일이내 회신 의무, 통보한 내용은 3년간 보존	• 개인: 본인 입증	• 개인: 본인 입증, 처리에 대한 이의시 금감위로 시정 요청 • 대상기관: 정정청구에 정당한 사유 있을 시 즉시 처리, 최근 6개월 이내 정보이용자 및 주체가 요구하는 자에게 통보, 처리결과를 주체에게 7일이내 통지
비용	• 우편요금, 배송요금 등 통보에 직접 소요되는 비용의 범위 내		
기타	• 손해배상: 신용정보 주체에게 피해를 입힌 경우 손해배상의 책임이 있으나, 고의 또는 과실이 없을 경우는 제외됨(제28조) • 벌칙: 정정청구에 대한 금감위의 시정명령 위반시 1년이하 징역 또는 1천만원 이하 벌금(행위자 및 법인에 대한 양벌 규정)(제32조3항, 제34조) • 과태료: 정정청구의 미처리, 미통보, 이의제기 처리에 대한 금감위로 미보고시 300만원이하 과태료(제35조1항)		

특히, 2004년 7월 30일부터 시행된 신용정보 제공 사실의 통보요구권의 경우 기존의 열람권과 일견 중복되는 면이 있어 보이지만 신용정보의 오/남용을 막고 정보 보호를 강화하기 위하여 설정되었다. 신용정보 제공 및 활용 동의에 대한 철회권에 대한 소극적 반영이라고 할 수 있다. 즉, 개인이 이전에 동의한 것을 이제 철회할 의사가 있어 금융거래도 이제 모두 변제를 하였다면 개인의 신용정보를 이용하지 않을 수도 있다. 따라서 유출되는 정보에 대해서는 거래가 있었던 금융기관 등에 방문하여 자신의 신용정보를 어디에 제공하였는지 본인에게 통보를 요청이 가능하다. 또한, 잘못되거나 아주 오래된 과거의 신용정보로 인해 불합리하게 신용평가되는 부분은 없는지, 자신의 신용정보를 열람하고, 잘못된 정보는 정정청구를 요청할 수 있다.

신용관리 10계명

KCB의 신용정보시장 진출로 CB가 한국신용정보, 한국신용평가정보를 포함하여 3개로 늘어난 만큼 업체마다 보다 나은 서비스를 위해 개인신용정보를 보다 체계적으로 수집, 관리하려할 가능성이 커지고 있다. CB의 운영원리를 잘 활용한다면 신용도를 높여 실질적인 혜택을 볼 수 있다. 신용도가 높을수록 대출금리는 내려가고 한도는 올라가기 때문에 자금운용의 효율성을 높일 수 있다. 다음은 전문가와 법무부의 '불경기를 이겨내는 생활법률' 소책자를 기반으로 하는 신용관리 10계명이다.

#1. 주거래 은행을 만든다

주거래 은행이란 자신이 제일 많이 이용하는 은행으로 △급여이체 △카드대금 결제 △금융상품 가입 △공과금 납부 및 자동이체 등을 집중하는 것이 좋다. 신용평가에 주거래은행의 거래실적이 크게 반영되기 때문이다.

#2. 연체는 금액보다 오래된 것부터 상환한다

기본적으로 연체는 없을수록 좋다. 하지만 연체가 여러건 있다면 금액이 많은 것 보다 오래된 연체를 줄이는 것이 신용점수 하락을 막을 수 있다. 크레딧뷰로에서는 소액이라도 장기연체된 것을 부정적으로 평가하기 때문이다.

#3. 신용카드도 1~2장만 사용한다

오래 사용했거나 혜택이 많은 카드 하나만을 집중적으로 사용하는 것이 좋다. 소지하고 있는 신용카드가 많을수록 신용평점이 낮아진다. 거래실적이 좋아 해당 카드사의 우량고객이 되면 여러 혜택 뿐 아니라 현금서비스 금리도 낮아진다.

#4. 대부업체에 대한 대출신청은 문의부터 신중하게 한다

대출신청을 하면 금융기관들은 신청인의 신용정보를 조회하는데 신용점수를 낮추는 요인이다. 자금여력이 부족한 것으로 판단하기 때문이다. 특히, 시중은행 등 보다 제2금융, 대부업체 등의 점수하락이 클 수 있다.

#5. 보증은 또 하나의 대출이다

보증을 서주는 경우도 신용 하락요인이다. 보증자체가 대출과 같은 개념이기 때문이다. 보증을 받아야 하는 경우라면 자금여력이 충분한 사람에게 부탁하는 것이 좋다. 보증인의 재무능력도 신용에 반영되기 때문이다.

#6. 카드대금은 선결제도 좋다

카드대금이 연체중이거나 현금서비스를 받았다면 결제일까지 기다리지 말고 미리 결제 혹은 변제하는 것이 좋다. 이자 뿐 아니라 연체기간도 단축된다.

#7. 자동이체는 필수다

자동이체를 이용하면 부주의로 생기는 연체를 막을 수 있다. 거래은행 평점도 올라간다. 하지만 통장잔액은 항상 확인해야 한다.

#8. 영수증 버리지 말자

영수증은 신용거래취소, 물품 반환, 이중청구시 거래를 입증자료이자 피해방지 수단이다. 금융사 실수로 불량정보가 등록되는 경우 영수증으로 구제받을 수 있다.

#9. 연체독촉 전화도 잘 받아라

주소지가 변경되면 은행, 통신사 등 거래업체에 미리 통보해야 한다. 연체고객의 경우 연락두절 및 우편물 반환도 점수하락을 부른다. 특히, 연체상환을 독촉하는 전화는 괴롭더라도 꼭 받아서 여유있는 상환일정을 알려주는 것이 도움된다.

#10. 신용평점을 자주 확인하라

자신의 신용평점이 어느 정도인지 확인하는 습관을 기르면 좋다. 한신평정보, 한신정 등 CB사 홈페이지에 등록하면 저렴한 가격으로 신용성적 변동을 확인할 수 있다. 등급에 따라 이용 가능한 금융사도 소개해주니 자금계획 수립에도 좋다.

제5장 신용정보 제공기관

대부분의 금융회사들은 거래를 시작할 때 "개인 신용정보 제공·이용 동의서"에 동의를 구한다. 다음의 A은행의 사례를 살펴보자.

A은행의 개인 신용정보관리 보호정책

"신용정보의 이용 및 보호에 관한 법률" 제31조에 의거, A은행이 관리하고 있는 신용정보의 활용체제에 대하여 다음과 같이 공시합니다.

관리하는 신용정보의 이용목적 및 종류

1. 이용목적
   가. 해당 신용정보 주체가 신청한 금융거래 등 상거래 설정 및 유지여부 판단
   나. 채권추심
   다. 마케팅
   라. 기타 동법 및 다른 법률의 규정에서 정한 경우
2. 신용정보의 종류
   가. 식별정보
   - 개인의 성명 및 주민등록번호(외국인의 경우 외국인등록번호, 재외동포의 경우 국내거소신고번호, 외국인등록번호 또는 국내거소신고번호가 없는 경우 외국인·재외동포 신용정보등록번호), 개인기업 및 법인의 상호, 사업자·법인등록번호,대표자 성명 등

   나. 신용거래정보
   - 개인신용거래정보
   - 대출, 채무보증 및 신용카드 현금서비스현황, 가계당좌·당좌예금개설 및 해지사실, 신용카드 발급 및 해지사실, 연체정보, 대위변제·대지급정보, 어음·수표 부도정보 등
   - 기업신용거래정보, 가계당좌·당좌예금 개설 및 해지사실, 신용카드 발급 및 해지사실, 연체정보, 대위변제·대지급정보, 어음·수표 부도정보, 대출·지급보증 등 신용공여현황 등

   다. 금융질서문란정보
   - 부정한 방법으로 대출을 받는 등 금융거래질서를 문란하게 한 사실 등

   라. 신용능력정보
   - 회사의 개황, 사업의 내용 등 일반정보, 재무상태, 재무비율 등 재무에 관한 사항, 감사인의 감사의견 및 납세실적 등 비재무에 관한 사항 등 마. 공공기록정보
     국세·지방세·관세·과태료·고용산재보험료의 체납, 법원의 판결에 의해 채무불이행자로 등록된 사실, 개인회생절차가 진행중인 거래처, 신용회복지원이 확정된 거래처, 파산으로 인한 면책 결정을 받은 거래처 등

제공대상자, 제공받는 자의 이용목적 및 제공하는 신용정보의 종류

가. 제공대상자

– 신용정보집중기관, 신용정보회사, 기타 동법 및 다른 법률에 의해 제출을 요구하는 공공기관 등

- 한국신용정보(주): tel 02) 1588-2486 www.mycredit.co.kr
- 코리아크레딧뷰로(주): tel 02) 708-1000 www.kcb4u.com
- 한국신용평가정보(주): tel 02) 3771-1004 www.creditbank.co.kr
- 서울신용평가정보(주): tel 02) 846-5000 www.siren24.com

나. 제공받는 자의 이용목적

– 금융기관에 대한 신용정보를 집중·수집·보관·제공

– 기타 동법 및 다른 법률의 규정에서 정한 경우

다. 제공하는 신용정보의 종류

식별정보 신용거래정보 금융질서문란정보 신용능력정보

보유 및 이용기간, 신용정보 파기절차 및 방법

신용정보의 보유기간: 어음 및 수표의 부도거래정보를 제외한 영 제2조제1항제3호의 정보를 다음 각 호에서 정한 기간이 만료된 후에는 신용정보 집중기관 또는 신용조회회사에 등록할 수 없다.

1. 등록사유 발생일로부터 7년
2. 소멸시효가 완성된 채권관련정보는 소멸시효기간이 완성된 날

신용정보 파기절차 및 방법: 폐기문서의 처리방법은 총무부장이 특별히 정한 경우를 제외하고는 용해, 세절, 소각, 기타 적절한 방법으로 폐기한다.

신용정보처리 위탁 업무의 내용 및 수탁자

위탁내용: 채권 관리 및 추심

위탁회사: A신용정보(주),한신평(주), 고려신용정보(주), 나라신용정보(주), 미래신용정보(주) 등

위탁내용: 고객상담

위탁회사: 한신평네트웍스, 케이엔네트웍, 효성ITX 등

신용정보주체의 권리 및 행사방법

가. 본인신용정보 제공·열람청구권

– 신용정보주체는 본인의 신분을 나타내는 증표를 표시하고 신용정보업자가 보유하고 있는 본인정보의 제공 또는 열람을 청구할 수 있습니다.

나. 본인신용정보 정정청구권

– 신용정보주체는 본인의 신용정보가 사실과 다른 경우에는 신용정보회사 등에게 정정을 청구할 수 있습니다.

다. 신용정보제공사실의 통보요구권

– 신용정보주체는 최근 1년간 본인에 관한 신용정보를 제공한 내역을 통보하도록 요구할 수 있습니다.

라. 개인신용정보 제공·이용 동의 철회권

– 신용정보주체는 본인의 신용도 등을 평가하기 위한 목적 외의 목적으로 제공동의를 한 경우 인터넷홈페이지, 유무선통신, 서면 등을 통해 개인신용정보의 제공동의를 철회할 수 있습니다.

위 A은행의 개인 신용정보 보호정책을 살펴보면, 신용정보에 대한 이용목적 및 종류에 대해 언급하고 있다. 이용목적에 상거래와 관련한 부분, 마케팅, 채권추심 등이 포함된다.

또한, 제공되는 자료의 범위 등을 설명하고 있다. 따라서 신용정보는 리스크나 마케팅에 활용됨을 알 수 있다. 신용정보를 위탁 받는 곳도 서술하고 있으며 개인의 권리 및 행사방법도 서술하고 있다. 위에서 신용정보회사는 기초적인 소비자의 신용정보를 수집, 집중, 가공 및 평가된 정보를 유통하는 신용정보업을 수행하는 회사이다. 이는 개인이나 기업의 재무상태를 분석한 뒤 새로운 신용등급을 공표하는 신용평가회사와는 달리 이미 공표된 신용관련 자료를 수집, 분석하고 평가하여 의뢰인에게 제공하는 일을 한다. 즉, 신용정보회사를 CB라고 부르기도 한다. CB는 은행, 신용카드사, 보험사 등 다수의 개인신용공여기관(consumer credit)이 개인의 신용정보를 교환 또는 공유할 수 있게 하는 일종의 개인신용정보 풀(pool)을 관리하는 기관이다.

예를 들어, 김씨가 A은행에서 대출을 받으려고 한다고 하자. A은행에서는 과거 김씨가 A은행을 이용한 정보를 바탕으로 김씨의 신용도를 평가하여 대출이 가능한지의 여부와 한도, 이자율 등을 결정할 것이다. 이때 만약 김씨가 A은행과 거래한 실적이 적다면 김씨는 대출을 못받을 수도 있고, 받는다해도 좋은 조건에 받지 못할 수도 있다. 그런데 김씨는 B카드사의 우수 회원이다. 마침 A은행과 B카드사는 같은 CB사에 정보를 제공하고 신용보고서를 받아보고 있다면 A은행은 김씨가 B카드사를 상대로 성실한 신용거래를 한 모습을 반영한 신용보고서를 참조하게 된다. 그렇다면 순수하게 A은행만의 정보를 토대로 평가했을 때보다는 보다 우량한 정보를 바탕으로 김씨를 평가하게 된다. 상대적으로 김씨는 보다 좋은 조건에 대출을 받을 수 있는 기회를 얻는 셈이 된다.

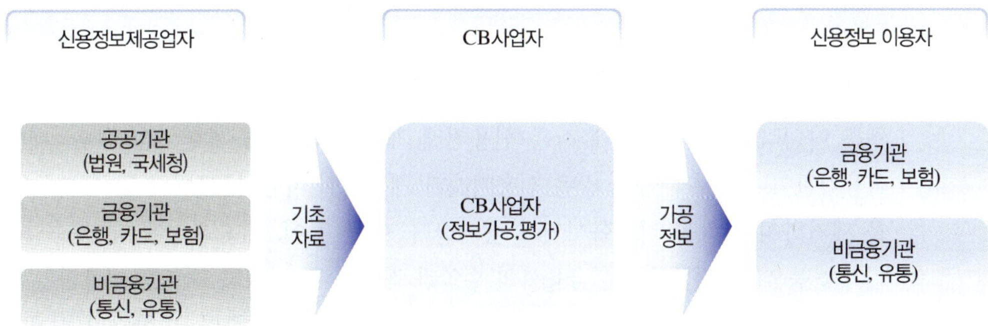

그림 5-1 | 신용정보 이용 흐름도

이와 같이 금융기관 등은 특정 개인이 대출이나 신용을 신청할 경우, CB에 개인의 신용정보 조회를 의뢰하고 이를 판단의 근거로 활용한다. 즉, CB가 수집, 가공한 정보는 개인에 대한 신용보고서(credit report)의 형태로, 나아가 개인의 신용평점(credit score) 등 가공정보 형태로 정보를 제공한 신용공여기관(금융기관 및 비금융기관 등)에 다시 제공된다. 또한 개인은 필요할 경우, CB에 자신의 신용정보를 조회할 권리가 있으며 오류가 있을 경우에는 이에 대한 시정을 요구할 수 있는 권리가 보장되는 것이 일반적이다.

CB가 필요한 이유는 다음과 같다. 교통, 통신이 발달되어 있지 않던 시절에는 생활의 범위가 한 마을 등으로 한정되어 있었다. 그래서 그 마을 사람들끼리는 서로의 사정을 잘 알고 있었기 때문에 상인이나 금융기관 등은 그 동안의 경험을 바탕으로 신용거래를 할 수 있었다. 그런데 교통, 통신 수단이 발달하면서 생활의 범위가 이웃마을, 다른 도시 등으로 넓혀지게 되어 경제 활동의 범위도 넓혀지게 되었다. 이때부터 더 이상 경험만을 바탕으로 신용거래를 할 수가 없게 되었다. 사람들은 이웃마을과 다른 도시와 신용정보공유가 필요하다는 점을 느끼게 되어 한 곳에 정보를 집중하여 각자의 경험을 공유하게 되었다. 처음에는 업권 내에서만 정보를 공유하는 것이 최근에는 필요에 따라 다른 업권끼리도 서로 범위를 넓혀가고 있다.

그렇다면 CB는 왜 필요할까? 2003년에 신용대란이 있었다. 수백만 명이 신용불량자로 등록되어 경제활동 인구의 1/6이 정상적인 경제활동이 불가능 했었다. 금융기관간의 경쟁이 치열해짐에 따라 이자와 수수료는 내려가고, 이에 따라 또 다시 너도나도 신용거래를 하는 순환이 반복되어 소비자 신용시장의 규모는 커졌다. 그러나 이처럼 소비자 신용시장은 급성장한 데 비해 금융기관들은 개인에 대한 우량정보가 부족하여 연체가능성 등을 정확하게 가늠하기 어려웠다. 따라서 금융기관들은 불합리한 의사결정을 내리게 되는 역선택(adverse selection)의 문제가 발생하게 되었고, 이는 신용시장이 붕괴되는 신용대란으로 이어졌다. 신용불량자로 등록된 사람들은 대출이나 신용카드 발급 시 제한을 받는 것은 물론이고, 경우에 따라서는 금융사에 계좌 개설조차도 제한적인 조건에서만 가능했다. 정상적인 경제 활동이 불가능하니 한번 신용불량자로 등록되면 헤어나오기가 어려웠다. 당시, 신용카드를 무분별하게 사용한 사람이 늪 속에 빠져 죽는다는 내용의 공익 광고 카피는 '신용이 사라지면 당신도 사라집니다'였습니다. 신용을 잃은 사람의 상황을 여실히 말해주는 문구였다. 이러한 대란을 또다시 되풀이하지 않기 위해서는 개인의 신용거래에 대한 올바른 의식 수준이 높아지는 것뿐 아니라 적합한 기준에 따른 신용거래 제한 등의 제도 또한 필요하다. 개인 소비자나 금융기관이나 모두 가능한 많은 신용거래가 체결되길 바란다. 그러나 양쪽 모두 불리한 계약을 제거하여 위험을 최소화시키고 싶어한다. 예를 들어, 대출신청에 대한 승낙/거절, 한도, 이자율 등의 적합한 선택은 금융사의 수익과 직결될 뿐 아니라 대출을 이용하는 개인 소비자에게 과도하고 무책임한 신용부채를 이용하지 않도록 도와준다. 또한, CB 신용보고서에 나타난 높은 신용도는 장래 보다 자유로운 신용거래를 가능하게 한다.

CB라는 명칭은 1860년 미국 뉴욕의 은행 등 신용공여기관들이 고객에 대한 신용정보를 교환하기 위해 브룩클린에 설립한 신용조사국(credit bureau)에서 유래되었다. CB는 신용사회가 정착되어 있는 선진국에서는 이미 보편화되어 있으며 우리나라에만 있는 독특한 형태는 아니다.

제1절 공적 신용정보 제공기관(PCR)과 민간 신용정보회사(CB)

전세계적으로 많은 국가에는 개인신용정보를 수집 또는 집중하여 이를 기초로 작성한 개인신용평가 자료를 제공하는 다양한 형태의 CRA(Credit Reporting Agency)가 있다. 이들 CRA와 신용정보시장의 구조는 각국의 법과 제도적 환경 차이, 금융시장의 경쟁환경과 시장구조 및 역사적 배경 등에 따라 매우 다양한 양상을 보인다. 일반적으로 CRA는 민간 신용정보회사(Credit Bureau, CB)와 공적기구 형태인 공적 신용정보 제공기관(Public Credit Register, PCR)로 구분된다. 미국, 일본 등은 CB를 통해 정보를 공유하지만 프랑스 등은 PCR을 통해 각각 개인신용정보를 공유한다. 그러나 이탈리아, 브라질, 칠레 등은 CB와 공적 기구인 PCR 두 가지 모두를 통해 개인정보를 공유하고 있다.

PCR은 대체로 중앙은행이나 금융 감독당국에 의해 운영된다. 법규에 근거하여 금융기관으로부터 일정 금액의 개인대출에 관한 정보를 집중한 후, 동 정보를 금융 감독당국과 개별 금융기관에 제공하는 역할을 한다. 반면, CB는 사적인 이윤동기에 의해 운영되고 있으며 금융기관, 통신회사, 백화점 등 다양한 채널을 통해 개인신용정보를 수집한 후 동 정보를 개별금융기관 및 신용공여기관에 제공하고 있다. CB 또는 PCR을 통해 실제로 공유되는 정보의 범위는 나라별로 매우 큰 차이를 보인다. 프랑스, 호주 등은 개인의 불량신용정보만을 공유하는 반면 미국, 이탈리아, 칠레 등은 개인의 불량 및 우량 신용정보를 모두 공유하는 경향을 보인다.

표 5-1 | 공적 신용집중기관(PCR)과 민간 신용정보회사(CB)의 비교

구분	PCR	CB
신용정보 수집 및 목직	은행 감독 및 차입자의 신용도 파악	차입자의 신용도 파악
신용정보 제공자	금융기관	금융기관, 통신회사, 백화점 등
신용정보 제공의 강제성	강제적임(법규에 근거)	자발적임(사적 계약에 근거)
우량 신용정보 집중 여부	집중	일부 국가에서는 집중
신용정보 수집대상 제약	일부 국가에서는 일정금액 이상의 대출에 관한 정보만을 수집	모든 대출 정보를 수집
서비스 이용료	없음 또는 실비	있음

CB와 PCR은 여러 소비자신용 공여자들이 개인소비자에 대한 신용정보를 교환 또는 공유할 수 있도록 개인신용정보 데이터베이스를 관리하는 기관을 말하는데 그 소유구조 및 정보의 형성 방법에 따라 차이가 있다.

CB는 영리를 추구하는 일반 기업의 형태를 취하고 있거나 은행 등 신용공여자가 공동으로 설립한 비영리 민간기구(연합회, 비영리기업 등)의 형태를 가진다. 영리를 추구하는 일반기업 형태의 대표적인 예로는 미국 브라질 아르헨티나의 CB를 들 수 있다. 독일, 스페인 등 유럽 국가의 CB는 금융회사들의 컨소시엄에 의해 설립되어 비영리기업으로 출발하였으나 점차 영리 기업화 되는 추세이다. 나라마다 다소 상이하기는 하지만 이들 CB의 정보수집 공유체계는 상호 호혜(reciprocity) 원칙에 입각하여 계약에 기초한 신용공여자간 자발적인 정보의 공유를 기본으로 하고 있다. 즉, CB를 통한 정보의 수집과 공유는 CB와 CB에 정보를 제공하고 이용하는 금융회사 등 신용공여자들의 자발적인 유인이 부합했을 경우에만 이루어 진다고 할 수 있다. 반면, 일부 국가에서는 금융회사 등 신용공여자의 신용공여 정보를 법 제도적으로 공유하는 시스템 즉 PCR을 구축 운영하고 있으며 이들 PCR은 기능적으로 CB와 유사한 역할을 수행한다. 일반적으로 PCR은 중앙은행에 의해 운영되고 있으며 주로 유럽 국가와 남미 국가들에 설립 및 운영되고 있다. 대부분의 PCR은 1980년대 이후에 설립되었으나 독일(1934년 설립), 이탈리아(1964년 설립), 멕시코(1964년 설립)는 상대적으로 오랜 역사를 가지고 있다.

CB와 PCR의 가장 큰 차이점은 CB를 통한 정보의 수집과 공유는 신용공여자간 사적 계약에 의한 것인 반면 PCR을 통한 정보의 집중과 공유는 제도적으로 의무화되어 있다는 점이다. PCR과 CB의 또 한 가지 중요한 차이점은 PCR은 일정 금액 이상 신용기록의 경우 모든 금융회사를 정보 집중 대상으로 하고 있어 그 범위가 포괄적인 반면 CB는 그 대상이 다소 제한적이라는 점이다. 그러나 PCR을 통해서는 각 대출자의 대출 현황 정보만이 제공되는 것이 일반적인 반면 CB는 각 대출자의 상환실적 금리 등 보다 상세한 정보를 제공하는 차이가 있다. 즉, PCR은 모든 금융회사의 상대적으로 개괄적인 대출정보 등을 공유하는 특징이 있는 반면 CB는 상대적으로 제한된 금융회사들의 상세한 개별정보를 공유하는 특징이 있다.

PCR과 CB와 관련한 세계 각국의 사례를 살펴보면 신용정보공유메커니즘의 디자인에 있어서 만국에 통용되는 정답은 없으며 중요한 것은 각국 금융산업의 발전 정도, 제도적 환경, 사회적 통념 및 관행 등에 적합한 시스템을 구축하는 것이라고 할 수 있다 신용정보의 공유체계와 공유정보의 범위, 정보공유의 활성화 정도 등은 금융시장발전의 역사적 배경과 발전 정도 법 제도적 환경 사회적 관행 등에 따라 매우 다양한 형태로 나타난다.

우선 CB만 있는 해외 주요국으로는 미국, 일본 등이 있다. 이 중, 미국의 신용정보 산업은 전세계 신용정보 산업을 선도한다고 할 수 있는데 이는 미국에서 신용정보 산업이 금융산업의 안정적 성장 발전을 위한 중요한 인프라로서 다른 국가에 비하여 일찍부터 체계적으로 관리해온 경험에 기반한 것이다. 미국에는 PCR이 없으나 Equifax, Experian, Trans Union 등 3대 CB가 개인 신용정보 시장을 주도하여 신용조회 평가 등의 서비스를 제공하고 있고 기업 신용정보 시장에서는 D&B가 최대 규모의 업체이다. 일본에도 PCR이 없으며 은행계 대금업계 신용판매계의 각 업권별로 설립된 신용정보기관 및 전 업종으로부터 정보를 수집하는 별도의 신용정보기관(CCR)을 중심으로 신용정보를 공유하고 있다. 각 업권에 속한 금융기관들은 각 업권 신용정보기관의 회원으로 참여하여 정보를 공유하고 있으며 회원자격의 제한으로 인해 다른 업권 신용정보기관의 회원이 될 수는 없다. 각 업권의 신용정보기관은 타 업권과 정보공유를 하지 않으며 각 업권이 공동설립한 CRIN(CRedit Informantion Network)을 통해 연체정보만 공유하고 있다. PCR만 있는 해외 주요국은 주로 유럽 국가들이며 대표적으로 프랑스, 벨기에 등을 들 수 있다. 엄격한 개인정보 보호법률이 시행되고 있는 프랑스는 민간이 개인신용정보회사(CB)를 설립할 수 없으며 프랑스 중앙은행이 프랑스의 유일한 신용정보집중기관이자 공적 신용정보집중기관이다. 벨기에는 특히 벨기에 중앙은행 NBB(National Bank of Belgium)에 의해 운영되는 PCR과 CB인 UPC(Union Professionnelle du Credit)가 공존하다가 CB가 폐쇄되고 PCR만 존속하게 된 독특한 사례를 보여주고 있다. UPC는 부정적 정보만을 수집·제공하였음에도 불구하고 NBB에 비해 수수료가 매우 저렴하다는 장점을 가지고 있어 금융기관의 신용조회건수가 PCR에 비해 많았으나 2004년 업무를 중단하고 데이터베이스를 NBB로 이관하였다. 이는 UPC와 NBB의 정보수집대상 금융기관의 범위가 거의 일치하는데다 두 기관이 모으는 부정적 정보의 범위도 유사하여 부정적 정보의 데이터베이스가 거의 흡사하게 되었기 때문이다. 벨기에의 현행법상 최소 하나 이상의 공적기관이 경제 전반에 걸친 채무상황을 파악하고 있어야 하므로 NBB의 업무가 폐지되지 않고 UPC의 신용정보 제공업무가 중단된 것이다.

PCR과 CB를 모두 가지고 있는 해외 주요국으로는 독일, 이탈리아 등 유럽 국가들과 칠레 브라질 아르헨티나 등 남미 국가들을 들 수 있다. 독일의 경우, PCR은 중앙은행이 관리하고 있고 국내 대출뿐만 아니라 해외 부문 대출에 대한 정보도 관리하여 이를 중앙은행 정책결정에 사용하고 있으며 CB는 부정적 긍정적 정보를 모두 수집·제공하고 있다. 이탈리아의 PCR 역시 중앙은행에 의해 운영되고 있으며 이탈리아의 은행, 은행의 해외지사, 외국은행의 이탈리아 지사뿐만 아니라 은행그룹에 속하는 금융중개기관 등은 PCR에 의무적으로 신용 관련 정보를 제공해야 한다. 이탈리아의 CB에는 CRIF, CTC, Experian 등이 있고 각 기관 별로 특성을 갖고 활동하고 있다. 칠레의 경우, PCR의 설립시기(1977년)와 CB의 설립시기(1979년)가 거의 일치하여 PCR과 CB산업이 정보공유시스템에서 대체관계에 있다기 보다는 보완관계에 있다는 사실을 부분적으로 시사한다. 이와 같은 칠레의 PCR및 CB의 설립 배경에는 1970년대와 1980년대초까지 빈발했던 금융위기와 밀접하게 연관되어 있다. 마지막으로 브라질은 다수의 PCR과 다수의 민간CB가 활동하는 점이 특징이다. 브라질에는 중앙은행의 CRC, 수표관련 신용정보를 제공하는 CCSF, 공적기관을 위한 신용정보를 제공하는 Cadin과 같은 PCR들이 있으며 소매업자협회의 신용정보 네트워크인 SPC, 은행들에 의해 설립된 SERASA, 외국계 신용정보회사인 Equifax 등의 CB들이 활동중이다.

표 5-2 | 주요국의 개인신용정보 집중기관 및 정보공유 범위

국가	집중기관	공유범위	비고
미국	CB	불량 및 우량 신용정보	3개의 대규모 CB
영국	CB	불량 및 우량 신용정보	2개의 대규모 CB
일본	CB	불량 및 우량 신용정보	금융업권별 대규모 CB
호주	CB	불량 신용정보	우량신용정보의 공유 금지
프랑스	PCR	불량 신용정보	CB의 설립이 허용되지 않음
이탈리아	PCR, CB	불량 및 우량 신용정보	1개의 대형 CB 존재
벨기에	PCR, CB	불량 신용정보	
멕시코	PCR, CB	불량 및 우량 신용정보	
칠레	PCR, CB	불량 및 우량 신용정보	PCR에 다양한 우량정보의 등록을 의무화
브라질	PCR, CB	불량 및 우량 신용정보	PCR에 다양한 우량정보의 등록을 의무화

※ 자료: Negrin(2001), Jappelli-Pagano(1999), 정형권(2005년)

표 5-3 | 주요국의 PCR과 CB 비교

국가명	CB현황			PCR현황				
	설립연도	공유정보유형6)	보고서현황7)	설립 연도8)	대상 등록수	보고서발행수	최소 등록기준(US$)	보고정보
호주	1930	B	5.8/34.0	None				
오스트리아	1860	B.W	N/A	1986	55,585	10,267	430,700	LG
벨기에	1987	B	10.6/104.8	1985	360만 400만	3550만	223 27.50	D.A
덴마크	1971	B	2.6/50.3	None				
핀란드	1900	B	3.5/70.2	None				
프랑스	None			1989 1985	370만	5400만	118,293	D.A LG
독일	1927	B.W	2.6/4.6	1934	1200만	1800만	1,699,800	LG
아일랜드	1963	B.W	0.8/22.5	None				
이탈리아	1990	B.W	2.6/4.6	1964	2200만 6536.9만	1400만	부실대출:0 기타대출:86,010	D.A LG
일본	1965	B.W	149/121.5	None				
네덜란드	1965	B.W	9.8/64.1	None				
뉴질랜드	N/A	B	N/A	None				
노르웨이	1987	B	0.5/1.2	None				
스페인	1994	B	N/A	1983	4600만	758만	거주자:6,720 거주자:336,000	D.A LG
스웨덴	1890	B.W	2.2/26.0	None				
스위스	1968	B.W	1.7/24.1	None				
영국	1960	B.W	60.0/104.8	None				
미국	1890	B.W	600.0/228.1	None				
한국	1985	B.W	N/A	None				

※ 주1: CB정보공유 유형은 채무불이행 및 연체가 B(Black), 부채현황과 같은 기타정보를 포함하면 W(White)로 표시

※ 주2: CB보고서 수(백만)/전체인구대비 비중(%)로 표시

※ 주3: 프랑스는 가계와 기업으로 구분

※ 주4: 기관의 보고된 자료기준으로 D(채무불이행), A(연체), L(전체대출현황), R(이자율), G(보증)로 표시

※ 자료: Jappelli-Pagano(2002), 이인호·강경훈 (2010)

6) CB 정보공유 유형은 채무 불이행 및 연체가 B(Black)로 표시하며, 부채 현황과 기타정보를 포함할 경우 W(White)로 표시

7) CB 보고서수(백만)/전체인구대비 비중(%)로 표시

8) 프랑스는 가계와 기업으로 구분(이후 표 5-3의 상하는 동일)

제2절 앵글로-색슨 국가

1. 미국

미국의 신용정보공유제도는 개인의 신용정보를 보호하는 각종 법률체계를 기반으로 금융기관, 기업 등 신용공여기관 사이 신용정보 집중 및 교환조직과 신용조사, 신용정보 수집, 가공 등을 통해 영리를 추구하는 신용정보회사의 양대축으로 구성되어 있다. 미국은 영리기업 및 비영리단체 형태의 신용정보기관의 경쟁 하에 효율적인 신용정보공유제도가 운용되고 있다. 미국에서 신용조사기관이 설립된 것은 1837년 600여개 은행과 관련 기업의 연쇄 파산에 따른 대공황과 영업망의 확대로 인한 타 지역 거래처까지 확산되면서 신용정보의 필요성이 증대되었기 때문이다. 1841년 미국 최초로 Lewis Tappen 신용조사소가 뉴욕에서 설립되었으며, 현재의 D&B사로 성장하였다. 미국은 20세기 들어서 경제가 급속하게 성장하면서 신용거래가 폭발적으로 증가하였으며, 이에 따라 신용조사기관 및 신용정보 관리제도의 발전이 가속화되었다. 또한 1920년대 이후 소비자에 대한 신용공여 규모가 급증하자 개인 신용정보공유제도가 발달하기 시작하였다.

미국의 신용기관들은 20세기 이후, 3단계의 비약적인 발전을 경험하였다. 첫 번째 단계는 1920년대인데, 소비자 신용정보기관이 크게 증가하였다. 1916년 88개였던 NAMA(The National Association of Mercantile Agencies)회원은 1924년 267개, 1927년 800개로 늘었다. 두 번째 단계는 1950년대인데, 신용정보기관이 더욱 증가하였다. 1948년 1,453개였던 ABC (Associated Credit Bureau of America, Inc.) 회원수가 1955년 1,700개, 1960년에는 신용정보 보고서 건수가 6천만 건에 달하였다. 1954년에는 7천만 명의 소비자에 대한 신용정보가 축적되어 미국의 신용정보기관들은 대부분의 소비자 신용정보를 제공할 수 있었다. 세 번째 단계에는 1970년대 중반인데, 신용정보기관이 증가하는 한편, 신용정보 보고의 양이 급증하였다. 1970년대 1억 건의 보고서가 1989년 4억 건으로 증가하였다.

미국에서 특히 높은 성장세를 보인 것은 CB시장이다. 신용정보 및 마켓 서비스 관련 수익은 2000년 5억 6천만 달러로 증가하여 연평균 10% 이상의 성장세를 나타낸 바 있다. 1960년대 2천여개에 달하던 CB사들은 인수합병 등을 통해 3대 CB에 흡수되었다. 2003년 현재 매출 규모에서 Equifax가 약 12억 달러, Experian이 20억 달러, Trans Union이 8억 달러에 달하는 과점 형태의 시장구조를 보이고 있다. 미국은 기업의 신용정보에 대해서는 공개 및 자유로운 활용을 원칙으로 하고 있으나, 개인의 신용정보는 CB의 정보 집중과 공유로 인해 훼손될 수 있는 소비자 권리 보호를 법적으로 보장하고 있다.

2. 영국

영국은 유럽에서 가장 금융시장이 발달하였고 포괄적인 개인 신용정보가 공유되고 있는 국가이다. 그러나 최근 영국에서 소비자의 과다부채(over-indebtedness)문제와 금융회사의 부실채권 증가가 사회적 이슈로 부각되면서 정부와 금융회사들은 보다 책임있는 여신관행을 구현하기 위하여 신용정보공유 방안을 논의되었다. 영국에서 1996년 이후 대부분의 금융회사가 소비자와 금융거래의 경우, 동의서에 공정처리통지(fair processing notice)를 포함하고 있다. 결국, 영국에서는 소비자가 공정처리통지에 서명하면서 신용정보가 CB를 통해 금융회사 사이에 공유될 수 있도록 허용한 것이다. 그러나 1996년 이전에는 이러한 공정처리통지가 포함되지 않아서 3개월 이상의 연체 계좌를 제외한 약 4천만 개 정도의 계좌가 금융회사 사이에 공유되지 못하였다. 이는 영국 금융회사 사이에 공유되고 있는 약 3억 5천만 개의 계좌 중에서 대략 11.4%를 차지하는 것이다. 세계적인 CB사인 Experian은 약 4천만 개에 달하는 동의되지 못한 계좌정보를 공유할 경우, 금융회사는 소비자에 대한 보다 정확한 신용평가를 통해서 연체율 하락 등 자산 건전성 제고에 기여할 것으로 분석하였다.

제3절 유럽국가

1. 독일

독일의 경우, PCR은 중앙은행이 관리하고 있고 국내 대출뿐만 아니라 해외 부문 대출에 대한 정보도 관리하여 이를 중앙은행 정책결정에 사용하고 있으며 CB는 부정적 긍정적 정보를 모두 수집·제공하고 있다. 먼저 독일의 PCR은 독일 중앙은행(Bundesbank)에 의하여 1934년에 설립되어 운영되고 있다. 독일 중앙은행에 분기별로 자료를 보고해야 하는 기관은 독일 내의 모든 신용기관과 이들의 해외 분점 및 지점, 보험사, 위험자본투자회사, own acount dealer, 팩토링사(1988년 이후), 국내 모(母)신용기관에 종속된 국내 및 해외 신용기관(1995년 이후)들이며 이들 기관에 종속되어 있는 기타 금융기관도 독일 중앙은행에 필요한 자료를 보고해야 할 의무가 있다. 각 금융기관이 중앙은행에 보고해야 하는 자료는 분기말의 부채상태(단기 은행간대출, 공공신용기관에 대한 노출도 포함)만을 나타내고 있으면 된다. 금융기관의 보고서에는 담보와 부실대출에 대한 정보는 포함되지 않으나 은행이 차입자의 자산 가운데 25%를 초과하여 보유하고 있을 경우에는 이를 보고하여야 한다. 은행이 개인차입자 또는 단일 차입기관에게 1.5백만 유로 이상을 대출하였을 경우 이를 중앙은행에 보고해야 한다. PCR은 자료를 수집한 후, 개인 차입자 또는 단일 차입 기관의 총부채를 계산하여 이를 보고기관에 통보한다. 2000년 현재 PCR은 1.2백만에 달하는 차입자에 대한 자료를 갖고 있고 이중 3십만개 정도가 활성상태이다. 1997년 PCR은 1,800,000개의 통지를 금융기관에 보낸 바 있다. 은행 기밀 유지를 위해 대출자에 보낸 통지에는 차입자의 총부채 상태와 관련된 대출자 수만이 있고 동일 차입자에게 신용을 준 다른 기관의 이름은 없다. 통지는 부채종류에 따라 분류되는데 대차대조표 내/외 거래, 파생상품, 파생상품에 대한 보증, 리싱/팩토링 클레임, 주택담보 대출, 공적으로 보증된 대출, 은행간 대출에 대한 정보이다. 중앙은행이 수집한 이와 같은 자료는 금융시장 안정을 위협하는 잠재적 위험을 파악하는 데 사용될 뿐만 아니라 신용기관과 은행감독 기관의 자료로 활용되고 있다. 또한, 해외 차입자에게 1.5백만유로 이상의 대출을 보고한 금융기관은 PCR로 부터 해당 차입자가 국제적으로 추가로 대출받은 금융기관의 수와 총 대출금액에 대한 자료를 통보 받고 있다. 1998년 1월 이후, 금융기관이 1.5백만유로 이상의 대출을 심사할 때 PCR에 잠재 차입자의 현재 부채규모에 대한 정보를 요구할 수 있으며 이 경우 잠재 차입자의 동의가 필요하다.

독일의 대표적인 CB인 Schufa는 2004년말 현재 18세이상 성인 가운데 6,200만명에 대한 3.6억건의 신용거래정보를 보유하고 있으며 연간 7,230만개 이상의 신용보고서를 약 4,500개의 제휴회사(금융기관, 통신회사, 소매업체)에 제공하고 있다. 그러나 데이터 베이스는 신용이 어떠한 목적으로 이용되었는지에 대한 정보는 담고 있지 않으며 소득, 국적, 종교 등에 대한 정보도 데이터베이스의 범주에 속하지 않는다. 한편, 데이터베이스에 등록된 사람들 중 90%이상에 대해서 긍정적 정보를 보유하고 있다. 부정적(신용불량) 정보는 해당 차입자와 관계가 있는 제휴회사에 보고되지만 긍정적(미결제 신용) 정보를 제휴회사에 제공할 때에는 자료주체의 동의가 필요하다. 자료주체는 자료제공에 대한 보고를 받고 잘못된 자료를 정정, 제한/삭제할 권한이 있다. Schufa는 현재 은행, 특수신용기관, 기타 금융회사 등으로 구성된 시장에서 거의 100%의 시장점유율을 보이고 있다 또한 제휴회사에 제공되는 개인자료의 범위는 엄격히 제한되어 있고 제휴회사가 특정부문에 대한 자료가 필요한 이유를 입증할 수 있을 때에만 해당부문의 개인자료가 제공되고 있다.

Schufa는 정보관리(information management), 신용점수(scoring service), 의사결정관리(decision management), 솔루션(solution)과 같은 4개 부문에서 신용정보관련 서비스를 제공하고 있다. Schufa의 정보관리 관련 서비스에는 (1) 신용보고서(credit report), (2) 업데이트(update), (3) 주소정보(address information), (4) 주소업데이트(customer address information) 그리고 2005년에 도입된 (5) 본인 확인 서비스(identity check)가 있다. Schufa는 신용정보거래의 가장 첫번째로 위험관리에서 가장 기초적인 기반을 형성하는 신용보고서를 제공한다. 업데이트 서비스는 제휴회사의 고객에 대한 정보가 자동적으로 업데이트되도록 하여 제휴회사가 고객의 신용에 변화가 발생했을 시에 재빠르게 대응할 수 있도록 도움을 준다. 주소정보는 미납금이 있는 제휴회사 고객이 제휴회사가 모르게 주소지를 이전했을 경우, Schufa가 새로운 주소에 대한 정보를 제휴회사에게 제공하는 서비스이다. 주소업데이트 서비스는 신규 및 현재 고객의 주소를 알아내어 제휴회사에 제공하는 것이다. 본인 확인은 제휴회사가 신규고객을 유치할 때 고객의 이름과 주소를 고객의 동의를 얻어 Schufa데이터베이스에 있는 내용과 비교하는 것으로써 인터넷 쇼핑 등 온라인 사업의 채무불이행 위험을 상당부문 줄일 수 있도록 설계된 효율적인 위험관리수단이다. Schufa의 신용점수 및 개인 신용점수 솔루션은 특정 산업에 맞춰 발달해 왔으나 현재는 점점 더 많은 수의 제휴회사들이 신규 및 기존 고객의 신용도를 예측할 목적으로 신용점수를 사용하고 있다. 이에 따라 소매업 부문의 제휴회사에서도 Schufa의 신용점수가 주요 위험관리 수단으로 사용되고 있다. 개인의 신용점수는 오직 제휴회사의 자료만을 토대로 계산되거나 제휴회사의 자료와 Schufa가 보유하고 있는 자료를 조합하여 계산되고 있다. Schufa의 의사결정관리 서비스는 제휴회사가 신용공여 고객의 지급능력 평가 등에 관하여 의사결정을 내릴 때 이를 지원하는 서비스를 일컫는다. 자료구조와 신용공여과정이 점점 복잡해짐에 따라 계약 당사자들의 복잡한 의사결정을 돕는 시스템이 요구되고 있다. Schufa의 DSS(Decision Support System)는 유연하고 정교한 프로그램 또는 고객관리를 위한 툴이며 점수(score), 규칙(rule), 의사결정과정(decision tree)을 기반으로 하여 사업전략의 완벽한 자동적 수행이 가능하도록 제공하고 있다.

정보관리, 신용점수, 의사결정관리 등과 연계하여 제휴회사들에게 제공하는 솔루션 이외에도 Schufa는 3개의 소프트웨어 솔루션(Basel II Solution, SmartCredit[9], Invest Solution)을 통해 민간투자 자문을 지원하고 있다. Schufa의 Basel II Solution솔루션[10]을 이용할 때와 Basel II관련된 투자비용을 줄일 수 있으며 새로운 위험관리기준에 대해 재빠르게 대응할 수 있음이 경험에서 확인된 바 있다. SmartCredit은 정보기술의 발달로 지점을 통한 신용신청뿐만 아니라 인터넷을 통한 직접신용신청이 빠르게 이루어짐에 따라 이러한 추세에 대응하기 개발된 Schufa의 솔루션이다. 또한, Schufa는 은행, 저축은행, 투자자문회사들이 활동해 온 민간투자자문과 같은 새로운 분야에도 진출하고 있다.

9) 신용을 신청하길 원하는 지원자들은 신청서작성이나 의사결정과정 없이도 인터넷 또는 고객상담원을 통해 Credit Smart에 대한 정보를 안내 받을 수 있다.

10) 소비자 신용에 대한 Basel II의 규정에 맞게 개발된 score에 기초하고 있다.

2. 프랑스

프랑스는 엄격한 개인정보 보호법률이 시행되고 있다. CB를 설립할 수 없도록 규제하고 있으며 중앙은행이 운영하는 공적 신용정보 집중기관을 통해 금융기관들이 개인에 관한 불량 신용정보를 공유하고 있다. 중앙은행 산하에 기업 신용정보와 관련된 중앙신용등록제도(French Central Credit Risk Register, FCCRR)가 있으며 개인 신용정보와 관련하여 전국 개인 불량신용정보등록제도(National Register of Houshold Credit Payment Incidences, FCIP)를 최근에 도입하였다. 이와 함께 프랑스 중앙은행은 데빗카드 부정 이용자 리스트 파일과 수표발행 금지정보에 관한 데이터 베이스도 관리하고 있다. FCIP는 1989년 12월 31일 법(구니엘츠법, 1993년 소비자보호법으로 통합)을 근거로 설립되었으며 이에 따라 연체사고 관련 민간 데이터 베이스가 일원화되었다. 동법에 의거하여 은행 및 금융 규제위원회가 동법의 시행 및 FCIP운영에 관한 하위 규정 등을 정하고 있는데 FCIP회원은 은행법에 근거한 모든 금융기관 및 우체국 금융부문이다.

3. 이탈리아

이탈리아는 현재, 공적 신용정보 집중기관(PCR)과 CB가 공존하면서 금융기관들이 개인에 관한 불량 및 우량 신용정보를 공유하고 있다. 공적 신용정보 집중기관은 1964년에 설립되었으며 CB는 1990년에 출범하였다. CB를 통한 신용정보공유와 관련하여 지역 금융기관들이 먼저 신용정보공유에 참여하였으며 나중에 전국규모의 은행들도 합류하였다.

이탈리아의 신용정보 기관의 역사는 오래되었으며 정보의 양과 질이 탁월한 것으로 알려져 있다 이탈리아의 은행, 은행의 해외지사, 외국은행의 이탈리아 지사뿐만 아니라 은행그룹에 속하는 금융중개 기관 등은 PCR에 의무적으로 신용 관련 정보를 제공해야 한다.

이탈리아의 CB에는 CRIF, CTC, Experian 등이 있고 각 기관 별로 특성을 갖고 활동하고 있다. 먼저, 이탈리아의 PCR인 CCR(Central Credit Register)은 이탈리아 정부부처들과 중앙은행으로 구성된 신용위원회(Credit Committee)에 의하여 1962년 5월 16일 설립되어 1964년부터 업무를 시작하였다. 주요 설립목적은 차입자가 여러 기관에서 차입해서 생기는 위험을 관리하기 위함이었다. 2005년 2월 28일 현재, CCR은 784개 은행, 264개 금융기관 17,679,821명의 확인된 개인(자연인: 12,509,565, 회사/동업: 1,866,097, 합동차입자: 3,304,159)에 대한 기록을 보유하고 있다. 시중은행과 이탈리아 중앙은행의 감독 하에 있는 다른 금융기관 이탈리아에서 활동하는 외국은행 지사는 PCR에 의무적으로 가입해야 한다. CCR데이터베이스는 크게 인적자료(ID data), 관계자료(relationship data), 대출자료(loan data)로 분류된다. 인적자료의 대상은 자연인, 회사/동업, 합동차입자으로 분류된다. 관계자료는 동업 및 합동차입에 대한 정보로서 동업은 현실에 존재하는 인적자료를 포함하고 합동차입자의 경우에는 하나의 코드만이 부여된다. 대출자료는 위험종류, 위치, 보증인 종류, 신용종류, 대출 상태, 통화, 대출 금액, 실질대출금액, 인출금액, 보증금액, 평균잔액으로 구성된다. 자연인의 인적자료는 이름 및 성, 출생장소 및 일자, 납세자 분류 번호, 성별, 주거장소, 경제활동분야이다. 회사 동업의 인적자료는 대상 이름, chamber of commerce code, 납세자 분류번호, 본사 위,치 법적 형태, 경제활동분야이다. 합동차입자는 단순히 번호이며 구성원으로 정의되기 때문에 인적 자료가 없다. 2004년말 현재 금융기관은 다음의 경우에 해당하는 모든 대출을 CCR에 보고해야 하며 대출의 만기와 보증여부에 대한 정보를 의무적으로 보고해야 한다. (1) 매달 대출자에게 주어졌거나 대출자가 효과적으로 사용하고 있는 신용이 75,000유로를 초과하였을 경우, (2) 보증 가치가 75,000유로를 초과할 경우, (3) 금액에 관계없이, 대출이 부실인 경우이다. CCR은 매달 부실여부를 파악하여 개별 금융기관의 차입자에 대한 채무정보와 모든 금융기관에 대한 총체적인 채무정보를 보유하고 있다. 이 때 대출 일시에 관계없이 모든 미결제 대출에 대한 정보가 제공되며 각 은행은 CCR에 수수료를 내는 대가로 과거 신용거래가 없던 신용 신청자에 대한 정보를 요청할 수 있다.

제공된 정보는 지난 12개월간에 제공된 대출에 한하고 CCR은 개별 은행의 각 정보 요청을 기록한다. 은행과 기타 금융기관은 매월 25일 CCR에 monthly report를 제공하고 CCR은 매월 1~3일에 monthly return을 은행과 기타 금융기관에 제공한다. 양 기관들 서로 실시간으로 인적 자료나 수정 임시요청 및 답변을 주고 받고 있다. 자료기록 시 실수가 있을 경우, 은행은 지난 12개월간의 정보를 CCR에 보내야 하고 모든 은행은 정정내용을 보고 받는다. 이탈리아 중앙은행이 이 자료를 정정하지는 않지만 정기적으로 부정확한 보고를 찾기 위해서 이 자료들을 표본추출하여 검사한다. monthly return에는 개별 보고된 차입자와 관계인에 대한 정보가 있다. 개별 보고된 차입자에 대해서는 "CCR코드, 인적자료, 신용액, 개별 금융기관과 전체 금융기관에 대한 총부채, 위험 종류에 따른 당좌대월과 미사용 차입, 보고기관 수, 최근 6개월 동안 대출을 위한 임시요청의 횟수, 제3자의 보증 여부" 등의 정보를 보유하고 있다. 한편, 관련인(피보증인, 합동차입자, 회원) 등에 대해서는 "CCR코드, 인적자료, 전체금융기관에 대한 총부채" 등에 대한 정보가 포함되어 있다. 점검조항에서 보고 기관은 자료출처 점검(인적 및 신용자료), CCR은 포맷 점검(인적 및 신용자료)과 양적 점검(신용자료)를 행하고 점검 결과는 해당 보고기관에 전달된다. monthly report에서 주요 포맷 점검은 다음을 포함한다. 파일의 구조, CCR코드와 분류변수의 유효성, 정보의 일관성, 보고 임계점이다. 보고 임계점은 50%로 보고 내용의 50%이상이 잘못되면 전체 정보가 잘못된 것으로 간주된다. 주요 양적 점검은 주로 "(시간에 따른)금액의 변화, (전 시스템에 걸친) 부실부채, 대출 판매(매수 및 매도인)" 등에 따른다. CCR은 은행 활동, 감독 통화 정책 시행, 신용 할당 감시에 중요한 역할을 담당하고 있다. 그러므로 이탈리아 중앙은행은 일반은행에 정해진 36개월 한도를 벗어난 자료에도 접근할 수 있다. 한편 이탈리아의 경우 우리나라의 주민등록번호나 Tax ID등이 없어 하나의 CCR코드에 두 명 이상이 인식된다든지 하나의 개인에게 두 개 이상의 CCR코드가 부여되는 문제점이 발생할 수 있어 정보의 질을 향상시키기 위해서 각 분야에서 다양한 조취를 취하고 있다.

한편, 이탈리아의 대표적인 CB로는 CRIF(Centrale Rischi Finanziaria), CTC(Consorzio per la tutela del credito) 및 Experian Information Service를 들 수 있다. 먼저, CRIF는 국소적인 시장으로 경쟁이 적은 Emilia-Romagna와 Northwest의 중소은행들에 의해 1988년 볼로냐에 영리기관으로서 설립되었다. 초기 CRIF가 이탈리아의 주요 CB였을 당시, 전국적인 대형 은행은 CRIF에 가입하기를 주저하다가 이후 높아진 경쟁에 의한 비용보다 CRIF회원으로서 얻는 이득이 많다고 판단하여 이 기관에 가입하기 시작하였다. 2005년 현재 CRIF는 이탈리아 금융기관의 85%에 해당하는 440개의 금융기관과 연결되어 있다. CRIF는 정보시스템해결 의사결정보조 시스템(예, scoring), 신용가치정보를 은행, 보험회사, 통신 회사에 제공하고 있다. CRIF는 이탈리아 소매신용시장에서 가장 큰 비중인 5,100만개의 신용 파일을 보유한다. CRIF는 특히 은행이 발간한 기존 자료 관리에 전문성을 보이고 있다. 최소 경계액에 관계없이 모든 종류의 대출에 대해서 긍정적 및 부정적 정보를 관리하고 있다. CRIF가 보유하고 있는 정보는 "개인의 이름, 주,소 납세 ID 또는 재정 코드, 차입액과 종류, 미납할부 수와 차입의 담보보증 여부, 세금 및 자산 정보, 인구 통계 정보" 등이다. 한편, CRIF의 데이터베이스는 시스템을 통해 다른 유럽 데이터베이스에 연결되어 있다. 이를 통해 CRIF는 독일의 Schufa Holding AG, 네덜란드의 BKR, 아일랜드의 ICB, 덴마크의 RKI와 정보를 공유하고 있다. 또한 CRIF는 미국시장에 진출하고 영국, 독일, 체코, 슬로바키아, 멕시코로 활동 영역을 넓히고 있다. 남아메리카와 캐나다에서 TransUnion CRIF Decision Solution LLC라는 이름으로 scoring모형을 TransUnion과 함께 보급하고 있다.

한편, CTC는 이탈리아 금융서비스제공자들 연합(특히, 자동차 금융)이 설립한 비영리기관으로 이탈리아에서만 활동하고 있다. 정보는 대부분의 소비자 신용 기관이 사용하고 있는 항목에 바탕을 두고 매월 갱신한다. 주로 비은행의 비정기적인 분야에서 탁월하다. CTC는 상환 문제 관련 부정적 정보 만을 보유하고 있다. CTC는 차입자의 이름과 주소, 차입액과 종류에 대한 정보를 보유한다. 그러나 만기, 담보 또는 보증에 대한 정보는 보유하고 있지 않으며 데이터베이스에는 주로 신용카드부채, 자동차 금융정보, 상품 신용정보가 있다. 주로 개인은행, 신용카드회사, 금융회사, 신용제공회사가 매달 CTC데이터베이스에 보고한다. 정보 수집에서 최소임계액이 없으며 자료이용은 무상이다. 미국 Experian의 자회사인 Experian Information Sevices s.p.a in Rome은 1995년부터 개인의 신용도를 실시간으로 제공하기 시작하였다. Equifax는 2000년에 당시 이탈리아 4대 신용정보기관 중의 하나였던 SEK를 인수하면서 Equifax Italy SRL을 설립하였는데 2004년 Experian은 Equifax Italy SRL을 100%인수하였다. SEK은 30년 넘게 활동하면서 소비자와 사업 정보 부동산 정보 그 외 금융분야에 대한 각종 서비스를 제공하고 있다.

4. 벨기에

벨기에 중앙은행 NBB(National Bank of Belgium)은 PCR인 Central Office for Credit to Private Individual을 1987년부터 운영하고 있으며 소비자 신용 및 모기지시장 전체를 대상으로 하고 있다. 2004년 1월 현재, 등록된 개인 및 회사는 약 420만명이며 신용보고서는 520만개이다. PCR에 정보를 보고하는 기관으로는 일반은행, 공적개발 은행, 신용조합, 금융리스회사, 카드회사, 여신전문회사, 소매업자 등이 있다. 수집하는 신용정보는 차입자의 이름, 주소, tax ID, 보고기관명, 대출금 만기, 채무불이행, 연체 등이다. 제공하는 신용정보는 수집된 신용정보 중 보고기관명을 제외한 모든 정보이다. PCR의 신용정보는 개인에 대한 부정적 정보뿐만 아니라 긍정적 정보까지 포함한다. 데이터의 보존기한은 3년이며 연체에 대한 정보는 연체를 상환하였을 경우 1년간, 연체를 미상환할 경우 10년간 보존된다. PCR의 신용정보는 차입자가 해당 금융기관의 고객이거나 새로운 고객이 동의하는 경우에 한해 금융기관의 접근을 허용하고 있다. 은행과 금융기관들은 PCR에 고객의 신용데이터를 제공해야 한다. 금융기관들은 대출을 최종결정하기 전에 PCR의 정보를 조회하도록 제도적으로 의무화하고 있다. 벨기에 중앙은행의 PCR은 신용위험관리 및 수표 등에 대한 정보 확인 이외에 마케팅 목적 등의 용도로 신용정보가 사용되는 것을 법으로 금지하고 있다.

한편, 대표적인 CB인 UPC(Union Professionelle du Credit)는 벨기에 소비자신용시장의 96%, 모기지시장의 90%를 차지하는 74개 신용공여회사들이 회원으로 구성되어 NBB가 PCR을 운영하기 50년전인 1930년대부터 활동하였다. 주요 회원사로는 은행, 보험회사, 리스회사, 모기지회사, 신용카드사 등이었다. UPC는 부정적 정보만을 수집·제공하였음에도 불구하고 NBB에 비해 수수료가 매우 저렴하다는 장점을 가지고 있어 금융기관의 신용 조회건수가 NBB를 훨씬 상회하였으나 2004년 업무를 중단하고 데이터 베이스를 NBB로 이관하였다. 이는 UPC와 NBB의 정보수집대상 금융기관의 범위가 거의 일치하는 데다 두 기관이 모으는 부정적 정보의 범위도 유사하여 부정적 정보의 데이터베이스가 거의 흡사하게 되었기 때문이다. 벨기에의 현행법상 최소 하나 이상의 공적기관이 경제 전반에 걸친 채무상황을 파악하고 있어야 하므로 NBB의 업무가 폐지되지 않고 UPC의 신용정보 제공업무가 중단된 것이다.

5. 이외의 유럽국가

오스트리아의 경우, 유럽에서 가장 오래된 민간 개인신용정보기구 KSV가 활동하고 있으며 불량·우량정보 모두를 보유, 제공하고 있다. 단 회원 가운데 은행, 보험, 리스사는 우량정보와 불량 정보를 모두 이용할 수 있지만 통신판매와 통신사업자 등은 불량정보만 공유한다. 정보 보유 기간은 채무완제 후 3년간, 미수채무에 대해서는 최장 30년간이다.

아일랜드는 금융기관이 소유하는 CB가 활동하고 있으며 회원은 약 30개사이다. 회원은 매월 대출잔액, 연체 발생액, 과거 24회의 변제 이력에 대해서 정보를 제출하고 있으며, 정보의 보존 기간은 계약 종료 시점부터 5년간이다.

네덜란드의 경우, 1965년에 설립되고 탁월한 CB로서 높은 평가를 얻고 있는 BKR이 최대이다. 거의 시장의 100%를 커버하고 있고 미래에는 금융기관만이 아닌 통신회사에도 문호를 개방할 예정이다. 정보 등록기간은 과거 연체가 되어 미상환 상태로 남아 있는 경우에는 무기한, 그후 완제된 것은 완제 시점부터 5년간이다.

스페인은 은행이 운영하는 PCR이 있으며 회원 금융기관은 약 6,000유로(약840만원)를 초과하는 모든 정보의 등록이 의무이다. 이 외에 복수의 CB가 있고 미국기업과의 합작 회사로 1994년에 설립된 Epuifax-ASNEF가 최대 규모이다. 통신사업자에게도 회원자격을 부여하고 있다.

제4절 남미국가

1. 칠레

칠레의 경우, 공적 신용정보 집중기관이 먼저 출범하고 난 후, CB가 설립되었으며 CB는 공적 신용정보 집중기관에 집중된 개인의 우량 및 불량 신용정보를 활용하여 개인의 신용보고서를 작성하고 있다.

칠레의 신용정보시장은 PCR과 CB로 구성되어 있다. 칠레는 비교적 이른 시기인 1977년 PCR을 설립하였고 CB도 1979년부터 설립하였다. 칠레의 경우에는 PCR의 설립시기와 CB의 설립시기가 거의 일치하기 때문에 PCR과 CB산업이 정보공유시스템에서 대체관계에 있다기보다는 보완관계에 있다는 사실을 부분적으로 시사한다. PCR과 CB의 설립 배경에는 1970년대와 1980년대초까지 빈발했던 금융위기와 밀접하게 연관되어 있다. 칠레의 PCR과 CB의 설립은 1970~1973년 아옌데 통치시대를 거치면서 와해된 경제시스템과 금융시장을 재건하기 위해 1975년부터 시장경제 체제를 급속히 도입하면서 초기단계의 금융감독 필요성을 인식하였기 때문인 것으로 해석된다. 은행의 부실채권 양산이 금융위기의 주요 요인 중의 하나였고 신뢰할만한 신용정보의 부족이 문제의 핵심으로 인식되면서 칠레 정부는 PCR의 설립 또는 CB산업의 육성을 통한 신용정보시장의 발전을 도모하였다.

우선, 칠레의 PCR은 30개의 정보제공기관을 확보하고 312만여의 차입자와 미화 500억 달러 규모의 총신용을 관할하고 있다. CB와 비교하여 정보수집범위 및 공유체계를 달리하고 저렴한 비용에 기초자료를 시장에 공급함으로써 한편으로는 CB의 경제적 여건을 조성하고 다른 한편으로는 CB가 담당하는 정보생산의 한계를 보완하고 있다. 또한, 칠레는 PCR을 정책당국의 금융감독을 효과적으로 지원하는 수단으로 활용하고 있다. 칠레에서는 PCR을 Archivo Deudas Generales로 칭하며 이는 종합부채집중이라는 의미이나 일반적으로 PCR로도 통용되고 있다. PCR은 은행금융기관감독원으로 하여금 각 금융기관의 신용 포트폴리오의 위험에 관한 정보를 제공하는 데 주목적이 있다. 이러한 업무 수행에 필요한 데이터는 기관의 개별채무자에 대해 노출된 신용의 정도(대출잔액), 대출의 등급, 담보의 가치 등을 포함한다. 칠레 PCR의 특징은 금융회사의 거의 모든 대출이 PCR을 통해 강제적 정보공유의 대상이 되고 있다는 점이다. 금융회사로부터 일정금액 이상의 모든 대출에 대하여 강제적으로 보고받는 이른바 최소대출규모 또는 최소보고기준이 화폐가치 영(0)이다. PCR 데이터베이스에 모든 대출정보를 포함시킴으로써 기록의 양산을 초래하여 자료관리의 비효율을 초래할 수 있으나 이는 PCR이 CB에 앞서 설립된 배경과 중남미의 금융불안이 상시적인 점을 감안할 때 칠레당국의 신중성을 반영하는 것으로 이해된다. 특히, PCR의 최소보고기준이 큰 멕시코(미화 2만 달러), 브라질(미화 2천달러), 아르헨티나(미화 50달러)의 경우 칠레에 비해 최근 금융위기를 더 빈번히 경험한 점에 미루어 볼 때 최소보고기준이 고저와 은행감독 목표의 달성도와는 상관성이 높지 않은 것으로 판단된다. 정보관리의 효율과 장차 칠레 신용정보시장이 PCR과 CB의 보완적 관계속에서 PCR이 은행감독에 특화하고 CB가 최소보고기준 이하의 대출에 전문화하는 방향으로 발전되도록 하기 위해 최소보고 기준이 상향조정될 가능성도 있다.

한편, 칠레의 신용정보시장에는 70여개의 신용정보회사들이 존재하는데 이 가운데 중요한 회사는 CCS(산티아고상공회의소), SINACOFI(National System of Financial Communication) 및 DICOM 등을 들 수 있다. 먼저 CCS는 채권자에 대한 정보 등을 BIC(Commercial Information Bulletin)이란 형식으로 간행 하고 있다. CCS는 금융 및 상업시스템상의 수표·어음 인수 거절 및 부실대출에 관한 공식 데이터뱅크로서 칠레에서 일반적으로 이용되는 불량정보의 원천은 BIC상에 게시되는 것이다. BIC는 1926년 불량 채무자에 대한 정보를 상호교환하고자 하는 일단의 국내 상업인들에 의해 창간되었다. BIC는 특정인에 대한 정확하고 적절한 정보를 정보 요청자에게 제공할 수 있다는 안전성을 상거래 및 은행권에 보장함으로써 칠레의 공공경제질서 유지는 물론 신용거래의 발전에 지대한 공헌을 해왔다. 이를 인정하여 1999년 제정된 정보의 프라이버시에 관한 법률 제19628호도 BIC를 공식 source로서 수표·어음 인수거절 및 부실채권에 관한 유일한 데이터뱅크로서의 역할을 인정하였다. BIC에는 부도수표와 금융권, 비금융권 회사 또는 개인의 지급기한이 지난 환어음의 금액과 건수에 대한 광범위한 현재 및 과거 이력 정보를 포함하고 있다. 해당 정보들은 은행들과 공증인들로부터 제공되며 상공회의소에 의해 통합되며 이러한 정보들은 일반 대중들도 이용이 가능하다. SINACOFI는 ABIF(Chilean Association of Banks and Financial Institutions)의 계열사로서 1987년 10월 27일 회원사들의 동의를 거쳐 설립되었다. SINACOFI의 주된 목적은 칠레의 금융기관간의 정보교환을 통해 금융기관의 거래 및 운영을 효율하기 위한 전자네트워크의 운영 및 개발에 있다. SINACOFI설립 이래 칠레내 에서 영업중인 모든 은행과 금융기관 및 금융부문과 관련된 정부기관, 회계법인 등이 동 시스템에 연결되었다. SINACOFI에는 나중에 국가은행 어음교환소, 리스크센터 등 새로운 비즈니스 영역이 통합되어 고객서비스 개선의 중요 축을 형성하고 있다.

SINACOFI의 사업중 가장 빠른 성장을 보이고 있는 분야는 리스크 센터로서 센터가 갖추고 있는 20여 가지의 데이터베이스 중 InfoMAX는 CB역할 즉, 신용정보서비스를 제공하고 있다. InfoMAX는 InfoMAX Total Persona(모든 개인에 관한 정보서비스), InfoMAX Total Empresa(모든 기업에 관한 정보서비스), InfoMAX Commercial Persona(상거래 개인에 관한 정보서비스), InfoMAX Commercial Empresa(상거래 기업에 관한 정보서비스) 등의 종합서비스를 제공한다. 부문별 서비스로 수표인증서비스, 주소 서비스, 특수상거래 정보서비스, 기타 부가 정보서비스 등이 있다. DICOM은 1979년 칠레 상공회의소와 개인 기업가들에 의해 민영영리회사로 설립되었으며 사실상 가장 중요하고 권위있는 CB라고 할 수 있다. 설립 초기에는 고객들에게 4가지 영역의 정보를 제공하였는데 이는 BIC상의 정보와 주소식별정보, 직업식별정보(자체생산) 그리고 SICOM(백화점들로부터 취합되는 채무불이행 통합시스템)으로부터 제공되는 백화점업권 내의 연체정보였다. DICOM은 1980년대 초반에 SBIF에 정보서비스를 제공하는 공개입찰에서 서비스 제공자로 선정되었으며 1989년에는 SBIF가 은행에게 제공하기로 예정되어 있던 정보를 처리하는 계약을 개별 은행 및 금융화사들과 체결하게 된다. 한편, 1997년 외국인투자기업인 Equifax가 DICOM의 지분을 100%매입함으로써 DICOM의 사업은 DICOM/EQUIFAX로 호칭되게 되었다. Equifax는 Experian, Tans Union과 함께 미국 내 소비자 금융분야의 신용정보시장을 지배하는 빅 중 하나인 다국적기업으로서 북미, 유럽, 아시아시장에 진출하고 있고 중남미 정보서비스 시장에서도 M&A기회를 타고 진출한 선두 외국인투자기업이다. Equifax는 칠레에서 1979년 영업을 개시한 이래 현재 금융, 상업, 산업 및 서비스부문의 약 1만 2천여 기업을 포함해 2만 5천명의 고객에서 서비스를 제공하고 있다. Equifax는 칠레상공회의소가 당초 갖고 있던 DICOM지분 50%를 1986년 기업들에게 매각하기 시작함에 따라 1994년에 DICOM의 지분 25%를 매입하였고 1995년 50%를 매입해 통제권을 확보한 뒤 마침내 1997년에는 동 지분을 100%매입하였다. DICOM은 다양한 기관들의 접근이 가능하며 여러 정보서비스 제공을 통하여 신용보고서 시장의 75% 점유율을 보유하고 있다. DICOM이 제공하는 정보는 세금식별번호, 주거 기록 및 식별, 대출정보, 공공정보 등을 포함한다. DICOM이 제공하는 정보서비스는 DICOM Plus Gold, 수표인증, 상거래 경고, 파산 등록 등 다양하다. CB정보에 접근가능한 기관은 공공기관(정보를 제공하지 않는 기관도 접근 가능), 금융기관(정보를 제공하지 않는 금융기관도 접근 가능), 중앙은행, 세금관련기관, 정부기관, 기업체 등이다. 이외에도 SIISA, DATABUSINESS등이 있는데 SIISA는 1980년대말에 설립된 온라인 신용정보 시스템회사로서 종합정보서비스주식회사이다. 비교적 중소규모 신용정보회사인 DATABUSINESS는 SIISA와 함께 2001년 과다신용정보제공 형사사건에 연루되었으며 마침내 2002년 신용정보법 개정의 도화선이 된 바 있다.

2. 브라질

브라질의 경우, 1996년 CB가 설립되면서 개인의 불량 신용정보를 금융기관들이 공유하기 시작하였으며 1997년부터는 공적 신용정보 집중기관을 통해 금융기관간에 의무적으로 우량 신용정보를 공유하고 있다.

브라질에는 중앙은행의 CRC, 수표관련 신용정보를 제공하는 CCSF, 공적기관을 위한 신용정보를 제공하는 Cadin과 같은 PCR들이 있으며 소매업자협회의 신용정보 네트워크인 SPC, 은행들에 의해 설립된 SERASA, 외국계 신용정보회사인 Equifax등의 CB들이 활동 중이다.

먼저, CRC(Central Register of Credit Risk)는 중앙은행의 은행감독국이 관리하는 PCR로서 1998년 8월에 설립되었다. CRC의 대표적인 두 가지 목표는 첫째, 금융기관들의 대출포트폴리오 관리를 향상시키기 위해 금융기관에 잠재적 고객인 회사와 개인의 전반적인 채무상황을 알리는 데 있다. 둘째, 중앙은행의 감독과 규제업무를 보조하는 데 있다. 금융기관들은 5만 레알 이상의 신용(보증금액, 신용할당량 포함)을 공여받은 고객의 대출금 규모를 CRC에 보고해야 한다. 2004년 1월 현재, 등록된 자료는 총 981.9만개(개인: 810.3만명, 기업: 171.7만개) 신용보고서는 제공하지 않으며 매월 84.7만명이 홈페이지에 접속하여 258.5만건의 상담을 의뢰하고 있다. CRC가 수집하는 소비자금융정보는 납세자의 ID번호, 대출금에 대한 정보(보고기관명, 금액), 채무상환에 대한 정보(적시상환, 불이행, 연체) 등이다. CRC가 제공하는 소비자 금융정보는 납세자의 번호ID, 대출금에 대한 정보(대출금액) 등이다. CRC에서 제공하는 자료는 일반적으로 질이 높은 것으로 평가받고 있으나 몇 가지 개선할 사항이 있는 것으로 보인다. 예를 들어, 무수익여신의 가치를 파악하는 데 필요한 정형화된 규준이 없을 뿐 아니라 신용카드사와 펙토링회사와 같은 신용공여기관의 신용정보는 CRC에서 제공하는 정보의 범주에 포함되지 않고 있다. 브라질 중앙은행은 CRC가 제공하는 정보의 질과 양을 개선하여 시스템을 향상시키기 위한 계획을 추진 중에 있다. 상환기간이 얼마 지나지 않은 단기연체 대출금에 대한 정보도 수집할 계획이며 채무자의 위험도에 대한 평가도 금융기관 보고사항에 포함시킬 예정이다. 다음으로 CCSF(Cadastro de Cheque sem Fundos; Returned Check Register)는 가장 오래된 PCR로서 은행으로부터 의무적으로 정보를 받아 잔고가 없이 수표를 발행한 사람들의 목록을 작성하고 있다. 개인의 이름이 중앙은행의 반송된 수표 목록에 기재되면 그 기록은 향후 5년간 유지되며 채무를 변제하기 전에는 이 기간 중에 어떠한 은행거래도 할 수 없다. Cadin(Register of Defaults)은 처음에는 공적 금융기관만을 대상으로 부정적 정보의 공유를 위한 PCR로 출발하였고 이후 신용공여 활동과 무관한 공적기관에도 접근이 허가되었으나 민간 신용기관의 접속은 아직도 허가되지 않고 있다. Cadin에 부정적 정보가 등록된 회사 및 개인에 대한 공적 금융기관의 대출은 법으로 금지되었으나 동법이 폐지된 이후에는 공적 금융기관들이 차입자에 대한 부정적 정보를 조회하는 자료원의 하나로 기능하고 있다.

CB의 대표적인 기관 가운데 하나인 SPC(Credit Protection Service)는 지방 소매업자협회가 해당지역에서 운영하는 민간 비영리 CIR(Credit Information Registry)를 말하며 가장 오래된 SPC는 Rio de Janeiro에 있으며 1955년에 설립되었다. 현재 브라질 에서 약 1,200여개의 SPC가 운영 중이며 정보의 범위는 지역단위로 구성되며 지역 SPC간 네트워크를 통해 정보교환이 이루어지고 있다. SPC는 소매업자, 은행, 신용카드사, 기타 금융기관 등으로부터 상업적 또는 거래 책임을 불이행한 채무자에 대한 정보를 수집하여 협회회원에게 정보를 제공하고 있다. 또한 SERASA는 브라질 최대의 영리목적의 CIR로서 브라질의 3대 은행에 의해 1968년에 설립되었으며 현재 SERASA의 주요 주주구성은 중간규모 이상의 은행들이다. SERASA는 1996년에 세계최대의 신용정보회사인 Dun&Bradstreet의 브라질 지역 사업부문에 흡수 합병되었다. 이 회사는 1,400여명의 직원과 브라질 주요 도시에 있는 130개 사업소를 가지고 있으며 브라질 전역에 걸쳐 회원사를 확보하고 있다. SERASA는 기업과 개인에 대한 DB(ID, 주소, 개인신상, 직업, 채무와 금융 및 경제분석) 구축에 전문성을 띄고 있으며 그룹사의 기업 단위 재무제표 및 결합재무제표에 대한 정보와 거시경제 및 산업별 정보를 확보하고 있다. 이 회사의 대표적인 정보원천은 중앙은행, SPC, PCR 등의 databank로부터 수집한 정보와 시중은행으로부터 직접 제공받은 정보로 구성되어 있다. 브라질의 다른 CIR들과 마찬가지로 SERASA도 부정적 정보수집을 위해 설립되었다. 1990년대 중반 이후, 긍정적 정보의 제공도 시작하였으나 아직 부정적 정보의 비중이 더욱 큰 상황이다. SERASA가 제공하는 주요 정보 서비스에는 ACHEI/RECHEQUE(잔액부족 수표발행 과 승인, 취소, 정지, 분실된 수표에 대한 정보를 제공하는 시스템), CONCENTRE(잔액부족 파산상태에서 발행된 수표에 대한 정보와 사법처리 세금체납 파산절차진행 여부 등에 대한 정보 제공), FICA(폭넓은 기록과 재무적 경제적 정보를 담고 있는 databank로서 기업의 성과에 영향을 주는 주요 요소들과 신용위험도에 대한 정보를 제공), RELATO(회사의 결제이력에 대한 정보 등을 제공), CREDIT BUREAU 등이 있다. CREDIT BUREAU는 신용카드, 파이낸스, 리스, 팩토링, 보험과 기타 개인신용 관련업을 영위하는 회사들로부터 수집한 부정적 정보와 긍정적 신용정보를 보유하고 있다. 기업이 관련정보를 얻기 위해서는 호혜주의 원칙에 의해 피드백정보의 제공에 동의해야한다. CREDIT BUREAU에 저장된 정보는 (1) 이름, 출생지 및 생년월일, 배우자 및 부모님 이름, 주소, 전화번호, 현주소, 전입일, 직업, 고용주, 현 직장 취직일 등의 개인신상정보 (2) 연체, 사법처리, 잔액부족 수표 발행 및 불법적 수표발행 등의 개인신용에 대한 정보 (3) 최근 신용 조사의뢰 건수와 일자 (4) 직업, 직장주소, 학력, 현재 금융부채에 대한 정보 (5) 위험예측모형에서 산출된 신용점수 등이 있다. 한편 1990년대 중반에 미국계 대형신용정보회사인 Equifax가 SERASA의 경쟁회사인 SCI을 인수하였고 신용등급평가기관인 S&P가 브라질에 지점을 설립하였다 이러한 외국계 신용정보회사의 브라질 시장진출은 기존 CIR들이 부정적 신용정보에 더해 긍정적 신용정보도 제공하도록 유도한 것으로 평가된다.

제5절 아시아국가

1. 호주

호주는 CB가 설립되어 있고, 다양한 범위의 상품과 서비스를 보유하고 있기는 하지만, 신용정보 사용에 관한 엄격한 법규제로 인해 CB는 단지 고객신원 및 불량신용정보의 수집만을 허용하고 있는 실정이다. 개인의 신용기록 파일은 최대 5년까지 보존된다.

2. 일본

일본에는 PCR이 없으며 은행계, 대금업계, 신용판매계의 각 업권별로 설립된 신용정보기관 및 전 업종으로부터 정보를 수집하는 별도의 신용정보기관(CCR)을 중심으로 신용정보를 공유하고 있다. 각 업권별로 회원자격을 제한하고 있으며 원칙적으로 업권에 속한 금융기관들은 각 업권 신용정보기관의 회원으로 참여하여 정보를 공유하고 있다. 회원가입이 강제는 아니지만 거의 대부분의 금융기관이 각 업권의 회원으로 가입되어 있으며 회원자격의 제한으로 인해 다른 업권 신용정보기관의 회원이 될 수는 없다. 각 업권의 신용정보기관은 타 업권과 정보공유를 하지 않으며 금융청 및 금융산업성의 지도로 각 업권이 공동설립한 CRIN(Credit Information Network)을 통해 연체정보만 공유하고 있다.

은행계 신용정보기관으로는 전국은행개인신용정보센터(PCIC)이 있다. 1988년 각지 은행 협회의 개인신용정보센터를 통합하여 설치되었으며 주요회원은 은행이며 신용정보기관 중 유일하게 비영리회사이다. 대금업계 신용정보기관인 전국신용정보센터연합회(전정련, FCBJ)는 33개의 독립적인 대금업계 신용정보기관의 연합체이다. 1976년 전국 각지 10개의 센터가 모여 전국신용정보센터연합회를 설립했다. 주요 회원은 대금업자이며 전정련 아래에서 통일된 정보관리를 행하고 있고 데이터베이스는 일원화 되어 있다. 신용판매계 신용정보기관으로는 CIC(Credit Information Center)와 테라네트(Tearanet)가 있다. CIC는 1983년 일본할부협회, 일본신용정보센터, 전국신판협회를 합쳐 신용정보센터(주)로 설립되었으며 1991년 현재의 사명으로 변경된다. 주요회원은 신용판매회사, 크레디트회사 등 할부판매사업자이다. 테라네트는 1999년 전정련(FCBJ) 가맹의 33개 신용정보기관에 의해 설립되었으며 회원은 크레디트 회사, 신판회사 등으로서 CIC가맹회원이 대부분으로 전정련 가맹의 33개 신용정보기관과 포지티브 정보를 공유하고 있다. 또한, 전업종형 신용정보기관으로 CCB(Central Communication Bureau)가 존재한다. 1979년에 설립되었으며 회원은 크레디트회사, 신판회사, 소비자금융업자 등으로 여신업자 전반이다.

각 신용정보기관별로 독자적인 신용정보보고서 형태를 사용하고 있으며 제공하는 서비스도 각 기관에 따라 상이하다. 일반적으로 회원사가 등록한 정보, 신용정보기관이 독자적으로 수집한 관보정보, 전화번호부 정보(전화번호, 성명, 주소) 등을 제공하고 있다. 일본의 신용정보기관들은 신용평점 서비스는 제공하지 않는다.

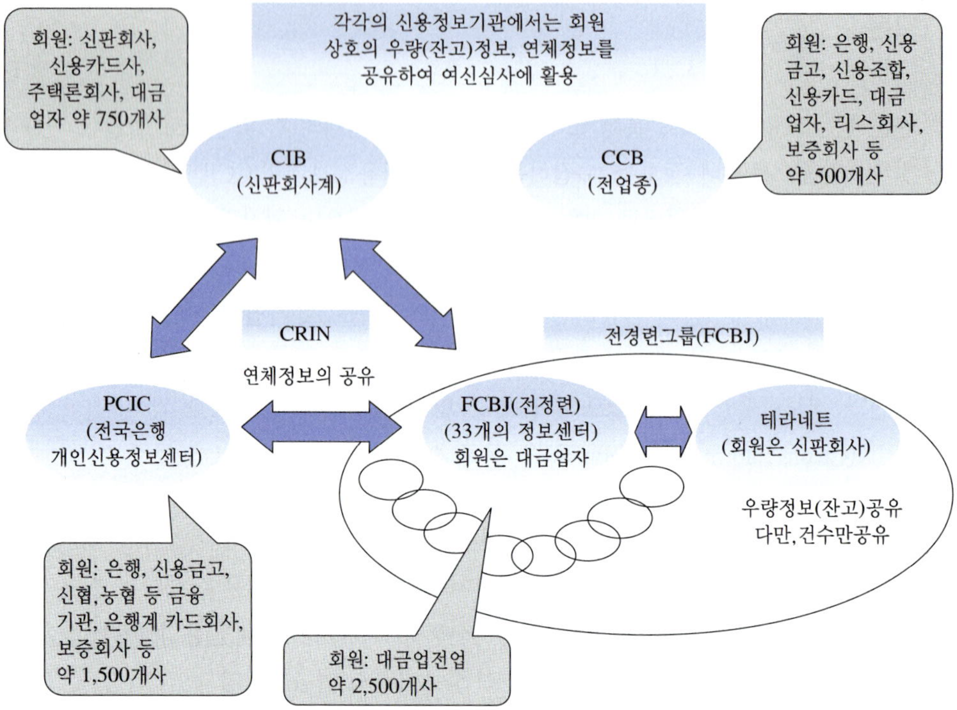

그림 5-1 | 일본 신용정보기관 및 신용정보교류 상황

※ 자료: 강경훈·임병철·남재현(2006)

일본 정부는 적정 여신이나 다중 채무방지를 위해 신용정보기관을 통한 정보교류를 촉진하고 개인신용정보의 이용 증대를 위해 모든 정보의 등록 및 조회와 신용정보기관간 우량정보의 교류를 촉진하고 있다. 신용정보기관을 통한 정보교류 추진과 관련하여 각 신용정보기관이 보유하고 있는 정보의 질적 차이와 시스템 도입 비용 등의 여러 문제점이 있다. 일본 정부는 금융기관의 복수 신용정보기관에의 가입 추진을 통한 신용정보기관간의 경쟁 도입 및 우량정보 교류 추진 중이다. 특히, 2009년부터 시행되고 있는 지정신용정보기관제도는 일본 소비자금융 이용자의 과잉채무를 억제하고 개인 파산을 예방하기 위하여 도입되었으나 실질적으로 신용정보기관 간의 정보 교류를 크게 확대시킬 것으로 보인다. 일본 정부는 사회적인 문제가 되고 있는 과잉채무와 개인파산을 억제하고 금융시장의 건전성을 유지하기 위해서 2006년 12월 20일에 대금업규제에 관한 법률 등의 일부를 개정하는 법률안을 공포하여 단계적으로 시행하고 있는데 그 주요 개정내용은 다음과 같다.

- 차입상한 금리를 29.2%에서 15~20%로 낮추어 차입자의 금리부담을 경감
- 차입자의 총대부 잔고가 연수입의 1/3을 초과하는 대부계약 금지
- 불법사채의 피해를 방지할 수 있도록 대금업자의 등록요건을 강화

여기에서 차입자의 총대부 잔고가 연수입의 1/3을 초과하는 대부계약 금지인 대출총량 규제를 효과적으로 실시하기 위해서는 대금업자가 대출계약 시에 차입자의 연수입액과 차입 내역을 파악해야 하며 이를 위해 지정신용정보기관제도가 2009년부터 시행되고 있다.

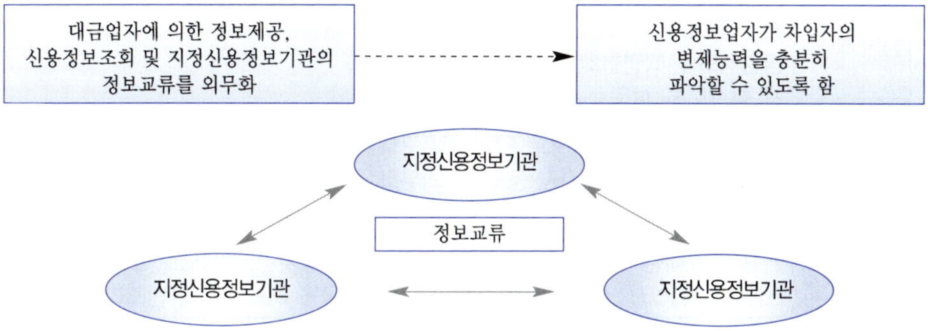

그림 5-2 ❙ 지정 신용정보기관 제도

※ 자료: 김영실(2008)

이 제도는 대금업자가 자사 고객의 개인신용내역을 국가가 지정한 신용정보기관에 의무적으로 보고하도록 하고 대출계약 시에 지정 신용정보기관에서 제공하는 신용정보망을 통하여 고객의 개인신용정보를 조회하고 과잉대부 여부를 확인할 수 있도록 하는 제도이다. 지정신용정보기관 간에는 서로 개인신용정보를 교류하므로 대금업자는 자신이 가입한 지정신용정보기관의 신용정보망을 통하여 다른 지정 신용정보기관이 보유하고 있는 신용정보도 이용할 수 있게 된다.

3. 대만과 홍콩

대만과 홍콩의 CB를 보다 자세히 살펴보자. '신용을 중히 여기면 세상 어디서나 통한다(珍惜信用 通行天下)'. 대만 타이베이의 JCIC(Joint Credit Information Center) 건물에 써 있는 글귀다. JCIC는 은행, 신용카드사 등으로부터 개인의 신용정보를 모아 다시 금융회사에 제공하는 '크레딧뷰로(CB)'이다. 첸린센(陳林森) 사장은 "대만에선 투명한 신용없인 금융거래도 없다는 게 상식"이라며 "CB가 신용문화 정착에 크게 기여했다"고 말했다.

표 5-4 | 대만과 홍콩 CB 서비스의 주요내용

구분	대만	홍콩
도입배경	• 대출문화 불투명해 금융 효율성 저해	• 외환위기로 연체율과 개인파산 급증
참여회사	• 은행, 카드사, 농협, 수협, 투자회사 등 300개 금융회사 • 금감위와 은행연합회 등에서 대부분 금융사 참가토록 설득	• 대출업무 취급사 중심으로 60여개 금융회사 • 금융관리국이 반대 회사 막후 설득
정보구분	• 개인신용정보 법안 등으로 안전장치 구축 • 정보 조회시 관련 당사자 동의 등 의무화	• 금융당국이 적극 나서 의회와 시민단체 설득, 사회 공감대 형성
성과	• 대출관행 투명하게 개선 • 금융위기 내성 강화 • 30년간 지속돼 신용문화 정착	• 금융사 위험관리 강화 • 금융사간 경쟁으로 소비자 금리 인하 혜택 • 금융 허브로서의 인프라 강화

대만은 1970년대 중반 불투명하고 비효율적인 대출 관행을 고치기 위해 CB를 도입했다. 당시 소비자들은 기존 대출금을 감춘 채 여러 금융사에서 돈을 빌려 썼고, 이를 파악할 능력이 없던 은행들은 담보만 요구하는 전당포로 전락했다. 그러나 지금은 은행, 카드사, 보험사 등 300여 개 회사가 CB에 가입하였고 1억5,000만 건의 정보를 교류하면서 투명성이 크게 높아졌다.

홍콩은 외환위기 이후 경기침체로 대출 연체율이 급등했다. 1998년 890여 건이던 개인파산은 2002년에 2만 5,000건으로 27배나 폭증했다. 2002년 당시 파산자들은 평균적으로 월급의 42배에 이르는 빚을 22개 금융회사에서 빌렸다. 이에 놀란 은행들이 먼저 CB 설립을 생각하였고, 금융당국에 지원을 요청해 60여개 회사가 참여한 CB가 탄생했다. 대출업무가 깐깐해지면서 지난해 파산은 1만 4,000건으로 줄었다.

대만과 홍콩의 CB는 포지티브(positive)방식이다. 연체율 같은 부정적 정보만 공유하는 네거티브 CB와 달리 자산 현황, 대출금 상환실적 등 우량 정보도 담는다. 그래서 성공하기가 쉽지 않다. 금융사들은 애써 축적한 알토란 정보를 경쟁사와 공유하는 것을 꺼리고, 개인정보 침해 문제가 제기될 수 있기 때문이다.

컨설팅회사인 매킨지 대만법인의 크리스천 라우바흐 박사는 대만, 홍콩의 성공 비결로 세 가지를 꼽았다. 정부와 금융감독당국 등이 발 벗고 나서 모든 금융사를 설득해 CB에 포함시켰고, 의회, 시민사회와의 대화를 통해 개인정보 보호 논란을 잠재웠다는 것이다. 홍콩 금융관리국의 챈 부장은 "컨수머 카운슬이란 시민단체가 거세게 반대했지만 청문회와 로비를 통해 장점을 설명하자 결국 수긍했다"고 말했다. 대만 JCIC의 첸 사장은 "카드사들을 가입시키기 위해 정부 명령이 필요했다"며 "서비스료가 낮은 점도 회원사들을 끌어들이는 데 도움이 됐다"고 말했다.

4. 중국[11)]

중국의 신용정보제도는 2006년 이후에야 본격적으로 시작되었기 때문에 아직 상당히 미비한 상황이다. 최근까지도 중국에서 신용정보제도의 필요성이 크지 않았기 때문이다. 신용정보제도는 90년대 후반 이후 은행에서 소매금융 사업, 즉 개인을 대상으로 하는 대출을 시작하기 이전에는 사실상 그 필요성조차 존재하지 않았고, 그렇기 때문에 제도도 마련되지 않았다. 원래 중국의 금융제도는 국유상업은행 중심이었기 때문에 금융부문에서의 신용정보 생산은 중요하게 여겨지지 않았다. 국유상업은행을 비롯한 금융회사들이 정책당국의 국가발전전략에 따라 주로 국유기업 및 집체기업에 신용을 배분하는 수동적인 영업행태에서 크게 벗어나지 않았기 때문에 신용정보공유의 필요성이 오랫동안 대두되지 않았던 것이다(남수중, 2008). 1997년 전체 대출에서 소비자 대출은 0.5%에 불과하였고, 99.5%가 기업 그것도 국유 대기업에 대한 대출이었다. 따라서 개인들은 주로 인적 네트워크를 통하거나 전통적으로 자기가 속해 있던 단위체제에 의존하여 자금을 조달하였다. 그러나 90년대 후반 동아시아 금융위기 위기 이후, 은행부문의 부실채권 해결이 시급한 해결과제로 대두되면서 신용정보제도가 새로운 관심사로 등장하였다. 특히, 은행의 경영자율성이 높아지고 수익성 제고가 당면 목표가 되면서 국유상업은행은 부실기업에 대한 대출을 축소하고 거대한 잠재력을 지닌 소매금융시장을 개척하기 위해 노력하였다. 이 과정에서 신용공여의 리스크를 줄이기 위한 신용정보공유의 필요성은 더욱 확대되었다.

중국의 신용정보제도는 2000년대 초반 지역단위로 지방정부가 주도하는 준공적 신용정보제공기관이 설립되었으며, 전국단위의 공적 신용정보공유제도는 2006년 1월에 이르러서야 중앙은행에 의해서 운영되기 시작하였다. 초기의 신용정보 제공기관은 2000년대 초 상하이 등 대도시를 중심으로 지방정부의 주도로 지역 내 금융기관만을 대상으로 시작되었다. 최초의 신용정보공유기관은 상해자신유한공사(上海資信有限公司, Shanghai Credit Information Service, SCIS)이다. 이 회사는 상하이가 신용정보기관 설립 시범 도시로 선정된 이후 상하이 지방정부가 주도로 설립되었고, 2000년부터 개인신용정보 데이터베이스를 구축하기 시작하였다(박영상, 2007). 상하이 지역의 은행, 신용카드사, 자동차 금융회사, 보험사 등의 금융기관과 휴대전화회사, 공공기관, 법원 등을 회원사 및 데이터 소스로 보유하고 있다. 상하이 이후 선전, 베이징 등 7~8개 대도시에도 유사한 개인신용정보공유제도가 도입되었다. 그러나 이들 지역단위의 신용정보 제공기관은 정보공유기관이 지역 내 금융기관 등으로 한정되어 있고, 데이터 수집 내용도 체계적이지 못한 문제점이 있었다. 더구나 신용정보공유제도의 참여나 데이터 수집이 지방정부의 조례에 의거하였기 때문에 법적인 구속력이 약했고, 나중에

11) 서봉교 (2010)을 인용 및 재구성함

중앙은행의 공적 신용정보공유시스템이 도입된 이후에는 민간 신용정보제공기구(CB) 형태로 변하면서 회원사 참여나 정보 수집이 자율에 맡겨지면서 법적 강제력은 더욱 약화되었다.

한편, 중국경제의 성장과 경제운영의 확대에 따라 전국적인 네트워크망을 가진 신용정보의 구축 필요성은 더욱 증가하였다. 기존 지역별 신용정보공유기관은 기업의 전국적인 영업망 확대, 중국 내 인구이동을 제한하였던 호구제도의 약화에 따른 개인의 지역이동 확대 등에 따라 유효성이 점차 감소하였기 때문이다. 타지역에서의 신용정보가 공유되지 않음에 따라 이를 악용하여 여러 지역에서 불법적으로 대출을 받는 금융사기도 발생하는 등 신용정보의 제도보완이 필요하다. 더구나 지역별로 다른 금융 인프라 및 금융시스템은 지역별 신용정보공유기관이 자체적, 자발적으로 상호운영체계를 통합하기도 곤란하게 만들었다. 예를 들면, 각 지방정부가 채택했던 금융 정보통신 체계가 달라서 같은 은행이라도 다른 지방의 시스템과 호환이 되지 않았고, 지방정부의 지역성 신용정보제공기관의 설립근거가 지방시조례에 근거하였기 때문에 전국적인 운영망을 갖춘 금융기관에 대한 영향력도 제한되었다. 이와 같은 문제점을 해결하기 위해 2004년부터 중국 중앙정부가 주도하여 전국적인 네트워크망을 갖춘 개인신용정보 시스템 구축작업을 시작하였다. 그 시작은 2004년 16차 중국 공산당전국대회 및 중앙위원회 결정에 따라 7개 지역 15개 전국은행과 8개 도시상업은행을 대상으로 신용정보공유 작업을 결정하였다. 2005년 6월에는 전국적 규모의 공적 신용정보공유제도 구축을 위한 National Credit Standarization Group이 베이징에 설립되었다. 2005년 8월에는 신용정보 수집 금융기관을 전국의 모든 은행과 일부 농촌 신용협동조합으로 확대하였다. 동년 10월에는 〈個人信用信息基礎數据庫管理暫行辦法〉(중국인민은행령 2005년 3호)이라는, 2006년 1월부터 개인 신용정보 데이터베이스의 운영을 중국 정부가 직접 보장한다는 내용의 법령도 발표되었다. 이에 따라 2006년 1월, 7월에 각각 전국적으로 통일된 개인 및 기업의 신용정보 데이터베이스가 운영되기 시작하였다. 반면, 중국은 한국의 민간 CB형태의 개인 신용정보나 신용평점을 제공하는 기관은 아직 존재하지 않는다. 현재 기존의 지방정부 산하의 신용정보 제공기관이 중앙은행 공적신용정보제공기관과 차별화하여 민간 CB형태로 전환하고자 노력하고 있으나 아직은 매우 초보적인 단계에 불과하다.

표 5-5 | 중국 중앙은행 개인신용정보 데이터베이스 개요

	주 요 내 용
시작연도	2006년 1월
근거법령	• 중앙은행 〈개인신용정보 기초데이터 관리 방법〉(2005.8)
주요 회원사, DB소스	• 전국의 모든 상업은행, 일부 농촌 신용합작사, 공공기관
정보내용	• 개인식별정보(성명, 주민번호) • 신용거래정보(대출, 신용카드, 담보 등) • 연체정보(대출연체, 신용카드 납부연체, 공공요금 체납 등) • 신용조회 정보 이의신청 정보 등

표 5-5 | 중국 중앙은행 개인신용정보 데이터베이스 개요 (계속)

	주 요 내 용
이용목적	• 신용평가(여신심사, 사후관리, 회수 등)목적에 한정 단, 본인의 서면동의 전제
이용자	• 상업은행, 정보주체자(자기정보 열람목적), 정부기관
등록정보량	• 6억명(2008년 1/4분기 기준), 1358만개 기업
정보조회	• 일평균 개인신용정보 조회 52.4만건('08년 기준) • 일평균 기업 신용정보 조회 10.7만건('08년 기준)
정보갱신	• 월 단위가 기본
정보조회방식	• 상업은행 내 전용검색 단말기, 총 5만 개 이상('08년 기준) • On-Line 방식 검색
특징	• EU형 중앙은행 주도의 PCR 형태가 모델 • DB 구축 시 미국 신용협회의 Metro-2표본양식 참조

※ 자료: 박영상(2007), 「中國人民銀行」

중국의 공적 신용정보제도의 문제점을 살펴보면 다음과 같다. 현재 중국의 공적 신용정보제도는 2006년 1월부터(개인정보는 1월, 기업정보는 7월) 운영되고 있으며 전국적인 네트워크를 가지고 있다. 공적 신용정보기관은 중앙은행이 운영을 담당하고, 법률에 의거하여 개인여신업무가 가능한 중국 내 모든 은행이 의무적으로 가입하도록 되어 있다. 이에 따라 주택담보대출, 자동차대출, 신용카드, 개인신용대출 등 여신업무를 담당하고 있는 은행의 개인에 대한 소매금융관련 정보가 수집되고 있다. 반면, 보험사나 증권사에서는 한국과 달리 약관대출 등의 개인대출을 일절 불허하고 있기 때문에 보험사나 증권사는 공적 신용정보기관의 정보수집 대상기관에서는 제외되고 있다. 중국의 개인신용정보공유제도는 현재 여러 문제점을 안고 있다. 첫째는 공적신용정보의 정보항목 문제점이다. 현재 중국 중앙은행의 개인 신용정보 데이터베이스는 표 5-6과 같이 개인식별정보, 신용거래정보, 비은행관련정보, 신용정보 조회정보로 구성되어 있다.

표 5-6 | 국 중앙은행 개인신용정보 데이터베이스의 구성과 내용

	내 용
1..개인식별 정보	• 필수정보인 성명, 신분증번호, 혼인여부, 학력, 주소, 직업, 직위, 주거상황과 기타 선택입력정보 등 33개 항목과 경찰 확인 결과
2. 신용거래 정보	(1) 신용정보 조합 (2) 대출정보 (3) 신용카드 정보 (4) 준신용카드 정보 (5) 타인담보 정보 (6) 기타 정보
3. 非은행관련 정보	• 개인주택적립금 납입, 양로보험 납입, 통화료 납입정보 등 34개 항목
4. 조회기록 정보	• 정보기록 기관, 이유, 개인의 자기정보 수정요구 기록 등

※ 자료: 中國人民銀行征信中心

이 중, 중국의 대출관련 정보는 표 5-7에서 볼 수 있듯이 한국의 공적 신용정보기관인 은행연합회의 신용정보 기록과 비교해 보면 보다 많은 정보를 수집하고 있고, 한국의 민간 CB에 비해서도 정보량이 적지 않다. 그러나 신용카드 정보의 경우, 현금서비스 항목의 정보 항목은 부족한 상황이다. 표 5-7에서 볼 수 있듯이 중국 중앙은행의 개인 신용정보 데이터베이스는 신용카드 사용한도, 신용카드 사용금액 등으로 정보가 한정되어 있기 때문에 신용카드 현금서비스의 비중을 알 수 없다. 한국의 경우, 2002년 이후 현금서비스 항목(현금서비스 이용액, 카드론유무 등)을 은행연합회에서 수집하고 있지만 중국은 신용카드 현금서비스 금액 정보는 개별은행이 보유하고 있고 아직 공유되지 못하고 있기 때문이다. 현재, 중국의 신용카드 관련 정보를 수집관리하고 있는 은행연합회도 신용카드 판매액(신용카드를 이용한 상품구매) 관련 정보만 관리하고 있다. 중국의 신용카드 관련정보 항목은 민간 KCB에 비해서는 훨씬 취약한 상황이다. 한국 KCB는 한국 은행연합회의 정보항목에 추가하여 현금서비스잔액, 5일 이상의 단기연체액 등의 리스크 관리를 위한 중요한 정보를 제공하고 있다.

표 5-7 ❙ 중국과 한국의 대출 및 신용카드 정보항목 비교

	중국중앙은행 PCR	한국 은행연합회	한국 KOB(추가정보)
대출정보	• 발생일, 만기일, 기관명, 담보방식, 지역, 종류, 화폐종류, 계약금, 잔액 등	• 발생일, 헤제일, 잔액, 기관명 등	• 업권별 대출건수 및 금액, 신용/담보 구분, 잔액 변동 등
대출연체	• 최근 상환일, 연체금액(180일 이상), 총연체 회수, 최고연체액, 24개월 내 상환상태 등	• 90일 이상 장기연체 정보 등	• 5일 이상 단기연체 정보, CB 등급 등
신용카드정보	• 발행기관, 카드 수 신용한도, 신용판매총액, 개설일시	• 현금서비스 이용액, 카드론 유무	• 신용판매 이용액, 현금서비스 잔액
	• 중국중앙은행 PCR	• 한국 은행 연합회	• 한국 KCB(추가정보)
신용카드연체	• 최근상환일시, 최대연체액, 당월연체금액, 12개월 내 연체 횟수, 24개월 내 상환상태 등	• 연체발생일, 기관, 90일 이상 & 5만원 이상 연체 정보	• 현금서비스 상환액, 5일 이상 & 10만원 이상 단기연체액, 연체 발생일

※ 자료: 中國人民銀行征信中心 한국은행연합회, 한국 KCB

둘째, 중국의 개인신용정보 제도가 2006년 처음 도입된 이후 4년밖에 되지 않아 아직은 도입 초기단계이기 때문에 자료의 충분성 및 신뢰성에 문제가 있을 가능성을 배제할 수 없다. 특히, 중국의 개인신용정보 데이터베이스가 금융기관이 리스크관리를 하기에 충분한 정도인가에 대해서 의문이 제기될 수 있다. 예를 들면, 신문보도에서 2008년 1/4분기 기준으로 중앙은행 DB에 전 중국인구의 절반인 6억 명의 식별정보 코드가 수록되어 있다고 하지만 이들

대다수가 단순히 개인 식별정보나 전화요금 납부내역 정도의 기록일 수 있다. 6억 명의 데이터베이스라면 어린이, 노약자, 벽지 거주자 등을 제외한 대부분의 중국인이 포함되어 있다는 것을 의미하지만 이들 중 금융사의 입장에서 의미있는 금융거래를 행한 중국인의 비중은 극히 낮을 것이기 때문이다. 물론, 현재 법률로 강제되어 있기 때문에 금융기관과 신용거래를 행하고 있는 개인정보는 거의 빠지지 않고 포함되어 있는 것은 사실이다. 하지만 대다수의 개인은 아직 금융기관과 의미있는 신용거래를 실시한 거래정보가 부재하기 때문에 금융사의 입장에서 효과적인 리스크관리에 충분하지 못하다.

제6절 미국의 CB

1. 역사

미국은 1800년대에 이르러 이민자가 늘어나고 기업도산 증가와 도시화의 가속에 따른 사회적 환경을 배경으로 1860년에 뉴욕에서 신용조사국(Credit Bureau)이 설립되면서 신용정보를 교환하기 시작하였다. 즉, 미국에서는 공업화 및 도시화 등으로 인해 거래지역 및 거래상대방의 범위가 확대되고 결제방식에 있어서도 신용거래방식이 도입됨에 따라 신용공여자와 차입자간의 정보비대칭을 해소하는 차원에서 신용조사의 필요성이 대두하였다 소규모의 안정적인 지역사회 내에서는 신용공여기관들이 차입자의 능력을 개별적으로 잘 파악할 수 있었기 때문에 신용공여 결정이 어렵지 않았다. 그러나 도시화의 진전 등으로 가계의 이동이 증가하면서 신용공여자와 차입자간의 정보비대칭이 발생하게 되는데 이로 인해 신용공여기관들은 담보없는 이민자들에 대한 신용공여여부를 결정하는 것이 어려워진 것이 미국에서 CB들이 등장하게 된 주요 배경이라고 할 수 있다.

이때까지 소규모 상인들이 비영리적으로 지역의 소매중심으로 정보를 교류하고 있었다. 이 시기가 소매중심 CB의 태동기이다. 미국 최초의 신용조사기관은 신용조사를 목적으로 1941년에 뉴욕에서 설립된 Lewis Tappen 신용조사소이다. 1837년 기업의 연쇄도산으로 대공황이 발생하는 한편, 영업망도 점점 확대됨에 따라 다른 지역 거래처에 대한 정보의 필요성이 증대된 것이 직접적인 설립의 계기이다. 한편, CB라는 용어는 1960년 미국 뉴욕의 은행 등 신용공여기관들이 고객에 대한 신용정보를 교환하기 위해 브룩클린에 설립한 Credit Bureau에서 유래되었다. 1896년에는 19세기 경제공황에 따른 사업자들의 신용거래에 대한 불안감을 완화시키기 위해 NACM(National Association of Credit Man)이 결성되었다.

19세기 말부터 가계의 지역적 이동이 활발해지면서 신용정보기관간 정보교류의 필요성이 대두됨에 따라 1906년 6개의 신용정보기관들은 신용정보 교환에 합의하면서 NAMA (National Association of Mercantile Agencies)을 결성하였다. NAMA는 이주 소비자의 신용정보 교환기능을 주로 담당하던 미국 CB협회인 ACB(Associated Credit Bureau, 1937년 설립)의 전신이다. ACB는 불량정보 위주의 단순교환에서 탈피하여 우량정보까지를 교환하는 본격적인 신용정보교환이 이루어지게 하였다. ACB는 전 지역의 기관 간에 신용 파일을 공유할 수 있도록 하는 절차, 포맷, 정의 등을 개발하였다. ACB는 scrip을 도입하기도 하였는데 회원들은 협회로부터 이 scrip을 구입하였으며 scrip은 다른 도시에 있는 회원사로부터 수집된 신용보고서에 대한 지불 비용으로 사용되었다. 미국의 CB는 1920년대, 1950년대, 1970~1980년대의 세 차례에 걸쳐 크게 발전하였는데 우선 1920년대의 경우에는 가계의 이동성이 증대되고 소비자 신용시장이 확대됨에 따라 소비자신용정보기관의 수가 크게 증가한 것이 특징이다.

1916년 ACB의 회원사는 100개를 웃돌았는데 급격하게 성장하여 1927년에는 800개사, 1955년에는 그 두 배로 회원사가 늘어나게 되었다. 1950년대에는 이전보다 신용정보기관의 수가 더욱 증가하였을 뿐만 아니라 신용정보의 범위도 확대되고 정보내용도 방대해지는 한편 신용정보기관간 정보교류도 활성화되었다. 1948년 1,453개였던 ACB회원수가 1955년에는 1,700개로 증가하였으며 1954년 7,000만 소비자의 신용정보가 축적되고 1960년의 신용정보 보고서의 6,000건수도 만 건에 이르렀다.

ACB에 따르면 ACB 회원사들은 1960년까지 전체 채무자에 대한 정보를 함께 보유하게 되어 CB사 대부분은 작은 도시의 개인들에 관한 파일까지도 갖고 있었다. 파일링 캐비넷, 우편요금 계량기(postage meter), 전화기로 기술이 한정되어있던 시절, 미국 CB는 1년에 6,000만 건의 신용보고서를 발행하고 있었다. CB가 처음 생길 당시에는 소매업자가 개인신용에 대한 주요 소스였으며, 다른 중요한 소스는 전당포업자, 소규모 대출 기업, 친구, 가족 등이었다. 당시 소매업자의 소스가 지배적일 수밖에 없었던 이유는 주(state) 고리대금업법이 법적 이율을 정하여 소규모 대출에 대한 수익을 내기가 어려웠기 때문이다. 반면, 소매업자들이 수익을 얻을 수 있었던 것은 신용으로 구매한 상품에 대금을 청구할 수 있었기 때문이다. 그러나 이러한 이점은 많은 주(state)들이 고리대금업법을 해제하게 되는 1916년 이후에 중요성을 잃게 되었다. 1929년에는 심지어, 전체 소매판매의 1/3에 소매업자들의 자본이 관련되어 있었는데 신용을 제공하는 소매업자들에게 신용판매는 전체판매 중, 반이상을 차지하게 되었다.

1929년에서 1948년 시행되었던 기업 조사에서 소매업권 20~22%가 당좌계정(open account, 거래 때마다 현금 결제를 하지 않고 그 대차관계를 장부에 기록했다가 정기적으로 그 차액만을 현금 결제하는 방식)이용으로 결제 형태를 바꾼 것으로 나타났다. 1935년 의류 매장에서 19%, 백화점에서 26%, 식료품점에서 21%, 가구점에서 24%, 주유소에서 22%, 연료 및 얼음 딜러에서 52%가 당좌계정을 이용하는 것으로 나타났다. 그러나 소매업자에 의한 할부계약 판매 비율은 금융기업 및 은행이 동종 사업을 시작하면서, 1929년 13%에서 1948년 6%로 감소하였다.

20세기를 거치면서 CB는 경제생활 속에서 개인신용의 중요성이 증대되면서 이익을 얻기도 하였지만, 개인신용시장의 변화에 적응하는 시기도 거쳐야 했다. 1919년에서 반세기 동안, 개인신용은 전체소비시장보다 4배 이상 급성장하였다. 그 결과, 1919년~1941년 사이 소매업자에 의한 개인신용 비율은 80%에서 40%로 거의 반 가까이 떨어졌다. 1965년이 되자 비율은 다시 1/2로 줄었으며, 2000년 비금융사업은 개인신용의 5%밖에 차지하지 않았다. 그래서 이 시기에 개인채무의 급속한 성장분이 소매업자의 리스트보다는 주로 은행 및 금융기업 같은 금융기관의 대차대조표에 올라가게 된 것이다.

이 시기의 또 다른 중요한 변화는 소매 및 개인신용시장 규모가 더욱 커졌다는 것이다. 20세기를 맞이하는 시점에서, 모든 소매업자 및 카탈로그 판매업자에게 시장은 한 도시 또는 도시의 일정 부분에 국한되어 있었다. 그러나 이 같은 현상은 점차 변화되어 이를테면 1929년 지역이나 국영(national) 백화점 체인이 백화점 매출의 15% 이하를 차지하고 있었는데 1972년이 되자 80% 가까이 되었다. 소매판매를 수천 개의 레스토랑, 주유소 등을 포함하여 본다면, 지역 및 국영 체인 판매비율은 1929년 13%에서 1972년 31%까지 상승하였다. 시간이 지나면서, 대형 체인들은 개인운영매장에서의 신용운영체계를 중지하고 본사에 통합시켜버렸다. 지역 CB에 공유되고 있던 회원 및 정보는 중요성을 점점 잃어가고, 대형의 광범위한 CB에 통합되고 협력하게 되었다.

미국의 CB산업은 지역 상인들에 의해 주로 단일 업종을 대상으로 소비자의 불량 정보 제공을 위주로 하던 1950~60년대에 시작하여 보다 광범위한 신용정보의 집중을 위한 지속적인 통합과정을 거치게 되었다. 신용카드의 활성화와 IT기술의 발전으로 CB산업은 보다 발전하게 되었다. 오랫동안 은행의 지리적 확장은 제한적인 지점(branch) 법안에 의해 강제적으로 실시되었다. 그러나 개인신용에 있어서 지점 제한은 은행발급 신용카드가 1950년대 후반에 도입되어 1960년대 후반 널리 사용되면서 점점 중요성을 잃어가기 시작하였다. 결국, 대량의 신용카드 계좌를 보유하고 있는 은행 사이에서 다수의 고객들은 전통적인 지점 서비스를 반드시 이용할 필요가 없어졌다. 1950년대 주(state)간 영업제한을 탈피하려고 하는 목적과 소매금융의 퇴조로 인해 전국으로 영업망을 확대하려고 하는 은행들은 신용카드 영업을 활성화하였다. 은행발급 신용카드가 널리 이용되기 시작하자 수많은 소매업자들은 자체 신용프로그램을 저하시키는 은행발급 신용카드를 쓰는데 반대하였다. 특히, 소규모 소매업자를 비롯한 많은 소매업자들은 다른 소매업자들과의 경쟁을 위해 신용플랜을 제공하였었다. 상인들은 은행카드를 받을 때 일정한 수수료를 지불하기는 했지만 수취계정을 자체적으로 조달하는 비용은 물론이거니와 추심활동이나 부기와 같은 일체의 활동에 대한 비용을 지불하려고 하지 않았다. 보다 규모가 큰 소매업자들은 자체 매장카드를 유지하고 있으며 오늘날에도 은행카드 계정(accounts)보다는 자체 매장카드 계정을 더 많이 갖고 있다. 대형 카드발행 소매업자로는 Sears가 있다. 일부 소매업자는 금융회사에 매장카드 운영에 대한 하도급계약을 맺고 자체 대차대조표에는 더 이상 외상을 받지 않기로 하였다.

이러한 변화들은 1960년대 후반 이후 일어났다. 1968년, 소매업자에 의한 리볼빙 신용액수는 은행카드 대차계정(balances)및 outstanding check credit보다 거의 여섯배나 높아지게 되었다. 10년 후인 1978년, 은행과 소매업자는 리볼빙 신용 액수가 거의 같아지게 되었으며 15년 후인 1993년에는 은행이 차지하는 리볼빙 신용이 소매업자보다 3배나 많아지게 되었다. 신용카드업계의 이와 같은 급속한 발전은 1970년대 초기 CB에게 기회와 도전 둘 다 가져다주었다. 한편, 카드발행 은행들은 CB에게 새로운 사업의 소스가 되었다. 사전심사 서비스(pre-screening service)는 카드발급업자가 신용제공을 더 받고자 하는 사람들의 메일링 리스트를 만드는 데 이용되는 잠재적 채무자의 특성을 구체화할 수 있는 프로세스로, 신용업계에 중요한 수입의 소스가 되었다.

다른 한편으로 여신공여기관들은 지역적 또는 국가적 규모에서의 신용카드 발급에 관심을 보이고 있었는데 1960년대에는 이에 필요한 신용 파일을 보유하고 있는 CB가 없었다. 게다가 은행들은 빠른 속도로 시스템을 자동화하고 있었고 수기 문서보다 전자적인 방법으로 CB와 데이터를 공유하고 획득할 수 있게 될 전망이었다. 이러한 변화에 부응하기 위하여, CB들은 시스템을 자동화해야 했고 규모가 더 커질 수 밖에 없었다. 이렇게 하여 대형 CB들은 이미 하나 이상의 대도시 전체를 아우르는 정보를 보유하게 되었고 곧 다른 도시의 CB를 인수하면서 규모를 확장해나가기 시작했다. ACB회원사는 1965년 2,200개로 최고치를 기록하였다가 오늘날 500개로 감소하였다. 몇 십 년 동안의 상승세 이후, CB 사무실의 숫자 또한 감소하기 시작하였는데 1992~1997년에 20% 감소, 1997~2002년에는 또다시 30%가 감소하였다. 대도시에 있는 CB들은 1965년 로스앤젤레스를 선두로 1967년 뉴욕, 샌프란시스코가 시스템을 자동화하였다. 곧바로, 대형 CB들은 미국 전역의 자동화된 CB사무소 어디에 있는 파일에도 접근할 수 있는 네트워크를 구축했다. 은행 및 소매업자 회원사들이 전국적 신용 프랜차이즈를 개설하면서 그곳에서 발생하는 데이터로 대형CB는 사내에 전체 채무자 망을 보유한다는 목표 설정이 가능해졌다.

오늘날 Trans Union, Experian, Equifax로 불리는 세 대형 CB들은 1980년대에 이같은 목표를 달성하였다. 대부분의 CB는 규모가 작아서 자동화 기술을 도입하는데 드는 높은 고정비용을 감당할 수가 없었다. 1975년 ACB 회원 CB중 2/3는 인구 2만 명 이하의 마을에 위치하고 있었으며, 1989년 ACB 회원 CB사들 중 1/3 이상이 여전히 시스템을 자동화하지 못한 상태로 지역 및 국가 전역 신용제공자들이 제공하는 정보를 얻기 위해 ACB 서비스에 의존하고 있었다. 거의 500개에 달하는 CB들이 시스템 자동화를 이루었으나, 대형 신용제공자들이 제공하는 정보를 확보하기 위해 상위 3개 CB사중 하나 이상과 계약을 맺고 있다. 따라서 1960년대 이후, 약 2천여 개에 달하던 신용정보회사들이 M&A 등을 통하여 흡수, 합병되어 현재는 3대 CB와 소규모 지역을 영업기반으로 하는 약 800여 개가 존속하고 있으나 이들 소규모 신용정보회사들은 3대 CB회사가 직간접으로 소유 또는 지배하고 있어 사실상 3대 CB의 과점체제에 가깝다. 또한 신용관리의 전산화로 1970년대 약 1억 건을 기록하던 신용정보 보고량도 급증하여 1989년에는 약 4억 건으로 4배나 증가하였다.

최근까지 미국의 CB시장은 연평균 6%~8%의 성장세를 보이고 있다. 1992년 2.7억 달러를 기록하던 신용정보 및 마켓 서비스 관련 수익은 2000년에 5.6억 달러로 증가하면서 연평균 10%이상의 성장세를 시현하였다. 1970년대 이후, 대규모 합병 등을 통해 전국적 규모의 3대 대형 CB가 CB시장의 90%이상을 점유하는 등 시장의 집중도는 매우 높아졌고 CB시장은 과점적 성격을 나타내면서 경쟁은 제한적이다. 3대 CB들은 2억명이 넘는 미국인들의 신용거래내역 정보와 공공기록 정보를 축적하는 한편, 이러한 대규모 정보를 바탕으로 평가 및 솔루션 등을 개발하여 금융기관의 신용위험관리와 개인들의 신용자기신용관리를 지원하고 있다. 3대 CB들은 개인 및 기업신용정보와 함께 기타 특정부분을 특화하는 추세를 보이고 있으며 기존의 축적된 업력을 바탕으로 해외진출도 활발히 추진하고 있다.

앞에서 언급한 바와 같이 초기의 신용정보교환은 해당 지역을 기반으로 한 소규모 사업이었으나 전국 규모의 백화점, 자동차, 은행, 보험사, 신용카드사의 출현에 맞추어 전국적인 수집과 교환이 시작되었다. CB는 상업적 민간기업으로 제 3자적 입장에서 데이터의 집중, 제공을 전담하여 신용을 공여하는 자와 소비자간 신용거래의 중추적 역할을 한다. 즉, CB는 은행, 저축대부기관, 기타의 금융회사 등에 신용거래 내역정보(positive data)를 바탕으로 하는 신용평점(risk scoring), 신용등급, 계좌 모니터링 등의 정보를 제공하여 대출관련 리스크에 대비하고 손실을 축소하게 하는 등의 기능을 하고 있다. 또한, 미국의 연방정책은 CB산업이 각계 각층의 미국민들에게 신용정보와 여타 금융 서비스를 제공하도록 장려해 왔으며 소비자의 사생활 보호를 위하여 제정된 법률(공정신용보고법, FCRA)에서도 개인의 사생활 보호를 위한 최소한의 규제만을 정의하는 네거티브 시스템(negative system)을 채택하고 있다.

2. 시장구조와 역할

미국 CB의 역할은 다음의 세 가지 관점에서 의의를 찾을 수 있다. 첫째, 소비자(customer) 관점에서 개인이 사용하는 모든 신용상품의 현재상태 및 과거 이력 확인을 통해 신용 도용사고를 방지할 수 있다. 둘째, 신용공여기관(furnisher) 관점에서 신용정보의 수집비용, 유지 및 관리에 소요 되는 고정비용 등을 절약함으로써 저렴한 비용으로 신용정보를 활용하고 신규 고객의 신용평가 및 기존 고객의 신용도 변화를 추적하여 적절한 신용관리정책을 통해 신용 리스크 비용을 최소화 할 수 있다. 셋째, 사회 및 국가 관점에서 집중화 된 정보관리를 통해 사금융의 횡포방지 및 신용거래 산업의 투명화 및 활성화 촉진, 올바른 신용거래의 인식정착을 통한 사회적, 경제적 건전성 증진 등의 의의가 있다.

미국의 CB업계는 빅3 체제(Equifax, Experian, Trans-Union)로 운영되고 있다고 하였는데 구체적인 기업정보는 다음과 같다.

표 5-8 | 미국 3대 CB현황

구분	Equifax	Experian	Trans-Union
설립연도	1898	1969	1968
본사	미국 조지아주 Atlanta	미국 California Cost Mesa	미국 Chicago
일반정보	• 매출규모: U$ 19억35백만 ('09) • 직원 수: 7,000명 • 해외사업: 15개국 • 해외매출비중: 30%	• 매출규모: U$ 40억59백만 ('09) • 직원 수: 15,500명 • 해외사업: 38개국	• 매출규모: 미공개('09) • U$ 10억('02기준) • 직원 수: 3,100명 • 해외사업: 25개국
주요사업 영역	• 신용보고서 • 산업정보 서비스 • 채권회수 • Check Guarantee – 신용평점 & Risk Management • 카드 프로세싱 • 금융 소프트웨어 • D/B 마케팅 서비스 • 카탈로그 및 유통 관련 Direct Marketing 상품 • 부동산 가치 평가, 부동산 담보대출, 신용평가 등 부동산 관련 서비스 등		

※ 주: Experian의 본사는 영국 노팅햄에도 소재함.

※ 자료: 각사 site & annual report

CB 3사는 2억 7천만명의 개인에 대한 정보를 보유하고 있고 이는 미국 경제활동인구의 97% 이상의 정보에 해당된다. 1억개 이상의 개인 이메일 주소와 4억개 이상의 개인 및 기관의 프로파일을, 50억개 이상의 거래 트레이드 라인(tradelines)을 보유하고 있다. 연간 55억건의 스코어를 생성하고 매일 500만건의 의사결정 변수를 생성하여 제공하며, 전체 데이터베이스를 평균적으로 일주일에 2번 업데이트 한다. 6,500만건의 업데이트가 매일 일어나고 매월 20억건의 업데이트가 발생하며, 1개의 신용정보는 평균적으로 2개의 주소(address), 10개의 금융 거래(tradelines), 6개의 최신 조회 기록(inquiries)을 보유하고 있다. 이와 같이 축적된 다량의 신용정보공유 및 활용을 통한 평가의 효율성, 신용정보공유 및 활용대상의 확장, 맞춤형 신용정보서비스 제공, 서비스 제공의 신속성 등이 미국 CB의 경쟁 우위요소로 인식되고 있다. 이러한 경쟁우위 요소를 적극 활용하여 1990년 말부터 미국의 CB들은 자회사나 제휴업무를 통해 국제적으로 사업을 확장하고 있다.

1997년, 미국에는 22,000여명의 직원을 두고 28억 달러의 판매액을 올리는 (2002년 판매액은 35억 달러) 1,000여개의 개인신용보고기관이 있었다. 실질적으로 이러한 모든 수익(revenues)은 개인신용보고서 사용에 대한 비용 청구에서 비롯된 것이다. 인플레이션 조정을 거치면서 신용업계 수익은 1972년부터 5배 상승하였는데 이는 전체 경제 증가세의 2배, 개인신용 증가율보다 2/3가 높은 것이다. 현재, 발행되는 신용보고서 수는 30년 전보다 10배가 늘었지만, 고용인구는 변하지 않았다. 노동 생산성에 있어서 그 같은 이익을 낼 수 있는 업계는 거의 없다고 봐야 할 것이다. 신용업계는 소규모 및 대형 회사로 나누어져 있다. 전형적인 CB社는 한 개의 사무소에 고용인이 10명 남짓 된다. 전체 CB의 9/10의 연간 매출액은 250만 달러 이하다. 1997년 14개 회사만이 다섯 개 이상의 사무소를 보유하고 있었는데, 이러한 14개 회사들의 규모는 전체 CB 규모의 1/5에 달하며, 전체 신용업계 종사자의 반을 차지하고 있고, 신용업계 전체수익의 2/3를 차지하고 있다. 4개의 대형 CB사는 전체 CB업계 수익의 반을 차지하고 있다. 이러한 대형 회사들은 1년에 수백 내지 수천만 건에 달하는 신용파일정보를 찾는 회사들의 대형 사업과 매년 수십억 건에 달하는 신용카드나 보험 권유로 이어지게 되는 사전심사(pre-screening) 서비스의 대부분을 수행하고 있다. 반면, 소규모 CB들은 소규모의 일회성 고객에 집중한다. 이러한 고객들에게 대형 CB의 자동화 기술로는 비용이 너무 많이 들어 소규모 업무를 처리하기가 쉽지 않았다. 그러나 저렴하고 강력한 PC와 인터넷 구축으로 그러한 값비싼 비용은 점점 내려가고 있고, 소규모 CB들은 또 다른 압력을 받게 되었다. 틈새시장을 통해 특정서비스를 제공하는 다소 인지도가 낮은 소규모 CB사들도 존재한다. 수많은 사금융 기업들은 회원사 및 개인에 대한 신용기록을 보유하고 있는 협회에 가입하고 있다. 의사 및 치과의사를 대상으로 서비스하는 의료CB, 생명보험 신청자에 대한 건강이력정보를 제공하는 CB, 개인수표를 받는 소매업자 및 수표 계좌 개설 고객의 정보를 얻고자 하는 은행들을 대상으로 하여 고도로 자동화된 서비스를 제공하는 CB, 세입자의 신용도를 알고 싶어하는 임대주(landlord)에게 정보를 제공하는 CB(Landlord Connection), 통신기업을 대상으로 하는 CB(the National Consumer Telecommunications Exchange)도 있다.

미국의 CB서비스 유형은 다음과 같다. CB는 은행 등 신용공여회사들과 호스트(host)간의 연결, M/T 등 다양한 방식으로 개인의 금융거래, 할부구입, 신용카드 이용내역 등 거래, 식별정보 등을 취득하며 자체적으로 신용정보, 부동산, 자동차 소유현황 등의 부가정보의 수집을 병행한다. 보통 신용공여회사 등은 신용거래정보를 신속하고 정확하게 제공하겠다는 계약을 체결하고 CB의 가입자가 된다. CB가 제공하는 서비스의 유형은 아래와 같이 대별한다.

표 5-9 ▌CB SERVICE 주요내용

• Consumer Credit Report[12]
• 소비자의 신용정보(credit report), 채권추심정보, 직장소득정보, 부동산가치평가 정보
• Credit Score
• 표준평점서비스, 업종별/상품별 평점서비스
• Early Watch
• 소비자의 신용정보 변동 시 조기에 대처할 수 있도록 변동사항 통보서비스
• Fraud Prevention
• 신청사기방지 서비스, 신청사기 평점모델
• Collection Locator Tools
• 채권추심을 위한 채무자 주소 연락처, 소재 미파악자에 대한 주소, 연락처
• Prescreening
• 신용거래를 위한 정책, 거절리스트 정보. 직원채용을 위한 대상자 점검
• Decision Solution
• 신용거래 의사결정체 필요한 정보처리, 데이터. 의사결정지원 시스템
• Data Analytical Service
• 데이터 분석을 통한 비교분석 보고서

3. 유관기관과 법률

미국 CB 유관기관과 법률을 간단히 살펴보면 다음과 같다. 미국의 정부기관들은 CB의 일방적인 정보 집중 및 공유로 인해 훼손될 수 있는 소비자의 권리(privacy and rights)를 보호하기 위해 감시 기관을 두고 법령을 제정하여 시행한다. 일종의 신용공여기관(furnisher)로서 공공정보의 일부를 CB에 제공하고 개인 신용보고서를 활용하기도 한다.

- Federal Trade Commission: 금융회사들의 일방적인 권리 행사를 감시하고 규제한다. 또한 기업들의 독점과 불합리한 약정조항 등을 감시하여 소비자의 권리를 보호한다.

12) 신용보고서(credit report)는 보통 금융거래, 신원, 고용 및 공공정보로 구성된다. 금융거래정보는 계좌개설일, 신용한도 할부 등 금융거래정보를 망라한다. 신원정보는 성명 현재 및 과거주소, 사회보장번호 출생일, 부양가족, 배우자정보, 거주형태 등을 포함한다. 고용정보는 고용회사면, 직위, 급여수준, 근무기간 등이 포함되며 공공정보는 파산신청, 확정채무, 채권추심 관련 정보 등이 포함된다.

- Better Business Bureau: 고객의 개인 신상 정보의 남용, 오용을 감시 및 규제한다. 또한 온라인상/문서상의 고객 신용정보 보호한다.
- Public Credit Record: 개인파산 및 채무 조정 신청자료 및 압류, 세금정보 등의 공공자료 보관하여 개인 파산(Bankruptcy Chapter 7)자료의 경우 10년, 채무조정신청(Bankruptcy Chapter 13)자료는 7년동안 보관한다. 압류, 세금 체납 등의 공공기록은 7년에서 10년간 자료를 보관한다. 중형 유죄가 확정된 경우 (미 판결인 경우는 제외) 관련 자료를 보관한다.

CB관련 법률을 보면 다음과 같다.

- ECOA(Equal Credit Opportunity Act): 인종, 피부색, 종교, 성별, 결혼여부, 나이 등 신용정보 외의 개인신상정보에 의한 신용거래상의 차별을 금지
- FCRA(Fair Credit Reporting Act): 소비자의 사생활 보호 및 정보의 정확성을 목적으로 하고 있으며 정보에 대한 접근과 수정, 보안, 사용제한, 데이터삭제, 공지, 사용자 참여 및 책임 등 Credit Report에 관한 제반사항을 규정
- FCBA(Fair Credit Billing Act): 부정확하고 부당한 신용청구와 신용카드 관례로부터 소비자 보호를 목적으로 하고 있으며 CB에서 형성되는 정보나 신용보고서 작성 및 신용조회 등 모든 과정에 영향을 줌
- FDCPA(Fair Debt Collection Practices Act): 채권추심기관들의 횡포로부터 개인을 보호하기 위해 제정
- 개인정보보호 일반법(Tele-communication Act, 1996제정)
- GLBA(Gramm-Leach-Bliley Act): 그동안 은행과 증권의 분리를 규정해 왔던 글래스 스티글법(Glass-Steagal Act, 1933년 은행법)의 규정을 철폐한 법률로 개인의 사생활 보호 보완으로 5편은 금융 프라이버시 문제에 할당되어 있는데 여기에는 금융기관에 의한 비공개 개인정보의 취급에 대한 연방의 회의 방침이 명기

4. 정확성의 문제

그렇다면 미국CB의 정확성은 어떨까? 미국에서 개인들의 신용정보는 다수의 개인들에게 그다지 좋은 평판을 얻고 있는 못한 실정이다. 어느 정도에 있어서 CB는 CB성공 자체의 희생자가 된 셈이다. 신용, 보험, 직장을 구하는 데 있어서 CB의 역할을 인정하지 않는 사람은 거의 없음에도 불구하고, 신용보고서 상의 정보로 인해 어떠한 승인을 거절당하고 나면 사람들은 종종 CB를 비난하곤 한다. 신용업계에서 정보의 정확성은 가장 뜨거운 이슈가 되고 있다. 최근까지도 CB 정보의 정확성에 대한 연구조사에 이용할만한 데이터가 거의 없었는데 다행히도 상황은 변하기 시작하였다. 지금과 같은 신용시장에서는 아무리 작은 오류라도 수백만 건의 부정확한 정보로 이어진다.

CB는 회원사로부터 계좌 이력 데이터(account history data)를 받아 이 데이터를 개인신용이력으로 분류하고 모으는 과정을 거쳐 해당정보를 다시 회원사 요청에 따라 재전송한다. 정보 공유를 통해 회원사가 얻게 되는 이익은 분명 정보의 정확성과 시의성(timeliness)에 달려있다. 그러나 회원사들은 CB에 정보를 제공하는 비용도 분담하고 있다. 정보를 제공하는 비용이 높아질수록 여신공여기관의 CB가입 매력도는 낮아진다.

CB의 정보 품질 수준은 회원사의 그러한 비용 및 이익 간의 균형을 어떻게 맞추는가에 따라 좌우되며, 오류수정 관련비용도 이에 관련되어 있다. 여신공여기관은 당연히 CB에 제공하기로 되어있는 정보처리 및 전송비용을 최소화하고 싶어하는데, 이것이 여신공여기관들이 정보의 품질을 따지지 않는다는 말은 아니다. 무엇보다도 데이터는 일반적으로 내부 정보 시스템의 직접 산출물인 것이다.

여신공여기관들은 CB데이터를 이용할 때, 두 가지 종류의 오류를 염두에 둔다. 첫째, 잘못된 정보를 가진 개인에게 신용을 제공하는 경우와 둘째, 잘못된 정보를 가진 개인에게 신용을 거절하는 경우이다. 여신공여기관들에게는 타입I의 오류와 관련한 손실이 타입II로 인한 손실보다 크다. 여신공여기관이 신용이력정보의 제공자인 동시에 수혜자라고 한다면 실수로 실제 채무불이행 정보를 누락시키는 것이 아니라 CB파일 상에 채무불이행에 관련한 정보에 오류가 있을 확률이 더 크다고 할 수 있다. 채무자가 대출승인을 못 받을 경우의 비용은 대출업자가 채무자에게 대출을 해 줄 수 없는 경우의 비용보다 높게 된다. 채무자의 손실 정도가 전적으로 CB 의사결정에 반영되지 않기 때문에 특히 타입II 오류가 많이 발생할 수 있다.

잠재적 채무자가 자신의 신용보고서 상의 잘못된 정보를 알게 되는 경우, 민원을 제기할 수 있다. 사실, 채무자는 오류를 증명하는 데 있어서 상당한 이점을 지니고 있다. 신용보고서 정확도를 개선할 수 있는 한 가지 방법은 보고서에 기재된 정보의 정확성과 소스를 재확인하는 과정에 적극 참여하여 개인이 본인의 신용보고서 상의 오류에 대해 민원을 제기할 수 있도록 격려하는 것이다. 데이터의 정확성이 높아져 상호 이익이 발생하게 된다면, CB는 개인들이 자신의 파일 상의 오류를 수정하도록 독려하고 상당한 리소스를 할애하는 것이 당연하다고 할 수 있다. 2003년 미국 전역을 조사한 결과, 사설 CB 43개사 중 25개사가 오류 수정 방법의 일환으로 개인들에게 무료 신용보고서를 제공한다는 사실을 밝혀냈으며, 반 정도는 오류 증명을 위해 통계학적 또는 모델링 기술을 사용하고 있다고 보고하였다.

이와 같은 효과적 민원처리과정을 통해 타입II 오류가 줄어들게 되면, 개인 및 여신공여기관 모두 이익을 얻게 된다. 물론, 양측 다 그 과정비용을 분담해야 한다. 그러나 여신공여기관들이 상대적으로 민원처리과정에 더 많은 비용을 감당하는 반면, 개인들은 더 많은 이익을 얻고 있다. 그 결과, 사회적 관점에서 보면 CB사들은 오류수정작업에 자원을 너무 투입하지 않게 될지도 모른다. 또한, 개인의 민원을 거절하기 위해 필요한 증거가 어느 정도 되어야 하는지, 민원이 얼마나 빨리 처리되어야 하는지에 대한 논의가 발생하기도 할 것이다. 이런 부분이 바로 정부가 맡아야 할 역할이다.

또 다른 방법은 개인이 자신의 신용보고서를 보고 지적한 오류를 증명하는 것이다. 이 방법의 이점은 개인이 자신의 신용행태에 대한 지식을 보유함으로써 생기는 것인데, 이에 관련된 연구는 많지도 않거니와 보통 일반적이지 않은 경우에 근거하여 이루어진다. 이러한 연구들은 보통 전체 보고서 20~40%에 달하는 높은 오류 발생률을 다루는데, 여기서 발생한 오류 대부분이 개인의 신용이나 보험에 대한 접근성에 중요한 영향을 미치는지는 분명하지 않다.

1989년, ACB는 회원사에 대한 수집 통계를 발표했다. 그 해, 개인소비자들은 9백만 건의 신용보고서 열람을 요청하였는데, 이는 당시 연간 4억 5천만 건 정도 발행된 보고서의 2%에 해당하였다. 3백만 건 보고서에 대하여 민원이 발생하였으며, 2백만 건의 신용보고서가 확인절차를 거쳐 변경되었다. 신용보고서를 확인한 개인소비자 중 1/3은 민원을 신청 하였고, 민원신청 건수 중 2/3가 확인절차 후 수정되었다. 그러나 신용보고서 상의 모든 변경내용들이 다 보고서 상의 오류를 수정한 것은 아니었으며, 일부는 최근 정보 업데이트를 통해 변경된 것이었다.

General Accounting Office는 2002년 3개 CB사로부터 받은 개인정보 민원사항을 분석하였다. 민원의 대부분은 개인이 대출승인거절 통보를 받고 제기한 경우에 발생하였으며, 10%는 부정확한 정보 때문에 발생한 것으로 밝혀졌고, 16%는 FCRA에 명기된 조사기한 내에 완료되지 못하여 삭제되었다.

때로 신용보고서는 본인이 아닌 다른 사람 및 다른 계좌에 대한 참고사항이 포함될 수도 있다. 이러한 오류는 신용제공자들이 계좌 정보를 입력할 때 그에 해당하는 개인에 대한 정보를 충분히 기재하지 않기 때문에 발생한다. CB는 동일한 이름, 주소, 생일, 주민등록번호 및 개인을 특별히 구분해줄 수 있는 정보와 연관하여 개인에 대한 보고서를 작성한다. 그러나 이는 너무 많은 여신공여기관이 존재하고 개인소비자들이 자주 이동하며 주민등록번호를 기재하는 데 있어서 상극된 반응을 보이는 국가에는 단순히 적용될 수 없다.

CB사들은 채무자 프로필에 계좌 정보를 입력하는 정교한 프로세스를 개발해 왔지만, 완벽하지는 못하다. 오래 전 보고서(1989)에서 Williams는 그 당시 신용보고서 내 이러한 종류의 오류가 10%를 상회한다고 증명한 적이 있었다. 그러한 종류의 오류가 항상 나쁜 영향(innocuous)을 가져다 준 것은 아니었다. 다른 사람의 연체기록이 잘못된 정보로 등록되면 개인의 신용등급은 역으로 영향을 받게 되는데, 잘못된 정보가 좋은 쪽으로 기재되는 경우에는 본인들이 실제로 할 수 있는 것보다 더 많은 신용거래를 가진 것처럼 보이게 만들게 되는 것이다.

CB사의 정보의 오류는 종종 신용결정의 결과에 영향을 미친다. 문제는 이러한 현상들이 얼마나 자주 발생하느냐이다. 여기에서 두 개의 연구를 비교해 보고자 한다. 한 연구는 신용보고서 상의 오류 정정을 통해 신용제공결정에 실제 변화가 있는지를 연구한 것이고, 다른 연구는 보다 최근의 데이터를 표본으로 삼아, 3대 CB 중 한 곳의 CB파일의 여러 가지 정보의 변화가 신용평점에 미치는 영향을 조사하였다.

1990년대 초반 ACB는 신용신청이 거절된 16,000명의 신청자를 표본으로 하는 연구의 통계자료를 발표했다. 여신공여기관이 신용결정을 내릴 때 활용한 자신의 신용보고서 사본을 요청하는 사람은 거의 없었다. 자신의 신용보고서 사본을 요청한 사람 중 1/4이 신용보고서 상의 오류를 발견하였다. 오류가 발견된 신용보고서는 14%에 이르렀는데, 해당 오류사항은 신용의사결정의 번복을 가져올 수 있는 중요한 사항이었다. 논문상으로는 36건, 샘플 내에서 0.2%를 차지하는 수치였다. 위에서 언급된 ACB가 제시한 통계 수치에 근거하여 예측해 보자면, 1990년대 초반 실수로 신용승인이 거절된 신청자의 수치에 과장된 측면이 있었다는 것을 알 수 있다.

2004년 연구를 보면 많은 여신공여기관에서 사용되는 신용평점의 알맞은 근사값을 도출해 내는 신용평점 모델을 개발했다. 이 모델은 2003년 3대 CB사 중 한 개사의 신용보고서에서 뽑아 낸 대표 표본을 이용해 만들어졌다. 이 모델은 2003년 법안에서 대두된 갱신되지 않은 정보, 긍정적인 상태가 반영되지 않은 계좌 정보, 실제 이용한도 비공개의 문제 그리고 공공 정보와 추심계좌 등의 이슈가 된 정보에 관해서 보다 세밀하게 평가하도록 만들어져 있다. 이 모델은 대출 신청자를 상중하 세 개의 신용위험군으로 나누고 신용이력이 짧은 대출신청인을 구별하여 평점에 정확성을 더함으로써 파급효과를 산출해냈다.

시뮬레이션 대부분에서 신용평점에 대한 오류수정의 평균적인 효과는 큰 영향을 미치지 못하는 수준이었다. 지불완료 계좌정보 삭제는 대부분의 소비자의 신용평점에 상승을 가져왔지만 평균 4점 정도에 불과했다. 갱신이 이루어지지 않는 주요 불량 정보를 휴면계좌로 재분류하는 경우, 82%의 소비자에게는 신용평점의 변화가 없었으며, 그 외 소비자들은 신용평점이 겨우 1점 상승했다. 오류가 있는 추심업체의 계좌정보를 삭제하는 것은 41%의 대출신청자에게 아무런 영향을 미치지 못했으며, 51%의 다른 대출신청인들의 신용평점이 6점 상승하는 결과를 낳았다. 중복된 공공기록을 삭제는 39%의 소비자에게 아무 영향을 끼치지 못하였으며 그 이외 소비자들에게 1점의 신용평점 상승을 가져왔다.

또한, 리볼빙 계좌에 이용한도 누락이 32%의 소비자들에겐 신용평점에 어떠한 영향도 미치지 않는다는 사실을 발견했다. 다른 시뮬레이션 결과와 달리, 신용거래의 누락이 신용결정에 영향을 미치지 않는다는 사실이 밝혀졌다. 실제 이용한도가 소비자의 신용평점에 전혀 부정적인 영향을 미치지 않았으며 소비자의 신용 평점이 올라갔지만 올라간 점수는 평균 6점 정도였다.

중요한 것은 시뮬레이션에서 신용평점이 낮거나 상대적으로 적은 신용 파일을 가진 사람들이 큰 영향을 받는 것으로 나타났다는 것이다. 최초 신용 평점이 660점 이하인 소비자의 리볼빙계좌의 실제 이용한도가 반영되면 이 그룹의 3/4의 신용 평점이 평균 13점 올랐는데, 신용파일이 적은 소비자군에서도 이와 비슷한 결과가 있었다. 추심이력과 공공정보의 오류 수정은 더 큰 영향을 미쳤다.

이 같이 신용평점에 미치는 영향이 작은 데에는 몇 가지 이유가 있다. 첫째, CB파일상의 정보변화는 다른 사람들의 평점을 낮추는 동시에 개인의 신용평점을 증가시키는 경향이 있다. 둘째, 신용평점모델은 연체가능성을 정확하게 파악하기 위한 목적으로 만들어졌기 때문에, CB파일상에 있는 불량정보에 대해 크게 중점을 두지 않는다. 예를 들어, 불량정보가 반영되었으나 갱신되지 않은 계좌는 재대출을 결정 할 때에만 영향을 미친다. 연체율 예측에 이러한 정보가 거의 영향을 미치지 못하기 때문에 스코어링 모델에서 이러한 정보에 무게를 두지 않는 것은 놀랄만한 일이 아니다. 반면, CB파일에 반영되어 있는 정보의 양이 부족한 사람처럼 스코어링 모델의 정확도가 떨어지는 경우에는 불량요인의 영향이 더 커진다.

A Roving Eye on Your Credit
(당신의 신용현황을 주시하라)

〈Business Week, 2006년 3월 30일자〉

해외에 사는 미국인들은 그들의 신용을 조회하는데 어려움을 느낄 수 있다. 여기에는 그러한 어려움을 극복할 수 있는 방법들을 제시한다.

신용거래법안(The Fair & Accurate Credit Transactions Act; FACTA)은 현재 미국에서 신용을 받고 있는 모든 사람들에게 1년에 한 번씩 무료로 신용보고서를 제공하고 있다. 하지만 만약 미국인, 또는 (미국에 합법적으로 들어온) 외국인들이 해외에서 예정보다 오래 머무를 경우 그들은 어려움에 부딪힐 수도 있다.

Overfield씨는 대표적인 경우이다. 그는 2003년 가을에 그의 신용카드 계좌에서 불법적인 내역을 발견하였을 때부터 자신의 명의를 도용하려는 사람들로부터 스스로를 보호하기 위해 그가 할 수 있는 모든 것에 주의를 기울이고 있다.

1년전 그가 캘리포니아에 살 때, Overfiled씨는 무료 신용보고서를 수령하여 자신의 내역을 확인하는 등, FACTA가 정한 한도 내에서 자신의 권리를 행사하였다. 그는 무료 보고서(free annual reports)를 AnnualCreditReport.com에 신청하여 자신의 권리를 행사하였으며, 대형 CB사에 의해 운용되는 웹사이트에 자신의 정보를 전송하는데 아무런 문제도 없었다.

하지만 지금 그는 영국에 살고 있다. 2개월 전 그는 지금 사는 집에서 AnnualCreditReport.com에 접속했으나 오류메시지 밖에 볼 수 없었다. 결국 그는 대신 TransUnion사의 홈페이지에 접속하여 29.95달러를 지불하고 나서야 신용보고서를 받아 볼 수 있었다.

바로 직후 Overfiled씨는 그가 만약 자신의 집이 아닌 군부대의 컴퓨터를 사용했었다면 AnnualCreditReport.com에 접속할 수 있었다는 사실을 알게 되었다.

하마터면 Overfield씨는 더 나쁜 상황에 처할 수도 있었다. 국외 거주자가 신용보고서를 받으려고 한다면 가끔 더 오래 걸릴 수 있다. 사실, 유일한 주소지가 해외라면 보고서를 받는데 더욱 신경을 써야할 수도 있다.

연방무역협회(Federal Trade Commision;FTC)의 소비자 보호 노력을 감시하는 일을 하고 있는 Winston씨는 해외에 사는 사람들로부터 그들의 미국 신용이력을 조회 하는 데 어려움이 많다는 전화를 많이 받았다고 한다. 그는 이것이 자주 발생하는 일은 아니지만, 분명 문제점이라고 한다.

미국 내에서 미국 IP를 가진 사람들은 FACTA가 2003년 12월 법을 제정한 이후, 최소한 2005년 9월부터는 무료 신용보고서에 접속할 수 있었다.

FTC의 변호사인 Farrington씨의 말에 의하면, FACTA을 통과시킨 국회의원들은 다양한 사유를 가진 고객들이 자신들의 신용보고서에 무료로 접근할 권한을 갖길 바란다고 한다. 그들은 그것이 명의 도용범들을 단속하는데 도움이 될 것이고, 고객들에게 그들의 신용이력의 부정확성에 항의할 수 있는 기회를 제공할 것이며, 고객들의 금융에 대한 지식을 개선시킬 것이라고 말했다.

하지만 그것은 해외에서는 쉬운 일이 아니었다. 예를 들어 AnnualCreditReport.com을 운영하는 CB사들은 미국의 IP주소에만, 다시 말해 미국으로부터 접근한 것으로 밝혀지는 숫자 코드를 가진 컴퓨터들에만 웹사이트를 공개하였다. 그래서 Overfiled씨가 영국의 자신의 집에서는 접근이 불가능 했지만 군부대 에서는 가능했다는 것이다.

TransUnion사의 대변인 Katz씨는, 외국에서의 접근을 제한하는 이유는 개인의 정보를 보호하기 위해서라고 한다. e-mail 내용에서 그가 덧붙여 말하길 TransUnion사는 당신이 어디에 있던지 자신의 정보를 조회 할 수 있는 점의 중요성을 인지하고 있다고 하였다.

물론, AnnualCreditReport.com만이 신용정보를 조회할 수 있는 유일한 웹사이트는 아니다. 다른 신용보고서 서비스도 이용할 수 있다. 그러나 AnnualCreditReport.com 만이 유일하게 FTC에서 정식 승인 받은 곳이다. 그 외의 다른 서비스들은 이용하는 것은 사기를 당할 위험이 있다.

몇몇 곳에서는 처음에는 무료라고 하지만 결국에는 비용을 지불해야 하는 경우도 있다. Experian사의 고객관리를 하는 Consumerinfo.com은 8월부터 유료화가 되었지만 "무료 신용보고서" 표시로 고객을 현혹시키는 마케팅을 하였으며, 또 고객이 가입을 하고 나서 30일 안에 취소를 하지 않는 한 고객은 79.95달러의 모니터링 서비스를 받아야 했다.

'phishers'라 불리는 온라인 사기꾼들은 가짜 신용보고서 사이트를 만들어 사람들의 주민등록번호, 주소, 그리고 다른 개인적 정보를 훔쳐간다.

그러면 외국에 있는 사람들은 어떻게 미국에서의 신용정보를 조회할 수 있을까? 다음은 미국인들이 외국 체류시, 신용정보를 조회할 수 있는 다섯 가지 방법이다.

1. 미국 주소를 유지하라.

우편으로 신용보고서를 받아보고자 하는 것이 간단하지만은 않다. CB사의 신용 기록에는 미국 주소가 기록되어 있다. 그러나 미국 크레딧 카드나 다른 계좌 등을 가진 사람의 외국 주소는 인식하지 못한다. 만약 당신이 당신의 이름, 주민등록번호, 신용이력과 매치되는 미국 주소를 가지고 있지 않다면, CB사는 당신의 신분을 증명할 수 있는 추가적인 증명사항 없이는 보고서를 우편발송하지 않을 것이다.

미국에 주소가 없는 사람들은 미국에 사는 친구의 집으로 주소지를 바꿀 수 있다. 만약 친구의 미국 주소가 공식적으로 당신의 주소로 되어 있다면, CB사는 당신이 요구할 때 당신의 신용이력을 친구의 미국 주소로 보내줄 것이다. 그러면 당신의 친구가 그 모든 것을 당신이 있는 해외로 보내주면 되는 것이다.

산디에고의 비영리 단체인 명의도용범죄관리센터(Identity Theft Resource Center)의 공동 설립자인 린다 폴리는 "미국내에 주소가 없는 해외 생활자에게 우편을 보내는 것은 어려운 일이다."라고 했다.

2. 당신의 요구사항을 우편으로 보내라.

명의도용범죄관리센터에서는, 사기를 염려하는 재외국민들은 가까운 미국 대사관에 접촉해야 한다고 한다. 그리고 그들은 미국과의 행정과정 등을 서류상으로 처리할 수 있다.

명의도용범죄관리센터의 설립자인 Foley씨는, 이것은 범죄에 관한 자료를 문서로 남기기 위함이라고 말한다. "당신이 혼자 해결하려고 시간을 오래 끌수록 문제가 해결될 가능성은 희박해진다."라고 경고했다.

그는, 개인정보 범죄의 희생자들은 UPS나 FDX과 같은 국제 우편 서비스로 문서를 보낼 미국 주소가 없는 사람들이라고 경고한다. 그는 또한, 우편물이 정확하게 배송이 되었는지 확인하라고 말한다.

3. 추가정보를 포함시켜라.

만약 미국 내의 주소가 있으면, 그것을 유지하기 위해서 계속 돈을 지불하라. 후에 신용보고서를 요청할 때 주소를 관리하기 위해 든 비용에 대한 영수증을 함께 받을 수 있다. Farrington씨는 "그들이 신용보고서를 올바른 곳으로 보내는지 확인해야 한다"고 말한다. 당신이 해외에서 그것을 증명할 수 있다는 점을 확신해야 한다.

4. 떠나기 전에 신용을 동결시켜라.

몇몇 주는 범죄자들이 당신의 신용정보에 접근하는 것을 방지하기 위해, 당신이 CB사에 요청할 경우 당신의 신용정보를 비밀번호를 이용해 잠글 수 있도록 하는 방법을 가지고 있다. 몇몇 주에서는 이러한 잠금장치를 것을 푸는 데에 며칠 걸린다.

이러한 "신용동결" 법은 주마다 다르며 이러한 것이 없는 주도 있다. 하지만 Foley씨는 가능하다면 해외로 가기 전에 신용기록을 동결시키기를 권한다.

5. 미국 대사관에 도움을 받으라.

Consular Affairs Bureau의 대변인 Angela Aggeler씨는, 해외에서 일어난 명의도용 범죄 등을 해결하기 위해서 미대사관의 도움을 받을 수 있다고 말한다. 만약 당신이 해외에서 지갑이나 핸드백을 잃어버린다면 대사관은 당신의 신용카드를 정지 시킬 수 있으며 개인정보를 잃는 것에 대비해 사회보안당국에 연락 할 수 있다. 또한 당신은 친구에게 중요한 문서를 대사관으로 보내라고 할 수 있다.

당신이 재외국민이던지 미국 밖으로 여행을 나가는 것이던지 약간의 경계는 당신의 신용점수를 아주 좋은 상태로 유지시킬 것이다.

제7절 국내 CB(Credit Bureau)

미국의 CB가 기초 신용정보의 수집, 집중과 가공 평가된 정보의 유통을 모두 담당하는 반면 국내 신용정보시장은 정보의 수집과 집중기능은 은행연합회와 개별집중기관인 정보통신진흥협회, 여신금융협회, 생명보험협회, 손해보험협회 등이 담당한다. 기초정보를 활용한 개인신용정보의 가공과 평가는 신용정보 및 평가회사들이 담당하는 이원화 구조이다. 앞 절의 표를 보다 간단히 나타내면 다음과 같다.

표 5-10 | 한국신용정보기관 구조

신용정보 업무	신용정보기관
신용정보의 수집, 집중	• 종합신용정보집중기관(은행연합회) • 개별신용정보집중기관(정보통신진흥협회, 여신금융협회, 생명/손해보험협회)
신용정보의 가공, 평가	• 개별 신용정보업체

개별 신용정보 집중기관은 비영리기관으로 동종 업계의 사업자가 설립한 협회이다. 따라서 해당 업계의 신용정보만 수집, 관리를 원칙으로 한다. 이들 개별 집중기관과 종합집중기관(은행연합회)는 개인의 신용정보를 수집 제공할 수는 있으나 이의 가공 및 평가는 할 수 없게 되어있다. 이들에게 집중되는 정보의 범위는 대출이나 보증 신용카드 발급, 해지 현금서비스 실적 등 주로 금융권의 정보가 대상으로 한다.

한편, 신용정보업체는 채권추심, 신용조사, 신용조회 그리고 신용평가 등 4개 부문 중에서 선택적으로 허가를 받아 영업을 할 수 있다. 이들 4개 부문 모두를 허가 받은 업체는 한국기업평가, 한국신용정보, 그리고 한국신용정보 등 소수이며, 채권추심과 신용조사업무를 하는 업체가 주종이다. 기업의 신용정보를 수집, 관리 제공하는 신용조회업무를 영위하는 업체는 한국기업평가, 한국신용정보, 서울신용평가정보, 한국신용평가, 신용보증기금, 기술보증기금 등이며, 개인의 신용정보를 취급하는 업체는 한국신용정보, 한국신용평가정보, 서울신용평가정보, 코리아크레딧뷰로(Korea Credit Bureau, KCB) 등이다. 이러한 CB들은 다음과 같은 서비스를 제공한다.

표 5-11 ▌CB 제공서비스

구분	내용
신용보고서	• 고객의 신용도에 대한 직접적인 측정보다는 신용상태를 파악하는 1차적인 단순 보고서
신용평점	• 일정기간의 신용거래 실적 및 행태를 현 시점에서 분석하여 미래에 예상되는 고객의 신용도를 수치화하여 제공
고객모니터링	• 고객의 신용상태 변동 시 은행 및 신용카드사 등에 변경된 회원의 정보를 즉시 통보
사기예방	• 고객이 제출한 신청서를 다른 기관의 신청서와 비교하여 허위정보 및 위조서류 등의 여부를 판별
솔루션서비스	• 정보입력·처리, 위험평가 및 계좌생성 등 고객의 여신서비스 신청과 관련한 솔루션 서비스 제공

한편, 우리나라의 CB로는 한국신용평가정보(KIS), 한국신용정보(NICE), 코리아크레딧뷰로(KCB)가 있다. 그 동안 KIS와 NICE는 정보수집 기능을 강화하고 평가서비스의 질적 개선과 다양화를 추진하는 등 본격적인 CB서비스 제공을 위한 노력을 전개하고 있으나 긍정적 정보의 본격적 수집 및 이용에는 아직도 많은 시간과 노력이 요구되는 상황이다. 전산개발 등 인프라 구축에는 투자가 적극적으로 이루어지고 있으나 CB들의 정보 수집범위 제공 서비스의 다양화 등은 아직까지 높지 않은 수준인 것으로 평가된다. 한국기업평가, 국민은행, 우리은행, 신한은행, 하나은행, 농협, 삼성카드, 서울보증보험 등이 연합하여 출범한 코리아크레딧뷰로(KCB)는 2005년 11월부터 고객의 신용정보현황보고서(CB report)를 작성하였고 2006년 상반기부터는 고객별 신용등급평가보고서(CB score)를 회원들에게 제공하고 있다. KCB의 경우, 주주로 참여한 금융기관들로부터의 정보에 더하여 다양한 형태의 우량정보를 수집 제공하고 있다.

우리나라 신용정보시스템은 해외 주요국과 여러 공통점을 가지고 있으면서도 우리나라만의 독특한 특징을 보유하고 있다. 먼저 우리나라 종합집중기관이 유럽의 사례와 다른 주요 특징은 PCR과 CB의 성격을 동시에 보유하고 있다는 점이다. 우리나라의 종합집중기관은 PCR과 CB를 가르는 가장 중요한 기준의 하나인 법적강제력에 따른 신용정보의 집중이라는 점에서 PCR의 성격을 가지고 있으나 신용정보 관리의 주체가 민간기관일 뿐 아니라 집중정보의 범위를 민간 금융회사들이 주축이 되어 참여하는 신용정보협의회에서 결정한다는 측면에서는 CB에 가깝다고 할 수 있다.

한편 PCR과 CB간에 정보공유가 이루어진다는 점에서 우리나라 신용정보시스템은 유럽 국가 대부분의 사례와 다르다 남미의 콜롬비아, 페루, 아르헨티나 등만이 우리나라처럼 PCR과 CB간에 정보공유가 이루어지고 있는 것으로 알려지고 있다. 즉, 우리나라의 CB는 해외 주요국에서와 마찬가지로 금융기관 등과의 계약에 기초하여 자료를 수집하고 있으나 신용정보 집중기관인 은행연합회로부터 정보를 제공받고 있다.

제6장 신용정보공유제도의 발전단계와 법금융이론적 측면

제1절 CB의 발전단계와 PCR과의 관계 실증분석

민간을 중심으로 한 CB의 발전단계를 살펴보자. 수집 정보의 성격 및 가공 방식에 따라 세계 각국의 CB는 4단계로 구분된다. 1단계는 단순 데이터를 취합하는 단계이다. 대표적으로 중국이 여기에 속한다. 은행위주로 정보가 취합되며, 제한된 불량정보가 취합된다. 2단계는 여타 금융사를 포함한 네트워크 구축단계로 우리나라와 일본이 이 단계에 속한다. 리스크관리 및 채권회수 업무를 영위하며 불량정보를 확대 및 공유한다. 3단계는 우량 정보집중을 통해 데이터의 품질이 제고되는 단계로 영국이 현재 이 단계에 속한다. 타 신용정보 제공업체가 확대되며, 신용등급 평가 및 리스크관리가 가능하다. 마지막 4단계는 우량정보가 확대(재산, 구매성향, 지불성향 등)되고 CB가 정보집중센터로서 역할을 하는 단계로 미국이 현재 4단계에 진입한 상황이다. 또한, 허위정보 파악, 마케팅 서비스에 이용가능하다.

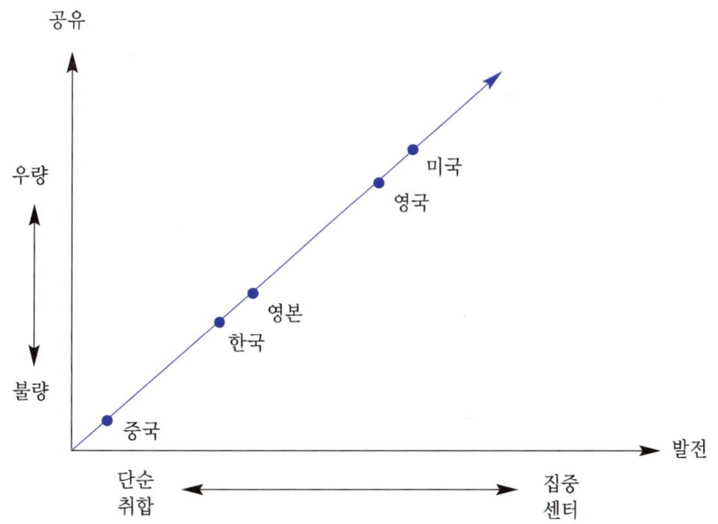

그림 6-1 | 국가별 CB 성숙도

세계 CB산업은 기술혁신과 금융시장의 자유화로 인해 1990년대 들어서면서 급성장세를 보이고 있다. 남미는 1989년 이후부터, 동부 유럽에서는 1992년 이후부터 CB 사업이 시작되었으며, 서부 유럽의 경우 독일, 오스트리아, 스페인에서 1990년대에 설립되어 최근 CB가 성장을 거듭하고 있다. 미국에서는 1990년대 CB산업의 통합시기를 거쳐 현재는 '빅3' CB사가 시장을 지배하고 있는 상황이다. 특히 중남미와 아시아 국가들은 경제위기를 겪는 과정에서 CB산업이 크게 성장하게 되었다. 거시 경제여건이 CB산업의 발전을 채찍질 한 것이다. CB산업의 성장으로 아르헨티나, 브라질, 칠레와 같은 국가에서는 과거 끊임없이 변동하던 경제가 다소 안정화됨에 따라 이자율이 낮아지고 있으며, 칠레의 경우엔 과거에는 존재하지 않았던 새로운 금융 기회가 창출되고 있다. 이 과정에서 전 세계적으로 공적 신용정보 집중기관인 PCR에 대한 관심이 새롭게 제기되었다. 세계은행이 남미와 카리브해 연안의 17개국과 EU의 7개국 등 56개국을 대상으로 조사한 바에 따르면 12개 국가가 1989년 이후 PCR을 설립했으며, 그 중 9개국이 남미 지역 국가이다. 브라질(1997), 에쿠아도르(1997), 과테말라(1996), 코스타리카(1995), 도미니카 공화국(1994), 엘살바도르(1994), 아르헨티나(1991), 콜롬비아(1990), 볼리비아(1989)) 아시아, 동유럽, 아프리카와 같은 다른 지역에도 PCR 확산 현상이 일어나고 있다. 이들 지역에서는 크로아티아, 체코, 인도, 싱가포르, 탄자니아 등이 PCR 설립을 적극적으로 검토하고 있다. 미국 3대 CB사의 M&A도 세계 CB산업의 지형을 변화시키고 있다. Equifax는 남미국가에 적극적으로 투자를 하고 있으며, 런던을 기반으로 하는 Experian은 유럽에서 가장 활발한 투자를 펼치고 있다. Trans Union은 멕시코와 남아프리카에서 활발한 투자활동을 전개하고 있다.

한편, Jappelli와 Pagano(2002)는 각국의 데이터를 통해 CB를 통한 사적인 정보공유와 PCR을 통한 정보공유를 비교한 바 있다. 그들은 1994년과 1995년, 40개국의 은행대출과 GDP의 비율의 정보를 수집해 다음과 같은 분석을 하였다. 먼저, 40개국을 다음과 같은 기준으로 분류하였다. (i)CB가 존재하지 않는 나라, (ii) 부정적 정보만이 공유되는 나라, (iii) 전체정보가 공유되는 나라로 구분된다. 은행대출의 규모는 정보가 공유되는 나라에서 그렇지 않은 나라에 비해 두 배 정도 크다. 하지만 일인당 GDP, 건전한 법 집행 여부, 대출자의 인권 또한 은행대출과 상관관계가 있기 때문에 이와 같은 변수를 통제한 회귀분석을 시행하였다. 또한, GDP에 대한 은행대출의 비율을 1994년~1995년의 로그GDP, 1994년~1995년의 GDP 성장률, 법 집행, 대출자의 권리, 그리고 법제도의 기원(법적인 환경)에 대해 회귀 분석하였다. 즉, 다음과 같은 3가지 회귀분석을 시행하였다. (i) 회귀1: 대출/GDP를 GDP성장률, 로그GDP, 법 집행 정도, 채권자 권리보장에 회귀분석, (ii) 회귀2: 대출/GDP를 위의 변수에 흑색정보를 공유하는 경우와 흑색·백색정보를 모두 공유하는 경우를 더미 변수로 투입하여 회귀분석, (iii) 회귀3: 대출/GDP를 위의 변수에 법적인 환경변수를 투입하여 회귀분석을 시행하였다. 분석 결과, 정보공유의 계수는 통계적으로 유의한 수준에서 모두 0보다 크게 나타난다.

즉, 정보를 공유할수록 GDP대비 대출액은 늘어난다는 것을 알 수 있었다. 정보공유의 범위가 워낙 커서 차입자의 타입을 완벽하게 드러낼 정도라면 Padilla와 Pagano(2000)에서 주장된 것처럼 GDP대비 대출액이 감소한다고 가정할 수도 있겠으나 현실에서는 이 정도 수준까지 정보가 공유되는 경우를 찾아보기는 어렵다.

한편, 대출 부도율에 대한 정보를 공유의 효과를 살펴보는 것은 어려움이 있는데 이는 대출 부도율에 대한 정보는 수집하기 힘들고 각 국가별로 불이행 대부금에 대한 정의가 다르기 때문에 비교하기 힘들다. 따라서 ICRG(International Country Risk Guide)의 신용리스크(credit risk)를 대출 부도율에 대한 대용변수(proxy)로 사용하였다. 하지만 신용위험은 대출부도율 이외에도 다른 위험을 반영한다는 단점이 있다. 신용위험을 앞에서와 동일한 독립변수로 회귀분석을 실시한 결과는 다음과 같다. 먼저, GDP성장률이 낮을수록, 그리고 건전한 법집행이 잘 이루어지지 않을수록 신용위험은 높다. 또한, 정보의 공유는 신용위험을 3~4포인트 감소시킨다(신용위험의 평균은 7.7로 나타나고 있었다. 이처럼 PCR과 CB가 대출행태와 부도비율에 미치는 영향에 차이가 없다는 것은 두 기관의 서비스가 대체관계에 있다는 것을 암시한다. 이는 다음과 같은 사실을 의미한다. 먼저, 이미 CB가 있는 국가에서 PCR설립의 효과는 미미할 것이다. 또한, CB가 없는 국가에서 PCR설립의 효과는 매우 클 것이다. 실제로 PCR의 존재 여부와 이미 CB가 존재했었던 경우를 분석한 결과, 이미 CB가 존재했던 국가 중 PCR이 존재하는 국가는 미만이다.

제2절 신용정보공유제도의 법금융이론적 측면[13)]

1. 법·제도의 차이

신용정보공유제도가 PCR과 CB로 양분되어 발전하였던 배경에는 관련 국가들의 법적, 제도적 차이가 중요한 영향을 미쳤다고 할 수 있다. CB가 성장한 영국과 미국 등의 앵글로-색슨 국가들과 PCR이 주로 발전한 프랑스, 독일 등의 유럽대륙 국가들의 법제도는 극명한 대조를 보인다.

13) 박찬일·남수중(2010) 참조.

일반적으로 상법은 크게 영미법과 로마법에서 유래된 대륙법으로 구분된다. 그리고 대륙법은 프랑스법, 독일법 및 스칸디나비아법으로 세분화된다. 이 중에서 영미법, 프랑스법, 독일법은 정복, 식민지, 차입과 모방 등을 통해 전 세계로 전파된다. 예를 들어, 프랑스법은 나폴레옹 시대에 이태리로 전파되고 식민지였던 아프리카, 인도차이나 등으로 수출된다. 또한 프랑스법은 포르투갈과 스페인의 법적 제도에 커다란 영향을 미쳐 이들의 식민지였던 중남미에도 퍼져나가게 된다. 독일법은 20세기 초반에 체코, 헝가리, 유고, 그리스의 법적 제도 형성에 중요한 역할을 담당하였으며 동아시아 국가들인 일본, 한국, 중국 및 대만 등에 전파된다. 이렇듯 세계 각국의 법적 제도는 수입된 법체계를 바탕으로 각국 특성에 맞도록 수정된 결과물이다.

프랑스의 법적 제도는 지역적으로 다양하게 발전한 관습법, 로마법 및 판례 등이 혼합되어 15세기경부터 형성되기 시작하였다. 당시 법체계에서 주목할 만한 두 가지 특징은 다음과 같다. 첫째, 새로운 상황에 직면할 때마다 법원은 상충적인 로마법과 관습법의 적용에 대하여 심사과정을 거쳤다. 그러나 이러한 심사는 영국과는 대조적으로, 학문적 논쟁이나 공개적 토론 없이 사적 토론에 주로 의존하였다. 둘째, 18세기에 이르러 사법부의 타락이 현저하게 증가한다. 국왕은 재판권을 부유층에 매각하였고 판사들은 사회 지도층의 이득을 보호하는 방패막이로 전락하였다. 프랑스 대혁명(The French Revolution)은 바로 이러한 사법부의 부패에 대한 격노로부터 출발한다. 대혁명과 함께 국가는 사법부 위에 군림하게 되고 이전의 판결기록은 폐기처분된다. 나폴레옹 시대에 만들어진 법전(이후, 프랑스법)은 국가권력을 강화하고 판사들의 역할을 최소화하는 것으로 집약된다. 따라서 근대 프랑스법의 이론적 배경은 명확하고 완전하며 일관성 있는 법전의 구축으로 어떠한 상황 아래에서도 판사의 재량적 판단을 축소시키는 것이었다. 즉, 상충되는 법을 만들지 않고 소송과 논쟁에서 절차적 형식을 중시하며 판사들이 어떤 법을 적용해야 할지를 고민할 필요가 없도록 하여 부패의 근원을 제거하는 법전을 완성시키는 것이 당시 프랑스법 제정의 이론적 토대였다. 법에 대한 국가의 우월적 지위, 재판기록의 폐기, 그리고 변화하는 경제 환경에서 법적용에 대한 판사들의 재량권 축소 등은 정적이고 완고한 법적 전통을 낳았다.

독일법의 등장 시기는 19세기 후반에 들어서다. 프랑스의 나폴레옹과 마찬가지로 1871년 바바리아(Bavaria)와 프러시아(Prussia)의 통합을 통해 독일을 통일한 비스마르크가 직면한 중요 과제 중의 하나는 성문화를 통해 각 지역의 민간 법률을 통합시키는 것이었다. 1873년부터 성문화 작업이 시작되어 1900년에 이르러 마침내 독일법이 탄생한다. 프랑스법과 독일법의 가장 큰 유사점은 로마법을 모태로 하여 법에 대한 국가의 우월적 지위를 명문화하였다는 것이다. 이것은 물론 당시에 통일된 국가의 강력한 통치 기반을 구축하는 것이 최우선 목표였기 때문이다. 하지만 프랑스의 법제도 역사와 비교하여 분명한 차이점은 존재한다. 독일의 법제도는 역사적으로 재판관과 법률학자 간의 지속적인 교류를 통하여 발전하여 왔다. 현실적 상황이 로마법의 기본 원칙과 상충될 때마다 재판관들은 법률학자들(주로 법과대학 교수)의 자문을 구해 현실과 원칙의 갭(gap)을 보충해 왔던 것이다. 더욱이 사법부에 대한 적대심과 개혁열망을 바탕으로 구축된 나폴레옹 법전과는 달리 독일의 법제도는 이전의 판결기록을 없애버리지 않고 이를 발판으로 발전시키는 쪽을 택하였다.

영국 관습법(British common law)의 역사적 발전 경로는 국가와 사법부의 관계와 판결기록 측면에서 매우 독특하다. 11세기경 분쟁의 해결과정에서 발전하기 시작한 영국법은 사유재산권의 확보를 강조하였다. 실질적으로 17세기경 완성된 영국의 법제도는 사유재산권 법이라 해도 과언이 아니다. 영국의 법제도는 국왕과 의회 사이의 극심한 대립으로 정국이 어지러웠던 16~17세기경 국가로부터 완전히 독립된다. 1688년 국왕과 의회(대부분 지주와 상인들로 구성) 간의 정치적 분쟁은 결국 사법부의 독립으로 막을 내린다. 법은 국왕 위에 존재하게 되고 사유재산권을 침해할 소지가 있는 국왕의 권한은 대폭 축소된다. 국가 권력의 우월적 지위 측면 외에도 영미법은 프랑스법과 비교하여 중요한 차이점을 갖고 있다. 즉, 판결기록의 중시와 법 절차적 형식이다. 영국의 사법부는 상대적으로 더 많은 재량권을 부여받았으며 진보적 개혁에 순응하거나 한발 더 나아가 이를 지원하는 역할을 담당해 왔다. 우선 법 절차적 형식에서 보면 영국법은 증거의 제시나 증인의 선택에서 엄격한 절차를 요구하지 않고 재판관에게 폭 넓은 자유를 부여하였다. 판결기록 측면에서 보더라도 영국법은 확연한 차이를 보여준다. 상황의 변화에 따라 사법부는 과거의 판결기록을 달리 해석할 수 있고 이를 바탕으로 새로운 법안을 만들 수 있었던 것이다. 성문법의 논리적 원칙에 매달리기보다는 사실과 구체적인 사례를 중시하였기에 법의 생명은 논리가 아니라 경험이었다. 따라서 이런 법-제도적 차이는 경제발전 초기의 금융시스템 하부구조 형성에 중대한 영향을 미쳤을 것으로 추정되며, 각 국가의 신용정보공유제도가 CB위주와 PCR위주로 나뉘어 발전하는 토대를 제공하였을 것이다.

2. 정부 역할의 차이

서구 선진국들의 신용정보공유제도 발전은 금융부문의 발전과정에서 정부, 법적, 제도적 역할의 중요성을 설명하는 귀중한 사례라고 할 수 있다. 여러 연구들은 정부의 역할이 금융산업의 발전에 미친 영향에 주목하고 있으며 특히, CB와 공공영역의 PCR이 확실히 대비되는 신용정보공유제도 발전을 분석대상으로 삼고 있다.

상대적으로 유럽대륙 국가와 비교하여 영국과 미국의 산업화 과정은 정부의 뚜렷한 정책적 개입없이 민간주도에 의해 자생적으로 진행되었다. 그리고 이러한 민간주도형 경제발전 과정은 그들의 증권시장중심 금융제도의 태동에 커다란 도움이 되었다. 영국과 미국은 산업화 초기단계부터 시장중심의 경제발전이 점화되면서 수요 견인형 자본시장의 필요성이 자연스럽게 대두되었다. 벤처자본(venture capital)을 조달하는 수단으로서 자본시장을 통한 매매 가능한 장기성 위험자본(risk capital)의 조성은 참여자 간에 자발적인 위험공유(risk sharing)를 가능하게 하였던 것이다. 힉스(Hicks, 1969)의 역사적 관찰에 의하면 영국 산업혁명의 주요 원동력 중의 하나는 당시 영국 자본시장의 발전이었다. 장기간 투자를 요구하는 고수익투자는 유동성 위험에 대한 투자자의 우려 때문에 실행되기 어려울 수 있다. 하지만 소유권 매매를 통해 유동성 위험을 완화시킬 수 있는 자본시장의 발전은 장기간 투자를 가능하게 하는 제도적 장치였다. 물론, 산업혁명 이전의 영국의 경제여건 및 금융환경은 증권시장의 발달에 유효한 영향을 미쳤다. 첫째, 국제무역을 바탕으로 축적된 상업자본은 벤처캐피털 조성을 용이하게 하였다. 둘째, 당시 은행의 업무가 은행상업주의(real bills doctrine)에 입각하여 단기 상업금융에 치중되어 있어 기업에 대한 은행대출은 주로 운영자금 조달에 국한되었다. 이 두 요인들은 매매 가능한 장기 위험자본을 조성하는 증권시장의 등장과 발전을 자연스럽게 유도하였던 것이다. 증권시장은 시장의 특성상 자금수요자와 공급자를 직접 연결시키기 때문에 은행중심 금융제도와 비교하여 정부의 개입은 상대적으로 제한적일 수밖에 없다.

이와는 대조적인 역사적인 사례는 경제개발 초기에 은행중심 금융체제를 구축하고 금융산업에 대한 정부의 개입이 적극적이었던 19세기 후반 후발산업국가인 유럽대륙 국가들과 19세기 후반부터 20세기 중반까지의 일본의 경험에서 찾을 수 있다. 영국과 미국의 경제발전 경험과는 달리, 사회주의 체제 이전의 러시아 및 독일을 비롯한 유럽대륙 국가들의 경제발전은 후발산업국가로서 은행중심 금융체제의 구축과 함께 신용배분에 대한 활발한 정부개입에 의해 진행되었다. 자국의 유치산업(infant industry)을 육성하고 선두주자인 영국과 미국에 비해 뒤늦은 산업화를 촉진시키기 위해 전략적 산업금융 등 특수목적에 부합하는 금융기관의 설립 등을 통하여 정부가 신용창조 기능을 적극적으로 지원하였던 것이다. 게르센크론(Gerschenkron)은 경제성장과정에서 은행의 핵심적 역할을 강조한다. 그러나 그가 생각하는 은행의 역할은 슘페터(Schumpeter)가 말하는 은행의 역할과 비교하여 주목할 만한 차이를 보여주고 있다. 게르센크론(Gerschenkron)에 의하면, 후발산업국가였던 독일을 비롯한 유럽대륙국 가들의 경우, 은행은 경제개발 초기에 동원되기 힘든(낮은 소득수준과 제도적 열악성으로 인해) 장기자본을 공급하는 역할뿐만 아니라 기업과의 밀착관계를 통해 경영활동을 직·간접적으로 도와주고 기업심을 고취시키는 중요한 역할을 담당하였다. 특히, 그는 후발산업국가일수록 장기자본의 공급과 기업심 배양의 역할을 담당하는 다목적은행(multi-purpose banking) 또는 겸업은행제도(universal banking system)의 필요성이 더욱 강화된다는 정책적 처방을 내리고 있다.

금융산업에 대한 정부의 개입 정도를 부분적으로 측정할 수 있는 방법 중의 하나는 금융기관의 정부소유 지분을 분석하는 것이다. 금융기관에 대한 정부소유 지분이 높을수록 금리규제나 전략산업부문에 대한 차별적 신용배분을 효과적으로 집행할 수 있어 금융시장에서의 정부개입이 용이해진다. 앵글로-색슨 국가들과 유럽대륙 국가들의 은행 정부소유 지분을 비교 분석하고 있다. 예상한대로 영국과 미국의 경우 은행에 대한 정부소유지분은 0으로 나타나고 있다. 캐나다의 경우 1970년에 정부지분이 약 11%였으나 1995년에 이르러 그 비중은 0이 된다. 반면에 유럽대륙 국가들의 경우, 비록 최근에 들어 그 수치는 감소하고 있지만, 상대적으로 높은 수준의 국가소유 지분이 유지되고 있다. 특히, 오스트리아의 국가소유 지분 비중은 1995년 당시 50%를 넘어서고 있으며 독일과 이태리도 1/3을 상회한다. 이러한 관점에서 유럽대륙 국가들의 경우 앵글로-색슨 국가들에 비해 금융 산업에 대한 정부개입의 개연성이 훨씬 높았다고 말할 수 있다. 따라서 신용정보공유제도를 법금융이론적 관점에서 분석하면, 정부의 개입 정도를 통해 영미 국가들이 민간 CB를, 유럽대륙 국가들이 PCR를 구축한 배경을 설명할 수 있게 된다.

표 6-1 ▌은행의 국가소유 지분

(단위: %)

국가구분		1970	1995
Anglo-Saxon 국가	미국	0.00	0.00
	영국	0.00	0.00
	캐나다	10.96	0.00
유럽대륙국가	독일	51.90	36.36
	오스트리아	70.80	50.36
	프랑스	74.37	17.26
	이태리	75.69	35.95

※ 주: 국가별 10대 은행의 자산 가중평균

※ 자료: La Porta et. al.(2002)

제7장 개인정보 유출관련 실제 사례

여기에서는 개인정보 유출 관련 주요 판례에 대해 자세히 살펴보고 최근의 개인정보 유출에 대해 살펴본다.

표 7-1 | 개인정보 유출 관련 주요 사건

사건명	연도
엔씨소프트 사건	2006
A은행 사건	2007
LG전자 사건	2008
옥션 사건	2008
GS칼텍스 사건	2008

제1절 엔씨소프트 사건[14)]

엔씨소프트는 온라인 게임인 리니지II 게임을 개발하여 그 이용서비스를 제공하는 회사이다. 2005년 5월 11일 엔씨소프트의 담당직원이 리니지II 게임 서버 및 네트워크의 정기점검 작업을 실시하면서 아이디 및 비밀번호 입력과 관련된 기능을 점검하기 위해 키보드로 입력한 아이디 및 비밀번호가 이용자의 컴퓨터 하드디스크에 로그파일로 기록되도록 하였다. 기능 점검 후 실수로 아이디 및 비밀번호 기록기능을 삭제하지 않은 채 정기점검 작업을 마치는 바람에 2005년 5월 11일 오전 10시부터 2005년 5월 16일 12시 20분까지 리니지II 게임에 접속한 이용자들의 아이디와 패스워드가 로그파일에 기록되었다.

엔씨소프트는 사고기간 동안 리니지II 게임서버에 접속했던 모든 이용자들로 하여금 주민등록번호를 통한 동일인 확인을 거쳐 새로운 비밀번호로 변경한 후에만 리니지II 게임에 접속할 수 있도록 하는 비밀번호 강제변경 조치를 취했고, 리니지II 게임 홈페이지에 이용자들

14) 유정각·송주민 (2011)에서 인용 및 재구성

에 대한 사과문을 게시하였다.

이에 대한 판결은 다음과 같다. 아이디와 비밀번호는 가상공간에서 그 행위자의 인격을 표상한다고 할 수 있으므로, 당해 개인을 알아볼 수 있는 개인에 관한 정보로서 「정보통신망 이용촉진 및 정보보호 등에 관한 법률(이하 '정보통신망법'이라 한다)」 제2조 제1항 제6호에서 정한 개인정보에 해당한다.

원고(피해이용자)들은 자신들의 의사에 반하여 개인정보가 함부로 공개되지 아니할 권리를 가지며, 원고들의 개인정보를 수집·관리하는 정보통신서비스 제공자인 엔씨소프트는 원고들의 개인정보가 누출되지 않도록 보안조치를 다하여야 할 주의의무가 있다. 그럼에도 불구하고 엔씨소프트는 리니지II 게임 서버의 정기점검 과정에서 원고들의 개인정보인 아이디 및 비밀번호가 암호화되지 않은 상태로 로그파일에 기록되도록 함으로써 이와 같은 주의의무를 위반하였다.

정보통신망법 상의 누출이라 함은 개인정보가 정보통신서비스 제공자 및 이용자의 개인정보 관리·통제권을 벗어나 당해 개인정보를 모르는 제3자가 그 내용을 알수 있는 상태에 이르는 것을 의미한다고 할 수 있다. 따라서 사고기간 동안 PC방 컴퓨터에서 리니지II 게임에 접속하여 PC방 컴퓨터에 로그파일이 저장된 경우는 개인정보 누출로 보고, 집의 개인용 컴퓨터에서 리니지II 게임에 접속하여 개인용 컴퓨터에 로그파일이 저장된 경우는 개인정보 누출로 보지 않는다.

개인정보 누출로 인하여 헌법에 의하여 보장된 원고들의 기본권인 자신들의 의사에 반하여 개인정보가 함부로 공개되지 아니할 권리가 침해되었는 바, 원고들이 이 사건 사고로 받은 정신적 고통은 통상손해로 볼 수 있다. 따라서 엔씨소프트는 원고들에게 위자료를 지급할 의무가 있으며, 위자료는 각 10만원을 인정한다.

제2절 A은행 사건

2006년 3월 15일 A은행 직원이 복권서비스 이용계약을 체결한 가입회원들에게 서비스 안내 이메일을 발송하는 과정에서 회원 32,377명의 성명, 주민등록번호, 이메일 주소 등이 수록된 텍스트 파일을 이메일 첨부파일로 전송하는 사고가 발생하였다. A은행 직원은 이메일 전송 후 회원정보가 이메일에 첨부된 사실을 알고, 이메일 전송을 강제중단하였으나 이미 3,723명의 회원들에게 이메일 발송이 완료되었다.

사건 발생 후 A은행은 이메일이 발송된 회원 3,723명의 이메일 계정을 관리하는 포털사이트에 요청하여 이미 열람한 641명을 제외한 나머지 회원들에게 전송된 이메일을 회수하고, 이미 열람한 회원들에게는 이메일을 삭제하여 줄 것을 요청하였다. 또한 A은행 웹 사이트 내에 고객정보유출 피해접수센터를 개설하여 고객정보 유출 여부 조회 및 피해접수 창구를 마련하는 한편, 회원 32,377명에게 정보도용 차단서비스를 1년간 무료로 이용할 수 있는 서비스를 제공하였다.

판결요지는 다음과 같다. A은행은 원고(피해고객)들의 개인정보가 누출되지 않도록 필요한 관리적 조치를 다하여야 할 주의의무가 있음에도 불구하고, 이메일을 전송하는 과정에서 원고들의 개인정보를 첨부파일로 전송하여 이메일을 수신한 자들이 개인정보를 취득할 수 있게 함으로써 주의의무를 위반하였다 할 수 있다. 개인정보 누출로 인하여 헌법에 의하여 보장된 원고들의 기본권인 자신들의 의사에 반하여 개인정보가 함부로 공개되지 아니할 권리가 침해되었는 바, 원고들이 이 사건 사고로 받은 정신적 고통은 통상손해로 볼 수 있다. 따라서 A은행은 원고들에게 위자료를 지급할 의무가 있다.

손해배상책임의 범위는 쌍방의 참작사유를 함께 고려하여 성명, 주민등록번호, 이메일 주소의 정보가 누출된 원고들에게는 각 20만원, 성명과 이메일 주소가 누출된 원고들에게는 각 10만원의 위자료를 인정한다.

손해배상책임의 범위를 정함에 있어 A은행 참작사유는 아래와 같다.

- 이메일 발송대상 회원 중 약 1/10 정도에게만 이메일이 발송된 상태에서 발송을 중단하고 이메일을 회수하는 등 사후조치를 신속하게 취함에 따라 개인정보가 유포되는 범위를 줄임으로써 그 악용 또는 도용 가능성을 감소시킨 점
- 누출된 개인정보가 실제로 악용 또는 도용되었다는 사실이 밝혀지지 않은 점
- 누출된 개인정보는 개인의 이메일 계정으로 전송되어, 이메일을 받은 사람 외에 일반인의 접근이 가능한 상태에까지 이르지 않은 점
- 이 사건 사고는 A은행 직원의 단순 실수로 인한 것으로서, A은행이 영업상 이익을 추구하는 과정에서 개인정보보호시스템에 중대한 하자를 야기하였거나 이를 방치하여 개인정보보호를 태만히 한 것으로 보이지 않는 점 등

손해배상책임의 범위를 정함에 있어 원고측 참작사유는 아래와 같다.

- 누출된 개인정보인 성명, 이메일 주소, 특히 주민등록번호는 원고들 개개인에 대한 식별수단으로서 그 유출로 인하여 신분도용의 문제까지 발생할 수 있는 중요정보인 점

- A은행은 이들 정보를 담은 파일에 대한 암호화조치를 제대로 하지 않아 유출된 파일을 받은 사람이 이를 손쉽게 열어볼 수 있었고, 더군다나 이들 정보는 서로 결합됨으로써 개인 식별 가능성이 훨씬 커지는데 이 사건에서는 위 정보들이 '성명, 주민등록번호, 이메일 주소' 또는 '성명, 이메일 주소'의 형태로 서로 결합되어 유출된 점
- 개인정보는 상품이나 서비스를 제공하는 사업자에게는 홍보활동 등의 유용한 영업수단이 되는 바, 이를 영리적으로 이용하는 사업자로서는 그에 따른 모든 책임도 부담하여야 할 것인 점
- A은행은 원고들이 복권서비스 가입시 고객이 제공한 개인정보를 소중히 여기며 그 보호에 최선을 다할 것을 다짐한다는 등의 「개인정보보호방침」을 인터넷에 게시하였을 뿐 아니라, 가입자들로부터 개별 동의를 받는 「전자금융기본거래약관」 제24조에도 A은행의 관리 소홀로 인한 정보 유출시에는 A은행이 책임을 진다고 규정하는 등 스스로 개인정보보호의 책임을 다할 것을 다짐하여 서비스 가입자들을 안심시켰던 점 등

제3절 LG전자 사건

LG전자는 2006년 9월 3일 2006년도 하반기 신입사원 채용공고를 하고, 2006년 9월 4일부터 2006년 9월 19일까지 LG전자 채용사이트를 통하여 인터넷으로 신입사원 지원을 받았는데, LG전자 입사지원자들은 이 채용사이트에서 입사지원서를 작성하였다. LG전자 서류전형에서 불합격통지를 받은 이 중 한명이 2006년 9월 26일 22시 30분경 다음 포털사이트의 취업정보공유카페 게시판에 'LG전자의 모든 지원서는 누구나 볼 수 있다'라는 제목으로 입사지원서를 볼 수 있는 링크파일을 첨부하여 게시하였다. 2006년 9월 26일 23시 25분경까지 이 글의 조회수는 3,056회에 달하였다. 위 링크파일을 실행하면 입사지원자들의 사진이 나타나고, 사진을 클릭하면 기본인적사항(성명, 주민등록번호 등), 상세인적사항(학력, 학점 등), 자기소개, 경력, 연구실적 등의 하부메뉴가 있는 페이지가 나타난다.

LG전자는 2006년 9월 27일 0시 8분경 입사지원자들의 등록정보 열람이 불가능하도록 채용사이트 서버의 접속을 차단하였고, 같은날 19시 40분경 LG전자 홈페이지에 공식 사과문을 게재하였다. 전산자료를 통해 확인한 결과, 위 링크파일을 실행하여 비정상적 방법으로 입사지원자들의 등록정보를 열람한 IP주소는 671개였고, 3천여명의 입사지원서가 열람당하였다.

판결요지는 다음과 같다. 「공공기관의 개인정보보호에 관한 법률」에 의하면 공공기관 외

의 개인 또는 단체는 컴퓨터를 사용하여 개인정보를 처리함에 있어 공공기관의 예에 준하여 개인정보 보호조치를 강구하도록 규정하고 있으므로, LG전자는 입사지원자들이 자신의 개인정보를 제공한 목적에 반하여 유출되거나 훼손되지 않도록 당시의 기술수준에 부합하는 보안조치를 취하여야 할 주의의무가 있다.

LG전자 입사지원사이트의 웹서버에 웹 방화벽을 적용하지 않고 있었던 점, 입사지원자의 지원서 내용을 열람할 수 있는 URL 중 특정 변수의 인자값을 변경하여 입력하면 위 사이트에 침입하여 타인의 입사지원서를 열람할 수 있는 보안취약점을 간과한 점, 같은 방법으로 다른 대기업의 입사지원사이트에도 침입을 시도하였으나 LG전자 등 4개 회사를 제외하고는 보안장치에 막혀 그 뜻을 이루지 못한 점 등에 비추어보면, LG전자는 당시의 기술수준에 비추어 보더라도 신입사원의 채용을 위한 목적으로 보관중인 개인정보의 분실·도난·누출 등 방지에 필요한 보안조치를 취하여야 할 주의의무를 위반하였다 할 수 있다.

LG전자의 손해배상책임의 범위를 통상적인 개인정보 침해사건에 비하여 무겁게 볼 사유와 가볍게 하는 사유를 모두 고려하면, 위자료의 액수는 각 30만원으로 정함이 상당하다. 단, 입사지원을 위한 등록정보를 열람당한 경우에만 위자료 청구를 인정하고, 단순히 열람당할 가능성이 있었다는 점만으로는 위자료 청구를 인정하지 않는다.

손해배상책임의 범위를 정함에 있어 통상적인 개인정보 침해사건에 비하여 무겁게 보는 사유는 아래와 같다.

- LG전자의 보안조치는 당시의 기술수준에 비추어 충분하다고 볼 수 없는 점
- LG전자 시스템의 모니터링이 아니라 다른 인터넷 게시판의 모니터링을 통하여 이 사건 사고를 발견하였고, 그로부터 1시간 8분이 경과한 후 해당 웹 서버가 차단되기까지 입사지원자들의 정보를 열람할 수 있었던 점
- 사고 발생 하루 후에 입사지원사이트에 사고발생사실을 게시하였을 뿐 입사지원자들에게 이메일 등을 통해 안내한 바 없고, 소송에 이르기 전까지 입사지원자들에게 개인정보 유출 여부와 유출된 정보가 무엇인지 확인하여 준 바 없는 점
- 개인사, 가족관계, 가치관 등 사적인 영역의 민감한 정보까지 침범당하였던 점
- 위 게시글이 3,056회의 조회수를 기록하였고, 입사지원자들의 등록정보를 열람한 IP주소가 671개이며, 3천여명의 입사지원서가 열람당한 점

손해배상책임의 범위를 정함에 있어 통상적인 개인정보 침해사건에 비하여 가볍게 하는 사유는 아래와 같다.

- LG전자는 성명, 주민등록번호 등 기본적 인적사항은 별도로 보관하고 Master ID에 의하여만 접근할 수 있도록 하는 등 나름대로 보안조치를 취하였던 점

- 사고 발생 후 해킹방지시스템을 보완하는 등의 조치를 취한 점
- 미흡하나마 입사지원사이트에 사고발생사실을 알리고 사과 및 재발방지를 다짐한 점
- 성명, 주민등록번호 등은 열람된 바 없고, 유출된 정보에 의하더라도 지인이나 주변사람이 아니면 실제 신원을 구체적으로 특정하기는 어려웠을 것으로 보이는 점
- 저장이나 재전송 등이 어려운 방식으로 열람되었고, 유출된 정보의 경제적 가치에 비추어 2차적인 피해 확산 가능성은 높지 아니한 점
- 누출된 개인정보가 추가로 외부에 확산되거나 불법적인 용도에 사용되었음을 인정할 증거는 발견되지 않는 점
- 입사지원자들의 개인정보를 처리하는데에 영리의 목적이 없었던 점
- 제3자의 범죄행위를 직접적인 원인으로 하여 발생한 점

제4절 옥션 사건

2008년 1월 4일부터 2008년 1월 9일까지 4차례에 거쳐 중국인 해커로 추정되는 이가 옥션의 데이터베이스 서버에 침입하여, 해당 서버에 저장되어 있던 옥션 회원 약 1천8백만명의 성명, 주민등록번호, 주소, 전화번호, 아이디 등 개인정보가 유출되었다. 옥션은 2008년 2월 4일 이 사고를 경찰 및 관계기관에 신고하였고, 2008년 2월 5일 옥션 회원들에게 개인정보 유출 사실을 공지하였다.

판결요지는 다음과 같다. 정보통신서비스 제공자가 정보통신서비스를 제공하기 위해 이용자로부터 수집한 개인정보를 해킹으로 인해 도난당하였을 때 이용자들에 대한 손해배상 책임을 지기 위해서는, 정보통신서비스 제공자가 해킹 사고를 방지하기 위해서 선량한 관리자로서 취해야 할 기술적·관리적 조치 의무를 위반함으로써 해킹 사고를 예방하지 못한 경우여야 한다.

정보통신서비스 제공자가 해킹 사고 방지를 위해 취해야 할 선량한 관리자로서의 주의의무를 위반하였는지 여부를 판단하는 고려사항은 아래와 같다.

- 관련 법령이 정보통신서비스 제공자에게 요구하고 있는 기술적·관리적 보안 조치의 내용
- 해킹 당시 당해 정보통신서비스 제공자가 취하고 있던 보안 조치의 내용
- 해킹 방지 기술의 발전 정도
- 해킹 방지 기술 도입을 위한 경제적 비용 및 그 효용의 정도
- 해커가 사용한 해킹 기술의 수준

• 개인정보 유출로 인해 이용자가 입게 되는 피해의 정도

위와 같은 법리를 기초로 다음의 각 사항을 살펴보면, 옥션이 선량한 관리자로서의 주의의무를 위반한 점이 인정되지 않는다.

• 웹 서버인 이노믹스 서버 노출 주장
• 웹 방화벽 미설치 주장
• 개인정보 암호화 미이행 주장
• 인증 및 접근 제어 시스템 미도입 주장
• 쿼리 미탐지 주장
• 아이디 및 비밀번호 설정 주장
• 해킹사고 부적절 대응 주장
• 정보통신망법 제28조에 따른 손해배상 주장
• 전자금융거래 이용약관 및 전자금융거래법에 따른 손해배상 주장

옥션은 이 사건 해킹사고 당시 다음과 같이 정보통신망법 등에서 규정하고 있는 개인정보 보호를 위한 기술적·관리적 보호조치를 한 사실이 인정된다.

• 개인정보 관리계획의 수립·시행
• 업무요청시스템을 통한 개인정보처리시스템 접근 제어 및 접근 기록 저장
• 침입탐지시스템 및 침입방지시스템 운용
• 정보보호정책 및 관리지침 등을 통한 패스워드 작성 규칙 수립·시행, PC 보안 지침 수립·시행, 스팸 메일·인터넷 유해사이트를 차단하는 응용 소프트웨어 운영
• 회원 비밀번호의 일방향 해쉬 알고리즘을 통한 암호화 저장, 개인정보 전송 구간의 SSL 암호화 송·수신
• 복수의 백신소프트웨어 설치·운영, 업무요청시스템을 통해 사전 승인 후 개인정보 출력 가능

제5절 GS칼텍스 사건

GS칼텍스는 이용실적에 따라 포인트가 적립되는 GS 포인트카드 회원으로 가입한 고객들의 개인정보를 데이터베이스에 구축하여 관리하고 있다. 그런데 동 데이터베이스에 접근할 권한이 있는 자회사 직원이 해당 권한을 이용하여 고객정보를 빼낸 후 이를 시중에 판매하거나

집단 소송을 의뢰받을 변호사에게 판매하는 방법 등으로 금원을 취득하기로 모의하였다. 2008년 7월 8일부터 2008년 7월 20일까지 데이터베이스 서버에 접속하여 회원 1,100만여명의 성명, 주민등록번호, 주소, 전화번호, 이메일 주소 등 개인정보를 자신의 사무용 컴퓨터로 전송받아 76개의 엑셀파일로 저장하였다.

공범 중 한 명이 2008년 8월 28일 한 변호사 사무실 사무장에게 1,200만명의 개인정보를 넘겨줄테니 집단소송에 활용하고 그 수익을 달라고 제의하였고, 사무장은 집단소송을 위해서는 우선 개인정보 유출 사실이 언론에 보도되어 사회문제가 되어야 한다고 말하였다. 이에 해당 공범은 2008년 9월 2일 기자들을 만나 '도심 쓰레기 더미에서 GS칼텍스 고객정보가 담긴 DVD를 주웠다'는 취지로 말하며, 개인정보가 담긴 CD와 DVD를 교부하였다. 2008년 9월 4일 한 기자는 건네받은 CD, DVD에 수록된 개인정보가 GS칼텍스 고객정보와 일치하는지 여부를 문의하였고, 2008년 9월 5일 GS칼텍스는 위 CD 및 DVD에 수록된 개인정보가 데이터베이스에 수록된 개인정보와 거의 일치함을 확인하였으며, 같은날 "서울 도심 한복판 쓰레기 더미에서 1,100만 명이 넘는 개인정보가 담긴 'GS칼텍스 고객 명단'이라고 적힌 CD가 발견되었다"는 내용이 언론에 보도되었다.

2008년 9월 5일부터 2008년 9월 6일까지 사건 관련 공범들은 검거되었고, 공범들이 소지하고 있던 고객정보가 수록된 CD, DVD 등은 모두 압수되었거나 폐기되었다. 기자 등에게 제공된 CD 및 DVD는 언론보도 이후 전량 임의제출되거나 폐기·압수되었다.

판결요지는 다음과 같다. 정보통신서비스 제공자 등이 개인정보를 취급할 때에는 개인정보의 분실·도난·누출·변조 또는 훼손을 방지하기 위하여 기술적·관리적 조치를 하여야 할 주의의무가 있다고 할 것이다. 그러나 정보통신서비스 제공자 등에게 개인정보 누출로 인한 손해 배상책임을 지우기 위해서는 원고(피해고객)들의 개인정보가 외부로 누출됨으로써 불특정 다수에게 공개되어 이를 열람할 수 있는 상태 또는 원고들의 의사에 반하여 개인정보가 수집·이용될 수 있는 상태에 이르러 원고들의 개인정보자기결정권이 침해되었다거나 침해될 상당한 위험이 발생하였다는 점이 인정되어야 한다고 할 것이다.

이 사건의 경우 범행공모자가 고객정보를 빼내어 보관하던 저장매체나 기자들이 언론보도를 위하여 소지한 저장매체가 모두 조기에 수사기관에 제출되었거나 폐기된 점 등을 비추어 보면, 원고들의 개인정보가 불특정 다수에게 공개되어 이를 열람할 수 있는 상태 또는 원고들의 의사에 반하여 개인정보가 수집·이용될 수 있는 상태에 이르러 원고들의 개인정보자기결정권이 침해되었다거나 침해될 상당한 위험이 발생하여 원고들에게 정신적 손해가 발생하였다는 점을 인정하기 어렵다. 또한 원고들이 자신들의 개인정보가 추가로 복제되어 유출됨으로써 제3자에게 공개되거나 범죄 등에 도용 또는 악용될지도 모른다는 막연한 불안감이나 불쾌감을 가지게 될 수도 있었음은 능히 추단되나, 이러한 사정만으로 원고들이 수인한도를 초과하여 GS칼텍스가 금전으로 위자할만한 정신적 손해를 입었다고 평가하기는 어렵다. 따라서 GS칼텍스의 주의의무 위반 여부 및 위자료의 액수 등 나머지 점에 관하여 나아가 살펴볼 필요 없이 이유 없다.

제6절 금융권 시사점

개인정보 유출사고 발생시 해당 기업은 벌금·과태료 부과 및 경영진의 불구속 입건과 같은 형사적 책임, 개인정보 유출 피해자들에 대한 민사상 손해배상 책임, 그 외 규제당국의 간섭, 기업 이미지 하락, 고객 신뢰성 하락, 매출 감소 및 주식가치 하락 등 다양한 책임을 지게 된다.

따라서 여기에서는 앞서 살펴본 개인정보 유출 관련 판례를 분석하여 유출기업의 여러가지 책임 중 다양한 이해관계가 얽혀있고 사회적 파급효과가 큰 민사상 손해배상 책임에 대해 좀더 자세히 알아보고자 한다. 그리고 개인정보 유출기업의 책임에 대한 명확한 이해를 통해 개인정보 유출사고 발생시 책임을 최소화하고 고객의 개인정보를 안전하게 보호할 수 있는 효과적인 개인정보 위험관리 방안을 마련하고자 한다.

개인정보 유출기업의 책임에 대한 이해측면에서 살펴보자. 지금까지 살펴본 개인정보 유출 관련 판례를 분석해보면, 개인정보 유출기업의 책임을 정하는데 있어 주요 쟁점은 다음의 4가지라 할 수 있다.

(i) 개인정보가 해당 기업 및 이용자의 개인정보 관리·통제권을 벗어나 제3자가 알 수 있는 상태에 이르렀는가?

(ii) (i)번이 그러하다면, 유출된 개인정보의 성격 및 확산범위 등 그 정황이 손해배상할 수준인가?

(iii) (ii)번이 그러하다면, 개인정보 유출기업이 선량한 관리자로서 지켜야할 주의의무를 위반하였는가?

(iv) (iii)번이 그러하다면, 해당 기업의 손해배상 책임 범위는 어느 정도인가?

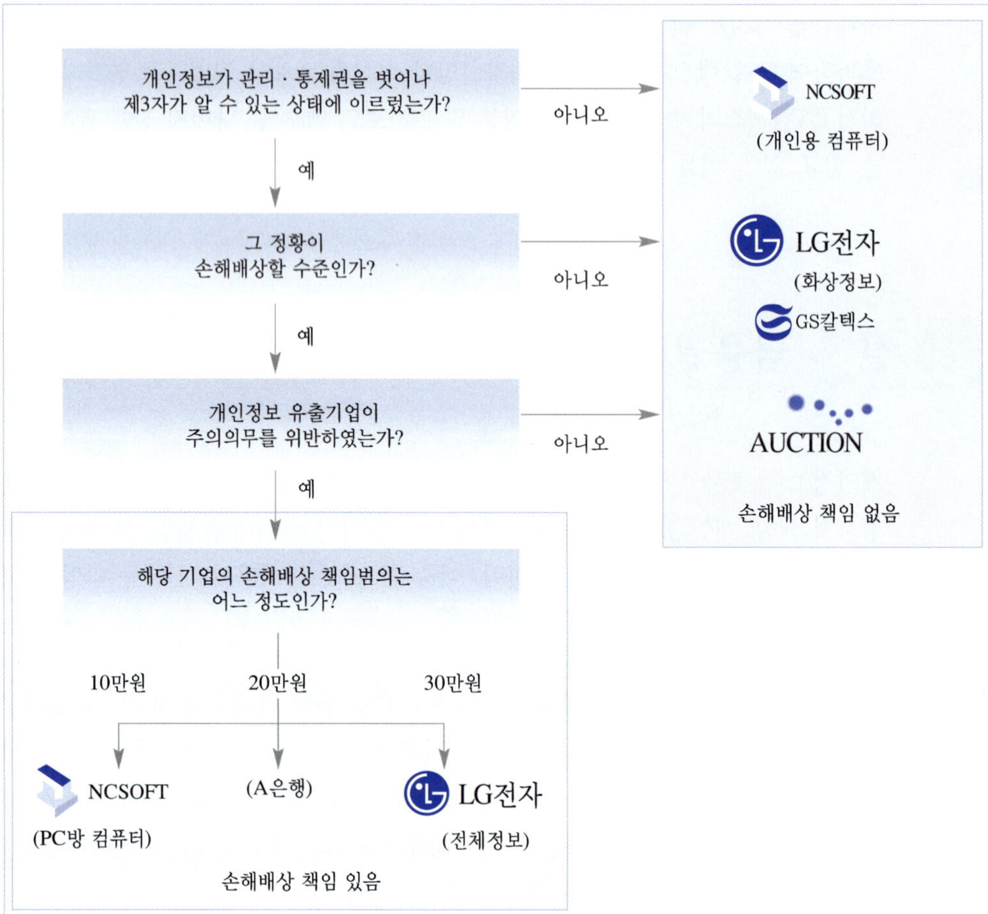

그림 7-1 ❙ 개인정보 유출기업의 책임

첫번째 쟁점은 개인정보가 해당 기업 및 이용자의 개인정보 관리·통제권을 벗어나 제3자가 알 수 있는 상태에 이르렀는지, 즉 개인정보가 유출되었는지 여부이다. 이 때 제3자가 개인정보의 내용을 취득하여야만 유출되었다고 보는 것은 아니며, 일반적 수준의 제3자가 해당 정보를 알 수 있는 상태에 이르렀다면 개인정보가 유출된 것으로 본다. 엔씨소프트 사건에서는 동일한 개인정보인 아이디와 비밀번호가 기록되었다 하더라도, 기록된 장소가 PC방 컴퓨터인지 집의 개인용 컴퓨터인지에 따라 개인정보 유출 여부를 다르게 판단한 바 있다. 즉, PC방 컴퓨터의 로그파일에 아이디와 비밀번호가 기록된 경우는 컴퓨터에 관한 일정수준의 지식이 있는 제3자라면 누구라도 로그파일에 접근하여 해당 정보를 알 수 있는 상태에 이르렀으므로 개인정보가 유출된 것으로 인정하였지만, 개인용 컴퓨터에 기록된 경우는 개인정보 유출로 인정하지 않았다. 그리고 엔씨소프트 사건에서 개인용 컴퓨터에 기록된 경우를 제외하고 다른 모든 사건에서는 개인정보가 유출되었음을 인정하였는데, 특히 화상정보(사진)가 개인정보인지 논란이 되었던 LG전자 사건을 눈여겨볼 필요가 있다. LG전자는 화상정보만으로는 개인의 식별이 불가능하다는 취지의 주장을 하였지만, '개인을 식별할 수 있는 정보'는 당해 정보에 의해 개인을 식별할 가능성만 있으면 되는 것으로, 화상정보는 성명 및 주민등록번호와 마찬가지로 개인정보라 인정되었다.

두번째 쟁점은 유출된 개인정보의 성격 및 확산범위 등을 고려할 때 그 정황이 금전으로 손해배상할 정도의 수준인가 하는 것이다. LG전자 사건에서 화상정보(사진)는 안전성 확보 조치를 강구해야 할 개인정보라 할 수 있지만, 성명, 주민등록번호, 학력 등 입사지원을 위한 등록정보가 명백히 유출된 경우 외에 단지 입사지원자의 사진이 50명 단위로 화면에 노출된 경우(단순히 열람당할 가능성이 있는 경우)는 위자료 청구를 인정하지 않았다. GS칼텍스 사건에서는 유출된 개인정보가 범행 관계자 및 언론 등 소수의 수중에만 머물러 있다가 수사기관에 제출 또는 폐기되었기에, 불특정 다수에게 공개되어 이를 열람할 수 있는 상태 또는 의사에 반하여 개인정보가 수집·이용될 수 있는 상태에 이르렀다 인정할 수 없으므로, GS칼텍스가 금전으로 손해배상할 정도의 수준이 아니라고 판결되었다.

세번째 쟁점은 개인정보 유출기업이 선량한 관리자로서의 주의의무를 위반하였는지 여부이다. 해당 기업이 주의의무를 위반하였는지 여부를 판단하는 것은 법률적 판단이 개입될 수 있는 사안으로 논란의 여지가 있을 수 있다. 관련 판례에 따르면 법령이 요구하고 있는 기술적·관리적 보안 조치의 내용, 해킹 당시 취하고 있던 보안 조치의 내용, 해킹 방지 기술의 발전 정도, 해킹 방지 기술 도입을 위한 경제적 비용 및 그 효용의 정도, 해커가 사용한 해킹 기술의 수준, 개인정보 유출로 인해 이용자가 입게 되는 피해의 정도 등을 고려하여 주의의무를 위반하였는지 여부를 판단하고 있다. 옥션 사건에서는 이러한 법리를 기초로 옥션이 해킹사고 당시 개인정보보호를 위한 기술적·관리적 보호조치를 한 사실이 인정되며, 선량한 관리자로서의 주의의무를 위반한 점은 인정되지 않는다고 판결되었다.

네번째 쟁점은 개인정보 유출기업의 손해배상 책임 범위가 어느 정도인가 하는 것이다. 관련 판례에 따르면 손해배상 책임의 범위를 정함에 있어 개인정보를 처리하는 자가 취한 사고 당시의 보안조치의 수준, 사고발생 후 얼마나 신속하게 사고를 파악하고 적시에 적절한 피해확산 방지조치를 취하였는지 여부, 피해자의 자기정보통제권과 관련하여 피해자에 대한 사고 발생 안내의 적절성 및 피해접수 내지 확인·피해회복조치 이행 여부, 유출된 정보의 성격 및 유출된 정보의 양, 정보가 유출된 범위 및 유출된 정보의 전파 가능성, 스팸메일이나 명의도용 등 추가적인 피해 발생 여부, 개인정보를 처리하는 자가 개인정보를 수집·처리함으로써 얻는 이익 등을 고려하고 있다. 엔씨소프트 사건, A은행 사건, LG전자 사건 등 각 사건별로 10만원에서 30만원까지 다양한 위자료 판결을 받았음을 확인할 수 있다. 이를 종합한 결과는 다음과 같다.

표 7-2 | 개인정보 유출 관련 판례 비교·분석

구 분	엔씨소프트 사건	A은행 사건	LG 전자 사건	옥션 사건	GS칼텍스 사건
사건 발생 시기	2005년 5월	2006년 8월	2006년 9월	2008년 1월	2008년 7월
사건 발생원인	개인정보 처리자의 과실	개인정보 처리자의 과실	개인정보 처리자의 과실과 제3사(해커 등)의 불법 행위의 경합	제3자(해커 등)의 불법 행위	개인정보 처리자의 고의
피해자	사고기간(약5일) 동안 리니지 II게임에 접속한 이용자	은행 복권서비스 가입자	LG전자 입사지원자	옥션 회원	GS칼텍스 고객
피해규모	약 40만명	32,377명	약 3,000명	약 1,800만명	약 1,100만명
유출정보의 성격	리니지 II 게임 아이디 및 비밀번호	성명, 주민등록번호, 이메일 주소 등	성명, 주민등록번호, 학력, 학점, 경력 등	성명, 주민등록번호, 주소 등	성명, 주민등록번호, 주소 등
유출 확산 범위	이용자 PC의 로그파일에 기록	피해고객 앞 이메일로 전송	불특정 다수의 인터넷 열람	중국인 해커로 추정되는 제3자등 불특정 다수	범행 관계자 및 언론 등에 CD 및 DVD로 배포
유출기업의 주의 의무 위반 여부	위반	위반	위반	위반 아님	–
유출기업의 손해배상 책임 여부	위자료 지급(10만원)	위자료 지급(성명, 주민등록번호, 이메일 유출시 20만원, 성명과 이메일 유출시 10만원)	위자료 지급(30만원)	책임 없음	책임 없음
비고	PC방 컴퓨터의 경우만 개인 정보 유출로 보고, 개인용 컴퓨터의 경우는 개인정보 유출로 인정하지 않음		단순히 열람 당할 수 있는 경우는 위자료 청구를 인정하지 않음	–	–

※ 자료: 유정각·송주민 (2011)

개인정보 위험관리 방안 마련측면은 다음과 같다. 금융기관은 개인정보 유출기업의 책임에 대한 이해를 토대로 개인정보 유출사고에 대비하여 효과적인 개인정보 위험관리 방안을 마련할 필요가 있다. 앞서 살펴본 바와 같이 개인정보 유출기업의 책임은 단순히 유출사고 발생 당시의 상황 뿐만 아니라 유출사고 발생 전후의 조치들에 의해서도 영향을 받는다. 즉, 해당 기업이 사고 발생 전 개인정보를 보호하기 위해 취하고 있던 조치들부터 사고 발생 후에 개인정보 유출 고객의 피해를 최소화하고 보상하기 위해 취한 조치들까지 모두 직·간접적으로 개인정보 유출기업의 책임에 영향을 주고 있다. 따라서 금융기관은 평상시에는 개인정보보호를 위하여 개인정보의 수집, 이용, 제공, 파기 등 단계별로 요구되는 보호기준을 준수하고, 기술적·관리적·물리적 보호조치를 충분히 이행하는 것은 물론 개인정보 영향평가를 통해 개인정보 유출 위험요인을 분석하고 개선사항을 도출하는 것이 필요하다. 또한 개인정보 유출사고에 대비한 대응 매뉴얼 등을 마련하여 개인정보 유출사고 발생시 최대한 사고를 빨리 탐지하고 신속하고 적절한 사후조치를 취함으로써 피해를 최소화하는 것이 중요하다.

그리고 유출사고 발생시에는 유출정보의 성격, 규모, 확산 범위, 유출로 인한 실질적인 피해, 전파 가능성, 추가 피해 발생 여부, 사고당시 취하고 있던 보호조치의 수준, 유출의 원인 등을 파악하고 관련 증거들을 수집하는 것이 필요하다. 이 때 관련 증거들이 법적으로 인정받을 수 있도록 변호사 자문 및 법무팀과의 협업 등을 통해 미리 준비할 필요가 있다. 또한 개인정보 유출사실을 인지하였을 경우 지체없이 피해 고객에게 통지하고 개인정보 유출로 인한 피해 현황을 접수받을 수 있는 창구를 마련하는 것은 물론 신속하고 적절한 피해 확산방지 및 피해회복 조치를 통해 추가적인 피해를 최소화하고 피해 고객들의 권리를 구제하고자 노력해야 한다.

표 7-3 | 개인정보 위험관리 방안

구 분	위험관리 방안
평상시 관리 항목	① 개인정보의 수집, 이용, 제공, 파기 등 단계별로 요구되는 보호기준을 준수 - 수집 목적, 항목, 보유 및 이용기간을 고지하고 정보주체의 동의 획득 - 필요 최소한의 개인정보를 수집 - 개인정보를 제3자에게 제공할 때에는 제공받는 자, 제공받는 항목, 보유 및 이용기간 등을 고지하고 정보주체의 동의 획득 - 개인정보가 불필요하게 되었을 때에는 지체없이 복구 또는 재생되지 않도록 파기 - 사상, 신념 등 사생활을 현저히 침해할 우려가 있는 민감한 정보는 처리를 제한 - 업무를 위탁할 경우에는 수탁자가 개인정보를 안전하게 처리하는지 감독하는 등 적절한 조치 - 개인정보 취급자에 대한 정기적이 교육 실시 등 ② 개인정보의 안전한 관리를 위해 요구되는 기술적·물리적 보호조치를 충분히 이행 - 개인정보 처리방침의 수립 및 공개 - 개인정보 보호책임자의 지정

표 7-3 | 개인정보 위험관리 방안 (계속)

구 분	위험관리 방안
평상시 관리 항목	– 개인정보 처리 실태 및 관행의 정기적인 조사 및 개선 – 개인정보 유출 및 오·남용 방지를 위한 내부통제시스템의 구축 – 개인정보에 대한 접근 통제 실시 – 개인정보 접속기록의 위·변조 방지 조치 – 악성프로그램 방지 조치 등 ③ 개인정보 영향평가를 통한 개인정보 유출 위험요인 분석과 개선사항 도출 ④ 개인정보 유출사고에 대비한 대응 매뉴얼 등 마련 – 유출사고 발생시 확인·수집·조치한 사람들이 법적 증거로 인정받을 수 있도록 변호사 자문 및 법무팀과의 협업 등을 통해 준비 등
유출사고 발생시 확인항목	① 유출정보의 성격, 규모, 확산 범위 ② 유출로 인한 피해의 정도 – 실질적인 피해 현황 – 유출된 개인정보의 전파 가능성 – 스팸메일이나 명의도용 등 추가적인 피해 발생 여부 등 ③ 사고당시 취하고 있던 보호조치의 수준 ④ 유출의 원인(해킹인 경우 해킹기술의 수준, 해킹방지기술의 발전정도, 해킹방지기술 도입을 위한 경제적 비용 및 그 효용의 정도 등도 함께 확인)
유출사고 발생시 조치항목	① 개인정보 유출사실을 지체없이 피해 고객에게 통지 – 인터넷 홈페이지 상의 공지 뿐만 아니라 피해 고객에게 유선 및 이메일로 개인 통지 필요 ② 피해 고객으로부터 개인정보 유출로 인한 피해현황을 접수받을 수 있는 창구 마련 ③ 신속하고 적절한 피해 확산방지 및 피해 회복조치 – 개인정보 유출을 야기한 직·간접적 사고발생 원인 즉시 제거 – 미비한 기술적·관리적·물리적 보호조치 보완 – 유출된 개인정보의 악용 또는 도용을 막을 수 있는 대책 마련 등 ④ 유출사고로 인한 민·형사상 책임 등에 대한 법률 자문 및 대책 마련

금융기관은 업무 특성상 고객의 개인정보를 많이 활용하고 있으므로 개인정보를 안전하게 보호하여 고객의 개인정보에 대한 권리와 이익을 보장할 의무가 있으며, 만약 개인정보가 유출된다면 민·형사상 책임을 비롯한 기업 이미지 하락, 매출 감소 등 다양한 책임을 지게 된다. 따라서 금융기관은 효과적인 개인정보 위험관리 방안을 마련하여 이행하는 등 고객의 개인정보를 안전하게 보호하기 위해 최선의 노력을 다하여야 한다.

제7절 최근의 개인정보 유출 사례

2011년 4월 10일 B캐피탈의 고객정보가 해킹으로 빠져나갔다. 피해 고객은 B캐피탈의 전체 고객 180만 명 중, 42만명과 신용대출 상품인 프라임론 패스 고객 1만 3천명이었다. 42만 명의 이름·주민등록번호·전화번호·주소·전자우편 주소가 빠져나갔으며 1만 3천명의 대출 계좌번호·비밀번호가 외부로 유출됐다.

B캐피탈의 해킹 사건은 2011년 2월에 시작됐다. 하지만 이를 B캐피탈 측이 인지한 것은 개인정보가 이미 새나간 뒤였다. B캐피탈 측은 "지난 4월 7일 오전 해킹했다며 금전을 요구하는 협박 이메일을 받았다"고 밝혔다. 따라서 협박 전까지 아무런 고객의 정보가 유출되었다는 사실조차 모르고 있었던 것이다.

그러나 기업들이 해킹을 당하고 개인정보가 빠져나가고 있는데도 보안에 힘쓰지 않는다. 방송통신위원회가 최근 발표한 '2010년 정보보호 실태조사'를 보면 종사자 수 5명 이상의 6,529개 업체를 대상으로 한 조사에서 정보보호에 돈을 투자한 기업은 전체의 36.5%에 불과했다. 나머지 63.5%는 전혀 투자를 하지 않고 있다. 투자한 기업도 대부분 전년 수준을 유지(77.7%)하거나 줄였다(2.4%). 전년도 같은 조사에서도 거의 같은 수(63.6%)의 기업이 정보보호에 전혀 투자하지 않았다. 이 기업들은 '정보보호 투자가 없는 이유'로 '보안사고가 거의 없어서'(65.1%)를 가장 많이 꼽았다. 다음으로 '정보보호에 관심이 없어서'(16.2%), '방법을 몰라서'(5.5%), '예산 부족'(4.3%) 등이 뒤를 이었다.

더욱이 상당수 금융기관들은 오히려 예산을 줄인 것으로 나타났다. 금융감독원이 한나라당 이성헌 의원에게 제출한 자료를 보면, 이번에 전산장애를 일으킨 C은행은 2008년 48억여원에서 2010년 14억 5천만원으로 3분의 1 수준으로 줄었다. 국민은행은 같은 기간 147억여원에서 103억원으로, 외환은행은 18억여원에서 14억여원으로 줄였다. 이는 증권사와 보험회사도 마찬가지였다. 교보증권은 2008년 13억여원에서 2010년 7억여원으로, 대신증권은 15억여원에서 10억여원으로 보안예산을 줄였다. 한양증권, 솔로몬투자증권, 하나대투증권 등도 마찬가지였다. 보험사인 KB생명, 삼성화재, 흥국화재, 동양생명 등도 보안예산을 줄였다.

보안담당 인력도 빈약하다. 시중은행 가운데 보안담당 인원은 국민·산업·중소기업·농협만이 10명을 넘었고, 나머지 은행들은 10명 미만이었다. 증권사에선 하나대투증권과 이트레이드증권이 7명으로 가장 많았고 대부분 1~5명 수준이었다. 보험·카드 쪽 역시 동부화재와 BC카드를 제외하고는 10명이 채 되지 않은 상황이었다. 이들이 생각하는 바는 보안예산이나 보안인력의 경우 투자를 해도 사고가 발생하지 않는 이상 그 효과가 입증되기 어렵다는 것이며 대부분의 기업들이 성과 위주의 경영을 하다 보니 보안에 신경을 쓰는 경우가 드물기 때문이다.

자신의 정보를 삭제하고 싶어도 가입 때와는 달리 복잡한 절차를 도입하는 경우도 있다. 정보통신망 이용촉진 및 정보보호 등에 관한 법률에 따르면 이용 목적이 끝나면 개인정보를 바로 삭제해야 하지만 이를 지키는 경우가 드문 것이 현실이다. 또한 직접 사이트를 방문한 뒤 직접 탈퇴한 뒤 삭제 요청을 해야 지워지는 경우가 많고, 이마저도 직접 회사를 방문해야만 하는 경우도 있다. 실제로 방통위는 지난해 I캐피탈, H캐피탈 등에 소비자의 탈퇴를 까다롭게 했다는 이유로 과징금 300만원을 부과한 사례가 있을 정도이다.

이런 상황에서 보안사고는 수시로 일어난다. 한번 일어난 사고는 그 피해자가 국민 상당수에 이른다. 앞에서 언급한 바와 같이 2008년 인터넷 상거래 사이트인 옥션은 해킹으로 1081만 명의 이용자 정보 유출 사고를 당했다. 이어 GS칼텍스도 1125만 명의 고객 정보가 유출됐다. 지난해에도 신세계백화점(신세계몰)에서 2천만 건의 개인정보가 빠져나갔다. 2011년 3월에는 청와대를 비롯한 국가기관과 금융회사, 주요 포털 등 40개 사이트에 대한 대규모 디도스(DDoS·분산서비스 거부) 공격으로 서버가 다운되는 등 피해가 발생했다.

한국 사회에서 통용되는 주민등록번호의 특성상 그 피해는 다른 나라보다 심각하다. 주민등록번호에는 생년월일은 물론 출신지역·성별 등 기본 정보가 담겨 있다. 더군다나 출생 때 받은 번호가 죽을 때까지 유지된다. 이런 이유로 각 사이트에서 자신도 모르는 아이디가 생성돼 있거나 메신저를 통한 피싱 사고가 빈번하다.

따라서 개인정보 보호에 대한 새로운 대책이 필요하다. 현재 정부는 2009년 개정한 '정보통신기반보호법'에 따라 10개 중앙부처와 126개 기반시설을 주요정보통신기반시설로 지정한 상태이다. 현행 정보체계를 점검하는 시스템인 정보 보호안전진단을 좀더 강화된 정보보호관리체계(Information Security Management System, ISMS)로 발전시킬 필요가 있다. 여기서 ISMS는 기업의 정보보호 체계를 하나의 시스템으로 보고 총괄적인 안전을 점검하는 체계이다. 물론, 기술적인 보완으로도 나날이 발전하는 해킹 기술을 막기에는 역부족일 수 있다. 이 때문에 주민등록번호등 개인정보 수집을 최소화하는 제도적 보완이 필요하다는 지적도 있다. '경제협력개발기구(OECD) 가이드라인'이나 '유엔 가이드라인' 등에서도 개인정보 수집을 최소화해야 한다고 밝힌다. 2011년 9월 30일부터 시행되는 '개인정보보호법'도 이 원칙을 따르고 있다.

그러나 개인정보를 보호하기 위한 법 취지는 훌륭하지만 정보통신망법등 기존 법률에서 인정하는 경우나 신용정보 조회 등을 위한 금융기관의 개인정보 수집까지는 막지 못한다.

따라서 법률의 취지를 살리고 개인정보 유출에 따른 피해를 막으려면 제도적 보완이 필요하다. 또한 굳이 필요하지 않은 사이트에서 회원 가입을 위한 주민등록번호 등을 요구하는 것을 막고, 금융기관에서도 주민등록번호 대신 다른 방법의 식별번호를 개발해야 할 필요가 있다. 이러한 경우 정부가 추진하는 인터넷 실명제로 인해 이를 적용하기 힘든 상황이 되어버리기도 한다. 현재 인터넷 실명제는 하루 방문자 10만 명 넘는 사이트에 의견을 남기려면 실명 인증을 의무적으로 하도록 하고 있어 개인정보 유출에 취약한 현실이다.

2011년 상반기에 B캐피탈과 더불어 금융권의 개인정보 유출에 대해 주요한 것 중 하나는 C은행의 거래시스템 파괴이다. 2011년 4월 12일 오후 5시10분 정도에 시작된 C은행의 전산 장애가 시작되었다. 4월 15일부터 C은행 측은 현금 자동 입·출금기(ATM)와 인터넷뱅킹 폰뱅킹 스마트뱅킹 등을 차례로 복구했고, 신용카드의 현금서비스 및 현금 입·출금 기능과 체크카드 기능을 각각 오후 2시 전후해서 되살렸다.

검찰은 협력업체 직원의 노트북에 접근 가능성이 있는 전산 관련 직원 20여명에 대한 조사를 실시하고 있다. 검찰은 또 모든 파일 삭제 명령어가 실행된 노트북을 관리하던 IBM 직원의 통화 기록과 CCTV, 출입카드 기록 등을 자세히 들여다보는 중이다. 검찰이 내부자 소행에 무게를 두는 이유는 누군가가 C은행 전산망에 침입해 데이터를 삭제하면서 접속기록을 반복적으로 삭제한 흔적을 확인했기 때문이다. 외부 해커라면 서버 파괴가 끝난 뒤에 접속기록을 지우거나 아예 로그 기록을 남겨두는 경우가 많다는 이유에서이다.

그러나 여전히 복구하지 못한 정보가 있다. C은행 전산망에서 삭제된 C카드 고객의 신용카드 거래내역 중 복구 중인 것은 외식·쇼핑을 한 뒤 업소 카드승인기를 통해 결제된 내역, 인터넷 및 모바일을 통한 현금서비스 계좌이체 및 물품 구입내역, C은행 및 타행 자동화기기(ATM)를 통한 현금서비스 인출내역 등이다. 카드 사용내역 조회 및 고객정보 변경내역, 선청구 및 결제 업무 등도 정합성을 검증하고 있다.

문제가 되고 있는 거래내역은 전산사고가 난 4월 12일 오전 4시25분부터 오후 5시10분까지 12시간 45분간, C카드 고객이 C은행 ATM을 통해 현금을 인출한 현금서비스 내용이다. 사고가 난 시간 동안 ATM과 C카드의 카드업무 시스템이 망가지면서, 거래기록이 모두 삭제됐다. C은행 IT본부 관계자는 "최대한 복구를 하고 있으나 일부 기록은 영구 유실될 것으로 보인다"고 자인했다. 나머지 거래내역들도 사고가 난 시간 동안 C카드 업무 시스템 등에 남아 있지 않다. 다행스러운 것은 결제대행업체인 밴(VAN)사나 가맹점, C은행 및 타은행 계좌 원장에 기록이 남아있다는 점이다.

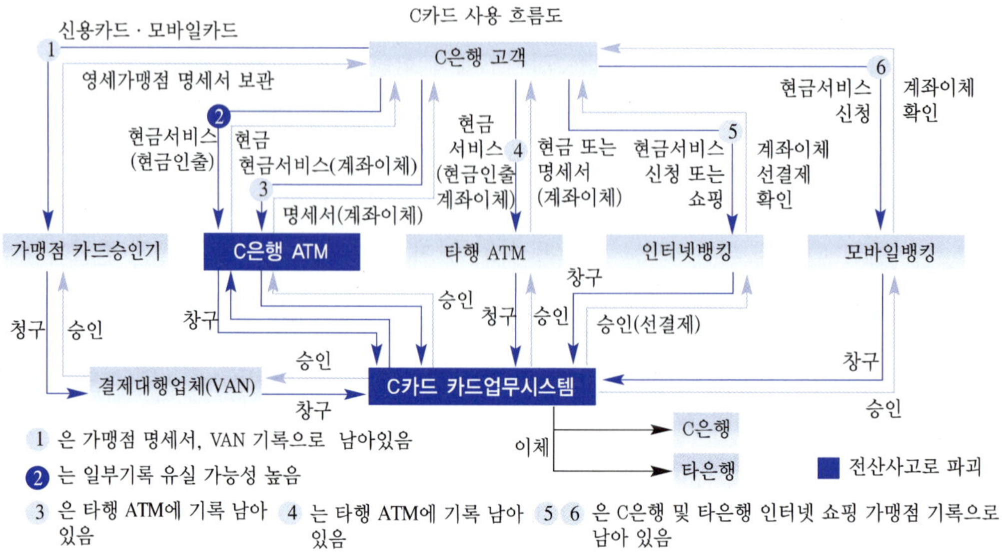

그림 7-4 | C카드 사용흐름도

우선 C은행 고객이 신용카드를 가지고 인터넷 쇼핑몰 등에서 물품 구매를 하면 '소비자→밴사→카드사'로 결제가 이뤄진다. 밴사는 고객의 구매요청을 받아 C은행에 승인신청을 한다. 이때 카드번호와 비밀번호 등이 제시된다. 카드사는 고객정보를 확인한 뒤 일치하면 거래를 승인한다. 밴사는 소비자가 물건을 구입하도록 허용한다. 이때 밴사와 소비자, 카드사는 각각의 전표를 갖게 된다. C카드는 이번 전산사고로 전표 기록을 잃었지만 밴사나 가맹점에는 기록이 남아있다. 가맹점 카드 승인기를 통해 대금을 결제한 경우도 마찬가지다. 인터넷이나 모바일을 통한 현금서비스 역시 고객이 요청한 서비스금액을 고객이 정한 은행계좌로 이체하기 때문에 기록이 살아있다. C카드 고객이 타행 ATM을 이용, 현금서비스를 통해 현금을 인출해도 기록은 타행 ATM에 기록된다. 그러나 이 같은 거래내역을 복구하는 데는 시간이 소요된다.

문제는 C은행이 약속한 오는 4월 30일 전까지 복구가 가능하냐는 것이다. C은행이 소비자에게 대금을 청구하는 일도 만만치 않을 것으로 보인다. 거래내역이 사라진 데다 청구 프로그램이 망가져 소비자에게 대금납부를 제때 요구하기가 어렵게 됐다. C은행은 소비자에게 요구할 납부예상액 전체를 구하는 것은 어렵지 않다는 입장이다. 문제는 고객들이 카드결제를 할 때 일시불, 할부납부, 선결제, 포인트 결제 등 다양한 방법을 사용한다는 점이다. 잘못하다가는 50만원짜리 물건을 구입하면서 10만원을 카드로 결제하고 40만원을 포인트로 결제한 사람에게 50만원이 청구될 수도 있다. C카드가 청구시기를 1개월 연장한 것도 이 때문이다. 카드 사용내역을 찾기 위해 시간을 벌기 위한 것이다.

제8장 개인 신용평가시스템

제1절 신용평가의 의의

개인의 신용이란 현재의 시점에서 어떤 재화를 빌리거나 이용한 후, 일정기간이 지난 미래의 시점에서 재화의 가치를 지급할 것을 약정할 수 있는 능력을 의미한다. 여기에서 재화는 현금(cash), 제품(goods) 또는 서비스(service) 등의 실제생활에 이용되는 모든 것들이 해당된다. 즉, 신용은 미래의 예상소득을 현재시점에서 미리 차용하여 소비할 수 있는 능력을 의미하며 신용한도는 개인의 현재소득과 미래의 예상소득이 갖는 현재가치의 합계금액이 된다.

개인의 신용평가는 개인에게 신용을 공여하는 회사가 대외적 신용정보와 자체에서 조사하거나 수집한 정보를 기초로 개별회사가 자체로 실시하는 경우와 개인신용평가회사(Credit Bureau, CB)가 하는 신용평가가 있다.[15)][16)]CB가 하는 신용평가는 개인의 채무상환능력과 채무상환의지를 평가하여 개인신용을 공여하는 회사나 기관들의 의사결정에 활용할 수 있도록 개인에 대한 신용평점을 산출하고 신용등급을 부여한다. 이러한 신용평가는 대출이나 신용공여 그리고 제품 및 기타서비스의 거래에서 리스크를 최소화하고 거래의 안전을 도모하며, 감각적이고 막연한 판단이 아닌 객관적이고 체계적인 판단을 얻기 위하여 통계나 다양한 경험에 근거하여 사전에 정한 기준 및 절차에 따라 행하므로 과학적인 평가이다. 또한, 어떤 개인의 전체적인 신용상태는 각 신용요소들 특성의 종합적인 결과를 나타내야 한다. 즉, 신용신청자나 계좌에 대한 정보가 계량화되고 결합되어 우량고객을 효과적으로 선발하고 불량고객을 사전에 예방할 수 있도록 해주는 신용리스크를 평가하는 기법이 되어야 한다. 이러한 신용평가에 의해 누구에게 신용을 줄 수 있고, 얼마나 많은 신용을 공여할 수 있는지, 어떤 영업 전략이 수익성을 제고시켜 줄 수 있는 지 결정할 수 있다. 여기서 주의하여야 할 점은 개인의 신용도(creditworthiness)는 절대적인 평가기준으로 알려져 있으나 현실적으로 반드시

15) 개인신용공여회사는 개인에게 신용을 공여할 뿐 아니라 개인신용정보를 이용하고 개인신용정보를 생산하기도 한다. 공공기관 은행 및 금융회사, 신용카드 회사, 생명 및 손해보험회사, 통신회사, 일반기업, 유통회사, 신용정보회사 등이 이에 속한다.

16) 대외적인 정보의 수집은 개인 신용정보 집중기관을 통한다. 이들 집중기관은 전국 신용정보 집중기관(전국은행연합회)과 개별 신용정보 집중기관(한국여신금융협회, 생명보험협회, 대한손해보험협회, 한국정보통신진흥협회) 그리고 신용정보업자(한신정, 한신평) 등으로 구성되어 있다.

그렇지 않을 수도 있다는 점이다. 신용도는 신장이나 몸무게, 개인소득과 같은 객관적인 개인 특성이 아니다. 따라서 신용공여기관들의 자체적인 평가일 뿐이고, 상호 간에 처한 상황 및 신용공여기관들의 미래의 경제 시나리오에 대한 견해가 반영된다. 따라서 한 신용공여기관에서 신용이 없다고 평가받은 소비자가 다른 신용공여기관에서는 신용이 있다고 평가받을 수 있기도 하다. 여기서 신용이 없다는 것은 인권침해의 소지가 있다. 신용도가 낮은 개인의 경우, 신용공여기관이 소비자에게 신용을 공여하는 것은 신용을 공여하지 않는 경우보다 상대적으로 더 위험하다고 기술해야 옳다.

제2절 신용평점의 역사와 방법론

Durand(1941)는 신용평점의 개념을 연구하고 실용화하였다. 37개 금융회사들이 제출한 7,200여명에 대해서 우량 및 불량 할부 실적을 조사하여 분석하였다. Durand는 χ^2 검정을 이용해서 우량고객과 불량고객을 유의하게 판별해 줄 수 있는 변수들을 결정하고 대출 신청자들 중, 우량고객을 불량고객과 차별화 시키는데 얼마나 효과적인지를 보여주도록 고안된 효율성지표(efficiency index)를 개발하였다. 또한, 신용평점모형을 만들기 위해서 판별함수(discriminant function)를 사용하였다. Wolbers(1949)는 전국적인 백화점체인 고객들에 대하여 신용평가모형을 개발하였다. 1차 표본에서 평점비중(rating weight)을 결정한 후, 그 결정된 비중을 2차 표본에 적용시켜 약간의 우량고객을 잃더라도 신용에 따른 손실을 7%나 줄일 수 있음을 실증적으로 보여주었다.

Carleton and Myers(1957)는 소비자금융을 취급하는 금융회사들의 자료를 이용한 결과, 신용평가모형을 사용할 경우에 우량고객의 감소없이 신용에 따른 손실을 6% 줄일 수 있다는 것을 보여주었다. 1950년대에 사용되었던 대부분의 신용평점모형들은 연체되었던 계정들을 추적하면서 개발되어진 스코어카드에 기반하고 있으며 평점표에서 선정된 변수들과 가중치들은 기본적으로 주관적 판단에 의한 것이었다. 그러나 이러한 변수 및 가중치들은 신용공여 의사 결정 과정에서 어떤 일관성과 예측가능성을 줄 수 있어야 하는 것들이어야 했다. 신용포트폴리오가 급속하게 확산되면서 이러한 평점제는 신참 신용분석가들의 주관적 판단보다는 상대적으로 적중률이 높았다.

Myers and Forgy(1962)는 평점배정(point assignment)을 결정하기 위하여 통계적 방법들을 사용하였다. 한 번에 한 개의 특성변수만을 사용하고 시행착오(trial and error)에 근거해서 신용위험을 측정하였다. Capon(1982)은 1960년대 초, 컴퓨터의 발전과 더불어 계산능력이 향상되면서 난해한 계산도 쉽게 처리할 수 있게 되어 신용평가모형의 개발도 본격화하였다. 이에 따라 대출신청인의 과거 자료로부터 우량고객과 불량고객을 가장 잘 판별해 낼 수 있는 특성변수들이 선정되었고 선정된 특성변수 내에서 여러 가지 수준(level)에 대한 평점배당 방법도 보다 더 통계적으로 유의하게(significantly) 결정되었다. 일반적으로 신용평점시스템(Credit Scoring System)을 개발하기 위한 기본적인 절차는 금융기관이 갖고 있는 과거자료를 통해 우량고객 및 불량고객을 선별하는 데서부터 시작되는데 이와 관련해서 과거 신용이 양호한 고객과 불량한 고객들의 특성분석을 기초로 해서 신용평가에 유용하게 이용될 수 있는 특성변수들이 선정되어야 한다.

신용평가를 위한 특성변수들로는 연령, 직장근속년수 합계, 결혼여부, 기타 수입여부, 자녀수, 은행계정 종류, 기타부양 가족수, 보유차 담보여부, 최근이사여부, 보유차 종류, 주차장 소유여부, 부동산 소유여부, 주택보유여부, 과거 최고 신용금액, 직업, 신용조회 건수, 맞벌이 부부, 조회결과 불량회신건수, 월수입 합계, 조회결과 우량회신 건수가 이용 된다. 이러한 특성변수들을 보다 더 잘 규명하기 위해서 회귀분석이나 판별분석과 같은 다중통계기법(multivariate statistical techniques)이 이용되는데 특성변수들은 대개 8개에서 12개 정도가 사용되고 있다. 일반적으로 고객들에 대한 신용평가는 대출 신청서에 나타난 개인의 신용정보항목에 수치로 비중을 부여한다(point assignment). 예를 들어, 기혼자 10점, 미혼자 2점; 자가 20점, 전세 5점과 같다. 각 항목에 부여되고 있는 점수들을 합산해서 신청자의 총점을 구한 뒤, 이 총점을 상환잠재력에 대한 측정치로 사용하는 방법을 사용한다. 예를 들어, 총점이 높을수록 채무상환을 신속하게 하고자 하는 경향이 그만큼 더 높다고 판단한다. 또한, 이러한 평점은 평가기준에 따라서 여러 가지 방식으로 계산되어 질 수 있는 바, 단일 분리 판정점(single cut-off)방식에서는 대출신청인의 총평점을 이 판정점수와 비교되어 커지면 대출승인이 이루어지고 작게 되면 기각한다.

여기서 다변량 판별분석에 대해 알아보자. 판별분석은 실제로 채무불이행한 집단과 그렇지 않은 집단을 판별할 수 있는 판별함수를 찾는 방법이다. 독립변수에는 재무항목과 비재무항목들을 사용하여 채무불이행 집단과 그렇지 않은 집단을 나누어 통계적 유의성을 검증한다. 일반적으로 판별분석은 집단을 구분하는데 영향을 미치는 독립변수(판별변수)들이 무엇인가를 파악하여 이들 독립변수를 토대로 각 집단을 구분해내며 나아가 어떤 대상이 어떤 집단에 속하게 될 것인가를 구분하는 방법이다. 판별분석은 1936년 Fisher가 개발한 방법으로 분류방식 중, 가장 오랜 역사를 가지고 있다. 이는 분석대상들을 그룹별로 구분하기 위해서 각 그룹의 평균들이 서로 멀리 떨어지도록 하는 동시에 각 그룹들에 속한 분석대상들이 서로 비슷한 특성을 갖도록 한다. 이 때 각 그룹 평균들 사이의 거리는 다음 식과 같이 그룹간 분산(between groups variance)으로 측정한다(Bessis, 2002).

$$B = \sum_{k=0}^{K} n_k \left(\overline{X_k} - \overline{X}\right)\left(\overline{X_k} - \overline{X}\right)'$$

여기서 $\overline{X_k}$는 그룹 k의 평균이며 $\overline{X}$는 전체 훈련자료이다. 각 그룹내의 분석대상들 사이의 특성차이는 다음 식과 같은 그룹내 분산으로 측정할 수 있다.

$$W = \sum_{k=0}^{K} (n_k - 1) S_k$$

여기서 S_k는 그룹 K의 공분산행렬이다. 이 때, Fisher의 선형판별분석은 그룹간 분산을 최대화하고 그룹 내 분산을 최소화하는 특성벡터 x의 선형결합 $a'X$를 다음과 같이 구한다.

$$\max_a \frac{a'Ba}{a'Wa}$$

Altman et al.(1968, 1977)은 판별분석에 기초하여 관측 가능한 변수들에 가중치를 두어 산출된 평점(score)을 갖고 부도가능성을 판단하는 신용평점방식을 제안하였으며 소비자대출 및 중소기업들의 부도리스크 측정에 사용하였다. 평점산출은 다음 식인 편별함수에서 출발한다.

$$Z = \omega_1 X_1 + \cdots + \omega_n X_n$$

여기선 Z는 판별점수이고 ω_i는 판별함수의 계수이며 X_i는 측정변수이다. 이 때 기업의 특성을 나타내는 변수 X는 운전자본/총자본, 유보이익/총자산, EBIT(법인세 차감전 영업이익)/총자산, 시가총액/부채의 장부가, 매출액/총자산 등이며 Z값은 기업의 부도율을 측정하는데 낮은 값을 가질수록 부도율이 낮아진다고 보았다. Altman 방식은 기업들을 세 개의 그룹으로 구분하기 위한 두개의 절단점(cut-off point)을 구하고, Z값이 낮은 절단점보다 작은 기업은 부실기업, Z값이 높은 절단점보다 높은 기업은 우량기업, 그리고 Z값이 두 절단점 사이에 있는 기업은 판단유보기업으로 분류할 수 있다. 그러나 Altman모형은 신용평가를 빠르게 할 수 있다는 장점이 있는 반면, 경영자의 능력과 같이 수량화가 어려운 변수들을 고려하기 어렵다는 단점도 있다.

또한, 판별분석을 이용하여 2단계 과정의 신용평점제를 운영할 수도 있다. 대출을 신청한 고객의 총평점이 2개의 분리 판정점(cut-off point)과 비교하여 만약 총평점이 2개의 분리 판정점 중, 높은 판정점보다 높을 경우 대출 신청은 자동적으로 승인되며 반면에 낮은 판정점보다 더 낮은 경우 대출 신청은 자동적으로 기각한다. 만약, 총평점이 2개의 분리판정점 중간에 있게 되면 평가자는 또 다른 신용정보를 추가해서 정상적인 판단하면 된다. 분리판정점을 결정할 때, 각 금융기관은 제1종 오류(Type I Error)와 제2종 오류(Type II Error)사이의 결정기준(trade-off)과 관련된 상환 및 연체 확률을 근간으로 한다. 여기서 제1종 오류란 귀무가설이

옳음에도 불구하고 기각할 확률으로 유의수준이 된다. 즉, α = Prob(귀무가설 H0 기각 | 귀무가설 H0 사실). 제2종 오류는 옳지 못한 귀무가설을 기각하지 못하는 확률이다. 따라서 검정력 = 1− Prob(귀무가설 H0 채택 | 귀무가설 H0 거짓)이 된다.

표 8-1 ▌제1종 오류와 제2종 오류

	귀무가설 H0 사실	귀무가설 H0 거짓
귀무가설 H0 채택	문제 없음	제2종 오류
귀무가설 H0 기각	제1종 오류	문제 없음(검정력)

대출승인에 대한 판정값이 높으면 높을수록 제1종 오류(연체를 하게 될 고객에게 대출승인)는 그만큼 작아지게 되고 반면에 대출기각에 대한 판정값이 낮으면 낮을수록 제2종 오류(대출금을 제대로 상환할 수 있는 고객에게 대출기각)는 그만큼 작아지게 된다. 낮은 제1종 오류인 대출승인에 대한 성공률은 높인다. 동시에 낮은 제2종 오류인 잠재적 우량고객에게 제대로 대출을 하기 위해서는 각 특성변수들의 상호작용효과(interrelationship)를 정확히 측정하여 이를 최소화시킬 수 있는 요소들의 결합형태를 찾아내고 이에 따라 평점표(scoring table)를 개발하면 된다. Capon(1982)은 강력한 평점표의 개발은 우량, 불량 고객집단을 최대한 구별해서 양집단간에 분산을 극대화시키는 시스템을 찾는데 있다. 그러나 신용평점시스템에 판별분석기법이 적용될 때 몇 가지 문제가 발생할 수 있다. 대표적인 문제점으로서는 사용변수들의 비정규분포성(nonnormality)가 있을 수 있다. 따라서 우량고객과 불량고객의 표본에서 나타나고 있는 분산의 비동등성(inequality)이 발생할 수 있는데, 어떤 변수들을 분석에서 제외시킬 것이냐의 결정은 어렵다. 평점모형을 개발하기 위해서 사용되는 과거 자료들은 과거에 신용 사용을 신청한 모든 소비자들이 전부 승인된 것은 아니었다라는 점에서 한번 심사를 받은 자료가 되기 때문이다.

판별분석과 더불어 로짓모형(logit model) 또한 신용평점모형구축에 많이 이용되고 있다. 그러나 판별분석과는 달리 종속변수가 2개의 값만을 갖고 있는 경우에 주로 사용된다. 즉, 고객의 신용상태를 우량 및 불량으로 분류하면 S곡선형태의 연속적 확률변수가 가정된다. 우도함수(likelihood function)의 전체 최대값을 찾는 과정에서 우량 및 불량을 표현하는 조건확률을 직접 추정 가능하다. 따라서 로짓분석은 판별분석과는 달리 정성적(qualitative)인 변수들이 많이 있을 때 주로 이용가능하다.

Gradstrom(1996)은 신용위험 관리를 효과적으로 수행하기 위해서 은행에서 지켜야 할 7가지 원칙을 제시하였다.

- 균형 잡힌 신용정책(A Balanced Credit Policy)
- 신용평가과정에 참여하는 전직원들이 인식할 수 있는 분명하게 정의된 위험평가체계(A

Cleary Defined Risk Rating System)

- 시의 적절한 위험평가의 적용(Timely Application of Risk Rating)
- 신용이 정상에서 불량으로 전이할 때 효과적인 조기경보위험 평가의 활용(Use of Early Warning Risk Rating)
- 대출전문인력의 신용위험관리과정에서의 효과적인 참여(Effective Loan Officer Participation)
- 대출전문인력의 독립적인 신용평가(Independent Credit Review)
- 이미 발생한 회수불능 대출 건으로부터 무엇인가 배워야 한다는 것(Learning from Charged-off Loans)

실무적인 관점에서 보면, 미국 스피겔(Spiegel)사가 2차 대전 시기에 신용평점 시스템 구축하였으며 페어아이작(Fair Issac)이 1950년대에 실용화하였다. 주로 금융회사 위주였으나 백화점인 몽고메리워드(Montgomery Ward)는 백화점의 신용소비자 정보를 이용하였다. 이후, 메이시(Macy's), 짐벨(Gimbel), 블루밍데일(Bloomingdale), J.C.페니 등도 도입하였다. 이후 주유소계 카드 발급되었고 신용카드업계도 도입하였는데 비자나 마스터카드는 신용카드 발급을 하지 않고 금융회사에 승인만 해주는 영업에 이용하였다. 항공사 및 자동차할부회사도 이러한 모형들을 도입하였다.

제3절 개인 신용평가시스템

개인의 신용평가는 개인신용공여자가 필요로 하는 개개인에 대한 신용정보를 수집, 축적하고 보관하면서 지속적으로 감시하는 방식으로 이루어진다.

보통 신용평가회사는 '평가시스템'을 구축하여 평가를 실시하는 것이 보통이다. 국내의 개인신용평가기관은 크게 금융기관과 전업 신용평가회사의 두 축으로 형성되어 있다. 국내의 전업 신용평가회사(Credit Bureau, CB)는 한국신용정보(NICE), 한국신용평가정보(KIS), 한국크레딧뷰로(KCB) 등이다.[17]

17) CB(Credit Bureau)는 다양한 원천에서 정보를 모으고 다양한 사용처에 개별 고객에 대한 소비자 신용정보를 제공한다. 미국에서 크레딧뷰로는 크레딧뷰로가 가지고 있는 관계를 가지고 data furnishers라 불리는 다양한 원천으로부터 개인정보, 재무정보 등을 모으고 분석한다. data furnishers는 신용 크레딧뷰로에 소비자에 대한 지급정보를 제공한다. 이러한 자료를 이용해 크레딧뷰로는 파일을 만든다. 이러한 정보는 신용접근, 스코어링, 고용, 아파트 계약 등에 대한 고객 정보가 필요한 경우 제공된다. 대부분 미국 소비자 정보는 4개의 주된 회사(Experian, Equifax, TransUnion, and Innovis)가 모은다.

개인신용평가방법은 대개 유사한 방식으로 기본적으로 사전 심사와 지속적인 감시기법으로 과거의 신용정보와 이를 토대로 한 가공자료, 지속적인 사후 감시자료에 의하여 평가된다.

표 8-2 ▌개인 신용평가시스템의 주요 요소(예시)

정 보	주요 요소
식별정보	• 성명, 주민등록번호, 성별, 직업, 주소 등 개인식별정보
신용정보	• 신용우량/불량정보: 개인 신용의 우량, 불량을 판단할 수 있는 정보 • 신용거래정보: 재산, 보증, 담보제공, 거래사실 정보 등 신용거래내역을 판단할 수 있는 정보 • 신용능력정보: 재산, 채무, 소득, 납세 등 신용능력을 판단하는 정보
공공기록정보	• 심판, 결정, 조세, 공공요금 정보 등 공공기관 보유 개인신용정보

개인신용평가시스템(Credit Scoring System, CSS)은 신용정보를 기본으로 한 신용도와 평가회사가 보유하거나 수집한 과거의 거래상황, 기여도 등 고객의 패턴을 분석하여 통계적인 신용리스크 예측모형에 의하여 신용점수를 산정하는 체계이다. 신용카드회사의 개인평가시스템은 신청평점시스템과 행동평점시스템으로 구성된다. 결국, 신용평가(credit scoring)는 신용을 공여하는 금융주체가 시행하는 것으로 리스크를 최소화하고 경영효율을 높이는 활동이라고 할 수 있다.[18)]

1. 신청평점시스템(Application Scoring System, ASS)

개인에 대한 신용평가를 그 개인이 지니고 있는 신용리스크과 연계하여 개인에 대한 신용도를 도출하는 시스템이다. 신규 신청자의 신용카드입회 심사 등 목적으로 이용되며 보통 신청자의 직업, 직위, 소득, 나이 및 전업 신용평가기관의 신용정보를 근거로 평가한다. 신용점수, 즉 신용리스크의 정도에 따라 신용카드 입회승인 혹은 거절 등 일련의 심사절차가 통상적으로 자동화되어 있다. 이와 같이 신청평점시스템으로 다음의 효과를 기대할 수 있다.

첫째, 신청인의 신용위험 정도를 제공하여 신용이나 대출 한도나 기간 등에 대하여 조건을 부여할 수 있어 채권의 부실화 방지에 기여할 수 있다. 둘째, 신용거래 승인점수(cut-off score)의 조정으로 거래승인비율을 조정하여 경제여건 변화에 따라 신속하게 대응하게 할 수 있게

18) 신용평점은 개인의 신용도를 나타내거나 개인이 시의적절하게 부채를 갚을 개연성에 대해 개인의 신용파일의 분석이나 통계치에 기반해 숫자로 표현된다. 신용평점은 주로 신용정보에 기반한다. 은행, 신용카드회사와 같은 채권자들은 고객에게 대출하는 경우 잠재적 리스크에 대해 평가하기 위해 신용평점이 사용되며 악성 부채 때문에 발생하는 손실을 줄이기 위해서 사용된다. 채권자는 또한 대출에 대한 자질, 이자율, 신용한도를 설정하기 위해서도 신용점수를 사용한다. 신용의 사용이나 신용공여를 승인하기 전에 점수를 확인하는 것은 시스템에 의해 주로 결정된다. 신용평점은 은행에서만 사용되는 것은 아니다. 이동통신사, 보험사, 고용이 필요한 정부부서나 일반 고용자들도 사용한다.

된다. 셋째, 신용조사비용을 절감할 수 있다. 넷째, 일관된 신용공여가 가능하다. 다섯째, 연체율과 신용손실을 낮출 수 있다.

2. 행동평점시스템(Behavior Scoring System, BSS)

행동평점시스템(BSS)은 과거의 거래실적 및 실태를 통계적으로 분석하고 계량화하여 고객의 미래의 거래행위를 예측하여 업무별로 활용하는 시스템이다. 즉, 시간의 경과에 따라 변화할 수 있는 기존고객의 신용리스크의 관리를 위하여 과거의 거래패턴, 이를테면 상환, 거래빈도 연체 등의 거래실적을 근거로 평가하여 이를 신용한도나 고객의 신용관리에 활용하는 체계적인 종합 사후관리체계이다. 행동평점시스템의 효과는 다음과 같다.

첫째, 신용대출 고객에게 기존에 부여하고 있는 신용한도를 주기적으로 조정하는 등 유연한 운용이 가능하게 한다. 둘째, 한도설정이나 채권회수전략 등 합리적 채권관리를 용이하게 한다. 따라서 사후적 관리에 유리하다. 셋째, 행동평점에 의하여 고객을 분류하고 거기서 얻은 정보는 새로운 고객의 심사에서 유용하게 활용된다. 넷째, 더욱 심각한 연체로 전이되는 계좌수를 줄일 수 있다.

표 8-3 ▌ASS와 BSS 비교

구분	ASS	BSS
적용대상	신규/신청 고객	기존 회원
업무주기	신청시점	정기적인 평정/업데이트
활용	카드발급승인 여부, 초기한도 부여, 수수료율 결정, 마케팅기회활용	한도조정, 연체관리, 카드갱신, cross selling, 수수료율 조정, 신용리스크 측정

제4절 신용평점 모형의 적용

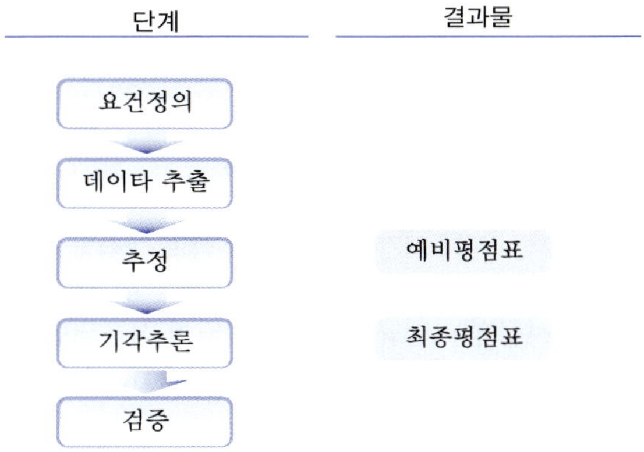

그림 8-1 | 신용평점 모형의 적용 단계 및 결과물

1. 요건정의

금융기관은 수많은 데이터를 가지고 있다. 이 중, 어떤 데이터를 어떻게 적절히 사용하는지는 굉장히 중요한 문제이다. 요건정의는 데이터를 형식(format)에 맞게 수집하는 것을 말한다. 우량 및 불량 고객의 정의를 어떻게 할 것인가? 실적창 및 표본창을 어떻게 설정할 것인가? 개발표본을 생성하는데 제외될 데이터는 어떻게 정의될 것인가로 요약될 수 있다.

먼저, 사용될 데이터에서 제외되어야 할 계좌가 있다. 첫째, 부정사용과 같은 비정상적인 실적을 가진 데이터는 제외되어야 한다. 둘째, 신용평점에 적용되지 않는 기준을 가진 데이터도 제외되어야 한다. 사용되지 않은 계좌들은 제외되어야 한다. 예를 들어, 직원용, VIP용, 해외전용, 사전승인 등과 같은 계좌나 도난, 분실 계좌, 사망한 고객의 계좌, 미성년 고객의 계좌, 실적창 내에서 자발적으로 취소한 계좌 등은 제외되어야 한다. 또한, 자발적으로 취소한 계좌도 제외되어야 하는데 이들 계좌는 불확정군에 포함되기도 한다. 이런 계좌들이 평점으로 계량화되어 승인되므로 자동적으로 일상적으로 발생하는 정상거래 범주에 들어가기 때문에 제외되어야 한다. 또한, 데이터를 제외하면 발생할 지도 모를 표본 바이어스(sample bias)가 존재할 수 있다. 예를 들어, 대도시 주민들을 상대로 적용될 신용평점모형을 개발할 때 개발표본에 농촌지역에 살고 있는 고객들의 데이터를 포함시키지 않는 편이 좋다. 셋째, 평점화할 수 없거나 비정상적인 고객 계좌도 제외하여야 한다.

다음 단계로 실적창과 표본창의 설정이 필요하다. 대부분의 분석에도 마찬가지겠지만 미래실적은 과거실적을 반영한다는 가정 하에 신용평점모형이 개발된다.

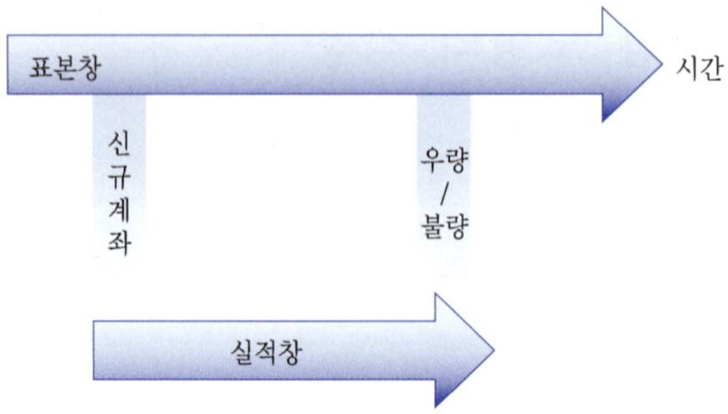

그림 8-2 | 시간에 따른 표본창과 실적창

그림 8-2에서 특정 시점에서 신규계좌가 승인되어 사용되면 미래시점에서 우량인지 불량인지 판단할 수 있다. 실적창은 어떤 특정 시간축(표본창) 기간 동안 개설된 계좌들의 실적이 모니터링되어 우량 또는 불량 여부(실적등급)를 판단하게 되는 시간창을 말한다. 표본창은 기존에 알려준 우량 또는 불량 사례들이 개발표본 생성을 위해 선정되는 시간축을 말한다. 가장 단순히 실적창과 표본창을 수립하기 위해서는 지불실적이나 연체실적을 분석하고, 시간이 경과하면서 정의된 불량 사례의 변화를 도표화하면 된다.

다음단계로 불량 고객이나 계좌를 정의하여야 한다. 개인파산, 상각계좌, 부정사용 고객이나 계좌를 불량으로 정의하면 가장 단순하다. 연체의 경우, 연체수준에 따라 불량고객의 정의가 많으므로 불량계좌에 대한 다른 표본을 생성하므로 고려사항은 다음과 같다. 첫째, 불량의 정의는 신용공여기관의 조직목표와 연관되어야 한다. 수익성이 우선이면 계좌가 수익을 내지 못하는 연체시점을 불량으로 정의하지만 한 달 정도 늦게 상환하지만 2~3개월까지 가지 않고 수익을 내는 계좌들이 현실적으로 많으므로 획일적 적용이 어렵다. 둘째, 신용평점모형이 만들어지고 있는 목표나 금융상품과 연관되어야 한다. 개인파산, 부정사용, 채권추심 고객인 경우에 적용될 수 있다. 셋째, 엄격한 정의(대손상각 계좌, 120일 연체계좌 등)를 사용하면 정확한 차별화를 하지만, 어떤 경우에 낮은 표본 크기의 문제가 발생할 수도 있다. 그러나 보다 느슨한 정의(30일 연체계좌)를 사용하면 표본의 크기를 쉽게 크게할 수 있으나 우량과 불량을 제대로 차별화시키지 못해 비효과적인 모형을 산출할 가능성이 높다. 넷째, 불량의 정의가 쉽게 해석될 수 있어야 한다(90일 연체, 개인파산, 확정된 부정사용, 100만원 이상 지급청구 등). 예를 들어, 30일 연체 3회, 60일 연체 2회 등과 같은 정의는 정확해 보이지만 계좌추적이 용이하지 않고 모든 신용공여기관에 적합한 것도 아니다. 다섯째, 신용공여기관들은 대손상각(write-off)에 대한 회계지침에 근거해 불량고객 정의하는 경우가 많다. 마지막으로 연체의 정의를 바젤II의 자본협정에 대한 요구사항의 규제에 따라 연체정의가 가능하다. 미래에 있어 불량고객에 대한 정의는 경제적 손실이 발생하는 경우나 특정한 채무불이행 수준, 기대손실의 특정수준과 연계될 수 있는데 일반적으로 90일 연체를 불량으로 볼 수 있다.

마지막 단계로 우량고객과 불확정고객에 대한 정의가 필요하다. 불량계좌가 정해지면 우량은 동일한 분석으로 적용하면 된다. 한번도 연체가 없는 경우나 수익을 내거나 순현재가치(NPV)가 양(+)인 경우, 지급청구 사실이 없는 경우, 개인파산이 없는 경우, 부정사용이 없는 경우, 채권추심에서 특정비율(예, 50%)의 회수율을 보이는 경우, 실적창 기간 내내 우량 상태를 유지해야 우량계좌등이 우량고객이 된다.

불확정 계좌는 우량이나 불량의 범주로 정확히 구분할 수 없는 계좌이다. 충분한 실적 데이터를 갖고 있지 못하거나 우량으로 분류하기에도 충분히 낮지도 않고 불량으로 하기에도 어중간한 연체비율을 가지는 경우가 그 대상이 된다. 불확정 계좌의 특성은 다음과 같다. 30일 또는 60일 연체중이지만 더 이상 진전되지 않는 계좌, 활동적이지 않거나 자발적으로 신용사용을 최소한 계좌, 신용사용이 거부된 계좌, 승인은 났지만 아직 정식으로 등록되지 않은 신용사용 신청자, 승인은 났지만 분류하기에 불충분한 실적으로 보유한 계좌, 순현재가치가 0인 계좌, 신용을 사용하지 않을 고객은 기각하는 것이 맞지만 자발적으로 취소한 계좌들 중 상당부분은 부가서비스 불만 등으로 인한 취소로 우량일 가능성 존재하므로 불확정 고객으로 분류된다. 이러한 불확정 고객은 전체구성원의 10~15%를 넘지 말아야 하는 것으로 알려져 있다.

2. 데이터추출

데이터추출의 단계는 다음과 같다. 첫째, 표본 선정이 필요하다. 요건 정의 후, 방법론이 결정되면 개발표본 데이터베이스(database)의 생성을 위해 표본을 선정하고 다음 사항을 구체화하여야 한다.

- 평점표의 적정 개수 및 각 세분집단에 대한 구체적 내용(다양한 세분집단 규명하는 방법에 대한 코딩 지침)
- 우량, 불량, 불확정에 대한 정의
- 구성원 비율 및 각 집단에서 승인비율
- 실적창 및 표본창
- 제외될 데이터 정의

둘째, 특정변수를 선정하여야 한다. 변수로 사용될 기준은 다음과 같다.

- 기대 예측력: 사후관리 경험(추심 및 리스크 분석), 사전분석, 평점표 개발 프로젝트 등으로 얻을 수 있다. 특히, 사후관리팀과의 면담은 특성변수의 기대 예측력을 판별하는데 도움이 된다.

- 신뢰도 및 엄격함: 일부 미확인 자료는 조작될 가능성 존재한다. 특히, 은행지점 직원들이나 대출브로커들처럼 여신금융상품 판매에 열성인 직원들에 의해 자료가 생성되는 경우가 많다.
- 자료수집의 용이성: 신용사용 신청 서식에서 선택적으로 공란으로 남겨지는 항목은 사용될 수 없거나 강제적으로 응답된 경우에 한해 평점표 개발 고려해야 한다.
- 해석 가능성: 직업이나 소속, 산업형태 등은 주관적으로 해석될 수 있다. 자료작성자가 다른 경우 동일인을 다른 직업이나 산업으로 분류 가능하고 기타의 범주로 넣는 경우도 존재한다. 주관적 해석이 신용 리스크 경험에 의해 지지될 때는 예외로 한다.
- 인위적 조정: 예를 들어 개인파산이 정책으로서 감소된 경우에 개인파산지표는 의미를 잃는다. 기각추론이 어느 정도 교정할 수 있으나 정책과 평점표에 사용되는 변수들은 일관성을 위해 상호 독립적인 것이 바람직하다.
- 미래 이용가능성: 미래에 수집될 수 있는 변수가 될 수 있다.
- 경쟁환경 변화: 현재 강력한 변수가 아니더라도 높아진 신용한도나 새로운 여신상품개발 등과 같은 신용산업 트렌드에 따라 미래에는 그 변수가 강력한 예측지표로 사용 가능하다.

3. 표본추출

전체 표본을 개발 및 검증 데이터 셋(dataset)으로 구분하고 전체 표본을 우량, 불량, 기각 비율을 결정하여야 한다.

(1) 개발/검증

전체 표본을 평점표 개발을 위해 개발표본과 개발된 평점표를 검증하기 위한 검증표본으로 분할하는 방식은 여러가지가 존재한다. 일반적으로 전체 표본의 70~80%가 평점표 개발에 사용되고 나머지를 검증 시 사용하면 된다. 표본크기가 작을 경우, 100% 평점표 개발에 사용하고 이 중 50~80%를 임의로 선정하여 검정하면 된다.

(2) 우량/불량/기각

우량, 불량, 기각 건수가 각각 약 2,000건 정도가 되면 평점개발이 충분히 이루어질 수 있는 것으로 알려져 있다. 충분히 큰 표본을 사용하면 변수들의 상관관계 때문에 발생하는 다중공선성(multicollinearity) 문제를 줄일 수 있고 로지스틱 회귀분석에서 통계적으로 유의한 결과 도출이 가능하다. 비율표본추출은 불량률이 4%인 개발 표본이 필요한 경우, 전체 100,000건에서 4,000건이 사용되고 사전확률에 따른 데이터 셋을 조정할 필요가 없다. 왜냐하면 분포확률이 충분히 반영되었기 때문이다.

특성변수의 개수와 타당성에 따라 최적 표본크기 결정 방법은 다양하다. 예를 들어, 학교와 집의 거리측정의 모집단 평균이 95%신뢰수준에서 오차한계가 10km 이내라면 Z = 기대 신뢰수준에 대한 z통계량(95%에서 1.96), s = 모집단 표준편차, d = 오차한계(신뢰구간 거리의 0.5)라면 $N = (zs/d)^2$이므로 s = 15이면

$$N = (1.96 \times 15/10)^2 = 9$$

만약, 표본추정비율과 다소 차이를 보이는 표적 모집단의 목표비율(p)을 제대로 알 수 있다면 $N = (z^2p(1-p))/d^2$가 되고 50/50의 최악의 시나리오에서 오차한계 5%에서는

$$N = (1.96^2 \times 0.5 \times 0.5)/0.05^2 = 385$$

최소 표본크기보다 큰 범위 내에서 표본추출이 될 수 있다. 그룹화된 특성변수의 평점표가 개발되는 경우, 사용되는 모든 표본추출기법의 궁극적인 목표는 각 그룹들이 충분한 숫자의 우량 및 불량 자료를 갖고 있어 분석이 통계적으로 의미있게 이루어지도록 하는 데 있다. 따라서 각 개별 그룹에 대한 증거비중(weight of evidence)를 계산하고 속성별로 추세를 분석하는 것이 필요하다.

(3) 증거비중

이전의 속성들을 신용평점모형에 그대로 사용하는데 문제가 있을 수 있다. 첫째, 평점모형을 효과적으로 구축한다는 측면에서 초기에 나오는 속성들을 그대로 쓰기에 수가 많다. 보통 5~6개보다 많은 속성을 사용하면 평점오차가 커질 수 있다. 둘째, 어떤 특성변수들은 너무나 적은 관측빈도를 가져 유용한 결론을 추출하기 힘들 수 있다.

증거비중은 우량고객이 될 수 있는 비율(odds to be good)에 자연로그를 취하는데 우량고객이 될 수 있는 비율은 특성변수 내의 각 속성당 우량고객 백분율(%)을 불량고객 백분율로 나눈 것이 된다. 즉,

$$W = \ln \frac{Pg_i}{Pb_i}$$

여기서, W는 속성 i에 대한 증거비중, Pg_i = 속성 i에서의 우량고객 비율, Pb_i = 속성 i에서의 불량고객 비율이다. 증거비중이란 특정정보에 대한 비중을 나타내는 지표이므로 신용평점모형에 사용될 경우 얼마나 많은 정보를 주고 있는가를 나타낸다. 따라서 증거비중의 값이 비슷한 속성들은 해당 특성변수에서 비슷한 정보량을 주는 것으로 이해하면 되고 같은 그룹으로 분류하여 속성의 수를 줄이는 근거가 될 수 있다.

속성이 이산적인 경우, 증거비중만으로 판단 가능하나 연속적인 경우 판단이 어려우면 증거비중이 서로 인접한 속성들을 묶어야 한다.

4. 추정

추정에 앞서 초기 특성변수를 분석한다. 1단계에서 성과 예측지표로서 각 특성변수의 예측력을 개별적으로 평가한다. 그리고 취약하거나 비논리적인 변수들을 제거한다. 2단계에서는 특성변수들을 그룹으로 묶는다. 장점으로 극단치(outlier)의 희귀한 속성을 용이하게 처리할 수 있다. 그룹화로 특성변수 내의 속성들의 관계를 이해하기 쉽도록 만들며 우량 및 불량고객에 대한 지식을 보다 많이 제공한다. 또한, 차트를 이용한 이용하면 관계의 강도 외에 특성도 설명될 수 있다. 비선형 종속성(nonlinear dependency)은 선형으로 모형화하면 된다. 그룹화로 평점표의 최종형태가 작성되므로 고객 포트폴리오 관리를 위한 전략 개발이 가능하다.

특성변수 내의 속성들이 그룹화되고 예측력에 대한 순위가 결정되면 변수선정이 완료된다. 특성변수의 강도의 기준은 다음과 같다.

- 각 속성의 예측력: 증거비중 측정치가 사용
- 한 특성변수 내의 속성 그룹별 증거비중의 범위 및 추세
- 특성변수의 예측력: 정보가치 측정치 사용
- 영업 및 경영 측면에서의 고려사항

각 개별적 속성변수에 대한 증거비중 계산한 후, 특성변수에 대한 정보가치를 측정한다.

앞에서 언급한 바와 같이 증거비중은 우량고객과 불량고객을 분리해서 각 속성 또는 그룹화된 속성들의 강도를 측정하며, 각 속성에서 우량고객비율과 불량고객비율의 차이에 대한 측정치이다.

예를 들어, 그룹화가 이루어진 다음의 특성변수 '나이'라고 하자.

표 8-4 | 그룹화 예시

나이	전체빈도(%)	우량빈도(%)	불량빈도(%)	불량비율(%)	증거비중
Missing	1,000(2.5)	860(2.38)	140(3.65)	14.0	−42.72
18−22	4,000(10.0)	3,040(8.41)	960(25.0)	24.0	−108.98
23−26	6,000(15.0)	4,920(13.61)	1,080(28.13)	18.0	−71.61
27−29	9,000(22.5)	8,100(22.4)	900(23.44)	10.0	−4.53
30−34	10,000(25.0)	9,500(26.27)	500(13.02)	5.0	70.20
35−44	7,000(17.5)	6,800(18.81)	200(5.21)	2.86	128.39
44+	3,000(7.5)	2,940(8.13)	60(1.56)	2.0	164.93
합계	40,000(100)	36.160(100)	3,840(100)	9.6	

※ 자료: 이명식·김정인(2007)

증거비중은 대부분의 Missing 데이터가 23~29세 그룹에서 발생(−71.61 < −42.72 < −4.53)하고 있다. 의미있는 분석결과를 얻기 위해 각 그룹당 최소 5% 규칙을 적용한다. 우량고객이나 불량고객이 존재하지 않는 그룹은 없으며 각 그룹간 불량비율 및 증거비중은 충분한 차이를 가지고 있다. 즉, 그룹화는 우량과 불량의 차이가 극대화될 수 있도록 해야 한다. 그룹화의 목적인 차별화가 이루어질 수 있도록 규명하고 분리한다. 증거비중의 절대값이 중요하기도 하지만, 그룹별 증거비중의 차이가 더욱 중요하며 차이는 차별화를 구축하는데 핵심이며 그룹별 차이가 커질수록 특성변수의 예측력 또한 커진다.

증거비중은 우량빈도(%)/불량빈도(%)의 자연로그값으로 계산된다. 예를 들어, 23-26세 그룹의 경우 13.61/28.13 = 0.48이고 0.48:1의 우량비율을 갖는다. ln(0.48) × 100 = −72.61이다. 마이너스 기호는 특정 속성이 우량비율보다는 불량비율이 높다는 것을 의미한다.

특성변수의 총체적 강도를 나타낼 수 있는 방법으로 정보가치(Information Value, IV)로 측정한다.

$$\sum_{i=1}^{n}(\text{우량고객분포}_i - \text{불량고객분포}_i) \times \ln\left(\frac{\text{우량고객분포}_i}{\text{불량고객분포}_i}\right)$$

정보가치 < 0.02: 예측불능, 0.02~0.1: 약한 예측력, 0.1~0.3: 중간 예측력, 0.3이상: 강한 예측력을 가진다. 정보가치가 0.5이상인 특성변수는 예측력이 과대 계상되어 모형개발과정에서 제외되거나 통제된 상황에서 사용되어야 한다.

표 8-5 | 보가치 산출 예시

신용등급	정상	부실	전체	구성률	부도율	부도구성율	Good	Poor	IV
AAA	0	0	0	0.00	0.00	0.00	0.00	0.00	
AA	4	0	4	0.13	0.00	0.00	0.00	0.00	
A	20	1	21	0.67	4.76	0.40	0.01	0.00	0.00
BBB	135	6	141	4.49	4.26	2.38	0.05	0.02	0.02
BB	492	27	519	16.51	5.20	10.71	0.17	0.11	0.03
B	1238	75	1313	41.78	5.71	29.76	0.43	0.30	0.05
CCC	719	91	810	25.77	11.23	36.11	0.25	0.36	0.04
CC	224	32	256	8.15	12.50	12.70	0.08	0.13	0.02
C	59	19	78	2.48	24.36	7.54	0.02	0.08	0.07
DE	0	1	1	0.03	100.00	0.40	0.00	0.00	
합계	2891	252	3143	100.00					0.23

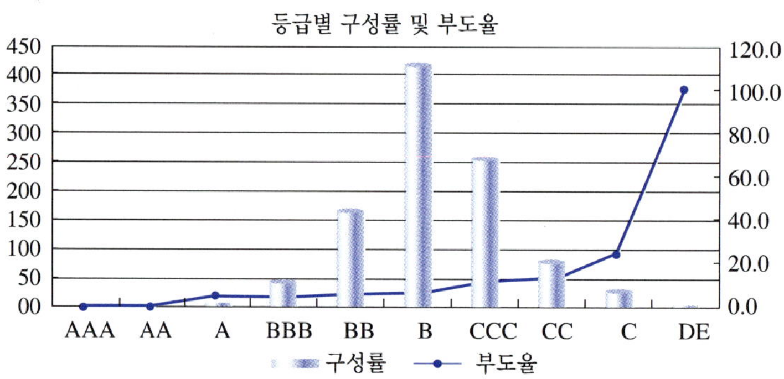

그림 8-3 | 정보가치 산출을 위한 등급별 구성률 및 부도율 예시

그룹화되지 않은 특성변수를 이용하여 평점표가 개발되는 경우에는 예측강도를 평가하는 통계량으로 R^2와 χ^2를 사용하는데 특성변수를 평가하기 위한 적합도 기준으로 사용한다. R^2를 증가시키지 못하는 특성변수를 기각하는 단계별로 선정하여 0.005 기준으로 채택한다. χ^2도 비슷한 기준인데 최소 결정기준값은 0.5이다. 많은 특성변수들이 모형에 포함되면 결정기준 값은 커질 수 있다.

그룹화 사용 여부에 관계없이 단변량 선별은 투입 특성변수들 사이의 부분 관련성이나 상호작용을 설명하지 못한다. 이러한 부분 관련성은 한 특성변수가 다른 특성변수의 효과가 존재하는 가운데서 변화할 때 발생할 수 있다. R^2와 χ^2 방식을 위해서 특성변수들을 그룹으로 묶고 범주적 투입변수들을 위해 상호작용을 검증하여 한다. 예를 들어, 소득 × 주거지나 나이 × 소득 등과 같은 2원적 상호작용 검증하면 된다. 이러한 분석은 개별 특성변수 분석보다 효과적이며 특성변수들 사이의 상호작용 고려하는 장점이 있다.

특성변수의 분석이 마무리되면 예비평점표를 만들 수 있다. 초기 특성변수 분석 단계에서 최종모형에 포함될 수 있는 강력한 예측력을 지닌 일련의 특성변수 집단을 규명하여 그룹화된 변수형태로 변형한다. 예비평점표 단계에서는 다양한 예측모형 개발 기법들을 이용하여 가장 강력한 예측력을 함께 제공하는 특성변수 집단을 산정한다. 로지스틱 분석, 의사결정나무(decision trees) 및 뉴럴 네트워트(neural networks)등이 이용될 수 있다. 최종 평점표에는 8개~15개의 특성변수로 이루어지는데 한 두 개의 특성변수에 문제가 있더라도 예측력이 여전히 강한 상태로 남아 있는 안정된 평점표를 만들기 위하여 변수를 남겨둔다. 적은 수의 특성변수들로 이루어진 평점표는 시간이 지남에 따라 불안정해지는데 신용신청인의 미세한 신상변화에도 민감하게 반응하기 때문이다. 사용되는 모형 개발 기법과 상관없이 최적의 특성변수 결합으로 구성된 평점표를 만들기 위해 특성변수들 상관관계, 평점표의 최종 통계지표, 영업현장에서의 특성변수에 대한 해석 가능성, 실행 가능성, 방법론의 투명성 등을 고려해야 한다.

가장 많이 사용되는 로지스틱 회귀분석(로짓모형)을 살펴보자. 신용사용 신청과 관련된 평점표 개발에 사용되는 기법으로 예측되는 변수는 범주적으로 구성되어 있어야 한다. 만일, 연속적이라면 선형 회귀분석을 사용하면 된다. 특정변수에 대한 확률을 예측하기 위해 여러 예측특성변수가 사용된다. 한 사건에 대한 확률의 로짓변환은 다음과 같다.

Y_i^*는 종속변수로서 1이면 부도기업, 0이면 정상기업이 되고 $X_i = (x_{i1}, x_{i2}, \ldots, x_{ik})$는 설명변수이다. $Y_i^* = \beta_{0+} \beta_1 x_{i1} + \beta_2 x_{i2} + \ldots + \beta_k x_i + \epsilon_i = X'_i \beta + \epsilon_i$ 로 표현될 수 있다. 확률함수와 우도함수는 다음과 같이 정의될 수 있다.먼저, 확률함수는 다음과 같다.

$$P(Y_i = 1 | X_i) = P(\epsilon_i > - X'_i \beta) = 1 - F(X'_i \beta)$$

또한, 우도함수(likelihood function)는 다음과 같다.

$$L = \left[\prod_{Y_i = 0} F(X_i' \beta) \right] \left[\prod_{Y_i = 1} 1 - F(X_i' \beta) \right]$$

위의 식을 추정하기 위해서 잔차 ϵ_i에 대한 가정이 필요한데, 잔차의 누적분포함수가 로지스틱으로 가정하면 누적확률함수 F는 다음과 같다.

$$F(-X_i' \beta) = \frac{e^{-X_i' \beta}}{1 + e^{-X_i' \beta}} = \frac{1}{1 + e^{-X_i' \beta}}$$

우도함수를 극대화시키는 최우추정법을 사용하여 계수 $\beta_0, \beta_1, \beta_{2, \ldots,} \beta_k$를 추정한다. 또한 우도함수를 극대화시키는 과정에서 피셔점수법(Fisher scoring method)을 사용한다. 이렇게 얻어진 계수와 설명변수를 곱한 후, 마지막 식에 대입하면 부도확률 p를 얻을 수 있다. 부도확률 p가 일정한 판별점 이상이면 부도기업으로, 그렇지 않으면 정상기업으로 판별하게 된다. 이를 쉽게 표현하면 다음과 같은 변환이다.

$$Logit(p_i) = \beta_0 + \beta_1 X_1 + \cdots + \beta_k X_k$$

여기서 p는 투입변수가 주어진 상태에서 사건의 사후 확률이고 X는 투입변수, β_0는 회귀선의 절편, β_i는 회귀모수이다. 따라서 로짓변환은 비율의 로그로써 log[p(사건)/1 − p(사건)]인데, 사후확률을 선형화하는데 사용되고 모형에서의 추정확률의 결과는 0에서 1사이의 값을 가진다. 앞에서 본 바와 같이 최우추정법(Maximum Likelihood, ML)로 모수를 추정한다. 모수 추정치는 투입변수 1단위 변화에 따른 로짓의 변화율은 목적변수와 투입변수 사이의 기울기가 되며 모수들은 목적변수의 단위에 종속적이며 분석을 용이하게 하기 위해 표준화가 된다.

투입변수의 단위를 표준화하는 방법은 여러 가지가 있고, 단위를 전부 무시하고 투입변수에 대해서가 아니라 이전 단계에서 생성된 각 그룹화의 증거비중에 대해 회귀분석이 가능하다. 여기서 투입변수는 다양한 형태를 가지는데 연속변수에 대해서는 원형 그대로의 투입자료를 사용하고 범주형 데이터의 경우에는 더미변수를 사용한다. 표준화된 추정치가 투입변수 단위들의 효과를 중화시키기 위해 분석에서 사용하여 그룹화된 변수를 사용한 평점표가 개발될 때는 사용될 수 없다.

그룹화된 변수를 사용한 평점표는 투입변수가 연속일 때에는 그룹의 평균값 형태로 나타내고(예, 각 그룹의 평균 나이), 범주적 그룹에 대해서는 더미변수 형태로 사용한다. 더미변수를 사용하는 것은 한 범주적 변수 그룹에서 그 다음의 범주적 변수 그룹까지의 차이가 동일하다는 가정을 하는 것이 문제점으로 지적되는데 이러한 문제점을 극복하기 위하여 투입변수로서 각 그룹의 증거비중을 사용한다. 이러한 증거비중의 사용은 투입변수가 단위에서 차이가 난다는 문제를 해결할 뿐 아니라 한 그룹에서 다음 그룹까지의 관계에 대한 정확한 동향과 척도까지 고려할 수 있다. 그룹화가 정확히 이루어진다면 평점표 척도조정 중, 각 그룹에 대해 점수배정이 논리적이며 점수가 그룹 간 관계에서의 차이를 나타냄을 확실히 보여줄 수 있다.

많은 투입변수가 있는 경우, 다음의 단계별 t-검정과 로지스틱 회귀를 이용하면 된다. 먼저, 설명변수에 대한 t-검정을 통하여 각 변수에 대한 분포가 같은 지 검정한다. 각각의 변수들이 가지는 모집단의 분산이 같은 지 검정하여 모집단의 평균의 차이가 존재하는 지의 여부를 알아보기 위하여 변수별로 t-검정을 사용한다. 통합자료(pooled data)는 동분산 가정이 만족되는 경우에 t-검정을 사용하고, 동분산 가정이 만족되지 않으면 수정된 t-검정인 Satterthwaite를 사용한다.[19] 또한, 많은 설명변수가 있는 경우 다음의 로짓모형을 선정하기 위해 세 가지 단계적 방법을 주로 사용하게 된다. 먼저, 전방진입법(forward selection)이 있다. 각 특성변수의 개별적인 예측력에 기초해 가장 우수한 몇몇 특성변수로 모형을 구축하여 어떤 유의수준보다 작은 유의확률 값을 갖거나 어떤 수준보다 높은 단변량 χ^2값을 갖는 특성변수들이 더 이상 남아있지 않을 때까지 계속해서 남아있는 특성변수들을 처음모형에 추가하게 된다. 전방진입법은 효율적이지만 많은 특성변수가 존재하거나 변수들 사이의 상관관계가 높을 경우 문제점이 발생하게 되는 단점이 있다. 둘째, 후방제거법(backward selection)이 있다. 모형에 모든 특성변수를 포함시킨 상태에서 시작하여 남아 있는 모든 특성 변수가 어떤 유의수준보다 낮은 유의확률 값을 갖게 될 때까지 또는 다른 다변량 유의성 측정치에 근거하여 모형에 다른 특성변수들이 주어진 상태에서 가장 낮에 유의하다고 판단되는 특성변수를 순차적으로 제거하는 것이다. 상대적으로 유의성이 낮은 변수들에게 한 두개의 강력한 변수가 예측력을 지배하는 전방선택이나 단계별 방식보다 모형진입기회를 훨씬 많이 허용한다는 장점이 있다. 마지막으로 단계적 분석(stepwise)이 있다. 전방선택과 후방제거의 결합인 방법으로 최적의 결합에 이를 때까지 각 단계의 평점표에서 특성변수들을 반복적으로 추가시키고 배제시키는 작업 반복하여 어떤 특성변수가 평점모형에 추가되거나 계속 남아 있는데 요구되는 최소 유의확률값을 측정하는 것이다.

마지막으로 평점표를 설계한다. 모든 특성변수를 회귀분석모형에 포함시키고 통계적으로 최적결과를 산출해 낼 수도 있지만 이상적인 결과를 도출하지 못할 수도 있다. 개발결과를 평가하기 위해 p, χ^2, R^2등과 같은 통계적 측정치에 의존하지만 실무적으로 고려해야 할 부분도 있다.

- 최적의 특성변수 조합을 산정하고 가장 종합적인 리스크 프로파일을 구축: 될수록 많은 독립적 데이터 항목을 이용하여 구축하고, 상관관계 및 공선성 문제, 모형 자체의 신뢰성에 영향을 줄 수 있는 다른 요인을 언급해야 한다.
- 조직의 의사결정 지원구조와 일치해야 함: 평점모형이 신용공여기관과 소비자 사이의 유일한 중재자라면 종합적인 리스크 프로파일을 만들어낼 필요가 커지는데 의사결정 지원도구라면 평점표에 포함되어야 하는 특성변수들은 사용되는 다른 측정치와 속성이 반대가 되어는 안되고 일치해야 한다.

19) 두 집단의 모분산이 같다는 가정이 필요한 이유에 대해 간단한 예를 들어보자. 예를 들어, A라는 모집단과 B라는 모집단의 평균은 동일하지만 모집단 A에서 뽑은 표본이 모집단 B보다 넓게 분포한다고 하자. 모집단 B와 겹치는 모집단 A로 뽑은 표본은 모집단 B에서도 관측된다. 따라서 표본에 의한 검정결과 모집단 평균은 같지 않다고 결론 내릴 수 있다. 따라서 모분산이 같은 경우와 같지 않은 경우로 나누어 검정하게 된다. 동분산의 가설검정은 두 표본집단의 표본분산비를 이용하여 구한다.

예 개인파산이나 과거 연체기록 등 정책기준에 따라 포함되는 특성변수들은 최소화되어야 하는 것인데 평점표의 예시는 다음과 같다. 나이, 주거형태, 우편번호, 현 산업에서의 재직기간(현 직장에서의 재직기간 대신 사용되는데 동일한 산업 혹은 지속적인 취업의 기간이 가장 최근 직장에서의 재직기간보다 효과적인 리스크 지표가 됨), 현 주소에서의 주거기간, 3개월 내 조회수/12개월 내 조회수(단기적 및 장기적 신용 니즈를 측정하기 위해 포함), 12개월 내 조회수/12개월 내 개설된 거래수(독립적으로 포함 가능하며 신용 신청인의 성공률에 대한 측정치), 90일 이상 거래 비중, 지난 3개월 내 개설된 거래수/지난 12개월 내 개설된 거래수, 이용도, 대출상품 수, 은행대출에 대한 연체, 총부채비율, 개인 파산, 공공기록 정보 등은 자동적으로 신용신청인을 기각시키는 정책기준에 사용된다.

- 평점표 설계: 최종 형태의 평점모형에 영향을 줄 수 있는 여러가지 방법 중 처음부터 영업상 반드시 필요한 특성변수를 강제로 모형에 넣는 방법 또는 어떤 특성변수를 최종 모형에 진입시키는 기회를 최대화하기 위해 회귀분석을 조정하는 방법이다. 단계적 회귀분석과 다르게 각 단계에서 모형에 진입시키는 특성변수를 고려한다.

- 단계적 회귀분석을 이용한 평점표 설계: 특성변수를 선정해 전방진입법, 후방제거법, 단계별 로지스틱을 사용해 최소 결정기준을 통과한 특성변수는 평점표에 처음으로 추가한다.

예 나이, 현 주소에서 거주기간, 현 직장에서 재직기간, 현 은행과의 거래기간 등이 처음 반복과정에서 회귀되고 상관관계가 고려된다. 만일 나이가 가장 강력한 예측력을 가진 것으로 판명된다면 나이가 평점 모형에 포함되며 동일 수준의 두 번째 반복과정에서 나이에 의한 예측력을 고려하면서 나머지 세 개의 변수 평가하고 나머지 특성변수 중 하나 혹은 전부가 평점표에 충분한 예측력을 추가시킬 수 있다면 이 변수들은 모형 속에 포함되며 만약 더 이상 특성변수들이 모형 속에 추가되거나 제거되지 않으면 회귀분석은 멈춘다.

표 8-6 ▎회귀분석의 각 단계별 특성변수 정의하기

단계별	포함되는 특성변수
1단계	나이, 현 주소에서의 재직기간, 현 직장에서의 재직기간, 현 은행과의 거래기간
2단계	우편번호, 지역
3단계	크레딧뷰로 파일 기간, 현재 고객 여부(예/아니오)
4단계	3개월 내 조회수, 6개월 내 조회수, 12개월 내 조회수
5단계	거래 연체 회수, 3개월 내 거래연체비율, 현재 거래수
6단계	이용도, 공공기록
7단계	개인파산

- 1단계 모형에 포함된 모든 특성변수는 2단계에 있는 모형에서 시작한다. 즉, 지역이나 우편번호를 고려하면서 1단계에서 이미 모형 속에 들어와 있는 특성변수들과 더불어 시작한다. 비슷한 분석들이 최종 평점표가 만들어 질 때까지 각 단계별로 계속 이어져 실행한다. χ^2이나 표준화된 추정치와 같은 통계적 특정치가 각 반복과정에서 예측력을 측정하는데 사용한다.
- 통제 과정: 상대적으로 취약하지만 선호되는 특성변수의 경우 모형 속에 포함되는 확률을 최대화시키거나 어떤 변수들에 대한 영향력을 최대화시키기 위해 초기 단계에 배치한다. 강력한 특성변수들은 후기 단계에 배치되거나 평점표에 들어가지 않을 수도 있다. 변수들의 예측 내용이 한 개 혹은 여러 개의 다른 결정기준에 의해 이미 모형개발에 적용되었을 수도 있기 때문이다. 또한, 한가지 강력한 결정기준의 형태를 대치시킨 후 모형화하기 위해 상대적으로 취약한 여러 개의 결정기준이 예측력을 감소시키지 않은 범위 내에서 안정성을 지니기 위해 사용될 수 있다. 예를 들어, 평점표에 각기 200점을 추가시킨 5개의 특성변수가 각기 500점을 추기시키는 2개의 특성변수보다 선호된다.
- 상관관계를 고려하여 상호 관련된 특성변수들 중 최적의 변수가 평점표에 진입할 수 있게 유사한 결정기준이 동일 단계에서 적용 가능하다. 또한, 상이한 독립정보유형을 개별적으로 고려해보는 것이 최종 평점표에 진입하는 각 정보 유형에서 나온 변수들의 예측가능성을 극대화 시켜 회귀분석은 가장 높은 평점표의 예측력을 얻기 위해 상이한 단계에서 상이한 유의수준을 가지고 특성변수들의 다양한 결합을 이용하여 반복적으로 실행되며 상이한 결합을 만들어 내기 위해 특성변수들은 상위 또는 하위 단계로 이동 가능하다. 영업결정기준, 특성변수들의 결합, 통계적 측정력 등을 이용하여 평가한다.

5. 기각추론

지금까지의 모형개발 분석은 실적정보가 알려진 경우이다. 이러한 계좌들은 판명된 우량/불량 표본이 된다. 신용 평점표는 모든 신용사용 신청인들의 행태를 예측하기 위해 개발되는데 과거에 승인된 신청자들의 신용행태에만 의존하는 모형을 사용하는 것은 표본 바이어스에 의해 부정확할 수 있다. 특히, 사전 승인/거절 결정이 체계적으로 이루어져 임의성이 없는 경우에 해당되는데 승인 모집단은 바이어스를 지닌 표본이며 기각 계좌들에 대해 대표성을 가지지 못한다.

기각추론(reject inference)이란 만약 사전에 체계적으로 기각된 신용사용 신청의 실적이 승인되었다고 가정했을 경우, 실제적으로 발생했을 신용행태를 추정하기 위한 과정이다. 즉, 거절된 계좌들을 결과적으로 나타난 실적그룹(우량/불량)에 배당한다.

모집단 내에서는 승인되었지만 실적을 통해 불량고객으로 판정날 수 있는 것처럼 모집단 내에서 거절되었지만 사후 실적을 통해 우량고객이 될 수도 있다. 여기서 100% 승인율의 모집단 실적을 재구성함으로써 평점표 개발과정의 적절성을 평가할 수 있다. 또한, 이미 알려진 우량 및 불량 그리고 거절된 계좌들로 이루어 진 추론 전과 비교하여 전체 신청자들에 적용될 수 있는 평점표 개발을 위해 우량 및 불량으로만 이루어진 전체신청자로 변경될 수 있다.

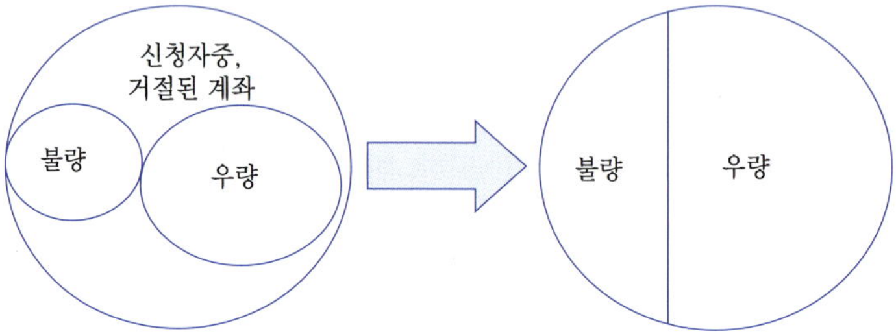

그림 8-4 ❙ 기각추론의 목적

기각추론은 다음과 같은 이유에서 필요하다. 먼저, 관련성의 문제가 있을 수 있다. 기각된 부분을 무시하면 표본 바이어스가 발생하여 전체 신청사 모집단에 포괄적으로 적용될 수 없는 평점표가 나올 수 있다. 또한, 과거 의사결정의 영향력을 평점표 개발과정에 반영될 수 있다. 신용신청 시, 영업부서나 보증인에 의해 수동적으로 신용 정도가 판단되는 경우, 현장실무에서 그대로 통용된다. 예를 들어, 1만 명의 신용사용 신청자 중 1,000명에게 심각한 연체문제가 있는 경우가 있다고 하자. 신용평가부서에서 940명을 거절하고 60명만 승인하여 사후 신용실적은 승인된 60명 대다수 성과가 좋아서 우량으로 분류되었다고 하자. 기각추론 과정을 통해 생성된 우량 및 불량 자료를 이용하여 개발된다면 심각한 연체문제를 가지고 있는 사람 중에서도 신용도가 높은 사람들이 있을 수 있다. 마지막으로 기각추론은 모든 신청대상자에 대해 현실적인 기대 실적을 예측하게 할 수 있다. 예를 들어, 기존 평점표에서 신용평점 200점 이상에 신용사용 신청을 승인 해 주었으나 보수적이라 생각하여 170점~200점을 승인해주고자 하는 경우, 판정기준 하향 조정에 따른 리스크 증가 수준을 기각 추론으로 알 수 있다.

기각추론에 사용되는 스왑셋(swap set)은 판명된 불량을 추론된 우량으로 교환하는 것이다. 둘의 교환을 통해 같은 수의 고객들을 승인하게 되므로 향상된 실적을 얻을 수 있는 기회가 제공된다. 그러나 어느 정도 불확실성도 수반된다. 미지의 상황을 예측하므로 불확실성이 있을 수 있으나 낮출 수도 있다. 향상된 의사결정을 내릴 수 있도록 하지만 100% 정확한 것은 아니다. 기각추론이 이루어진 후, 요인별로 분해하여 분석해야 한다.

표 8-7 ▎스왑셋

		기존평점표	
		승인	거절
새로운 평점표	승인	판명된 우량	추론된 우량
	거절	판명된 불량	추론된 불량

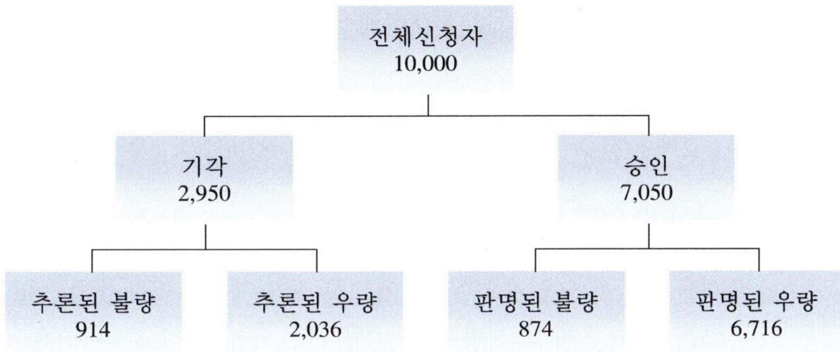

그림 8-5 ▎기각추론 후 분해된 표본의 예

승인비율이 70.5%(7,050명)이고 실제 모집단 불량비율이 12.4%(874명)이라고 가정하면 추론표본은 100% 승인된다는 가정 하에서 전체불량 비율이 17.9%[(874 + 914)/10,000]가 된다. 추론된 모집단에서의 불량비율은 약 31%(914/2,950)이다. 만약 추론된 모집단이 판명된 모집단보다 낮은 불량비율을 갖는다면 기각된 집단이 사실상 금융기관에 의해 승인 집단보다 우수한 질의 신용도를 갖고 있음을 의미한다.

이제 최종평점표를 만드는 단계이다. 먼저, 척도조정(scaling)을 한다. 사후 추론된 데이터셋에 기초해 초기 특성분석 및 통계 알고리즘을 통해 만들어져서 특성표에 적합한 최종 특성변수들을 산출하며 예비평점표에서 선정된 특성변수들로만 국한할 필요가 없다. 기각추론 후, 몇몇 특성변수들은 예측력에 변화가 생겨 보다 약해지거나 강해질 수 있으므로 우량/불량으로 2분화된 전체 개발 데이터셋을 고려해서 특성변수 선정과정이 반복될 필요가 있다. 척도조정(scaling)은 평점표를 통해 만들어지는 평점의 범위 및 형태와 평점 증가비율에 있어서의 변화율을 나타낸다. 평점은 소수점이나 비연속숫자의 형태로 만들어진다.

- 평점이 우량/불량 비율 혹은 불량확률(예: 평점 6은 6:1의 우량/불량 비율이거나 6%의 연체확률)인 경우
- 숫자로 정의된 최소/최대 척도(예: −1, 0∼10,000, 150∼300)를 이용
- 어떤 점수에서의 특정 우량/불량비율(예: 500점에서의 5:1 비율)
- 우량/불량 비율의 특정 변화율(예: 50점마다 2배)

척도조정 방법에 따라 평점표의 예측력이 바뀌지 않는다. 가장 널리 쓰이는 방법은 20점 증가할 때마다 우량/불량 비율이 2배로 커지도록 대수적 척도가 이루어진 비연속 점수를 이용한 평점표가 사용된다.

$$평점 = 기본점수 + 요인계수 \times \ln(우량/불량\ 비율)$$

평점표가 어떤 평점에서 특정 우량/불량 비율 및 특정 2배율점수(우량/불량 비율을 2배로 만드는 점수)를 사용하여 개발되는 경우 요인계수와 기본점수는 위의 평점 식과 다음의 식을 이용해 구한다.

$$평점 + 2배율점수 = 기본점수 + 요인계수 \times \ln[2 \times (우량/불량\ 비율)]$$

2배율점수를 구하기 위해 두 식을 빼면,

$$2배율점수 = 요인계수 \times \ln 2 이므로\ 요인계수 = 2배율점수/\ln 2$$

$$따라서\ 기본점수 = 평점 - [요인계수 \times \ln(우량/불량\ 비율)]$$

예를 들어, 600점에서 우량/불량 비율이 50:1이고 매 20점마다 우량/불량 비율이 2배로 증가하는 2배율점수 = 20으로 평점표의 척도가 조정되었다면 요인계수 및 기본점수 계산은 다음과 같다.

$$요인점수 = 20/\ln 2 = 28.8539$$

$$기본점수 = 600 - [28.8539 \times \ln 50] = 487.123$$

각 속성의 우량/불량 비율에 해당하는 평점 = 487.123 + 28.8539 × ln(우량/불량 비율)

증거비중을 투입변수로 사용해서 개발될 수 있으므로

$$\begin{aligned} 평점 &= \ln(우량/불량\ 비율) + 기본점수 \\ &= -\left[\sum_{j,i=1}^{k,n}(W_i \times \beta_i) + a\right] \times 요인점수 + 기본점수 \\ &= -\left[\sum_{j,i=1}^{k,n}\left(W_i \times \beta_i + \frac{a}{n}\right)\right] \times 요인점수 + 기본점수 \\ &= -\left[\sum_{j,i=1}^{k,n}\left(W_i \times \beta_i + \frac{a}{n}\right) \times 요인점수 + \frac{기본점수}{n}\right] \end{aligned}$$

여기서 W_i = 그룹화된 각 속성의 증거비중

β = 각 특성변수에 대한 회귀분석 계수

a = 회귀모형의 절편

n = 특성변수의 계수

k = 각 특성변수에서의 그룹화된 속성의 개수

최종평점표가 만들어지면 각 속성에 대한 점수배정 및 전체 예측력에 대한 평가가 필요하다. 점수배정은 초기 특성변수 분석에서 수립된 동향을 따르며 논리적으로 타당해야 한다.

표 8-8 | 점수배정의 논리적 분포

나이	속성비중	평점표 1	평점표 2
Missing	−55.50	16	16
18−22	−108.41	12	12
23−26	−72.04	18	18
27−29	−3.95	26	14
30−34	70.77	35	38
25−44	122.04	43	44
44+	165.51	51	52

표 8−8은 나이라는 특성변수에 대한 두 개의 평점표이다. 평점표 1은 논리적 분포를 가지고 있다. 왜냐하면 나이가 많아질수록 신용신청자들에게 보다 많은 점수 부여하고 있기 때문이다. 평점표 2는 27−29에서 역전현상이 나타나고 있다. 이러한 현상은 속성들 사이의 높은 상관관계나 표본자료가 약간 정상적이지 않을 때 발생하기 쉽다. 그룹화된 두 속성들이 충분히 이질적이지 않을 때 발생한다. 평점표를 만들면 논리적으로 타당한 그룹화가 만들어지고 증거비중을 이용해서 회귀분석이 이루어진다면 역전현상 일어나지 않을 것이다. 원자료가 가공되지 않고 회귀분석의 투입변수로 그대로 사용되고 다른 방법을 통해 점수가 배정되는 경우에 이러한 현상 발생할 수 있다. 27−29의 역전만 빼면 논리적이다. 역전현상의 심각성과 나머지 속성들의 배정된 점수의 순서에 따라서 특성변수들의 재그룹화 및 단계별 회귀분석의 수정 등이 필요하다. 통계적으로 만족스러운 평점표가 만들어질 때까지 반복한다.

6. 검증

성능이 좋은 평점표란 우량과 불량을 판별하는 능력이 뛰어나야 한다. 이러한 능력은 모형의 변별능력에 대한 평가를 통해 측정한다. 변별력 측정을 위하여 다양한 측정지표들이 이용되는데 측정지표들은 여러 표본에 대해 측정했을 때 일관되게 유사한 값을 보여야 하며 우량과 불량 구분효과를 측정할 수 있어야 한다. 또한, 표본의 크기에 영향을 받지 않고 표준오차 등을 통해 측정지표의 정확도를 추정할 수 있어야 한다.

측정지표의 종류를 살펴보자. 평점표 변별력을 측정하기 위한 지표로는 AUROC, K-S통계량, 발산값이 이용된다.

AUROC(Receiver Operating Characteristic Curve)를 살펴보자. ROC곡선이 좌상의 꼭지점에 가까울수록 평가모형이 우수하다는 것을 가르키며 곡선 아래의 면적을 AUROC라 하여 그 크기로 모형의 설명력을 평가할 수 있다. Hit rate는 실제 불량계좌수 중, 불량계좌로 정확히 분류한 비율이다. False alarm rate는 우량계좌를 불량계좌로 잘못 분류한 비율이다. 가이드라인으로 AUROC > 70%이면 일반적으로 유의한 모형으로 판단될 수 있다.

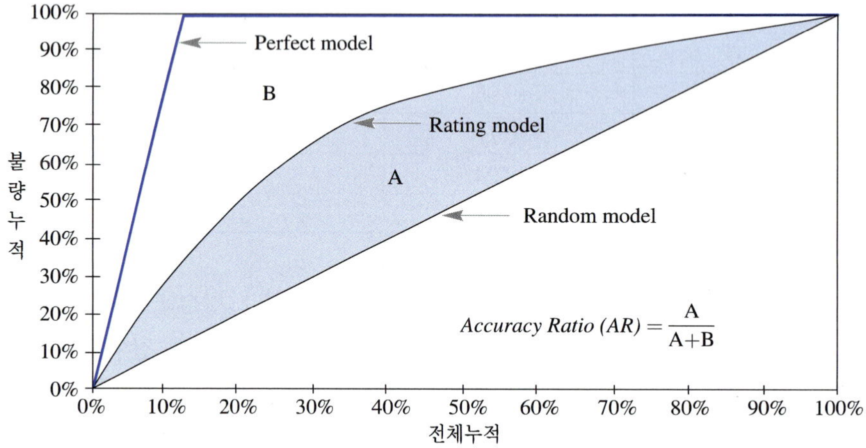

그림 8-6 ❙ AUROC의 예시

K-S(Kolmogorov-Smirmov) 통계량은 최소 오분율과 동일한 개념으로 가장 많이 이용된다. 우량차입자의 신용점에 대한 누적 분포함수 값과 대응되는 불량차입자의 신용점수에 대한 누적 분포함수값 차이에 대한 최대값이다. K-S가 크면 클수록 변별력이 우수하며 32% 수준 이상일 경우 정상, 50% 수준일 경우 우수한 것으로 판단한다. 신용평점의 절대값에 상관없이 신용평점의 순위만 매겨져 있으면 적용가능하다.

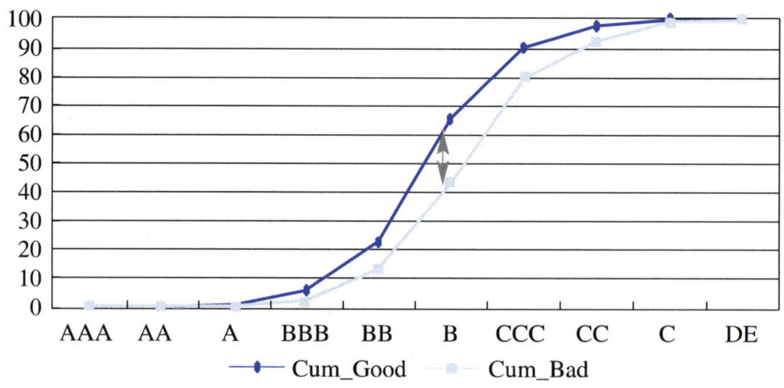

그림 8-7 ❙ K-S 통계량 그림 예시

발산값은 우량과 불량 집단간 평균 신용평점의 거리를 측정한다. 순위 뿐만 아니라 신용평점의 절대값에 따라 달라진다. 발산값은 우량분포와 불량분포의 평균과 분산으로 계산되며,

일반적으로 0.5 이상일 경우 정상적인 수준이고 1.0 이상일 때 우수한 것으로 판단한다.

$$Divergence = \sqrt{\frac{\frac{(\mu_G + \mu_M)^2}{(\sigma_G^2 - \sigma_B^2)}}{2}}$$

제5절 개인 신용평가시스템 운용의 간단한 예시

1. 한도(credit limit) 사정

총한도, 초기한도, 한도변경에 대해 개인 신용평가시스템이 적용될 수 있다. 하나의 고객에 대하여 공여하는 신용총액을 총한도(gross credit limit)라고 한다. 일시불, 할부, 현금서비스, 그리고 카드론 등 회원에게 공여하는 모든 신용의 합계액을 말한다. 카드회사에 따라 운영의 편의를 위하여 카드론 등은 별도로 관리하여 이를 제외한 신용공여합계액을 한도로 운용하는 경우도 있다. 총한도는 본인회원 기준이므로 가족회원의 한도는 본인회원 한도에 포함하여 운용하는 것이 보통이다.

신규가입 시, 신용카드 이용한도는 회원이 신청한 금액과 카드회사의 심사기준에 따라 산정한 월평균 결제능력 범위 내에서 결정하는 데 이를 초기한도라 한다. 직장, 직위, 연령, 신용거래기간, 신용평점, 자산상태 등의 제반 요소가 고려하여 산정한다. 초기한도는 이후 거래과정에서 지속적으로 개인소득, 신용도 등과 상관관계 분석으로 한도의 적정성 여부를 체크하여, 필요 시 조정 운영된다.

한도조정은 카드 유효기간 내 또는 갱신 발급 시, 회원의 월평균 결제능력과 신용도 이용실적 등을 종합적으로 고려하여 이용한도의 조정이 필요하다고 판단되는 경우 시행한다. 한도를 상향하는 경우는 원칙적으로 회원의 동의를 득한 후 가능하나 한도조정 후 총 한도가 고객 희망한도 이내의 경우는 청구서 또는 기타의 방법으로 통보한 후 상향조정 할 수 있다. 하향조정은 사전통보가 원칙이나 약관이 정한 바의 경우는 미리 하향 조정한 후 사후에 통보할 수 있다. 하향조정 등 신용공여상의 조건 등을 조정할 수 있는 경우를 약관에 명시하여 정해진 경우는 각 회사의 경영정책에 따라 다소 다를 수 있으나 보통 입회신청서의 기재사항을 허위로 작성한 경우, 카드이용대금의 연체, 다른 채무로 인하여 압류, 가압류, 강제집행, 임의 경매의 대상이 되는 경우, 신용정보기관 등에서 연체사실이 판명된 경우 등이다. 약관에서는 한도의 조정 외에 카드이용정지나 탈회 등의 사유를 미리 정하고 있다. 한도상향 조정의 한 유형으로 한도초과 승인제도가 있다. 회원이 카드 사용 중에 한도를 넘어서 사용하여야 할 특별한 사정이 발생하는 경우에 이를 승인하는 제도이다. 이때 본인 여부, 이용금액 및 이용 가맹점 등을 확인하고 초과사용을 허용할 수 있다. 카드 이용회원의 편의를 위하여 이용한도의 일정비율까지는 자동으로 한도초과승인을 할 수 있는 시스템을 운영하기도 한다. 이 경우 초과 사용금액에 대하여 회원의 책임소재를 명확히 하여야 한다. 한도조정은 정기, 비정기 또는 고객의 요청에 따라 실시하는 경우로 대별된다. 정기적인 조정은 분기 또는 반기 단위로 실시하는 것이 보통이다. 비정기적인 조정은 특정주제 또는 특정계층에 대하여 목표를 선정한 후 실시하는 부정기적이며 특별한 목적을 위한 조정이다. 회원의 요청에 의한 경우는 개별심사를 통하여 실시한다.

2. 현금서비스(Cash Advance) 한도

현금서비스는 총 한도에서 일시불, 할부이용금액, 해외이용금액 등을 차감하여 결정하며 일반적으로 총 한도의 일정비율 범위 내로 책정된다. 잔액한도와 월 한도를 구분한다. 잔액한도는 회원이 사용한 금액을 말하며, 해당금액에 대하여 결제를 완료하여야만 한도가 생성된다. 월 한도는 회원이 사용한 금액을 나타내나 신용공여기간 내에서만 사용금액이 표시되며 신용공여기간이 지나면 사용금액이 지워지고 다시 한도가 생성된다. 현금서비스도 한도등급이나 신용도에 따라 공여한도가 다르게 책정된다.

3. 블랙리스트(Black List) 관리

거래과정에서 회원의 신용에 이상을 발견하여 거래정지, 해약 등의 조치가 필요한 카드의 리스트를 말한다. 즉, 신용불량 리스트를 지칭하는 것인데 거래 유의, 정지, 해약 등의 조치를 필요로 하는 카드를 찾아내어 관리하는 일이다. B/L관리의 방편으로는 먼저 거래정지나 해제 추이를 분석한다. 일별, 개개 회원의 카드거래 정지나 해제 현황을 파악하고, 아울러 월간 거래정지나 해제추이를 분석하며 사유에 따라 정지나 해제 증감추이를 파악한다. 이렇게 추이를 분석한 다음, 거래정지의 기준요소 찾고 그 기준을 설정한다. 즉, 거래정지 및 해제 추이분석을 통하여 거래정지 기준과 분석 당시의 리스크상황에 대한 관리사항을 적출하여 이들을 연계하여 분석한 결과를 토대로 적절한 거래정지기준을 도출하고 기존기준을 수정하거나 변경한다.

표 8-9 ▎B/L의 분류(예시)

구 분	개요	예시
정상	정상회원	–
단기연체	1~2개월 단기 연체로, 일시 사용정지, 해당사유 해소 시 해소	금융단기연체
불량	3개월 이상 장기 연체 및 불량사유 자동해제 불허, 개별심사 후 해제	금융장기연체, 대손, 법률조치
자진 탈회	본인 신청에 의한 해약	해약
개별카드	개별 카드단위 거래정지	분실, 도난, 가족요청 사용정지

B/L의 운용은 다음과 같다. 거래 정지 등 B/L 자료를 통하여 거래정지 조치가 시행되더라도 이후 이들의 해제사유가 발생하는 경우가 생긴다. 해약한 회원의 복원 사유가 생기는 경우가 있다. 거래정지의 해제는 신용도의 상향이나 회복이 확실한 경우에 한하여 신청이 있는 경우 심사하여 결정한다. 또한 심사 시에 고려할 항목으로는 기본정보, 거래정지사유발생일 사유해소일, 이용실적, 신용등급, 재상상태 등 신용상태와 신용도를 판단할 수 있는 자료 등이다. 해약회원의 복원은 본인의 요청 등이 있을 경우, 신청을 받아 적정한 지 여부를 심사한다.

제9장 기업 신용평가시스템

이미 언급한 바와 같이 신BIS 방법론에 의한 예상손실을 구하는 방법은 크게 3가지가 존재한다. 첫째, 표준방법은 예상손실과 예상치 못한 손실의 구분이 없으며 금융감독원이 지정한 부도율 등을 적용한다. 또한, 적격 외부신용평가기관이 평가한 신용등급에 따라 위험가중치 차등 적용한다. 즉, 내부의 자료를 이용하는 것이 아니라 외부 신용평가기관의 신용등급을 이용한다. 둘째, 기본 내부등급법은 부도여부와 상관없이 다음과 같이 산출된다. 자체추정 부도율(PD) × 금융당국의 표준손실률(LGD) × 표준CCF를 이용한 부도시 익스포져(EAD)이 된다. 셋째, 고급 내부등급법은 감독당국의 최소요건을 충족할 정도로 신용평가 능력을 갖춘 은행에 대해서는 은행 자체적으로 사용하고 있는 신용등급을 기준으로 위험가중치를 산정하는 방법이다. 고급 내부등급법은 부도여부에 따라 적용이 상이하다. 정상차주의 예상손실은 자체추정부도율(PD) × 부도시 손실률(LGD) × CCF를 이용한 부도시 익스포져(EAD)으로 계산되고 부도차주의 예상손실 = 자체추정 부도율(PD) × 부도 후 경과기간별 손실률(BEEL) × CCF를 이용한 부도시 익스포져(EAD)으로 산출된다.

우리나라의 경우 금융감독원이 2004년 10월 "신BIS자기자본비율산출기준(안)"을 발표하고 2007년 6월 "위험가중자산에 대한 자기자본비율 산출기준"을 감독규정에 반영하여 신BIS 협약(안)의 도입을 확정함으로써 내부등급법을 본격적으로 도입되었다. 그렇다면 대부분의 은행들은 부도를 계산하기 위해 신용평점을 활용한 신용등급을 어떻게 사용하고 있을까? 2010년말 현재 대부분의 은행들이 고급 내부등급법으로 금융감독원의 승인을 받은 것은 아니지만 현재 고급 내부등급을 승인받기 위해 노력하고 있다.

기업은행이 국내 은행 중에서는 처음으로 바젤II 고급 내부등급법(AIRB) 승인을 신청했다. 2010년 11월 16일 기업은행과 금융감독원에 따르면, 기업은행은 지난달 말 금감원에 고급 내부등급법(AIRB) 승인 신청서를 제출했다. 기업은행은 당초 2007년 6월 기본 내부등급법 승인을 신청했으나, 부도율(PD) 모형 개선요청을 받았다. 이후 2008년 재차 기본 내부등급법 승인신청을 준비했지만, 금융위기 영향으로 신청을 보류했었다. 기업은행 관계자는 "기본 내부등급법 신청을 철회하고 고급 내부등급법 승인을 신청했다"며 SC그룹의 모형을 사용하는 "SC제일은행을 제외하고 고급 내부등급법 신청은 국내 은행 중 처음"이라고 전했다. '내부등급법'이란 바젤II에서 BIS비율을 산출할 때, 은행이 자체 추정한 리스크 측정요소를 이용해 위험가중자산을 산출하는 것을 말한다. 내부등급법은 은행 자체적으로 부도율(PD)을 추정하는 기본 내부등급법과, PD 외에 부도시 손실률(LGD), 부도시 익스포저(EAD), 유효만기(M)까지 내부 추정치를 사용할 수 있는 고급 내부등급법으로 나뉜다. 현재 국내 은행 가운데 내부등급법을 승인받은 곳은 국민·우리·신한·하나·외환·SC제일·기업·산업·C은행 등 9곳뿐이다. 이중 SC 그룹 산하 SC제일은행은 고급 내부등급법을 승인받았다. 금감원은 내년 1월쯤 기업은행이 신청한 고급내부등급법의 PD 모형과 LGD, EAD 등의 모형에 대한 현장점검을 실시할 예정이다. 한편, 올 3월 기본 내부등급법 승인을 신청한 경남은행은 금감원의 실사를 준비 중이다.

2010년 11월 머니투데이 기사 중

표 9-1 ▌국내은행 내부등급법 승인 현황(2010년 11월말 현재)

은행명	리스크 측정방법	비고
국민	기본 내부등급법	신용·시장·운영리스크 승인
우리	기본 내부등급법	신용·시장·운영리스크 승인
신한	기본 내부등급법	신용·시장리스크 승인
하나	기본 내부등급법	신용·시장·운영리스크 승인
외환	기본 내부등급법	신용·시장·운영리스크 승인
SC제일	고급 내부등급법	신용·시장리스크 승인
기업	기본 내부등급법	시장·운영리스크 승인, 2010년 AIRB신청
산업	기본 내부등급법	신용리스크 승인
C은행	기본 내부등급법	신용리스크 승인
한국씨티	표준방법	–
수출입	표준방법	–
대구	표준방법	–
부산	표준방법	2011년 신청예정
경남	표준방법	2010년 1차 신청
광주	표준방법	신청 준비 중
전북	표준방법	신청 준비 중
제주	표준방법	–

제1절 신용평가시스템

1. 신용등급의 기준과 신용등급 철학

은행의 신용평가는 차주의 양적, 질적 정보에 바탕을 두고 수학적 모형뿐 아니라 주관적이고 경험적 판단에까지 의존하게 된다. 이러한 과정에서 신용정보를 활용한 신용등급은 예상손실 및 예상치 못한 손실을 산출할 때 상당히 중요한 역할을 하게 된다. 그림 9-1은 차주의 신용평가 과정을 나타낸 것이다.

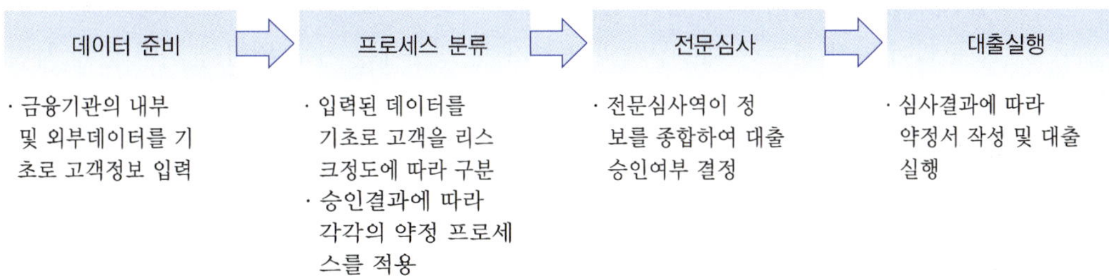

그림 9-1 ❙ 차주의 신용평가 과정

신용등급은 신용에 대한 상대적인 리스크 정도를 나타내는 요약 지표로서 차주에 대한 리스크를 나타내는 차주등급과 개별여신에 대한 손실리스크를 나타내는 여신등급으로 구분되며 다양한 형태를 취한다. 여기서 차주등급은 신용평가기관의 경우, 문자형인 AAA나 BB등으로 표현된 신용등급을 사용하고 은행은 주로 1등급~10등급과 같은 숫자 형태를 취하거나, 직접적으로 부도확률 또는 예상부도율(EDF) 등으로 표현되기도 한다. 개별 차주는 이산적인(discrete) 차주등급이 주어지고 각 등급별로 부도율(PD)이 할당되어야 한다. 이는 개별 차주에 대해서 직접 부도율을 할당하는 방법(one-step approach)이 아니라 차주들을 이산적인 차주등급에 할당하고 해당 등급에 PD를 할당하는 방법(two-step approach)이어야 한다. 또한, 차주등급은 부도가능성에 근거하여 차주를 서열화하여야 한다. 예를 들어, 은행이 10등급 체계를 사용하는 경우 1등급이 가장 신용도가 높은 등급이 되고 10등급이 부도등급을 나타낸다고 하면 그 사이의 2등급~9등급은 단계적으로 부도가능성이 증가해야 함을 의미한다. 동일 차주에 대한 각기 다른 익스포져는 동일한 차주등급을 부여해야 하는데, 이는 여신위험이 차주위험에 영향을 주어서는 안 된다는 것을 의미한다. 예를 들어, 자행 예적금 담보 여신이 취급된 부도 차주의 경우 손실 가능성은 없지만 차주등급은 여신위험 여부에 상관없이 부도등급으로 인식되어야 한다. 부도로 일단 인식이 되면 해당 차주는 재무상태 및 영업성과가 충분히 개선되어 부도가 아닌 등급들의 정의에 명확히 충족될 때까지 부도등급으로 유지되어야 한다. 차주등급의 수와 관련하여 부도나지 않은 차주와 부도차주에 대해서 각각 최소 7개 이상, 최소 1개 이상의 등급이 있어야 하며, 차주등급의 수와 등급간 차주 분포의 적정성을 충분히 설명할 수 있어야 한다. 즉, 부도가 아닌 차주에 대해서 최소 7개 이상의 등급으로 세분화하도록 하고 있으며, 특정 등급에 집중되지 않아야 하는 것이다. 차주들이 특정 등급에 집중된 경우, 모형 개발이 은행의 모형 운영 대상(목표 시장)과 일관되지 않거나 의도했던 대로 절차가 수행되지 않은 근거(절차의 불안정성 또는 신용등급평가 철학의 비일관성 등)가 된다. 일부 등급에 차주 또는 익스포져의 집중 자체가 신용평가시스템에 약점이 있음을 의미하는 것은 아니지만 그러한 경우에는 이의 타당성에 대한 철저한 분석을 수행해야 한다. 예를 들면, 담보대출 또는 신용보증서 보증대출의 경우 많은 차주가 비슷한 부도 위험에 있을 수 있다. 대출활동 범위가 좁은 은행은 소수의 신용등급을 가질 수 있으며, 대출활동 범위가 넓은 은행은 보다 많은 신용등급을 가질 수 있다. 차주 또는 익스포져가 특정 등급에 집중되어 있고 차주간 재무상태의 편차가 큰 경우에는 차주 위험을 의미 있게 차별화했다고 보기 어렵다. 한 등급에 30% 이상 또는 3개의 등급에 80% 이상 유지되고 있는 경우에는 다음과 같은 자체 질문을 통해서 적정성 여부를 분석하고 문서화해야 한다.

① 각 등급에 대한 기준이 분명한가?
- 모호한 등급 부여 기준으로 인한 특정 등급으로의 집중

② 차주가 얼마나 다양하게 구성되어 있는가?
- 얼마나 많은 시장 구분(대기업, 중기업, SME, PB, 지역적 구분 등)을 통해 은행 차주들을 세분화하는지 여부

③ 다른 은행들의 시스템과 비교하여 내부등급 범주가 얼마나 넓은가?

'+' 또는 '−' 같은 등급 조정자(modifiers)에 의한 조정 등급은 동 등급에 대한 명확한 기준 및 등급정의가 없다면 별개의 등급으로 인정되지 않는다. '+' 또는 '−'에 대한 부도확률의 절대수준이 명확해야 하며, 동 요건을 충족 하지 못한 경우 모두 하나의 등급으로 인식되어야 한다.

이러한 신용등급도 크게 2가지 방식으로 처리된다. 외부 신용평가기관들의 평가와 내부신용등급 책정이다. Moody's 나 S&P 등 외부 신용평가기관들의 평가과정은 재무분석을 포함하는 양적분석, 경영진의 우수성, 산업 내 기업의 경쟁력 평가, 예상성장률, 기술변화를 다루는 질적 분석, 규제변화 및 노사관계 등을 다루는 법적분석으로 구성된다. 평가절차에는 이외에도 채권발행회사 경영진과의 회의도 포함된다. 모든 정보는 관련전문가들로 구성된 평가위원회로부터 평가, 토의된 후에 투표로 결정된다. 채권발행자는 신용등급이 공표되기 이전에 평가결과에 대해 이의를 제기할 수 있다. 일반적으로 발표된 신용등급은 새로운 재무제표

및 사업정보를 기초로 통상 1년마다 재검토된다. 등급변경은 등급평가위원회의 승인이 있어야 한다. S&P의 신용등급은 AAA, AA, A, BBB의 투자등급, BB, B, CCC, CC, C의 투기등급 및 기타로 구분되며 AA부터 B등급까지는 +/- 부호를 사용하여 동일 등급내에서의 우열을 나타내고 있다. Moody's의 신용등급은 Aaa, Aa, A, Baa의 투자등급과 Ba, B, Caa, Ca, C까지의 투기등급으로 구분된다. Aa부터 B등급까지는 1, 2, 3을 사용하여 동일 등급내에서의 우열을 나타내고 있다.

표 9-2 ▎주요 신용평가기관의 신용등급 분류

<table>
<tr><th colspan="2">Moody's</th><th colspan="2">S&P</th><th colspan="2">Fitch</th><th></th></tr>
<tr><th>Long-term</th><th>Short-term</th><th>Long-term</th><th>Short-term</th><th>Long-term</th><th>Short-term</th><th></th></tr>
<tr><td>Aaa</td><td rowspan="6">P-1</td><td>AAA</td><td rowspan="4">A-1+</td><td>AAA</td><td rowspan="4">F1+</td><td>Prime</td></tr>
<tr><td>Aaa1</td><td>AA+</td><td>AA+</td><td rowspan="3">High grade</td></tr>
<tr><td>Aaa2</td><td>AA</td><td>AA</td></tr>
<tr><td>Aaa3</td><td>AA-</td><td>AA-</td></tr>
<tr><td>A1</td><td>A+</td><td rowspan="2">A-1</td><td>A+</td><td rowspan="2">F1</td><td rowspan="3">Upper medium grade</td></tr>
<tr><td>A2</td><td>A</td><td>A</td></tr>
<tr><td>A3</td><td rowspan="2">P-2</td><td>A-</td><td rowspan="2">A-2</td><td>A-</td><td rowspan="2">F2</td></tr>
<tr><td>Baa1</td><td>BBB+</td><td>BBB+</td><td rowspan="3">Lower medium grade</td></tr>
<tr><td>Baa2</td><td rowspan="2">P-3</td><td>BBB</td><td rowspan="2">A-3</td><td>BBB</td><td rowspan="2">F3</td></tr>
<tr><td>Baa3</td><td>BBB-</td><td>BBB-</td></tr>
<tr><td>Ba1</td><td rowspan="14">Not prime</td><td>BB+</td><td rowspan="6">B</td><td>BB+</td><td rowspan="6">B</td><td rowspan="3">Non-investment grade speculative</td></tr>
<tr><td>Ba2</td><td>BB</td><td>BB</td></tr>
<tr><td>Ba3</td><td>BB-</td><td>BB-</td></tr>
<tr><td>B1</td><td>B+</td><td>B+</td><td rowspan="3">Highly speculative</td></tr>
<tr><td>B2</td><td>B</td><td>B</td></tr>
<tr><td>B3</td><td>B-</td><td>B-</td></tr>
<tr><td>Caa1</td><td>CCC+</td><td rowspan="5">C</td><td rowspan="5">C</td><td rowspan="5">C</td><td>Substantial risks</td></tr>
<tr><td>Caa2</td><td>CCC</td><td>Extremely speculative</td></tr>
<tr><td>Caa3</td><td>CCC-</td><td rowspan="3">In default with little prospect for recovery</td></tr>
<tr><td rowspan="2">Ca</td><td>CC</td></tr>
<tr><td>C</td></tr>
<tr><td>C</td><td rowspan="3">D</td><td rowspan="3">/</td><td rowspan="3">/</td><td rowspan="3">/</td><td rowspan="3">In default</td></tr>
<tr><td>/</td></tr>
<tr><td>/</td></tr>
</table>

외부평가기관들은 유사한 방법과 절차를 가지고 평가하지만 동일한 대상에 대해 상이한 등급을 매기는 경우도 있다. 투자등급은 별 차이가 없으나 특히 투기등급 이하 채권은 큰

차이를 보인다. 이는 부정적 사건에 대한 평가기관들의 주관적 평가가 불일치하는 경우가 많음을 나타낸다. 중소형 평가기관인 Fitch는 S&P와 Moody's에 비해 우호적으로 더 높은 등급을 매기는 경향이 있다는 일부 지적이 존재한다. 평가기관간 이러한 등급차이와 관련하여 차이를 보이는 근거가 무엇인지에 대한 문제와 평가기관의 독립성에 대해서는 논란이 있다. 즉, 평가받는 기업이 평가에 대한 보수를 지급하기 때문에 평가과정에 압력을 행사할 수 있다는 지적이다.

이에 반해 내부신용등급시스템은 금융기관의 필요에 따라 만들어지는 것으로 일반적으로 공개되지 않으나 규제자본에 대한 평가시 중요한 역할을 하기 때문에 금융기관(은행)들간의 일치화가 이루어지는 경향이 있다. 금융기관의 내부신용등급 시스템은 채무자의 내재등급, 지원 사업체가 있는 경우, 지원 사업체의 등급 및 지원강도 등이 결합된 채무자 종합등급, 보증 여부에 따른 금융상품 평가등급로 구성된다. 신용등급의 부여는 거래 상대방의 재무구조와 관련된 양적인 평가와 함께 신용상태에 대한 질적인 평가를 중심으로 이루어지며, 이 중 특히 질적인 평가는 상대방의 기초여건과 직결된다. 외부신용평가와 내부신용평가의 연결문제에 있어서 금융기관들은 신용리스크 관리를 위해서 내부등급과 연결지을 수 있는 부도율이 필요하므로 이를 위해 외부등급을 적절히 이용할 수 밖에 없다. 또한, 금융기관의 내부 신용평가 대상 회사들은 대부분의 경우 외부 평가기관에 의해 등급이 부여되지 않은 사업체들이기 때문에 외부등급과 함께 내부등급을 함께 사용하는 것이 불가피한 측면도 있다. 외부 신용평가기관에 의한 평가는 대형 상장사의 채무에 한해 이루어지기 때문에 이들에 기초한 통계는 무등급 대상자가 대부분인 금융기관의 경우에 적용되기 쉽지 않으며 따라서 이를 위해서는 내부 통계를 이용하여 리스크 노출을 새롭게 계산해야 한다. 이에 대해 Bessis(2002)는 외부신용평가와 내부평가를 다음과 같이 구분하고 연결관계를 논한다. 외부평가기관들은 채무자뿐만 아니라 해도 여러 종류의 채권을 발행하고 이들 부채가 종류에 따라 동일한 리스크를 갖지 않기 때문이다. 신용등급은 장기적인 관점에서 기업의 장점, 단점, 기회, 리스크 등에 기초하여 부여되며 정상적인 상태에서는 등급의 변화가 없다. 평가기관은 정기적으로 또는 채무자의 신용상태에 영향을 줄 수 있는 사건발생시마다 등급을 조정한다. 김병연(2002)은 신바젤협약안에서 금융기관(은행)의 내부신용등급방법에 의해 규제자본이 결정될 수 있도록 함에 따라 은행이 적법한 내부 등급제도를 개발할 경우, 자본비용을 절감할 수 있게 되었지만 각 금융기관들이 자체 개발한 내부등급제도가 신뢰성이 있다고 대내외적으로 천명하기 위해서는 시장에서 이미 그 신뢰성을 입증받고 있는 외부평가기관의 신용등급과 어떠한 형식에 의해서든지 맵핑(mapping)할 수 있어야 한다고 주장했다. 신용등급의 신뢰성을 검증하기 위해서는 무엇보다도 먼저 등급별 부도율을 구하여 등급별 부동율이 안정성을 유지하고 있는지, 등급간 부도율의 역전현상(높은 등급의 부도율이 낮은 등급의 부도율보다 높은 것)이 없는 지를 조사해야 한다고도 하였다. 이와 관련하여 Carey et al.(2001)은

맵핑의 방법으로서 다음의 세가지 방안을 제시한다. 첫째, 판단적 중간차주 맵핑(judgemental median-borrower mapping)은 금융기관의 각 내부등급을 주관적 판단방법을 통하여 외부신용평가사의 등급과 매치시키고 외부신용평가사의 장기평균부도율을 내부등급의 부도율과 매칭한다. 둘째, 단순 중간차주 맵핑(mechanical median-borrower mapping)은 각 내부등급별로 외부신용평가등급을 받은 차주를 뽑아내어 이 중 외부등급이 중간(median)에 해당하는 차주를 결정하고 이 차주의 외부신용평가등급의 장기평균부도율을 내부등급의 부도율로 맵핑한다. 셋째, 가중평균 맵핑(weighted mean mapping)은 각 내부등급별로 외부신용평가등급을 받은 차주를 뽑아내 그 구성비를 구하고, 외부신용평가등급의 구성비와 부도율을 곱하여 가중평균을 구하여 이를 내부등급의 부도율로 맵핑한다. 내외부 평가간 맵핑시에는 다음과 같은 점을 충분히 고려하여야 한다. 즉, 외부신용평가사의 등급은 대부분 중견기업 이상의 기업을 대상으로 한 것이므로 중소기업에 대한 내부등급을 외부신용평가사의 등급과 맵핑하려고 하는 경우 이 점을 유의하여야 한다.

이러한 내부 및 외부의 자료를 이용하여 신용등급을 할당하기 위해서 은행은 전문가 판단모형, 통계모형 또는 양 방법을 혼합한 모형 이용 가능하다. 통계모형은 차주에 대한 양적 혹은 질적 정보가 계량화되어 입력되고, 입력된 정보는 수학식으로 표현된 함수에 의해 자동 산출되는 방식으로 신용등급이 부여하는 것이다. 따라서 통계모형은 동일한 차주의 정보를 사용하는 경우 제 3자에 의해서도 동일한 평가결과로의 재현이 가능하다. 통계모형의 개발에는 다양한 형태의 통계적 방법이 적용될 수 있으며, 회귀분석 형태가 가장 널리 알려진 방법 중 하나로 알려져 있다. 통계모형을 사용하는 경우, 결과물이 하나의 점수 형태로 산출되어 통상 스코어모형 혹은 스코어카드라 불리어진다. 전문가 판단모형은 장기간동안 기업 익스포져의 평가에 주로 사용되어 온 방법으로 통계모형과 달리 경험과 교육 등에 의해 축적된 전문가의 노하우에 따라 차주에 대한 필요 정보를 수집하고 동 정보에 적절한 가중치를 부여함으로써 최종적인 평가결과를 도출하는 방법이다. 하나의 계량화된 모형으로 다양한 부도의 특성을 모두 설명하기 어려운 현실을 감안할 때 유연하게 적용될 수 있는 방법이기는 하나 금융기관이 오랜 경험과 노하우를 가진 전문가를 보유하고 있는 경우에만 적용이 가능한 방법이다. 동일한 차주 정보가 사용되더라도 전문가 별로 상이한 평가결과가 얻어질 수 있다는 특징이 있다. 혼합모형은 통계모형과 전문가 판단모형이 혼합되어 사용되는 방법으로, 계량화된 기준이나 모형의 결과가 전문가 판단모형의 설명변수로 활용되거나 등급변경(override)과 같은 전문가 판단을 통계모형과 함께 사용하는 형태가 일반적이다. 특별한 재무비율의 최소값을 지정하는 등 계량화된 기준을 전문가 판단에 따라 활용한다. 일정 수준 내에서 특정한 사유에 해당하는 경우 통계모형의 결과를 전문가 판단에 의해 변경할 수 있도록 허용한다. 등급변경의 발생 빈도가 낮은 경우 통계모형으로 판단할 수 있으며, 빈번히 발생하는 경우 전문가 판단모형으로 구분된다.

각각의 신용등급 부여 방법이 내부등급법 최소요건을 충족한다면 모두 사용 가능하며 상이한 신용등급 부여 방법은 각 방법별로 상이한 검증절차 및 통제 구조를 결정한다. 신용등급 부여절차에 대한 문서화가 필요하며, 독립적인 제3자에 의해 적정성을 검증하는 절차와 이에 대한 문서화를 필요로 한다.

여신등급은 여신에 대한 손실위험 정도를 나타내는 요약 지표로서 손실률(LGD)값에 의해 그 절대수준이 결정되기도 하고 예상손실(EL)값에 의해 결정되기도 하나 고급 내부등급법을 적용하는 은행은 반드시 손실률(LGD)값에 의해 결정된 여신등급을 사용해야 한다. 신용등급의 표현 형태와 관계없이 의미있는 신용등급은 다음의 두 가지 특성을 보유해야 한다. 부도 발생 가능성의 정도를 차별화하기 위해 평가 대상들을 그룹화할 수 있어야 하고 인식된 신용위험 수준에 대한 서열화가 가능해야 한다. 개별 여신에 대한 손실률 추정치의 부여 방식은 ① 개별 여신에 대해서 여신등급을 부여하고, 각 등급에 손실률(LGD) 값을 부여하는 방법과 ② 직접적으로 개별 익스포져별로 추정된 손실률(LGD) 값을 부여하는 방법 모두 사용 가능하다. 예를 들어, 개별 여신에 대해서 해당 등급 부여 기준에 따라 등급을 부여한 후 각 등급에 적용된 손실률(LGD) 값을 사용하는 방법은 다음과 같다.

표 9-3 ❙ 개별 여신에 대한 해당 등급 부여기준

여신등급	부도시 손실률(LGD)	여신등급	부도시 손실률(LGD)
1등급	0%	6등급	35%
2등급	1%	7등급	50%
3등급	5%	8등급	70%
4등급	10%	9등급	90%
5등급	20%	10등급	100%

직접적으로 개별 익스포져별로 추정된 손실률(LGD) 값을 부여하는 방법의 예는 다음과 같다.

표 9-4 ❙ 담보 및 여신 종류별 손실률(LGD) 값

신용	상품1	상품2	아파트	주택	유가증권	현금
70%	20%	10%	5%	5%	10%	0%

대출 100 (아파트 담보 50, 현금 담보 10, 신용 40)이 있다고 하자. 다음과 같이 가중평균 손실률(LGD)이 산출된다.

- 아파트 담보 50 ➛ LGD 5%
- 현금 담보 10 ➛ LGD 0%
- 신용 40 ➛ LGD 70%
- 가중평균 LGD = (5% × 50 + 0% × 10 + 70% × 40) ÷ 100 = 53%

이러한 손실률 부여 방법에 관계없이 각 여신별로 부여된 손실률은 경험적 근거에 기초하여야 한다. 차주등급과 달리 여신등급의 최소 등급 수는 제한이 없다. 다만, 손실률 추정치를 제공하는 시스템은 크게 변동하는 손실률 값을 갖는 여신에 대해서 적절하게 세그먼테이션 할 수 있도록 유연해야 한다. 손실률 실제 값의 변동이 큼에도 불구하고 지나치게 소수의 등급만을 운영하거나 제한된 추정치를 사용하는 것은 피해야 할 것이다.

그렇다면 이러한 등급을 산출하기 위해 은행은 다음과 같은 신용정보들을 관리한다. 첫째, 대출 실행 시부터 종료 시까지의 모든 거래 이력 정보를 축적한다. 신용평가시스템의 사전적 적합성 검증, 사후검증, 시스템 개선 및 리스크 측정요소의 추정을 지원하도록 개별 차주 및 여신에 대해서 여신의 생성부터 소멸까지 모든 이력 정보에 대한 축적 관리를 한다. 여신의 실행 시점과 이후 등급이 재평가 되는 모든 시점에서 다음의 정보를 기록하고 있다.

- 차주 및 여신 특성
- 차주등급 및 여신등급
- 등급평가에 사용된 정보
- 등급평가자 및 평가모형
- 등급평가일
- 등급조정(override)시 책임자

여신의 종료시점에는 다음의 정보를 기록해야 한다.

- 소멸 사유: 재약정, 상환, 매각, 부도 등
- 부도의 경우 부도일, 부도사유, 부도금액, 회수액 및 비용, 회수 원천, 적정할인율
- 매각시 매각 금액
- 회계처리 항목: 상각, 할인 등

둘째, 은행은 차주등급과 여신등급 부여에 사용된 양적·질적 정보를 축적한다. 신용등급 평가 방법에 따라 획득하여야 하는 데이터의 내용에 차이가 존재한다. 전문가 판단모형이나

결합모형(통계적 모형과 전문가 판단모형의 결합)의 경우, 기존에는 등급 결정에 영향을 미친 사항에 대한 기록이 불완전한 경우가 일반적이나, 향후에는 관련된 모든 사항을 기록하여 데이터베이스화해야 한다. 여신등급의 경우, 채무변제순위(seniority), 담보유형, 최근의 담보가치 등 손실률에 영향을 미치는 모든 요소를 축적하여야 한다. 차주 또는 여신등급의 조정(override)이 있는 경우, 그 조정 과정을 추적 기록하여야 한다. 이는 등급 변경의 원인이 평가시스템의 결함에 의한 것인지 또는 변경권자의 재량권 남용에 의한 것인지를 판단할 수 있도록 하는데 목적을 두고 있다. 차주 및 보증인에 대하여 축적하여야 하는 정보의 주요 사항은 다음과 같다.

- 성명, 주소, 소속 산업 등 기초정보
- 등급부여일, 평가 등급 및 평가자
- 부도율 추정치 등

여신정보에 대하여 축적하여야 하는 정보의 주요 사항은 다음과 같다.

- 한도, 인출액 등 금액 정보
- 여신 유형: 한도거래여부, 분할상환여부 등
- 여신 목적: 운전자금, 시설자금, 자산인수 등
- 특별약정사항(covenants)
- 신규일, 만기일, 최근 연장/재약정일
- 차주 ID번호
- 여신등급 평가일, 평가 등급, 평가자
- LGD 추정치
- EAD 추정치 등

질적 정보는 서열화한 형태로 표시하는 것이 바람직하며 양적 정보와 함께 등급을 결정하는데 완전한 정보로 활용 가능해야 한다. 즉, 평가자와 상관없이 동일한 정보라면 일관된 등급을 결정할 수 있어야 한다. 차주등급과 관련된 양적 정보의 주요 사항은 다음과 같다.

- 자산, 매출액 규모 등 재무정보
- 주요 재무비율
- 수익성 비율
- 현금흐름관련비율
- 유동성 비율
- 부채비율 등

또한, 다음과 같은 차주등급과 관련한 주요 질적 정보를 축적하는 사항은 다음과 같다.

- 이익 또는 현금흐름의 질
- 경영진의 효율성, 신뢰성
- 전략적 방향, 산업전망, 산업내 지위
- 국가 및 정치적 고려사항 등

차주등급과 관련한 주요 외부지표는 다음과 같다.

- 외부등급 및 변화 추이
- 외부 신용평점 및 변화 추이
- 등급 부여기관

여신등급과 관련된 양적·질적 정보의 주요 사항은 다음과 같다.

- 채무변제순위(seniority)
- 담보유형: 부동산, 금융담보 등
- 담보 가치 및 평가일
- LTV
- 산업
- 지역

신용등급과 여신등급에 이용되는 신용정보에 대해 알아보았다. 이제 경기변동을 반영하기 위한 신용등급의 철학에 대해 알아보자. 신BIS기준의 신용등급 철학은 경기변동 주기 동안에 평균적으로 등급이 바뀌지 않는 것을 목표로 하는 TTC(Through-the-cycle)를 전제로 하였으나, 이에 대한 최근의 국제적 논의 결과를 반영하여 국내 적용 시 신용등급 철학에 대한 사전적인 제한을 두지 않고 있다. 신용등급 철학은 신용평가시스템에서 신용등급 부여 시 사용하는 평가대상 기간의 장·단기 여부와 경기침체기의 상황을 반영하는 방법을 말한다. 신용평가시스템은 신BIS에서 내부등급법으로 금융기관의 규제자기자본을 계산하는데 있어 차주의 부도율(PD)을 결정하는 중요요소이며, 손실률, 위험노출금액과 함께 규제자기자본 계산의 중요한 파라미터이다. PD는 신용평가시스템의 형태에 의존하며, 이와 같은 신용평가시스템은 고객의 특성 및 여신의 유형, 등급부여 방법의 동적특성, 부도데이터의 유용성 및 외부 신용등급과의 연계에 따라 상이하다.

PIT(Point-in-time) 및 TTC(Through-the-cycle)는 신용등급철학을 나타내는 용어로 신용등급철학은 경기주기와 연관된 신용등급의 특성을 판단하는데 사용되므로 신용등급을 산출하는 신용평가모형 설계 시에 고려되어야 할 사항이다. PD라고 하는 의미가 평가 시점 이후 일정한 기간 이내의 신용위험 정도를 나타내므로 PIT에 해당한다고 할 수 있다. TTC는 스트레스 상황 하에서 유사한 신용위험을 가진 차주를 동일한 등급을 부여하며, 하나의 경기주기 동안에 평균적으로 등급은 바뀌지 않고 각 등급의 실제 부도율이 경기주기에 따라 상대적으로 큰 변동성을 보이는 특성을 가진다. 거시경제 환경변화에 반응하여 등급을 조정하지 않는다. Moody's와 S&P와 같은 외부 신용평가기관에서 제공된 신용등급은 시장참가자, 학계 그리고 신용평가기관 자체적으로 TTC로 인식한다. TTC 등급에 대한 명확하게 정의된 기준은 없으나 통상 다음과 같은 정의에 따른다. "현재 차주의 정적 및 동적인 정보에 스트레스 상황을 고려하여 향후 경기 침체기의 부도발생 확률(stressed PD)이 유사한 차주를 동일한 등급으로 분류하는 방식"이다. TTC 등급은 stressed PD가 동질적인 차주를 등급화한 것으로 정상적인 상황에서 1등급이 스트레스 상황을 고려하면 2등급 또는 3등급으로 변경되는 것이 아니고 stressed PD가 TTC 등급의 장기평균을 의미하는 것도 아니다. 모든 차주에 대해서 스트레스 상황을 가정했기 때문에 그 상황에서 A차주의 부도율 5%로 높다고 하더라도 다른 차주들이 5% 보다 크면 A차주는 1등급이 될 수 있음. TTC 1등급이란 스트레스 상황에서 부도율이 가장 낮은 등급일 뿐이다. TTC 등급은 차주의 부도율 수준 보다는 상대적 비교를 통해 서열화 되는 반면, PIT 등급은 부도율 수준이 높으면 등급이 올라가고 부도율이 떨어지면 등급이 내려가는 절대기준에 의해 서열화되는 특징이 있다. 은행의 신용등급을 매년 절대기준이 아닌 상대적인 기준(매년 등급 분포가 일정하다고 가정)으로 등급을 재분류 한 후, 재분류된 등급의 부도율을 장기평균하면 TTC 등급과 유사한 소요자기자본 결과가 산출된다.

PIT는 현재의 모든 차주 고유의 정보 및 거시경제 등 체계적 정보를 활용하여 차주를 그룹화(등급 부여)하는 시스템이다. PIT에서 동일한 등급에 할당된 차주는 일반적으로 현재의 모든 상황(차주정보 및 거시정보 포함)에서 향후 1년간 부도발생 확률(unstressed PD)이 유사한 값을 가짐PIT는 현 시점 또는 일정한 시점 후에 동일한 신용위험을 가진 차주를 동일한 등급을 부여하며, 경기주기에 따라 등급변동이 이루어지지만 각 등급의 실제 부도율은 상대적으로 안정적인 모습을 보이는 특성을 나타낸다. 경기가 하락하면 PIT등급은 하락하고 경기가 상승하면 PIT등급은 상승한다. 따라서 PIT 철학이 반영된 시스템의 경우, 경기상승기에는 규제자본이 묵시적 목표로 보고 있는 경기침체기의 소요자기자본보다 산출된 규제자본이 과소하게 평가될 가능성이 있고 이에 따라 위기상황분석(stress-test)등을 통하여 소요 자기자본 조정 등이 발생할 수 있다. PIT나 TTC 특성을 모두 갖는 Hybrid Rating System도 존재한다. 즉, 차주의 현재 상태에 중점을 둔 PIT에 가깝게 운용하며 등급전이가 급격하지 않도록 하는 방법이다.

표 9-5 | PIT와 TTC 비교

	PIT	TTC
개요	• 신용등급은 차주가 직면하고 있는 경제 상황으로 인한 변화 뿐만 아니라 해마다 차주의 상황이 변할 때 변화함	• 위기 상황을 반영한 부도율을 기준으로 그룹화
특징	• 경기순응성(pro-cyclicality)	• 경기역행성(anti-cyclicality)
등급평가	• 경기변동에 따라 신용등급이 변함	• 경기변동에 따라 신용등급이 변하지 않음
평가시점	• 현재시점 또는 가까운 미래시점	• 최악의 상황 반영(경기순환 주기상의 저점)
Time Horizon	• 단기	• 장기
사용기관	• 은행, 금융기관	• 신용평가사(S&P, Moody's)

2. 신용등급 부여 및 운영

신용등급 부여는 여신 승인 절차의 한 부분으로서 각각의 익스포져에 대해 차주와 신용위험경감 효과로 인식된 모든 보증인에 대하여 차주등급을 부여하고 이를 여신등급과 결합하여야 한다. 그러나 여신 승인 시, 모든 차주(또는 보증인)와 여신에 대하여 각각 신용등급을 부여해야 하나, 은행 실무에서는 일부 특정 거래에 대해 차주 신용등급 부여 절차를 생략하는 경우가 있다. 이를 무등급 차주라고 부른다. 다음의 경우, 차주 신용등급 부여 절차를 생략할 수 있으며 차주등급 생략 시에는 무등급으로 표시하여 관리하고 해당 사유를 문서화해야 한다.

① 차주의 전체 익스포져가 0% 손실률(LGD)만 적용되는 경우(예: 예금담보)
② 차주의 전체 익스포져가 전액 보증된 익스포져만 있는 경우(단, 신용위험경감효과를 부도율(PD) 대체로 반영한 경우에 한하며, 이때 보증인 등 거래상대방에 대한 신용등급은 반드시 등급 부여 절차에 따라 부여해야 함)
③ 차주의 익스포져가 ①과 ②에 해당하는 익스포져로만 구성되어 있는 경우

단, 이는 차주등급 부여에 필요한 자료 수집이 어려워 정상적인 신용등급 부여 절차를 수행할 수 없을 경우 제한적으로 가능하며, 소액 다수인 경우에는 소매로 관리할 것을 권장하고 있다.

이제 신용등급의 부여절차에 대해 알아보자. 신용등급 부여 절차의 무결성을 확보하기 위해서 신용등급 부여의 독립성과 최소 1년 단위의 신용등급 재평가가 있어야 한다. 직전 신용평가일로부터 1년 이내(일수 기준)에 1회 이상을 의미하는 것은 아니며, 연도 단위 즉,

2004년, 2005년 등 년중 1회 이상을 의미한다. 왜냐하면 재무정보의 갱신 및 담보가치 또는 다른 요소의 변화에 따라 등급의 변경이 이루어 질 수 있기 때문이다. 신용등급 부여 과정에서 발생하는 판단에 의한 등급변경(override)과 관련하여 변경방법, 조정 범위 및 변경권자를 포함하여 신용등급을 변경할 수 있는 상황을 명확히 규정해야 하는데 등급의 변경(override)이란 등급부여의 절차에 따라 정상적으로 결정된 등급을 신용감리(credit review)에 의하여 변경하는 경우 뿐 아니라, 등급부여 과정에서 모형의 추천 등급이나 계량적 가이드라인을 토대로 전문가의 판단에 따라 등급을 결정하는 경우를 모두 포함한다. 다만, 내부등급법 승인 시, 등급변경 비율이 높은 것은 신용평가시스템에서 산출된 신용등급의 신뢰성에 문제가 발생할 가능성이 있으므로 세부적인 검토절차 마련이 필요하다. 또한, 신용등급 변경비율이 높을 경우 신용평가모형 개선을 통해 개선된 모형의 신용등급별 PD 추정 시, 등급변경으로 인해 PD 추정치의 신뢰성이 미흡할 가능성이 있어 이에 대한 대응방안 마련이 필요하다.

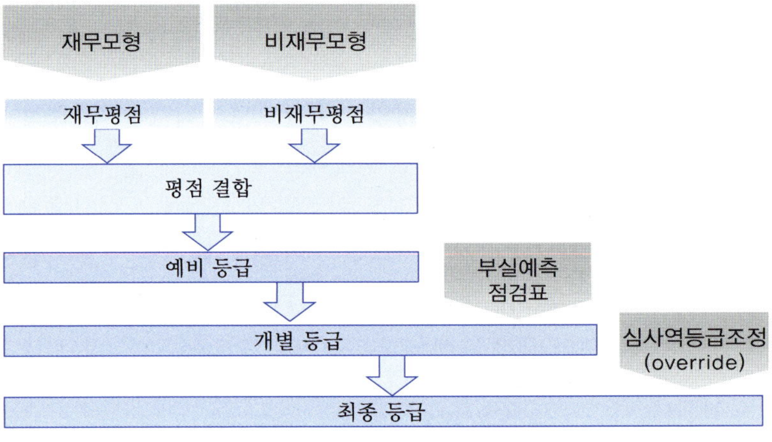

그림 9-2 ❙ 신용등급산출 절차(예시)

이제 위에서 최종 신용등급을 만들어 내는 전체적인 흐름을 살펴보았다. 간단히 신용등급을 어떻게 계량화하는 지 살펴보자. 신용등급 계량화란 신용평가모형에 의한 평가결과에 따라 동일한 리스크를 가진 차주끼리 하나의 등급으로 묶는 과정과 동 등급에 부도율(PD) 추정치(예상부도율)를 할당하는 총체적인 과정을 말한다. 신용평가모형에 의한 평가결과는 은행이 채택한 방법에 따라 다양한 형태로 얻어질 수 있다. 예를 들어, 0점에서 100점 혹은 1,000점 사이의 값으로 나타날 수도 있고, 로짓(logit)이나 프로빗(probit)과 같은 통계모형을 사용하면 0에서 1 사이의 값으로 나타나게 된다.

신용등급을 계량화하는 절차는 다음과 같다. 첫째, 평가결과(점수)를 구간화하여 부도율을 산출한다. 평가결과(점수)에 따라 순서화된 자료(모형개발용 표본 및 검증용 표본을 통합)를 몇 개의 구간으로 구분한다. 예를 들어 1,500개의 자료를 10개의 구간으로 구분한다면, 한

구간에 150개의 자료가 포함되도록 구분한다. 구간별로 평가결과(점수)와 부도율의 대표값을 산출한다. 예를 들어, 150개 자료에는 평가결과(점수)와 부도여부가 표시되어 있으므로 평가결과(점수)의 대표값은 150개 자료의 평균이나 중간값(구간의 (최대값−최소값)/2)으로 산출하고, 부도율은 (부도가 표시된 차주수/150)으로 산출한다. 둘째, 산출된 부도율을 장기평균 부도율로 조정한다. 앞에서 산출된 부도율이 은행의 장기평균 부도율인 경우에는 그대로 사용하고, 그렇지 않은 경우에는 은행의 장기평균 부도율을 감안하여 조정한다. 셋째, 구간별 평가결과(점수)를 설명변수로 하고, 장기평균부도율을 종속변수로 추정식을 도출한다. 예를 들어, 10개의 구간으로 구분했다면, (평가결과(점수), 장기평균부도율)의 10개의 점을 얻을 수 있으며, 10개의 점을 가장 잘 설명하는 함수식(일반적으로 지수함수의 형태가 많이 사용됨)을 도출한다. 넷째, 추정식(등급계량화 곡선)과 Master Scale PD 기준으로 정의된 신용등급 상・하한을 기준으로 평가결과(점수)의 상・하한을 구분한다.

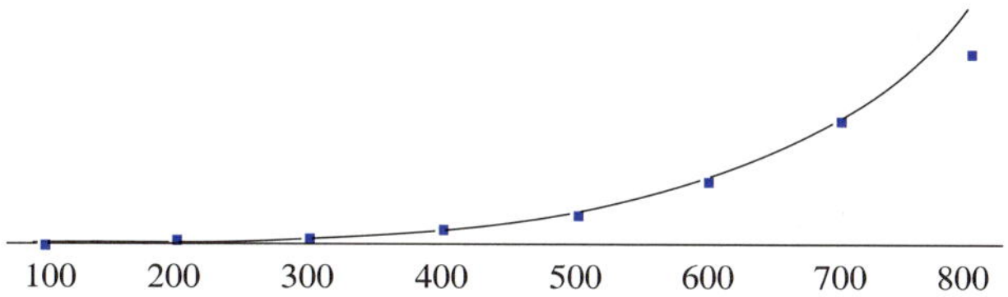

그림 9-3 ▎평가결과(점수)와 장기평균부도율(예시)

Master Scale PD란 은행이 신용리스크 관리를 위해 통상 많이 사용하는 개념으로, 신용등급별 예상부도율 수준을 사전에 정의해 놓은 값을 말한다. 신용평가모형은 규모나 업종 등 익스포져 특성에 따라 세분화되어 개발될 수 있지만, 평가결과를 신용등급으로 계량화하는 과정에서는 모두 Master Scale PD를 기준으로 사용한다. 은행의 장기평균부도율 등이 반영되었다는 가정 하에서 어떤 차주의 신용평가 결과가 1.32%로 측정된 경우, 동 차주는 신용등급 8등급에 할당되며, 1.05% 수준의 부도율을 가진 차주로 인식된다. 이러한 Master Scale 수준에 따른 PD(예상부도율)를 위험자본 측정 등에 사용된다. PD추정치에 대한 백테스팅(back-testing)은 신용등급별 실제부도율과 Master Scale 수준에 따른 PD(예상부도율)를 함께 비교함으로써 적정성을 검증하는 한편, 신용평가모형의 적정성도 같은 기준을 적용하여 검증한다.

표 9-6 ▎Master Scale PD

Rating Grade	PD Range	PD of Grade
1	⋮	⋮
⋮	⋮	⋮
4	⋮	0.11%
⋮	⋮	⋮
8	0.80% ～ 1.40%	1.05%
⋮	⋮	⋮
14	⋮	⋮

한편, 외부신용평가사의 투자등급과 투기등급은 부도율의 크기 및 변동성에 있어 큰 차이를 보이고 있어 이것이 바로 맵핑시 오류를 발생시키는 원인이 될 수 있다. 김병연(2002)는 은행 내부신용등급의 활용용도로서 대출승인과 신용한도 설정, 대출가격의 결정, 이사회 및 경영자에게 리스크 수준 및 형태(risk profile) 보고, 자본적정성, 대손충당금 및 수익성에 대한 분석, 스트레스 테스트(stress test) 등을 통한 자본적정성 평가 등을 열거하였다. 또한, 금융기관 내부에서 운영하는 신용등급의 안정성을 유지하기 위해 등급별 부도율의 과학적 측정, 등급평가기준의 명확한 설정, 신용등급과 관련한 정보의 체계적 축적 등 요건이 충족되어야 함을 지적하였다. 신용등급 산정에 가장 중요한 부도율의 과학적 측정을 위해서는 등급별 측정에 사용되는 샘플수가 일정수에 미달하는 지 여부, 신용등급책정모형에서 사용되는 변수의 부적절성 여부, 주관적 판단이 들어가는 정성적 분석의 적절성 여부 등을 살펴보아야 한다고 주장하였다. 한편, 체계적으로 축적하여야 할 신용등급책정 관련정보로서는 등급책정에 관련된 당사자, 등급책정모형 명칭 및 그 변수, 등급책정과 관련하여 사용된 데이터, 등급변화(migration)와 관련된 정보, 부도발생 여부를 나타내는 정보, 등급결정에 관련된 제기준 및 기타 핵심적인 요소, 등급책정모형의 변화과정, 신용등급제도 운영방식의 역사적 변천과정, 등급별 부도율의 변화, 데이터 모집단의 변화과정, 등급간 전이행렬을 포함하고 있어야 한다.

3. 위기상황 분석

위기상황 분석(stress-testing analysis)은 은행들이 예외적이긴 하지만 발생할 개연성이 있는 사건들에 대한 잠재적인 취약성을 평가하기 위하여 사용하는 기법이다. 통상적으로 은행이 내부자본의 산정을 위해 활용하는 리스크 측정모형은 예상하지 못한 극단적인 상황하에서의 손실에 대한 정보를 적절하게 제공하지 못한다. 따라서 극단적인 상황을 고려하는 위기상황 분석에 의해 기존 리스크 측정모형의 보완이 필요하다. 이러한 보완을 위한 위기상황분석에는 민감도분석, 시나리오분석, 최대손실접근법, 극단치분포 추정 등이 있으며, 국내외 은행에서는 민감도분석과 시나리오 분석이 많이 활용되고 있다.

민감도분석은 특정 하나의 리스크요인 또는 연관된 소수의 리스크요인이 사전에 정해진 일련의 변동으로 인하여 포트폴리오가치에 미치는 단기적 영향을 평가하는 방법이다. 예를 들면, 주가의 ±2%, ±4%, ±6% 변동을 가정하여 민감도분석을 실시하게 된다. 시나리오분석은 다수의 위험요인들에 동시에 영향을 미칠 수 있는 예외적이긴 하지만 발생할 개연성이 있는 충격을 구체화하고 이로 인한 잠재적 영향을 평가하는 방법이다. 이 중, 역사적 시나리오법은 특정 역사적 사전에 기초한 충격들을 분석하는 것(외환위기, 9.11 테러, 러시아 모라토리움 등)이다. 이에 반해 가상적 시나리오법은 안전자산 선호, 유동성 선호 등 어느 정도 예견이 가능한 충격구조를 가진 자산가격, 변동성, 상관관계 등의 변화라는 형태로 가상의 시나리오 구성하여 충격을 분석하는 것이다. 최대손실접근법은 은행에 최대손실을 가져올 것으로 예상되는 리스크 요인들의 조합을 찾아내는 방법으로 인과관계를 알 수 없으므로 테스트 결과에 대한 체계적 대응이 어렵다. 극단치분포는 확률분포의 꼬리부분의 움직임과 특성을 파악하려는 극단치분포를 추정하여 위기상황 하에서 리스크 변화를 평가하는 방법이다.

신BIS협약에서는 위기상황분석의 목적을 자본적정성 평가에 두고 있으며 내부등급법을 적용하고자 하는 은행의 경우 위기상황분석을 의무화하고 있다. 따라서 은행은 영업하고 있는 모든 금융시장에 대해서 시장상황을 고려하여 위기상황분석을 실시할 필요는 없으나, 전체 익스포저 중 대다수(70%~80%) 익스포저가 포함된 포트폴리오에 대해서는 위기상황분석을 실시해야 한다.

신BIS협에 따른 위기상황 분석을 분류하면 다음과 같다. 신용익스포저에 부정적인 영향(unfavourable effects)을 주는 시나리오에 기초한 일반적인 위기상황분석과 특정한 상황 하에서 개별 은행의 자본적정성 확보를 위한 특수목적의 위기상황분석으로 크게 분류된다.

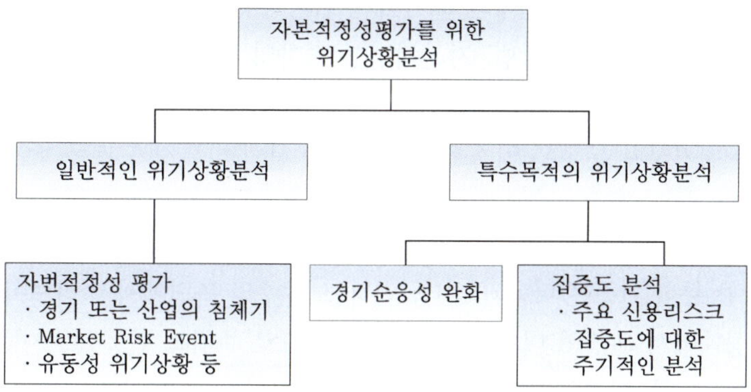

그림 9-4 | 위기상황분석의 분류

일반적인 위기상황 분석(general stress tests)은 다음과 같다. 은행의 신용익스포저에 부정적인 영향을 미칠 수 있는 사건 또는 미래 경제상황에 대한 인식, 은행의 수용능력에 대한 평가를 포함해야 한다. 따라서 은행이 자체 추정한 리스크 측정요소(PD, LGD, EAD)가 경기침체기를 포함한 경기주기를 충분히 반영하여 추정하였는가를 평가하는 수단으로 활용한다. 여기서 위기상황 분석은 내부등급급법(IRB framework)의 단점을 보완하는데 그 목적이 있으며, 감독당국은 은행이 위기상황분석 결과를 적정하게 반영하고 있는지 확인이 필요하다. 예를 들어, Downturn LGD의 경기침체기 인식과 LGD 위기상황분석이 개념상 일치하는 경우, 유사한 결과를 나타내야 할 것이고, 이는 LGD 추정치의 견고성(robustness)을 평가하는 수단이 될 수 있다.

특수 목적의 위기상황 분석(specific stress tests)은 다음과 같다. 첫째, 경기순응성 완화를 위한 위기상황 분석(pro-cyclicality stress tests)이 있다. 특정상황 하에서 자본적정성에 미치는 영향을 평가하기 위한 목적으로 실시한다. 즉, 경기순환 전체 주기 동안 8% 이상의 규제자본을 유지하기 위한 수단으로 경기순응성 확대 가능성에 따라 경기침체기에도 동 비율 이하로 하락하는 것을 방지하기 위함이다. 이는 PD, LGD, EAD 추정치에 대한 위기상황 분석이라기보다는 신용등급별 포트폴리오 분포의 전이에 초점을 맞춘 위기상황 분석이 된다. 예를 들어, 최악의 상황은 아니더라도 완만한 경기침체기(mild recession) 상황(2분기 연속 경제성장률 0%인 경우)하에서 거시경제 충격이 개별은행의 규제자본에 미치는 영향을 측정하는 경우이다. 특수 목적의 위기상황 분석 시, 주요 고려사항은 다음과 같다. 전체 익스포져의 상당부분을 차지하는 익스포져에 대해서는 은행 자체데이터로 신용등급간 전이현상을 추정해야 한다. 위기상황 발생시 예상되는 영향에 관한 정보를 제공하면서 신용환경 악화 시(mild recession), 필요한 잉여자본에 관한 정보를 산출해야 하며 내부등급구간을 외부 신용 등급의 범주에 연결하여 평가하는 것도 포함하여 외부 신용평가등급간 전이행렬을 평가해야 한다. 둘째, 집중도 완화를 위한 위기상황 분석(stress tests for concentration risk)이 있다. 은행의 성과에 불리한 영향을 미칠 수 있는 시장 상황의 잠재적 변화에 대한 인식과 대응을 위해서 편중리스크(concentration risk)에 대한 주기적인 위기상황 분석을 실시하는 것이다. 감독당국은 리스크 집중도 수준, 관리방법, 자본적정성 평가의 감안 여부 등을 점검하고 은행이 편중리스크에 대하여 적절한 대응을 하지 못한다면 이에 대한 시정조치를 취할 수 있다. 편중리스크에 대한 위기상황 분석은 익스포져의 편중과 산업별/특정 포트폴리오 편중의 2가지 측면이 있다.

위기상황 분석 기준은 다음과 같다. 먼저, 보수주의 측면에서 바라보아야 한다. 제약 조건이 없는 상태에서 은행의 내부등급법은 실질적으로 주기적 변동을 보이는 리스크 측정요소를 산출하게 된다. 이러한 변동성을 감소시키기 위해서 신BIS기준은 리스크 측정요소가 완전한 경기 순환에 걸친 행태를 반영하는 장기간의 데이터에 기초해야 하며, LGD와 EAD는 경기 침체기의 상황을 반영할 것을 요구한다. 따라서 경기 침체기를 반영할 수 있을 정도로 충분한 과거 데이터를 보유하지 못한 은행은 자체 추정치에 보수주의를 적용해야 한다. 은행은 신용평가시스템이 불리한 경제상황에서 어떻게 작용할 것인지를 보여주는 위기상황분석을 통해서 경기 침체기에 대한 조정을 해야 하며 이를 이미 추정치에 반영하여 사용하고 있다면 추가적인 자본적립을 위한 조정은 필요하지 않다. 위기상황 분석과 경기침체기의 LGD(또는 EAD)의 관계를 보면 위기상황분석이 경기침체기의 LGD(또는 EAD) 추정치와 반드시 관련되는 것은 아니나, 경기침체기의 인식과 위기상황 분석이 개념상 일치하는 경우 유사한 결과를 나타낸다. 위기상황 분석은 LGD(또는 EAD) 추정치의 안정성(robustness)을 평가하는 하나의 수단으로 사용될 수 있다.

제2절 기업 신용평가시스템 운용 예시

기업의 신용평가시스템의 통계학적 방법론은 개인과 크게 다르지 않다. 분리판정점을 설정하게 되면 한계 신청고객의 리스크 수준 및 분리판정점을 상회하는 선택된 리스크 수준을 알게 된다. 기업목적을 극대화하는 리스크에 근거한 전략이나 전술들을 개발하게 된다. 이러한 전술들은 상품에 따라 달라진다. 신청고객이나 기존조객의 계좌에 대해서 개발될 수 있고 리스크에 근거한 의사결정의 목적은 동일하다. 예를 들어, 평점이나 다른 기준을 이용하여 다음과 같이 다양한 전략을 개발할 수 있다. 첫째, 대출이나 다른 신용상품의 리스크에 근거한 가격결정, 신규계좌에 대한 리스크 프리미엄 및 대출 갱신 시 가격 재설정이 이루어진다. 둘째, 우량고객에게 상품 업그레이드를 해주거나 리스크에 따라 보다 낮은 이자율이 적용된다. 셋째, 자동차 대출, 모기지와 같은 금융상품에 대해 낮은 초기 불입금수준을 설정하거나 재약정 조건을 설정한다. 넷째, 우량고객에게 사전승인을 통해 다른 상품을 교차판매할 수 있다. 리스크 및 경향 평점은 교차판매 시에 항상 부채상환능력과 결합하여 사용한다. 교차판매는 그 제안을 받아들이고 부실 리스크가 낮을 뿐 아니라 추가적인 신용을 잘 상환할 수 있는 고객을 대상으로 해야 한다. 다섯째, 신규고객이든 기존고객이든 간에 우량고객에게 한도를 제공하거나 한도를 증액할 수 있다. 여섯째, 리스크 프로파일에 근거하여 집중 리스크를 줄이기 위해 전사차원의 고객당 익스포져를 설정할 수 있다.

표 9-7 | 신용한도 관리전략

평점	부채상환부담				
	0–10%	11–15%	16–24%	25–35%	36%이상
230–234	$3,500	$3,500	$2,500	$2,500	$2,000
235–239	$4,000	$3,500	$3,000	$2,500	$2,000
240–244	$4,500	$4,000	$3,500	$3,000	$2,500
245–249	$5,000	$4,500	$4,000	$3,500	$3,000
250이상	$7,000	$5,000	$4,500	$4,000	$3,500

일곱째, 리스크가 낮은 고객에게는 약한 추심전략(편지발송, 자동다이얼링 등), 리스크가 높은 고객에게는 보다 강도 높은 조치(추심시관에 보내는 것 등)를 실행할 수 있다. 여덟째, 고객에 대해 다양한 지불조건 마련(우량고객에 대해서는 다소 관대한 조건을 제시, 리스크가 큰 고객에 대해서는 상품이 배달되기 전에 지불 요청을 하는 것 등)할 수 있다. 아홉째, 리스크가 낮은 고객에 대해서는 한도를 초과하여 신용카드로 물품을 구매할 수 있도록 허용할 수 있다. 열번째, 사기 신청 건을 조사하거나 리스크가 큰 모기지에 대해서 완전한 부동산감정 요구가 가능하다.

여기서 반드시 알아두어야 할 것은 전략은 두 가지의 독립되고, 적절한 측정치에 근거하여 수립되어야 한다. 리스크 평점은 부채를 상환하지 않을 가능성을 측정하며 부채상환부담은 개인의 소득 중 얼마의 비율이 부채상환에 사용되는가를 측정하는 것이다. 부채상환부담이 낮을수록 우량한 고객이다. 신용평점이 높고 부채상환부담이 낮은 고객에게 가장 많은 신용한도 부여한다. 신용한도를 설정하는데 사용할 측정치가 결정되고 나면 실제 한도를 부여하기 위해서는 다양한 선택방법이 있다. 첫째, 두 가지 측정치에 근거해서 한도를 부여하기로 결정했다면 공론에 기초한 판단에 의거해서 우량고객에게는 더 많은 한도를 부여하고 리스크가 높은 고객에게는 낮은 한도를 부여한다. 예를 들어, 상위 고객층에게는 한도를 30% 증액하고, 하위 고객층에는 30% 감액한다. 최고와 최저수준이 채워지고 나면 나머지 채우게 된다. 둘째, 금융회사가 제공할 수 있는 최고와 최저한도를 결정하여 최우량 고객층과 최불량 고객층에 할당한다. 나머지는 점진적으로 증가시키거나 감액한다. 셋째, 예상손실에 기초하여 최대 익스포져를 할당한다. 각 셀의 기대손실 분포에 대해 가정이 필요하다. 어떤 어떤 셀의 계좌당 손실이 $600이라 하자. PD(Probability of Default, 부도확률)가 6%, LGD(Loss Given Default, 부도시 손실률)가 97%라고 하면 EAD(Exposure At Default, 부도 시 익스포져)는 $10,309가 된다. 위의 3가지 기준 중 어느 것도 명확한 방법은 아니다. 첫째로 중요한 것은 의사결정에 사용될 매트릭스의 선택이 핵심이라는 점이다. 리스크 평점 뿐만 아니라 상환가능성과 상환능력을 동시에 고려하는 것이 적절하다. 둘째로 모든 의사결정에서는 가장 단순한 것에서부터 가장 복잡한 것에 이르기까지 옵션을 평가해야 한다. 때로는 가장 단순한 것이 가장 좋은 것이 된다.

정책기준은 의사결정 프로세스를 지원하기 위해 고안된 기업 가이드라인이다. 최소 요구조건, 리스크 정책과 같은 법률적인 리스크 관련 기준이 포함된다. 예를 들어, 법정 연령제한(18세 미만 고객은 거절), 고용(무직, 반고용 또는 1년 미만 고용이면 거절 또는 심사), 파산(최근 파산 또는 파산한 지 2년 미만이면 거절 또는 심사), 연체 제한(크레딧뷰로 데이터에서 3회 이상 연체경험자는 거절), 신청유형(VIP 또는 직원 신청은 거절), 과거 내부기록(과거 상각경험이 있으면 거절), 재심사를 위한 최소신용라인 및 계좌 유형(학생 또는 이전 파산 등), 지난 6개월간 신용이 부여되었다면 신용라인의 증가없음 등이다. 정책기준들은 독립적이면서도 유효성이 검증된 측정치에 근거해야 한다. 또한, 평점 프로세스를 약화시지 않도록 평점표의 특성 변수들에 기초해서는 안된다. 이러한 기준을 사용하는 것이 결정적으로 중요한 상황에서는 다른 기준을 사용하여 평점표를 만드는 것이 낫다. 정책기준은 경험적 판단에 근거한 것이며 거의 실증적으로 검정되지 않는다. 몇몇 정책기준들은 몇 년 전에 설정되었고 그 이후 누구도 다시 살펴보지 않았던 것들이 있다. 가능하면 다시 살펴보고 이 기준을 검정하고 효과를 입증해야만 한다. 신용평점표 개발 프로젝트에서는 초기 특성변수 분석단계에서 기준들의 효과성을 입증해야 한다. 또한, 신용평점표 개발 프로젝트에서는 초기 특성변수

분석단계에서 이 기준들의 효과성을 입증하기도 한다. 정책기준들은 재심사 프로세스(분리 판정점으로 내린 의사결정을 번복하는 것)에서 가장 자주 사용된다. 전략과 마찬가지로 정책 기준도 모든 잠재적인 영향을 분석하기 위해선 법무, 리스크 관리부서, 영업부서 등으로부터의 투입요소들과 함께 개발되어야 한다.

위에서 분석한 신용평점의 적용사례들을 포함하여 신용정책 전반에 걸친 의사결정에 활용된다. 신용평점이 활용되는 대표적 사례로는 리스크관리 및 통제, 새로운 대출 프로그램 평가, 대출 승인 소요시간의 단축, 기존 여신심사기준의 건전성과 일관성 입증 등 신규고객 유치 및 기존고객관리 단계에서 뿐만 아니라 고객에 대한 사전 마케팅 단계에 이르기까지 전체 신용 라이프 사이클 상에서 활용되고 있다. 신규고객의 식별 및 등급산정을 위해 신청평점모형이 개발되어 활용되고 있고 기존고객에 대한 신용한도의 축소, 확대 및 변경을 포함한 기존 고객관리를 위해 행동평점모형을 개발하여 활용하며 실행된 여신의 중도 회수 결정 시에는 추심평점모형 등이 활용되고 있다. 이러한 신용평점을 활용하여 금융회사들은 개인의 상환능력을 기반으로 신용한도를 부여하거나 만기연장 및 채권 회수전략을 다양화하는 하판 고객의 상환능력 및 리스크 들을 평가하여 만기연장 여부 및 한도, 이자율을 조정한다. 특히, 만기 이전에라도 고객 신용에 문제가 발생하는 경우에는 고객이 상환의지가 있는 경우와 없는 경우로 구분하여 상환의지가 있는 고객에 대하여 지불관리 프로그램을 활용하고 상환의지가 없는 고객에 대하여 회수(recovery) 정책을 수행해나가는 등 적극 대응하게 된다. 또한 내부 신용등급을 매월 평가하여 자동대출 고개의 한도나 이자율을 자동으로 조정해나가고 정확한 리스크 측정을 기반으로 사전승인과 교차판매 등 마케팅 활동을 지원하게 된다. 리스크 관리를 위한 신용평점을 보완할 수 있는 다양한 형태의 평점모형, 예를 들어 수익성 극대화 목적의 시장세분화를 위해 수익성평점모형, 사기에 이용될 가능성이 있는 여신식별을 위해 사기추적모형, 파산 가능성이 있는 여신식별에 파산평점모형 등을 개발하여 신용평점과 함께 보완적으로 활용한다. 이와 같이 신용 라이프사이클 전반에 걸친 신용평점의 활용 과정에서 금융회사는 리스크와 관련한 신용정책 및 마케팅 정책 전반에 걸친 내부 의사결정 과정에서 일관성 있게, 효과적으로 적용되고 있는지를 지속적으로 점검을 통한 여신전략을 수립하고 시뮬레이션 및 테스트하여 모니터링 및 평가한 후, 여신전략 수정 등을 통한 여신전략시스템의 최적화를 도모해 나간다. 또한, 신용평가는 카드신청심사와 고객의 신용공여 채널, 한도책정 및 조정 연체관리 등 고객의 신용을 관리하는데 활용된다.

제10장 신용평가기관

신용평가는 차입자의 신용상태 및 재무상태를 조직적으로 평가해 등급을 사정하는 일이다.[20] 차입을 하는 주체는 국가, 자치단체, 기업이나 개인 등이다. 다만 차입자의 특성에 따라 평가항목이나 요소의 구성비율이 다를 수 있고 평가방법도 일치하지 않다.

기업인 경우는 영업력, 경영자의 자질, 기술개발상황 및 재무구조 등이 매우 중요하며 궁극적으로 기업의 부채상환능력을 평가하게 된다. 따라서 기업의 성장성 및 수익성에 중점을 두는 주식평가와는 어느 정도 차이를 보이나 높은 신용등급을 획득했을 경우 낮은 자금조달 코스트로 소요자금을 조달할 수 있다는 점에서 수익을 향상시킬 수 있는 요인으로 작용한다.

제1절 외국 신용평가기관

1. 주요국 신용평가기관

미국의 주요 신용평가기관은 Moody's Investor Service(Moody's), Standard & Poor's(S&P), Fitch IBCA, Duff and Phelps Credit Rating Co. 등이다. 이외에도 금융기관을 평가에 초점을 둔 평가기관 들이 있으며, 캐나다, 영국, 일본에 기반을 둔 신용평가회사들이 다수이다. 미국 이외의 국가의 신용평가기관이 미국 신용평가기관과의 합작이나 업무제휴 등을 하는 이유는 미국계 평가기관의 노하우와 명성에 기인한다. 신용평가는 19세기 미국에서 상인의 신용도를 평가하는 것에서 출발하여 기업의 채권을 평가하는 방향으로 발전하기 시작하였다. Moody's사의 설립자인 John Moody도 초기에는 철도채권을 중심으로 하는 영업에서 출발하였으나, 이후 점차 공익기업과 제조기업의 채권으로 확대하였고, 이후 증권으로 평가개념을 확산하였다. 현대의 신용평가는 자산담보부증권, 우선주, 기업어음, 정부채권, 지방채권 등 매우 광범위하

20) 신용평가는 개인, 기업, 심지어 국가의 신용에 대해 평가한다. 신용평가는 재무적 히스토리와 현재 자산과 부채로부터 계산된다. 일반적으로 신용평가는 채권자나 투자자에게 대출에 대해 돌려받을 확률을 말해준다. 그러나 최근 신용평가는 보험수수료를 조정하기 위해 사용되고 있으며 고용의 적절성, 리스에 대한 증거금에 대해서도 사용되고 있다.

며, 거래상대방에 대한 리스크 측정, 보험회사의 변제지불능력, 뮤추얼펀드(mutual fund)의 가격변동성 등의 위험도의 평가에 이르기까지 영역이 확장되고 있다.

표 10-1 ▎주요국 신용평가기관

평가기관	대상(설립)	평가기관	대상(설립)
Moody's	전세계(1900)	Int'l Bank Credit Analysis	은행(1979)
Fitch IBCA	전세계(1913)	Japan bond research Institute	지역(1979)
S&P	전세계(1916)	Australian Ratings(S&P)	지역(1981)
Duff & Phelps	지역(1932)	Agence d'valuation Financiere	지역(1986)
Canadian Bond rating Service	지역(1972)	Credit Rating Service of India	지역(1988)

2. 국제 신용평가기관

Fitch IBCA, S&P. Moody's 등이 세계 금융시장의 3대 신용평가회사이다. 특히 이들은 채무상환능력 등을 종합적으로 평가해 발표하는 국가별 신용등급(sovereign credit rating)은 유명하다.[21] 국가별 신용등급 평가는 한 국가의 정부채무불이행(default) 가능성 정도를 측정하는 지표로서 해당 국가의 경제적 정치적 위험도를 반영한다. 평가기준은 발행자신용등급이며, 국가 내의 지방정부가 아닌 중앙정부를 대상으로 한다. 이러한 국가신용등급은 국제금융시장에서 투자여부와 행당 국가의 차입금리 등 투자조건을 결정하는 기준과 판단의 요소가 되며, 해당국 금융기관이나 개별 기업의 신용평가에서도 베이스가 되는 기준으로 활용된다.

표 10-2 ▎세계 3대 신용평가기관

구분	주 요 내 용
S&P	• 미국(본사 New York) • 회사채 신용평가사인 Poor's사와 Standard Statistics가 1941년에 합병하여 S&P 발족 • S&P 500지수발표(다우존스, 나스닥과 함께 미 증시 3대지수) • 세계를 대상으로, 정치상황 경제구조 경제성장전망, 공공부채 대외부채 물가 부채상환능력 투자환경을 조사 발표함.
Moody's	• 미국(본사 New York) • John Moody 설립. 1909년 2백여 개 철도채권 평가에서 신용평가기관으로 성장 • 100여 이상 국가, 9만여 기업의 회사채, 7만여의 국공채 등급평가
Fitch IBCA	• 미국(본사 뉴욕), 영국(런던) • John Fitch설립 • 1997년 영국 IBCA사와 미국Fitch Investor가 합병하여, Fitch IBCA발족 • 2000년 세계4위 신용평가회사인 DCR(Duff & Phelps Credit Rating Co를 인수하면서 현재의 Cordiant Communication Group plc. 속하여 있음 • 세계 89개국에서 신용평가업무 수행하며, 3,100여 금융기관, 1,200여 기업등급 평가

21) 국가별 신용등급은 국가에 대한 신용을 등급화하는 것이다. 국가별 신용등급은 국가의 주위 환경에 대해 투자하는 위험수준을 나타내며 해외 투자처를 찾는 사람들에게 사용된다. 정치적인 위험도 물론 고려된다.

제2절 국내 신용평가기관

우리나라에 신용평가제도가 처음 도입된 것은 1986년 3월이었다. 무보증채권의 평가를 주된 업무로 시작되었다. 현재 전문신용평가기관으로는 한국기업평가(주), 한국신용평가(주), 한국신용정보(주) 등이 있는데 이들은 1998년 이후 외국 신용평가회사인 Fitch IBCA, Moody's, DCR(Duff & Phelps Credit Rating) 등과 업무제휴를 하고 있다.

표 10-3 ▎신용평가회사 개요

회사명	한국기업평가	한국신용평가정보	한국신용정보
설립연도 주요주주	1983.12 은행, 증권, 보험, 여신전문금융회사	1998.8 한국신용평가정보 Moody's	1986.9 은행, 은행연합회 신용보증기금
제휴기관	Fitch IBCA	Moody's	DCR

※ 주: 2008년 8월 한국신용정보㈜가 한국신용평가정보의 지분 34.3%를 인수하여 경영권 보유

1. 신용평가 업무

신용평가기관의 중요업무는 외국의 경우와 같이 유가증권의 평가와 보증기관의 평가업무가 중심이다. 유가증권의 신용평가는 기업이나 금융회사 등이 발행하는 기업어음, 무보증채권, 자산유동화 증권의 신용등급을 책정하는 일이며, 기업어음 평가는 종합금융회사, 증권회사 은행이 기업어음을 매매하거나 중개할 때 이용된다. 무담보어음을 발행하여 종합금융회사 증권회사 은행 등을 통하여 단기자금을 조달하고자 하는 기업은 보통 2개 이상의 신용평가회사에서 일정등급 이상의 신용평가등급을 받아야 한다. 채권평가는 무보증채권을 발행하고자 할 때 필요한 절차이다. 국채, 정부가 원기금의 지급을 보증하는 채권, 지방채, 한국은행의 통화안정증권을 제외한 무보증채권은 2개 이상의 신용평가회사에서 신용평가등급을 받은 경우에 한하여 인수기관에 의해 인수가 가능하고 은행과 투자신탁회사의 신탁재산에 편입될 수 있다.

자산유동화증권의 평가는 유동화전문회사 등이 사채 형태로 유동화증권을 발행할 때 적용하는 것으로 1개 이상의 신용평가회사로부터 그 채권에 대한 신용평가를 받도록 되어있다.

보증기관 평가는 채권의 원리금 지급을 보증하는 기관에 대한 평가이다. 당해 채권의 발행일로부터 과거 1년 이내에 채권의 지급보증과 관련하여 2개 이상의 신용평가회사에 의해

평가를 받은 기관이 보증한 채권에 한하여 은행이나 투자신탁회사는 신탁재산에 편입할 수 있도록 되어있다. 다만 신용보증기금이나 기술보증기금이 보증한 채권은 보증기관의 평가 없이 신탁재산에 편입될 수 있다.

2. 평가기준 및 평가등급 체계

평가기준은 신용평가회사에 따라 다소 차이가 있으나 일반적으로 대상회사의 사업성, 수익성, 현금흐름, 재무적 안정성, 경영관리 등을 기초로 사업전망을 분석하고 추정재무분석을 실시하여 이를 통하여 미래의 상환능력에 중점을 두고 평가한다. 동시에 환경요소로서 해당회사가 속한 산업과 계열, 유가증권의 발행조건 등을 분석하고 그 결과를 평가등급에 반영한다.

신용평가등급은 기업어음과 채권의 등급체계는 다르다. 기업어음의 경우, 신용도에 따라 A1에서 D까지의 6개 등급으로 구성되어 있다. A1에서 A3까지는 적기 상환능력이 인정되는 투자등급이며 B에서 C까지는 환경변화에 따라 적기 상환능력이 크게 영향을 받을 수 있는 투기등급으로 분류되며 D는 상환불능상태를 나타낸다. A2에서 B까지는 동일 등급 내에서 우열을 나타내기 위하여 +, − 부호를 부가한다.

표 10-4 ❙ 기업어음 신용평가 등급

등급	평가
A1	적기 상환능력(최고)
A2	적기 상환능력(중위)
A3	적기 상환능력(양호)
B	적기 상환능력 인정되나 투기적 요소 내재
C	적기 상환능력 가변적/의문시 되며, 투기적 요소 내재
D	채무불이행 상태

※ 주: 평가용어는 평가회사에 따라 표현이 다소 상이하나 일반용어로 내용설명

채권의 신용평가등급은 원리금에 대한 적기 상환능력의 우열에 따라 AAA부터 D까지 10개 등급으로 구성되어 있다. 이 중 AAA에서 BBB까지는 원리금 상환능력이 인정되는 투자등급, BB에서 C까지는 환경변화에 따라 크게 영향을 받는 투기등급, D는 상환불능상태로 분류된다. AA에서 BB까지는 동일 등급 내에서 우열을 나타내기 위하여 +, − 부호를 부가한다. 한편, 자산유동화증권의 신용평가등급은 채권의 신용평가등급체계에 준하여 운용된다.

표 10-5 | 채권의 신용평가등급

등급	등급별 평가	비고
AAA, AA, A BBB	지급능력(최상, 매우 우수, 우수) 지급능력양호하나, 여건변화에 따라 지급능력 저하 가능성	투자등급
BB B CCC, CC, C	지급능력 당장 문제없으나 투기적 요소 내재 지급능력부족, 투기적 채무불이행(요소내포, 가능성 높음, 극히 높음)	투기등급
D	지급불능상태	상환불능상태

※ 주: 평가용어는 평가회사에 따라 표현이 다소 상이하나 일반용어로 내용설명

제3절 신용평가시장 현황

매출규모를 살펴보면 2010년도 국내 신용평가회사 4사의 신용평가부문 매출규모는 789억원으로 전년(799억원) 대비 1.3%(10억원) 감소하였다. 이는 회사채발행규모가 2009년도에는 전년 대비 급증하였으나, 2010년도에는 전년 대비 소폭 감소한 데 기인한 일시적 현상으로 추정되고 있다. 회사채발행규모는 2008년 74.1조원, 2009년 114.9조원, 2010년 112.9조원을 나타내고 있다.

표 10-6 | 최근 3년간 신용평가사별 신용평가부문 매출 현황 (단위: 억원)

구분	'08년		'09년(a)		'10년(b)		증감(b-a)	
	매출액	점유율	매출액	점유율	매출액	점유율	매출액	점유율
한국기업평가	214	34.4%	266	33.3%	262	33.2%	△4	△0.1%
한국신용평가	208	33.4%	263	32.9%	256	32.4%	△7	△0.5%
한신정평가	197	31.6%	267	33.4%	268	34.0%	+1	+0.6%
서울신용평가정보[주)]	4	0.6%	3	0.4%	3	0.4%	–	–
합 계	623	100%	799	100%	789	100%	△10	–

※ 주): 무보증회사채 신용평가업무 영위 불가

시장점유율을 살펴보면 2010년도 시장점유율은 한신정평가, 한국기업평가, 한국신용평가가 각각 34.0%, 33.2%, 32.4%를 차지하여 3사 균점현상이 지속되는 가운데 한신정평가 점유율이 소폭 증가하고, 한국기업평가와 한국신용평가 점유율은 소폭 하락하였다.

평가실적 측면에서 2010년 연초 기준으로 국내 신용평가회사가 평가하고 있는 회사채 발행 업체수는 총 971개 업체로 전년 대비 39개사(4.2%)가 증가하였다. 투자등급 업체수는 809개로 전년(727개) 대비 82개(11.3%)가 증가한 반면, 투기등급 업체수는 162개로 전년(205개) 대비 43개(21.0%)가 감소한 것으로 나타나고 있다. 여기서 투자등급은 AAA등급~BBB등급, 투기등급은 BB등급~C등급을 말한다.

표 10-7 | 최근 3년간 회사채 평가 영업실적 현황 (단위: 업체수)

구분	'08년	'09년(a)	'10년(b)	증감	
				회사수(b-a)	증감비율
한국기업평가	319	336	344	8	2.4%
한국신용평가	283	303	321	18	5.9%
한신정평가	285	293	306	13	4.4%
합 계[주)]	887	932	971	39	4.2%
투자등급	701	727	809	82	11.3%
투기등급	186	205	162	△43	△21.0%

※ 주1) 연초 기준 3사 단순 합계
2) 2011년초 기준: 992개 업체

신용평가회사 3사가 제출하는 무보증회사채 대상 신용평가실적서·평균누적부도율표·신용등급변화표를 근거로 신용평가 실적(rating performance)을 보다 자세히 분석하면 다음과 같다.

연간부도율은 부도업체수/연초 무보증회사채 신용등급 보유업체수로 계산된다. 최근 10년간 연간 부도율 추이를 보면 2004년 이후 지속적으로 하락하다가, 2008년 경기 악화 이후 3년 연속 상승하였다. 2010년중 전체 신용평가회사의 연간부도율은 2.16%(971개 평가업체 중 21개 업체가 부도 발생)이며, 모두 투기등급 중에서 부도가 발생하고 있다. 즉, 1998~2010년 기간 중 총 172건의 부도 중 165건(95.9%)이 연초 투기등급에서 발생하였다. 투자등급 및 투기등급에서 발생한 부도율은 각각 0%, 12.96%로 나타났으며, 투기등급 부도율은 2004년(15.11%) 이후 최대치를 나타내고 있다.

여기서 무보증회사채는 기업이 원리금 상환 및 이자 지급을 제3자의 보증이나 물적담보 없이 신용에 의해 발행하는 회사채로 무보증사채 또는 일반사채라고도 한다. 원리금 회수에 대한 위험부담이 크기 때문에 제3자가 보증하는 보증사채나 담보여력 내에서 발행하는 담보부사채에 비해 이자율이 높고 기간이 단기인 것이 특징이다. 국내에서는 금융자율화 추진과 함께 1988년 9월부터 일정 평가등급 이상을 받은 법인으로 발행 허용 범위를 확대하였으며,

발행회사는 투자자들을 위해 당국이 인정한 신용평가기관에서 평가를 받고, 연 1회 이상 회사의 신용평가등급을 공시해야 한다.

표 10-8 ▌최근 10년간 연도별 부도율 현황 (단위: %)

구분	'01년	'02년	'03년	'04년	'05년	'06년	'07년	'08년	'09년	'10년
투자등급	0.52	0.00	0.00	0.00	0.00	0.30	0.00	0.29	0.00	0.00
투기등급	4.89	4.85	3.81	15.11	6.77	1.92	0.00	5.91	8.29	12.96
전 체	2.03	1.79	1.06	3.00	1.20	0.52	0.00	1.47	1.82	2.16

평균누적부도율은 특정 신용등급이 기간 경과에 따라 해당기간 중에 부도가 발생한 비율을 나타낸다. 최근 10년간 평균누적부도율을 보면 신용등급이 낮고 경과기간이 길수록 상대적으로 부도율이 높게 나타나고 있다. 신용등급별 부도율 역전 현상과 같은 특이사항은 발생하지 않고 있으나 2010년도 연간부도율(2.16%)이 과거평균(1.70%)보다 높게 발생함에 따라 2009년도 기준 평균누적부도율[1.65%(1년차) ~4.31%(10년차)]보다 다소 악화되었다.

표 10-9 ▌무보증회사채 등급별 평균누적부도율 (단위: %)

구분		1년차	2년차	3년차	4년차	5년차	6년차	7년차	8년차	9년차	10년차
투자등급	AAA	0.00	0.00	0.00	0.00	0.00	0.00	0.00	0.00	0.00	0.00
	AA	0.00	0.00	0.00	0.00	0.00	0.00	0.00	0.00	0.00	0.00
	A	0.00	0.00	0.05	0.05	0.05	0.05	0.05	0.05	0.05	0.05
	BBB	0.24	0.53	0.84	1.21	1.49	1.49	1.49	1.49	1.49	1.60
투기등급	BB	4.20	7.17	9.01	9.82	10.16	10.44	10.66	11.22	11.67	11.67
	B이하	9.99	13.42	15.49	15.63	15.78	15.95	16.14	16.60	17.40	18.05
평균		1.70	2.65	3.30	3.59	3.77	3.85	3.93	4.13	4.34	4.45
'09년(평균)		1.65	2.53	3.10	3.41	3.59	3.67	3.74	3.90	4.15	4.31

신용등급유지율은 연초 신용등급이 연말까지 유지되는 정도를 나타낸다. 2010년 신용등급유지율은 AAA등급 및 BB등급은 전년대비 소폭 증가하였으나, 다른 등급에서는 신용등급유지율이 하락하였으며 특히 BBB등급 신용등급유지율은 54.03%로 나타나 전년(64.20%)보다 크게 하락한 것으로 나타나고 있다.

표 10-10 ▌연도별 무보증회사채 신용등급유지율 (단위: %)

구분	AAA	AA	A	BBB	BB	B이하
2008년	98.11	87.50	86.44	65.12	70.00	75.40
2009년	95.28	95.81	84.13	64.20	41.79	53.62
2010년	97.92	91.53	82.25	54.03	57.14	42.50

신용등급 분포를 살펴보자. 연도별 회사채등급의 분포 현황을 보면 2000년 이후 등급상승 현상이 지속되면서 등급분포도가 변화한 것으로 나타난다. AAA등급비중은 3.6%('00년)에서 14.8%('10년)로 증가하고, AA등급 비중은 5.5%('00년)에서 25.5%('10년)로 증가하였다. 반면 BBB등급비중은 35.3%('00년)에서 12.8%('10년)로 감소하고, BB등급비중은 27.7%('00년)에서 4.3%('10년)로 감소하였다.

표 10-11 ▎연도별 무보증회사채 등급 분포 현황

(단위: %)

구분	'98년	'99년	'00년	'01년	'02년	'03년	'04년	'05년	'06년	'07년	'08년	'09년	'10년
AAA	1.3	0.7	3.6	3.7	5.6	8.6	10.7	11.1	11.9	12.2	12.0	13.6	14.8
AA	7.5	2.5	5.5	8.0	10.0	12.8	10.4	11.4	13.4	17.1	16.2	17.9	25.5
A	25.7	26.7	18.1	17.0	17.9	20.3	27.2	28.0	28.4	26.9	26.6	29.1	30.2
BBB	24.1	38.3	35.3	36.6	29.5	30.6	31.8	31.7	32.7	29.9	24.2	17.4	12.8
BB	27.4	20.3	27.7	28.3	30.6	20.1	11.6	8.0	6.1	4.9	6.8	7.2	4.3
B	11.7	4.7	3.2	2.1	4.8	6.3	7.1	7.5	6.5	7.1	12.3	10.9	7.6
CCC	0.3	3.0	1.9	1.0	0.1	0.4	0.6	1.3	0.6	1.6	1.9	3.3	3.0
CC	0.3	0.5	1.1	0.8	0.5	0.4	0.0	0.0	0.00	0.0	0.0	0.0	0.1
C	1.6	3.2	3.6	2.4	1.0	0.5	0.6	0.9	0.3	0.3	0.0	0.5	1.7

※ 주: 연초 기준 3사 단순합계 기준

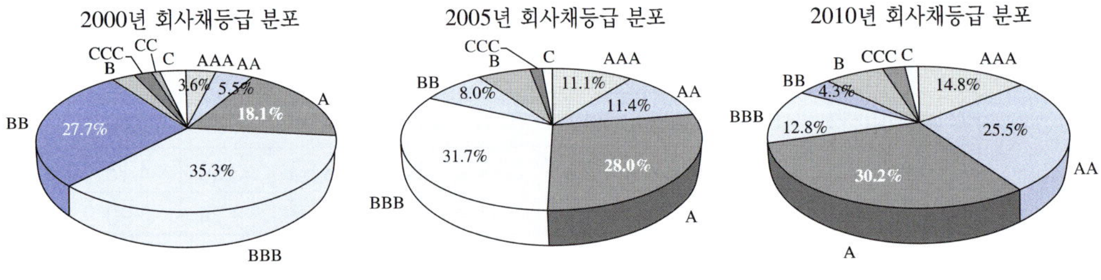

그림 10-1 ▎회사채등급 분포 추이

신용평가 회사별 평가실적을 살펴보면 다음과 같다.

표 10-12 ▎무보증회사채 연간부도율

(단위: %, 사)

	2009년도				2010년도			
	한기평	한신평	한신정평가	전체	한기평	한신평	한신정평가	전체
부도율(A/B*100)	1.79	1.98	1.71	1.82	1.74	2.49	2.29	2.16
부도업체수(A)	6	6	5	17	6	8	7	21
평가업체수(B)	336	303	293	932	344	321	306	971

표 10-13 | 무보증회사채 평균누적부도율

(단위: %)

구분		1년차	2년차	3년차	4년차	5년차	6년차	7년차	8년차	9년차	10년차
'09년	한기평	1.83	2.76	3.39	3.68	3.92	3.97	4.03	4.18	4.38	4.53
	한신평	1.57	2.34	2.85	3.14	3.30	3.42	3.56	3.82	4.17	4.34
	한신정평가	1.54	2.45	3.02	3.37	3.53	3.59	3.59	3.67	3.88	4.04
	전체	1.65	2.53	3.10	3.41	3.59	3.67	3.74	3.90	4.15	4.31
'10년	한기평	1.82	2.78	3.44	3.70	3.90	3.95	4.00	4.19	4.34	4.44
	한신평	1.66	2.59	3.27	3.57	3.76	3.92	4.10	4.38	4.64	4.75
	한신정평가	1.61	2.56	3.17	3.50	3.63	3.68	3.68	3.82	4.06	4.17
	전체	1.70	2.65	3.30	3.59	3.77	3.85	3.93	4.13	4.34	4.45

표 10-14 | 무보증회사채 신용등급유지율

(단위: %)

구분		AAA	AA	A	BBB	BB	B이하
'09년	한기평	95.24	94.92	82.98	63.08	47.83	50.94
	한신평	95.45	96.55	84.88	66.67	36.36	64.44
	한신정평가	95.12	96.00	84.62	63.27	40.91	45.00
	전체	95.28	95.81	84.13	64.20	41.79	53.62
'10년	한기평	98.00	90.70	81.19	51.06	46.67	46.67
	한신평	98.00	94.19	83.15	60.00	50.00	38.64
	한신정평가	97.73	89.47	82.52	51.35	73.33	41.94
	전체	97.92	91.53	82.25	54.03	57.14	42.50

제11장 신용리스크

제1절 신용리스크의 의의와 특성

1. 신용리스크의 의의

리스크의 사전적 의미는 예상으로부터 달라지는 변동 가능성을 의미한다. '위험'을 영어로 번역할 경우, danger과 risk의 두 가지 용어가 있으나 금융에서 말하는 위험은 risk를 의미한다. risk와 danger의 차이점을 살펴보면, risk는 예상과 달리 좋거나 나빠지는 상황을 모두 위험으로 보나, danger는 오로지 예상보다 나빠질 가능성만을 말한다. 또한 risk를 부담하는 대가로서 기대수익의 증가라는 보상을 받게 되지만, danger를 부담함으로써 보상을 받게 되는 경우는 없다는 점이다. risk는 미래에 대한 예상을 하고 사후적 결과가 예상보다 좋아지거나 나빠질 변동가능성을 말한다. 따라서 risk는 좋고 나쁨을 평가할 수 없고 다만 좋아하느냐 싫어하느냐를 따지는 대상인 데 반해, danger는 나쁘며 싫어하는 대상이 된다. 금융에서 리스크관리는 경제상황에 상관없이 금융회사 및 이와 관련된 업체에 절대적으로 필요하다. 나쁜 상황에서 리스크관리를 강조하는 것은 잠재의식 속에서 위험을 risk가 아닌 danger와 혼동하는 결과로 볼 수 있다.

경제활동에 있어서 투자의사결정 상황은 의사를 결정하는 사람의 미래에 대한 정보수준 또는 예측능력에 따라, 확실성(certainty), 리스크(risk) 그리고 불확실성(uncertainty)의 세 종류로 구분할 수 있다. 리스크는 미래의 불확실성 때문에 손실이 발생할 가능성 또는 실제 실현된 이익이 기대에 미치지 못하는 경우처럼 미래의 불확실성으로 인한 불리한 결과가 발생할 가능성으로 정의한다. 그러나 일반적 재무이론에서는 미래의 불확실성으로 인한 불리한 결과뿐 아니라 유리한 결과를 가져오는 경우에도 리스크로 파악하여 미래의 불확실성으로 인한 이익 또는 순현금흐름의 변동성(volatility)을 리스크로 정의한다.

금융회사의 예상치 못한 손실(Unexpected Loss, UL)은 신용·시장·운영리스크에서 나타난다. 신용리스크(credit risk)는 자산 신용의 질을 나타내며, 신용등급 또는 부도확률의 변화 및 회수율의 변동 가능성을 포함한다. 시장리스크(market risk)는 금리, 환율, 주가 및 상품가격과 같은 리스크 요소들의 변동으로부터 발생된다. 운영리스크(operation risk)는 직원, 전산시스템, 업무처리과정 및 외부영향 등에서 부적절한 처리 등으로 인한 재무적 손실 가능성을 의미한다.

신용리스크를 알아보기 앞서 간단히 BIS협약에 대해 알아보자. 1988년 확정된 현행 BIS협약은 신용도가 서로 다른 기업에 대해 획일적인 위험가중치를 적용하고 자산유동화를 통한 규제자본회피거래에 적절히 대응할 수 없다는 문제점을 내포하고 있어 바젤위원회[22]는 1996.7월부터 이를 대체할 신BIS협약을 마련키로 하고 은행, 감독당국과 관련 전문가들의 의견을 광범위하게 수렴하여 2004.6월 최종 확정하였다. 신BIS협약은 은행의 리스크관리 선진화와 자본충실화를 유도하기 위한 종합적인 자본규제제도라고 할 수 있는데 바젤위원회 회원국은 2006년말에 시행[23]하기로 합의하였고 비회원국은 각 감독당국이 시행여부 및 시행시기를 자율적으로 결정 가능하다.

표 11-1 ▌BIS자기자본규제제도 추진경과

구 분	시 기	추진내용
현행협약	1988. 7월	•「BIS제도」발표(1992년말부터 8% 유지 의무화)
	1996. 1월	•「시장리스크 반영 수정 BIS제도」발표(1997년 시행)
신BIS협약	1999. 6월	• 신BIS협약 1차안 발표(CP1 : Consultative Paper 1)
	2001. 1월	• 신BIS협약 2차안 발표(CP2)
	2003. 4월	• 신BIS협약 3차안 발표(CP3)
	2004. 5월	• 시행시기 일부 연기(고급법 2007년말)
	2004. 6월	• 신BIS협약 확정

그 동안 규제완화, 전자통신기술·금융공학의 발달을 배경으로 은행의 영업규모가 커지고 그 내용이 복잡화됨에 따라 최저 자기자본규모 산출방식을 정해주고 규모 이상으로 자본을 유지토록 하는 방식(Pillar 1)만으로는 은행의 건전성·안정성을 확보하는데 불충분하다고 판단하여 금융기관의 리스크관리와 자본적정성평가 시스템에 대한 감독당국의 적극적인 점검(Pillar 2)과 공시강화를 통한 시장참여자의 감시 유도(Pillar 3)로 보완하고자 하는 것이다.

22) 바젤은행감독위원회(Basel Committee on Banking Supervision)는 국제결제은행(BIS)의 산하 위원회중 하나로서 1974.12월 G-10 국가 중앙은행 총재회의의 결의로 설립되었는데 회원국의 은행감독당국이 회원이며 은행감독업무의 국제적 표준화, 감독당국간 협력증진과 정보교환 촉진업무를 BIS와는 독립적으로 수행. 현재 회원국은 13개국(벨기에, 캐나다, 프랑스, 독일, 이탈리아, 일본, 네덜란드, 스웨덴, 스위스, 영국, 미국, 룩셈부르크, 스페인)임

23) 다만, 고급법(신용리스크의 고급내부등급법, 운영리스크의 고급측정법)은 2007년말 시행

표 11-2 ▌신BIS협약의 구조

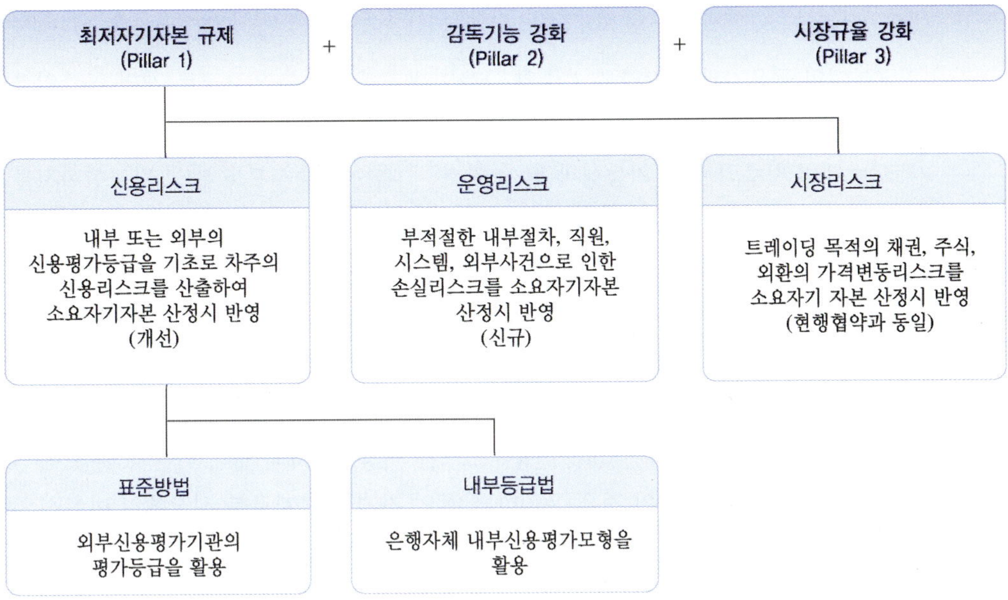

이 장에서 다루게 될 신용리스크가 가장 중요한 의미를 지니고 있다. 신용리스크(credit risk)는 보유하고 있는 대출자산이나 유가증권 등으로부터 기대되는 현금 흐름이 막히거나 완전히 지불되지 않을 가능성을 의미한다. 이는 금융거래 상대방이 계약에 명시된 의무이행에 대한 요구를 충족시키지 못하는 리스크를 뜻한다. 신용카드의 산업의 신용리스크는 회원의 수익이나 자본에 문제가 생겨 신용카드사와 계약상의 조건을 위반하거나 이행하지 못하게 되는 리스크를 의미한다. 신용카드는 물적 담보 등이 없는 순수한 신용대출이므로 상환이 주로 채무자의 지불능력에 달려있어 신용카드와 관련된 리스크 중에서 가장 중요하다. 소비자들은 다양한 이유로 신용카드를 이용한 상품구입이나 필요한 자금의 조달을 위하여 대출을 일으키는데 경기가 나빠지거나 개인적인 실업, 재해 등이 발생하는 경우 대금을 갚지 못하게 되는 리스크에 빠지게 된다. 또한 이자율이 오르게 되면 한계점에 있든 소비자들이 상환하기 어려운 사정에 이르는 등 신용리스크에 부딪히게 된다.

이러한 신용리스크는 개인채무자뿐 아니라 신용카드 포트폴리오 전체의 리스크도 생긴다. 경기악화를 비롯하여 발급기준의 완화나 공격적인 고객유치 마케팅, 고객관리의 부적절성 등이 포트폴리오의 리스크를 증가시키는 요인이 될 수 있다. 그러므로 신용관리는 카드회원 개개인의 관리와 함께 전체 카드자산 포트폴리오에 대한 관리를 동시에 수행하여야 한다.

2. 신용리스크의 특성

현대의 금융기관은 수많은 차주와 금융거래를 유지하고 있으므로 개별 차주의 신용리스크뿐만 아니라 포트폴리오 전체적인 신용리스크를 관리해야 한다. 포트폴리오 전체의 신용리스크는 개별 차주의 부도 가능성과 함께 여러 개 차주의 동시부도 발생 가능성까지를 포함하고 있다. 1990년 이후, 금융기관의 신용리스크 관리는 개별 차주의 신용리스크관리에서 포트폴리오 차원의 신용리스크관리로 변화하고 있는 추세이다. 한도관리 및 차주의 모니터링 등 개별 차주위주로 관리되던 신용리스크관리는 포트폴리오의 개념과 접목되기 시작하면서 리스크관리의 주요 이슈로 등장하기 시작하였다. 그러므로 포트폴리오의 개념에 입각한 신용리스크관리는 개별 차주뿐만 아니라 전체 포트폴리오의 수준에서 발생할 수 있는 신용리스크의 측정 및 관리로 정의할 수 있다. 신용리스크는 시장리스크와 달리 다음과 같은 특징을 가지고 있다. 첫째, 시장리스크의 경우 동일한 상품의 가격변화 자료를 시장에서 반복적으로 수집할 수 있는데 비해 신용리스크의 경우 동일한 기업의 과거 부도통계 자료가 미비하며 차주간의 상관관계를 측정엔 어려움이 있다. 둘째, 손실분포는 시장리스크의 수익률분포와 달리 비대칭적이고 두터운 꼬리를 갖기 때문에 시장리스크보다 예상외손실의 측정이 쉽지 않다. 셋째, 부도의 발생빈도가 적으나 부도시 손실은 크기 때문에 신용리스크의 손실확률분포는 정규분포를 가정하는 경우 주어진 평균과 표준편차만으로 예상외손실 측정시 오차가 크게 발생하기 때문에 시뮬레이션을 통하여 손실분포를 산출해야 한다. 넷째, 지급보증 담보 또는 상계약정 등 다양한 형태의 신용보완 조치가 가능하여 상품의 신용리스크 구조가 복잡하다.

지난 10여년에 걸쳐 금융전문가들이나 금융규제자들은 개별 거래 관점이나 포트폴리오 관점에서 신용위험을 올바로 인식하고 측정하기 위한 내부모델을 개발하기 위해 많은 노력을 기울여 왔다. 이러한 노력의 결실로 신용위험을 측정하기 위한 기법들이 많이 나타났다 그 중 대표적인 방법론은 CreditMetrics(JP Morgan, 1997), KMV Portfolio Manager(KMV, 1997), CreditRisk+(Credit Suisse Financial Product, 1997), Credit Portfolio View(Wilson, 1997) 등이다. 각각의 방법론은 고유의 가정이나 접근방법을 사용하고 있으나 신용손실의 인식 차주사이의 관계설정 그리고 손실분포의 도출과 분포의 특성값(예상손실 예상치 못한 손실 등) 등을 산출하는 부분은 공통적인 과정이라고 할 수 있다. 현재, 개발된 방법론은 신용손실을 인식하는 기준에 따라 부도기준(Default Model, DM) 모형과 시장가치기준(Market To Market, MTM) 모형으로 대별된다. DM모형은 부도만을 신용손실을 발생시키는 사건으로 간주하는 반면 MTM모형은 부도뿐만이 아니라 신용등급의 변동(transition matrix)도 신용손실을 초래하는 사건으로 간주한다. 이는 신용등급의 변화에 따라 금융자산의 가치도 달라지는데 이러한 가치변화도 손실로 인식하는 모형이다.

어떤 모형이 적합한지는 금융자산의 성격에 따라 또는 금융시장의 환경에 따라 달라 질 수 있다. 예를 들어 채권 거래가 활성화되어 있는 경우 신용등급별 채권가격에 대한 정보를 활용하여 신용등급전이에 따르는 손실을 계산할 수 있으나 여신의 경우에는 거래시장이 형성되어 있지 않은 경우가 대부분이다. 또한, 소매 금융의 경우 불특정다수를 대상으로 한 소액 여신이므로 시가평가의 실익이 없다. 이와 같이 금융자산의 성격에 따라 DM이나 MTM을 선택 적용하는 것이 필요하며 이러한 선택은 금융자산의 평가 와 밀접하게 관련되어 있다. 신용위험모형의 또 다른 중요한 요소는 포트폴리오 효과를 반영하기 위하여 차주 사이의 관계성을 어떻게 설정하는가이다. CreditRisk+는 섹터라는 개념을 도입하여 암묵적으로 상관관계를 반영하고 있다. 반면, CreditMetrics는 자산가치이론에 기반하여 신용위험을 유발하는 요인의 상관관계를 명시적으로 반영하고 있다.

3. 신용리스크 관리의 단계

신용리스크뿐 아니라 리스크관리는 다음의 네 단계로 구성된다. 먼저, 현재 보유한 포트폴리오의 기대수익과 리스크를 측정한다. 다음 단계에서 리스크 대비 기대수익을 극대화하되 금융회사나 개인투자자의 리스크 성향을 감안하여 목표 포트폴리오를 선정한다. 이후, 현재 포트폴리오와 목표 포트폴리오간 차이가 존재할 경우 이를 조정하는 효율적인 방법을 찾아 추진하고 마지막 단계에서 사후적으로 위의 단계들을 평가하고 결과에 따른 보상을 하게 된다.

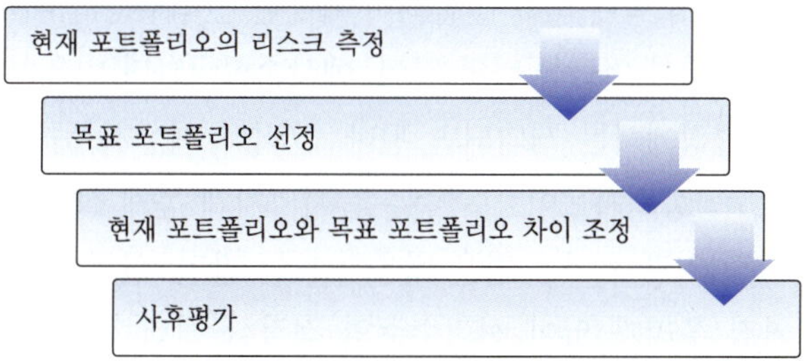

그림 11-1 | 리스크관리 절차

금융회사의 자본은 예상치 못한 손실의 발생으로 인한 부실을 막는 보호장치의 역할을 한다. 적절한 규모의 자본을 갖고 있지 않은 회사는 무모한 투자로부터의 예기치 않은 손실 발생으로 인해 고객들에게 피해를 줄 수 있다는 것이다.

4. 일반적인 신용리스크의 측정과 자본

앞에서 언급한 바와 같이, 신용리스크란 거래 대상자에게 대출을 하거나 거래 상대방의 채권을 구매한 후, 거래 상대방의 신용도가 하락하거나 부도가 발생함으로써 생길 수 있는 위험을 말한다. 상대방의 경영상태 악화, 신용도 하락 또는 채무 불이행 등으로 손실이 발생할 위험으로 금융기관 입장에서는 보유하고 있는 대출 자산이나 유가증권 등으로부터 예상되는 현금흐름이 계약대로 회수되지 않을 가능성을 의미한다. 좁은 의미의 신용위험은 '채무자의 계약 불이행 가능성'만을 고려하는 것이지만 넓은 의미의 신용위험은 좁은 의미의 신용위험을 포함하며, 채무자의 신용도 하락에 따른 자산 및 계약의 시장 가치가 하락하여 발생하는 손실을 포함한다. 금융기관은 자산 가격의 변동으로 인해 발생하는 시장 위험에 대한 노출도에 비하여 기업이나 가계의 채무불이행으로 오는 손실규모가 훨씬 큰 것으로 알려져 있다. 따라서 금융기관의 신용리스크 관리는 은행의 종합적인 위험관리의 가장 중요한 부분일 뿐만 아니라 금융기관의 장기적인 발전과 성공을 이루는데 필수적인 요소로 자리잡고 있다.

기본적으로 신용리스크는 예상손실(Expected Loss, EL)과 예상치 못한 손실(Unexpected Loss, UL)의 합으로 이루어진다. 신용리스크 관리에서 측정하고자 하는 것들 중, 가장 기본적인 것은 거래 상대방이 파산하지 않고 채무에 대하여 정해진 시기에 제대로 원리금을 지불할 능력을 측정하고 평가하는 것이다. 신용VaR(credit VaR)란 신용포트폴리오에 대한 신용리스크를 금액 기준으로 계산하여 정보를 제공할 수 있도록 하는 기법이다. 신용리스크는 예상손실과 금융회사의 내부모형에 의해 산출되며 특정한 신뢰수준 범위에서 예상치 못한 손실만큼으로 구성된다. 앞에서 언급한 바와 같이, 예상손실이라면 비용처리와 더불어 충당금으로 적립되어 자본금 설정에서는 제외되면 된다. 그러나 예상치 못한 손실은 더 많은 자본을 쌓아야 한다. 만일, 금융회사들이 신뢰수준을 지나치게 높게 설정할 경우(99.9%), 예상치 못한 손실의 규모가 커지므로 너무 많은 비용이 드는 반면, 신뢰수준을 낮게 설정하면 그만큼 부실가능성이 커질 우려가 있어 신뢰수준의 적절한 선택 필요하다.

그렇다면 신용리스크와 자본요구량은 어떤 관계를 가질까? 경제적자본(Economic Capital, EC)은 예상하지 못한 손실에 대한 재정적인 완충역할을 한다. 그림 11-2은 신용리스크 자본요구량인 경제적자본이 어떻게 계산되는 지 보여준다. 경제적 자본은 예상하지 못한 손실에 대한 재정적인 완충역할을 한다고 하였다. 예상손실은 자본할당(capital reallocation)과 무관하다. 예상손실은 손실처리와 동시에 대손충당금을 적립하게 된다. 신용리스크로서 자본적립을 요구받은 것은 예상하지 못한 손실뿐이다. 따라서 EV − P(c)가 된다.

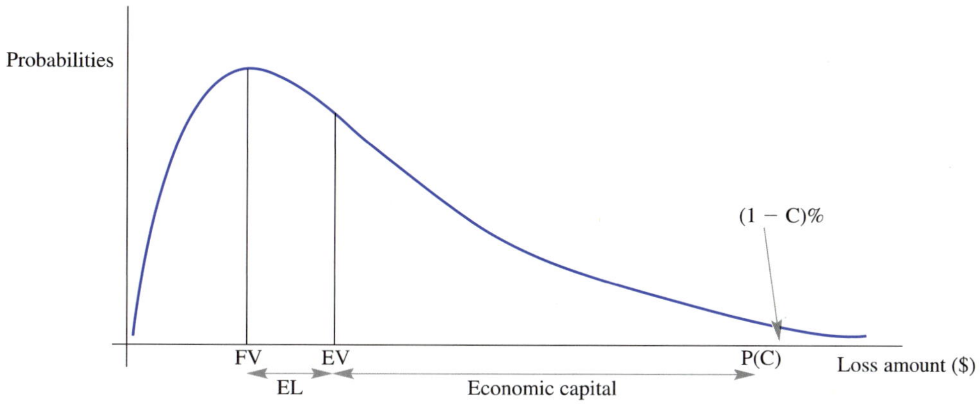

그림 11-2 ▎VaR와 경제적자본

단, 여기서 P(c) = (1 − c)% 유의수준에서 최악의 시나리오의 포트폴리오 가치

- FV = 포트폴리오의 미래가치(대손이 발생하지 않을 경우)
- EV = 포트폴리오의 기대가치(예상대손이 발생한 경우)
- EL = 예상손실 = FV − EV

금융회사의 자본은 크게 경제적자본과 규제자본으로 나뉘어 설명된다. 예상손실이라면 비용처리함과 더불어 충당금으로 적립되어 자본금 설정에서는 제외된다. 경제적자본은 금융회사의 내부모형에 의해 산출되며, 특정한 신뢰수준 범위에서 예상치 못한 손실만큼으로 구성된다. 경제적자본은 금융회사의 과학적인 내부모형에 의해 계산되지만, 신뢰수준과 리스크 보유기간의 선택은 금융회사 경영진에 의해 정해지는 중요한 정책변수이다.

규제자본은 경제적자본과 대비되는 개념으로 바젤협약안에 따라 국제 공통으로 적용되는 기준에 의거하여 적립되는 자본을 말한다. 표준모형(금융감독 당국 기준)을 택할 경우, 경제적자본과 괴리를 보일 가능성이 크지만, 내부모형을 사용한다면 경제적자본과 규제자본의 차이는 많이 줄어들 것으로 예상된다. 대부분의 금융회사들은 감독당국의 권고 하에 바젤협약안 최소기준(BIS 비율 8%)에 의한 규제자본보다 더 많은 자본을 사실상 보유하고 있다.

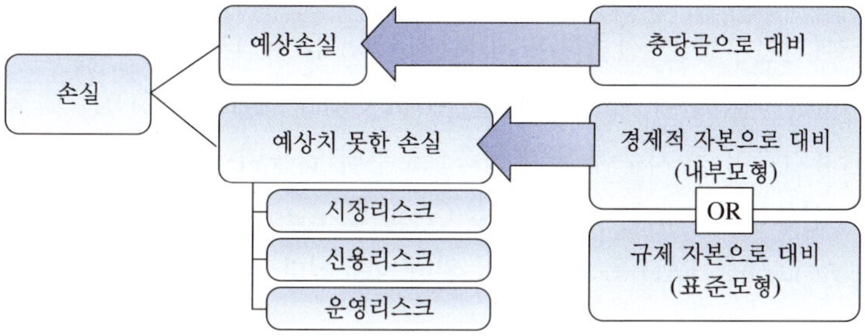

그림 11-3 ▎금융회사의 예상손실 및 예상치 못한 손실의 대비

제2절 신용리스크 측정모형

2004년 Rutter Associates가 44개 은행으로 대상으로 한 서베이 결과, Moody's/KMV모형이 신용리스크 측정에 가장 많이 사용되고 있었다. 21개 은행이 자체적으로 개발한 신용리스크 모형을 사용하고 있으며, 20개 은행이 Mood's/KMV모형을 사용하였고, 3개 은행이 CreditMetrics를 사용하고 있으며 3개 은행이 CreditRisk+를 사용하고 있었다.

국내의 경우, 예상부도율은 신용등급시스템을 이용하여 산출하는데 대부분 은행들은 10등급으로 구분하고 있으며 10등급 시스템을 채택하고 있는 은행들도 변별력을 높이기 위해 1등급을 2단계로 나누거나 특정 등급을 더욱 세분화하는 등 은행간 차이를 보인다. 2003년말 각 은행이 측정한 예상손실 규모와 대손충당금의 비율(예상손실/대손충당금)은 21.8%~415%까지 광범위하게 분포하고 있어 아직까지 국내은행들이 대손충당금 적립규모를 결정하는데 있어 예상손실을 제대로 고려하지 못하고 있는 것으로 보았다. 예상치 못한 손실은 일반적으로 계량적 모델에 의해 측정되는데 국내은행의 경우 대부분 CreditRisk+ 방식을 채택하고 있으며 일부 은행들은 KMV방법론이나 CreditMetrics 방법론을 활용한 내부모형을 채택한 경우도 있다. 국내은행들은 신용 VaR 측정 시 포트폴리오의 보유기간을 모두 1년으로 가정하고 있으며 신용 VaR의 측정과 관련한 신뢰수준은 각 은행의 목표 신용등급에 따라 99%~99.9% 사이에서 운용하고 있다.

1. 주요 용어

예상손실과 예상치 못한 손실을 계산하기 위하여 다음과 같은 리스크 측정요소 또는 리스크요인(risk parameter or risk factor)들로 구성된다. 부도율(Probability of Default, PD)은 정상적인 기업에 대해 일정기간(통상 1년) 내 부도가 발생할 확률을 말한다. 경기변동 주기상 부도율이 높은 시기와 낮은 시기가 합리적으로 결합된 기간 동안의 평균적인 부도 경험을 반영한 1년 부도율(연간부도율) 산출하여 하며 연간부도율 = (1년간 부도발생 기업수/연초 정상기업수) × 100로 계산된다. 부도시 손실률(Loss Given Default, LGD)는 특정 차주의 부도사건 발생시 금융기관이 동 차주에 대한 상품으로부터 입을 수 있는 경제적 손실(Economic Loss)를 의미한다. 신용환산율 또는 추가사용률(Credit Conversion Factor or Usage)은 부도시 익스포져(Exposure At Default, EAD)를 산출하기 위한 비율이다. 부도시 익스포져(EAD)는 다음과 같이 계산된다.

$$\text{EAD} = \text{잔액} \times \text{신용환산율}$$

따라서 부도시 익스포저(EAD)란 차주의 부도시 동 차주에게 노출되어 있는 익스포져 예상액을 의미하며 미래 특정시점에 차주에게 발생하게 되는 익스포져의 기대값으로 정의될 수 있다. 신용환산율은 예상손실금액 산출시점, 현재 정상인 계좌에 연중 부도가 발생할 경우, 계좌의 정상시점 미사용 한도 대비 부도시점에 추가적으로 위험에 노출되는 금액의 비율을 의미를 가진다.

$$\text{CCF} = \frac{\text{부도시점 추가사용 금액}}{\text{기준시점 한도금액} - \text{기준시점 사용금액}}$$

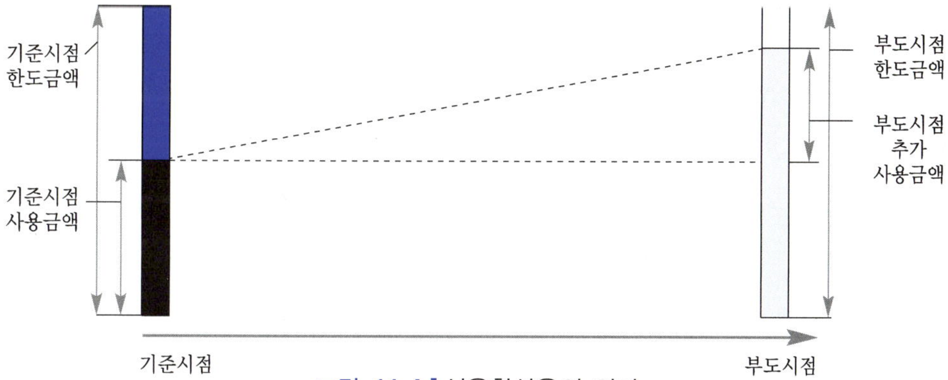

그림 11-4 ▎신용환산율의 의미

표 11-3 ▎리스크 측정요소와 주요용어 정의

용어	정의
리스크 측정요소 (Risk Parameter)	• 예상손실 및 예상치 못한 손실 산출시 사용되는 부도율, 부도시 손실률, 부도시 익스포져 등의 추정요소를 총칭
부도율 (Probability of Default, PD)	• 1년 동안 정상차주들 중에서 부도가 발생한 횟수를 의미
부도시 손실률 (Loss Given Default, LGD)	• 특정 차주의 부도시, 금융기관이 동 차주에 대한 익스포져로부터 입을 수 있는 손실비율
신용환산율 또는 추가사용률 (Credit Conversion Factor, CCF or Usage)	• 개별 상품 건에 대하여 잔액대비 실제 대위변제가 일어난 비율
부도시 익스포져 (Exposure At Default, EAD)	• 고객의 부도시, 예상되는 대위변제발생액을 의미하며 잔액에 신용환산율을 곱하여 구함
신용지수 (Credit Index, CI)	• Credit Index라 불리며 고객의 신용상태를 나타내는 지표값
예상손실 (Expected Loss, EL)	• 1년 이내에 발생할 수 있는 경제적 손실금액 *예상손실 = 잔액 × 부도율 × 부도시 손실률 × 신용환산률
예상치 못한 손실 (Unexpected Loss, UL)	• 미래의 기대가치에 벗어난 잠재적 손실로 VaR과 같은 의미를 가짐
신용VaR(credit VaR)	• 연도 말 잔액이 1년 동안 정상적인 시장여건 하에서 발생할 수 있는 특정 신뢰구간(c%)에서의 최대손실금액

예상손실(Expected Loss, EL)이란 과거의 경험손실 자료와 현재 보유자산의 위험특성을 감안하여 앞으로 발생할 것으로 예상되는 손실을 말한다. 예상치 못한 손실이란 미래의 기대가치에 벗어난 잠재적 손실로 신용VaR과 같은 의미를 가진다. 금융기관은 현재 보유한 자산의 위험특성을 논리적·통계적으로 분석하여 향후 1년 이내에 발생가능한 손실에 대하여 대비해야 한다. 이 절에서는 은행에서 많이 사용하는 모형들을 알아보기로 하자.

2. 간단한 신용리스크 측정 예시[24)]

미래 일정기간 동안 신용등급이 변하거나 부도가 발생함으로써 생기는 손실을 정확히 예측하기는 불가능하지만 그 확률적 성격 또는 확률분포를 추정할 수는 있다. 다음과 같은 예를 가정하여 보자 어떤 금융기관이 차주 A, B에게 각각 35억원과 45억원을 대출하였고 각각의 신용등급에 따른 과거의 부도율 회수율이 다음과 같다고 하자.

표 11-4 ❙ 부도율 및 회수율 예시

	대출	신용등급	과거 신용등급부도율	과거 회수율
차주A	35억원	BBB	0.03	5/7
차주B	45억원	BB	0.025	5/9

금융기관은 수익을 창출하는 영업활동 과정에서 통상적으로 감수하는 손실이 있으며 이를 예상손실이라 할 수 있다. 이는 특별한 외부의 충격이 없을 경우에도 발생하는 손실이므로 다음과 같이 기대손실로 정의할 수 있다.

$$35\text{억 원} \times \left(1 - \frac{5}{7}\right) \times 0.03 + 45\text{억 원} \times \left(1 - \frac{5}{9}\right) \times 0.025 = 0.8\text{억 원}$$

그러나 예상손실은 손실의 확률분포의 한 단면만을 측정한다. 다음과 같은 추가적인 정보 하에 상세한 분석이 가능할 경우와 비교하여 보자. 즉, A와 B차주의 결합부도확률이 다음과 같다고 가정하자.

표 11-5 ❙ 차주의 결합확률분포 예시

구분		차주B	
		부도	정상
차주A	부도	0.010	0.020
	정상	0.015	0.955

24) 금융감독원 (2006) 참조.

이에 근거하여 손실분포를 산출하면 다음과 같다. 두 차주 모두 정상이면 0원의 손실이 발생한다. 그러나 A차주가 부도이고 B차주가 부도일 확률은 누적확률1로 다음과 같이 기대손실이 발생한다.

$$35\text{억 원} \times \left(1-\frac{5}{7}\right)+45\text{억 원} \times \left(1-\frac{5}{9}\right)=30\text{억 원}$$

표 11-6 ▎손실분포 예시

손실		확률	누적확률
0억원	A차주 정상, B차주 정상	0.955	0.955
10억원	A차주 부도, B차주 정상	0.020	0.975
20억원	A차주 정상, B차주 부도	0.015	0.990
30억원	A차주 부도, B차주 부도	0.010	1.000

손실분포의 예상손실은 다음과 같이 계산된다.

$$0\text{억 원} \times 0.955 + 10\text{억 원} \times 0.02 + 20\text{억 원} \times 0.015 + 30\text{억 원} \times 0.01 + 0.8\text{억 원}$$

그러나 99%의 확률을 가지고 20억의 손실도 발생할 수 있다. 이러한 예상치 못한 손실은 그 규모가 커서 금융기관을 파산상태에 빠뜨릴 수도 있다. 위의 단순한 예에서도 알 수 있듯이 신용리스크는 포트폴리오 차원에서 고려되어야 한다. 개별거래가 모여서 생성되는 포트폴리오는 각각의 거래상대방 또는 차주의 신용사건 간의 관계에 따라 그 위험의 정도가 변할 수 있는 것이다. 만약 99%의 확률을 가지고 발생할 수 있는 손실에 대해 대처하고자 한다면 통상적인 예상손실이외의 손실에 대해 적정 자본을 확보하여야 할 것이다. 이렇게 자본으로 대처해야 할 위험을 예상치 못한 손실(Unexpected Loss, UL) 또는 신용리스크(credit VaR)라고 한다. 예상신용손실은 금융기관의 영업 수행상 불가피한 것이므로 영업비용으로 인식하며 예상외손실은 발생가능성은 작지만 일단 발생하면 그 규모가 상당히 커서 금융기관의 입장에서는 자본으로 흡수할 수 밖에 없다. 신용손실분포를 결정하는 중요 요소 중 하나는 거래상대방 또는 차주의 신용사건 간의 관계이다. 위의 예시에서는 두 차주들에 대한 결합확률분포를 가정하였으나 현실세계에서는 이를 관찰하는 것이 불가능하다. 따라서 신용위험 측정모형에서는 이러한 관계성을 모형화하고 있다. 이후에 설명될 CreditMetrics, KMV, CreditRisk+는 차주들의 상관관계의 관계성을 어떻게 모형화 했는지를 알 수 있다.

3. CreditMetrics모형

CreditMetrics는 어떤 주어진 기간 동안(보통 1년) 대출채권과 회사채 등으로 구성된 포트폴리오의 가치가 어떻게 변할 것인지에 대한 가치분포를 추정하여 신용리스크를 측정한다. 여기서 가치변화는 채무자의 신용상태 변화 즉, 신용등급 상승 및 하락(부도등급 포함)의 결과이다. 신용리스크는 시장리스크와 비교할 때 포트폴리오 분포가 일반적으로 정규분포가 아니므로 신용리스크 분산으로 인한 포트폴리오 효과 측정이 시장위험의 경우 보다 훨씬 더 복잡하다. 또한, 대출 정보는 회사채와 같이 시장에서 거래되는 상품에 비해 관련 정보가 불충분하다. 시장리스크가 내재된 포트폴리오에 대해 정규분포를 가정하는 것은 합리적이라고 볼 수 있지만 신용리스크의 경우는 아래와 같이 여신 수익률이 치우친 두꺼운 꼬리 모양을 보이므로 정규분포를 가정할 수 없고 그 결과 평균과 분산만으로 분포의 분위수를 추정할 수 없다. 그러므로 일반적으로 신용리스크는 포트폴리오 가치변화의 전체 분포를 시뮬레이션을 통하여 도출한다.

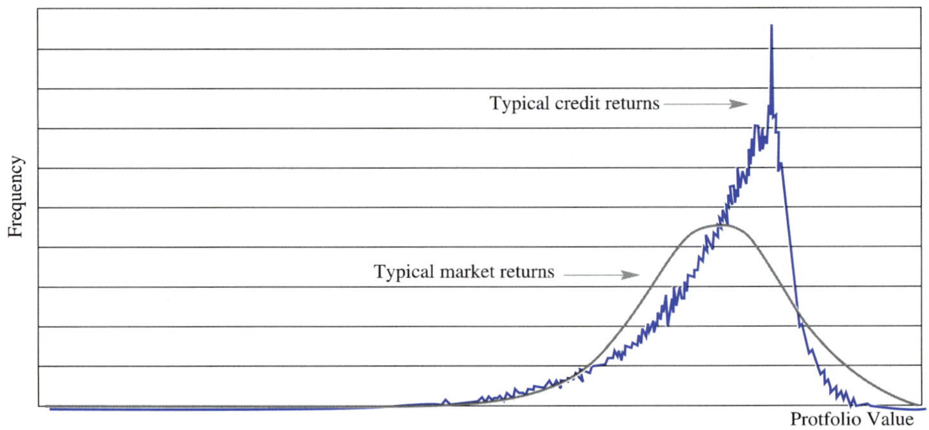

그림 11-5 ▌시장수익률과 신용수익률의 확률분포 비교

포트폴리오 분산효과를 측정하기 위해서는 모든 채무자 조합에 대해 신용상태 변화의 상관관계를 추정해야 한다. 그러나 이들 상관관계는 직접적으로 관찰가능한 것이 아니다. CreditMetrics는 자산 수익률의 결합 확률에 근거하여 상관관계를 계산하는데 이는 채무자의 자본구조와 주식수익률 생성과정에 매우 강한 단순화 가정을 부여한 결과이며 CreditMetrics의 중요한 특성이다. CreditMetrics는 KMV 및 CreditRisk+ 방법론과 마찬가지로 선도 가치와 익스포져를 결정론적(deterministic) 선도 이자율 곡선으로부터 유도하므로 어떠한 시장 리스크도 감안하지 않는다. 즉, 금리 등 시장변수는 주어진 것으로 보고 있으므로 유일한 불확실성은 신용등급 전이로부터 발생한다. 따라서 신용리스크는 시장리스크와 독립적이고 이것이 CreditMetrics방법론의 또 다른 한계이다.

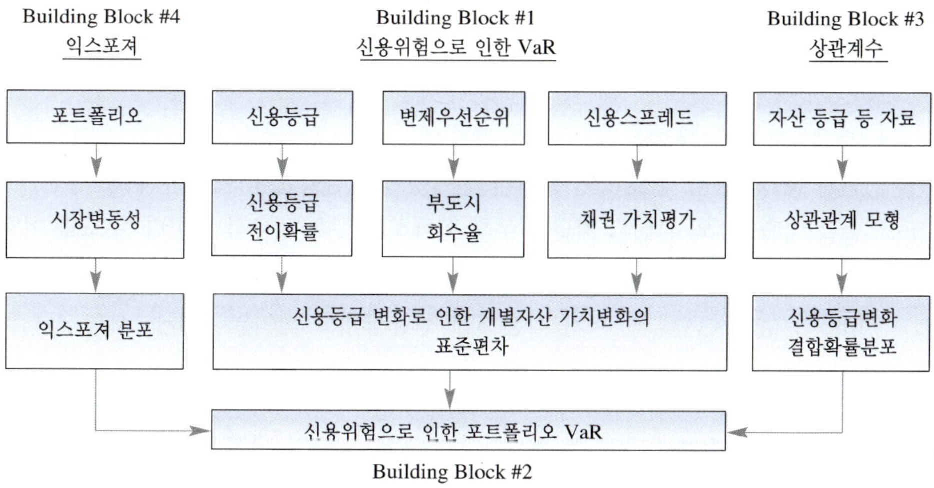

그림 11-6 ▌CreditMetrics 체계

※ 자료: JP Morgan

CreditMetrics는 두 개의 축으로 이뤄져 있는데 하나는 단일상품에 대한 credit VaR계산이고 다른 하나는 포트폴리오의 분산화 효과를 설명해주는 포트폴리오 계산이다. 또한 두 가지 지원함수가 있는데 하나는 결합 전이확률을 생성하는데 이용되는 상관관계 함수이고 다른 하나는 스왑과 같은 파생상품 등을 포함한 미래 익스포져를 산출하는 익스포져 함수이다.

(1) 개별채권의 신용리스크 측정

위의 그림에서 Building Block #1인 신용리스크로 인한 VaR을 살펴보자. Building Block #1은 개별채권의 신용리스크를 측정하는 단계이다. 개별채권의 신용리스크를 산출하기 위해서는 우선 등급체계를 확정해야 한다. 즉, 몇 개의 유효 등급으로 구분할 것인지를 정하는 것이다. 이를 바탕으로 특정 기간동안 각각의 신용등급에서 다른 등급으로 전이될 확률을 구한다. 이를 전이행렬(transition matrix)이라고 부르는데 CreditMetrics의 핵심적 요소이다. CreditMetrics방법론은 동일 등급의 모든 채무자는 동질적 신용상태에 있으며 동일한 전이확률과 부도확률을 갖는다고 가정한다. 다음으로 위험측정 기간을 정하는데 만기가 장기라면 여러 기간을 고려할 수 있겠지만 보통 향후 1년간의 부도확률을 추정한다. 다음으로 신용등급별 선도 할인율 곡선을 도출하는데 부도등급의 경우, 회수율(1-손실률)을 적용한다. 마지막으로 이상의 정보를 이용하여 신용등급 변화에 따른 채권의 1년 후의 미래가치인 선도가치를 계산한다. 다음 예시를 통해 이러한 단계를 쉽게 이해할 수 있다.

〈예시〉 만기가 5년인 선순위 무담보 BBB채권(연 6%, 연 1회 이자지급, 액면가 100원)의 신용 VaR 계산

- **1단계: 전이행렬 산출**

먼저 등급체계를 정하고 이에 따라 전이행렬을 산출한다. 여기서 부도는 채무자가 채권 또는 대출채무와 관련된 지급 의무를 이행하지 못한 경우를 말한다. 부도를 어떻게 정의하는지도 매우 중요한 이슈이다. 아래의 표에서 음영부분은 채권 발행자의 현재 등급인 BBB의 향후 1년 동안 각기 다른 8개 신용상태로 전이될 확률을 보여주고 있다.

표 11-7 | 전이행렬의 예

최초등급	1년후 신용등급(%)							
	AAA	AA	A	BBB	BB	B	CCC	부도
AAA	90.81	8.33	0.68	0.06	0.12	0	0	0
AA	0.70	90.65	7.79	0.64	0.06	0.14	0.02	0
A	0.09	2.27	91.05	5.52	0.74	0.26	0.01	0.06
BBB	0.02	0.33	5.95	86.93	5.30	1.17	1.12	0.18
BB	0.03	0314	0.67	7.73	80.53	8.84	1.00	1.06
B	0	0.11	0.24	0.43	6.48	83.46	4.07	5.20
CCC	0.22	0	0.22	1.30	2.38	11.24	64.86	19.79

※ 자료: S&P CreditWeek(April 15, 1996)

- **2단계: 신용위험 측정 기간 선정**

리스크측정 기간은 보통 1년이 된다. 이는 순전히 자의적인 것으로 주된 이유는 부도확률 등 예측시 사용되는 정보가운데 기업들의 재무회계자료가 중요한 역할을 하는데 동 자료 산출주기에 따른 결과이다.

- **3단계: 신용등급 변화에 따른 가치평가**

채권 가격은 신용등급별 무이표채 선도 수익률 곡선으로부터 유도된다. 1년 후 채권 선도가치(forward price) 계산은 할인채의 선도수익률곡선(forward zero curve)으로부터 유도된다 현재 개 등급이 있으므로 개의 스프레드 곡선이 필요하다. 아래의 표는 만기 5년 채권의 등급별 무이표채 선도수익률곡선을 나타내고 있다.

표 11-8 | 신용등급별 선도수익률 곡선

신용등급	1년	2년	3년	4년
AAA	3.60	4.17	4.73	5.12
AA	3.65	4.22	4.78	5.17
A	3.72	4.32	4.93	5.32
BBB	4.10	4.67	5.25	5.63
BB	5.55	6.02	6.78	7.27
B	6.05	702	8.03	8.52
CCC	15.05	15.02	14.03	13.52

이 채권은 향후 4년 동안 매년 600원을 이자로 지급하고 만기일인 5년 후에는 이자와 원금의 합인 10,600원을 지급할 것이다. 따라서 1년 후, 이 채권이 A등급으로 상향 조정되면 미래가치 V는 다음과 같이 1년 후 채권가치와 이자의 합으로 계산된다.

$$V_{BBB,A} = 6 + \frac{6}{1.0372} + \frac{6}{1.0432^2} + \frac{6}{1.0493^3} + \frac{6}{1.0532^4} = 108.66$$

그리고 각각의 등급에 대해서 같은 방식으로 계산과정을 반복하면 각 등급에 대한 가치를 구할 수 있다.

표 11-9 ▌신용등급별 채권가치 산출결과

신용등급	가치(V)
AAA	109.37
AA	109.19
A	108.66
BBB	107.55
BB	102.02
B	98.10
CCC	83.64
Default	51.13

만약 채권불이행 즉, 부도시 채권가치는 액면가에 회수율을 곱하여 산출할 수 있다. 무디스에 의해 추정된 선순위별 채권 회수율을 보여주고 있는데 선순위 무담보 채권의 회수율은 51.13%이다.

표 11-10 ▌변제우선순위별 회수율

우선순위 구분	평균회수율	표준편차
상위담보 (senior secured)	53.80	26.86
상위무담보 (senior unsecured)	51.13	25.45
상위후순위 (senior subordinated)	38.52	23.81
후순위 (subordinated)	32.74	20.18
하위후순위 (junoir subordinated)	17.09	10.90

- **4단계: 신용등급변화로 인한 가치변화의 1년 후 가치 분포를 계산**

표 11-7 및 표 11-9로부터 1년 후 채권가치의 분포를 구할 수 있다.

표 11-11 | 신용등급 변화로 인한 채권가치 변화

1년후 신용등급	확률(%) p_j	1년후 가치 V_j	확률가중가치 $p_j \times V_j$	평균과의 차이 $V_j - \overline{V}$	확률×차이2 $p_j \times (V_j - \overline{V})^2$
AAA	0.02	109.37	2	2.28	0.10
AA	0.33	109.19	36	2.10	1.46
A	5.95	108.66	647	1.57	14.67
BBB	86.93	107.55	9,349	0.46	18.39
BB	5.30	102.02	541	−5.07	136.24
B	1.17	98.10	115	−8.99	94.56
CCC	0.12	83.64	10	−23.45	65.99
부도(D)	0.18	51.13	9	−55.96	563.67
채권 기대가치($p_j \times V_j = \overline{V}$) = 107.09				채권가치의 분산	895.08
				채권가치의 표준편차	29.92

4열은 2열과 3열의 곱으로 계산되며 확률가중가치를 의미한다. 이 확률가중가치의 합은 채권의 기대가치가 된다. 그리고 마지막 두 열은 채권가치의 표준편차를 계산한다. 표준편차는 29.92원이다. 정규분포를 가정하면 99% 신뢰구간에서 credit VaR은 2.33 × 29.92 = 69.71원이다.

(2) 포트폴리오의 신용리스크 측정

위의 그림에서 Building Block #2인 포트폴리오의 신용리스크 측정에 대해 알아보자. 먼저 2개의 자산으로 구성된 포트폴리오의 신용VaR을 측정하고 N기간으로 확장하는 모형을 살펴보자. 두 개 이상의 자산으로 구성된 포트폴리오 신용리스크는 자산간 상관관계를 감안해야 하기 때문에 개별 신용위험 측정 방법과 다르다. BB등급(상위무담보, 액면 6%, 5년 만기), A등급(상위무담보, 액면 5%, 3년 만기) 두 종류의 채권으로 구성된 포트폴리오를 고려해 보자. 전이행렬이 표 11−12과 같고 두 자산간 상관관계가 없다고 가정하면 결합 전이확률은 개별 전이확률의 곱으로 산출할 수 있다. 상단과 우측의 값은 개별 채권에 대한 전이확률값이다.

표 11-12 | 상관관계가 없는 BB등급, A등급 채권의 결합확률

BB		A							
		AAA	AA	A	BBB	BB	B	CCC	부도
		0.09	2.27	91.05	5.52	0.74	0.26	0.01	0.06
AAA	0.03	0.00	0.00	0.03	0.00	0.00	0.00	0.00	0.00
AA	0.14	0.00	0.00	0.13	0.01	0.00	0.00	0.00	0.00
A	0.67	0.00	0.02	0.61	0.04	0.00	0.00	0.00	0.00
BBB	7.73	0.01	0.18	4.04	0.43	0.06	0.02	0.00	0.00
BB	80.53	0.07	1.83	73.32	0.45	0.60	0.20	0.01	0.05
B	8.84	0.01	0.20	8.05	0.49	0.07	0.02	0.00	0.00
CCC	1.00	0.00	0.02	0.91	0.06	0.01	0.00	0.00	0.00
부도	1.06	0.00	0.02	0.97	0.06	0.01	0.00	0.00	0.00

그러나 현실에서 상관관계가 0인 경우는 없다. 전체 신용VaR는 사실 이러한 상관관계에 매우 민감하기 때문에 상관관계를 정확하게 추정하는 것이 중요하다. 동일 산업이나 동일 지역내에 있는 기업들간 상관관계와 그렇지 않은 기업들간 상관관계는 분명 다를 것이고 경기상황에 따라서도 상관관계가 달라질 것이다. 즉, 경기가 하락 또는 침체 국면에 있다면 자산의 가치가 떨어질 것이고 연쇄 도산 가능성도 커져서 상관관계는 높아지는 반면 경기가 확장국면에 있다면 부도 상관관계는 떨어질 것이다 이처럼 부도확률(또는 전이확률)은 시간에 대해 안정적이지 않다. 따라서 부도확률 변화를 상관관계가 시간에 대해 안정적인 기초적 변수들로 연결해주는 구조적 모델이 필요하다.

CreditMetrics와 KMV모형은 부도확률과 전이확률을 기업 자산의 상관관계로부터 도출한다. 현실적으로 자산수익률 데이터를 구하기 어렵기 때문에 대용변수로서 CreditMetrics는 주식수익률 상관계수를 사용한다. 이는 또 하나의 강한 가정으로 모델의 정확도에 영향을 미칠 것이다. CreditMetrics는 여러 채무자들의 주식수익률 상관관계를 추정하고 이들 주식수익률의 결합 분포로부터 신용상태 변화간 상관관계를 유추하는 방식을 사용한다. 주식의 가치는 Merton (1974)의 옵션가격모델 을 사용하여 도출된다. 기업은 주식(St)과 만기 T인 무이표채권(액면가 F, 현재가 B_t)으로 필요 자금을 조달하는데 만기(T)에 약속한 금액(F)을 채권 소지자에게 지급할 수 없을 때 부도가 발생한다. 즉, 자산가치(V_t)가 약속한 금액 보다 작을 때 부도가 발생한다. 그림 11-7은 만기 시점에서의 자산가치분포를 나타내는데 부도확률은 F아래의 음영부분이다.

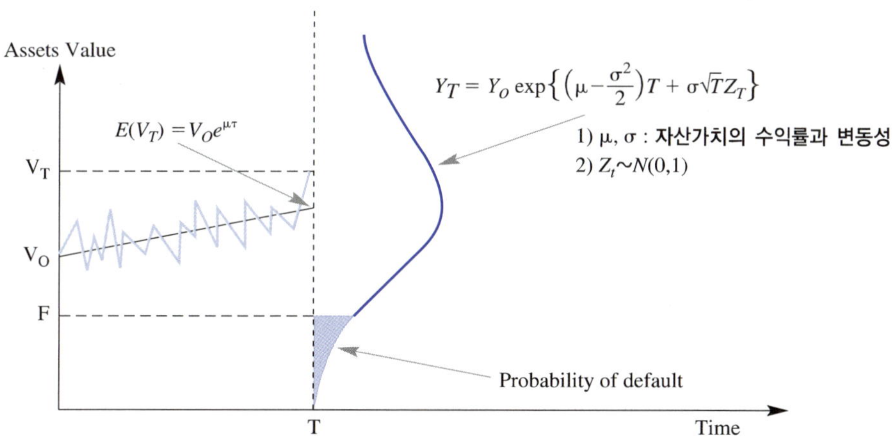

그림 11-7 ▌만기(T)시점의 기업 자산가치(Vt) 규모

CreditMetrics에서는 신용상태 변동까지도 포함하므로 각 신용상태별 전이확률을 기준으로 표준정규분포에 근거한 임계치를 그림 11-8과 같이 나타낼 수 있다. 각 신용등급별 면적은 표 11-7 BB등급의 이전확률과 일치한다. 즉, Z_{AAA}우편에 있는 꼬리부분은 BB등급이 AAA

등급으로 상황조정될 확률(0.03%)이고 $Z_{AA} \sim Z_{AAA}$의 면적은 BB등급이 AA등급으로 상향조정될 확률(0.14%)이며 Z_{CCC}좌측은 부도확률(1.06%)이다.

임계점 산출의 예를 들면, 다음과 같다. 표 11-7에서 A등급 채권이 1년 후 채무불이행할 확률이 0.06%이고 CCC, B, BB, BBB등급으로 하락할 확률은 각각 0.01%, 0.26%, 0.74%, 5.52%이고 자신의 등급을 유지할 확률은 91.05%이며 AA와 AAA등급으로 상승할 확률은 각각 2.27%와 0.09%이다. 현재, A등급 채권의 경우 표준정규분포의 왼쪽 꼬리부터의 누적확률과 해당변수의 값은 다음과 같다.

$$N^{-1}(0.0006) = -3.24$$
$$N^{-1}(0.0006+0.0001) = -3.19$$
$$N^{-1}(0.0006+0.0001+0.0026) = -2.72$$
$$N^{-1}(0.0006+0.0001+0.0026+0.0074) = -2.30$$
$$N^{-1}(0.0006+0.0001+0.0026+0.0074+0.0552) = -1.51$$
$$N^{-1}(0.0006+0.0001+0.0026+0.0074+0.0552+0.9105) = 1.98$$
$$N^{-1}(0.0006+0.0001+0.0026+0.0074+0.0552+0.9105+0.0227) = 3.12$$

따라서 표준정규분포 N(0,1)로부터 무작위로 생성한 자산수익률 r을 기준으로 등급변화를 시뮬레이션 할 수 있다.

$$
\begin{array}{lll}
r \leftarrow 3.24 & \Rightarrow & A \rightarrow Default \\
-3.24 < r \leftarrow 3.19 & \Rightarrow & A \rightarrow CCC \\
-3.19 < r \leftarrow 2.72 & \Rightarrow & A \rightarrow B \\
-2.72 < r \leftarrow 2.30 & \Rightarrow & A \rightarrow BB \\
-2.30 < r \leftarrow 1.51 & \Rightarrow & A \rightarrow BBB \\
-1.51 < r < 1.98 & \Rightarrow & A \rightarrow A \\
1.98 < r < 3.12 & \Rightarrow & A \rightarrow AA \\
r > 3.12 & \Rightarrow & A \rightarrow AAA
\end{array}
$$

이를 정리한 것이 표 11-13와 그림 11-8이다.

표 11-13 | 전이확률과 A등급 차주와 BB등급차주의 신용상태별 임계치

	A등급 차주		BB등급 차주	
1년 후 등급	확률	임계치	확률	임계치
AAA	0.09	3.12	0.03	3.43
AA	2.27	1.98	0.14	2.93
A	91.05	−1.51	0.67	2.39
BBB	5.52	−2.30	7.73	1.37
BB	0.74	−2.72	80.53	−1.23
B	0.26	−3.19	8.84	−2.04
CCC	0.01	−3.24	1.00	−2.30
부도	0.06		1.06	

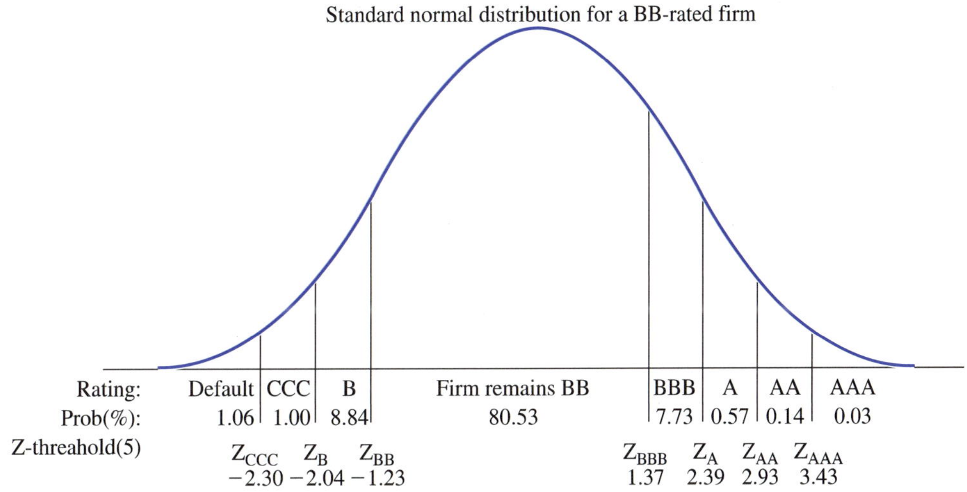

그림 11-8 | 신용등급 변화를 포함한 Merton모형의 일반화

이제 일반화시켜보면 다음과 같다. 수익률은 모든 기간에 대해 로그정규분포를 따르고 동일 등급내에 있는 모든 차주는 동일하다고 가정한다. 만약 $P_{부도}$가 BB등급 차주의 부도확률을 의미한다면 $P_{부도} = \Pr(V_t \leq V_{부도})$와 같이 표현할 수 있으며 표준화된 임계치 Z_{CCC}로 변환하여 Z_{CCC}좌측을 $P_{부도}$로 표현할 수 있다.

$$P_{부도} = \Pr(V_t \leq V_{부도}) = \Pr\left(\frac{\ln\left(\frac{V_{부도}}{V_0} - \left(\mu - \frac{\sigma^2}{2}\right)t\right.}{\sigma\sqrt{t}} \geq Z_t\right)$$

$$= \Pr\left(Z_t \leq -\frac{\ln\left(\frac{V_{부도}}{V_0} - \left(\mu - \frac{\sigma^2}{2}\right)t\right.}{\sigma\sqrt{t}}\right) = N(-d_2) = 1 - N(d_2)$$

여기서 d_2는 부도가 발생하는 임계치이며 이를 부도거리(distant to default)라고 부른다. 위와 같은 방식으로 각 등급별 임계치를 계산할 수 있다. 이러한 임계치는 결합전이확률 유도에 필요한데 자산가치에 대한 직접 관찰 없이 자산수익률(μ)과 변동성(σ)이 주어지면 계산할 수 있다. 그런데 자산수익률(μ)과 변동성(σ)은 바로 관찰할 수 있는 값이 아니므로 CreditMetrics는 대용변수로 주식수익률을 사용한다.

이제 자산 수익률간 상관관계 ρ는 알려져 있는데 0.2라고 하자. 두 자산 수익률의 결합분포는 다음과 같이 로그정규분포를 따른다.

$$f(r_{BB},\ r_A;\ \rho)=\frac{1}{2\pi\sqrt{1-\rho^2}}e^{\left\{-\frac{1}{2(1-\rho^2)}\left(r_{BB}^2-2\rho r_{BB}r_A+r_A^2\right)\right\}}$$

따라서 두 채권의 결합 확률은 도출될 수 있다. BB등급 채권과 A등급 채권이 현재 등급을 그대로 유지할 확률은 다음과 같다.

$$\Pr(-1.23 < r_{BB} < 1.37, -1.51 < r_A < 1.98)=\int_{-1.23}^{1.37} f(r_{BB},\ r_A;\ \rho)dr_{BB}dr_A = 0.7365$$

다른 63개 조합에 대해서도 동일한 과정을 반복하면 표와 같은 결과를 얻을 수 있다. 표 11-14을 상관관계를 고려하지 않았던 표 11-12의 결과와 비교하면 상관관계를 고려할 경우 결합확률이 달라진다는 것을 알 수 있다.

표 11-14 ▎신용등급변화 결합확률(p_i)(상관계수＝0.2)

BB등급 채권	A등급 채권								
	AAA	AA	A	BBB	BB	B	CCC	Def	Total
AAA	0.00	0.00	0.03	0.00	0.00	0.00	0.00	0.00	0.03
AA	0.00	0.01	0.13	0.00	0.00	0.00	0.00	0.00	0.14
A	0.00	0.04	0.61	0.01	0.00	0.00	0.00	0.00	0.67
BBB	0.02	0.35	7.10	0.20	0.02	0.01	0.00	0.00	7.69
BB	0.07	1.79	73.65	4.24	0.56	0.18	0.01	0.04	80.53
B	0.00	0.08	7.80	0.79	0.13	0.05	0.00	0.01	8.87
CCC	0.00	0.01	0.85	0.11	0.02	0.01	0.00	0.00	1.00
Def	0.00	0.01	0.90	0.13	0.02	0.01	0.00	0.00	10.7
Total	0.09	2.29	91.06	5.48	0.75	0.26	0.01	0.06	100

다음으로 두 채권(BB등급, A등급)으로 구성된 포트폴리오의 가치는 개별 채권의 1년 후 가치의 단순 합이다. 그러므로 다음 표 11-15와 같다.

표 11-15 ▎포트폴리오의 가치(Vi)

BB등급 채권		A등급 채권							
		AAA	AA	A	BBB	BB	B	CCC	채무불이행
		106.5	106.4	106.3	105.6	103.1	101.3	88.71	51.13
AAA	109.3	215.8	215.7	215.6	214.9	212.4	210.6	198.01	160.43
AA	109.1	215.6	215.5	215.4	214.7	212.2	210.4	197.81	160.23
A	108.6	215.1	215	214.9	214.2	211.7	209.9	197.31	159.73
BBB	107.5	214	213.9	213.8	213.1	210.6	208.8	196.21	158.63
BB	102	208.5	208.4	208.3	207.6	205.1	203.3	190.71	153.13
B	98.1	204.6	204.5	204.4	203.7	201.2	199.4	186.81	149.23
CCC	83.64	190.14	190.04	189.94	189.24	186.74	184.94	172.35	134.77
채무불이행	51.13	157.63	157.53	157.43	156.73	154.23	152.43	139.84	102.26

표 11-14과 표 11-15로부터 평균과 분산을 계산해보자.

$$\text{평균} = \sum_{i=1}^{64} p_i V_i = 207.60$$

$$\text{분산} = \sum_{i=1}^{64} p_i V_i^2 - \text{평균}^2 = 36.73$$

따라서 표준편차는 6.06이다. 이러한 결과는 개별 자산의 표준편차를 단순 합산한 값보다 분명 작다. 이것이 분산화효과이다. 99% 신용VaR는 다음과 같이 산출된다. 표 11-15에 있는 각 셀의 값(포트폴리오의 가치)을 큰 값부터 차례대로 순서화한 후 표 11-14의 확률 값을 그에 대응시키고 아래로부터 확률 값의 합이 1%가 되는 포트폴리오 값을 찾는다. 그리고 그 값에서 평균 207.6을 빼면 신용VaR를 구할 수 있다.

이제 N개의 자산으로 구성된 포트폴리오를 고려해 보자. 표 11-14과 같은 자산간 결합확률표를 완성하기 위해 고려해야 하는 경우의 수는 8^N개이다. 이와 같이 자산의 수가 증가하면 경우의 수는 기하급수적으로 늘어나므로 포트폴리오 추정에 많은 시간과 비용이 소요된다. 따라서 CreditMetrics는 현실적 대안으로 몬테카를로 시뮬레이션(Monte Carlo simulation)을 통해 확률분포를 추정하는 방법을 택하고 있다. 몬테카를로 시뮬레이션은 시나리오 생성, 포트폴리오 가치평가, 위험측정치 계산의 단계를 거친다. 핵심 단계인 시나리오 생성단계는 (i) 개별자산별로 신용등급변화 유발점을 결정, (ii) 자산간 상관관계를 감안하여 표준정규분포를 따르는 자산수익률을 생성, (iii) 생성된 자산수익률을 신용등급변화 유발점을 기준으로 새로운 신용등급을 부여하는 절차를 거치게 된다. 포트폴리오 가치는 시나리오별로 생성된 자산수익률의 신용등급에 따라 계산된 개별가치의 합으로 산출한다. 시나리오 생성 횟수는 포트폴리오 내의 자산이 개수에 따라 차이가 있으나 보통 10,000번 정도를 수행한다. 다음의 예시를 통해 위 절차를 구체적으로 실행해 보도록 하자.

〈예시〉 3개의 채권으로 구성된 포트폴리오의 VaR 계산

- BBB등급: 상위무담보, 액면이자율 6%, 5년 만기, 액면금액 4억원
- A등급: 상위무담보, 액면이자율 5%, 3년 만기, 액면금액 2억원
- CCC등급: 상위무담보, 액면이자율 10%, 1년 만기, 액면금액 1억원

위 3개 채권으로 구성된 포트폴리오에 대해 표 11-7의 전이행렬을 이용하고 개별채권의 신용위험 측정 시, 사용했던 방식을 그대로 적용하면 표 11-16과 같이 1년 후 채권의 선도가치(미래가치)를 산출할 수 있으며 표준정규분포에 근거한 등급별 임계치는 표 11-17과 같다.

표 11-16 ▎1년 후 채권의 가치

등급	BBB채권	A채권	CCC채권
AAA	4.375	2.132	1.162
AA	4.368	2.130	1.161
A	4.346	2.126	1.161
BBB	4.302	2.113	1.157
BB	4.081	2.063	1.142
B	3.924	2.028	1.137
CCC	3.346	1.774	1.056
채무불이행	2.045	1.023	0.511

표 11-17 ▎표준정규분포에 근거한 등급별 임계치

등급	BBB채권	A채권	CCC채권
Z_{AA}	3.54	3.12	2.86
Z_{A}	2.78	1.98	2.86
Z_{BBB}	1.53	−1.51	2.86
Z_{BB}	−1.49	−2.30	2.11
Z_{B}	−2.18	−2.72	1.74
Z_{CCC}	−2.75	−3.19	1.02
Z(채무불이행)	−2.91	−3.24	−0.85

표준정규분포를 따르는 개별 자산 수익률을 원하는 횟수만큼 생성한 후, 촐레스키 분해 결과를 각각의 시나리오에 곱하여 자산간 상관관계를 반영한 자산수익률로 변환한다. 그리고 위 임계치를 기준으로 변환된 자산 수익률에 해당하는 신용등급을 재산정하고 등급별

개별채권 가치의 합을 구하면 포트폴리오의 가치가 생성된다. 표 11-18은 10개의 시나리오 생성결과를 보여주고 있다.

표 11-18 몬테카를로 시뮬레이션에 의한 포트폴리오 가치 분포

시나리오	자산수익률			새로운 등급			새로운 등급			
	BBB 채권	A 채권	CCC 채권	BBB 채권	A 채권	CCC 채권	BBB 채권	A 채권	CCC 채권	포트폴리오
1	−0.7769	−0.8750	−0.6874	BBB	A	CCC	4.302	2.126	1.056	7.484
2	−2.1060	−2.0646	0.2996	BB	BBB	CCC	4.081	2.113	1.056	7.250
3	−0.9276	0.0606	2.7068	BBB	A	A	4.302	2.126	1.161	7.589
4	0.6454	−0.1532	−1.1510	BBB	A	채무 불이행	4.302	2.126	0.511	6.939
5	0.4690	−0.5639	0.2832	BBB	A	CCC	4.302	2.126	1.056	7.484
6	−0.1252	−0.5570	−1.9479	BBB	A	채무 불이행	4.302	2.126	0.511	6.939
7	0.6994	1.5191	−1.6503	BBB	A	채무 불이행	4.302	2.126	0.551	6.939
8	1.1778	−0.6342	−1.7759	BBB	A	채무 불이행	4.302	2.126	0.551	6.939
9	1.8480	2.1202	1.1631	A	AA	B	4.346	2.130	1.137	7.613
10	0.0249	−0.4642	0.3533	BBB	A	CCC	4.302	2.126	1.056	7.484

시뮬레이션을 10,000번 반복 실행하면 포트폴리오 가치분포가 생성되는데 앞에서와 같이 높은 값부터 차례대로 순서화한 후, 하위 1%값을 찾고 해당 값에서 평균값을 빼면 포트폴리오 값을 구할 수 있다.

(3) 자산수익률 상관관계의 측정

앞에서 자산수익률의 상관관계가 정해지면 결합확률을 구할 수 있다는 것을 보았다. 그런데 자산가치는 직접 관찰가능하지 않기 때문에 대용변수로서 주가를 사용한다. 또한, 수 많은 채권 및 대출자산으로 구성된 포트폴리오는 많은 상관관계 행렬의 추정이 필요하다. 이러한 추정문제를 완화하기 위한 방법으로 CreditMetrics는 Factor모형을 사용하는데 시장변수 하나를 통하여 간접적으로 추정하는 단일 Factor모형을 사용한다. 기업 특유의 리스크 요인은 포트폴리오 분산화를 통하여 제거되므로 자산상관관계는 결국 제거될 수 없는 산업 및 국가 등 공통 요인들에 의해 결정된다고 보았다. 차주고유위험(Obligator Specific Volatility, OSV)은 재무학에서의 비체계적인 위험과 동일한 의미이며 특정 기업의 수익률 중 시장 지수가 설명하지 못하는 부분을 비체계적인 위험으로 정의할 수 있다. 이와 같은 경우 소기업 차주 보다 대기업 차주가 시장에 더 큰 상관관계를 가지고 있다고 할 것이다.

$$r_i = \omega_1 r_M + \omega_2 \epsilon_M$$

여기서 r_i는 개별 기업의 수익률, r_M은 시장수익률, ϵ_i는 비체계적인 위험이다. 위의 식을 이용하여 산업 α와 산업 β에 속하는 차주 A, B의 상관계수를 계산하면 다음과 같다.

$$Corr(A,B) = \omega_A \omega_B Corr(\alpha,\beta) = \sqrt{1-OSV_A^2}\sqrt{1-OSV_B^2}\,Corr(\alpha,\beta)$$

상장업체의 상관관계를 예를 들면 다음과 같다.

〈예시〉 2기업의 상관관계

- 기업A: 미국 화학기업으로 주식수익률의 90%가 미국 화학산업에 의해 설명
- 기업B: 독일 금융기업으로 매출의 75%가 보험에서, 25%는 은행업에서 발생하는데 두 산업지수에 의해 80%가 설명

산업지수들의 변동성과 상관관계는 다음과 같다.

표 11-19 ❙ 산업지수들의 변동성과 상관관계

지수	변동성 (표준편차)	상관계수		
		미국 화학산업	독일 보험업	독일 은행업
미국 화학산업	2.03%	1.00	0.16	0.08
독일 보험업	2.09%	0.16	1.00	0.34
독일 은행업	1.25%	0.08	0.34	1.00

A기업의 표준화된 수익률(R_A)은 화학지수의 표준화된 수익률에 의해 설명되는 체계적 위험($R_{화학}$)과 기업고유의 표준화된 수익률에 의해 설명되는 비체계적 위험(e_A)으로 구분할 수 있다 즉, $R_A = \omega_1 R_{화학} + \omega_2 e_A$가 된다. A기업 수익률의 90%가 화학지수에 의해 설명되므로 $\omega_1 = 0.9$이고 수익률은 표준화된 수익률이므로 $\omega_2 = \sqrt{1-\omega_1^2} = 0.44$가 된다.

B기업 수익률도 체계적 위험과 비체계적 위험으로 구분 가능한데 $R_B = \omega R_{지수} + \omega_3 e_B$로 표현할 수 있다. 80%가 체계적 위험에 의해 설명된다고 하였으므로 $\omega = 0.8$이고 $\omega_3 = \sqrt{1-0.8^2} = 0.6$이 된다. 그런데 체계적 요인은 다시 보험업과 은행업으로 구분되므로 $R_B = \omega_1 R_{보험} + \omega_2 R_{은행} + \omega_3 e_B$가 된다.

$$\omega_1 = \frac{0.8 \times (0.75 \times \sigma_{보험})}{\sigma_{지수}}$$

$$\omega_2 = \frac{0.8 \times (0.25 \times \sigma_{은행})}{\sigma_{지수}}$$ 가 된다.

$$\sigma_{\text{지수}} = \sqrt{\left(0.75^2\sigma^2_{\text{보험}} + 0.25^2\sigma^2_{\text{은행}} + 2\times0.75\times0.25\left(\rho_{\text{은행},\text{보험}}\times\sigma_{\text{보험}}\times\sigma_{\text{은행}}\right)\right)}$$

따라서 $\sigma_{\text{지수}} = 1.69\%$, $\omega_1 = 0.74$, $\omega_2 = 0.15$

이를 정리하면 다음과 같다.

$$R_A = 0.9R_{\text{화학}} + 0.44\,e_A$$
$$R_B = 0.74\,R_{\text{보험}} + 0.15\,R_{\text{은행}} + 0.6e_B$$

따라서 기업 A와 기업 B의 자산가치간 상관관계는 다음과 같이 추정할 수 있다.

$$\rho_{A,B} = 0.9\times0.74\times\rho_{\text{화학},\text{보험}} + 0.9\times0.15\times\rho_{\text{화학},\text{은행}} = 0.12$$

위의 경우는 상장업체의 경우이다. 그러나 비상장업체는 다른 모형을 사용한다.

비상장기업에 대해서도 총자산을 활용하여 OSV를 적용하여 상관관계를 고려할 수 있다. 회사의 고유위험은 회사 자산크기의 함수로 볼 수 있다. 예를 들어, 대기업의 경우 산업지수의 벤치마크는 일부를 구성하고 있으므로 대기업의 성과자체가 시장의 전체적인 움직임과 유사하게 움직일 것이며 중소기업의 경우, 전체적인 시장움직임과는 독립적으로 움직이려는 성향이 대기업보다는 강하게 나타난다. 즉, 기업의 고유위험은 자산의 크기와는 반비례 한다는 것을 알 수 있다. 즉, OSV를 이용하여 상관관계를 산출하는 방법은 두 가지 방안이 있다.

첫 번째 방안은 개별 차주의의 주가와 업종지수를 회귀분석 하는 방법이다.

$$r_i = \alpha + \beta r_{\text{산업}} + \epsilon_i$$

위 식은 시장모형으로 산업지수가 얼마만큼 개별 차주를 잘 설명하고 있는지 를 상관관계(R)를 계산하면 알 수 있다. 도출된 상관관계를 통하여 OSV를 산출할 수 있다. 그러나 이 방법은 상장되지 못한 차주는 사용할 수 없다. 그러므로 비상장 기업의 경우는 정확하지는 못하지만 업종에 해당되는 차주들의 OSV를 평균하여 대용치(proxy)로 이용하기도 한다.

$$OSV = \sqrt{1 - R^2}$$

두 번째 방안은 상장/비상장차주 모두 총자산기준의 OSV산출함수를 통해 산출하는 방법이다. 우선 상장된 차주의 OSV를 첫 번째 방법으로 계산한 다음, 함수식을 이용하여 다음의 함수를 추정할 수 있다. $R^2 = 1 - OSV^2$의 관계로부터 R^2 값을 계산한다. 함수식 추정은 첫 번째 방법으로 상장된 차주의 OSV와 총자산(Total Asset, TA)의 자료를 이용한다. 함수의

a, b가 추정되면 비상장 기업에 있어서도 총자산(TA)을 입력하면 OSV를 추정할 수 있다.

$$OSV^2 = \frac{1}{1 + TA^a e^b}$$

표 11-20 | CreditMetrics에 의한 CSV함수 도출 예시 (단위: 천원)

구분	Dowjones	KSE
산업분류	38개	22개
분석대상기업	96개	647개
자료추출기간	200.5.26~2001.5.18	2000.5.26~2001.5.18
OSV	평　균: 0.59 표준편차: 0.61	평　균: 0.84 표준편차: 0.49
함수추정	a=5.11, b=0.20	a=−11.94, b=0.49

여기에서 Dowjones는 96개 우량 기업만으로 지수를 구성하였고 이에 대해 개별 차주의 OSV를 구하면 비교적 낮게 나타나는데 이는 해당 차주가 산업주가지수를 매우 많이 반영하고 있기 때문이다. KSE는 KRX상장기업을 대상으로 산출된 것인데 Dowjones에 비해서 OSV가 높게 나타났다

4. KMV모형[25)]

CreditMetrcis의 주요한 단점은 방법론에 있는 것이 아니라 과거 부도율 및 등급 전이 데이터에 근거해 생성된 전이행렬에 의존하고 있다는 점이다. CreditMetrcis는 두 가지 중요한 가정에 근거하고 있다 첫째 동일 등급에 있는 모든 기업은 동일한 부도율을 갖는다는 것이고 둘째 실제 부도율이 과거 평균 부도율과 일치한다고 가정하는 것이다. 이러한 관점은 KMV로부터 강력한 도전에 직면해 왔다. 부도율은 연속적 개념인 반면 신용등급은 비연속적 개념이며 신용평가사들이 부도율 변화를 실제 등급에 반영하기까지는 다소의 시간이 걸린다. 또한, KMV는 시뮬레이션을 통해 과거 평균 부도율과 전이행렬이 실제 부도율과 상당히 다르다는 것을 보였다. 한편, KMV는 동일 등급 내에서도 부도율에 실제적 차이가 존재하며 서로 다른 등급간에도 오버래핑(overlapping)되는 부도율 구간이 넓다는 사실을 보여 주었다. 예를 들어, BBB등급 중 일부는 2등급 차이가 나는 AA등급의 부도율을 보인다는 것이다. KMV는 CreditMetrcis와 달리 무디스나 S&P의 통계 자료를 등급별 부도율로 사용하지 않고 Merton (1974) 옵션모형을 근간으로 하는 EDF(Expected Default Frequency)모형을 통해 부도

25) Crouhy, Galai, Mark (1999)와 Kealhofer and Bohn (2001)을 인용하고 재구성함

율을 유도하였다. 부도율은 기업의 자본구조, 자산수익률 변동성, 자산의 현재가치를 변수로 갖는 함수이다. EDF는 개별기업별로 다른데 등급체계에 맵핑하여 차주 등급으로 변환할 수도 있다. 즉, EDF는 AAA, AA등과 같은 신용평가사들의 기수적 순위(ordinal ranking) 대신에 부도위험에 상응하는 채무자의 서수적 순위(cardinal ranking)를 정하는 것으로 볼 수 있다. KMV방법론이 CreditMetrics방법론과 다른 또 하나는 전이확률과 같은 명시적 참조 데이터를 만들지 않는다는 것이다. KMV방법론에서는 전이확률 등이 이미 EDF에 반영되어 있다고 본다. KMV는 CreditMetrics방법론과 동일하게 앞장에서 이미 설명한 Merton(1974)의 옵션가격결정모형에 기초를 두고 있다. 그러므로 KMV방법론은 주식가격이 시장에서 결정되는 상장기업에 가장 적합하다. KMV의 위험측정 틀을 요약하면 그림 11-9과 같다.

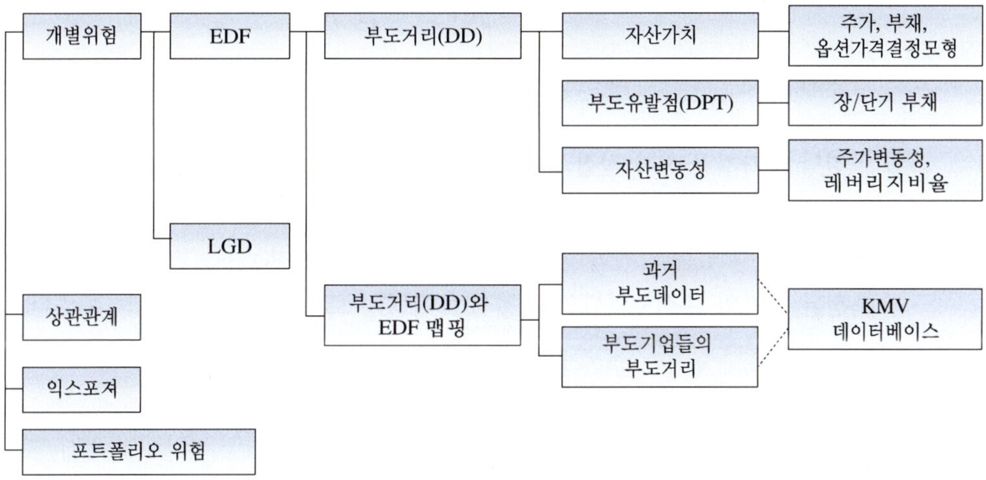

그림 11-9 | KMV모형 체계

(1) 개별기업의 부도확률: EDF(Expected Default Frequency)

먼저, 개별기업의 부도확률 EDF를 알아보자. 부도확률의 유도는 (i) 기업자산의 시장가치 및 변동성 추정, (ii) 부도위험 측정수단으로서의 부도거리 계산, (iii) 부도 데이터를 이용 부도거리를 실제 부도확률로 조정하는 과정을 거치게 된다.

1단계의 기업가치(V_A) 및 자산수익률 변동성(σ_A) 추정은 다음과 같다. 기업 자산의 시장가치는 로그정규분포를 따른다고 가정한다. 즉, 자산수익률을 로그 변환하면 정규분포를 따른다. 이는 매우 강건한 것으로 자체의 실증분석 결과에 의하면 M&A, 리스트럭쳐링(restructuring) 등 기업 가치가 지속적으로 변경되는 경우를 제외하고는 실제 자산수익률이 자산가치를 비교적 잘 대변한다고 한다. 자산수익률 분포는 시간에 대해 안정적이다. 즉, 자산수익률의 변동성은 상대적으로 일정하다.

기업의 모든 부채가 거래되고 시장가격이 매일 산출된다면 기업의 자산가치와 변동성을 추정하는 일은 간단하다. 기업의 자산가치는 간단하게 기업부채 시장가격의 합이 될 것이고 자산수익률의 변동성은 재산정된 자산가치의 과거 시계열로부터 간단하게 유도될 수 있다. 그러나 실제에 있어서는 단지 상장된 기업의 주가만이 직접 관찰할 수 있고 부채의 경우 일부분만 활발하게 거래될 뿐이다. 대체적인 자산 가치 산정 방법은 부채 가치 산정에 Merton(1974)의 옵션가격모형을 적용하는 것이다. 자본 구조가 주식 현금과 동일한 단기 부채 만기가 영구적인 장기 부채 그리고 전환가능한 우선주로 구성되어 있다고 단순화한다. 이렇게 단순화된 가정으로부터 주식가치(V_E)와 변동성(σ_E)에 대한 분석해를 도출할 수 있다. 즉,

$$V_E = f(V_A,\ \sigma_A,\ K,\ r)$$
$$\sigma_E = g(V_A,\ \sigma_A,\ K,\ r)$$

여기서 K는 부채비율이고 r은 무위험이자율이다.

만약 주가처럼 σ_E가 직접 관찰된다면 위 두 식으로부터 V_A와 σ_E를 구할 수 있다. 그러나 σ_E는 상대적으로 불안정하고 자산가치의 변화에 매우 민감해서 시장자료로부터 σ_E를 정확하게 측정할 수 있는 간편한 방법은 없다. 단지 주식가치(V_E)를 직접 관찰할 수 있기 때문에 측정된 주가와 주식수익률의 변동성 σ_E의 함수로부터 V_A를 도출할 수 있다.

$$V_A = f(V_E,\ \sigma_A,\ K,\ r)$$

위 모형을 σ_A에 대해 풀기 위해 KMV는 반복실행 방법을 사용한다. 다음의 예시가 이해를 돕는데 도움이 될 것이다.

〈예시〉 XYZ기업의 주식가치가 주식시장에서 300억원에 평가되고 있다. 또한, 이 회사 주식으로부터 구해진 내재변동성이 80%로 추정되었다. 이 회사의 회계정보를 이용하여 1년 후 갚아야 하는 부채가 1,000억원임을 알았다. 무위험이자율이 5%일 때 이 기업의 가치와 기업가치의 내재변동성을 구하라.

Merton(1974)의 옵션가격모형에 의거 다음 식을 구할 수 있다.

$$V_E = V \cdot N(d_1) - F \cdot e^{-rT} \cdot N(d_2)$$

여기서 $d_1 = \dfrac{\ln\dfrac{V}{F} + (r + \dfrac{\sigma_A^2}{2})t}{\sigma_A\sqrt{t}}$, $d_2 = d_1 - \sigma\sqrt{t}$

또한, 주식변동성은 주식의 자산에 대한 탄력성에 자산 변동성을 곱한 것과 같으므로 다음 식이 성립한다.

$$\sigma_E = N(d_1) \cdot \sigma_A \cdot \frac{V}{V_E}$$

주식가치는 주식시장으로부터 관찰 가능하므로 위 두 식으로부터 관찰가능하지 않은 자산가치(V)와 자산변동성 σ_A를 구할 수 있다. 그림 11-10은 이상의 논의를 엑셀에서 구현하는 방법을 보여주고 있다.

	A	B	C	D	E	F	G
1				Merten Model			
2			INPUT BOX				
3		Value-Asset					
4		Value-Equity	3				
5		D	10				
6		T	1				
7		Vol-V					
8		Vol-E	=E12*C7*C3/C4				
9		R	5%				
10							
11		BS Model	Parameter				
12		d1	=(LN(C3/C5)+(C9+(C7^2)/2)*C6)/(C7*SQRT(C6))	N(d1)	=NORMSDIST(C12)		Prob.of Default
13		d2	=C12-C7*SQRT(C6)	N(d2)	=NORMSDIST(C13)	N(-d2)	=NORMSDIST(-1*C13)
14							
15		BS Value =	=C3*E12-C5*EXP(-1*C9*1)*E13	(Equity Value)			
16							
17		DebtValue=	=C3-C4				
18		PF(F)=	=C5*EXP(-1*C9*C6)				
19		Expected Loss	=-1*(C17-C18)/C17				
20			=(C3-C17)/(C3*C7)				

그림 11-10 ▌자산 가치와 자산변동성 도출을 위한 엑셀 화면

그림 11-10 및 그림 11-11의 INPUT BOX에서 음영부분이 우리가 구하고자 하는 값이다. 엑셀의 해찾기 기능을 이용하기 위해 우선 자산 가치와 자산 변동성에 임의의 값을 입력한 후 주식의 내재변동성(C8)이 80%라는 제약하에서 주식가치(C15)가 300억원이 되는 값을 찾으면 그림 11-11과 같이 기업가치(V_A) = 12.3954억원, 기업의 변동성 σ_A = 21.23%라는 결과를 얻을 수 있다.

	A	B	C	D	E	F	G
1				Merten Model			
2		INPUT BOX					
3		Value-Asset	12.3954				
4		Value-Equity	3				
5		D	10				
6		T	1				
7		Vol-V	21.23%				
8		Vol-E	80%				
9		R	5%				
10							
11		BS Model	Parameter				
12		d1	1.35312969	N(d1)	0.911993	Prob.of Default	
13		d2	1.14082488	N(d2)	0.873029	N(-d2)	12.70%
14							
15		BS Value =	3.0000	(Equity Value)			
16							
17		DebtValue=	9.395				
18		PV(F)=	9.512				
19		Expected Loss	1.244%				
20		Distance to Default	1.140				

그림 11-11 ▌엑셀의 해찾기 결과

2단계로 부도거리(Distance to Default, DD)를 계산해보자. 옵션 가격 모형에서 부도(default) 또는 파산(bankruptcy)은 기업의 자산가치가 부채가치 이하로 떨어질 때 발생한다. 실제 부도는 기업이 청산되고 자산 매각 수익을 우선순위에 따라 배분하는 파산과는 구별된다. 부도는 한 기업이 쿠폰 지급을 이행하지 못했거나 만기에 원리금을 상환하지 못한 경우이다. 차입계약서의 교차부도 조항(cross-default clause)은 어느 한 채무를 이행하지 못할 경우, 다른 모든 채무에 대해서도 부도를 선언하는 것이다. KMV는 수 백개의 기업들을 샘플링한 결과, 기업들의 자산가치가 총부채 규모와 단기부채 규모 사이의 어떤 수준에 도달했을 때 부도가 발생한다는 것을 관찰했다. 그러므로 자산가치가 총부채 규모에 미달할 때 부도가 발생한다고 가정하고 부도율을 측정하면 실제 부도율을 과소 추정하게 될 수도 있다. 또한 자산수익률 분포가 정규분포가 아니라는 사실 자본구조에 대한 단순화된 가정 등을 고려하면 추정된 부도율과 실제 부도율은 차이가 있을 가능성은 더 크다. 더욱이 경기후퇴기에는 신용공여한도와 같이 어떤 정해진 한도 내에서 자유롭게 인출될 수 있는 부채가 갑자기 증가할 수도 있다. 이런 이유들 때문에 KMV는 부도확률을 산출하는데 그림 11-12와 같은 부도거리(DD) 지수를 중간기재로 사용한다. 부도거리란 평균 자산가치(E(VA))와 부도점(DPT)간 거리가 몇 표준편차 떨어져 있는지를 나타내는 지표이다. 즉, 부도거리는 다음과 같이 산출된다.

$$DD = \frac{E(V_A) - DPT}{\sigma_A}$$

$$\text{DPT} = \text{STD(단기부채)} + 1/2 \times \text{LTD(장기부채)}$$

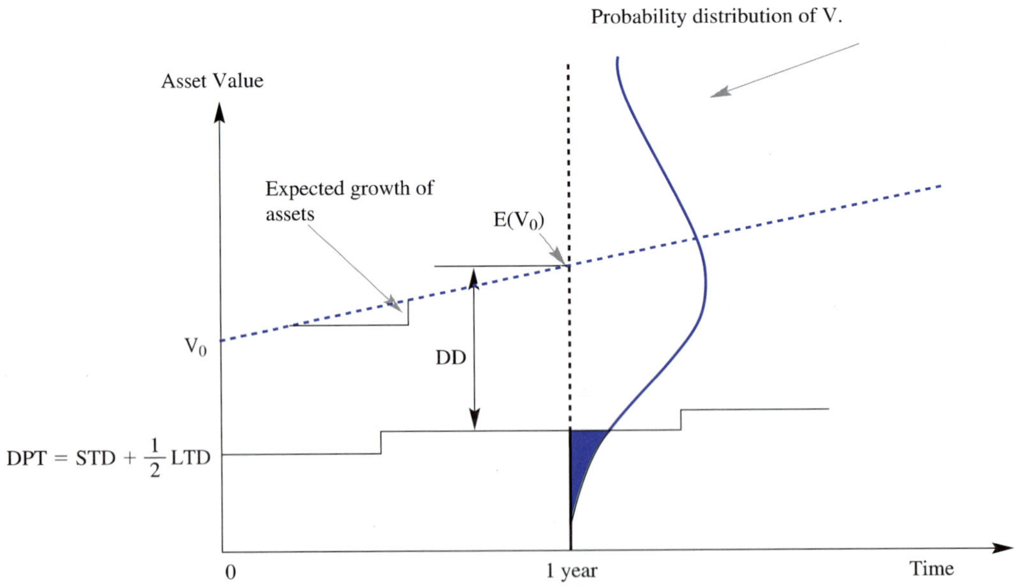

그림 11-12 ▌부도거리(DD)

자산가치의 분포가 로그정규분포이면 부도거리(DD)는 다음과 같으며 부도점 이하의 음영부분은 N(−DD)이다.

$$DD = \frac{\ln \frac{V_0}{DPT_t} + (\mu - \frac{\sigma^2}{2})T}{\sigma \sqrt{T}}$$

여기서 V는 자산의 현재 시장가치, μ는 자산의 기대수익률, σ는 자산변동성을 나타낸다.

3단계로 이제 부도거리(DD)로부터 부도확률(EDF)를 도출해보자. 즉, 마지막 단계는 DD를 주어진 기간의 실제부도확률로 맵핑하는 것인데 이러한 부도확률을 KMV는 EDF라고 부른다. 기업들의 과거 데이터에 근거하여 특정 랭킹(예를 들어, DD = 4) 기업 중 1년 후 부도 발생 기업이 얼마나 되는지 추정할 수 있다.

〈예시〉 현재가치: 1,000
연간성장률: 20%
1년 후 기대가치: 1,200
자산변동성: 100
부도점: 800이면

DD = (1,200−800)/100=4
DD가 4인 기업 모집단(5,000개) 중에서 1년 후 20개가 부도발생하는 경우,
EDF = 20/5,000 = 0.4%(이 부도율의 내재등급은 BB+)

다음과 같이 실제로 추정할 수 있다.

표 11-21 | Federal Express (단위: 10억$, %)

	1997년 11월	1998년 2월
주식가치(주가×발생 주식수)	$7.7	$7.3
장부상 부채금액	$4.7	$4.9
자산의 시장가치	$12.6	$12.2
자산의 변동성	15%	17%
부도점(DPT)	$3.4	$3.5
부도거리(DD)	(12.6−3.4)/0.15·12.6 = 4.9	(12.2−3.5)/0.17·12.2 = 4.2
부도확률(EDF)	0.06%(6)bp ≡ AA−	0.11%(11bp) ≡ A−

(2) 포트폴리오 신용리스크 측정

개별기업의 포트폴리오 신용리스크를 알아보자. KMV에서는 포트폴리오 신용리스크를 측정할 때 분석적 방법을 사용한다. 즉, 1950년대 마코위츠(Markowitz)에 의해 성립된 포트폴리오 분산화이론을 활용하여 전체 포트폴리오에서 발생할 수 있는 손실금액을 측정한다. 먼저 손실은 자산의 회수율에 따라 달라지는데 회수율은 채권 액면금액의 일정비율이다. 그러므로 손실율(LGD)은 1－회수율이 된다.

한 차주의 부도로 인한 예상손실(EL)은 손실율의 정의를 이용하여 부도확률(PD) × 손실율(LGD)로 정의할 수 있다. 또한, 부도 발생 여부는 이항 확률변수이므로 한 차주의 부도발생으로 인한 예상치 못한 손실(UL) 즉, 표준편차는 베르누이 확률변수의 표준편차를 이용하여 손실율(LGD) × 부도확률(PD)1/2 × (1 － 부도확률(PD))1/2로 정의할 수 있다. 전체 포트폴리오의 예상손실(EL)은 개별 차주의 예상손실에 대한 평균인데 단순 평균이 아니라 포트폴리오 전체에서 해당 익스포져가 차지하는 비중으로 가중평균한 것이다. 전체 포트폴리오의 예상치 못한 손실(UL)도 개별 차주의 예상치 못한 손실에 대한 가중평균 값이라면 참 간편하겠지만 그렇지 않다. 왜냐하면 차주간 부도확률의 상관관계에 따라 예상치 못한 손실이 달라지기 때문이다.

$$EL_p = \omega_1 EL_1 + \omega_2 EL_2 + \cdots + \omega_N EL_N$$

$$UL_p = \sqrt{\omega_1 \omega_1 UL_1 UL_1 \rho_{11} + \omega_1 \omega_2 UL_1 UL_2 \rho_{12} + \omega_1 \omega_N UL_1 UL_N \rho_{1N} + \omega_2 \omega_1 UL_2 UL_1 \rho_{21} +}$$
$$\sqrt{\cdots \omega_2 \omega_N UL_2 UL_N \rho_{2N} \cdots \omega_N \omega_N UL_N UL_N \rho_{NN}}$$

여기서 ω_i는 차주 i가 포트폴리오에서 차지하는 비중이고, EL_i는 차주 i의 예상손실, UL_i는 차주 i의 예상치 못한 손실을 나타낸다. 여기서도 상관계수의 문제가 발생한다.

(3) 부도 상관계수의 추정

부도 상관계수는 두 차주간 부도 상관 정도를 측정하는 것이다. 만약 부도상관이 없다면 부도 사건은 서로 독립이고 상관계수는 0이 된다. 이 경우 두 차주의 동시 부도확률은 개별 부도확률의 곱이 된다. 그러나 부도 상관관계가 존재한다면 서로 독립일 경우보다 동시 부도확률은 높아지게 된다. 앞에서 언급한 것처럼 KMV방법론은 Merton의 옵션가격모형을 사용하고 이 경우 부도는 해당 기업의 자산가치가 부도점이하로 떨어질 때 발생한다. 결합부도확률은 두 기업의 자산가치가 각각 부도점이하로 떨어질 확률이 된다. 결합부도확률이 산출되면 부도상관계수를 산출할 수 있다. 즉, 다음과 같이 요약할 수 있다.

(i) 자산가치(V) 함수

$$V_t = V_0 e^{(\mu - \frac{\sigma^2}{2})t + \sigma\sqrt{t}\, Z_t}$$

여기서 Z_t는 정규분포이고 μ는 자산가치의 순간수익률, σ^2은 자산가치의 순간변동성이다.

(ii) 자산가치가 부도점 이하로 떨어질 확률

$$P_{Def} = \Pr(V_t \le V_{Def}) = \Pr\left(Z_t \le -\frac{\ln\frac{V_0}{V_{Def}} + (\mu - \frac{\sigma^2}{2})t}{\sigma\sqrt{t}} \right) = N(-d_2) = 1 - N(d_2)$$

(iii) 부도확률이 각각 P1($P_{부도1}$), P2($P_{부도2}$)인 두 차주의 결합부도확률

$$P(부도1, 부도2) = \Pr(V_1 \le V_{부도1},\ V_2 \le V_{부도2}) = \Pr(r_1 \le -d_2^1, r_2 \le -d_2^2) = N_2(-d_2^1, -d_2^2, \rho)$$

(iv) 따라서 부도 상관계수는 다음과 같이 산출된다.

$$Corr(부도1, 부도2) = \frac{P(부도1, 부도2) - P1 \cdot P2}{\sqrt{P1 - (1 - P1) \cdot P2 - (1 - P2)}}$$

그러므로 (i) 기업의 현재 자산가치, (ii) 기업의 자산변동성, (iii) 자산간 상관계수가 결정되면 부도 상관계수를 구할 수 있다. 기업의 자산가치와 자산변동성은 앞에서 살펴본 바와 같이 구할 수 있고 자산간 상관계수는 CreditMetrics에서 적용한 방법과 철학적으로 동일하지만 산출방법은 약간 다르다. CreditMetrics모형 설명시 사용한 BB등급, A등급 두 개 채권으로 구성된 포트폴리오에서 부도 상관계수를 산출하면 다음과 같다.

- 자산수익률 상관관계(ρ) = 20%
- 결합부도확률 P(DEF1, DEF2) = $N_2(-d_2^1, -d_2^2, \rho) = N_2(-3.24,\ -2.30,\ 0.20) = 0.000054$
- A등급 부도확률 P1(A) = 0.06%
- BB등급 부도확률 P2(BB) = 1.06%
- 부도상관관계 Corr(DEF1, DEF2) = 1.9%

그림 11-13은 자산수익률 상관관계를 20~60%까지 변경할 때 자산수익률 상관관계/부도상관관계 비율이 10에서 1까지 변한다는 것을 보여주고 있다. 이는 결합부도확률이 자산수익률의 상관관계에 매우 민감하다는 것을 말해준다. 또한 포트폴리오 내에서의 분산화 효과를 잘 측정하기 위해서는 동 데이터를 정확하게 추정해야 함을 보여준다.

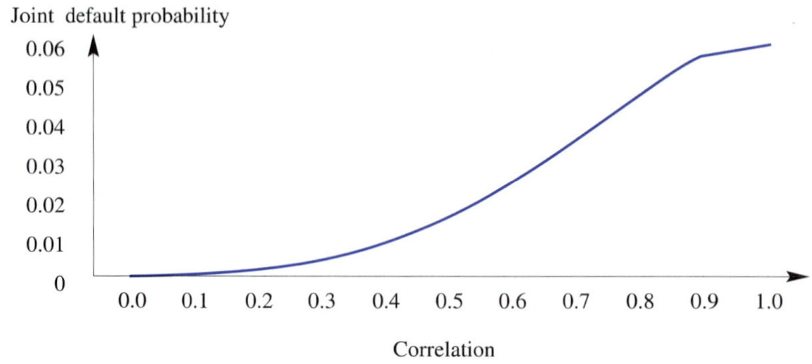

그림 11-13 | 자산상관계수 변화에 따른 결합부도확률의 변화 추이

(4) 자산수익률 상관관계의 측정

KMV의 자산수익률 상관관계를 측정하는 방식은 기본적으로 자산수익률을 결정하는 주요 요인들간 상관관계를 통해 유도한다는 측면에서 CreditMetrics방법론과 유사하다. 즉, 분산화를 통해 제거할 수 없는 체계적 요인들로부터 자산수익률의 상관관계를 도출한다. 예를 들어, 전체 경제는 경기변동을 따르고 개별 기업들은 동 요인에 크게 영향을 받을 수 밖에 없다. 그러므로 경기변동은 주요 요인이 된다. 개별 기업의 자산 수익률은 (i) 여러 체계적 요인들을 포함하는 합성요인과 기업고유 요인으로 분해할 수 있고, (ii) 합성요인은 다시 국가위험 요인과 산업위험 요인으로 분해할 수 있으며, (iii) 국가위험 요인과 산업위험 요인은 각각 세계경제 상황 지역경제 상황 그리고 부문내 요인에 의해 영향을 받는다. 이를 요약하면 다음과 같이 나타낼 수 있다.

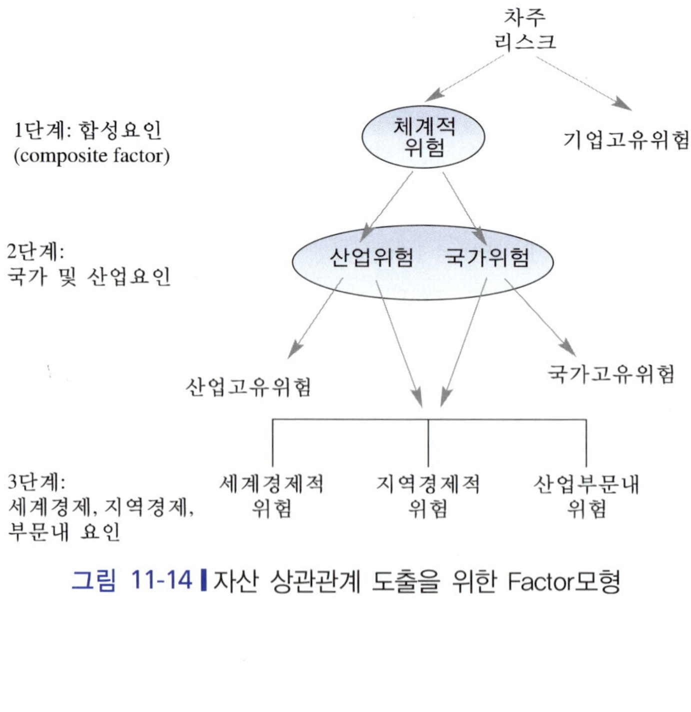

그림 11-14 | 자산 상관관계 도출을 위한 Factor모형

KMV모형은 3만개 상장기업들의 주가 및 부채 정보로부터 산업수익률 지수 61개와 국가수익률 지수 45개를 만들어낸다. 특정 기업(K)의 산업별, 국가별 비중을 가중치로 합성 수익률 지수(ϕ_K)를 만들고 동 지수를 시장지수로 개별기업 수익률(r_K)의 시장 민감도(β_K)를 도출할 수 있다.

$$r_K = \beta_K \phi_K + \epsilon_K$$

여기서 ϵ_K는 기업고유위험이다. 위와 같은 유사한 과정을 통해 특정 체계적 요인에 대한 국가 위험의 민감도($\beta_{국가(C),\ 체계적요인G}$)와 산업 위험의 민감도($\beta_{산업i,\ 체계적요인G}$)를 추정할 수 있다. 즉, 특정 기업(K)의 세계 경제적 요인(G)에 대한 민감도를 계산하면 다음과 같다.

$$\beta_{KG} = \beta_K \left(\sum_{C=1}^{45} \omega_{KC} \beta_{CG} + \sum_{i=1}^{61} \omega_{Ki} \beta_{iG} \right)$$

KMV는 특정 체계적 요인으로 세계 경제적 요인 2개, 지역 경제적 요인 5개, 산업부문 요인 7개를 반영하고 있다. 이러한 과정을 통해 도출된 파라미터들을 다음과 같이 결합함으로써 공분산을 구할 수 있고 공분산과 개별 기업 수익률의 표준편차로부터 두 기업 J와 K의 자산 상관관계를 구할 수 있다.

$$\sigma(J,K) = \sum_{G=1}^{2} \beta_{JG}\beta_{KG}\sigma_G^2 + \sum_{R=1}^{5} \beta_{JR}\beta_{KR}\sigma_R^2 + \sum_{S=1}^{7} \beta_{JS}\beta_{KS}\sigma_S^2 + \sum_{i=1}^{61} \beta_{Ji}\beta_{Ki}\sigma_i^2 + \sum_{C=1}^{45} \beta_{JC}\beta_{KC}\sigma_C^2$$

$$\rho_{JK} = \frac{\sigma(J,K)}{\sigma_J \sigma_K}$$

(5) 기타 이슈

KMV의 여러 가지 이슈는 다음과 같다. 첫째, 부도 선행지표로서 EDF의 효율성이다. KMV는 1993년 이후 EDF추정치인 Credit Monitor서비스를 제공하고 있는데 EDF가 등급 하락 등 부도의 선행지표로서 유용하다고 주장하였다. 어떤 회사의 재무상황이 점차 악화되기 시작할 때 EDF가 빠르게 상승하는 경향이 있다는 것이다. 과거 20년간 파산했거나 부도 발생한 2,000개 이상 미국 기업 데이터 100,000개를 분석한 결과, 모든 경우에서 부도 발생 1~2년 전에 기울기가 급격히 상승하였다는 것이다. 그림 11-15에서 보이는 바와 같이 EDF의 변화는 무디스나 S&P와 같은 신용평가사에 의한 등급 조정보다 년 앞선다고 하였다. 무디스나 S&P의 과거 부도 데이터와 달리 높은 부도율을 보인 시기나 낮은 부도율을 보인 시기에 의해 다른 결과를 보이지 않았다. 부도거리는 부도율이 높은 경기침체기에 작아졌고 부도율이 낮은 경기확장기에는 커졌다.

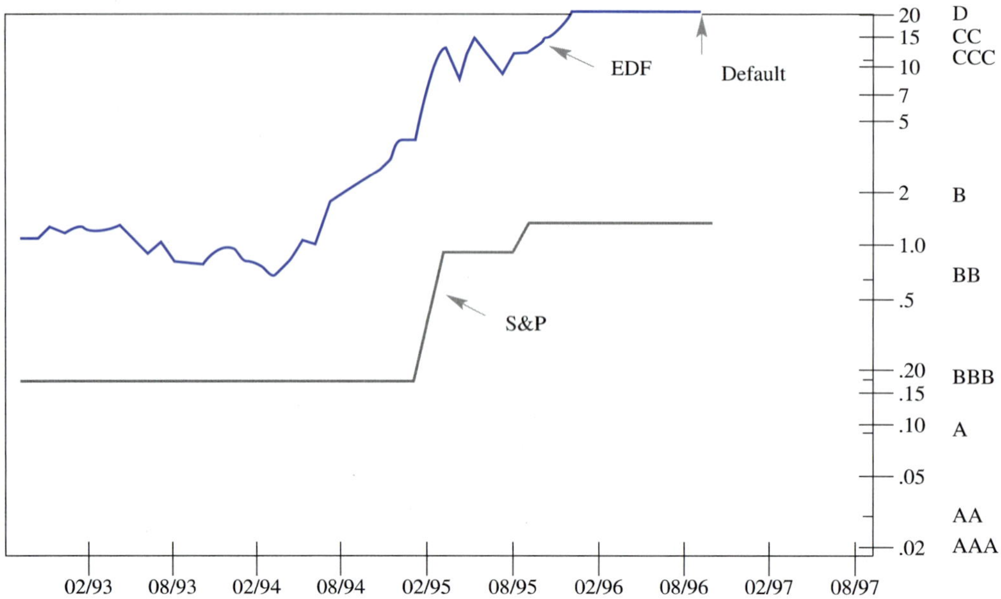

그림 11-15 | S&P등급과 부도기업 EDF의 변화

둘째, EDF와 다른 신용등급 체계의 관계를 볼 필요가 있다. KMV의 EDF는 다른 신용등급과 어떠한 관계를 갖는가? 이미 같은 신용등급 내에서도 다양한 EDF값을 갖고 서로 다른 신용등급간에도 같은 EDF값을 갖는 경우가 있음을 언급하였다. 표 11-22는 EDF와 CIBC, Nationalbank, Swiss Bank Corp 내부등급 뿐만 아니라 S&P, 무디스 등급 사이의 대응관계를 보여주고 있다. 무디스 위험등급은 손실확률에 대한 추정치를 포함(즉, EDF × LGD)하는 반면, S&P 위험등급은 부도확률만 나타낸다.

표 11-22 | EDF와 다른 신용위험 등급의 비교

EDF	S&P	Moody's factors	CIBC	Nationsbank	SBC
2 to 4 bps	AA이상	Aa2이상	1	AAA	C1
4 to 10 bps	AA/A	A1	2	AA	C2
10 to 19 bps	A/BBB+	Baa1	3	A	C3
19 to 40 bps	BBB+/BBB−	Baa3	4	A/BB	C4
40 to 72 bps	BBB−/BB	Ba1	4.5	BBB/BB	C5
72 to 101 bps	BB/BB−	Ba3	5	BB	C6
101 to 143 bps	BB−/B+	B1	5.5	BB	C7
143 to 202 bps	B+/B	B2	6	BB/B	C8
202 to 345 bps	B/B−	B2	6.5	B	C9

표 11-23은 각각의 신용등급내에서 EDF값이 어떤 분포를 보이는지 보여주고 있다.

표 11-23 | 신용등급별 EDF분포

Quantiles	10	25	50	75	90	Mean
AAA	0.02	0.02	0.02	0.02	0.10	0.04
AA	0.02	0.02	0.02	0.04	0.10	0.06
A	0.02	0.03	0.08	0.13	0.28	0.14
BBB	0.05	0.09	0.15	0.33	0.71	0.30
BB	0.12	0.22	0.62	1.33	2.53	1.09
B	0.44	0.87	2.15	3.80	7.11	3.30
CCC	1.43	2.09	4.07	12.24	18.82	7.21

KMV는 신용등급이 아니라 부도율에 근거하여 전이행렬을 만들었다. 우선, 부도율이 중첩되지 않도록 등급을 설정하고 등급에 따라 기업들을 그룹핑한다. 예를 들어, EDF가 2bp이하인 기업은 모두 AAA그룹, 3~6bp는 AA그룹, 7~15bp는 A그룹이 되는 식이다. 과거 EDF변화율을 이용하여 표 11-24과 같이 전이행렬을 구할 수 있다. 이는 실제 신용등급 변화에 기초하여 만든 표 11-25의 전이행렬과 많이 다르다. 먼저, 동일 등급을 유지할 확률(AAA제외)이 1/2~1/3수준이다. 다음으로 부도확률이 낮은데 특별히 낮은 등급에서 그 차이가 뚜렷하다. 또한, 다른 등급으로 전이될 확률이 더 커지는데 특별히 상하 인접등급으로의 전이 확률이 높다. 이러한 차이는 VaR계산 결과에도 상당한 영향을 미친다.

표 11-24 | KMV의 EDF에 근거한 등급의 전이 행렬

초기등급	1년 후 신용등급(%)							
	AAA	AA	A	BBB	BB	B	CCC	Default
AAA	66.26	22.22	7.37	2.45	0.86	0.67	0.14	0.02
AA	21.66	43.04	25.83	6.56	1.99	0.68	0.20	0.04
A	2.76	20.34	44.19	22.94	7.42	1.97	0.28	0.10
BBB	0.30	2.80	22.63	42.54	23.52	6.95	1.00	0.26
BB	0.08	0.24	3.69	22.93	44.41	24.53	3.41	0.71
B	0.01	0.05	0.39	3.48	20.47	53.00	20.58	2.01
CCC	0.00	0.01	0.09	0.26	1.79	17.77	69.94	10.13

표 11-25 ❙ 실제 신용등급을 기준으로 작성한 전이행렬

초기등급	1년 후 신용등급(%)							
	AAA	AA	A	BBB	BB	B	CCC	Default
AAA	90.81	8.33	0.68	0.06	0.12	0	0	0
AA	0.70	90.65	7.79	0.64	0.06	0.14	0.02	0
A	0.09	2.27	91.05	5.52	0.74	0.26	0.01	0.06
BBB	0.02	0.33	5.95	86.93	5.30	1.17	1.12	0.18
BB	0.03	0.14	0.67	7.73	80.53	8.84	1.00	1.06
B	0	0.11	0.24	0.43	6.48	83.46	4.07	5.20
CCC	0.22	0	0.22	1.30	2.38	11.24	64.86	19.79

셋째, KMV모형은 부도위험이 내재된 현금흐름의 가치평가 모형이다. CreditMetrics에서 가치 평가는 이미 설명한 것처럼 간단하다. 즉, 채권 선도가치를 계산하는데 미래 현금흐름을 선도금리곡선상의 금리로 할인함으로서 계산하고 가치 분포는 전이확률로부터 유도하였다. KMV접근법은 매우 다른데 옵션가격 결정시 사용되는 방법론과 비슷하다. 어떤 차주에 대해 EDF기간구조가 주어지면 순현금흐름의 현재가치를 계산할 수 있고 이로부터 전체 포트폴리오에 대한 손실분포를 만든다. KMV가격 모형은 마팅게일 접근법에 따라 위험중립적 가치산정 모형을 기반으로 한다. 기대치는 과거 데이터 또는 와 같이 시장에서 관찰되는 실제 확률을 이용하는 것이 아니라 위험중립확률을 사용한다. 위험자산 현금흐름에 대한 가치산정은 두 단계를 거치는데 첫째는 부도위험 없는 부분(default-free component)에 대한 가치 산정이고 둘째는 신용위험에 노출된 부분의 가치 산정이다.

〈예시〉 1년 후 $100를 지급하는 무이표채

회수율(1 − LGD(부도시 손실율)): 60%(= LGD 40%)

1년 무위험 금리: 10%

1년 후 부도위험(Q): 20%

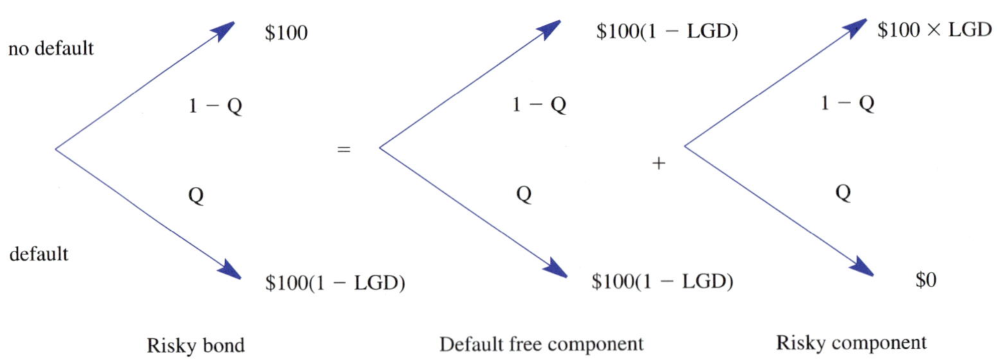

그림 11-15 ❙ 부도위험에 노출된 단일 현금흐름의 가치평가

부도위험 없는 부분의 가치(PV1)를 계산하면 $\frac{100(1-LGD)}{1+r} = \$54.5$가 되고 신용위험에 노출된 부분의 가치(PV2)를 계산하면 $\frac{100 \times LGD \times (1-Q) + 0 \times Q}{1+r} = \$29.1$이 된다. 따라서 부도위험이 내재된 무이표채의 현재가치는 PV1 + PV2 = \$54.5 + \$29.1 = \$83.6이 된다. 이를 일반화하면 일련의 현금흐름 $[C_1, \cdots C_i, \cdots, C_N]$에 대해 다음과 같이 표현할 수 있다.

$$PV = (1-LGD)\sum_{i=1}^{N} \frac{C_i}{(1+r_i)^{t_i}} + LGD\sum_{i=1}^{N} \frac{(1-Q_i)C_i}{(1+r_i)^{t_i}}$$

5. CreditRisk+모형

CreditRisk+는 CSFP(Credit Suisse Financial Products)에서 1997년에 발표한 모형으로 보험업계에서 주로 사용되는 수학, 통계적 분석도구를 금융기관의 신용위험 측정에 적용한 모형이다. 여러 가지 신용위험 중에서 차주의 부도 시, 발생하는 손실만을 측정의 대상으로 하는 부도방식(Default Mode, DM) 모형으로 신용등급의 변화에 따른 손익까지를 측정대상으로 하는 시가평가방식(Market To Market, MTM)의 CreditMetrics의 방법론과는 접근방법이 다르다. 즉, 신용등급의 연속적 변화를 통하여 부도확률을 추정하는 방법(MTM)과는 달리 부도라는 드문사건(rare events) 자체를 고려하는 방법이다. 또한, 차주별 부도확률이 시간에 따라 변하는 확률변수라고 가정하고 부도간의 상관관계는 부도확률의 섹터분석(sector analysis)을 통해 간접적으로 고려하고 있다. 섹터는 서로 상관도가 높은 차주들을 찾아 동일하게 리스크를 측정하기 위한 차주집합이다. 차주간 부도상관관계를 섹터분석을 통하여 간접적으로 고려한다는 것은 동일한 섹터안에서는 완전상관관계가 있고 섹터간에는 독립이라는 가정하에 리스크를 측정하기 때문에 일종의 내재상관관계(implied correlation) 라고 할 수 있다. 그러나 동일한 섹터의 차주집합을 분류하는 것은 쉬운일이 아니다. CreditRisk+가 다른 모형에 비해 갖는 장점으로는 다음과 같은 점을 들 수 있다. 우선 신용리스크 측정에 필요한 입력데이터가 익스포져, 부도확률, 부도확률의 변동성, 회수율 등으로 비교적 간단하다. 둘째로 분석적인 방식을 통해 직접 측정치를 산출하므로 여타 모형에 비해 시간 및 비용이 크게 절감된다. 위에서 설명한 것과 같이 CreditRisk+모형은 다음의 가지 자료를 바탕으로 신용리스크를 측정한다.

(i) 신용익스포져(credit exposure): 차주와의 개별적인 거래에 따른 익스포져는 법적 구조에 따라 상계권(right of set-off)을 고려하여 합산되어야 한다. 이는 신용익스포져를 발생

시키는 모든 종류의 투자상품을 처리할 수 있다.

(ii) **부도율**(default rate): 신용평가기관의 신용등급별 부도율 사용하거나 시장에서 거래되는 신용등급별 상품(instruments)의 가격으로부터 추정한 신용 스프레드를 사용할 수 있다. 이는 부도율에 대한 확률분포를 가정하고 과거의 부도자료로부터 모수를 추정하여 부도율의 확률과정을 생성하는 방법이다.

(iii) **부도율 변동성**: 공표된 신용등급에 따른 부도율은 수년간에 걸친 평균값이므로 실제 값과는 다르다. 이를 보완하기 위한 변동성 값으로 과거의 실제 부도율의 표준편차를 사용한다.

(iv) **회수율**: 차주의 부도가 발생하는 경우, 포트폴리오는 채무액에서 차주의 담보처분 및 청산, 채무 개선 또는 청구권 매각 등의 결과로 회수할 수 있는 금액을 차감한 금액만큼 손실을 입는데 이때 채무액에 대한 회수비율을 회수율이라 한다. 회수율은 경기변동 및 우선순위에 따라 크게 변동할 수 있으므로 추정값을 계산하는데 어려움이 많다.

(1) 신용리스크 측정과정

리스크관리자는 모형을 통하여 차주들의 부도에 따른 손실 분포를 도출하면 포트폴리오의 전체적인 신용도 개선 여부를 평가할 수 있으며 잠재적 손실에 대한 관리도 할 수 있다. 본 절에서는 부도횟수 분포를 도출하는 개략적 방법, 이를 손실분포로 확장하는 방법, 섹터 분석 방법에 대하여 논의한다. 리스크를 측정하기 위해서는 각 차주 또는 섹터의 부도횟수와 손실의 정도를 추정하고 이들의 합으로서 포트폴리오 손실 분포를 산출해야 한다. 즉, 1단계에서는 부도회수를 측정하고 손실의 심각성을 인식하고 난 후, 2단계에서는 손실분포를 생성한다.

1단계의 이론상 가정은 다음과 같다.

(i) 익스포져는 정수 값(0이하의 값은 반올림)이다

(ii) 각 섹터는 서로 독립이다

(iii) 섹터의 정보는 섹터의 평균적인 부도횟수를 나타내는 확률변수이고 그 확률변수는 감마분포를 따른다.

2단계의 포트폴리오의 부도발생횟수 분포: 일반적으로 포트폴리오는 다수의 차주에 대하여 신용리스크에 노출되어 있는데 특정 차주의 부도 발생확률과 변동성을 계산할 수 있다. 포트폴리오에 속한 차주들의 부도 발생 횟수는 포아송분포를 따른다.

3단계의 포트폴리오 손실분포: 부도 시 입는 손실은 개별 채무자의 익스포져에 의존하기 때문에 손실분포는 부도 횟수 분포와 다르다. 이러한 손실 분포를 파악하기 위하여 CreditRisk+ 모형은 확률적률분포(Probability Generating Function, PGF)를 도입하고 처리를 단순화하기 위하여 다음의 조치를 취해가며 단계적으로 손실분포를 구한다.

(i) 특정 채무자의 부도 발생 시의 손실을 계산하기 위하여 기대회수율을 기초로 익스포져를 조정한다.

(ii) 회수율이 반영된 순 익스포져를 적정한 단위에 따라 몇 개의 밴드(band)로 구분한다.

(iii) 밴드를 구분하는 단위의 일정 배수 값이 손실이 될 확률을 구하여 포트폴리오의 총손실분포를 구한다.

4단계의 익스포져 반영: CreditRisk+의 익스포져는 CreditMetrics방법론에서 사용되는 총익스포져와 달리 담보 보증 등을 고려한 순익스포져(net exposure)를 이용한다. 익스포져는 신용리스크 관리 목적에 따라 크게 총익스포져(total exposure)와 순익스포져(net exposure)로 구분한다. 총익스포져는 대차대조표 자산계정 중, 거래상대방이 있고 미래에 발생 가능한 리스크(시장 및 신용리스크)에 노출된 모든 자산을 대상으로 한다. 그러나 순익스포져는 총익스포져에 담보유형별 또는 상품별 회수율에 의한 예상회수금액을 차감한 금액이다.

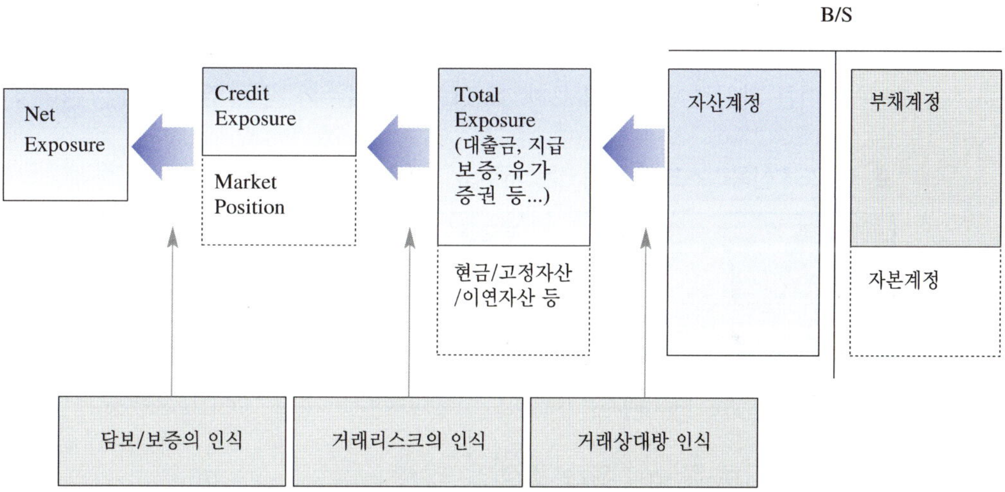

그림 11-17 CreditRisk+의 익스포져 인식 단계

5단계의 섹터분석: 부도 발생요인은 개별 차주가 보유하고 있는 독특한 특성에 의한 개별적 위험(specific risk)과 경제상황의 변화에 따라 특정 고객군의 부도율이 현저히 증가하는 체계적 위험(systematic risk)으로 나누어 설명할 수 있으며 부도율이 변화하는 것은 경제상황의 변화에 따른 체계적 위험의 변동 때문이라 볼 수 있다. 차주 부도율의 변화정도는 경제상황, 국가, 산업, 지역 등의 여러 요인에 따라 그 영향의 정도가 달라지며 동일한 요인에 영향을 받는 차주의 집단을 구분하여 손실분포를 산출하는데 이러한 집단을 섹터(sector)라고 한다. 서로 다른 섹터의 손실분포는 독립이며 동일 섹터내에 속한 차주는 완전 상관관계에 있다는 가정으로 섹터를 구분한다. 그러나 두 확률변수가 서로 독립인 지의 여부는 정규분포를 제외하고는 통계적으로 판단할 수 있는 방법이 존재하지 않기 때문에 실제 부도 데이터를

이용한 데이터 분석을 통하여 독립섹터를 찾아내기는 쉽지 않다. 차주 부도율의 변화정도는 경제상황, 국가, 산업, 지역 등의 여러 요인에 따라 그 영향의 정도가 달라지며 동일한 요인에 영향을 받는 차주의 집단을 섹터(sector)라고 정의 하였으므로 차주의 속성을 구분할 수 있는 속성을 찾고 이들을 집단화하여 차주를 해당 섹터에 할당하는 방법이다. 차주의 속성을 구분할 수 있는 변수로 고려될 수 있는 것으로는 차주의 인구 통계학적인 정보(demographic data) 이외에 지역 업종 등 차주의 고유한 특성을 나타내고 쉽게 변하지 않는 변수들을 고려해 볼 수 있다. 차주의 속성에 따라 부도율과 변동성을 관찰하고 부도의 상관관계를 바탕으로 섹터를 구분하는 것이 타당하지만 부도 데이터는 부도일자에 대한 것으로 현실에서 관찰하는 것이 쉽지 않고 이 또한 발생빈도가 매우 적다. 따라서 부도의 상관관계를 직/간접적으로 측정하지 않고 각 섹터별 부도율을 반영할 수 있는 대용변수(proxy)를 사용하여 섹터를 구분한다.

(2) 신용리스크 계산과 예시

먼저, 기초자료와 분포 산출을 살펴보자. 신용리스크를 계산하기 위하여 3개 기업 차주와 2개 섹터를 가정하여 계산해 보자. 표 11−26는 차주와 각 차주가 속하는 섹터를 나타낸다.

표 11-26 | 신용리스크에 고려되는 차주의 기초정보

차주	섹터	부도율	부도율 표준편차	Net Exposure
A	1	p_a	q_a	NE_a
B	1	p_b	q_b	NE_b
C	2	p_c	q_c	NE_c

(i) 기초 자료 및 Unit Size 조정

신용리스크를 계산하기 위해서는 먼저 각 차주의 순익스포져, 부도율 그리고 부도율 변동성(표준편차)를 산출해야 한다.

표 11-27 | 차주의 부도율과 익스포져 정보

차주ID	부도율	부도율표준편차	Net Exp	섹터
A	0.01	0.01	4,300	1
B	0.02	0.01	2,600	1
C	0.03	0.02	1,700	2

(ii) Unit Size 조정에 따른 익스포져 및 부도율 조정

손실분포를 도식화 할 때 손실의 크기와 그에 따른 확률 값을 순차적으로 계산한다. 즉,

손실이 0원일 확률 값, 1원일 경우의 확률 값 등으로 순차적으로 최대 손실액까지 손실 값을 산출한다. 하지만 이 경우 1원과 2원의 차이를 포함하여야 하느냐는 의문이 생기고 계산시간이 오래 걸리고 시스템에 부담을 주게 되므로 이를 적정단위로 환산하여 시스템 부담을 줄이는데 가장 큰 의미가 있다. 그러므로 차주의 익스포져가 다양하고 이를 모두 다루기에는 무리가 있어 처리할 데이터 양을 줄이기 위하여 익스포져 밴드 개념을 도입하여 차주의 익스포져를 일정구간 간격(L)에 따라 분류하는데 같은 구간의 익스포져는 동일한 값으로 본다. 각 차주의 익스포져를 가장 가까운 익스포져 밴드 $nL(n \geq 1)$로 근사해 준다. 그리고 다음과 같이 부도율 평균과 표준편차를 조정해 준다.

$$L_A = L \times v_A, \quad \lambda_A = L \times \epsilon_A$$

여기서 L_A는 A의 수정된 익스포져, v_A는 A의 수정된 익스포져의 단위 익스포져에 대한 배수, L은 밴드의 기본단위(Unit Size), λ_A는 A의 부도로 인한 기대손실, ϵ_A는 A의 단위의 기대손실을 나타낸다.

위 식은 Unit Size 조정방법을 나타낸 것으로 Unit Size 조정 전후의 기대손실의 값이 변함없도록 조정한다는 것을 보여주는 것이다. 또한, Unit Size로 표준편차를 조정하는데 이는 부도율표준편차와 부도율의 비율이 원래의 비율대로 유지된다. 즉, 익스포져의 기대손실이 동일하게 유지되도록 차주의 부도율을 수정한다. 포트폴리오의 모든 차주의 수정된 익스포져는 L의 정수배가 되는 익스포져 밴드로 구분되고 포트폴리오 익스포져를 m개의 익스포져 밴드로 분할 할 수 있다. 위 예에서 차주 A의 조정 순익스포져는 밴더 기본 단위를 1,000으로 둘 경우 4가 된다. 순익스포져 조정에 따라 부도율은 0.01075로 조정된다.

조정 순익스포져 = 1,000 × 반올림(4,300/1,000) = 4,000
조정 부도율 = 기초 부도율 × 순익스포져/조정 순익스포져 = 0.01 × 4,300/4,000 = 0.01075

표 11-28 ❙ 순익스포져와 부도율의 조정

차주ID	부도율	부도율표준편차	Net Exp	섹터
A	0.01075	0.01075	4	1
B	0.01733	0.00867	3	1
C	0.02550	0.0170	2	2

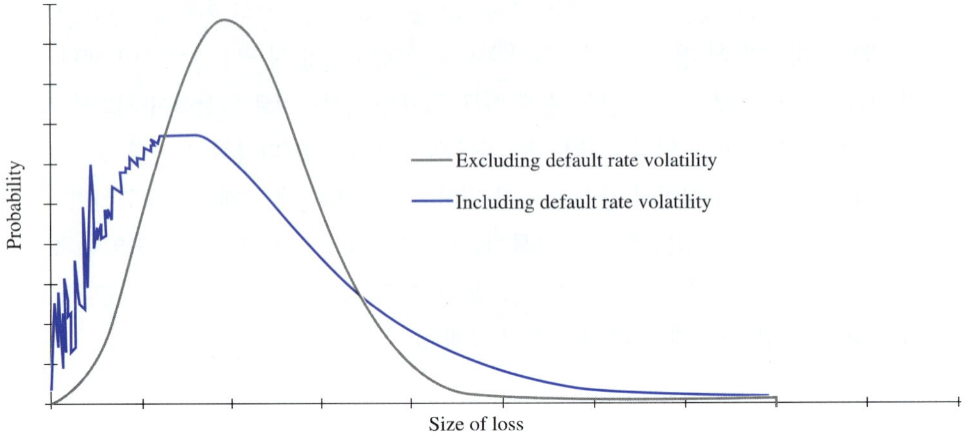

그림 11-18 | Unit Size 조정 결과

이제, 감마분포를 생성해보자. Unit Size 조정을 통한 분포 추정을 통해 표 11-29는 Unit Size를 조정하는 것이 감마분포에 어떠한 영향을 미치는가를 보여주고 있다. 조정전과 조정후가 동일한 α와 β값을 보여주고 있어 Unit Size의 조정이 감마분포에 영향을 미치는 것이 아님을 보여준다. 이는 부도율만 아니라 부도율의 표준편차까지를 조정해주어야 하는 이유도 감마분포 생성을 위한 2개의 파라미터 α와 β가 동일한 값이 나오도록 하기 위해서이다.

표 11-29 | Unit Size 조정에 따른 감마 분포의 영향

구분	Unit Size 조정 후		Unit Size 조정 전	
	섹터 1	섹터 2	섹터 1	섹터 2
부도율의 합	0.0280	0.0255	0.030	0.03
표준편차의 합	0.0194	0.017	0.020	0.02
alpha	2.0919	2.25	2.0919	2.25
beta	0.0134	0.0113	0.0134	−0.0113

주) 섹터 1의 부도율: 0.01075 + 0.01733 = 0.0280
섹터 1의 표준편차 합: 0.01075 + 0.00867 = 0.0194
섹터 1의 alpha: $(0.0280/0.0194)^2 = 2.0919$
섹터 1의 beta: $0.0194^2/0.0280 = 0.0134$

섹터의 평균부도횟수가 주어지면 섹터내의 차주의 부도 감마분포를 따른다. 분포에서 생성된 섹터의 부도횟수를 이용하여 섹터내의 차주들의 관찰된 부도율과 각 가중치(weight)를 이용하여 섹터내 차주들의 추정부도율을 계산할 수 있다. 이를 알기 위하여 감마분포의 의미를 알아보자.

$$P(x \le X \le x + dx) = f(x)dx = \frac{1}{\beta^{\alpha}\Gamma(\alpha)} e^{-\frac{x}{\beta}} x^{\alpha-1} dx$$

감마분포의 확률밀도함수로 2개의 파라미터 α와 β는 부도율 평균과 표준편차를 사용하여 추정할 수 있다. 그러므로 감마분포를 생성하기 위한 파라미터 α와 β를 추정하기 위해서는 섹터의 부도율과 표준편차가 필요하다. k는 섹터이다.

$$\alpha_k = \frac{\mu_k^2}{\sigma_k^2}, \quad \beta_k = \frac{\sigma_k^2}{\mu_k^2}, \quad p_k = \frac{\beta_k}{(1+\beta_k)}$$

위의 식을 계산하기 위한 섹터의 부도율과 표준편차는 다음 식을 이용한다.

$$\mu_k = \sum_{j=1}^{m(k)} \frac{\epsilon_j^{(k)}}{v_j^{(k)}}, \quad \frac{\sigma_k}{\mu_k} = \frac{\sum_A \sigma_A}{\sum_A p_A} = \frac{\sum_A p_A \left(\frac{\sigma_A}{p_A}\right)}{\sum_A p_A}$$

앞의 식에서 섹터의 부도율 평균이 섹터내의 개별차주 부도율 평균의 합(μ_k)을 이용하여 추정한다는 것을 나타내고 섹터의 표준편차는 섹터내의 개별차주 부도율 표준편차의 합(σ_k)이다.

다음의 표 11-30 및 표 11-31은 감마분포 즉, 시나리오 생성은 부도횟수를 생성 하기 위하여 감마분포를 가정하고 α와 β를 계산한 후 부도율을 시뮬레이션을 한 결과이다. 실제 신용위험을 계산하기 위해서는 10,000번 이상의 시뮬레이션이 필요하지만 본 예시에서는 계산의 편의상 50번을 하였다.

표 11-30 ▎감마 분포 생성을 위한 파라미터 생성

구분	섹터1	섹터2
부도율의 합 부도율 표준편차의 합	0.02808 0.01942	0.0255 0.017
alpha bata	2.09193 0.01342	2.25 0.0113

표 11-31 ▎추정된 파라미터에 의해 생성된 감마 분포

	섹터 1 부도율 생성	섹터 2 부도율 생성
Scenario 1	0.04442	0.012609
Scenario 2	0.01912	0.010902
Scenario 3	0.03953	0.02006
Scenario 4	0.06758	0.014456
Scenario 5	0.05681	0.014392
Scenario 6	0.01331	0.03282
Scenario 7	0.03515	0.01395
…	…	…

표 11-31 ❙ 추정된 파라미터에 의해 생성된 감마 분포 (계속)

	섹터 1 부도율 생성	섹터 2 부도율 생성
Scenario 47	0.01857	0.023719
Scenario 48	0.01643	0.003888
Scenario 49	0.05548	0.028777
Scenario 50	0.0653	0.014494

이제, 섹터의 부도율을 차주의 부도율로 재배분하기 위해서는 다음의 식과 같은 섹터의 부도횟수와 섹터내의 차주 부도율 사이의 관계를 이용한다.

$$x_A = \frac{\epsilon_A x_k}{v_A \mu_k}$$

여기서 x_A는 섹터 k의 부도횟수를 감마분포를 통해 생성한 것이며 $\frac{\epsilon_A}{v_A}$는 차주의 관찰된 부도율이고 μ_k는 섹터 k의 관찰된 개별차주의 부도율의 합이다. 생성된 섹터 k의 부도횟수에 당초 섹터내의 각 차주의 부도율 가중치를 곱해주면 각 차주의 추정부도율 x_A을 생성할 수 있다. 또한 기본가정의 수식을 이용하면 다음과 같이 변환할 수 있다.

- $\overline{p_a + p_b}$: 시뮬레이션에 의해서 생성된 섹터 1의 부도율
- $\frac{p_a}{p_a + p_b}$: 섹터 1의 관찰된 차주 부도율을 이용한 차주 a의 가중치
- $\overline{p_a}$: 시뮬레이션에 의해서 생성된 섹터의 된 차주 a의 부도율

$$\overline{p_a} = p_a \times \frac{\overline{p_a + p_b}}{p_a + p_b}$$

표 11-32 ❙ 각 섹터의 부도율 시나리오

					섹터2
	섹터1의 부도율	Weight	A의 부도율	B의 부도율	'C의 부도율
Scenario 1	0.0062095395	0.382789318	0.002376945	0.003832594	0.042491379
Scenario 2	0.0374907927	0.382789318	0.014351075	0.023139718	0.002695657
Scenario 3	0.0152486912	0.382789318	0.005837036	0.009411655	0.021673419
Scenario 4	0.0457338700	0.382789318	0.017506437	0.028227433	0.002560014
Scenario 5	0.0113023191	0.382789318	0.004326407	0.006975912	0.013211974

표 11-32 ❙ 각 섹터의 부도율 시나리오 (계속)

					섹터2
	섹터1의 부도율	Weight	A의 부도율	B의 부도율	'C의 부도율
Scenario 6	0.0095582031	0.382789318	0.003658778	0.005899425	0.00878881
Scenario 7	0.0191465155	0.382789318	0.007329082	0.011817434	0.0091954
…	…	…	…	…	…
Scenario 47	0.0280086354	0.382789318	0.010721406	0.017287229	0.012030146
Scenario 48	0.0629351860	0.382789318	0.024090917	0.038844269	0.033064858
Scenario 49	0.0306672732	0.382789318	0.011739105	0.018928169	0.009110206
Scenario 50	0.0275755241	0.382789318	0.010555616	0.017019908	0.011696404

주: $Weight: \frac{p_a}{p_a + p_b}$ 로서 섹터1의 관찰된 차주 부도율을 이용한 차주A의 가중치

A의 부도율: 섹터1의 부도횟수 $\times$ $Weight$

B의 부도율: 섹터1의 부도횟수 $\times (1 - Weight)$

감마분포 생성 후, 섹터내의 각 차주들의 부도율을 재계산한 것을 이용하여 부도여부를 판단한다. 시뮬레이션을 수행하기 위해서는 2가지 난수를 발생시켜야 한다. 즉, 섹터의 부도율을 감마분포를 이용하여 발생시킨 후 추정한 개별차주의 부도율에 의해 부도여부를 판단하기 위한 난수를 발생시켜야 한다. 본 예시에서는 감마 분포에서 부도횟수를 50개, 각각의 부도횟수에 대하여 부도여부를 50개 산출한 값이다. 감마분포에 의한 부도횟수별로 부도여부를 50개 발생시킨 이유는 다음과 같다.

$$G_k(z) = \sum_{n=0}^{\infty} \int_{x_k}^{\infty} P(LOSS\ of\ nL|x_k) f_k(x_k) dx_k = \int_{x_k}^{\infty} e^{\sum_A x_A (z^{v_A - 1})} f_k(x_k) dx_k$$

위의 식에서 보면 손실분포를 생성하기 위해서는 두개의 확률변수가 필요하다. 두 개의 확률변수는 각각 감마분포와 포아송분포 이므로 이들 분포 각각에 대하여 난수를 반복 추출하여 손실분포를 생성한다. 포아송분포를 이용하여 부도여부가 결정되면 순익스포져를 이용하여 손실을 생성할 수 있다. 아래의 표들은 각 차주별로 포아송분포에 의해 부도 발생 여부를 시나리오 생성한 결과이다.

표 11-33 | 차주 A의 포아송 시나리오에 의한 부도여부

시나리오	A의 부도율	차주A의 Poisson Scenario에 의한 부도여부											
		1	2	3	4	5	6	7	…	47	48	49	50
Scenario 1	0.015128064	0	0	0	0	0	0	0		0	0	0	0
Scenario 2	0.044167397	0	0	0	0	0	0	0		0	0	0	0
Scenario 3	0.011045616	0	0	0	0	0	0	0		0	0	0	1
Scenario 4	0.004261375	1	0	0	0	0	0	0		0	0	0	0
Scenario 5	0.011933753	0	0	0	0	0	0	0		0	0	0	0
Scenario 6	0.005527915	0	0	0	0	0	0	0		0	0	0	0
Scenario 7	0.009772413	0	0	0	0	0	0	0		0	0	0	0
…													
Scenario 47	0.016062669	0	0	0	0	0	0	0		0	0	0	0
Scenario 48	0.001583107	0	0	0	0	0	0	0		0	0	0	0
Scenario 49	0.007916617	0	0	0	0	0	0	0		0	0	0	0
Scenario 50	0.003026644	0	0	0	0	0	0	0		0	0	0	0

표 11-34 | 차주 B의 포아송 시나리오에 의한 부도여부

시나리오	B의 부도율	차주B의 Poisson Scenario에 의한 부도여부											
		1	2	3	4	5	6	7	…	47	48	49	50
Scenario 1	0.024392537	0	0	0	0	0	0	0		0	0	0	0
Scenario 2	0.071215648	0	0	0	0	0	0	0		0	0	0	0
Scenario 3	0.017809986	0	0	0	0	0	0	0		0	0	0	0
Scenario 4	0.006871054	0	0	0	0	0	0	0		0	0	0	0
Scenario 5	0.01924202	0	0	0	0	0	0	0		0	1	0	0
Scenario 6	0.008913227	0	0	0	0	0	0	0		1	0	0	0
Scenario 7	0.015757068	0	0	0	0	0	0	0		0	0	0	0
…													
Scenario 47	0.025899498	0	0	0	0	1	0	0		0	0	0	0
Scenario 48	0.002552607	0	0	0	0	0	0	0		0	0	0	0
Scenario 49	0.012764778	0	0	0	0	0	0	0		0	0	0	0
Scenario 50	0.004880169	0	0	0	0	0	0	0		0	0	0	0

표 11-35 | 차주 C의 포아송 시나리오에 의한 부도여부

시나리오	C의 부도율	차주C의 Poisson Scenario에 의한 부도여부											
		1	2	3	4	5	6	7	…	47	48	49	50
Scenario 1	0.027858817	0	0	0	0	0	0	0		0	0	0	0
Scenario 2	0.023324169	0	0	0	0	0	0	0		0	0	0	0
Scenario 3	0.025710456	0	0	0	0	0	0	0		0	0	0	0
Scenario 4	0.047706123	0	0	0	0	0	0	0		0	0	0	0
Scenario 5	0.016036044	0	0	0	0	0	0	0		0	0	0	0
Scenario 6	0.056122929	0	0	0	0	0	0	0		0	0	0	0
Scenario 7	0.011230323	0	0	0	0	0	0	0		0	0	0	0
…													
Scenario 47	0.001991225	0	0	0	0	0	0	0		0	0	0	0
Scenario 48	0.01963576	0	0	0	0	0	0	0		0	0	0	0
Scenario 49	0.040542716	0	0	0	0	0	0	0		0	0	0	0
Scenario 50	0.05357947	0	0	0	0	0	0	0		0	0	0	0

각 섹터별 손실 금액을 주어진 조건하에서 Loss의 생성(섹터의 Loss)를 구한다. 지금까지 (i) 감마분포의 생성에 의해 섹터의 부도율을 생성하였고, (ii) 이를 이용하여 섹터내 각 차주의 부도율을 생성하였다. (iii) 그리고 생성된 각 차주의 부도율을 포아송분포 파라미터로 하여 부도여부에 대한 시나리오를 생성하였다. 부도여부에 따라 순익스포져 를 이용하여 각 차주의 손실이 생성되고 이를 합산하여 주어진 섹터내의 조건부 손실을 계산한다. 아래의 식은 각각의 주어진 조건하에서 손실을 계산한 후 이를 통합하는 것을 보여주는 것이다.

$$F_k(z) = \sum_{n=0}^{\infty} P(N default) z^n$$
$$= \sum_{n=0}^{\infty} z^n \int_{x=0}^{\infty} P(N defaults \mid x) f(x) dx = \int_{x=0}^{\infty} e^{x(z-1)} f(x) dx$$

섹터 1의 손실은 차주 A의 익스포져와 차주 A의 부도여부(0 또는 1)을 곱한 값과 차주 B의 익스포져와 차주 B의 부도여부(0 또는 1)을 곱한 값을 더한 값이며 이를 보다 자세히 살펴보면 아래의 표들과 같다.

표 11-36 ▌시나리오별 섹터 1의 Loss

시나리오	Scenario별 섹터1의 Loss											
	1	2	3	4	5	6	7	…	47	48	49	50
Scenario 1												
Scenario 2												
Scenario 3												4,000
Scenario 4	4,000											
Scenario 5										3,000		
Scenario 6									3,000			
Scenario 7												
…												
Scenario 47					3,000							
Scenario 48												
Scenario 49												
Scenario 50												

표 11-37 ▌시나리오별 섹터 2의 Loss

시나리오	Scenario별 섹터2의 Loss											
	1	2	3	4	5	6	7	…	47	48	49	50
Scenario 1												
Scenario 2												
Scenario 3												
Scenario 4												
Scenario 5												
Scenario 6												
Scenario 7												
…												
Scenario 47												
Scenario 48												
Scenario 49												
Scenario 50												

전체 포트폴리오 손실분포의 생성(모든 섹터의 손실)은 다음과 같다. 각각의 섹터에 대한 손실분포를 계산한 후 결합하여 전체 포트폴리오에 대한 손실분포를 계산한다. 이 과정에서

각각의 섹터는 독립적이므로 결합과정이 용이하다 예시의 2개 섹터에 대한 결합과정은 다음과 같이 계산할 수 있다. (i) 각 섹터에서 발생할 수 있는 손실금액과 확률값을 각각 계산한다. (ii) 2개 섹터로부터 발생할 수 있는 각각의 손실금액을 결합함으로서 2개의 섹터로부터의 손실 가능한 금액을 구할 수 있다 또한 그에 따른 확률값을 계산한다. 섹터의 개수가 2개 이상일 경우 위의 과정을 반복한다. 다음의 식은 여러 개의 섹터의 손실을 합산하는 과정을 보여주는 수식이다.

$$G(z)=\prod_{k=1}^{N} G_k(z)=\prod_{k=1}^{N}\left(\frac{1-p_k}{1-\dfrac{p_k}{\mu_k}\displaystyle\sum_{j=1}^{m(k)}\frac{\epsilon_j^{(k)}}{v_j^{(k)}}z^{v_j^{(k)}}}\right)^{\frac{\mu_k^2}{\sigma_k^2}}$$

표 11-38 ▌섹터의 손실 합산

섹터	차주	Exposure
섹터1	차주A의 Exposure	4,000
	차주B의 Exposure	3,000
섹터2	차주C의 Exposure	2,000

	Scenario별 전체 포트폴리오 Loss											
	1	2	3	4	5	6	7	…	47	48	49	50
Scenario 1												
Scenario 2												
Scenario 3												4,500
Scenario 4	4,000											
Scenario 5										3,000		
Scenario 6									3,000			
Scenario 7												
…												
Scenario 47					3,000							
Scenario 48												
Scenario 49												
Scenario 50												

이제 손실분포를 생성한다. 2,500(50×50)개의 손실값을 나열(ordering)하여 손실분포 생성하여 손실분포를 산출할 수 있다. 손실값은 다음 표 11-39 및 그림 11-19와 같이 정리할 수 있다.

표 11-39 | 포트폴리오의 손실분포

손실	도수	누적도수
0	2,390	2,390
2,000	53	2,443
3,000	36	2,479
4,000	19	2,498
5,000	1	2,499
6,000	1	2,500
7,000	0	2,500
9,000	0	2,500
소계	2,500	

손실분포의 평균은 예상손실이 되며 손실분포의 일정 퍼센타일(예를 들면 99%)과 손실분포의 평균과의 차이를 예상치 못한 손실(VaR)로 정의하는데 예상치 못한 손실 금액은 퍼센타일의 수준에 따라 달라진다. 경험적으로 타당한 수준의 퍼센타일을 정함으로서 신용리스크를 계산할 수 있다.

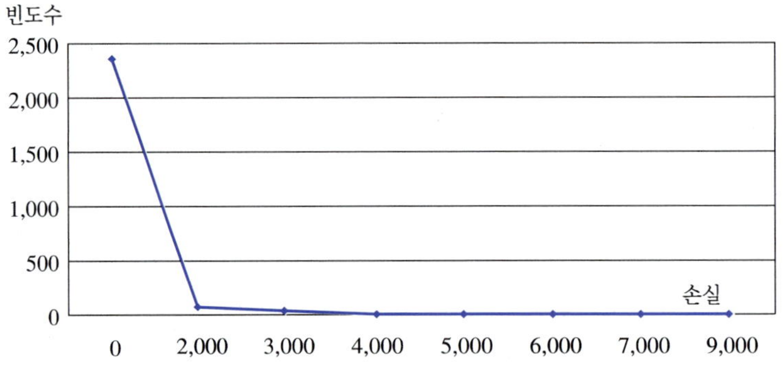

그림 11-19 | 포트폴리오의 손실분포

제3절 실제 신용리스크 추정방법

1. 신용리스크 추정 플로우와 분석목표

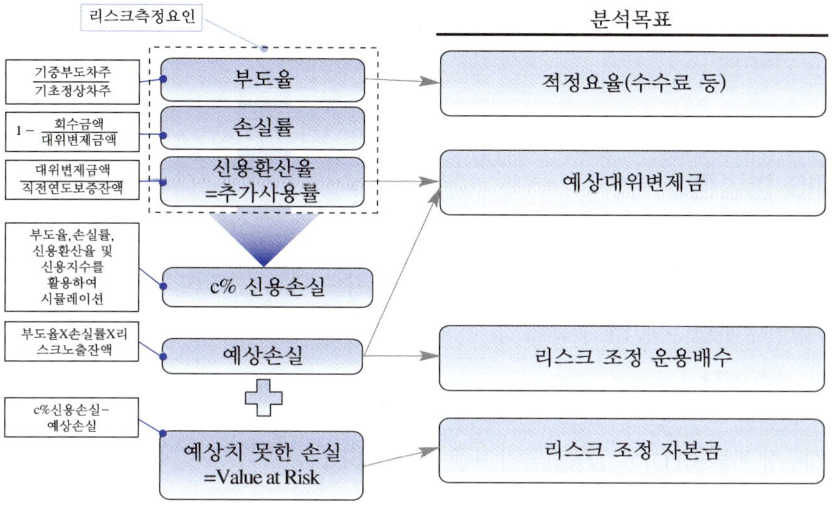

그림 11-20 ▌신용리스크 추정 플로우와 분석목표

기존에는 주로 표준편차가 널리 사용되어왔으나 VaR가 가지는 다음의 4가지 장점에 의하여 금융회사의 리스크를 측정하는 새로운 표준이 되었다. 표준편차를 사용한다는 것은 기본적으로 금융시계열들이 정규분포를 따른다고 하는 가정에 기초하나 대부분 시계열들은 두꺼운 꼬리 등으로 인해 정규분포와 다른 모습을 보인다. 리스크 요소와 시장가격은 포트폴리오 가치가 선형관계를 갖는 경우라면 표준편차 사용에 큰 무리가 없지만, 옵션과 같이 비선형적 움직임을 보이는 자산의 경우에 표준편차의 사용은 한계를 갖는다. 또한, 표준편차보다는 VaR의 개념을 이해하기가 상대적으로 쉽다. 분포가 비대칭적 형태를 띠거나 하는 경우, 리스크 측정치로서 표준편차의 사용은 적절하지 않다.

신용VaR(credit VaR)란 일정한 목표기간 동안, 주어진 신뢰수준 하에서 특정자산 또는 포트폴리오를 보유함으로써 발생 가능한 최대손실 규모를 의미한다. 신용리스크는 해당 기간 동안에 리스크 요소들의 변화로부터 발생할 수 있는 포트폴리오 가치변화의 확률적 금액이 된다. 신용리스크 계량화에 대한 신뢰수준이 높을수록 손실금액의 크기는 커진다. 예를 들어. 보유중인 포트폴리오의 일별 VaR가 99% 신뢰수준에서 100억원이면 정상적인 시장조건하에서 100억원 이상의 손실이 일어날 가능성은 1%가 된다.

신용리스크는 리스크 측정의 수단임과 동시에 중요한 관리기법으로도 활용될 수 있다. 신용리스크는 리스크의 일관적이고 통합된 측정을 통해 기업의 리스크에 대한 투명성을 높이고 일관된 리스크 관리를 가능하게 한다. 신용리스크는 포트폴리오내에서 리스크를 측정하므로 다양한 리스크 요소간 상관관계를 고려하여 통합된 하나의 숫자로서 리스크를 측정할 수 있으나 장기간의 신용리스크는 신뢰도가 낮으며, 예외적 시장 충격에 의한 리스크는 신용리스크보다 스트레스 테스팅이나 시나리오 분석 등을 통해서 더 잘 측정된다는 한계점을 갖는다.

2. 신BIS 방법론

신BIS 방법론에 의한 예상손실은 크게 4가지로 나눌 수 있다. 먼저, 표준방법은 예상손실과 예상치 못한 손실의 구분이 없다. 둘째, 기본내부등급법은 부도여부와 상관없이 다음과 같이 계산된다.

[자체추정 부도율(PD) × 금융당국의 표준손실률(LGD) × 표준CCF를 이용한 부도 시 익스포져(EAD)]

고급내부등급법은 부도여부에 따라 적용이 다른데 다음과 같이 계산된다.

- 정상차주의 예상손실 = 자체추정부도율(PD) × 부도시 손실률(LGD) × CCF를 이용한 부도시 익스포져(EAD)
- 부도차주의 예상손실 = 자체추정 부도율(PD) × 부도 후 경과기간별 손실률(BEEL) × CCF를 이용한 부도시 익스포져(EAD)

내부모형에 의한 예상손실은 프로그램을 이용한 시뮬레이션에 의해 생성된 손실분포의 평균값으로 계산된다. 그러나 시뮬레이션의 횟수에 따라 손실분포 평균값의 편차가 큰 문제를 발생시킬 수 있다.

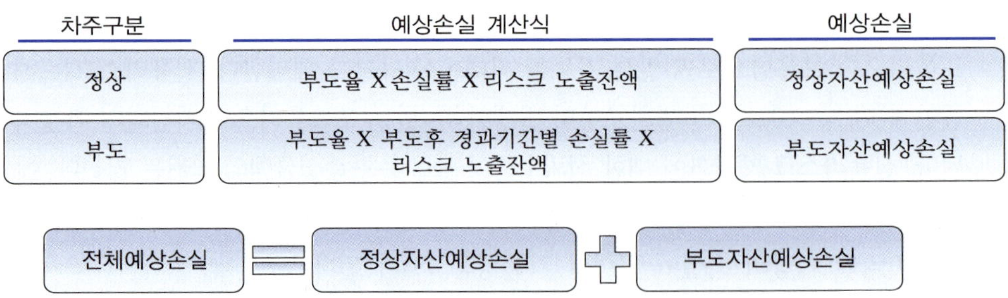

그림 11-21 ❙ 정상자산과 부도자산 예상손실 계산

신용리스크 산출시 신BIS의 적용 방법을 요약하면 다음과 같다.

표 11-40 ▎존BIS 협약과 신BIS 협약의 차이

기존 BIS 협약	신BIS
신용리스크 (모든 기업에 대해 일률적으로 100% 위험가중치 적용)	1) 표준방법: 적격 외부신용평가기관이 평가한 신용등급에 따라 위험가중치 차등 적용
	2) 기본내부등급법: 금융기관은 PD만 추정하고 LGD, EAD는 감독기관의 지도에 따라 계산
	3) 고급내부등급법: 자체적으로 PD, LGD, EAD 추정

자체적으로 부도율(PD), 부도시 손실률(LGD), 부도시 익스포져(EAD) 등을 추성하는 고급내부등급법을 이용하여 신용리스크를 산출하는 것이 신BIS기준을 사용한 것이다.

3. 신용리스크 산출단계

기본적으로 신용VaR는 예상치 못한 손실과 같다. 실무적용에서는 다음과 같은 산출 과정을 거친다.

표 11-41 ▎신용리스크 산출 과정

단 계	내 용
(1단계) 부도율 산출	• 신용등급별로 부도율 산출
(2단계) 전이행렬 산출	• 부도율을 이용한 전이행렬 추정
(3단계) 신용지수(CI)와 신용사이클 지수 산출	• 차주 업종별 부도율(수익률) 및 고유위험에 대한 난수 생성 • 업종별 부도율(수익률)에 상관관계 반영 • 상관관계가 반영된 차주 업종별 부도율(수익률)과 고유위험의 난수를 이용하여 신용지수 산출 • 신용사이클지수 산출(Z)
(4단계) 부도판정	• 누적정규분포와 전이행렬을 이용한 부도판정
(5단계) 부도시 손실률 및 손실액 산출	• 부도시 시뮬레이션을 통하여 손실률 생성하고 손실액 산출
(6단계) 반복계산과 확률분포 생성	• CI 산출을 위해 부도 시 손실액 산출까지 시나리오 회수만큼 반복 • 시나리오별 포트폴리오 신용손실분포 생성
(7단계) 신용VaR 산출	* 정상자산: 경제적 자본 = 일정 신뢰수준에서의 최대손실액 − 예상손실(= PD × LGD × EAD) * 부도자산: 고급내부등급법과 동일. BEEL, PLGD 사용

CreditMetrics 방법을 이용하는 경우, 위의 단계에서 몇 가지 주요사항이 존재한다. 1단계의 부도율을 정하는 방법은 다음과 같다. 부도율을 계산하는데 기본적인 Static Pool은 다음과 같이 구성하여 계산한다. 부도율은 차주를 기준으로 (기초정상차주 중 기중부도차주 + 신규차주 중 부도차주)/(기초정상차주 + 신규차주 중 부도차주)로 계산하게 되는데 기중에 들어온 신규차주가 계속하여 정상차주로 남으면 다음 기의 Static Pool로 넘어가게 된다.

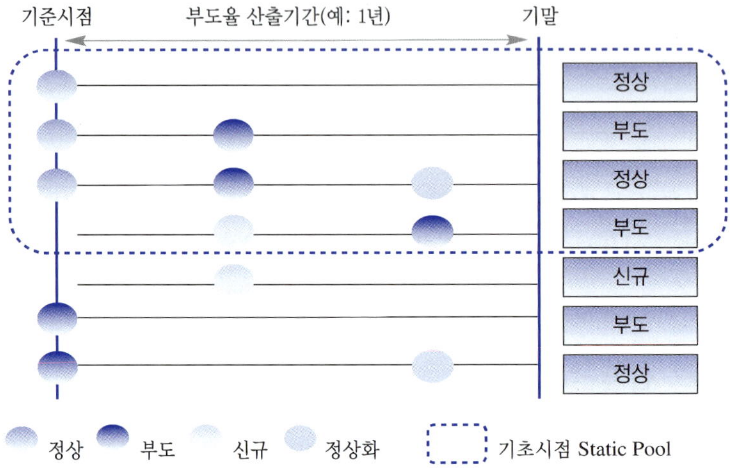

그림 11-22 | Static Pool의 구성

2단계에서는 부도율을 계산한 후, 전이행렬을 구한다. 차주의 신용등급별 전이행렬(Transition Matrix, TM)이란 하나의 신용등급이 1년 후에 어떻게 변동되는지를 보여주는 행렬을 말한다. 예를 들어, BBB등급을 가진 차주가 1년 후에 A등급으로 상승하거나 BB등급으로 하락할 확률을 말한다.

표 11-42 | 차주의 신용등급 전이행렬의 예

구분	A	BBB	BB	B	CCC	CC	C	D
A	72.5	22.6	3.8	0.4	0.4	0.1	0.0	0.2
BBB	4.0	76.6	14.4	2.8	0.6	0.1	0.1	1.5
BB	0.5	10.5	74.7	8.7	1.9	0.2	0.1	3.4
B	0.1	3.0	14.5	70.8	4.4	0.4	0.5	6.3
CCC	0.0	1.3	6.5	13.9	65.7	0.9	1.2	10.5
CC	0.0	1.0	5.5	11.5	13.6	48.7	3.1	16.6
C	0.0	0.8	2.4	8.5	15.6	3.7	44.8	24.3

표 11-42에서 BBB등급의 차주가 1년 후에 A로 상승할 확률은 4.0%이며, BBB로 유지될

확률은 76.6%, BB등급으로 하락할 확률은 14.4%라는 것을 의미한다. 일반적으로 전이행렬을 구하기 위해서는 차주의 신용등급이 경기 등에 적절히 반영하여야 한다. 경기가 좋을 경우에는 차주의 신용등급이 상승할 가능성이, 반대로 경기가 침체될 경우에는 하락할 가능성이 높다. 예를 들어, 경기가 좋을 경우 BBB등급이 A등급으로 전이될 확률이 현재 4.0%에서 5.0%로 상승하고 반대로 경기가 나쁠 경우에는 3.0%로 하락할 수 있다. 예를 들어, 개인카드의 경우, 매월 업데이트되는 자료를 사용할 수 있기 때문에 재무정보가 계속하여 사용할 수 있다는 장점이 있다. 그러나 법인의 경우, 재무정보가 계속하여 갱신되지 않기 때문에 일부 차주의 신용등급이 경기와 무관하게 움직일 수도 있다.

다음 3단계에서 신용지수를 계산한다. 신용지수(Credit Index, CI)는 신용지수 및 신용등급으로 불리며 고객의 신용상태를 나타내는 지표값으로 다음과 같이 산출된다.

$$Z_t = \frac{\Phi^{-1}(p_t) - \mu_{\Phi^{-1}(p_t)}}{\sigma_{\Phi^{-1}(p_t)}}$$

$$CI = \rho \times F(Z_t) + \sqrt{(1-\rho^2)} \times \epsilon_t$$

$$P_t(i,j \mid Z_t) = \Phi\left(\frac{x^i_{j+1} - \hat{\rho} Z_t}{\sqrt{1-\hat{\rho}^2}}\right) - \Phi\left(\frac{x^i_j - \hat{\rho} Z_t}{\sqrt{1-\hat{\rho}^2}}\right)$$

여기서 Z는 신용사이클 지수(credit cycle index), Φ는 정규분포의 누적밀도함수(CDF), p는 1단계에서 구한 부도율이다. CI는 신용지수, ρ는 신용지수(CI)의 신용사이클에 대한 민감도 또는 가중치(영향도)이다. F(Z_i)는 체계적 위험을 의미하며 표준정규분포로부터 발생된 난수에 변수 간 상관성을 반영한 값이다. 만일, 가장 단순한 경우라면 F(Z_i)=Z_i가 된다. x^i_{j+1}, x^i_j는 장기 비조건부 전이행렬에서 생성된 신용등급 구간, $P_t(i,j \mid Z_t)$는 특정 차주가 경기상황 Z하에서 신용등급 i에서 j로 전이되는 조건부확률을 나타낸다. ϵ_i는 비체계적 위험을 의미하며 표준정규분포로부터 발생된 난수이다. 신용사건의 인식 시, 상관관계를 반영하는 난수생성 방법은 궁극적으로 체계적인 요인인 Z_i의 분산공분산행렬(covariance matrix)로부터 상관관계가 반영되어 만들어진 난수를 통해서이다. 모든 Z_i의 평균이 0이고 분산공분산행렬이 Σ인 다변량정규분포를 따른다고 가정한다. 즉, Z~N(0, Σ). 여기서 중요한 점은 분산공분산행렬 Σ에 대해 Σ = LL'인 관계를 만족하는 행렬 L를 찾을 수 있는냐에 달려있다. 일반적으로 촐레스키 분해(Cholesky decomposition)을 이용한 행렬분해를 통해 L을 찾을 수 있다. 촐레스키 분해(Cholesky decomposition)란 Z~N(0, Σ)인 Z_i의 분포에 대해 Σ가 양정부호(positive definite)인 경우에는 아래와 같은 하방삼각행렬(lower triangular matrix L)을 찾을 수 있게 되어 촐레스키 분해가 가능하다. 즉, 주어진 행렬 Σ와 찾고자 하는 lower triangular matrix L을 위와 같이 두고 Σ= LLT 관계를 만족하도록 다항식을 풀면 된다. 그러나 분산공분산행렬이 양정부호(positive definite)의 성질을 만족하지 않는 경우, 행렬 L을 찾을 수 없는 경우가 존재한다. 이러한 경우 대안적으로 원래의 분산공분산행렬과 근사적으로 가장 유사한 새로운 분산공분산행렬을 추정하여 적용하는 스펙트럴 분해(spectral decomposition) 방법론을 적용할 수 있다.

신용지수(CI)는 체계적 위험과 비체계적 위험으로 구성된다고 가정한다. 만일, 가장 단순한 경우라면 신용지수(CI)는 체계적인 신용사이클 지수(Z)와 비체계적 오차항(ϵ)의 선형관계에 있다는 것을 의미한다. 즉, $CI = \rho \times Z_t + \sqrt{(1-\rho^2)} \times \epsilon_t$이 된다. 체계적 위험이란 구성주식수(n)이 증가하여도 남게 되는 위험이며 증권시장 전반적인 상황에 따라 나타나는 위험으로 분산불능위험(nondiversifiable risk)을 말하고 비체계적인 위험이란 구성주식수가 증가하면서 감소되는 위험이며 기업고유 요인에 의해 발생되는 위험으로 기업고유위험(firm-specific risk) 또는 분산가능위험(diversifiable risk)을 말한다.

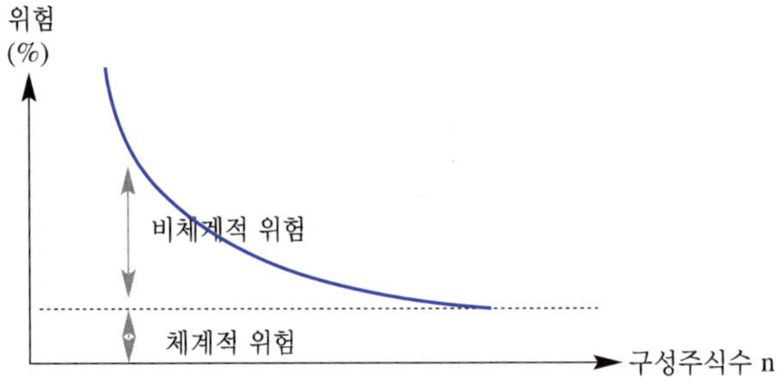

그림 11-23 ▎포트폴리오의 분산효과

신용사이클 지수(credit cycle index) Z는 t기 동안 특정 포트폴리오의 신용상태(credit state)를 말한다. 만일 경기가 좋아져 Z가 양수(+)이면 이는 포트폴리오의 신용등급이 상승할 가능성이 높으며, 이에 따라 부도율은 낮아짐을 의미한다. 반대로 Z가 음수(−)이면 이는 포트폴리오의 신용등급이 하락할 가능성이 높아 부도율이 전체적으로 높아짐을 의미한다.

2단계에서 구한 전이행렬은 신용사이클 지수 F(Z_i)에 의해 이동할 수 있다. 즉, 경기가 좋아져서 F(Z_i)가 양수이면 전이행렬이 오른쪽으로 이동하며 경기가 나빠지면 왼쪽으로 이동한다. 예를 들어, 부도사건의 경계값(default event threshold)이 −2이고 ρ가 0.5라면 다음과 같아진다.

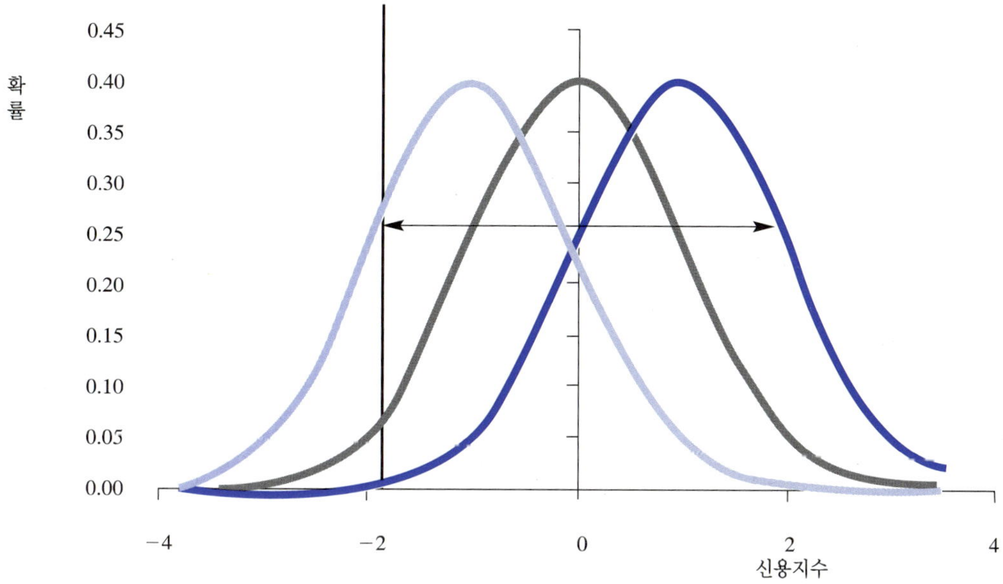

그림 11-24 ▌신용지수의 변화와 체계적 위험의 변화

신용지수(CI)의 평균은 0이며 위의 정규분포를 이용하여 부도율을 계산할 수 있다.

$$1.04\% = \Pr\left(CI_t < 2 | F(Z_t) = 0\right) = \Pr\left(\epsilon_t < \frac{-2}{\sqrt{1-0.5^2}}\right)$$

경기가 좋아지면 신용지수의 분포가 오른쪽으로 1만큼 이동하며 부도율은 감소한다.

$$0.03\% = \Pr\left(CI_t < 2 | F(Z_t) = 2\right) = \Pr\left(\epsilon_t < \frac{-3}{\sqrt{1-0.5^2}}\right)$$

반대로 경기가 나빠지면 부도율은 증가한다. 예를 들어, Z = −2이고 신용지수(CI)의 분포가 왼쪽으로 −1만큼 이동하면 부도율은 12.4%로 상승한다.

$$12.4\% = \Pr\left(CI_t < -2 | F(Z_t) = -2\right) = \Pr\left(\epsilon_t < \frac{-1}{\sqrt{1-0.5^2}}\right)$$

전이행렬은 크게 두 가지로 나눌 수 있다. 하나는 비조건부 전이행렬(unconditional TM)이고 하나는 조건부 전이행렬(conditional TM)이다. 조건부 전이행렬에 대해서는 4단계에서 설명하기로 한다.

비조건부 전이행렬이란 경기의 사이클을 반영할 수 있도록 장기평균(long-run average)을 통해 추정하는 것을 말한다. 신용지수(CI)가 표준정규분포(standard normal distribution)를 따르고 포트폴리오의 등급전이(rating transition)를 초래한다고 가정한다. 그러면 기초의 신용등급 i가 주어지면 신용등급(CI)값은 $(CI_j^i, CI_{j+1}^i]$ 구간으로 분리할 수 있다. 따라서 기초의 신용등급 i가 기말에 j로 전이할 확률은 다음과 같이 표현될 수 있다.

$$P(i,j) = \Phi(y_{j+1}^i) - \Phi(y_j^i)$$

예를 들어, 다음과 같은 5개년도 전이행렬이 있다고 하자.

표 11-43 ▌연도별 전이행렬 추이

05년	A	BBB	BB	B	CCC	CC	C	D
A	41.3	28.6	22.7	5.5	1.2	0.4	0.2	0.2
BBB	8.6	36.7	35.7	14.1	3.3	0.1	0.2	1.3
BB	1.4	8.2	48.3	32.1	6.3	0.4	0.2	3.0
B	0.1	1.1	12.5	59.0	19.9	1.4	0.4	5.5
CCC	0.0	0.3	2.9	25.7	55.0	4.9	1.2	10.0
CC	0.1	0.1	0.8	8.7	34.3	33.4	5.2	17.4
C	0.0	0.2	0.9	4.1	16.3	16.7	40.9	20.9

06년	A	BBB	BB	B	CCC	CC	C	D
A	44.5	27.2	20.0	4.3	2.5	0.4	0.2	0.9
BBB	8.6	35.1	35.1	14.4	4.1	0.6	0.1	2.0
BB	1.7	9.2	45.3	33.0	7.2	0.6	0.1	2.8
B	0.2	1.3	14.4	55.2	21.2	1.6	0.4	5.8
CCC	0.0	0.2	2.8	29.4	50.0	5.1	1.6	10.8
CC	0.0	0.1	1.5	11.5	39.2	22.7	8.4	16.6
C	0.0	0.2	1.1	2.3	20.8	21.2	31.7	22.6

07년	A	BBB	BB	B	CCC	CC	C	D
A	54.7	27.2	13.1	3.2	0.8	0.3	0.0	0.8
BBB	12.3	45.2	30.1	8.6	2.2	0.2	0.2	1.2
BB	1.9	10.6	50.9	28.6	5.6	0.3	0.1	1.9
B	0.2	1.6	16.4	59.7	16.4	1.0	0.3	4.4
CCC	0.0	0.5	4.2	31.4	51.1	3.1	1.2	8.6
CC	0.1	0.1	1.9	12.6	35.1	27.6	7.9	14.6
C	0.0	0.2	0.7	3.8	25.0	13.9	38.0	18.3

08년	A	BBB	BB	B	CCC	CC	C	D
A	38.8	38.8	15.9	3.4	1.3	0.1	0.1	1.5
BBB	9.5	51.0	26.4	8.9	2.1	0.2	0.2	1.7
BB	2.4	25.0	45.7	17.4	5.6	0.3	0.5	3.2
B	0.4	11.5	30.6	37.7	11.4	1.2	1.4	5.7
CCC	0.1	4.3	18.7	26.8	33.2	2.6	3.6	10.8
CC	0.0	1.1	8.4	15.9	27.0	18.1	10.1	19.3
C	0.0	1.3	3.1	8.7	31.7	5.1	28.4	21.7

09년	A	BBB	BB	B	CCC	CC	C	D
A	72.5	22.6	3.8	0.4	0.4	0.1	0.0	0.2
BBB	4.0	76.6	14.4	2.8	0.6	0.1	0.1	1.5
BB	0.5	10.5	74.7	8.7	1.9	0.2	0.1	3.4
B	0.1	3.0	14.5	70.8	4.4	0.4	0.5	6.3
CCC	0.0	1.3	6.5	13.8	65.7	0.9	1.2	10.5
CC	0.0	1.0	5.5	11.5	13.6	48.7	3.1	16.6
C	0.0	0.8	2.4	8.5	15.6	3.7	44.8	24.3

표 11-43의 5개년 전이행렬의 경우, 구조적 변화(structural change) 등에 의해 연도별 변동성이 상당히 높게 나타나고 있다. 2008년의 신용등급 전이행렬이 급격하게 하락하고 있는

점을 감안하면 이 시점에서 신용등급체계의 구조적 변화가 있었다고 판단할 수 있다. 위의 5개년 평균을 사용하여 전이행렬을 만들면 비조건부 평균이 되며 장기평균 전이행렬이 된다. 그러나 실무에서는 5개년의 평균을 사용하면, 신용등급체계에서 일관성이 결여될 수 있어 최근의 자료를 사용하기로 한다.

표 11-44 ▌비조건부 전이행렬

	A	BBB	BB	B	CCC	CC	C	D
A	55.85	30.70	9.85	1.90	0.85	0.10	0.05	0.85
BBB	6.75	63.80	20.40	5.85	1.35	0.15	0.15	1.60
BB	1.45	17.75	60.20	13.05	3.75	0.25	0.30	3.30
B	0.25	7.25	22.55	54.25	7.90	0.80	0.95	6.00
CCC	0.05	2.80	12.60	20.30	49.45	1.75	2.40	10.65
CC	0.00	1.05	6.95	13.70	20.30	33.40	6.60	17.95
C	0.00	1.05	2.75	8.60	23.65	4.40	36.60	23.00

4단계에서 비조건부 전이행렬을 이용하여 부도여부를 판정하기 위하여 신용등급간 경계선 또는 부도경계선을 추정하게 되는데, 다음의 단계를 이용한다.

- 1단계: 전이행렬의 표본평균을 구하여 장기 평균 전이행렬을 추정한다.
- 2단계: 장기평균 전이행렬의 부도등급으로부터 각 셀 $\overline{p}_{i,j}$을 누적적으로 합하여 누적정규분포의 역함수에 대입하여 신용등급간 경계선과 구간을 구할 수 있다. 즉, $x_j^i = \Phi^{-1}\left[\sum_{k=j}^{K}\overline{p}_{ij}\right]$ 예를 들어, BBB등급의 부도확률은 $p_{BBB,D} = 0.0141$이고 CCC로의 전이확률은 $p_{BBB,CCC} = 0.0111$로 계산될 수 있다. 따라서 CCC의 경계선은 다음과 같이 구할 수 있다.
  $x_D^{BBB} = \Phi^{-1}(p_{BBB,D}) = \Phi^{-1}(0.0141) = -2.1945$이며 신용지수(CI)가 $(-\infty, -2.1945]$에 떨어지면 부도로 간주한다. 마찬가지로 CCC의 경계선은 $x_{CCC}^{BBB} = \Phi^{-1}(p_{BBB,D} + p_{BBB,C}) = \Phi^{-1}(0.0141 + 0.0111) = -1.9566$이며 신용지수(CI)가 $(-2.1945, -1.9566]$에 떨어지면 CCC등급을 부여한다.
- 3단계: 위의 두 개의 단계를 모든 신용등급에 적용하면 다음과 같은 신용등급별 경계선이 계산 가능하다.

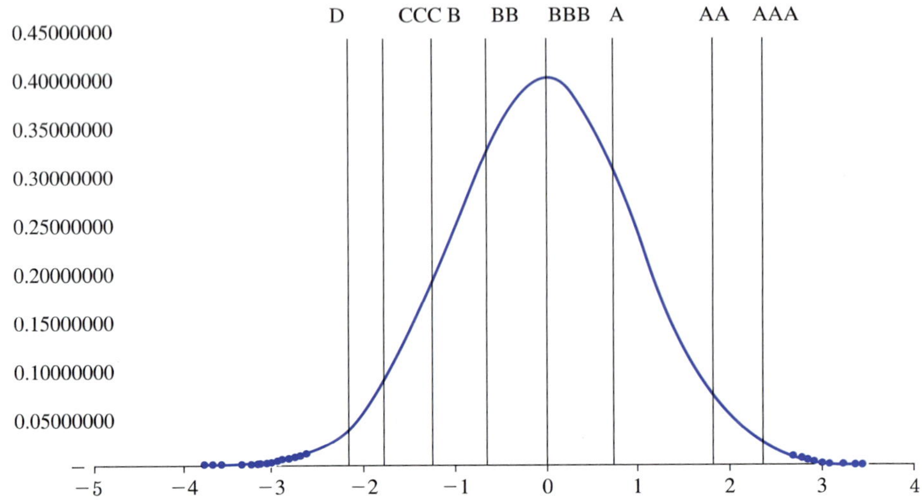

그림 11-25 | 신용등급BBB 차주의 전이확률 경계선

표 11-45 | 신용등급별 경계선

	A	BBB	BB	B	CCC	CC	C	D
A	8.13	−0.14	−1.10	−1.78	−2.09	−2.33	−2.37	−2.39
BBB	8.13	1.50	−0.54	−1.33	−1.85	−2.07	−2.11	−2.14
BB	8.13	2.20	0.87	−0.82	−1.43	−1.77	−1.80	−1.84
B	8.13	2.75	1.44	0.52	−1.01	−1.42	−1.48	−1.55
CCC	8.13	3.29	1.90	1.02	0.37	−1.05	−1.12	−1.25
CC	8.13	3.29	2.29	1.40	0.78	0.20	−0.69	−0.92
C	8.13	3.29	2.29	1.77	1.15	0.36	0.24	−0.74

비조건부 전이행렬(장기평균 전이행렬)을 통해 구한 신용등급 경계선과 구간을 이용해 신용사이클지수 Z_i변화에 따른 조건부 전이확률을 추정한다. 경기가 평균적일 경우, $Z_i = 0$이므로 신용지수(CI)는 표준정규분포를 따르며 비조건부 전이행렬이 이동하지 않는다. 그러나 경기가 호황일 경우, Z_i는 양(+)의 값을 가지며 비조건부 전이행렬이 우측으로 이동하며, 반대로 경기가 불황이면 좌측으로 이동한다. 차주가 특정 신용사이클 지수 Z_i에서 신용등급 i에서 j로 전이되는 조건부 전이확률 $p(i,j|\hat{Z}_i)$는 다음과 같이 계산가능하다.

$$p(i,j|\hat{Z}_i) = \Phi\left(\frac{x^i_{j+1} - \hat{\rho}\, Z_i}{\sqrt{1-\hat{\rho^2}}}\right) - \Phi\left(\frac{x^i_j - \hat{\rho}\, Z_i}{\sqrt{1-\hat{\rho^2}}}\right)$$

여기서 ρ는 신용사이클지수 Z_i가 신용지수(CI)에 미치는 영향을 의미하지만 ρ^2는 동일 포트폴리오에 속한 개별자산의 상관계수를 나타낸다. 비조건부 전이행렬을 통하여 조건부 전이행렬은 위의 식을 이용하여 구할 수 있다. 만일 ρ가 0.7임을 가정하면 다음과 같이 조건부 전이행렬을 구할 수 있다.

표 11-46 | 조건부 전이행렬

	A	BBB	BB	B	CCC	CC	C	D
A	55.59	30.75	9.89	1.91	0.85	0.10	0.05	0.86
BBB	6.66	63.74	20.45	5.87	1.36	0.15	0.15	1.61
BB	1.39	17.68	60.20	13.09	3.77	0.25	0.30	3.32
B	0.30	7.21	22.49	54.29	7.93	0.80	0.95	6.03
CCC	0.05	2.78	12.55	20.26	49.49	1.76	2.41	10.70
CC	0.05	1.04	6.91	13.66	20.27	33.43	6.62	18.02
C	0.05	1.04	2.73	8.56	23.60	4.40	36.53	23.08

이제, 4단계에서는 시뮬레이션을 통하여 VaR을 계산할 수 있다. 가장 쉬운 방법은 총 10,000번의 시뮬레이션을 통하여 CI와 개별 차주의 부도율(정규분포에 역함수를 취함)을 비교하여 손실분포(오름차순) 생성한다.

표 11-47 | 여러 방안별 시뮬레이션 손실분포와 VaR의 예시 (단위: 백만원)

손실금액 신뢰수준	손실 금액			
	방안1	방안2	방안3	방안4
1%	2	1	2	3
2%	4	3	3	6
3%	5	4	4	7
4%	9	6	5	10
5%	12	8	9	14
6%	34	25	22	34
⋮	⋮	⋮	⋮	⋮
95%	1,072,198	812,448	834,579	1,102,143
⋮	⋮	⋮	⋮	⋮
99%	1,665,930	1,343,189	1,365,764	1,702,079

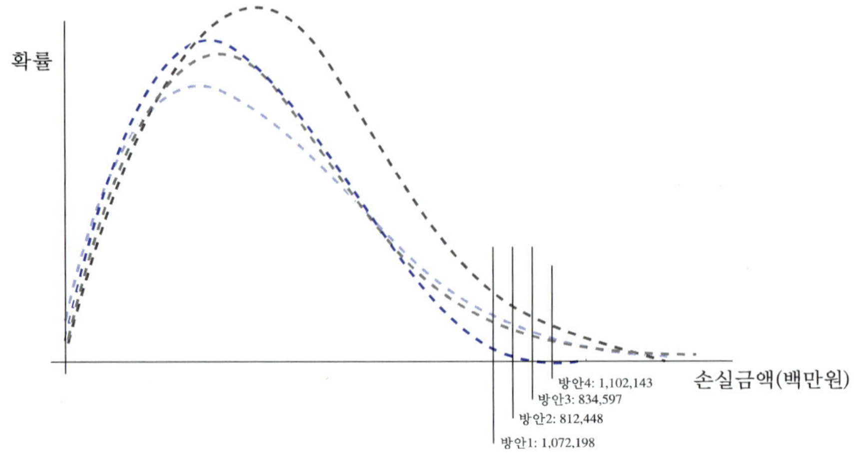

그림 11-26 ▎방안별 손실분포와 VaR 예시

손실분포(Loss distribution)를 산출하는 구체적인 방법은 다음과 같다. 시뮬레이션 방법의 손실분포를 도출하므로 시뮬레이션된 모든 손실시나리오를 이용해 히스토그램을 그리는 방법으로 손실분포를 구한다. 포트폴리오 손실금액은 개별 익스포져의 손실금액의 합으로 정의되는데 포트폴리오 손실분포를 도출하는 절차는 다음과 같다.

- 1단계: 모든 익스포져 i에 대해 당해 차주의 상관관계를 반영한 신용지수를 생성한다.
- 2단계: 신용도지표와 신용등급별 임계점을 비교한 후, 전이등급을 결정하고 해당 등급에 해당되는 PD, LGD, EAD를 감안하여 개별 손실(L_i)를 산출한다.
- 3단계: 포트폴리오를 구성하는 익스포져 수가 N개라면 포트폴리오 손실 L_p는 다음과 같다.

$$L_P = L_1 + L_2 + \cdots + L_N$$

- 4단계: 위의 시뮬레이션(step1 ~ step3)을 S번 시행하여 포트폴리오의 손실분포 $L_1^p, L_2^p, \cdots, L_S^p$ 를 생성한다.

$$L_j^p = L_1^p + L_2^p + \cdots + L_S^p \quad \text{for 시나리오 } j = 1,\ 2\cdots,\ S$$

- 5단계: 포트폴리오 손실률과 $L_j^p \,/\, EAD$을 산출한 후 0~100%를 적절히 나눈 구간(예를 들어, 10,000번 시뮬레이션 할 경우 0~100%를 1000등분)별로 히스토그램을 산출하거나 곡선으로 나타낸다.

제12장 은행산업의 신용정보 활용

제1절 리스크 계량화

앞 절에서 부도율과 같은 리스크 측정요소 또는 리스크요인에 대해 설명하였다. 본 절에서는 보다 자세히 리스크 측정요소에 대해 알아보자.

1. 부도율(Probability of Default)

부도의 정의는 신용평가시스템의 기본적인 사항으로 리스크관리에서 매우 중요하다. 신 BIS기준에서 다음 두 사건 중 하나 이상이 발생하는 경우 부도로 간주한다.

- 채무자가 해당 은행에 부담하는 상당한 정도의 채무에 대해서 90일 이상 연체한 경우
- 보유 담보물의 처분과 같은 상환청구 조치를 취하지 않으면 채무자로부터 채무를 일부라도 상환 받지 못할 것으로 판단되는 경우

또한, 채무자(또는 여신)가 아래의 조건 중 한 가지 이상을 충족하는 경우 채무를 상환 받지 못할 경우로 판단하여 부도로 간주한다.

- 무수익 여신으로 분류한 경우
- 신용악화에 따라 회수의문 또는 추정손실로 분류하거나 상각한 경우
- 신용등급 악화에 따라 상당한 경제적 손실을 감수하고 신용채권을 매각한 경우
- 채무재조정으로 인하여 원금, 이자 또는 관련 수수료의 면제 또는 지급 연기로 채권이 감소한 경우
- 차주에 대해 파산선고 또는 유사 소송을 제기한 경우
- 채무자가 은행에 채무상환을 지연시키거나 또는 회피하기 위하여 파산 또는 유사한 조치를 취하는 경우

외부기관에서 제공하는 불량정보를 부도로 인식하는 경우 해당 정보를 은행에서 인식하는 시점을 부도 인식 시점으로 보아야 한다.

부도의 정의와 중요성 기준은 다음과 같다. 은행은 부도로 인식하기 위한 중요성 기준에 대해서 내부적으로 적정금액 또는 적정비율 등으로 정의하고 이를 문서화하여 일관되게 적용해야 한다. 여기서 중요성 기준(materiality threshold)이란 연체기준에 의한 부도, 채권 매각 또는 채권재조정에 의한 부도 정의 시 '은행에 부담하는 상당한 정도의 채무' 또는 '상당한 경제적 손실을 감수한 채권 매각'에서 '상당한'에 대한 기준을 말한다. 연체일수를 기준으로 해보자. 90일 이상 연체는 통상 실무적으로 두 가지로 해석된다.

- 일수기준에 따라 90일 이상 연체한 경우와
- 이자납입일(또는 분할상환일)의 주기를 고려한 월단위 기준에 따라 3개월 이상 연체한 경우

연체일수의 산정은 특정 계좌단위의 연체 발생일로부터 연속된 90일을 의미하며, 중도에 연체가 정상화되어 이후에 재연체한 경우 또는 중도에 연체가 정상화되기 직전에 다른 계좌가 연체한 경우 이를 누적해서 합산한 개념은 아니다. 다만, 기업의 경우 부도의 정의가 연체에 의한 것만이 아니고 무수익여신으로 분류된 경우 또는 상기 연속된 90일 이상 연체보다 먼저 인식되는 연체기준을 사용하고 있는 경우에는 이를 적용하되 일관되게 적용된다. 소매가 아닌 정부·은행·기업에 대한 내부등급법에서는 일관된 하나의 부도 정의가 요구된다. 신BIS기준에서는 일수기준에 대한 언급만 있고 월단위 기준에 대해서는 구체적인 언급은 없다. 은행들(외국은행 현지법인 포함) 간의 일관성을 고려하여 월단위 연체기준은 이자납입일(또는 분할상환일) 등 납입 주기를 고려한 때에만 제한적으로 사용 가능하고 순수 약정만기 후의 연체는 일수기준에 따라 부도를 인식해야 한다. 또한, 기업집단에 속한 차주들에 대한 부도에 있어서는 기업집단(또는 그룹)에 속한 차주들에 대해서 일상적으로 그룹 단위로 동일하게 신용등급을 부여하고 있다면 부도의 정의에 있어서도 동일한 차주로 취급하여야 한다. 그룹을 구성하고 있는 하나의 차주라도 부도가 발생하면 해당 그룹 전체를 부도로 인식한다. 은행이 그룹 내의 개별 차주들의 특성을 반영하여 개별적으로 독립적인 신용등급을 부여하고 있는 경우에는 그룹을 하나의 차주로 간주하지 않으며 한 그룹 내의 차주들에 대하여 별도의 등급이 부여된 경우 한 차주가 부도라 해도 다른 차주를 부도로 간주하지 않는다.

부도율(Probability of Default, PD)은 경기변동 주기 상 부도율이 높은 시기와 낮은 시기가 합리적으로 결합된 기간 동안의 평균적인 부도 경험을 반영한 1년 부도율의 장기 평균치를 의미한다. 경기 침체기를 포함하여 경기 상황이 좋은 시기와 좋지 않은 시기의 모든 부도

경험을 반영하여 추정한, 일정기간(1년) 동안에 부도가 발생할 가능성에 대한 미래지향적 예측치라고 볼 수 있다. 동일 차주가 보유하고 있는 모든 익스포져는 동일한 부도율이 적용되어야 한다. 내부등급법에서 제시하는 신용위험가중자산 산출식의 입력요소인 부도율은 익스포져를 보유하고 있는 개별차주의 부도율(PD) 추정치가 아닌 개별차주가 속하는 신용등급별 PD 추정치이다. 기업 및 은행 익스포져를 보유하는 차주의 신용등급별 PD 추정치는 0.03%보다 커야하며 부도 익스포져의 부도율(PD) 추청치는 100%가 된다.

이제 부도율(PD) 추정방법에 대해 알아보자. 은행은 신용등급별 부도율(PD) 추정을 위해 장기간의 경험을 고려할 수 있는 정보 및 기법을 이용해야 한다. 일반적으로 내부 부도 경험에 의한 추정방법, 외부 평가기관의 신용등급 매핑에 의한 추정방법, 통계적 부도예측 모형을 이용한 추정방법 등이 존재하며, 장기 경험을 반영하여 이와 유사한 방법 중 하나 이상을 이용할 수도 있다. 따라서 은행은 PD 추정을 위해 상기 방법 중 하나를 주요 방법으로 하고 나머지 방법들을 비교 및 조정을 위해 추가적으로 이용할 수 있으며, 보조적인 분석없이 기계적으로 추정기법을 적용해서는 아니 되며 결과를 결합하고 조정하는 경우 신중하게 고려해야 한다. 다음의 경우에는 부도율(PD) 추정시 보수적인 마진을 고려하여 추정치를 조정해야 할 필요가 있다.

- 차주에 대한 정보 부족
- PD 추정에 대한 에러의 범위와 관련된 추가적인 부분
- 부도경험에 대한 제한적인 데이터만 이용 가능
- 여신 취급기준이나 신용평가시스템의 변경
- 은행이 예상한 부도수준 보다 실현된 부도가 지속적으로 높음

부도율(PD) 추정을 위해서는 적어도 5년 이상의 내·외부 등의 시계열 데이터를 이용해야 한다. 보다 장기의 시계열 데이터를 보유하고 동 기간의 자료가 부도율(PD) 추정과 중요한 관련이 있다면 이를 이용해야 한다. 은행이 보유한 시계열 데이터 중, 일부기간의 데이터를 정당한 근거없이 누락시켜 단순히 5년 이상의 데이터만을 사용하여 추정하면 안된다.

차주의 신용등급을 평가하는 신용평가시스템 개발에 사용된 데이터뿐만 아니라 부도율(PD) 추정에 사용된 데이터 모두 은행의 실제 포트폴리오의 차주 특성과 일관되어야 하며 은행은 이를 비교 평가해야 한다. 은행은 추정기반 데이터와 실제 포트폴리오 간의 차주 특성을 주기적으로 비교 평가해야 하며, 비교대상 정보로는 양적·질적 차주정보, 내부와 외부 신용등급, 등급부여일자, 주요 영업대상 및 지역적 특성 등이 있다.

부도율 추정을 위한 여러 방법에 대해 알아보자. 내부 부도경험에 의한 방법은 다음과

같다. 내부 부도경험에 의한 추정방법은 장기간 은행 내부 신용등급별 부도 빈도수를 가지고 부도율(PD)을 추정하는 방법으로 적어도 과거 5년 동안 신용등급별로 관측된 1년 부도율의 평균값을 추정 부도율(PD)로 적용한다. 여기서 1년 부도율은 t년도에 신용등급별 관측된 부도 차주수 / t년도 초에 신용등급별 차주수로 계산된다. 일반적으로 부도율(PD) 추정 시에는 여러 기간의 데이터를 유사하게 처리해야 하며 특정기간의 데이터를 더 큰 비중으로 취급하기 위해서는 동 기간의 데이터가 미래 부도 가능성을 더 잘 설명한다는 실증적인 증거를 제시해야 한다. 예를 들어, t년, t-1년, t-2년, t-3년, t-4년의 5개의 연간부도율을 이용하여 추정 PD를 산출하는 경우, 일반적으로 5개 연간부도율의 단순평균을 적용하는 것이 바람직하며, 5개 연간부도율을 기간별로 다르게 가중평균 하는 경우 이에 대한 실증적인 분석을 통해 명확한 근거를 제시해야 한다. 또한, 최근의 부도율에 많은 가중치를 부여한다면 은행은 최근 데이터가 미래 부도 가능성을 더 잘 예측한다는 실증적인 증거를 제시해야 한다. 내부 부도경험에 의해 부도율(PD)을 추정하는데 있어서 여신취급 기준, 데이터 생성시 사용된 신용평가 시스템과 현재 신용평가 시스템의 차이 등을 반영하였다는 분석 자료를 제시해야 할 것이다. 데이터가 제한적이거나 여신 취급기준 및 신용평가 시스템이 변경된 경우에는 부도율(PD) 추정치를 보수적으로 수정해야 한다. 또한, 경기침체기가 관측기간 안에 포함되어 있어야 하며, 이에 대한 실증적인 근거를 제시해야 한다.

외부 신용등급 매핑에 의한 추정방법은 다음과 같다. 외부 신용등급 매핑에 의한 추정방법은 은행의 내부등급을 외부 신용평가기관의 등급에 매핑하여 외부평가기관의 등급별 관측된 부도율을 은행의 내부 등급에 할당하여 부도율(PD)을 추정하는 방법이다. 여기서 매핑은 은행 내부 신용평가기준과 외부 신용평가기관의 신용평가기준 간 비교 및 동일 차주에 대한 신용평가등급 비교를 통해 이루어져야 한다. 매핑 기법 또는 계량화에 이용되는 데이터는 편의(bias)를 가지거나 일관성이 결여되어서는 안되며 계량화에 이용된 데이터의 기초가 되는 외부신용평가기관의 신용평가기준은 차주 리스크에 근거를 두어야 하며 특정 거래의 속성을 반영해서는 안된다. 은행 내부 신용평가기준과 외부 신용평가기준상 부도정의에 대하여 비교·분석하고 매핑 기준을 문서화해야 한다.

통계적 부도예측 모형을 이용한 방법은 다음과 같다. 통계적 부도예측 모형을 이용한 추정방법은 통계적 모형에 의해 예측된 개별 차주의 부도율(PD) 추정치를 이용하여 차주등급의 부도율(PD)을 추정하는 방법으로 동일 등급을 부여받은 개별차주의 부도율(PD)을 통계적 부도예측 모형을 통해 추정하고 추정된 값을 단순평균하여 해당 등급의 추정 부도율(PD)로 적용한다. 통계적 부도예측 모형에서 사용하는 데이터는 장기적인 부도율(PD)을 추정할 수 있어야 하며, 부도를 잘 설명하는 요소들이 포함되어야 한다. 부도리스크와 관련이 있는 요소로서 개별 차주의 속성(재무비율 등), 경제적 상황, 산업변수 등이 고려될 수 있으며 경제호황기 뿐만 아니라 경제침체기까지 함께 고려함으로써 경제 상황을 합리적으로 반영하여야 한다. 통계적 부도예측 모형이 은행 내부적으로 또는 외부 업체에 의해 개발되었더라도 은행은 동 모형의 결과가 장기적인 평균 부도율(PD)를 잘 추정하고 있는지 검증해야 한다.

장기평균(long-run average) 부도율(PD) 추정치는 경기변동 주기 상 부도율이 높은 시기와 낮은 시기가 합리적으로 모두 포함된 기간 동안의 평균적인 부도 경험을 반영해야 한다. 경기변동 주기를 반영한 장기평균 부도경험을 반영할 수 없는 경우에는 보수적인 마진을 더하여 부도율(PD)을 추정해야 한다. 부도율(PD) 추정치는 일반적으로 각 등급별로 1년 실제부도율의 평균을 계산하되 매년 실제부도율에 동일한 가중치를 부여한다. 이 경우, 시계열 데이터의 부족으로 인하여 경기침체기의 부도율이 집중 반영될 수 있다. 부도율(PD)은 과거의 경험에 기초하되 미래지향적(forward-looking)이여야 하므로 실제 부도율에 동일한 가중치를 부여하여 기준 부도율을 설정하되 경기 침체기의 부도율이 집중 반영된 경우에는 합리적인 근거로 부도율이 높은 시기와 낮은 시기가 모두 포함될 수 있도록 조정 가능하다. 수년간 해당 등급의 차주를 풀로 만들어 차주수로 가중한 부도율 평균을 사용할 경우 매년 부도율이 등급별 차주수로 가중되는데, 이러한 방법은 경기 침체기에 대출이 감소(또는 등급의 전이)하여 차주수가 다른 해에 비하여 적어질 경우 전반적인 평균부도율에서 경기 쇠퇴기의 효과를 희석시켜 부도율을 과소평가 할 수 있다. 차주수 가중평균, 중앙값 및 기타 방법들은 은행이 이러한 접근 방법이 보다 나은 장기평균 부도율(PD) 추정치를 제공한다고 입증할 수 있는 경우에만 사용 가능함

표 12-1 ▌부도율(PD) 추정예시

연 도	2001년	2002년	2003년	2004년	2005년	소 계
전체차주수	100	120	98	105	130	553
부도차주수	2	3	6	5	3	19
실제부도율	2.00%	2.50%	6.12%	4.76%	2.31%	17.69%

- 1년 실제부도율의 평균 = 17.69% ÷ 5 = 3.54%
- 차주수 가중평균 부도율 = 19 ÷ 553 = 3.44%
- 중앙값(median) = 2.50%

⇒ 은행은 1년 실제부도율의 평균인 3.54%를 사용하여야 한다.

부도율(PD) 추정시 보수적 판단 필요하다. 부도율(PD) 추정에 있어 판단에 의한 조정은 적절한 역할을 수행할 수 있으나 보다 낮은 추정치로 편의 되어서는 안된다. 일반적으로 은행의 내부 데이터 부족으로 인하여 부도 경험이 높은 기간이 포함되어 있지 않다고 판단되거나 외부 기관의 자료 또는 연구보고서 등을 통하여 이를 해결할 때 판단에 보수성을 반영하여야 한다.

2. 부도시 손실률(Loss Given Default)

부도시 손실률(Loss Given Default, LGD)은 부도 사건이 발생했을 때 각 신용 익스포져에 대한 손실률의 추정치로서 높은 신용 손실이 발생한 기간에 측정된다. 부도시 손실률(LGD)은 부도 시점에 예상된 EAD 대비 경제적 손실 금액을 의미한다. 부도시 손실률(LGD)은 부도시 손실률(LGD) 추정을 위한 데이터는 손실발생시 손실(Loss given a loss)이 아닌 부도시 손실(Loss Given Default)을 구성하는 데이터베이스이어야 한다. 실제 손실을 경험한 부도 여신만을 포함하고 담보 청산 등에 의해 전액 회수 또는 정상화된 여신을 부도시 손실률(LGD) 추정시 제외시켜서는 안 된다. 예를 들면, 대출이 90일 이상 연체됐으나 정상화된 경우, 부도로 기록하되 워크아웃 부도시 손실률(LGD) 산출시 반영하지 않거나 부도로 기록하지 않은 경우 동 기준을 충족하지 못한다.

부도시 손실률(LGD)을 추정하는 방법에는 크게 3가지가 있다.

표 12-2 ▌부도시 손실률(LGD) 추정 방법

주요 정보원천	부도시 손실률(LGD) 추정방법	측 정 방 법
회계정보	워크아웃 부도시 손실률(LGD)	• 순현금흐름 접근법: 회수정보의 활용
		• 순상각액 접근법: 충당금 또는 상각정보 활용
시장가격	시장 부도시 손실률(LGD)	• 관찰된 부도채권의 가격 정보 활용
	(시장가격에) 내재된 부도시 손실률(LGD)	• 주식, 채권, CDS 가격 정보를 활용하여 위험중립가격 결정모형을 사용

순상각액에 기초한 부도시 손실률(LGD) 접근법은 시티그룹 등 미국 대형은행에서 많이 사용하는 방법으로 상각정보를 활용하여 회계적 손실을 경제적 손실로 전환하는 과정을 거쳐 부도시 손실률(LGD)을 산출하는 방법이다.

$$LIED_i = 100\frac{(W_i + ID_i + MSC_i) - (R_i + IC_i)}{IDA_i}$$

- $W_i = \sum_{j=1}^{m_i} PV(w_{ij})$ w_{ij}: j월에 발생한 여신 i에 대한 상각액
- $ID_i = \sum_{j=1}^{m_i} PV(id_{ij})$ id_{ij}: j월에 여신 i에서 발생한 미수이자

- $MSC_i = \sum_{j=1}^{m_i} PV(msc_{ij})$ msc_{ij}: j 월에 여신 i 에서 발생한 기타 비용(수익)
- $R_i = \sum_{j=1}^{m_i} PV(r_{ij})$ r_{ij}: j 월에 여신 i 에서 발생한 미예상 원금회수액((부분)상각 이후에 회수된 부분을 의미함)
- $IC_i = \sum_{j=1}^{m_i} PV(ic_{ij})$ ic_{ij}: j 월에 여신 i 에서 발생한 이자 수입액
- IDA_i: 여신 i 의 최초 금액

부도시 손실률(LGD) 계산을 위한 데이터의 관측기간은 최소 7년 이상이어야 하며, 부도시 손실률(LGD) 추정치는 상대적으로 부도가 높은 경기침체기의 상황을 반영한 보수적인 추정치이어야 한다.

익스포져 가중평균과 부도가중평균에 대해 알아보자. 충분한 데이터를 사용하여 익스포져 가중평균과 부도가중평균 방법을 비교한 결과 익스포져 금액과 회수액 간에 유의적인 상관관계가 있는 경우에는 익스포져 가중평균 사용이 가능하다. 익스포져와 회수액이 서로 독립적이라면 여신(또는 차주) 단위로 단순평균한 부도가중평균과 동일하다. 익스포져 가중평균과 부도가중평균을 비교할 수 없는 경우에는 여신(또는 차주) 단위의 단순평균인 부도가중평균을 사용한다. 익스포져 가중평균을 사용하면 익스포져가 큰 소수의 특이한 행태로 인하여 결과를 부적절하게 왜곡시킬 수 있는 위험이 있다. 예를 들어, 다음과 같이 부도 가중평균과 익스포져 가중평균이 계산된다.

표 12-3 ❙ 부도 가중평균과 익스포져 가중평균 계산

	여신1	여신2	여신3	여신4	여신5	여신6	여신7	여신8	여신9	여신10	합계
경제적손실$_i$	6	6	6	6	6	8	8	8	8	10	72
EAD$_i$	10	10	10	10	10	10	10	10	10	100	190
LGD$_i$	60%	60%	60%	60%	60%	80%	80%	80%	80%	10%	630%

* 부도 가중평균 부도시 손실률(LGD) = 630% ÷ 10 = 63.0%

= 60% × (5/10) + 80% × (4/10) + 10% × (1/10) = 63.0%

** 익스포져 가중평균 = 72 ÷ 190 = 37.9%

경기침체기의 부도시 손실률(LGD) (downturn LGD 또는 "stress" LGD)는 다음과 같다. CP3에서는 위험가중자산 산출시 부도시 손실률(LGD) 추정치로 "장기 부도가중평균 부도시 손실률(LGD)"를 사용하도록 요구한다. 이는 회수율과 부도율 간에 발생할 수 있는 상관관계를 반영한 장기평균 추정치이기 때문이다.

표 12-4 | 간가중평균과 부도가중평균

년 도	부도율	부도시 손실율
1차년도	1.0%	20%
2차년도	3.0%	30%
3차년도	7.0%	65%
4차년도	3.0%	40%
5차년도	2.0%	20%
기간가중평균 (년단위 단순평균)*		35%
부도가중평균**		45.3%
경기침체기		65%

* 기간가중평균: (20% + 30% + 65% + 40% + 20%) ÷ 5 = 35%

** 부도가중평균: 20% × 1% + 30% × 3% + 65% × 7% + 40% × 3% + 20% × 2%) ÷ (1% + 3% + 7% + 3% + 2%) = 45.3%

이러한 접근법은 은행의 관찰된 모든 부도 데이터에 대한 평균적인 경제적 손실에 기초해야 한다는 것을 의미한다. 즉, 부도시 손실률(LGD) 추정시 부도난 여신과 해당 여신의 회수와 관련된 중요한 회수금액 뿐만 아니라 중요한 직·간접 비용 및 적절한 할인율을 함께 고려해야 한다. 표 12-4에서 35%의 연평균 손실률의 단순평균 부도시 손실률(LGD)은 경기침체기 동안에 부도가 집중 발생한다는 사실을 설명할 수 없으므로 상대적인 부도율에 의해서 연간 부도시 손실률(LGD)을 가중평균할 필요가 있고 그 값은 45.3%이다. 2004년도 개정된 신BIS기준에서는 경기침체기의 부도시 손실률(LGD)이 장기 부도 가중평균 부도시 손실률(LGD)보다 크면 "경기침체기의 부도시 손실률(LGD)"를 사용하도록 하고 있다. 이는 장기 부도가중평균이 불편추정량이라 하더라도 경기침체기의 부도시 손실률(LGD)가 장기평균보다 더 높으면 경기침체기의 부도시 손실률(LGD)(상기 예시의 3차년도 65%) 또는 적절한 보수적인 가정에 기초한 예측치나 이와 유사한 방법으로 예측된 부도시 손실률(LGD)을 사용해야 한다는 것을 의미한다. 부도시 손실률(LGD)이 경기변동에 영향을 받는 경우에는 은행의 자본적정성 목적으로 '경기침체기' 개념이 반영되어야 하는데 은행의 내부 목적으로 보다 선호되는 부도시 손실률(LGD)은 신BIS기준에서 요구하는 부도시 손실률(LGD)(규제자본 LGD)와 상이할 수 있다. 단, 은행은 내부 목적으로 사용된 부도시 손실률(LGD)과 기준에서 요구하는 부도시 손실률(LGD) 사이의 차이점을 반드시 문서화해야 한다.

위의 절차는 다음과 같은 일련의 과정으로 구성되어야 한다. 1단계에서는 자산군별로 적절한 경기침체기 상황을 정의한다.

- 잘 분산된 기업 포트폴리오의 경우 마이너스 GDP증가율 및 높은 실업률을 보이는 시기
- 해당 포트폴리오 익스포져에 대한 과거 관찰된 부도율이 높았던 시기

- 담보가치 등 공통적인 리스크 요인(drivers)이 부도율 및 회수율에 영향을 미치는 익스포져의 경우 동 요인들이 침체될 것으로 예상되는 시기

회수율이 국내 경기상황에 민감한 경우 개별 국가별로 경기침체기 상황을 정의해야 한다. 단, 회수율이 국내경기에 민감하지 않음을 입증하는 경우 국가별로 동일한 경기침체기 상황을 정의할 수 있다.

둘째, 부도율과 회수율 간 역(−)의 상관관계 존재 여부를 확인해야 한다. 다음을 통해서 역(−)의 상관관계 존재 여부를 판단할 수 있다.

- 평균 회수율과 첫째 단계에서 정의한 적절한 경기침체기 동안 관찰된 회수율간 비교
- 완전한 경기순환주기에 걸쳐 관찰된 부도율 및 회수율 간 관계에 대한 통계적 분석
- 부도가 담보가치와 높은 상관성을 보이는 담보 익스포져의 경우

여기서 담보가치 변화에 대한 전형적인(typical) 가정과 1단계에서 정의한 적절한 '경기침체기' 상황을 모두 고려한 통계적 모형으로부터 도출된 회수율 예측치 들의 비교한다. 담보가치가 떨어진 1단계의 상황에서 관찰된 회수율과 전형적인 담보가액*하에서 부도난 익스포져의 관찰된 회수율의 비교한다. 여기서 전형적인(typical) 담보가액이라 함은 담보 회수율 산정에 기준이 되는 담보가액을 의미하며 회수금액은 '전형적인 담보가액 × 담보회수율'로 나타낼 수 있다.

- 회수율을 결정하는 요인들의 확인과 동 요인들과 부도율 간의 상관성 분석, 동 요인들이 경기침체기 상황 하에서 회수율에 미치는 영향 평가

3단계는 부도율과 회수율간 역(−)의 상관관계 반영하여 경기침체기의 부도시 손실률(LGD) 추정치를 산출하는 것이다. 2단계를 통해 부도율과 회수율간 역의 상관관계를 보이는 익스포져의 경우 부도시 손실률(LGD) 추정치는 다음과 같다.

- 1단계에서 정의한 경기침체기 동안 관찰된 평균 손실률에 근거하거나
- 1단계에서 정의한 경기침체기 상황과 일관된 방법으로 적절한 리스크 요인에 스트레스를 가한 예측치로부터 도출될 수 있다.

부도율과 회수율간 중요한 역의 상관관계를 보이지 않는 경우 적절한 데이터를 사용하여 이를 입증하고, 부도시 손실률(LGD) 추정치는 다음과 같다.

- 관찰된 손실율의 장기부도가중평균을 사용하거나
- 적절한 리스크 요인에 대한 스트레스 상황이 포함되지 않은 예측치로부터 도출될 수 있다.

앞에서 경제적 손실(Economic Loss)에서는 부도시 손실률(LGD) 추정 시, 부도난 여신과 해당 여신의 회수와 관련된 중요한 회수금액 뿐만 아니라 중요한 직·간접 비용 및 적절한 할인율을 함께 고려해야 한다고 하였다. 부도시 손실률(LGD) 추정 시 회수율은 워크아웃 기간 중 부도 자산 보유로 인한 제 비용과 적절한 리스크 프리미엄을 반영해야 한다는 것이다. 회수가 불확실하거나 분산 불가능한 리스크를 포함하고 있는 경우, 순현가 계산은 시간 가치와 분산 불가능한 리스크에 적절한 리스크 프리미엄을 반영해야 한다. 경기침체기 하의 부도시 손실률(LGD) 추정치에 적절한 리스크 프리미엄을 결정함에 있어 은행은 경기 침체기 상황 동안에 발생하는 부도와 관련된 회수 현금흐름의 불확실성에 초점을 두어야 하며 현금담보에 의한 회수 등 회수의 불확실성이 존재하지 않는 경우 순현가 계산시 시간 가치만을 고려해야 하며 무위험 할인율의 사용이 적절하다.

회수율은 다음과 같은 방법으로 산출될 수 있다. 회수와 워크아웃 비용을 위험조정할인율(= 무위험이자율 + 회수 및 비용 현금흐름의 리스크에 적절한 스프레드)로 할인된다. 할인율로서 약정금리의 사용은 적절하지 않으며, 약정금리와 자본비용 사이의 적정한 값을 사용하거나 두 비율이 적절하게 가중평균된 값을 사용할 수 있다. 회수 및 워크아웃 비용을 확실성 등가 현금흐름(certainty-equivalent cash flow)으로 전환한 후 무위험이자율로 할인할 수 있다. 할인율과 회수 및 워크아웃 비용 현금흐름을 모두 조정하여야 한다. 또한, 부도난 자산에 부여된 부도시 손실률(LGD) 중, 예상손실의 최적추정치(BEEL) 산출 시에는 현재의 경제상황에 대한 기대를 반영한 할인율을 사용하므로 다양할 수 있다.

여신금액을 초과하여 설정된 자행 예적금 담보여신을 제외한 여신의 부도시 손실률(LGD)은 0% 보다 커야 하며, 감독원장은 사안별로 고려하여 0%의 부도시 손실률(LGD)을 예외적으로 인정할 수 있다. 신BIS기준에서는 주거용 부동산 담보 익스포져에 대해서만 부도시 손실률(LGD) 하한을 요구(2008.1.1이후 3년간)할 뿐, 다른 익스포져에 대해서는 하한을 적용하지 않으나 실제로 하자가 있는 약정이나 부적절한 담보가치 평가로 인하여 완전한 회수란 불가능하므로 0% 부도시 손실률(LGD)이 인정되는 경우는 거의 없다. 다만, 기본 내부등급법에서 초과담보된 적격금융담보의 경우 0%의 부도시 손실률(LGD)을 적용할 수 있으며, 자행 예·적금의 경우 충분히 초과 담보된 경우 0% 부도시 손실률(LGD)을 적용 가능하다. 또한, 신BIS기준은 타행 예적금을 해당 은행의 "매출채권(receivables)"으로 취급하여 표준방법에서는 적격금융담보에서 제외되고 기본 내부등급법에서는 매출채권 담보로 인식한다. 적격금융담보가 아니라고 해서 신용위험경감 효과를 인정받지 못하는 것이 아니라 이를 보증으로 간주하여 타행의 신용등급에 따라 위험가중치를 대체(또는 PD 대체)할 수 있다. 감독원장은 자행 예적금 초과담보 이외에 0%의 부도시 손실률(LGD)을 적용할 특정한 사안이 있는 경우에는 각 사안별로 고려할 것이다. 다만, 은행은 필라2 기준의 잔여리스크를 여전히 고려해야 한다.

부도난 자산의 부도시 손실률(LGD) 추정 시, 회수기간 동안 발생할 수 있는 잠재적 변동성을 반영하여 적정한 보수적 추정치(buffer)를 감안해야 한다. 부도자산에 부여된 부도시 손실률(LGD)은 부도나지 않은 자산에 부여된 경기침체기의 부도시 손실률(LGD)과 상이하며, 부도난 자산에 대한 소요자기자본 산출을 위해서는 두 개의 서로 다른 손실 추정치가 필요하다. 먼저, 예상손실의 최적의 추정치(BEEL, best estimate of expected loss)가 있다. 부도자산의 독특한 특성과 주어진 현재의 경제 상황에 발생할 것으로 기대되는 추정치이다. 동 추정치는 해당 익스포져에 이미 설정된 전기의 특정 충당금(또는 부분 상각의 경우 부분 상각액의 합)보다 작지 않아야 한다. 만약, 작은 경우에는 감독당국이 면밀한 조사를 실시하고 은행은 동 사유를 정당화해야 한다. 둘째, 잠재적 부도시 손실률(PLGD, potential LGD)가 있다. 실제 손실이 "예상손실의 최적의 추정치(이하 BEEL라 함)" 보다 커질 가능성을 예상손실에 추가적으로 반영시켜야 한다. 잠재적 부도시 손실률(이하 PLGD라 함)는 부도자산에 대한 회수기간 동안 발생가능한 불확실성을 반영한 보수적 추정치를 감안해야 하며 PLGD는 정의상 BEEL보다 작을 수 없다. BEEL을 초과하는 PLGD 금액은 자산의 고유한 속성을 감안해야 한다. 예를 들면, 예상된 회수기간 또는 담보자산 특성별 고유의 가치 변동성 등이 있다. 경기침체기의 부도시 LGD와 PLGD의 차이점을 보면 PLGD는 실제 부도가 발생한 시기의 경제상황에 기초하여 부도 이후에 추정된다는 점에서 경기침체기의 부도시 손실률(LGD)과 차이가 있다. 부도나지 않은 자산에 할당된 경기침체기의 부도시 손실률(LGD)은 리스크 특성에 기초한 사전적인 부도시 손실률(LGD)이며 PLGD는 경기침체기 부도시 손실률(LGD)보다 크거나 작을 수 있으나, PLGD는 회수기간 동안에 발생할 수 있는 추가적인 예상외손실을 반영하기 위해 BEEL보다 커야 한다.

PD 추정치에 비해 부도시 손실률(LGD)와 EAD의 추정치에 대한 데이터베이스나 기법은 상대적으로 덜 발달되어 있다. 특히, 부도가 거의 없는 포트폴리오와 관련, 신뢰할 수 있는 추정치를 산출하기 위해 다른 데이터와 함께 내부 경험을 보완(보충)할 필요가 있는데 여기서 외부데이터 또는 은행이 직면한 특정 환경과 관련된 다른 포트폴리오에서의 '워크아웃' 경험과 관련된 데이터를 포함한다. EAD는 부도시 손실률(LGD)와 같이 개별 은행들의 대출 실무 관행에 영향을 받으므로 적절한 조정 없이 순수하게 산업평균에 기초한 추정치는 인정할 수 없다.

부도시 손실률(LGD) 추정시 사실상 담보의 존재를 인식하는 경우에는 담보 관리, 운영절차, 법적요건 및 표준방법에 준하는 리스크관리 절차를 내부적으로 규정화해야 한다. 담보부 거래는 다음을 의미한다.

- 신용 익스포져 또는 잠재 익스포져를 보유하고 있으며

- 거래상대방 또는 거래상대방을 대신하는 제3자에 의해 제공된 담보에 의해 전부 또는 부분적으로 헤지(hedge)되는 거래

담보는 그와 같은 거래를 담보하기 위하여 저당권 또는 질권 등 법적 구속력을 가진 자산으로 정의한다. 부도시 손실률(LGD) 추정 시, 담보에 의한 신용위험 경감효과는 인식하면서 구체적인 담보 인정기준 없이 상품별 부도시 손실률(LGD)로 구분하여 일반 신용 부도시 손실률(LGD)와 달리 적용하는 경우 동 요건을 충족하지 않는다. 사실상 담보의 존재를 인식하는 경우에는 아래의 담보 인정기준을 충족해야 하며, 그렇지 않은 경우에는 신용위험 경감효과를 인식하지 않아야 한다. 담보 인정기준은 다음과 같다.

- 저당권, 질권 설정 또는 양도담보와 관련된 문서화된 약정이 있고 여신 승인시 정규담보로 인정하고 있어야 함
- 담보자산의 현재가치 또는 청산가치가 존재해야 하며, 신뢰할 수 있는 현재가치가 존재하지 않거나 우발적 가치만 존재한다면 담보로 인정되지 아니하나, 신용위험경감 목적으로는 보증으로 인정될 수 있음
- 담보 자산에 대한 추정가치를 평가하는 내부 절차가 존재하고, 여신 승인시 충분한 검토가 이루어져야 하며, 감독당국이 이를 충분히 신뢰할 수 있어야 함

특수 목적 상업용 부동산과 담보의 인식은 다음과 같다. 상업용 부동산이라 함은 사무실, 상가 등 다양한 용도로 활용할 수 있는 일반 상업용 부동산을 의미하며 상업적 목적의 아파트, 빌라 등과 같은 다세대(또는 다가구) 형태의 주택을 포함하며 다양한 용도로 활용되기 어려운 특수한 형태로 건축된 여관(또는 모텔), 예식장 또는 종교시설 등과 같은 상업용 부동산을 담보로 건축 또는 구입자금에 대출한 경우에는 담보로 인정되지 않는다(단, 기존 완공된 시설을 담보로 운영자금에 대출한 경우는 제외).

3. 부도시 익스포져

부도시 익스포져(EAD) 추정치는 미사용 한도에 대한 한도제공의무 여부(committed or uncommitted)와 관계없이 기사용 잔액 및 미사용 한도에 대해 충분히 인식된 상태에서 차주의 부도 발생 시 각 여신에 대해 예상된 총 익스포져의 최적 추정치를 나타낸다.

부도시 익스포져(EAD)는 차주의 부도시 예상되는 익스포져로 현재 잔액과 미사용한도를 기초로 측정한다. 부도시 익스포져(EAD)는 특정 상품별로 다양하기 때문에 거래 형태별로 부도 경험치를 반영하여 계량화(calibration)한다. 첫째, 다음과 같이 계산할 수 있다.

- EAD = 현재 잔액(outstanding)

개별대출, 분할상환대출 등이 주요 대출상품이며 일반적으로 정해진 여신한도를 초과하여 익스포져 증가가 불가능하다. 둘째, 다음과 같이 부도시 익스포져(EAD)가 계산될 수 있다.

- EAD = 현재 잔액 + (여신한도 − 현재 잔액) × 신용환산율 = 현재 잔액 + 미사용한도 × 신용환산율 = 현재 잔액+추가 사용 예상액

주요 대출상품은 당좌대출, 회전거래 약정 등이며 부도가 예상되는 차주의 경우 은행의 여신한도 축소 움직임에도 불구하고 미사용한도의 추가인출을 통해 익스포져 증가가 가능하다. 신용환산율 또는 추가사용률(CCF 또는 Usage)은 세그먼트 별로 관련 모든 거래를 평균해야 하며, 신용환산율(CCF)을 계량화(calibration)하기 위해서는 부도 차주의 특정 부도시점(d)과 전기(d−1)의 잔액 및 한도가 필요하다.

$$CCF = \max\left\{0\,,\ \frac{\text{현재 잔액}_d - \text{잔액}_{d-1}}{\text{여신한도}_{d-1} - \text{잔액}_{d-1}}\right\}$$

거래형태에 따라서는 아래와 같은 추정방법을 사용하기도 한다.

- EAD = 신용환산율 × 현재 잔액 또는
- EAD = max{현재 잔액, 사용율 × 여신한도}
- EAD = AIF × COF × (현재 잔액 + 추가 사용 예상액)

AIF는 미수이자 요소(Accrued Interest Factor)이며 COF는 워크아웃 비용 요소(Cost of workout Factor)이다. 미수이자나 워크아웃 비용을 고려하여 Add-on factors를 반영할 수 있으며, 이 때 LGD에 이미 반영되어 있는 부분은 고려하지 않다. AIF와 COF 계량화는 세그먼트 별로 개별적으로 구할 수 있다.

$$AIF = \left\{\frac{\text{현재 잔액}_d + \text{미수이자}}{\text{현재 잔액}_d}\right\}$$

$$COF = \left\{\frac{\text{현재 잔액}_d + \text{워크아웃 비용}}{\text{현재 잔액}_d}\right\}$$

신용환산율(CCF) 계량화(calibration) 시 주의 사항은 다음과 같다. 신용환산율(CCF)은 분모가 음수가 아닐 때에만 산출이 가능하다. 따라서 부도 1기간 전 여신한도를 완전히 사용한

거래가 많은 경우 계량화 목적으로 사용할 수 있는 데이터의 수는 감소한다. 분모가 음수이거나 0에 가까운 경우 유의하지 않은 결과가 나올 수 있음에 주의해야 한다. 신용환산율(CCF)은 사전에 정의된 세그먼트내의 관련 모든 거래를 평균해야 한다.

- $CCF_y = \frac{1}{N_y} \times \sum_{i=1}^{N_y} CCF_i$ (N_y: 대상 세그먼트내의 1년 이내 모든 거래수)

신용환산율(CCF)은 차주 세그먼트, 차주 등급, 여신상품 세그먼트에 따라 계량화 할 수 있다. 특별한 약정조항(재무상황이나 외부 등급이 악화되는 경우 추가사용을 제한)이 있는 여신은 개별적으로 취급한다. 신용환산율(CCF) 산식에서 여신한도가 증가해서 부도시점(d)의 잔액이 부도 1기간 전(d-1)의 여신한도를 초과하는 경우, 실제 신용환산율(CCF)은 1을 초과할 수 있음에 주의해야 한다. 은행이 부도를 방지하기 위해 거래상대방에 대한 운전자본 공여를 증가시키는 경우 이에 해당될 수 있다. CCF의 최저값이 0으로 제한되어 있지 않으면 잔액이 부도이전에 감소하는 경우 CCF는 음수가 될 수 있다. 한도와 잔액이 급격히 감소하는 경우, 이에 해당될 수 있다.

부도시 익스포져(EAD)에 대한 기준에 대해 알아보자. 부도시 익스포져(EAD)는 현재 발생된 금액을 하회할 수 없고, 난내 항목의 현재 발생된 금액에는 기준일까지 미수이자를 포함하여야 한다. 부도시 익스포져(EAD) 추정치의 하한은 다음과 같다. 문제가 발생한 계좌에 대해 적극적인 사후관리를 하는 은행의 경우에는 통상 부도가 발생하기 전에 여신잔액이 감소하는 결과가 나타나지만 신BIS기준에서는 현재 발생된 금액과 부도발생 전 추가인출 예상액을 합산한 금액에 대해 자기자본을 요구하는 보수적인 관례에 따른다. 신BIS기준의 일반적인 규칙은 회계적 가치에 기초하는 바, 부도시 익스포져(EAD)는 충당금 설정에 관계없이 기준일까지 미수이자를 포함한 현재 발생된 금액보다 작을 수 없다.

부도시 익스포져(EAD) 추정치에 대한 목표기간은 다음과 같다. 미사용 한도에 대한 신용환산율은 부도시 익스포져(EAD) 추정시 중요한 요소이며 이를 산출하기 위해서는 측정일과 가정된 부도발생일 사이에 특정 목표기간(time horizon)을 선택(예를 들면 관찰일로부터 12개월)해야 한다. 미사용 한도에 대한 신용환산율 추정 시 목표기간 설정은 은행마다 다양하고 미국(2003년 7월) 및 영국(2005년 1월) 감독당국 지침과 일관성을 유지하고자 특정 목표기간을 명시적으로 규정하지 않고 있다. 그러나 EAD의 목표기간은 PD의 목표기간과 관련지어 결정하는 것이 바람직하며 은행은 데이터로부터 그와 관련된 정보가 주어졌을 때 이를 적절하게 해석할 수 있어야 한다.

난외항목인 우발적인 익스포져(contingent exposures)는 청구될 것으로 예상되는 금액에 기초하여 부도시 익스포져(EAD)를 산출할 수 있다. 지급보증 등 우발적인 익스포져에 대한 부도시 익스포져(EAD)는 신BIS기준에서는 지급보증 등과 같은 우발적인 익스포져의 처리에 대해 규정하고 있지 않다. 동 익스포져에 대한 부도시 익스포져(EAD)의 가능한 해석은 ① 여신한도 ② 부도시 예상되는 해당 여신의 잔액 ③ 청구될 것으로 예상되는 금액 등이다. 여기서 금액은 지급보증과 같은 난외 항목에 대해서 미사용한도에 대한 신용환산율을 추정하고 추정된 예상 잔액에 대해서 대지급 비율을 계산하는 방법이 아닌 직접 여신한도 대비 대지급 비율로 산출할 수 있음을 의미한다(난외 항목의 난내 자산화 비율).

〈예시〉
- 지급보증 여신한도 100백만원
- 보증서 발행금액 50백만원(미사용 한도 50백만원)
- 차주 부도시 25백만원의 대지급 청구가 이루어짐
- 차주로부터 회수 종료 이후에 총 경제적손실이 15백만원 발생

⇒ EAD: 25백만원, LGD: 60%
EAD: 50백만원, LGD: 30%
EAD: 100백만원, LGD 15%로 할 수 있으며 이 경우 각각의 예상손실은 동일

은행 특성을 반영한 부도시 익스포져(EAD)가 있을 수 있다. 부도시 익스포져(EAD)와 관련한 경기변동 효과에 대해서는 여러 다른 견해들이 있는데 각 은행들의 리스크 관리 역량에 따라 경기침체기에 부도시 익스포져(EAD)는 다양하게 나타난다. 은행은 자신의 포트폴리오 특성을 반영하여 부도시 익스포져(EAD)가 경기 변동에 따라 어떻게 변화하는지 설명할 수 있어야 하며 부도 빈도가 높은 시기에 EAD가 높게 나타난다면 이를 반영하고 데이터 부족 등으로 부도시 익스포져(EAD) 변화를 설명할 수 없을 때에는 보수성에 입각한 적정 마진을 고려해야 한다.

부도시 손실률(LGD)과 부도시 익스포져(EAD) 사이의 상호 조정에 대해서는 특별히 규정하지 않는다. 부도시 익스포져(EAD)가 상승(하락)하면 부도시 손실률(LGD)이 하락(상승)하여 이론적으로 차이가 없어 동일한 목적달성이 가능하다. 추가 여신지원, 미수이자나 워크아웃 비용 등이 부도시 손실률(LGD)에 이미 반영되어 있지 않다면 EAD에 이를 반영해야 한다. 예를 들어, 미수이자가 반영된 EAD는 다음과 같다.

- EAD = AIF · {잔액 + CCF·(한도 − 잔액)}

* AIF(미수이자 요소, Accrued Interest Factor) = (잔액 + 미수이자) / 잔액

단, 신BIS기준은 부도 사건에 대해서 부도시 익스포져(EAD)는 고정된 상수로 보고 있고 부도시 손실률(LGD)은 부도 이후에도 확률변수로 보고 회수기간 동안의 잠재적 변동성을

반영하도록 함에 유의해야 한다. 부도시 익스포져(EAD)를 조정할 경우에는 부도 이전에 발생한 부분만 반영하고 부도이후에 발생하는 부분은 부도시 손실률(LGD)에 반영하는 것이 바람직하며 부도시 익스포져(EAD)에 부도 이후의 추가적인 요소가 반영되면 부도시 익스포져(EAD)도 부도 후의 변동성을 고려한 위기상황분석(stress-test)을 수행해야 한다.

익스포져 가중평균과 부도 가중평균을 앞에서 다루었다. 부도시 익스포져(EAD)와 관련한 사항은 다음과 같다. 신용환산율(CCF) 산출 시 익스포져 가중평균을 사용하는 것은 총 잔액과 한도를 이용하여 사실상 익스포져로 가중치를 부여함으로써 거액의 익스포져에 의해 신용환산율(CCF)이 큰 영향을 받는다. 익스포져 가중평균과 부도 가중평균 방법의 적절성은 각 부문별 익스포져 규모와 신용환산율 사이의 상관관계에 의존한다. 신용환산율과 익스포져가 독립적일 경우 통상적이지 않은 행태를 보이는 일부 거액 차주로부터 생기는 편의성을 제거해 주는 단순평균이 보다 적절하며 신용환산율과 익스포져 사이에 의미 있는 관계가 있으면 익스포져 가중평균을 쓸 수 있다. 2개의 방법을 비교할 수 없는 경우에는 단순평균인 부도 가중평균을 사용해야 한다.

4. 유효만기

유효만기(Maturity, M)란 소요자기자본 산출에 사용되는 네 번째 측정요소는 연단위로 측정된 유효잔여만기로서 정부·은행·기업의 익스포져가 리스크에 노출된 기간을 의미한다. 일반적으로 여신 약정상 예상된 현금흐름의 가중평균만기(각 시점에 수취하는 현금흐름을 가중치로 사용)를 의미한다.

유효만기의 산출은 다음과 같다. 기본 내부등급법에서 유효만기는 환매조건부 유형거래의 경우 0.5년, 기타 익스포져는 2.5년을 적용한다. 다만, 현재 은행 금리결정과 리스크관리 실무에서 만기가 중요한 요소로 작용하고 있는 점을 감안, 자체 추정 유효만기 사용도 허용한다. 고급 내부등급법을 적용하는 은행은 내부자료에 근거하여 각 익스포져별로 다음의 산식에 따라 가중평균 잔존만기를 산출하되 유효만기는 1년 이상 5년 이하로 하며, 이를 벗어나는 경우 각각 1년 또는 5년을 유효만기로 한다. 가중평균 잔존만기의 산식은 다음과 같다.

- 유효만기(M) $= \dfrac{\sum_t t \times CF_t}{\sum_t CF_t}$

CF_t = t기의 현금흐름(원금, 이자, 수수료 등 현금흐름을 모두 포함)

표 12-5 ▎유효만기 산출 예시

t(년)	0.5	1.0	1.5	2.0	2.5	3.0	소계
CFt	5	25	4	24	3	63	124
t× CFt	2.5	25	6	48	7.5	189	278

• M = Max[1, Min{278 ÷ 124 = 2.24, 5}] = 2.24(년)

상계약정 하에 있는 파생상품 및 환매조건부 유형거래(환매조건부 거래, 유가증권 대여 및 차입 등)의 경우, 각 거래의 명목금액을 사용하여 가중평균 잔존만기를 산출하고 이를 유효만기로 사용할 수 있다.

표 12-6 ▎파생상품 및 환매조건부 유형 거래 유효만기 산출 예시

구분	계약1	계약2	계약3	소계
명목금액	200	300	500	1,000
잔존만기(년)	2	3	5	–

• M = Max[1, Min{2 × (200 ÷ 1000) + 3 × (300 ÷ 1000) + 5 × (500 ÷ 1,000), 5}] = 3.80(년)

내부자료에 의한 측정이 용이하지 않을 경우, 은행은 계약상의 잔존만기를 사용하여 보수적으로 유효만기를 산출할 수 있다. 이 때 계약상의 잔존만기는 계약상의 모든 채무가 상환되는 기간이어야 하며, 계약상의 현금흐름이 불확실하여 합리적으로 미래의 현금흐름을 추정할 수 없는 경우에는 이러한 보수적 방법을 사용하여 유효만기를 산출해야 한다(예: 당좌대출 등 한도 대출, 수입신용장 개설 등 한도 약정여신).

유효만기 기준을 보면 다음과 같다. 특정 단기 익스포져, 전액 또는 대부분 담보된 자본시장 관련 거래 및 환매조건부 유형 거래가 원만기 1년 미만인 경우에는 1년 미만(1일 이하인 경우 1일로 함)의 유효만기 사용 가능하다. 만기 조정 1년 하한의 예외사항이 있을 수 있다. 전액 또는 대부분 담보된 자본시장 관련 거래(OTC 파상상품거래 및 신용거래 융자금(margin lending)) 및 환매조건부 유형 거래로서 다음에 해당하는 경우 1년 미만(1일 이하인 경우 1일로 함)의 유효만기 사용가능하다.

- 원만기 1년 미만이고
- 약정서상 다음의 조항 존재
  - 일별 차액정산 및 일별 시가평가
  - 부도 발생시 또는 차액정산이 이루어지지 않을 경우 즉각적으로 청산 가능하거나 담보와 상쇄 가능

다음에서 정하는 기타 원만기 1년 미만의 단기 익스포져에 대하여도 감독당국과 협의하여 1년 미만(1일 이하인 경우 1일로 함)의 유효만기 사용 가능하다(단, 지속적인 영업자금 조달의 경우에는 제외).

- 상기 요건을 충족하지 않는 자본시장 관련 거래 및 환매조건부 유형 거래
- 단기 자동결제성 무역관련 거래(수출입 신용장 및 유사거래는 실제 잔존만기 적용)
- 유가증권 매매의 결제에 따른 익스포져(단기의 일정 영업일 내에서 연장 없이 상환되는 당좌대출 포함)
- 전신환 현금결제에 따른 익스포져(단기의 일정 영업일 내에서 연장 없이 상환되는 당좌대출 포함)
- 외환거래 결제에 따른 익스포져
- 단기 대여금 또는 예치금

전액 또는 대부분 담보된 자본시장관련 거래 및 환매조건부 유형거래에 대하여 상계 약정이 있는 경우 명목금액을 사용하여 가중평균만기를 산출할 수 있다. 단, 자본시장 관련거래는 10일, 환매조건부 유형거래는 5일을 하한으로 하며 상계 약정에 하나이상의 거래 유형이 포함되어 있는 경우 더 높은 하한을 적용한다.

5. 규제자본 산출

경제적자본뿐만 아니라 바젤II 규제자본 산출 시, 적용되는 신용리스크 산출 방법론을 이용한 신용리스크(규제자본)를 병행하여 산출한다. 규제자본 산출 방법론은 CreditMetrics 모형을 단순화한 방법이므로 규제자본은 CreditMetrics 모형을 기반으로 경제적자본과 유의미한 비교 대상이 될 수 있다. 규제자본 산출은 표준방법, 기본내부등급법, 고급내부등급법에 의해 선택적으로 산출할 수 있는데 경제적자본 산출 방식과 가장 유사한 고급내부등급법을 적용하여 규제자본을 산출한다. 다만, 일부 정부익스포져나 기타자산은 표준방법에 의해 규제자본을 산출한다.

바젤II 익스포져 분류를 보면 다음과 같다. 내부등급법(IRB)에 의한 규제자본(신용리스크) 산출의 첫 출발점은 익스포져 분류에 있다. 왜냐하면 익스포져유형별로 규제자본 산출 방식이 다르기 때문이다. 바젤II에서 제시하는 익스포져분류는 다음과 같다. 그림 12-1에서와 같이 거래상대방의 고객특성과 거래 익스포져의 상품특성에 의해 결정된다. 따라서 익스포져 분류를 위해서 고객분류와 상품분류 작업이 선행되어야 한다.

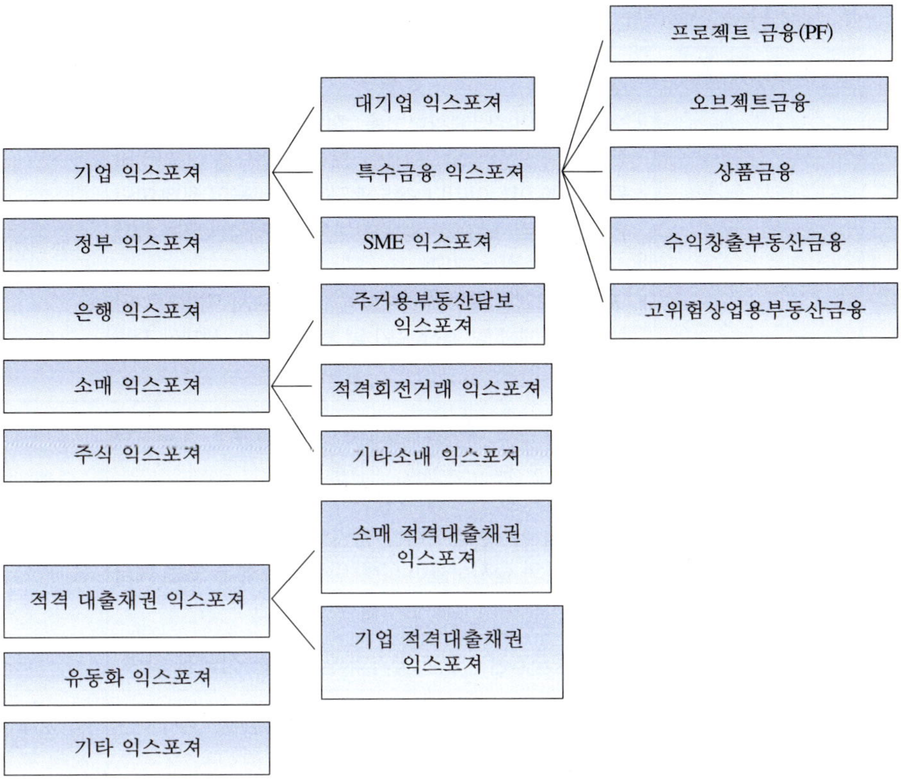

그림 12-1 ▌익스포져 분류(IRB법)

바젤II 기준 익스포져 분류를 위한 고객분류는 다음과 같다.

표 12-7 ▌BIS 고객분류

BIS고객구분	설명	비고
10. 정부	• 중앙은행, 중앙정부	
20. 국제기구	• BIS, IMF, ECB, EC	
30. 공공기관	• 지방자치법에 의한 국내 지방자치단체	정부위험가중치 적용
	• '공공기관의운영에관한법률'에 의한 기관으로서 결손이 발생하는 경우 정부로부터 제도적으로 결손보전이 이루어질 수 있는 기관 • 특별법에 의한 특수공공법인으로서 결손이 발생하는 경우 정부로부터 제도적으로 결손보전이 이루어 질 수 있는 기관(신용보증기금, 기술신용보증기금, 지역신용보증재단, 농림수산업자신용보증기금, 수출보험공사, 예금보험공사, 한국자산관리 공사 등 포함)	정부위험가중치 적용

표 12-7 ▎BIS 고객분류 (계속)

BIS고객구분	설명	비고
30. 공공기관	• '공공기관의운영에관한법률' 적용기관 • 특별법에 의한 특수공공법인으로서 정부출자(출연)비율이 50%이상이거나 정부출자(출연)비율이 50%미만인 기관으로부터 예산 및 결산 승인 및 재정적 또는 세제상 지원을 받는 기관 • '지방공기업법'에 의한 지방공기업으로서 지방자치단체로부터 예산 및 결산 승인 및 재정적 또는 세제상 지원을 받는 기관	은행위험가중치 적용
	• 특별법에 의한 특수공공법인으로서 정부로부터 업무감독과 재정 또는 세제상 지원을 받는 기관 • '보험업법' 제5조 1항의 규정에 의한 업무를 허가받아 보증보험사업을 영위하는 법인으로서 정부 또는 예금보험공사의 출자비율이 50% 이상이고 정부 또는 예금보험공사로부터 업무감독을 받는 법인	은행위험가중치와 50% 위험가중치 중 큰 값 적용
	• 외국 공공기관: 해당 국가의 공공기관 정의에 따름	
40. 국제개발은행	• IBRD, IFC, ADB, AFDB, EBRD, IADB, EIB, EIF, NIB, CDB, IDB, CEDB	0% 위험가중치 적용
	• 기타 국제개발은행	
50. 은행	• 국내 공공기관으로 분류되는 은행은 제외	
60. 증권 및 종금사		
70. 청산소		
80. 기업	• 대기업	보험사 포함
	• 중소기업(SME): '중소기업기본법'에서 정하는 중소기업 또는 연간 매출액 60억원 이하인 기업집단에 소속된 기업을 말하며 다만 매출액이 기업 규모를 판단하는 기준으로 적정하지 않음을 입증하는 경우에 한하여 총자산을 기준으로 할 수 있다.	보험사 포함
	• ABS, PF 등의 경우의 SPC	
90. 개인		

바젤II에 의한 상품(자산 종류)분류는 다음과 같다.

표 12-8 ❙ 자산 종류별 분류

자산종류	특징	비고
Bond	• 채권, CP, RP 등의 자산을 처리하기 위한 Instrument	
Stock	• 주식 등 지분증권을 처리하기 위한 Instrument	
Deposit	• 예금, CD 등의 자산을 처리하기 위한 Instrument	
Fund	• 수익증권 등의 자산을 처리하기 위한 Instrument	
Loan	• 대출성격의 자산을 처리하기 위한 Instrument	
Guarantee	• 보증 등의 자산을 처리하기 위한 Instrument	
Commitment	• 한도약정 등의 자산을 처리하기 위한 Instrument	미사용한도
SL	• Specialized lending: PF, OF, CF 등	
Other asset	• BIS II 위험가중치 적용방식으로 처리하기 위한 Instrument	
MDI	• Market Driven Instrument: OTC 파생상품 등	

바젤II 익스포져 분류 중, 발생가능한 익스포져 분류를 대상으로 규제자본 산출을 정의한다.

표준방법 적용대상을 먼저 살펴보자. 바젤(BIS) 고객분류 중 정부 및 정부위험가중치를 적용받는 공공기관의 경우 0% 위험가중치를 적용하며 상품분류 중 Other asset의 경우 계정별 기타자산에 해당하는 위험가중치를 적용하여 산출한다. 다만, 위험가중자산의 8%가 소요자기자본이므로 위험량(규제자본)은 다음과 같다.

$$규제자본 = EAD \times 해당위험가중치 \times 8\%$$

기업 및 은행 익스포져는 다음과 같다. 특수금융을 제외한 기업익스포져와 은행익스포져는 BIS II 제공 위험가중치 함수식에 리스크요소(PD, LGD, EAD, M)를 투입하여 산출한다. 다만, 위험요소의 적용은 요소별 요건정의에서 정의한 바를 따르며 유효만기(M)는 잔존만기를 적용한다. 특수금융외 기업 및 은행 익스포져의 규제자본을 산출하는 식은 다음과 같다.

$$규제자본 = K \times EAD$$

여기서 K(소요자기자본비율)은 다음과 같이 산출된다.

$$\left[LGD \times N\left\{\frac{G(PD)}{\sqrt{1-R}} + \frac{R}{1-R^{0.5}} \times G(0.999)\right\} - EL\right] \times \frac{1+(M-2.5)\times b}{1-1.5\times b}$$

여기서 K가 0 미만의 값을 가지는 경우 0으로 한다. N(·)은 표준정규분포의 누적분포함수이며 PD=100%인 경우 1을 적용한다. G(·)는 N(·)의 역함수이다. EL은 PD와 LGD를 곱한 비율이며 PD = 100%인 경우, BEEL을 적용하며 이 때 적용되는 LGD는 회수 기간동안 발생할 수 있는 회수불확실성을 감안한 PLGD를 적용한다. 다만, 기업 및 은행 익스포져의 PD의 경우 0.03%를 하한으로 한다. 상관계수 R은 다음 산식에 의해 계산된다.

$$0.12\times\left[\frac{1-e^{-50\times PD}}{1-e^{-50}}\right]+0.24\left[\frac{1-e^{-50\times PD}}{1-e^{-50}}\right]$$

b(유효만기조정)은 다음과 같다.

$$[0.11852-0.05478\times \ln PD]^2$$

다만, 기업익스포져 중 중소기업(SME) 익스포져는 상기 상관관계 R을 대신한 다음 식을 적용한다.

$$0.12\times\left[\frac{1-e^{-50\times PD}}{1-e^{-50}}\right]+0.24\times\left[\frac{1-e^{-50\times PD}}{1-e^{-50}}\right]-0.04\times\left[1-\frac{S-6}{54}\right]$$

여기서 S는 10억 단위로 표시된 매출액의 원화금액(예, 매출액이 100억원인 경우 S = 10)이며 매출액 60억원 미만인 중소기업의 매출액은 60억원으로 본다.

특수금융에 대해서 두가지 산출방식에 의해 규제자본을 산출한다.

(i) PD추정에 관한 최소요건을 충족하는 경우에는 위의 기업익스포져의 K함수식을 준용하되 다음 상관관계를 적용한다.

$$0.12\times\left[\frac{1-e^{-50\times PD}}{1-e^{-50}}\right]+0.30\left[\frac{1-e^{-50\times PD}}{1-e^{-50}}\right]$$

(ii) PD추정에 관한 최소요건을 충족하지 못하는 경우, 표준등급분류기준에 따라 위험가중치를 적용하는 방식으로 규제자본을 산출한다. 다만 이 방식을 따르는 경우 EL에 해당하는 위험가중치를 적용하여 산출한다.

제2절 소매 익스포져

신용 익스포져의 리스크관리는 대부분 익스포져 규모가 큰 기업 차주의 신용리스크에만 집중하여 소규모 소매 익스포져의 리스크 특성을 반영하는 신용리스크 측정방법론에 대한 이해와 활용은 상대적으로 부족하다. 소매 익스포져는 기업 채권 주식과는 달리 소액이며 차주(obligor)수가 많기 때문에 리스크를 측정하는 방법에 있어 각 개별 차주들의 특성을 모두 반영할 수 없어 기업 차주와는 다른 방법을 사용해야 한다.

1. 소매 익스포져의 정의와 유형

소매 익스포져란 다음의 4가지 기준을 모두 충족하는 익스포져는 내부등급법 목적상 소매 익스포져로 분류되는 것을 말한다. 첫째, 은행이 리스크관리 목적상 소매와 일관되거나 유사한 방식으로 처리되는 경우이다. 소매 처리 방식이란 일정 기준을 가지고 상품 단위로 여신을 처리하거나 신용평점과 같이 동일한 기준을 적용하여 여신을 처리하는 것을 의미한다. 신용평가시스템에 심사역 등의 주관적 판단이 감안되지 않아야 하고, 정량적 정보의 부족으로 정보의 보완이 필요한 경우 보완된 정성적 항목은 계량화를 통해 분석이 가능한 형태로 관리되어 객관성을 확보하여야 한다. 또한, 기업 익스포져는 신용평가 결과에 대해서 일정기간의 유효기간을 인정하지만 소매 익스포져의 경우 일부 특별한 경우를 제외하고 고객에 대한 최근의 정보에 의해서 신용평가가 이루어져야 한다. 둘째, 기업 익스포져와 같이 개별적으로 관리되지 않는다. 셋째, 다수의 유사하게 관리되는 익스포져 중 하나이다. 즉, 소매 익스포져는 소액이면서 다수로 이루어진 고객을 대상으로 하여야 한다. 넷째, 차주는 개인이다. 단, 소매로 간주되는 중소기업(이하 '소매 중소기업')은 예외적으로 인정된다. 상기 요건 충족을 위해서 은행은 개인과 중소기업을 구분하는 내부 기준을 보유해야 한다.

소매 익스포져는 주거용 주택담보 익스포져와 적격회전거래 익스포져, 기타 소매 익스포져로 구분된다. 첫째, 주거용 주택담보 익스포져는 소매 익스포져 중 주거용주택에 의해 전액 담보되고 금융기관의 내부 리스크관리 목적상 주거용주택이 담보로 할당된 익스포져를 말한다. 1순위 또는 2순위 이하(2순위, 3순위, …) 담보대출 및 기간대출(term loan), 한도대출(lines of credit), 법적 구속력이 있는 대출약정을 포한다. 또한, 소매로 분류된 중소기업대출도 주거용주택에 의해 주로 담보된 경우에는 포한다. 개인(개인사업자 포함)에 대한 익스포져의 경우에는 금액 제한이 없고 소매 중소기업 익스포져 분류 기준인 10억원 한도 산정시에도 제외된다. 중소기업(법인)에 대한 익스포져의 경우에는 10억원 이내에서만 소매 익스포져로 분류

가능하다. 주거용주택이 포괄근 담보인 경우에는 내부 리스크 관리 목적상 담보를 배분한 소매 익스포져의 경우에만 주거용주택 담보 익스포져로 분류되어야 하며, 주거용 부동산 담보 익스포져로 분류된 경우에만 신용위험경감 목적으로 동 담보가 배분될 수 있다. 여기서 주거용주택 담보대출은 주거용주택에 의해 전액 담보된(fully secured) 대출을 의미하지만 담보가치 하락에 의해서 부분 담보된(partially secured) 대출로 전환되더라도 기타 소매 익스포져로 재분류되는 것은 아니다. 주거용주택이 포괄근 담보로 제공되는 경우, 신용위험경감 목적으로 기타 소매 익스포져에 동 담보의 일부가 배분되거나 주거용주택 담보대출의 계좌가 임의로 변경되는 경우에는 동 대출에 대한 손실율과 부도율을 왜곡시킬 수 있다. 따라서 은행은 담보가치 변화에 따라 주거용주택 담보대출에 대한 LTV(Loan-To-Value)가 적절하게 모니터링 되고 보고되도록 아래 사항을 참고하여 내부 리스크관리 목적의 담보 배분 절차를 수립해야 한다. 주거용주택이 포괄근 담보로 제공되고 다수의 여신이 존재하는 경우에는 내부 리스크관리 목적상 주거용주택 담보를 일부라도 배분한 소매 익스포져의 경우 주거용주택 담보익스포져로 분류하여야 하며 한 번 분류된 대출은 담보 배분 절차의 개선 또는 담보변경 등 정당한 사유없이 변경될 수 없으며 해당 여신이 소멸될 때까지 계속 유지되어야 한다.

둘째, 적격회전거래 익스포져는 개인에 대한 무담보·무보증 회전거래를 말한다. 대출 잔액이 변동하며, 일반적으로 정해진 한도 내에서 차주의 인출·상환 의사에 따라 결정된다. 무담보·무보증 회전거래로서 은행에 의해 무조건적으로 취소가능해야 한다. 또한, 익스포져의 최대 한도는 1억원이므로 일반적으로 개인 신용카드(사업 목적용 제외)가 이에 해당한다. 적격회전거래 익스포져로 인정되기 위해서는 다른 소매 익스포져에 대한 평균적인 손실률 수준에 비해 적격회전거래 익스포져의 손실률 변동성이 낮음을 입증해야 한다.

셋째, 기타 소매 익스포져는 주거용주택담보 익스포져와 적격회전거래 익스포져를 제외한 소매 익스포져를 말한다. 소매로 분류되는 중소기업 익스포져와 기업으로 분류되는 중소기업 익스포져의 구분이 중요하며, 소매 분류 내에서는 개인에 대한 여신과 중소기업에 대한 여신의 구분이 중요하다. '일반 소매 익스포져'는 상기 두 가지 유형(주거용주택담보 익스포져와 적격회전거래 익스포져) 또는 소매 중소기업 익스포져에 해당되지 않는 개인에 대한 여신을 말하며 '일반 소매 익스포져'는 금액 제한이 없다. '소매 중소기업 익스포져'는 개인 또는 기업에 대한 사업 목적의 소액 여신을 말하며(주거용주택에 의해 주로 담보된 경우에는 주거용주택담보 익스포져에 해당) '소매 중소기업 익스포져'는 동일 차주에 대해서 연결기준으로 10억원의 금액제한 있다(금액제한을 일시적으로 약간 초과하는 경우에는 허용될 수 있음). 여기서 연결기준이란 은행은 관련 차주 그룹을 확인하고 통합할 수 있어야 하며, 관련 차주 그룹의 익스포져를 합산할 수 있어야 한다(본 기준에서 '동일차주' 및 '차주그룹'은 법인번호 또는 주민번호가 동일한 차주를 말한다). 또한, 10억원의 기준은 일정부분 유연하게 적용 가능하며, 은행은 일시적 한도 초과와 지속적 한도 초과를 구분해야 한다. 즉, 일시적 한도 초과이면 소매 익스포져로 처리되지만 지속적 한도 초과이면 해당 익스포져는 기업 익스포져로 재분류되어야 하며 소요자기자본 산출시에도 기업 함수를 사용해야 한다. 10억원의 금액제한은 정의상 자금용도가 사업목적인 익스포져 금액만을 합산하는데 닥터론, 팜론 등과 같이 사업목적의 소액대출을 계정과목상 가계대출로 기표한 경우에도 동 한도 산정시 제외되지 않는다. 또한, 은행은 개별 익스포져가 일정 금액 이상인 경우에 한해 차주 그룹의 통합한도 초과 여부를 확인해야 하고 익스포져가 자동적으로 합산되지 않는다면 한도 초과여부를 확인하기 위해 최소한 해당 고객에 대해 동 고객의 다른 익스포져가 얼마인지 질문해야 한다. 프라이빗 뱅킹 익스포져가 소매 익스포져로 인정되기 위해서 상기 소매인정 기준을 충족해야 하는데 소매인정 기준을 충족하지 못하면 기업 익스포져로 처리해야 한다.

2. 소매 신용평가시스템 구축 및 운영 개요

소매 리스크 세그먼트는 3개의 소매 익스포져 유형 내에서 동질적인 리스크 특성을 지닌 익스포져들로 구성된 자산군(pool)을 의미한다. 내부등급법의 소매 익스포져에 관한 규정체계는 은행의 적정성 판단하에 상당한 수준의 유연성을 제공하고 있으나 은행은 다음의 개괄적인 기준을 충족해야 한다. 세그먼테이션의 목적은 동질적인 리스크 특성을 지닌 익스포져들로 자산군을 구성함으로써 리스크의 의미있는 차별화를 달성하는 것이다. 따라서 은행은 세그먼테이션 시스템 개발시 선택된 리스크 측정요소 또는 리스크요인(risk factor)들의 일관된 리스크 차별화 능력과 세그먼테이션 방법의 전반적인 논리적 타당성을 고려해야 한다. 그먼트의 리스크 특성을 지속적으로 의미있게 차별화할 수 있는 차주특성(신용평점, 연체, 소득 대비 부채비율 등)과 여신특성(LTV비율, 상품종류 등)을 세그먼테이션 과정에서 활용해야 하며 세그먼테이션시 활용되는 리스크 측정요소들은 은행의 내부 신용리스크 측정·관리에서 사용되는 주요 리스크 특성과 일관되어야 한다. 또한, 세그먼테이션 시스템은 실현된 성과에 의해 익스포져들을 구분하는 자산군들을 생성해야 하며, 실제 장기 실측값들이 리스크 측정요소의 추정치에 근사하도록 설계되어야 하며 세그먼트는 일반적으로 한 국가내의 익스포져로 구성되어야 한다. 마지막으로 은행은 세그먼테이션 시스템에 대한 지속적인 검증절차(개발증빙·로직 평가, 지속적인 모니터링, 사후검증 등)를 보유해야 하며 세그먼테이션 시스템에 대한 적합성 검증은 궁극적으로 리스크 측정요소 계량화에 대한 적합성 검증과 연계된다.

3. 소매 익스포져 기준

앞에서 소매 세그먼테이션에 대해 개략적으로 알아보았다. 소매 세그먼테이션기준에 대해 알아보도록 하자. 소매 익스포져 구분에 있어 은행은 소매 익스포져들을 동질적인 리스크 특성을 지닌 그룹으로 구분(segmentation)해야 한다. 개의 소매 익스포져 유형(주거용 주택담보, 적격회전거래, 기타 소매)내의 개별 상품라인별로 익스포져들을 구별하여 분류해야 한다. 세그먼테이션 접근방법의 예를 들어 보자. 은행은 소매상품의 손실 특성을 결정하는 데 적절하고 중요하다고 판단되는 공통 리스크 요인을 활용하여 익스포져들을 구분할 수 있다. 예를 들어, 주택담보대출을 LTV 범위, 경과기간, 지역, 여신실행 채널, 신용평점에 따라 구분하자. 그러면 통계적 모델링, 전문가 판단, 또는 양자의 적절한 결합을 이용하여 적합한 리스크 요인을 결정하게 된다. 은행은 평균손실률 또는 부도율과 같은 손실 특성이 유사한 익스포져들을 그룹핑함으로써 익스포져들을 구분할 수 있다. 은행들은 세그먼트 결정 과정에서 상당한 수준의 유연성을 가지고 있으나, 세그먼테이션 기준 결정시 차주특성(신용평점 등)과 여신특성(LTV 등)에 영향을 주는 요인들을 고려해야 한다. 또한, 개별 세그먼트에 대해 각각의 PD, LGD, EAD가 부여된다. 다수의 세그먼트에 대해 동일한 LGD 값을 부여하는 것이 타당할 수 있으나 이 경우 은행은 세그먼트간에 LGD값의 중대한 차이가 없음을 입증해야 하는데 이는 PD와 LGD가 산출되는 자산군이 다를 수 있음을 의미한다. 향후 은행들은 LGD 결정을 위한 보다 정확한 데이터와 방법론을 개발하여야 할 것이다. 특정 소매여신에 대한 데이터가 부족하거나 불완전한 경우, 세그먼테이션 시스템은 데이터의 이용가능성 측면에서 이러한 여신들과 관련된 리스크를 고려해야 하는데 부족·불완전 데이터가 세그먼테이션 목적상 주요 리스크 요인이 될 수 있다.

부도자산의 경우, 은행은 손실률(회수율)을 예측할 수 있는 리스크 특성에 따라 구분하여야 하며 내부등급법 소요 자기자본을 산출하기 위해서는 손실의 최적 추정치(best estimate of the losses)를 구해야 한다. 부도자산의 PD값은 1이므로 손실의 최적 추정치는 현재의 상황에서 추정된 손실값에 의해 결정된다. 최적 추정치를 구하기 위해 은행은 부도자산을 정상자산으로부터 구별한 후, 현재의 손실률(회수율)을 예측할 수 있는 특성에 기초하여 세그먼테이션(segmentation)해야 하며 이러한 세그먼테이션은 의미 있는 차별화를 통해 개별 부도 세그먼트 내의 여신들이 예상손실률에 있어 중대한 차이를 갖지 않도록 해야 한다.

세그먼테이션 시스템 요건을 살펴보면 세그먼테이션 시스템은 소매 익스포져 유형 내에서 리스크를 적절히 차별화하고 리스크 측정요소를 신뢰성 있게 산출할 수 있는 세그먼트를 생성해야 한다. 은행은 세그먼테이션 시스템 내의 세분화 정도와 세그먼트간 익스포져의 분포를 입증해야 하는데 세분화(granularity)란 포트폴리오가 차별화된 풀로 얼마나 정교하게 분류되었는지를 의미한다. 즉, 은행은 세그먼트의 세분화 정도를 결정함에 있어 상당한 유연성을 가지는데 은행은 동질적인 세그먼트를 산출할 목적으로 적절한 수준의 세분화 정도를 결정하기 위해서 자체적인 내부분석을 수행해야 한다. 예를 들어, 포트폴리오를 구분하기 위해 신용평점범위를 사용하는 은행은 선택된 범위에 대한 논리적 근거를 가지고 있어야 한다. 단일 또는 복수 세그먼트에의 익스포져 집중이 그 자체만으로 세그멘테이션 시스템의 결함을 의미하지는 않는다. 예를 들어, 은행이 좁은 리스크 범위에서 여신을 실행함에 따라 타행에 비해 소수의 리스크 세그먼트를 가질 수 있는데 특정 세그먼트에 익스포져가 집중된 은행은 세그멘테이션 기준이 신중하게 기술되어 있음을 명확히 문서화해야 할 것이며 은행은 세그먼트내의 익스포져간에 리스크 차이가 거의 없음과 세그멘테이션 방법이 신뢰성 있는 리스크 측정요소를 산출할 수 있음을 입증해야 한다.

적합한 세그멘테이션을 결정하기 위한 기법의 예를 들면 다음과 같다. 통계적 여신승인모형 또는 신용평점모형의 결과값을 세그멘테이션 과정에 직접 통합해야 한다. 즉, 통계적인 결과값을 세그멘테이션 과정에 직접 통합하는 것은 통계적인 결과값을 판단에 의해 조정한 후 조정된 값을 사용하는 것이 아니라 세그멘테이션 기준 설정시 전문적 판단을 결합하는 것을 의미한다. 예를 들어, 은행은 은행 자체 또는 외부의 신용평점을 세그멘테이션 기준으로 활용이 가능하다. 이러한 경우, 은행은 평점 선택에 대한 적합성 검증을 실시해야 하며, 신용평점시스템에 대한 적절한 통제구조를 가지고 있음을 입증해야 한다. 또한, 통계적 모형의 입력변수를 세그멘테이션 과정에 통합해야 한다. 예를 들어, 주택담보대출의 손실을 예측하기 위해 통계적 모형을 사용하는 은행은 소득 대비 부채비율, LTV와 같은 주요 입력변수의 일부 또는 전부를 세그멘테이션 기준으로 활용 가능하며 은행은 적합성 검증과 통제의 일환으로 특정한 리스크요인 선택에 대한 적절한 논리적 근거와 실증분석 결과를 제공해야 한다. 만일, 전문가 판단과 통계적 분석을 결합한다면 적절한 세그멘테이션 기준을 결정해야 한다. 전문가 판단은 적절히 문서화되고, 선택된 리스크 요인이 리스크를 신뢰성 있게 예측함을 실증 분석에 의해 입증할 수 있어야 한다. 세그멘테이션 기준으로 신용평점(CSS)을 활용할 경우, 신용평점모형의 적정성을 확인해야 한다. 즉, 신용평점모형 개발에 사용된 데이터 중에 외부기관의 데이터가 사용된 경우 동 데이터의 신뢰성 및 은행 고객을 대표할 수 있는지 여부에 대한 점검을 실시하여야 하고 신용평점모형의 변별력은 개발시점 뿐만 아니라 운영시점에서도 리스크 특성을 차별화할 수 있을 정도로 유지되어야 하며 신용평점모형은 현재의 거래고객에게도 적용할 수 있을 정도로 안정성을 유지하고 있어야 한다. 세그멘테이션 대상 기간 중에 신용평점모형을 재개발한 경우, 신모형 기준으로 과거 데이터를 소급평가하거나 부도율을 기준으로 신평점과 구평점이 동일한 의미를 나타냄을 증명하여야 하며 과거데이터를 신모형 기준으로 소급평가할 경우 데이터의 제약으로 현재 평점별 구성과 다른 형태를 보일 경우 해당 년도의 신용평점을 세그먼트에 사용할 수 없다. 이러한 신용평점모형

재개발에 따른 자산군별 부도율의 안정성 및 세그먼테이션시스템의 일관성을 제고하기 위한 방법론 및 절차가 마련되어야 한다.

은행은 내부등급법 리스크 요인들(risk drivers)과 신용리스크 관리에 사용된 측정치 간에 동등한 비교가 가능한 경우에는 둘 사이에 강한 관련성(relationship)이 있음을 설명할 수 있어야 한다. 구체적으로 세그먼테이션 시스템이 포트폴리오 간의 신용리스크를 차별화하고 신용리스크 관리에 사용된 측정치와 유사한 신용리스크 수준·경향의 변화를 포착할 수 있음을 설명할 수 있어야 한다. 예를 들어, 은행이 여신승인 또는 계좌관리에 있어 자체 신용평점을 사용한다 하더라도 민간신용정보기관(generic Credit Bureau)의 신용평점이 자체 신용평점과 강한 상관관계가 존재하고 보다 장기적인 안정성을 보인다고 설명할 수 있는 경우에는 민간신용정보기관의 신용평점을 세그먼테이션 목적으로 사용할 수 있다. 규제자본 산출 목적으로는 민간신용정보기관(Credit Bureau)의 신용평점을 사용하기 위해 아래의 2가지 요건을 모두 충족한 경우에 한한다.

- 강한 상관관계(strong correlation): 강한 상관관계라 함은 내부등급법 적용은행이 민간신용정보기관(Credit Bureau)의 신용평점과 비교할만한 자체 신용평점을 신용리스크 관리에 활용하고 있어야 함을 의미한다.
- 장기적인 안정성(long-term stability): 장기적인 안정성이란 외부 벤치마킹을 수행한 결과, 민간신용정보기관(Credit Bureau)의 신용평점이 자체 신용평점보다 규제자본 목적의 리스크 측정요소(PD 등)를 추정하는데 보다 장기적인 안정성을 보이는 경우를 말한다.

4. 소매 세그먼테이션의 유지 및 관리 기준

은행은 신용도 변화 및 세그먼트간 익스포져 전이에 영향을 주는 리스크 관련 정보를 파악하여 정확하고 제 때에 반영하고 있음을 보장하는 정책을 개발하고 명확히 문서화해야 한다. 은행은 여신 실행 또는 인수시의 리스크 요인 정보에 기초하여 최초로 익스포져를 세그먼트에 할당한다. 이후, 지속적으로 리스크 특성을 모니터링하고, 필요한 경우 모니터링 과정에서 취득한 신규 정보에 기초하여 익스포져를 새로운 세그먼트로 전이시켜야 한다. 특히, 다른 계좌의 부도와 같은 중대한 사건은 익스포져 전이의 중대한 요인이 될 수 있다.

은행은 익스포져의 리스크를 정확히 반영하는 리스크 측정요소들을 선택해야 한다. 선택된 리스크 요인들은 신용리스크 관리를 위해 사용되는 리스크 측정치들과 일관되어야 한다. 또한, 은행은 익스포져의 리스크 특성에 대한 모니터링·정보갱신, 세그먼트간 익스포져 전이에 관한 정책을 명확히 문서화해야 하는데 이러한 정책은 상품 종류 또는 세부 포트폴리오별로 갱신해야 할 리스크 특성, 갱신 주기를 명확하게 규정해야 한다. 리스크 요인 관련 정보를 갱신하는 것은 건전한 리스크 관리 측면에서 일관되게 이루어져야 한다. 정보갱신 주기 관련 의사결정은 개별 세그먼트의 고유한 리스크 특성 및 자기자본에 미치는 잠재적 영향의 중요성을 고려해야 한다. 정보갱신 및 익스포져 전이 주기는 일반적으로 리스크 요인과 상품 종류별로 차이가 있는데 원칙적으로 모든 기간에 있어 소매 익스포져는 리스크 특성을 가장 잘 반영하고, 정확한 리스크 측정요소를 산출하는 세그먼트에 할당되어야 한다.

은행은 최소 연 1회 이상 세그먼테이션 시스템을 검토하고, 시스템 조정 기준을 정의하는 명확한 정책을 보유해야 하며 은행은 세그먼테이션 시스템이 리스크 차별화 능력을 유지하는지 검토해야 한다. 즉, 세그먼테이션 시스템의 변경을 명확히 문서화해야 하며, 일관성을 보장하고 역사적으로 비교가능한 측정치를 산출할 수 있음을 입증해야 하며 세그먼테이션에 사용되는 리스크 요인 뿐만 아니라 리스크와 관련된 특성항목을 정의하고 동 항목들을 주기적으로 검토하여야 한다.

세그먼테이션과 보증·보험 및 담보의 신용위험경감 효과 인정에 대해 살펴보면 보증 또는 기타 신용위험경감기법을 인식하도록 세그먼테이션 시스템을 설계하는 은행은 이러한 접근 방법을 입증할 수 있어야 한다. 은행은 주택담보대출에 대한 정부 보증, 민간 모기지 보험과 같이 소매 익스포져에 대해 보증 또는 보험을 받거나 가입할 수 있다. 따라서 리스크 측정요소 추정치와 같이 세그먼테이션 시스템도 이러한 보증을 반영할 수 있다. 예를 들어, 동일 종류의 보증을 포함하는 유사한 리스크 특성을 가진 여신들을 동일한 풀로 구성할 수 있다. 기타 담보대출의 경우, LTV비율 또는 내부적으로 정한 담보 커버리지(담보된 부분과 담보되지 않은 부분의 구분)에 따라 신용위험경감효과를 반영할 수 있다. 내부적으로 정한 담보 커버리지를 기준으로 신용위험경감효과를 반영하는 경우에는 담보 커버리지를 산정하는 절차가 문서화되어야 하며, 리스크 특성을 일관되게 반영하고 있는지 입증하여야 한다.

제3절 소매 익스포져의 리스크 계량화

1. 부도의 정의

소매 익스포져에 대해서 은행은 아래의 부도의 정의를 사용해야 하는데 내부등급법을 적용하고자 하는 은행은 아래의 손실 인식사건들 중 하나가 발생했을 때 부도로 인식해야 한다 (차주 또는 계좌 기준 모두 가능).

- 90일 이상 연체한 경우로 월단위(즉, 3개월 이상) 연체기준은 이자납입일(또는 분할상환일) 등 납입 주기를 고려한 때에만 제한적으로 사용가능하며, 순수 약정 만기 후의 연체는 일단위(90일 이상) 기준을 사용
- 보유 담보물의 처분과 같은 상환청구 조치를 취하지 않으면 차주로부터 채무를 일부라도 상환받지 못할 것으로 판단되는 경우
  - 무수익여신으로 분류한 경우
  - 신용악화에 따라 회수의문 또는 추정손실로 분류하거나 상각한 경우
  - 신용등급 악화에 따라 상당한 경제적 손실을 감수하고 신용채권을 매각한 경우
  - 채무 재조정으로 인하여 원금·이자 또는 관련 수수료 면제 또는 지급 연기로 채권이 감소한 경우
  - 차주에 대해 파산선고 또는 유사 소송을 제기한 경우
  - 차주가 금융기관에 대한 채무상환을 지연시키거나 회피하기 위하여 파산 또는 유사한 조치를 취하는 경우
- 외부기관에서 제공하는 불량정보를 부도로 인식하는 경우 해당 정보를 은행에서 인식하는 시점을 부도 인식 시점으로 보아야 함

만일, 건전성 기준과 같이 타계좌에 의해서 부도 사유에 해당하는 경우 해당 계좌에 다른 부도 사유가 없다면 부도로 인식하지 않을 수 있으며 은행은 자체 차주 및 여신 또는 시장 특성에 적합한 '채무불이행 가능성' 상황을 고려하여 부도의 정의에 추가할 수 있다. 또한, 소매의 경우 동일 차주에 대해서 한 계좌 부도시 다른 계좌들도 자동적으로 부도로 인식해야 되는 것은 아니나 특정 계좌의 부도사건과 중요한 정보는 익스포져 전이(migration)-신용평점 또는 리스크 측정요소의 재산출-의 중대한 요인이 되어야 하므로 익스포져 전이에 즉시 반영하기 위해서는 적시성 있는 업데이트가 중요하다. 따라서 계좌단위로 부도를 인식하는 은행은 해당 계좌의 PD 추정치를 분기 단위가 아닌 최소한 매월별로 업데이트해야 한다.

2. 부도율

앞에서 언급한 바와 같이 부도율(PD) 추정치는 과거경험에 근거해야 하며, 세그먼트의 계좌단위 부도빈도의 장기평균을 나타내야 한다. 또한 기간경과, 조기상환 및 계좌감소의 효과를 PD 추정치에 반영해야 하는데 계좌감소는 연체대환대출의 경우 일시적으로 무연체 상태가 되어 부도수가 감소할 수 있다. 부도율(PD) 추정치는 주어진 리스크 특성 하에서 세그먼트의 평균 예상부도율을 포착해야 하며 정확한 추정치를 산출하기 위해 충분히 긴 기간 동안 관찰된 부도율의 평균을 나타내야 하며, 추정기간은 경기침체기를 포함하여야

한다. 은행은 부도율(PD) 추정 시 원칙적으로 각 표본기간에 동등한 가중치를 부여해야 하며 미래 부도율을 더 잘 예측할 수 있음을 입증하는 경우에는 최근 데이터에 높은 가중치를 부여할 수 있다. 각 연도의 부도율(PD)에 대출 건수 또는 잔액 기준으로 가중치를 부여하여 기간 평균 부도율(PD)을 산출하면 추정치가 단순평균보다 낮거나 높을 수 있다. 예를 들어, 여신이 경기침체기에 감소하는 경우, 대출 건수 또는 잔액 기준 가중평균방법은 경기침체기의 영향을 감소시킬 것이다. 대출 건수 또는 잔액 기준 가중평균방법을 사용하는 은행은 이러한 방법을 사용함으로써 보다 정확한 PD 추정치를 산출할 수 있음을 실증적으로 증명해야 한다.

신용리스크 관리에 있어 익스포져, 부도 및 손실을 측정·추적하는 다양한 방법이 있다. 은행은 1년 동안의 계좌 기준 부도율(one-year account default)에 상응하는 추정치를 산출해야 하는데 금액 기준 예상손실률에 근거하여 부도율을 산출하는 방법은 정확한 계좌 기준 부도율을 산출하는 경우에만 허용된다.

부도율의 기간경과 효과(seasoning effect)의 측면을 살펴보자. 부도율이 계좌의 경과기간 특성인 전형적으로 여신 실행 초기 몇 년 동안에는 부도율이 상승하고, 그 이후에는 하락을 따르는 경우 기간경과 효과는 부도율을 계량화하는 데 어려움을 발생시킨다. 기간경과 효과는 주로 주택담보대출과 같은 장기의 소비자금융상품에서 이슈가 되나, 단기 포트폴리오에서도 중요할 수 있다. 또한, 기간경과 효과는 급속히 성장하는 포트폴리오의 경우나 여신을 기간경과 곡선의 정점 이전에 체계적으로 매각·유동화 하는 은행에 특히 중요하다. 이 경우, 미래 손실을 충당할 수 있는 자본을 산출하기 위해 계량화 과정에서 기간경과 효과를 반영하여야 한다. 계좌의 기간경과 효과가 중대하게 나타나는 경우에는 경과년수(또는 잔존기간)를 세그먼테이션의 기준 또는 부도율(PD) 추정치의 예측변수로 활용함으로써 부도율(PD) 추정치에 기간경과 효과를 반영해야 한다. PD 추정치에 기간경과효과를 반영하는 방법은 다양하다고 하였다. 즉, 신규일로부터 기간(Months On Book)을 경과기간 구간별로 세분화하여 세그먼테이션 과정에 통합하거나 예상 잔존기간 동안의 연율로 환산된 누적 부도율에 기초하여 부도율(PD) 추정치를 산출하는 것이 일반적이다. 기간경과 효과가 중대하게 나타나지 않는 익스포져의 경우에는 경과년수 또는 잔존기간에 관계없이 기간경과 효과를 반영하지 않아도 되며 이 때에는 적용전에 경험적 데이터에 기초하여 감독당국과 충분한 논의가 있어야 한다. 또한, 새로운 고객 및 계좌 정보에 의해 주기적으로 재평가 되는 경우에는 PD 추정치의 주기적인 변화로 기간경과효과가 완화될 수 있다. 예를 들어, 기업 익스포져와 유사하게 접근하는 소매 중소기업 익스포져가 될 수 있다. 일부 소매 익스포져의 경우, 비정상적인 조기상환 또는 다른 형태의 계좌감소가 발생한 기간으로 인해 과거 부도율 추정치가 심각하게 변경될 가능성이 있는데 이 때 부도율(PD) 추정치는 추정 데이터 내의 비정상적인 조기상환 또는 계좌 감소에 의해 왜곡되지 않도록 개발되어야 한다.

3. 부도시 손실률

부도시 손실률(LGD)의 정의나 추정방법 및 기준은 앞 절의 기업의 경우와 동일하다. 다만, 기업 등 익스포져와 달리 소매 익스포져에 대해서는 5년 이상의 관측기간을 의무화하고 있다. 그러나 주거용주택 담보대출에 대한 부도시 손실률(LGD)은 적어도 10% 이상이어야 한다. 이러한 하한은 부도시 손실률(LGD)이 적절하게 추정되었다면, 높은 신용손실 기간 동안에 동 수준 보다 낮은 부도시 손실률(LGD)을 보이지는 않을 것임을 의미한다. 최초 3년의 경과 기간 동안 주거용주택 소매 익스포져에 대한 부도시 손실률(LGD)은 10% 보다 낮게 적용될 수 없으며, 감독당국은 경과기간 동안 동 하한의 계속 적용 여부를 점검할 것이다. 다만, 정부에 의해 전액 보증된 경우에는 하한이 적용되지 않는다. 부도시 손실률(LGD) 추정에 대한 손실을 계산하는데 있어서 예상된 민간 모기지보험의 보험금은 부도난 주택담보대출에 대해서 은행이 입은 손실로부터 차감되어야 한다. 모기지보험, 보증 또는 담보의 커버리지를 포함하여 동질적인 리스크 특성을 지닌 대출들은 하나의 세그먼트로 분류되어야 한다. 그러나 어떤 경우에는 은행이 신용위험경감에 대한 정확한 커버리지를 계산하여 부도시 손실률(LGD)을 산출할 필요가 있는데 커버리지가 유사한 유형별로(또는 LTV구간별로) 하나의 세그먼트로 분류하되 대출 건별로 LGD를 산출할 수 있다. 다만, 대출의 신용위험경감 효과가 발생할 때부터 소멸 시까지 대출건별로 추적할 수 있어야 한다.

4. 부도시 익스포져

부도시 익스포져(EAD)의 정의, 추정방법, 기준은 앞의 기업의 경우와 같다. 다만, 기업 등 익스포져와 달리 소매 익스포져에 대해서는 5년 이상의 관측기간을 의무화하고 있으며 신용카드 비활성계좌의 경우, 활성 가능성에 대한 전이 등을 고려하여 리스크 측정요소들을 적절히 추정해야 한다. 또한, 내부 리스크관리 목적으로 비활성계좌로 분류되면 자동으로 한도 사용이 중지되고 문서화된 재심사에 준한 절차를 통해 재사용하는 경우에는 비활성계좌에 대해서 0% CCF를 적용할 수 있다.

제4절 소매 익스포져 리스크 측정 방법론

1. 측정방법론과 풀의 구성

기업차주의 리스크를 측정하는 경우, 개별 익스포져별로 리스크를 측정한다. 예를 들어, 100개의 기업차주가 있다면 100개 개별차주의 계좌별 상품별 리스크를 산출한다. 그러나 소매 익스포져의 경우, 계좌수가 많고 소액이므로 개별 익스포져 각각의 리스크를 측정하는 것은 시간과 비용이 많이 소요된다. 그러므로 같은 속성을 가진 계좌들을 묶어 리스크를 측정하는 방법을 이용하는데 이를 풀(pool)이라고 한다. 소매 익스포져는 차주의 속성(부도 속성), 상품 및 담보 속성(손실률), 예상손실, 익스포져 등을 감안하여 비슷한 속성을 가진 자산들을 묶어 동일 풀을 구성하고 풀 내부 및 풀간 상관관계를 고려한 일종의 부도와 정상의 구분만으로 신용리스크를 계산하는 방법론을 사용한다.

소매익스포져 풀(pool)의 처리에 대해 알아보자. 신BIS에서는 소매 익스포져에 대해 기업 익스포져에 적용하는 신용등급을 고려하는 방식이 아닌 소액 다차주라는 특성을 반영하도록 하고 있다. 그러므로 비슷한 성격의 카드 상품 또는 계좌로 묶는 풀 을 설정한 후 각 특성 집합을 대상으로 리스크 계량화를 위한 리스크요인을 생성하고 산출된 리스크요인을 활용하여 신용리스크를 산출한다. 리스크요인을 추정함에 있어 내부등급법(IRB approach)을 사용하는 은행은 각 소매 풀에 대하여 부도율(PD)을 추정해야 하는데 부도율은 1년 부도율의 장기 평균치를 사용해야 한다. 고급법을 사용하고자 하는 은행은 부도율뿐만 아니라 각 거래 또는 소매 익스포져 풀 별로 적절한 손실률(LGD)과 장기 부도 가중평균 부도율과 부도시 잔액 익스포져 을 추정해야 한다 감독원장은 풀에 포함되어야 할 최소 익스포져의 수를 정할 수 있으며 추정 시 내부데이터 뿐만 아니라 외부데이터를 이용할 수도 있다. 단, 추정치가 역사적 경험과 실증적 근거에 기반을 둔 장기 경험치를 반영한다는 것을 입증해야 한다.

소매익스포져를 풀로 묶기 위해서는 다음과 같은 사항을 고려해야 한다. 첫째, 소매 익스포져는 특성별로 묶는 각 풀내 포트폴리오들의 리스크 특성이 안정적이어야 하며 변화추이에 대한 정보를 보유하고 있어야 한다. 둘째, 각 풀의 손실특성치가 의미를 가질 수 있는 충분한 거래 계좌수가 풀별로 할당되어야 하며 전체 소매 익스포져가 특정 풀에 집중되지 않도록 해야 한다. 예를 들어, 개의 풀이 있는 경우 각 풀들의 차주수의 차이가 크게 나지 않아야 한다. 한 차주에 너무 많은 차주가 포함되는 경우, 집중화 리스크가 커질 수 있다. 마지막으로 각 풀의 리스크 수준 차이가 유의적이어야 하며 풀 내 차주의 리스크 특성은 동질적이어야 한다. 그러므로 각 풀로 분류하는 경우 각 차주의 속성을 잘 파악하여 풀내에서는 차주간의 상관관계 가 높은 방향으로 풀간 상관관계는 낮은 방향으로 구성해야 한다.

풀을 구성하는 최소기준에 대해 알아보자. 풀을 구성하기 위해서는 차주의 특성을 고려한 부도율 및 손실률의 분류(segmentation) 방법을 고려할 수 있다. 이는 소매 익스포져의 풀을 구성하기 위해 차주의 리스크를 반영한 부도율 분류와 상품유형 및 특성이 반영된 손실률을 분류하여 이를 동시에 고려한 예상손실률의 산출 값을 이용하여 풀을 구성한다. 즉, 부도율과 손실률 그리고 이들의 곱인 예상손실률 부도율 손실률을 동시에 고려한 풀을 고려한다. 첫째, 상품 유형 및 차주리스크에 의한 구분이 있다. 소매 익스포져는 상품유형 및 차주리스크 등에 따라 여러 가지로 세분화될 수 있다. (i) 상품 유형: 신용카드, 분할상환대출, 회전대출, 주택담보대출, 소기업대출, (ii) 차주 리스크별: 차주 리스크별 구분은 CSS(ASS 또는 BSS)의 구축 및 이에 의한 산출 및 등급 부여시스템이 갖춰지는 것을 전제로 한다. (iii) 연체상태별: 누적연체일수별로 정상/연체 30일미만/연체 120일 초과 등, (iv) 대출경과기간별: 대출이 지출된 시기(vintage)에 따라 분류를 하는 방법으로 시간의 경과에 따른 여신승인의 관행의 변화를 모니터링 하거나 주택담보대출과 같은 계절효과 가 있는 여신에 대한이의 효과를 감안할 수 있다는 점에 의의가 있다. (v) 추가 segmentation: 담보여신에 대한 LTV수준, 마케팅 기법(가족카드, 골드 및 프리미엄 카드 등), 차주형태/인구통계(직업, 연령 등), 여신금액, 만기(10년 모기지론/30년 모기지론 등) 등이다.

내부모형인 RiskMetrics사의 LoanPool방법론에서는 풀간의 상관관계를 고려하지만 신BIS 자기자본비율 산출 안 에서는 이를 고려하고 있지 않다. 포트폴리오의 리스크를 측정하는 경우, 포트폴리오 리스크는 개별 자산의 리스크의 합보다 작거나 같다. 즉 풀간 상관관계가 1이면 분산효과가 없어 개별 차주의 리스크의 합이 포트폴리오 리스크와 같다. 풀간 상관관계가 1보다 작아질수록 분산효과가 커져서 각각의 리스크의 합보다 포트폴리오 리스크 값이 작아진다. 그러므로 신BIS에 따른 리스크는 내부모형으로 측정하는 리스크보다 많아지게 된다. 풀간의 상관관계를 구하기 위해서는 부도 발생간의 상관관계를 구해야 한다. 그러나 소매 익스포져의 경우는 부도상관관계를 고려할 리스크 요인을 찾기가 쉽지 않고 시장에서 구할 수 없는 경우가 많다. 그러므로 풀간 부도와 연관성이 가장 높을 것으로 예상되는 연체율과 각 경제지표와의 상관관계 분석 등을 통하여 산출한다. 이를 위해서 각 풀을 대표할 수 있는 적절한 지수를 대응시켜야 하는데 이를 상관관계 유도지수(driving index)라 한다. 대개 이런 유도지수는 자료의 수집이 쉽지 않아 대개 월별 자료를 이용한다. 유도지수를 설정하기 위해서는 각 풀에 대한 일정 일수 이상의 연체율 시계열 자료가 확보되어야 한다.

표 12-9 | 유도지수의 산출 예

	물가지수			경기변동	실업률						대출금리		
	CPI	매매 가격	전세 가격	순환 변동치	전체	15-29세	30-39세	40-49세	50-59세	60세 이상	평균 대출	기업 대출	가계 대출
CPI	1.00												
매매가격	−0.17	1.00											
전세가격	−0.53	0.25	1.00										
순환변동치	−0.50	0.65		1.00									
실업률	−0.01	−0.66	−0.04	−0.13	1.00								
15-29세	−0.07	−0.40	−0.16	−0.02	0.88	1.00							
30-39세	0.04	−0.62	0.02	−0.06	0.93	0.72	1.00						
40-49세	0.09	−0.84	−0.02	−0.31	0.91	0.63	0.90	1.00					
50-59세	0.08	−0.79	−0.07	−0.26	0.95	0.76	0.89	0.94	1.00				
60세 이상	−0.06	−0.32	0.19	0.14	0.85	0.74	0.82	0.72	0.72	1.00			
대출평균	−0.02	−0.89	0.06	−0.34	0.69	0.33	0.73	0.89	0.79	0.46	1.00		
기업대출	0.00	−0.91	0.04	−0.37	0.70	0.35	0.73	0.90	0.80	0.47	1.00	1.00	
가계대출	−0.07	−0.87	−0.01	−0.29	0.67	0.32	0.71	0.86	0.76	0.41	0.98	0.97	1.00

2 내부모형을 이용한 측정

내부 방법론인 RiskMetrics사의 LoanPool방법론을 이용한 신용리스크 측정 방법을 소개한다. 신용리스크를 측정하기 위해서는 예상치 못한 손실과 예상손실 정의가 필요하다. 예상손실은 익스포져(credit exposure)×손실률(LGD)×부도율(PD)로 계산되며 예상치 못한 손실은 함수 f(익스포져, 부도율, 손실률, 부도상관계수)로 산출된다. 즉, 예상치 못한 손실은 익스포져, 부도율, 손실률, 그리고 부도 상관관계의 함수이다. 손실함수는 가정에 따라 다르게 정의될 수 있다. 신용리스크를 측정하기 위해서는 신용 익스포져, 부도율, 손실률, 동시부도 상관계수의 추정치가 있어야 한다. 소매의 경우, 개별 차주의 추정치는 필요 없고 풀에 대한 추정치만 있으면 된다. 예상치 못한 손실인 신용리스크를 측정하기 위해서는 리스크 요인의 추정치를 이용하여 손실 또는 가치 함수를 추정해야 한다. 예상손실의 리스크 요인 은 차주의 부도율이며 개별차주의 부도발생에 의한 손실금액을 의미한다. 예상손실은 업무 수행상 피할 수 없는 영업비로 인식하여 대손충당금 설정 및 대출가격(loan pricing)에 반영한다. 예상치 못한 손실의 리스크요인은 부도율의 변동성(표준편차)이며 부도율의 변동성은 차주들 사이의 동시 부도 상관계수에 의해 영향을 받는다. 예상치 못한 손실은 최종적인 리스크완충수단인 자본으로 관리한다.

리스크 측정을 위한 풀 구성 방법을 보면 다음과 같다. 우선 등급정보를 이용하여 차주를 부도율 기준으로 분류(segmentation)하고 주거용부동산담보, 적격회전대출 및 기타로 상위 구분을 구성한 후, 신용 담보 등에 의한 손실률 경감효과를 반영한 최종 손실률을 산출하여 손실률 수준별로 차주를 분류한다. 이렇게 분류된 차주의 부도율 분류와 손실률 분류를 이용하여 최종 적용 풀 구성하기 위해 부도율과 손실률 및 익스포져 수준을 동시에 감안하여 예상손실을 산출하여 예상손실이 동일한 차주들로 묶어(pooling) 최종 적용 풀을 구성한다.

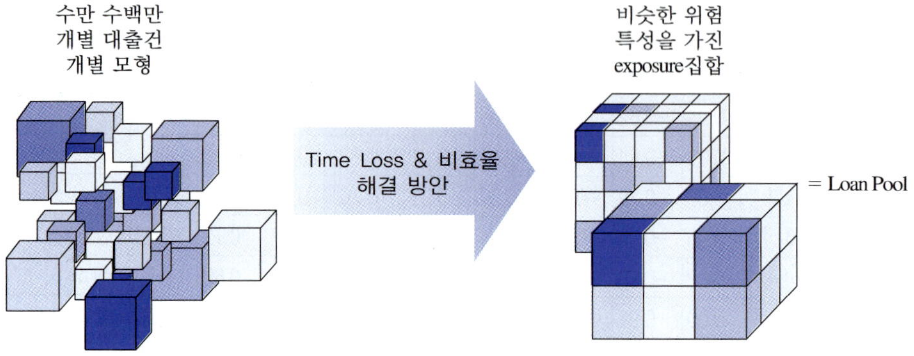

그림 12-2 ▎Loan Pool의 구성

다음 단계에서 리스크요인을 산출한다. 부도율(PD)은 부도율 segment 및 풀별로 역사적 자료에 의해 산출한다. 손실률(LGD)은 신용손실률에 담보조정효과를 반영하여 손실률 분류 및 풀별로 역사적 자료에 의해 산출한다. 익스포져(EAD)는 부도시 잔액개념으로 자체 추가 사용률을 산출하여 한도성 여신 및 신용카드의 현금서비스 한도부분에 적용하여 산출한다. 일반적으로 풀내 또는 풀간의 상관계수가 필요하다. 풀간 상관계수는 각 풀의 연체율과 음(-)의 상관이 높은 유도지수(driving index)를 선정하여 각 지수간 상관관계로 반영할 수 있다.

마지막 단계에서 신용리스크(credit VaR)를 계산한다. LoanPool방법론은 소액 다수의 소매 여신에 적용되는데 다음과 같이 가정한다. 첫째, 같은 풀 안에 있는 익스포져는 동일한 속성을 가지고 있다. 둘째, 개별 익스포져의 크기 부도율 회수율 등 특성은 전부 같다. 셋째, 풀내의 개별 익스포져들간 상관관계가 존재하며 풀간 상관관계도 있다고 가정한다. 신용리스크는 1년 후의 평균포트폴리오의 가치(Mean Horizon Value)에서 최악의 상황에서(99% 신뢰수준에서는 최악의 1% 시장 상황) 의 가치를 차감한 값으로 정의되므로 경제적 자본을 산출하는 내부모형인 방법론에서는 다음과 같이 정의한다.[26)]

26) 신BIS에서의 Pool과 내부모형인 RiskMetrics사의 방법론인 LoanPool의 의미는 같다. RiskMetrics사는 신BIS의 소매익스포져 리스크 측정 방법론을 이용하여 리스크를 측정하는 방법론을 개발하였다.

신용리스크(credit VaR) = 포트폴리오 평균가치 − 최악의 상황에서의 가치

포트폴리오 평균가치 = EAD × (1 − PD) + EAD × (1 − LGD) × PD

LoanPool방법론에 의한 신용리스크 측정 절차는 다음과 같이 요약할 수 있다.

- 1단계: 각 풀의 기본 입력값 산출
- 2단계: 유도지수(driving index)로 부터 각 풀간 상관계수 산출
- 3단계: 각 풀의 상관관계가 반영된 시나리오 생성
- 4단계: 각 시나리오별 풀의 가치 계산
- 5단계: 3~4단계를 계속적으로(예, 10,000회) 반복 실행하여 포트폴리오 가치분포 및 신용리스크를 산출

각 풀의 입력 값은 총 회수율, 부도율, 부도시 잔액 등의 추정치이다. 각 풀별 부도 시나리오에 따라 자산가치를 시뮬레이션(Monte Carlo Simulation)하면 포트폴리오 자산가치에 대한 분포를 생성할 수 있는데 각 시나리오를 통해 계산된 자산가치를 순서화하면 특정 퍼센타일 값(신뢰도 99% 적용시 1%값)을 구할 수 있다. 이렇게 산출된 포트폴리오 자산가치를 포트폴리오 평균가치에서 빼 주면 이 신용리스크(credit VaR)를 계산할 수 있다. 풀간 상관관계 반영은 자산가치 분포를 생성하기 위한 시뮬레이션 실행시 촐레스키분해(Cholesky decomposition)를 통해 나머지 풀과의 상관관계효과가 반영되도록 하면 된다. 이 과정은 앞의 에서 신용리스크를 계산하는 방법과 동일한 것이다. 그림 12-3은 이렇게 산출된 포트폴리오의 가치분포를 보여주고 있다.

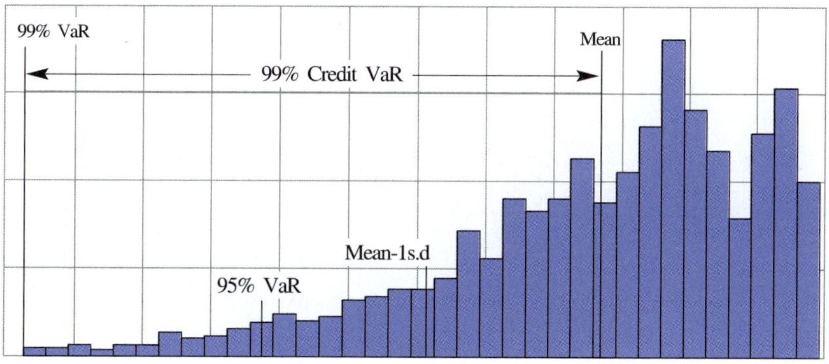

그림 12-3 | 포트폴리오의 가치분포

제13장 신용카드산업의 신용정보 활용

제1절 신용카드산업의 신용리스크 관리

첫째, 신용카드는 회원이 사용할 수 있는 한도를 공여 받아 카드거래를 계속적으로 하여 발생시키는 리스크라는 특성이 있다. 따라서 신용카드는 신용공여를 결정할 때, 고객의 신용평가를 하지만 차후에 이 고객이 채무를 이행할 것인지 연체를 할 것인지 정확히 예측하기는 어렵다. 신용평가는 신용리스크 관리에 기본이 되는 중요한 용인이지만 경기변동이나 여타의 사항으로 인하여 변동을 예측하기 어렵다. 이러한 리스크에 따라 카드상품은 다른 금융상품보다는 상대적으로 이자율이 높은 게 보통이다. 또한 카드신용은 본질적으로 소액거래 중심의 무담보 대출거래이므로 채권추심이 용이하지 않은 특성도 있다. 다수의 고객을 상대로 하는 소액 중심의 거래이다. 이들 대출이 연체가 대거나 부실이 되는 경우 재판비용, 변호사비용 등 모든 회수비용을 부담하면서까지 채권을 추심하기에는 현실적으로 제약이 많다. 소액회수를 위하여 추심비용이 더 커지거나 실리를 얻기 어려운 경우가 생길 수 있기 때문이다. 카드신용은 다른 담보대출보다는 채무불이행에 대한 회수리스크가 더 높다. 카드신용의 금리가 상대적으로 높아지게 되는 원인 중의 하나이다.

둘째, 신용카드 산업은 한도를 중심으로 리스크를 관리하여야 하는 특성이 있다. 1990년 중반 이후, 미국시장에서 신용카드 시장을 중심으로 하여 가계의 신용한도에 대해 연구들이 진행되고 있다. 최근까지 주로 신용카드 시장의 높은 이자율과 이자율 하방경직성에 초점이 맞추어져 시장분석이 이루어져 왔다. 카드고객이 부여받은 절대한도를 기준으로 분석하였는데 한도의 증가가 즉시 부채의 증가로 이어지며, 잔액이 신용한도 근처에 있는 고객뿐만 아니라 한도보다 훨씬 작은 부채를 가지고 있는 고객들도 한도 증가에 반응하는 것이 실증적으로 증명되었다. 따라서 신용카드 한도는 저축과 마찬가지로 소득의 변동에 대한 일종의 버퍼(stock buffer) 역할을 하게 된다. 또한 카드고객들이 예비적 동기(precautionary motive)로 신용한도를 늘릴 수도 있다. 따라서 신용한도는 부도에 대한 버퍼의 기능을 수행할 수 있다. 한편, 카드고객들은 주어진 한도 내에서 주어진 이자율로 자금을 인출할 수 있다. 카드고객들의 위험속성은 변하게 되는데, 이자율이나 한도는 위험속성을 실시간으로 반영하지 못한다. 따라서 합리적인 고객이라면 위험속성이 높아진 경우, 주어진 한도 내에서 기존의 이자율로 자금을 인출하려고 한다. 즉, 한도는 부도에 대한 버퍼의 기능도 하지만 카드고객은 파산이 예상되는 경우, 주어진 극단적으로 잔여한도의 자금을 다 인출하고 파산하는 도덕적해이(moral hazard)의 문제점을 낳게 된다. 따라서 기업의 입장에서는 손실을 고스란히 감수해야 하고 많은 고객들이 도덕적해이를 보이면 사회적 문제로 연결된다.

셋째, 신용카드 시장의 특성으로 신용한도에 대한 불완전성과 비대칭성이 존재할 수 있다. 신용카드 시장에서 신용카드사는 잠재적 고객들이 한도를 얼마만큼 사용할 것인가에 대해 알지 못한 상태로 신용한도를 부여한다. 따라서 이러한 불확실성이 시장의 불완전성을 가져오며, 사후적으로 한도의 부적절한 배분을 만들 수 있다. 또한 실증적으로, 추가적인 신용한도를 얻는데 실패한 고객이 추가적인 신용한도를 얻은 고객에 비해 상환율이 높은 것으로 나타난다. 또한, 신용카드 시장의 정보비대칭으로 인하여 실제차입과 차입한도 간에 차이가 존재하며, 사후적으로 이러한 정보의 비대칭이 한도의 부적절한 배분을 만들 수 있다. 미국자료의 실증분석 결과, 개인의 신용도를 나타내는 변수들이 신용카드 한도와 양(+)의 상관관계를 보이며, 신용대출의 이용은 고객의 부(wealth) 및 이자율과 음(−)의 상관관계를 보인다. 그리고 정보비대칭으로 인하여 신용카드발급을 거절당한 사용자가 높은 한도와 소진율을 보유한 사용자보다 낮은 위험속성을 보인다.

이러한 특성을 방지하기 위해 신용카드사의 이사회는 신용리스크 관리를 위한 전략과 중요정책을 승인하고 이를 최소한 매년 1회 정기적으로 검토해야 할 책임을 수행해야 한다. 이러한 신용리스크 관리전략에는 신용카드사가 감내하고자 하는 리스크 허용수준(tolerance for risk)과 동 허용수준 이내에서 얻고자 하는 수익성의 수준(level of profitability)을 포함하여야 한다. 경영진은 이사회가 승인한 신용리스크 관리전략을 실행에 옮기고, 신용리스크를 인식, 측정, 모니터링 및 통제하는 정책 및 절차를 마련하여 운영할 책임이 있으며 이러한 정책 및 절차에는 개별여신뿐만 아니라 여신포트폴리오 차원에서 모든 영업활동분야에서 발생하는 신용리스크를 포함하여야 한다. 신용카드사는 영업활동에서 발생하는 신용리스크를 인식하고 관리해야 하며 새로운 상품을 개발하거나 영업활동을 영위하는 경우 이를 이사회 또는 관계 소위원회에 상정하여 승인을 받기 전에 반드시 동 상품이나 영업활동에서 발생하는 리스크를 관리할 적절한 절차와 관리수단을 마련하여야 한다. 또한, 신용리스크 관리는 개인고객 차원의 신용관리뿐만 아니라 전체 포트폴리오 측면의 신용관리도 고려하여야 한다. 이사회와 경영진은 포트폴리오의 리스크 구조와 자사의 신용관리 문화를 이해하고, 포트폴리오에 내재해 있는 상품특성, 신용리스크 집중도, 평균 신용평가 등급 등 다양한 속성들을 충분히 파악하여야 하며, 이러한 이해를 바탕으로 영업방침과 리스크 관리 방안을 수립하여야 한다.

1. 신규회원 관리

신용카드시장에서 신규회원의 유치는 사업의 성패를 좌우하게 되는 중요한 요소이다. 그만큼 경쟁이 치열하다. 이러한 경쟁시장에서서는 자연 마케팅비용이 늘어나고 신용이 낮은 회원을 유치할 가능성도 커진다. 그러므로 신규회원을 유치를 위하여 신용관리기준을 정하고 신용한도를 정하는 동시에 카드발급 후에 마케팅프로그램의 성과를 평가함으로써 신규회원 유치에 따른 리스크를 관리하여야 한다.

또한, 신용카드사는 신용카드회원의 자격 및 지급결제능력을 적절히 평가할 수 있는 신용카드발급 및 한도심사기준을 마련하되 동 기준은 제3자의 평가가 가능하도록 구체적이어야 하며 그 내용은 문서화되어야 한다. 신용카드 발급기준 및 한도운용기준에는 관련 리스크요소가 모두 고려되어야 하며 그 결과 회원의 리스크를 의미있게 식별할 수 있어야 한다.

(1) 신용관리 기준

신용관리기준은 제외기준과 신용기준으로 나누어 운용한다. 전자는 일정 이상 연체이력이 있는 신청자와 같은 발급심사에서 탈락이 확실한 그룹에 대하여 미리 신용평가 대상에서 누락시키는 기준이다. 신용기준은 제외기준을 통과한 신청자들을 신용평가시스템과 CB평점에 의해 세분화 그룹으로 분류한다.[27] 세분화 그룹은 CB평점과 신청평점에 의하여 다시 세분화하여, 세부 그룹별 내의 각각의 평점구간별로 수익성을 평가한다.

표 13-1 ▌CB 평점에 따른 세분화 예시

	신청건수				승인건수				승인율			
CB 등급	201104	201105	201106	전월 대비	201104	201105	201106	전월 대비	201104	201105	201106	전월 대비
미산출	990	927	1,306	40.9%	355	290	441	52.1%	35.9%	31.3%	33.8%	2.5%p
1	9,240	8,412	9,172	9.0%	8,759	7,902	8,506	7.6%	94.8%	93.9%	92.7%	-1.2%p
2	9,175	8,351	9,902	18.6%	8,369	7,532	8,853	17.5%	91.2%	90.2%	89.4%	-0.8%p
3	14,034	13,508	16,346	21.0%	11,050	10,293	12,743	23.8%	78.7%	76.2%	78.0%	1.8%p
4	11,858	11,982	14,482	20.9%	7,649	7,628	9,793	28.4%	64.5%	63.7%	67.6%	4.0%p
5	10,305	10,076,8,313	12,151	20.6%	5,532	5,301	6,609	24.7%	53.7%	52.6%	54.4%	1.8%p
6	8,031	4,885	9,721	16.9%	2,919	2,608	3,241	24.3%	36.3%	31.4%	33.3%	2.0%p
7	4,832	2,562	5,649	15.6%	802	648	783	20.8%	16.6%	13.3%	13.9%	0.8%p
8	2,663	2,776	3,400	32.7%	10	5	9	80.0%	0.4%	0.2%	0.3%	0.1%p
9	2,662	2,375	3,467	24.9%	–	8	4	-50.0%	0.0%	0.3%	0.1%	-0.2%p
10	2,160	74,167	3,010	26.7%	–	1	1	0.0%	0.0%	0.0%	0.0%	0.0%p
전체	15,950			19.5%	45,445	42,216	50,983	20.8%	59.8%	56.9%	57.5%	0.6%p

27) 개인신용평가회사가 개인의 신용을 평가하여 점수화한 것을 말한다. CB가 처음 등장한 곳은 1860년 미국 뉴욕이다. 당시 미국은 남북전쟁 직후 도시화 진행으로 인구이동이 활발했다. 금융수요도 급증하였는데 금융회사들은 개인정보를 알 수 없어 주로 안전한 담보대출만 했다. 담보가 제공되지 않으면 대출이 어려워지자 자연스럽게 대출부실 가능성을 진단하는 CB가 출현했다. 초기에는 4000여 개 소규모 CB가 난립되었으나 1960년도 인수 합병 등을 통하여 전국 네트워크를 갖춘 Experian, Equifax, TransUnion, Innovis 등 4대 CB사로 재편되었다. 이들은 미국 신용정보시장의 약 90% 이상을 점유하고 있다. 국내 개인CB는 한국신용정보(NICE), 한국신용평가정보(KIS), 한국개인신용(KCB) 등이 있다.

(2) 신용한도 결정

회원이 정당하게 인정하고 수용하도록 초기한도를 부여한다. 이 한도는 고객의 기여도를 높이고 이용도를 제고하게 한다. 신용한도는 경쟁회사의 상품보다 경쟁력이 있어야 하며 회원이 수혜를 인식할 수 있도록 의사소통에도 의미를 가진다. 특히 신용한도는 회원의 잠재력과 리스크가 정확히 반영되어야 한다. 예를 들어, 개인회원 연체현황(1개월이상, 미청구액 포함)이라면 신청시기별 연체율·연체액 월별추이, 세분류별 연체율 월별추이(신청경로별, 승인방법별, 직업구분별, 직업Class등급별, 최초 정책 사유별, CB 등급별 등), 신청경로별, 승인방법별, 직업Class등급별 등 신규월별 M + 3 연체율 추이, 신청경로별, 승인방법별, 직업Class등급별 등 신규월별 M + 6 연체율 추이가 있을 수 있다.

표 13-2 ▎평균한도 예시

(단위: 백만원)

구 분	201101	201102	201103	201104	201105	201106	전월대비
신규 건수	186	258	374	581	307	514	67.4%
신규 한도	2,184	4,298	10,618	10,926	5,966	6,468	8.4%
평균 한도	12	17	28	19	19	13	−35.2%

(3) 빈티지 분석(vintage analysis)

신규회원 유치 후에 그 결과를 분석하여 신규회원의 특성과 결과를 파악하는데 그 기법 중의 하나가 숙성도 분석이다. 가입경과 월별 혹은 가입경로 별로 포트폴리오의 다양한 세분그룹의 실적을 효과적으로 비교, 분석하며 예측한 성과에 대비하여 실제성과를 비교하여 이들 간에 현격한 차이가 발생하면 그 원인을 파악하고 문제에 대하여 개선방안을 모색한다. 빈티지 분석은 빈티지 보고서를 기초하는데 이에는 연체, 신용손실, 카드사용의 활성화, 한도소진 등의 제반 정보가 포함되어 있다.

표 13-3 ▎빈티지 분석 예시

신규후 MM	201006	201007	201008	201009	201010	201011	201012	201101	201102	201103	201104	201105	전월 대비
M1	0.0%	0.0%	0.0%	0.0%	0.0%	0.0%	0.0%	0.0%	0.0%	0.0%	0.0%	0.0%	0.0%p
M2	0.4%	0.3%	0.2%	0.4%	0.2%	0.4%	0.2%	0.2%	0.1%	0.1%	0.1%		0.0%p
M3	1.0%	1.1%	0.9%	1.1%	0.9%	0.7%	0.5%	0.4%	0.3%	0.2%			−0.1%p
M4	0.9%	1.4%	1.2%	1.2%	0.9%	0.8%	0.6%	0.6%	0.3%				−0.2%p
M5	1.2%	1.7%	1.5%	1.4%	1.1%	1.1%	0.7%	0.7%					−0.1%p
M6	1.5%	1.9%	1.7%	1.5%	1.2%	1.4%	0.8%						−0.6%p
M7	1.6%	1.9%	1.8%	1.7%	1.5%	1.4%							−0.1%p
M8	1.6%	1.8%	1.7%	1.9%	1.6%								−0.3%p

2. 기존회원 관리

회원의 재정상태와 욕구는 끊임없이 변화한다. 이러한 변화를 얼마나 신속하게 대응하는가는 매우 중요한 일이며 이것이 바로 리스크 관리의 역할이다. 회원의 리스크 관리를 통해 고객에게 가치를 부여하고 영업기회를 늘리고 신용리스크와 부정사고 등 손실을 통제하게 된다. 구체적으로 한도의 조정, 재발급기준의 설정, 신용공여기간 결정, 초과한도 승인기준 및 수수료 및 이자율 등의 재조정 등이 주요 내용이다.

신용카드사는 신용카드 발급 시 회원별로 등급을 부여하여야 하며 동 등급의 적정성에 대해서는 수시(최소 매년)로 검토되어 재부여하여야 한다. 또한 신용카드사는 회원의 신용상태에 관한 적절한 정보(소득, 부채, 연체 등)를 입수하고 갱신하는 효과적인 절차를 갖추어야 한다.

이사회와 경영진은 신용카드발급 및 한도운용기준과 관련된 중요사항을 승인하고 동 시스템이 지속적으로 적정하게 운용될 수 있는 통제절차를 수립하여야 한다. 또한 신용카드사는 신용카드발급심사기준과 한도운용기준 등의 적정성 점검(validation)기준을 마련하고 독립적인 부서에서 정기적으로 점검하여야 한다.

표 13-4 | 연체기간별 잔액비율 예시 (단위: 백만원)

연체기간	201012	201101	201102	201103	201104	201105	201106
무연체	1,117,968	1,050,827	949,816	1,037,041	1,023,369	1,017,470	1,011,769
1개월 미만	125,136	113,929	134,269	75,828	74,173	81,407	75,067
2개월 미만	29,575	34,198	25,265	18,477	14,081	14,962	14,052
3개월 미만	14,123	17,008	19,228	14,619	10,265	8,349	8,444
4개월 미만	12,933	11,941	14,219	17,012	12,042	8,652	7,049
5개월 미만	12,880	12,473	11,357	13,721	16,365	11,397	8,248
6개월 미만	14,841	12,518	12,070	11,092	13,335	16,051	11,219
6개월 이상	11,881	21,898	30,513	12,031	20,399	30,936	16,047
총 잔액	1,339,337	1,274,793	1,196,736	1,199,822	1,184,029	1,189,224	1,151,897
1개월 이상 ~6개월 미만(①)	84,352	88,139	82,136	74,922	66,088	59,411	49,013
①÷0~6개월 미만 잔액 비율	6.4%	7.0%	7.0%	6.3%	5.7%	5.1%	4.3%

3. 회원(계좌)관리(account management) 및 한도조정

신용카드회원이 제휴카드 등을 포함하여 신용카드를 추가 발급받는 경우와 카드론 등 추가적인 여신이 제공되는 경우, 카드회원의 채무상환능력을 초과하지 않도록 하여야 한다. 타 금융회사 여신을 포함하여 채무상환능력을 초과한 여신을 보유한 신용카드회원에 대한 식별, 리스크 측정, 관리, 통제절차를 갖추어야 한다. 또한 신용카드사는 기존회원에 대한 카드 갱신발급, 기존 여신의 갱신, 연장 및 조건변경을 승인하는데 필요한 업무처리절차를 명확하게 마련하여 문서화하여야 한다.

회원(계좌)관리의 세부방법은 다음과 같다.

(1) 거래승인

- 거래승인은 카드사가 허용하는 리스크수준을 반영한 정책과 절차에 의해 수행되어야 하며, 담당자는 거래승인 정책과 절차 준수에 관한 모니터링 체계가 마련되어 있는지 여부를 확인하여야 한다.
- 주요 관리 보고서에는 한도초과 계좌수와 규모, 한도초과 수준이 심각한 계좌, 거래승인의 정책적 예외 등을 세부적으로 포함하여야 한다.
- 평가자는 거래승인 절차 변경이 적절한 분석을 바탕으로 이루어졌는지를 확인하여야 하고, 변경사항과 관련된 요인에 관한 정확한 분석과 추적(tracking)이 이루어지고 있는지를 판단하여야 한다.

(2) 한도변경

- 신용카드사의 한도부여는 리스크와 수익(risk - return)의 균형을 이루는 의사결정으로 결제이력을 포함한 총체적 신용정보에 따라 이루어져야 한다.
- 한도변경은 모델적용을 통하여 자동적으로 변경될 수 있고 고객의 요청에 의하여 이루어질 수도 있다.
- 고객요청에 의한 한도변경시에는 승인기준, 승인절차, 고객신분 검증단계, 책임소재를 규명하는 정책과 절차를 수립하여야 하고, 한도변경의 권한 및 필요문서에 대한 지침이 마련되어야 하며, 한도승인 예외인정의 프로세스와 동 예외건의 영향에 대한 보고체계를 갖추어야 한다.

(3) 재발급 및 갱신

- 카드사는 신용평점이나 계좌유지연수, 한도소진율, 평균 잔액, 연체여부, 결제 이력, 계

좌수익성을 고려한 가이드라인에 따라 갱신여부를 결정하고, 갱신결정시 한도유지 및 증감여부에 관한 의사결정을 하여야 한다.

4. 신용카드산업에서의 대손충당금의 적립을 위한 신용리스크 측정

(1) 대손충당금 적립의 일반원칙

대손충당금은 현재 추정되고 산출가능한(probable and estimable) 손실을 충당하기 위한 것으로서, 포트폴리오에 내재(inherent)하고 있으나 아직 확정되지 않은(unconfirmed) 손실에 대비하기 위한 것이다.

신용카드사는 포트폴리오 분석에 기초하여 내재된 잠재손실분을 합리적으로 측정하여 이를 근거로 대손충당금을 적립하여야 하며, 대손충당금은 자산의 손실리스크(현재 이용가능한 모든 정보에 기반하여 추정가능한 손실)을 충당할 수 있는 수준이어야 한다. 이를 위하여 신용카드사는 통계적인 방법에 의하여 예상손실을 측정할 수 있는 모형을 개발 및 보완하여야 하며, 동 모형은 신용카드사 전체 리스크 관리 시스템과 일관성을 유지하고 카드자산의 리스크특성을 적절히 반영할 수 있도록 구성되어야 한다. 신용카드사는 경영실적 및 재무비율 등 특정 목적에 유리한 결과를 도출하기 위하여 손실률을 선택하여 적용할 수 없으며, 특정 고객군 또는 특정기간의 손실률을 우선적용 함으로써 대손충당금을 과대 또는 과소적립 하면 안된다.

5. 금융당국의 대손충당금 적립기준(2011년 3월 30일 기준)

금융당국의 대손충당금 적립 기준은 규제적 성격을 가지고 있다. 이후 살펴볼 적정 대손충당금은 경제적자본인데 비해 금융당국의 대손충당금 적립기준은 규제자본에 가깝다.

2011년 3월 30일자 기준으로 다음과 같은 내용으로 대손충당금 적립기준이 변화하였다. 금융당국이 밝힌 현행 대손충당금 최소 적립기준의 문제점은 다음과 같다.

롯데·삼성·신한·하나SK 등 5개 전업사 기준으로 일시불 및 할부 등 신용판매자산 비중은 2009년(비중 55%)까지 지속적인 확대 추세를 보여왔으나, 2010년 중 비중이 52.1%로 하락한 양상을 보였다. 반면 현금서비스 및 카드론 등의 카드대출(금융자산)은 2009년 32.9%까지 축소 양상을 보이다가 지난해 중 34.8%로 확대되었다. 지난 몇 년간 지속됐던 신용판매 비중 확대와 카드대출 비중 축소 추세가 지난해 중 최초로 반전된 것은 세부 카드상품별로 성장세가 다르게 나타났기 때문이다. 리볼빙자산을 조정한 기준으로 지난해 중 일시불(13.9%), 현금서비스(9.1%), 리볼빙(15.2%) 증가율은 전체 카드자산 증가율인 21.2% 수준에 미달하는 반면 카드론(44.5%)과 할부(21.3%)자산은 전체 카드자산의 성장을 이끌었기 때문이다.

신용판매자산과 카드대출자산간 연체율 및 예상손실률 차이가 있음에도 그동안 동일한 대손충당금 적립률을 적용하고 있다. 2010년말 현재, 신용판매의 일시불 0.70%과 신용판매의 할부 1.07%을 적용하고 있으며 카드대출은 2.20%의 대손충당금 적립을 요구하고 있다. 정상(1개월 미만 연체) 1.5%, 요주의(1개월~3개월 연체) 15%, 고정(3개월 이상 연체이나 회수가능) 20%, 회수의문(3개월~6개월 연체) 60%, 추정손실 100%이다.

그러나 카드사간 대출경쟁 심화, 대출금리 인하 등의 영향으로 2010년말 카드대출 잔액(27.9조원)은 전년말 대비 19%증가하여 전금융권 가계대출 잔액 증가율 6.3%를 크게 초과하고 있다. 즉, 2010년 전금융권 가계대출(잔액) 비중 중 카드대출(잔액)의 비중 3.7%(27.9/746조원)로 전년대비 19%증가하였다. 특히 2010년 중, 카드론 (23.9조원)이 전년대비 42.3% 급증(현금서비스는 81.3조원으로 0.2% 감소)하고, 카드대출 중 하위등급(CB사, 7~10등급) 회원에 대한 비중(잔액기준)이 소폭 상승하였다. 즉, 카드론이 26.1%→26.9% 현금서비스가 34.9%→ 38.0%으로 증가하였다. 따라서 카드자산별 예상손실률 분석을 통해 대손충당금 적립기준을 합리적으로 조정하여 카드자산에 대한 위험관리를 강화할 필요가 있다고 금융당국은 보고 있다.

금융당국의 개선 방안은 다음과 같다. 신용판매자산과 카드대출자산(카드론·현금서비스·리볼빙)에 대한 예상손실률 분석을 통해 카드자산별 대손충당금 최소적립율을 합리적으로 조정한다. 예상손실률 분석결과, 평균적으로 신용판매 자산은 1.4%, 카드대출 자산은 3.4%로 카드대출의 손실률이 높게 나타나고 있다. 특히 연체 1개월 미만인 정상자산은 예상손실률이 매우 낮았으나 2개월 이상 연체자산이 3개월 연체로 전이될 확률은 신용판매, 카드대출 모두 60~70%로 급증하는 등 요주의 자산의 예상손실률이 급격히 상승하는 것으로 나타난다. 이는 카드자산이 신용거래인 만큼 연체 2~3개월 내에 회수가 되지 않는 경우, 대손으로 연결될 가능성이 높기 때문으로 추정되고 있다. 따라서 예상 손실률 분석 결과에 따라 신용판매자산 중 정상자산을 제외한 나머지 자산과 카드대출자산의 대손충당금 적립율을 대폭 상향조정하려는 안을 내놓았다.

표 13-5 ▌자산건전성 분류별 대손충당금 적립률 조정방안 (단위: %)

구분	연체월수	현 행		개 정 (안)	
		신판	카드대출	신판	카드대출
정상	1개월미만	1.5		1.1	2.5
요주의	1~3개월미만	15		40	50
고정	3개월이상 (회수가능)	20		60	65
회수의문	3~6개월미만	60		75	75

이에 대한 금융당국의 기대사항은 다음과 같다. 5개 전업사(BC카드 제외)를 대상으로 분석한 결과, 대손충당금 추가적립 필요액은 약 2,117억원(2010년 세전순이익의 7.8%) 수준으로 예상하고 있다. 왜냐하면 변경 후 요적립액(28,013억원)-실제 적립액(25,976억원)=2,117억원이다. 특히 카드대출에 대한 대손충당금 적립부담이 증가함에 따라 과도한 카드대출 확대 경쟁의 억제될 것으로 기대하고 있다. 따라서 금융당국의 대손충당금 상향조정은 여신전문금융업 감독규정 개정사항으로 4월 중 규정변경예고 및 의견수렴, 규개위 심의 등을 거쳐 5월까지 개정작업을 마무리하여 6월부터 적용할 예정으로 알려져 있다.

그러나 카드사들은 이미 상당한 충당금을 쌓고 있어 이번 조치로 큰 변화는 없을 것으로 보고 있다. 2010년말 기준으로, 대손충당금 적립률은 신한카드 6.47%를 비롯해 현대카드 5.02%, 삼성카드 6.33%, 롯데카드 7.04%, 하나SK카드 5.58% 등으로 이미 기준을 크게 웃돌고 있어 큰 변화는 없을 것으로 보고 있다.

또한 여기에는 다음과 같은 의미가 숨겨져 있다. 금융당국이 카드사들에게 요구하는 것이 엄밀히 말하면 대손충당금을 지금보다 더 쌓아 이익 규모를 줄이라는 게 아니라 이익을 배당하지 말고 일정부분을 남겨두라는 의미이기 때문이다. 실제로 카드사들은 금융당국이 제시한 대손충당금 적립률과 무관하게 올해부터 IFRS 기준에 따라 대손충당금을 적립하게 된다. 다만, IFRS 기준에 따른 대손충당금이 금융당국이 이번에 상향조정한 적립액보다 더 적을 경우는 그 차액만큼 별도의 대손준비금을 쌓아야 한다. 즉, IFRS 규정이 예상손실 대신 연체 등 객관적인 손실 사유가 발생한 부분만 대손충당금을 쌓는 것이어서 올해부터 카드사들이 IFRS 규정을 도입할 경우 종전 회계기준에 비해 대손충당금을 덜 쌓게 된다. 따라서 나타날 수 있는 적립금 감소를 막기 위해 감독규정의 최소적립률을 높였고 충당금 적립률이 그 최소적립률에 못미칠 경우는 대손준비금을 더 쌓아서 맞추도록 했다고 볼 수 있다.

그러나 대손준비금은 이익잉여금 계정에 포함되는 항목이어서 순이익 규모에는 영향을 주지 않는다. 카드사들의 순이익은 종전과 마찬가지로 영업수익에서 각종비용과 IFRS 기준에 따른 대손충당금을 제외한 나머지가 순이익이 되므로 감독규정 강화에 따른 카드사들의 순이익 변화는 없다. 예를 들어, 2010년 5개 전업카드사들의 대손충당금 적립액은 2조 5,976억원이지만 새로 발표된 감독규정에 따른 대손충당금 적립률을 반영하면 카드사들이 쌓아야 하는 적립금은 2조 8,013억원이 된다. 카드사들은 두 금액의 차이인 2,117억원만큼 대손준비금을 더 쌓아야 한다. 2,117억원은 비용항목으로 차감하는 것이 아니라 이익잉여금의 일부로 편입된다. 순이익이긴 하지만 배당하지 않고 미래를 대비해 쌓아놓아야 하는 자본이라는 개념이다. 표면상 이익 규모에는 변화가 없지만 카드사들 입장에서는 그만큼 굴리지 못하고 쌓아 놓아야 하는 무수익 자본이 늘어나는 것이므로 전체적인 자기자본이익률(ROE)은 낮아진다. 카드사가 자금이 필요할 경우에도 이 대손준비금을 헐어 쓰지 못하고 외부에서 자금을 차입해야 한다. 그만큼 조달비용이 높아지는 셈이어서 카드사들의 수익성에는 영향을 준다. 따라서 강화한 적립금 기준은 종전에 카드사들이 쌓고 있던 IFRS 기준의 대손충당금보다 더 높은 수준이므로 대부분의 카드사들은 지금보다 대손준비금을 더 쌓아야 할 것으로 보인다. 또한 현재처럼 카드사들의 이익잉여금이 많을 경우는 큰 영향이 없지만 자금이 모자랄 경우는 대손준비금을 쌓은 만큼 다른 곳에서 자금을 조달해야 하므로 조달비용이 늘어날 수 있다.

6. 적정 대손충당금의 측정방법

대손충당금 적립의 기초자료를 작성하기 위하여 원칙적으로 과거 일정기간에 대한 경험손실률을 산출하고 이를 기반으로 여타 영향요인을 반영하여 예상손실금액을 추정한다.

예상손실금액(EL, Expected Loss) = 부도율(PD, Probability of Default) × 부도시 손실률(LGD, Loss Given Default) × 부도시 익스포져(EAD, Exposure At Default)

예상손실금액 추정에 있어 신용카드사는 다음 사항에 유의하여야 한다.

- 기술적으로 산출된 경험손실률에 자산건전성 추이와 회사 리스크정책과 마케팅 방침, 경기 동향 등을 고려
- 미사용한도의 추가사용 가능성 및 이용한도의 변경 등 향후 부도시점에서 예상되는 익스포져 증감을 반영
- 또한 자산종류별 연체구간별 경험손실률 산출에 있어 대환대출 또는 자산매각 등 외부요인이 연체전이율을 중대하게 왜곡하지 않도록 동 효과를 배제할 필요

자산의 특성에 따라 일반적인 손실률 분석방법이 적절하지 않다고 인정되는 경우에는 동 자산의 특성을 반영한 별도의 분석방법을 적용하여 예상손실 금액을 보수적으로 추정하여야 한다.

- 특정 차주에 대한 거액여신이 발생하였거나 채무재조정이 시행되어 상품의 리스크특성이 현저히 변경된 경우 등

자산유동화 등을 통하여 매각된 채권 중 매각후 매각채권에 대한 신용보강 및 자산교체의무 등을 부담하는 경우 매각하지 않은 것으로 간주하여 손실률을 산출하여야 한다.

(1) 데이타 요건

대손충당금 적립대상이 되는 자산은 소매익스포져의 특성(동질적인 다수의 차주로 구성된 소규모 여신 포트폴리오)을 감안하여 동질적인 리스크속성을 가진 익스포져들로 분류하여야 한다.

리스크집단의 분류는 리스크특성의 차이를 결정하는 요인을 기준으로 하며 다음 요인을 감안하여 분류하되 구분의 실익이 적거나 세분화가 필요하지 않은 경우 등에는 자사 실정에 맞게 별도의 구분기준을 적용할 수 있다.

상품유형에 의한 분류는 다음과 같다.

- 기본적으로 일시불 카드대금금, 할부카드 대금금, 현금서비스, 카드론, 대환대출, 기타(revolving 등) 등으로 구분하며, 자사의 상품 특성상 대상고객 및 상품의 리스크 특성이 상이하다고 판단되는 경우 이에 맞게 가능한 단계까지 세분화
- 상품을 구분함에 있어 주된 고객군의 차이, 결제방식의 차이, 상품에 내재한 본질적 리스크의 차이 등을 감안
- 상품의 구분은 외형이 아닌 실질적인 성격에 따라 구분되어야 한다. 즉 동일 상품이 우량고객과 불량고객을 대상으로 사실상 이원적으로 운영되는 경우 이는 독립된 상품으로 취급하여 구분

회원의 리스크특성에 의한 분류는 회원의 신용평점을 바탕으로 평가등급별 세분화하여야 한다. 회원가입 후, 기간경과(vintage)에 의한 분류는 유사 회원의 경우에도 회원가입 시점 및 사용기간에 따라 상이한 리스크특성이 나타날 수 있으므로 이를 반영하여야 한다.

기타 특정 마케팅행사시 가입한 고객 또는 금리 등에 있어서 혜택을 부여하고 있는 고객군을 별도 분류, 카드론의 만기에 따른 분류, 평균사용금액 규모에 따른 분류 등이 있다.

(2) 부도율(Probability of Default)

부도여신은 채무를 상환하지 못할 것으로 인정되는 여신이다. 신용카드채권의 경우, 일반적으로 채무상환 가능 여부는 연체개월수로 판단할 수 있으며, 필요시 특정 채권에 대해서는

별도 기준을 적용할 수 있다.

- 부도율은 현재 특정 연체구간의 채권잔액 대비 향후 일정기간 내에 부도구간으로 전이되는 채권 비율로 정의
- 부도시점의 정의에 따라 최종손실률이 변동되지 않도록 부도시점 결정시 부도시 손실률(LGD)을 함께 조정

부도율 추정시의 최소요건은 다음과 같다.

PD는 원칙적으로 대상기간을 1년으로 한 부도율(PD)을 산출해야 하며, PD에는 차주의 장기적인 평균 부도율을 보수적으로 반영하되 미래지향적이며 역사적 경험과 실증적 근거에 바탕을 두어야 한다. 또한 부도율 산출은 원칙적으로 과거 일정기간 이상(5년 이상의 기간을 권고)의 관측기간을 토대로 경기변동 등에 따른 손실률의 등락을 반영한 평균적인 경험손실률을 사용하여야 한다.

- 이때, 다양한 기간(3개월 또는 5년 이상 등)의 자료를 산출하여 각 자료의 적정성 및 변화추이를 지속적으로 점검하여 정당한 사유가 있는 경우 기간별 가중치 차등화 가능
- 신용카드채권의 경우 자산의 만기가 짧고 자산의 질이 단기간에 크게 변동될 가능성이 높다는 점을 감안하여 최근자료에 가중치를 부여할 수 있으나, 이는 합리적인 타당성 없이 예상손실금액을 과대 또는 과소평가하기 위한 목적으로 이용불가

다음사건이 발생한 경우, 부도로 간주하고 PD를 추정하며 동일회원과 관련된 여러 개의 부도정보가 있는 경우에는 최초 발생일을 부도 발생일로 인식한다.

- 채무자가 채무(원금, 이자 또는 수수료) 전액을 상환하지 않을 것으로 판단되는 경우(일정기간 90일 또는 180일 이상 연체한 경우)
- 특정 채무자에 대한 신용손실 사건이 발생하여 원금, 이자 또는 수수료 감면(또는 유예)을 포함한 채무조정이 이루어진 경우

차주 등급별 부도율 추정을 위해 신용카드사가 사용할 수 있는 방법과 데이타 원천은 신용카드사의 내부 부도경험, 외부 데이타의 매핑(mapping) 및 통계적 부도모형 등이 있는데, 등급별 평균 부도율은 이용할 수 있는 모든 가용정보를 고려하여 추정하는 것을 원칙으로 한다. 또한 각기 다른 방식을 사용하여 산출한 부도율 중 신용카드사에게 유리한 정보를 선택적으로 이용하는 것은 허용되지 않는다. 다만, 주정보원을 가지고 여타 정보들을 비교대상으로 이용하거나 또는 최초 부도율 추정치를 조정하는데 사용할 수는 있으며 이러한 과정에서 주관적인 판단요소가 개입되는 경우 보수적으로 적용되어야 한다.

내부데이타만을 이용하여 신뢰성 있는 PD추정치를 산출할 수 없는 경우에는 내부데이타를 보완할 목적으로 외부데이타를 이용할 수 있으며 이 경우 내부 리스크 등급을 외부등급과 매핑하여야 하는데 이 때 고려해야 할 사항들은 다음과 같다.

- 등급기준의 동질성
- 등급의 성격(차주리스크만 반영할지 아니면 신용리스크까지 반영할지 등)
- 부도에 대한 기준정의가 일치하는지 여부

등급별 추정PD와 실제PD는 정기적(최소한 연1회)으로 비교되어야 하고, 비교에 사용된 방법과 데이타는 명확히 문서화되어야 한다.

(3) 부도시 손실률(Loss given Default)

부도시 손실률(LGD) = 1 − 회수율(recovery ratio)로 계산된다.

- 회수율 = 부도이후 회수예상가액 / 부도금액
- 회수율 산출은 향후 일정기간(예: 1년) 동안의 회수예상가액을 기준으로 하며, 신용카드사는 회수율 결정시 적용된 회수기간 산정에 대한 근거를 마련하여야 함

부도시 손실률(LGD)의 추정 시 최소요건을 정하기 위해 부도시 손실률(LGD)은 각 등급별 익스포져의 장기간에 걸친 평균 손실률을 반영하되, 각 신용카드사의 선택에 의해 경제적 위기상황에 대비하여 보다 보수적인 수치를 이용할 수 있다. 특히, 다음 사항에 해당되는 경우 신용카드사는 보수적인 견지에서 부도시 손실률(LGD)을 추정(또는 조정)해야 한다.

- 자료가 제한적이거나 LGD 추정치의 변동성이 클 경우
- 경기순환주기에 따라 LGD 추정치의 변동성이 클 경우
- LGD 추정치가 부도율과 정(+)의 상관관계가 있는 경우
- LGD 추정치에 반영되지 않은 잔여리스크가 있는 경우

부도시 손실률(LGD)의 추정치는 과거 경험과 실증적 근거에 의해 산출하되 장래에 대한 전망을 보수적으로 반영하여야 하고, 주관적 판단에 의존하지 않고 이용 가능한 실증적 근거 및 주요 손실요인 등 제반 정보에 바탕을 두어야 한다. 또한 부도시 손실률(LGD) 추정시 내부 및 외부데이타 등 이용 가능한 모든 자료를 적절히 이용하여야 하며 외부자료를 이용하는 경우, 부도에 대한 기준이 동일해야 하며 대상 익스포져의 주요 특성들과 외부자료에 의해 포착된 익스포져 특성 간에 높은 연계성이 있고, 부도시 손실률(LGD) 추정치가 당해 신용카드사의 심사기준과 일관성이 있음을 입증해야 한다.

내부자료를 이용하는 경우에는 장기간의(최소 7년) 경험을 통해 추정하되, 관측기간 중의 여신관행 또는 회수절차의 변경 등도 고려되어야 한다. 또한 부도시 손실률(LGD)을 정확하고 확실하게 추정할 수 있도록 추정에 사용되는 익스포져의 표본수와 관측기간은 충분해야 하며 신용카드사는 부도시 손실률(LGD) 추정치의 정확성과 일관성을 검증할 수 있는 시스템을 보유하여야 하며, 이를 위해 부도시 손실률(LGD) 추정치별로 실제 손실률을 수집하고 그 추이를 기록 관리하되, 각 익스포져별 손실을 직접손실, 회수에 소요되는 기간, 일반관리비 등으로 구분하여 모니터링하는 것이 바람직하다. 마지막으로, 실제 손실률은 추정 부도시 손실률(LGD)과 정기적으로(최소한 매년) 비교되어 실제 손실률이 기대치에서 벗어나지 않음을 입증해야 한다. 신용카드사는 그 밖의 다른 계량적 검증수단도 사용하여야 하며 동 검증수단과 자료는 장기간에 걸쳐 일관성을 유지하고, 검증방법 및 자료의 변경은 명확히 기록되어야 한다.

(4) 부도시 익스포져(Exposure At Default)

원칙적으로 평가일 현재 보유하고 있는 채권 잔액을 대상으로 하되, 향후 일정시점까지의 익스포져(exposure) 증감에 대하여 다음 사항을 감안하여 합리적으로 추정하여 이를 반영하여야 하는데, 세부 추정방법은 회사별로 자체 결정하여 선택적으로 적용 가능한다. 그러나 부도시 익스포져(EAD) 추정의 최소요건은 다음과 같다.

- EAD는 차주의 부도시 동 차주에게 노출되어 있는 여신의 경제적 가치로 미래 특정시점(예를 들어, 신용리스크 측정기간이 1년인 경우, 현재부터 1년 후의 시점)에 차주에게 노출된 여신의 기대치
- 현금서비스 등 한도거래 방식인 경우 동 차주의 미사용 한도 및 추가사용 예상액을 감안
- 향후 BSS 평가 등을 통하여 한도조정 가능성이 있는 경우에도 이를 감안하여 익스포져를 조정
- 회사의 마케팅정책 변화로 전반적인 한도증감이 예상되는 경우 이를 고려
- EAD는 기준일 현재 채권잔액보다 적을 수 없음

제2절 리스크관리 체계

제대로 된 리스크 관리를 위해서는 전사적 차원에서 정책수립과 더불어 리스크 관리 기본토대(infrastructure)를 구축하는 것이 필요하다. 또한 금융기관은 리스크 관리 전사적 리스크를 통합적으로 측정하고 관리하여야 한다. 이 과정에서 리스크 관리 수준의 발달단계를 고려하는 것이 중요하다. 여기에서 리스크 관리의 체계에 대해 간단히 알아보자.

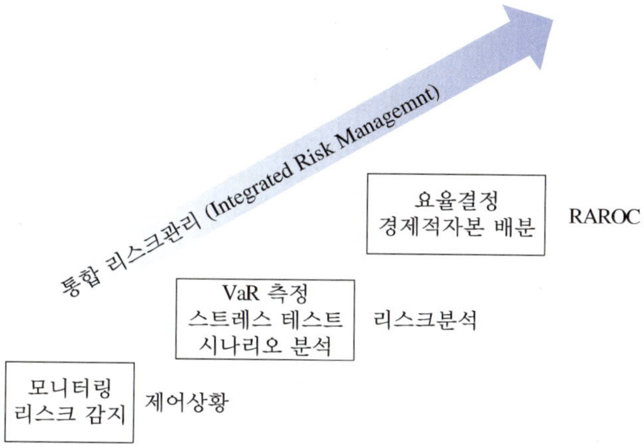

그림 13-1 ▎리스크 관리 수준의 발달단계

※ 자료: Crouhy, Galai, Mark(2001)

1단계는 신용리스크의 모니터링 및 보고를 하는 단계이다. 신용리스크에 대한 모니터링 및 보고를 하여야 한다. 신용카드사는 카드자산의 건전성 상태를 점검하고 대손충당금 적립의 적정성을 확인할 수 있는 시스템을 구축·운영하여야 한다. 또한 신용카드사는 카드자산 포트폴리오의 전반적인 구성내용과 건전성 상태를 모니터링할 수 있는 시스템을 갖추어야 하며 정기 또는 수시로 이사회 및 경영진에 보고하여야 한다. 신용리스크 모니터링 시스템이 유효하게 작동되기 위해서는 반드시 다음 요소를 갖추어야 한다.

- 카드회원의 현재 재무상태에 대한 정확한 평가
- 원리금 상환의 연체여부를 확인하고 신속하게 문제여신으로 분류
- 채무자의 상환능력상 문제점을 적기에 확인하여 적절하게 시정조치

신용 리스크 익스포져가 설정된 리스크한도를 초과하지 않도록 조기경보 체계를 갖추고, 경보발생시 적절한 조치내용과 한도를 초과한 경우의 보고체계, 결재권한 등을 명확하게 정하여 운영하여야 하고 최초 신용카드회원에게 부여한 신용등급을 정기적으로 재평가하고

신용상태의 변화를 반영하여 새로운 신용등급을 부여하여야 한다.

2단계에서 리스크 분석을 실시하게 된다. 신용리스크와 관련한 통제점은 다음과 같다. 첫째, 신용카드사는 독립적인 입장에서 신용리스크 관리업무가 적정하게 이루어지고 있는지를 지속적으로 평가하는 시스템을 확립하여야 하며, 이러한 평가결과를 직접 이사회와 경영진에게 보고하도록 하여야 한다. 둘째, 신용리스크의 허용한도 및 목표비율이 자기자본 혹은 업무이익에 대비하여 적절히 설정되고, 재무상태와 자본금 수준 및 관리능력 등의 양적, 질적 요소를 고려하여 설정하여야 한다. 셋째, 신용카드사는 개인별 익스포져 한도를 설정하고 익스포져가 내부적으로 정한 한도 범위내에 부합하도록 관리하여야 하며, 불가피하게 한도를 벗어나는 예외적인 여신취급에 대해서는 실행이전에 관리자에게 보고하고 승인되도록 하는 내부통제시스템이나 업무절차를 운영하여야 한다. 넷째, 시장여건 및 경영전략상의 변화를 반영하여 신용리스크 한도를 정기적으로 검토·조정하여야 한다.

리스크 분석과 더불어 위기상황분석 및 조기경보시스템을 운영하여야 한다. 위기상황분석이 수시 또는 정기적으로 실행되어 이사회 또는 경영진에게 보고되고, 분석결과에 따라 리스크회피거래 및 리스크 노출규모 감축 등의 적절한 조치가 취해지도록 하는 업무절차를 운영하여야 한다. 또한 신용카드사는 경기 침체에 따른 전체 또는 일부 포트폴리오의 신용악화 또는 거액의 손실이 예상되는 등의 경우 익스포져 및 운용한도의 축소 및 신용보완책 마련 등 단계별 조치를 할 수 있는 조기경보체제를 구축·운영하여야 한다.

모든 분석이 끝나면 보고서를 생산한다. 신용카드사는 신용리스크 관리를 위하여 다음 보고서를 생산할 수 있는 전산시스템 등을 구축하여야 하며, 관련 보고서는 업무유관부서 및 책임단위로 보고하는 등 정기적으로 점검하여야 한다.

(1) 신용평점 관련 보고서

- 스코어카드 관련: 스코어카드 개발 및 검증에 관한 보고서
- 신청평점 관련: 신청평점 구간대별로 입회시점 이후 일정기간 동안 사전에 정의된 일정한 불량(BAD) 기준에 해당된 회원수
- 행동평점 관련: 행동평점 구간대별로 분석시점 이전 일정기간 동안 사전에 정의된 일정한 불량(BAD) 기준에 해당된 회원수
- CB평점 관련: CB스코어 구간대별로 분석시점 이전 일정기간 동안 사전에 정의된 불량(BAD) 기준에 해당된 회원수

(2) 신용관리 관련 보고서

- 신청/승인 관련: 월별 신청 대비 승인/발급률 변동 추이 분석 보고서

- 신용손실 관련: 연체구간별 연체 계좌수 및 금액 추이 분석 보고서
- 활성화 관련: 전체 회원수 대비 활성/비활성 회원비율, 가입경로별 소득구간별 신용등급별 활성/비활성 회원비율, 활성/비활성 회원별 한도 및 이용실적 등 분석 보고서
- 사용액 관련: 매출종별 잔액 및 사용액, 활성회원수 추이 보고서
- vintage 관련: 신규가입시점별 회원그룹의 월별 회원수 변동, 매출종류별(신판, 현금서비스 등) 이용회원수 및 이용금액 추이 보고서
- 한도소진 관련: 매출종별 신용평점구간별 기준회원 총한도 및 1인당 한도, 잔액 및 사용액 기준 매출종별 한도소진 회원수 보고서
- 연체분석 관련: 가입경과월별 연체회원수 및 평균연체금액 추이, 가입경과월별 대손회원수 및 평균대손금액 보고서
- 가격분석 관련: 가격구간대별 회원수 및 사용액 분포를 통하여 가격 구성 및 가격구간별 매출규모 및 수익성 추이 분석
- 연체전이율 관련: 연체구간별, 대환구간별, 대손구간별 회원수 및 연체금액 전이추이를 통한 손실률 추이 보고서

마지막 단계에서는 예상치 못한 손실에 대해 경제적자본의 규모를 측정하고 부도율에 기반한 요율을 정하면 된다.

여기서 일반적인 리스크 관리 조직 내의 역할 분담은 다음과 같이 나타낼 수 있다.

1. 이사회와 경영진의 역할

이사회는 리스크 관리에 대하여 최종적인 책임을 지고 경영진의 과도한 리스크 선호행위를 견제하여야 하며, 경영진은 이사회가 결정한 범위 내에서 리스크 관리를 실행하여야 한다.

이사회는 리스크 관리에 관한 정책 및 전략을 승인하고 리스크 관리 규정의 제정 및 개정 등 리스크 관리에 필요한 주요 사항을 심의·의결하며, 경영진은 리스크 관리에 관한 이사회의 승인·결정사항을 효율적으로 이행토록 하기 위하여 다음의 업무를 수행하는 리스크 관리 위원회를 설치·운영하여야 한다.

- 리스크 관리 정책 및 전략의 수립
- 부담가능한 리스크수준의 설정
- 위원회 승인 및 결정사항의 이사회 보고

이사회와 경영진은 신용카드사가 부담하고 있는 리스크의 수준 및 관리현황에 대해 충분히 이해하고 리스크 관리 기능이 적절하게 운영되도록 조직구조를 확립하는 등 내부통제 환경을 구축하여야 하며, 시장상황의 변화와 리스크 노출자산의 증가 등 금융기관의 리스크 환경변화에 따라 리스크 관리정책 및 절차·리스크한도·내부통제환경 등의 유효성에 대해 재검토하여야 한다. 또한, 이사회와 경영진은 운영리스크, 법적리스크 등 계량화하기 힘든 리스크를 포함하여 발생가능한 모든 리스크를 종합적이고 체계적으로 관리할 수 있는 체제를 구축하여야 한다.

경영진은 신상품 개발 및 주요정책의 수립 및 변경 등 신용카드사의 리스크에 영향을 미치는 사항에 대해 발생 가능한 리스크를 고려하여 의사결정을 하여야 하며, 위기상황분석(stress testing)과 시나리오분석 등을 통해 시장변동이 금융자산 포트폴리오의 시장가치에 미치는 영향 등을 정기적으로 평가하고 이를 경영의사결정에 적절하게 반영하여야 한다. 또한, 경영진은 수수료율결정·충당금적립·자본배분·성과관리 등 경영의사결정 시 리스크측정 결과를 충분히 반영하고, 동 의사결정의 유효성 제고를 위해 리스크측정치의 신뢰도 향상에 노력하여야 한다.

2. 리스크 관리 전담조직

신용카드사는 경영상 발생할 수 있는 리스크를 독립적으로 종합관리(모니터링, 측정, 통제 등)하고 이사회 및 경영진을 보조하는 실무조직(리스크 관리 전담조직)을 운영하여야 한다.

리스크 관리 전담조직은 영업부서와는 독립적으로 설치(리스크 관리 조직 담당임원의 영업부문 겸임 금지 등)되어야 하고, 리스크 관리에 대한 의사결정과정 및 보고시 영업부문으로부터 독립되어 다음과 같은 기능을 수행한다.

- 리스크의 인식, 측정, 감시, 통제체제 구축 및 운용
- 한도조정, 가격결정 등 리스크 관리 관련 사항에 대한 사전협의
- 이사회 및 최고경영층에 대한 직접보고 체계 구축 및 운용
- 리스크 관리 관련 정보에 대한 정기적 정보 입수체계 구축 및 운용
- 리스크 한도 준수여부 점검 및 한도초과에 대한 조치여부 점검
- 정확하고 적시성 있는 리스크정보 작성 및 제공 등

리스크 관리 전담조직 및 구성원은 신용카드사의 리스크를 인식, 관리하기 위해 필요한 경험·지식·권한을 가지고 있어야 하며 경영진은 전문 인력의 확보·육성을 위한 적절한 인사·연수체제 구축과 보상책 강구 등의 조치를 취하여야 한다.

3. 리스크 관리 규정과 하부구조

신용카드사는 리스크 관리에 관한 기본방침, 조직 및 절차, 한도관리, 내부통제와 리스크 측정, 관리체제 등의 내용을 포함하는 내부규정 또는 지침을 자체 실정에 맞게 제정·운영하여야 한다. 또한, 신용카드사는 리스크 관리를 위한 하부구조로서 관련 전산시스템의 개발, 기초 데이타의 신뢰성 확보, 정확한 리스크 측정 모형 및 분석기법을 마련하여야 한다.

리스크 관리를 위한 전산시스템의 구축은 각 리스크별 명확한 요건 정의와 관리항목 도출 등의 작업을 선행한 후 부문별 관리 데이타를 통합 관리할 수 있는 종합적 관리시스템으로 구축되어야 한다. 또한, 리스크 관리를 위한 데이타는 데이타관리의 통합성, 구성체계의 적절성, 운영체제의 효율성을 갖춘 데이타웨어하우스(DW) 구축이 바람직하며, 데이타별 관리책임과 유지보수책임이 부여되어야 하며, 전산시스템에 대한 접근권한, 사용자통제, 네트워크 보안, 모델수정권한 등의 보안체제를 적절하게 갖추어야 한다. 리스크 관리 업무의 적정성에 대한 내부통제 절차를 정기 또는 수시로 실시하여야 하며, 효과적인 내부통제업무 수행을 위해 다음 예시 내용에 대한 검토 프로그램을 마련하여야 한다.

- 리스크 관리시스템 및 리스크 관리절차의 문서화 정도
- 리스크 관리부서의 조직구성
- 리스크측정 결과의 리스크 관리업무에의 반영정도
- 리스크측정모형 및 가치평가시스템에 대한 승인절차
- 리스크측정의 중요한 변경사항에 대한 검증
- 경영정보시스템의 완전성
- 리스크 관련 데이타의 정확성, 완전성, 일관성, 적시성
- 리스크 관리에 이용된 각종 가정의 정확성 및 적절성
- 리스크 산출 방법의 정확성 및 검증여부
- 정기적인 사후검증을 통한 정확성 확인 여부
- 리스크측정 모형의 구조와 운영절차의 적정성

제14장 보증산업의 신용정보 활용

신용보증제도는 미국, 일본, 독일 등 주요선진국에서 중소기업지원을 위한 금융지원정책으로 오랫동안 사용되어 왔으며, 국내에서도 보증지원제도는 중소기업지원을 위해 중요한 역할을 해오고 있다. 국내신용보증제도는 신용보증기금(신보), 기술보증기금(기보), 지역신용보증재단(지역신보) 등으로 구성되어 있으며 보증기관별로는 신용보증기금은 주로 일반중소기업 및 창업기업, 기술보증기금은 이노비즈 기업 등 기술혁신형 기업을 위한 기술평가보증, 그리고 지역신용보증재단은 지방 소기업, 소상공인에 대한 금융지원을 위해 많은 노력을 기울여 왔으며, 보증지원의 경제적 성과 또한 상당한 것으로 나타나고 있다.

신용보증제도는 대기업에 비해 금융접근성이 제한된 중소기업에게 제도권 금융기관으로부터 자금조달을 보다 손쉽게 받을 수 있도록 고안된 금융중개시스템이자 사회·경제정책 기능의 한 수단이다. 신용보증은 대기업과 중소기업 간의 신용도 차이 등으로 발생하는 맥밀란 갭(McMillan gap)[28]을 완화하고 성장성은 있으나 물적 담보능력이 부족한 중소기업의 원활한 자금조달에 기여하고 있다.

신용보증제도의 존재 의의는 시장의 실패(market failure)와 금융시장의 불완전성(incomplete market)에서 근거를 찾을 수 있다. 1장에서 다루었던 정보의 비대칭성으로 인해 중소기업 금융시장은 완전경쟁을 달성하지 못하고 금융시장에서 대출공급이 늘어나더라도 중소기업에 대한 대출공급은 소외되는 현상이 지속적으로 나타나게 된다. 따라서 신용보증제도는 중소기업 금융의 리스크를 보완하고 만성적인 담보부족 문제를 해결함으로써 중소기업 금융의 왜곡현상을 보완하고 시장의 실패를 해결하는 것으로 인식된다. 신용보증을 통해 중소기업은 금융기관과 대출거래 경험을 축적하고, 금융기관은 학습효과를 통해 대출처리능력을 배양함으로써 추후 보증이 개입되지 않고도 신용대출을 할 수 있게 된다.

신용보증시장의 특성은 다음과 같다. 첫째, 높은 진입장벽을 갖추고 있다. 보증시장 진입을 위해서는 대규모의 자본과 조직, 높은 공신력이 필요하기 때문이다. 또한 실물과 금융을 연결시키는 매개산업으로 실물경제와 금융경제에 대한 전문적인 지식과 기술을 요구하기

28) 영국에서 1931년 케인즈(J. M. Keynes) 등이 참여한 맥밀런 위원회의 보고서에서 중소기업은 대기업과 비교하여 창업·장기 자금조달이 어렵고 직접시장 접근의 한계가 있기 때문에 차별적 금융격차(financial gap)가 존재한다고 주장한데서 유래

때문에 진입장벽이 높다. 둘째, 공공재적 성격을 지니고 있다. 기업들의 신용을 보완하여 금융 또는 실물거래를 연결하는 공공재적 역할을 수행하며 경제 및 산업 전반에 영향을 미치는 산업이기 때문이다. 셋째, 공급자주도의 시장이다. 보증의 대체재로서 담보, 신용 등이 있으나, 대체재에 대한 접근성이 낮고, 주로 채권자 또는 권리자의 요구에 의해 상품이 결정된다. 따라서 수요자가 공급자를 선택하기 보다는 공급자가 수요자를 선택하는 공급자주도 시장(seller's market)이다. 넷째, 불완전 경쟁시장이다. 보증상품간 대체성·교환성이 없어 불완전 경쟁시장을 형성한다. 즉, 보증기관은 취급하는 상품의 종류와 보증 수요자에 따라 분리된 시장에서 고유의 차별적 지위를 보유한다. 다섯째, 생산 제약성을 가지고 있다. 피보증인의 대출·계약 등에 수반하여 보증의 수요가 발생하기 때문에 공급자의 일방적인 생산 · 마케팅 활동에 의존하여 수요가 창출되거나 확장되기 어렵다.

신용보증제도에 대한 정부개입의 정당성은 중소기업의 사회·경제적 중요성에 대한 인식에 기초하고 있다. 중소기업 육성을 통한 고용창출 등 국민경제의 성장·발전에 기여한다는 인식하에 중소기업에 대한 정책적 지원수단으로서 신용보증제도를 도입하였다. 중소기업 발전을 위해 정부보조의 대출프로그램이 있으나, 보조금 성격의 대출지원은 중소기업금융의 제약요인을 해결하기보다는 시장을 침범한다는 문제가 있어 신용보증제도가 보다 시장 중심적인 조건을 충족하는 중소기업 지원 방법이 될 수 있다. 또한 한국의 신용보증제도는 금융시장 안정화, 중소기업 발전을 통한 성장동력 확보 등 경제정책기능에 중점을 두고 사회정책기능도 수행한다. 경제여건 변화에 따라 탄력적으로 신용보증을 공급하여 경기변동성을 완화하고 경제·금융시스템 안정화에 기여한다. 이를 위하여 신용보증제도를 통한 원활한 자금조달 지원으로 대기업과 중소기업간의 양극화를 완화하여 균형성장을 도모하고 영세기업에 신용보증 지원을 통해 서민경제 안정에 기여하고, 사회안전망 기능을 수행하는 등 경제정책과 사회정책을 포괄하여 운용하고 있다.

정보의 비대칭성, 담보부족 등으로 인한 중소기업의 차별적 금융을 해소하기 위해 미국, 유럽 등 주요 선진국을 포함한 대부분의 국가에서는 신용보증제도나 이와 유사한 지원제도를 운영하고 있다. 오늘날 신용보증제도는 세계 100여개 국가에서 각국의 경제발전수준 등에 따라 다양한 형태로 운영되고 있다. 역사상 최초의 기업보증은 1840년대에 설립된 브뤼셀신용연맹(Brussels Credit Union)과 프랑스 대중은행(Banque Populaire)에 의해 제공되었으며, 한국은 일본(1937)에 이어 동아시아에서 두 번째로 신용보증제도를 도입하였다.[29] 우리나라의 경우 일본, 대만 등과 같이 정부주도로 설립된 보증기관에 의해 운영되는 공공보증제도를 도입하였는데 공공보증제도는 별도의 독립된 보증기관에 의해 운영되는 제도로 보증제도에 대한 공신력이 크고 보증활용도가 높은 특성을 보이고 있다.

29) 중소기업연구원 (2007).

보증시장의 참여자 현황을 보면 50여개 보증기관이 보증시장에 참여하고 있다. 신용보증기금법, 보험업법 등 개별법에 따라 공공기금, 보증보험, 공제조합 등이 각기 영역별 특성화된 시장을 유지하면서 보증시장에 참여하고 있다. 보증기관은 전업·비전업 보증기관으로 구분되는데 보증업무만을 영위하는 전업 보증기관과 금융업무를 주요업무로 수행하면서 보증업무를 부수적으로 취급하는 비전업 보증기관으로 구분된다. 전업 보증기관 중, 공공기금은 정책목적 달성을 위해 정부출연금 등을 재원으로 중소기업, 주택임차인, 농림수산업자 등을 대상으로 보증을 공급하고 서울보증보험은 모든 영역의 보증취급이 가능하며, 이행보증 및 신원·공탁보증 등을 위주로 취급하고 있다. 비전업 보증기관 중 공제조합은 개별법에 따라 건설·주택·전기·기계분야 등에서 조합원들의 영업행위에 필요한 보증업무(주로 이행성보증)를 취급하고 있으며 은행 등 금융기관은 여수신업무를 수행하면서 수출입거래, 자본거래 등 금융성 채무이행보증을 주로 취급하고 있다.

표 14-1 ❙ 국내 보증기관 현황

구	분	보 증 기 관
전 업(22)	공공기금	신보, 기보, 지역신보(16), 신용보증재단중앙회, 농신보
	보증보험	서울보증보험
	기 타	대한주택보증
비전업(32)	공공기금	무역보험공사, 한국주택금융공사, 한국장학재단, 한국정책금융공사
	공제조합	업종별 공제조합(8)
	금융기관	은행(18), 종금사(2)

표 14-2 ❙ 주요 보증기관 개요

보 증 기 관	근 거 법	설 립 일	보 증 상 품
신용보증기금	신용보증기금법	76.6월	대출, 지급보증의보증, 사채, 납세, 어음, 제2금융, 시설대여, 이행, 상거래담보, 무역어음인수담보
기술보증기금	기술보증기금법	89.4월	대출, 회사채, 지급보증의보증, 사채, 비은행대출, 납세, 어음, 상거래담보, 이행
지역신용보증재단	지역신용보증재단법	96.3월 외	대출(사업자, 개인), 시설대여, 어음, 이행 등
신용보증재단중앙회	지역신용보증재단법	00.8월	대출(개인)
한국주택금융공사	한국주택금융공사법	04.3월	대출(사업자, 개인, 주택연금)
한국장학재단	한국장학재단 설립 등에 관한 법률	09.5월	대출(학자금)

표 14-2 | 주요 보증기관 개요 (계속)

보 증 기 관	근 거 법	설 립 일	보 증 상 품
산업기반 신용보증기금	사회간접자본시설에 대한 민간자본 유치촉진법	95.5월	대출, 채권
농림수산업자 신용보증기금	농림수산업자 신용보증법	72.3월	대출
한국무역보험공사	무역보험법	92.7월	수출신용(선적전, 선적후)
한국정책금융공사	한국정책금융공사법	09.10월	대출
건설공제조합	건설산업기본법	63.11월	입찰, 계약, 차액, 하자보수, 선급금, 인허가, 대출, 리스, 부지매입 등
전문건설공제조합	건설산업기본법	88.5월	입찰, 계약, 차액, 하자보수, 선급금, 리스, 대출 등
설비건설공제조합	건설산업기본법	96.7월	입찰, 계약, 하자보수, 융자, 선급금지급, 인허가, 리스 등
대한주택보증(주)	주택건설촉진법	92.4월	주택분양, 주택임대, 주택착공, 의무하자보수, 대출, 시공 등
전기공사공제조합	전기공사공제조합법	83.10월	입찰, 계약, 차액, 하자보수, 인허가, 대출, 지급보증 등
정보통신공제조합	전기통신공사법	88.4월	입찰, 계약, 하자보수, 손해배상, 지급보증
자본재공제조합	공업발전법	86.10월	입찰, 계약, 하자, 지급
소프트웨어공제조합	소프트웨어산업진흥법	98.1월	채무, 이행 등
엔지니어링공제조합	엔지니어링기술진흥법	90.4월	지급보증, 이행 등
서울보증보험	보험업법	69.2월 (98.11월 합병)	신원, 이행, 납세, 인허가, 리스, 할부판매, 사채, 어음, 소액대출, 신용보험 등
은행	은행법	97.2월 외	지급보증, 사채
증권회사	증권거래법	53.9월 외	사채
종합금융회사	종합금융회사에 관한 법률	76.4월 외	사채, 리스

국내 보증시장은 보증 수요의 주체에 따라 기업보증시장과 개인보증시장으로 구분하고 있다. 기업보증시장은 보증대상채무의 성격에 따라 대출보증시장[30], 이행보증시장(중소기

30) 기타 금융성보증(제2금융보증, 주택자금대출보증(기업) 등)을 포함

업 및 대기업이 건설공사계약, 납품계약, 입찰을 포함하는 용역계약을 위한 계약에 수반하여 부담하는 각종 보증금의 지급채무에 대한 보증상품), 사채보증시장 및 리스보증시장 등으로 세분되어 있다. 개인보증시장은 신원보증, 주택자금보증, 소액대출보증 등으로 구성된다.

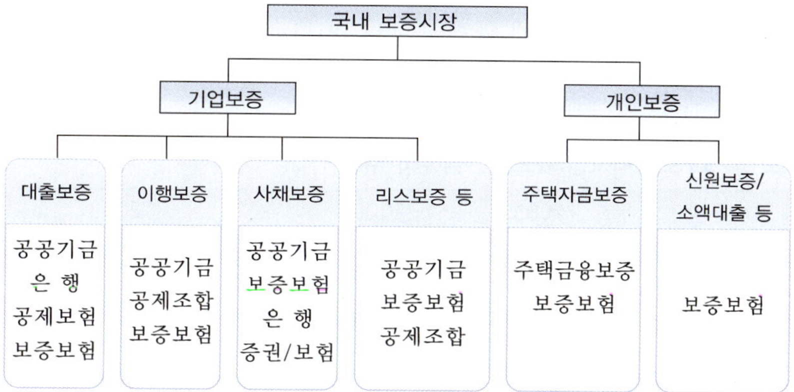

그림 14-1 ▍국내 보증시장의 구성

※ 주: 공제조합에는 대한주택보증 포함

2009년 전체 보증시장 규모는 677조원으로 전년 대비 6.0% 증가하였다. 공제조합과 보증보험의 시장점유율은 2009년 65.4%로 전체시장을 주도하였다. 공공기금의 시장점유율은 2001년 이후 하락세가 지속되다 금융위기 후 정부의 적극적인 보증정책에 따라 2009년 증가세로 전환되었다.

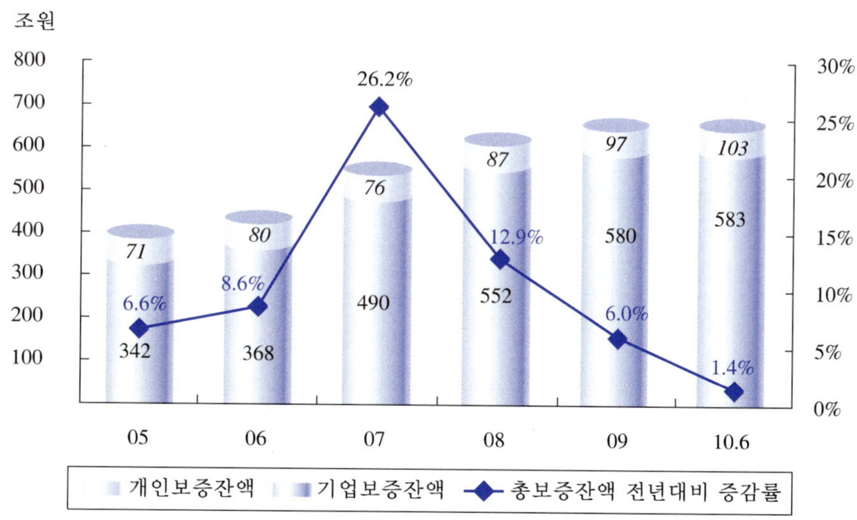

그림 14-2 ▍보증시장의 규모 및 증감률

※ 자료: 신용보증기금 (2010)

보증시장별 점유율은 기업보증이 절대적으로 큰 비중을 차지하고 있다. 2009년 기업보증 시장의 규모는 580조원으로 전체 보증시장의 86%를 차지하고 있으며 기업보증과 개인보증 점유비는 2007년 이후 비슷한 수준을 유지 2009년말 현재, 공제조합과 보증보험의 시장점유율 합계는 65.4%로 전체 보증시장의 약 1/3을 차지하고 있다. 공제조합 점유비는 2008년 41.8%에서 2010.6월 현재 38.5%로 다소 하락하였으나 여전히 보증기관 중 가장 큰 비중을 차지하고 있다.

표 14-3 ▌보증시장별 규모 및 점유비 추이

(단위: 조원)

구분	2005	2006	2007	2008	2009	2010.6
기업보증	342	368	490	552	580	583
점유비	83%	82%	87%	86%	86%	85%
개인보증	71	80	76	87	97	103
점유비	17%	18%	13%	14%	14%	15%
전 체	413	448	565	639	677	686

표 14-4 ▌보증기관별 보증잔액 및 점유비

(단위: 억원, %)

보증기관	2005	2006	2007	2008	2009	2010.6
공공기금	751,038	721,630	716,720	814,089	1,149,816	1,201,361
점유비	18.2	16.1	12.7	12.7	17.0	17.5
공제조합	1,750,619	1,897,135	2,638,854	2,670,185	2,692,055	2,640,488
점유비	42.4	42.3	46.7	41.8	39.8	38.5
보증보험	1,196,173	1,341,762	1,486,005	1,657,448	1,729,617	1,813,475
점유비	29.0	29.9	26.3	26.0	25.6	26.4
은 행	428,112	519,683	810,308	1,242,428	1,180,060	1,206,989
점유비	10.4	11.6	14.3	19.5	17.4	17.6
종금/증권사	1,150	961	1,700	948	14,345	356
점유비	0.03	0.02	0.03	0.01	0.21	0.01
계	4,127,092	4,481,171	5,653,587	6,385,098	6,765,893	6,862,669

※ 주1: 공공기금 = 신·기보, 지역신보, 재단중앙회, 주택금융공사, 장학재단, 농신보, 산업기반신보, 무역보험공사

※ 주2: 공제조합 = 업종별 공제조합 (7개) + 대한주택보증

※ 주3: 보증보험 = 서울보증보험

신용보증기관 중, 지역신보의 점유비중 확대로 신보의 비중 감소하고 있으며 농신보의 보증잔액 감소('05년 17.8조원 → '09년 10.5조원)에 따라 신·기보 등 공공기금 내 신용보증기관의 점유비중은 꾸준히 증가하여 2009년 65.4%를 차지하고 있다.

표 14-5 ▎공공기금 내 신용보증기관비율

구　　분	2005	2006	2007	2008	2009	2010.6
공공기금 중 신용보증기관비중	61.3%	61.9%	62.4%	61.8%	65.4%	66.0%

※ 주: 신용보증기관 = 신·기보, 지역신보 / 비중은 총보증잔액 기준

표 14-6 ▎보증기관별 보증잔액 규모

(단위: 억원)

보 증 기 관	보　증　잔　액					
	2005	2006	2007	2008	2009	2010.6
신용보증기금	310,988	296,340	289,171	317,431	469,131	491,717
기술보증기금	115,013	110,278	112,459	125,935	171,448	175,204
지역신용보증재단	34,113	40,326	45,867	59,893	11,155	126,212
신용보증재단중앙회	–	–	–	–	1,880	6,202
한국주택금융공사	95,346	99,424	122,073	165,410	158,109	181,160
한국장학재단	–	–	–	–	67,299	63,279
산업기반신용보증기금	3,207	5,005	6,319	10,242	16,614	18,115
농림수산업자 신용보증기금	178,088	157,103	129,241	119,553	105,031	98,199
한국무역보험공사	14,283	13,154	11,591	15,625	48,349	41,273
건설공제조합	461,586	520,644	673,116	812,509	880,620	966,982
정보통신공제조합	10,921	11,128	12,536	14,087	16,223	17,077
대한설비건설공제조합	17,036	18,514	20,574	23,879	27,061	28,872
대한주택보증(주)	1,001,774	1,058,097	1,607,210	1,455,432	1,339,499	1,167,591
전문건설공제조합	120,919	138,985	165,426	188,837	214,456	237,933
전기공사공제조합	30,911	33,738	35,908	40,739	49,729	53,645
자본재공제조합	14,491	15,649	16,741	22,520	32,711	35,487
엔지니어링공제조합	92,981	100,381	107,343	112,182	131,756	132,901
서울보증보험(주)	1,196,173	1,341,762	1,486,005	1,657,448	1,729,617	1,813,475
은　행	428,112	519,683	810,308	1,242,428	1,180,060	1,206,989
증권회사	1,014	775	1,330	473	14,150	356
종합금융회사	136	186	370	475	205	
합　　계	4,127,092	4,481,171	5,653,587	6,385,098	6,765,893	6,862,669

※ 주1: 한국무역보험공사는 수출신용보증 인수실적

※ 주2: 한국주택금융공사는 학자금신용보증기금의 보증잔액 포함(2005년~2008년)

※ 자료: 신용보증기금 (2010)

금융위원회에 보고되는 신보·기보·지역신보의 보증잔액은 2000년 이후 44조원~65조원 정도이며 2008년 금융위기 이후, 큰 폭으로 증가하였다.

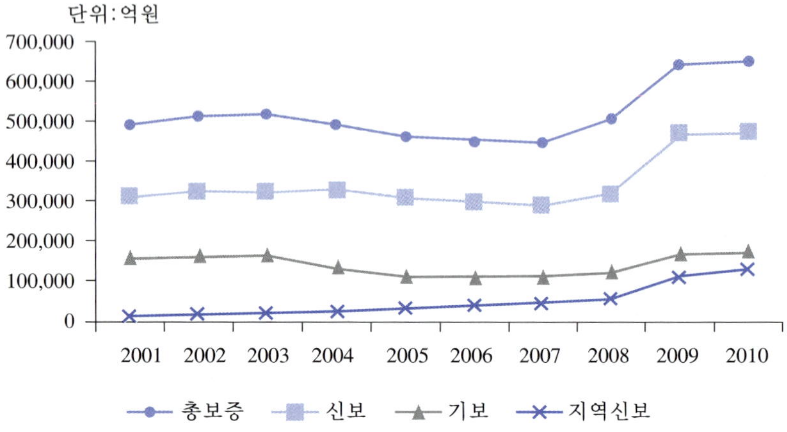

그림 14-3 | 신용보증기금·기술보증기금·지역신용보증재단 보증잔액 추이

※ 자료: 금융위원회·신보·기보·지역신보 내부자료

신용보증기관의 기초재원인 기본재산은 정부, 지방자치단체(지역재단), 금융기관 및 기업 등의 출연금으로 조성된다. 기본재산은 신용보증기관의 업무를 수행하기 위한 자본금인 동시에 대위변제를 충당하기 위한 지불준비금 성격을 지니고 있으며 신용보증의 공급능력을 결정한다. 정부는 신용보증을 통해 중소기업금융의 시장실패를 보완하고 경기변동성을 완화하는 등 정책수단으로 활용하기 위해 출연하고 금융기관은 대출에 대한 위험을 완화하고 부실발생 시 일정부분 손실을 보전받기 때문에 출연금을 제공한다. 외환위기 이후 정부출연 비중이 급증하였으나, 최근 들어 금융기관 출연금 비중이 상승하는 추세이다.

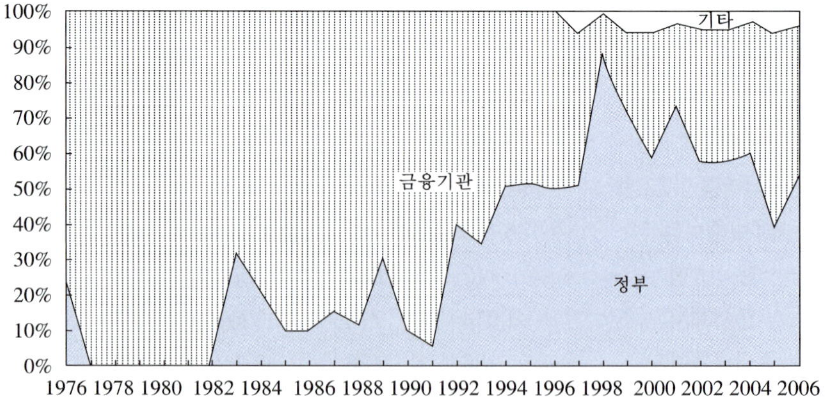

그림 14-4 | 출연금 구성 추이

※ 자료: 중소기업연구원 (2007)

제1절 기업 신용보증

기업 대출보증시장은 2008년부터 비중이 확대되고 있다. 공공기금이 주로 공급하는 대출보증은 글로벌 금융위기에 따른 보증확대 정책으로 기업보증시장내 비중이 2008년부터 증가세로 전환되었다. 공공기금의 보증규모 확대로 대출보증의 비중은 '07년 27.8%에서 '10.6월 35.2%로 증가하였다.

보증기관별 보증규모는 2010.6월말 현재 대한주택보증(주) 117조원, 서울보증보험 101조원, 건설공제조합 97조원 순으로 나타난다. 가장 규모가 큰 대한주택보증(주)은 분양시장 침체로 인한 주택분양보증 실적 둔화로 보증잔액 및 비중이 '08년 이후 감소 추세에 있으며 '10.6월말 점유율은 20.0%로 '07년말 대비 6.4%p 하락하고 있다. 은행권의 점유 비중 및 보증잔액은 '06년 14.1%(52조원)에서 '10.6월 20.7%(121조원)로 대폭 증가하였다.

표 14-7 ▎주요 보증기관의 보증잔액 및 점유율 추이(단위: 억원, %)

구분	2005	2006	2007	2008	2009	2010.6
신용보증기금	310,988	296,340	289,171	317,431	469,131	491,717
점유율	9.1	8.0	5.9	5.8	8.1	8.4
건설공제조합	461,586	520,644	673,116	812,509	880,620	966,982
점유율	13.5	14.1	13.7	14.7	15.2	16.6
대한주택보증(주)	1,001,774	1,058,097	1,607,210	1,455,432	1,339,499	1,167,591
점유율	29.3	28.7	32.8	26.4	23.1	20.0
서울보증보험(주)	568,910	631,107	837,207	939,389	970,704	1,011,700
점유율	16.6	17.1	17.1	17.0	16.7	17.4
은 행	428,112	519,683	810,308	1,242,428	1,180,060	1,206,989
점유율	12.5	14.1	16.6	22.5	20.4	20.7
합 계	2,771,369	3,025,871	4,217,012	4,767,189	4,840,014	4,844,979
점유율	81.0	82.1	86.1	86.4	83.5	83.1

이제, 어떻게 신용정보가 이용되고 있는 지를 대표적인 신용정보기관인 신용보증기금과 기술보증기금을 통해 알아보도록 하자.

1. 신용보증기금

신용보증기금의 기본재산은 신용보증의 공신력 유지와 사업수행을 위한 재산적 기초이며, 신용보증 및 보증채무 이행을 위한 재원임과 동시에 운용수익의 원천으로서 정부, 금융기관, 기업 및 기타 출연금으로 조성된다. 정부의 출연은 매년 신용보증 운용을 위한 정부출연예산 필요액에 따라 결정되므로 해마다 일정치 않으며, 금융기관은 해당 금융기관 대출금에 대하여 연율 1,000분의 3을 초과하지 않는 범위 내에서 총리령이 정하는 율에 의한 금액을 신용보증기금에 출연하도록 의무규정을 두어 기본재산 조달의 제도적 장치를 마련하고 있다. 2010년에는 전기이월 기본재산에 금융기관 법정출연금 7,923억 원, 특별출연금 537억 원 등 총 8,460억 원의 재원이 조성되어 2010년 말 현재 기본재산은 6조 5,084억 원에 이르고 있다.

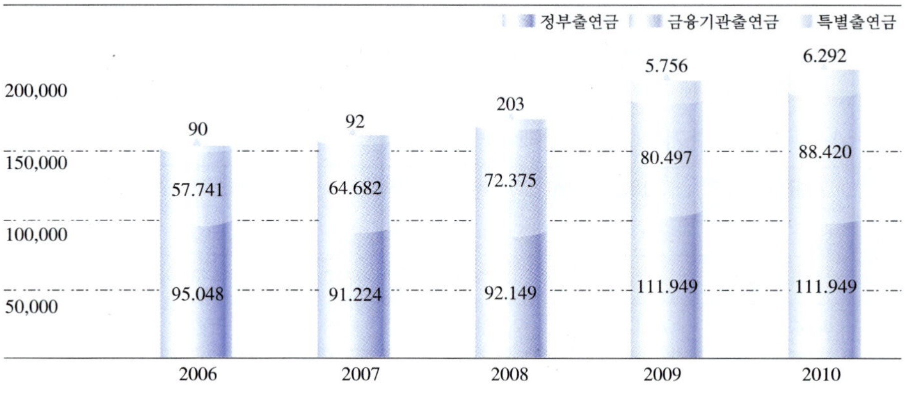

그림 14-5 | 신용보증기금 출연금 누계액

운용배수는 기본재산과 이월이익금 합계액의 20배를 초과하지 못하도록 규정하고 있는데, 2010년 말 현재 총 신용보증 운용배수는 7.3배이다.

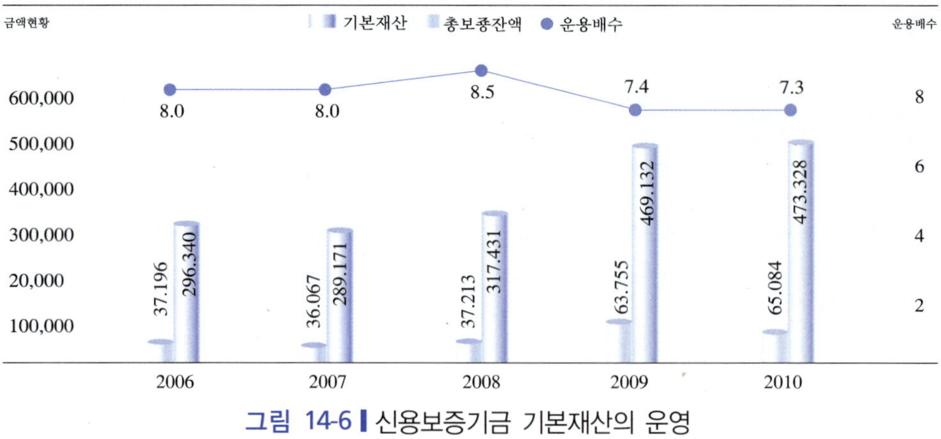

그림 14-6 | 신용보증기금 기본재산의 운영

신용보증은 담보 능력이 부족한 기업에 대하여 신용보증기금이 기업의 신용도를 심사하여 신용보증서를 제공함으로써 금융기관으로부터 대출을 받을 수 있도록 하는 제도이다. 담보 능력이 부족한 중소기업 등의 기업이 보증을 신용보증기금에 신청하게 되면 신용보증기금은 신용조사를 통해 보증의 가부를 판단하게 된다. 보증이 승인되면 보증약정을 하게 되고 은행 등에 보증서를 발급하면 보증신청기업은 은행 등을 통해 대출 약정을 하게 된다. 여기서 신용보증기금은 기업이 제출한 자료를 바탕으로 신용조사를 하게 된다. 신용조사의 단계에서 신용정보를 이용한다.

현재 신용보증기금이 취급하는 보증종류는 총 11가지로 이중 대출보증 잔액이 2010년말 기준 32조 8,810억 원으로 전체 보증잔 액의 84.8%를 점유하여 가장 큰 비중을 차지하고 있으며, 제2금융보증 및 상거래담보보증 비중이 전년 대비 다소 증가하였다.

표 14-8 | 신용보증기금 보증종류별 보증현황

(단위: 억원, %)

구분	2008년말		2009년말		2010년말	
	잔액	구성비	잔액	구성비	잔액	구성비
대출보증	255,843	84.3	323,112	82.3	328,810	84.8
지급보증의 보증	2,849	0.9	2,763	0.7	2,934	0.8
사채보증	0	0.0	0	0.0	0	0.0
납세보증	3	0.0	24	0.0	42	0.0
어음보증	15,724	5.2	16,273	4.2	14,451	3.7
제2금융보증	15,206	4.9	19,002	4.8	19,624	5.1
시설대여보증	0	0.0	0	0.0	0	0.0
이행보증	3,265	1.1	7,994	2.0	5,522	1.4
상거래 담보보증	10,974	3.6	13,493	3.5	16,334	4.2
무역어음인수담보보증	0	0.0	0	0.0	0	0.0
담보부보증	4	0.0	9,833	2.5	93	0.0
합 계	303,868	100.0	392,494	100.0	387,810	100

신용보증기금은 담보능력이 미약한 기업의 채무를 보증하는 기관으로서, 신용보증기금법 시행령에 "총보증금 액의 60% 이상이 중소기업에 대한 보증이 되도록 하여야 한다"라고 명시함으로써 중소기업에 대한 우선적 보증공급을 규정하고 있다.

2010년말 현재 일반보증 잔액에서 중소기업이 차지하는 비중이 보증잔액 기준 99.93%인 38조 7,525억 원, 업체 수는 99.99%인 22만 9,729개를 기록함으로써 중소기업에 대한 보증공급을 매년 99% 이상 유지하고 있다.

표 14-9 ❙ 신용보증기금 기업규모별 보증현황 (단위: 억원, %)

구분	2009년말		2010년말	
	업체수	금액	업체수	금액
중소기업	218,721	392,059	229,729	387,525
대기업	23	435	19	285
합계	218,744	392,494	229,748	387,810
중소기업비중(%)	99.99	99.89	99.99	99.93

다음의 보증체계 및 업무흐름도를 보면 기업이 보증신청을 하게 되면 기업의 재무제표 등을 통해 재무비율 등을 산출하고 현장 확인을 통해 신용조사를 벌이게 된다. 보증심사 및 승인 단계에서는 종합신용등급을 산출하고 보증한도 등을 검토하게 된다. 즉, 아래의 2단계와 3단계에서 신용이 획득되고 사용된다.

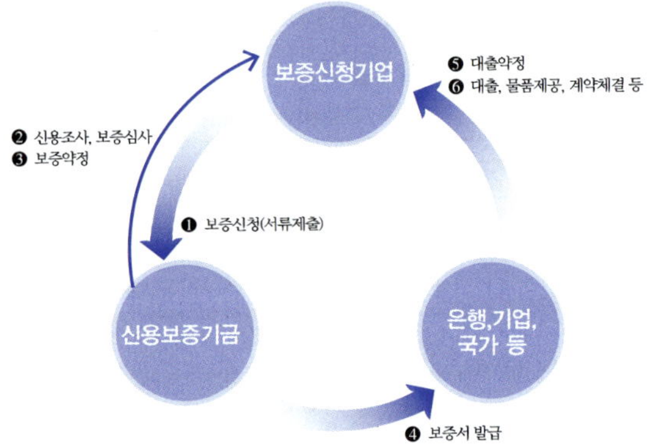

그림 14-7 ❙ 신용보증기금 보증체계

단계별	절 차
1 보증신청 및 상담	· 신보 홈페이지를 통한 보증신청 또는 영업점 방문 보증신청 · 신규기업은 영업점 방문상담, 기존 보증거래기업은 전화상담(방문상담 생략)
2 자료수집 및 신용조사	· 신용조사 및 보증심사에 필요한 자료를 수집 · 수집된 자료 및 담당자 현장출장 등을 통해 신용조사
3 보증심사 및 상인	· 종합신용등급 산출 · 최고 보증한도 및 운전자금 보증한도 검토 · 각종 검토표 충족여부 검토 · 영업점 승인 또는 본부승인
4 보증사 발급	· 신용보증약정 체결 · 보증료 수납 (신용카드 결제 가능)

그림 14-8 ❙ 신용보증기금 업무흐름도

신용보증기금의 신용평가시스템은 크게 3가지가 있다. 2001년부터 신용조사, 신용보험, 신용보증 등의 업무에 활용하고 있는 기업신용평가시스템, 2007년부터는 창업기업보증의 활성화 목적으로 창업기업의 특성을 반영한 창업기업신용평가시스템이 개발되었고, 2010년도에는 국내 최초로 기업의 신용도와 성장성을 결합한 기업가치평가시스템이 개발되었다.

표 14-10 ▎신용보증기금의 신용평가시스템

구분	기업신용평가시스템(CCRS1)	창업기업신용평가시스템(SBSS2)
대상 기업	• 2기 이상 재무제표 보유 • 총자산 10억 이상	• 2기 미만 재무제표 보유 • 창업기업(업력 3년 미만)
주요 내용	• 재무, 계량비재무, 순수비재무 결합 • 보증금액 1억원 초과기업 심사시 활용	• 기술성, 성장성 등 정성적 요인 중심평가 • 보증금액 3억 이하 창업기업 심사시 활용

※ 주1: CCRS: Corporate Credit Rating System
※ 주2: SBSS: Startup Business Scoring System

신용보증기금(이하 신보)은 기업신용평가시스템(Corporate Credit Rating System, CCRS)을 개발하여 2001년부터 신용조사, 신용보험, 신용보증 등의 업무에 활용하고 있다. 기업신용평가시스템(CCRS)는 기업신용평가모형은 재무, 계량비재무, 순수비재무, 현금흐름등급 등을 이용하여 결합등급을 산출하고 등급필터 링을 거쳐 6등급 21단계의 신용평가등급을 산출한다. 앞의 은행의 경우와 흡사하게 계량모형과 비계량모형으로 결합스코어가 만들어진다. 계량모형에는 현금흐름등급과 기업의 3년간의 재무제표를 기반으로 만들어진다. 비계량모형에서는 순수비재무 항목이 사용된다. 예를 들어, 기업이 속한 산업의 등급이 측정될 수 있다. 이렇게 두 개의 모형으로 만들어진 결합스코어는 다시 등급으로 만들어지고 신용평가 등급으로 필터링 된다.

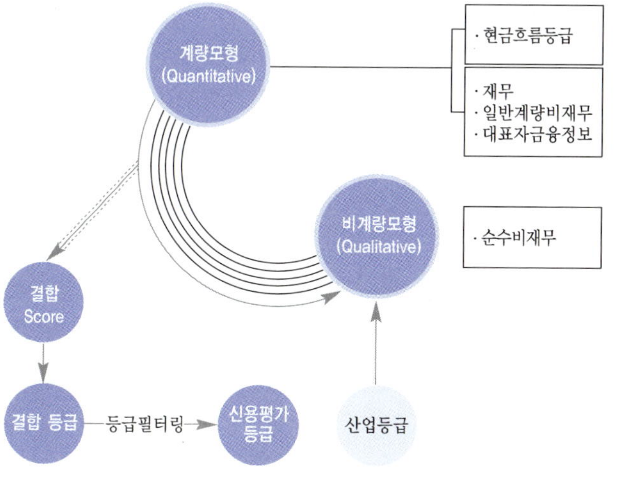

그림 14-9 ▎기업신용평가시스템(CCRS) 개요

2007년부터는 창업기업보증의 활성화 목적으로 창업기업의 특성을 반영한 창업기업신용평가시스템(Startup Business Scoring System, SBSS)을 도입하여 운영하고 있다. 창업기업신용평가모형은 재무, 계량비재무, 순수비재무모형으로 구성되어 있으며, 평가결과를 합산하여 결합등급을 산출하고 필터링을 거쳐 신용평가등급을 산출한다.

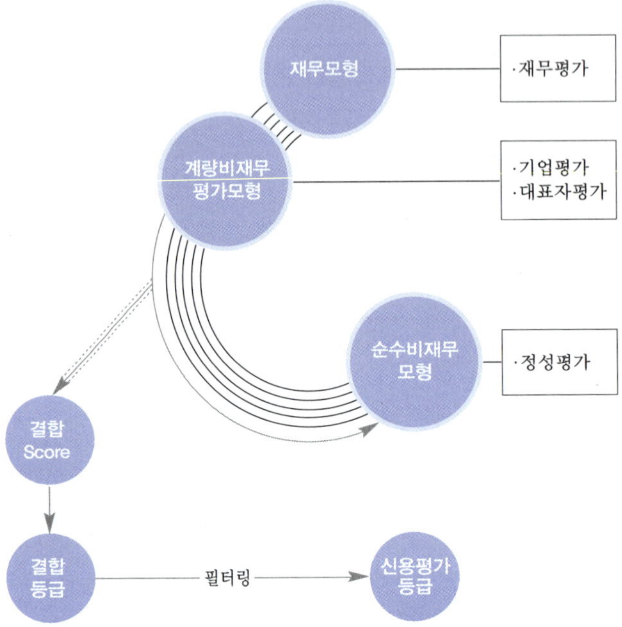

그림 14-10 ▎창업기업신용평가시스템(SBSS) 개요

2009년도에는 보증금액 5,000만 원 이하 간이심사 대상기업에 대한 소액보증자동평가시스템(Automatic Rating System, ARS)을 도입하여 시스템에 의해 자동으로 보증승인 여부를 결정함으로써 신용조사 및 심사절차를 대폭 간소화하여 보증고객 서비스 향상에 크게 기여하였다. 2010년도에는 국내 최초로 기업의 신용도와 성장성을 결합한 기업가치평가시스템(Kodit Valuation System, KOVAS)을 개발하여 기업의 미래가치를 반영한 신용평가시스템을 구축하였고, 한계기업판별모형을 개발하여 생존 가능기업과 생존가능성이 낮은 기업을 구분함으로써 선별적 구조조정의 계기를 마련하였다. 미래가치평가에 대한 사회적 요구의 증대와 함께 미래가치가 높고 장래 성장가능성이 있는 중소기업을 적극 육성 할 필요에 따라 기업의 미래가치를 객관적으로 평가하는 기업가치평가시스템을 국내 최초로 개발하여 2010년 9 월 기업가치평가보증을 도입하였다. 기업가치는 영업초과이익할인모형(EVA)을 적용하며 개별기업 및 동종산업의 특성을 고려하여 추정매출액과 순 이익률을 추정하고 이를 현재가치로 할인하여 산출된다.

기업가치(자기자본가치) = 순자산가치(장부가치) + 미래수익가치여기서 미래수익가치는 미래성장성(매출증가율 추이), 미래수익성(매출액순영업이익률), 요구수익률(할인율 추정)으로 구성된다. 기업가치평가보증 도입으로 기존 재무제표를 중심으로 한 신용도 위주의 지원에서 기업의 미래수익가치를 결합 한 종합적 보증심사시스템 체제로 전환하였고 이에 따라 기업 신용이 다소 낮아도 미래성장성 및 기업가치가 양 호한 기업은 적극 발굴·지원할 수 있게 되었다. 이를 종합하면 기업가치평가모형은 개별기업의 특성요소와 환경적요소를 이용하여 매출액과 매출액순영업이익을 추정하고, 영업투하자본에 수익가치 등을 반영하여 필터링을 거쳐 기업가치를 산출한다.

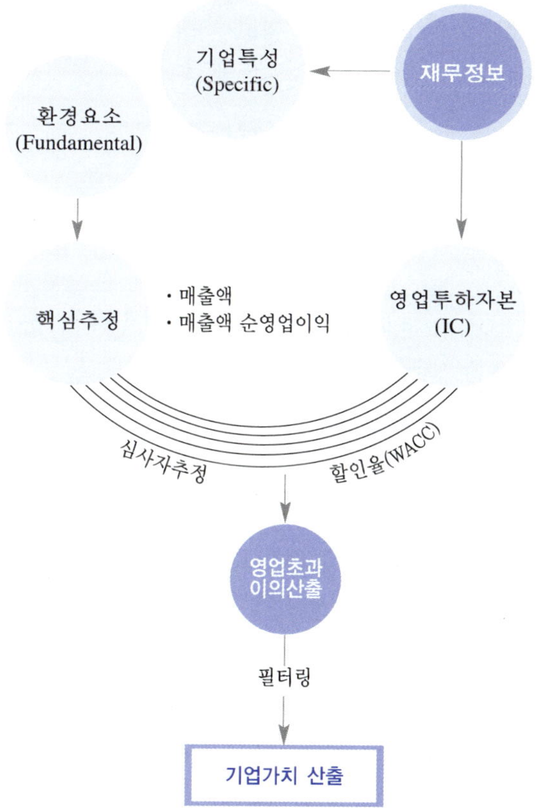

그림 14-11 ▎기업가치평가시스템(KOVAS) 개요

위와 같은 여러 신용평가시스템을 바탕으로 신용보증기금도 리스크관리를 수행한다. 통합리스크관리시스템은 신용리스크를 측정하기 위한 Credit-VaR 시스템, 유동성리스크를 관리하기 위한 운용배수관리시스템, 운영리스크를 통제하기 위한 운영리스크관리시스템으로 구성되고, 최적 보증포트폴리오 관리를 통해 정부의 보증정책에 부합하는 한편 적정 리스크분산을 도모하고 있다. 또한 경제상황 변화에 따른 시나리오 경영으로 위기대응능력 제고에 힘써 기본재산과 운용배수를 관리하고 있다. 유의할 사항은 리스크관리가 은행의 리스크관리와 흡사하다.

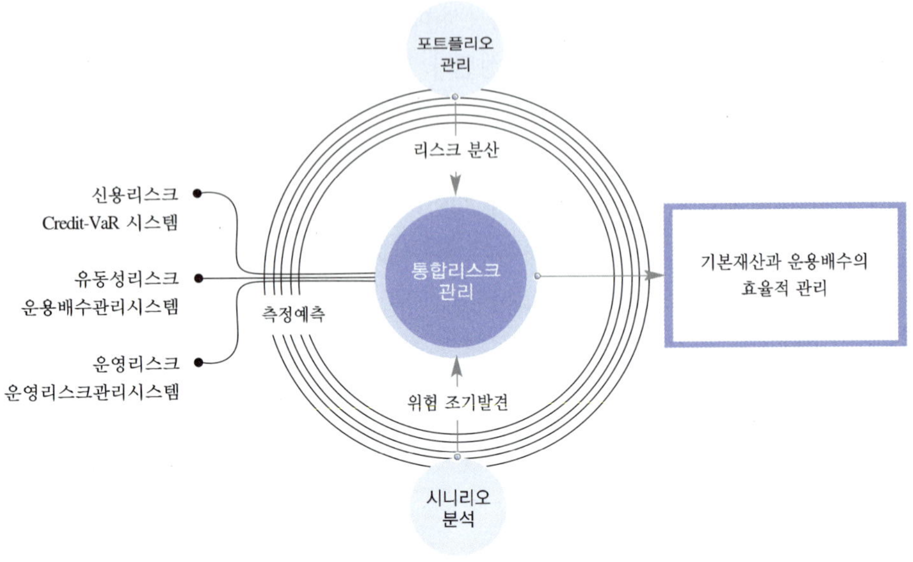

그림 14-12 ❙ 신용보증기금의 통합리스크관리 체계

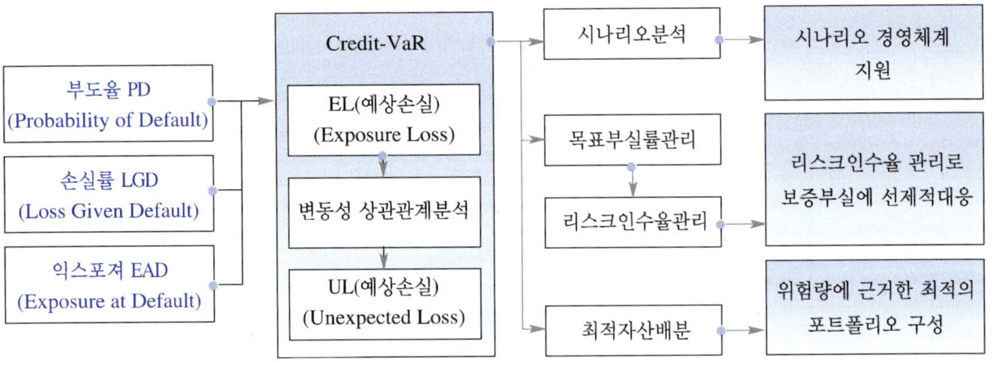

그림 14-13 ❙ 신용보증기금의 신용리스크 측정흐름도

경영위험요인의 변동에 따른 운용배수의 적정 관리를 목적으로 운영되는 예측시스템으로 2010년도에는 거시환경기반 보증부실예측시스템을 개발하여 부실규모 예측의 정교함을 제고함으로써 경영환경 변화에 따른 기본재산 관리역량을 향상시키고 있다.

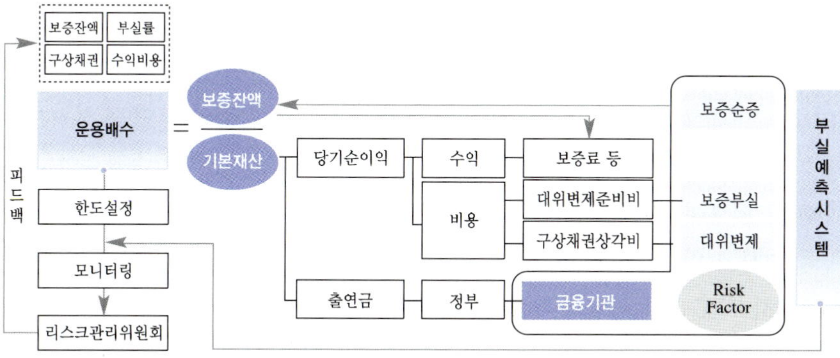

그림 14-14 ▌운용배수 관리시스템

2. 기술보증기금

기술보증제도는 담보력이 미약한 기술중소기업의 기술성, 사업성, 시장성과 미래가치를 평가하여 기술보증을 지원함으로써, 기업이 금융기관 등으로부터 원활하게 자금을 지원받을 수 있는 제도이다. 따라서 우수한 기술력을 바탕으로 건전하고 성실하게 기업활동을 영위하는 중소기업이 기술보증기금을 이용함으로써 자금조달에 따르는 담보문제를 어느 정도 해결할 수 있다. 기술보증기금은 1989년 4월 신기술사업자에 대한 기술보증 지원을 통해 중소기업 기술경쟁력 제고 및 국민경제 발전에 기여할 목적으로 설립되어 지난 20여년간 기술력 있는 중소기업의 발굴·육성을 위해 노력해왔으며, 1999년 2월부터 기업의 미래가치를 중심으로 평가하는 기술평가보증업무를 시작하여 2007년 2월 기술평가중심의 보증지원체계로 보증심사프로세스를 전면개편 함으로써 2010년말 약 68만여개 기업에게 183조원의 기술보증을 지원하였다.

기술보증기금은 기술보증을 통하여 신기술사업자의 자금공급을 원활히 하고 기술평가를 통하여 기업의 기술혁신 역량과 기술금융을 효과적으로 지원함으로써 국민경제의 성장동력 확충에 선도적인 역할을 수행하고자 설립된 기술금융전문기관으로, 기본재산은 담보력이 미약한 기술혁신기업에 대한 채무보증이라는 경제적 사업을 영위하기 위한 기초재원으로써 자본금인 동시에 대위변제에 충당하기 위한 지불준비금의 성격이며, 정부, 금융기관 등의 출연금으로 조성된다. 정부의 출연금은 기보가 담보능력이 미약한 기술중소기업에 대해 원활한 자금조달이 가능하도록 지원하기 위해 출연하는 것으로 매회계연도 일반회계에서 기술보증기금에 출연(2010년도에는 정부출연 없었음)하며, 기술·창업 중소기업을 보호, 육성하기 위한 일종의 공공재적 성격이다. 금융기관의 출연금은 기술보증제도를 이용함으로써 기술중소기업의 기술정보 및 신용도 파악에 필요한 취급비용을 절감하고, 자금공급에 수반되는 위험을 제거하고 채무상환을 확실하게 하기 위한 것으로 수익자부담원칙에 의한 보증이용의 대가적 성격과 기술중소기업이 채무를 이행하지 못할 경우 대출원금 및 이자를 기보로부터 대위변제를 받는 기술보증의 직접적인 수혜자로 일종의 분담금 성격으로 금융기관은 출연기준 융자금의 월중평균잔액의 1천분의 1.35±차등요율, 신기술금융업자는 1천분의 3을 출연하고 있으며, 또한 수익자부담의 원칙 강화를 위하여 별도협약을 체결한 금융기관 등이 특별출연하고 있다. 기술보증기금의 기본재산은 보증수요에 대처할 수 있는 보증공급 여력을 유지하고 금융기관의 대위변제 청구에 대응하는 공신력 확보 등 지속적인 보증지원을 위한 재산적 기초로서 출연에 의해 조성되는 기본재산과 보증료, 손해금 및 예치금의 운용수익 등으로 조성된 이익금은 먼저 보증채무의 이행과 기보의 운영상 필요한 비용에 충당하고, 여유금은 금융기관 예치, 국채, 지방채 및 정부·지방자치단체 또는 금융기관이 지급을 보증한 채권의 매입, 주식(출자증권포함), 사채, 기타 유가증권의 인수 또는 매입, 기타 기보의 설립목적을 달성하기 위하여 필요한 방법으로 운용할 수 있도록 규정하고 있다. 2010년도는 정부의 출연금이 없음에도 불구하고 시중의 풍부한 유동성, 사후관리 강화 등에 따른 사고율 안정화로 인해 기본재산은 전년 말 대비 1,086억원 증가한 2조 8,040억원에 이르고 있다. 운용배수는 일정시점의 기술보증 규모를 기본재산으로 나누어 산출된 값(배)으로 대위변제 청구에 즉시 대응하는 지급능력과 정부정책 및 보증수요에 대처할 수 있는 보증공급 여력 등을 가늠하는 지표로 보증규모, 사고율 및 대위변제, 정부 및 금융기관 출연금 증감에 따라 변동된다. 또한 운용배수는 보증제도의 최대장점인 승수효과를 반영함과 동시에 보증운용의 한도를 지정함으로써 보증기관의 건전성을 제어하는 역할을 수행하며, 기본재산과 이월 이익금 합계액의 20배를 초과하지 못하도록 규정(기술신용보증기금법 시행령 제23조)하고 있는데, 2010년도에는 6.2배 수준을 유지하고 있다.

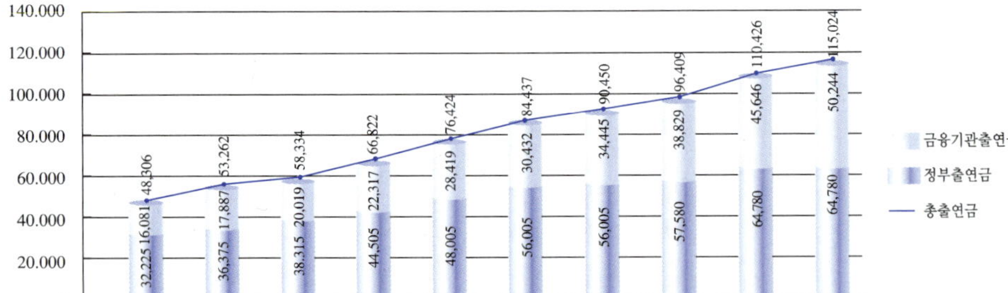

그림 14-15 기술보증기금 출연금

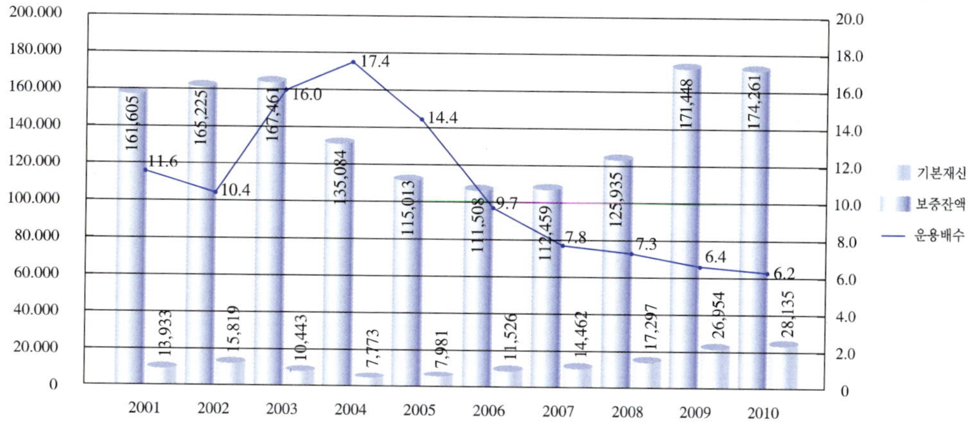

그림 14-16 ▌기술보증기금 주요경영지표

기술보증기금 대상 기업별로 살펴보면 2009년 금융위기로 촉발된 국내 금융상황 악화와 그로 인한 중소기업의 자금난 해소를 위하여 기보는 기술금융 전문 공적 보증기관의 역할을 적극 수행하였다. 첫째, 기술혁신기업 보증은 2010년도 기술혁신기업에 대한 보증지원은 15조 6,494억원으로 2009년 16조 983억원 보다 4,489억원 감소하였으나, 총보증공급 대비 지원비중은 92.4%로 2009년도 91.6% 보다 0.8%p 증가하는 등 기술혁신기업 지원에 역량을 집중하고 있다. 둘째, 벤처·이노비즈기업 전담지원 기관인 기술보증기금은 2010년도 벤처기업에 10조 9,967억원을, 이노비즈기업에 8조 9,697억원을 각각 지원하였다. 2010년도 벤처·이노비즈기업에 대한 보증은 전년도 보증확대 정책에 따른 기저효과와 인증기업 선정요건 강화 등으로 인해 2009년도 보다 지원금액과 지원비중이 모두 감소하였으나, 전전년도인 2008년도와 비교하면 벤처기업은 3조 3,523억원, 이노비즈기업은 2조 2,914억원 만큼 각각 증가하였다. 셋째, 중소기업의 창업활성화를 통한 일자리창출 등으로 국가경제에 활력을 제고하고자 신기술사업자로서 설립 후 5년 이내의 창업초기 기업에 대해 지속적으로 보증지원하여 2008년에는 4조 4,378억원(35.3%), 2009년에는 6조 5,772억원(37.4%)을, 2010년에는 6조 4,504억원(38.1%)을 지원하는 등 점차 그 비중을 확대해 나가고 있다. 넷째, 기술평가보증을 보면 기술금융의 핵심으로서 기금은 기술혁신기업 금융지원에 최적화된 기술평가시스템을 확고하게 구축하여 기술혁신기업에 대한 기술평가보증으로 전년도 14조 9,282억원(85.0%) 보다 1,899억원(4.3%p) 증가한 15조 1,181억원(89.3%)을 지원하는 등 기술평가 중심의 기술금융 지원체계를 확립해 나가고 있다.

표 14-11 | 대상기업별 보증현황 (단위: 억원, %)

구분	2008	비중	2009	비중	2010	비중
총보증공급	125,625	100.0	175,713	100.0	169,336	100.0
기술혁신기업	109,594	87.2	160,983	91.6	156,494	92.4
벤처기업	76,444	60.9	118,128	67.2	109,967	64.9
이노비즈기업	66,783	53.2	95,746	54.5	89,697	53.0
창업기업	44,378	35.3	65,772	37.4	64,504	38.1
기술평가보증	89,859	71.5	149,282	85.0	151,181	89.3
총보증잔액	125,935	–	171,448	–	174,261	–

기술보증기금의 제도를 보면 크게 기술보증제도, 기술평가제도, 기술혁신기업인증제도, 기업지원제도로 나뉘게 된다. 이 중, 핵심업무인 기술보증제도와 기술평가제도를 알아보자. 먼저, 기술보증기금의 기술보증제도를 살펴보면 다음과 같다. 다음의 보증체계 및 업무흐름도를 보면 기업이 기술보증기금에 보증신청을 하게 되면 기업의 재무제표 평가와 더불어 기술평가 등을 통해 신용조사와 기술평가를 벌이게 된다.

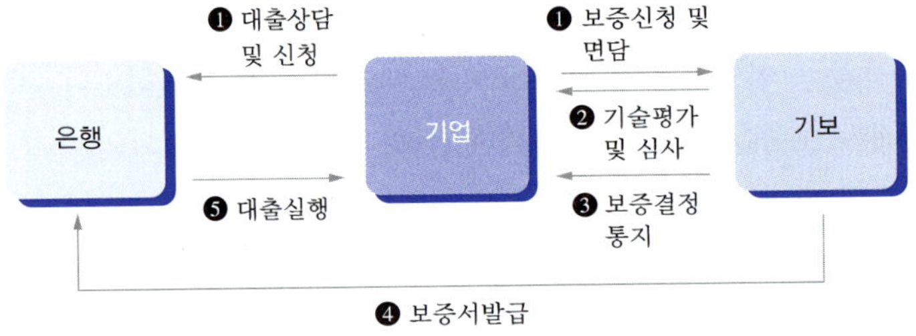

그림 14-17 | 기술보증기금의 보증체계

기술보증기금의 보증절차는 신용보증기금의 보증절차와 다른 면이 많다. 먼저 예비검토를 통해 면담을 실시한다. 면담 후, 기술사업내용을 검토하여 진행여부를 결정한다. 다음으로 기업이 기술사업 계획서를 제출하면 기술평가를 실시하게 된다. 현장평가를 바탕으로 제품화 능력 등을 고려한다. 마지막 단계에서 기술력, 경영능력, 신용상태를 바탕으로 승인여부를 결정한다.

단계별	취급자	주요내용
보증신청	신청기업	인터넷(홈페이지)에서 신청 (영업점 방문 신청도 가능)
예비검토	영업점 평가담당자	고객과의 면담결과에 따라 보증금지 · 제한 해당여부, 기보증액, 기술사업내용 등을 검토하여 계속진행 여부결정, 절차 안내
기술사업 계획서제출	영업점 평가담당자	기술사업계획서 등 제출 (여타 필요서류는 고객의 협조를 받아 기금직원이 직접 수집)
기술평가	영업점 평가담당자	신청기업으로부터수집한 자료 등을예비 검토 후 현장평가를 실시하여 기술개발 능력, 제품화 능력, 생산능력 등을 확인
심사 · 승인후 보증서 발급	영업점 심사 및 평가담당자	기업의 기술력, 사업전망, 경영능력, 신용상태 등을 종합적으로 검토 후 승인시 보증약정 후 보증서 발급

그림 14-18 ▌기술보증기금의 보증절차

따라서 기술보증기금은 기술평가와 약간의 신용을 확인하므로 신용도 중요하지만 기술력은 훨씬 중요한 잣대가 된다. 전국적인 평가수요에 대한 유연한 대처를 위하여 전국의 주요거점에 기술평가센터 51개와 전문적인 기술평가를 위한 중앙기술평가원 2개(서울, 대전)를 운영 중에 있으며, 기술의 다변화 및 전문화에 따른 시장의 요구와 수요 충족을 위하여 전공분야별 평가인력을 지속적으로 확충하였다. 업무의 전문성 유지를 위하여 578명의 기술평가 전담인력을 확보하는 한편, 박사급 인력충원, 기술평가사 제도 운영 및 기술평가관련 각종 대내외 연수 등을 실시하여 기술평가 역량강화를 도모하였다. 또한, 기술평가의 고도화를 위하여 전문성·신뢰성을 갖춘 828명의 외부전문가를 자문위원으로 위촉하였다.

표 14-12 | 기술평가를 위한 인력보유 현황

구분	2006	2007	2008	2009	2010
기금전체직원수(명)	948	1,066	1,066	1,056	1,072
기술평가전담인력(명)	308	441	568	586	578
박사급 전문인력	55	107	109	116	126

표 14-13 | 기술평가를 위한 외부 자문위원 현황

구분	기계	정보통신	전기전자	재료금속	화공	섬유	BIO	환경	기타	계
자문위원	138명	98명	119명	79명	60명	12명	82명	35명	205명	828명

이러한 기술평가와 더불어 약간의 재무변수인 신용을 이용하여 등급을 산정하게 된다. 간단한 평가모형의 흐름도를 살펴보면 다음과 같다.

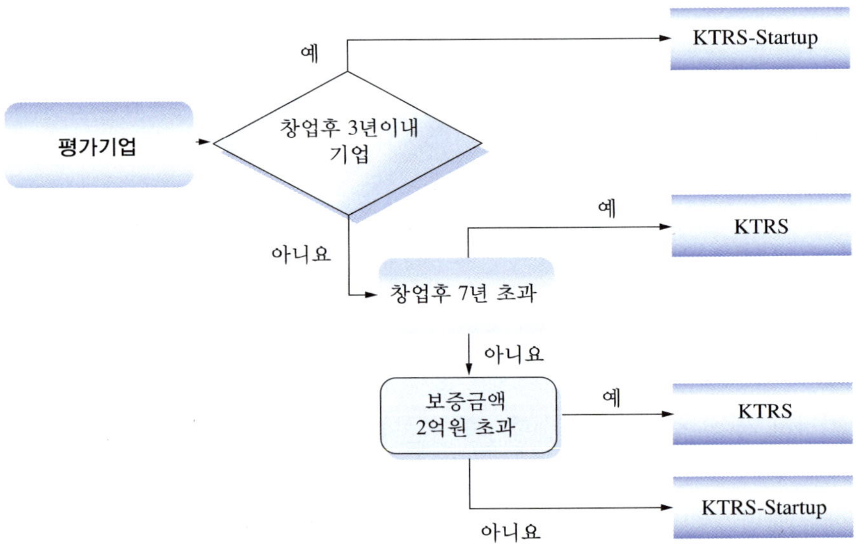

그림 14-19 | 기술보증기금의 기술평가모형 흐름도

기술보증기금은 기술성·사업성·시장성 등을 평가할 수 있는 독자적이고 전문적인 기술평가시스템(Kibo Technology Rating System, KTRS)을 개발하여 운용 중에 있다. KTRS는 기술사업의 미래 성공가능성 및 기술기반의 위험을 동시에 고려한 기술금융평가 시스템으로, 도입 후 지속적인 검증과 개선으로 사고율 및 리스크 예측치가 매우 안정적인 것으로 확인되었다. 특히, KTRS시스템은 국내·외 시상 등을 통해 우수성을 인정받고 있다. 그렇다고 해서 순수 기술력만 평가하는 것은 아니다. 경제환경의 변화에 따라 발빠르게 대응하여 국내에 기술력을 갖춘 기업이 어려울 경우, 보증을 통해 기술력 있는 기업이 지속가능할 수 있도록 도울 수 있기 때문이다. 따라서 환경변수에는 거시경제변수가 포함되어 있다. 2009년까지 신용에 관해서는 기술평가지표 45개 내에 매출 및 투자 이익률에 관한 사항 등이 포함되고 있다. 이러한 일부의 신용에 관련한 사항이 기술사업수준에 포함되며 기술사업 평가등급에 이용된다.

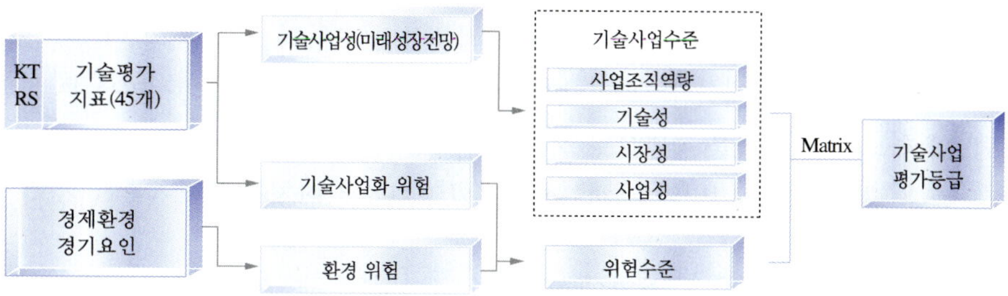

그림 14-20 ▌기술보증기금의 기술사업평가등급 체계(개선전)

기술사업수준의 기술성에는 기술의 수준, 기술의 활용성, 기술의 파급성, 제품생산 가능성 등이 포함된다. 시장성에는 시장규모 및 특성, 동업계 현황, 시장수요전망 등이 포함된다. 사업성에는 경쟁력, 사업추진능력, 재무구조 등이 포함된다. 재무구조를 이용한 변수 산정에 신용이 포함되는 것이다.

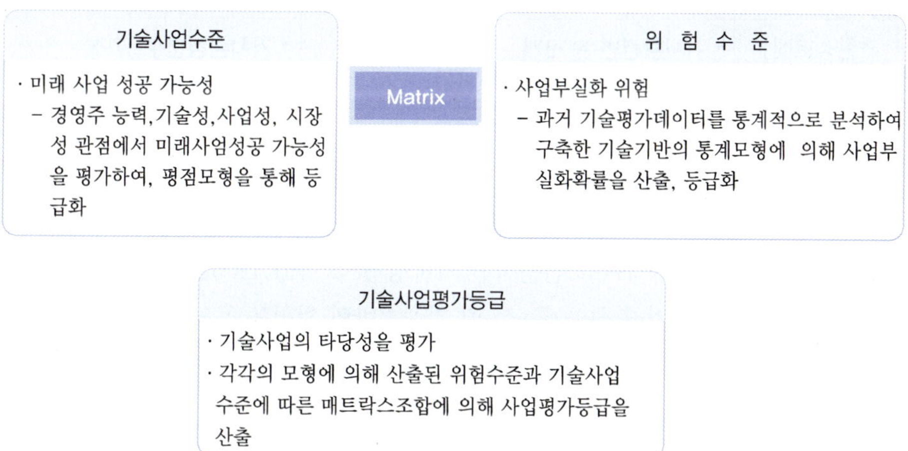

그림 14-21 ▌기술사업평가등급의 산출

2010년 기업 선별력 향상을 위한 기술평가모형 고도화를 추진하였다. 경제환경 변화에 따라 변경된 모집단의 특성을 반영한 등급산출 방법론 구축 및 일부 평가등급의 집중현상을 해소하고, 기술평가 결과의 사후관리 및 성과검증을 통해 모형의 대외 신뢰성을 확보할 수 있도록 기술평가모형을 지속적으로 개선하였다. 기존의 KTRS 운용실적 분석 중심의 리뷰방법에서 Kolmogorov-Smirnov 등의 기법을 적용하여 모형의 신뢰성 및 안정성을 분석할 수 있도록 리뷰 방식을 개선하였으며, 변별력과 유의성이 낮은 지표의 정리를 통해 평가지표를 단순화하고, 로짓모형을 기반으로 하는 위험수준 산출방법을 개선하며, 평가등급의 세분화를 통해 평가등급의 변별력을 제고함으로써 KTRS의 안정성·신뢰성을 향상시켰다.

표 14-14 ▌기술보증기금 KTRS의 개선항목

개선항목	개 선 전	개 선 후
평가지표	45개 지표	34개 지표
객관화지표율	55.5%	61.8%
(계량화지표율)	(31.1%)	(35.3%)
기술로짓 점수산출	• 45개 지표를 16개로 그룹핑 후 주성분 분석과 로짓분석을 활용하여 확률값 도출 및 점수 산출	• 34개 지표에 대한 로짓분석 후 확률값 도출 및 점수 산출
환경로짓 변수변경	• 거시환경변수: 9개 • 기업환경변수: 6개	• 거시환경변수: 7개 • 기업환경변수: 5개

기술평가제도에서도 KTRS는 비슷하게 사용된다. 기술보증기금은 재무위주의 신용평가모형으로는 선별·지원이 어려운 무형의 기술·지식등에 대하여 기술성·사업성·시장성 등을 평가, 등급화하는 독자적이고 전문적인 기술평가시스템(KTRS)을 개발하여 운용 중에 있다. KTRS는 기술사업의 미래 성공가능성 및 기술기반의 위험을 동시에 고려한 기술금융에 최적화된 평가시스템으로, 2005년 7월 기금 업무에 전면 도입 후 지속적인 검증과 개선으로 사고율 및 리스크 예측치가 매우 안정적인 것으로 확인되고 있다.

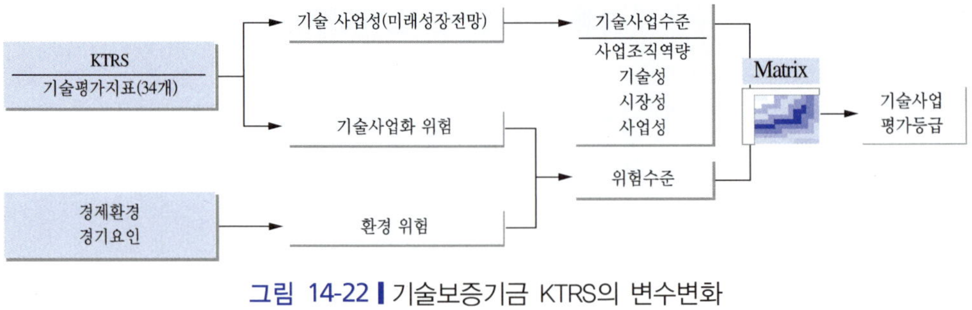

그림 14-22 ▌기술보증기금 KTRS의 변수변화

2005년 9월 최초 개발된 기보의 기술평가시스템인 KTRS는 5년이 경과되어 외부환경변화와 내부 프로세스 변경으로 성과 검증을 통한 모형개선 필요성이 제기되었다. 따라서 2005년 7월부터 2009년 12월까지 지원된 기술평가보증 22,445건을 대상으로 성과검증을 실시하고 등급산출 방법론을 개선하여 일부 평가등급의 집중현상을 해소하였다. 또한 기술평가 지표를 유의성이 높은 지표를 위주로 선별·재구성하고 평가의 공정성을 확보하기 위해 지표의 계량화·객관화를 추진하였으며 기술 기업의 특성을 반영하지 못하는 재무비율 지표 4개를 삭제하였다.

표 14-15 ▌기술보증기금 KTRS의 평가항목의 변화

항목	개 선 전	개 선 후
기술평가지표	45개 지표	34개 지표
객관화지표율	55.5%	61.8%
계량화지표율	31.1%	35.3%
재무비율관련지표	5개 지표	1개 지표

이러한 평가모형의 결과로 중소기업의 경쟁력 촉진 및 기술평가 중심의 기술금융 지원을 위하여 기술력 있는 금융 소외기업에 대한 지원을 확대하였고, 기술평가보증 지원규모를 높은 수준으로 지속 유지하는 한편 보증심사 규정 개정으로 기존의 기술심사(일반심사)보증과 기술 평가보증으로 이원화된 평가체계를 기술평가보증으로 단일화 함으로서 기술평가 중심의 기술금융 지원 체계를 확립하였다. 기술평가를 통해 금융 소외기업에 대한 지원 비중이 확대될 수 있도록 재무상태가 취약하나 기술력을 감안하여 성장잠재력이 있는 기술중소기업을 적극 지원하였으며, 사업초기에 매출실적은 없으나 기술평가를 통해 성장가능성이 있는 기업에 기술보증 지원을 지속적으로 추진하였다.

표 14-16 ▌기술평가 중심의 기술금융 지원 체계 안정화의 결과 (단위: 건, 억원, %)

기술사업평가등급	재무등급 B등급 이하 점유비 (%)			
	2007	2008	2009	2010
AAA-A	5.0	5.3	7.1	4.6
BBB-B	37.0	40.4	41.6	46.5
합 계	42.0	45.7	48.7	51.1

구 분	매출실적 없는 기업에 대한 지원실적			
	건수	비율	금액	비율
2007	853	6.7	3,133	8.4
2008	934	6.2	2,989	6.7
2009	1,552	6.5	5,238	6.4
2010	1,727	10.3	3,499	8.2

이외에도 창업기업용 평가모형(KTRS-Startup), 1인 창조기업용 평가모형, 지식기반서비스업 평가모형, R&D 평가모형 및 녹색기술 평가모형 등 기술의 특성과 경제환경, 변화 등을 감안한 다양한 모형을 개발함으로써 전문분야별 특화를 통하여 기술평가의 신뢰도 확보와 효율성을 제고하였으며, 평가자의 개인성향 및 일관성 정도를 계량 값으로 산출하여 평가오류를 최소화하는 KTRS Feed-back 시스템을 도입하여 특허출원('09년 4월)하였다.

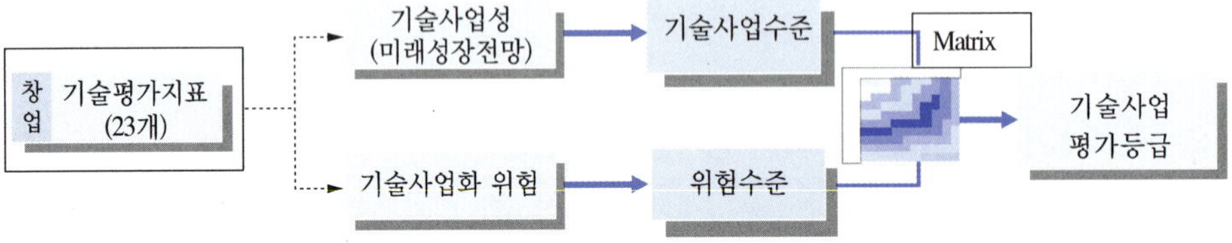

그림 14-23 | 창업기업용 평가모형(KTRS-Startup)

이러한 평가모형을 이용하고 난 후, 기술보증기금의 리스크 측정 및 방법론도 은행권 및 신용보증기금의 경우와 유사하다. 외부전문기관과 공동으로 실시한 기술평가모형(KTRS)의 3차 리모델링을 통하여 기술평가모형을 고도화하였다. 이는 기술평가보증의 기업 선별력과 평가의 신뢰성을 제고하고, KTRS-feedback 시스템 개선을 통하여 평가자의 성향 및 평가일관성에 대한 상대적 비교치를 제공함으로써 평가오류를 최소화하였다. 또한 기술평가보증의 보조 심사지표로 활용되는 필터링 시스템의 전반적인 운용실태 점검 및 부실예측 적합성을 검증하여 부실예측의 변별력을 상승시켰으며, 과학적 리스크관리기법을 도입하여 보증계획 초과 달성 및 안정적인 리스크 유지 성과를 시현하였다. 기술보증기금이 실질적으로 감내할 수 있는 적정 범위 내에서 대내외 경영환경 변화에 대응한 합리적인 리스크 총량관리 및 리스크 변동추이에 대한 주기적인 모니터링·피드백을 통하여 안정적인 경영기반 구축에 기여하였다. 영업점에 대한 리스크 변동단계별 차등관리 및 전략적 포트폴리오 운용 등 선제적인 리스크관리를 통한 High & Low Risk 보증자산의 조화로운 운용(창업기업 및 상위등급 확대)으로 보증자산의 질적 구조가 개선되었다. 또한 대내외 환경요인에 선제적으로 대응하고, 다양한 리스크 변동요인의 확률분포를 이용한 시뮬레이션 기법을 활용하여 보다 합리적인 리스크량을 예측하는 프로세스를 마련함으로써 보증정책에 부응하는 기준설정 등 리스크관리의 효율적인 운영을 통한 리스크관리시스템의 체계화를 도모하였다.

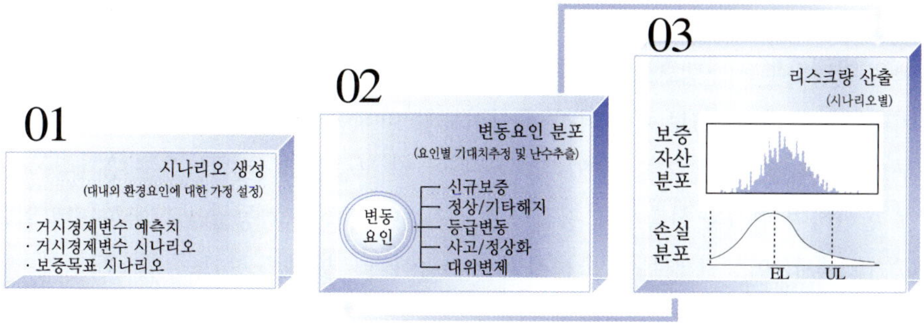

그림 14-24 | 기술보증기금의 리스크량 변동 예측 Process

제2절 소기업 및 소상공인 신용보증

개인신용보증을 알아보기 위하여 대표적으로 신용보증재단중앙회의 모형을 살펴보도록 하자. 먼저, 신용보증재단중앙회는 소상공인 신용평가모델을 도입하였다. 지역신보의 주고객인 소기업·소상공인의 경우, 기존의 기업과는 다른 신용평가 및 보증심사유형이 필요했다. 지역신보는 소상공인 전문 보증기관이었으나, 소상공인에 대한 객관적 평가 방법이 부재하였다. 이에 중앙회는 소상공인에 특화된 소상공인 신용평가모델개발을 추진하였다. 중앙회는 16개 지역신보와 공동으로 소상공인 신용평가모델을 개발하였다. 2002년 개발이 완료되어 2003년 10월 1일부터 전국적으로 적용된 소상공인신용평가모형은 소상공인의 재무위험, 산업위험, 경영위험, 영업위험 등 기업의 신용에 미치는 재무 및 비재무 요소를 분석, 평가하여 그 기업의 부실 위험도와 종합적인 신용상태를 파악하는데 목적이 있다. 신용평가모형은 신용평점모형과 보증한도모형으로 구성되어 있는데, 신용평점모형은 보증신청기업의 재무정보와 비재무 정보, 가점항목을 토대로 신용등급을 산출하여 기업에 대한 보증여부를 판단할 때 활용하는 모형이며, 보증한도모형은 신용평가모형을 통하여 최종적으로 신용보증이 이루어져도 좋다고 판단된 경우 사후적으로 적용되는 모형으로서 이는 재정상태지수와 자금수지지수 항목을 적용하여 보증금액의 기준액을 보증한도 기준표에 의해 결정되게 되고, 이후의 보증한도 조정표에 의해 보증금액을 결정하는 모형으로 활용되고 있다. 소상공인신용평가모형은 2005년 및 2007년에 평가모형의 일부를 현실에 맞게 전면 재조정하여 소상공인의 신용평가업무에 적용하고 있다. 2007년에 수정된 지역신보의 소상공인평가모델은 소상공인을 1~10등급(AAA~D 등급)으로 구분하여 적용하고 있으며, 소상공인지원센터의 보증추천 및 지역신보의 보증심사시 이를 활용하고 있으며, 소상공인이 자신의 상태를 자가진단할 수 있는 기준이 되기도 한다. 신용평가표 체계를 보면 공통모형은 창업기업과 일반기업으로 구분되며, 업종별로 추가모형이 6개 업종으로 구분되어 보증한도 모형을 통해 보증지원금액을 결정하는 시스템으로 구성되어 있다. 평가 요소는 재무요소(매출액, 차입금 등), 계량적 비재무요소(업력 등)로 이루어진 사실정보와 비계량적 재무요소(매출전망, 기술수준 등)로 구성된 판단정보로 이루어져 있다. 신용등급 및 보증한도 산출은 각종 평가항목의 평가점수를 합산하여 평점을 산출하고 평점별 등급기준에 의해 평가등급을 산출하는데 일반적으로는 6등급(B등급)이상인 경우에 보증지원이 가능하다. 보증한도는 보증한도모형에 의해 보증한도지수를 산출하고 신용등급별로 한도조정금액을 가감한 후 보증한도액을 산출한다. 신용평가시스템의 흐름과 신용평점별 등급은 다음과 같다.

표 14-17 ▌신용평가시스템의 흐름도

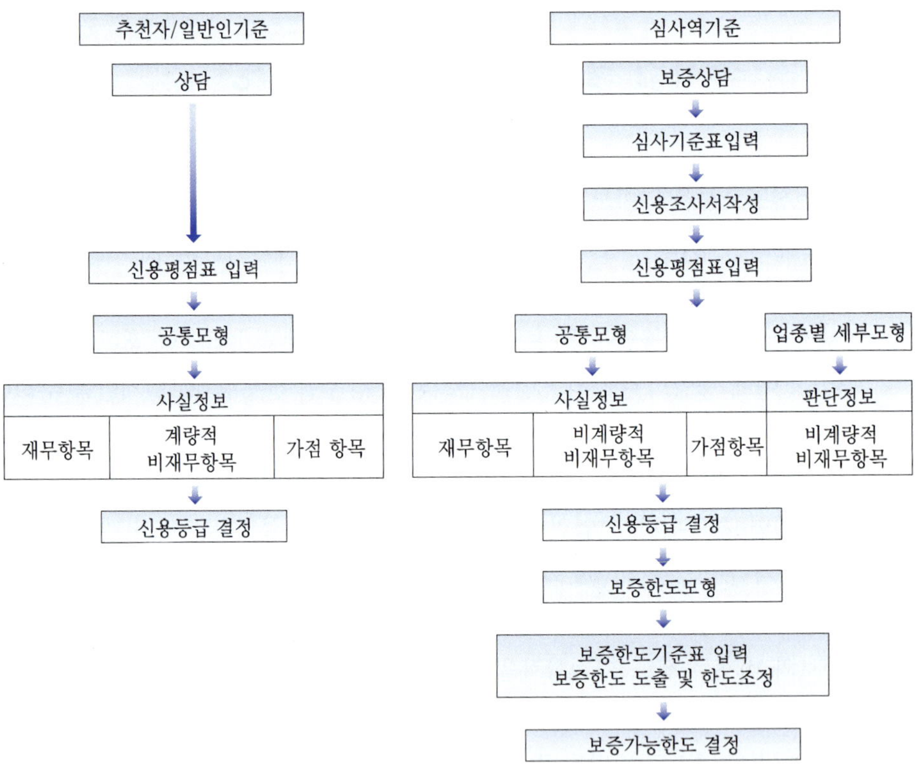

표 14-18 | 신용평점별 신용등급 기준표

등 급		등 급 정 의
보증 가능	AAA	• 채무불이행 위험이 극히 낮아 신용상태가 매우 우량한 업체
	AA	• 채무불이행 위험이 매우낮아 신용상태가 우량한 업체
	A	• 채무불이행 위험이 낮아 신용상태가 우량하나 수익성이 다소 미흡한 업체
	BBB	• 채무이행능력이 있어 신용상태가 보통이상이나 장래의 경제여건 및 환경악화에 따라 수익성면에서 불확실성을 내포한 업체
	BB	• 현재 시점에서 채무이행 능력에 문제가 없어 신용상태가 보통이나 장래의 경제여건 및 환경악화에 따라 수익성 저하가 우려되는 업체
	B	• 현재 시점에서 채무불이행 위험이 높지 않으나 환경변화에 따라 장기적 수익성 유지 가능성이 낮아 신용상태가 보통이하인 업체
보증 불가능	CCC	• 현재 채무불이행 상태에 있는 것은 아니나 신용상태가 미흡하여 보증금액 회수가능성이 요주의에 해당하는 업체
	CC	• 채무불이행 위험이 높아 신용상태가 매우 미흡하여 보증금액 회수에 불확실성을 보이는 업체
	C	• 채무불이행 위험이 높아 신용상태가 불량하여 보증금액 회수가 의문시되는 업체
	D	• 채무불이행 위험이 높아 신용상태가 매우 불량하여 보증금액 회수 블능으로 분류되는 업체

신용보증재단중앙회는 기업신용평가시스템을 도입하여 운영하고 있다. 소상공인신용평가모형의 도입·시행에도 불구하고 이를 중기업이나 소기업에 동일하게 적용할 수는 없었다. 이에 따라 소기업 신용평가시스템 도입의 필요성이 대두되어 16개 지역신보와 공동으로 기업신용평가시스템 도입을 추진하여 2007년 4월 1일 부터 테스트를 거쳐 2007년 10월 1일부터 시행하였다. 기업신용평가시스템은 보증심사의 전문성 강화를 통한 지역신보 신용보증의 건전성 제고와 보증심사업무의 객관성 확보로 신용보증의 투명성 및 효율성을 제고하고, 기업특성에 적합한 신용평가시스템 구축으로 보증업무를 고도화시키는 데 목적이 있다. 기업신용평가시스템의 구성은 외감기업, 비외감기업, 소기업으로 평가시스템을 세분화하였으며, 외감법인은 총자산 70억 이상 기업을 대상으로 재무모형(60%)과 비재무모형(40%)으로 구성하였고, 비외감기업은 총자산 10억원 이상 총자산 70억원 미만기업을 대상으로 재무모형(40%), 비재무모형(40%), 대표자 모형(20%)로 구성하였으며, 소기업은 총자산 10억원 미만 법인기업 및 개인기업을 대상으로 재무모형(20%), 비재무모형(60%), 대표자모형(20%)로 구분하였다.

표 14-18 | 기업신용평가시스템 구성

<table>
<tr><td>평점산출</td><td colspan="3">결합평점산출
(모형별 적용비율)</td><td rowspan="2">등급제한대상
확인</td><td rowspan="2">가감점
부여</td><td rowspan="2">최종
신용등급
산출</td></tr>
<tr><td>평가모형
(배점)</td><td>외감</td><td>비외감</td><td>소기업</td></tr>
<tr><td>재무모형
평점(100)</td><td>60%</td><td>40%</td><td>20%</td><td rowspan="3">등급제한 사유해당
여부확인(해당시
BB~D등급으로 제한)</td><td rowspan="3">해당항목
여부확인
(총 7점이내)</td><td rowspan="3">AAA
AA
A
BBB
B
B
CCC
CC
C
D</td></tr>
<tr><td>비재무모형
평점(100)</td><td>40%</td><td>40%</td><td>60%</td></tr>
<tr><td>대표자모형
평점(100)</td><td>-</td><td>20%</td><td>20%</td></tr>
</table>

제15장 신용리스크 조정 성과측정

금융회사 전체의 리스크 목표가 결정되면 다음 작업은 이를 사업본부 등 개별 구성단위로 나누어주는 경제적자본의 배분작업이 이어져야 한다. 전체 목표는 개별 단위로 분해되어 구체적으로 제시될 때만 비로소 현실적 의미를 가지기 때문이다. 자본의 배분은 금융회사의 경영조직과 일치하도록 주어져야 한다. 과거에는 금융회사들이 여신, 주식, 채권, 파생상품 등 기능별로 구분되어 있었다면, 최근 들어서는 기업금융, 소비자금융 등 대상 고객별 사업본부 단위로 구분되는 경향을 보인다.

리스크조정 성과측정(Risk-Adjusted Performance Measurement, RAPM)은 리스크를 반영하여 경제적 성과를 측정하는 것을 의미한다. 다음과 같이 협의와 광의로 RAPM의 개념을 구분하여 정의할 수 있다. 협의의 RAPM은 RAROC지표를 활용한 조직의 성과평가를 의미하며 광의의 RAPM은 RAROC지표와 EVA지표 등을 활용한 조직별 성과평가, 상품별 위험대비 수익성 측정 및 고객별 위험대비 기여도를 측정한다. 구체적인 RAPM을 이해하기 위해서는 위험조정 수익관리와 자본배분 등의 내용에 대한 이해가 선행되어야 한다. RAPM은 1970년대 후반, 미국의 유명한 투자은행인 Banker Trust에 의해 처음 도입된 리스크 조정된 수익지표이며 경제적 자본수익률(Economic Return on Capital)을 효과적으로 측정하는 데 필요한 위험과 보상의 상충관계를 고려한다. 즉, 전통적인 수익성지표로 활용되고 있는 ROA나 ROE는 자산의 개별적인 리스크를 고려하지 않고 수익률을 계산하기 때문에 각 사업부문의 수익성 적정한 자본수준 신사업진출시의 필요자본량 등에 대한 정확한 정보를 제공해주지 못하고 있다. 이러한 단점을 보완하고자 개발된 것이 RAROC로 리스크조정 기준에 따라 각 사업부문에 자본을 배분하고 배분된 자본에 대한 수익률도 위험을 고려하여 산정한다.

RAROC는 1990년대 들어 VaR 등 보다 정교한 리스크 측정방법들이 발전됨에 힘입어 금융산업과 감독당국에 의해 바람직한 자본배분 및 성과평가 기준으로 인정받기 시작하였다. 고도로 발전된 리스크 측정방법들은 금융회사들이 포트폴리오를 기반으로 하는 통합된 자본관리를 가능하게 하였으며 이 과정에서 신용리스크, 시장리스크 및 운영리스크간 상관관계를 고려한 통합리스크의 측정 및 관리가 가능해졌다. 예컨대, 리스크 정도가 서로 다른 두개의 프로젝트에 동일한 금액을 투자하여 동일한 수익을 얻었을 경우 전통적인 수익성지표인 ROA를 사용하면 두 프로젝트의 수익률이 같게 나타나지만 RAROC를 사용하면 리스크가 높은 프로젝트의 수익률이 낮게 나타날 수도 있다. 따라서 RAROC의 궁극적인 목표는 경영진이 사업단위의 회계적 수익성 대신 경제적인 수익성을 비교하는 데 활용할 수 있는 전사적으로 통일된 성과측정치를 제공하는 것이다.

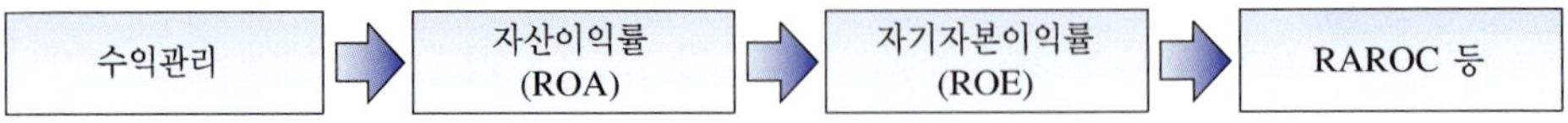

그림 15-1 ▌성과평가지표의 발전과정

회사 전체의 리스크를 사업본부별로 리스크를 분해하기 전에 먼저 파악해야 하는 것은 사업본부별 RAROC와 자기자본비용(cost of equity)간의 비교이다. 원칙적으로 RAROC가 자기자본비용보다 작은 사업본부라면 이를 폐쇄하는 것이 금융회사 가치 증진에 도움이 된다. 다만 신생 또는 전략적 부문으로서 당장의 수익성 저하를 감내할 판단 하에 유지되는 경우라면 예외이다. 일단, 자기자본비용을 넘은 RAROC를 갖는 사업본부들이 선택된 다음에는 이들간 RAROC를 일치하도록 자본배분을 재조정하는 것이 원칙이다. 이는 투하 생산요소들의 한계생산성을 일치시킬 때 전체 생산이 극대화된다는 경제학의 원칙에 따른 것이다. 이 원칙이 적용되기 위해서는 한계생산성(여기에서는 사업본부별 한계사업의 RAROC)이 체감한다는 것이 전제 되어야 하는데, 각 사업본부들은 별도의 전략적 고려가 없는 한, 제한된 자본을 RAROC가 큰 순서대로 배분했을 것이므로 이 조건은 충족된다고 볼 수 있다. 이와 같이 리스크 분해작업을 세부단위로까지 확대해가면 궁극적으로 개인 단위에 이를 수 있다. 즉 개인별로 리스크 목표가 배분되는 것이다. 금융회사는 이를 기반으로 보상체계를 설계할 수 있을 것이다. 한편, 이와 같은 경제적자본의 배분과정에서 RAROC는 핵심지표로 등장하게 된다. 따라서 자본배분의 성공은 RAROC 측정과 관련해서는 활동기준 회계원가(Activity Based Costing, ABC)와 내부이전가격(Fund Transfer Pricing, FTP)제도의 두 가지가 성공적으로 갖추어져 있어야 한다. 이 중 내부이전가격제도는 각 사업단위의 순이익 기여분을 측정하는데 이용될 수 있다. 금융산업의 경쟁력을 높이기 위해서는 일부 은행에서 도입하고 있는 내부이전가격제도는 영업점이 조달·운용하는 자금의 기준을 시장금리로 설정해 은행내부자금의 조달과 운용의 효율성을 높이는 제도를 말한다. 따라서 이전가격제도는 명확한 구축목표를 가지고 있어야 하며 금융회사의 사업목표와 리스크 관리수행에 있어 일관성이 있어야 한다. 또한 이는 믿을 수 있어야 하고 이해 가능한 것이며, 실용적이고, 경영자층에서도 완전히 받아들여 질 수 있는 것이어야 한다. 이전가격제도는 주기적으로 재검토과정을 거쳐야 하며 다른 시스템들과 일관성이 유지될 수 있어야 한다. 또한 과거의 잘못된 성과도 정도의 가감없이 그대로를 반영할 수 있어야 한다.

국내은행들은 선진화된 리스크 관리시스템의 도입역사가 짧아 아직 이를 효율적으로 활용할 수 있는 역량이 미흡한데다 시스템 운용에 필요한 각종 기초자료 부족으로 측정결과에 대한 신뢰도가 떨어짐으로써 그 활용이 제한되고 있다고 평가한다. 한 예로 종합리스크 관리시스템을 구축한 12개 은행 중 절반이 넘는 7개 은행이 RAPM을 도입하고 있으나 평가결과가 여전히 참고자료로 활용되고 있는데 그치고 있어 리스크 관리시스템이 은행경영에 실질적으로 큰 도움을 주지 못함을 보여준다는 것이다. 그나마 시중은행의 리스크 관리단계는 계량화의 중기단계로 판단되며 지방은행의 경우에 시중은행보다 더 뒤처진 계량화 초기단계로 평가한다.

제1절 수익관리의 개요

경쟁의 심화와 끊임없이 변화하는 금융환경의 속성으로 인하여 금융산업은 전통적인 이익평가방법에 머무를 수 없고 현금흐름과 현대적 포트폴리오 이론에 바탕을 둔 좀 더 정교한 이익평가를 도입하도록 강요받고 있다. 동시에 세계금융시장의 변동성(volatility)의 증가와 신상품의 증가는 금융기관이 안게 되는 리스크를 증폭하여 리스크에 대한 적극적인 관리와 활용이 금융기관의 안정성 및 수익성의 확보에 매우 중요한 요인이 되고 있는 것이 사실이다. 수익과 리스크는 서로 상충 관계(trade-off)에 있어 수익과 리스크가 함께 고려되지 않으면 의미가 없다. 따라서 리스크를 무조건 회피하려 해서도 안되고 금융업의 성격상 불가피한 것도 있으므로 위험을 정확히 파악하고 금융회사가 수용할 수 있는 범위 내에서 위험을 관리하는 것이 중요하며 수익관리에도 위험을 함께 고려해야 한다. RAPM은 이런 요구를 충족시킬 수 있는 방법이다. 수익관리(profitability analysis)란 금융기관에서 이용되는 관리회계의 한 형태로서 금융기관 전체의 경제적 성과를 조직 상품 고객 등 부문별로 분리 측정하는 방법 원칙 절차 및 시스템을 의미한다. 수익관리 손익은 재무회계 손익계산서 손익과 다음과 같은 점에서 다르다. 먼저, 내부 보고용 재무회계의 손익은 투자자, 주주 등 이해관계자에게 보고할 목적으로 대외적인 회계원칙에 따라 작성되는 것이지만 수익관리의 손익은 내부 경영진에게 경영정보를 제공할 목적으로 내부적인 합의를 바탕으로 작성되는 것이다. 둘째, 부문별 손익 재무회계 손익이 금융기관 전체 차원에서의 손익인 반면 수익관리 손익은 금융기관 내의 세부 부문별(조직별, 상품별, 고객별) 손익을 의미한다. 셋째, 리스크조정 재무회계 손익은 리스크가 조정된 값이 아니다. 수익관리에서의 손익은 리스크가 조정되어 있다. 리스크는 확률적으로 예상된 손실 뿐 아니라 잠재적인 최대 손실 가능액까지 포함한다. 넷째, 손익인식방법이 다를 경우, 위험이 조정되지 않은 상태에서도 수익관리 손익은 재무회계 손익과 다를 수 있다. 재무회계 손익은 회계원칙(Generally Accepted Accounting Principle, GAAP)에 따라 인식되나 이중 일부가 경제적 성과를 제대로 반영하지 못하는 것으로 판단되면 개별 금융기관은 보다 정확한 경제적 성과를 구하기 위해 GAAP와 다른 손익인식 방법을 수익관리에 적용할 수 있다.

이제, 전통적 수익관리와 현대적 수익관리 방식에 대해 알아보자. 손익계산서에 기초한 전통적인 수익관리에 있어서 영업단위(사업본부, 팀, 개인 등)별 이익은 수입이자 등 자산으로부터 발생하는 실제 수익에서 지급이자 등 부채로부터 발생하는 실제 원가를 차감하고 여기에 금융기관의 본지점계정 손익을 가감하여 산출된다.

영업단위별 이익 = 자산 수익 − 부채 원가 ± 본지점계정 수익 혹은 원가

여기서 본지점계정이란 개별 영업단위의 자산과 부채 간 차액 즉, 개별 영업단위가 자금(treasury)부서로부터 차입한 자금 혹은 동 부서에 운용한 자금을 의미한다. 이러한 본지점계정에 내부이전가격(Fund Transfer Price)을 곱하여 동 계정의 손익을 계산하는데 이것을 순액법이라 한다. 내부이전가격에 대해서는 뒤에 자세히 설명하기로 한다.

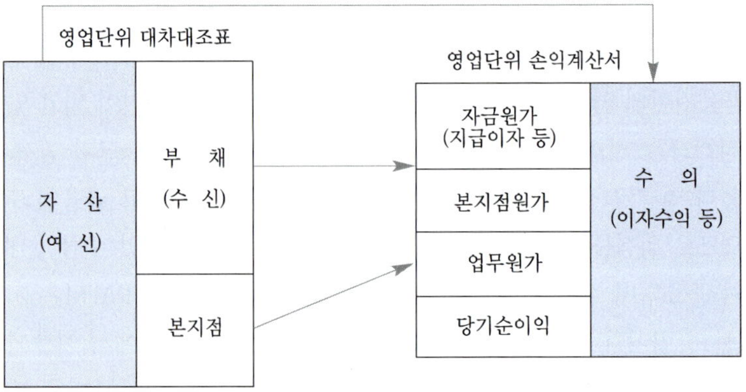

그림 15-2 ❙ 전통적 수익관리: 순액법

순액법에 의한 전통적 수익관리는 다음과 같은 문제점을 안고 있다. 첫째, 본지점계정에 적용되는 금리 즉, 내부이전가격의 변경(통상 월 1회 이상)은 본지점손익의 변화를 초래할수 있다. 이것은 영업단위의 이익이 금리리스크에 노출되어 있음을 의미하며 금리리스크를 자산부채관리(ALM) 부서가 집중 관리하는 오늘날 리스크관리 추세에 적합하지 않다. 둘째, 본지점계정 손익이 자산 및 부채의 현금흐름과 무관하게 결정되므로 각 영업단위의 이익을 정확하게 측정할 수 없다. 셋째, 개별 거래에 대한 손익을 측정하지 않으므로 상품 고객 등 다양한 차원에서의 손익 집계 및 분석이 불가능하며 각 거래별 리스크의 측정이 가능하더라도 이를 반영하여 리스크조정이익을 산출할 수 없다.

순액법의 제반 문제점을 해결하기 위하여 오늘날 수익관리에서는 자산 및 부채의 각 거래

에 대해 개별적 독립적으로 이익을 측정하는 바 이를 총액법 혹은 건별 원가계산(Single Transaction Costing, STC)이라 한다. 즉, 총액법에 의하면 모든 거래는 그 거래가 취급된 시점에서 현금흐름 특성을 반영한 내부이전가격(FTP)이 개별적으로 부여되며 여신의 경우 수입이자 등 실제 수익에서 내부이전가격를 차감한 금액, 그리고 수신의 경우 내부이전가격에서 지급이자 등 실제 자금원가를 차감한 금액이 바로 각 거래의 손익으로 인식된다.

여신거래 이익 = 실제 수익 − 내부이전가격
수신거래 이익 = 내부이전가격 − 실제 원가

순액법과 달리 총액법에 있어서는 각 영업단위의 모든 자금조달 및 운용이 본부 자금부서(treasury)를 통해 이루어진다. 순액법에서 영업단위는 자신이 조달한 자금을 우선 자신이 운용하며 그 과정에서 잉여자금이 발생하면 자금부서에 대출하고(본지점 대변) 반대로 부족자금이 발생하면 자금부서로부터 차입한다(본지점 차변). 그러나 총액법에서는 영업단위가 자금을 조달한 경우 내부조달원가(FTP)로 그 전액을 자금부서에 운용하고 반대로 자금을 운용하고자 할 경우에는 내부조달원가로 그 전액을 자금부서로부터 차입한다. 총액법 방식에 의하면 본지점계정에 대한 손익을 별도로 계산할 필요가 없다. 각 거래에 대해 개별적으로 내부이전가격를 적용한다는 것은 달리 말해서 거래건별로 본지점계정을 대응시키고 이에 대해 손익 계산을 완료하였음을 의미한다.

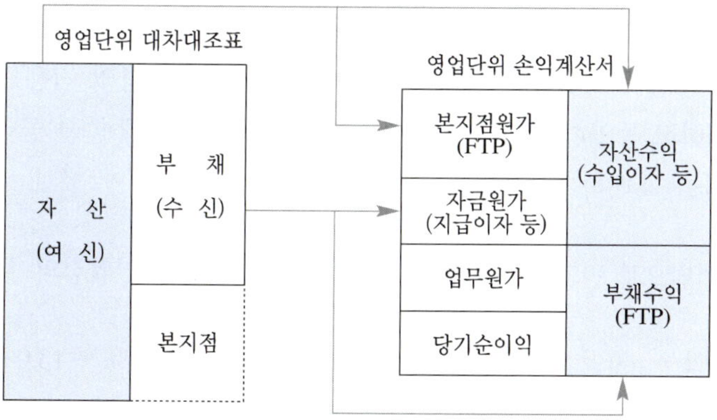

그림 15-3 ▌현대적 수익관리: 총액법

간단히 다음 예를 통해 손익을 살펴보자.

표 15-1 ▌자산부채 현황

자 산			부 채		
일반대출	60억	13.5%	저축예금	20억	12.0%
할인어음	10억	14.0%	정기예금	80억	12.5%
내부자금	30억				
합 계	100억		합 계	100억	

첫째, 내부금리를 적용하지 않을 경우 영업점의 손익은 -2.9억원이며 이는 내부이전자금 30억원에 대한 미평가로 손익평가가 왜곡된 경우이다.

영업점손익 = 수입이자 − 지급이자
= [(60억 × 13.5%) + (10억 × 14.0%)]
− [(20억 × 12.0%) + (80억×12.5%)] = −2.9억원

둘째, 순액법으로 13%의 단일내부금리를 적용할 경우 영업점의 손익은 1억원이 된다.

영업점손익 = [(60억 × 13.5%) + (10억 × 14.0%) + (30억 × 13.0%)]
− [(20억 × 12.0%) + (80억 × 12.5%)] = 1억원

이 경우, 조달 및 운용 차액에 대해서만 내부금리를 적용하기 때문에 시장금리의 변동이 개별상품의 금리리스크로 연계되는 경로를 무시하게 되어 금리리스크 관리와 개별과목의 이익기여도 측정이 어렵다는 단점이 있다 또한 단일 내부금리 적용으로 인해 개별과목의 특성을 무시하고 동일한 금리를 적용함으로써 기간의 차이에 따른 금리위험 프리미엄을 무시하는 결과를 초래하게 된다.

셋째, 총액법으로 만기대응 복수내부금리를 적용할 경우 영업점의 손익은 2.3억원이 된다.

영업점손익 = [60억 × (13.5% − 12.0%)] + [10억 × (14.0% − 13.0%)]
+ [20억 × (12.5% − 12.0%)] + [80억 × (14.0% − 12.5%)] = 2.3억원

이 경우 조달과 운용과목에 내부금리를 개별적으로 적용함으로써 과목의 특성에 적합한 복수내부금리 적용이 이루어지며 이로 인해 개별 과목별 이익 기여도 파악이 정확해짐과 아울러 순이자마진(NIM)의 발생경로를 신용리스크마진, 금리리스크마진, 조달마진으로 구분할 수 있게 된다.

제2절 리스크조정 이익의 계산

모든 개별거래에 대해 리스크조정 이익(Risk-Adjusted Return, RAR) 혹은 경제적 이익(Economic Value Added, EVA)으로 리스크와 수익을 적절히 반영한 성과지표를 계산할 수 있다. 리스크조정 이익이란 손익계산서 개념의 손익에서 리스크를 차감한 것이며 리스크란 예상손실(Expected Loss, EL) 및 예상치 못한 손실(Unexpected Loss, UL)을 모두 포함한다. 금융기관은 미래에 대규모 손실이 발생하더라도 이를 흡수하고 생존하기 위하여 경제적 자기자본(Economic Capital, EC) 혹은 리스크자본(Risk Capital, RC)을 확보하여야하는데 이 자기자본에 대한 기회비용 이 바로 자본원가이다.

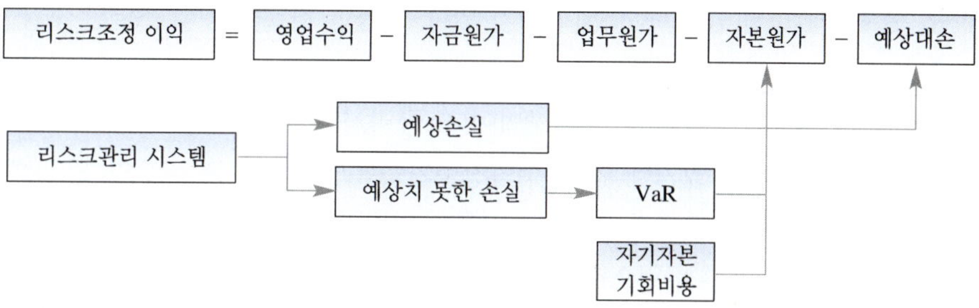

그림 15-4 ▌리스크조정 이익의 측정

성과측정의 대상은 이익단위와 원가단위로 나뉘어진다. 이익단위(profit center)란 수익을 직접적으로 창출하는 영업단위를 의미한다. 여기서 수익이란 수입이자, 수입수수료, 자본이득, 배당금 등 금융기관이 자금 및 서비스를 제공하고 리스크를 부담하는 대가로 고객으로부터 받는 모든 금전적 보상(monetary compensation)을 의미한다. 이익단위가 수익을 창출하기 위해서는 자금원가, 업무원가 및 자본원가(리스크자본에 대한 기회비용)를 지불하는 바 수익에서 이러한 원가를 차감하면 이익단위의 이익이 계산된다. 이익단위가 부담하는 업무원가에는 동 이익단위내에서 발생한 직접업무원가 뿐만 아니라 원가단위(cost center)에서 발생한 간접업무원가 중 일부(각 center로 배분된 금액)까지 포함된다. 원가단위(cost center)란 이익단위의 영업활동을 지원하기위한 조직단위로서 이익단위에 서비스를 제공할 뿐 고객을 통해 직접적인 수익을 창출하지는 않는다. 최근 일부 기관에서는 대내적인 서비스에 대해서도 수혜조직에 대해 수수료를 받음으로써 원가단위를 이익 단위화하는 경향을 보이고 있으나 서비스에 대한 가격 즉 수수료를 정확하게 측정하는 데 많은 어려움이 있어 아직 보편적으로 활용되지는 못하는 것이 사실이다. 각 원가단위에서 발생한 간접업무원가는 다시 일정한 기준에 따라 이익단위에 귀속 및 배분된다. 이 때 배분기준은 각 금융기관이 자의적으로 결정할 것이나 일반적으로는 다음의 두 가지로 이루어진다. (i) 간접업무원가의 속성상 수혜

이익단위가 명확한 경우, 해당 이익단위에 전액 귀속된다. (ii) 속성상 수혜 이익단위가 명확하지 않은 간접업무원가는 일정한 기준에 따라 임의 배분된다.

자금원가 측정은 내부이전가격(Fund Transfer Pricing, FTP)의 설정에 의해 이루어진다. 내부이전가격이란 금융기관 내에서 자금조성부문 혹은 자금운용부문과 자금부서 간에 자금을 사고파는 데 적용되는 가격 즉, 금리를 의미한다. 내부이전가격은 엄밀히 말해 현금흐름(cash flow)에 따라 달리 결정되며 자금부서가 단순 자금중개기능을 수행한다면 조달과 운용에 동일한 FTP를 적용하지만 자금부서에 자금 뿐 아니라 리스크도 집중시킨다면 조달 내부이전가격과 운용 내부이전가격으로 분리하여 운용해야 한다. 내부이전가격은 수익관리에 있어 자금원가(funding cost)를 결정하며 따라서 자금조달단위 자금운용단위 그리고 자금부서의 손익을 측정하는 데 가장 중요한 핵심 요소이다. 내부이전가격의 종류를 보면 다음과 같다. 첫째, 실제 자금조달 금리(historical rate)가 있다. 다양한 경로를 통해 조달된 자금들을 하나의 pool에 넣고 이들 자금의 가중평균 조달금리를 내부이전가격으로 사용하는 방법으로 지금까지 대부분의 금융기관이 사용해온 방법이다. 금리가 심하게 변동하는 경우 경직된 금리로 인하여 금리경쟁력을 잃거나 추가 수익창출기회를 포기하게 될 수 있다. 둘째, 시장금리(market rate)가 있다. 금융기관이 매일 자금을 조달하든 그렇지 않든 매일의 시장금리를 내부이전가격으로 고시하는 방법으로 금융기관의 시장상황에 대한 적응성을 제고하고 금리리스크 및 유동성리스크를 축소할 수 있다. 시장금리를 내부이전가격으로 쓰게 되면 매일 변경하는 시장금리에 대한 이해가 부족한 고객을 설득하는데 어려움이 있을 수 있다. 셋째, 기준금리(standard rate)가 있다. 시장금리를 참조하여 금융기관 내부적으로 정하는 기준금리를 내부이전가격으로 사용할 수 있다. 시장금리가 급격하게 변하지 않는 한 기준금리가 비교적 장기간에 걸쳐 안정적으로 유지되므로 대고객 관계에 있어 문제 발생이 적은 대신 금리리스크 및 유동성리스크는 해당 금융기관이 흡수해야 한다.

내부이전가격의 적용은 다음과 같다. 내부이전가격은 자금의 만기에 따라 달리 적용됨이 원칙이며 이 때 만기는 단순만기가 아닌 현금흐름이 반영된 만기이다. 만기별 내부이전가격은 적당한 기간별로 구성할 수 있다(예, 1일, 1개월, 3개월, 6개월, 1년, 2년, 3년 만기). 일시상환이 아닌 경우(즉, 원금균등상환이나 원리금균등상환처럼 만기전에 현금흐름이 발생하는 경우) 최종만기와 현금흐름이 반영된 만기는 일치하지 않는데 이런 경우 내부이전가격을 적용하기 위한 만기는 듀레이션법을 사용하는 것이 보편적이다. 엄밀하게는 개별현금흐름에 대하여 각각 해당만기의 내부이전가격을 적용(개별 현금흐름 대응법) 해야 하나 이 방법은 이해하기 어렵고 시스템의 부담도 크므로 사용하기 어렵다. 조달FTP와 운용FTP를 구분할 경우, 조달FTP는 자금부서가 시장으로부터 조달 가능한 금리를 적용하고 운용FTP는 자금부서가 무위험 자산으로 운용할 때 얻을 수 있는 금리 또는 벤치마크 포트폴리오(benchmark portfolio)의 기대수익률을 적용한다.

업무원가에 대해 알아보자. 자금원가 및 자본원가와 달리 업무원가는 개별거래가 아니라 전체 조직으로부터 발생한다. 따라서 개별 거래별 업무원가를 측정하기 위해서는 조직 차원의 업무 원가를 각 거래에 대해 인위적으로 귀속(attribution) 혹은 배분(allocation)하여야 한다. 업무원가는 직접 업무원가와 간접 업무원가로 나누어진다. 직접 업무원가는 이익단위에서 발생한 업무원가로서 해당 이익단위에 바로 귀속된다. 간접 업무원가는 원가단위에서 발생한 업무원가로서 최종적으로 임의로 정한 기준에 따라 각 이익단위에 귀속 또는 배분된다. 결국, 이익단위는 직접 업무원가 뿐만 아니라 간접 업무원가까지 부담해야 한다. 업무원가의 귀속 및 배분은 크게 두가지가 있다. (i) 조직별 업무원가의 귀속 및 배분: 업무원가는 우선 비용을 집행한 각 이익단위 및 원가단위별로 집계된다. 단, 수혜대상이 분명한 간접 업무원가 연수비 등 는 집행 즉시 해당 이익단위 혹은 원가단위로 귀속된다. 원가단위별로 집계된 간접 업무원가에는 수혜대상이 불분명한 간접 업무원가만 포함되어 있으며 이는 최종적으로 인위적인 기준에 따라 모든 이익단위로 배분된다. (ii) 상품별 업무원가 계산: 상품별 업무원가를 계산하는 방법은 여러 가지가 있으나 여기에서는 경험적 평균법(historical average)을 사용하여 설명한다. 업무원가를 배분하기위한 방법으로는 활동단위로 계산하는 것이 최신의 방법이지만 여기에서는 상품별 업무원가를 계산하는 예를 들기로 한다. 하나의 이익단위가 하나의 상품을 독립적 배타적으로 취급할 경우, 상품별 업무원가는 다음과 같다.

상품별 업무원가 = 연간 업무원가/연간 거래건수

하나의 상품이 여러 이익단위에서 공동으로 취급될 경우에는 상품의 표준 업무원가를 계산하여야 한다.

상품별 표준업무원가 = 표준소요시간 × (시간당 표준 직접업무원가 + 시간당 표준 간접업무원가)

간접업무원가의 배분기준은 다음과 같다. (i) 사용량 기준: 업무원가 항목별로 사용량이 많은 이익단위에 더 많은 원가를 배분하는 방법이며 주요 사용량 기준은 인원수, 자산규모, 사무실 면적 등이다. (ii) 책임 기준: 책임 기준은 개인 또는 조직의 연봉을 기준으로 하는 방식이다. 이는 책임 연봉이 많은 개인 또는 조직이 실제 사용량과 관계없이 더 많은 수익을 창출해야 한다는 취지를 갖고 있다.

자본원가 측정은 자기자본의 기회비용과 예상치 못한 손실인 경제적 자본으로 나누어진다. 자본은 주주가 출자한 자금으로서 현 주가 수준을 유지하기 위해서는 적어도 주주가 기대하는 최소한의 수익성을 보장하여야 하는 바 이러한 자본에 대한 최소 수익성을 자기자본비용(Cost of Capital)이라 한다. 주식의 리스크가 채권자의 리스크보다 훨씬 크므로 자기자본비용은 당연히 무위험자산 혹은 채권의 수익률보다 높으며 따라서 자본을 보유하고 있는 금융기관은 부채(예금 등 불특정 다수인으로부터 조달한 자금)의 금리보다 훨씬 높은 자기자본비용을 부담하여야 한다. 자기자본 비용은 주가가 현수준 이상을 유지하기 위해서는 배당 또는 기업가치의 측면에서 일정수준 이상의 수익률은 보장되어야 하며 주식의 리스크가 일반채권보다 크므로 무위험수익률은 물론 일반채권의 수익률 보다 훨씬 높은 자기자본 비용을 부담해야 한다. 자기자본비용율(Cost of Capital, CoC)은 자본제공자의 요구 수익율 즉, 기회비용을 의미하며 CoC는 신규 투자 의사결정시 기준이 되는 기대수익율 즉, Hurdle Rate로 활용됨과 동시에 EVA(경제적 부가가치)를 산출의 중요한 요소이다.

표 15-2 | CAPM모형과 WACC모형의 비교

구분	CAPM 모형	WACC 모형
정의	• 개별주식 수익률, 주가지수 수익률 및 무위험 채권 수익률간의 역사적 관계를 분석하여 COC를 산출하는 모형	• 자금조달 원천별 자금비용을 가중평균하여 COC를 산출하는 모형
대상 자본	• 은행의 주주가 투자한 자기자본을 대상	• 타인자본과 자기자본 등 장기적인 자금의 원천을 대상
산출 공식	• Ri = Rf + B(Rm − Rf) • Rf: 과거 일정기간동안의 무위험 채권 년 평균 유통 수익률 • Rm: 과거 일정기간동안의 종합주가지수 년 평균 수익률 (Rm − Rf): 무위험채권의 유통수익율을 초과한 시장포트폴리오의 초과이익 → Risk Premium	• Ri = (We × Ke) + (Wi × Ki) • Ke: CAPM을 통해 측정 • Ki: 타인자본에 대한 이자율 • We = 자기자본PV / 총자본PV • Wi = 타인자본PV / 총자본PV • We + Wi = 1
장점	• WACC 방식에 비해 상대적으로 COC산출이 용이함	• 타인자본의 존재를 인정함(BIS 기준 자기자본 개념과 부합)
단점	• 장기 타인자본 즉, 후순위채권 혹은 차입금을 반영할 수 없음	• COC 산출이 CAPM 모형보다 복잡함

예상치 못한 손실은 경제적 자본을 말한다. 리스크가 증대되고 있는 최근 금융 현실에서 자기자본은 금융기관의 자산운용과 관련한 각종 리스크를 완충하기 위한 마지막 보루로 정의된다. 이러한 의미에서의 자본을 경제적 자본(Economic Capital, EC) 혹은 리스크자본(Risk Capital, RC)이라 한다. 따라서 상대적으로 많은 리스크를 안고 있는 금융기관은 그렇지 않은 금융기관에 비해 더 많은 자본을 보유하여야 하며 위험 대비 자본이 부족할 경우 감독기관에 의해 상당한 제재를 받을 수밖에 없다. 금융기관 내의 각 하부 사업부, 부서 혹은 팀들도 자신이 안고 있는 리스크에 대해 적정한 자본을 보유하여야 한다. 리스크조정 성과평가를 하기 위하여 고려되는 리스크를 계산해야 한다. 신용리스크가 존재하는 계좌에 대하여 리스

크량은 신용리스크만을 감안하여 본부/지점단위의 RAPM지표(RAROC, EVA)를 산출하고 상품/차주차원은 RAROC만 산출하지만 통합리스크 관리시스템이 구비된 금융기관의 경우 시장리스크, 금리리스크 및 운영리스크을 반영한 통합리스크를 측정한다. 이 통합리스크는 해당 조직의 보유 자산으로부터 발생하는 모든 유형의 리스크를 통합한 값이다 최근 통합리스크를 산출하기 위하여 리스크 간의 상관관계를 고려하려는 시도가 있지만 용이하지 않아 단순합을 사용하고 있다.

제3절 리스크조정 성과측정

리스크조정 성과측정(RAPM)은 리스크조정 수익의 측정치로서 EVA와 RAROC으로 측정된다. 예를 들어, 1년간의 은행원 급여소득과 주식투자자의 1년간 수익이 동일하다 할지라도 이를 같은 수익으로 평가할 수 없듯이 금융기관의 투자자산이 각기 다른 리스크를 안고 있을 경우, 단순히 수익만이 아닌 과거 1년간 입을 수 있는 손실의 빈도와 크기를 감안해야만 공정한 평가가 될 수 있다 이와 같이 리스크를 반영한 성과평가를 리스크조정 성과평가라 한다.

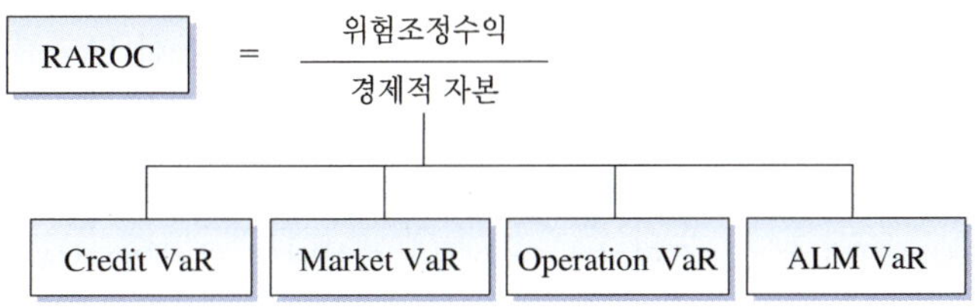

그림 15-5 ▎RAROC의 계산식

경제적 부가가치(Economic Value Added, EVA)란 영업이익(수익-원가)에서 주주의 몫을 차감한 후 남은 부가가치로서 금융기관 혹은 주가를 증대시키는데 기여하는 정도이다. 여기서 주주의 몫이란 주주가 투자한 경제적 자기자본(Economic Capital 혹은 Risk Capital)에 대해 현재의 주가 수준에서 투자자(주주)가 기대하는 최소 수익률(이를 자기자본비용이라 한다)을 곱한 것이다.

경제적 부가가치(EVA) = 영업이익 − 자본원가 = (영업수익 − 자금원가 − 업무원가 − 예상대손 − 기타비용) − 자본원가

자본원가 = 경제적 자기자본 × 자기자본비용률

따라서 EVA(Economic Value Added)는 기업이 영업활동을 통하여 얻은 영업이익에서 법인세·금융·자본비용 등을 제외한 금액을 말한다. EVA는 기업이 고유의 영업활동을 통해 창출한 순가치 증가분을 말한다. EVA는 세후순영업이익(Net Operating Profit After Tax, NOPAT)에서 자본주의 기대수익금액인 자본비용을 차감한 금액이 된다. 세후순영업이익(NOPAT)이란 기업이 순수영업으로부터 창출한 이익에서 법인세를 차감한 이익이다. 자본비용이란 투자자(채권자, 주주)들이 제공한 투자자본에 대한 기회비용이고 투자자본수익률(Return On Invested Capital, ROIC) = NOPAT / 영업용투자자본으로 계산된다. 자본비용율(WACC)이란 타인자본과 자기자본의 가중평균자본비용율(WACC)로서 투자자본의 최저 요구수익률(투자가의 기대수익률)을 의미한다. 또한 EVA는 투자자본수익률(ROIC)에서 자본비용율(WACC; weighted average cost of capital)을 차감한 값에 투자자본을 곱해 구할 수 있다. 투자자본수익률(ROIC)은 세후순영업이익을 투자자본으로 나눈 값으로 기업이 투자자본을 가지고 고유의 영업활동을 통해 창출한 이익정도를 나타내준다. 따라서 EVA 창출여부는 ROIC가 투자자본에 대한 조달비용율(WACC)을 상회하는지 여부에 달려있다. 만일 ROIC가 투자자본에 대한 조달비용율(WACC)을 상회할 경우 EVA가 양(+)일 것이다. 결국 기업이 양(+)의 EVA를 창출한다는 것은 영업용투자자본을 가지고 영업활동을 통해 발생한 이익이 자본조달비용을 지불하고도 기업이 부가적인 이익이 창출되었다는 것이다. EVA가 다른 경영성과지표와 비교하여 보다 우월하게 평가받고 있는 이유는 기업 고유의 영업활동에 투자된 자산과 영업성과를 통해 창출된 이익으로 평가한다는 점과 주주의 기회비용인 자기자본비용을 고려했다는 점일 것이다. 한편, MVA(Market Value Added)는 미래에 발생될 수 있는 경제적 부가이익을 현재가치로 할인한 가치라고 정의할 수 있다. 즉, 미래에 발생 가능한 EVA를 자본비용으로 할인한 현재가치이다. 그러나 미래시점에서의 경제적 부가이익을 추정하는 것은 현실적으로 불가능하기 때문에 일반적으로 대용치를 많이 사용하고 있다. 외국의 경우에는 시가총액을 MVA의 대용치로 해석하기도 한다. 증권거래소에서는 기업별로 과거의 EVA를 누적한 것을 MVA의 대용치로 사용하고 있다. 이것은 미래 EVA는 과거에 발생한 EVA만큼 창출할 것이라고 가정하는 것이다. SVA(주주부가가치, Shareholder Value Added)는 세후 영업이익에서 자산에 대한 자본비용(이자 등)을 빼고 순수하게 주주들에게 부여되는 영업이익이다.

반면, 리스크조정 자기자본 이익률(Return on Risk-Adjusted Capital)은 ROC로부터 파생된 개념으로 risk를 분자(return)에 반영할지, 분모(capital)에 반영할 지에 따라 RAROC, RARORAC 등을 사용할 수도 있다.

RAROC = (영업수익 − 내부이전원가 − 업무원가)/경제적 자기자본
경제적 자기자본 = VaR

〈예시〉 금리 9%로 10억원을 대출하는데 필요한 자금을 전액 금리 6%의 예금으로 조달한

다. 이 대출에 따른 통합 리스크 자본이 7,500만원 필요하다고 계산되었으며 이는 수익률 6.5%의 국채에 투자한다. 업무원가는 1,500만원이 소요되고 대출의 예상대손은 1,000만원이라고 하자. 예금의 지급준비금은 고려하지 않는다. 이 때 RAROC는 다음과 같다.

$$\text{RAROC} = \text{조정수익/경제적 자기자본} = (9{,}000 - 6{,}000 - 1{,}500 + 487.5 - 1{,}000)/7{,}500 = 13.17\%$$

주의할 점은 위의 예는 예상손실을 사용함으로써 사전적(ex-ante) 개념에서 다루어지고 있다. RAROC는 일관되고 논리적인 리스크조정 성과 평가기법(Risk Ajusted Performance Measurement, RAPM)으로서 사전적 개념과 사후적(ex-post) 개념으로 구분되어 각각 리스크 자본배분과 성과평가에 사용될 수 있다. 즉, 사업계획 단계에서 산출된 기대이익을 추정하고 리스크 자본으로 나누면 사전적 RAROC가 산출되는데 이를 사용하여 사업부문간 리스크 자본을 배분하게 된다. 또한 사업연도 말이 되면 실현이익을 사용된 리스크 자본으로 나누어 사후적 RAROC를 산출할 수 있는데 이를 사용하면 사업단위별, 개인별 성과를 평가할 수 있게 된다.

리스크조정 성과측정지표의 주요한 RAPM지표로는 RORAA(Return On Risk Adjusted Assets), RAROA(Risk Adjusted Return On Assets), RORAC(Return On Risk Adjusted Capital) 및 RAROC(Risk Adjusted Return On Capital)과 같은 비율 지표와 EVA(Economic Value Added), SVA(Shareholders Value Added)등의 금액 지표가 있다.

표 15-3 ▌리스크 성과측정지표 종류

구 분	주 요 내 용
RORAA	• 1988년 Baecl Accord에서 채택하여 현행 BIS비율 산출기법으로 활용되고 있음. • (영업수익 – 내부이전원가 – 업무원가) / (부내자산 × 위험가중치)
RAROA	• 위험조정수익을 활용 • (영업수익 – 내부이전원가 – 업무원가) / (부내자산 × 위험가중치)
RORAC	• RORAA의 확장모형으로써 Non–Assets Based Risk(Off–Balance 계정에 대한 필요자기자본을 측정하는 모델 • (영업수익 – 내부이전원가 – 업무원가) / 위험자본
RAROC (RARORAC)	• 손익을 리스크자본으로 나눈 리스크조정 수익비율로써 자기 자본(영업활동으로 인한 위험에 대비하여 주주가 투자한 자금)단위당 이익률을 의미 • (영업수익 – 자금원가 – 내부이전원가 – 예상손실) / 자기자본(위험자본) • 현재 자기자본과 리스크자본을 동일하게 인식하므로 RARORAC과 동일한 개념으로 사용함
EVA	• 은행이 영업활동을 통해 창출한 부가가치의 증가분으로 손익에서 자본원가(자기자본에 대한 기회비용)를 차감한 금액을 의미함. • 영업수익 – 자금원가 – 업무원가 – 예상손실 – 자본원가 • 자본원가 – 리스크자본 × 자기자본 비용률(%CoC)

RAROC(리스크조정 자기자본이익율)는 리스크조정 수익성지표로서 은행의 영업활동에 의한 결과 즉, 이익(return)과 리스크(risk)를 대비하여 성과를 측정하고 평가하는 비율지표이며 EVA(경제적 부가가치)는 리스크조정 이익지표로서 이익과 리스크뿐만 아니라 총량(volume) 부문도 포함하여 성과를 측정하고 평가하는 금액단위의 지표이다. RAROC과 EVA 지표를 상호 보완적으로 사용함으로써 적정자산운용규모 유지와 수익성 제고를 통한 은행의 균형적인 발전을 도모할 수 있다.

위험조정성과측정의 활용은 다음과 같다.

(i) 자본할당(capital allocation): 자본할당, 한도설정 및 자본적정성 관리
(ii) 수익성측정(risk based pricing): 위험조정가격결정, 포트폴리오관리
(iii) 리스크조정 성과평가: RAPM
또한 사업단위 별 조직계층별 영업평가 및 성과평가에 이용할 수 있다.

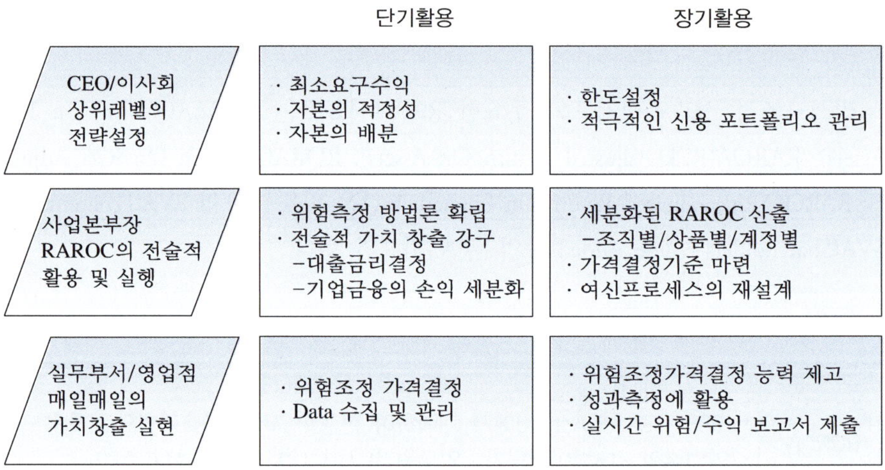

그림 15-6 ▌주체별 RAPM의 활용

(i) 자본배분: 금융기관 내 모든 하부 영업조직은 자산운용과 관련하여 불가피하게 어느정도 리스크를 안고 있으며 이 리스크를 완충하기 위해 경제적 자본을 배분한다. 리스크는 자산가격의 변동성으로 정의되는 바 이를 통계적 방법론에 따라 측정한 것이 VaR이다. 금융기관은 VaR에 상응하는 자기자본을 보유하여야 하며 금융기관 내의 각 하부 영업조직에게도 해당 조직의 VaR에 상응하는 자본이 배분된다.

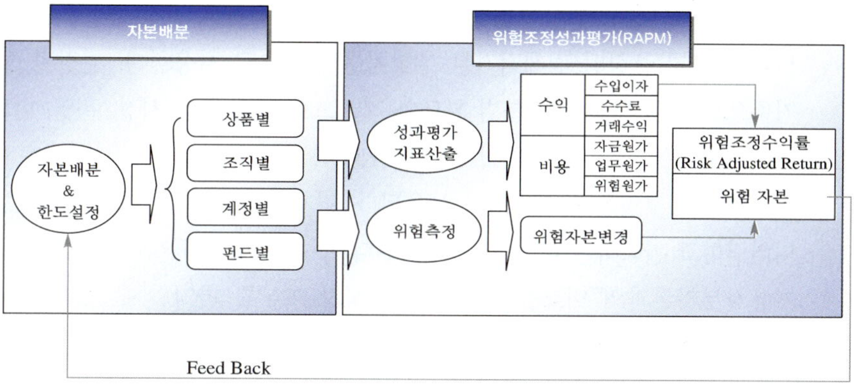

그림 15-7 ▎RAPM의 활용(자본배분)

자산규모를 늘리거나 위험도가 높은 자산의 비중을 늘리면 단위 영업조직은 더 많은 리스크를 부담하게 된다. 리스크가 증가한다는 것은 자본배분 금액이 증가하는 것을 의미하며 해당 영업조직은 동 자본에 대해 자기자본비용을 지불하고도 이익을 남기기 위하여 더 많은 수익을 창출하여야 한다. 또한 위험의 증가로 인해 자본배분 금액이 증가하면 일정 수준의 자본이익률(Return On Capital, ROC)을 유지하기 위해서라도 더 많은 수익을 창출하여야 한다. 이러한 리스크/수익 상관관계(risk/return trade-off)를 고위험/고수익 관계라 할 수 있다. RAPM은 리스크가 조정되어 있다는 점에서 위험이 조정되지 않은 종래의 자산이익률(ROA) 혹은 자본이익률(ROC)과는 전적으로 다르다. RAPM을 구하기 위해서는 먼저 위험을 계량화하여야 하며 그 다음 동 리스크에 상응하는 자본배분이 이루어져야 함 즉 자본배분은 의 핵심 요소라 할 수 있다.

(ii) 한도관리: 은행의 위험수준이 항상 적정하게 유지되도록 하기 위해서는 한도설정 및 한도관리가 필요하다. 사업본부 또는 상품의 한도는 하나만 있는 것이 아니라 대상기간 리스크요소 등에 따라 여러 가지의 한도가 있을 수 있다. RAROC측정 시 산출된 경제적자본은 연간한도의 설정과 관리에 사용되게 된다. 경제적자본 기준 연간한도는 다른 한도와는 달리 은행의 가용자본을 감안하여 가용자본내에서 사업그룹, 상품, 리스크요소별로 배분된다는 점에서 특징이 있다. 이러한 한도배분을 통해 RAROC(수익성)가 높은 부문에는 많은 한도를, RAROC(수익성)이 낮은 부문에는 적은 한도를 주어 리스크를 적정하게 유지할 뿐만이 아니라 전행적으로 효율적인 자원배분이 이루어지도록 할 수 있다. 가용장부대비 리스크의 수준이 어느 정도인가를 나타내는 지표인 리스크성향(risk appetite)이 100%미만일 경우 현재 은행이 부담하고 있는 리스크에 비해 가용장부자본이 크다는 것을 나타내고 100%이상일 경우 가용장부자본에 비해 리스크 부담수준이 과다하다는 것을 나타낸다.

$$\text{risk appetite} = \text{경제적자본}/\text{가용장부자본}$$

risk appetite설정시에는 설정직전 기준월의 경제적자본 측정치와 최근의 사업계획을 토대로 하여 측정된 경제적자본 추정치를 기준으로 사용한다. 설정된 risk appetite을 기준으로 전행 및 사업그룹별 한도와 리스크요소별(신용, 시장, 운영, 한도)를 설정한다. 이 경우에도 직전 기준월 경제적자본 측정치와 사업계획을 토대로 하여 측정된 경제적자본 추정치가 기준으로 사용된다. 경제적자본과 RAROC은 설정된 한도를 모니터링하고 관리하는 데에 활용되게 된다. 전행 경제적자본은 은행의한도와는 별도로 가용장부자본과의 비교를 통해 자본적정성 여부를 파악할 수 있다.

(iii) 수익성 측정 및 포트폴리오 관리: 조직별/상품별 RAROC 산출이 가능하다. RAROC/EVA는 은행 내에서 어떠한 조직/상품/차주가 수익성이 좋은가를 판단할 수 있는 지침을 제시하고 향후 사업계획 경영전략 수립에 방향을 제시한다. RAROC가 높고 EVA가 큰 사업이 가장 우선적으로 자원을 투입하여 규모를 확대해야 될 사업이고 RAROC가 낮으면서 EVA가 큰 손실을 나타내는 사업이 우선적으로 중단하거나 시급히 조치를 취해야 될 사업이라고 볼 수 있다. 상황에 따라 수익률로 나타나는 RAROC가 판단기준이 될 수도 있고 금액으로 나타나는 EVA가 판단기준이 될 수도 있다. 포트폴리오 관리측면에서 보면 다음과 같다. 전통적 포트폴리오 관리는 포트폴리오의 리스크를 분석하여 상대적으로 리스크가 큰 부문과 작은 부문을 파악하여 리스크가 특정 자산이나 불량한 자산에 집중되지 않게 하는 것을 의미하였다. 이에 반해 최근의 선진화된 포트폴리오 관리는 리스크와 수익을 동시에 분석하여 리스크대비 수익성의 극대화 최적화를 추구하는 것을 의미한다. 결국, 포트폴리오 관리는 위험조정수익성 측정의 가장 발전된 형태로 볼 수 있으며 이러한 포트폴리오 관리에 가장 유용하게 사용할 수 있는 것이 RAROC이다.

표 15-4 | RAROC의 활용

발전단계	대분류	세분류	비고
1단계	자본배분 (Gapital Alocation)	자본배분	• 사업그룹별 자본할당, 자본예산편성 (Capital Budgeting), Risk Appetite설정
		한도설정 (Limit Setting)	• 조직/상품/리스크요소별 한도설정 및 관리
		자본적정성관리 (Capital Adequacy)	• 가용자본대비 리스크부담수준 측정 및 관리
2단계	수익성측정 (Risk based Pricing)	수익성측정	• 조직/상품/차주별 수익성분석
		위험조정가격결정	• 거래리스크/자본비용 산출 및 적용, RAPS (Risk Adjusted Pricing System)
		포트폴리오 관리	• 리스크와 수익을 대비한 포트폴리오 분석 및 최적화
3단계	성과평가 (RAPM)	위험조정성과평가	• 리스크를 고려한 성과평가

Crouhy, Galai and Mark(2001)은 금융회사의 성공적 RAROC 구현을 위한 기본원칙들을 다음과 같이 제시한다. 우선 적절한 자본관리이다. 금융회사 자본은 예상하지 못한 손실, 즉 리스크에 대비한 보호막의 역할을 하는 중요한 자원으로서 신중하게 사용되어야 한다. 금융회사에 자본을 출자한 주주들은 무위험이자율에 리스크 프리미엄을 감안한 최저 요구수익률을 기대한다. 회사가 이를 충족시키지 못할 경우 주가가 경쟁회사에 비해 낮아질 것이다. 따라서 회사로서는 사업부문 RAROC가 자본의 최저 요구수익률을 만족시키지 못하는 경우, 원칙적으로 이 부문에 투자해서는 곤란하다. 그림 15-8에서 사업단위 A-D는 부문별 RAROC가 요구수익률을 능가하므로 기업가치를 증가시키지만, 반대로 사업단위 F-H는 기업가치를 감소시킨다. 이를 EVA(Economic Value Added, 영업이익-법인세-금융비용-자본비용으로 투자된 자본을 빼고 실제로 낸 이익)의 표현으로 바꾸면 부문별 EVA가 양(+)의 값을 가지면 기업가치 증대에 기여하지만 음(-)의 값을 가지면 가치파괴적 역할을 한다고 할 수 있다.

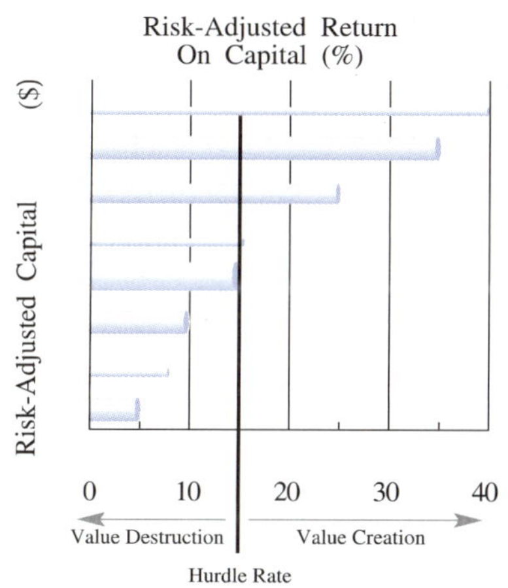

Business Unit	Capital Employed ($MM)	Excess Return (%)	Economic Value Added ($MM)
A	10	25	2.5
B	50	20	10.0
C	20	10	2.0
D	10	1	0.1
E	70	0	0
F	30	(5)	(1.5)
G	10	(8)	(0.8)
H	15	(10)	(1.5)

그림 15-8 ▌RAROC과 주주가치 증대

※ 자료: Crouhy, Galai and Mark(2001)

또한 Crouhy, Galai and Mark(2001)은 RAROC의 십계명을 다음과 같이 제시한다.

(i) 금융회사의 모든 경영활동(해외영업까지) 포함하라.

(i) 세금 차이 등으로 인한 차익거래에 영향을 받지 않도록 하라.

(iii) 명확하고 일관되며 목표를 추구함에 있어 다른 정책과 조화를 이루어라.

(iv) 자본의 개념으로 경제적 자본에 가장 중심을 두되 다른 개념의 자본들에도 관심을 두라.

(v) 최소 요구자본수익률을 하나만 사용하되, 이는 금융회사의 장기목표 자본수익률을 반영하도록 하라.

(vi) 신용리스크, 시장리스크, 운영리스크 모두를 포함하는 리스크 분석틀을 개발하고 실행

하라.

(vii) 유동성 문제를 고려하라.

(viii) 리스크를 택하는 한도의 관점에서 자본을 인식하라

(ix) 경제적 자본은 목표 신용등급을 달성하기 위해 적절하다고 판단되는 손실분포의 신뢰수준에 근거해야 한다.

(x) 리스크와 수익을 항상 대응시켜라.

이들은 금융회사 경영에서 성공적 RAROC 수행을 위해 이사회의 역할이 핵심적으로 중요하다고 주장한다. RAROC의 가치에 대한 명확한 이해를 바탕으로, 이를 하나의 전략이 아닌 조직의 문화 차원으로 승격시키는 것은 이사회의 적극적 지지에 의해서만 가능하다고 본다. 귀중한 자원으로서 리스크 자본의 배분, 성과평가 및 보상에서 RAROC가 성공적 역할을 수행하기 위해서는 기본 가치로서 RAROC의 개념적 틀이 조직 전체에 공유되어야 할 필요가 있으며 이를 이사회가 적극적으로 이끌어가야만 한다는 것이다.

금융회사들의 리스크 관리는 궁극적으로 RAROC를 중심으로 통합될 것이다. 이는 향후 리스크 관리에서 RAROC의 역할을 크게 증대될 것을 의미한다. 금융회사들은 신용리스크, 시장리스크 및 운영리스크를 통합 측정하고 이를 활용한 리스크 자본 배분에서 (사전적) RAROC 개념을 사용할 것이다. 또한 경영성과 평가 및 보상 결정에서는 (사후적) RAROC을 사용할 것이다. 그림 15-9는 RAROC와 리스크 관리, 금융회사 경영의 통합 개념도를 보여준다.

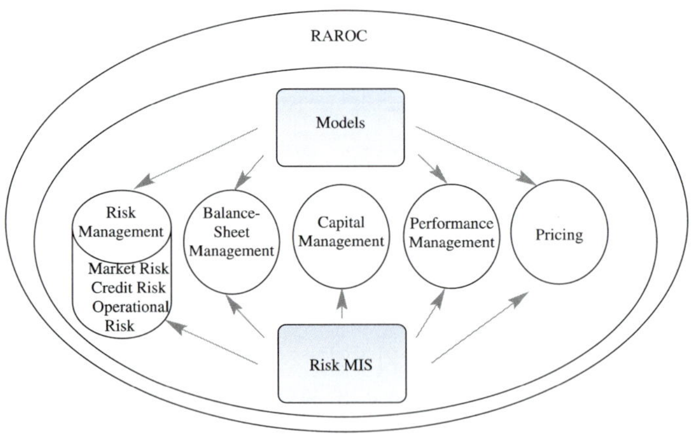

그림 15-9 | RAROC와 리스크 관리, 금융회사 경영

RAROC는 금융회사 내부경영만을 위해서가 아니라 외부 이해관계자들과의 조화로운 관계를 위해서도 요긴하게 사용될 수 있다. 그림 15-10에서 채권자(debt holder), 규제기관(regulator), 신용평가기관(rating agency)들은 금융회사의 안정성에 주로 관심을 갖기 때문에 리스크 대비 적절한 자본을 확보하고 있는가에 관심을 둔다. 반면, 주주(shareholder)나 애널리

스트들은 기본적으로 수익성에 관심을 두기 때문에 리스크 대비 수익성 지표에 중점을 둔다. RAROC는 이들 각각을 위한 리스크 측정의 공통언어를 제공한다.

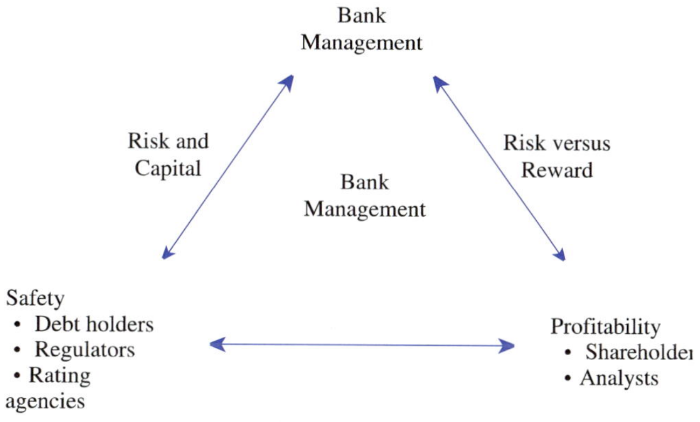

그림 15-10 | 다양한 이해관계자의 공통언어로서의 RAROC

한편, 감독당국은 파생금융상품의 급속한 발전 등으로 인해 리스크 분야의 시장발달에 보조를 맞추는 것이 점점 어려워지고 있다는 것을 깨닫고 있다. 따라서 기존의 일률적인 규제자본 책정방식에서 벗어나 금융회사들의 내부모형 사용을 지지하는 추세를 보이고 있다. 따라서 시간이 지나면서 규제자본과 경제적 자본의 통합은 불가피하게 될 것이며 이때 RAROC는 금융감독의 중심축으로 자리잡을 것이다. 바젤II가 규제자본과 경제적 자본의 통합을 위한 주요한 계기가 될 것이다.

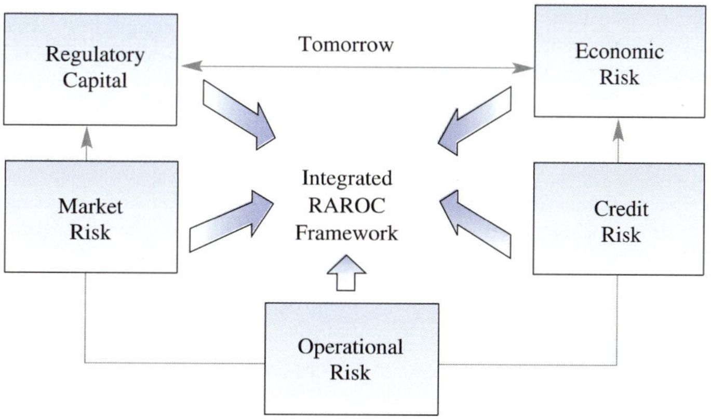

그림 15-11 | 규제자본과 경제적 자본의 통합

국내 금융회사의 향후 과제는 다음과 같다. 첫째, 신뢰성 있는 기초데이터의 축적을 꼽는다. 국내은행의 경우, 데이터의 축적기간이 짧은 것으로 알려지고 있는데 바젤은행감독위원회가 신BIS협약의 내부등급방식을 활용하는 은행에게 요구하는 5~7년의 데이터 축적기간에 비하면 아직 미흡하다. 둘째, 신용등급시스템 운용의 정도 제고를 지적한다. 시중은행의 신용등급을 10등급 기준으로 환산한 등급별 여신비중을 보면 절반 정도의 여신이 정상여신의 최하위 두개 등급(5~6등급)에 집중되는 현상이 나타난다. 반대로 7~10등급은 과도하게 낮은 비중을 나타낸다. 이는 차주에 대한 은행의 신용평가가 아직 정밀하게 이루어지지 않고 있는데다 우리나라의 자산건전성 분류제도와 은행의 신용등급시스템간 괴리가 있기 때문이다. 셋째 앞서 지적한 신용리스크에 대한 위기상황 분석이 필요하다. 넷째 신BIS 자기자본협약 도입시기의 은행별 차등화를 제시한다. 시중은행과 지방은행간 영업규모 및 영업범위, 리스크 관리능력의 차이가 현저한 만큼 이들 은행간 시행시기를 차별화할 필요가 있다.

제16장 CRM에서의 신용정보 활용

대부분의 금융회사들은 거래를 시작할 때 "개인 신용정보 제공·이용 동의서"에 동의를 구한다. "개인 신용정보 제공·이용 동의서"에는 이전 장까지 다루었던 내용들이 모두 포함되어 있을 뿐 아니라 마케팅에서도 사용된다. 이는 앞에서 간단히 살펴보았듯이 마케팅에서도 신용정보가 사용된다. 앞에서 사용한 A은행의 고객정보 취급방침을 살펴보자.

A금융그룹을 아끼고 사랑해 주시는 고객여러분께 깊은 감사를 드립니다. 2001년 4월 우리나라 최초의 금융지주회사로 출범한 A금융그룹은 은행, 증권, 보험, 소비자금융 등의 포트폴리오를 갖춘 종합금융그룹으로서 고객여러분과 함께 성장을 거듭하고 있습니다. A그룹은 금융지주회사법령에 의해 2002년 7월 28일부터 금융지주회사의 계열사간에는 고객정보의 제공 및 이용이 가능하게 되어 있습니다, 이에 다음과 같이 안내하여 드리오니 참고하시기 바랍니다.

금융지주회사법 제48조의2(고객정보의 제공 및 관리)

- 금융지주회사등은 「금융실명거래 및 비밀보장에 관한법률」 제4조 제1항 및「신용정보의 이용 및 보호에 관한 법률」 제32조·제33조에도 불구하고 「금융실명거래 및 비밀보장에 관한 법률」제4조에 따른 금융거래의 내용에 관한 정보 또는 자료(이하"금융거래정보"라 한다) 및 「신용정보의 이용 및 보호에 관한 법률」 제32조제1항에 따른 대통령령으로 정하는 개인신용정보(이하 "개인신용정보"라 한다)를 그가 속하는 금융지주회사등에게 영업상 이용하게 할 목적으로 제공할 수 있다.
- 금융지주회사의 자회사등인「자본시장과 금융투자업에 관한 법률」에 따른 투자매매업자 또는 투자중개업자는 해당 투자매매업자 또는 투자중개업자를 통하여 증권을 매매하거나 매매하고자 하는 위탁자가 예탁한 금전 또는 증권에 관한 정보 중 다음 각 호의 어느 하나에 해당하는 정보(이하 "증권총액정보등"이라 한다)를 그가 속하는 금융지주회사등에게 영업상 이용하게 할 목적으로 제공할 수 있다.
  가. 예탁한 금전의 총액
  나. 예탁한 증권의 총액
  다. 예탁한 증권의 종류별 총액
  라. 채무증권의 종류별 총액
  마. 수익증권으로서 「자본시장과 금융투자업에 관한 법률」 제229조 각 호의 구분에 따른 집합투자기구의 종류별 총액
  바. 예탁한 증권의 총액을 기준으로 한 위탁자의 평균 증권 보유기간 및 일정기간 동안의 평균 거래회수

이에 따라 A금융그룹은 2002년 9월 27일부터 A금융지주회사를 중심으로 고객정보를 계열사간에 제공 및 이용하기 위하여 「고객정보 취급방침」을 제정·운영하고 있습니다.

이러한 고객정보의 제공 및 이용은 고객 여러분의 금융거래에 따른 불편함을 해소하고 더욱 더 만족스러운 금융서비스를 제공하기 위해 시행하는 것이며 만에 하나 발생할지도 모르는

부작용을 방지하기 위하여 다음과 같이 제공되는 정보의 종류 및 제공처를 한정하고, 정보의 엄격한 관리를 위한 제도를 마련하였습니다.

제공되는 고객정보의 종류

- 「금융실명거래 및 비밀보장에 관한 법률」 제4조에 따른 개인 또는 법인의 금융거래의 내용에 관한 정보 또는 자료(이하 “금융거래정보”라 한다)
- 「신용정보의 이용 및 보호에 관한 법률」 제32조 제1항에 금융거래 등 상거래에 있어서 개인의 신용도와 신용거래능력 등을 판단할 때 필요한 다음 각 목의 개인신용정보(이하 “개인신용정보”라 한다)
  가. 고객 성명, 주소, 주민등록번호(외국인의 경우 외국인등록번호 또는 여권번호), 성별, 국적 등 거래 주체를 식별할 수 있는 정보
  나. 기타 법령이 정하는 대출·보증·담보제공·당좌예금·신용카드·할부금융 등 금융거래 내용과 신용도 등의 판단을 위하여 필요한 개인의 재산·채무·소득의 총액, 납세실적 등의 고객정보
- 금융지주회사의 자회사등인 「자본시장과 금융투자업에 관한 법률」에 따른 투자매매업자 또는 투자중개업자는 해당 투자매매업자 또는 투자중개업자를 통하여 증권을 매매하거나 매매하고자 하는 위탁자가 예탁한 증권총액 정보등

고객정보의 제공처

A금융그룹은 A금융지주회사, A은행, B은행, C은행, A증권, A생명보험, A자산운용, A파이낸셜, A금융저축은행, A에프아이에스, A에프엔아이, A프라이빗에퀴티, A신용정보, A아메리카은행, 인도네시아A은행, 한국비티엘인프라투융자회사, 홍콩우리투자은행, 중국A은행, 러시아A은행, A선물, A Investment & Securities(London), A Investment & Securities(H.K), A Investment & Securities (America), 마르스제1호사모투자전문회사, 마르스제2호사모투자전문회사, Woori Investment ASIA PTE. LTD, 마르스제3호사모투자전문회사, 마르스제4호사모투자전문회사, A Absolute Partners PTE, Ltd.(싱가폴), A Absolute Global Opportunity Fund, A Korindo Securities Indonesia, LG Investments Holding B.V. GG, Connacht Capital Market Investment Ltd, Woori CBV Securities Corporation, Brim Asian Credit Fund, A Absolute Return Investment Strategies (WARIS), KoFC우리그로쓰챔프 사모투자전문회사, 북경A환아투자자문유한공사, A에이엠씨, A에프엔아이제5차유동화전문유한회사, A에프엔아이제6차유동화전문유한회사, A에프엔아이제7차유동화전문유한회사, A에프엔아이제8차유동화전문유한회사, A에스비제10차유동화전문유한회사, A에프엔아이제10차유동화전문유한회사, A에프엔아이제11차유동화전문유한회사, A에프앤아이제13차유동화전문유한회사, A에프앤아이제14차유동화전문유한회사, A에프앤아이제16차유동화전문유한회사, A이에이제3차유동화전문유한회사, A이에이제4차유동화전문유한회사, A이에이제5차유동화전문유한회사, A에프앤아이제17차유동화전문유한회사, 더블유알대부유한회사, A이에이제8차유동화전문유한회사, A에프앤아이제18차유동화전문유한회사, WR Investment America LLC, A에프앤아이제19차유동화전문유한회사, A에프앤아이제20차유동화전문유한회사, A이에이제10차유동화전문유한회사, A사모투자전문회사,A블랙스톤 코리아오퍼튜니티1호 사모투자전문회사로 구성되어 있으나, 금융지주회사법령에 의한 고객정보의 제공 및 이용이 가능한 회사는 위 A금융그룹 계열사중 A금융지주회사, A은행, B은행, C은행, A증권, A생명보험, A자산운용, A파이낸셜, A금융저축은행입니다.

고객정보의 보호에 관한 내부방침

A금융그룹에서는 고객 여러분의 고객정보를 최대한 안전하게 관리하기 위해 계열사간 정보제공 및 이용이 아래와 같이 엄격한 절차와 관리·감독하에 이루어지도록 하였습니다.

- 고객정보의 제공 및 이용은 영업상 목적으로만 이용되도록 하였습니다.
- 지주회사 및 각 자회사의 임원 1인 이상을 고객정보관리인으로 선임하여 고객정보의 제공 및 이용에 관련된 일체의 책임을 지도록 하였습니다.
- 계열사별로 소관부서 및 담당자를 지정하여 체계적이고 집중적인 관리를 도모하였습니다.
- 고객정보의 요청 및 제공시 고객정보관리인의 결재를 득한 후 공식문서에 의하도록 하는 등 업무 프로세스의 정형화를 통해 엄격한 관리 및 통제가 이루어지도록 하였습니다.
- 계열사간 고객정보의 요청 및 제공, 이용 등과 관련한 업무에 대하여 지주회사 고객정보관리인에게 총괄관리 역할을 부여함으로써 고객정보의 보호에 만전을 기하였습니다.
- 고객정보의 제공 및 이용 관련 취급방침의 제·개정시 2개 이상의 일간지에 공고하고, 각 영업점(본점 해당부서 포함), 그리고 각 계열사 홈페이지 등에 게시하는 등 고객공지 의무에 최선을 다할 것입니다.
- 고객정보의 제공 및 이용과 관련하여 이의를 제기하시는 고객의 정보는 보다 엄격한 관리감독을 통해 일상적인 영업활동에 이용하지 못하도록 제한 하였습니다.
- 만약 위법·부당한 방법으로 인해 피해를 입게 된 고객 분을 위해 적정한 보상 및 처리가 이루어지도록 민원사항에 대한 안내 및 상담, 처리, 그리고 결과 통지 등 민원처리 관련 일체의 업무를 수행할 소관부서를 각 자회사 마다 두었습니다. 그리고 소관부서 외 금융감독원 분쟁조정제도를 통하여 구제 받으실 수 있도록 하였습니다.

A금융그룹은 금융지주회사의 계열사간 고객정보의 제공 및 이용을 허용한 것이 금융서비스의 질을 높이고, 나아가 우리나라 금융산업을 선진화시키기 위한 조치임을 명심하고 고객정보의 교류를 토대로 고객 여러분들께 보다 편리하고 질 높은 선진금융서비스를 제공할 것을 약속드리며, 고객 여러분의 고객정보의 보호 및 엄격한 관리를 위해 만전을 기하겠습니다. 고객 여러분의 많은 협조와 격려를 부탁드립니다.

2011년 6월 28일

리스크 및 마케팅에서 활용되는 신용정보가 각 관계사에 제공될 수 있음을 명시하고 있다. 따라서 마케팅 자료로도 활용될 수 있다는 의미를 가진다.

제1절 CRM 개황

1. CRM 개념

(1) CRM의 의의와 분류

1997년 아시아 외환위기와 2008년 금융위기 이후, 각 금융기관들은 불황과 호황을 반복하는 경기상황에 대응하며 성장해 왔다. 그러나 한국의 경제환경은 최근에 들어서도 금융위기에 따른 불황과 그에 따른 생존에 관한 문제가 존재하고 있다. 이러한 상황에서도 각 금융기관들은 생존을 위해 다양한 시도를 하고 있다. 이와 관련해 최근 금융기관들이 많이 사용하고 있는 것이 바로 고객관계관리(Customer Relationship Management, CRM)이다. 새로운 금융환경의 변화는 새로운 마케팅 및 새로운 프로세스의 등장을 필요로 하게 되었는데 CRM은 고객에 대한 관심과 욕구를 바탕으로 하여 고객에 대한 중대성을 마케팅 전면에 배치함으로써 금융기관 내 모든 정보의 방향과 프로세스와 마인드를 고객 관계에 집중하는 것이다. CRM을 이용함으로써 고객의 니즈를 파악할 수 있는 방법이 다면화되고, 분석력도 높아지게 된다. 결론적으로, 급변하는 금융환경 변화에 적응하고 심화되는 경쟁에서도 지속적으로 성장하기 위해서는 금융상품 및 서비스 혁신과 영업 및 채널의 효율적 관리를 통해서 고객관계를 관리할 수 있는 고객중심의 금융기관으로 거듭 나아가야 생존할 수 있음을 의미한다.

CRM이란 Customer Relation Management의 약어로 기업의 고객이 누구인지, 무엇을 원하는지를 파악하여 그들이 원하는 제품과 서비스를 지속적으로 제공함으로써 고객을 오래 유지시키고 이를 통해 고객의 평생가치를 극대화하여 수익성을 제고하는 통합된 고객관계관리 과정을 말한다. 늘 반복적으로 이루어지는 어떤 행동을 수행하는 주체 혹은 반복적인 행위의 대상인 넓은 범위의 고객에 대해 예를 들어 살펴보면 다음과 같다.

표 16-1 ▌고객의 예

주체	기본 고객 유형	확장된 고객 유형	목표비전
영리기업	소비자	• 공급업자, 유통업자, 판매업자, 임직원	• 해당 시장의 선도기업
직장인	고용주	• 상사, 동료, 거래처, 고용주의 고객	• 조직 내 최고의 대우를 받는 전문인
국가(정부)	국민	• 기업, 교역국가, 세계단체	• 모두가 잘 사는 나라
대학교	학생	• 교수, 기업, 학부모, 사회단체	• 사회에서 인정받는 인재 양성
병원	환자	• 보호자, 의사, 제약업체, 관련기관	• 최고의 외료서비스를 제공하는 병원
연예인	팬	• 기획사, 방송국, 팬의 부모, 동료 연예인	• 팬들에게 사랑 받는 연예인
남편	아내	• 자녀, 처가식구, 아내의 친구	• 평화의 사랑이 넘치는 가족

기업의 입장에서 고객의 형태에 따라 구분하면 조직경계상의 위치에 따라 내부고객, 외부고객으로 나눌 수 있다. 여기서 중요한 것은 한 조직의 경계가 가치사슬상의 어떤 영역까지 포함하고 있느냐에 따라 내부 및 외부 고객의 범위는 달라진다. 연구개발(R&D) 기능을 아웃소싱(outsourcing)하는 기업의 경우 R&D 업체들은 외부 고객이며, 제품의 유통 기능을 자사에서 포함하고 있을 때 유통업자들은 모두 내부 고객이라고 볼 수 있다. 한편, CRM 관점에서 최근 중요한 내부 고객으로 인식되고 있는 고객 유형은 직원이다. 직원은 기업이 제공하는 가치를 고객에 전달하는 메신저이자, 기업의 목표를 실행하는 실행 주체로서 기업의 관계 구축의 대상이자 마케팅 대상이 되기도 한다. 특히 고객접점에서 근무하는 직원들은 자신들

의 기업에 대한 만족과 로열티가 고객을 응대하는 태도와 활동에 직접적으로 영향을 미칠 뿐만 아니라, 많은 산업의 경우 직원들이 곧 소비자 자체가 될 수 있기 때문에 다양한 고객커뮤니티 속에서 그들의 관점과 의견이 전파될 수 있다. 특히, 컨설팅, 보험이나 프라이빗 뱅킹과 같은 금융서비스, 그리고 교육 등 고객접점에서의 역할이 중요한 산업에서는 특정 영업사원이나 고객담당자가 이탈함에 따라 고객들의 동반 이탈 현상이 빈번하게 발생하기 때문에 핵심직원들에 대한 관리가 절실하다. 따라서, 기업은 고객만족의 대상으로 직원까지 포함해야 할 필요성이 대두되고 있다.

보다 중요한 관계진화과정에 따른 분류에 따라 다음과 같은 방식으로 나눌 수 있다. 잠재고객(potential customer)은 자사의 제품이나 서비스를 구매하지 않은 사람들 중에서 향후자사의 고객이 될 수 있는 잠재력을 가지고 있는 집단을 의미한다. 따라서, 이 그룹에 속한 사람들은 잠재적인 가치를 가지고 있고, 향후 구매 고객으로 전환되기를 기대할 뿐이지 엄밀한 의미에서 고객이라고 할 수는 없다. 잠재 고객들은 그들이 특정 기업의 제품이나 서비스를 구매하기에 앞서 해당 제품이나 서비스가 제공하게 될 가치(품질, 가격, 편의성 등)에 대해 스스로의 기대 수준을 설정하게 된다. 만약, 제품의 품질이나 가격의 수준이 그들이 생각하던 임계치(threshold value)보다 높다면 최초 구매가 이루어지게 될 것이고, 그렇지 않다면 당연히 최초 구매는 일어나지 않게 될 것이다. 잠재 고객을 유인하기 위해 기업이 유의해야 할 점도 여기에 있다. 무조건 신규 고객을 많이 유치하기 위해서는 잠재 고객들에게 초기에 높은 기대를 심어주는 것이 유리하겠지만, 단기적인 기대 심리를 높이는 것이 신규 고객이 된 이후에는 실망할 가능성이 커짐으로써 이 고객들과의 지속적인 관계 유지가 훨씬 더 힘들게 된다는 사실을 기억해야 한다. 신규고객(acquired customer)은 잠재 고객이 처음으로 구매를 하고 난 후의 고객그룹이다. 신규 고객들의 두드러진 특징은 1차 구매 후 이탈하는 경우가 많기 때문에 매우 낮은 수준의 고객유지율을 보인다는 점이다. 이들은 이미 잠재 고객으로서 그 제품이나 서비스의 가치가 자신들이 정해놓은 임계 수준을 넘었기 때문에 제품을 구매했겠지만, 신규 고객들은 자신들의 결정이 완전히 이루어졌다고 생각하지 않기 때문에 여전히 제품이나 서비스에 대한 평가를 지속하고 있다고 봐야 한다. 따라서 이 단계에서는 신규고객들에 대해 2차 구매를 유도하는 것과 그들이 지속적으로 그들의 기대 수준에 대해 확신을 갖도록 하는 것이 매우 중요한 관건이다. 물론, 자동차와 같이 제품 구매주기가 매우 긴 산업이나 초고속 인터넷 서비스와 같은 유틸리티 성향의 서비스 산업들의 경우에는 고객들의 반복적인 구매의 의미가 다소 덜 중요하지만, 각종 소비재 등과 같이 구매 주기가 짧은 제품이나 소비 탄력성이 큰 제품, 그리고 백화점과 같은 유통 산업의 경우에는 신규 고객들의 2차 구매가 매우 중요한 의미를 지니고 있다. 기존고객(existing customer)은 신규 고객들 중 2회 이상의 반복 구매를 한 고객들은 어느 정도 안정화 단계에 들어선 고객이다. 이들은 자신들이 거래하는 기업에 대한 확신이 높아지면서 1인당 구매 금액도 점차 높아지게 된다.

하지만, 단지 두세 번의 반복 구매가 이루어졌다고 하더라도, 이들 고객과 기업간의 관계가 충분히 성숙된 것은 아니기 때문에 이들이 해당 제품에 만족하고 향후에도 지속적으로 구매할 것이라고 생각하는 것은 무리다. 종종 많은 기업들이 고객과의 관계가 충분히 성숙되어 있지 못함에도 불구하고, 무차별적으로 교차 및 상승 판매를 유도하는 것은 그나마 발전해 나가고 있는 기존 고객과의 관계에 악영향을 미칠 수 있다는 것을 유의해야 한다. 따라서 이 단계에서는 지속적인 기대 수준을 만족하도록 고객니즈 파악에 기반한 차별화된 제안과 더불어 관계적 노력을 전개하는 것이 필요하다.

기업의 제품이나 서비스가 기존 고객들의 가치와 기대 수준을 지속적으로 충족시킨다면 이들은 해당 제품이나 서비스를 반복적으로 구매하게 되는 이른바 핵심고객(core customer)으로 전환하게 된다. 일단 기업의 핵심 고객으로 전환된 고객들은 기업과 강한 유대 관계를 형성하고 있기 때문에 중대한 문제가 발생하지 않는다면 제품에 대해 더 이상 재평가하지 않는다는 특징이 있다. 즉, 지금까지 형성해온 기업에 대한 여러 가지 긍정적인 이미지가 파괴될 정도로 문제 상황이 자주 발생하지 않는다면 그 고객과의 관계는 주기적으로 무리 없이 이어져 나갈 수 있다는 것이다. 한편, 핵심고객들은 고객유지율과 1인당 구매액 모두 가장 높은 수준이므로 그 기업의 수익성에 가장 직접적인 영향력을 제공하는 동시에, 제품 및 서비스에 대한 적극적인 의견 개진과 신제품 아이디어의 제공과 같이 프로슈머(prosumer)의 역할을 수행하고, 주변인들에게 호의적인 입소문과 추천 활동을 전개함으로써 기업의 장기적인 성장에도 절대적인 역할을 담당한다. 하지만, 이렇게 핵심 고객들이 기업의 중요 자산임에도 불구하고, 고객관리를 소홀하게 되는 경우가 많은데 이는 대부분 핵심 고객을 파악하고 있지 못하거나, 핵심 고객을 명확히 인식해도 이들의 높은 로열티와 고객유지율로 안심하고 있기 때문인 것으로 나타나고 있다.

이탈 고객(defected customer)을 정의하는 방법은 산업마다, 아니 동일한 산업이라도 기업마다 정의하는 기준이 달라지지만, 그 이탈 기준에 의해 더 이상 자사의 제품이나 서비스를 이용하지 않는 고객군을 의미한다. 따라서 기업은 이탈 고객에 대한 전략을 수립하기 전에 이탈 고객을 정의하기 위한 적절한 기준을 수립해야 한다. 이는 단순히 제품이나 서비스의 지속적인 사용여부나 거래 중단 기간과 같은 단순한 정보로 이탈을 제대로 정의하지 못할 수도 있음을 의미한다. 가령, 이동 통신사의 경우 쉽게는 '통신 서비스 사용 중단 1개월 이상'이라는 기준으로 이탈고객을 정의할 수도 있다. 하지만, 이 경우에는 로밍 서비스를 하지 않은 채 해외로 1개월 이상 떠나있는 사람이나 1개월 이상의 병원 치료를 목적으로 통신 서비스를 잠시 중단시킨 사람들 역시 이탈 고객으로 분류될 수 있기 때문에 이들에 대한 잘못된 마케팅 활동이 전개될 수도 있다. 한편, 기업에게 있어 이탈고객이 중요한 이유는 크게 두 가지이다. 첫째는 가치가 높은 이탈고객을 재획득하기 위해서이고, 또 다른 이유는 이탈고객들을 분석하여 기존 고객에 대한 이탈방지 활동을 효과적으로 진행하기 위해서이다. 두 가지 목적 모두 우선 이탈 고객들의 이탈 원인을 규명하는 것이 중요하다. 이탈 원인으로는 자사의 제품이나 서비스에 대해 불만족한 경우, 경쟁사가 더 좋은 조건을 제시한 경우, 개인의 특성, 혹은 이민, 유학, 사망, 결혼과 같이 어쩔 수 없는 개인 신상의 변화로 인한 이탈 등 다양하다. 여기에서 중요한 점은 이탈의 원인마다 대응해야 할 방법이 달라져야 한다는 것이다. 개인 신상의 변화로 인한 이탈의 경우 대개 이탈 고객의 재확보 자체가 원천적으로 불가능한데, 이러한 이탈 고객을 대상으로 재획득 마케팅 활동을 전개하는 것은 시간과 비용 낭비일 뿐일 것이다. 또한 경쟁사의 유혹으로 이탈한 고객들은 재확보가 가능하지만 비용이 많이 들거나 향후 또 다시 이탈할 가능성이 높기 때문에 이러한 고객들에 대한 손익계산이 전제되어야 한다. 한편, 기존 혹은 핵심 고객이었음에도 특정 불만 사항 때문에 이탈된 고객들에 대해서는 그 불만 사항들을 적극적으로 개선함으로써 이탈 고객을 재획득하고 향후 잠재적인 이탈 고객들에 대한 이탈방지 활동을 전개할 수 있다. 침묵하는 불만 고객이 전체 불만 고객 중 60%를 넘기 때문에 이들에 대한 불만 요인을 파악하고, 내부적으로 수정할 수 있다면 수많은 잠재 이탈 고객을 다시 핵심 고객으로 돌릴 수도 있다.

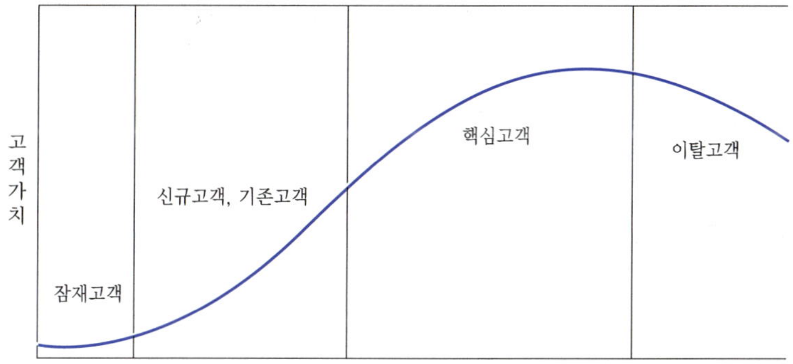

그림 16-1 ▌관계진화과정에 따른 고객분류

※ 자료: 김영걸외(2009)

CRM은 이러한 고객데이터와 정보를 분석, 통합하여 개별고객의 특성에 기초한 마케팅활동을 계획, 지원, 평가하는 일련의 과정을 뜻한다. 따라서 CRM은 보통 마케팅기회 및 전략을 위한 고객정보분석, 분석된 정보를 통한 마케팅 계획, 다양한 접촉채널을 통한 고객접촉 그리고 고객접촉을 통해 발생된 데이터의 분석 및 정제 등 4단계로 구성한다. 이는 데이터베이스 마케팅(database marketing)과는 다르다. 데이터베이스 마케팅은 매스마케팅(mass marketing)으로 대량의 광고전단을 직접우편을 이용하여 성과를 내는 1세대 마케팅 방식으로 비용의 증가와 함께 성과도 늘어나지만 투자수익률 측면에서는 효율이 높지 않는 특정 상품의 판매지향을 목적으로 하였다.

여기에서 한 단계 발전된 2세대 데이터베이스 마케팅은 IT기술을 이용하여 기업의 내외부의 자료를 통합하여 마케팅활동을 지원하는 것으로 데이터웨어하우스(Data Warehouse, DW)와 같은 정보기술을 이용하여 마케팅을 실시한다. 이는 1세대 보다 다소 진보된 형식으로 고객데이터를 활용하여 콜센터(call center)나 DM(Direct Mailing) 등을 통한 마케팅이다. 구축된 고객정보를 활용하여 보다 정교한 고객세분화 프로그램에 의해 고객을 세분화한 후, 이들을 대상으로 DM을 발송하는 방안이 있을 수 있다. 홍수처럼 쏟아지는 DM을 고객들이 어떻게 열어보게 하는가는 DM의 디자인이나 내용의 충실성에 달려있다고 할 수 있겠다. 특히, 우수고객을 대상으로 하는 DM의 경우에는 보상이나 쿠폰을 제공하여 DM에 대한 관심도를 높일 수 있다. DM의 충실성이 계속적으로 고객에게 일정기간 제공된다면, 그 후 고객들은 스스로 금융기관의 DM에 관심을 갖게 되어 보다 효과적이고 효율적인 DM전개가 가능하다고 볼 수 있다.

CRM은 고객 수익성을 우선시하여 콜센터 캠페인 관리도구와의 결합을 통하여 고객정보를 적극적으로 활용하는 것이다. 데이터베이스 마케팅과 같이 기업의 내부와 외부의 자료를 이용하는 측면은 같으나 CRM은 고객의 정보를 취하는 방법, 즉 고객접점이 DB보다 다양하고 정보의 취득을 전사적으로 진행함으로써, 데이터베이스 마케팅을 포함한 넓은 의미를 가진다. 따라서 고객에 대한 전략, 조직, 프로세스, IT 등 전반적인 변화로 마케팅, 서비스와 고객접점 등의 통합을 통하여 고객정보를 다양하고 적극적으로 전사적으로 활용한다는 점이 데이터베이스 마케팅과 차이점이다. 데이터베이스 마케팅과의 다른 또 하나의 차이는 고객관리에 대한 전략이다. DB는 DM이나 Tele-Marketing(TM)과 같은 방식으로 고객정보를 순간순간으로 취하여 이를 매스마케팅(mass marketing)에 이용한다. 그러나 CRM은 고객 데이터를 세분화하여 신규고객 발굴, 우수고객 유지, 고객가치 증진, 잠재고객 활성화, 평생 고객화와 같이 사이클을 통하여 적극적으로 고객을 관리하고 고객 가치를 극대화하는 전략적 패러다임이 기초이다. 따라서 CRM의 경우 고객의 정보를 취할 수 있는 방법 즉, 고객 접점이 데이터베이스 마케팅에 비해 훨씬 더 다양하고, 이 다양한 정보의 취득을 전사적으로 행한다는 것이다. 특정주제의 고객중심 마케팅이 데이터베이스 마케팅이라면, 고객을 주제에 따라 다루지 않기 때문에 채널관리가 필수적인 CRM은 통합적인 관계중심의 마케팅으로 구분되어진다.

표 16-2 | CRM과 데이터베이스 마케팅의 차이분석

구 분	데이터베이스 마케팅	CRM(고객관계 관리)
시스템 및 사용자	• 분석 시스템 • Bulk 단위 Read/Write • Analytical CRM • 마케터 • 현업 사용자	• OLTP 시스템 • Record 단위의 Read/Write • Operational CRM • 고객과의 접점 사원
관 점	• 마케터 관점	• 고객 관점
목 적	• 마케팅 전략 수립 • 목표확률 제고 • 마케팅 효율성 제고	• 고객관계 강화 • 우량고객 서비스 차별화 • 영업 생산성 향상
지 표	• 마케팅 비용 • 고객 반응률 • 캠페인 효율	• 고객 유지율, 신규율, 이탈율 • 고객 수익성, 고객 만족도
전 략	• 특정 집단의 속성을 파악하여 마케팅 전략 수립	• 개인 고객의 속성을 파악하여 마케팅 전략 수립

또한, CRM은 데이터에 근거한 마케팅, 데이터에 근거한 세일즈, 데이터에 근거한 서비스 전략을 의미한다. 세계적인 시장조사 기관인 가트너 그룹은 “신규고객 획득, 기존 고객 유지 및 고객수익성을 증대시키기 위하여 지속적인 커뮤니케이션을 통해 고객 행동을 이해하고, 영향을 주기 위한 광범위한 접근”이라고 CRM을 정의하고 있다. 즉, CRM은 고객에 대한 정보를 데이터베이스화하여 우량고객을 중심으로 차별적인 서비스를 제공함으로써 고객과 장기적인 관계를 통한 생애가치(Life Time Value, LTV)를 극대화하는 전략으로 고객 만족 경영과 1:1 마케팅 전략 그리고 IT기술이 결합된 선진 마케팅 기법이라고 정의할 수 있다. 데이터베이스 마케팅, 개인 맞춤 마케팅, 1:1마케팅, 관계 마케팅에서 진화한 요소들을 기반으로 등장한 CRM은 고객과 관련된 기업의 내부 및 외부자료를 분석·통합하여 고객 특성에 기초한 마케팅 활동을 계획 지원하며 평가하는 과정이며, 기업이 보유하고 있는 고객 데이터를 수집 통합 가공 분석하여 고객 개개인의 특성에 맞게 마케팅 활동을 계획 수행 평가 수정하는 일련의 과정이라고 할 수 있다. 이러한 CRM은 반드시 통합고객 데이터베이스(DB)인 DW(Data Warehouse)에 기반하여 실행되어야 하는데 다음의 표는 CRM의 영역을 나타내고 있고, 이러한 영역을 바탕으로 고객과의 관계를 강화해 나간다.

표 16-3 | CRM의 영역

업무 영역	주요 업무	
상품전략	• 시장조사	• 고객 니즈에 맞는 상품개발
촉진전략	• 타겟별 촉진활동 • 촉진 예산 결정	• 활동 효과 분석
영업관리	• 영업전략 수립 • 평가 보상	• 목표 진도 관리
영업점 관리	• 영업점 자체 목표관리 및 마케팅 전략	• 평가보상
필드 세일즈	• 전담 고객관리 서비스	• 종합 상담
e-Commerce	• 인터넷마케팅	• 셀프서비스
Mobile / PDA		
텔레 세일즈	• 캠페인 실행 • 영업 실적 관리 • 주문관리	• 영업 기획 관리 • 스케줄 관리
고객 전략	• 고객정보 관리 • 서비스 전략	• 고객 세분화 • 캠페인 관리

CRM은 관점에 따라 몇 가지로 분류해 볼 수 있다. CRM시스템은 크게 운영적 CRM(operational CRM), 분석적 CRM(analytical CRM), 활용적 CRM(collaborative CRM)으로 나눌 수 있다. 분석적 CRM은 데이터베이스 마케팅이나 확장된 개념의 DW와 비슷한 개념으로써, DW, 데이터 마이닝, OLAP 등을 이용하여 마케팅 의사결정을 지원하는 마케팅 의사결정지원 시스템이라고 할 수 있다. 이에는 전사적 DW구축 및 ETT시스템(Extraction, Transformation, Transportation), OLAP, Mining, Modeling 시스템 등이 있다. 운영적 CRM은 확장된 전사적자원관리(Enterprise Resource Planning, ERP)의 개념으로써, ERP가 가지고 있는 기능(예를들어, 거래처리, 재무 및 인사관리 등) 중에서 고객접촉과 관련된 기능을 강화하여 ERP의 기능확장 또는 CRM모듈과 기존 ERP를 통합하는 것으로 주로 영업과 서비스를 위한 시스템이라고 할 수 있다. 이에는 캠페인 관리 시스템, 마케팅 정보 관리 시스템, 세일즈 시스템, 서비스 시스템 등이 있다. 활용적 CRM이란 e-CRM을 의미하는 것으로써, 인터넷을 기반으로 한 포탈사이트의 급성장과 오프라인 기업의 온라인화가 가속화되면서 인터넷에 대응하는 새로운 개념의 CRM이라고 할 수 있다. 이에는 전화를 이용한 콜센터 시스템, PDA/Mobile 단말을 이용한 Mobile시스템, 인터넷을 이용한 전자상거래 또는 eCRM 시스템 등이 있다.

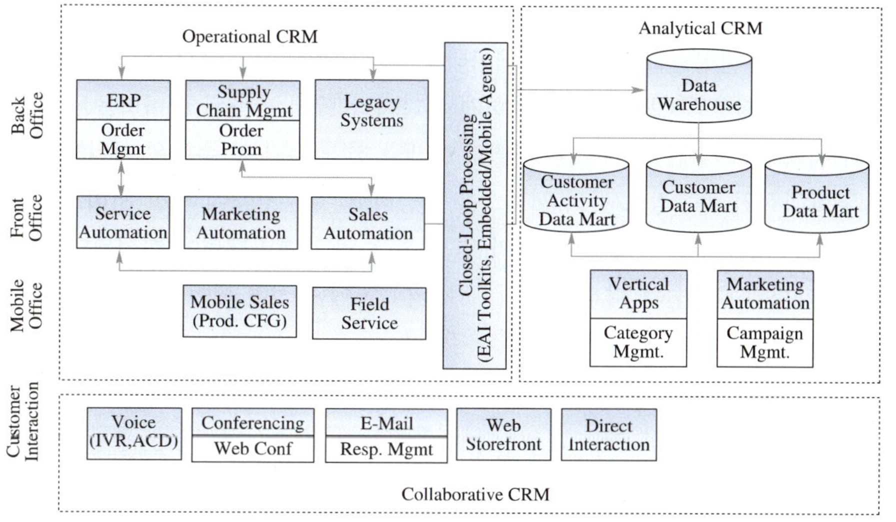

그림 16-2 | CRM의 분류

운영적 CRM은 분석적 CRM의 바탕이 되고, 분석적 CRM을 통해 가공된 데이터를 바탕으로 활용적 CRM에 활용되는 바탕이 된다. 운영적 CRM은 데이터 원천(resource)에 대한 관리와 마케팅 데이터를 저장하는 영역을 가지고 있으며, 분석적 데이터들은 이러한 데이터를 바탕으로 의사결정 지원의 역할을 수행한다. 그리고 마지막으로 이러한 의사결정 지원 데이터를 이용하고 커뮤니케이션 채널을 통해 CRM이 고객과의 접촉이 이루어진다. 다음의 그림은 구조적 관점에 대한 CRM을 나타낸 것이다.

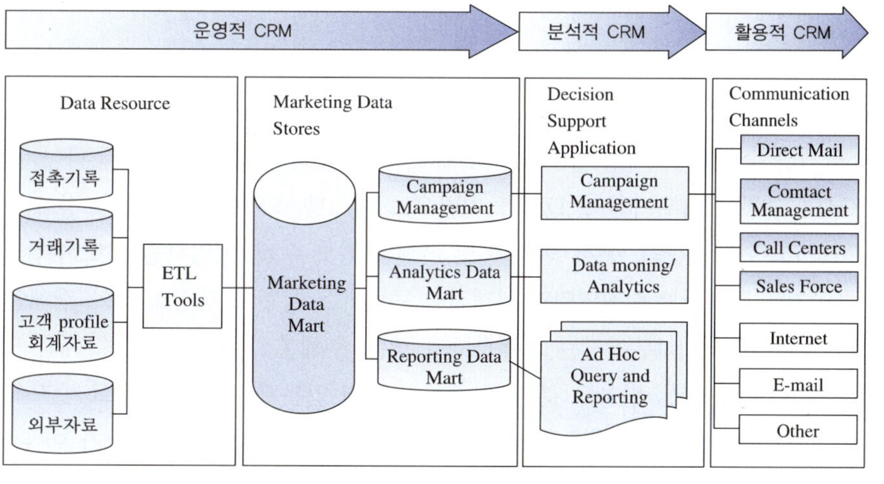

그림 16-3 | 구조적 관점의 CRM

운영적 CRM의 구성을 이루는 DW에서 분석된 데이터들은 분석적 CRM에서 모델의 설정과 분석이 이루어진다. 고객별 생애가치를 산출하고, 고객세분화가 이루어지며, 고객의 구매행태를 파악할 수 있고, 상품과 고객 간의 관계 분석 및 상품 간 연관성 분석이 이루어지게 된다. 이렇게 설정된 모델 및 분석데이터들은 다시 운영적 CRM의 DW에 저장되어 모형과 개인정보를 활용적 CRM에서 활용하게 된다. DW에서 추출된 데이터들은 활용적 CRM의 영역 내에서 고객세분화에 따른 차별적 마케팅 전략 수립 및 수행을 지원하고, 세분 고객에 따라 효과적인 유통경로 등의 서비스를 제공하고, 우수고객에 대한 서비스 상품 제공하는 방안이 연구되며, 고객 접촉 후 평가 및 기록 등의 관계마케팅이 형성된다. 이렇게 형성된 관계마케팅의 결과들을 다시 운영적 CRM의 DW에 축적이 되어 금융기관의 수익창출이 이루어지는 바탕을 마련한다.

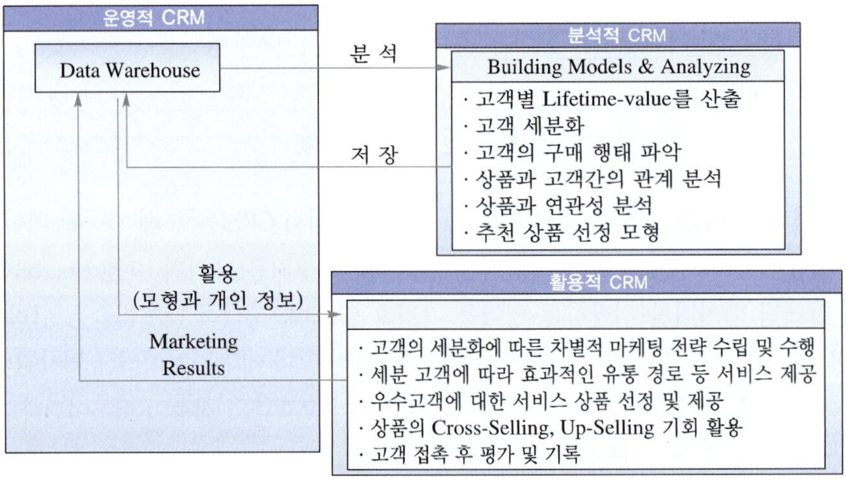

그림 16-4 | 기능적 관점의 CRM

통합적인 CRM 데이터베이스(DB)를 구축하고 이곳에 정보를 등록하거나 전 종사원이 공유할 수 있는 어플리케이션(application)이 필요하며, 점차 고객의 행동을 예측하고 스코어링(scoring)할 수 있는 마이닝 툴(mining tools)을 사용해 고객 지식을 발견해 나아가야 효과적인 CRM의 수행이 이루어진다. DW를 기반으로 시스템, 외부정보의 수집, 정보 모니터 제도, 반응광고, 리스트 관리, 통계, 인터넷 및 콜센터 정보 수집, 영업사원 정보 수집 등의 업무가 이루어지는 고객정보 수집영역과 고객접점 프로세스, 통합 고객정보 조회, 캠페인 실행, 고객상담 등의 업무가 이루어지는 고객정보의 활용, 추세분석, 고객 수익성, 예측 모델, scoring, 세분화, 이벤트 발견, 반응도 분석, 접촉이력 등의 업무가 이루어지는 고객 지식 발견 영역, 마지막으로 데이터 모델링, 데이터 복구 및 백업 등의 시스템적 요소가 이루어지는 고객 데이터베이스 관리의 4영역이 통합적으로 유연하게 연결되어 고객에 대한 정보 및 지식의 관리가 이루어진다.

이제, 데이터웨어하우스와 데이터마트에 대해 알아보자. 데이터웨어하우스(Datawarehouse, DW)란 큰 의미에서 기존의 시스템으로 답할 수 없었던 비즈니스(business) 질문에 답하기 위하여, 다양한 데이터 소스들(sources)로부터 데이터를 적절히 관리하고 조합하는 기술을 의미한다. 또한 DW는 상품(product)의 개념이라기보다는 과정(process)의 개념으로 접근하는 것이 보편타당하다고 할 수 있다. 결국, DW란 수년간의 운영계 시스템에서 생긴 내부 데이터와 외부 데이터를 주제별로 통합하여 별도의 프로그램 없이 즉시 여러 각도에서 분석을 가능하게 하는 통합시스템을 의미한다.

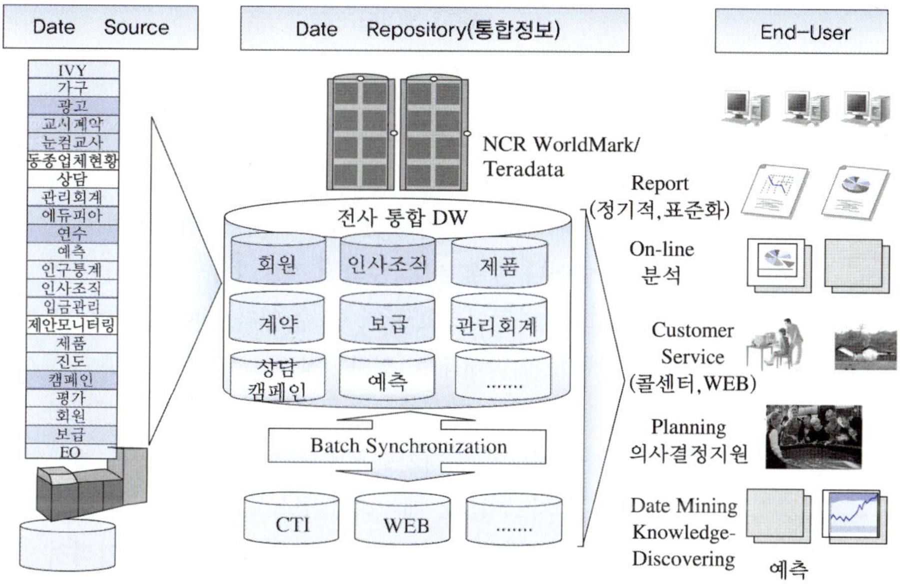

그림 16-5 | 전사적 데이터웨어하우스 개념도

※ 자료: 박재석외(2001)

또한 실무에서 많이 쓰이는 데이터마트(Data Mart, DM)란 특정부서의 의사결정 프로세스 지원을 목적으로 하는 부서별 또는 부문별 DW로서, 부서의 분석수행에 가장 적합한 데이터 구조를 가지고 있다. 이러한 데이터마트는 DW로부터 필요한 데이터를 획득하고, 일반적으로 동일 기업 내에 여러 개의 데이터마트가 존재하게 된다. 왜냐하면 부서별로 구축하거나, 업무기능별로 구축하기 때문이다. 데이터마트 없이 전사적 DW를 구축하는데 있어 확장에 따른 데이터 접근(access)능력이 저하되고, 다수 사용자로 인한 자원사용 능력에 제약이 따르며, 대용량 데이터로 인한 데이터 저장 및 처리비용이 과다하게 소요됨으로 인해 데이터마트를 구축하게 되는데, 데이터 마트의 구축은 부서에서 데이터와 프로세스를 완전하게 통제할 수 있고, IT자원과 설비의 독립적, 독점적 사용이 가능하다. 또한, 소량 데이터 사용에 따른 데이터 저장 및 프로세스 비용이 감소하게 되는 이점을 제공하기도 하고, 부서의 특정요건에 적합하도록 데이터 재구성 및 재가공이 가능하게 된다.

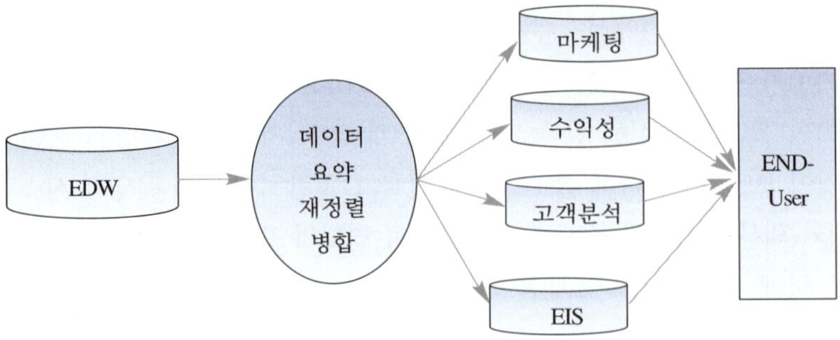

그림 16-6 | 데이터마트의 개념도

※ 주: EDW(Enterprise Data Warehouse)

마지막으로 CRM시스템에 있어 핵심요소 중 하나가 데이터마이닝(data mining)이다. 데이터마이닝이란 대용량 DB로부터 새로운 정보를 추출하는 과정을 의미한다. 이러한 데이터마이닝은 대규모 DB에 존재하지만 숨겨져 있는 상호연관성과 글로벌 패턴에 대한 탐색이 이루어지고, 패턴 인식 기술이나 통계 기법, 수학적 알고리즘을 이용하여 의미가 있는 상관관계, 패턴, 추세 등을 발견하는 과정이라고 표현 할 수 있다. 데이터마이닝을 통해 질의나 보고서가 발견할 수 없었던 정보를 밝혀내고, 의사결정을 지원하고, 그 효과를 예측하고, 목표고객을 찾아주는 역할을 수행한다. DW에서 필요로 하는 데이터를 마이닝한 후, OLAP 데이터마트에 보내지고, 데이터마트에서는 다차원적인 관점에서 데이터를 재해석한 후, 마케팅에서 활용하는 프로세스를 가지고 있다. 데이터마이닝 모델에는 이미 알려진 결과를 사용하여 미래를 예측하는 방식인 Predictive Model(예: 회귀분석)과 결과가 알려져 있지 않은 데이터를 가지고 예측하는 방식인 Descriptive Model(예: 장바구니 분석)로 구성되어 있다.

위와 같은 방법으로 DW가 구성되면 OLAP 도구(On-line Analytical Processor)의 분석은 다음과 같다. 전사적 DW와 데이터마트의 데이터를 사용자 요건에 따라 다각적으로 분석하고 활용할 수 있도록 지원하는 도구인 OLAP툴(tool)은 사용자가 툴을 이용하여 프로그래머의 지원 없이 의사결정 및 분석업무에 필요한 정보를 스스로 획득하거나 가공하고, 금융기관 내에 정보활용을 확산시키는데 매우 중요한 역할을 담당한다. 또한 업무에 있어서 시간, 비용, 인력을 절감할 수 있으며, 비정형화된 장표를 만드는데 유일한 수단이 된다. 이러한 OLAP 툴에는 ROLAP(Relational OLAP)과 MOLAP(Multidimensional OLAP) 두 유형으로 구분되어진다. ROLAP과 MOLAP 둘다 장점과 단점이 있다. 전사적 DW를 구축 할 때는 ROLAP을 사용하는 것이 일반적인데 반해, 일부 EIS(경영자정보시스템)[31]를 구축 할 때는 MOLAP

31) EIS(Executive Information System)는 경영자정보시스템, 관리자정보시스템, 임원정보시스템 등으로 불리는 것으로, 최고경영자나 임원 혹은 관리자가 전략적 경쟁적 의사결정을 내리는 데 도움이 되고 전체 사업과 그 기능부서의 활동을 감독하는 데 필요한 정보를 모두 다루는 시스템이다. 즉 기업 내·외부의 정보를 통합 분석해 경영진에게 적시에 제공함으로써 경영 전반의 의사결정 속도와 정확성을 높이고 상하 조직원 간의 정보전달을 용이하게 해 위기 대응능력을 향상시키기 위한 것이다. 상급 경영 관리직에 있는 사람들의 정보욕구를 충족시켜 주기 위한 컴퓨터 기반의 정보시스템으로,적절한 정보에

을 사용하는 것이 일반적이다. 또한 MOLPA은 DW없어도 관계없이 구축할 수 있다. ROLAP과 MOLPA 둘 다 웹을 지원한다. 결국, 사용자의 요구와 응용면에 따라서 적절하게 사용하면 된다. DW구축에 있어 OLAP 툴에 대한 평가기준으로는 최종 사용자가 OLAP툴을 이용하여 지원할 수 있는 능력, 업무 모델링, 고급의 분석능력, 웹에서의 지원 문제, 성능 및 확장성 문제, 적용능력, 성능 튜닝 능력, 커스터마이징, 보안성, 호환성, 다양한 형태의 정보표현 능력 등을 평가기준으로 꼽을 수 있다.

(2) CRM의 배경 및 효과

그렇다면 CRM은 왜 필요해졌을까? 첫째, 마케팅 개념의 변화가 있기 때문이다. 기존 마케팅 방식은 마케팅팀을 위한 마케팅 부서만의 마케팅이었다. 기존의 마케팅에 대한 개념은 뚜렷한 방향이나 본질적인 요건을 인식하지 못한 채 변화하는 금융시장 환경을 따라잡는데 급급하였다. 이러한 마케팅의 방향과 환경, 제도를 바꾸는 방안으로 필요한 것이 CRM시스템이라고 할 수 있다. 고객에 대한 중요성을 마케팅의 전면에 배치하여 금융기관 내 모든 정보의 방향과 프로세스와 마인드, 역량을 고객관계에 집중시키는 것이다. 또한 현재 많은 금융기관들의 마케팅은 기존고객 보다는 신규고객획득에 초점이 맞춰져 있으며 기존고객의 요구를 파악하지 못하고 있다. 기존의 마케팅이 단발적인 마케팅 전술이라면 CRM은 고객과의 지속적인 관계를 유지하면서 '한번 고객은 평생고객'이 될 수 있는 기회를 만들며, 평생고객화를 통해 고객의 가치를 극대화하는 것이다. 둘째, 고객 니즈 파악의 필요성이 발생하였기 때문이다. 많은 금융기관들은 변화무쌍한 고객 정보를 뒷받침할 수 있는 시스템이 전혀 없어 고객의 니즈를 제대로 파악하지 못하고 있는 실정이었다. 고객의 니즈에 대한 파악이 어려운 상황 하에서는 고객에 대한 분석도 제대로 이루어질 수 없고, 고객에 대한 분석이 어려우면 고객에게 홍보 및 이미지 전달이 어려워지게 된다. 그러므로 다양한 고객의 니즈를 파악하기 위하여 필요한 시스템으로 CRM이 등장하게 된 것이다. 셋째, 지속적인 고객 서비스 제공이 필요하기 때문이다. 기존의 시스템을 통해서는 지속적으로 고객에게 서비스를 제고할 방법이 없었다. 어떠한 방향으로 고객을 만족시킬 것인지에 대한 대안이 없다면, 아무리 좋은 투자라 해도 쓸모가 없어지게 된다. 결국, 지속적인 관리방안을 통한 장기적인 계획 수립을 통해 고객을 관리해야 한다. 넷째, 전사적이며 고객지향적 특성의 금융기관이 필요하기 때문이다. 급변하는 금융환경 하에서 금융기관이 생존하기 위해서는 고객에 대한 정보 및 마인드가 전사적이며 고객 지향적이어야 한다. 금융기관 종사자 어느 누구라도 항상 고객을 위해, 고객에 대해 준비해야 한다. 고객의 불만, 고객의 특징, 고객의 취향 등의 정보를 마케팅 부서에서 활용한다면 직접적인 시장의 변화를 느낄 수 있으며, 고객의 변화에 대한

신속한 접근과 경영보고에 직접 접근하게 해주며, 그래픽 지원과 예외 사항보고 및 전체 현황에서 필요시 상세정보를 파악할 수 있게 하는 기능을 갖추고 있다.

새로운 마케팅이 가능하게 될 것이다. 따라서 CRM은 고객과 관련된 기업의 내부 및 외부의 자료를 분석하고 통합하여 고객 특성에 기초한 마케팅 활동을 계획하고 지원, 평가하는 과정으로 4E 마케팅이 이론적 근거가 된다.

다음으로 CRM의 효과에 대해 알아보자. 사용자관점, IT부서 관점, 매출/비용측면의 관점에서 나누어 볼 수 있다. 먼저, 사용자관점에서 보면 대용량 데이터에 신속하게 접근하여 OLAP를 이용하여 DW에 저장된 고개/마케팅 정보를 쉽게 이용할 수 있다. 데이터마이닝을 이용하여 다양하고 포괄적인 데이터 분석을 수행할 수 있다. 또한 마케팅활동을 적시에 수행할 수 있는 효과적인 마케팅 프로그램을 개발할 수 있다. 마케팅 활동에 대한 ROI 분석을 체계화할 수 있어 마케팅 프로그램의 실효성을 평가할 수 있다. IT부서 관점에서 보면 마케팅 자료가 DW에 저장됨으로써 사용자가 직접 정보탐색이 가능하므로, IT부서의 데이터 요구가 감소하는 효과가 있다. 또한 스케줄에 따른 데이터 추출작업이 이루어지기 때문에 추출작업이 상대적으로 간소화된다. 매출/비용측면의 관점에서 보면 고객의 만족도가 개선되어 고객의 이탈률이 감소하고, 기존 고객의 평균 구매율이 높아지며, 고객 신규율이 증대함으로써 매출의 증대가 이루어진다. 또한 전화, 인터넷 등 판매채널 비용이 대폭 개선되고, 1인당 관리 고객 수, 점포당 사원 수 등 영업사원의 생산성이 개선되며, 여러 마케팅비용을 절감할 수 있어 통계적으로 CRM 투자에 대한 ROI가 약 8배 이상 나타나는 것으로 보고되고 있다.

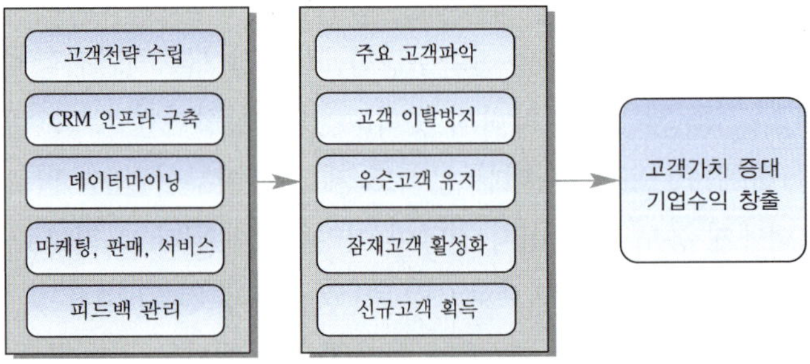

그림 16-7 CRM 도입의 효과

(3) 시장세분화

일반적으로 시장이란 다양한 소비자들의 집합으로 소비자들 개개인은 모두 상이하다. 특정 제품군에 대한 태도, 의견, 구매행동 등으로 비슷한 소비자들의 집단이 존재한다. 이처럼 비슷한 성향을 가진 사람들을 다른 성향을 가진 사람들의 집단과 분리하여 하나의 집단으로 묶는 과정을 시장세분화라고 한다. 시장세분화(market segmentation)이란 일반적으로 '판매활동에 있어서 자사의 상품을 차별화할 때 그 상품의 판매기회를 어느 곳에서 찾을 것인가, 즉 판매할 수 있는 지리적 범위 및 수요자 등을 예상하여 그 특성에 따라 시장을 구분하는 것'이라 정의하고 있다. 또한 시장세분화의 개념을 스탠튼(W. Stanton)은 '한 상품이나 기업에 대해 서로 다른 성질을 가진 전체시장을 선택하고 이를 중요한 동질적 특성을 가진 세부시장 또는 부문으로 분할하는 과정'이라 하였고 맥카시(E. J. MaCarthy)는 '소비자를 포괄적 개념으로 파악하지 않고 서로 다른 특성에 따라 몇 개의 특정한 집단으로 분할하는 것'이라고 정의하였다.

시장세분화란 잠재고객을 포함하여 기업의 고객이 누구인지를 인식하고 전체시장을 특정 기준에 의해 분류하여 동질적인 집단으로 분류하는 것이며 시장에 대해 파악하여 집중된 마케팅을 구사하는 전략 수단이라 할 수 있다. 시장세분화의 기준과 절차에 대해 알아보자. 마케팅활동을 위해서는 시장세분화를 통하여 시장을 정확하게 파악할 수 있다. 시장을 세분화하면 시장을 고객의 욕구, 구매동기 등으로 보다 정확하게 파악할 수 있으며 변화되어가는 시장수요에 창조적으로 대응할 수 있는 마케팅 전략을 세울 수 있다. 따라서 고객들의 욕구에 맞게 상품을 비롯한 마케팅믹스를 개발함으로써 고객들의 욕구를 더욱 충족시킬 수 있다.

시장세분화를 통하여 마케팅 활동에 대한 고객의 반응을 알 수 있다. 세분화를 통해 고객들의 욕구를 정확히 충족시킴으로써 소비자들의 기업이나 상표에 대한 애호도(brand loyalty)를 높일 수 있다. 고객의 반응에 맞추어 마케팅 자원을 배분함으로써 가장 효과적인 결과를 얻을 수 있다. 시장세분화는 목표시장을 확실하게 정할 수 있게 해준다. 여기서 목표시장이란 마케팅 활동을 수행할 대상이 되는 시장인데 이를 세분화함으로써 목표시장을 뚜렷이 설정할 수 있다. 일반적으로 널리 활용되는 시장세분화의 기준은 지리적 변수, 인구통계적 변수, 심리분석적 변수, 구매행동적 변수, 사용상황 변수, 추구편익의 변수로 구분된다.

첫째, 지리적 변수는 지역적 세분화 변수라고 하며 지역, 인구밀도, 도시의 크기 등에 따라서 세분화 하는 것인데, 고객의 필요나 선호가 다른 경우가 많다. 고객의 선호에 의해서가 아니라 세분화 작업이 비교적 쉽고 시장에 효율적으로 접근할 수 있다. 고객의 욕구에 따라 세분하는 것이 아니라 단순히 비용을 절감하기 위해 세분화하는 것이다. 둘째, 인구통계적 세분화는 고객을 나이, 생애주기, 성별, 가족규모, 직업, 소득, 사회계층 등과 같은 인구통계적 변수(demographic variables)를 근거로 세분화 하는 것이다. 고객들을 세분화하기 위해 가장 널리 사용되는 변수들이다. 소비자의 욕구, 선호도, 구매량 등이 변수와 상관관계가 높으며 다른 변수들에 비하여 측정이 용이하다는 특징을 가지고 있다. 시장세분화에서 연령은 널리 활용되는 변수로 욕구, 선호, 구매 능력에 있소 크게 차이를 보이며 상품을 이용하는 상황이나 추구하는 편익이 크게 달라진다. 성별에 따른 욕구와 구매행동 양식이 다른 경우가 많은데 성별에 따라 고객들은 다양한 소비패턴과 선호도를 보이기도 한다. 소득수준은 상품의 이미지를 보여주기 위한 시장을 세분화하는 데 효과적인 기준이 된다. 소득수준은 학력과 함께 사회계층을 결정하는데 매우 중요하다. 지위나 상징성이 강한 제품일수록 대부분 높은 가격이 책정되므로 고객집단은 소득이 높은 집단이 선호하게 되는 것이다. 셋째, 심리분석적 변수에 의한 세분화는 고객들이 눈에 보이지 않는 사회계층이나 라이프스타일 등의 특성을 근거로 하여 상이한 집단으로 구분하는 것이다. 라이프스타일은 "사회전체 또는 사회의 한 부분의 구성원들이 공통으로 갖고 있는 타인과 구별되는 특징적인 생활양식을 의미한다. 즉, 고유의 활동 영역, 관심분야, 태도 그리고 가치관 등에 의해서 구체화되고 집단적으로 차별화된 생활양식"으로 정의(Wells, 1975)하였다. 또한 엥겔과 블랙웰(J. F. Engel, R. D. Blackwell)은 "사람이 삶을 영위하는 패턴, 그리고 각 개인이 가진 시간과 돈을 사용하는 패턴"이라 정의하였다. 연령, 소득과 같이 측정이 가능한 인구통계적 특성과 달리 심리분석적 변수는 시장규모의 규모 및 세분시장에서의 접근가능성을 찾기가 쉽지 않다. 사회계층은 재산, 소유, 소득, 교육수준, 가문, 사회적 유대관계 등이 지위를 결정하는 중요한 요소로 고려된다. 이들 요소를 기준으로 사회계층을 분류할 수 있는데 계층별로 상이한 소비선호 경향을 보인다. 상품을 선택하는 데 있어서 하위층은 가격을 가장 중시하는 경향이 있으나 상위층은 가격보다는 품질이나 디자인을 보다 중시하고 브랜드를 선호하는 경향을 보인다. 심리분석적 세분화 방법에서 가장 대표적인 것은 라이프스타일 또는 생활양식에 의한 세분화이다. 라이프스타일은 생활양식으로서의 특징을 가지고 있다. 라이프스타일은 고객들이 살아가는 방식을 말하며, 활동(Activity), 관심(Interest), 의견(Opinion)을 통하여 나타나는 데 마케팅 전략에 있어 매우 중요하다. 생활양식의 분석을 AIO분석이라고 한다.

표 15-4 ▌AIO분석의 구성요소

활동(Activity)	관심(Interest)	의견(Opinion)	인구통계적 변수(Demographic Variables)
• 일	• 가족	• 자기 자신	• 나이
• 취미	• 가정	• 사회	• 교육
• 사회활동	• 직업	• 정치	• 수입
• 휴가	• 지역사회	• 사업	• 직업
• 오락	• 여가활동	• 경제	• 가족 수
• 클럽활동	• 여행	• 교육	• 거주
• 지역사회활동	• 음식	• 상품	• 지역
• 쇼핑	• 대중매체	• 미래	• 도시크기
• 스포츠	• 성취	• 문화	• 라이프사이클 위치

※ 자료: 조태현(1997).

넷째, 구매행동적 변수는 사용기회, 경험, 사용량, 상표애호도 등이 있는데 시장의 규모를 측정하기 어렵다. 이 변수로는 시장의 규모를 측정하기 용이하지 않으며 접근가능성도 측정하기 어렵다. 고객을 상품의 사용률에 따라 시장을 세분화 하는 방법으로 상품에 따라서는 소수의 사람들이 전체 매출의 상당부분을 차지하기도 하는데 이를 20:80법칙이라고도 한다. 상표애호도란 고객이 동일 상표를 반복 구매하는 성향을 의미하며 상표충성도라고도 한다. 다섯째, 사용상황 변수가 있다. 고객들이 어떤 상품을 사용하는 상황에 따라 고객이 추구하는 편익도 달라질 수 있다. 따라서 사용상황에 따라 시장을 세분화하면 기업은 시장을 효율적으로 공략할 수 있게 된다. 이러한 기준변수는 인구통계학적 변수를 보완하여 사용하는 경우가 많다. 여섯째, 추구편익의 변수가 있다. 고객들이 제품에서 얻으려는 편익은 크게 기능적 편익과 심리적 편익으로 나눌 수 있다. 상품의 속성이나 기능으로부터 얻어지는 것은 기능적 편익을 의미하며, 경제성, 사용의 편리함 등 해당한다. 심리적 편익은 상품의 이미지, 자기만족, 신분의 표시 등과 같이 심리적인 측면을 나타낸다.

기업들의 전통적인 고객 세분화 방식은 나이, 성별, 직업, 연봉 수준, 그리고 거주 지역과 같은 인구 통계적인 변수를 고려하여 분류하는 것이었다. 이러한 방식은 자사 고객들에 대한 기초적인 특성을 개략적으로 파악하는 데는 도움이 되지만 실질적인 마케팅적 의미를 제공하지는 못한다. 한편, 고객이 기업에 기여하는 재무적 가치를 평가하는 것이 보다 중요하다는 사실을 인식한 기업들을 중심으로 고객들이 발생시키는 매출액을 기준으로 고객을 평가하고 세분화하기 시작했다. 매출액의 절대적인 수준으로 고객등급화를 시도하여 자사의 핵심 고객을 파악하고, 각 등급에 대해 차별화된 오퍼를 제공하는 것이 주요 목적이었다. 이러한 매출액 기반의 고객세분화는 기존의 전형적인 고객세분화 방식에 비해 보다 효과적인 고객 통찰력을 제공해 주는 것이 사실이지만 매출액 자체가 실질적인 수익성을 설명해 주지 못함으로써 그 효용성에 있어서는 명백한 한계를 가질 수밖에 없었다. 가장 큰 문제점은 매출액 기반의 고객세분화는 그 고객이 발생시키는 비용과 매출을 일으키는 과정에서 나타나는 행위적 특성을 파악하지 못한다는 것이었다. 가령, 한 번의 캠페인 접촉으로 보험을 가입하는 고객과 4~5번의 상담원 통화나 영업 사원의 물리적인 방문 요청을 통해 가입하는 고객은 마케팅 비용의 관점에서 다를 수밖에 없다. 또한 한 번에 온라인으로 1억을 예치하는 사람과 100만원씩 100번 지점을 방문하여 그 때마다 은행원을 점유하고 무료 다과나 주차권 등을 요구하며 예금하는 사람과는 운영 비용의 관점에서 다를 수 밖에 없다. 즉, 기업이 진정한 고객가치를 평가하기 위해서는 매출액(revenue)이 아닌 수익성(profitability)에 의한 평가가 되어야 함을 의미한다. 수익은 매출액-비용의 개념이므로 해당 매출을 발생시키는 데 필요한 다양한 마케팅 비용을 감안해야 한다. 그림 16-8은 수익성에 의한 고객가치평가가 매출액에 의한 고객가치평가에 비해 훨씬 정확한 평가를 할 수 있고 이에 따른 차별화된 마케팅 전략을 수립할 수 있음을 개념적으로 제시하고 있다.

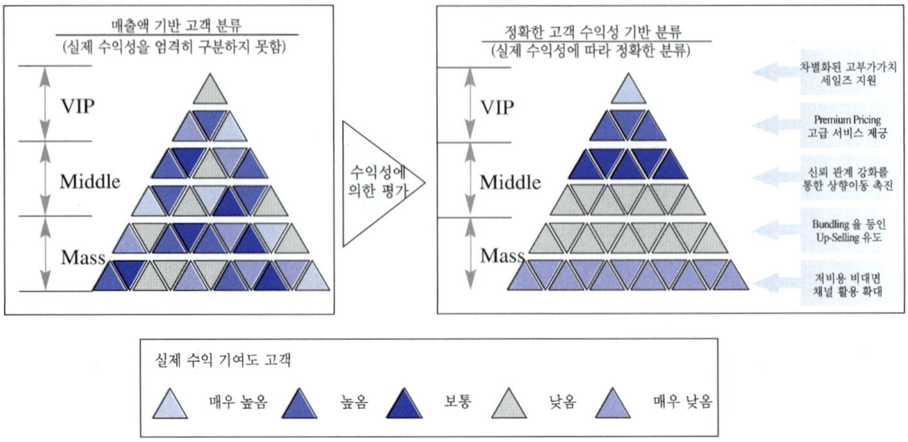

그림 16-8 ▍매출액기반과 수익성 기반의 고객분류의 차이

※ 자료: 김영걸외(2009)

VIP 마케팅: 신한은행의 PB 서비스

오랫동안 은행, 항공사, 호텔 등 서비스 업계에서는 핵심 우량 고객들에 대해 차별화된 관리 프로그램을 진행해오고 있었다. VIP 마케팅이라고도 했던 이러한 핵심 고객관리 프로그램의 대표적인 형태가 은행의 PB(Private Banking) 서비스이며, 현재 대부분의 은행들이 자사의 핵심 고객들을 대상으로 이러한 PB 서비스를 제공하고 있다. PB 서비스는 초우량 고객들을 대상으로 개인전담은행원(Private Banker)을 배정하여, 모든 금융 거래 업무와 기타 다채로운 서비스를 개인적으로 관리해 주는 서비스를 의미한다. 가령, 신한은행의 경우 초우량 고객들을 대상으로 종합 자산 관리, 부동산 종합 관리, 포트폴리오 관리, 세무·법률 상담, 투자정보 서비스, 그리고 라이프케어 서비스 등 금융 거래를 포함한 총체적인 자산 관리와 더불어 고객 개인의 생활적인 모든 영역에 대해 개인화된 서비스를 제공하고 있다. 여기에서 PB 서비스가 특별한 이유는 일반적인 금융 서비스 외에도 라이프케어 서비스를 통해 VIP 고객의 생활 전반적인 부분까지 서비스를 확대하고 있다는 점이다. 신한은행의 라이프케어 서비스는 일반적인 신용카드 서비스의 범위를 뛰어넘는 플래티늄 카드 서비스 외에도 유언 상속 관리, 병원과 연계된 건강 관리 서비스, 자녀들의 만남을 주선해 주는 커플 매칭 서비스, 개인화된 여행을 설계해 주는 Travel 서비스, 고객의 각종 행사나 이벤트를 지원해 주는 이벤트 서비스, 그리고, 각종 문화 생활이나 스포츠 활동을 지원해 주는 아트뱅킹 및 라이프스타일 맞춤 서비스 등을 제공하고 있다. 즉, PB 서비스는 고객의 생활 전반에 걸쳐 강력한 유대 관계를 형성함으로써 초우량 고객의 이탈을 방지함과 동시에 다양한 금융 니즈를 포착하여 더욱 수익성 높은 거래 관계를 이끌어내기 위한 주요 도구로 사용되고 있는 것이다.

고객생애가치(Life Time Value of customer, LTV)란 고객들로부터 미래의 일정 기간 동안 얻게 될 이익(= 수입 − 비용)을 할인율에 의거해 현재가치로 환산한 재무적 가치를 의미한다.

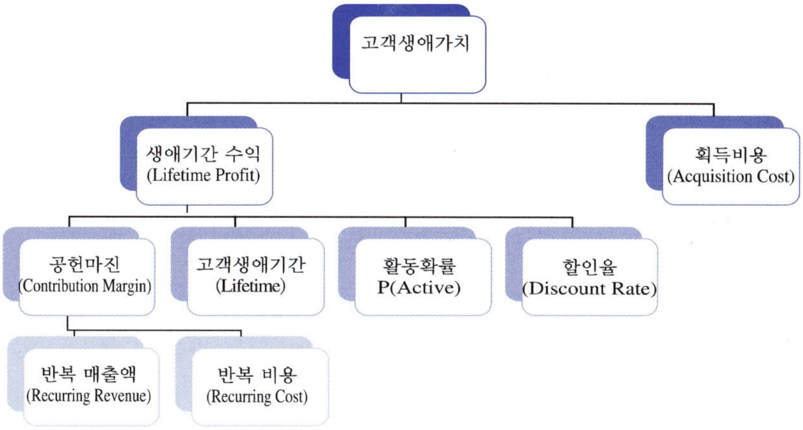

그림 16-9 ▎고객생애가치의 개념적 구성도

여기서 할인율(discount rate)이란 미래에 발생하게 될 고객가치를 현재 가치로 환산하기 위해 필요한 비율로써 일반적으로 이자율의 역수를 취하여 사용하게 된다. 할인율은 고객생애가치를 평가할 때 모든 고객에 대해 동일하게 적용되는 일종의 상수(constant)로써 기업이 자체적으로 결정하게 되는데, 여기에서 주의해야 할 사항이 두 가지가 있다. 첫째, 할인율은 시장 이자율에 따라 달라져야 하므로 금리 변동 수준을 적절한 기간마다 반영해 주어야 한다는 점이다. 기업이 설정하는 할인율에 따라 기업의 총 고객생애가치는 매우 큰 폭으로 변동되기 때문에 고객생애가치의 정확한 평가를 위해서는 금리 변동을 반영해 주어야 한다. 둘째, 금리 변동과 더불어 기업의 할인율설정에는 미실현 고객가치에 대한 자사의 입장(standpoint)을 반영하는 것이 바람직하다. 고객생애가치에서 논의하는 미래 가치란 엄밀히 말하면 아직 실현되지 않은 가치를 의미한다. 이러한 미실현 수익에 대해 기업은 낙관적일 수도 있으며, 어느 정도 보수적인 관점을 가질 수 있다. 즉, 동일한 금리 수준 하에서 동종업계의 경쟁사들이라 하더라도 이러한 미실현 고객가치에 대한 입장이 다르다는 점에서 긍정적 시각을 가진 기업에서는 할인율을 다소 낮게, 그리고 보수적 성향을 가진 기업에서는 할인율을 다소 높게 설정하는 경향이 존재한다. 공헌마진(contribution margin)이란 고객이 기업과 처음 관계(거래)를 시작한 시점부터 현재까지 그 고객이 기여한 총 가치를 의미하며 한 고객의 공헌마진을 측정하는 일반적인 모델은 다음과 같다.

$$\text{i고객의 공헌마진} = \sum_{n=1}^{N} GC_{iN} \times (1+r)^{N}$$

여기서 i는 i번째 고객을 의미하며 r은 할인율, N은 고객의 구매 시점부터 현재 시점까지의 기간수, GC_{iN}은 i번째 고객이 N번째 시점에 구매한 총기여도를 의미한다.

공헌 마진을 구한 다음, 고객생애가치를 구하기 위해서는 개인별 향후 고객생애기간과 생애기간에 따른 각 활동 확률을 구하는 것이 필요하다. 먼저 고객들의 향후 고객생애기간을 평가하기 위해서는 산업의 형태를 고려해야 하는데, 약정 기간의 이동 통신 서비스나 건강보험 상품과 같이 계약의 시작과 더불어 계약 종료의 시점이 명확한 계약성(contractual) 구매의 경우에는 잔존 생애 기간을 정확하게 산정할 수 있는 반면, 일반적인 제품 구매와 같이 비연속적이면서 종료 시점을 명확히 알 수 없는 비계약성(non-contractual) 거래의 경우에는 고객의 잔존 생애 기간을 정확히 산정하기란 원천적으로 불가능하다는 것을 이해해야 한다. 또한 고객생애기간을 산정하기 위해 기업 내부의 기준이 되는 관찰 기간(observation period) 역시 자사의 고객 데이터베이스의 구축 시점이나 개인별 매출 데이터의 관리 시점에 의해 영향을 받을 수 있기 때문에 어느 정도의 고객 정보의 손실이 발생할 수 있다. 따라서, 기업은 측정이 가능한 고객들의 과거 구매 패턴을 기반으로 향후 예상되는 잔존 생애 기간별로 활동 확률을 추정하는 것이 필요하다. 활동 확률, 즉 P(Active)란 특정 시점 t에 고객이 활동할 확률을 의미하며, 다음과 같이 단순한 모형에 의해 계산된다.

$$\mathrm{P(Active)} = \mathrm{T}^{\mathrm{N}}$$

N은 주어진 기간 동안의 구매 횟수, T는 전체 기간에 대한 과거 활동 기간의 비율이다.

이제 비용측면을 보자. CRM 전략 차원의 마케팅 비용 산정이란 기업의 마케팅 활동을 신규고객확보, 관계유지, 그리고 관계강화라는 CRM 활동으로 분류하고, 각 활동 기준 별로 마케팅 활동을 재배치하고 이를 기준으로 마케팅 비용을 산정하는 것을 의미한다. 일반적으로 산정하는 것이 쉽지 않다. 여러 모형 중, 가장 간단한 모형은 다음과 같다.

$$LTV = \sum_{t=1}^{T} CM_t \times P_t \times \left(\frac{1}{1+\delta}\right)^t$$

여기서 CM은 공헌마진, P는 활동확률, δ는 할인율, t는 시간단위이다. 보다 복잡한 모형은 다음과 같다.

$$LTV = \sum_{t=1}^{T} \left\{ CM_t \times P_t - MC_{i,t} \left(\frac{1}{1+\delta}\right)^t \right\} - AC_i$$

여기서 MC는 고객 i에 대한 반복적 마케팅 비용, AC는 고객 i를 획득하기 위해 소요된 비용이다. 이외에도 고객순자산가치에 의한 접근, 고객점유율에 의한 접근 등이 고객가치측정 기법으로 사용된다.

(4) 금융기관 CRM구축 전략과 마케팅 캠페인의 전개

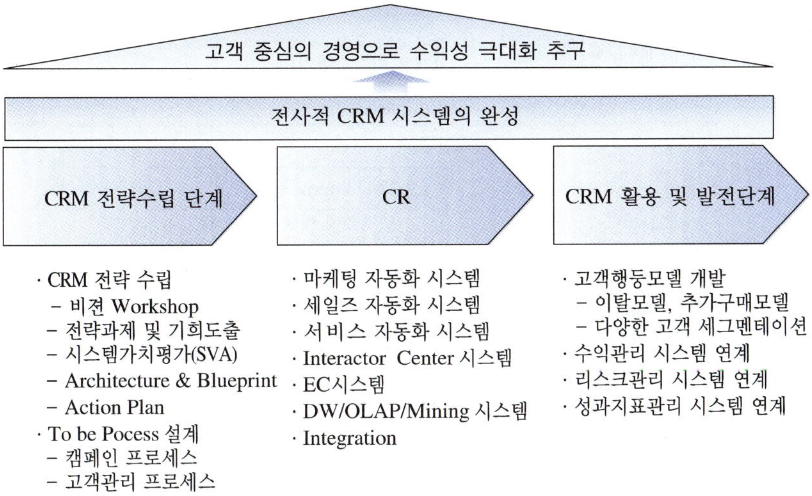

그림 16-10 ▌금융기관의 CRM시스템 구축 전략

금융기관에 CRM시스템을 구축하면, 마케팅 DSS(Decision Support System)와 연계하여 마케팅 캠페인을 기획 및 관리하고, 다양한 채널을 통한 마케팅을 실행하며, 그 결과를 여러 각도에서 분석하는 마케팅 프로세스 수행(세분시장 및 고객 성향분석과 캠페인 관리의 효율, 성과분석 및 피드백 수행) 및 축적된 캠페인 이력을 활용하여 최적의 캠페인을 수행 할 수 있다. 금융기관에서 통합고객 시스템에서 추출된 여러 데이터를 가지고 사전 캠페인 분석에 들어간다. 이 캠페인 분석에서는 OLAP이나 마이닝을 통해 추출된 데이터를 가지고 모델설정 및 모델 예측을 하여 고객 세분화가 이루어지고, 세분화된 캠페인 대상 고객 리스트를 가지고 캠페인이 수행된다. 캠페인에 대한 고객 응답 등의 캠페인 결과를 접수하여 이를 OLTP(On-Line Transaction Processing)시스템에 축적되면 OLTP시스템 내에 있는 데이터를 추출하여 캠페인 결과분석이 이루어진다. 캠페인 결과분석에 따른 캠페인 성과분석이나 캠페인 모델의 타당성을 검증하여 새로운 고객정보를 다시 통합 고객 시스템에 축적시키는 절차를 통해 금융기관의 캠페인이 수행된다.

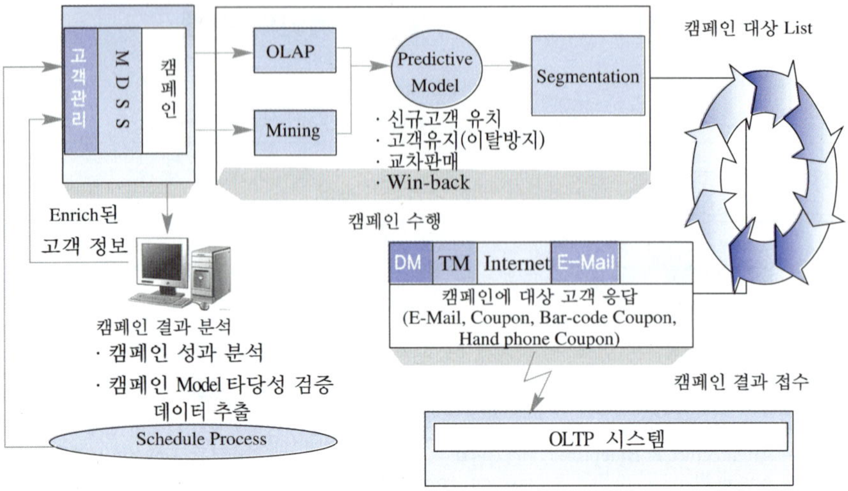

그림 16-11 ▌마케팅 캠페인의 전개

※ 자료: 박재석외(2001)

캠페인 계획을 수립하면, 데이터 마이닝/세분화를 이용하여 이전 캠페인 분석에 들어간다. 이전 캠페인 분석의 결과에 따라 캠페인 계획을 확정짓고, 캠페인을 수행할 대상자를 생성시켜, 텔레마케팅 인터넷 다이렉트 메일 고객행동예측의 방법을 통해 캠페인을 수행해 나간다. 실시간 scoring 후 콜센터 어플리케이션에 그 결과를 입력하면 OLAP tool을 이용하여 실시간 분석이 이루어지고, 축적된 새로운 고객정보를 바탕으로 다시 새로운 캠페인 계획이 수립되는 순환적인 과정이 반복된다. 캠페인 수행에 있어서 우선 아이템을 선정한 뒤, 목표고객을 선정하고, 선정된 목표고객을 대상으로 보상(reward)을 결정한다. 보상이 결정되면, 본격적으로 캠페인을 채널에 따라 수행하고 이에 대한 고객의 반응을 평가하여 이전에 세웠던 모델의 검증이 이루어지고, 반응결과에 맞춰 리모델링(re-modeling)작업이 된다. 새롭게 수정된 모델은 다시 아이템 선정에 영향을 미치게 된다.

2. 국내 금융기관 사례분석: 국민은행

개인고객과 중소기업을 대상으로 1963년 설립된 국민은행은 현재 한국 금융권 중, 선두권을 유지하고 있으며 소매금융에서도 자산건전성, 수익성이나 규모면에서 상당히 큰 위치를 차지하고 있는 금융기관이다. 국민은행의 DW구축의 경우, 1999년 은행 스스로의 테스트 마케팅을 통한 분석을 통해 DW구축의 중요성 및 필요성을 인식하였으며, 이와 동시에 CRM을 실시하여 인터넷 뱅킹이나 신규 고객의 유치 혹은 기존 우량고객의 충성도를 향상시킬 수 있는 노력을 현지까지 계속 진행 중이다. 국민은행의 DW구축은 이러한 연유로 하여 DW 구축과 CRM을 연계하여 동시에 실현시키는 자체망 개발에 들어갔기 때문에, 국민은행의

DW사례와 CRM구현을 동시에 소개하고자 한다. 국민은행은 DW구축에 앞서 '고객에게 최대한의 만족을 주는 서비스 제공의 가능성', '관리 및 운영상의 효율성 제고', '철저한 보안체계 구축', '편리한 사용환경의 제공'을 비전으로 하였다.

국민은행의 DW/CRM 도입의 필요성은 다음과 같다. 개발 당시, 국민은행은 국내 금융산업의 시장변화에 대한 추세를 분석하여 성장기회에 있어서 판매증가와 동시에 고객 관계 강화에 초점을 두어왔다. 왜냐하면 국내 은행산업의 변화는 국민은행으로 하여금 고객 자산 구축의 기회를 주었고, 새로운 고객접촉 채널이 증가되어 보다 많은 부분에서 고객과의 접촉이 가능하게 되었고, 이에 거래비용이 감소하는 효과를 보았다. 덧붙여, 기술발달로 인한 개별고객과의 지속적인 상호작용이 용이하게 되어 고객과의 관계를 강화시키는 계기를 마련하여 고객 정보 획득이 양적으로나 질적으로 확대되어 이에 대한 국민은행의 전략적 활용이 가능하게 되었다. 기존의 수신 및 대출거래 중심의 상품 판매가 주를 이루었던 국민은행은 고부가가치의 패키지형 상품을 제공하여야 하고, 수익성만을 기준으로 실시하였던 고객 세분화도 고객의 거래패턴 및 위험수준 등을 고려한 고객세분화가 이루어져야 했다. 마케팅 측면에서 지역별 영업점을 중심으로 한 고객서비스 제공의 채널도 금융환경의 변화에 발맞춰 콜센터나 인터넷 혹은 WAP 등으로 접점이 확대되었다. 고객 니즈 부분에서는 기존에 편리성, 안전성, 신용을 금융거래에 대한 고객의 주요 요구로 파악하던 종사자들은 다양화된 고객 니즈의 변화에 맞추어 자신에 대한 인지, 개인화된 서비스 및 제품이라는 고급화된 소비자 욕구를 탐지하려는 노력을 끊임없이 해오고 있다. 즉, 고객의 요구가 복잡화 개별화하는 추세에 따라 고객을 은행경영의 중심에 두는 고객 관계의 구축과 유지를 경쟁우위 획득에 가장 중요한 요소로 보고 있었다. 종합적으로 볼 때 국민은행은 제품중심의 마케팅 프로세스에 한계를 느끼고 금융환경 변화에 대응한 고객관계 관리 중심의 마케팅 프로세스로 전환하게 된 것이다. 이러한 고객 관계 관리 중심의 업무 프로세스로 전환하게 된 계기는 기존의 대중마케팅, 표준상품, 고객의 현재가치 중시, 다양한 상품 구비, 프로그램에 근거한 마케팅, 신규 고객 유치에 중점을 둔 영업, 시장점유에만 관심을 가진 CEO 등의 요소로 인해 계기가 마련되었다.

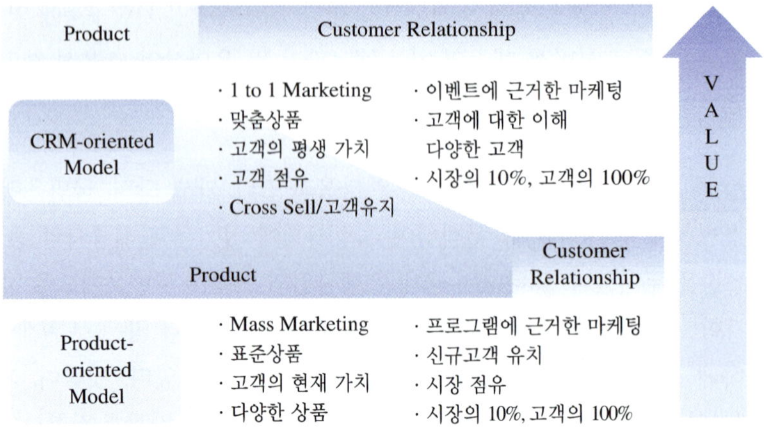

그림 16-12 ▎국민은행의 금융환경 변화에 따른 DW구축의 필요성

※ 자료: 박재석외(2001)

국민은행의 DW시스템 구축당시, 국민은행은 고객 마케팅 종합정보서비스 체제가 미흡하여 고객에 대한 종합수익관리가 제대로 이루어지지 못하였다. 또한 계좌별 관리 위주의 시스템으로 차주별 관리가 부족하였다. 국민은행 고객 데이터 자체에 대한 정보계 시스템의 정보제공 능력에 한계점을 보이며, 다양한 고객접점 확장에 어려움이 발생하는 문제에 직면하였다. 인터넷 뱅킹에서는 온라인 서비스 제공 시간에 많은 고객들이 불만을 토로하였으며, 온라인 업무 확장 및 유지보수의 어려움을 맞이하는 등의 많은 시스템적 문제점을 가지고 있었다. 앞에서 언급한 많은 당면 문제점들은 국민은행으로서 DW구축 및 CRM 실현에 많은 관심을 기울이게 된 계기가 되었다. 결론적으로 국민은행의 DW시스템 개발은 금융환경 변화에 대처한 경영목표 및 전략을 지원할 수 있는 전산시스템 체제의 미흡과 국내외 여러 금융기관간의 무한경쟁에 시의적절하게 대응하기 위하여 금융환경의 변화를 주시하고 이것을 극복, 리딩할 수 있는 시스템을 구축해야한다는 시대적 당위성에 의해 최고경영자들의 전폭적인 지지아래 시작되었다.

국민은행의 경우, 1999년 DW구축과 함께 CRM 추진을 위한 전략을 수립하였다. 이러한 전략을 수행하기 위하여 1999년 말 테스트 캠페인을 시행함으로써 CRM에 대한 효과를 측정하려고 했다. 이러한 계획의 일환으로 실시된 테스트 캠페인은 인터넷 뱅킹 가입자 수 증대의 마케팅 캠페인이었다. 콜센터를 이용한 아웃바운드 텔레마케팅의 방법으로 기존 고객들을 인터넷 뱅킹으로 유인하는 테스트이었는데 이러한 테스트는 DW에 축적된 기존 고객의 행동패턴을 분석하여 고객의 인터넷 뱅킹 가입예측모형을 개발하였다. 여기서 개발된 모형에 근거한 고객별 가입 스코어를 산출하여 이 중에서 최고 가망 고객 리스트를 다시 산출하여 해당 고객에게 콜센터를 통한 가입을 권유하였다. 이러한 테스트의 결과로 평소 인터넷 가입자 수에 비해 6.9배나 가입하는 성과를 얻어 DW에 기반한 CRM의 실현이 얼마나 놀라운 성과를 가져왔는지 인식하게 되었다. 물론 이러한 캠페인이 가능하게 된 밑바탕에는 자체

개발된 DW가 본연의 역할을 충실히 이행하였기에 가능한일 이었다. 이에 근거하여 계속적인 시스템 기반의 구축과 동시에 국민은행의 캠페인 관리와 원 투 원 마케팅을 구현하고 있다. 이러한 마케팅 구현에는 비즈니스 요구를 수집하거나, 고객분석을 위한 데이터마이닝의 실시, 전사적 마케팅 프로세스 디자인, 캠페인 관리의 구현, 룰에 근거한 원 투 원 마케팅의 영역이 있다. 여기서 간과해서는 안 될 고려사항으로는 캠페인 제안의 파라미터를 정확하고 공정하게 도출하는 문제와 CRM 성과 지표의 수립, 영업점 고객 관리 개선에 관한 사항들이다. 이러한 고려사항들은 꾸준히 피드백되어 관리하고 재 디자인하는 절차를 거쳐야 효율적인 마케팅 프로세스가 유지된다.

국민은행의 캠페인 수행에 관한 업무프로세스는 다음과 같다. 캠페인에 대한 주제나 분석대상의 범위 선정이 끝나면 DW에 축적된 데이터를 바탕으로 목적별 데이터마트에서 적절한 데이터를 추출하는 데이터마이닝을 이용한 주제별 고객 스코어링을 산출한다. 산출된 고객 스코어링에 따라 캠페인 대상 고객을 선정하고 대상 고객의 특성을 분석하여 캠페인에 대한 업무를 정립하거나 캠페인을 기획한다. 기획된 캠페인에 따라 캠페인 대상자 리스트나 정보를 캠페인 수행과 모니터링을 위하여 콜센터나 DM, 영업점, 인터넷의 딜리버리 채널에 전달하여 캠페인을 수행한다. 여기서 캠페인에 대한 고객의 반응을 수집한 다음, 캠페인 수행에 대한 결과를 분석하는 절차를 따른다. 다른 금융기관과 달리 국민은행의 경우 데이터마트 중에서 캠페인에 대한 업무 정보를 축적해 놓는 캠페인 마트가 있어 캠페인 관리의 주요 핵심 요소가 된다.

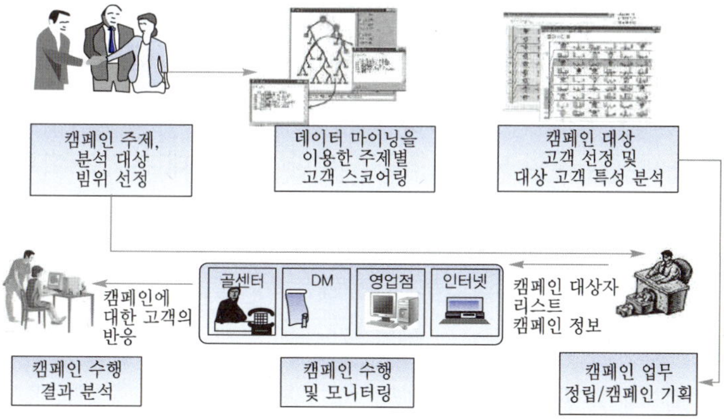

그림 16-13 ▌국민은행의 DW에 기반한 캠페인 업무 프로세스

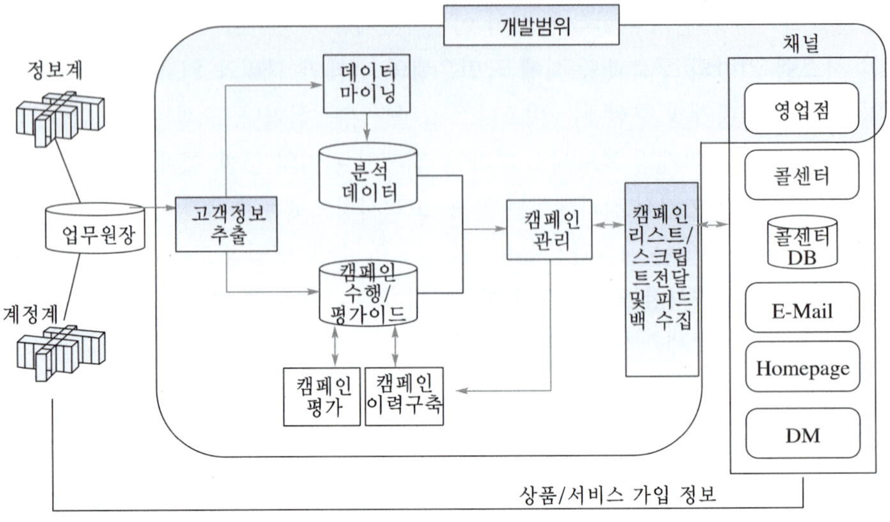

그림 16-14 | 국민은행의 DW에 기반한 캠페인 구현방안 개념도

※ 자료: 박재석외(2001)

보다 시스템 안정적인 DW의 구축과 CRM 실현에 대한 자신감을 얻게 되면 인터넷 뱅킹과 연결하여 인터넷 뱅킹 사이트의 개별화(personalization)구현을 목적으로 한다. 이를 위해서는 홈페이지 컨텐츠의 재편 및 보강작업이 이루어져야 하고, PFM(개인 자산 관리) 기능 구현을 통해 개인자산 통합 포트폴리오관리, 자금관리, 미래설계 기능, 세무 및 재테크에 대한 상담 등의 기능이 수행되어야 하고, 인터넷 뱅킹 시스템의 개별화가 이루어지는 것을 기대한다. 또한 일대일 마케팅의 이메일 시스템 구축이 되면, 캠페인 시스템과 연계된 이메일을 발송하거나, 메일발송 대상자를 추출하며, 개별화된 메일 템플릿이 제작되어 언제든지 스케줄에 의한 대량발송 및 즉시 발송이 가능하게 된다. 이러한 사이트 개별화 구현은 신속하고 정확한 경보체제를 구축하고, 고객 행태 분석에 대한 작업도 이루어지게 한다. 특별히 고객 행태 분석에는 마케팅 룰의 도출과 검증을 위한 고객 행태 분석이 이루어지고, 고객행태 로그의 추출 및 분석, 행태 보고서 작성, 체계화된 분석 테이블의 보관으로 구성되어 있다.

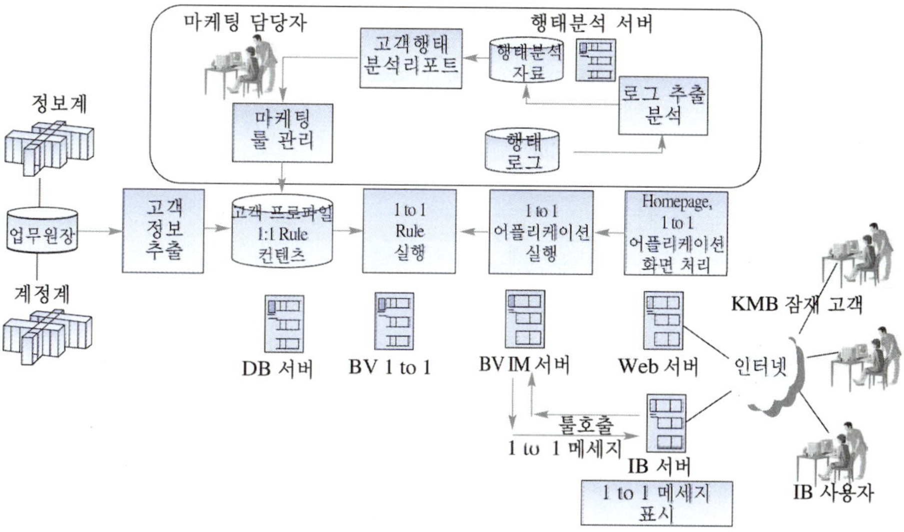

그림 16-15 ▎국민은행의 고객행태 분석 구현

※ 자료: 박재석외(2001)

국민은행의 전산센터는 크게 계정계, 고객계, 정보생산계, 경영관리계, 일반관리계, 투자금융계, 대외계, 국제계의 8개 체계로 이루어졌다. 그 중에서 DW가 포함된 정보생산계의 경우 은행의 모든 거래내역 및 외부정보를 원시 데이터형태로 축적, 관리하고 데이터의 이용목적에 따라 분배, 분석하는 시스템의 집합체이다. 그러나, DW가 정보생산계 내에 구축되어 있다고 하지만, 다른 체계와 유기적으로 연결되어 다른 체계에서 원하는 모든 데이터를 공급, 축적하는 기능을 수행하기 때문에, 다른 시스템 체계와 분리하여 생각할 수 없다. 계정계의 경우, 계좌의 개설/입금/지급/해지에 관련된 거래처리 및 그에 수반된 B/S와 P/L을 관리하는 시스템의 집합체이고, 고객계는 고객 데이터베이스 중심으로 개인 고객, 기업고객에 대한 속성정보, 실적정보, 이력정보 등을 통합관리하고 각종 마케팅 정보를 제공하는 시스템의 집합체이다. 또한 경영관리계는 은행의 전략적 경영정책 수립을 지원하고 영업실적을 평가하는 시스템의 집합체이다. 이와 병렬적으로 구성된 일반관리계는 본부부서 및 영업점의 후선업무를 지원하는 시스템의 집합체 형태를 띤다.

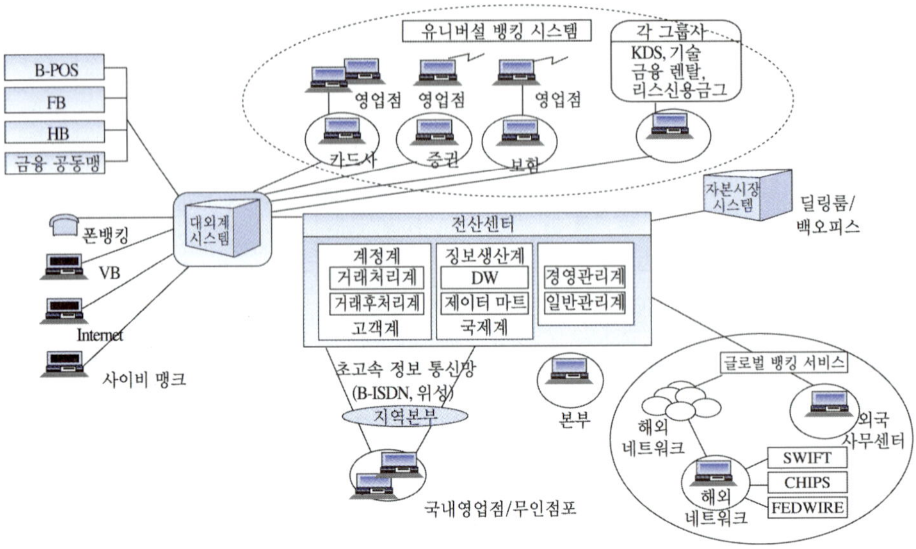

그림 16-16 ▌국민은행의 시스템 구성도

※ 자료: 박재석외(2001)

위와 같은 시스템 구성은 고객접점을 다양화하여 저비용/고효율을 실현할 수 있고, 통합 DW구축을 통한 정보 분석 전용 시스템을 채택하여 본부 경영지원 및 마케팅 지원 등 영업점 업무를 효율적으로 지원할 수 있는 특징을 가지고 있다. 국민은행의 지식관리 업무는 마케팅, 종합수익관리, 리스크 관리 그리고 고객관리로 나눌 수 있는데 마케팅 부분에서는 고객성향, 시장, 상품분석의 고도화 및 고객발굴의 업무가 주를 이루고 있다. 국민은행의 마케팅 프로세스에 있어 중심이 되는 지식관리는 다른 거래처리업무나 딜리버리 채널관리 대외 제휴의 접속 업무와 서로 상호적으로 작용하여 국민은행의 가치를 상승시키는 역할을 한다. 이 때, 국민은행의 거래처리 업무는 대용량 처리의 효율성, 보수유지 생산성, 무장애 24시간 365일 업무, 새로운 업무의 수용성, 상품기능 중심의 특징을 가지고 관리되어 진다.

마지막으로 국민은행의 시스템 구성을 종합해 보면 다음과 같은 프레임웍을 가지고 있다. 각 섹터별 커뮤니케이션이 전체 시스템의 효율을 결정지을 수 있다. 또한 계속적인 목적별 마트의 생성이 기대되고, 이를 위해서는 보다 유연한 DW시스템의 확장이 필요하다. 이는 앞으로 더욱 확장될 가능성이 있는 고객 채널 관리의 기반이 된다.

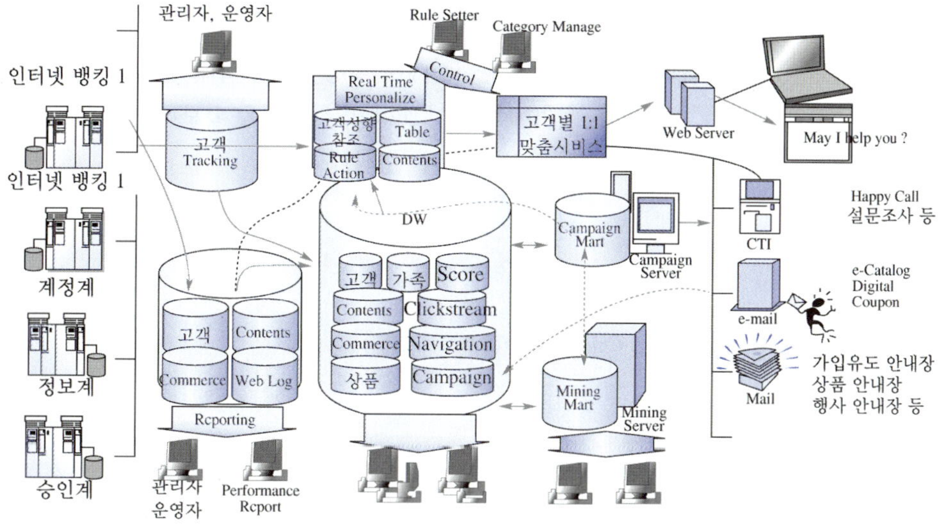

그림 16-17 ▌국민은행의 시스템 네트워크

※ 자료: 박재석외(2001)

국민은행은 DW및 CRM을 통하여 인터넷 혹은 다른 고객 채널에서 1:1 고객관계를 강화함으로써 온라인과 오프라인 상에서의 로열티 제고, 고객지식의 축적, 마케팅 경쟁력 강화, 수익성 제고 등의 효과를 얻을 수 있다. 첫째, 고객 충성도 측면에서 고객 특성을 고려한 다이나믹한 컨텐츠를 여러 채널을 통해 제공함으로써 1:1 맞춤 서비스가 가능해져 기존 고객을 유지할 수 있고, DW의 데이터 축적은 개인 자산관리(PFM)도 가능해져 개인별 재테크 상담 서비스의 제공도 가능하다. 둘째, DW에 고객지식의 확보를 통해 고객행동을 분석하고, 이를 이용하여 금융상품 개발 및 마케팅 전략 수립에 활용되고, 고객정보를 영업점의 과학적인 마케팅 정보로도 활용이 가능해지며, DW의 기능은 고객데이터의 지속적인 축적과 다각적인 업데이트를 가능하게 해 정보의 질적 가치를 상승시키는 효과가 있다. 셋째, 마케팅 경쟁력 향상 측면에서 보면, DW 및 CRM 시스템을 통하여 고객 행동 및 선호도 분석, 캠페인 활동과 연계를 통한 고객응대 최적화, 마케팅 효과 및 고객반응의 실시간(real time) 분석이 가능해지는 효과를 보고 있다. 넷째, 국민은행의 수익성 측면에서 분석해 보자면, 고객 채널 강화에 따른 신규고객의 계좌 개설 및 기존고객의 거액 유치를 통한 수익성 증대가 일어나고, 저비용 채널활용에 따른 영업 코스트 절감 효과를 보고 있다. 또한 적시에 적절한 고객에게 마케팅 메시지를 제공함으로써 금융상품의 교차/추가 판매 증가의 효과를 나타내고 있다. 마지막으로, DW의 네트워크화된 구축은 금융기관의 인터넷 뱅킹의 발전을 가져오게 되는데, 국민은행의 경우도 마찬가지 상황을 맞이하였다. DW구축으로 인해 국민은행은 인터넷 뱅키의 활성화를 가져왔는데, 급증하는 인터넷 뱅킹의 활용도와 고객 수 증가, 접점 영업 코스트 절감의 특징을 가진 인터넷 뱅킹을 통해 고객측면에서는 사용하기 편리한 은행업무의 서비스를 제공받고, 장소에 구애받지 않는 은행업무 서비스를 제공받고, 신속하고 안정적인 은행업무 서비스를 제공받는 이점을 누리는 반면, 은행측면에서는 인터넷 뱅킹 선두로서의 브랜드 이미지를 제고하고, 국제 금융시장에서의 경쟁력을 확보하며, 업무 서비스의 개선과 비용절감 효과를 가져온다. 여기에 덧붙여 고객의 신뢰성을 확보하거나 신규고객을 창출할 수 있는 기회를 확보하는 효과를 누릴 수 있다.

제2절 신용카드산업의 CRM

1. 신용카드 CRM의 배경

고객중심의 경영을 이념으로 하는 기업들이 CRM 전략을 구사하는 배경은 첫째 종래 마케팅 방식은 마케팅부서가 주축이 되어, 명확한 방향이나 본질적인 요건의 정의보다는 시장환경에 부응하는 데 치중하는 단순 마케팅 방식이었다. CRM은 이러한 단순 마케팅에서 벗어나 마케팅의 방향과 환경, 제도까지를 개선하는 근본적, 포괄적인 총체적인 변화로 고객을 마케팅의 전면에 배치하여 사내 모든 정보의 방향과 프로세스, 경영 마인드를 고객관계 정립하여야 하는 필요성 시작하였다.

둘째, 고객의 니즈를 충분하고 올바르게 파악할 필요성에서다. 고객들은 광고와 정보의 홍수 속에 다양한 정보에 접하고 있다. 그러나 기업은 정작 이들 고객 각각에 대한 분석이 미흡하고 개개 고객을 체계적인 이해도 부족하다. 따라서 고객의 성향과 욕구를 구체적으로 파악하기 위하여 시스템적 접근이 필요하고, 동시에 목표고객의 설정, 포지셔닝, 수익의 증대 방안을 모색하는 인프라의 구축에 CRM이 기초가 된다.

셋째, 지속적으로 개별고객에 대한 서비스를 제공할 방법을 모색하기 위해서다. 고객에 대한 정보를 체계적, 장기적으로 활용하는 방안의 강구가 필요한 것이다. 신용카드 회원은 일반 상품의 소비자와는 달리, 지속적이고 장기적인 거래관계를 형성하는 고객이므로, 이들과의 관계를 기초로 개별 고객의 생애가치(Life Time Value of customer, LTV)를 극대화 전략이 신용카드 CRM의 기초이다.

앞 장의 경우와 비슷하게 CRM은 데이터베이스 마케팅과 차이가 있다. 1세대 데이터베이스 마케팅은 매스마케팅으로 대량의 광고물을 DM을 통하여 성과를 산출하는 방식으로 비용과 성과가 동시에 증가하여 투자효율이 낮은 특정상품 판매지향목적 지향이었다. 2세대 데이터베이스 마케팅은 IT기술을 이용하여 기업 내 외부 자료를 통합하여 마케팅을 지원하는 것으로, 데이터웨어하우스(Data Warehouse, DW), OLAP(On Line Analytic Processing) 등 정보기술을 이용하는 1세대보다 고객데이터의 활용(콜센터, DM)이 더 확장된 기법이다.

3세대 마케팅이 CRM이다. 이는 고객과 관련된 기업의 내 외부 자료를 분석, 통합하여 고객특성에 기초한 마케팅을 계획하고 지원, 평가하는 과정으로 4E마케팅이 이론적 근거다.

2. 카드산업의 CRM 전략

카드사가 CRM 전략을 수행하기 위하여 먼저 고객통합 데이터베이스(Data Base, DB)를 구축한다. 고객, 상품, 거래 등에 관련 데이터를 데이터웨어하우스(Data Warehouse, DW) 관점에 기초하여 통합한다. 즉 고객에 관련된 전사적인 정보의 공유체제를 확립하여, 고객이 생각하고 표현하는 말 한마디 한 마디를 사내 정보망을 통하여 공유하고 분석, 이를 마케팅에 활용한다.

다음으로 데이터마이닝(data mining) 도구가 필요하다.[32] 구축된 고객통합 DB를 대상으로 통해 고객 개개인의 행동을 예측하고 특성을 분석하고, 분석, 분류가 된 개개인의 특성을 바탕으로 해당 고객에 대한 적절한 캠페인전략을 지원하는 도구(tools), 즉 애플리케이션(application, 응용 software & programs), OLAP(On Line Analytic Processing), web 등 다양한 도구를 이용하여 마케팅에 활용한다. 한편, 신용카드산업에서의 CRM이 전략적 성공을 위하여 다음 사항에 유의하여야 한다.

(1) 고객점유율(customer share)에 비중을 둔다.

시장점유율 보다는 고객점유율이 중요하다. 기존고객 및 잠재고객을 대상으로 고객유지 및 이탈방지, 타 상품과의 교차판매(cross selling) 및 수익성이 높은 상품을 판매하기 위한 Up-Selling등 일대일 마케팅 전략을 통해 고객점유율을 높이는 전략이 필요하다.[33] 이를 위하여 고객을 여러 기준으로 분류하는 작업이 선행되어야 하고, 분류된 고객에 따라 차별적인

32) data mining은 대규모로 저장된 데이터 안에서 체계적이고 자동적으로 통계적 규칙(rule)이나 패턴(pattern)을 찾아내는 일을 말한다. 일명 KDD(Knowledge Discovery in Databases, 데이터베이스 속의 지식발견)라고도 한다. Classification hierarchies(계급분류, 데이트를 특정 그룹으로 분류), associative rules(연관규칙, 데이터 사이의 관련성분석), sequential patterns(순차관계, 순차적인 데이터 사이의 관계분석) 등의 종류가 있다. 이는 신용평점시스템, 신용평가모델개발, 사기탐지시스템(fraud detection system), 장바구니 분석(market basket analysis), 최적포트폴리오 구성 등 다양한 산업분야에 이용된다. 마케팅에서는 누적된 고객관련 정보를 토대로 고객의 미래 구매행태를 예측하거나 변수 간 인과관계 분석을 통해 유용한 마케팅전략을 도출하는 기법으로 이용된다.

33) Up-Selling은 고객에게 더 나은 가격, 조건을 제안하거나 상품의 품질을 강조하는 등 고객이 희망했던 상품보다 단가가 높은 상품판매, 구입을 유도하는 판매방법이다. 판매증대는 물론 고객만족을 위하여도 주요한 마케팅 활동이다. Cross Selling은 타 부문 회사의 제품, 예를 들면 신용카드사에서 보험회사의 보험상품이나 여행상품 등 고객의 필요를 파악하여 이를 동시에 판매하는 merchandising(상품을 소비자의 수요에 적합하도록 만들기 위한 계획)의 하나이다.

마케팅을 위하여 고객과의 다양한 접점(contact point)를 활용하며 고객의 반응결과를 피드백하여 CRM 전략을 수립한다.

(2) 기존고객의 유지에 비중을 둔다.

신용도가 검증되지 않은 신규고객보다 우수한 고객을 통해 수익성을 높이고 유지되도록 한다. 매스마케팅을 통한 고객의 확보보다 검증된 한 고객이 수익성이 더 높기 때문이다.

(3) 상품판매 보다 고객관계(Customer Relationship)에 중점을 두어야 한다.

고객과의 관계를 기반으로 하여 고객의 입장에서 상품 및 부가서비스를 개발하여야 한다.

(4) 4E개념의 마케팅

미국에서 신용카드 마케팅의 이정표(mile stone)를 기록한 내용을 연대순으로 보면 대체로 다음과 같다.

표 16-5 ▌미국에서의 주요 마케팅 연대기

연도	내 용
1988	Affinity Card(친선카드) 도입
1989	Gold Card(골드카드) 출시
1990	Card Asset Portfolio 구성
1991	Added Value 제고
1992	Risk based pricing
1993	Co-branding strategy
1994	Revolving facility
1995	Price competition
1996	Customer Value Proposition(고객가치제안)
1998	Sub-Prime Market(Asset backed security) 활성화
2000	Digital Technology와 연계

국내 신용카드시장에서도 어느 정도의 시차를 두면서 위와 같은 마케팅의 특성이 개별 또는 부분적으로 융합이 되면서 나타났다. 이러한 마케팅의 특성은 소비자의 추세를 분석하고 브랜드 광고, 디지털 기술 등과 결합하는 등 종합적인 커뮤니케이션 방향으로 전개되고 있는 점이다. 전래의 신용카드 마케팅의 중심은 소비자신용을 이용할 고객을 찾아, 회원으로 가입시켜 카드를 사용하도록 하고 로열티를 갖도록 촉진활동을 지속적으로 전개해 나가는 방식이었다.

이러한 과정은 전통적인 4P(Product, Price, Place, Promotion)로 대변되는 마케팅 믹스(marketing mix)에 초점이 맞추어져 있다.[34)]

그러나 생활을 위한 구매에서 레저, 문화생활 등 여가를 위한 소비의 비중이 늘고, 소비패턴은 개인화, 개성화를 추구하게 되고 편의성, 독창성, 첨단성에 가치를 부여하는 방향으로 변하고 있다. 이와 같이 시장의 변화에 따라 마케팅전략도 기존의 4P 모델 중심에서 고객과 기업니즈의 조화로운 결합을 중시하는 4E(Earnings, Evolving, Engaging, Energizing) 개념이 가미되어 진화하고 있다.[35)] 마케팅을 구사하는 도구(tool)의 차원(dimension)의 변화이다.

- Earning(수익성): 적정 수익을 시현하는 선에서 고객의 니즈를 충족할 수 있도록 마케팅 활동을 조절하는 것을 말한다. 신용카드 사용 캠페인, 각 고객층에 대한 가격설정에 대한 정기적 평가, 연체 및 신용회전 관리에 대한 관리 등 수익목표 내에서 소비자의 니즈가 충족될 수 있도록 조정한다.
- Evolving(진화성): 시장상황의 변화에 따라서 신용카드 마케팅 또한 계속 진화하여야 한다는 의미다. 진화는 환경변화에 대한 적응이며 이는 생존으로 연결된다(survival of the fittest). 공급자는 수요자의 니즈에 따라 변화하지 않을 수 없으며 마케터는 소비자와 함께 진화한다. 상품 및 홍보를 고객들의 라이프 사이클에 맞추고 진화시켜 나가는 것 등이다.
- Engaging(유대성): 지속적이고 빈번한 커뮤니케이션을 통하여 고객과 부단하게 접촉하는 것을 의미한다. 의사소통비율(share of voice)을 높으면 높을수록 고객들의 마음을 잡는 비율(share of mind)도 증가한다. 고객과의 유대를 강화하면 적절한 시점에 적절한 전략과 메시지로 고객에게 더욱 가까이 다가갈 수 있어 마케팅에 성공을 이룰 수 있게 된다.
- Energizing(활력성): 신용카드의 본래의 기능인 신용을 매개로 한 지불도구에서 기능을 확장, 활력을 넣어 일상생활의 필수용품으로 인식하게 하는 것을 말한다. 맥도널드(McDonald)가 햄버거와 감자튀김만을 판매하는 곳이 아니라 즐거움(fun)과 가족경험(family experience)을 동시에 판매한다는 인식을 갖게 하는 것이 레스토랑의 기능확장의 예이다.

---

34) 마케팅 목적을 효과적으로 달성하기 위하여 마케팅에 관련된 각종 전략, 전술을 종합적으로 짜맞추는 일이다. 경영자가 통제 가능 요소인 제품(Product), 유통경로(Place), 가격(Price), 판매촉진(Promotion) 등 4P를 합리적으로 결합시킨다. 마케팅 믹스전략으로 신용카드 제품(product)은 일반카드에서 골드, 플래티넘, 스마트, 제휴, 부가 특성을 갖춘 카드 등으로 다양한 형태의 상품개발이 이루어졌다. 가격(Price)측면에서는 일반서비스, 할부, 현금서비스 등 부문별로 동일한 이자율을 적용하는 단일가격 전략에서 신용위험과 카드상품별로 상이한 가격을 설정하는 시장연동가격(Market based pricing)으로 진화하고 있다. 유통(Place, distribution channel)의 측면에서는 지점망 이용 및 텔레마케팅 중심에서 DM(Direct Mailing), e-mail, web 등으로 채널이 다양화되었다. 판매촉진(Promotion)측면에서는 직접광고에서 이미지 홍보가 가미되고 비중이 늘어나고 있다.

35) 4P가 마케팅믹스요소에 주안점을 둔 모델이라면, 4E는 고객과 상호작용하면서 고객의 니즈를 충족시키며 기업의 목표를 달성하는 요소에 주안점을 둔 모델이다. 즉, 4P와는 달리 마케팅을 구사하는 도구의 차원이 달라진 것이다. 4E에 근거한 마케팅은 필연적으로 CRM과 로열티 마케팅(loyalty marketing)과 연계된다.

제3절 신용카드 CRM의 실제

1. CRM 유형(types & variations)

CRM은 단적으로 말하면 소비자들을 자신의 고객으로 만들어 이를 유지하고자 하는 경영기법이다. 이는 다음의 측면을 포괄한다.

- 지속적 관계를 통한 고객관리: 습관적으로 자사의 제품이나 서비스를구하도록 하는 마케팅 활동
- 개별고객 관리: 개별적인 고객에 대한 1:1 마케팅
- 정보기술에 의한 관리: 데이터 베이스와 마이닝 등을 이용한 고객 정보관리
- 전사적 차원에서의 정보관리

CRM이 적용하는 분야는 판매(소매점, 현장, 통신, 웹 판매), 마케팅(캠페인, 컨텐츠 개발), 서비스(콜센터, 웹 서비스, 무선서비스) 및 개발(신상품, 사업개발) 등 다양한 유형으로 운영하며, 중심목표는 고객 서비스 향상과 각종 캠페인 관리 그리고 판매동력의 증강(sales force automation) 이라고 할 수 있다.

표 16-6 ❙ CRM Types

CRM types	내용
Operational CRM	• 업무의 과정을 지원하기 위한 것으로, 판매, 마케팅, 서비스 직원 등을 위하여 고객과의 접촉에서 정보를 축적하고 마케팅, 판매증강 등 필요 시에 추출하여 이용한다.
Analytical CRM	• 타깃 마케팅계획, 제품이나 서비스에 관련된 의사결정 시에 필요한 고객의 행동분석이 목표이다. Data mining 등이 이용된다.
Sales intelligence	• 분석 CRM과 유사하나 더 직접적인 판매 도구를 제공한다. • 고객 이탈징후, 경향, 시선 및 수익성 등의 정보를 망라하여 수집한다.
Campaign management	• 운영(operational)과 분석(analytical) CRM의 요소를 결합하는 것으로 마케팅 타깃그룹형성, 캠페인관련 물건 송부, 캠페인통계 분석기능을 한다
Collaborative CRM	• 각 부문이 고객접촉에서 얻은 정보를 공유하고 협조한다. 고객에게 더 나은 서비스를 제공하기 위해서다. 생산자, 파트너 등도 협조대상이다.

2. CRM센터

CRM 업무수행의 효율을 위하여, CRM센터를 운영한다. 단순히 고객의 전화를 받는 콜센터의 기능에서 IT기술과 결합하여 고객접점의 최 일선 위치에서 이윤을 극대화하고 고객의 요구와 불만사항 등을 신속하게 처리하는 대 고객 전방위 접촉센터이며 전사적 고객의 정보관리의 중심 기능을 한다. CRM센터 주요 기능을 살펴보면 다음과 같다.

- 인터넷, e-mail, 팩스, 전화, web 등을 통한 고객의 문의, 요청 고충처리
- 고객에 대한 최상의 서비스 제공과 효율적 상담이 가능한 call flow 설계, 통화량 예측, 통화품질 관리 등 통화상담 체계와 기법의 관리 통제
- 필요인력의 선발 및 교육 훈련
- CRM개발

즉, CRM센터는 inbound 상담(고객의 문의 요청사항의 처리 및 retention상담, cross job수행), outbound TM(회원 전환, 유치, 이용유도 등 대외 마케팅), 승인(한도 내 승인, 한도초과 승인, 분실신고, 재발급), 소비자보호 등과 같은 실무와 CRM센터의 운영 및 인프라를 기획하는 업무가 중심을 이룬다.

간단히 outbound에 대해 살펴보자. 구축된 고객정보를 이용하여 정교한 고객세분화를 수행한 후, 콜센터의 잘 교육된 텔레마케터들에 의해 outbound TM을 실시하여 TM분야의 선도적인 역할을 제고할 수 있으며, 나아가 TM을 통한 금융기관의 이미지 전략을 강화할 수 있다. 이러한 발신 TM을 위해서는 기본적으로 콜센터의 텔레마케터에 대한 관리 및 교육이 체계적으로 잘 이루어져야 하는데 전화응대 교육, 친절교육, 업무교육, 프로그램 사용방법 교육, 고객문의사항에 대한 교육, 보안교육, 캠페인 프로그램에 대한 이해가 바탕이 되어야 한다. 발신 TM을 위해서는 여러 DB에 구축된 고객정보를 캠페인 전개의 목적에 맞는 고객세분화 및 스코어링이 이루어진 후, outbound TM 수행 고객대상자 명단 및 정보를 콜센터의 텔레마케터에게 제공한다. 고객리스트 및 데이터를 받은 콜센터의 텔레마케터들은 PC화면에서 전화걸고자 하는 전화번호를 입력한 후, 전화걸기를 click하면 교환기에 연결된 회선을 통해 고객과 연결되어 통화할 수 있다. 고객과의 통화에서 텔레마케터들은 금융의 상품 소개, 고객의 호감도 증가내용의 안부전화, 고객상담, 고객의 자금 및 거래이력의 확인, 새로운 고객정보의 수집 등의 내용을 바탕으로 발신 TM 캠페인을 전개해 나아갈 수 있게 된다. 이 때, 콜센터의 텔레마케터들은 고객으로 부터의 반응들을 즉시 상담원의 PC에 입력하여 새로운 고객정보의 형태로 분산처리시스템의 DB에 구축되어 진다.

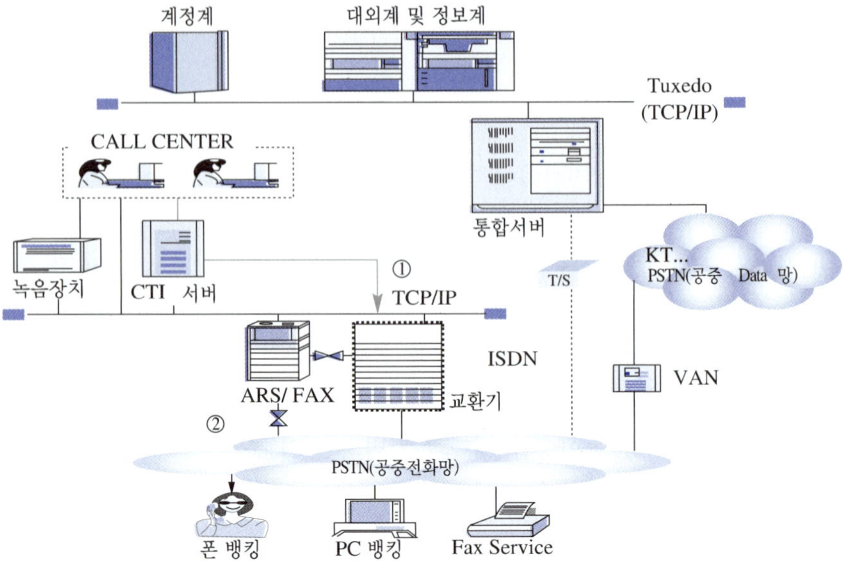

그림 16-18 | Outbound TM의 예

3. 삼성카드 사례분석

삼성카드는 1988년 설립되어 1996년 삼성자동차 카드 발급을 통해 본격적인 성장의 단계에 들어간 신용카드 회사이다. 이러한 삼성카드는 신용카드 업계에 첫 발을 내디딘 후 2010년말 기준 총 취급고 16조 9천억, 회원수 856만명, 당기순익 1조 1천 5백억원에 이르는 신용카드 회사로 성장하였다. 삼성카드의 업무는 회원관리, 현금서비스, 카드론, 일반리스, 팩토링, 부대사업으로 크게 6개의 영역으로 나누어져 있다. 이렇게 분류된 업무영역에 맞춰 수익구조 체계도 기존의 가맹점 수수료, 연회비 등의 수수료 수익 중심에서 현금서비스, 카드론, 리볼빙 등 개인회원으로부터의 이자 수익 중심으로 전환해 나가고 있는 과정에 있다. 삼성카드도 다른 신용카드회사와 마찬가지로 가맹점 유치 및 지원을 위해 가맹점별 특성에 따른 마케팅지원 활동(가맹점 1:1)과 가맹점과 연계한 회원 판촉 프로그램 등을 운영하고 있다. 신용카드회사들은 일반적으로 고객 대출(카드론) 업무로 인해 고객의 직업, 소득 및 재산상태, 카드사용실적 등의 고객정보를 비교적 쉽게 얻을 수 있는 장점이 있다.

삼성카드에서 DW구축은 시장환경의 변화에 따른 경쟁의 심화에서 출발하였다. 즉, 과거의 공급자 주도의 시장에서 소비자 주도의 시장으로 변화됨에 따라 획일적인 마케팅에서 개개인과의 관계를 강조하는 1:1 마케팅으로 차별화된 서비스가 요구되는 시대상황이 삼성카드로 하여금 DW구축의 필요성을 자극하였다. 카드업계의 경쟁 심화로 통합된 전략 정보시스템 구축에 대한 필요성이 대두되었고, 마케팅 전략의 경제성을 극대화할 필요가 있었다.

또한 선진 마케팅 노하우습득으로 경쟁력에 대한 우위 확보를 위한 배경이 삼성카드의 DW 구축 배경이 된다. 구축 당시 시장상황에 맞춰 과학적인 영업관리 기법의 필요성이 절실하였다. 이리하여 고객, 마케팅 정보 분석을 중심으로 한 전사적 DW구축 필요성과 최고 경영자의 전폭적인 지지에 힘입어 1996년 중순, 삼성카드의 DW구축 전담팀이 탄생하여 본격적인 시스템 구축에 들어갔다.

삼성카드에서는 신용카드의 특성상 고객에 대한 마케팅을 중시하였다. 이를 위해서는 고객 정보에 대한 데이터들이 체계적으로 관리되어야 하고, 마케팅 프로세스의 효율적 흐름이 연결되어야 한다. 삼성카드에서는 고객에 대한 다양한 정보를 컴퓨터를 이용하여 데이터베이스화하고, 이를 활용하여 고객과의 일대일 관계 구축을 통해 고객의 생애시간가치(LTV)를 극대화하고 신규고객보다는 기존 고객에 대한 마케팅 기법을 구사하는 전략을 세웠다. 수립된 전략의 바탕아래 DW가 회사의 사활과 관련된 전략적으로 중요한 시스템임을 인식하는 전사적인 공감대와 최고경영자의 전폭적 지지에 대한 전사적 공감대가 형성되었다. 또한 DW구축의 접근에 있어서 현업의 요구사항에 대한 단계별 수용하는 방식으로 회사의 전략과 더불어 DW의 개선이 이루어지며, 단기간의 개발로 효과를 검증 받을 수 없는 지속적 경험의 축적과 투자를 통해서만 DW시스템의 효과를 볼 수 있는 장기적인 차원에서 접근이 시작되었다. 삼성카드의 업무에 기초해서는 기술적인 문제보다는 업무에 포커스를 맞추고, 구축대상이 되는 주제 업무 영역을 명확히 정의하고, 업무별 상이한 분석 기준을 통일하여 주관부서의 담당 영역을 명확히 하는 전략을 수립하였다. 또한 삼성카드는 DW구축에 있어서 단계별로 파일럿 시스템을 구축하여 이를 위해서 사용자 요구사항과 데이터, 아키텍쳐를 지속적으로 단계별로 확인하고 수정하는 접근 방법을 채택하였다. DW를 구축할 때, 삼성카드는 전사적 업무를 대상으로 하는 데이터모델링을 고려하였고, 데이터 마트가 아닌 전사적 DW인프라 구축을 위한 아키텍쳐를 고려하여 DW구축 사업을 시작하였다.

삼성카드의 경우, DW구축을 통해 마케팅 수익 분석 정보, 업무별 데이터마트의 구축, 효율적인 시스템 관리를 목표로 구축에 들어갔다. 마케팅 수익 분석 정보는 회원/상품/가맹점에 대한 수익 기여도 평가, 마케팅 결과(DM/TM/Event 등)에 대한 반응률 측정 분석 그리고 영업실적의 IRFM 스코어링 시스템 도입을 통하여 이루었다. 업무별 데이터마트는 정형화 업무(EIS정보-경영지표)에 따른 다차원 분석용 데이터마트와 부서별 목적데이터베이스를 구축하여 수익 기여도나 반응률 분석, 세분화 정보에 대한 데이터를 얻어 마케팅 프로세스의 효율을 높여 나갔다. 이에 대해 효율적인 시스템 관리를 위해서 삼성카드는 통합 메타 데이터를 관리하는데 있어 추출 및 요약정보, 색인, 리포트 업무에 보다 많은 관심을 가지며, 추가 시스템의 데이터 통합관리도 함께 이루어 졌다. 삼성카드의 DW구축이 후, 마케팅 프로세스에 대한 비정형 Query의 처리속도가 향상되는 효과를 보았다. 삼성카드의 DW시스템은 호스트 시스템 내에서 업무계 시스템에 있는 데이터를 COBOL 프로그램을 이용하여 SAM 형태로 추출해 낸 다음, 추출된 데이터를 가지고 데이터를 전송하거나 변화시켜 UNIX DW시스템 내의 데이터와 메타데이터의 형태로 구분된다. 이러한 데이터들은 시스템의 DW관리 및 가공을 거쳐 OLAP서버나 OLAP웹서버에 출력이 된다. 이렇게 OLAP툴에 출력된 데이터들은 삼성카드의 네트워크를 통해 정보를 원하는 사용자(End-User)의 PC로 전송이 되어 임의 질의 및 보고서 작성에 응답을 하거나, 정형화된 보고서 작성 툴에 의해 표시된다. 이러한 시스템 구조에 따라 여러 문제점이 발생할 수 있다. 호스트 시스템에 있어서는 방대한 업무계 데이터에 따른 작업 부하, 업무계 시스템 내의 데이터 변화 문제가 있을 수 있고, 추출된 자료를 전송하는데 전송방법이나 전송방법의 자동화에 따른 문제점이 발생 할 수 있다. UNIX DW시스템 내에서 데이터에 대한 백업파일 혹은 복구문제, 메타 데이터의 생성, 저장, 버전, 관리방법에 따른 문제점, 보안에 대한 문제점이 발생하였다. 마지막으로 네트워크 상에서 데이터 양에 따른 부하문제 및 튜닝, 로드 문제, 사용자 PC별 툴 관리에 대한 문제점을 고려해 보아야 한다. 삼성카드의 DW시스템의 사양기종은 Oracle Designer 2000, Oracle K*Loader, Oracle DBMS 7.3의 시스템을 사용하여 시스템의 안정화에 무게를 두었다. 또한 시스템의 특징과 카드업체의 특성상 메타데이터에 대한 관리도 다른 금융기관에 비해 중요성을 더했다.

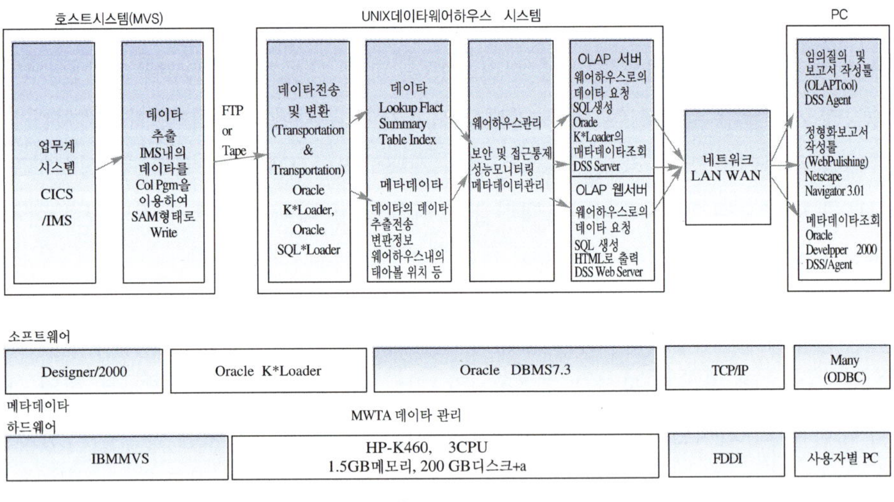

그림 16-19 ▌삼성카드의 DW구조

삼성카드의 DW시스템 구축효과는 다음과 같다. 첫째, 정보시스템의 인프라 구축효과이다. 삼성카드의 DW구축 후, 기존의 업무계에서는 각기 독립적으로 관리되던 회원, 가맹점, 입금 등의 정보를 DW에 통합 구축함으로서 상호 연관분석이 가능해지고, 단일 코드 체제 구축으로 불일치 데이터를 해소하고 일관된 정보의 관리가 가능해졌다. 둘째, 정보생산성 향상이다. 기존에 통상 7~10일 소요되던 정보 확보시간이 1~2일 내로 단축되고, 분석 보고서 작성을 위한 재가공 업무가 해소되는 효과를 보았으며, 현업의 정보 활용 기회가 확대되고, 이에 따라 전산실 업무의 효율이 개선되는 효과를 보았다. 셋째, 데이터베이스 마케팅 기반의 구축이다. 삼성카드에서 DW를 구축한 뒤, MCIF(Marketing Customer Information File)[36] 데이터베이스를 구축하였는데, 이를 통해 통합된 고객정보를 체계적으로 관리함으로서 원하는 정보를 손쉽게 검색, 가공, 분석, 관리할 수 있게 된다. 그리고 고객 세분화에 대한 정보를 제공받을 수 있어 우량/이탈/신규 회원 및 가맹점 등의 다양한 세분화 정보제공을 통하여 본사뿐만 아니라 일선점포에서 영업 경쟁력의 우위를 점할 수 있었다. 삼성카드의 DW구축으로 인해 교차판매에 대한 정보제공으로 회원, 가맹점, 매출, 채권 상호간의 실적분석이 가능해지고, 시계열 및 다차원 분석이 가능해져 수 년간의 추세분석을 비롯한 다차원 분석이 가능해지는 효과를 보았다.

36) 은행을 이용하는 고객들의 정보를 가구 단위로 통합 구축한 데이터베이스이다. 국내 은행은 아직 도입추진 단계에 있으나 미국·일본 등 선진국 은행들은 마케팅 고객정보 화일과 같은 세분화된 고객DB 관리를 통해 각각의 특징에 맞는 상품 및 서비스를 판매하는 DB마케팅에 적극 나서고 있다. MCIF는 내부데이터와 외부데이터로 구성되는데 내부데이터로는 성명·연수입·주소·해당은행에 보유한 금융자산·생년월일 등 고객속성 관련 정보와 거래개시일·예금잔액·거래종료일·대출잔액·보유상품수 등 거래관련 정보가 있다. 외부데이터는 총금융자산·주택소유여부·자동차보유·직업 등 주로 외부 전문기관을 통해 제공받는 정보다.

〈부록〉 주요 관계법령

1. 신용정보의 이용 및 보호에 관한 법률·시행령·시행규칙의 주요 연결내용
2. 신용정보 관리규약
3. 신용정보업 감독규정
4. 신용정보업 인허가지침
5. 신용정보 제재금 부과기준
6. 공공기관의 개인정보보호에 관한 법률·시행령·시행규칙의 주요 연결내용
7. 금융실명거래 및 비밀보장에 관한 법률·시행령·시행규칙의 주요 연결내용
8. 정보통신망 이용촉진 및 정보보호 등에 관한 법률·시행령·시행규칙의 주요 연결내용

〈부록〉 1. 신용정보의 이용 및 보호에 관한 법률 · 시행령 · 시행규칙의 주요 연결내용

[시행 2011. 8.20] [법률 제10690호, 2011. 5.19, 일부개정]

제1장 총 칙

제1조(목적) 이 법은 신용정보업을 건전하게 육성하고 신용정보의 효율적 이용과 체계적 관리를 도모하며 신용정보의 오용·남용으로부터 사생활의 비밀 등을 적절히 보호함으로써 건전한 신용질서의 확립에 이바지함을 목적으로 한다.

제2조(정의) 이 법에서 사용하는 용어의 뜻은 다음과 같다.

1. "신용정보"란 금융거래 등 상거래에 있어서 거래 상대방의 신용을 판단할 때 필요한 다음 각 목의 정보로서 대통령령으로 정하는 정보를 말한다.

가. 특정 신용정보주체를 식별할 수 있는 정보

나. 신용정보주체의 거래내용을 판단할 수 있는 정보

다. 신용정보주체의 신용도를 판단할 수 있는 정보

라. 신용정보주체의 신용거래능력을 판단할 수 있는 정보

마. 그 밖에 가목부터 라목까지와 유사한 정보

시행령: 제2조(정의) ①「신용정보의 이용 및 보호에 관한 법률」(이하 "법"이라 한다) 제2조제1호에서 "대통령령으로 정하는 정보"란 다음 각 호의 어느 하나에 해당하는 정보를 말한다. 다만, 다른 법령에 따라 공시(公示) 또는 공개된 정보나 다른 법령에 위반됨이 없이 출판물 또는 방송매체나 국가 · 지방자치단체 또는 공공기관(「공공기관의 정보공개에 관한 법률」 제2조제3호의 기관 중 국가기관 및 지방자치단체를 제외한 기관을 말한다. 이하 이 조에서 같다)의 인터넷 홈페이지 등의 공공매체를 통하여 공시 또는 공개된 정보는 제외한다.

1. 생존하는 개인의 성명, 주소, 주민등록번호, 외국인등록번호, 국내거소신고번호, 여권번호, 성별, 국적 및 직업 등과 기업(사업을 경영하는 개인 및 법인과 이들의 단체를 말한다. 이하 같다) 및 법인의 상호, 법인등록번호, 사업자등록번호, 본점 및 영업소의 소재지, 설립연월일, 목적, 영업실태, 종목, 대표자의 성명 및 임원에 관한 사항 등 특정 신용정보주체를 식별할 수 있는 정보(제2호부터 제6호까지의 어느 하나에 해당하는 정보와 결합되는 경우에 한정한다)
2. 대출, 보증, 담보제공, 당좌거래(가계당좌거래를 포함한다), 신용카드, 할부금융, 시설대여 및「금융실명거래 및 비밀보장에 관한 법률」에 따른 금융거래 등의 상거래와 관련하여 신용정보주체의 거래내용을 판단할 수 있는 정보로서 <u>총리령으로 정하는 정보</u>

시행규칙: 제2조(정의) ①「신용정보의 이용 및 보호에 관한 법률 시행령」(이하 "영"이라 한다) 제2조제1항제2호에서 "총리령으로 정하는 정보"란 거래의 종류, 거래의 기간, 금액 및 한도를 말한다.

3. 금융거래 등 상거래와 관련하여 발생한 연체 · 부도 · 대지급(代支給)이나 거짓, 속임수, 그 밖의 부정한 방법에 의한 신용질서 문란행위 등 신용정보주체(신용정보주체가 기업인 경우에는 다음 각 목의 어느 하나에 해당하는 자를 포함한다)의 신용도를 판단할 수 있는 정보로서 총리령으로 정하는 정보

가.「국세기본법」 제39조제2항에 따른 과점주주로서 최다출자자인 자

나. 「국세기본법」 제39조제2항에 따른 과점주주인 동시에 해당 기업의 이사 또는 감사로서 그 기업의 채무에 연대보증을 한 자

다. 해당 기업의 의결권 있는 발행주식총수 또는 지분총액의 100분의 30 이상을 소유하고 있는 자로서 최다출자자인 자

라. 해당 기업의 무한책임사원

시행규칙: ② 영 제2조제1항제3호 각 목 외의 부분에서 "총리령으로 정하는 정보"란 연체·부도·대지급(代支給) 등의 금액 및 발생·해소의 시기를 말한다.

4. 금융거래 등 상거래에서 신용정보주체의 신용거래능력을 판단할 수 있는 정보로서 다음 각 목의 어느 하나에 해당하는 정보
   가. 개인의 재산·채무·소득의 총액, 납세실적
   나. 기업의 연혁·주식 또는 지분보유 현황 등 기업의 개황(槪況), 판매명세·수주실적 또는 경영상의 주요 계약 등 사업의 내용, 재무제표(연결재무제표 및 결합재무제표를 포함한다. 이하 같다) 등 재무에 관한 사항, 「주식회사의 외부감사에 관한 법률」에 따른 감사인의 감사의견 및 납세실적

5. 금융거래 등 상거래에서 신용정보주체를 식별하고 신용도 및 신용거래능력을 판단할 수 있는 법원 또는 공공기관의 재판·결정 정보, 조세 또는 공공요금 등의 체납정보, 주민등록·사업자등록 및 법인등록에 관한 정보 및 그 밖에 공공기관이 보유하는 정보로서 총리령으로 정하는 정보

시행규칙: ③ 영 제2조제1항제5호에서 "총리령으로 정하는 정보"란 다음 각 호의 어느 하나에 해당하는 정보를 말한다.

1. 법원의 금치산선고·한정치산선고·실종선고의 재판, 회생·개인회생에 관련된 결정, 파산선고·면책·복권과 관련된 결정, 채무불이행자명부의 등재·말소결정 및 경매개시결정·경락허가결정 등 경매와 관련된 결정에 관한 정보
2. 국세·지방세 또는 관세의 체납 관련 정보
3. 벌금·과태료·과징금 또는 추징금 등의 체납 관련 정보
4. 사회보험료·공공요금 또는 수수료 등 관련 정보
5. 기업의 영업에 관한 정보로서 정부조달 실적 또는 수출·수입액 등의 관련 정보
6. 개인의 주민등록 관련 정보로서 출생·사망·이민·부재에 관한 정보, 주민등록번호·성명의 변경 등에 관한 정보
7. 기업등록 관련 정보로서 설립, 휴업·폐업, 양도·양수, 분할·합병, 주식 또는 지분 변동 등에 관한 정보
8. 다른 법령에 따라 국가, 지방자치단체 또는 공공기관으로부터 받은 행정처분에 관한 정보 중에서 금융거래 등 상거래와 관련된 정보

6. 그 밖에 제2호부터 제5호까지와 유사한 정보로서 총리령으로 정하는 정보

시행규칙: ④ 영 제2조제1항제6호에서 "총리령으로 정하는 정보"란 다음 각 호의 어느 하나에 해당하는 정보를 말한다.

1. 「신용정보의 이용 및 보호에 관한 법률」(이하 "법"이라 한다) 제4조에 따라 신용조회업의 허가를 받은 자(이하 "신용조회회사"라 한다)가 신용정보주체의 신용도 등을 평가하여 산출한 개인신용평점 또는 개인신용등급
2. 법 제20조에 따라 신용조회회사가 기록을 보존하는 정보 중에서 신용정보주체의 신용도 판단에

이용되는 정보를 제3자에게 제공한 신용조회기록
3. 그 밖에 신용정보주체의 신용도 등을 판단하는 데에 이용되는 정보로서 금융위원회가 정하여 고시하는 정보

2. "개인신용정보"란 신용정보 중 개인의 신용도와 신용거래능력 등을 판단할 때 필요한 정보로서 대통령령으로 정하는 정보를 말하며 신용정보 중 기업 및 법인에 관한 정보를 제외한 개인에 관한 신용정보를 말한다.

시행령: ② 법 제2조제2호에서 "대통령령으로 정하는 정보"란 제1항에 따른 신용정보 중 기업 및 법인에 관한 정보를 제외한 개인에 관한 신용정보를 말한다.

3. "신용정보주체"란 처리된 신용정보로 식별되는 자로서 그 신용정보의 주체가 되는 자를 말한다.
4. "신용정보업"이란 제4조제1항 각 호에 따른 업무의 전부 또는 일부를 업(業)으로 하는 것을 말한다.
5. "신용정보회사"란 신용정보업을 할 목적으로 제4조에 따라 금융위원회의 허가를 받은 자를 말한다.
6. "신용정보집중기관"이란 신용정보를 집중하여 관리·활용하는 자로서 제25조제1항에 따라 금융위원회에 등록한 자를 말한다.
7. "신용정보제공·이용자"란 고객과의 금융거래 등 상거래를 위하여 본인의 영업과 관련하여 얻거나 만들어 낸 신용정보를 타인에게 제공하거나 타인으로부터 신용정보를 제공받아 본인의 영업에 이용하는 자와 그 밖에 이에 준하는 자로서 대통령령으로 정하는 자를 말한다.

시행령: ③ 법 제2조제7호에서 "대통령령으로 정하는 자"란 다음 각 호의 어느 하나에 해당하는 자를 말한다.

1. 「우체국예금·보험에 관한 법률」에 따른 체신관서
2. 「상호저축은행법」에 따른 상호저축은행중앙회
3. 「중소기업창업 지원법」에 따른 중소기업창업투자회사 및 중소기업창업투자조합
4. 「국채법」 및 「공사채등록법」에 따른 채권등록기관
5. 특별법에 따라 설립된 조합·공제조합·금고 및 그 중앙회·연합회
6. 특별법에 따라 설립된 공사·공단·은행·보증기금·보증재단 및 그 중앙회·연합회
7. 「주식회사의 외부감사에 관한 법률」 제3조에 따른 감사인
8. 그 밖에 금융위원회가 정하여 고시하는 자

8. "신용조회업무"란 신용정보를 수집·처리하는 행위, 신용정보주체의 신용도·신용거래능력 등을 나타내는 신용정보를 만들어 내는 행위 및 의뢰인의 조회에 따라 신용정보를 제공하는 행위를 말한다.
9. "신용조사업무"란 타인의 의뢰를 받아 신용정보를 조사하고, 그 신용정보를 그 의뢰인에게 제공하는 행위를 말한다.
10. "채권추심업무"란 채권자의 위임을 받아 변제하기로 약정한 날까지 채무를 변제하지 아니한 자에 대한 재산조사, 변제의 촉구 또는 채무자로부터의 변제금 수령을 통하여 채권자를 대신하여 추심채권을 행사하는 행위를 말한다.
11. 채권추심의 대상이 되는 "채권"이란 「상법」에 따른 상행위로 생긴 금전채권, 판결 등에 따라 권원(權原)이 인정된 민사채권으로서 대통령령으로 정하는 채권, 특별법에 따라 설립된 조합·공제조합·금고 및 그 중앙회·연합회 등의 조합원·회원 등에 대한 대출·보증, 그 밖의 여신 및 보험 업무에 따른 금전채권 및 다른 법률에서 신용정보회사에 대한 채권추심의 위탁을 허용한 채권을 말한다.

시행령: ④ 법 제2조제11호에서 "대통령령으로 정하는 채권"이란 「민사집행법」 제24조·제26조 또는 제56조에 따라 강제집행을 할 수 있는 금전채권을 말한다.

12. "신용평가업무"란 투자자를 보호하기 위하여 금융상품 및 신용공여 등에 대하여 그 원리금이 상환될

가능성과 기업·법인 및 간접투자기구 등의 신용도를 평가하는 행위를 말한다.

13. "처리"란 다음 각 목의 어느 하나에 해당하는 행위를 말한다.

가. 컴퓨터를 이용하여 신용정보를 입력·저장·가공·편집·검색·삭제 또는 출력하는 행위

나. 신용정보를 배달·우송 또는 전송 등의 방법으로 타인에게 제공하는 행위

다. 그 밖에 가목 또는 나목과 비슷한 행위

제3조(신용정보업의 육성) ① 금융위원회는 신용정보회사의 신용정보 제공능력의 향상과 신용정보의 원활한 이용에 필요하다고 인정하면 신용정보업의 육성에 관한 계획을 세울 수 있다.

② 금융위원회는 제1항에 따른 계획을 원활하게 추진하기 위하여 필요하면 관계 행정기관의 장에게 협조를 요청할 수 있으며, 그 요청을 받은 관계 행정기관의 장은 정당한 사유가 없으면 그 요청에 따라야 한다.

제2장 신용정보업의 허가 등

제4조(신용정보업의 종류 및 영업의 허가) ① 신용정보업의 종류 및 그 업무는 다음 각 호와 같다. 이 경우 다음 각 호의 딸린 업무는 대통령령으로 정한다.

1. 신용조회업: 신용조회업무 및 그에 딸린 업무
2. 신용조사업: 신용조사업무 및 그에 딸린 업무
3. 채권추심업: 채권추심업무 및 그에 딸린 업무
4. 신용평가업: 신용평가업무 및 그에 딸린 업무

시행령: 제4조(영업의 허가 신청)

1. 법 제4조제1항제1호의 신용조회업에 딸린 업무

가. 신용정보의 활용에 관한 컨설팅 사업 및 신용정보 상담업무

나. 신용정보 관련 솔루션 및 소프트웨어(신용평가모형 및 위험관리모형을 포함한다) 개발 및 판매업무

다. 그 밖에 금융위원회가 정하여 고시하는 업무

2. 법 제4조제1항제2호의 신용조사업(가목의 업무에 한한다) 또는 제3호의 채권추심업에 딸린 업무

가. 부동산 및 동산의 임대차 현황 및 가격조사업무

나. 채권자 등에 대한 채권관리시스템 제공 및 구축 관련 자문업무

다. 그 밖에 금융위원회가 정하여 고시하는 업무

3. 법 제4조제1항제4호의 신용평가업에 딸린 업무

가. 사업성 평가, 가치평가 및 기업진단 업무

나. 신용평가모형과 위험관리모형의 개발 및 제공 업무

다. 그 밖에 금융위원회가 정하여 고시하는 업무

② 신용정보업을 하려는 자는 제1항 각 호에 따른 업무의 종류별로 금융위원회의 허가를 받아야 한다.

시행령: 제4조(영업의 허가 신청) 법 제4조제2항에 따른 신용정보업의 허가를 받으려는 자는 금융위원회가 정하여 고시하는 신청서(전자문서로 된 신청서를 포함한다)에 다음 각 호의 서류를 첨부하여 금융위원회에 제출하여야 한다. 이 경우 금융위원회는 「전자정부법」 제36조제1항 또는 제2항에 따른 행정정보의 공동이용을 통하여 법인등기부 등본을 확인하여야 한다.

1. 정관

2. 자본금 또는 기본재산의 지분을 적은 서류
3. 재무제표
4. 2년간의 사업계획서 및 예상 수입·지출 계산서
5. 그 밖에 금융위원회가 정하는 서류

③ 제2항에 따른 허가를 받으려는 자는 대통령령으로 정하는 바에 따라 금융위원회에 신청서를 제출하여야 한다.

④ 금융위원회는 제2항에 따른 허가에 조건을 붙일 수 있다.

⑤ 제2항에 따른 허가와 관련된 허가신청서의 작성 방법 등 허가신청에 관한 사항, 허가심사의 절차 및 기준에 관한 사항, 그 밖에 필요한 사항은 총리령으로 정한다.

제5조(신용정보업별 허가 대상) ① 신용조회업, 신용조사업 및 채권추심업 허가를 받을 수 있는 자는 다음 각 호의 자로 제한한다.

1. 대통령령으로 정하는 금융기관 등이 100분의 50 이상을 출자한 법인
2. 「신용보증기금법」에 따른 신용보증기금
3. 「기술신용보증기금법」에 따른 기술신용보증기금
4. 「지역신용보증재단법」에 따라 설립된 신용보증재단
5. 「무역보험법」에 따라 설립된 한국무역보험공사
6. 제4조제1항제1호부터 제3호까지의 규정에 따른 업무의 전부 또는 일부를 허가받은 자가 100분의 50 이상을 출자한 법인. 다만, 출자자가 출자를 받은 법인과 같은 종류의 업무를 하는 경우는 제외한다.

시행령: 제5조(신용정보업별 허가 대상) ① 법 제5조제1항제1호에서 "대통령령으로 정하는 금융기관"이란 다음 각 호의 어느 하나에 해당하는 기관을 말한다. 다만, 제9호부터 제14호까지의 경우에는 그 연합회 또는 중앙회만 말한다.

1. 「은행법」에 따라 인가를 받아 설립된 은행(같은 법 제59조에 따라 은행으로 보는 자를 포함한다)
2. 「금융지주회사법」에 따른 금융지주회사
3. 「한국산업은행법」에 따른 한국산업은행
4. 「한국수출입은행법」에 따른 한국수출입은행
5. 「한국정책금융공사법」에 따른 한국정책금융공사
6. 「중소기업은행법」에 따른 중소기업은행
7. 「한국주택금융공사법」에 따른 한국주택금융공사
8. 「자본시장과 금융투자업에 관한 법률」에 따른 투자매매업자·투자중개업자·신탁업자·집합투자업자·증권금융회사·종합금융회사·자금중개회사 및 명의개서대행회사
9. 「상호저축은행법」에 따른 상호저축은행과 그 중앙회
10. 「농업협동조합법」에 따른 농업협동조합과 그 중앙회
11. 「수산업협동조합법」에 따른 수산업협동조합과 그 중앙회
12. 「산림조합법」에 따른 산림조합과 그 중앙회
13. 「신용협동조합법」에 따른 신용협동조합과 그 중앙회
14. 「새마을금고법」에 따른 새마을금고와 그 연합회
15. 「보험업법」에 따른 보험회사
16. 「여신전문금융업법」에 따른 여신전문금융회사(「여신전문금융업법」 제3조제3항제1호에 따라 허가를 받거나 등록을 한 자를 포함한다)

17. 「기술신용보증기금법」에 따른 기술신용보증기금
18. 「신용보증기금법」에 따른 신용보증기금
19. 「지역신용보증재단법」에 따른 신용보증재단과 그 중앙회
20. 「무역보험법」에 따른 한국무역보험공사
21. 「예금자보호법」에 따른 예금보험공사 및 정리금융기관
22. 외국에서 제1호부터 제20호까지의 금융기관과 유사한 금융업을 경영하는 금융기관
23. 외국 법령에 따라 설립되어 외국에서 법 제4조제1항제1호부터 제3호까지의 업무 중 어느 하나에 해당하는 업무를 수행하는 자

② 다음 각 호의 어느 하나에 해당하는 자 및 법인이 아닌 자는 신용평가업 허가를 받을 수 없다.

1. 「독점규제 및 공정거래에 관한 법률」 제9조제1항에 따른 상호출자제한기업집단에 속하는 회사(같은 법 제7조제1항에 따른 특수관계인을 포함한다. 이하 "상호출자제한기업집단소속회사"라 한다)가 100분의 10 이상을 출자한 법인
2. 대통령령으로 정하는 금융기관 등(「독점규제 및 공정거래에 관한 법률」 제7조제1항에 따른 특수관계인을 포함한다. 이하 "출자금융기관등"이라 한다)이 100분의 10 이상을 출자한 법인

시행령: 제5조(신용정보업별 허가 대상) 법 제5조제2항제2호에서 "대통령령으로 정하는 금융기관"이란 제1항 각 호의 어느 하나에 해당하는 기관을 말한다.

3. 다음 각 목의 법인이 최다출자자인 법인

가. 상호출자제한기업집단소속회사가 100분의 10 이상을 출자한 법인

나. 출자금융기관등이 100분의 10 이상을 출자한 법인

제6조(허가의 요건) ① 제4조제2항에 따른 신용정보업의 허가를 받으려는 자는 다음 각 호의 요건을 갖추어야 한다.

1. 신용정보업을 하기에 충분한 인력과 전산설비 등 물적 시설을 갖출 것

시행령: 제6조(허가의 세부요건 등) ① 법 제6조제1항 및 제3항에 따라 신용정보업의 허가를 받으려는 자가 갖추어야 할 인력 및 물적 시설의 세부요건은 다음 각 호의 구분에 따른다.

1. 신용조회업을 하는 경우 다음 각 목의 세부요건을 갖출 것

가. 상시고용인력에는 공인회계사 또는 3년 이상 신용조회업무(신용정보의 분석에 관한 업무와 신용평가업무를 포함한다)에 종사한 경력이 있는 사람 10명 이상이 포함될 것

나. 신용정보의 처리를 적정하게 수행할 수 있다고 금융위원회가 정하여 고시하는 정보처리·정보통신 설비를 갖출 것

2. 신용조사업과 채권추심업을 각각 또는 함께하는 경우에는 20명 이상의 상시고용인력을 갖출 것
3. 신용평가업을 하는 경우 다음 각 목의 세부요건을 갖출 것

가. 공인회계사 5명 및 증권 분석·평가업무 경력자[제5조제1항제1호부터 제18호까지에 해당하는 금융기관, 「자본시장과 금융투자업에 관한 법률」 제263조에 따른 채권평가회사, 법 제28조에 따른 신용평가회사(이하 "신용평가회사"라 한다) 또는 그에 상응하는 외국 신용평가기관에서 증권 분석·평가업무에 3년 이상 종사한 경력이 있는 사람을 말한다. 이하 같다] 5명을 포함한 20명 이상의 상시고용 신용평가 전문인력을 갖출 것. 다만, 분석·평가하려는 증권(「자산유동화에 관한 법률」 제2조제4호에 따른 유동화증권이 아닌 증권을 말한다)의 발행인들이 경영하고 있는 업종(「통계법」 제22조제1항에 따라 통계청장이 고시하는 한국표준산업분류의 대분류에 해당되는 업종을 말한다)이 3개 이하이거나 「자산유동화에 관한 법률」 제2조제4호에 따른 유동화증권만을 평가하는 경우에는 공인회계사

5명 이상 및 증권 분석·평가업무 경력자 5명 이상의 상시고용 신용평가 전문인력을 갖출 것

나. 법 제29조제1항에 따른 신용평가를 하는 데에 필요하다고 금융위원회가 정하여 고시하는 전산설비 및 자료관리체제를 갖출

2. 사업계획이 타당하고 건전할 것

시행령: 제6조(허가의 세부요건 등) 법 제6조제1항제2호에 따른 사업계획은 다음 각 호의 요건에 적합하여야 한다.

1. 수입·지출 전망이 타당하고 실현 가능성이 있을 것
2. 사업계획상의 조직구조 및 관리·운용체계가 사업계획의 추진에 적합하고 이해상충 및 불공정 행위 등 신용정보업을 건전하게 하는 데에 지장을 주지 아니할 것

3. 대통령령으로 정하는 주요출자자가 충분한 출자능력, 건전한 재무상태 및 사회적 신용을 갖출 것

시행령: 제6조(허가의 세부요건 등) 법 제6조제1항제3호에서 "대통령령으로 정하는 주요출자자"란 다음 각 호의 어느 하나에 해당하는 자를 말한다.

1. 의결권 있는 발행주식 총수 또는 출자총액을 기준으로 본인 및 그와 「자본시장과 금융투자업에 관한 법률 시행령」 제8조 각 호의 어느 하나에 해당하는 관계에 있는 자(이하 "특수관계인"이라 한다)가 누구의 명의로 하든지 자기의 계산으로 소유하는 주식의 수 또는 출자지분이 가장 많은 경우의 그 본인(이하 "최대주주"라 한다)
2. 최대주주가 법인인 경우에는 다음 각 목의 어느 하나에 해당하는 자

가. 최대주주인 법인의 최대주주(최대주주인 법인을 사실상 지배하는 자가 그 법인의 최대주주와 다른 경우에는 그 사실상 지배하는 자를 포함한다)

나. 최대주주인 법인의 대표자

3. 최대주주의 특수관계인인 주주 또는 출자자
4. 누구의 명의로 하든지 자기의 계산으로 소유한 주식 또는 출자지분의 합계액이 의결권 있는 발행주식 총수 또는 출자총액의 100분의 10 이상에 해당하는 자
5. 임원의 임면 등 해당 법인의 주요 경영사항에 대하여 사실상 영향력을 행사하고 있는 주주 또는 출자자로서 다음 각 목의 어느 하나에 해당하는 자

가. 단독으로 또는 다른 주주나 출자자와의 합의·계약 등에 따라 대표이사 또는 이사의 과반수를 선임한 주주 또는 출자자

나. 경영전략, 조직 변경 등 주요 의사 결정이나 업무 집행에 지배적인 영향력을 행사한다고 인정되는 자로서 금융위원회가 정하는 주주 또는 출자자

4. 신용정보업을 하기에 충분한 전문성을 갖출 것

② 신용정보업의 허가를 받으려는 자는 다음 각 호의 구분에 따른 자본금 또는 기본재산을 갖추어야 한다.

1. 신용조회업 및 신용평가업을 각각 또는 함께 하려는 경우에는 50억원 이상
2. 신용조사업 및 채권추심업을 각각 또는 함께 하려는 경우에는 50억원 이내에서 대통령령으로 정하는 금액 이상

시행령: 제7조(자본금) 법 제6조제2항제2호에서 "대통령령으로 정하는 금액"이란 30억원을 말한다.

③ 제1항에 따른 허가의 세부요건에 관하여 필요한 사항은 대통령령으로 정한다.

④ 신용정보회사는 신용정보업을 하는 동안에는 제1항제1호에 따른 요건을 계속 유지하여야 한다.

제7조(허가 등의 공고) 금융위원회는 제4조제2항에 따른 허가를 하거나 제14조제1항에 따라 허가 또는 인가를 취소한 경우에는 지체 없이 그 내용을 관보에 공고하고 인터넷 홈페이지 등을 이용하여 일반인에게 알려야

한다.

제8조(신고 및 보고 사항) 신용정보회사가 제4조제2항에 따라 허가받은 사항 중 대통령령으로 정하는 사항을 변경하려면 미리 금융위원회에 신고하여야 한다. 다만, 대통령령으로 정하는 경미한 사항을 변경하려면 그 사유가 발생한 날부터 7일 이내에 그 사실을 금융위원회에 보고하여야 한다.

시행령: 제8조(신고 및 보고 사항) ① 법 제8조 본문에서 "대통령령으로 정하는 사항"이란 다음 각 호의 사항을 말한다.

1. 자본금 또는 기본재산의 감소
2. 상호 등 정관의 변경

② 법 제8조 단서에서 "대통령령으로 정하는 경미한 사항"이란 다음 각 호의 사항을 말한다.

1. 대표자 및 임원의 변경
2. 법령의 개정 내용을 반영하거나 법령에 따라 인가·허가받은 내용을 반영하는 사항
3. 정관의 실질적인 내용이 변경되지 아니하는 조문체계의 변경, 자구(字句) 수정 등에 관한 사항

제9조(지배주주의 변경승인 등) ① 신용정보회사의 주식(출자지분을 포함한다. 이하 이 조에서 같다)을 취득하여 대통령령으로 정하는 지배주주가 되려는 자는 제6조제1항제3호에 따른 주요출자자 요건 중 건전한 경영을 위하여 대통령령으로 정하는 요건을 갖추어 미리 금융위원회의 승인을 받아야 한다.

시행령: 제9조(지배주주의 변경승인 등) ① 법 제9조제1항에서 "대통령령으로 정하는 지배주주"란 다음 각 호의 자를 말한다. 다만, 국가, 「예금자보험법」에 따른 예금보험공사 및 의결권 있는 주식의 100분의 1 미만 보유자는 제외한다.

1. 신용조사회사(법 제4조에 따라 신용조사업의 허가를 받은 자를 말한다. 이하 같다), 채권추심회사(법 제4조에 따라 채권추심업의 허가를 받은 자를 말한다. 이하 같다), 신용조회회사(법 제4조에 따라 신용조회업의 허가를 받은 자를 말한다. 이하 같다)의 경우에는 다음 각 목의 자

가. 제6조제3항제1호 및 제3호 또는 제5호에 해당하는 주요출자자

나. 누구의 명의로 하든지 자기의 계산으로 소유한 주식 또는 출자지분의 합계액이 의결권 있는 발행주식 총수 또는 출자총액의 100분의 30 이상에 해당하는 자

2. 신용평가회사의 경우에는 제6조제3항의 주요출자자

② 법 제9조제1항에서 "대통령령으로 정하는 요건"이란 별표 1에 따른 주요출자자 요건을 말한다.

③ 법 제9조제1항에 따른 승인을 받으려는 자는 금융위원회가 정하여 고시하는 승인신청서에 다음 각 호의 서류를 첨부하여 금융위원회에 제출하여야 한다.

1. 정관(이에 준하는 것을 포함하며, 법인인 경우만 해당한다)
2. 외국 기업인 경우에는 법인등기부 등본에 준하는 서류
3. 최근 사업연도 말 현재 재무제표 또는 최근 사업연도 말 이후 반기(半旗)가 지난 경우에는 반기재무제표(법인인 경우만 해당한다)
4. 제3호에 따른 재무제표에 대한 회계감사인(「주식회사의 외부감사에 관한 법률」 제3조제1항에 따른 감사인을 말한다)의 감사보고서 및 검토보고서
5. 그 밖에 승인요건의 심사에 필요한 서류로서 금융위원회가 정하는 서류

④ 제3항에 따른 승인신청서를 접수한 금융위원회는 「전자정부법」 제36조제1항에 따른 행정정보의 공동이용을 통하여 다음 각 호의 행정정보를 확인하여야 하며, 신청인이 제2호의 주민등록표 등본 또는 사업자등록증의 확인에 동의하지 아니하는 경우에는 주민등록표 등본 또는 사업자등록증 사본을 첨부하게 하여야 한다.

1. 법인등기부 등본(국내 법인인 경우만 해당한다)
2. 주민등록표 등본(「부가가치세법」 제5조제2항의 사업자등록증으로 갈음할 수 있다)
3. 지배주주가 되려는 자의 주식 취득대상 신용정보회사의 법인등기부 등본

⑤ 금융위원회는 제3항에 따른 승인신청서를 접수한 경우에는 그 내용을 심사하여 60일 이내에 그 승인 여부를 결정하고, 그 결과와 이유를 지체 없이 신청인에게 문서로 통지하여야 한다. 이 경우 승인신청서에 흠이 있는 경우에는 보완을 요구할 수 있다.

⑥ 제5항에 따른 심사기간을 계산할 때에는 승인신청서 흠의 보완기간 등 금융위원회가 정하는 기간은 심사기간에 넣지 아니한다.

⑦ 금융위원회는 법 제9조제2항에 따라 승인 없이 취득한 주식의 처분을 명하는 경우에는 처분 대상 주식의 수, 처분 기한 등을 명시한 서면으로 하여야 한다.

⑧ 제1항부터 제7항까지에서 규정한 사항 외에 변경승인 신청의 방법 및 절차, 제2항에 따른 요건의 구체적인 기준 등에 관하여 필요한 사항은 금융위원회가 정하여 고시한다.

② 금융위원회는 6개월 이내의 기간을 정하여 제1항에 따른 승인 없이 취득한 주식을 처분할 것을 명할 수 있다.

③ 제1항에 따른 승인 없이 주식을 취득한 자는 그 취득분에 대하여 의결권을 행사할 수 없다.

④ 제1항에 따른 승인 및 제2항에 따른 처분명령의 세부요건에 관하여 필요한 사항은 대통령령으로 정한다.

제10조(신용정보업의 양도·양수 등의 인가 등) ① 신용정보회사가 그 사업의 전부 또는 일부를 양도·양수 또는 분할하거나, 다른 법인과 합병(「상법」 제530조의2에 따른 분할합병을 포함한다. 이하 같다)하려는 경우에는 대통령령으로 정하는 바에 따라 금융위원회의 인가를 받아야 한다.

시행령: 제10조(신용정보업의 양도·양수 등의 인가) ① 금융위원회는 법 제10조제1항에 따라 신용정보업의 양도·양수 또는 분할이나 합병의 인가를 하려는 경우에는 다음 각 호의 구분에 따른 기준에 적합한지를 심사하여야 한다.

1. 양도의 경우
가. 해당 신용정보회사의 경영 및 재무 상태 등에 비추어 부득이한 경우일 것
나. 신용정보주체의 보호 및 건전한 신용질서 유지에 지장을 주지 않을 것
다. 「상법」 및 그 밖의 관계 법령에 따른 절차 이행에 하자가 없을 것
2. 양수·분할·합병의 경우
가. 신용정보업의 효율화 및 건전한 신용질서의 유지에 지장을 주지 않을 것
나. 사업의 양수·분할·합병에 따른 영업계획 및 조직운영계획이 적절할 것
다. 사업의 양수·분할·합병에 따른 신용정보회사의 소유구조 변경이 법령에 적합할 것
라. 「상법」 및 그 밖의 관계 법령에 따른 절차 이행에 하자가 없을 것

② 금융위원회는 법 제10조제1항에 따른 인가의 세부요건, 신청서류, 그 밖에 필요한 사항을 정하여 고시할 수 있다.

② 신용정보회사가 제1항에 따라 인가를 받아 그 사업을 양도 또는 분할하거나 다른 법인과 합병한 경우에는 양수인, 분할 후 설립되는 법인 또는 합병 후 존속하는 법인(신용정보회사인 법인이 신용정보회사가 아닌 법인을 흡수합병하는 경우는 제외한다)이나 합병에 따라 설립되는 법인은 양도인, 분할 전의 법인 또는 합병 전의 법인의 신용정보회사로서의 지위를 승계한다. 이 경우 종전의 신용정보회사에 대한 허가는 그 효력(제1항에 따른 일부 양도 또는 분할의 경우에는 그 양도 또는 분할한 사업의 범위로 제한한다)을 잃는다.

③ 제1항 및 제2항에 따른 양수인, 합병 후 존속하는 법인 및 분할 또는 합병에 따라 설립되는 법인에 대하여

는 제5조, 제6조, 제22조제1항, 제27조제1항부터 제7항까지 및 제28조를 준용한다.

④ 신용정보회사가 영업의 전부 또는 일부를 일시적으로 중단하거나 폐업하려면 총리령으로 정하는 바에 따라 미리 금융위원회에 신고하여야 한다.

시행규칙: 제4조(영업의 휴업 또는 폐업의 신고) 법 제10조제4항에 따라 영업의 전부 또는 일부를 일시적으로 중단하거나 폐업하려는 신용정보회사는 금융위원회가 정하여 고시하는 바에 따라 휴업 또는 폐업 업무범위 및 기간, 휴업 또는 폐업사유 등을 적은 휴·폐업신고서를 금융위원회에 제출하여야 한다.

제11조(겸업) 신용정보회사는 다음 각 호의 업무 외에는 총리령으로 정하는 바에 따라 금융위원회에 미리 신고하고 허가받은 업무와 관련된 업무를 겸업할 수 있다. 이 경우 개별 법률에 따라 행정관청의 인가·허가·등록 및 승인 등의 조치가 필요한 업무는 해당 개별 법률에 따라 인가·허가·등록 및 승인 등을 미리 받아야 할 수 있다.

1. 개인에 대하여 타인의 신용정보 및 신용정보를 가공(加工)한 신용정보를 제공하는 업무
2. 다른 회사 채권에 대한 부채증명서 발급 대행 업무(대통령령으로 정하는 경우를 제외한다)

시행령: 제11조(겸업) 법 제11조제2호에서 "대통령령으로 정하는 경우"란 다음 각 호의 어느 하나에 해당하는 경우를 말한다.

1. 「자산유동화에 관한 법률」 제10조에 따라 자산관리자가 부채증명서의 발급 대행을 채권추심회사에 의뢰한 경우 등 관계 법령에서 허용한 경우
2. 외국인인 채권자가 부채증명서의 발급 대행을 채권추심회사에 의뢰한 경우

3. 부실채권 매입, 채권추심 등 타인의 권리실행을 위한 소송사건 등의 대리업무, 신용평가회사의 개인신용등급 산정업무 등 신용정보회사의 업무 범위를 벗어난 업무
4. 그 밖에 신용정보주체 또는 사회에 명백하게 해악을 끼칠 수 있는 업무로서 대통령령으로 정하는 업무

시행규칙: 제5조(겸업신고 등) 법 제11조에 따라 겸업을 하려는 신용정보회사는 금융위원회가 정하여 고시하는 신고서에 제1호의 사항을 기재하고, 제2호 및 제3호의 서류를 첨부하여 금융위원회에 제출하여야 한다.

1. 겸업업무의 예상 영업규모, 손익 전망 등에 비추어 해당 신용정보회사의 건전한 경영을 저해할 염려가 없고 수익기반 확충에 기여할 수 있는지 여부
2. 겸업업무가 관련 법령에 따라 행정관청의 인가·허가·등록 및 승인 등을 받아야 하는 경우 해당 인가·허가·등록 및 승인 등을 받았음을 증명할 수 있는 서류 또는 확약서
3. 겸업업무를 수행함에 따라 발생할 수 있는 이해상충 및 불공정행위를 방지하기 위하여 필요한 조직, 전문인력 및 적절한 업무체계를 갖췄음을 증명할 수 있는 서류 또는 확약서

제12조(유사명칭의 사용 금지) 이 법에 따라 허가받은 신용정보회사가 아닌 자는 상호 중에 신용정보·신용조사·신용평가 또는 이와 비슷한 명칭을 사용하지 못한다.

제13조(임원의 겸직 금지) 신용정보회사의 상임 임원은 금융위원회의 승인 없이 다른 영리법인의 상무(常務)에 종사할 수 없다.

제14조(허가 등의 취소와 업무의 정지) ① 금융위원회는 신용정보회사가 다음 각 호의 어느 하나에 해당하는 경우에는 허가 또는 인가를 취소할 수 있다. 다만, 금융위원회는 신용정보회사가 다음 각 호의 어느 하나에 해당하더라도 대통령령으로 정하는 사유에 해당하면 6개월 이내의 기간을 정하여 허가 또는 인가를 취소하기 전에 시정명령을 할 수 있다.

시행령: 제12조(허가 등의 취소유예) 법 제14조제1항 단서에서 "대통령령으로 정하는 사유"란 신용정보

회사가 법 제14조제1항제2호부터 제4호까지 또는 같은 항 제9호에 따른 허가 또는 인가의 취소사유에 해당하는 경우를 말한다. 다만, 취소사유가 해소될 가능성이 매우 적거나 공익을 해칠 우려가 있는 등 시정명령의 실익(實益)이 없다고 인정되는 경우는 제외한다.

1. 거짓이나 그 밖의 부정한 방법으로 제4조제2항에 따른 허가를 받거나 제10조제1항에 따른 인가를 받은 경우
2. 제5조제1항제1호에 따른 금융기관 등의 출자요건을 위반한 경우. 다만, 신용정보회사의 주식이 「자본시장과 금융투자업에 관한 법률」 제9조제13항에 따른 증권시장에 상장되어 있는 경우는 제외한다.
3. 제5조제2항을 위반한 경우(신용평가업만 해당한다)
4. 신용정보회사[허가를 받은 날부터 3개 사업연도(신용조회업 또는 신용평가업이 포함된 경우에는 5개 사업연도)가 지나지 아니한 경우는 제외한다]의 자기자본(최근 사업연도 말 현재 대차대조표상 자산총액에서 부채총액을 뺀 금액을 말한다. 이하 같다)이 제6조제2항에 따른 자본금 또는 기본재산의 요건에 미치지 못한 경우
5. 업무정지명령을 위반하거나 업무정지에 해당하는 행위를 한 자가 그 사유발생일 전 1년 이내에 업무정지처분을 받은 사실이 있는 경우
6. 제40조제1호부터 제4호까지의 어느 하나를 위반한 경우(신용평가업은 제외한다)
7. 제40조제1호·제4호 또는 제6호를 위반한 경우(신용평가업만 해당한다)
8. 「채권의 공정한 추심에 관한 법률」 제9조 각 호의 어느 하나를 위반하여 채권추심행위를 한 경우(채권추심업만 해당한다)
9. 허가 또는 인가의 내용이나 조건을 위반한 경우
10. 정당한 사유 없이 1년 이상 계속하여 허가받은 영업을 하지 아니한 경우
11. 제41조제1항을 위반하여 채권추심행위를 한 경우(채권추심업만 해당한다)

② 금융위원회는 신용정보회사가 다음 각 호의 어느 하나에 해당하는 경우에는 6개월의 범위에서 기간을 정하여 그 업무의 전부 또는 일부의 정지를 명할 수 있다.

1. 제6조제4항을 위반한 경우
2. 제11조를 위반한 경우
3. 제16조에 따른 수집·조사 등의 제한 사항을 위반한 경우(신용평가업은 제외한다)
4. 제22조제1항, 제27조제1항 및 제28조를 위반한 경우
5. 제40조제5호를 위반한 경우
6. 「채권의 공정한 추심에 관한 법률」 제12조제2호·제5호를 위반하여 채권추심행위를 한 경우(채권추심업만 해당한다)
7. 별표에 규정된 처분 사유에 해당하는 경우
8. 그 밖에 법령 또는 정관을 위반하거나 경영상태가 건전하지 못하여 공익을 심각하게 해치거나 해칠 우려가 있는 경우

제3장 신용정보의 수집·조사 및 처리

제15조(수집·조사의 원칙) 신용정보회사, 신용정보집중기관 및 신용정보제공·이용자(이하 "신용정보회사등"이라 한다)는 신용정보를 수집·조사하는 경우에는 이 법 또는 정관으로 정한 업무 범위에서 수집·조사의 목적

을 명확하게 하고 그 목적 달성에 필요한 범위에서 합리적이고 공정한 수단을 사용하여야 한다.

제16조(수집·조사 및 처리의 제한) ① 신용정보회사등은 다음 각 호의 정보를 수집·조사하여서는 아니 된다.

1. 국가의 안보 및 기밀에 관한 정보
2. 기업의 영업비밀 또는 독창적인 연구개발 정보
3. 개인의 정치적 사상, 종교적 신념, 그 밖에 신용정보와 관계없는 사생활에 관한 정보
4. 확실하지 아니한 개인신용정보
5. 다른 법률에 따라 수집이 금지된 정보
6. 그 밖에 대통령령으로 정하는 정보

② 신용정보회사등이 개인의 질병에 관한 정보를 수집·조사하거나 타인에게 제공하려면 미리 제32조제1항에 따른 해당 개인의 동의를 받아야 하며 대통령령으로 정하는 목적으로만 그 정보를 이용하여야 한다.

시행령: 제13조(수집 · 조사 및 처리의 제한) 법 제16조제2항에서 "대통령령으로 정하는 목적"이란 「보험업법」 제4조에 따라 금융위원회로부터 보험업의 허가를 받은 보험회사가 개인의 질병에 관한 정보를 그 정보가 필요한 보험의 계약 및 보험금 지급업무와 관련하여 이용하는 것을 말한다.

제17조(수집·조사 및 처리의 위탁) ① 신용정보회사등은 그 업무 범위에서 의뢰인의 동의를 받아 다른 신용정보회사등에 신용정보의 수집·조사를 위탁할 수 있다.

② 신용정보회사등은 수집된 신용정보의 처리를 일정한 금액 이상의 자본금 등 대통령령으로 정하는 일정한 요건을 갖춘 자에게 위탁할 수 있으며 위탁받은 업무의 처리에 관하여는 제19조부터 제21조까지, 제40조, 제43조 및 제45조(해당 조문에 대한 벌칙 및 과태료규정을 포함한다)를 적용한다.

③ 제2항에 따라 신용정보의 처리를 위탁하려는 신용정보회사등으로서 대통령령으로 정하는 자는 제공하는 신용정보의 범위 등을 대통령령으로 정하는 바에 따라 금융위원회에 알려야 한다.

시행령: 제14조(수집 · 조사 및 처리의 위탁) ① 법 제17조제2항에서 "일정한 금액 이상의 자본금 등 대통령령으로 정하는 일정한 요건을 갖춘 자"란 자본금이 1억원 이상인 기업으로서 금융위원회가 정하여 고시하는 기준에 따라 신용정보의 처리를 적정하게 수행할 수 있는 인력 및 물적 시설과 보안대책을 갖춘 자를 말한다.

② 법 제17조제3항에서 "대통령령으로 정하는 자"란 신용정보회사, 신용정보집중기관 및 제5조제1항에 따른 금융기관 중 금융위원회가 정하여 고시하는 자를 말한다.

③ 법 제17조제3항에 따라 신용정보의 처리를 위탁하려는 자는 위탁계약 체결 예정일부터 7영업일 이전에 금융위원회가 정하여 고시하는 서식에 따라 제공하는 신용정보의 범위, 제공 목적 및 기간과 고객정보 관리체계 등을 금융위원회에 알려야 한다.

제4장 신용정보의 유통·이용 및 관리

제18조(신용정보의 정확성 및 최신성의 유지) ① 신용정보회사등은 신용정보의 정확성과 최신성이 유지될 수 있도록 대통령령으로 정하는 바에 따라 신용정보의 등록·변경 및 관리 등을 하여야 한다.

② 신용정보회사등은 신용정보주체에게 불이익을 줄 수 있는 신용정보를 그 불이익을 초래하게 된 사유가 해소된 날부터 최장 5년 이내에 등록·관리 대상에서 삭제하여야 한다.

③ 제2항에 따른 해당 신용정보의 구체적인 종류, 기록보존 및 활용기간 등은 대통령령으로 정한다.

시행령: 제15조(신용정보의 정확성 및 최신성의 유지) ① 법 제18조제1항에 따라 신용정보제공 · 이용자

는 신용정보를 신용정보집중기관 또는 신용조회회사에 제공하려는 경우에는 그 정보의 정확성을 확인하여 사실과 다른 정보를 등록해서는 아니 된다.

② 신용정보집중기관과 신용조회회사는 등록되는 신용정보의 정확성을 점검할 수 있는 기준 및 절차를 마련하고 이에 따라 등록되는 신용정보의 정확성을 점검・관리하여야 한다.

③ 신용정보회사, 신용정보집중기관 및 신용정보제공・이용자(이하 "신용정보회사등"이라 한다)는 신용정보의 정확성과 최신성이 유지될 수 있도록 금융위원회가 정하여 고시하는 기준과 절차에 따라 신용정보를 등록・변경・관리하여야 한다.

④ 법 제18조제2항에 따라 신용정보회사등은 신용정보주체에게 불이익을 줄 수 있는 오래된 신용정보를 금융위원회가 정하여 고시하는 바에 따라 그 불이익을 주게 된 사유가 없어진 날부터 5년 이내에 이용대상 또는 집중관리 대상에서 삭제하여야 한다.

제19조(신용정보전산시스템의 안전보호) ① 신용정보회사등은 신용정보전산시스템(제25조제6항에 따른 신용정보공동전산망을 포함한다. 이하 같다)에 대한 제3자의 불법적인 접근, 입력된 정보의 변경・훼손 및 파괴, 그 밖의 위험에 대하여 대통령령으로 정하는 바에 따라 기술적・물리적・관리적 보안대책을 세워야 한다.

시행령: 제16조(기술적・물리적・관리적 보안대책의 수립) ① 법 제19조제1항에 따라 신용정보회사등은 신용정보전산시스템의 안전보호를 위하여 다음 각 호의 사항이 포함된 기술적・물리적・관리적 보안대책을 세워야 한다.

1. 신용정보에 제3자가 불법적으로 접근하는 것을 차단하기 위한 침입차단시스템 등 접근통제장치의 설치・운영에 관한 사항
2. 신용정보전산시스템에 입력된 정보의 변경・훼손 및 파괴를 방지하기 위한 사항
3. 신용정보 취급・조회 권한을 직급별・업무별로 차등 부여하는 데에 관한 사항 및 신용정보 조회기록의 주기적인 점검에 관한 사항
4. 그 밖에 신용정보의 안정성 확보를 위하여 필요한 사항

② 금융위원회는 제1항 각 호에 따른 사항의 구체적인 내용을 정하여 고시할 수 있다.

② 신용정보제공・이용자가 다른 신용정보제공・이용자 또는 신용조회회사와 서로 이 법에 따라 신용정보를 제공하는 경우에는 금융위원회가 정하여 고시하는 바에 따라 신용정보 보안관리 대책을 포함한 계약을 체결하여야 한다.

제20조(신용정보 관리책임의 명확화 및 업무처리기록의 보존) ① 신용정보회사등은 신용정보의 수집・처리 및 이용 등에 대하여 금융위원회가 정하는 바에 따라 내부관리규정을 마련하여야 한다.

② 신용정보회사등은 다음 각 호의 사항에 대한 기록을 3년간 보존하여야 한다.

1. 의뢰인의 주소와 성명 또는 정보제공・교환기관의 주소와 이름
2. 의뢰받은 업무 내용 및 의뢰받은 날짜
3. 의뢰받은 업무의 처리 내용 또는 제공한 신용정보의 내용과 제공한 날짜
4. 그 밖에 대통령령으로 정하는 사항

③ 신용정보회사, 신용정보집중기관 및 대통령령으로 정하는 신용정보제공・이용자는 신용정보를 보호하고 신용정보와 관련된 신용정보주체의 고충을 처리하는 등 대통령령으로 정하는 업무를 하는 신용정보관리・보호인을 1명 이상 지정하여야 한다.

④ 제3항에 따른 신용정보관리・보호인의 자격요건과 그 밖에 지정에 필요한 사항은 대통령령으로 정한다.

시행령: 제17조(신용정보관리・보호인의 지정 등) ① 법 제20조제3항에서 "대통령령으로 정하는 신용정보제공・이용자"란 제5조제1항제1호부터 제21호까지 및 제21조제2항제9호에 해당하는 자를 말한다.

② 법 제20조제3항에서 "신용정보를 보호하고 신용정보와 관련된 신용정보주체의 고충을 처리하는 등 대통령령으로 정하는 업무"란 다음 각 호의 업무를 말한다.

1. 신용정보 관리·보호 관련 내부관리규정의 제정·개정
2. 신용정보 관리·보호 관련 고충의 처리
3. 임직원이 신용정보 관리·보호 관련 법령 및 내부관리규정 등을 준수하고 있는지에 대한 점검
4. 법에 따른 신용정보주체의 정당한 권리 행사에 성실하게 대응하고 있는지에 대한 점검
5. 임직원을 대상으로 하는 신용정보 관리·보호 관련 교육의 실시
6. 그 밖에 신용정보 관리·보호에 필요한 사항으로서 금융위원회가 정하여 고시하는 사항

③ 법 제20조제3항에 따라 지정하는 신용정보관리·보호인은 다음 각 호의 어느 하나에 해당하는 사람으로 하여야 한다.

1. 임원
2. 신용정보의 제공·활용·보호 및 관리 등을 총괄하는 위치에 있는 사람

④ 신용정보회사등은 제3항에도 불구하고 다른 법령에 따라 준법감시인을 두는 경우에는 그를 신용정보 관리·보호인으로 지정할 수 있다. 이 경우 제2항에서 규정한 업무의 내용을 해당 법령에 따른 내부통제 기준에 반영하여야 한다.

⑤「금융지주회사법」 제48조의2제4항에 따라 선임된 신용정보관리인이 제4항의 자격요건에 해당하면 제3항에 따라 지정된 신용정보관리·보호인으로 본다.

제21조(폐업 시 보유정보의 처리) 신용정보회사나 신용정보집중기관이 폐업하려는 경우에는 금융위원회가 정하여 고시하는 바에 따라 보유정보를 처분하거나 폐기하여야 한다.

제5장 신용정보업

제1절 신용조회업 등

제22조(신용조회업 종사자) ① 신용조회회사(신용조회업 허가를 받은 자를 말한다. 이하 같다)는 다음 각 호의 어느 하나에 해당하는 자를 임원으로 채용하거나 고용하여서는 아니 된다.

1. 미성년자
2. 한정치산자 또는 금치산자
3. 파산선고를 받고 복권되지 아니한 자
4. 금고 이상의 실형을 선고받고 그 집행이 끝나거나(집행이 끝난 것으로 보는 경우를 포함한다) 집행이 면제된 날부터 3년이 지나지 아니한 자
5. 금고 이상의 형의 집행유예를 선고받고 그 유예기간 중에 있는 자
6. 이 법 또는 그 밖의 법령에 따라 해임되거나 면직된 후 5년이 지나지 아니한 자
7. 이 법 또는 그 밖의 법령에 따라 영업의 허가·인가 등이 취소된 법인이나 회사의 임직원이었던 자(그 취소사유의 발생에 직접 또는 이에 상응하는 책임이 있는 자로서 대통령령으로 정하는 자만 해당한다)로서 그 법인이나 회사에 대한 취소가 있었던 날부터 5년이 지나지 아니한 자

시행령: 제18조(신용조회업 종사자의 결격요건) 법 제22조제1항제7호에서 "대통령령으로 정하는 자"란 허가·인가 등의 취소 원인이 되는 사유가 발생하였을 당시의 임직원(「금융산업의 구조개선에 관한 법률」 제14조에 따라 허가·인가 등이 취소된 법인 또는 회사의 경우에는 같은 법 제10조에 따른 적기시정조치의

원인이 되는 사유 발생 당시의 임직원)으로서 다음 각 호의 어느 하나에 해당하는 사람을 말한다.

1. 감사 또는 감사위원회의 위원
2. 허가·인가 등의 취소 원인이 되는 사유의 발생과 관련하여 위법 또는 부당한 행위로 금융위원회 또는 「금융위원회의 설치 등에 관한 법률」 제24조에 따른 금융감독원의 원장(이하 "금융감독원장"이라 한다)으로부터 주의, 경고, 문책, 직무정지, 해임요구 또는 그 밖의 조치를 받은 임원
3. 허가·인가 등의 취소 원인이 되는 사유의 발생과 관련하여 위법 또는 부당한 행위로 금융위원회 또는 금융감독원장으로부터 정직요구 이상에 해당하는 조치를 받은 직원
4. 제2호 또는 제3호에 따른 제재 대상자로서 그 제재를 받기 전에 사임하거나 사직한 사람

② 신용조회업에 종사하는 임직원이 신용정보를 수집하려는 경우에는 신용조회업에 종사하고 있음을 나타내는 증표를 지니고 이를 관계인에게 내보여야 한다.

제22조의2(신용정보 등의 보고) 신용조회회사는 신용정보의 활용범위, 활용기간, 제공 대상자 등을 대통령령으로 정하는 바에 따라 금융위원회에 보고하여야 한다.

제23조(공공기관에 대한 신용정보의 열람 및 제공 요청 등) ① 신용조회회사나 신용정보집중기관은 국가·지방자치단체 또는 대통령령으로 정하는 공공단체(이하 "공공기관"이라 한다)에 해당 공공기관이 보유하고 있는 신용정보 중 관계 법령에 따라 공개할 수 있는 신용정보의 열람 또는 제공을 요청할 수 있다. 이 경우 요청을 받은 공공기관은 특별한 사유가 없으면 그 요청에 따라야 한다.

시행령: 제19조(공공기관에 대한 신용정보의 열람 및 제공 요청 등) ① 법 제23조제1항에서 "대통령령으로 정하는 공공단체"란 다음 각 호의 어느 하나에 해당하는 기관을 말한다.

1. 「공공기관의 운영에 관한 법률」 제4조에 따른 공공기관으로서 금융위원회가 정하여 고시하는 기관
2. 국가 또는 지방자치단체가 자본금·기금 또는 경비를 투자·출연 또는 보조하는 기관으로서 금융위원회가 정하여 고시하는 기관
3. 특별법에 따라 설립된 특수법인으로서 금융위원회가 정하여 고시하는 기관
4. 「어음법」 및 「수표법」에 따라 지정된 어음교환소와 「전자어음의 발행 및 유통에 관한 법률」 제3조에 따라 지정된 전자어음관리기관
5. 「초·중등교육법」, 「고등교육법」 및 그 밖의 다른 법률에 따라 설치된 각급 학교
6. 「보험업법」에 따른 보험요율산출기관
7. 「민법」 제32조에 따라 금융위원회로부터 허가를 받아 설립된 신용회복위원회

② 법 제23조제2항에서 "대통령령으로 정하는 신용정보"란 다음 각 호의 신용정보를 말한다. 이 경우 신용정보의 구체적인 제공 범위는 공공기관의 장과 신용조회회사 또는 신용정보집중기관이 협의하여 결정한다.

1. 고용보험, 산업재해보상보험, 국민건강보험 및 국민연금에 관한 정보로서 보험료 납부 정보
2. 전기사용에 관한 정보로서 전력사용량 및 전기요금 납부 정보
3. 정부 납품 실적 및 납품액
4. 사망자 정보, 주민등록번호 및 성명 변경 정보
5. 국외 이주신고 및 이주포기신고의 정보

② 신용조회회사 또는 신용정보집중기관이 공공기관의 장에게 신용정보주체의 신용도·신용거래능력 등의 판단에 필요한 신용정보로서 대통령령으로 정하는 신용정보의 제공을 요청하면 그 요청을 받은 공공기관의 장은 다음 각 호의 법률에도 불구하고 해당 신용조회회사 또는 신용정보집중기관에 정보를 제공할 수 있다. 공공기관의 장이 신용조회회사 또는 신용정보집중기관에 정보를 제공하는 기준과 절차 등은 대통령령으로

정한다.

1. 「공공기관의 정보공개에 관한 법률」
2. 「공공기관의 개인정보보호에 관한 법률」
3. 「국민건강보험법」
4. 「국민연금법」
5. 「한국전력공사법」
6. 「주민등록법」

시행령: 제19조(공공기관에 대한 신용정보의 열람 및 제공 요청 등) ③ 법 제23조제2항에 따라 제2항 각 호의 정보를 제공받으려는 신용조회회사 또는 신용정보집중기관은 국가나 지방자치단체 또는 제1항에 따른 공공단체(이하 "공공기관"이라 한다)의 장에게 신용정보의 제공을 문서로 요청하여야 하며, 공공기관의 장은 그 신용정보를 제공하려는 경우에는 문서 또는 주기적 파일로 제공하거나 「전자정부법」 제37조제1항에 따른 행정정보공동이용센터 등을 통하여 제공하여야 한다.

④ 금융위원회는 공공기관의 장이 제공하는 정보의 활용 필요성 등을 고려하여 해당 정보의 등록 및 이용기준 등을 정하여 고시하여야 한다.

③ 신용조회회사 또는 신용정보집중기관은 제2항에 따라 공공기관으로부터 제공받은 신용정보를 대통령령으로 정하는 신용정보제공·이용자에게 제공할 수 있다.

시행령: 제19조(공공기관에 대한 신용정보의 열람 및 제공 요청 등) ⑤ 법 제23조제3항에서 "대통령령으로 정하는 신용정보제공 · 이용자"란 제2조제3항 각 호의 어느 하나에 해당하는 자를 말한다.

④ 신용조회회사 또는 신용정보집중기관은 제2항 및 제3항에 따라 신용정보제공·이용자에게 개인신용정보를 제공하는 경우에는 제32조제3항에서 정하는 바에 따라 신용정보제공·이용자가 해당 개인으로부터 신용정보 제공·이용에 대한 동의를 받았는지를 확인하여야 한다.

⑤ 제3항에 따라 신용정보를 제공받은 신용정보제공·이용자는 그 정보를 타인에게 제공하여서는 아니 된다.

⑥ 제1항에 따라 신용정보의 열람 또는 제공을 요청하는 자는 관계 법령에 따라 열람료 또는 수수료 등을 내야 한다.

⑦ 신용정보회사등은 공공기관의 장이 관계 법령에서 정하는 공무상 목적으로 이용하기 위하여 신용정보의 제공을 문서로 요청한 경우에는 그 신용정보를 제공할 수 있다.

제24조(주민등록전산정보자료의 이용) ① 신용정보집중기관 및 대통령령으로 정하는 신용정보제공·이용자는 다음 각 호의 어느 하나에 해당하는 경우에는 행정안전부장관에게 「주민등록법」 제30조제1항에 따른 주민등록전산정보자료의 제공을 요청할 수 있다. 이 경우 요청을 받은 행정안전부장관은 특별한 사유가 없으면 그 요청에 따라야 한다.

시행령: 제20조(주민등록전산정보자료의 이용) 법 제24조제1항에서 "대통령령으로 정하는 신용정보제공 · 이용자"란 제5조제1항 각 호의 어느 하나에 해당하는 자를 말한다.

1. 「상법」 제64조 등 다른 법률에 따라 소멸시효가 완성된 예금 및 보험금 등의 지급을 위한 경우로서 해당 예금 및 보험금 등의 원권리자에게 관련 사항을 알리기 위한 경우
2. 금융거래계약의 만기 도래, 실효(失效), 해지 등 계약의 변경사유 발생 등 거래 상대방의 권리·의무에 영향을 미치는 사항을 알리기 위한 경우

② 제1항에 따라 주민등록전산정보자료를 요청하는 경우에는 금융위원회위원장의 심사를 받아야 한다.

③ 제2항에 따라 금융위원회위원장의 심사를 받은 경우에는 「주민등록법」 제30조제1항에 따른 관계 중앙행

정기관의 장의 심사를 거친 것으로 본다. 처리절차, 사용료 또는 수수료 등에 관한 사항은 「주민등록법」에 따른다.

제25조(신용정보집중기관) ① 신용정보를 집중하여 수집·보관함으로써 체계적·종합적으로 관리하고, 신용정보회사등 상호 간에 신용정보를 교환·활용(이하 "집중관리·활용"이라 한다)하려는 자는 금융위원회에 신용정보집중기관으로 등록하여야 한다.

시행령: 제21조(신용정보의 집중관리 · 활용) ① 법 제25조제1항에 따라 신용정보집중기관으로 등록하려는 자는 금융위원회가 정하여 고시하는 신청서(전자문서로 된 신청서를 포함한다)에 다음 각 호의 사항을 적고 정관을 첨부하여 금융위원회에 제출하여야 한다. 이 경우 금융위원회는 「전자정부법」 제36조제1항 또는 제2항에 따른 행정정보의 공동이용을 통하여 법인등기부 등본을 확인하여야 한다.

1. 기관의 명칭, 주소 및 대표자의 성명
2. 집중관리 · 활용하려는 신용정보의 범위 및 교환 대상자
3. 집중관리 · 활용의 필요성

② 제1항에 따른 신용정보집중기관은 다음 각 호의 구분에 따라 등록할 수 있다.

1. 종합신용정보집중기관: 대통령령으로 정하는 금융기관 전체로부터의 신용정보를 집중관리·활용하는 신용정보집중기관

시행령: 제21조(신용정보의 집중관리 · 활용) ② 법 제25조제2항제1호에서 "대통령령으로 정하는 금융기관"이란 제5조제1항제1호부터 제20호까지의 금융기관 및 다음 각 호에 해당하는 기관을 말한다.

1. 「건설산업기본법」에 따른 공제조합
2. 「국채법」 및 「공사채등록법」에 따른 채권등록기관
3. 「농수산물유통공사법」에 따른 농수산물유통공사
4. 「민법」 제32조에 따라 금융위원회로부터 허가를 받아 설립된 신용회복위원회
5. 「산업재해보상보험법」에 따른 근로복지공단
6. 「소프트웨어산업 진흥법」에 따른 소프트웨어공제조합
7. 「엔지니어링산업 진흥법」에 따른 엔지니어링공제조합
8. 「예금자보호법」에 따른 정리금융기관
9. 「우체국예금 · 보험에 관한 법률」에 따른 체신관서
10. 「전기공사공제조합법」에 따른 전기공사공제조합
11. 「주택법」에 따른 대한주택보증주식회사
12. 「중소기업진흥에 관한 법률」에 따른 중소기업진흥공단
13. 「중소기업창업 지원법」에 따른 중소기업창업투자회사 및 중소기업창업투자조합
14. 「중소기업협동조합법」에 따른 중소기업중앙회
15. 「한국장학재단 설립 등에 관한 법률」에 따른 한국장학재단
16. 그 밖에 금융위원회가 정하여 고시하는 기관

③ 법 제25조제2항제1호에 따른 종합신용정보집중기관(이하 "종합신용정보집중기관"이라 한다)을 통하여 집중관리 · 활용되는 신용정보의 범위는 별표 2와 같다. 다만, 금융위원회는 별표 2에서 규정한 정보 외에 집중관리 · 활용이 필요하다고 인정하는 정보를 추가로 집중관리 · 활용의 대상이 될 정보로 지정하여 고시할 수 있다.

2. 개별신용정보집중기관: 제1호에 따른 금융기관 중 같은 종류의 금융기관으로부터의 신용정보를 집중관리·활용하거나 금융기관 외의 같은 종류의 사업자가 설립한 협회 등의 협약 등에 따라 신용정보를 집중관

리·활용하는 신용정보집중기관

시행령: 제21조(신용정보의 집중관리 · 활용) ④ 법 제25조제2항제2호에 따른 개별신용정보집중기관은 같은 종류의 금융기관 또는 같은 종류의 사업자 간의 협약 등으로 집중관리 · 활용 대상 정보의 범위를 정하여 금융위원회의 승인을 받아야 한다.

③ 제1항에 따른 신용정보집중기관으로 등록하려는 자는 다음 각 호의 요건을 갖추어야 한다.

1. 영리를 목적으로 하지 아니할 것
2. 대통령령으로 정하는 시설·설비 및 인력을 갖출 것

시행령: 제21조(신용정보의 집중관리 · 활용) ⑤ 법 제25조제3항제2호에 따라 신용정보집중기관으로 등록하려는 자가 갖추어야 할 시설 · 설비 및 인력의 세부요건은 다음 각 호와 같다.

1. 신용정보 집중관리 · 활용 업무를 적절하게 수행할 수 있다고 금융위원회가 정하여 고시하는 정보처리설비 및 정보통신설비를 갖출 것
2. 상시고용인력에는 제2조제3항제1호 · 제3호 · 제4호에 해당하는 기관, 제5조제1항 각 호에 해당하는 기관 또는 다음 각 목의 금융 관련 단체에서 3년 이상 신용정보 관련 업무에 종사한 경력이 있는 사람 5명 이상이 포함될 것

가. 신용조회회사

나. 신용정보집중기관

다. 「민법」 제32조에 따라 기획재정부장관의 허가를 받아 설립된 금융결제원

라. 「보험업법」에 따른 보험요율산출기관

④ 제1항 및 제2항에 따른 등록 및 그 취소 등에 필요한 사항과 집중관리·활용되는 신용정보의 범위 및 교환 대상자는 대통령령으로 정한다.

시행령: 제21조(신용정보의 집중관리 · 활용) ⑥ 법 제25조제4항에 따라 금융위원회는 등록된 신용정보집중기관이 다음 각 호의 어느 하나에 해당하게 된 경우에는 그 등록을 취소할 수 있다.

1. 법 제25조제3항에 따른 등록요건에 미달하게 된 경우
2. 같은 종류의 업체 간에 협약의 불성립 또는 다른 법령에 따른 집중 제한 등 신용정보를 집중관리 · 활용할 수 없는 사유가 발생한 경우
3. 집중관리 · 활용하는 신용정보의 무단 활용 및 교환 등 신용정보 보호의무를 위반한 경우
4. 법 또는 다른 법령을 위반함으로써 공익을 해친 경우

⑦ 법 제25조제4항에 따라 집중관리 · 활용되는 신용정보의 교환 대상자는 다음 각 호의 자로 하되, 다음 각 호의 자 사이에 집중관리 · 활용되는 신용정보의 구체적인 범위 및 신용정보별 세부적인 교환 대상자는 금융위원회가 정하여 고시한다.

1. 신용정보제공 · 이용자와 그 신용정보제공 · 이용자가 신용정보를 제공한 신용정보집중기관 간
2. 신용정보집중기관과 신용정보회사 간
3. 신용정보집중기관 간

⑤ 제2항제1호에 따른 종합신용정보집중기관은 집중되는 신용정보의 정확성·신속성을 확보하기 위하여 제26조에 따른 신용정보협의회가 정하는 바에 따라 신용정보를 제공하는 금융기관의 신용정보 제공의무 이행 실태를 조사할 수 있다.

⑥ 신용정보집중기관은 대통령령으로 정하는 바에 따라 신용정보공동전산망(이하 "공동전산망"이라 한다)을 구축할 수 있으며, 공동전산망에 참여하는 자는 그 유지·관리 등에 필요한 협조를 하여야 한다. 이 경우 신용정보집중기관은 「전기통신사업법」 제2조제1항제1호에 따른 전기통신사업자이어야 한다.

시행령: 제21조(신용정보의 집중관리 · 활용) ⑧ 법 제25조제6항에 따른 신용정보공동전산망은 제2항에 따른 금융기관으로부터 신용정보를 제공받아 집중관리 · 활용하는 신용정보집중기관과 제2항에 따른 금융기관 외의 같은 업종의 사업자들로부터 신용정보를 제공받아 집중관리 · 활용하는 신용정보집중기관이 공동전산망에 참여하는 자를 각각 달리하여 구축한다.

제26조(신용정보협의회) ① 다음 각 호의 사항을 협의·결정하기 위하여 제25조제2항제1호에 따른 종합신용정보집중기관에 신용정보협의회를 둔다.

1. 신용정보의 집중관리·활용에 드는 경상경비, 신규사업의 투자비 등의 분담에 관한 사항
2. 제25조제2항제1호에 따른 금융기관의 신용정보제공의무 이행 실태에 관한 조사 및 대통령령으로 정하는 바에 따른 제재를 부과하는 사항

시행령: 제22조(신용정보협의회) ① 법 제26조제1항제2호에서 "대통령령으로 정하는 바에 따른 제재"란 금융기관의 신용정보 제공의 누락 및 지연, 거짓 등록 등 위반행위의 종류와 정도에 따라 제재금(제재김)을 부과하는 것을 말하며, 제재금에 관한 세부적인 기준과 절차는 종합신용정보집중기관의 장이 정한다.
② 종합신용정보집중기관의 장은 집중관리 · 활용되는 신용정보의 규모, 경비분담비율, 업권별 대표성 등을 고려하여 15명 이내에서 신용정보협의회를 구성하며, 신용정보협의회의 소집과 의결 등 운영에 관한 사항을 정한다.

3. 신용정보의 업무목적 외 누설 또는 이용의 방지대책에 관한 사항
4. 그 밖에 신용정보의 집중관리·활용에 필요한 사항

② 제1항에 따른 신용정보협의회의 구성 및 운영 등에 관한 사항은 대통령령으로 정하는 바에 따라 종합신용정보집중기관의 장이 정한다.
③ 신용정보협의회는 제1항제2호부터 제4호까지에 관한 사항을 협의·결정한 경우에는 금융위원회에 보고하여야 한다.

시행령: 제22조(신용정보협의회) ③ 금융위원회는 법 제26조제3항에 따라 신용정보협의회가 보고한 내용이 건전한 신용질서 또는 금융소비자의 권익에 반(反)하는 것으로 판단되는 경우에는 그 협의 · 결정사항의 변경을 권고할 수 있다.

제2절 신용조사업 및 채권추심업

제27조(종사자 및 위임직채권추심인 등) ① 신용조사회사(신용조사업 허가를 받은 자를 말한다. 이하 같다) 또는 채권추심회사(채권추심업 허가를 받은 자를 말한다. 이하 같다)는 다음 각 호의 어느 하나에 해당하는 자를 임직원으로 채용하거나 고용하여서는 아니 되며, 위임 또는 그에 준하는 방법으로 채권추심업무를 하여서는 아니 된다.

1. 미성년자. 다만, 금융위원회가 정하여 고시하는 업무에 채용하거나 고용하는 경우는 제외한다.
2. 한정치산자 또는 금치산자
3. 파산선고를 받고 복권되지 아니한 자
4. 금고 이상의 실형을 선고받고 그 집행이 끝나거나(집행이 끝난 것으로 보는 경우를 포함한다) 집행이 면제된 날부터 3년이 지나지 아니한 자
5. 금고 이상의 형의 집행유예를 선고받고 그 유예기간 중에 있는 자
6. 이 법 또는 그 밖의 법령에 따라 해임되거나 면직된 후 5년이 지나지 아니한 자
7. 이 법 또는 그 밖의 법령에 따라 영업의 허가·인가 등이 취소된 법인이나 회사의 임직원이었던 자(그 취소사유의 발생에 직접 또는 이에 상응하는 책임이 있는 자로서 대통령령으로 정하는 자만 해당한다)로서

그 법인 또는 회사에 대한 취소가 있은 날부터 5년이 지나지 아니한 자

시행령: 제23조(신용조사회사 및 채권추심회사의 종사자) 법 제27조제1항제7호에서 "대통령령으로 정하는 자"란 제18조 각 호의 어느 하나에 해당하는 자를 말한다.

8. 제2항제2호에 따른 위임직채권추심인이었던 자로서 등록이 취소된 지 5년이 지나지 아니한 자

② 채권추심회사는 다음 각 호의 어느 하나에 해당하는 자를 통하여 추심업무를 하여야 한다.

1. 채권추심회사의 임직원
2. 채권추심회사가 위임 또는 그에 준하는 방법으로 채권추심업무를 하도록 한 자(이하 "위임직채권추심인"이라 한다)

③ 채권추심회사는 그 소속 위임직채권추심인이 되려는 자를 금융위원회에 등록하여야 한다.

④ 위임직채권추심인은 소속 채권추심회사 외의 자를 위하여 채권추심업무를 할 수 없다.

⑤ 채권추심회사는 추심채권이 아닌 채권을 추심할 수 없으며 다음 각 호의 어느 하나에 해당하는 위임직채권추심인을 통하여 채권추심업무를 하여서는 아니 된다.

1. 제3항에 따라 등록되지 아니한 위임직채권추심인
2. 다른 채권추심회사의 소속으로 등록된 위임직채권추심인
3. 제7항에 따라 업무정지 중에 있는 위임직채권추심인

⑥ 금융위원회는 위임직채권추심인이 다음 각 호의 어느 하나에 해당하면 그 등록을 취소할 수 있다.

1. 거짓이나 그 밖의 부정한 방법으로 제3항에 따른 등록을 한 경우
2. 제7항에 따른 업무정지명령을 위반하거나 업무정지에 해당하는 행위를 한 자가 사유발생일 전 1년 이내에 업무정지처분을 받은 사실이 있는 경우
3. 제40조제1호부터 제4호까지의 어느 하나를 위반한 경우
4. 「채권의 공정한 추심에 관한 법률」 제9조 각 호의 어느 하나를 위반하여 채권추심행위를 한 경우
5. 등록의 내용이나 조건을 위반한 경우
6. 정당한 사유 없이 1년 이상 계속하여 등록한 영업을 하지 아니한 경우

⑦ 금융위원회는 위임직채권추심인이 다음 각 호의 어느 하나에 해당하면 6개월의 범위에서 기간을 정하여 그 업무의 전부 또는 일부의 정지를 명할 수 있다.

1. 제4항을 위반한 경우
2. 제16조에 따른 수집·조사 등의 제한 사항을 위반한 경우
3. 제40조제5호의 행위를 한 경우
4. 「채권의 공정한 추심에 관한 법률」 제12조제2호·제5호를 위반한 경우
5. 그 밖에 법령 또는 소속 채권추심회사의 정관을 위반하여 공익을 심각하게 해치거나 해칠 우려가 있는 경우

⑧ 신용조사업 또는 채권추심업에 종사하는 임직원이나 위임직채권추심인이 신용정보의 수집·조사 또는 채권추심업무를 하려는 경우에는 신용조사업 또는 채권추심업에 종사함을 나타내는 증표를 지니고 이를 관계인에게 내보여야 한다.

⑨ 위임직채권추심인의 자격요건 및 등록절차는 대통령령으로 정한다.

시행령: 제24조(위임직채권추심인의 자격요건 및 등록절차) ① 법 제27조제9항에 따른 위임직채권추심인으로 등록할 수 있는 사람은 다음 각 호의 어느 하나에 해당하는 사람으로 한다.

1. 다음 각 목의 어느 하나에 해당하는 기관에서 채권추심업무에 관한 연수과정을 이수한 사람
   가. 법 제44조에 따른 신용정보협회(이하 "신용정보협회"라 한다)

나. 신용정보협회가 지정하는 채권추심회사

다. 그 밖에 금융위원회가 정하여 고시하는 기관

2. 채권추심회사 또는 제5조제1항제1호부터 제20호까지의 어느 하나에 해당하는 금융기관에서 1년 이상 채권추심업무에 종사한 경력이 있고 제1호에 따른 연수과정을 이수한 사람

3. 그 밖에 제1호 및 제2호에 준하는 자격이 있다고 금융위원회가 인정한 사람

② 위임직채권추심인으로 등록하려는 사람은 금융위원회가 정하여 고시하는 신청서에 제1항의 자격요건을 갖추었는지를 확인할 수 있는 서류를 첨부하여 금융위원회에 제출하여야 한다.

⑩ 위임직채권추심인이 되고자 하는 자가 등록을 신청한 때에는 총리령으로 정하는 바에 따라 수수료를 내야 한다.

시행규칙: 제7조(위임직채권추심인 등록수수료) 법 제27조제10항에 따른 위임직채권추심인 등록수수료는 등록절차 및 등록절차의 관리에 필요한 인적·물적 비용을 고려하여 금융위원회가 정하여 고시하되 2만원 내로 한다.

제3절 신용평가업

제28조(신용평가업 종사자) 신용평가회사(신용평가업 허가를 받은 자를 말한다. 이하 같다)는 다음 각 호의 어느 하나에 해당하는 자를 임원으로 채용하거나 고용할 수 없다.

1. 미성년자
2. 한정치산자 또는 금치산자
3. 파산선고를 받고 복권되지 아니한 자
4. 금고 이상의 실형을 선고받고 그 집행이 끝나거나(집행이 끝난 것으로 보는 경우를 포함한다) 집행이 면제된 날부터 3년이 지나지 아니한 자
5. 금고 이상의 형의 집행유예를 선고받고 그 유예기간 중에 있는 자
6. 이 법 또는 그 밖의 법령에 따라 해임되거나 면직된 후 5년이 지나지 아니한 자
7. 이 법 또는 그 밖의 법령에 따라 영업의 허가·인가 등이 취소된 법인이나 회사의 임직원이었던 자(그 취소사유의 발생에 직접 또는 이에 상응하는 책임이 있는 자로서 대통령령으로 정하는 자만 해당한다)로서 그 법인 또는 회사에 대한 취소가 있은 날부터 5년이 지나지 아니한 자

시행령: 제25조(신용평가업 종사자) 법 제28조제7호에서 "대통령령으로 정하는 자"란 제18조 각 호의 어느 하나에 해당하는 자를 말한다.

제29조(신용평가회사의 준수사항) ① 신용평가회사는 신용평가를 의뢰한 자에 대한 신용평가를 하는 경우에는 재무상태·사업실적 등 현재의 상황과 사업위험·경영위험 및 재무위험 등 미래의 전망을 종합적으로 고려하여야 한다.

② 신용평가회사는 해당 신용평가회사와 일정한 비율 이상의 출자관계에 있는 등 특수한 관계에 있는 자로서 대통령령으로 정하는 자와 관련된 경우에는 신용평가를 할 수 없다.

시행령: 제26조(신용평가회사의 준수사항) ① 법 제29조제2항에서 "대통령령으로 정하는 자"란 다음 각 호의 어느 하나에 해당하는 자를 말한다.

1. 해당 신용평가회사에 100분의 5 이상 출자한 법인
2. 해당 신용평가회사가 100분의 5 이상 출자한 법인
3. 해당 신용평가화사와 「독점규제 및 공정거래에 관한 법률」에 따른 계열회사의 관계에 있는 법인
4. 해당 신용평가회사와 제1호부터 제3호까지의 관계에 있는 법인이 100분의 40 이상 출자한 법인

5. 그 밖에 신용평가업무와 이해상충의 소지가 있는 자로서 금융위원회가 정하여 고시하는 자

③ 신용평가회사는 제2항에 따라 대통령령으로 정하는 자가 아닌 자로서 해당 신용평가회사와 출자관계에 있는 자와 관련한 신용평가를 하는 경우에는 신용평가서에 그 출자관계에 관한 사항을 적어야 한다.

④ 신용평가회사는 신용평가를 의뢰한 자에게 신용평가서를 내어주는 경우에는 신용평가실적서(신용평가회사가 한 신용평가의 등급별로 유가증권의 원리금 상환이행률을 적은 것을 말한다) 등 해당 신용평가회사의 평가능력의 파악에 필요하다고 인정되어 금융위원회가 정하여 고시하는 사항이 적힌 서류(이하 "신용평가실적서등"이라 한다)를 첨부하여야 한다.

⑤ 신용평가회사는 신용평가실적서등 해당 신용평가업자의 평가능력을 파악하는데 필요하다고 인정되어 금융위원회가 정하는 사항이 기재된 서류를 금융위원회에 제출하고, 「자본시장과 금융투자업에 관한 법률」에 따른 한국거래소와 한국금융투자협회에 비치·공시하여야 한다.

⑥ 신용평가회사는 신용평가과정에서 자사나 계열사의 상품이나 서비스를 구매하거나 이용하도록 강요하여서는 아니 된다.

⑦ 신용평가회사는 임직원이 준수하여야 할 적절한 기준 및 절차(이하 "내부통제기준"이라 한다)를 정하고 이의 준수 여부를 확인하여야 한다.

⑧ 내부통제기준에는 다음 각 호의 사항이 포함되어야 한다.

1. 평가조직과 영업조직의 분리에 관한 사항
2. 이해상충의 금지에 관한 사항
3. 불공정행위의 금지에 관한 사항
4. 신용평가 대상의 특성에 적합한 신용평가기준 도입에 관한 사항
5. 그 밖에 내부통제기준에 관하여 필요한 사항으로서 대통령령으로 정하는 사항

시행령: 제26조(신용평가회사의 준수사항) ② 법 제29조제8항제5호에서 "대통령령으로 정하는 사항"이란 다음 각 호의 사항을 말한다.

1. 평가 관련 자료의 기록 및 보관에 관한 사항
2. 신용평가의 적정성 검토를 위한 내부 절차 마련에 관한 사항
3. 임직원의 법 제29조제7항에 따른 내부통제기준(이하 "내부통제기준"이라 한다) 준수 여부 점검에 관한 사항
4. 내부통제기준의 제정이나 변경절차에 관한 사항

③ 내부통제기준에 관하여 필요한 사항은 금융위원회가 정하여 고시할 수 있다.

⑨ 신용평가회사의 임직원이나 임직원이었던 자는 업무상 알게 된 의뢰인의 영업기밀을 누설하여서는 아니 된다. 다만, 다음 각 호의 어느 하나에 해당하는 경우에는 그러하지 아니하다.

1. 의뢰인이 제공·이용에 동의한 목적으로 사용하는 경우
2. 법원의 제출명령 또는 법관이 발부한 영장에 따라 제공되는 경우
3. 그 밖에 다른 법률에 따라 제공되는 경우

제30조(의결권의 제한) ① 상호출자제한기업집단소속회사 또는 출자금융기관등이 제5조제2항 각 호에 따른 출자한도를 넘겨 신용평가회사의 주식(출자지분을 포함한다. 이하 이 조에서 같다)을 소유하는 경우에는 해당 주식의 의결권 행사의 범위는 같은 항 각 호에 따른 한도로 제한하며, 지체 없이 그 한도에 적합하도록 하여야 한다.

② 금융위원회는 상호출자제한기업집단소속회사 또는 출자금융기관등이 제5조제2항 각 호에 따른 출자한도를 넘겨 보유하고 있는 신용평가회사의 주식을 처분할 것을 6개월 이내의 기간을 정하여 명할 수 있다.

제6장 신용정보주체의 보호

제31조(신용정보활용체제의 공시) 신용정보회사, 신용정보집중기관 및 대통령령으로 정하는 신용정보제공·이용자는 관리하는 신용정보의 종류, 이용 목적, 제공 대상 및 신용정보주체의 권리 등에 관한 사항을 대통령령으로 정하는 바에 따라 공시하여야 한다.

시행령: 제27조(신용정보활용체제의 공시) ① 법 제31조에서 "대통령령으로 정하는 신용정보제공·이용자"란 제5조제1항 각 호의 어느 하나에 해당하는 기관을 말한다.

② 신용정보회사, 신용정보집중기관 및 제1항에 해당하는 자는 법 제31조에 따라 다음 각 호의 사항을 공시하여야 한다.

1. 관리하는 신용정보의 종류 및 이용 목적
2. 신용정보를 제3자에게 제공하는 경우 제공하는 신용정보의 종류, 제공 대상, 제공받는 자의 이용 목적(제1항에 해당하는 자로 한정한다)
3. 신용정보의 보유 기간 및 이용 기간이 있는 경우 해당 기간, 신용정보 파기의 절차 및 방법(제1항에 해당하는 자로 한정한다)
4. 법 제17조에 따라 신용정보의 처리를 위탁하는 경우 그 업무의 내용 및 수탁자
5. 신용정보주체의 권리와 그 행사방법
6. 법 제20조제3항에 따른 신용정보관리·보호인이나 같은 항에 따라 신용정보 관리·보호 관련 고충을 처리하는 사람의 성명, 부서 및 연락처

③ 신용정보회사, 신용정보집중기관 및 제1항에 해당하는 자는 제2항 각 호의 사항을 공시하는 경우에는 다음 각 호의 어느 하나에 해당하는 방법으로 하여야 한다.

1. 점포·사무소 안의 보기 쉬운 장소에 갖춰 두고 열람하게 하는 방법
2. 해당 기관의 인터넷 홈페이지를 통하여 해당 신용정보주체가 열람할 수 있게 하는 방법

제32조(개인신용정보의 제공·활용에 대한 동의) ① 신용정보제공·이용자가 대출, 보증에 관한 정보 등 대통령령으로 정하는 개인신용정보를 타인에게 제공하려는 경우에는 대통령령으로 정하는 바에 따라 해당 개인으로부터 다음 각 호의 어느 하나에 해당하는 방식으로 미리 동의를 받아야 한다.

시행령: 제28조(개인신용정보의 제공·활용에 대한 동의) ① 법 제32조제1항에서 "대출, 보증에 관한 정보 등 대통령령으로 정하는 개인신용정보"란 제2조제2항의 개인에 관한 신용정보를 말한다. 다만, 신용정보집중기관 또는 신용조회회사에 제공하려는 다음 각 호의 신용정보는 제외한다.

1. 제2조제1항제3호의 신용정보
2. 제2조제1항제5호의 정보 중 조세 또는 공공요금 등의 체납정보 등 제1호와 유사한 것으로서 신용정보주체의 신용도를 판단할 수 있는 정보

② 신용정보제공·이용자는 법 제32조제1항에 따라 해당 개인으로부터 동의를 받으려면 다음 각 호의 사항을 미리 알려야 한다. 다만, 동의 방식의 특성상 동의 내용을 전부 표시하거나 알리기 어려운 경우에는 해당 기관의 인터넷 홈페이지 주소나 사업장 전화번호 등 동의 내용을 확인할 수 있는 방법을 안내하고 동의를 받을 수 있다.

1. 개인신용정보를 제공받는 자
2. 개인신용정보를 제공받는 자의 이용 목적
3. 제공하는 개인신용정보의 내용
4. 개인신용정보를 제공받는 자(신용조회회사 및 신용정보집중기관은 제외한다)의 정보 보유 기간 및

이용 기간

1. 서면

2. 「전자서명법」 제2조제3호에 따른 공인전자서명이 있는 전자문서(「전자거래기본법」 제2조제1호에 따른 전자문서를 말한다)

3. 개인신용정보의 제공 내용 및 제공 목적 등을 고려하여 정보 제공 동의의 안정성과 신뢰성이 확보될 수 있는 유무선 통신으로 개인비밀번호를 입력하는 방식

시행령: 제28조(개인신용정보의 제공 · 활용에 대한 동의) ③ 법 제32조제1항제3호에 따른 개인비밀번호는 다음 각 호의 어느 하나에 해당하는 비밀번호로 한다.

1. 해당 개인이 「여신전문금융업법」 제2조제2호의2에 따른 신용카드업자에게 등록한 비밀번호
2. 개인신용정보를 제3자에게 제공하려는 신용정보제공 · 이용자로부터 해당 개인 명의의 휴대전화 문자메시지를 통하여 받은 비밀번호
3. 그 밖에 금융위원회가 정하여 고시하는 개인비밀번호

4. 유무선 통신으로 동의 내용을 해당 개인에게 알리고 동의를 받는 방법. 이 경우 본인 여부 및 동의 내용, 그에 대한 해당 개인의 답변을 음성녹음하는 등 증거자료를 확보·유지하여야 하며, 대통령령으로 정하는 바에 따른 사후 고지절차를 거친다.

시행령: 제28조(개인신용정보의 제공 · 활용에 대한 동의) ④ 신용정보제공 · 이용자는 법 제32조제1항제4호에 따라 유무선 통신을 통하여 동의를 받은 경우에는 1개월 이내에 서면, 전자우편, 휴대전화 문자메시지, 그 밖에 금융위원회가 정하여 고시하는 방법으로 제2항 각 호의 사항을 고지하여야 한다.

5. 그 밖에 대통령령으로 정하는 방식

② 신용조회회사 또는 신용정보집중기관으로부터 대통령령으로 정하는 개인신용정보를 제공받으려는 자는 대통령령으로 정하는 바에 따라 해당 개인으로부터 제1항 각 호의 어느 하나에 해당하는 방식으로 동의를 받아야 한다. 이 때 개인신용정보를 제공받으려는 자는 해당 개인에게 개인신용정보의 조회 시 신용등급이 하락할 수 있음을 고지하여야 한다.

시행령: 제28조(개인신용정보의 제공 · 활용에 대한 동의) ⑤ 법 제32조제2항에서 "대통령령으로 정하는 개인신용정보"란 제2조제2항의 개인에 관한 신용정보를 말한다. 다만, 다음 각 호의 신용정보는 제외한다.

1. 제2조제1항제3호의 신용정보
2. 제2조제1항제5호의 정보 중 조세 또는 공공요금 등의 체납정보 등 제1호와 유사한 것으로서 신용정보주체의 신용도를 판단할 수 있는 정보(제19조제2항제1호의 정보 중 국민건강보험 및 국민연금에 관한 정보로서 보험료 납부 정보는 제외한다)

⑥ 법 제32조제2항에 따라 신용조회회사 또는 신용정보집중기관으로부터 개인신용정보를 제공받으려는 자는 다음 각 호의 사항을 해당 개인에게 알리고 동의를 받아야 한다. 다만, 동의방식의 특성상 동의 내용을 전부 표시하거나 알리기 어려운 경우에는 해당 기관의 인터넷 홈페이지 주소나 사업장 전화번호 등 동의 내용을 확인할 수 있는 방법을 안내하고 동의를 받을 수 있다.

1. 개인신용정보를 제공하는 자
2. 개인신용정보를 제공받는 자의 이용 목적
3. 제공받는 개인신용정보의 항목
4. 개인신용정보를 제공받는 것에 대한 동의의 효력기간

③ 신용조회회사 또는 신용정보집중기관이 개인신용정보를 제2항에 따라 제공하는 경우에는 해당 개인신용

정보를 제공받으려는 자가 제2항에 따른 동의를 받았는지를 대통령령으로 정하는 바에 따라 확인하여야 한다.

시행령: 제28조(개인신용정보의 제공 · 활용에 대한 동의) ⑦ 법 제32조제3항에 따라 신용조회회사 또는 신용정보집중기관은 개인신용정보를 제공받으려는 자가 해당 개인으로부터 동의를 받았는지를 서면, 전자적 기록 등 금융위원회가 정하는 방식으로 확인하여야 한다.

④ 신용정보회사등이 개인신용정보를 제공하는 경우로서 다음 각 호의 어느 하나에 해당하는 경우에는 제1항부터 제3항까지를 적용하지 아니한다.

시행령: 제28조(개인신용정보의 제공 · 활용에 대한 동의) ⑧ 법 제32조제4항제4호에서 "채권추심(추심채권을 추심하는 경우만 해당한다), 인가 · 허가의 목적, 기업의 신용도 판단, 유가증권의 양수 등 대통령령으로 정하는 목적"이란 다음 각 호의 목적을 말한다.

1. 채권추심을 의뢰한 채권자가 채권추심의 대상이 되는 자의 개인신용정보를 채권추심회사에 제공하거나 채권추심회사로부터 제공받기 위한 목적
2. 채권자 또는 채권추심회사가 변제기일까지 채무를 변제하지 아니한 자 또는 채권추심의 대상이 되는 자에 대한 개인신용정보를 신용조회회사로부터 제공받기 위한 목적
3. 행정기관이 인가 · 허가 업무에 사용하기 위하여 신용조회회사로부터 개인신용정보를 제공받기 위한 목적
4. 해당 기업과의 금융거래 등 상거래관계의 설정 및 유지 여부 등을 판단하기 위하여 그 기업의 대표자 및 제2조제1항제3호의 각 목에 해당하는 자의 개인신용정보를 신용정보집중기관 및 신용조회회사로부터 제공받기 위한 목적
5. 법 제25조제2항제1호의 금융기관이 상거래관계의 설정 및 유지 여부 등을 판단하기 위하여 또는 어음 · 수표 소지인이 어음 · 수표의 발행인, 인수인, 배서인 및 보증인의 변제 의사 및 변제자력을 확인하기 위하여 신용정보집중기관 및 신용조회회사로부터 어음 · 수표의 발행인, 인수인, 배서인 및 보증인의 개인신용정보를 제공받기 위한 목적

⑨ 법 제32조제4항에 따라 개인신용정보를 제공하려는 자 및 제공받은 자는 같은 조 제5항에 따라 다음 각 호의 방법으로 개인신용정보의 제공 사실 및 이유 등을 해당 신용정보주체에게 알리거나 공시하여야 한다. 다만, 제2호부터 제4호까지의 방법으로 개인신용정보를 제공하려는 자가 알리거나 공시한 경우에는 개인신용정보를 제공받은 자는 알리거나 공시하지 아니할 수 있다.

1. 법 제32조제4항제1호, 제2호 및 제8호의 경우에는 법 제31조에 따른 신용정보활용체제의 공시 방법
2. 법 제32조제4항제3호의 경우에는 서면, 전자우편, 인터넷 홈페이지 게시
3. 법 제32조제4항제4호의 경우에는 법 제35조의 신용정보 제공사실의 통보요구의 방법
4. 법 제32조제4항제5호 또는 제7호(조세에 관한 법률에 따라 제출의무가 있는 과세자료를 제공하는 경우는 제외한다)의 경우에는 「금융실명거래 및 비밀보장에 관한 법률」 제4조의2에서 정하는 바에 따라 통보하는 방법

1. 신용정보회사가 다른 신용정보회사 또는 신용정보집중기관과 서로 집중관리·활용하기 위하여 제공하는 경우
2. 계약의 이행에 필요한 경우로서 제17조제2항에 따라 신용정보의 처리를 위탁하기 위하여 제공하는 경우
3. 영업양도·분할·합병 등의 이유로 권리·의무의 전부 또는 일부를 이전하면서 그와 관련된 개인신용정보를 제공하는 경우
4. 채권추심(추심채권을 추심하는 경우만 해당한다), 인가·허가의 목적, 기업의 신용도 판단, 유가증권의

양수 등 대통령령으로 정하는 목적으로 사용하는 자에게 제공하는 경우

5. 법원의 제출명령 또는 법관이 발부한 영장에 따라 제공하는 경우

6. 범죄 때문에 피해자의 생명이나 신체에 심각한 위험 발생이 예상되는 등 긴급한 상황에서 제5호에 따른 법관의 영장을 발부받을 시간적 여유가 없는 경우로서 검사 또는 사법경찰관의 요구에 따라 제공하는 경우. 이 경우 개인신용정보를 제공받은 검사는 지체 없이 법관에게 영장을 청구하여야 하고, 사법경찰관은 검사에게 신청하여 검사의 청구로 영장을 청구하여야 하며, 개인신용정보를 제공받은 때부터 36시간 이내에 영장을 발부받지 못하면 지체 없이 제공받은 개인신용정보를 폐기하여야 한다.

7. 조세에 관한 법률에 따른 질문·검사 또는 조사를 위하여 관할 관서의 장이 서면으로 요구하거나 조세에 관한 법률에 따라 제출의무가 있는 과세자료의 제공을 요구함에 따라 제공하는 경우

8. 국제협약 등에 따라 외국의 금융감독기구에 금융회사가 가지고 있는 개인신용정보를 제공하는 경우

9. 그 밖에 다른 법률에 따라 제공하는 경우

⑤ 제4항 각 호에 따라 개인신용정보를 타인에게 제공하려는 자 또는 제공받은 자는 대통령령으로 정하는 바에 따라 개인신용정보의 제공 사실 및 이유 등을 해당 신용정보주체에게 알려야 한다. 다만, 대통령령으로 정하는 경우에는 인터넷 홈페이지 게재 등 이와 유사한 방법을 통하여 공시할 수 있다.

⑥ 제4항제3호에 따라 개인신용정보를 타인에게 제공하는 신용정보제공·이용자로서 대통령령으로 정하는 자는 제공하는 신용정보의 범위 등 대통령령으로 정하는 사항에 관하여 금융위원회의 승인을 받아야 한다.

시행령: 제28조(개인신용정보의 제공 · 활용에 대한 동의) ⑩ 법 제32조제6항에서 "대통령령으로 정하는 자"란 제5조제1항 각 호의 어느 하나에 해당하는 기관을 말한다.

⑪ 법 제32조제6항에서 "제공하는 신용정보의 범위 등 대통령령으로 정하는 사항"이란 제공하는 개인신용정보의 범위, 제공받는 자의 신용정보 관리 · 보호 체계를 말한다.

⑦ 신용정보회사등이 개인신용정보를 제공하는 경우에는 금융위원회가 정하여 고시하는 바에 따라 개인신용정보를 제공받는 자의 신원(身元)과 이용 목적을 확인하여야 한다.

⑧ 개인신용정보를 제공한 신용정보제공·이용자는 제1항에 따라 미리 동의를 받았는지 여부 등에 대한 다툼이 있는 경우 이를 증명하여야 한다.

제33조(개인신용정보의 이용) 개인신용정보는 해당 신용정보주체가 신청한 금융거래 등 상거래관계(고용관계는 제외한다. 이하 같다)의 설정 및 유지 여부 등을 판단하기 위한 목적으로만 이용하여야 한다. 다만, 다음 각 호의 어느 하나에 해당하는 경우에는 그러하지 아니하다.

1. 개인이 제32조제1항 각 호의 방식으로 이 조 각 호 외의 부분 본문에서 정한 목적 외의 다른 목적에의 이용에 동의한 경우

2. 개인이 직접 제공한 개인신용정보(그 개인과의 상거래에서 생긴 신용정보를 포함한다)를 제공받은 목적으로 이용하는 경우(상품과 서비스를 소개하거나 그 구매를 권유할 목적으로 이용하는 경우는 제외한다)

3. 제32조제4항 각 호의 경우

4. 그 밖에 제1호부터 제3호까지의 규정에 준하는 경우로서 대통령령으로 정하는 경우

제34조(개인식별정보의 제공·이용) ① 신용정보제공·이용자가 개인을 식별하기 위하여 필요로 하는 정보로서 대통령령으로 정하는 정보(이하 "개인식별정보"라 한다)를 신용정보회사등에 제공하려는 경우에는 해당 개인의 동의를 받아야 한다.

시행령: 제29조(개인식별정보의 제공 · 이용) 법 제34조제1항에서 "대통령령으로 정하는 정보"란 생존하는 개인의 성명, 주소, 주민등록번호, 외국인등록번호, 국내거소신고번호, 여권번호, 성별, 국적 등 개인을 식별할 수 있는 정보를 말한다.

② 개인식별정보는 해당 개인이 동의한 목적 또는 해당 개인으로부터 직접 제공받은 경우에는 그 제공받은 목적의 범위에서만 이용되어야 한다.

③ 개인식별정보가 이 법에 따라 개인신용정보를 제공받기 위하여 신용정보주체를 특정할 목적으로 제공·이용되는 경우에는 제1항 및 제2항을 적용하지 아니한다. 이 경우 개인식별정보를 제공받은 자는 제공 요구에 따르기 위한 목적 외의 용도로 그 정보를 이용하거나 제3자에게 제공하여서는 아니 된다.

④ 개인식별정보가 제32조제4항제4호부터 제9호까지의 규정에 따라 제공·이용되는 경우에는 제1항 및 제2항을 적용하지 아니한다.

제35조(신용정보 제공사실의 통보요구) 신용정보주체는 신용정보회사등이 본인에 관한 신용정보(이하 "본인정보"라 한다)를 제공하는 경우에는 대통령령으로 정하는 바에 따라 제공받은 자, 그 이용 목적, 제공한 날짜, 제공한 본인정보의 주요 내용 등을 알리도록 요구하거나 인터넷 홈페이지를 통하여 조회할 수 있도록 하여 줄 것을 요구할 수 있다. 이 경우 신용정보회사등은 특별한 사유가 없으면 그 요구에 따라야 한다.

시행령: 제30조(신용정보 제공사실의 통보요구 등) ① 법 제35조에 따라 신용정보주체가 신용정보회사등에 법 제35조에 따른 본인정보(이하 "본인정보"라 한다) 제공사실의 통보 등을 요구하는 경우에는 다음 각 호의 방법으로 본인임을 확인받아야 한다.

1. 「전자서명법」 제2조제3호에 따른 공인전자서명이 있는 전자문서(「전자거래기본법」 제2조제1호에 따른 전자문서를 말한다)
2. 개인신용정보의 제공 내용 및 제공 목적 등을 고려하여 정보 제공 동의의 안정성과 신뢰성이 확보될 수 있는 유무선 통신으로 제28조제3항에 따른 개인비밀번호를 입력하는 방식
3. 본인의 신분을 나타내는 증표를 내보이는 방법
4. 전화
5. 인터넷 홈페이지

② 신용정보회사등은 제1항에 따라 통보를 요구받은 경우에는 요구받은 날부터 7일 이내에 최근 1년간 그 신용정보주체의 본인정보를 직접 제공받은 자, 그 정보의 이용 목적, 제공일 및 주요 내용 등(이하 "신용정보제공내역"이라 한다)을 금융위원회가 정하여 고시하는 서식에 따라 그 신용정보주체에게 통보하여야 하고, 종합신용정보집중기관, 신용조회회사, 그 밖에 금융위원회가 정하여 고시하는 신용정보제공 · 이용자는 인터넷 홈페이지를 통하여 신용정보주체가 최근 1년간 그 신용정보주체의 신용정보제공내역을 조회할 수 있도록 하여야 한다.

③ 신용정보회사등은 제2항에 따라 신용정보제공내역을 통보하거나 인터넷 홈페이지를 통하여 조회할 수 있도록 한 경우에는 통보나 조회에 직접 드는 비용을 그 신용정보주체에게 부담하게 할 수 있다.

④ 신용정보회사등은 제2항에 따라 인터넷 홈페이지를 통하여 신용정보제공내역을 조회할 수 있도록 한 경우에는 제3항에도 불구하고 신용정보주체가 1년에 1회 이상 무료로 조회할 수 있도록 하여야 한다.

⑤ 신용정보회사등은 제2항에 따라 신용정보주체에게 통보하거나 신용정보주체가 조회한 내용을 3년간 보존하여야 한다.

제36조(상거래 거절 근거 신용정보의 고지 등) ① 신용정보제공·이용자가 신용조회회사 및 신용정보집중기관으로부터 제공받은 개인신용정보로서 대통령령으로 정하는 정보에 근거하여 상대방과의 상거래관계 설정을 거절하거나 중지한 경우에는 해당 신용정보주체의 요구가 있으면 그 거절 또는 중지의 근거가 된 정보 등 대통령령으로 정하는 사항을 본인에게 고지하여야 한다.

시행령: 제31조(상거래 거절 근거 신용정보의 고지 등) ① 법 제36조제1항에서 "대통령령으로 정하는 정보"란 제28조제1항제1호 및 제2호의 신용정보를 말한다.

② 법 제36조제1항에서 "거절 또는 중지의 근거가 된 정보 등 대통령령으로 정하는 사항"이란 다음 각 호의 사항을 말한다.

1. 상거래관계 설정의 거절이나 중지의 근거가 된 신용정보
2. 제1호의 정보를 제공한 신용조회회사 및 신용정보집중기관의 명칭, 주소, 연락처
3. 신용조회회사 및 신용정보집중기관이 상거래관계의 설정을 거절하거나 중지하도록 결정한 것이 아니라는 사실 및 신용조회회사 또는 신용정보집중기관으로부터 제공받은 정보 외에 다른 정보를 함께 사용하였을 경우에는 그 사실

② 신용정보주체는 제1항에 따라 고지받은 본인정보의 내용에 이의가 있으면 제1항에 따른 고지를 받은 날부터 60일 이내에 해당 신용정보를 수집·제공한 신용조회회사 및 신용정보집중기관에게 그 신용정보의 정확성을 확인하도록 요청할 수 있다.

③ 제2항에 따른 확인절차 등에 관하여는 제38조를 준용한다.

제37조(개인신용정보 제공·이용 동의의 철회권 등) ① 개인인 신용정보주체는 제32조제1항 각 호의 방식으로 동의를 받은 신용정보제공·이용자에게 신용조회회사 또는 신용정보집중기관에 제공하여 개인의 신용도 등을 평가하기 위한 목적 외의 목적으로 행한 개인신용정보 제공 동의를 대통령령으로 정하는 바에 따라 철회할 수 있다. 다만, 동의를 받은 신용정보제공·이용자 외의 신용정보제공·이용자에게 해당 개인신용정보를 제공하지 아니하면 해당 신용정보주체와 약정한 용역의 제공을 하지 못하게 되는 등 계약 이행이 어려워지거나 제33조 각 호 외의 부분 본문에 따른 목적을 달성할 수 없는 경우에는 고객이 동의를 철회하려면 그 용역의 제공을 받지 아니할 의사를 명확하게 밝혀야 한다.

시행령: 제32조(개인신용정보 제공 · 이용 동의의 철회권 등) ① 법 제37조제1항에 따라 개인인 신용정보주체는 동의 철회의 대상 및 내용 등을 특정하여 해당 기관의 인터넷 홈페이지, 유무선 통신, 서면, 그 밖에 금융위원회가 정하여 고시하는 방법으로 동의를 철회할 수 있다. 다만, 금융거래 등 상거래 관계를 설정하면서 동의를 한 경우에는 3개월이 지나야 철회할 수 있다.

② 개인인 신용정보주체는 대통령령으로 정하는 바에 따라 신용정보제공·이용자에 대하여 상품이나 용역을 소개하거나 구매를 권유할 목적으로 본인에게 연락하는 것을 중지하도록 청구할 수 있다.

시행령: 제32조(개인신용정보 제공 · 이용 동의의 철회권 등) ② 법 제37조제2항에 따라 개인인 신용정보주체는 상품이나 용역을 소개하거나 구매를 권유할 목적으로 연락하는 신용정보제공 · 이용자에 대하여 연락중지 청구의 대상 및 내용을 특정하여 제1항의 방법으로 본인에게 연락하는 것을 중지할 것을 청구할 수 있다.

③ 제1항 및 제2항에 따른 청구를 받은 신용정보제공 · 이용자는 청구를 받은 날부터 1개월 이내에 그에 따른 조치를 완료하여야 한다.

③ 신용정보제공·이용자는 서면, 전자문서 또는 구두에 의한 방법으로 제1항 및 제2항에 따른 권리의 내용, 행사방법 등을 거래 상대방인 개인에게 고지하고, 거래 상대방이 제1항 및 제2항의 요구를 하면 즉시 이에 따라야 한다. 이 때 구두에 의한 방법으로 이를 고지한 경우 대통령령으로 정하는 바에 따른 추가적인 사후 고지절차를 거쳐야 한다.

시행령: 제32조(개인신용정보 제공 · 이용 동의의 철회권 등) ④ 법 제37조제3항에 따라 신용정보제공 · 이용자가 거래 상대방인 개인에게 구두에 의한 방법으로 고지한 경우에는 고지한 날부터 1개월 이내에 고지 내용을 서면, 전자우편, 휴대전화 문자메시지, 인터넷 홈페이지 및 그 밖에 금융위원회가 정하는 방법으로 추가 고지하여야 한다.

④ 신용정보제공·이용자는 대통령령으로 정하는 바에 따라 제3항에 따른 의무를 이행하기 위한 절차를 갖추

어야 한다.

⑤ 신용정보제공·이용자는 제2항에 따른 청구에 따라 발생하는 전화요금 등 금전적 비용을 개인인 신용정보주체가 부담하지 아니하도록 대통령령으로 정하는 바에 따라 필요한 조치를 하여야 한다.

시행령: 제32조(개인신용정보 제공 · 이용 동의 철회권 등) ⑤ 법 제37조제4항 및 제5항에 따라 신용정보제공 · 이용자는 수신자 부담 전화, 수취인 부담 우편 등의 조치를 마련하여야 한다.

제38조(신용정보의 열람 및 정정청구 등) ① 신용정보주체는 신용정보회사등에 본인의 신분을 나타내는 증표를 내보이거나 전화, 인터넷 홈페이지의 이용 등 대통령령으로 정하는 방법으로 본인임을 확인받아 신용정보회사등이 가지고 있는 본인정보의 제공 또는 열람을 청구할 수 있으며, 본인정보가 사실과 다른 경우에는 금융위원회가 정하여 고시하는 바에 따라 정정을 청구할 수 있다.

시행령: 제33조(신용정보의 열람 및 정정청구 등) ① 법 제38조제1항에서 "전화, 인터넷 홈페이지의 이용 등 대통령령으로 정하는 방법"이란 다음 각 호의 방법을 말한다.

1. 「전자서명법」 제2조제3호에 따른 공인전자서명이 있는 전자문서(「전자거래기본법」 제2조제1호에 따른 전자문서를 말한다)
2. 개인신용정보의 제공 내용 및 제공 목적 등을 고려하여 정보 제공 동의의 안정성과 신뢰성이 확보될 수 있는 유무선 통신으로 제28조제3항에 따른 개인비밀번호를 입력하는 방식
3. 본인의 신분을 나타내는 증표를 내보이는 방법
4. 전화
5. 인터넷 홈페이지

② 법 제38조제1항에 따라 신용정보주체는 본인정보를 제공받거나 열람하는 경우 서면, 전자문서 또는 인터넷 홈페이지 등을 통하여 할 수 있다.

② 제1항에 따라 정정청구를 받은 신용정보회사등은 정정청구에 정당한 사유가 있다고 인정하면 즉시 문제가 된 신용정보에 대하여 정정청구 중 또는 사실조회 중임을 기입하고, 지체 없이 해당 신용정보의 제공·이용을 중단한 후 사실인지를 조사하여 사실과 다르거나 확인할 수 없는 신용정보는 삭제하거나 정정하여야 한다.

③ 제2항에 따라 신용정보를 삭제하거나 정정한 신용정보회사등은 해당 신용정보를 최근 6개월 이내에 제공받은 자와 해당 신용정보주체가 요구하는 자에게 해당 신용정보에서 삭제하거나 정정한 내용을 알려야 한다.

④ 신용정보회사등은 제2항과 제3항에 따른 처리결과를 7일 이내에 해당 신용정보주체에게 알려야 하며, 해당 신용정보주체는 처리결과에 이의가 있으면 대통령령으로 정하는 바에 따라 금융위원회에 그 시정을 요청할 수 있다.

시행령: 제33조(신용정보의 열람 및 정정청구 등) ③ 신용정보주체가 법 제38조제4항에 따라 시정 요청을 하려는 경우에는 처리결과의 통지를 받은 날(통지가 없는 경우에는 법 제38조제1항에 따른 정정청구를 하고 7영업일이 지난 날)부터 15일 이내에 금융위원회가 정하여 고시하는 시정요청서에 다음 각 호의 서류를 첨부하여 금융위원회에 제출하여야 한다.

1. 법 제38조제1항에 따라 신용정보회사등에 정정청구를 한 내용을 적은 서면
2. 신용정보회사등으로부터 법 제38조제4항에 따른 처리결과를 통지받은 경우에는 그 통지 내용
3. 시정 요청의 대상이 된 신용정보의 사실 여부를 확인할 수 있는 근거자료

⑤ 금융위원회는 제4항에 따른 시정을 요청받으면 「금융위원회의 설치 등에 관한 법률」 제24조에 따라 설립된 금융감독원의 원장(이하 "금융감독원장"이라 한다)으로 하여금 그 사실 여부를 조사하게 하고, 조사결과

에 따라 신용정보회사등에 대하여 시정을 명하거나 그 밖에 필요한 조치를 할 수 있다.

⑥ 제5항에 따라 조사를 하는 자는 그 권한을 표시하는 증표를 지니고 이를 관계인에게 내보여야 한다.

⑦ 신용정보회사등이 제5항에 따른 금융위원회의 시정명령에 따라 시정조치를 한 경우에는 그 결과를 금융위원회에 보고하여야 한다.

제39조(무료 열람권) 신용조회회사는 1년 이내로서 대통령령으로 정하는 일정한 기간마다 개인인 신용정보주체가 본인정보를 1회 이상 무료로 제공받거나 열람할 수 있도록 하여야 한다.

시행령: 제34조(무료 열람권) 법 제39조에서 "대통령령으로 정하는 일정한 기간"이란 1년을 말한다.

제40조(신용정보회사등의 금지사항) 신용정보회사등은 다음 각 호의 행위를 하여서는 아니 되며, 신용정보회사등이 아니면 제4호 본문의 행위를 업으로 하거나 제5호의 행위를 하여서는 아니 된다.

1. 의뢰인에게 허위 사실을 알리는 일
2. 신용정보에 관한 조사 의뢰를 강요하는 일
3. 신용정보 조사 대상자에게 조사자료 제공과 답변을 강요하는
4. 특정인의 소재 및 연락처(이하 "소재등"이라 한다)를 알아내거나 금융거래 등 상거래관계 외의 사생활 등을 조사하는 일. 다만, 채권추심업을 허가받은 신용정보회사가 그 업무를 하기 위하여 특정인의 소재등을 알아내는 경우 또는 다른 법령에 따라 특정인의 소재등을 알아내는 것이 허용되는 경우에는 그러하지 아니하다.
5. 정보원, 탐정, 그 밖에 이와 비슷한 명칭을 사용하는 일
6. 신용평가업무를 하면서 고의 또는 중대한 과실로 해당 금융투자상품, 법인 및 간접투자기구에 대한 투자자 및 신용공여자 등에게 중대한 손실을 끼치는 일

제41조(채권추심회사의 금지 사항) ① 채권추심회사는 자기의 명의를 빌려주어 타인으로 하여금 채권추심업을 하게 하여서는 아니 된다.

② 채권추심회사는 다른 법령에서 허용된 경우 외에는 상호 중에 "신용정보"라는 표현이 포함된 명칭 이외의 명칭을 사용하여서는 아니 된다. 다만, 채권추심회사가 신용조회업 또는 신용평가업을 함께하는 경우에는 그러하지 아니하다.

시행령: 제35조(채권추심회사 등의 금지사항) 채권추심회사 및 소속 위임직채권추심인은 채권추심행위를 하는 과정에서 「채권의 공정한 추심에 관한 법률」 제5조, 제6조 및 제8조를 준수하여야 하며, 같은 법 제9조부터 제13조까지의 규정을 위반하여 채권추심을 해서는 아니 된다.

제42조(업무 목적 외 누설금지 등) ① 신용정보회사등과 제17조제2항에 따라 신용정보의 처리를 위탁받은 자의 임직원이거나 임직원이었던 자(이하 "신용정보업관련자"라 한다)는 업무상 알게 된 타인의 신용정보 및 사생활 등 개인적 비밀(이하 "개인비밀"이라 한다)을 업무 목적 외에 누설하거나 이용하여서는 아니 된다.

② 신용정보회사등과 신용정보업관련자가 이 법에 따라 신용정보회사등에 신용정보를 제공하는 행위는 제1항에 따른 업무 목적 외의 누설이나 이용으로 보지 아니한다.

③ 제1항을 위반하여 누설된 개인비밀을 취득한 자(그로부터 누설된 개인비밀을 다시 취득한 자를 포함한다)는 그 개인비밀이 제1항을 위반하여 누설된 것임을 알게 된 경우 그 개인비밀을 타인에게 제공하거나 이용하여서는 아니 된다.

④ 신용정보회사등과 신용정보업관련자로부터 개인신용정보를 제공받은 자는 그 개인신용정보를 타인에게 제공하여서는 아니 된다. 다만, 이 법 또는 다른 법률에 따라 제공이 허용되는 경우에는 그러하지 아니하다.

제43조(손해배상의 책임) ① 신용정보회사등과 그 밖의 신용정보 이용자가 이 법을 위반하여 신용정보주체에게 피해를 입힌 경우에는 해당 신용정보주체에 대하여 손해배상의 책임을 진다. 다만, 신용정보회사등과 그

밖의 신용정보 이용자가 고의 또는 과실이 없음을 증명한 경우에는 그러하지 아니하다.

② 채권추심회사 또는 위임직채권추심인이 이 법을 위반하여 채무자 및 그 관계인에게 손해를 입힌 경우에는 그 손해를 배상하여야 한다. 다만, 채권추심회사 또는 위임직채권추심인이 자신에게 고의 또는 과실이 없음을 증명한 경우에는 그러하지 아니하다.

③ 제4조제1항의 업무를 의뢰받은 신용정보회사가 자신에게 책임 있는 사유로 의뢰인에게 손해를 입힌 경우에는 그 손해를 배상하여야 한다.

④ 제17조제2항에 따라 신용정보의 처리를 위탁받은 자가 이 법을 위반하여 신용정보주체에게 피해를 입힌 경우에는 위탁자는 수탁자와 연대하여 손해배상책임을 진다.

⑤ 위임직채권추심인이 이 법 또는 「채권의 공정한 추심에 관한 법률」을 위반하여 채무자나 채무자의 관계인에게 손해를 입힌 경우 채권추심회사는 위임직채권추심인과 연대하여 손해배상책임을 진다. 다만, 채권추심회사가 자신에게 고의 또는 과실이 없음을 증명한 경우에는 그러하지 아니하다.

제44조(신용정보협회) ① 신용정보회사는 신용정보업의 건전한 발전을 도모하고 신용정보회사들 사이의 업무질서를 유지하기 위하여 신용정보협회를 설립할 수 있다.

② 신용정보협회는 법인으로 한다.

③ 신용정보협회는 정관으로 정하는 바에 따라 다음 각 호의 업무를 한다.

1. 신용정보회사 간의 건전한 업무질서를 유지하기 위한 업무
2. 신용정보업의 발전을 위한 조사·연구 업무
3. 신용정보업 이용자 민원의 상담·처리
4. 그 밖에 대통령령으로 정하는 업무

시행령: 제36조(신용정보협회의 업무) 법 제44조제3항제4호에서 "대통령령으로 정하는 업무"란 다음 각 호의 업무를 말한다.

1. 신용정보회사의 경영과 관련된 정보의 수집 및 통계의 작성 업무
2. 신용정보업 관련 교육업무 및 출판업무
3. 법 또는 다른 법령에서 신용정보협회에 위임·위탁한 업무
4. 그 밖에 금융위원회가 정하여 고시하는 업무

④ 신용정보협회에 대하여 이 법에서 정한 것을 제외하고는 「민법」 중 사단법인에 관한 규정을 준용한다.

제7장 보 칙

제45조(감독·검사 등) ① 금융위원회는 신용정보회사등에 대하여 이 법 또는 이 법에 따른 명령의 준수 여부를 감독한다.

② 금융위원회는 제1항에 따른 감독에 필요하면 신용정보회사등에 대하여 그 업무 및 재산상황에 관한 보고 등 필요한 명령을 할 수 있다.

③ 금융감독원장은 그 소속 직원으로 하여금 이 법에 따른 신용정보회사등의 업무와 재산상황을 검사하도록 할 수 있다.

④ 금융감독원장은 제3항에 따른 검사에 필요하다고 인정하면 자료의 제출, 관계자의 출석 및 의견의 진술을 신용정보회사등에 요구할 수 있다.

⑤ 제3항에 따라 검사를 하는 자는 그 권한을 표시하는 증표를 지니고 이를 관계인에게 내보여야 한다.

⑥ 금융감독원장은 제3항에 따른 검사를 마치면 그 결과를 금융위원회가 정하는 바에 따라 금융위원회에 보고하여야 한다.

⑦ 금융위원회는 신용정보회사등이 이 법 또는 이 법에 따른 명령을 위반하여 신용정보업의 건전한 경영과 신용정보주체의 권익을 해칠 우려가 있다고 인정하면 다음 각 호의 어느 하나에 해당하는 조치를 하거나, 금융감독원장으로 하여금 제1호부터 제3호까지의 규정에 해당하는 조치를 하게 할 수 있다.

1. 신용정보회사등에 대한 주의 또는 경고
2. 임원에 대한 주의 또는 경고
3. 직원에 대한 주의 및 정직, 감봉, 견책 등의 문책 요구
4. 임원에 대한 해임권고, 직무정지 요구 또는 직원에 대한 면직 요구
5. 위반행위에 대한 시정명령
6. 신용정보제공의 중지

제46조(신용평가회사에 대한 적용 특례) 신용평가회사에 대하여는 제20조제1항·제3항, 제31조, 제38조 및 제42조를 적용하지 아니한다.

제47조(업무보고서의 제출) ① 신용정보회사 및 신용정보집중기관은 매 분기의 업무보고서를 매 분기 마지막 달의 다음 달 말일까지 금융감독원장이 정하는 서식에 따라 작성하여 금융감독원장에게 제출하여야 한다.

② 제1항에 따른 보고서에는 대표자, 담당 책임자 또는 그 대리인이 서명·날인하여야 한다.

③ 제1항에 따른 업무보고서를 작성하기 위한 세부 사항과 그 밖에 필요한 사항은 금융감독원장이 정한다.

제48조(청문) 금융위원회는 제14조제1항에 따라 신용정보회사의 허가 또는 인가를 취소하거나 제27조제6항에 따라 위임직채권추심인의 등록을 취소하려면 청문을 하여야 한다.

제49조(권한의 위임·위탁) 이 법에 따른 금융위원회의 권한 중 대통령령으로 정하는 권한은 대통령령으로 정하는 바에 따라 특별시장·광역시장·도지사·특별자치도지사, 금융감독원장, 신용정보협회, 그 밖에 대통령령으로 정하는 자에게 위임하거나 위탁할 수 있다.

> **시행령: 제37조(권한의 위임 또는 위탁)** ① 금융위원회는 법 제49조에 따라 별표 3에 따른 권한을 금융감독원장에게 위탁하고, 법 제27조제3항에 따른 위임직채권추심인의 등록업무를 신용정보협회에 위탁한다.
>
> ② 금융감독원장 및 신용정보협회는 제1항에 따라 위탁받은 업무의 처리 내용을 6개월마다 금융위원회에 보고하여야 한다.

제50조(벌칙) ① 다음 각 호의 어느 하나에 해당하는 자는 5년 이하의 징역 또는 5천만원 이하의 벌금에 처한다.

1. 제4조제2항 또는 제10조제1항을 위반하여 허가 또는 인가를 받지 아니하고 제4조제1항 각 호에 따른 업무를 한 자
2. 거짓이나 그 밖의 부정한 방법으로 제4조제2항 또는 제10조제1항에 따른 허가 또는 인가를 받은 자
3. 제29조제9항을 위반한 자
4. 제32조제1항 또는 제2항을 위반한 자
5. 제33조를 위반한 자
6. 제42조제1항·제3항 또는 제4항을 위반한 자

② 다음 각 호의 어느 하나에 해당하는 자는 3년 이하의 징역 또는 3천만원 이하의 벌금에 처한다.

1. 제14조제2항에 따른 업무정지 기간에 업무를 한 자
2. 제16조를 위반한 자
3. 권한 없이 제19조제1항에 따른 신용정보전산시스템의 정보를 변경·삭제하거나 그 밖의 방법으로 이용할

수 없게 한 자 또는 권한 없이 신용정보를 검색·복제하거나 그 밖의 방법으로 이용한 자

4. 신용정보집중기관이 아니면서 제25조제6항에 따른 공동전산망을 구축한 자
5. 제29조제2항을 위반한 자
6. 제34조제1항·제2항 또는 제3항 후단을 위반한 자
7. 제40조 각 호를 위반한 자
8. 제41조제1항을 위반한 자

③ 다음 각 호의 어느 하나에 해당하는 자는 1년 이하의 징역 또는 1천만원 이하의 벌금에 처한다.

1. 제9조제1항을 위반하여 승인 없이 주식을 취득한 자
2. 제9조제2항에 따른 명령을 위반하여 승인 없이 취득한 주식을 처분하지 아니한 자
3. 제17조제2항을 위반하여 일정한 요건을 갖추지 아니한 자에게 신용정보의 처리를 위탁한 자 및 그 위탁을 받은 자
4. 제18조제2항을 위반한 자
5. 제20조제2항을 위반한 자
6. 제21조를 위반한 자
7. 제27조제3항을 위반하여 위임직채권추심인으로 금융위원회에 등록하지 아니하고 채권추심업무를 한 자
8. 제27조제4항을 위반한 자
9. 제27조제5항을 위반하여 추심채권이 아닌 채권을 추심하거나 등록되지 아니한 위임직채권추심인, 다른 채권추심회사의 소속으로 등록된 위임직채권추심인 또는 업무정지 중인 위임직채권추심인을 통하여 채권추심업무를 한 자
10. 제27조제7항에 따른 업무정지 중에 채권추심업무를 한 자
11. 제29조제6항을 위반한 자
12. 제30조제2항에 따른 금융위원회의 주식처분명령을 이행하지 아니한 자

제51조(양벌규정) 법인의 대표자나 법인 또는 개인의 대리인, 사용인, 그 밖의 종업원이 그 법인 또는 개인의 업무에 관하여 제50조의 위반행위를 하면 그 행위자를 벌하는 외에 그 법인 또는 개인에게도 해당 조문의 벌금형을 과(科)한다. 다만, 법인 또는 개인이 그 위반행위를 방지하기 위하여 해당 업무에 관하여 상당한 주의와 감독을 게을리하지 아니한 경우에는 그러하지 아니하다.

제52조(과태료) ① 제32조제7항을 위반하여 개인신용정보를 제공받는 자의 신원과 이용 목적을 확인하지 아니한 자에게는 3천만원 이하의 과태료를 부과한다.

② 제10조제4항을 위반한 자에게는 2천만원 이하의 과태료를 부과한다.

③ 다음 각 호의 어느 하나에 해당하는 자에게는 1천만원 이하의 과태료를 부과한다.

1. 제8조를 위반한 자
2. 제11조부터 제13조까지의 어느 하나를 위반한 자
3. 제17조제1항을 위반하여 의뢰인의 동의 없이 신용정보의 수집·조사를 위탁한 자
4. 제18조제1항을 위반한 자

4의2. 제22조의2를 위반하여 금융위원회에 보고를 하지 아니한 자

5. 제19조를 위반한 자
6. 제20조제3항을 위반한 자
7. 제23조제5항을 위반한 자

8. 제29조제3항부터 제5항까지, 제7항 또는 제8항을 위반한 자
9. 제31조를 위반한 자
10. 제32조제3항·제5항 또는 제6항을 위반한 자
11. 제35조 후단을 위반한 자
12. 제36조제1항 또는 제3항을 위반한 자
13. 제37조제3항을 위반한 자
14. 제38조제2항부터 제5항까지 또는 제7항을 위반한 자
15. 제45조제2항부터 제4항까지의 규정에 따른 명령에 따르지 아니하거나 검사 및 요구를 거부·방해 또는 기피한 자
16. 제47조를 위반하여 보고서를 제출하지 아니하거나 사실과 다른 내용의 보고서를 제출한 자

④ 다음 각 호의 어느 하나에 해당하는 자에게는 500만원 이하의 과태료를 부과한다.
1. 제20조제1항을 위반한 자
2. 제27조제8항을 위반하여 채권추심업무를 할 때 증표를 내보이지 아니한 자
3. 제39조를 위반한 자

⑤ 제1항부터 제4항까지의 규정에 따른 과태료는 대통령령으로 정하는 바에 따라 금융위원회가 부과·징수한다.

〈부록〉 2. 신용정보 관리규약

제1장 총칙

제1조 【목적】 이 규약은 「신용정보의 이용 및 보호에 관한 법률」, 「동법 시행령」, 「동법 시행규칙」 및 「신용정보업감독규정」(이하 '법령 등'이라 한다)에서 정하는 바에 따라 금융기관의 거래처에 대한 신용정보를 제공·이용함으로써 신용정보의 효율적 이용과 건전한 신용질서의 확립에 이바지함을 목적으로 한다.

제2조 【용어의 정의】 이 규약에서 사용하는 용어의 정의는 다음과 같다.

1. "신용정보"라 함은 금융거래 등 상거래에 있어서 거래상대방에 대한 신용도와 신용거래능력 등을 판단할 때 필요한 정보로서 식별정보, 신용거래정보, 신용도판단정보, 신용능력정보 및 공공정보 등을 말한다.
2. "신용정보주체"라 함은 개인, 개인기업, 법인 및 법인의 관련인을 말한다. (이하 '거래처'라 한다)
3. "금융기관"이라 함은 「신용정보의 이용 및 보호에 관한 법률 시행령」 제21조제2항에 정한 자를 말한다.
4. "연체"라 함은 원금(분할상환금 포함) 또는 이자를 상환하기로 약정한 기일에 상환하지 아니한 경우를 말한다.
5. "신용공여"라 함은 대출, 지급보증 및 유가증권의 매입(자금지원적 성격에 한한다), 기타 금융거래상의 신용위험을 수반하는 금융기관의 직접·간접적 거래를 말한다.
6. "주채무계열"이라 함은 금융감독원장이 제정한 『은행업감독규정』 제79조제1항에서 정한 계열기업군을 말한다.
7. "기타 계열"이라 함은 주채무계열이 아닌 2개 이상 기업체를 소유하고 있는 계열로서 종합신용정보집중기관이 지정하는 기업의 계열을 말한다.
8. "과점주주"라 함은 『국세기본법』 제39조제2항의 해당자로서 주주 또는 유한책임사원 1명과 그와 대통령령으로 정하는 친족이나 그 밖의 특수관계에 있는 자로서 그들의 소유주식의 합계 또는 출자액의 합계가 해당 법인의 발행주식 총수 또는 출자총액의 100분의 50을 초과하는 자들을 말한다.

제3조 【적용기관 · 관리기관】 이 규약은 제2조제3호의 금융기관에 대하여 적용하며, 신용정보의 관리업무는 종합신용정보집중기관인 전국은행연합회가 담당한다.

제4조 【신용정보의 등록】 금융기관은 신용정보의 등록·해제(해지) 사유발생시 전산입력, 파일전송 등 전산매체 또는 「신용정보 사유발생보고서」 〈별지 제1호 서식〉, 「신용공여조사표」 〈별지 제6호 서식〉, 「기업어음거래상황표」 〈별지 제7호 서식〉에 의하여 종합신용정보집중기관에 등록하여야 한다.

제2장 신용거래정보

제5조 【신용거래정보】 ① 신용거래정보라 함은 금융거래 등 상거래와 관련하여 신용정보주체의 거래내용을 판단할 수 있는 다음 각 호의 정보를 말하며 대상거래처, 등록사유·등록코드, 해지코드, 등록시기 등 세부사항은 〈별표 1〉 「신용정보관리기준」(이하 「관리기준」이라 한다)에 의한다.

1. 개인대출 · 채무보증현황, 기업신용공여현황
2. 신용카드현금서비스현황
3. 가계당좌 · 당좌예금 개설 및 해지
4. 신용카드(신용체크카드) 발급 및 해지

② 다음 각 호의 어느 하나에 해당하는 개인과의 거래를 종합신용정보집중기관 등에게 제공하거나 사후관리를 위하여 신용정보를 조회하고자 할 때에는 「개인신용정보의 제공 및 조회동의서」 〈별지 제2호 서식〉에 의한 동의를 받아야 한다.

1. 가계당좌예금 개설 및 해지 거래
2. 신용카드(신용체크카드)발급(자동갱신 발급 제외) 및 해지거래
3. 대출거래 약정시 1회 징구
4. 채무보증시 1회 징구

③ 신용공여(연체포함) 및 담보현황, 한도거래상황, 기업어음정보, 법인채무보증 및 채무인수약정 제공 대상거래처(이하 '대상기업체'라 한다)의 신규발생, 변경, 합병 등의 사유가 발생한 경우에는 「기업신용거래정보 대상기업체 변동상황 보고서」 〈별지 제3호 서식〉에 의거 파일전송 또는 서면으로 해당 사유발생일로부터 2영업일 이내에 종합신용정보집중기관에 등록하여야 한다. 단, 금융감독원장이 지정하는 주채무계열 기업군 소속기업체는 신규편입, 변경, 합병 등의 내용을 종합신용정보집중기관에서 직접 등록한다.

④ 종합신용정보집중기관은 금융기관으로부터 통보받은 내용을 종합한 대상기업체 명단을 파일 등 전산매체로 금융기관에 매월 2회(10일, 25일 기준) 통보함을 원칙으로 한다.

⑤ 금융기관은 당해 금융기관 거래처가 소속된 계열 기업군중 주채무계열이 아닌 기타계열기업군에 대하여 계열기업군형성 및 변동상황을 매분기말 익월 30일 이내 종합신용정보집중기관에 등록하여야 한다.

제 3 장 신용도판단정보

제6조 【신용도판단정보】 ① 신용도판단정보라 함은 금융거래 등 상거래와 관련하여 신용정보주체의 신용도를 판단할 수 있는 정보로서 연체정보, 대위변제 · 대지급정보, 부도정보, 관련인정보(이하 "연체 등" 이라 한다), 금융질서문란정보 및 그 관련인으로서 등록사유, 등록코드, 해제사유, 등록시기 등 세부사항은 〈별표 1〉 「관리기준」에 의한다.

② "연체 등"에 의한 신용도판단정보의 등록은 다음 각 호로 한다.

1. 연체 및 대위변제 · 대지급정보에 의한 신용도판단정보의 등록사유발생일은 연체기산일로부터 「관리기준」의 등록사유에서 정하는 기간이 되는 시점을 말한다. 다만 등록사유발생일이 공휴일(토요일 포함)인 경우에는 다음 영업일을 등록사유발생일로 한다.
2. 제1호의 연체기산일이라 함은 원금(분할상환금 포함) 또는 이자를 상환하기로 한 약정기일의 다음날을 말하며, 원금 또는 이자의 일부상환에 의해 차기납입일이 변경된 경우 연체기산일은 차기납입일의 익일로 한다.
3. 연체에 의한 신용도판단정보 등록금액은 잔여대출원금으로 하며, 연체금액은 실제 연체가 발생한 금액으로 한다. 단, 신용카드의 경우 등록금액은 사유발생일 기준으로 청구 후 미결제원금으로 한다.(할부로 청구된 경우 미결제원금을 포함)
4. 최초 "연체 등"에 의한 신용도판단정보를 해당 금융기관에서 특수채권으로 편입할 경우에는 각 등록코드 앞에 "7"을 추가하여 구분 표시한다. 다만, 특수채권으로 편입된 신용도판단정보의 관련인에 대하여는 각 등록코드 앞에 "8"을 추가하여 등록한다.
5. 해외대출금연체, 해외지급보증대지급금 등록대상은 해외영업점 거래처로서 주민등록번호로 약정한 개인, 개인기업, 국내법인 및 해외지사 등으로 한다.

6. 채무부존재소송 등과 관련된 경우에는 최종 확정판결일을 등록사유발생일로 본다.

③ "연체 등"에 의한 신용도판단정보의 해제사유발생일은 해당 등록사유가 해소된 날로 하며, 구체적인 해제사유는 「관리기준」에 의한다.

제7조 【신용도판단정보의 등록 특례】 ① 다음 각 호의 어느 하나에 해당하는 경우에는 "연체 등"에 의한 신용도판단정보 등록대상에서 제외할 수 있다.

1. 본인소유 부동산을 담보로 한 가계자금대출로서 동 부동산의 소유권 이전에 따른 채무인계절차 미필로 등록대상이 된 매도인
2. 건설업자가 대출이자를 부담하는 조건으로 아파트 등의 분양계약자에게 실행된 대출금으로서 건설업자가 부도 등으로 인하여 대출이자를 납부하지 않아 등록대상이 된 거래처
3. 본인의 예·적금, 주식 등의 금융자산을 담보로 한 불입액 범위내의 대출을 연체한 거래처

② 다음 각 호의 어느 하나에 해당하는 경우에는 관련인 등록을 하지 아니한다.

1. 「중소기업창업지원법」 및 「기술신용보증기금법」에 의한 투자행위 등으로 인하여 투자대상업체의 관련인이 된 중소기업창업투자회사 및 여신전문금융업법에 의해 등록된 신기술사업금융업자 등
2. 「정부출연·위탁기관 경영혁신 추진계획」에 따른 구조조정 대상기관에 대한 출자법인 등
3. 자본금의 30%이상을 출자한 정부, 지방자치단체, 금융기관

③ 어음 및 수표의 최종부도거래정보를 제외한 신용도판단정보로서 다음 각 호의 기간이 만료된 이후에는 등록할 수 없다.

1. 등록사유발생일로부터 7년
2. 소멸시효가 완성된 채권관련정보는 소멸시효기간이 완성된 날

제8조 【어음 및 수표 최종부도거래처의 해제】 어음·수표 부도거래처에 대한 해제는 다음 각호의 경우에 한하며, 회수한 어음·수표 사본 또는 회수인정서류 등 관련 증빙서류를 영업점장의 결재후 해제 처리한다.

1. 부도처리한 어음·수표를 회수한 경우
2. 제9조에 의거 회수한 것으로 인정된 경우
3. 등록사유발생일로부터 5년이 경과한 어음·수표 부도거래처로서 제1호, 제2호에 의하여 처리할 수 없는 부득이한 경우에 한하여 영업점장이 특별히 인정하는 경우

제9조 【어음 및 수표의 회수인정】 ① 부도처리된 어음 및 수표를 분실·멸실 등의 사유로 제출할 수 없어 다음 각 호의 어느 하나의 조치를 취한 경우에는 해당 어음 또는 수표 용지를 회수한 것으로 인정할 수 있다.

1. 수사기관의 증거물 압수확인서를 제출한 경우
2. 변제공탁을 한 경우
3. 공시최고와 함께 별단예금에 입금한 경우
4. 어음 및 수표에 대하여 법원의 제권판결을 받은 경우
5. 어음 및 수표의 결제 당시 소지인(이하 "최종소지인"이라 한다)에 대한 채무부존재 확인소송에서 승소하였거나 최종소지인으로부터 실명확인증표(주민등록증, 운전면허증 등) 사본을 첨부한 결제확인서 등을 받은 경우
6. 등록사유발생일로부터 5년 이상 경과되고 어음 및 수표의 최종소지인의 사망, 행방불명, 주민등록 말소 등 부득이한 사유로 결제확인서를 받을 수 없는 경우로서 부도거래처가 다음 각목의 하나를 취한 경우
   가. 신문공고와 함께 어음 및 수표 금액을 별단예금에 입금한 경우
   나. 신문공고일로부터 3개월 이상 경과한 날까지 어음 및 수표의 소지인 또는 이해관계인으로부터 권리관계에 대한 신고가 없는 경우

② 제1항제6호에 의한 신문공고 신청이 있어 그 타당성이 인정된 경우에는 해당거래처로 하여금 전국 일간지에 2회 이상 공고토록 하되 금융기관이 정하는 바에 따라 다음 각호의 사항이 포함되도록 한다.

1. 어음 및 수표의 종류, 번호, 발행일, 발행인, 지급장소, 발행금액
2. 공고인의 성명
3. 공고의 취지
4. 어음 및 수표의 소지인이 권리관계를 신고할 장소 및 신고 기간

③ 별단예금 입금액은 제1항제3호의 경우 제권판결문을 제출할 때까지, 제1항제6호가목의 경우에는 해당 권리관계에 대한 신고기간이 종료될 때까지 예치하도록 하여야 한다.

제 4 장 신용능력정보 등

제10조 【신용능력정보】 ① 신용능력정보라 함은 금융거래등 상거래에 있어서 신용도 등의 판단을 위한 개인의 재산·채무·소득 등과 기업 및 법인의 개황, 사업의 내용, 재무에 관한 사항 등 신용정보주체의 신용거래능력을 판단할 수 있는 정보로서 대상거래처, 등록사유, 등록코드, 등록시기 등 세부사항은 「관리기준」에 의한다.

② 금융기관은 제1항의 등록·해지사유발생시 파일전송 등 전산매체에 의하여 종합신용정보집중기관에 등록하여야 한다.

제11조 【공공정보】 ① 공공정보라 함은 금융거래등 상거래에 있어서 신용정보주체의 식별·신용도 및 신용거래능력을 판단할 수 있는 법원 또는 공공기관의 재판·결정정보, 조세 또는 공공요금 등의 체납정보, 주민등록 및 법인등록에 관한 정보 및 기타 공공기관이 보유하고 있는 정보로서 다음 각 호에 해당하는 정보를 말하며, 구체적인 등록사유·등록코드, 등록시기, 해제사유·해제코드 등 세부사항은 「관리기준」에 의한다.

1. 「국세징수법」에 의한 국세체납자
2. 「지방세법」에 의한 지방세 체납자
3. 「질서위반행위규제법」에 의한 과태료 체납자
4. 「관세법」에 의한 관세체납자
5. 「민사집행법」에 의한 채무불이행자
6. 「고용보험 및 산업재해 보상보험의 보험료징수 등에 관한 법률」에 의한 산재·고용보험료 체납자
7. 「채무자회생 및 파산에 관한 법률」에 의한 회생절차(일반회생 포함)가 진행되고 있는 개인, 기업체 및 그 관련인
8. 법원 등으로부터 파산으로 인한 면책결정을 받은 거래처
9. 신용회복지원협약에 따라 신용회복지원이 확정된 거래처
10. 한국자산관리공사의 신용회복규정에 의해 채무조정이 확정된 경우
11. 「해외이주법」에 의한 해외이주신고확인서상 신고자
12. 조달청의 정부 납품실적 및 납품액 정보

② 제1항 제7호 및 제8호는 신용거래정보중 개인대출정보, 개인채무보증정보, 기업신용공여정보, "연체 등"정보 중 어느 하나가 등록된 거래처에 한하여 적용한다. 다만 개인회생절차가 진행 중인 자는 "연체 등"정보가 등록된 거래처에 한하여 적용한다.

③ 제1항 제9호 및 제10호는 "연체 등"정보가 등록된 거래처에 한하여 적용한다.

④ 공공정보는 종합신용정보집중기관이 공공기관으로부터 수집·등록하거나 금융기관이 보유한 당해 공공

정보를 등록할 수 있다.

⑤ 제1항 제7호의 경우 법원의 변제계획 인가결정일 "연체 등"정보 해제사유발생일로하여 당해 금융기관에서 "연체 등"정보를 해제한다. 다만 개인의 경우에는 종합신용정보집중기관에서 해제 처리한다.

⑥ 제1항 제8호의 경우 법원의 파산·면책 결정일을 개인대출정보, 채무보증정보 및 "연체 등"정보의 해제(지)사유발생일로하여 종합신용정보집중기관에서 해제(지)처리한다.

⑦ 제1항 제9호의 경우 신용회복지원확정일을 "연체 등"정보 해제사유발생일로하여 종합신용정보집중기관에서 "연체 등"정보를 해제처리 한다.

⑧ 제1항 제10호의 경우 한국자산관리공사의 채무조정확정일을 "연체 등"정보 해제사유발생일로하여 종합신용정보집중기관에서 "연체 등"정보를 해제처리한다.

제5장 신용정보주체의 보호

제12조 【개인신용정보의 제공·이용 제한】 개인신용정보는 해당 신용정보주체가 신청한 금융거래등 상거래관계의 설정 및 유지 여부 등을 판단하기 위한 목적으로만 이용하여야 한다. 다만, 다음 각 호의 어느 하나에 해당하는 경우에는 그러하지 아니하다.

1. 개인이 서면 또는 「전자서명법」 등에 따른 공인전자서명이 있는 전자문서, 개인비밀번호를 입력하는 방식의 유무선통신, 음성 녹취 등으로 금융거래등 상거래관계의 설정 및 유지여부 등의 판단목적외의 다른 목적에의 이용에 동의한 경우
2. 계약의 이행에 필요한 경우로서 「신용정보의 이용 및 보호에 관한 법률」 제17조제2항에 따라 신용정보의 처리를 위탁하기 위하여 제공하는 경우
3. 영업양도·분할·합병 등의 이유로 권리·의무의 전부 또는 일부를 이전하면서 그와 관련된 개인신용정보를 제공하는 경우
4. 채권추심(추심채권을 추심하는 경우만 해당된다), 인·허가의 목적, 기업의 신용도 판단, 유가증권의 양수 등 「신용정보의 이용 및 보호에 관한 법률 시행령」 제28조제8항에서 정한 목적으로 사용하는 자에게 제공하는 경우
5. 법원의 제출명령 또는 법관이 발부한 영장에 따라 제공하는 경우
6. 조세에 관한 법률에 따른 질문·검사 또는 조사를 위하여 관할 관서의 장이 서면으로 요구하거나 조세에 관한 법률에 따라 제출 의무가 있는 과세자료의 제공을 요구함에 따라 제공하는 경우
7. 국제협약 등에 따라 외국의 금융감독기구에 금융기관이 가지고 있는 개인신용정보를 제공하는 경우
8. 그 밖에 다른 법률에 따라 제공하는 경우

제13조 【개인신용정보 조회에 대한 동의】 금융기관은 신용정보집중기관으로부터 개인신용정보를 제공 받는 경우 「개인신용정보 조회 동의서」〈별지 제4호 서식〉를 받아야 한다. 다만 신용도판단정보 및 공공정보(국민건강보험 및 국민연금에 관한 정보로서 보험료 납부정보는 제외)를 조회하는 경우에는 제외한다.

제14조 【신용정보의 열람 및 정정·삭제 요청】 ① 금융기관은 신용정보주체(거래처)가 본인임을 확인할 수 있는 증표를 내보이거나 공인전자서명이 있는 전자문서, 개인비밀번호를 입력하는 유무선통신, 전화, 인터넷 홈페이지를 통하여 본인임을 확인 받아 본인에 관한 신용정보의 제공 또는 열람을 요청한 때에는 이에 응하여야 한다.

② 금융기관은 신용정보주체가 본인의 신용정보가 사실과 달라 서면으로 정정·삭제 요청한 경우 그 처리결

과를 7영업일 이내에 당해 신용정보주체에게 통보하여야 한다. 다만, 위 기간내에 처리할 수 없는 경우에는 처리경과 등을 우선 통보하고 처리가 완료된 날로부터 7영업일 이내에 그 처리결과를 통보한다.

제15조 【신용정보의 누설 금지】 신용정보업무와 관련한 임직원(퇴직자를 포함한다)은 업무상 알게 된 거래처의 신용정보등을 업무목적외로 누설 또는 이용하여서는 아니된다.

제6장 신용정보의 관리

제16조 【신용정보의 관리사항】 ① 금융기관은 거래처에 대한 다음 각 호의 사항을 등록하여 종합신용정보집중기관에서 관리하도록 한다.

1. 주민등록번호·사업자등록번호·법인등록번호
   가. 개　인 : 주민등록번호(외국인의 경우 외국인등록번호로, 재외동포의 경우 국내거소신고번호로 하되, 외국인등록번호 또는 국내거소신고번호가 없는 경우 〈별표 2〉 외국인·재외동포 신용정보등록번호)
   나. 개인기업 : 사업자등록번호, 대표자의 주민등록번호
   다. 법　인 : 사업자등록번호, 법인등록번호
2. 개인기업·법인의 기업체명
3. 성명(개인기업·법인의 경우 대표자명)
4. 직업(개인기업·법인의 경우 업종)
5. 거래 금융기관 및 점포명
6. 등록사유
7. 사유발생일자
8. 사유해제일자(해지일자)
9. 해제사유
10. 금액(등록·연체금액)
11. 등록일자
12. 약정일자
13. 계좌번호(또는 식별번호)

② "연체 등"에 의한 신용도판단정보는 발생내역별로 관리하고, 기타 신용정보는 신용정보주체별로 관리함을 원칙으로 한다.

제17조 【신용도판단정보의 관리예외】 ① 「관리기준」상의 신용도판단정보 중 50만원 이하의 연체정보 및 대위변제·대지급정보(단 공단신용보증대지급금은 제외)에 대하여는 종합신용정보집중기관 및 해당 금융기관에서 관리하며, 50만원 초과건에 대해서는 종합신용정보집중기관에서 전 금융기관으로 정보를 제공한다.

② 전항의 50만원 초과건이 1건이고 상환등으로 인하여 연체금액이 50만원 이하로 된 경우에도 종합신용정보집중기관 및 해당 금융기관에서 관리한다.

③ 제1항 내지 제2항에 의한 연체건수가 「관리기준」상 2건 이상일 경우 종합신용정보집중기관에서 전금융기관으로 정보를 제공한다.

④ 제2항 내지 제3항에도 불구하고 다음 각호의 1에 해당하는 경우 종합신용정보집중기관은 전금융기관으로 정보를 계속 제공한다.

1. 신용도판단정보가 이미 등록되어 있는 경우

2. 발생내역별 "연체 등"의 사유가 모두 해소되지 않은 경우

제18조【신용정보 집중 변동】 "자산유동화에관한법률" 등에 의해 채권관리의 변동 등이 발생한 경우 채권관리업무를 수행하는 금융기관이 해당 신용정보의 집중업무를 수행할 수 있다.

제19조【신용정보의 기록보존기간】 ① 신용거래정보 및 신용능력정보는 등록사유의 발생과 관련이 있는 거래가 존속하는 기간동안 보존한다.

② 제1항에 불구하고 신용거래정보중 기업신용공여정보는 해당자료의 등록 기준일로부터 12월보의 경우 3년, 기타월보의 경우 1년, 일보의 경우 1개월 이상 보존한다.

③ 해제사유가 발생한 신용도판단정보의 기록보존기간은 다음 각 호로 하되 기타 세부사항은 「관리기준」에 의한다.

1. "연체 등"정보 : 최장 1년 이내에서 채무를 변제하지 아니한 기간 이내
2. 금융질서문란정보 : 5년

④ 해제사유가 발생하지 않은 신용도판단정보는 등록사유발생일로부터 7년이 경과한 날을 해제사유발생일로 하며, 세부사항은 「관리기준」에 의한다.

⑤ 공공정보 중 제11조제1항제1호 내지 제6호의 정보는 등록사유발생일로부터 7년이 경과한 날을 해제사유발생일로하며, 세부사항은 「관리기준」에 의한다.

⑥ 공공정보 중 제11조제1항제7호 내지 제10호의 정보는 등록사유발생일로부터 5년 이내에 집중관리 대상에서 삭제하며, 세부사항은 「관리기준」에 의한다.

제20조【신용정보의 정비】 종합신용정보집중기관에 제공한 신용정보가 사실과 상이하거나 제16조(신용정보의 관리사항)에서 정한 주요사항 등이 변경되었음을 알게 된 금융기관은 즉시 정정하여 신용정보의 최신성이 유지될 수 있도록 하여야 한다.

제21조【신용정보의 정정 · 삭제】 ① 금융기관은 신용정보의 정정, 삭제 등이 필요한 경우 전산매체 또는 「신용정보정정요청서」 〈별지 제5호 서식〉에 의하여 해당 조치를 취하여야 한다.

② 종합신용정보집중기관은 제1항의 조치를 취한 사실을 확인하기 위하여 금융기관에 자료의 제출을 요구할 수 있으며 해당기관은 특별한 사정이 없는 한 이에 응하여야 한다.

③ 금융기관은 사실 내용이 불확실한 경우 등록을 유예하여야 하며, 등록된 이후 신용정보 주체로부터 정정청구 등을 받은 경우 즉시 정정청구중(코드 0044)"임을 입력하고, 금융기관은 정정이 청구된 정보의 사실여부를 조사하여 사실과 다르거나 확인할 수 없는 경우에는 등록한 신용정보를 삭제하여야 하며, 등록된 정보가 사실인 경우에는 "정정청구중 해소(코드 0055)"한다.

④ 제3항에 의거 정정청구중(코드 0044)이 입력된 정보는 정정청구중 사실만 공유되며, 구체적인 등록내용은 종합신용정보집중기관과 해당 금융기관만 관리한다.

⑤ 제3항 내지 제4항에도 불구하고 채무의 존재를 다투는 소가 제기되어 소송이 진행중인 경우에는 '연체등정보' 등록을 유예하며, '연체등정보' 등록 후 채무의 존재를 다투는 소가 제기되었을 경우 소송이 진행중임을 안날로부터 30일 이내에 '연체등정보'를 삭제하여야 한다.

⑥ 금융기관 등에서 등록대상이 아닌 거래처를 착오 등록하여 삭제하는 경우에는 "착오등록(코드 0077)"임을 전산 입력한다.

제22조【신용정보의 정확성 제고】 ① 종합신용정보집중기관은 신용정보의 정확성 등을 제고하기 위하여 금융기관에 연체자명단 등 신용정보 관련자료를 요구할 수 있으며 해당기관은 특별한 사정이 없는 한 이에 응하여야 한다.

② 종합신용정보집중기관은 금융기관이 정정, 취소, 삭제후 신규등록한 신용정보를 전산처리후 그 내역을

정기적으로 해당 기관의 신용정보업무 담당부서 및 검사담당부서에 통보하여야 한다.

제23조【장부 및 서류 보관】 ① 금융기관은 신용도판단정보의 등록거래처에 대한 관련 장부 및 서류를 해제 후 기록보존기간이 완료될 때까지 보관하여야 한다. ② 금융기관은 신용정보의 정정, 삭제 등의 조치를 취한 경우 관련 증빙자료를 해당 조치일로부터 2년간 보관한다.

제7장 보안관리

제24조【신용정보 인터넷망 이용】 금융기관은 종합신용정보집중기관의 "신용정보 인터넷망"을 통하여 정보를 이용하는 경우 다음 각호를 준수하여야 한다.

1. 신용정보 인터넷망을 이용하는 부서의 장은 신용정보 인터넷망의 조작자를 지정하고 동 사실을 종합신용정보집중기관에 "인터넷망 사용자 등록신청서"를 통하여 즉시 통보하여야 한다.
2. 조작자의 인사이동, 기타의 사유에 따른 담당자 교체 임명시에는 지체없이 종합신용정보집중기관에 통지하여 등록내용을 변경하여야 한다.

제25조【신용정보 전산시스템의 안전보호】 금융기관 및 종합신용정보집중기관은 신용정보 전산시스템(공동전산망 포함)에 대한 제3자의 불법접근 또는 입력된 정보의 변경·훼손·파괴 기타 위험에 대한 기술적·물리적·관리적 보안대책을 수립·시행하여야 한다.

제8장 보칙

제26조【규약위반에 대한 제재】 ① 금융기관은 신용정보 교환업무의 효율적인 수행을 위하여 신용정보 제공누락, 지연, 거짓 등록 등 이 규약에서 정한 준수사항을 위반하거나 의무를 게을리하는 경우 종합신용정보집중기관의 장이 정한 「신용정보제재금부과기준」에 따라 제재금을 부담한다.

② 제재금 부과에 이의가 있는 경우 해당기관은 종합신용정보집중기관에 재심을 청구할 수 있다.

제27조【신용정보운영분담금】 금융기관은 신용정보의 이용 및 제공과 관련하여 「신용정보의 이용 및 보호에 관한 법률」 제26조의 신용정보협의회에서 결정한 신용정보운영분담금을 부담한다.

제28조【신용정보 제공·이용의 제한】 금융기관이 이 규약에서 정한 제 규정을 준수하지 않은 경우 종합신용정보집중기관은 금융기관의 신용정보 제공·이용에 대한 제한조치를 취할 수 있다.

제29조【위임】 법령 등의 개정에 따른 신용정보의 범위 및 관리기준의 변경은 신용정보협의회규약 제12조의 신용정보실무협의회에 위임한다.

〈별표 1〉

신 용 정 보 관 리 기 준

1. 식별정보

구 분		항 목	내 용
식별정보	개 인	• 주민등록번호	• 외국인의 경우 외국인등록번호로, 재외동포의 경우 국내거소신고번호를 우선하되, 동 번호가 없는 경우 〈별표 2〉외국인·재외동포 신용정보 등록번호(여권번호 조합)를 사용함 • 주민등록번호 변경정보 집중(주민등록초본에 의한 확인) – 점포코드, 성명, 변경전·후 주민등록번호
		• 성 명	
		• 직 업	• 신용도판단정보의 경우 제외 (개정 2009.10.26.)
	개 인 사업자	• 사업자등록번호, 대표자의 주민등록번호	• 신용거래정보의 등록시 반드시 주민등록번호를 입력해야 함. (개정 2005.12.9.)
		• 기업체명	
		• 대표자명	
		• 업 종	
	법 인	• 사업자등록번호, 법인등록번호	
		• 기업체명	
		• 대표자명	
		• 업 종	

2. 신용거래정보

1) 개설 · 발급정보

구 분	대상거래처	등록사유	등록 코드	해지 코드	등록시기	비 고
개설·발급 정 보	당해 개인	가계당좌예금 개설 및 해지사실	0011	0012	사유발생일로부터 10일 이내 (개정 2007.4.30.)	
		신용카드 발급 및 해지사실	0081	0082		
		신용체크카드 발급 및 해지사실	0083	0084		
	개인기업 및 법인	가계당좌 개설 및 해지사실	0011	0012	사유발생일로부터 10일 이내	
		당좌예금 개설 및 해지사실	0021	0022		
		신용카드 발급 및 해지사실	0081	0082		

2) 개인대출정보 등

구 분	대상거래처	등록사유	등록 코드	해지 코드	등록시기	비 고
대출현황	당해 개인	대출거래사실	0031	0032	사유발생일로부터 10일 이내 (개정 2007.4.30.)	주택을 담보로 한 가계대출 여부 포함 (개정 2005.8.3.)
카드론현황 (신설 2005.11.8.)		카드론 거래사실	0037	0038	사유발생일로부터 10일 이내	
신용카드 현금서비스정보		신용카드 현금서비스 거래사실	0041		사유발생일로부터 10일 이내 (개정 2006.10.2.)	

3) 개인채무보증정보

구 분	대상거래처	등록사유	등록 코드	해지 코드	등록시기	비 고
개인채무 보증정보	당해 개인	채무보증사실	0033	0034	사유발생일로부터 10일 이내 (개정 2007.4.30.)	

4) 기업신용공여정보

구 분	대상거래처	등록사유	등록 코드	해지 코드	등록시기	비 고
대출(연체포함)·지급보증, 기업어음, 법인채무보증 및 채무인수약정 등 신용공여(담보, 한도거래 및 신용공여기간 포함) (개정 2007.8.31. 2008.7.28.)	• 개인기업 및 법인 • 금융감독원장이 지정하는 주채무계열 기업군 소속 기업체 • 종합신용정보집중기관에서 지정하는 기타 계열기업군 소속기업체	개인기업 및 법인의 대출(10일 이상 연체 포함)·지급보증, 기업어음, 법인채무보증 및 채무인수약정 등 신용공여 (개정 2007. 8. 31. 2008. 7.28.)	「업권별 신용공여 조사표」〈별지 제6호 서식〉에 의함		• 집중시기 – 일일집중 〔신용공여(10일 이상 연체 포함), 기업어음〕 : 사유발생일로부터 2영업일 이내(단, 말일보 6영업일 이내) – 월집중(신용공여, 담보현황, 한도거래상황, 법인채무보증 및 채무인수약정) : 익월 6영업일 이내(개정 2007.8.31. 2008. 7.28.)	단, 「기업어음거래상황표」〈별지 제7호 서식〉 해당 정보는 은행, 증권, 종금, 자산운용사 업권에서만 제공하며, 집중항목중 매매금리는 공유제외함. (신용공여조사표) - 31번 : 제1금융권, 제2금융권 - 32번 : 한도거래상황 - 33번 : 담보현황 - 34번 : 법인채무보증 및 채무인수약정 (개정 2007.8.31. 2008.7.28.)

3. 신용도판단정보

1) 연체정보

<table>
<tr><th>구 분</th><th>등록사유</th><th>등록코드</th><th>해제사유</th><th>기록보존기간</th><th>등록시기</th><th>비고</th></tr>
<tr><td rowspan="6">대출금 연 체</td><td>1. 대출원금, 이자 등을 3개월 이상 연체한 거래처</td><td>0101</td><td rowspan="4">해당 연체사유가 해소된 때</td><td rowspan="4">- 채무를 변제하지 아니한 기간(최장1년)
- 등록사유발생일로부터 90일 이내 해제시 또는 등록금액 1천만원 이하인 경우에는 해제와 동시삭제. 다만 기간경과 해제시는 1년 동안 보존(개정 2007.4.30.)</td><td rowspan="4">사유발생일로부터 10일 이내 (개정 2007.4.30.)</td><td rowspan="2"></td></tr>
<tr><td>2. 분할상환방식의 개인주택자금대출금을 9개월 이상 연체한 거래처(단, 만기 경과시에는 3개월 이후 등록한다)</td><td>0102</td></tr>
<tr><td>3. 신용보증기금이 보증한 청년창업대출의 대출원금, 이자 등을 6개월 이상 연체한 거래처(단, 만기 경과시에는 3개월 이후 등록한다.) (신설 2008.9.1.)</td><td>0114</td><td rowspan="2"></td></tr>
<tr><td>4. 교육과학기술부(정부)지원 학자금 대출 등의 대출원금, 이자 등을 6개월 이상 연체한 거래처(단, 만기경과시에는 3개월 이후 등록한다). 다만 졸업 후 24개월이 경과하지 않은 자는 졸업 후 24개월 까지 등록 유예(신설 2009.7.30.)</td><td>0115</td></tr>
<tr><td>5. 농림수산식품부지원 학자금융자사업의 대출원금 또는 교육과학기술부지원 무상학자금대여사업의 대출원금 등을 10개월 이상 연체한 거래처
(신설 2010. 8. 9.)</td><td>0116</td><td rowspan="4">해당 연체사유가 해소된 때</td><td>- 채무를 변제하지 아니한 기간(최장1년)
- 등록사유발생일로부터 90일 이내 해제시 또는 등록금액 1천만원 이하인 경우에는 해제와 동시삭제. 다만 기간경과 해제시는 1년 동안 보존</td><td>사유발생일로부터 10일 이내</td><td>한국장학재단에 한함</td></tr>
<tr><td>6. 5만원 이상의 카드론대금을 3개월 이상 연체한 거래처</td><td>0103</td><td rowspan="3">- 채무를 변제하지 아니한 기간(최장1년)
- 등록사유발생일로부터 90일 이내 해제시 또는 등록금액 500만원 이하인 경우에는 해제와 동시삭제. 다만, 기간경과 해제시는 1년 동안 보존(개정 2006.7.11. 2007.4. 30.)</td><td rowspan="3">사유발생일로부터 10일 이내(개정 2007. 4.30.)</td><td></td></tr>
<tr><td>신용카드대금 연체</td><td>7. 5만원 이상의 신용카드대금을 3개월 이상 연체한 거래처</td><td>0104</td><td></td></tr>
<tr><td>할부금융대금 연체</td><td>8. 5만원 이상의 할부금융대금을 3개월 이상 연체한 거래처</td><td>0105</td><td></td></tr>
</table>

구 분	등록사유	등록코드	해제사유	기록보존기간	등록시기	비고
매입외환연체	9. 매입외환 부도대전 미결제액을 취급점의 부도 또는 차기 통지접수일에 3영업일을 가산한 날로부터 3개월 이상 보유하고 있는 거래처(추심후지급 부도 포함)	0106	해당 연체사유가 해소된 때	- 채무를 변제하지 아니한 기간(최장1년) - 등록사유발생일로부터 90일 이내 해제시 또는 등록금액 1천만원 이하인 경우에는 해제와 동시삭제. 다만 기간경과 해제시는 1년 동안 보존 (개정 2007.4. 30.)	사유발생일로부터 10일 이내 (개정 2007.4.30.)	
외환관련연체	10. 외환관련 수수료 및 기한부 수입신용장에 의한 이자의 미결제액을 취급점의 부도 또는 차기 통지접수일에 3영업일을 가산한 날로부터 3개월 이상 보유한 거래처	0107				
해외대출금연체	11. 해외대출금을 3개월 이상 연체한 거래처	0108				
기일경과어음미결제	12. 만기일 경과 어음을 1개월 이상 미결제한 거래처	0109	해당 기일경과 어음을 결제한 때			종금사 및 은행 종금계정 CP에 한함
무보증회사채상환불이행	13. 만기도래하여 지급제시된 무보증회사채에 대하여 상환약정금의 지급을 불이행한 거래처	0110	해당 만기도래 지급제시 무보증 회사채를 상환한 때			
무담보미수채권	14. 무담보미수채권을 3개월 이상 보유한 거래처	0111	해당 무담보미수채권을 상환한 때	- 해제와 동시에 삭제 - 기간경과해제시 : 1년		증권사에 한함
부실채권인수	15. 한국자산관리공사가 인수한 부실채권 차주	0112	해당 등록사유가 해소된 때	- 채무를 변제하지 아니한 기간(최장1년) - 등록사유발생일로부터 90일 이내 해제시 또는 등록금액 1천만원 이하인 경우에는 해제와 동시 삭제. 다만 기간경과 해제시는 1년 동안 보존(개정 2007.4.30. 2009.6. 12.)	사유발생일로부터 10일 이내 (개정 2007.4.30.)	
부실채권차주	16. 정리금융공사가 인수한 부실채권차주 (신설 2006.1.25.)	0113		- 채무를 변제하지 아니한 기간(최장1년) - 등록금액 1천만원 이하인 경우에는 해제와 동시 삭제. 다만 기간경과 해제시는 1년 동안 보존 (개정 2007.4. 30.)		

2) 대위변제·대지급 정보

<table>
<tr><th>구 분</th><th>등록사유</th><th>등록코드</th><th>해제사유</th><th>기록보존기간</th><th>등록시기</th><th>비고</th></tr>
<tr><td rowspan="3">지급보증대지급·대위변제</td><td>1. 지급보증대지급금 또는 대위변제금을 3개월 이상 보유한 거래처[보증보험사의 이행성보증(신용)보험 대위변제금 포함]</td><td>0201</td><td>해당 지급보증대지급금 또는 대위변제금을 정리한 때</td><td rowspan="5">- 채무를 변제하지 아니한 기간(최장1년)
- 등록사유발생일로부터 90일 이내 해제시 또는 등록금액 1천만원 이하인 경우에는 해제와 동시삭제. 다만 기간 경과 해제시는 1년 동안 보존(개정 2007.4.30.)</td><td rowspan="7">사유발생일로부터 10일 이내(개정 2007.4. 30.)</td><td></td></tr>
<tr><td>2. 신용보증대지급금을 보유하고 있는 거래처[보증보험사의 금융성(신용)보증보험 대위변제금, 지역신용보증재단의 대위변제금, 주택금융신용보증대지급금, 농림수산업자신용보증대지급금 포함]</td><td>0202</td><td>해당 신용보증대지급금을 정리한 때</td><td></td></tr>
<tr><td>3. 자체대손보전 관련기금으로부터 대위변제를 발생시킨 거래처</td><td>0203</td><td>해당 대위변제금을 정리한 때</td><td></td></tr>
<tr><td>해외지급보증대지급금</td><td>4. 해외지급보증대지급금을 3개월 이상 보유한 거래처</td><td>0204</td><td>해당 해외지급보증대지급금을 정리한 때</td><td></td></tr>
<tr><td>소구·구상불능</td><td>5. 구상채무발생일로부터 구상불능채무를 상환하지 않거나 소구불능 수출어음보험금을 지급일로부터 3개월 이내에 상환하지 않은 수출업체(단, 선적전금융은 대위변제후 1개월로 할 수 있다)</td><td>0205</td><td>해당 소구·구상불능 채무를 정리한 때</td><td></td></tr>
<tr><td rowspan="2">공단신용보증대지급금</td><td>6. 근로복지공단의 신용보증대지급금을 보유하고 있는 거래처</td><td>0206</td><td rowspan="2">해당 채무액을 완납한 때</td><td rowspan="2">- 해제와 동시에 삭제
- 기간경과 해제시 : 1년</td><td></td></tr>
<tr><td>7. 근로복지공단의 신용보증대지급금 발생으로 손실을 초래케한 자</td><td>0207</td><td></td></tr>
</table>

구 분	등록사유	등록코드	해제사유	기록보존기간	등록시기	비고
학자금 대출 관련 대지급금 ('09. 6. 12. 신설 '09. 7. 30 개정))	8. 학자금대출 관련 신용보증대지급금을 보유하고 있는 거래처. 단 졸업 후 24개월이 경과하지 않은 자는 졸업 후 24개월까지 등록 유예 (개정 2009.7.30)	0208	해당 신용보증대지급금을 정리한 때	- 채무를 변제하지 아니한 기간(최장 1년) - 등록사유발생일로부터 90일 이내 또는 등록금액이 1천만원 이하인 경우에는 해제와 동시 삭제. 다만 기간경과 해제시는 1년 동안 보존	사유발생일로부터 10일 이내	한국장학재단 및 보증기관에 한함 (개정 2009.7.30)

3) 부도정보

구 분	등록사유	등록코드	해제사유	기록보존기간	등록시기	비고
어음·수표 부도사실	1. 어음·수표 부도사실이 있는 거래처 - 어음교환업무규약 또는 전자어음업무규약에서 정하는 거래정지처분 대상 사유로 인한 부도사실거래처를 말하며, 등록사유발생일은 부도일 익영업일로 함 (개정 2009.6.12. 2010. 8. 9)	0404	등록사유가 발생한때	- 1년	사유발생일로부터 10일 이내	(2007. 8. 31. 비고 삭제)
가계수표 최종부도	2. 가계수표 거래정지처분거래처 - 어음교환업무규약에서 정하는 거래정지처분 대상거래처를 말하며, 등록사유발생일은 거래정지처분일로 함	0401	부도수표를 회수한 때	- 1년		
당좌수표 최종부도	3. 당좌수표 거래정지처분거래처 - 어음교환업무규약에서 정하는 거래정지처분 대상거래처를 말하며, 등록사유발생일은 거래정지처분일로 함	0402	부도수표를 회수한 때	- 1년		
약속어음 최종부도	4. 약속어음 거래정지처분거래처 - 어음교환업무규약 또는 전자어음업무규약에서 정하는 거래정지처분 대상거래처를 말하며, 등록사유발생일은 거래정지처분일로 함 (개정 2010. 8. 9.)	0403	- 부도어음을 회수한 때 - 기간경과 해제 없음. 단, 2001. 1. 2.전에 등록사유가 발생한 어음부도거래정보는 등록사유발생일로부터 10년이 경과한 경우 10년이 경과한 날을 당해 정보의 해제사유발생일로 봄	- 1년		

4) 금융질서문란정보 (개정 2009.10.26.)

구 분	등록사유	등록코드	해제사유	기록보존기간	등록시기	비고
금융거래관련부당행위자	1. 금융사기 등과 관련하여 법원으로부터 유죄판결을 받은 자(기소중지자 포함)	0901	해당 금융기관이 해제를 요청한 때	- 5년	사유발생일로부터 10일 이내(개정 2007.4.30.)	
	2. 사기, 결탁, 기타 부정한 방법으로 대출을 받거나 거래약정 등을 체결한 거래처	0902				개인이 동일인한도 초과대출을 받은 경우 포함
	3. 여신거래와 관련하여 허위, 위·변조 또는 고의로 부실자료를 금융기관에 제출한 사실이 확인된 거래처 및 고의·중과실에 의한 분식회계가 확인된 거래처	0903				
	4. 대출금을 약정용도외 유용한 사실이 확인된 거래처	0904	유용한 대출금을 상환한 때			
	5. 대여시설물(리스물건 포함) 불법처분 또는 중대한 사항을 위반한 거래처	0905	계약사항의 원상회복 또는 해당채무를 정리한 때			
	6. 양도담보물을 금융기관의 승인없이 임대 또는 처분한 거래처	0906	해당채무를 정리한 때			
	7. 여신관련 명의대여 및 차명거래 등의 사유로 해당 금융기관과의 약정사항을 부인하는 자	0907				
가계당좌불량	1. 가계수표를 할인한 거래처	0911	해당 금융기관이 해제를 요청한 때			
	2. 타인 수표용지를 사용하여 가계수표를 발행하거나 타인에게 가계수표용지를 제공한 거래처	0912				
외국환거래법위반자	1. 계약파기 등으로 대외신용을 추락시키거나 외화를 유용, 도피하거나 허위보고한 자	0922	해당 금융기관(한국은행 포함)이 해제를 요청한 때			
수출보험사고	1. 수출보험사고의 귀책사유가 있는 거래처	0923				

<table>
<tr><th>구 분</th><th>등록사유</th><th>등록코드</th><th>해제사유</th><th>기록보존기간</th><th>등록시기</th><th>비고</th></tr>
<tr><td rowspan="10">신 용
카 드
관 련
부 당
행위자</td><td>1. 허위로 신용카드의 도난 및 분실신고를 한 거래처</td><td>0931</td><td rowspan="10">해당 금융기관이 해제를 요청한 때</td><td rowspan="12">- 5년</td><td rowspan="12">사유발생일로부터 10일 이내
(개정 2007.4.30.)</td><td></td></tr>
<tr><td>2. 타인의 신용카드(도난, 분실 신용카드)를 부정하게 사용한 사실이 확인된 거래처</td><td>0932</td><td></td></tr>
<tr><td>3. 신용카드에 의해서 현금융통한 사실이 확인된 거래처</td><td>0933</td><td></td></tr>
<tr><td>4. 신용카드에 의해서 현금융통을 제공한 사실이 확인된 가맹점과 대표자 및 관련자</td><td>0934</td><td></td></tr>
<tr><td>5. 신용카드를 위·변조한 거래처 또는 이를 사용한 거래처</td><td>0935</td><td></td></tr>
<tr><td>6. 신용카드 매출전표를 할인·유통시키거나 허위작성(위·변조 포함) 또는 이중작성하여 대금을 청구한 거래처</td><td>0936</td><td></td></tr>
<tr><td>7. 100만원 이상의 신용카드 자기매출대금을 청구한 거래처</td><td>0937</td><td></td></tr>
<tr><td>8. 사기·타인의 명의도용(차명 포함) 기타 부정한 방법으로 신용카드를 발급, 가맹점개설 등 금융거래질서를 문란케 한 거래처</td><td>0938</td><td></td></tr>
<tr><td>9. 가맹점수수료를 신용카드회원에게 전가한 가맹점 및 대표자</td><td>0939</td><td></td></tr>
<tr><td>10. 신용카드를 양도, 수수, 차용, 대여하여 신용질서를 문란케 한 자</td><td>0940</td><td></td></tr>
<tr><td rowspan="2">신 용
회 복
지 원
관련자</td><td>1. 신용회복지원 승인신청시 제출한 자료나 진술 등이 허위로 판명된 경우</td><td>0950</td><td rowspan="2">해당 금융기관이 신용회복지원위원회에 해제를 요청한 때</td><td></td></tr>
<tr><td>2. 신용회복지원 내용을 이행하는 과정에서 허위사실 신고, 재산의 도피, 은닉, 기타 책임재산의 감소행위 등의 사실이 발견된 경우</td><td>0951</td><td></td></tr>
</table>

5) 관련인 정보

구분	등록사유	등록 코드	해제사유	기록보존기간	비 고
관련인	전 1)~4) 각호의 거래처의 다음 각목에 해당하는 자. 다만 어음·수표 부도사실(0404)의 관련인은 제외 (개정 2007.12.24. 2009. 19. 26) 가. 과점주주로서 최다출자자인 자 나. 과점주주인 동시에 해당 기업의 이사 또는 감사로서 그 기업의 채무에 연대보증을 한 자 다. 해당 기업의 의결권 있는 발행주식 총수 또는 지분총액의 100분의 30이상을 소유하고있는 자로서 최다출자자인 자 라. 당해 기업의 무한책임사원	각 등록 코드 앞에 '9' 표시	관련 거래처의 신용도판단정보 등록사유가 해소되는 때 또는 금융기관이 정한 본인부담액을 정리한 때	- 관련 거래처의 해제시 : 동시삭제 - 관련 거래처의 기간경과 해제시 : 관련 거래처의 기록보존 기간을 따름(단 금융질서문란정보의 관련인은 5년)	- 과점주주 및 최다출자자의 경우 등록여부의 판단은 당해 기업의 경영에 실질적으로 참여한 경우에 한하여 등록 - 특수채권 관련인은 각 등록코드 앞 "8" 표시

※ 해제코드

- 채무자변제(관련인변제 포함) : 01
- 보증인변제 : 02
- 강제회수(해당 금융기관이 법적절차 등에 의해 회수한 경우) : 03
- 손실처리(감면, 면제 등) : 04
- 양도(자산관리공사 매각채권 등) : 05
- 신용회복지원(개별기관) : :06
- 채무자변제 및 손실처리 : 07
- 보증인변제 및 손실처리 : 08
- 강제회수 및 손실처리 : 09
- 신용회복지원 (신용회복위원회) : 10
- 신용회복지원 (한마음금융) : 11
- 회생계획인가결정 (개인채무자회생및파산에관한법률) : 12 (개정 2006.3.28. 2009.6.12.)
- 소멸시효완성 : 13 (신설 2005.8.3.)
- 파산으로 인한 면책결정 : 14 (개정 2007.4.30.)
- 법인의 청산 : 15 (신설 2009.10.26.)
- 기타(해제사유가 "유예" 등인 경우) : 99

4. 신용능력정보

<table>
<tr><th>구 분</th><th>대상거래처</th><th colspan="2">등록사유(등록항목)</th><th>등록코드</th><th>등록시기</th><th>비 고</th></tr>
<tr><td rowspan="8">일 반 정 보</td><td rowspan="12">외부감사 실시기업</td><td>차 주</td><td>업체명, 대표자명, 사업자등록번호, 법인(주민)등록번호, 종업원수</td><td rowspan="12">종합신용정보집중기관에서 정하는 바에 따름</td><td rowspan="12">사유발생일로부터 20일 이내</td><td rowspan="12">정보등록기관에만 제공</td></tr>
<tr><td>주 소</td><td>본사(자택) 소재지 및 사업장 소재지</td></tr>
<tr><td>우편번호</td><td>우편번호</td></tr>
<tr><td>전화번호</td><td>본사(자택) 전화번호 및 사업장 전화번호</td></tr>
<tr><td>업 종</td><td>업종, 산업분류코드(세분류)</td></tr>
<tr><td>설립일자</td><td>설립일자</td></tr>
<tr><td>경영방식</td><td>창업자(소유주), 창업2세, 동업, 전문경영인, 기타</td></tr>
<tr><td>기업규모</td><td>대기업, 중소기업, 기타</td></tr>
<tr><td rowspan="2">재 무 정 보</td><td>재무상태</td><td>결산일자, 총자산, 자본총계, 총차입금, 매출액, 매출원가, 영업이익, 이자비용, 당기순이익, 자본금</td></tr>
<tr><td>재무비율</td><td>자기자본비율, 부채비율, 유동비율, 총자산순이익률, 매출영업이익률, 매출액증가율, 총자산회전율</td></tr>
<tr><td rowspan="2">비재무 정 보</td><td>상장유무</td><td>코스닥등록, 거래소시장, 제3시장 거래여부 등</td></tr>
<tr><td>공인회계사 감사의견</td><td>적정, 한정, 부적정, 의견거절</td></tr>
</table>

5. 공공정보 (개정 2009. 10. 26.)

1) 체납정보 등(개정 2011. 1. 31)

구분	등록사유	등록코드	해제사유	해제코드	기록보존기간	비 고
국세 체납	1. 국세 체납 발생일로부터 1년이 경과하고 체납액이 5백만원(2010년 1월 1일부터 2011년 12월 31일까지는 1,000만원) 이상인 자 (개정 2010. 2. 2.)	0601	- 해당등록사유가 해소된 때 - 등록사유발생일로부터 7년이 경과한 경우 동 경과한 날을 당해 정보의 해제사유발생일로 봄 ('06. 1. 25. 개정)		- 해제와 동시에 삭제	
	2. 국세를 1년에 3회 이상 체납하고 체납액이 5백만원(2010년 1월 1일부터 2011년 12월 31일까지는 1,000만원) 이상인 자 (개정 2010.2.2.)	0602				
	3. 국세 체납 결손처분액이 5백만원(2010년 1월 1일부터 2011년 12월 31일까지는 1,000만원) 이상인 자 (개정 2010.2.2.)	0603				
지방세 체납	4. 지방세 체납발생일로부터 1년이 경과하고 체납액이 5백만원(2010년 1월 1일부터 2011년 12월 31일까지는 1,000만원) 이상인 자 (개정2010.2.2.)	0604				
	5. 지방세를 1년에 3회 이상 체납하고 체납액이 5백만원(2010년 1월 1일부터 2011년 12월 31일까지는 1,000만원) 이상인 자 (개정 2010.2.2.)	0605				
	6. 지방세 체납 결손처분액이 5백만원(2010년 1월 1일부터 2011년 12월 31일까지는 1,000만원) 이상인 자 (개정 2010. 2.2.)	0606				

구분	등록사유	등록코드	해제사유	해제코드	기록보존기간	비 고
	7. 과태료 체납 발생일로부터 1년이 경과하고 체납액이 5백만원(2010년 1월 1일부터 2011년 12월 31일까지는 1,000만원) 이상인 자 (개정 2010. 2. 2.)	0611				
과태료 체 납 ('08. 7. 28. 신설)	8. 과태료를 1년에 3회 이상 체납하고 체납액이 5백만원(2010년 1월 1일부터 2011년 12월 31일까지는 1,000만원) 이상인 자 (개정 2010.2.2.)	0612				
	9. 과태료 체납 결손 처분액이 5맥만원(2010년 1월 1일부터 2011년 12월 31일까지는 1,000만원) 이상인 자 (개정 2010.2.2)	0613				
	10. 관세등 체납발생일로부터 1년이 경과하고 체납액이 5백만원(2010년 1월 1일부터 2011년 12월 31일까지는 1,000만원) 이상인 자 (개정 2010. 2.2)	0701				
관 세 체 납	11. 1년에 3회 이상 관세 등을 체납하고 그 체납액이 5백만원(2010년 1월 1일부터 2011년 12월 31일까지는 1,000만원) 이상인 자 (개정 2010.2.2)	0702	- 해당등록사유가 해소된 때 - 등록사유발생일로부터 7년이 경과한 경우 동 경과한 날을 당해 정보의 해제사유발생일로 봄 ('06. 1. 25. 개정)		- 해제와 동시에 삭제	
	12. 관세등 체납 결손처분액이 5백만원(2010년 1월 1일부터 2011년 12월 31일까지는 1,000만원) 이상인 자 (개정 2010. 2.2))	0703				

구분	등록사유	등록코드	해제사유	해제코드	기록보존기간	비 고
채무불이행자	13. 법원의 판결에 의하여 채무불이행자로 결정된 경우	0801	- 해당등록사유가 해소된 때 - 등록사유발생일로부터 7년이 경과한 경우 동 경과한 날을 당해 정보의 해제사유발생일로 봄 (개정 2006. 1. 25.)		- 해제와 동시에 삭제	
산재·고용보험료 체납 ('07. 12. 24. 신설)	14. 고용·산재보험료 체납발생일로부터 1년이 경과하고 체납액이 5백만원 이상인 자	0802				
	15. 고용·산재보험료를 1년에 3회이상 체납하고 체납액이 5백만원 이상인 자	0803				
	16. 고용·산재보험료 체납 결손 처분액이 5백만원 이상인 자	0804				
신용회복지원	17. 「채무자회생 및 파산에 관한 법률」에 의한 회생절차가 진행되고 있는 기업체 및 그 관련인(일반회생 포함) - 「채무자회생 및 파산에 관한 법률」에 의한 보전처분 명령이 있는 때	1003	- 등록사유가 해소된 때	77	- 해제와 동시에 삭제	
	18. 신용회복지원협약에 따라 신용회복지원이 확정된 거래처	1101	- 확정된 신용회복채무를 변제 완료하거나 확정된 이후 2년 이상 변제한 때 - 신용회복지원내용이 효력을 상실하여 "연체등" 또는 금융질서문란정보로 등록될 경우			신용회복위원회에서 등록
	19. 법원 등으로부터 파산으로 인한 면책결정을 받은 거래처	1201	- 면책채권을 변제한 때 또는 등록사유발생일로부터 5년이 경과한 때			법원에서 통보하여 등록

<table>
<tr><th>구분</th><th>등록사유</th><th>등록
코드</th><th>해제사유</th><th>해제코드</th><th>기록보존기간</th><th>비 고</th></tr>
<tr><td rowspan="2">신용
회복
지원</td><td>20. 「채무자회생 및 파산에 관한 법률」에 의한 개인의 회생절차가 진행중인 거래처
- 「채무자회생 및 파산에 관한 법률」에 의한 변제계획 인가일</td><td>1301</td><td>- 변제계획에 따른 변제 완료시 또는 5년이 경과한 때</td><td rowspan="3">77</td><td rowspan="3">- 해제와 동시에 삭제</td><td>법원에서 통보하여 등록</td></tr>
<tr><td>21. - 한국자산관리공사의 신용회복지원규정에 의해 채무조정이 확정된 경우
- 2년이상 채무 변제로 채무조정사실 해제 후 3개월 이상 채무상환을 불이행한 경우</td><td>1501</td><td>- 등록사유발생일로부터 5년이 경과한 때 또는 확정된 신용회복 채무를 변제 완료하거나 확정된 이후 2년이상 변제한 때</td><td>한국자산관리공사에서 등록</td></tr>
<tr><td>국외
이주
신고</td><td>22. 「해외이주법」에 의한 해외이주신고확인서상 신고자
- 해외이주비 환전용 해외이주신고확인서에 의거 해외이주비를 환전(또는 송금)하는 날</td><td>1401</td><td>- 등록사유발생일로부터 1년이 경과한 때 또는 국외이주 포기신고서에 의해 국외이주를 포기한 때</td><td>동의서를 징구받은 고객에 대해서만 한함</td></tr>
</table>

2) 조달청의 정부 납품실적 및 납품액 정보

구분	대상거래처	등록사유(등록항목)	등록코드	등록시기	비고
조달 업체 정보	정부납품 실적이 있는 기업	기업체명	종합신용정보집중기관에서 정하는 바에 따름	사유발생일로부터 30일 이내	
		법인등록번호			
		사업자등록번호			
		대표자 성명			
		대표자 주민등록번호			
		주소			
		대표 전화번호			
수요기관 정보		수요기관명			
		수요기관 등록코드			
계약 정보		계약구분			
		계약일자			
		계약금액			
		품명			
		수량			
		납품기한			
지급 정보		납품금액			
		지체상금			
		선금청산액			
		유보금			
		감가액			
		지급금액			
		계약잔액			

〈별표 2〉

외국인 · 재외동포의 신용정보 등록시 관리번호 부여요령

· 여권번호에 의한 외국인·재외동포 신용정보 등록시 관리번호 부여 요령

						-							
①							②	③	④				

* 기재요령

◎ ① - 내국인과 동일하게 생년월일로 표시
〈예시〉 65년 7월 7일 - 650707

◎ ② - 성별구분 외국인·재외동포 남자 : 7 〈예〉 650707-7000000
외국인·재외동포 여자 : 8 〈예〉 650707-8000000

◎ ③ - 국적구분 [미국인 : 1, 일본인 : 2, 중국인 : 3, 기타 외국인 : 4]
650707 - 7100000 미국인 남자
650707 - 8300000 중국인 여자
650707 - 7400000 태국인 남자

◎ ④ - 여권번호의 마지막 숫자부터 순차적으로 5자리의 숫자를 사용하여 기재
·외국인 여권번호 J0284578 일본인 남자
▶ 650707 - 7284578
여권번호 A000782 미국인 남자
▶ 650707 - 7100782
여권번호 88001234 태국인 여자
▶ 650707 - 8401234

※ 표시 : 여권의 마지막면에 다음과 같이 신용정보등록번호 기재
〈예시〉

신용정보등록번호 (96. 10. 12 등록) 650707 - 7401234

〈별지 제1호 서식〉

신용정보 사유발생보고서 (일련번호 /)[1]

(년 월 일)

수 신 : 전국은행연합회

발 신 : 장(인)

참 조 : 신용정보부장

경 유 : 장(인)

구분[2]	KEY 구분[3]	주민(사업자) 등 록 번 호[4]	기업 체명[5]	성 명 (대표자)	직업 코드[6]	업종 코드[7]	관 련 인[8]		계좌 번호[9]	영업점 지 로 코 드	관련인 코드[10]	등록 코드	등록사유 발생일자[11]	해제사유 발생일자[12]	해 제 코드[13]	약정 일자	등록 금액 (천원)	연체 금액 (천원)	법 인 등록번호[14]	비고
							KEY 구분	주민(사업자) 등 록 번 호												

주 : 1) 일련번호는 장수가 25매일 경우에는 1/25 ~ 25/25 까지로 기입

2) 구분'란에 가계당좌예금 개설(0011) 또는 해지(0012), 당좌예금 개설(0021) 또는 해지(0022), 신용카드 발급(0081) 또는 해지(0082), 신용체크카드 발급(0083) 또는 해지(0084), 대출(0031) 또는 상환・변제(0032), 채무보증(0033) 또는 해지(0034), 카드론(0037) 및 해지(0038)신용카드 현금서비스(0041), '연체 등 및 금융질서문란정보'의 등록(0066) 또는 해제(0077) 기입

3) 법인과 개인 등을 구분하기 위하여 개인은 "1", 개인기업은 "2", 법인은 "3" 으로 표기

4) 개인기업의 경우 사업자등록번호를 기입하고 "법인등록번호"란에는 개인기업 대표자의 주민등록번호를 부기함

5) 기업체명은 회사의 종류를 표시하는 문자를 명기 [예 : (주), (합자), (합명)]

6) 직업코드는 "직업구분코드" 참조.(단, '연체 등 및 금융질서문란정보'는 제외함)
7) 업종은 "한국표준산업분류"에 의한 세분류 업종 기입
8) 주민(사업자)등록번호는 '연체 등 및 금융질서문란거래처'의 관련인의 주민(사업자)등록번호를 기입
9) 계좌번호는 숫자와 영문자로 이루어진 연번으로만 표시가능하고 특수문제는 제외함
10) '연체 등 및 금융질서문란거래처'중 관련인은 9번으로, 관련인 이외에는 0번으로 기입
11) 대출정보는 대출발생일 기입
12) 대출정보는 대출금 일부상환 또는 변제일자 기입
13) 해제코드는 "해제구분코드" 참조
※ 신용카드 현금서비스는 해제코드 해당사항 없음
14) 법인은 사업자등록번호로 보고하되 정보관리의 일원화를 위하여 법인등록번호를 기입
※ 2000년 2월 1일의 경우 '20000201'로 기입
※ 모든 란은 아라비아 숫자를 제외하고는 한글로 기입

직업구분코드

직업 구분	코 드
공무원	10
교육공무원	20
군인	30
국영기업체	40
은행원	50
회사원	60
자유업	70
협력상점	80
기타	90

해제구분코드

해 제 사 유	코드
채무자변제(관련인변제 포함)	01
보증인변제	02
강제회수(법적절차 등)	03
손실처리(감면, 면제 등)	04
양도(자산관리공사 매각채권등)	05
신용회복지원(개별기관)	06
채권자변제 및 손실처리	07
보증인변제 및 손실처리	08
강제회수 및 손실처리	09
신용회복지원(신용회복위원회)	10
신용회복지원(한마음금융)	11
회생인가결정(개인채무자회생법)	12
소멸시효 완성	13
파산으로 인한 면책결정	14
법인의 청산	15
기 타	99

〈별지 제2호 서식〉

개인신용정보의 제공 및 조회동의서

_______________ 귀하

이 계약과 관련하여 귀 사가 본인으로 취득하거나 만들어낸 개인신용정보를 타인에게 제공하거나 신용정보집중기관 또는 신용조회회사로부터 본인의 개인신용정보를 조회하고자 하는 경우에는 「신용정보의 이용 및 보호에 관한 법률」 제32조에 따라 동의를 얻어야 합니다.
이에 본인은 아래와 같이 귀사가 본인으로부터 취득한 개인신용정보를 신용정보집중기관 등에 제공하거나 신용정보집중기관 또는 신용조회회사로부터 본인의 개인신용정보를 조회하는 것에 대하여 동의합니다.

〈개인신용정보의 제공에 관한 내용〉

□ 제공대상기관
- 신용정보집중기관 : 전국은행연합회, 여신금융협회 등
- 신용조회회사 : 한국신용정보(주), 한국신용평가정보(주), 코리아크레딧뷰로(주) 등
- 이용목적 : 본인의 신용을 판단하기 위한 자료로 활용하거나 공공기관에서 정책자료로 활용

□ 제공할 개인신용정보의 내용
- 개인식별정보 : 성명, 주소, 주민등록번호, 성별, 국적, 직업, 연락처 등
- 신용거래정보*(본 계약 이전의 발생 거래정보 포함)
  * 대출(현금서비스 포함)내역, 채무보증내역, 신용카드(체크카드 포함) 및 당좌(가계당좌) 예금 개설내역 등
- 신용능력정보 : 재산·채무·소득의 총액·납세실적 등

주) 신용도판단정보(연체, 대위변제, 대지급, 부도, 관련인 발생사실 등)는 신용정보법 제32조 제1항에 의하여 동의 없이 신용정보집중기관 및 신용정보회사에 제공됩니다.

〈개인신용정보의 조회에 관한 내용〉

□ 조회할 신용정보 내용
- 조회할 신용정보 : 신용정보집중기관 또는 신용정보회사가 보유하고 있는 신용거래정보, 신용등급 등
- 조회목적 : 본 계약(본 계약 이전 발생 거래정보 포함)의 계약유지 및 사후관리 등

〈동의서 유효기간〉
- 이 동의서는 계약의 갱신 등으로 변경되는 경우에도 유효하며, 본 계약 소멸과 동시 본 동의서의 효력도 소멸됩니다.
- 다만 본 계약이전 발생한 신용거래정보가 존재하는 경우 기존 계약의 소멸 시까지 유효합니다.

년 월 일

성명 : ___________서명 또는 (인)

※ 당 사가 신용조회회사를 통하여 귀하의 개인신용정보를 조회하는 경우 귀하의 신용등급이 하락할 수 있습니다.
※ 상기내용이 변동하는 경우 인터넷 홈페이지 게시 등을 통해 그 내용을 알릴 예정입니다.

〈별지 제3호 서식〉

『기업신용거래정보 대상기업체』 변동상황 보고서

수 신: 장(인)

1. 신규 보고 대상기업체

일 련 번 호	기 업 체 명	대 표 자	법인(주민) 등록번호	구분	사 업 자 등록번호	주 소	대 출 잔 액	업 종 코 드

주) 구분란에 개인기업은 ‘1’, 법인은 ‘3’, 현지법인은 ‘5’로 기재

2. 변경 보고 대상기업체

변 경 구 분	기업체명	대표자	법인(주민) 등록번호	구분	사 업 자 등록번호	주 소	업 종 코 드
전							
후							
전							
후							

주) 1. 변경전란에는 법인(주민)등록번호, 구분 및 사업자등록번호를 반드시 기입하고 변경후란에는 해당항목의 내용을 기재함

2. 구분란에 개인기업은 ‘1’, 법인은 ‘3’, 현지법인은 ‘5’로 기재

3. 기업합병 보고 대상기업체

피 합 병 회 사				흡수합병 또는 신설합병 회사					등기일자
법인(주민) 등록번호	구 분	사 업 자 등록번호	기 업 체 명	법인(주민) 등록번호	구 분	사 업 자 등록번호	기 업 체 명	대표자	

주) 구분란에 개인기업은 ‘1’, 법인은 ‘3’, 현지법인은 ‘5’로 기재

4. 삭제 대상기업체

일련번호	기업체명	대표자	법인(주민) 등록번호	구 분	사 업 자 등록번호	주 소	업 종 코 드

〈별지 제4호 서식〉

개인신용정보 조회 동의서

__________________귀하

「신용정보의 이용 및 보호에 관한 법률」 제32조제2항에 따라 귀사가 아래와 같은 내용으로 신용정보집중기관 또는 신용조회회사로부터 본인의 개인신용정보를 조회하는 것에 동의합니다.

□ 조회할 신용정보 : 신용거래정보*, 신용등급, 타 기관의 신용조회기록
　* 신용거래정보 : 대출(현금서비스포함), 채무보증, 신용카드(체크카드포함), 당좌(가계당좌)예금 등

□ 조회목적 : 1. 대출·신용카드 등 금융거래 설정 여부
　　　　　　2. 본인이 요청한 경우 또는 기타(내용: 　　　　　　)

□ 조회동의 효력기간
　- 금융거래 설정을 위한 상담목적으로 귀하가 본 동의서를 제출한 시점부터 신청한 계약의 실행 시까지 상기 동의의 효력이 유지됩니다. 다만 귀하가 신청한 계약이 당행 또는 본인의 의사에 의하여 거절된 경우에는 그 시점부터 동의의 효력은 소멸됩니다.

년 　　월 　　일

성 　명 : 　　　　　　서명 또는 (인)

※ 당 사가 신용조회회사를 통하여 귀하의 신용정보를 조회한 기록은 타 금융기관등에 제공할 수 있으며, 귀하의 신용등급이 하락할 수 있음을 알려드립니다.

〈별지 제5호 서식〉

신용정보 정정요청서

(　　　　년　　　월　　　일)

수 신 :　　　　　　　　　　　　발 신 :　　　　　　장(인)

참 조 :　　　　　　　　　　　　경 유 :　　　　　　장(인)

구 분	주민(사업자) 등록번호	기업체명1)	성 명 (대표자)	직업 코드2)	업종 코드3)	관련인4) KEY 구분	관련인4) 주민(사업자) 등록번호	계좌 번호	영업점 지로 코드	관련인 코드	등록 코드	등록사유 발생일자	해제사유 발생일자	해제 코드	약정 일자	등록 금액 (천원)	연체 금액	법인 등록번호	비 고
정정전																			
정정후																			
정정전																			
정정후																			

〈작성요령〉

1. "정정전"란에는 기존의 등록사항을 빠짐없이 기입하고, "정정후"란에는 정정하여야 할 항목만 기입
2. 가계당좌예금 또는 당좌예금 이관으로 인한 정정일 경우에는 "비고란"에 다음과 같이 기재
   ※ 가계당좌예금 이관시 : 0077, 당좌예금 이관시 : 0088, '연체 등 및 금융질서문란정보' 이관시 : 0099
3. 거래처가 정정 청구한 신용정보로서 정정여부가 미확인된 상태(소송계류, 민원제기 등의 사유로 정정여부 판단에 상당한 시일이 소요될 것으로 예상되는 상태)인 경우에는 "정정전"란에만 기존 등록사항을 기입하고 비고란에는 "정정청구중"이라 기재함
   ○ 정정청구한 신용정보의 정정여부가 미확인된 상태인 경우 : 비고란에 "정정청구중" : 0044
   ○ 정정청구한 신용정보의 정정여부가 확인되어 확정된 경우 : 비고란에 "정정청구 해소(해지)" : 0055
4. 법인은 사업자등록번호로 보고하되 정보관리의 일원화를 위하여 법인등록번호를 기입

주 : 1) 기업체명은 회사의 종류를 표시하는 문자를 명기 [예 : (주), (합자), (합명)]
2) 직업코드는 "직업구분코드" 참조. (단, '연체 등 및 금융질서문란정보'는 제외함)
3) 업종코드는 "한국표준산업분류"에 의한 세분류 업종 기입
4) 관계거래처의 주민(사업자)등록번호를 기입하고, Key 구분은 법인과 개인 등을 구분하기 위하여 개인은 "1", 개인기업은 "2", 법인은 "3"으로 기입

직업구분코드

직업구분	코 드
공무원	10
교육공무원	20
군인	30
국영기업체	40
은행원	50
회사원	60
자유업	70
협력상점	80
기타	90

〈별지 제6호 서식〉

신용공여조사표

(조사표1)

31. 신용공여조사표(은행)

년월						은행Code			

사업자(법인, 주민)등록번호	차 주 명

수 신: 전국은행연합회 **신용정보부장**
발 신: (인)

신용공여기록	31			〈만기구조〉[1]						(단위 : 백만원)	
대과목	중과목	소과목	code	**금잔(1)**	3월이하(2)	3월초과 ~ 6월이하(3)	6월초과 ~ 1년이하(4)	1년초과 ~ 2년이하(5)	2년초과(6)	연체 연체금액(7)	연체 **연체기산일(8)**
대출채권	원화 대출금	상업어음할인	101								
		당좌대출	103								
		일반자금 운전자금	105								
		시설자금	107								
		무역금융	109								
		신탁계정대출	111								
		기업어음할인	113								
		전자방식외상매출채권담보대출	115								
		구매자금대출	117								
		기타	129								
		(소계)	130								
	외화대출금		131								
	내국수입유산스		133								
	역외외화대출금		135								
	외화차관자금대출금		137								
	지급보증대지급금		139								
	원화환어음매입		141								
	매입외환		143								
	매입외환(신용위험)		**144**								
	외상채권매입(팩토링채권)		145								
	기업구매자금전용카드		146								
	신용카드채권(직불카드, 신탁포함)		147								
	환매조건부채권매수(신탁포함)		149								
	콜론(신탁포함)		151								
	사모사채(신탁포함)		153								
	신탁계정 금전채권		155								
	기타		189								
	대출채권계		190								
유가증권	은행계정 CP (보증어음 포함)		201								
	매입어음 (신탁포함)	보증어음	211								
		자유금리기업어음	213								
		중개어음	215								
		기타	229								
		(소계)	230								
	공모사채[2]		231								
	대여유가증권[3]		233								
	기타		289								
	유가증권계		**290**								
주 석	확정(원화)지급보증	융자담보지보	301								
		사채지보	303								
		기타	329								
		(소계)	330								
	확정(외화)지급보증	인수	331								
		화물선취보증	333								
		기타	349								
		(소계)	350								
		(현지지급보증)	348								
	미확정지급보증	신용장개설관계	351								
		기타	369								
		(소계)	370								
	외화대출약정(역외포함)		371								
	배서어음		373								
	환매권부대출채권매각(신탁포함)		375								
	기타		389								
	주석계		390								
기 타	여신성가지급금(신탁, 종금포함)		401								
	미수금		403								
	자산유동화에 따른 신용보강수단(050701)		405								
	대손상각채권		**407**								
	기타		489								
	(소계)		**490**								
종금계정	대출채권 (CMA 계정포함)	할인어음	501								
		팩토링어음	503								
		기타	529								
		(소계)	530								
	리스채권[4]	금융리스채권	531								
		운용리스채권	533								
		기타	549								
		(소계)	550								
	주석	어음지급보증	551								
		무역어음인수	553								
		담보배서어음매출	555								
		기타	569								
		(소계)	570								
	종금계		590								
신탁	원본또는이익보전약정이없는신탁		995								
신용공여 합 계 (A)	대출채권		610								
	유가증권		620								
	리스채권		630								
	주석		640								
	기타		650								
	합계		690								

〈작성요령〉

1. 년월 : 2007년 5월인 경우 200705로 기입한다.
2. 기관코드 : 은행연합회에서 부여한 기관별 코드 예) 111기관은 0111로 표기.
3. 발신 : 은행명을 기입하고 신용정보업무담당 부장 직인을 날인한다.
4. 사업자(법인,주민)등록번호 : 법인인 경우는 법인등록번호 또는 사업자등록번호,
   개인사업자 및 비법인기업은 대표자의 주민등록번호를 기입
5. 차주명 : 업체의 상호를 기입한다(사업자등록증과 법인등기부등본(주민등록증 등)이 상이한 경우 법인등기부등본(주민등록증 등) 기준)
   ① 법인 : 법인명의를 첫자부터 끝까지 정확하게 기입한다. (예)한국XX산업주식회사 주식회사XX산업사 등
   ② 개인 : 개인명의일 경우에는 상호명(개인명의)을 기입하고 개인기업체이거나 비법인조합 및 비법인단체(이하 "비법인기업" 이라 함)인 경우에는 상호를 기입함
6. 금액단위 : 백만원 단위로 반올림 (금잔은 만기구조의 기간별 금액의 합계와 일치 되어야 한다. 주채무자의 대출원금 기준.)
7. 외화표시금액은 매월 최종영업일 현재 장부가격을 당일자 최초고시 매매기준율(기준환율)을 적용하여 원화환산
8. (기업)어음할인 등 : 어음할인의 경우 직접어음 및 제3자 어음할인 포함. 의뢰인 기준 작성(할인가 기준)
9. 기업어음매입 : 금융회사가 유통시장 등을 통하여 매입 및 보유하고 있는 잔액(액면가 기준)
10. 리스채권 : 종금계정의 리스채권. 금융리스 및 운용리스는 리스채권(선급금포함) 잔액 기준
11. 공모사채 : 차주발생 사모사채를 제외한 회사채 보유분(공채포함)
12. 대여유가증권 : 신탁계정 주석사항의 대여유가증권은 제외
13. 원본또는이익보전약정이 없는 신탁의 만기구조 집중 제외
14. 만기구조 : 각 금융회사 내부의 잔존만기를 기준으로 구분
    ① 일반신용공여 : 각 금융회사 내부의 잔존만기를 기준으로 구분
    ② 분할상환대출 : 분할상환기일 기준 잔존만기 구분
    ③ 당좌대출, 할인어음 등 한도거래 여신 : 한도약정기일 기준 잔존만기 구분
    ④ Rollover 조건 : Rollover 약정기간 기준 잔존만기 구분
16. 대과목합계 및 신용공여합계는 집중 제외
17. 집중기한 : 평일보-사유발생일로부터 2영업일 이내, 말일보-익월6영업일 이내
18. 일보상 유가증권의 범위 : 국채, 지방채, 외평채, 통안채 등을 제외한 모든 유가증권
15. 연체기준 : 원금(분할상환금포함)을 상환하기로 약정한 기일에 상환하지 아니한 경우로서 익일을 연체기산일로 하며, 연체기산일로부터 10일이 되는 때
20. 평일보는 금잔(1), 연체금액(7), 연체기산일(8)만 집중, 말일보는 금잔(1)■연체기산일(8)까지 집중.
21. 지급보증대지급금(139), 대손상각채권(407), 원본또는이익보전약정이없는신탁(995) 계정은 연체 및 말일보의 만기구조 집중제외.
22. 신용공여조사표 세분화에 따른 신용공여조사표(은행) 적용기관 :
    ① 은행법에 따라 인가를 받아 설립된 은행
    ② 한국산업은행법에 따라 설립된 한국산업은행
    ③ 한국수출입은행법에 따라 설립된 한국수출입은행
    ④ 중소기업은행법에 따라 설립된 중소기업은행

(조사표2)

31. 신용공여조사표(특수금융기관)

년월						은행Code				사업자(법인, 주민)등록번호	차 주 명

수 신: 전국은행연합회 **신용정보부장**
발 신: (인)

신용공여기록	31		〈만기구조〉1) (단위 : 백만원)								
대과목	중과목	소과목	code	**금잔(1)**	3월이하(2)	3월초과 ~ 6월이하(3)	6월초과 ~ 1년이하(4)	1년초과 ~ 2년이하(5)	2년초과(6)	연체 연체금액(7)	연체 **연체기산일(8)**
대출채권	원화 대출금	상업어음할인	101								
		당좌대출	103								
		일반자금 운전자금	105								
		일반자금 시설자금	107								
		무역금융	109								
		신탁계정대출	111								
		기업어음할인	113								
		전자방식외상매출채권담보대출	115								
		구매자금대출	117								
		기타	129								
		(소계)	**130**								
	외화대출금		131								
	내국수입유산스		133								
	역외외화대출금		135								
	외화차관자금대출금		137								
	지급보증대지급금		139								
	원화환어음매입		141								
	매입외환		143								
	매입외환(신용위험)		**144**								
	외상채권매입(팩토링채권)		145								
	기업구매자금전용카드		146								
	신용카드채권(직불카드, 신탁포함)		147								
	환매조건부채권매수(신탁포함)		149								
	콜론(신탁포함)		151								
	사모사채(신탁포함)		153								
	신탁계정 금전채권		155								
	기타		189								
	대출채권계		190								
유가증권	은행계정 CP (보증어음 포함)		201								
	매입어음 (신탁포함)	보증어음	211								
		자유금리기업어음	213								
		중개어음	215								
		기타	229								
		(소계)	230								
	공모사채2)		231								
	대여유가증권3)		233								
	기타		289								
	유가증권계		**290**								
주 석	확정(원화)지급보증	융자담보지보	301								
		사채지보	303								
		기타	329								
		(소계)	330								
	확정(외화)지급보증	인수	331								
		화물선취보증	333								
		기타	349								
		(소계)	350								
		(현지지급보증)	348								
	미확정지급보증	신용장개설관계	351								
		기타	369								
		(소계)	370								
	외화대출약정(역외포함)		371								
	배서어음		373								
	환매권부대출채권매각(신탁포함)		375								
	기타		389								
	주석계		390								
기 타	여신성가지급금(신탁, 종금포함)		401								
	미수금		403								
	자산유동화에 따른 신용보강수단(050701)		405								
	대손상각채권		**407**								
	기타		489								
	(소계)		**490**								
종금계정	대출채권 (CMA 계정포함)	할인어음	501								
		팩토링어음	503								
		기타	529								
		(소계)	530								
	리스채권4)	금융리스채권	531								
		운용리스채권	533								
		기타	549								
		(소계)	550								
	주석	어음지급보증	551								
		무역어음인수	553								
		담보배서어음매출	555								
		기타	569								
		(소계)	570								
	종금계		590								
신탁	원본또는이익보전약정이없는신탁		995								
신용공여 합 계 (A)	대출채권		610								
	유가증권		620								
	리스채권		630								
	주석		640								
	기타		650								
	합계		690								

〈작성요령〉

1. 년월 : 2007년 5월인 경우 200705로 기입한다.
2. 기관코드 : 은행연합회에서 부여한 기관별 코드 예) 111기관은 0111로 표기.
3. 발신 : 은행명을 기입하고 신용정보업무담당 부장 직인을 날인한다.
4. 사업자(법인,주민)등록번호 : 법인인 경우는 법인등록번호 또는 사업자등록번호,
   개인사업자 및 비법인기업은 대표자의 주민등록번호를 기입
5. 차주명 : 업체의 상호를 기입한다(사업자등록증과 법인등기부등본(주민등록증 등)이 상이한 경우 법인등기부등본(주민등록증 등) 기준)
   ① 법인 : 법인명의를 첫자부터 끝까지 정확하게 기입한다.
   (예)한국XX산업주식회사 주식회사XX산업사 등
   ② 개인 : 개인명의일 경우에는 상호명(개인명의)을 기입하고 개인기업체이거나
   비법인조합 및 비법인단체(이하 "비법인기업" 이라 함)인
   경우에는 상호를 기입함
6. 금액단위 : 백만원 단위로 반올림 (금잔은 만기구조의 기간별 금액의 합계와 일치 되어야 한다. 주채무자의 대출원금 기준.)
7. 외화표시금액은 매월 최종영업일 현재 장부가격을 당일자 최초고시 매매기준율(기준환율)을 적용하여 원화환산
8. (기업)어음할인 등 : 어음할인의 경우 직접어음 및 제3자 어음할인 포함. 의뢰인 기준 작성(할인가 기준)
9. 기업어음매입 : 금융회사가 유통시장 등을 통하여 매입 및 보유하고 있는 잔액(액면가 기준)
10. 리스채권 : 종금계정의 리스채권. 금융리스 및 운용리스는 리스채권(선급금포함) 잔액 기준
11. 공모사채 : 차주발생 사모사채를 제외한 회사채 보유분(공채포함)
12. 대여유가증권 : 신탁계정 주석사항의 대여유가증권은 제외
13. 원본또는이익보전약정이 없는 신탁의 만기구조 집중 제외
14. 만기구조 : 각 금융회사 내부의 잔존만기를 기준으로 구분
    ① 일반신용공여 : 각 금융회사 내부의 잔존만기를 기준으로 구분
    ② 분할상환대출 : 분할상환기일 기준 잔존만기 구분
    ③ 당좌대출, 할인어음 등 한도거래 여신 : 한도약정기일 기준
    잔존만기 구분
    ④ Rollover 조건 : Rollover 약정기간 기준 잔존만기 구분
16. 대과목합계 및 신용공여합계는 집중 제외
17. 집중기한 : 평일보-사유발생일로부터 2영업일 이내, 말일보-익월6영업일 이내
18. 일보상 유가증권의 범위 : 국채, 지방채, 외평채, 통안채 등을 제외한 모든 유가증권
15. 연체기준 : 원금(분할상환금포함)을 상환하기로 약정한 기일에 상환하지 아니한 경우로서 익일을 연체기산일로 하며, 연체기산일로부터 10일이 되는 때
20. 평일보는 금잔(1), 연체금액(7), 연체기산일(8)만 집중, 말일보는 금잔(1)■연체기산일(8)까지 집중.
21. 지급보증대지급금(139), 대손상각채권(407), 원본또는이익보전약정이없는신탁(995) 계정은 연체 및 말일보의 만기구조 집중제외.
22. 신용공여조사표 세분화에 따른 신용공여조사표(특수 금융기관) 적용기관 :
    ① 신용보증기금법에 따라 설립된 신용보증기금
    ② 기술신용보증기금법에 따라 설립된 기술신용보증기금
    ③ 한국주택금융공사법에 따라 설립된 한국주택금융공사
    ④ 한국정책금융공사법에 따라 설립된 한국정책금융공사

(조사표3)

31. 신용공여조사표(비은행 금융기관)

수 신 : 전국은행연합회 **신용정보부장**

발 신 : (인)

년 월	기관코드

사업자(법인, 주민)등록번호	차 주 명

신용공여기록	31

〈만 기 구 조〉 (단위 : 백만원)

대과목	소과목	Code	금잔 (1)	3월이하 (2)	3월초과 6월이하 (3)	6월초과 1년이하 (4)	1년초과 2년이하 (5)	2년초과 (6)	연체 연체금액(7)	연체 연체기산일(8)
대출채권	상업어음할인(CMA포함)	101								
	무역어음할인(CMA포함)	102								
	유가증권담보대출	104								
	부동산담보대출	106								
	예적금담보대출	108								
	계약금액내대출	110								
	어음담보대출	112								
	기업어음할인(CMA포함)	113								
	지급보증(담보)대출	114								
	공제금대출(K biz)	116								
	농수산정책자금(aT)	118								
	종금원화대출	119								
	신용대출(종합통장대출)	120								
	신기술금융대출	121								
	외화대출금	131								
	금융리스	132								
	내국수입유산스	133								
	역외외화대출금	135								
	운용리스	136								
	자금대여	138								
	지급보증대지급금	139								
	약정투자	140								
	할부금융	142								
	외상매출채권(팩토링채권)	145								
	신용카드채권(직불카드포함)	147								
	환매조건부채권매입(신탁포함)	149								
	콜론	151								
	사모사채	153								
	기타	189								
	대출채권계	190								
유가증권	기업어음매입	202								
	공모사채	231								
	대여유가증권	233								
	기타	289								
	유가증권계	290								
주 석 (지급보증 등)	지급보증	302								
	어음지급보증	304								
	담보배서어음매출	305								
	무역어음인수	306								
	이행지보	307								
	외화대출약정(역외포함)	371								
	기타	389								
	지급보증등계	390								
기 타	자산유동화에따른신용보강수단	405								
	대손상각채권	407								
	기타	489								
	기타계	490								
신 탁	원본또는이익보전약정이없는신탁	995								
신용공여합계	대출채권	610								
	유가증권	620								
	지급보증등	640								
	기타	650								
	합계	690								

〈작성요령〉

1. 년월 : 2007년 5월인 경우 200705로 기입한다.
2. 기관코드 : 은행연합회에서 부여한 기관별 코드 예) 111기관은 0111로 표기.
3. 발신 : 은행명을 기입하고 신용정보업무담당 부장 직인을 날인한다.
4. 사업자(법인,주민)등록번호 : 법인인 경우는 법인등록번호 또는 사업자등록번호,
   개인사업자 및 비법인기업은 대표자의 주민등록번호를 기입
5. 차주명 : 업체의 상호를 기입한다(사업자등록증과 법인등기부등본(주민등록증 등)이 상이한 경우 법인등기부등본(주민등록증 등) 기준)
   ① 법인 : 법인명의를 첫자부터 끝까지 정확하게 기입한다. (예)한국XX산업주식회사 주식회사XX산업사 등
   ② 개인 : 개인명의일 경우에는 상호명(개인명의)을 기입하고 개인기업체이거나 비법인조합 및 비법인단체(이하 "비법인기업"이라 함)인 경우에는 상호를 기입함
6. 금액단위 : 백만원 단위로 반올림 (금잔은 만기구조의 기간별 금액의 합계와 일치 되어야 한다. 주채무자의 대출원금 기준)
7. 외화표시금액은 매월 최종영업일 현재 장부가격을 당일자 최초고시 매매기준율(기준환율)을 적용하여 원화환산
8. (기업)어음할인 등 : 어음할인의 경우 직접어음 및 제3자 어음할인 포함. 의뢰인 기준 작성(할인가 기준)
9. 기업어음매입 : 해당기관이 유통시장등을 통하여 매입 및 보유하고 있는 잔액(액면가 기준)
8. 리스채권 : 금융리스 및 운용리스는 리스채권(선급금포함) 잔액 기준
9. 공모사채 : 차주발행 사모사채를 제외한 회사채 보유분(공채 포함)
10. 원본또는이익보전약정이없는신탁, 기업어음매출, 중개어음의 만기구조 집중 제외
11. 만기구조 : 각 금융회사 내부의 잔존만기를 기준으로 구분
    ① 일반신용공여 : 각 금융회사의 잔존만기를 기준으로 구분
    ② 분할상환대출 : 분할상환기일 기준 잔존만기 구분
    ③ 할인어음 등 한도거래 여신 : 한도약정기일 기준 잔존만기 구분
    ④ ROLLOVER 조건 : ROLLOVER 약정기간 기준 잔존만기 구분
12. 대과목합계 및 신용공여합계는 집중 제외
13. 집중기한 : 평일보-사유발생일로부터 2영업일 이내, 말일보-익월6영업일 이내
14. 일보상 유가증권의 범위 : 국채, 지방채, 외평채, 통안채 등을 제외한 모든 유가증권
15. 연체기준 : 원금(분할상환금포함)을 상환하기로 약정한 기일에 상환하지 아니한 경우로서 익일을 연체기산일로 하며, 연체기산일로부터 10일이 되는 때
16. 평일보는 금잔(1), 연체금액(7), 연체기산일(8)만 집중, 말일보는 금잔(1)■연체기산일(8)까지 집중
17. 지급보증대지급금(139), 대손상각채권(407), 원본또는이익보전약정이없는신탁(995) 계정은 연체 및 말일보의 만기구조 집중제외
18. 신용공여조사표 세분화에 따른 신용공여조사표(비은행 금융기관) 적용기관 : 은행 및 특수 금융기관 이외의 금융기관

(조사표4)

32. 신용공여조사표(한도거래상황)

수 신 : 전국은행연합회 신용정보부장

발 신 : (인)

년월						은행Code			

사업자(법인, 주민)등록번호	차 주 명

(단위 : 백만원)

한도거래상황	32			
	한 도 거 래 회 전 대 출			
과 목	Code	회전한도액	Code	대출(보증) 잔액
상 입 어 음 할 인	1111		1112	
당 좌 대 출	1121		1122	
일 반 자 금 대 출	1131		1132	
기 업 어 음 할 인	1141		1142	
무 역 금 융	1151		1152	
무 역 어 음 할 인	1161		1162	
전자방식외상매출채권담보대출	1171		1172	
구매자금대출	1181		1182	
보증기관 지급보증	1191		1192	
기 타	4001		4002	
계	6001		6002	

〈작성요령〉

1. 년월 : 2007년 5월인 경우 200705로 기입한다.
2. 기관코드 : 은행연합회에서 부여한 기관별 코드 예) 111기관은 0111로 표기.
3. 발신 : 은행명을 기입하고 신용정보업무담당 부장 직인을 날인한다.
4. 사업자(법인, 주민)등록번호 : 법인인 경우는 법인등록번호 또는 사업자등록번호
개인사업자 및 비법인기업은 대표자의 주민등록번호를 기입
5. 차주명 : 업체의 상호를 기입한다(사업자등록증과 법인등기부등본(주민등록증 등)이 상이한 경우 법인등기부등본(주민등록증 등) 기준)
   가. 법인 : 법인명의를 첫자부터 끝까지 정확하게 기입한다. (예)한국XX산업주식회사 주식회사XX산업사 등
   나. 개인 : 개인명의일 경우에는 상호명(개인명의)을 기입하고 개인기업체이거나 비법인조합 및 비법인단체(이하 "비법인기업"이라 함)인 경우에는 상호를 기입함
6. 금액단위 : 백만원 단위로 반올림
7. 외화표시금액은 매월 최종영업일 현재 장부가격을 당일자 최초고시 매매기준율(기준환율)을 적용하여 원화환산
8. 당좌대출 : 실대출잔액을 기입하되 미결제타점권은 제외한다.
9. 집중기한 : 익월 6영업일 이내

(조사표5)

33. 신용공여조사표(담보기록)

수 신: 전국은행연합회 **신용정보부장**

발 신: (인)

년월						은행Code				사업자(법인,주민)등록번호	차 주 명

담보기록 33 (단위: 백만원)

담보종류			유효담보가액 Code	유효담보가액 금월말잔액
재산권	부동산	대지건물	1111	
		임 야	1121	
		기타부동산	1191	
	특수저당	선박, 항공기	1211	
		자동차, 중기	1221	
		광업권, 어업권	1231	
		기타특수저당	1291	
	동산	기계기구	1311	
		기타동산	1391	
	유가증권		1401	
	채권	예금적금	1511	
		확정채권	1521	
		기타채권	1591	
	기타재산권		1601	
보증	정부보증		2111	
	금융기관지급보증		2121	
	보증기금보증		2131	
기 타			3001	
담보총계			6001	

〈작성요령〉

1. 년월 : 2007년 5월인 경우 200705로 기입한다.
2. 기관코드 : 은행연합회에서 부여한 기관별 코드 예) 111기관은 0111로 표기.
3. 발신 : 은행명을 기입하고 신용정보업무담당 부장 직인을 날인한다.
4. 사업자(법인,주민)등록번호 : 법인인 경우는 법인등록번호 또는 사업자등록번호
   개인사업자 및 비법인기업은 대표자의 주민등록번호를 기입
5. 차주명 : 업체의 상호를 기입한다(사업자등록증과 법인등기부등본(주민등록증 등)이 상이한 경우 법인등기부등본(주민등록증 등) 기준)
   가. 법인 : 법인명의를 첫자부터 끝까지 정확하게 기입한다. (예)한국XX산업주식회사 주식회사XX산업사 등
   나. 개인 : 개인명의일 경우에는 상호명(개인명의)을 기입하고 개인기업체이거나 비법인조합 및 비법인단체(이하 "비법인기업"이라 함)인 경우에는 상호를 기입함
6. 금액단위 : 백만원 단위로 반올림

7. 외화표시금액은 매월 최종영업일 현재 장부가격을 당일자 최초고시 매매기준율(기준환율)을 적용하여 원화환산
8. 담보 :
   가. 근저당권설정, 질권설정, 차고취득등 담보효력이 확보된 담보만을 기입한다.
   나. 담보물건의 감정가액에서 선순위담보, 실정액을 공제하는 것으로 담보권실행이 가능한 유효(가용)가액을 기입
   다. "금융회사지급보증"은 대외지급보증취급액 또는 대상대출취급액에 상당하는 담보지급액만을 기입
9. 담보총계 : 유효담보가액 대지건물에서 기타까지의 합계(순담보)
10. 월보상 유가증권의 범위 : 국채, 지방채, 외평채, 통안채, 주식 등이 담보로 제공된 경우 유가증권에 포함
11. 집중기한 : 익월 6영업일 이내

(조사표6)

34. 신용공여조사표(법인채무보증및채무인수약정)

수 신: 전국은행연합회 **신용정보부장**

발 신: (인)

법인등록번호	보 증 법 인 명

(단위: 백만원)

법인채무보증 및 채무인수약정	34	
	법인채무보증 및 채무인수약정	
과 목	Code	잔 액
법인채무보증(일반 및 SOC PF 등)	1111	
법인채무보증(부동산개발(PF) 관련)	1121	
법인채무보증 소계	1901	
법인채무인수약정(일반 및 SOC PF 등)	2111	
법인채무인수약정(부동산개발(PF) 관련)	2121	
법인채무인수약정 소계	2901	
기 타	4111	
합 계	6001	

〈작성요령〉

1. 년월 : 2007년 5월인 경우 200705로 기입한다.
2. 기관코드 : 은행연합회에서 부여한 기관별 코드 예) 111기관은 0111로 표기.
3. 발신 : 은행명을 기입하고 신용정보업무담당 부장 직인을 날인한다.
4. 사업자(법인)등록번호 : 법인인 경우는 법인등록번호 또는 사업자등록번호
5. 차주명 : 업체의 상호를 기입한다(사업자등록증과 법인등기부등본이 상이한 경우 법인등기부등본 기준)
   - 법인 : 법인명을 첫자부터 끝까지 정확하게 기입한다. (예)한국XX산업주식회사 주식회사XX산업사 등
6. 금액단위 : 백만원 단위로 반올림
7. 외화표시금액은 매월 최종영업일 현재 장부가격을 당일자 최초고시 매매기준율(기준환율)을 적용하여 원화환산
8. 집중대상 :
   가. 금융회사가 거래처와의 거래에서 발생하는 연대보증{특정채무보증, 근보증(특정근보증, 한정근보증, 포괄근보증)} 및 채무인수(중첩적채무인수약정 및 면책적채무인수약정 등 포함)
   나. 가계 및 기업여신에 대한 법인의 채무보증현황 및 채무인수현황
   다. 신용보증기금, 기술신용보증기금, 서울보증보험, 지역신용보증기금 등 보증기관의 보증채무의 보증도 집중
   라. 협약서에 의한 법인채무보증 및 채무인수약정 포함
9. 집중기한 : 익월 6영업일 이내
10. 집중기준 : 법인채무보증(인수약정)중 (일반 및 SOC PF 등)는 부동산개발 PF를 제외한 부분이며, 법인채무보증(인수약정)중 (부동산개발(PF) 관련)은 부동산개발 PF와 관련한 시행사 또는 시공사 등의 건설업체 채무보증(인수약정)이며, 기타에는 자금보충 및 책임준공 사항(금액 구분이 가능한 경우) 등을 기입.

〈부록〉 3. 신용정보업 감독규정

[시행 2011. 8. 12 개정 2009.10.2.]

제1조(목적) 이 규정은「신용정보의 이용 및 보호에 관한 법률」, 같은 법 시행령 및 같은 법 시행규칙에서 정하는 금융위원회 소관사항의 시행에 필요한 사항을 정함을 목적으로 한다.

제2조(정의) 이 규정에서 사용하는 용어의 정의는「신용정보의 이용 및 보호에 관한 법률」(이하 "법"이라 한다), 같은 법 시행령(이하 "영"이라 한다) 및 같은 법 시행규칙(이하 "규칙"이라 한다)에서 정하는 바에 따른다.

제2조의 2 (신용정보의 범위) 규칙 제2조제4항제3호에서 "금융위원회가 정하여 고시하는 정보"는 다음 각 호의 어느 하나에 해당하는 정보를 말한다.

1. 한국자산관리공사의 신용회복지원 관련 규정에 의한 채무재조정 약정정보
2. 신용회복위원회의 신용회복지원협약에 따른 신용회복지원 확정 정보

제3조(신용정보제공·이용자의 범위) 영 제2조제3항에서 "그 밖에 금융위원회가 정하여 고시하는 자"란 다음 각 호의 어느 하나에 해당하는 자를 말한다.

1.「민법」 제32조에 따라 금융위원회로부터 허가를 받은 신용회복위원회
2.「상법」에 따라 설립된 주식회사 신용회복기금
3. 「휴면예금관리재단의 설립 등에 관한 법률」에 따른 휴면예금관리재단

제4조(신용정보업에 딸린 업무) 영 제3조에 따라 "그 밖에 금융위원회가 정하여 고시하는 업무"란 해당 업을 영위하는 과정에서 발생하는 부동산의 임대차 및 해당 업무관련 교육, 홍보, 출판업무와 다음 각 호의 업무를 말한다.

1. 신용조회업에 딸린 업무
   가. 본인인증 및 신용정보주체의 식별확인업무
   나. 신용정보주체 주소변경 통보대행 업무
   다. 사업체 및 사업장 현황조사, 연구조사 용역업무
2. 신용조사업(가목 및 마목의 업무에 한한다) 또는 채권추심업에 딸린 업무
   가. 사업장 현황조사업무
   나. 채권자등에 대한 채권관리관련 자문업무
   다. 기한전 채무납입 안내 대행업무
   라. 연체 전 채권의 변제청구 및 통지등 우편물 발송대행 업무
   마. 민원서류 열람 및 교부신청 대행업무
   바.「자산유동화에 관한 법률」제10조에 따른 자산관리업무
3. 신용평가업에 딸린 업무

다른 법령 및 정부기관, 공공기관의 고시 및 기준에 따라 신용평가회사가 수행하도록 지정된 업무 및 그와 관련된 업무

제5조(신용정보업 허가신청) ① 영 제4조에 따라 신용정보업 허가를 신청하려는 자는 별지 제1호 서식에 따른 신청서를 제출하여야 한다.

② 허가받은 사항에 대한 변경허가를 신청하려는 경우에는 별지 제2호 서식에 따른 신청서를 제출하여야한다.

제6조(정보처리·정보통신설비) ① 영 제6조제1항제1호 나목 및 영 제21조제6항제2호에서 "금융위원회가 정하여 고시하는 정보처리·정보통신설비"란 해당 신용조회업무 또는 신용정보집중업무의 범위와 규모에 비추어

신용정보를 원활히 처리할 수 있는 수준의 정보처리·정보통신설비로서 별표 1에 규정된 사항을 말한다.

② 영 제6조제1항제3호나목에서 "금융위원회가 정하여 고시하는 전산설비 및 자료관리체제"란 해당 신용평가업무의 범위와 규모에 비추어 신용평가를 원활히 수행할 수 있는 수준의 전산설비 및 자료관리체제로서 별표 2에서 정한 사항을 말한다.

제7조(사실상의 영향력을 행사하는 주주 또는 출자자) 금융위원회는 신용정보회사 및 그 주주에 대하여 당해 신용정보회사의 주주가 영 6조제3항제5호나목에 해당하는지 여부를 확인하는데 필요한 자료의 제출을 요구할 수 있다.

제8조(주요출자자 요건) 영 제6조제4항 [별표1]제1호라목3)에서 "그 밖에 금융위원회가 정하는 건전한 금융거래질서를 해친 사실이 없을 것"이란 주요출자자가 금융기관인 경우 최근 3년간 금융위원회로부터 기관경고 이상의 조치를 받은 사실이 없는 경우(기관경고를 받은 후 최대주주 및 그 특수관계인인 주주 전체가 변경된 경우 제외)를 말하며 주요출자자가 금융회사의 임직원(전직 포함)인 경우 최근 3년간 금융위원회로부터 직무정지 또는 정직이상의 조치를 받은 사실이 없는 경우를 말한다.

제9조(자본금 또는 기본재산 감소의 신고) ① 영 제8조제1항 각 호의 사항을 신고하려는 경우에는 별지 제3호 서식에 따라 신고하여야 한다.

② 영 제8조제1항제1호에서 정하는 신고가 있는 경우에는 다음 각 호에서 정하는 기준에 적합한지 여부를 심사한다.

1. 자본금 또는 기본재산의 감소의 불가피성이 인정될 것
2. 채권자 보호에 지장을 줄 염려가 없을 것

③ 영 제8조제1항제2호에서 정하는 신고가 있는 경우에는 다음 각 호에서 정하는 기준에 적합한지 여부를 심사한다.

1. 회사의 건전한 경영을 저해하지 아니할 것
2. 법 및 다른 법령을 위반하지 아니할 것

제10조(경미한 사항의 보고) 영 제8조제2항 각 호의 사항을 보고하려는 경우에는 별지 제4호 서식에 따라 보고하여야 한다.

제11조(지배주주승인신청서 등) ① 법 제9조제1항에 따른 지배주주가 되고자 하는 자는 별지 제5호 서식에 따른 승인신청서(첨부서류를 포함한다) 금융위원회에 제출하여야 한다.

② 법 제9조제1항에 따른 금융위원회 승인의 효력은 신용정보회사의 지배주주가 되고자 하는 자가 승인을 받은 날로부터 6개월 이내에 당해 신용정보회사의 주식을 취득하지 아니하는 경우에는 소멸한다. 다만, 금융위원회의 승인 당시 주식취득기한을 따로 정하였거나 승인 후 주식취득기한의 연장에 대하여 금융위원회의 승인을 받은 경우에는 그 기간을 달리 정할 수 있다.

③ 신용정보회사의 지배주주가 되고자 하는 자가 법 제9조제1항에 따라 승인을 받은 후 주식을 취득한 때에는 그 사실을 10일 이내에 금융위원회에 보고하고 당해 신용정보회사에 통보하여야 한다.

④ 합병신주를 교부받아 신용정보회사의 지배주주가 되는 경우에는 법 제9조제1항에 따라 신용정보회사의 발행한 주식을 취득하여 지배주주가 되고자 하는 경우로 보지 아니한다.

⑤ 영 제9조제6항에 따른 흠의 보완기간은 30일이내에서 금융위원회가 정한 기간을 말한다.

제12조(휴업 또는 폐업의 신고) 규칙 제4조에 따른 휴업·폐업신고서는 별지 제6호 서식에 따른다.

제13조(겸업신고 등) ① 법 제11조에 따라 신용정보회사의 겸업신고가 있는 경우에는 규칙 제5조에 정한 요건에 적합한지 여부를 심사하여 수리한다.

② 규칙 제5조에 따라 겸업신고를 하고자 하는 자는 별지 제7호 서식에 따른 신청서를 제출하여야 한다.

제14조(임원의 겸직 금지) ① 법 제13조에 따라 신용정보회사의 상임임원의 겸직승인 신청이 있는 경우에는 다음 각 호에서 정하는 기준에 적합한지 여부를 심사하여 승인한다.

1. 상임임원의 겸직이 관련법규에 저촉되지 않을 것
2. 상임임원의 겸직이 당해 신용정보회사 및 관련회사의 경영합리화 또는 구조조정의 원활한 추진 등을 위해 불가피할 것

② 제1항에 따라 겸직승인 신청을 하는 경우에는 별지 제8호 서식에 따른 신청서를 제출하여야 한다.

제15조(수집·조사 및 처리의 위탁) ① 영 제14조제2항에서 정하는 자가 수집된 신용정보의 처리를 법 제17조제2항에 따라 위탁하고자 하는 경우에는 그 사실을 위탁계약체결 예정일로부터 7영업일 이전에 별지 제9호 서식에 따라 다음 각 호의 서류를 첨부하여 보고하여야 한다.

1. 신용정보 처리 위탁관련 계약서(법 제19조제2항에 따른 신용정보 보안관리 대책을 포함하여야 한다.) 사본
2. 위탁대상회사의 인력 및 물적시설에 대한 사항
3. 신용정보 처리 위탁의 기준
4. 신용정보 처리 위탁의 필요성 및 기대효과
5. 신용정보 처리 위탁에 따른 업무처리절차의 주요변경 내용

② 제1항에도 불구하고 다음 각 호의 어느 하나에 해당하는 경우에는 별지 제10호 서식에 따라 반기현황을 당해 연도 7월말 또는 다음 해 1월말까지 보고함으로써 제1항의 보고의무에 갈음한다.

1. 당해 신용정보회사등 또는 동일한 업무를 영위하는 다른 신용정보회사등이 이미 보고한 내용과 동일한 경우로서 위탁 상대방의 주된 업종이 동일한 경우
2. 이미 보고한 내용을 일부 변경하는 경우로서 변경되는 내용이 경미한 경우

제16조(정확성 확인을 위한 자료제출 요구) 신용정보집중기관 및 신용조회회사는 영 제15조제2항에 따라 등록되는 신용정보의 정확성을 점검하기 위하여 신용정보를 등록한 신용정보제공·이용자에게 정확성 여부를 입증할 수 있는 자료의 제출을 요청할 수 있다.

제17조(신용조회회사등의 신용정보 등록·변경·관리) ① 신용조회회사는 영 제2조제1항의 신용정보별로 등록·변경·관리 기준을 마련한다.

② 신용조회회사가 영 제15조제2항에 따라 등록되는 신용정보의 정확성과 최신성을 점검할 수 있는 기준 및 절차를 마련하는 경우에는 다음 각 호의 사항이 포함되어야 한다.

1. 신용정보를 등록하는 신용정보제공·이용자의 선별기준 및 신용정보를 등록하는 신용정보제공·이용자별 정보 등록 방식에 관한 사항
2. 사실과 다른 정보 또는 제18조 각 호의 기간이 만료된 정보의 등록시 제재에 관련한 사항
3. 조회한 목적에 일치하는 조회사유코드를 입력하도록 하는 등 신용조회기록의 정확성 점검에 관한 사항

제18조(오래된 신용정보의 등록 금지) 신용정보제공·이용자는 어음 및 수표의 부도거래정보를 제외한 영 제2조제1항제3호의 정보를 다음 각 호에서 정한 기간이 만료된 이후에는 신용정보집중기관 또는 신용조회회사에 등록할 수 없다.

1. 등록사유 발생일로부터 7년
2. 채권관련정보는 소멸시효가 완성된 날

제19조(오래된 신용정보의 삭제) ① 영 제15조제4항제5호에 따라 신용정보집중기관 및 신용조회회사는 다음 각 호에 따라 신용정보를 등록·관리하여야 한다.

1. 제2조의2제1호의 신용정보 : 채무재조정 약정일로부터 5년 이내

2. 제2조의2제2호의 신용정보 : 신용회복지원 확정일로부터 5년 이내

제20조(기술적·물리적·관리적 보안대책) 영 제16조제1항에 따라 신용정보회사등이 마련해야 할 기술적·물리적·관리적 보안대책의 구체적인 기준은 별표 3과 같다.

제21조(보안관리약정 체결) 신용정보제공·이용자가 다른 신용정보제공·이용자 또는 신용조회회사와 서로 개인신용정보를 제공하는 경우에는 법 제19조제2항에 따라 별표 4의 신용정보 보안관리 대책을 포함한 계약을 체결하여야 한다.

제22조(내부관리규정의 마련) 신용정보회사등은 법 제20조에 따라 다음 각 호의 사항이 포함된 내부관리규정을 구체적이고 상세하게 마련하여야 한다.

1. 개인신용정보 제공 및 이용에 관한 사항 등 신용정보의 수립, 처리 및 이용에 관한 세부절차
2. 신용정보집중기관의 경우 집중관리, 활용의 대상이 되는 신용정보의 종류 및 범위
3. 기술적·물리적·관리적 보안대책의 수립 및 실행
4. 신용정보의 열람 및 정정청구업무 처리절차
5. 자신이 제공하는 신용정보를 이용하는 자에 대하여 동 신용정보의 이용이 법, 영, 규칙 이 규정에 적합한지 여부의 점검절차와 위반시 제재
6. 신용정보관리·보호인의 지정 및 수행하는 업무
7. 신용정보 제공사실 통보업무 처리 절차
8. 상거래 거절 근거 신용정보 고지업무 처리절차
9. 동의철회권 등의 업무 처리절차
10. 신용정보의 정확하고 신속한 등록 및 보유한 정보의 정확성을 상시 점검할 수 있는 시스템
11. 신용정보처리 위탁의 기준
12. 그 밖에 법, 영, 규칙 및 이 규정에서 정한 사항의 세부적인 실행절차

제23조(폐업시 보유정보의 처리) 신용정보회사 또는 신용정보집중기관이 폐업을 하고자 하는 경우에는 「금융위원회의 설치 등에 관한 법률」 제29조제2항에 따른 금융감독원의 원장(이하 "감독원장"이라 한다)이 금융감독원 소속 직원 중에서 지명하는 자의 입회하에 다음 각 호의 자료를 처분, 소거 또는 폐기하여야 한다.

1. 신용정보 자료철 및 신용정보 관리대장
2. 신용정보 데이터베이스
3. 그 밖에 신용정보가 수록·보관된 파일등

제24조(공공단체의 범위등) 영 제19조제1항제1호부터 제3호까지에 따른 "금융위원회가 정하여 고시하는 기관"의 범위는 별표 5에 따른다.

제24조의2(공공기관 제공 신용정보의 등록 및 이용기준) ① 신용조회회사는 공공기관의 장에게 법 제23조제2항에 따라 종합신용정보집중기관이 공공기관으로부터 제공받은 신용정보를 종합신용정보집중기관을 통해 제공받을 것을 요청할 수 있다.

② 영 제19조제4항에 따라 공공기관이 종합신용정보집중기관에 제공하는 신용정보의 등록 및 이용기준은 별표 7과 같다.

제25조(신용정보집중기관 등록신청서) 영 제21조제1항에 따른 신용정보집중기관 등록신청서는 별지 제11호 서식에 따른다.

제25조의2(신용정보의 집중·관리기관) 영 제21조제2항제16호에서 "그 밖에 금융위원회가 정하여 고시하는 기관"이란 다음 각 호에 해당하는 기관을 말한다.

1. 「금융기관부실자산 등의 효율적 처리 및 한국자산관리공사의 설립에 관한 법률」에 따른 한국자산관리공사

2. 「상법」에 따라 설립된 주식회사 신용회복기금
3. 「휴면예금관리재단의 설립 등에 관한 법률」에 따른 휴면예금관리재단

제26조(신용정보의 등록 및 이용기준) ① 영 제21조제3항의 금융기관은 영 제21조제4항에서 정하는 집중관리·활용대상 신용정보를 집중관리하기에 적합한 형태로 처리하여 법 제25조제2항에 따른 종합신용정보집중기관에 등록하여야 한다.

② 영 제21조제7항에 따라 종합신용정보집중기관에 집중관리·활용되는 신용정보의 구체적인 등록 및 이용기준은 별표 6과 같다.

③ 신용정보집중기관에 정보를 제공하거나 이용하는 자는 신용정보집중기관이 정하는 바에 따라 전산매체 또는 서면으로 신용정보를 제공·이용하여야 한다.

제27조(위임직 채권추심인 자격요건) 영 제24조제1항제3호의 '그 밖에 제1호 및 제2호에 준하는 자격이 있다고 금융위원회가 인정한 사람'이란 법 제44조의 신용정보협회(이하 "협회"라 한다)가 주관하는 신용관리사 자격시험에 합격한 사람을 말한다.

제28조(신용정보협의회 협의·결정 사항의 보고) 법 제26조제3항에 따라 신용정보협의회가 협의·결정한 사항을 보고하는 경우에는 별지 제12호 서식에 따라 보고하여야 한다.

제29조(미성년자 고용 또는 채용가능 업무) 법 제27조제1항제1호 단서에서 "금융위원회가 정하는 업무"란 다음 각 호의 어느 하나에 해당하는 업무를 말한다.

1. 신용정보의 내부처리를 위한 자료의 작성, 입력 및 출력 등을 보조하는 업무
2. 법 제23조제1항 및 제2항에 따른 공공기관이 보유하는 신용정보로서 타인에게 제공되거나 공개되어도 신용정보주체에게 불이익을 초래할 우려가 없는 정보를 열람하거나 제공받는 업무

제30조(위임직채권추심인의 등록신청) ① 법 제27조제3항에 따라 채권추심회사가 그 소속 위임직채권추심인이 되려는 자를 등록하고자 하는 때에는 별지 제13호 서식에 따른 등록신청서를 협회의 장에게 제출하여야 한다.

② 제1항에 따른 등록신청서에는 소속 위임직채권추심인이 되고자 하는 자가 영 제25조제1항의 자격요건을 갖추었는지 여부를 확인할 수 있는 서류를 첨부하여야 한다.

③ 협회의 장이 위임직채권추심인 등록신청을 수리한 때에는 이를 별지 제14호 서식에 따른 위임직채권추심인등록부에 기재하고 그 사실을 채권추심회사에 지체없이 통지하여야 한다.

④ 위임직채권추심인의 등록에 관하여 필요한 세부사항은 협회의 장이 정한다.

제31조(위임직채권추심인 등록수수료) 규칙 제7조에 따른 등록 수수료 금액은위임직채권추심인 등록업무에 소요되는 인적·물적시설 비용 등을 감안하여 2만원이내에서 협회의 장이 정한다.

제32조(신용평가회사의 준수사항) ① 법 제29조제4항에 따라 신용평가회사가 교부하는 신용평가서에 첨부하여야 하는 "신용평가실적서등"이란 다음 각 호의 서류를 말한다.

1. 신용평가를 의뢰한 자의 재무상태·사업실적 등 현재의 상황 뿐만 아니라 사업위험·경영위험·재무위험 등 미래의 전망을 평가한 내용과 종합적인 평가의견을 기재한 서류(평가의견서)
2. 신용평가회사가 행한 신용평가에 대하여 연도별·업체별·신용등급별 원리금의 상환이행률을 기재한 서류(신용평가실적서)
3. 신용평가회사가 행한 신용평가에 대하여 연초 신용등급이 연말에 동일 또는 다른 신용등급으로 변동된 내용을 기재한 서류(신용등급변화표)
4. 신용평가회사가 행한 신용평가에 대하여 업체별·신용등급별로 기간 경과에 따라 해당기간 중에 부도등(원리금의 적기상환이 이루어지지 않거나 회사정리절차개시 또는 화의 신청 및 그 결정, 부도유예협약 적용이 있는 경우를 포함한다. 이하 이 절에서 같다)이 발생한 내용을 기재한 서류(평균누적부도율표)

② 법 제29조제5항에 따라 신용평가회사가 금융위원회에 제출하고, 「자본시장 및 금융투자업에 관한 법률」에 따른 한국거래소(이하 "한국거래소"라 한다) 및 금융투자협회(이하 "금융투자협회"라 한다)에 비치·공시하여야 하는 서류는 제1항제2호부터 제4호까지의 서류를 말한다.

③ 제2항에 따른 서류의 제출 및 비치·공시시기는 다음 각 호와 같다.

1. 제1항제2호의 서류는 매분기말 기준으로 작성하여 기준일부터 10일내
2. 제1항제3호 및 제4호의 서류는 매년말 기준으로 작성하여 기준일부터 20일내

④ 금융위원회는 제2항에 따른 서류의 접수 및 공시에 관한 사항을 감독원장에게 위임한다.

⑤ 제1항제2호부터 제4호까지의 서류의 작성방법은[별표10]부터 [별표12]까지에 따른다.

제33조(신용평가회사의 내부통제기준) 감독원장은 신용평가회사 내부통제기준을 구체화하기 위하여 "표준내부통제기준"을 정할 수 있다.

제33조의2(개인신용정보의 제공· 활용에 대한 동의) 영 제28조제1항 및 제5항에서 "영 제2조제1항제5호 자목의 신용정보로서 금융위원회가 정하여 고시하는 정보"는 제2조의2 제1호 및 제2호에 규정된 신용정보를 말한다.

제34조(개인신용정보의 제공·활용에 대한 동의) ① 영 제28조제1항제2호에 따라 "금융위원회가 정하는 정보"란 규칙 제2조제3항제1호부터 제3호까지 및 제7호의 정보 중에서 개인에 관한 정보를 말한다.

② 영 제28조제2항의 각 호의 내용에 변경이 있는 경우에는 인터넷 홈페이지에 게시 등을 통해 해당 신용정보주체에게 알려야 한다.

③ 감독원장은 법 제32조제1항 및 법 제33조제1호에 따라 해당 개인으로부터 동의를 받고자 하는 자가 참고할 수 있도록 "표준 개인신용정보 제공 동의서" 및 "표준 개인신용정보 이용 동의서"를 정할 수 있다.

④ 영 제29조제3항제3호에 따른 "금융위원회가 정하는 개인 비밀번호"란 다음 각 호의 비밀번호를 말한다.

1. 일회용비밀번호(OTP)
2. 금융회사에게 등록한 비밀번호와 금융회사로부터 지급받은 보안카드의 특정번호

제35조(개인신용정보의 조회에 대한 동의) ① 영 제28조제5항제2호에 따른 "금융위원회가 정하는 정보"란 규칙 제2조제3항제1호부터 제3호, 제6호 및 제7호의 정보 중에서 개인에 관한 신용정보를 말한다.

② 영 제28조제6항의 각 호의 내용에 변경이 있는 경우에는 인터넷 홈페이지에 게시 등을 통해 해당 신용정보주체에게 알려야 한다.

제36조(표준 조회동의서의 작성) 감독원장은 법 제32조제2항에 따라 해당 개인으로부터 동의를 받고자 하는 자가 참고할 수 있도록 "표준 개인신용정보 조회동의서"를 정할 수 있다.

제37조(조회동의 확인 방법) ① 신용조회회사 또는 신용정보집중기관이 법 제32조제2항에 따라 동의를 받았는지를 확인하고자 하는 경우에는 다음 각 호의 어느 하나의 방식으로 확인할 수 있다.

1. 동의서 사본을 제출받는 방식
2. 법 제32조제1항 제2호부터 제3호까지에 따른 방식
3. 개인신용정보를 제공받으려는 자로부터 해당 개인의 조회동의 사실을 확인하였다는 기록을 전자적으로 제공받는 방식

② 신용조회회사 또는 신용정보집중기관은 개인신용정보를 제공받으려는 자의 업태, 정보관리능력 등을 고려하여 제1항 각호의 방식 중 법 제32조제3항에 따른 확인업무를 적절하게 수행할 수 있다고 판단되는 방식을 선택하여야 한다.

③ 제1항제3호의 방식을 통해 동의를 받았는지 확인하는 신용조회회사 또는 신용정보집중기관은 사실 확인의 진위여부를 주기적으로 점검하여야 한다.

제38조(개인신용정보의 제공사실 통보 또는 공시) ① 영 제28조제9항제1호에 따라 개인신용정보 제공사실 등을

공시하고자 하는 경우에는 다음 각 호의 사항을 법 제31조에 따른 신용정보활용체제에 포함하여 공시하여야 한다.

1. 개인신용정보를 제공 또는 제공받는 사실
2. 개인신용정보를 제공 또는 제공받는 근거 법령
3. 개인신용정보를 제공 또는 제공받는 대상자
4. 개인신용정보를 제공 또는 제공받는 이유

② 영 제28조제9항제2호에 따라 개인신용정보 제공사실 등을 알리고자 하는 경우에는 다음 각 호의 사항을 서면, 전자우편, 인터넷 홈페이지 게시 등을 통해 해당 신용정보주체가 알 수 있도록 하여야 한다. 다만, 개인신용정보를 제공하려는 자가 본문의 방법에 따라 제공사실 등을 이미 알린 경우에는 개인신용정보를 제공받는 자는 그러하지 아니한다.

1. 개인신용정보 제공사실
2. 개인신용정보를 제공받는 대상자
3. 개인신용정보를 제공받는 이유

③ 영 제28조제9항제4호에 따라 개인신용정보 제공사실 등을 알리고자 하는 경우에는 정보를 제공한 날부터 10일 이내에 다음 각 호의 사항을 포함하여 서면, 전자우편, 인터넷 홈페이지게시 등을 통해 해당 신용정보주체가 알 수 있도록 하여야 한다. 다만 개인신용정보를 제공하는 자가 본문의 방법에 따라 제공사실 등을 알 수 있게 한 경우에는 개인신용정보를 제공받은 자는 그러하지 아니하다.

1. 제공하는 개인신용정보의 주요 내용
2. 개인신용정보를 제공하는 이유 및 일자
3. 개인신용정보를 제공받는 대상자

④ 제2항 및 제3항의 경우 인터넷 홈페이지를 통하여 게시하는 기간은 제공한 날부터 1년으로 하되, 제공기록은 3년간 보관하여야 한다.

제39조(개인신용정보 제공의뢰인의 확인) ① 신용정보회사등이 개인신용정보를 제공할 경우에는 의뢰인으로부터 의뢰인의 성명, 주민등록번호 및 주소(법인의 경우에는 법인명, 대표자의 성명 및 본점 소재지) 등의 인적사항과 정보이용목적이 기재된 의뢰서 및 이용목적을 확인할 수 있는 근거서류를 받아야 하며 다음 각 호의 증표 및 서류에 따라 의뢰인의 신원을 확인하여야 한다.

1. 의뢰인이 개인인 경우에는 주민등록증, 운전면허증 또는 성명, 주민등록번호 및 주소가 기재되고 사진이 첨부된 그 밖의 신분증명서
2. 의뢰인이 법인인 경우에는 법인의 대표자(또는 그로부터 위임받은 자)임을 확인할 수 있는 서류와 해당 개인의 신분증명서

② 신용정보집중기관이 신용정보제공·이용자 및 신용조회회사에게 개인신용정보를 제공하는 경우와 신용조회회사가 법 제2조제8호의 업무로 개인신용정보를 제공하는 경우에는 법 제20조제2항의 기록을 보유하는 것으로 제1항의 제공의뢰인 확인을 갈음한다.

제40조(신용정보제공사실의 통보요구 등) ① 영 제30조제2항에 따라 신용정보회사등이 신용정보주체의 요구에 따라 본인에 관한 신용정보 제공사실을 통보하는 경우에는 별지 제15호 서식에 따른다.

② 영 제30조제3항에 따라 신용정보회사등이 신용정보주체에게 받을 수 있는 수수료는 우편요금, 배송요금 등 통보에 직접 소요되는 비용의 범위에 한한다.

제41조(신용정보의 정정청구) ① 법 제38조제1항에 따라 신용정보주체가 신용정보회사등에 대하여 본인정보의 정정을 청구하고자 할 때에는 정정대상정보와 정정청구사유를 기재하여 서면 또는 신용정보회사등의 인터

넷홈페이지를 통해 신청하여야 한다.

② 정정청구를 받은 신용정보회사등은 사실여부의 조사·확인을 위하여 필요한 경우 신용정보주체에게 관련 증빙자료의 제시를 요청할 수 있다.

③ 신용정보집중기관 및 신용조회회사는 신용정보주체의 정정청구에 따른 사실 확인을 위하여 필요한 경우에는 당해 신용정보를 등록한 신용정보제공·이용자에게 등록된 정보의 사실 여부를 입증할 수 있는 자료를 요청할 수 있다.

제42조(시정요청서) 영 제33조제3항에 따른 시정요청은 별지 제16호 서식에 따른다.

제43조(시정조치 결과보고서) 신용정보회사등이 법 제38조제7항에 따라 시정조치를 한 경우에는 별지 제17호 서식에 따라 그 결과를 보고하여야 한다.

제44조(검사결과의 보고방법) 감독원장은 법 제45조제6항에 따른 결과보고를 하는 경우 「금융기관 검사 및 제재에 관한 규정」 제3장을 준용한다.

제45조(신용평가회사에 대한 적용특례) 신용평가회사(신용평가업무이외의 신용정보업을 허가받은 자는 신용평가업무에 한한다)에 대하여는 제6조제1항, 제17조부터 제19조까지, 제22조, 제26조, 제27조, 제37조부터 제40조를 적용하지 아니한다.

제46조(회계처리기준등) ① 신용정보회사는 회계처리 및 재무제표 작성에 관하여「주식회사의 외부감사에 관한 법률」제13조에 따른 회계처리기준을 따라야 한다.

② 신용정보회사는 결산재무제표와「주식회사의 외부감사에 관한 법률」제3조에 따른 감사인의 감사보고서를 사업연도말로부터 3개월 이내에 감독원장에게 제출하여야 한다.

③ 제2항에 따라 제출한 재무제표와 제1항에 따라 제출한 사업연도말 업무보고서가 일치하지 않는 경우에는 그 내용과 사유를 감독원장에게 보고하여야 한다.

제47조(세부사항) 감독원장은 이 규정의 시행에 필요한 세부사항을 정할 수 있다.

부 칙

제1조(시행일) 이 규정은 공고한 날부터 시행한다. 다만, 제11조제4항은 2001년 8월 1일부터, 제12조제1항은 2001년 10월 1일부터 시행한다.

제2조(경과조치) ① 이 규정 시행당시 종전의 관련규정에 따라 행한 조치는 이 규정에 따라 시행한 것으로 본다.

② 제11조제4항의 규정에 불구하고 2001년 1월 2일 전에 등록사유가 발생한 어음부도거래정보는 등록사유 발생일로부터 10년이 경과한 경우에는 10년이 경과한 날을 당해 신용정보의 해제 사유발생일로 본다.

제3조(다른 규정의 폐지 등) 이 규정 시행일로부터 신용정보업무운용규정은 폐지하고 증권업감독규정 제7편제4장(제7-28조 내지 제7-31조)은 삭제한다.

제4조(다른 규정과의 관계) 이 규정 시행당시 다른 규정 등에서 증권업감독규정 제7편 제4장의 규정에 의하여 금융감독위원회가 무보증사채 신용평가전문기관으로 지정한 신용평가회사를 인용한 경우에는 신용정보의 이용및보호에관한법률 제4조 및 제4조의2 규정에 의하여 금융감독위원회가 허가한 신용평가업자를 인용한 것으로 본다.

[별지 제1호 서식] 신용정보업허가신청서(제5조제1항 관련)

(앞면)

<table>
<tr><td colspan="4">신용정보업 허가신청서</td><td colspan="2">처리기간
: 30일</td></tr>
<tr><td rowspan="3">신청인</td><td>성명(대표자)</td><td></td><td colspan="2">주민등록번호</td><td></td></tr>
<tr><td>상호 또는 명칭</td><td colspan="4">(전화번호)</td></tr>
<tr><td>본점 및 영업소의
소재지</td><td></td><td>자본금 또는
기본재산</td><td colspan="2"></td></tr>
<tr><td>법인의 목적</td><td colspan="5"></td></tr>
<tr><td>허가받고자
하는 업무</td><td colspan="5"></td></tr>
<tr><td colspan="6">「신용정보의 이용 및 보호에 관한 법률 시행령」제4조제1항에 따라 위와 같이 신청합니다.
2000년 00월 00일
신청인 _____ 서명 또는 인
금융위원회 위원장 귀하</td></tr>
<tr><td colspan="5">※구비서류
1. 정관 및 법인등기부등본 1부.
2. 재무제표 1부.
3. 2년간의 사업계획서 및 예상수지계산서 1부.
4. 자본금 또는 기본재산의 지분을 기재한 서류 1부.
5. 발기인총회의사록(이사회의사록) 사본 1부.
6. 출자 및 주주관계 확인서류 1부.
7. 합작계약서(합작법인인 경우) 사본 1부.
8. 그 밖에 출자자, 인적·물적·전문성 등 확인서류(확인서 및 입증서류 등)</td><td>수수료
없음</td></tr>
</table>

(뒷면)

<table>
<tr><td colspan="2">대표자 및 임원에 관한 사항</td><td></td></tr>
<tr><td colspan="2">인력에 관한 사항</td><td></td></tr>
<tr><td rowspan="2">물적 시설에
관한 사항</td><td>정보처리·정보통신설비 /
전산설비 및 자료관리체계</td><td></td></tr>
<tr><td>그밖의 시설</td><td></td></tr>
</table>

[별지 제2호 서식] 신용정보업 변경허가신청서(제5조제2항 관련)

<table>
<tr><td colspan="4">신용정보업 변경허가신청서</td><td>처리기간
: 30일</td></tr>
<tr><td rowspan="3">신청인</td><td>성명(대표자)</td><td></td><td>신용정보업허가일자</td><td>0000년 00월 00일</td></tr>
<tr><td>상호 또는 명칭</td><td></td><td>허가번호</td><td></td></tr>
<tr><td>본점 소재지</td><td colspan="3"></td></tr>
<tr><td>변경
사항</td><td colspan="4"></td></tr>
<tr><td colspan="5">「신용정보의 이용 및 보호에 관한 법률 시행령」 제4조제1항에 따라 위와 같이 신청합니다.

2000년 00월 00일
신청인 _____ 서명 또는 인

금융위원회 위원장 귀하</td></tr>
<tr><td colspan="4" rowspan="2">※구비서류
1. 변경사항을 확인할 수 있는 서류 1부</td><td>수수료</td></tr>
<tr><td>없음</td></tr>
</table>

[별지 제3호 서식] 허가사항변경신고서(제9조제1항 관련)

<table>
<tr><td colspan="4" rowspan="2">허가사항 변경 신고서</td><td>처리기간</td></tr>
<tr><td>15일</td></tr>
<tr><td rowspan="3">신청
인</td><td>성명(대표자)</td><td></td><td>신용정보업
허가일자</td><td>0000년 00월 00일</td></tr>
<tr><td>상호 또는 명칭</td><td></td><td>허가번호</td><td></td></tr>
<tr><td>본점소재지</td><td></td><td></td><td></td></tr>
<tr><td>변경
사항</td><td colspan="4">1. □ 자본금 또는 기본재산의 감소
2. □ 상호 등 정관의 변경</td></tr>
<tr><td>변경
사유</td><td colspan="4"></td></tr>
<tr><td colspan="5">「신용정보의 이용 및 보호에 관한 법률 시행령」제8조제1항에 따라 위와 같이 신고합니다.

0000년 00월 00일
신청인 ____________서명 또는 인

금융감독원장 귀하</td></tr>
<tr><td colspan="4" rowspan="2">※ 구비서류
1. 변경사항을 확인할 수 있는 서류</td><td>수수료</td></tr>
<tr><td>없음</td></tr>
</table>

[별지 제4호 서식] 허가사항 변경보고서(제10조 관련)

<table>
<tr><td colspan="4" rowspan="2">허가사항 변경 보고서</td><td>처리기간</td></tr>
<tr><td>15일</td></tr>
<tr><td rowspan="3">보고자</td><td>성명(대표자)</td><td></td><td>신용정보업 허가일자</td><td>0000년 00월 00일</td></tr>
<tr><td>상호 또는 명칭</td><td></td><td>허가번호</td><td></td></tr>
<tr><td>본점소재지</td><td></td><td></td><td></td></tr>
<tr><td>변경사항</td><td colspan="4">1. □ 대표자 및 임원의 변경
2. □ 법령의 개정내용을 반영하거나 법령에 의하여 인·허가 받은 내용을 반영하는 사항
3. □ 정관의 변경 중 정관의 실질적인 내용이 변경되지 아니하는 조문체제의 변경, 자구수정 등</td></tr>
<tr><td>변경사유</td><td colspan="4"></td></tr>
<tr><td colspan="5">「신용정보의 이용 및 보호에 관한 법률 시행령」제8조제2항에 따라 위와 같이 보고합니다.

0000년 00월 00일
보고자 ____________서명 또는 인

금융감독원장 귀하</td></tr>
<tr><td colspan="4">※ 구비서류
1. 변경사항을 확인할 수 있는 서류</td><td>수수료
없음</td></tr>
</table>

[별지 제5호 서식] 지배주주 변경승인신청서(제11조 관련)

<table>
<tr><td>1. 신청인에 관한 사항
- 상호(성명), 업종, 국적, 사업자등록번호(주민등록번호), 본점소재지(주소지) 등</td></tr>
<tr><td>2. 지배주주가 되려는 자의 주식취득대상 신용정보회사가 발행한 주식의 소유현황
(주식수, 지분율, 취득방법, 취득금액 등)</td></tr>
<tr><td>3. 지배주주가 되려는 자의 주식취득대상 신용정보회사가 발행하였거나 발행할 주식의 취득계획(발행회사명 및 개황, 주식취득 목적, 취득하고자 하는 주식수, 지분율, 예정시기, 취득방법 등)</td></tr>
<tr><td>■ 첨부서류
1. 정관(이에 준하는 것을 포함하며, 법인의 경우에 한한다) 1부
2. 외국 기업의 경우에는 법인등기부 등본에 준하는 서류 1부
3. 최근 사업연도말 현재 재무제표 및 최근 사업연도말 이후 반기가 경과한 경우 반기재무제표(법인의 경우에 한한다) 1부
4. 제3호에 따른 재무제표에 대한 회계감사인의 감사보고서·검토보고서 1부
5. 지배주주가 되려는 자가 금융회사인 경우 그 금융기관에 적용되는 재무건전성 기준에 따라 산출한 재무상태 및 이에 대한 회계감사인의 검토보고서 1부
6. 상호출자제한기업집단 또는 주채무계열에 속하는 경우 그 소속기업 중 금융회사를 제외한 기업의 부채비율 산출내역서(최근 사업연도말 이후 승인신청일까지의 자기자본 변동내역서 포함) 및 회계감사인의 검토보고서 1부
7. 그밖에 신청사실의 타당성을 심사하기 위하여 필요한 서류
※ 영문제출가능서류는 영문, 국문서류를 함께 제출</td></tr>
<tr><td>「신용정보의 이용 및 보호에 관한 법률」 제9조제1항에 따라
위와 같이 지배주주의 변경승인을 신청합니다.

년 월 일

신청인(대리인) 서명 또는 인

금융위원회 위원장 귀하</td></tr>
</table>

[별지 제6호 서식] 휴·폐업신고서(제12조 관련)

<table>
<tr><td colspan="3" rowspan="2">신용정보업(휴업, 폐업) 신고서</td><td>처리기간</td></tr>
<tr><td>즉시</td></tr>
<tr><td>상호</td><td></td><td>허가번호 및 일자</td><td></td></tr>
<tr><td>본점소재지</td><td></td><td></td><td></td></tr>
<tr><td>휴업기간</td><td>0000년 0월 0일부터
0000년 0월 0일까지</td><td>폐업연월일</td><td>0000년 0월 0일</td></tr>
<tr><td>사유</td><td colspan="3"></td></tr>
<tr><td colspan="4">「신용정보의 이용 및 보호에 관한 법률 시행규칙」제4조에 따라 (휴업, 폐업) 하였기에 위와 같이 신고합니다.

0000년 00월 00일
신청인 _______ 서명 또는 인

금융감독원장 귀하</td></tr>
<tr><td colspan="3" rowspan="2">※ 첨부서류
신용정보업 허가증</td><td>수수료</td></tr>
<tr><td>없음</td></tr>
</table>

[별지 제7호 서식] 겸업신고서(제13조제2항 관련)

<table>
<tr><td colspan="4">신용정보회사의 겸업신고서</td><td>처리기간
: 15일</td></tr>
<tr><td rowspan="4">신
청
인</td><td>법인명칭</td><td></td><td>대표자</td><td></td></tr>
<tr><td>법인주소</td><td></td><td></td><td></td></tr>
<tr><td>임원성명</td><td></td><td>주민등록번호</td><td></td></tr>
<tr><td>소속기관</td><td></td><td></td><td></td></tr>
<tr><td colspan="2">신고하고자 하는
업무 및 업무방법</td><td colspan="3"></td></tr>
<tr><td colspan="5">「신용정보업감독규정」제13조제2항에 따라 위와 같이 신고합니다.

0000년 00월 00일
신청인 _____ 서명 또는 인

금융감독원장 귀하</td></tr>
<tr><td colspan="4" rowspan="2">※ 구비서류
1. 겸업업무의 예상 영업규모, 손익전망 등에 비추어 해당 신용정보회사의 건전경영을 저해할 염려가 없고 수익기반 확충에 기여할 수 있는지 여부
2. 겸업업무가 관련법령에 따라 행정관청의 인가·허가·등록 및 승인 등의 조치가 필요한 경우 해당 인가·허가·등록 및 승인 등을 받았음을 증명할 수 있는 서류 또는 확약서
3. 겸업업무를 수행함에 따라 발생할 수 있는 이해상충 및 불공정행위 방지를 위하여 필요한 조직, 전문인력 및 적절한 업무체계를 증명할 수 있는 서류 또는 확약서</td><td>수수료</td></tr>
<tr><td>없음</td></tr>
</table>

[별지 제8호 서식] 신용정보회사 상임임원의 겸직승인 신청서(제14조제2항 관련)

<table>
<tr><td colspan="5">신용정보회사 상임임원의 겸직승인 신청서</td><td>처리기간
: 15일</td></tr>
<tr><td rowspan="5">신
청
인</td><td>성명</td><td></td><td rowspan="5">겸
직
대
상
법
인</td><td>상호</td><td></td></tr>
<tr><td>주민등록번호</td><td></td><td>주소</td><td></td></tr>
<tr><td>소속</td><td></td><td>업종</td><td></td></tr>
<tr><td>직위</td><td></td><td>대표자</td><td></td></tr>
<tr><td>연락처</td><td></td><td>법인번호</td><td></td></tr>
<tr><td colspan="2">겸직하고자
하는 업무</td><td colspan="4"></td></tr>
<tr><td colspan="2">겸직 사유</td><td colspan="4"></td></tr>
<tr><td colspan="6">「신용정보업감독규정」제14조제2항에 따라 위와 같이 신청합니다.

0000년 00월 00일
신청인 ______ 서명 또는 인

금융감독원장 귀하</td></tr>
<tr><td colspan="5" rowspan="2">※ 구비서류</td><td>수수료</td></tr>
<tr><td>없음</td></tr>
</table>

[별지 제9호 서식] 신용정보 처리위탁보고(제15조제1항 관련)

신용정보 처리 위탁 보고

문서번호 : 년 월 일
수 신 : 금융감독원장
참 조 :

「신용정보업감독규정」제15조제1항에 따라 신용정보 처리의 위탁계획을 아래와 같이 보고합니다.

계약건명	
계약상대방 (개인인 경우 계약당사자수)	
계약기간	
계약내용	

※ 첨부서류
1. 신용정보 처리 위탁관련 계약서(법 제19조제2항에 따른 신용정보 보안관리대책 포함) 사본
2. 위탁대상회사의 인력 및 물적시설에 대한 사항
3. 신용정보 처리 위탁의 기준
4. 신용정보 처리 위탁의 필요성 및 기대효과
5. 신용정보 처리 위탁에 따른 업무처리절차의 주요변경 내용

대표이사 _____ 서명 또는 (인)

[별지 제10호 서식] 반기별 신용정보 처리위탁 현황보고(제15조제2항 관련)

년도 상(하)반기 신용정보 처리의 위탁 현황보고

문서번호 : 년 월 일
수 신 : 금융감독원장
참 조 :

「신용정보업감독규정」제15조제2항에 따라 ____년 상(하)반기 중 신용정보 처리의 위탁 현황(제15조제1항에 따른 사전보고사항 제외)에 대하여 아래와 같이 보고합니다.

계약건명	
계약상대방 (개인인 경우 계약당사자수)	
계약기간	
계약내용	
계약의 필요성 및 기대효과	
사전보고대상에서 제외한 사유	

대표이사 _____ 서명 또는 (인)

[별지 제11호 서식] 신용정보집중기관등록신청서(제25조 관련)

<table>
<tr><td colspan="3">신용정보집중기관 등록신청서</td><td>처리기간
30일</td></tr>
<tr><td rowspan="3">신청인</td><td>집중기관명</td><td></td><td></td></tr>
<tr><td>대표자</td><td></td><td></td></tr>
<tr><td>소재지</td><td></td><td></td></tr>
<tr><td colspan="2">집중정보의 범위</td><td></td><td></td></tr>
<tr><td colspan="2">교환대상자</td><td></td><td></td></tr>
<tr><td colspan="4">「신용정보의 이용 및 보호에 관한 법률 시행령」제21조제1항에 따라 위와 같이 신청합니다.

0000년 00월 00일
신청인 ________ 서명 또는 (인)

금융위원회 위원장 귀하</td></tr>
<tr><td colspan="3" rowspan="2">※ 첨부서류
1. 정관 및 법인등기부등본
2. 집중관리·활용하고자 하는 신용정보의 범위 및 교환대상자
3. 집중관리·활용의 필요성</td><td>수수료</td></tr>
<tr><td>없음</td></tr>
</table>

[별지 제12호 서식] 신용정보협의회의 협의·결정 사항의 보고(제28조 관련)

<table>
<tr><td colspan="2">신용정보협의회의 협의·결정 사항의 보고</td><td>처리기간
15일</td></tr>
<tr><td>협의
·
결정
사항</td><td colspan="2">1. 협의·결정 일자

□
2. 협의·결정 내용

□
□</td></tr>
<tr><td colspan="3">「신용정보의 이용 및 보호에 관한 법률」제26조에 따라 위와 같이 보고합니다.

0000년 00월 00일
보고자 ____________서명 또는 인

금융감독원장 귀하</td></tr>
<tr><td colspan="2">※ 구비서류
협의·결정과 관련된 서류</td><td>수수료
없음</td></tr>
</table>

[별지 제13호 서식] 위임직채권추심인 등록신청서(제30조제1항 관련)

<table>
<tr><td colspan="5">위임직채권추심인 등록 신청서</td></tr>
<tr><td rowspan="3">자 격 구 분
(☑ 표시)</td><td>☐ 신용관리사</td><td colspan="3">자격증 번호 (   )</td></tr>
<tr><td rowspan="2">☐ 경력자</td><td>경력</td><td colspan="2">○ 경력기관 :
○ 경력기간 :</td></tr>
<tr><td>연수</td><td colspan="2">○ 연수기관 :
○ 연수기간 :</td></tr>
<tr><td>회 사 명</td><td colspan="4"></td></tr>
<tr><td>성 명</td><td colspan="2"></td><td>연 락 처</td><td></td></tr>
<tr><td>주민등록번호</td><td colspan="4"></td></tr>
<tr><td>주 소</td><td colspan="4">☐☐☐ - ☐☐☐</td></tr>
<tr><td colspan="4" rowspan="2">「신용정보업감독규정」제30조제1항에 따라 위와 같이 위임직채권추심인 등록을 신청합니다.

년 월 일
신청인 (인)

사단법인 신 용 정 보 협 회 장 귀 하</td><td>수수료</td></tr>
<tr><td></td></tr>
<tr><td colspan="5">※ 첨부서류
자격요건을 갖추었는지 여부를 확인할 수 있는 서류
※ 위 내용의 변경이 없는 범위 안에서 전산파일 형태로 제출할 수 있습니다.</td></tr>
</table>

[별지 제14호 서식] 위임직채권추심인 등록부(제30조제3항 관련)

<table>
<tr><td colspan="5">【 신 상 정 보 】</td></tr>
<tr><td>성 명</td><td colspan="3"></td><td rowspan="4">사 진</td></tr>
<tr><td>주민번호</td><td colspan="3"></td></tr>
<tr><td>연 락 처</td><td colspan="3"></td></tr>
<tr><td>소속회사</td><td colspan="3"></td></tr>
<tr><td>등록번호</td><td></td><td>등록 일자</td><td colspan="2"></td></tr>
<tr><td rowspan="4">자격 구분</td><td rowspan="2">☐ 신용관리사</td><td colspan="3">자격증 번호 ( )</td></tr>
<tr><td colspan="3">합격일(년 월 일) ____회차</td></tr>
<tr><td rowspan="2">☐ 경력자</td><td>경력</td><td colspan="2">○ 경력기관 :
○ 경력기간 :</td></tr>
<tr><td>연수</td><td colspan="2">○ 연수기관 :
○ 연수기간 :</td></tr>
<tr><td>주 소</td><td colspan="4">☐☐☐ - ☐☐☐</td></tr>
<tr><td colspan="5">【 변경 사항 】</td></tr>
<tr><td>연 월 일</td><td colspan="4">내 용</td></tr>
<tr><td></td><td colspan="4"></td></tr>
<tr><td></td><td colspan="4"></td></tr>
<tr><td></td><td colspan="4"></td></tr>
<tr><td></td><td colspan="4"></td></tr>
</table>

[별지 제15호 서식] 신용정보제공사실통보서(제40조제1항 관련)

신용정보 제공사실 통보서

__________ 귀하 [주민(법인)등록번호 : -]

「신용정보의 이용 및 보호에 관한 법률」제35조에 따라 년 월 일(통보요구일)부터 최근 1년간 제3자 또는 본인에게 귀하의 신용정보를 제공(직접 제공한 경우에 한함)한 내역을 다음과 같이 통보합니다.

■ 신용정보 제공내역

일자	이용자	이용목적	주요내용

* 기재내용에 대한 상세 설명내용 별도 첨부

본 통보내용이 사실과 다르거나 기타 문의사항이 있으신 경우에는 아래 담당자에게 연락하여 주시기 바랍니다.

20 . . .

○○○○㈜ 대표이사 (인)

담 당 자	직위 : 성명 : (전화번호 :)
영업점 주소	

〈첨부-예시〉

□ 이용자의 범위

○ 이용자는 금융회사, 신용정보집중기관, 신용정보회사, 공공기관, 그밖에 신용정보제공·이용자, 본인 등 당해 신용정보주체의 신용정보를 제공받은 자를 모두 포함한다는 사실 기재

□ 이용목적의 종류별 안내

○ 여신심사, 신용카드발급, 신용상황변동확인, 신용정보 집중(수집), 채권추심, 신용조사, 고용, 민원처리, 재판, 수사, 본인조회 등으로 구분

○ 종류별로 세부 설명을 기술할 것

(예) 여신심사 : 대출, 지급보증 등의 신규 취급, 기간연장, 한도변경, 여신사후관리 등을 위해 신용정보를 조회

□ 주요내용의 종류별 안내

○ 식별정보, 신용거래정보, 신용능력정보, 공공기록정보, 신용등급(평점)정보, 신용조회정보 등으로 구분

○ 종류별로 세부 설명을 기술할 것

□ 그밖의 안내 사항

○ 그밖에 본 통보내용과 관련하여 신용정보주체에게 안내할 필요가 있는 내용 기재

[별지 제16호 서식] 신용정보시정요청서(제42조 관련)

<table>
<tr><td colspan="4">신용정보 시정요청서</td><td>처리기간 : 15일</td></tr>
<tr><td rowspan="2">요청인</td><td>성명</td><td></td><td>주민등록번호</td><td></td></tr>
<tr><td>주소</td><td></td><td></td><td></td></tr>
<tr><td colspan="2">열람 및 정정청구기관</td><td></td><td></td><td></td></tr>
<tr><td colspan="2">시정요청내용</td><td></td><td></td><td></td></tr>
<tr><td colspan="5">「신용정보의 이용 및 보호에 관한 법률」제38조제4항에 따라 위와 같이 요청합니다.

0000년 00월 00일
신청인 ______ 서명 또는 (인)

금융감독원장 귀하</td></tr>
<tr><td colspan="4" rowspan="2">※ 첨부서류
1. 정정청구를 한 내용을 기재한 서면 1부
2. 정정청구에 대한 처리결과 통지서 1부
3. 문제가 된 신용정보의 사실여부를 확인할 수 있는 서류 1부</td><td>수수료</td></tr>
<tr><td>없음</td></tr>
</table>

[별지 제17호 서식] 시정조치 결과보고서(제43조 관련)

<table>
<tr><td colspan="4" rowspan="2">시정조치 결과보고서</td><td>처리기간</td></tr>
<tr><td>15일</td></tr>
<tr><td rowspan="3">보고자</td><td>상호</td><td></td><td>신용정보업
허가일자</td><td>0000년 00월 00일</td></tr>
<tr><td>대표자</td><td></td><td>허가번호</td><td></td></tr>
<tr><td>본점 소재지</td><td colspan="3"></td></tr>
<tr><td>보고
내용</td><td colspan="4">1. 시정요청 내용

2. 발생사유

3. 시정조치 내용</td></tr>
<tr><td colspan="5">「신용정보의 이용 및 보호에 관한 법률」제38조에 따라 위와 같이 보고합니다.

0000년 00월 00일
보고자 ____________서명 또는 인

금융감독원장 귀하</td></tr>
<tr><td colspan="4" rowspan="2"></td><td>수수료</td></tr>
<tr><td>없음</td></tr>
</table>

[별표1] 신용조회업무 허가 또는 신용정보집중기관 등록에 필요한 정보처리·정보통신설비 요건(제6조제1항 관련)

구성	세부 요건
시스템 구성	1. 시스템 구성에 다음 항목을 포함할 것 • D/B서버, 통신서버, 보안서버 • WEB서버(인터넷서비스를 제공할 경우에 한함) • 저장장치 • 그밖에 주변장치 2. 백업 및 복구시스템 3. 시스템 보안 및 시설 보안을 포함한 보안관리 체계
시스템 성능	1. 보유정보를 절절하게 처리할 수 있는 성능을 갖출 것 2. 온라인서비스 또는 공중통신망을 통한 정보의 수집 및 제공을 적절하게 처리할 수 있는 성능을 갖출 것 3. 백업 및 복구작업이 최소한의 시간내에 가능할 것
보안체계	1. 방화벽(Fire-Wall)을 갖출 것 2. 침입탐지제어시스템(IDS)를 갖출 것 3. 내부네트워크와 신용조회네트워크를 분리·운용할 것 4. 정보이용자 확인 체계(사용자 인증)를 갖출 것 5. 데이터 암호화처리 체계를 갖출 것 6. 외부침입 방지, 출입자관리 통제 및 데이터 반출입 통제에 대한 대책을 강구할 것 7. 백업 및 소산관리 대책을 강구할 것
운용능력	1. 시스템 운용능력을 갖출 것 2. 프로그램 개발능력을 갖출 것

[별표 2] 신용평가업무 허가에 필요한 전산설비 및 자료관리체제(제6조제2항 관련)

1. 전산설비

구분	세부 요건
시스템 구성	1. 시스템 구성에 다음 항목을 포함할 것 • D/B서버, 통신서버, 보안서버 • WEB서버 (인터넷 서비스를 제공할 경우에 한함) • 저장장치 • 기타 주변장치 2. 백업 및 복구시스템 3. 시스템 보안 및 시설 보안을 포함한 보안관리 체계
시스템 성능	1. 보유정보를 적절하게 처리할 수 있는 성능을 갖출 것 2. 온라인서비스 또는 공중통신망을 통한 정보의 수집 및 제공이 적절하게 처리할 수 있는 성능을 갖출 것 3. 백업 및 복구작업이 최소한의 시간내에 가능할 것
보안체계	1. 방화벽(Fire-Wall)을 갖출 것 2. 정보이용자 확인 체계(사용자 인증)를 갖출 것 3. 외부침입 방지, 출입자관리 통제 및 데이터 반출입 통제에 대한 대책을 강구할 것 4. 백업 및 소산관리 대책을 강구할 것
운용능력	1. 시스템 운용능력을 갖출 것 2. 프로그램 개발능력을 갖출 것

2. 자료관리체제

구분	세부 요건
신용평가 기초자료	1. 산업·기업의 재무상태, 사업실적, 경제동향 등 각종자료의 수집·정리·가공등의 적정성 및 최신성 유지를 위한 data base를 구축할 것 2. 평가대상기업 내부자료의 비밀유지를 위한 관리체제를 구축할 것
신용 평가모형	산업별·업종별로 세분화된 합리적인 신용평가모형을 갖추고 있을 것
신용 평가결과	신용평가 결과에 대한 data base를 구축할 것

[별표3] 기술적·물리적·관리적 보안대책 마련 기준(제20조 관련)

I. 목 적

이 기준은 영 제16조제1항에서 정하는 신용정보의 기술적·물리적·관리적 보안대책과 관련된 구체적인 기준을 정함을 목적으로 한다.

II. 기술적·물리적 보안대책

1. 접근통제

① 신용정보회사등은 개인신용정보를 처리할 수 있도록 체계적으로 구성한 데이터베이스시스템(이하 "신용정보처리시스템"이라 한다)에 대한 접근권한을 서비스제공을 위하여 필요한 최소한의 인원에게만 부여한다.
② 신용정보회사등은 전보 또는 퇴직 등 인사이동이 발생하여 개인신용정보취급자가 변경되었을 경우 지체 없이 개인신용정보처리시스템의 접근권한을 변경 또는 말소한다.
③ 신용정보회사등은 제1항 및 제2항에 따른 권한 부여, 변경 또는 말소에 대한 내역을 기록하고, 그 기록을 최소 3년간 보관한다.
④ 신용정보회사등은 개인신용정보처리시스템을 침입차단시스템과 침입탐지시스템을 설치하여 보호한다.
⑤ 신용정보회사등은 이용자 및 개인신용정보취급자가 생일, 주민등록번호, 전화번호 등 추측하기 쉬운 숫자를 패스워드로 이용하지 않도록 패스워드 작성규칙을 수립하고 이행한다.
⑥ 신용정보회사등은 취급중인 개인신용정보가 인터넷 홈페이지, P2P, 공유설정 등을 통하여 열람 권한이 없는 자에게 공개되지 않도록 개인신용정보처리시스템 및 개인신용정보취급자의 PC를 설정한다.

2. 접속기록의 위·변조방지

① 신용정보회사등은 개인신용정보취급자가 개인신용정보처리시스템에 접속하여 개인신용정보를 처리한 경우에는 처리일시, 처리내역 등 접속기록을 저장하고 이를 월 1회 이상 정기적으로 확인·감독한다.

② 신용정보회사등은 개인신용정보처리시스템의 접속기록이 위·변조되지 않도록 별도 저장장치에 백업 보관한다.

3. 개인신용정보의 암호화

① 신용정보회사등은 패스워드, 생체정보 등 본인임을 인증하는 정보에 대해서는 복호되지 아니하도록 일방향 암호화하여 저장한다.

② 신용정보회사등은 정보통신망을 통해 이용자의 개인신용정보 및 인증정보를 송·수신할 때에는 보안서버 구축 등의 조치를 통해 이를 암호화해야 한다. 보안서버는 다음 각 호의 어느 하나의 기능을 갖추어야 한다.

1. 웹서버에 SSL(Secure Socket Layer) 인증서를 설치하여 개인신용정보를 암호화하여 송·수신하는 기능
2. 웹서버에 암호화 응용프로그램을 설치하여 개인신용정보를 암호화하여 송·수신하는 기능

③ 신용정보회사등은 이용자의 개인신용정보를 PC에 저장할 때에는 이를 암호화해야 한다.

4. 컴퓨터바이러스 방지

① 신용정보회사등은 개인신용정보처리시스템 및 개인신용정보취급자가 개인신용정보 처리에 이용하는 정보기기에 컴퓨터바이러스, 스파이웨어 등 악성프로그램의 침투 여부를 항시 점검·치료할 수 있도록 백신소프트웨어를 설치한다.

② 제1항에 따른 백신 소프트웨어는 월 1회 이상 주기적으로 갱신·점검하고, 바이러스 경보가 발령된 경우 및 백신 소프트웨어 제작 업체에서 업데이트 공지가 있는 경우에는 즉시 최신 소프트웨어로 갱신·점검한다.

5. 출력·복사시 보호조치

① 신용정보회사등은 개인신용정보처리시스템에서 개인신용정보의 출력시(인쇄, 화면표시, 파일생성 등) 용도를 특정하여야 하며, 용도에 따라 출력 항목을 최소화 한다.

② 신용정보회사등은 개인신용정보를 조회(활용)하는 경우 조회자의 신원, 조회일시, 대상정보, 목적, 용도 등의 기록을 관리하여야 하며, 개인신용정보를 디스켓, 콤팩트디스크 등 이용가능한 저장 매체에 저장하거나 이메일 등의 방법으로 외부에 전송하는 경우에는 개인신용정보취급자의 사전 승인을 받아야 한다.

③ 개인신용정보취급자는 제1항 및 제2항의 준수에 필요한 내부시스템을 구축하여야 하며 사전 승인시 승인신청자에게 관련 법령 준수여부를 주지시켜야 한다.

III. 관리적 보안대책

1. 신용정보관리·보호인

① 신용정보관리·보호인은 다음 각 호의 업무를 담당한다.

1. 신용정보 관리·보호 관련 내부관리규정의 제·개정
2. 신용정보 관리·보호 관련 고충의 처리
3. 임·직원의 신용정보 관리·보호 관련 법령 및 내부관리규정 등의 준수여부 점검
4. 법에 따른 신용정보주체의 권리 행사에 대한 성실한 이행 여부 점검

5. 임·직원 대상의 신용정보 관리·보호 관련 교육 실시

② 신용정보관리·보호인은 제1항의 업무처리에 따른 기록을 3년간 보존하며, 점검결과를 경영진에 보고하고 업무처리절차에 적절히 반영하여야 한다.

2. 개인신용정보의 조회권한 구분

① 신용정보 관리·보호인은 개인신용정보 조회 권한이 직급별·업무별로 차등 부여되도록 하여야 한다.

② 신용정보회사등은 개인신용정보의 조회기록에 대하여는 다음 각 호에 따라 주기적으로 그 적정성 여부를 점검하여야 하며, 점검결과를 업무에 반영하여야 한다.

1. 종업원의 개인신용정보 취급상황을 확인할 수 있는 수단 및 이의 점검·감사체제 정비
2. 개인신용정보 이상 과다 조회 부서 및 직원등에 대해 수시 점검 실시

가. 조회 권한을 초과하여 고객 정보 조회를 일정횟수 이상 시도한 직원에 대한 통제장치 마련

나. 영업점 및 신용정보 관리부서의 고객 신용정보 조회 건수에 대해 정기적으로 점검하고 조회건수가 평소보다 급증한 부서 및 직원들을 샘플링하여 점검 실시

③ 신용정보 관리·보호인은 신용정보제공·이용자가 입력하는 조회사유코드의 정확성 등 신용조회기록의 정확성을 점검하여야 한다.

3. 제재기준 마련

신용정보회사등은 개인신용정보 오·남용에 대한 자체 제재기준 마련하여야 한다.

[별표4] 신용정보제공계약에 포함될 신용정보 보안관리 대책(제21조 관련)

1. 신용정보제공ㆍ이용자간에 신용정보를 제공하는 경우
 가. 제공되는 신용정보의 범위 및 제공·이용 목적
 나. 제공된 신용정보의 업무목적외 사용 및 제3자앞 제공 금지에 관한 사항
 다. 제공된 신용정보의 이용자 제한 및 전담 관리자 지정에 관한 사항
 라. 신용정보제공·이용자간 신용정보 송수신시 정보유출 방지에 관한 사항
 마. 신용정보의 사용·보관 기간 및 동 기간 경과 후 신용정보의 폐기·반납에 관한 사항
 바. 가목부터 마목까지를 위반한 경우의 책임소재 및 제재에 관한 사항

2. 신용조회회사와 신용정보제공·이용자간 신용정보를 제공하는 경우
 가. 1의 가목부터 바목까지의 사항
 나. 신용정보를 제공받은 신용정보제공·이용자에 대한 이 법 등 관련 법규의 준수여부 점검 등에 관한 사항
 다. 신용정보를 조회하는 근거가 되는 자료 또는 서류 등의 보관에 관한 사항
 라. 조회용도에 맞는 조회사유코드를 적절하게 입력하는 것에 관한 사항
 마. 신용정보 보호 등을 위한 교육에 관한 사항

3. 수집된 신용정보 처리 위탁에 따라 신용정보를 제공하는 경우
 가. 1의 가목부터 바목까지의 사항
 나. 수탁자에 대한 관리·감독에 관한 사항
 다. 신용정보주체의 신용정보 보호 및 비밀유지에 관한 사항
 라. 신용정보 처리 재위탁의 제한에 관한 사항
 마. 그 밖에 신용정보 보호를 위하여 필요한 사항

[별표5] 공공단체 등의 지정범위(제24조 관련)

구분	지정범위
영 제19조제1항제1호부터 제3호까지에 따른 "금융위원회가 지정하는 기관"	1. 「한국은행법」에 따른 한국은행 2. 「금융위원회의 설치 등에 관한 법률」에 따른 금융감독원 3. 「자본시장과 금융투자업에 관한 법률」에 따른 한국거래소 4. 「한국장학재단 설립 등에 관한 법률」에 따른 한국장학재단 5. 「한국전력공사법」에 따른 한국전력공사 6. 「대한무역투자진흥공사법」에 따른 대한무역투자진흥공사 7. 「한국가스공사법」에 따른 한국가스공사 8. 「한국광물자원공사법」에 따른 한국광물자원공사 9. 「예금자보호법」에 따른 예금보험공사 10. 「금융기관부실자산 등의 효율적 처리 및 한국자산관리공사의 설립에 관한 법률」에 따른 한국자산관리공사 11. 「공인회계사법」에 따른 한국공인회계사회 12. 「국민연금법」에 따른 국민연금관리공단
영 제21조제2항제16호에 따른 "금융위원회가 정하여 고시하는 기관"	「금융기관부실자산 등의 효율적 처리 및 한국자산관리공사의 설립에 관한 법률」에 따른 한국자산관리공사

[별표 6] 신용정보 등록 및 이용기준(제26조제2항 관련)

1. 식별정보

등록정보	등 록 기 관	등 록 기 준		이 용 기 관
		대 상 주 체	등 록 시 기	
영 [별표2]의 식별정보	영 제21조제3항의 금융기관 중 당해 등록정보 보유기관	당해 개인 및 기업체	수 시	식별정보와 연결된 정보의 이용기관

2. 신용거래정보

(1) 개인

등록정보	등 록 기 관	등 록 기 준		이 용 기 관
		대 상 주 체	등 록 시 기	
대출현황(대출일자, 대출금액, 담보여부, 신용카드 현금서비스 실적 등 포함)	영 제21조제3항의 금융기관 중 당해 등록정보 보유기관	당해 개인 (단, 종합신용정보집중기관은 전산수용능력등을 감안하여 대출금 집중기준을 조정할 수 있음)	등록사유발생일로부터 10일 이내	• 영 제21조제2항의 금융기관 • 법 제4조에 따른 신용정보회사 (단, 신용정보회사는 당해 정보를 영 제21조제2항의 금융기관에 대해서만 제공할 수 있음)
채무보증현황(채무보증일자, 채무보증금액 등 포함)	영 제21조제3항의 금융기관 중 당해 등록정보 보유기관	위와 같음	위와 같음	위와 같음
당좌·가계당좌예금개설 및 해지 현황	은행(농·수협 포함)	위와 같음	위와 같음	• 영 제21조제2항의 금융기관 • 법 제4조에 따른 신용정보회사
신용카드현황(발급·해지 사실 및 결제금액주) 포함)	은행(농·수협 포함) 및 여신전문금융회사	위와 같음	위와 같음	위와 같음

주) 신용카드결제금액은 해당 신용정보를 보유한 신용카드업자가 동의하는 경우에 한함

(2) 기업 및 법인

등록정보	등 록 기 관	등 록 기 준		이 용 기 관
		대 상 주 체	등 록 시 기	
신용 공여 현황[1] (담보, 한도거래, 신용공여기간 등 포함)	영 제21조제3항의 금융기관 중 당해 등록정보 보유기관	• 당해 기업체(단, 종합신용정보집중기관은 전산수용능력 등을 감안하여 대출금 집중기준을 조정할 수 있음) • 주채무계열 및 기타 계열기업군 소속기업체 • 관련인	신용정보협의회가 정함	• 영 제21조제2항의 금융기관 • 법 제4조에 따른 신용정보회사(단, 신용정보회사는 당해 정보를 영 제21조제2항의 금융기관에 대해서만 제공할 수 있음)
가계당좌·당좌예금 개설 및 해지 현황	은행(농·수협 포함)	• 개인기업체·법인 및 그 관련인[2]	위와 같음	• 영 제21조제2항의 금융기관 • 법 제4조에 따른 신용정보회사
신용카드현황(발급·해지사실 및 결제금액[3], 연체정보 포함)	은행(농·수협 포함) 및 여신전문금융회사	위와 같음	위와 같음	위와 같음

주1) 은행 및 금융투자회사는 「은행업감독규정」 제3조 및 「금융투자업규정」 제8-33조에서 정한 신용공여, 그 밖의 금융회사는 이에 준하는 정보

2) 영 제2조제1항제3호 각 목의 어느 하나에 한함

3) 신용카드결제금액은 해당 신용정보를 보유한 신용카드업자가 동의하는 경우에 한함

3. 신용도판단정보

등록정보	등 록 기 관	등 록 기 준		이 용 기 관
		대 상 주 체	등 록 시 기	
대출금 등의 연체 현황	영 제21조제3항의 금융기관 중 당해 등록정보 보유기관	• 당해 개인 • 당해 기업체 • 관련인[주)]	신용정보협의회가 정함	• 영 제21조제2항의 금융기관 • 법 제4조에 따른 신용정보회사
대위변제, 대지급 발생 현황	위와 같음	위와 같음	위와 같음	위와 같음
무보증사채 상환불이행 현황	위와 같음	• 당해 기업체 • 관련인	위와 같음	위와 같음
어음·수표 거래정지 처분 또는 부도거래 현황	위와 같음	위와 같음	위와 같음	위와 같음
영 [별표 2]의 금융질서 문란정보	위와 같음	• 당해 개인 • 당해 기업체 • 관련인	위와 같음	위와 같음

주) 영 제2조제1항제3호 각 목의 어느 하나에 한함

4. 신용능력정보

등록정보	등 록 기 관	등 록 기 준		이 용 기 관
		대 상 주 체	등 록 시 기	
증자 및 사채발행계획 확정내용	협조기관 (금융감독원)	• 당해 기업체(단, 종합신용정보집중기관은 전산수용능력등을 감안하여 집중기준을 조정할 수 있음) • 주채무계열 및 기타 계열기업군 소속기업체	신용정보협의회가 정함	• 영 제21조제2항의 금융기관 • 법 제4조에 따른 신용정보회사
영 제2조 제1항 제4호에 따른 기업의 개황, 사업의 내용, 재무에 관한 사항, 감사인의 감사의견 및 납세실적 등과 영 [별표 2]에 의한 신용능력정보	영 제21조제3항의 금융기관 중 당해 등록정보 보유기관	당해 기업체, 법인	위와 같음	위와 같음

5. 공공정보

등록정보	등록기관	등록기준		이용기관
		대상주체	등록시기	
• 경제법령 위반	영 제21조 제3항의 금융기관 중 당해 등록정보 보유기관	위반자	신용정보협의회가 정함	• 영 제21조제2항의 금융기관 • 법 제4조에 따른 신용정보회사
• 고용보험, 산업재해보상보험, 국민건강보험, 국민연금보험에 관한 정보로서 보험료납부정보 및 기업인 가입자(고용된 인원이 5인 이상인 가입자에 한한다)의 사업자등록정보 및 종업원 수	법 제23조제1항에 따른 공공기관	당해 개인 및 기업, 법인	해당 공공기관이 정함	위와 같음
• 전기사용에 관한 정보로서 전력사용량 및 전기요금 완납정보	위와 같음	위와 같음	위와 같음	위와 같음
• 정부납품실적 및 납품액	위와 같음	위와 같음	위와 같음	위와 같음
• 사망자정보, 주민등록번호 또는 성명의 변경정보	법 제23조제1항에 따른 공공기관 또는 영 제21조 제3항의 금융기관 중 당해 등록정보 보유기관	위와 같음	해당 공공기관 또는 신용정보협의회가 정함 주)	위와 같음
• 국외이주신고 및 이주포기신고정보	위와 같음	위와 같음	위와 같음	위와 같음
• 회생·개인회생 결정, 파산·면책 결정, 채무불이행자 등재 경정 등 법원의 재판·결정정보 • 국세·지방세·관세의 체납정보 • 과태료·사회보험료·공공요금 등의 체납정보 • 신용회복위원회의 신용회복지원협약에 따라 확정된 신용회복지원 정보 • 한국자산관리공사의 신용회복지원규정에 따라 채무조정이 확정된 정보 • 그밖의 공공정보(특허권, 법인등록에 관한 정보등)	위와 같음	당해 주체	위와 같음	위와 같음

주) 등록기관이 영 제21조제1항의 금융기관 중 당해 등록정보 보유기관일 경우에는 등록시기를 신용정보협의회가 정함

[별표10] 평가실적서 작성방법(제32조제5항 관련)

제32조제1항제2호에 따른 신용평가실적서는 신용평가회사가 행한 최근 10년간 무보증사채(자산담보부채권 및 후순위채권 제외) 신용평가에 대하여 다음 각 호의 방법에 따라 각 연도별·업체별·신용등급별 부도율을 산출하여 작성한다. 다만, 작성 당해연도에는 매 분기말을 기준으로 작성한다.

1. 연간부도율은 부도업체수를 연초 신용등급 보유업체수로 나누어 산정한다.

   연간부도율 = 부도업체수/연초 신용등급 보유업체수

2. 연초 신용등급 보유업체수는 연초에 신용등급을 보유하고 있는 채권을 발행한 업체수를 말한다.
3. 부도업체수는 연초 신용등급 보유업체중 1년 이내에 부도등이 발생한 업체수로 한다.
4. 연초에 신용등급이 존재하지 않았지만 부도등 발생시점에 신용등급이 존재하는 경우(예; 발행 당해연도 부도발생)에는 부도업체수 및 연초 신용등급 보유업체수에 포함한다.
5. 연초에 신용등급이 존재하였지만 부도등 발생시점에 신용등급이 존재하지 않는 경우(예; 부도발생전 만기상환등)에는 부도업체수에 포함하지 않는다.

연 간 부 도 율

(단위 : %)

연도별 등급별														
	부 도 업체수	부도율												
AAA														
AA														
A														
BBB														
BB														
B														
CCC														
CC														
C														
투자등급														
투기등급														
전 체														
연초신용등급 보유업체수														

[별표11] 신용등급변화표 작성방법(제32조제5항 관련)

제32조제1항제3호의 신용등급변화표는 1998년 1월 1일 이후 신용평가회사가 행한 무보증사채(자산담보부채권 및 후순위채권 제외) 신용평가에 대하여 업체별로 연초 신용등급이 연말에 동일 또는 다른 신용등급으로 변동된 내용을 다음 각 호의 방법에 따라 산출하여 작성한다.

1. 신용등급변화표의 각 칸은 각 연말에 특정신용등급으로 변동된 업체수의 합을 각 연초의 특정신용등급 보유업체수의 합으로 나눈 비율을 기재한다.

   Σ(각 연말에 특정 신용등급으로 변동된 업체수) / Σ(각 연초의 특정 신용등급 보유업체수)

2. 연초 특정 신용등급 보유업체수는 연초에 특정 신용등급을 보유하고 있는 채권을 발행한 업체수를 말한다.
3. 연초에 신용등급이 존재하지 않았지만 부도등 발생시점에 신용등급이 존재하는 경우(예; 발행 당해연도 부도발생)에는 부도업체수 및 연초 특정 신용등급 보유업체수에 포함한다.
4. 연초에 신용등급이 존재하였지만 부도등 발생시점에 신용등급이 존재하지 않는 경우(예; 부도발생전 만기상환등)에는 부도업체수에 포함하지 않는다.

신 용 등 급 변 화 표

(대상기간 : 1998년이후 ~ , 1998년 이후 각년도별)

(단위 : %)

구 분		연 말 등 급							
		AAA	AA	A	BBB	BB	B이하	D*	WR**
연초등급	AAA								
	AA								
	A								
	BBB								
	BB								
	B이하								

* D : 부도등이 발생한 업체의 신용등급

** WR : 연초에 신용등급이 존재하였지만 상환 또는 피흡수합병 등의 사유로 등급이 소멸된 비율

[별표12] 평균누적부도율표 작성방법(제32조제5항 관련)

제32조제1항제4호에 따른 평균누적부도율표는 1998년 1월 1일 이후 신용평가회사가 행한 무보증사채(자산담보부채권 및 후순위채권 제외) 신용평가에 대하여 신용등급부여 기간 경과에 따라 해당기간 중에 부도등이 발생한 내용을 다음 각호의 방법에 의하여 산출하여 작성한다. 다만, 작성대상기간이 n년일 경우 (n-1)년차까지 작성한다.

1. 평균누적부도율 = 1 - Π(1 - i년차 한계부도율)
   Π(1-i년차 한계부도율) = {(1-1년차 한계부도율)×(1-2년차 한계부도율)×····
   (1- i년차 한계부도율)}
   i년차 한계부도율 = Σ(각 연도 특정 신용등급의 i년차 부도업체수) / Σ(각 연초의 특정 신용등급 보유업체수)
2. 연초에 신용등급이 존재하지 않았지만 부도등 발생시점에 신용등급이 존재하는 경우(예;발행 당해연도 부도발생)에는 1년치 부도업체수 및 연초 특정 신용등급 보유업체수에 포함한다.
3. 연초에 신용등급이 존재하였지만 부도등 발생시점에 신용등급이 존재하지 않는 경우(예; 부도 발생전 만기상환등)에는 부도업체수에 포함하지 않는다.

평 균 누 적 부 도 율 표

(대상기간 : 1998년~)

(단위 :%)

구 분	1년	2년	3년	……	9년	10년
AAA						
AA						
A						
BBB						
BB						
B이하						
투자등급 부도율						
투기등급 부도율						
전체 부도율						

〈부록〉 4. 신용정보업 인허가지침

[시행 2010. 5. 5] [법률 제10012호, 2010. 2. 4, 타법개정]

제1장 총 칙

1. 목적

이 지침은 「신용정보의 이용 및 보호에 관한 법률」(이하 "법"이라 한다)에 따른 금융위원회(이하 "금융위"라 한다)의 신용정보업 인허가업무 수행에 필요한 사항을 정함을 목적으로 한다.

2. 정의

이 지침에서 사용하는 용어의 정의는 법 제2조의 정의를 따른다.

3. 적용범위

이 지침의 적용범위는 다음과 같다.

1) 법 제4조에 따른 신용정보업의 영위
2) 법 제4조에 따른 신용정보회사의 신용정보업무 추가 영위
3) 법 제10조에 따른 신용정보회사의 사업의 양도·양수·분할 또는 다른 법인과의 합병

제2장 절 차

4. 절차의 흐름

예비인허가 및 인허가 절차의 흐름은 〈별표1〉과 같다.

5. 절차안내

금융감독원장(이하 "감독원장"이라 한다)은 이 지침에 따라 인허가를 받고자 하는 자 또는 그 대리인(이하 "신청인"이라 한다)의 인허가 절차, 심사기준, 신청서류 등 제반 문의사항에 대하여 서면으로 안내하거나 면담·협의할 수 있다.

6. 예비인허가 신청 접수

신청인은 〈별표2〉에서 정하는 예비인허가 신청서류를 금융위에 제출한다.

7. 신청사실의 공고 및 의견수렴

가. 금융위는 예비인허가 신청이 있는 경우 이해관계자 등의 의견을 수렴하기 위하여 신청인, 신청일자, 신청내용, 의견제시방법 및 기간 등을 인터넷 홈페이지 등을 통하여 공고한다.
나. 금융위는 필요하다고 판단되는 경우 신청사실의 공고와는 별도로 예비인허가 신청에 대하여 관계기관 및 이해관계인의 의견을 요청할 수 있다.
다. 금융위는 가목 및 나목에 따라 접수된 의견 중 신청인에게 불리하다고 판단되는 의견에 대하여는 신청인에게 이를 통보하고 기한을 정하여 소명토록 할 수 있다.
라. 금융위는 금융시장에 중대한 영향을 미칠 염려가 있는 경우 등 필요하다고 인정되는 경우 공청회를 개최할 수 있다.

8. 예비인허가 심사

가. 감독원장은 신청내용의 사실여부를 확인하고 이해관계인 및 관계기관 등으로부터 제시된 의견을 감안하여 신청내용이 제3장의 인허가 심사기준에 부합하는지를 심사한다.
나. 감독원장은 신청내용을 확인하기 위하여 필요한 경우에는 이해관계자, 발기인 또는 임원과의 면담 등의 방법으로 실지조사를 할 수 있다.

9. 예비인허가

가. 금융위는 신청인의 예비인허가 신청에 대하여 제3장의 심사기준을 갖출 수 있는지 여부를 판단하여 예비인허가 여부를 결정한다.

나. 금융위는 예비인허가시 조건을 붙일 수 있으며 예비인허가를 거부하는 경우에는 서면으로 통보한다.

다. "예비인허가"는 인허가 사항에 대한 사전심사 및 확실한 실행을 위하여 인허가 이전에 예비적으로 행하여지는 의사표시를 말하며 인허가의 효력을 가지지 아니한다.

10. 인허가 신청서의 접수

신청인은 예비인허가의 내용 및 조건을 이행한 이후 〈별표2〉에서 정하는 인허가신청서류를 금융위에 제출한다.

11. 인허가

가. 금융위는 신청인의 인허가 신청에 대하여 제3장의 심사기준에 따라 인허가 여부를 결정한다.

나. 금융위는 인허가시 조건을 붙일 수 있으며 인허가를 거부하는 경우에는 서면으로 통보한다.

다. 금융위는 예비인허가의 내용 및 조건의 이행여부를 확인하기 위한 실지조사를 실시할 수 있다.

라. 신청인은 인허가일로부터 6개월 이내에 인허가 대상행위를 이행하여야 한다. 다만, 인허가시 그 기간을 따로 정하였거나 그 기간의 연장을 승인 받은 경우에는 그러하지 아니하다.

12. 예비인허가의 생략 등

가. 분할·합병, 영업의 양수도 등 구조조정, 고객보호 등을 위하여 신속히 처리할 필요가 있거나 예비인허가 신청시 인허가의 요건을 갖추었다고 판단되는 경우에는 예비인허가 절차를 생략할 수 있다.

나. 금융위는 예비인허가 또는 인허가 심사시 필요한 보완서류 또는 추가자료의 제출을 기한을 정하여 신청인에게 요청할 수 있다.

다. 금융위는 예비인허가 또는 인허가시 부과한 조건이 있는 경우 그 이행 여부를 확인하여야 한다.

제3장 인허가 심사기준

13. 신용정보업 영위에 대한 허가

가. 자본금 요건

1) 자본금 또는 기본재산(기존법인의 경우에는 자본금 및 자기자본)이 50억원(업무의 종류에 신용조회업무 또는 신용평가업무를 포함하지 아니하는 경우에는 30억원)이상일 것

2) 출자자가 출자자금의 출처를 명확히 밝힐 수 있을 것

나. 신용정보업별 허가 대상 요건

1) 신용조회업, 신용조사업 및 채권추심업의 경우에는 법 제5조제1항에 저촉되지 아니할 것

2) 신용평가업무의 경우에는 법 제5조제2항에 저촉되지 아니할 것

다. 인력 및 물적시설 요건

1) 신용조회업을 영위하고자 하는 경우

1-1) 상시고용인력 중 공인회계사 또는 3년 이상 신용조회업무(신용정보의 분석에 관한 업무와 신용평가에 관한 업무를 포함한다)에 종사한 경력이 있는 자 10인 이상이 포함될 것

1-2) 임원이 제22조제1항 각 호의 어느 하나에 해당되지 않을 것

1-3) 「신용정보업감독규정」(이하 "규정"이라 한다) 제6조제1항에서 정하는 정보처리·정보통신설비를 갖출 것

2) 신용조사업무와 채권추심업무를 각각 또는 함께 영위하고자 하는 경우

1-1) 20인 이상의 상시고용인력을 갖출 것

1-2) 제27조제1항부터 제7항까지에 해당되지 않을 것

3) 신용평가업을 영위하고자 하는 경우

3-1) 공인회계사 5인 및 "증권분석 · 평가업무경력자(제5조제1항제1호부터 제18호까지에 해당하는 금융기관, 「자본시장과 금융투자업에 관한 법률」제263조에 따른 채권평가회사, 법 제28조에 따른 신용평가회사 또는 그에 상당하는 업무를 영위하는 외국 신용평가기관에서 증권 분석 · 평가 업무에 3년 이상 종사한 경력이 있는 자를 말한다. 이하 같다)" 5인을 포함한 20인 이상의 상시고용 신용평가전문인력을 갖출 것. 다만, 분석 · 평가하려는 증권(「자산유동화에 관한 법률」 제2조제4호에 따른 유동화증권이 아닌 것을 말한다)의 발행인들이 영위하고 있는 업종(「통계법」 제22조제1항에 따라 통계청장이 고시하는 한국표준산업분류의 대분류에 해당되는 업종을 말한다)이 3개 이하이거나 「자산유동화에 관한 법률」 제2조제4호에 따른 유동화증권만을 평가하는 경우에는 공인회계사 5인 및 "증권분석 · 평가업무경력자" 5인 이상의 상시고용 신용평가전문인력을 갖출 것

3-2) 3-1)에서 정하고 있는 공인회계사 5인 및 유가증권분석·평가업무경력자 5인을 제외한 그밖의 상시고용 신용평가 전문인력의 인정범위는 다음과 같다.

가) 증권분석사, 신용분석사 및 이에 상응하는 외국자격증 소지자

나) 대학원에서 재무관리·회계학·경제학·통계학을 전공한 자

다) 1년이상 신용평가업무 또는 금융회사의 대출심사 업무에 종사한 경력이 있는 자

3-3) 임원이 법 제28조 각 호의 어느 하나에 해당되지 않을 것

3-3) 규정 제6조제2항에서 정하는 전산설비 및 자료관리체제를 갖출 것

라. 사업계획의 타당성 및 건전성 요건

1) 영업개시 후 2년간의 수입·지출 전망이 영업범위, 영업전략 등에 비추어 타당성이 있을 것

2) 조직구조 및 관리·운용체계가 사업계획의 추진에 적합하고 이해상충 및 불공정 행위 등 건전한 신용정보업 수행에 지장이 없을 것

마. 주요출자자 요건

주요출자자(영 제6조제3항에 따른 주요출자자를 말한다. 이하 같다)는 영 제6조제4항에 따른 〈별표 1〉의 요건(이하 "주요출자자 요건"이라 한다)을 충족하여야 한다.

바. 전문성 요건

신용정보업을 수행하기에 충분한 전문성을 갖출 것

14. 신용정보회사에 대한 신용정보업무의 추가 영위에 대한 허가

신용정보회사에 대하여 허가받지 않은 종류의 신용정보업무를 법 제4조에 따라 허가하는 경우에는 신용정보업 영위 허가 심사기준을 준용한다.

15. 사업의 양도·양수·분할 또는 다른 법인과의 합병에 대한 인가

가. 분할의 경우

1) 신용정보업의 효율화 및 건전한 신용질서 유지에 관한 사항

1-1) 신용정보업의 효율적 영위, 구조조정의 촉진 등 분할 목적이 타당할 것

1-2) 기존 거래자에 대한 불이익이 없을 것

2) 영업계획 및 조직운영계획에 관한 사항

2-1) 분할 이후 2개년간 추정재무제표 및 수익전망이 영업계획에 비추어 타당성이 있을 것

2-2) 주된 시장, 주된 고객, 주된 서비스 내용 등 영업전략 및 업무범위가 적정할 것

2-3) 분할 후 영위할 수 없는 업무의 정리계획이 적정할 것

2-4) 조직 및 인력운영체제가 적합할 것
3) 소유구조 변경에 관한 사항
분할 후 주주구성계획이 법 제5조에 적합하고 주요출자자는 영 제6조제4항에 따른 〈별표 1〉의 요건을 충족할 것
4) 「상법」 등 관계 법령에 따른 절차 이행에 관한 사항
「상법」 등 관계 법령에 따른 절차 이행에 하자가 없을 것
나. 합병의 경우
1) 신용정보업의 효율화 및 건전한 신용질서 유지에 관한 사항
1-1) 신용정보업의 효율적 영위, 구조조정의 촉진 등 합병의 목적이 타당할 것
1-2) 기존 거래자에 대한 불이익이 없을 것
1-3) 합병에 대한 공정거래위원회의 경쟁제한성 검토결과가 적정할 것
2) 영업계획 및 조직운영계획에 관한 사항
2-1) 합병 이후 2개년간 추정재무제표 및 수익전망이 영업계획에 비추어 타당성이 있을 것
2-2) 주된 시장, 주된 고객, 주된 서비스 내용 등 영업전략 및 업무범위가 적정할 것
2-3) 합병 후 영위할 수 없는 업무의 정리계획이 적정할 것
2-4) 조직 및 인력운영체제가 적합할 것
3) 소유구조 변경에 관한 사항
합병 후 주주구성계획이 법 제5조에 적합하고 주요출자자는 영 제6조제4항에 따른 〈별표 1〉의 요건을 충족할 것
4) 「상법」 등 관계 법령에 따른 절차 이행에 관한 사항
「상법」 등 관계 법령에 따른 절차 이행에 하자가 없을 것
다. 분할 또는 합병에 따라 설립되는 법인의 경우
법 제5조, 법 제6조, 법 제22조제1항, 법 제27조1항부터 제7항까지 및 법 제28조를 준용한다.
라. 사업의 양수
합병의 인가 심사기준을 준용한다.
마. 사업의 전부 양도
1) 해당 신용정보회사의 경영 및 재무상태 등에 비추어 부득이 할 것
2) 신용정보주체의 보호 및 건전한 신용질서 유지에 지장을 초래하지 않을 것
3) 「상법」 등 관계 법령에 따른 절차 이행에 하자가 없을 것
바. 사업의 일부 양도
1) 사업의 전부 양도 인가 심사기준을 충족할 것
2) 사업의 일부 양도 후 2개년간 추정재무제표 및 수익전망이 영업계획에 비추어 타당성이 있을 것
3) 주된 시장, 주된 고객, 주된 서비스 내용 등 영업전략 및 업무범위가 적정할 것
4) 사업의 일부 양도 후 영위할 수 없는 업무의 정리계획이 적정할 것

부 칙

1. 시행일

이 지침은 1999. 7. 23부터 시행한다.

2. 경과규정

이 지침 시행 전에 예비인허가 또는 인허가 신청서를 접수한 신청인에 대하여는 이 지침에 의하여 신청한 것으로 보며 제7호에서 정하고 있는 신청사실의 공고 및 의견수렴절차는 생략할 수 있다.

3. 기타

이 지침에서 인용하고 있는 법, 동법 시행령, 동법 시행규칙, 신용정보업무운용규정 등이 개정되는 경우 인용조항 및 내용은 그 개정규정에 따라 개정된 것으로 본다.

〈별표1〉

인허가절차 흐름도

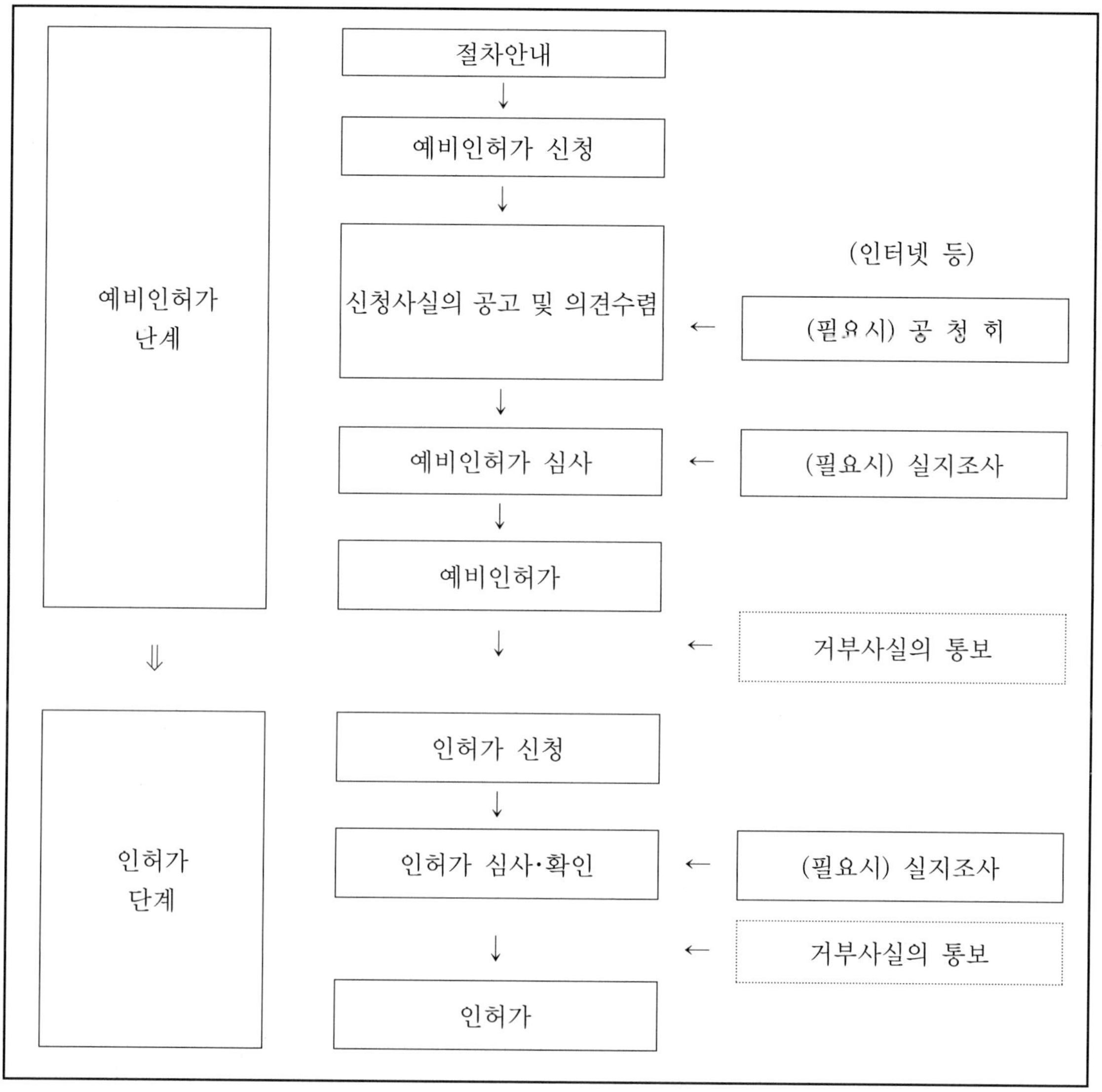

〈별표2〉

신청서류

	예비인허가	인허가
1. 신용정보업 영위허가 (신용 정보 업무 추가 영위 허가 포함)	- 신용정보업 예비허가신청서 - 정관(안) - 2년간의 사업계획서 및 예상수지계산서 - 발기인 총회의사록(이사회의사록) 사본 - 출자자(또는 주주) 구성 및 자금조달 계획 · 출자자의 인감증명서가 첨부된 출자확약서(출자비율 5%미만인 개인출자자는 제외) · 출자자의 출자자금 조달계획서 · 출자자가 금융회사인 경우는 당해 금융회사 인허가권자의 인허가서 사본 또는 등록증 사본, 법인등기부등본, 사업자등록증 사본, 최근사업년도의 감사보고서 및 당해 금융회사의 일반현황 ·출자자가(당해 법인이 금융회사가 아닌 출자자 중 최다 출자자에 한함)가 일반법인인 경우 법인등기부등본, 사업자 등록증 사본, 최근 사업년도의 재무제표 * 신청인이 이미 설립된 법인인 경우에는 상기 첨부서류에 준하는 서류로 대체 가능 ·출자자(또는 주주) 관계가 법 제5조(신용정보업별 허가 대상)에 저촉되지 않음을 확인하는 서류 등 - 합작계약서(합작법인인 경우) - 주요출자자가 주요출자자 요건을 충족함을 확인하는 서류 - 인력 및 물적시설(채용, 구매 등이 예정된 인력·물적시설 포함)의 현황을 확인할 수 있는 서류 - 허가 신청한 업무의 전문성을 갖출 수 있음을 확인할 수 있는 자료 - 임원(예정자 포함)이력서	- 신용정보업 허가신청서 - 정관 및 법인등기부 등본 - 재무제표 - 2년간의 사업계획서 및 예상수지계산서 - 자본금 또는 기본재산의 지분을 기재한 서류 - 발기인 총회의사록(이사회의사록) 사본 - 출자자(또는 주주) 관계 확인서류 ·자본금 납입증명 서류 ·외국인출자자인 경우 외국인의 출자가 「외국환거래법」 등에 저촉되지 않음을 확인하는 서류 ·출자자(또는 주주) 관계가 법 제5조(신용정보업별 허가 대상)에 저촉되지 않음을 확인하는 서류 등 - 합작계약서(합작법인인 경우) - 주요출자자가 주요출자자 요건을 충족함을 확인하는 서류 - 인력 및 물적시설을 갖추었음을 확인하는 서류 - 허가 신청한 업무의 전문성을 갖추었음을 확인하는 자료 - 임직원에 관한 서류 · 임원의 이력서 · 직원의 상시고용을 확인하는 서류 · 법 제22조제1항, 법 제27조제1항부터 제7항까지 및 법 제28조에 해당하지 않음을 확인하는 서류(필요시 이를 확인하는 각서 제출로 대체 가능) - 내부관리규정에 관한 서류 · 규정 제22조에서 정하고 있는 내부관리에 관한 규정 · 회계처리·감사·조직관리 등 내부통제에 관한 규정 - 예비허가내용 및 조건의 이행을 증명하는 서류
2. 분할·합병 인가	- 분할·합병 예비인가 신청서 - 분할·합병 목적 및 사유 - 정관변경(안) - 자본금 또는 기본재산의 지분을 기재한 서류 - 재무제표	- 분할·합병 인가 신청서 - 분할·합병 목적 및 사유 - 정관 및 법인등기부등본 - 자본금 또는 기본재산의 지분을 기재한 서류 - 재무제표

	예비인허가	인허가
2. 분할·합병 인가	- 2년간의 사업계획서(분할·합병 후 2년간 추정 재무제표, 인력 및 조직운영계획, 업무범위 및 영업전략 등) 및 예상수지계산서 - 분할·합병 관련 계약서 또는 예약서 - 분할·합병에 관한 이사회 의사록 - 본점 및 영업소의 현황 및 변경계획(명칭, 주소 등) - 출자자(또는 주주) 구성 및 경영지배구조 계획 - 채권자 등 이해관계인의 권익보호계획	- 2년간의 사업계획서(분할·합병 후 2년간 추정 재무제표, 인력 및 조직운영계획, 업무범위 및 영업전략 등) 및 예상수지계산서 - 분할·합병 관련 계약서 또는 예약서 - 분할·합병에 관한 이사회 의사록 및 주주총회 의사록 - 본점 및 영업소의 현황 및 변경계획(명칭, 주소 등) - 출자자(또는 주주) 구성 및 경영지배구조 - 채권자 등 이해관계인의 보호절차 이행을 증명하는 서류 - 예비인가내용 및 조건의 이행을 증명하는 서류
〈합병 후 존속하는 법인 및 분할 또는 합병에 따라 설립되는 법인의 경우〉	- 정관변경(안) - 임원(예정자 포함) 이력서 - 법 제5조, 법 제6조, 법 제22조제1항, 법 제27조 제1항부터 제7항까지 및 법 제28조에 저촉되지 않음을 증명하는 서류(신용정보업 영위 허가 참조)	- 정관 및 법인등기부등본 - 임원 이력서 - 법 제5조, 법 제6조, 법 제22조제1항, 법 제27조 제1항부터 제7항까지 및 법 제28조에 저촉되지 않음을 증명하는 서류(신용정보업 영위 허가 참조) - 내부관리규정에 관한 서류 · 규정 제22조에서 정하고 있는 내부관리에 관한 규정 · 회계처리·감사·조직관리 등 내부통제에 관한 규정
3. 사업 양수 인가	- 사업양수 예비인가 신청서 - 사업양수 목적 및 사유 - 정관변경(안) - 자본금 또는 기본재산의 지분을 기재한 서류 - 재무제표 - 2년간의 사업계획서(양수 후 2년간 추정재무제표, 인력 및 조직운영계획, 업무범위 및 영업전략 등) 및 예상수지계산서 - 사업양수 관련 계약서 또는 예약서 - 사업양수에 관한 이사회 의사록 - 본점 및 영업소의 현황 - 출자자(또는 주주) 구성 및 경영지배구조 계획 - 채권자 등 이해관계인의 권익보호계획 - 임원(예정자 포함) 이력서	- 사업양수 인가 신청서 - 사업양수 목적 및 사유 - 정관 및 법인등기부등본 - 자본금 또는 기본재산의 지분을 기재한 서류 - 재무제표 - 2년간의 사업계획서(양수 후 2년간 추정재무제표, 인력 및 조직운영계획, 업무범위 및 영업전략 등) 및 예상수지계산서 - 사업양수 관련 계약서 또는 예약서 - 사업양수에 관한 이사회 의사록 및 주주총회 의사록 - 본점 및 영업소의 현황 - 출자자(또는 주주) 구성 및 경영지배구조 - 채권자 등 이해관계인의 보호절차 이행을 증명하는 서류 - 예비인가내용 및 조건의 이행을 증명하는 서류

	예비인허가	인허가
3. 사업 양수 인가	– 법 제5조, 법 제6조, 법 제22조제1항, 법 제27조 제1항부터 제7항까지 및 법 제28조에 저촉되지 않음을 증명하는 서류(신용정보업 영위 허가 참조) - 양수회사의 양수자금 조달계획서	– 임원 이력서 – 법 제5조, 법 제6조, 법 제22조제1항, 법 제27조 제1항부터 제7항까지 및 법 제28조에 저촉되지 않음을 증명하는 서류(신용정보업 영위 허가 참조) - 내부관리규정에 관한 서류 · 규정 제22조에서 정하고 있는 내부관리에 관한 규정 · 회계처리·감사·조직관리 등 내부통제에 관한 규정
4. 사업 양도 인가	– 사업양도 예비인가 신청서 – 사업양도 목적 및 사유 - 정관변경(안) - 재무제표 - 2년간의 사업계획서(양도 후 2년간 추정재무제표, 인력 및 조직운영계획, 업무범위 및 영업전략 등)(일부양도의 경우에 한함) - 사업양도 관련 계약서 또는 예약서 - 사업양도에 관한 이사회 의사록 – 채권자 등 이해관계인의 권익보호계획, 자산 및 부채에 대한 조치내역 및 계획	– 사업양도 인가 신청서 – 사업양도 목적 및 사유 - 정관 - 재무제표 - 2년간의 사업계획서(양도 후 2년간 추정재무제표, 인력 및 조직운영계획, 업무범위 및 영업전략 등)(일부양도의 경우에 한함) - 사업양도 관련 계약서 또는 예약서 - 사업양도에 관한 이사회 의사록 및 주주총회 의사록 – 채권자 등 이해관계인의 보호절차 이행을 증명하는 서류 – 영업양도후 해산하는 경우에는 청산사무의 추진계획 – 예비인가내용 및 조건의 이행을 증명하는 서류

〈부록〉 5. 신용정보 제재금 부과기준

[시행 1998. 10. 1] [2010. 8. 1, 타법개정]

제1조 【목적】 이 기준은 「신용정보의 이용 및 보호에 관한 법률」(이하 '신용정보법'이라 한다) 제26조제1항제2호 및 동법 시행령 제22조제1항의 규정에 의거 신용정보의 정확성·신속성을 제고하기 위하여 신용정보제공기관의 종합신용정보집중기관(이하 '종합집중기관'이라 한다)에 대한 신용정보 제공 누락·지연, 거짓 등록에 대한 제재금을 부과하는데 다른 세부 기준 및 절차를 정함을 목적으로 한다.

제2조 【적용대상】 이 기준은 신용정보법 시행령 제21조제2항에서 정하는 기관(이하 '금융기관'이라 한다)에 적용한다.

제3조 【부과기준】 종합집중기관의 장은 금융기관의 신용정보 등록에 대한 신용정보의 정확성·신속성을 확보하기 위하여 신용정보 관련 법령, 신용정보협의회 및 관련 규약 등이 정하는 바에 의하여 종합집중기관에 등록하여야 할 신용정보의 누락·지연, 거짓 등록 등에 대하여 제재금을 부과하며, 제재금부과기준은 (별표1)에 의한다.

제4조 【제재금 용도】 제3조에 의거 징수한 제재금은 별도로 회계처리하며, 용도는 신용정보협의회의 의결을 거쳐 다음 각 호의 특별경비로 사용한다.

① 신용정보의 효율적 이용과 체계적 관리를 위한 조사·연구

② 신용질서 확립을 위한 세미나·행사 개최

③ 신용정보에 대한 대국민 홍보활동

④ 신용정보 교육, 교재발간 및 포상

⑤ 신용정보 전산시스템 확충

⑥ 신용정보의 제공·이용과 관련된 소프트웨어 개발·구입 및 특별용역비

⑦ 기타 신용정보협의회가 인정하는 사항

제5조 【이의신청】 종합집중기관의 장은 매월단위로 신용정보의 누락·지연, 거짓 등록 금융기관에 대하여 제재금 부과예정 통보를 하며, 해당 금융기관은 제재금 부과에 이의가 있는 경우 15일 이내에 증빙을 첨부하여 서면으로 재심을 청구할 수 있다.

제6조 【사후처리】 종합집중기관의 장은 제5조의 이의신청 등 제재금 부과 관련 사무 처리를 각 협회 또는 중앙회를 통하여 업권별로 일괄처리 할 수 있다.

제7조 【부과배제】 ① 종합집중기관의 장은 금융기관이 다음 각 호에 해당하는 경우 3개월이내에서 제재금 부과를 배제할 수 있다.

1. 신용정보의이용및보호에관한법률·동법 시행령·시행규칙 및 신용정보업감독규정에 의해 정보등록 내용이 변경되는 경우
2. 전산시스템 구축·변경 및 전산장애가 발생하는 경우
3. 금융기관의 합병, 종업원의 파업 등의 경우
4. 채무재조정 이후에 폐지 또는 실효 등의 사유로 재등록 하는 경우
5. 채권의 양·수도 또는 자산유동화와 관련된 경우
6. 기타 불가피하다고 인정되는 경우

② 종합집중기관의 장은 신용정보의 정확도 제고 등을 위하여 신용정보의 일괄정비가 특별히 필요한 경우 신용정보협의회의 의결을 거쳐 일정기간동안 제재금 부과를 배제할 수 있다.

제8조【부과제외】 신용정보 등록과 관련하여 다음 각 호와 같이 등록 여부에 따른 판단에 시일이 소요되거나 관계기관의 확인이 필요한 경우 등은 제재금 부과 대상에서 제외한다.

1. 신용정보법 시행령 제2조제1항제3호 가목부터 라목의 정보
2. 금융질서문란정보로서 법원, 수사기관 등의 확인이 필요한 경우

부 칙

1. **【시행일】** 이 기준은 1998. 10. 1부터 시행한다. 다만, 이 기준 시행일 이전에 종합집중기관에 집중된 신용정보의 지연·누락 등에 대해서는 종전 신용정보업무운용지침에 따른다.

(별표 1)

제 재 금 부 과 기 준

1. 신용정보별 등록 시기

구 분	등 록 시 기
- 연체등 정보 및 금융질서문란정보 등록·해제	• 사유발생일로부터 10일 이내 집중(개정 '08. 9. 1.)
- 개인대출정보 등록 ·해지(개정 '09. 10. 2.)	• 사유발생일로부터 10일 이내 집중(개정 '08. 9. 1.)
- 채무보증정보 등록 ·해지(개정 '09. 10. 2.)	• 사유발생일로부터 10일 이내 집중(개정 '08. 9. 1.)
- 가계당좌 및 당좌예금 개설·해지	• 사유발생일로부터 10일 이내 집중
- 신용카드(신용체크카드)발급 및 해지	• 사유발생일로부터 10일 이내 집중
- 신용카드 현금서비스정보 등록·해지(개정 '09. 10. 2.)	• 사유발생일로부터 10일 이내 집중(개정 '08. 9. 1.)
- 개인기업 및 법인에 관한 신용거래정보중 대출(연체포함), 지급보증, 기업어음 등, 신용공여(담보, 한도거래, 법인채무보증 및 채무인수약정, 신용공여기간 포함) 등록(개정 '07.8.31. '08. 7. 28.)	• 일일집중 : 사유발생일로부터 제2영업일(말일보 6영업일) 이내 • 월 집 중 : 익월 6영업일 이내
- 신용능력정보 등록	• 사유발생일로부터 20일 이내

2. 지연 및 누락 기간별 제재금 부과기준

구분	구 분	부과기준	제 재 금	비 고
등록·해제(지) 지연	- 연체등 정보 및 금융질서문란정보 등록·해제	30일 이내	2만원	발생내역별 부 과
		90일 이내	4만원	
		180일 이내	6만원	
		180일 초과	8만원	
	- 개인대출정보 등록·해지 - 채무보증정보 등록·해지 - 당좌(가계당좌)예금 개설·해지 - 신용카드(신용체크카드) 발급·해지 - 신용카드 현금서비스정보 등록·해지	30일 이내	2만원	정 보 건 별 부 과
		90일 이내	4만원	
		180일 이내	6만원	
		180일 초과	8만원	
	- 개인기업 및 법인에 관한 신용거래정보 중 대출, 지급보증 등 신용공여(담보, 한도거래 및 신용공여기간 포함)	5일 이내	5만원	정 보 제 공 기관별 부과
		5일 초과	10만원	
등록·해제(지) 누락	- 연체등정보 및 금융질서문란정보 등록·해제	180일 이내	8만원	발생내역별 부 과
		180일 초과	10만원	
	- 개인대출정보 등록·해지 - 채무보증정보 등록·해지 - 당좌(가계당좌)예금 개설·해지 - 신용카드(신용체크카드) 발급·해지 - 신용카드 현금서비스정보 등록·해지	180일 이내	8만원	정보건별 부 과
		180일 초과	10만원	

<table>
<tr><th>구분</th><th>구 분</th><th>부과기준</th><th>제 재 금</th><th>비 고</th></tr>
<tr><td rowspan="11">등록·해제(지) 누락</td><td rowspan="2">- 연체등정보 및 금융질서문란정보 등록·해제</td><td>180일 이내</td><td>8만원</td><td rowspan="2">발생내역별 부 과</td></tr>
<tr><td>180일 초과</td><td>10만원</td></tr>
<tr><td rowspan="2">- 개인대출정보 등록·해지
- 채무보증정보 등록·해지
- 당좌(가계당좌)예금 개설·해지
- 신용카드(신용체크카드) 발급·해지
- 신용카드 현금서비스정보 등록·해지</td><td>180일 이내</td><td>8만원</td><td rowspan="2">정보건별 부 과</td></tr>
<tr><td>180일 초과</td><td>10만원</td></tr>
<tr><td rowspan="2">- 개인기업 및 법인에 관한 신용거래정보중 대출, 지급보증 등 신용공여(담보, 한도거래 및 신용공여기간 포함)등록</td><td>10억원 미만</td><td>5만원</td><td rowspan="4">등록대상 (개인기업 및 법인)별 부과</td></tr>
<tr><td>10억원 이상</td><td>10만원</td></tr>
<tr><td rowspan="2">- 개인기업 및 법인에 관한 기업어음거래상황정보 등록</td><td>100억원 이하</td><td>5만원</td></tr>
<tr><td>100억원 초과</td><td>10만원</td></tr>
<tr><td rowspan="3">- 개인기업 및 법인의 대상기업체 정보 등록</td><td>대상기업체를 4주 계속하여 등록 누락</td><td>2만원</td><td rowspan="3">- 등록대상(개인기업 및 법인)별 부과
- 월말여신 제외</td></tr>
<tr><td>대상기업체를 6주 계속하여 등록 누락</td><td>5만원</td></tr>
<tr><td>대상기업체를 2개월 이상 계속하여 등록 누락</td><td>10만원 (매월부과)</td></tr>
</table>

3. 부정확에 따른 제재금 부과기준

<table>
<tr><th>구 분</th><th colspan="2">부 과 기 준</th><th>제재금</th><th>비 고</th></tr>
<tr><td rowspan="6">- 개인기업 및 법인에 관한 신용거래정보중 대출, 지급보증 등 신용공여(담보, 한도거래 및 신용공여기간 포함) 등록 주1)</td><td rowspan="6">① 대상기업체, 신용공여 (담보한도포함), 기업어음 , 법인채무보증및채무인수약정의 사업자등록번호 또는 법인(주민)등록번호를 부정확하게 등록한 경우
② 신용공여(담보한도, 신용 공여기간포함), 기업어음, 법인채무보증및채무인수약정의 금액 단위를 부정확하게 등록한 경우
③ 일일여신 또는 월말여신, 기업어음, 법인채무보증및채 무인수약정의 기록보존기간 중 일부 또는 전부를 일괄 정정 또는 삭제하고자 할 경우 (금액변동포함) (개정 '07. 8. 31.)</td><td>10건 이하 착오</td><td>5만원</td><td rowspan="6">등록대상 (개인기업 및 법인) 별 부과</td></tr>
<tr><td>50건 이하 착오</td><td>10만원</td></tr>
<tr><td>100건이하 착오</td><td>20만원</td></tr>
<tr><td>300건이하 착오</td><td>30만원</td></tr>
<tr><td>500건 이하 착오</td><td>40만원</td></tr>
<tr><td>500건 초과 착오</td><td>50만원</td></tr>
<tr><td>- 연체등정보, 금융질서문란정보, 개인대출정보, 채무보증정보, 신용카드 발급정보, 당좌(가계당좌)예금 개설정보의 거짓 등록 및 부당한 해소(개정 '09. 10. 2.)</td><td colspan="2"></td><td>50만원</td><td>발 생 내 역 별 부 과</td></tr>
</table>

주1) 부과기준 세부사항 ① , ② , ③ 중 중복되는 경우 발생건수가 가장 많은 사항 하나만 적용한다.

〈부록〉 6. 공공기관의 개인정보보호에 관한 법률·시행령·시행규칙의 주요 연결내용

[시행 2010. 5. 5] [법률 제10012호, 2010. 2. 4, 타법개정]

제1장 총 칙

제1조(목적) 이 법은 공공기관의 컴퓨터·폐쇄회로 텔레비전 등 정보의 처리 또는 송·수신 기능을 가진 장치에 의하여 처리되는 개인정보의 보호를 위하여 그 취급에 관하여 필요한 사항을 정함으로써 공공업무의 적정한 수행을 도모함과 아울러 국민의 권리와 이익을 보호함을 목적으로 한다.

시행령: 제1조 (목적) 이 영은 「공공기관의 개인정보보호에 관한 법률」에서 위임된 사항과 그 시행에 관하여 필요한 사항을 규정함을 목적으로 한다.

시행규칙: 제1조 (목적) 이 규칙은 「공공기관의 개인정보보호에 관한 법률」 및 같은 법 시행령에서 위임된 사항과 그 시행에 관하여 필요한 사항을 규정함을 목적으로 한다.

제2조(정의) 이 법에서 사용하는 용어의 정의는 다음과 같다.

1. "공공기관"이라 함은 국가행정기관·지방자치단체 그 밖의 공공단체중 대통령령이 정하는 기관을 말한다.

시행령: 제2조 (적용대상) 「공공기관의 개인정보보호에 관한 법률」(이하 "법"이라 한다) 제2조제1호에서 "대통령령이 정하는 기관"이라 함은 다음 각호의 기관을 말한다. 이 경우 제2호 및 제3호의 규정에 의한 기관에는 「금융실명거래 및 비밀보장에 관한 법률」 제2조제1호에 따른 금융기관은 포함되지 아니한다.

1. 「초·중등교육법」 및 「고등교육법」, 그 밖의 다른 법률에 따라 설치된 각급 학교
2. 「공공기관의 운영에 관한 법률」 제4조에 따른 공공기관
3. 특별법에 의하여 설립된 특수법인
4. 「지방공기업법」에 따른 지방공사 및 지방공단

2. "개인정보"라 함은 생존하는 개인에 관한 정보로서 당해 정보에 포함되어 있는 성명·주민등록번호 및 화상 등의 사항에 의하여 당해 개인을 식별할 수 있는 정보(당해 정보만으로는 특정개인을 식별할 수 없더라도 다른 정보와 용이하게 결합하여 식별할 수 있는 것을 포함한다)를 말한다.
3. "처리"라 함은 컴퓨터·폐쇄회로 텔레비전 등 정보의 처리 또는 송·수신 기능을 가진 장치(이하 "컴퓨터등"이라 한다)를 사용하여 정보의 입력·저장·편집·검색·삭제 및 출력 기타 이와 유사한 행위를 하는 것을 말한다. 다만, 문장만을 작성하는 등의 단순업무처리를 위한 행위로서 대통령령이 정하는 행위를 하는 것을 제외한다.

시행령: 제3조 (단순업무처리를 위한 행위) 법 제2조제3호 단서에서 "대통령령이 정하는 행위"라 함은 다음 각호의 1에 해당하는 행위를 말한다.

1. 문서 또는 도면의 내용만을 기록하는 행위
2. 문서 또는 도면의 내용을 전기통신의 방법으로 전달하기만 하는 행위
3. 인쇄물을 제작하기 위한 행위

4. "개인정보파일"이라 함은 컴퓨터등에 의하여 처리할 수 있도록 체계적으로 구성된 개인정보의 집합물로서 자기테이프·자기디스크 등 전자적인 매체에 기록된 것을 말한다.
5. "처리정보"라 함은 개인정보파일에 기록되어 있는 개인정보를 말한다.

5의2. "폐쇄회로 텔레비전"이라 함은 정지 또는 이동하는 사물의 순간적 영상 및 이에 따르는 음성·음향

등을 특정인이 수신할 수 있는 장치를 말한다.

6. "보유"라 함은 개인정보파일을 작성 또는 취득하거나 유지·관리하는 것(개인정보의 처리를 다른 기관·단체등에 위탁하는 경우를 포함하되, 다른 기관·단체등으로부터 위탁받은 경우를 제외한다)을 말한다.
7. "보유기관"이라 함은 개인정보파일을 보유하는 기관을 말한다.
8. "정보주체"라 함은 처리정보에 의하여 식별되는 자로서 당해 정보의 주체가 되는 자를 말한다.

제3조(다른 법률과의 관계) ① 공공기관의 컴퓨터등에 의하여 처리되는 개인정보의 보호에 관하여는 다른 법률에 특별한 규정이 있는 경우를 제외하고는 이 법이 정하는 바에 의한다.

② 공공기관의 컴퓨터등에 의하여 처리되는 개인정보중 「통계법」에 의하여 수집되는 개인정보와 국가안전보장과 관련된 정보분석을 목적으로 수집 또는 제공요청되는 개인정보의 보호에 관하여는 이 법을 적용하지 아니한다.

제3조의2(개인정보보호의 원칙) ① 공공기관의 장은 개인정보를 수집하는 경우 그 목적을 명확히 하여야 하고, 목적에 필요한 최소한의 범위 안에서 적법하고 정당하게 수집하여야 하며, 목적 외의 용도로 활용하여서는 아니 된다.

② 공공기관의 장은 처리정보의 정확성 및 최신성을 보장하고, 그 보호의 안전성을 확보하여야 한다.

③ 공공기관의 장은 개인정보관리의 책임관계를 명확히 하여야 한다.

④ 공공기관의 장은 개인정보의 수집·활용 등 개인정보의 취급에 관한 사항을 공개하여야 하며, 개인정보처리에 있어서 처리정보의 열람청구권 등 정보주체의 권리를 보장하여야 한다.

제2장 개인정보의 수집 및 처리

제4조(개인정보의 수집) ① 공공기관의 장은 사상·신조등 개인의 기본적 인권을 현저하게 침해할 우려가 있는 개인정보를 수집하여서는 아니된다. 다만, 정보주체의 동의가 있거나 다른 법률에 수집대상 개인정보가 명시되어 있는 경우에는 그러하지 아니하다.

② 공공기관의 장은 개인정보를 수집하는 경우 개인정보 수집의 법적 근거, 목적 및 이용범위, 정보주체의 권리 등에 관하여 문서(「전자정부법」 제2조제7호에 따른 전자문서를 포함한다. 이하 같다) 또는 인터넷 홈페이지 등을 통하여 정보주체가 그 내용을 쉽게 확인할 수 있도록 안내하여야 한다. 다만, 제6조제3항 각 호의 어느 하나에 해당하는 개인정보파일을 보유할 목적으로 개인정보를 수집하는 경우에는 그러하지 아니하다.

제4조의2(폐쇄회로 텔레비전의 설치 등) ① 공공기관의 장은 범죄예방 및 교통단속 등 공익을 위하여 필요한 경우에 「행정절차법」 제2조제6호에 따른 공청회(이하 "공청회"라 한다) 등 대통령령으로 정하는 절차를 거쳐 관련 전문가 및 이해관계인의 의견을 수렴한 후 폐쇄회로 텔레비전을 설치할 수 있다.

시행령: 제4조 (폐쇄회로 텔레비전의 설치) 법 제4조의2제1항에 따라 폐쇄회로 텔레비전을 설치하려는 공공기관의 장은 다음 각 호의 구분에 따른 방법으로 관련 전문가 및 이해관계인의 의견을 수렴하여야 한다.

1. 일반인의 자유로운 출입이 제한되는 시설(제2호에 해당하는 시설은 제외한다) 또는 장소 안에 설치하는 폐쇄회로 텔레비전: 해당 시설을 이용하는 공무원 또는 임직원 등의 대표로 구성되는 위원회의 심의를 거치는 방법
2. 제4조의2제3항 각 호의 시설에 설치하는 폐쇄회로 텔레비전: 개인정보보호에 관하여 해당 시설의 관리자·보안책임자 또는 관련 전문가의 의견을 듣는 방법

3. 제1호 또는 제2호 외의 시설 또는 장소에 설치하는 폐쇄회로 텔레비전: 다음 각 목의 어느 하나에 해당하는 방법

가. 「행정절차법」에 따른 행정예고의 실시 또는 공청회의 개최

나. 그 밖에 해당 폐쇄회로 텔레비전의 설치로 직접 영향을 받는 지역 주민 등을 대상으로 하는 설명회·설문조사·여론조사 등의 실시

② 설치된 폐쇄회로 텔레비전은 설치목적 범위를 넘어 카메라를 임의로 조작하거나 다른 곳을 비추어서는 아니 되며, 녹음기능은 사용할 수 없다.

③ 공공기관의 장은 폐쇄회로 텔레비전을 설치하는 경우 정보주체가 이를 쉽게 인식할 수 있도록 다음 각 호의 사항을 기재한 안내판을 설치하는 등 필요한 조치를 취하여야 한다.

1. 설치목적 및 장소
2. 촬영범위 및 시간
3. 관리책임자 및 연락처

시행령: 제4조의2 (안내판의 설치) ① 법 제4조의2제3항에 따라 공공기관의 장은 폐쇄회로 텔레비전을 설치한 장소마다 안내판을 설치하여야 한다. 다만, 공공기관의 건물 안에 다수의 폐쇄회로 텔레비전을 설치하는 경우에는 출입구 등 잘 보이는 곳에 해당 시설 또는 장소 전체가 폐쇄회로 텔레비전 설치지역임을 표시하는 안내판을 설치할 수 있다.

② 제1항에도 불구하고 다음 각 호의 어느 하나에 해당하는 경우에는 안내판 설치에 갈음하여 인터넷 홈페이지에 법 제4조의2제3항 각 호의 사항을 게재할 수 있다.

1. 원거리 촬영, 과속·신호위반단속 또는 교통흐름조사 등의 목적으로 폐쇄회로 텔레비전을 설치하는 경우로서 개인정보침해의 위험이 적은 경우
2. 산불감시용 폐쇄회로 텔레비전 등 장소적 특성으로 인하여 안내판을 설치하는 것이 불가능하거나 안내판을 설치하더라도 정보주체가 이를 쉽게 알아볼 수 없는 경우

④ 국가안전보장과 관련된 국가중요시설 중 원자력발전소 등 대통령령으로 정하는 시설에 대하여는 제3항을 적용하지 아니할 수 있다.

시행령: 제4조의2 (안내판의 설치) ③ 법 제4조의2제4항에 따라 공공기관의 장은 다음 각 호의 어느 하나에 해당하는 시설에 설치하는 폐쇄회로 텔레비전에 대하여는 안내판을 설치하지 아니할 수 있다.

1. 「군사기지 및 군사시설 보호법」 제2조제2호에 따른 군사시설
2. 「통합방위법」 제2조제13호에 따른 국가중요시설
3. 「보안업무규정」 제36조에 따른 보안목표시설

⑤ 폐쇄회로 텔레비전의 설치, 안내판 설치 등에 관하여 필요한 사항은 대통령령으로 정한다.

제4조의3(폐쇄회로 텔레비전의 설치 및 관리에 대한 위탁) ① 공공기관의 장은 폐쇄회로 텔레비전의 설치 및 관리에 관한 사무를 위탁할 수 있다.

② 제1항에 따른 수탁기관의 자격요건, 위탁절차 등에 관하여 필요한 사항은 대통령령으로 정한다.

시행령: 제4조의3 (설치·관리 사무의 위탁) ① 법 제4조의3에 따라 공공기관의 장은 다음 각 호의 요건을 갖춘 다른 공공기관이나 전문기관에 폐쇄회로 텔레비전의 설치 및 관리에 관한 사무를 위탁할 수 있다.

1. 개인정보보호에 필요한 전문 장비 및 기술을 갖출 것
2. 수탁받은 업무를 수행하는데 필요한 전문 인력을 갖출 것

② 제1항에 따라 폐쇄회로 텔레비전의 설치 및 관리에 관한 사무를 위탁하려는 공공기관의 장은 위탁대상이 되는 사무의 범위, 개인정보에 대한 접근제한 등 개인정보보호에 필요한 사항을 세부적으로 정한

후 이를 위탁계약서 등 관련 서류에 분명하게 기록하여야 한다.

③ 제1항 및 제2항에 따라 사무를 위탁한 경우에는 법 제4조의2제3항에 따라 설치하는 안내판에 수탁기관의 명칭, 담당자 및 연락처를 게재하여야 한다.

제5조(개인정보파일의 보유범위) 공공기관은 소관업무를 수행하기 위하여 필요한 범위안에서 개인정보파일을 보유할 수 있다.

제6조(개인정보파일의 보유·변경시 사전협의) ① 공공기관의 장이 개인정보파일을 보유하고자 하는 경우(다른 공공기관으로부터 처리정보를 제공받아 보유하고자 하는 경우를 제외한다)에는 다음 각 호의 사항을 행정안전부장관과 협의하여야 한다. 다음 각 호의 어느 하나에 해당하는 사항을 변경하고자 하는 경우에도 또한 같다.

1. 개인정보파일의 명칭
2. 개인정보파일의 보유목적
3. 보유기관의 명칭
4. 개인정보파일에 기록되는 개인 및 항목의 범위
5. 개인정보의 수집방법과 처리정보를 통상적으로 제공하는 기관이 있는 경우에는 그 기관의 명칭
6. 개인정보파일의 열람예정시기
7. 열람이 제한되는 처리정보의 범위 및 그 사유
8. 그 밖에 대통령령이 정하는 사항

시행령: 제5조 (사전협의사항) 법 제6조제1항제8호에서 "대통령령이 정하는 사항"이라 함은 다음 각호의 사항을 말한다.

1. 개인정보파일보유에 관한 법령상 근거가 있는 경우에는 그 근거
2. 개인정보파일의 보유기간이 정하여져 있는 경우에는 그 기간
3. 당해 개인정보를 처리하거나 처리정보를 이용하는 부서의 범위
4. 처리정보를 통상적으로 제공하는 기관이 있는 경우에는 제공항목 및 법령상 근거(법령상 근거가 있는 경우에 한한다)
5. 처리정보의 열람청구를 접수·처리하는 부서
6. 개인정보의 안전성 확보조치의 적정성 여부

시행규칙: 제2조 (사전협의의 서식 등) 「공공기관의 개인정보보호에 관한 법률」(이하 "법"이라 한다) 제6조제1항에 따른 사전협의와 법 제8조에 따른 개인정보파일대장은 별지 제1호 서식에 따른다.

② 중앙행정기관의 장이 아닌 공공기관의 장은 제1항에 따라 협의를 하고자 하는 경우에는 관계 중앙행정기관의 장을 거쳐 관련 서류를 제출하여야 한다.

시행규칙: 제3조 (개인정보파일목록집) 행정안전부장관은 공공기관이 보유한 개인정보파일에 관한 사항을 종합한 목록집을 연 1회 발간하여야 한다.

③ 제1항의 규정은 다음 각 호의 어느 하나에 해당하는 개인정보파일에 대하여는 이를 적용하지 아니한다.

1. 국가의 안전 및 외교상의 비밀 그 밖에 국가의 중대한 이익에 관한 사항을 기록한 개인정보파일
2. 범죄의 수사, 공소의 제기 및 유지, 형의 집행, 교정처분, 보안처분과 출입국관리에 관한 사항을 기록한 개인정보파일
3. 조세범처벌법에 의한 조세범칙조사 및 관세법에 의한 관세범칙조사에 관한 사항을 기록한 개인정보파일

6. 보유기관의 내부적 업무처리만을 위하여 사용되는 개인정보파일

5. 삭제
6. 삭제
7. 삭제
8. 그 밖에 이에 준하는 개인정보파일로서 대통령령이 정하는 개인정보파일

시행령: 제6조 (사전협의의 적용 제외) ① 삭제

② 법 제6조제3항제8호에서 "대통령령이 정하는 개인정보파일"이라 함은 다음 각호의 1에 해당하는 파일을 말한다.

1. 다른 법령의 규정에 의하여 비밀로 분류된 개인정보파일
2. 다른 법령의 규정에 의하여 일반에게 공개하도록 되어 있는 처리정보가 기록된 개인정보파일
3. 자료·물품 또는 금전의 송부등의 목적만을 위하여 보유하는 개인정보파일
4. 「우체국예금·보험에 관한 법률」에 따른 체신관서가 금융업무취급을 위하여 보유하는 개인정보파일

④ 다른 법률에 관계 중앙행정기관의 장으로 하여금 공공기관의 개인정보파일의 보유기준을 정하도록 규정되어 있는 경우에는 제1항에 불구하고 그 보유기준에 관한 협의로 제1항에 따른 협의를 갈음한다. 이 경우 행정안전부장관과의 협의는 관계 중앙행정기관의 장이 행한다.

⑤ 행정안전부장관은 제1항 또는 제4항에 따라 협의를 하는 경우로서 개인정보의 보호를 위하여 필요하다고 인정하는 때에는 제20조에 따른 공공기관개인정보보호심의위원회에 협의사항에 관하여 심의를 요청할 수 있다.

제7조(개인정보파일의 공고) 행정안전부장관은 제6조제1항 또는 제4항에 따라 협의한 사항을 대통령령이 정하는 바에 따라 연 1회 이상 관보 또는 인터넷 홈페이지 등에 게재하여 공고하여야 한다.

시행령: 제7조 (개인정보파일의 공고) ① 법 제7조에 따라 행정안전부장관은 개인정보파일의 보유 또는 변경에 관하여 협의한 사항을 종합하여 공공기관이 보유하고 있는 개인정보파일의 전체 현황을 연 1회 이상 관보 또는 인터넷 홈페이지 등에 게재하여 공고하여야 한다.

② 삭제

③ 행정안전부장관등은 법 제13조의 규정에 의하여 열람을 제한할 수 있는 처리정보에 해당하는 항목에 대하여는 그 항목의 전부 또는 일부를 공고하지 아니할 수 있다.

제7조의2(개인정보보호방침) ① 보유기관의 장은 다음 각 호의 내용이 포함된 개인정보보호방침을 정하여야 한다.

1. 제6조제1항 각 호의 사항. 다만, 같은 조 제3항 각 호의 개인정보파일에 관한 사항을 제외한다.
2. 제20조의2에 따른 개인정보관리책임관의 성명·소속 부서·직위 및 전화번호 그 밖의 연락처
3. 인터넷 홈페이지 접속정보파일 등 인터넷 홈페이지를 통하여 수집되는 개인정보의 보호에 관한 사항
4. 그 밖에 개인정보의 보호를 위하여 필요한 사항

② 보유기관의 장은 제1항에 따라 개인정보보호방침을 정한 경우에는 그 내용을 관보 또는 인터넷 홈페이지 등에 게재하여야 한다.

제8조(개인정보파일대장의 작성) 보유기관의 장은 제6조제3항 각 호에 따른 개인정보파일을 제외하고는 당해 기관이 보유하고 있는 개인정보파일별로 제6조제1항 각 호에 따른 사항을 기재한 대장(이하 "개인정보파일대장"이라 한다)을 작성하여 일반인이 열람할 수 있도록 하여야 한다.

시행령: 제9조 (개인정보파일대장의 열람장소) ① 보유기관의 장은 법 제8조의 규정에 의하여 일반인이 개인정보파일대장을 열람할 수 있는 장소를 지정하고 이를 고시하여야 한다.

② 보유기관의 장은 필요한 경우 개인정보파일을 사용하는 부서의 사무실 및 열람청구를 접수·처리하는 부서의 사무실에 개인정보파일대장의 사본의 전부 또는 일부를 비치할 수 있다.

제9조(개인정보의 안전성확보등) ① 공공기관의 장은 개인정보를 처리하거나 개인정보파일을 「전자정부법」 제2조제10호에 따른 정보통신망(이하 "정보통신망"이라 한다)에 의하여 송·수신하는 경우 개인정보가 분실·도난·누출·변조 또는 훼손되지 아니하도록 안전성확보에 필요한 조치를 강구하여야 한다.

시행령: 제10조 (개인정보의 안전성 확보등) ① 보유기관의 장은 법 제9조의 규정에 의한 개인정보의 안전성등을 확보하기 위하여 입출력자료·전산기기·전산실등의 관리에 관하여 행정안전부령이 정하는 바에 따라 필요한 조치를 취하여야 한다.

시행규칙: 제4조 (전산실등의 관리) ① 보유기관의 장은 「공공기관의 개인정보보호에 관한 법률 시행령」(이하 "영"이라 한다) 제10조제1항에 따른 개인정보의 안전성을 확보하기 위하여 당해 기관에 설치된 전산실과 개인정보가 기록된 매체등을 보관하는 자료보관실등을 「보안업무규정」 제30조에 따른 보호구역으로 설정하고 출입자를 통제하여야 한다.

② 보유기관의 장은 전산실등에 감시장비를 설치하는 등 방범을 위한 조치를 강구하고 정기적으로 점검하여야 한다.

시행규칙: 제5조 (입출력자료의 관리) ① 보유기관의 장은 개인정보가 기록된 서면등의 입력자료가 유출되지 아니하도록 필요한 조치를 취하여야 한다.

② 보유기관의 장은 개인정보가 기록된 출력자료와 처리정보가 기록된 자기테이프등 기록매체가 유출되지 아니하도록 필요한 조치를 취하고 활용이 종료된 출력자료는 즉시 폐기 하여야 한다.

③ 보유기관의 장은 제1항 및 제2항의 규정에 의한 입출력자료에 대하여 당해자료의 발생일자·자료량·사용목적·주요내용 및 폐기일자등을 개인정보의 처리부서별로 별지 제2호서식에〈%생략:서식 2%〉 의한 입출력자료관리대장에 기록.관리하여야 한다.

④ 보유기관의 장은 출력일시.면수표시 및 출력장비의 고유번호등이 당해출력자료에 자동으로 기록되도록 하여야 한다.

시행규칙: 제6조 (단말기의 설치·관리) ① 보유기관의 장은 단말기를 설치하여 개인정보를 처리하는 경우에는 단말기별로 사용자를 지정하고 사용자별로 사용자번호 및 비밀번호를 부여하여 지정된 자외의 자가 단말기를 사용할 수 없도록 하여야 한다.

② 보유기관의 장은 제1항의 경우에 개인정보파일의 명칭, 개인정보의 처리일시 및 주체와 사용단말기기가 컴퓨터에 자동으로 기록될 수 있도록 하여야 하며, 그 내용을 정기적으로 점검하여야 한다.

② 삭제

시행령: 제10조의2 (홈페이지 개인정보보호) ① 공공기관의 장은 그 기관의 홈페이지를 구축·운영하는 과정에서 개인정보가 노출 또는 유출되지 아니하도록 관리적·기술적 조치를 취하여야 한다.

② 행정안전부장관은 홈페이지 개인정보의 노출 또는 유출을 방지하기 위하여 필요한 계획을 수립하고 시스템을 구축하는 등 제1항의 조치에 필요한 지원을 할 수 있다.

② 공공기관의 장은 개인정보의 처리에 관한 사무를 다른 공공기관 또는 관련 전문기관에 위탁할 수 있으며, 이 경우 개인정보가 분실·도난·유출·변조 또는 훼손되지 아니하도록 안전성 확보에 필요한 조치를 취하여야 한다.

③ 제2항에 따른 위탁 방법·절차 등에 관하여 필요한 사항은 대통령령으로 정한다.

시행령: 제10조의3 (개인정보의 위탁처리) ① 법 제9조제3항에 따라 공공기관의 장은 개인정보의 처리를 다른 공공기관 또는 관련 전문기관에 위탁하는 경우에는 다음 각 호의 사항에 관하여 필요한 제한이나 절차를 정하고 수탁기관으로 하여금 개인정보를 처리하는 때에 이를 준수하도록 하여야 한다.

1. 재위탁 금지에 관한 사항

2. 개인정보파일의 복사에 관한 사항
3. 개인정보의 관리상황 검사 및 소속직원의 교육에 관한 사항
4. 수탁기관에서 준수하여야 할 의무를 위반한 경우의 손해배상 등에 관한 사항

② 공공기관의 장은 수탁기관에 대하여 개인정보의 처리현황·입출력자료 및 개인정보파일의 관리 등에 관한 기록과 실태를 점검하여야 한다.

④ 공공기관의 장은 제2항에 따라 개인정보의 처리에 관한 사무를 위탁하고자 하는 경우에는 관보 또는 인터넷 홈페이지 등을 통하여 미리 그 사실을 공개하여야 한다.

⑤ 공공기관으로부터 개인정보의 처리를 위탁받은 자에 대하여도 제1항의 규정을 준용한다.

제9조의2(인터넷상의 본인확인) ① 공공기관의 장은 인터넷상의 본인확인 과정에서 주민등록번호, 성명 등의 개인정보가 변조·유출 또는 도용되지 아니하도록 안전성 확보에 필요한 조치를 강구하여야 한다.

② 행정안전부장관은 제1항에 따른 안전성 확보에 필요한 조치를 지원하기 위하여 관련 법령의 정비, 계획의 수립, 필요한 시설 및 시스템의 구축 등 제반 조치를 마련할 수 있다.

③ 행정안전부장관은 제2항에 따른 제반 조치를 추진함에 있어서 관련 공공기관의 장에게 협조를 요청을 할 수 있고, 그 요청을 받은 공공기관의 장은 특별한 사유가 없는 한 이에 응하여야 한다.

제10조(처리정보의 이용 및 제공의 제한) ① 보유기관의 장은 다른 법률에 따라 보유기관 내부 또는 보유기관 외의 자에 대하여 이용하게 하거나 제공하는 경우를 제외하고는 당해 개인정보파일의 보유목적 외의 목적으로 처리정보를 이용하게 하거나 제공하여서는 아니 된다.

② 보유기관의 장은 보유목적에 따라 처리정보를 이용하게 하거나 제공하는 경우에도 업무수행에 필요한 최소한의 범위로 그 이용 또는 제공을 제한하여야 한다.

③ 보유기관의 장은 제1항의 규정에 불구하고 다음 각 호의 어느 하나에 해당하는 경우에는 당해 개인정보파일의 보유목적외의 목적으로 처리정보를 이용하게 하거나 제공할 수 있다. 다만, 다음 각 호의 어느 하나에 해당하는 경우에도 정보주체 또는 제3자의 권리와 이익을 부당하게 침해할 우려가 있다고 인정되는 때에는 그러하지 아니하다.

1. 정보주체의 동의가 있거나 정보주체에게 제공하는 경우
2. 처리정보를 보유목적 외의 목적으로 이용하게 하거나 제공하지 아니하면 다른 법률에서 정하는 소관업무를 수행할 수 없는 경우로서 제20조에 따른 공공기관개인정보보호심의위원회의 심의를 거친 경우
3. 조약 기타 국제협정의 이행을 위하여 외국정부 또는 국제기구에 제공하는 경우
4. 통계작성 및 학술연구등의 목적을 위한 경우로서 특정개인을 식별할 수 없는 형태로 제공하는 경우
5. 정보주체 또는 그 법정대리인이 의사표시를 할 수 없는 상태에 있거나 주소불명등으로 동의를 할 수 없는 경우로서 정보주체외의 자에게 이용하게 하거나 제공하는 것이 명백히 정보주체에게 이익이 된다고 인정되는 경우
6. 범죄의 수사와 공소의 제기 및 유지에 필요한 경우
7. 법원의 재판업무수행을 위하여 필요한 경우

시행령: 제11조 (처리정보의 이용·제공) ① 법 제10조제3항에 따라 처리정보를 이용하거나 제공받고자 하는 기관은 이용목적 및 이용하고자 하는 처리정보의 범위를 명시하여 보유기관의 장에게 문서로 요청하여야 한다.

② 보유기관의 장은 제1항에 따라 처리정보의 이용 또는 제공을 요청한 기관에 처리정보를 이용하게 하거나 제공하는 경우에는 다음 각 호의 사항을 처리정보 이용·제공대장에 기록하고 이를 관리하여야 한다.

1. 개인정보파일의 명칭
2. 이용 또는 제공을 요청한 기관의 명칭
3. 이용하거나 제공받는 목적
4. 법령상 이용 또는 제공 근거가 있는 경우에는 그 근거
5. 이용 또는 제공을 요청하는 정보의 항목
6. 이용 또는 제공의 주기
7. 이용 또는 제공의 형태
8. 이용 또는 제공의 기간이 있는 경우에는 그 기간
9. 법 제10조제4항에 따라 수령자에게 사용목적 등에 제한을 가하거나 필요한 조치를 취할 것을 요청한 경우에는 그 내용

시행규칙: 제8조 (처리정보 이용·제공대장의 서식) 영 제11조제2항에 따른 처리정보 이용·제공대장은 별지 제3호 서식에 따른다.

시행령: 제12조 (처리정보의 이용·제공 제한) ① 보유기관의 장은 처리정보를 정보통신망을 이용하여 다른 기관이 이용하게 하거나 제공하는 경우에는 그 항목을 최소한으로 제한하고, 그 범위를 넘어 처리정보를 이용할 수 없도록 필요한 조치를 취하여야 하며, 제11조제2항 각 호의 사항을 행정안전부장관에게 통보하여야 한다.

② 보유기관의 장은 제1항에 따라 처리정보를 이용하거나 제공받은 기관이 법 제10조제4항에 따른 제한이나 요청사항을 이행하지 아니하는 때에는 즉시 처리정보의 이용을 중지시키거나 제공을 중지하여야 한다.

④ 보유기관의 장은 제3항제2호 내지 제7호의 규정에 의하여 처리정보를 정보주체외의 자에게 이용하게 하거나 제공하는 때에는 처리정보를 수령한 자에 대하여 사용목적·사용방법 기타 필요한 사항에 대하여 제한을 하거나 처리정보의 안전성확보를 위하여 필요한 조치를 강구하도록 요청하여야 하며, 이러한 요청을 받은 정보수령자는 처리정보의 안전성 확보를 위한 조치를 취하여야 한다.

⑤ 보유기관으로부터 처리정보를 제공받은 자는 보유기관의 동의 없이 당해 처리정보를 제3자에게 이용하게 하거나 제공하여서는 아니 된다.

⑥ 보유기관의 장은 제3항제2호 내지 제5호 및 제7호에 따라 보유목적 외의 목적으로 이용하게 하거나 제공하는 경우에는 그 이용 또는 제공의 법적 근거·목적 및 범위 등에 관하여 필요한 사항을 정보주체가 쉽게 확인할 수 있도록 관보 또는 인터넷 홈페이지 등에 게재하여야 한다.

제10조의2(개인정보파일의 파기) ① 보유기관의 장은 개인정보파일의 보유목적 달성 등 당해 개인정보파일의 보유가 불필요하게 된 경우에는 당해 개인정보파일을 지체 없이 파기하여야 한다. 다만, 다른 법률에 따라 보존하여야 하는 경우에는 그러하지 아니하다.

시행령: 제12조의2 (개인정보파일의 파기방법 등) ① 보유기관의 장은 개인정보파일을 파기하려는 때에는 해당 개인정보의 재생이 불가능한 방법을 사용하여야 한다.

② 제1항에 따라 개인정보파일을 파기한 보유기관의 장은 그 사실을 1개월 이내에 관보 또는 인터넷 홈페이지 등에 게재하여 공고하여야 한다.

② 제1항에 따라 개인정보파일을 파기한 경우 보유기관의 장은 개인정보파일을 파기한 사실을 관보 또는 인터넷 홈페이지 등에 공고하여야 한다. 다만, 파기한 개인정보파일이 제6조제3항 각 호의 어느 하나에 해당하는 경우에는 그러하지 아니하다.

③ 개인정보파일의 파기방법, 절차 등에 관하여 필요한 사항은 대통령령으로 정한다.

제11조(개인정보취급자의 의무) 개인정보의 처리를 행하는 공공기관의 직원이나 직원이었던 자 또는 공공기관으로부터 개인정보의 처리업무를 위탁받아 그 업무에 종사하거나 종사하였던 자는 직무상 알게 된 개인정보를 누설 또는 권한없이 처리하거나 타인의 이용에 제공하는 등 부당한 목적을 위하여 사용하여서는 아니된다.

제3장 처리정보의 열람·정정등

제12조(처리정보의 열람) ① 정보주체는 개인정보파일대장에 기재된 범위안에서 문서로 본인에 관한 처리정보의 열람(문서에 의한 사본의 수령을 포함한다. 이하 같다)을 보유기관의 장에게 청구할 수 있다.

시행령: 제13조 (처리정보의 열람청구) 법 제12조제1항의 규정에 의하여 처리정보의 열람을 청구하고자 하는 자는 열람청구서를 보유기관의 장에게 제출하여야 한다.

② 보유기관의 장은 제1항의 규정에 의한 열람청구를 받은 때에는 제13조 각 호의 어느 하나에 해당하는 경우를 제외하고는 청구서를 받은 날부터 10일 이내에 청구인으로 하여금 당해 처리정보를 열람할 수 있도록 하여야 한다. 이 경우 10일 이내에 열람하게 할 수 없는 정당한 사유가 있는 때에는 청구인에게 그 사유를 통지하고 열람을 연기할 수 있으며, 그 사유가 소멸한 때에는 지체없이 열람하게 하여야 한다.

제13조(처리정보의 열람제한) 보유기관의 장은 제12조의 규정에 의하여 열람을 청구한 청구인으로 하여금 당해 처리정보를 열람하도록 하는 것이 다음 각 호의 어느 하나에 해당하는 경우에는 그 사유를 통지하고 당해 처리정보의 열람을 제한할 수 있다.

1. 다음 각 목의 어느 하나에 해당하는 업무로서 당해 업무의 수행에 중대한 지장을 초래하는 경우

가. 조세의 부과·징수 또는 환급에 관한 업무

나. 「초·중등교육법」 및 「고등교육법」에 따른 각급학교와 「평생교육법」에 따른 평생교육시설에서의 성적의 평가 또는 입학자의 선발에 관한 업무

다. 학력·기능 및 채용에 관한 시험, 자격의 심사, 보상금·급부금의 산정등 평가 또는 판단에 관한 업무

라. 다른 법률에 의한 감사 및 조사에 관한 업무

마. 삭제

바. 그 밖에 가목 내지 라목에 준하는 업무로서 대통령령이 정하는 업무

2. 개인의 생명·신체를 해할 우려가 있거나 개인의 재산과 기타의 이익을 부당하게 침해할 우려가 있는 경우

시행령: 제14조 (열람의 결정 및 통지) ① 보유기관의 장은 제13조의 규정에 의한 열람청구를 받은 때에는 청구서를 받은 날부터 5일 이내에 열람의 허용여부, 열람일시 및 장소를 결정하고 열람결정통지서를 청구인에게 송부하여야 한다. 다만, 열람청구를 받는 즉시 열람하도록 하는 경우에는 열람결정통지서 송부를 생략할 수 있다.

시행령: 제15조 (열람의 실시) ① 보유기관의 장은 청구인이 처리정보를 열람함에 있어서 제3자의 개인정보가 누설되지 아니하도록 필요한 조치를 취하여야 한다.

② 보유기관의 장은 청구인으로 하여금 처리정보를 열람하도록 하기 전에 당해 처리정보의 정정 또는 삭제 청구에 필요한 사항을 알려주어야 한다.

시행령: 제16조 (처리정보의 열람제한) 법 제13조제1호 바목에서 "대통령령이 정하는 업무"라 함은 다음 각호의 1에 해당하는 업무를 말한다.

1. 토지 및 주택등에 관한 부동산투기를 방지하기 위한 업무
2. 「자본시장과 금융투자업에 관한 법률」에 따른 불공정증권거래를 방지하기 위한 업무

② 보유기관의 장은 처리정보의 전부 또는 일부에 대하여 열람을 허용하지 아니하기로 결정한 때에는 그 사유와 법령상 근거 및 당해 결정에 대한 불복절차에 관한 사항을 기재한 열람제한결정서를 청구인에게 송부하여야 한다.

시행규칙: 제9조 (처리정보의 열람청구등) ① 법 제12조 및 영 제13조의 규정에 의한 처리정보의 열람청구서는 별지 제4호서식에 의한다.

② 영 제14조제1항의 규정에 의한 열람결정통지서는 별지 제5호서식에 의한다.

③ 영 제14조제2항의 규정에 의한 열람제한결정서는 별지 제6호서식에 의한다.

④ 법 제12조제2항 단서의 규정에 의한 열람연기통지서는 별지 제7호서식에 의한다.

제14조(처리정보의 정정 및 삭제 등) ① 제12조에 따라 본인의 처리정보를 열람한 정보주체는 보유기관(다른 기관으로부터 처리정보를 제공받아 보유하는 기관을 제외한다. 이하 이 조에서 같다)의 장에게 문서로 당해 처리정보의 정정 또는 삭제를 청구할 수 있다. 다만, 다른 법률에 당해 처리정보가 수집대상으로 명시되어 있는 경우에는 그 삭제를 청구할 수 없다.

② 보유기관의 장은 제1항의 규정에 의한 정정 또는 삭제청구를 받은 때에는 처리정보의 내용의 정정 또는 삭제에 관하여 다른 법률에 특별한 절차가 규정되어 있는 경우를 제외하고는 지체없이 이를 조사하여 필요한 조치를 한 후 그 결과를 당해 청구인에게 통지하여야 한다.

③ 보유기관의 장은 제2항의 규정에 의한 조사를 함에 있어 필요한 때에는 당해 청구인으로 하여금 정정 또는 삭제청구사항의 확인에 필요한 증빙자료를 제출하게 할 수 있다.

시행령: 제17조 (정정 또는 삭제의 청구) 법 제14조에 따라 처리정보의 정정 또는 삭제를 청구하려는 자는 정정·삭제청구서를 보유기관의 장에게 제출하여야 한다.

시행규칙: 제10조 (처리정보의 정정·삭제 청구 등) ① 법 제14조 및 영 제17조에 따른 정정·삭제청구서는 별지 제8호 서식에 따른다.

② 영 제18조제1항 전단에 따른 정정·삭제조치결과통지서는 별지 제9호 서식에 따른다.

③ 영 18조제1항 후단에 따른 정정·삭제연기통지서는 별지 제10호 서식에 따른다.

④ 영 제18조제2항에 따른 정정·삭제거부등결정통지서는 별지 제11호 서식에 따른다.

시행규칙: 제11조 (처리정보의 정확성) ① 보유기관의 장은 처리정보의 정확성을 확보하기 위하여 처리정보 및 개인정보파일의 보존기간을 정하고 이를 정기적으로 갱신하여야 한다.

② 보유기관의 장은 처리정보를 통상적으로 제공하는 기관이 있는 경우에는 그 기관의 장에게 처리정보의 정정·삭제 내용을 통지하여야 한다.

시행규칙: 제12조 (교육) 보유기관의 장은 당해기관의 개인정보취급자에 대하여 정기적으로 다음 각호의 사항에 관한 교육을 실시하여야 한다.

1. 개인정보보호에 관한 윤리의식의 확립
2. 관계 법령에 의한 개인정보파일별 처리절차
3. 개인정보보호에 관한 사례 및 그 결과

시행령: 제18조 (정정 또는 삭제의 결정 및 통지) ① 보유기관의 장은 제17조에 따른 정정 또는 삭제 청구를 받은 때에는 10일 이내에 필요한 조치를 한 후 정정·삭제조치결과통지서를 청구인에게 송부하여야 한다. 이 경우 10일 이내에 필요한 조치를 취할 수 없는 정당한 사유가 있는 때에는 그 사유를 통지하고 1회에 한하여 10일의 범위에서 그 기간을 연장할 수 있다.

② 보유기관의 장은 제17조에 따른 정정 또는 삭제 청구에 대하여 정정 또는 삭제를 하지 아니하기로 결정하거나 청구의 내용과 다른 결정을 한 경우에는 그 결정의 내용 및 사유와 당해 결정에 대한 불복절

차에 관한 사항을 기재한 정정·삭제거부등결정통지서를 청구인에게 송부하여야 한다.

③ 다른 기관으로부터 처리정보를 제공받아 보유하는 기관의 장은 법 제14조제1항에 따른 처리정보의 정정 또는 삭제 청구를 받은 때에는 그 청구서를 당해 처리정보를 제공한 기관의 장에게 지체없이 송부하고 그 처리결과에 따라 필요한 조치를 취하여야 한다.

제15조(불복청구) ① 제12조제1항 및 제14조제1항에 따른 청구에 대하여 공공기관의 장이 행한 처분 또는 부작위로 인하여 권리 또는 이익의 침해를 받은 자는 「행정심판법」으로 정하는 바에 따라 행정심판을 청구하거나 「행정소송법」으로 정하는 바에 따라 행정소송을 제기할 수 있다.

② 제1항에 따라 행정심판을 제기하는 경우 국가행정기관 및 지방자치단체 외의 공공기관의 장의 처분 또는 부작위에 대한 감독행정기관은 관계 중앙행정기관의 장으로 한다.

제16조(대리청구) 정보주체는 제12조제1항 및 제14조제1항의 규정에 의한 청구를 대통령령이 정하는 바에 따라 대리인으로 하여금 하게 할 수 있다.

시행령: 제19조 (대리인의 범위) ① 법 제16조의 규정에 의하여 대리청구를 할 수 있는 자는 다음 각호와 같다.

1. 정보주체의 법정대리인
2. 정보주체로부터 위임을 받은 수임인

② 보유기관의 장은 특별한 사유가 있는 때에는 제1항의 규정에 의한 대리인의 범위를 행정안전부장관과 협의하여 따로 정할 수 있다.

시행령: 제20조 (정보주체 또는 대리인의 확인) 보유기관의 장은 제13조 또는 제17조에 따라 열람청구 또는 정정·삭제청구를 받은 때에는 행정안전부령이 정하는 바에 따라 청구인이 정보주체 또는 그의 정당한 대리인임을 확인하여야 한다.

시행규칙: 제13조 (본인 및 대리인의 확인 등) ① 보유기관의 장은 법 제12조에 따른 열람청구 또는 법 제14조에 따른 삭제·정정청구를 받은 때에는 주민등록증 등의 신분증명서를 확인하거나 「전자정부법」 제35조에 따라 공인전자서명 등을 확인하는 방법으로 청구인이 정보주체 또는 그의 정당한 대리인임을 확인하여야 한다.

② 법 제16조에 따라 정보주체가 대리인을 통하여 개인정보의 열람 등을 청구하려는 때에는 별지 제12호 서식에 따라 위임장을 작성하여 보유기관의 장에게 제출하여야 한다.

제4장 보칙

제17조(수수료등) 제12조제1항 및 제14조제1항의 규정에 의하여 열람청구 또는 정정·삭제청구를 하는 자는 대통령령이 정하는 바에 따라 수수료와 우송료(처리정보 사본의 우송을 청구하는 때에 한한다)를 납부하여야 한다.

시행령: 제21조 (수수료의 금액등) ① 법 제17조의 규정에 의한 수수료의 금액은 처리정보의 열람 또는 정정·삭제에 소요되는 실비의 범위안에서 당해 기관의 장이 정하는 바에 의한다. 다만, 지방자치단체의 경우에는 조례가 정하는 바에 의한다.

② 보유기관의 장은 처리정보를 정정 또는 삭제하게 된 사유가 보유기관에 있는 때에는 정정 또는 삭제 청구에 관한 수수료를 면제하여야 한다.

③ 법 제17조의 규정에 의한 수수료는 국가행정기관에 납부하는 경우에는 수입인지로, 지방자치단체에 납부하는 경우에는 수입증지로 각각 납부한다. 다만, 국가행정기관 또는 지방자치단체의 장은 정보통신

망을 이용하여「전자금융거래법」제2조제11호에 따른 전자지급수단으로 이를 납부하게 할 수 있다.

④ 제3항에 규정한 기관외의 기관에 수수료를 납부하는 때에는 당해 기관의 장이 정하는 방법에 의한다.

제18조(자료제출의 요구등) ① 행정안전부장관은 이 법의 시행을 위하여 필요하다고 인정되는 경우에는 공공기관의 장에 대하여 개인정보의 처리에 관한 자료의 제출을 요구할 수 있으며, 소속공무원으로 하여금 실태조사를 하게 할 수 있다.

② 제1항에 따라 실태조사를 하는 공무원은 그 권한을 나타내는 증표를 지니고 이를 관계인에게 내보여야 한다.

시행령: 제22조 (자료제출 요구) ① 법 제18조의 규정에 의하여 행정안전부장관이 요구할 수 있는 자료의 범위는 다음 각호와 같다.

1. 처리정보의 열람·정정청구현황 및 그 처리실적에 관한 자료
2. 처리정보가 기록된 자기매체·주전산기·입출력장치·전산실등의 보호대책에 관한 자료
3. 처리정보의 이용·제공실태와 이용·제공에 따른 보호대책에 관한 자료
4. 기타 개인정보보호에 관한 제도 및 정책의 수립·개선에 필요한 자료

② 공공기관의 장은 행정안전부장관으로부터 제1항의 규정에 따른 자료제출을 요구받은 때에는 정당한 사유가 있는 경우를 제외하고는 30일이내에 관련자료를 제출하여야 한다.

시행령: 제23조 (실태조사의 방법) 행정안전부장관은 법 제18조의 규정에 의하여 실태조사를 하고자 하는 경우에는 해당기관의 장에게 조사의 취지 및 내용, 담당공무원의 인적사항·조사일시등을 미리 통보하여야 한다.

제18조의2(개인정보침해사실의 신고 등) ① 공공기관의 장이 개인정보를 수집·처리하거나 개인정보파일을 보유함에 있어서 개인정보에 관한 권리 또는 이익의 침해를 받은 자는 행정안전부장관에게 그 침해사실을 신고할 수 있다.

시행령: 제23조의2 (개인정보침해사실의 신고 절차 등) ① 행정안전부장관은 법 제18조의2제1항에 따라 개인정보 침해사실의 신고를 받은 때에는 지체 없이 그 사실을 해당 공공기관의 장에게 통보하여야 한다.

② 행정안전부장관은 신고된 침해사실을 확인하여 해당 공공기관의 장에게 그 확인결과를 통보할 수 있다.

시행령: 제23조의2 (개인정보침해사실의 신고 절차 등) ② 행정안전부장관은 법 제18조의2제2항에 따른 침해사실의 확인을 위하여 필요하면 해당 공공기관의 장 또는 관련 공공기관의 장에게 협조를 요청하거나 침해사실을 신고한 자 등의 의견을 들을 수 있다.

③ 제1항 및 제2항에서 규정한 것 외에 개인정보침해사실의 신고 등에 관하여 필요한 사항은 행정안전부령으로 정한다.

③ 제2항에 따라 통보를 받은 공공기관의 장은 그 처리결과를 지체 없이 행정안전부장관에게 통보하여야 하며, 행정안전부장관은 통보받은 처리결과를 제1항에 따른 신고인에게 통지하여야 한다.

시행규칙: 제14조 (침해사실의 신고 등) ① 행정안전부장관은 법 제18조의2에 따른 개인정보침해사실의 신고 관련 업무 등을 효율적으로 처리하기 위하여 필요하면 행정안전부에 신고센터를 설치·운영할 수 있다.

② 법 제18조의2제1항에 따른 개인정보침해사실의 신고는 별지 제13호 서식에 따른다.

③ 법 제18조의2제3항에 따른 처리결과의 통지는 별지 제14호 서식에 따른다.

제19조(의견제시 및 권고) 행정안전부장관은 이 법의 목적을 달성하기 위하여 필요하다고 인정되는 경우에는 공공기관의 장에게 개인정보의 보호에 관하여 의견을 제시하거나 권고를 할 수 있다.

시행령: 제24조 (의견제시 및 권고) ① 법 제19조의 규정에 의한 행정안전부장관의 의견제시 및 권고는 권고사항, 권고사유 및 관계기관의 회신기간등을 명시한 서면으로 하여야 한다.

② 제1항의 규정에 의한 권고를 받은 공공기관의 장은 권고내용에 따라 필요한 조치를 취하고, 그 결과를 행정안전부장관에게 서면으로 통보하여야 한다. 다만, 공공기관의 장이 권고 내용대로 조치하기 곤란하다고 판단되는 특별한 사정이 있는 경우에는 그 사유를 통보하여야 한다.

제20조(공공기관개인정보보호심의위원회) ① 공공기관의 컴퓨터등에 의하여 처리되는 개인정보의 보호에 관한 사항을 심의하기 위하여 국무총리소속하에 공공기관개인정보보호심의위원회(이하 "위원회"라 한다)를 둔다.

② 위원회는 다음 각 호의 사항을 심의한다.

1. 개인정보보호에 관한 정책 및 제도 개선에 관한 사항
2. 처리정보의 이용 및 제공에 대한 공공기관 간의 의견조정에 관한 사항
3. 제6조제5항에 따라 심의요청을 받은 사항
4. 제10조제3항제2호에 따른 처리정보의 이용 또는 제공에 관한 사항
5. 그 밖에 개인정보의 보호에 관하여 <u>대통령령으로 정하는 사항</u>

시행령: 제24조의2 (공공기관개인정보보호심의위원회의 기능) 법 제20조제2항제5호에서 "대통령령으로 정하는 사항"이란 국무총리 또는 법 제20조에 따른 공공기관개인정보보호심의위원회(이하 "위원회"라 한다)의 위원장이 개인정보보호와 관련하여 위원회에 부의하는 사항을 말한다.

③ 위원회는 위원장 1인을 포함한 10인 이내의 위원으로 구성한다.

④ 위원장은 행정안전부차관으로 하고, 위원은 공공기관의 소속직원과 개인정보에 관한 학식과 경험이 풍부한 자 중에서 위원장의 추천으로 국무총리가 임명 또는 위촉한다.

시행령: 제24조의3 (위원장) ① 위원회의 위원장(이하 "위원장"이라 한다)은 위원회를 대표하고 위원회의 사무를 총괄한다.

② 위원장이 부득이한 사유로 그 직무를 수행할 수 없는 때에는 위원장이 지명하는 위원의 순으로 그 직무를 대행한다.

⑤ 위원의 임기는 2년으로 한다. 다만, 공공기관의 소속 직원인 위원은 그 직에 있는 동안 재임한다.

⑥ 그 밖에 위원회의 조직 및 운영에 관하여 필요한 사항은 대통령령으로 정한다.

시행령: 제24조의4 (위원회의 회의) ① 위원장은 위원회의 회의를 소집하고 그 의장이 된다.

② 위원장이 회의를 소집하는 때에는 회의 개최 7일 전까지 회의 일시·장소 및 심의사항 등을 각 위원에게 통지하여야 한다. 다만, 긴급을 요하거나 부득이한 사유가 있는 경우에는 그러하지 아니하다.

③ 위원회의 회의는 재적위원 과반수의 출석으로 개의하고, 출석위원 과반수의 찬성으로 의결한다.

시행령: 제24조의5 (위원회의 간사) ① 위원회의 사무를 처리하기 위하여 위원회에 간사 1명을 둔다.

② 제1항의 간사는 행정안전부의 개인정보보호업무를 담당하는 공무원 중에서 위원장이 임명하는 자가 된다.

시행령: 제24조의6 (분과위원회의 설치 등) ① 위원회는 위원회 심의사항의 사전 검토 등을 위하여 필요하면 분과위원회를 설치·운영할 수 있다.

② 위원회는 효율적이고 전문적인 심의를 위하여 필요하면 관계전문가의 자문을 구하거나 이해관계자 등의 의견을 들을 수 있다.

시행령: 제24조의7 (수당) 위원회 또는 분과위원회에 출석한 위원, 관계전문가 등에 대하여는 예산의 범위에서 수당을 지급할 수 있다. 다만, 공무원인 위원이 그 소관 업무와 직접 관련되어 위원회 또는 분과위원회에 출석한 경우에는 그러하지 아니하다.

시행령: 제24조의8 (운영세칙) 이 영에 규정된 사항 외에 위원회 또는 분과위원회의 운영에 관하여 필요한 사항은 위원회의 의결을 거쳐 위원장이 정한다.

제20조의2(개인정보관리책임관의 지정) ① 공공기관의 장은 소관 처리정보의 보호 및 관리를 위하여 개인정보관리책임관을 지정하여야 한다.

시행령: 제24조의9 (개인정보관리책임관) ① 법 제20조의2에 따라 공공기관의 장은 다음 각 호의 구분에 따라 그 기관의 개인정보관리책임관을 지정하여야 한다.

1. 국가행정기관: 고위공무원단에 속하는 공무원, 3급 이상 공무원 또는 그에 준하는 소속공무원
2. 지방자치단체: 2급부터 4급까지의 공무원 또는 그에 준하는 소속공무원
3. 제1호 및 제2호 외의 공공기관: 소속 임원 또는 그에 준하는 직원

② 개인정보관리책임관은 다음 각 호의 업무를 수행한다.

1. 해당 기관의 개인정보보호 계획 및 방침의 수립·시행
2. 해당 기관의 개인정보침해 관련 민원의 접수·처리
3. 해당 기관의 개인정보처리실태의 점검 및 감독
4. 해당 기관의 각종 개인정보보호 관련 통계 및 자료의 취합
5. 해당 기관에 소속된 다른 공공기관의 개인정보보호 관련 업무의 총괄
6. 그 밖에 개인정보보호 교육 등 그 기관의 개인정보보호를 위하여 필요한 업무

③ 행정안전부장관은 제2항에 규정된 개인정보관리책임관의 업무를 지원하기 위하여 정보화시스템을 구축·운영하는 등 필요한 지원을 할 수 있다.

② 개인정보관리책임관의 자격요건·지정 및 운영 등에 관하여 필요한 사항은 대통령령으로 정한다.

제21조(국가·지방자치단체 외의 공공기관 등에 대한 지도·감독) 관계중앙행정기관의 장은 컴퓨터등에 의하여 처리되는 개인정보의 보호를 위하여 필요한 때에는 국가행정기관 및 지방자치단체외의 공공기관에 대하여 개인정보의 보호에 관하여 의견을 제시하거나 지도·점검등을 할 수 있다.

시행령: 제25조 (국가행정기관·지방자치단체 외의 공공기관 등에 대한 지도·감독) 국가행정기관·지방자치단체 외의 공공기관에 대한 관계 중앙행정기관의 장의 지도·감독에 대하여는 제22조 내지 제24조의 규정을 준용한다.

제22조(공공기관외의 개인 또는 단체의 개인정보보호) 공공기관외의 개인 또는 단체는 컴퓨터등을 사용하여 개인정보를 처리함에 있어 공공기관의 예에 준하여 개인정보의 보호를 위한 조치를 강구하여야 하며, 관계중앙행정기관의 장은 개인정보의 보호를 위하여 필요한 때에는 공공기관외의 개인 또는 단체에 대하여 개인정보의 보호에 관하여 의견을 제시하거나 권고를 할 수 있다.

시행령: 제26조 (공공기관외의 개인 또는 단체에 대한 지도) 관계 중앙행정기관의 장은 법 제22조의 규정에 의하여 공공기관외의 개인 또는 단체에 대하여 다음 각호의 사항의 준수가 개인정보의 보호를 위하여 필요하다는 의견을 제시하거나 권고할 수 있다.

1. 처리정보의 보유목적 외 이용 및 제공 금지에 관한 사항
2. 정보주체에 대한 열람 및 정정·삭제의 청구기회의 부여에 관한 사항
3. 기타 개인정보의 보호를 위하여 필요하다고 인정되는 사항

제5장 벌칙

제23조(벌칙) ① 공공기관의 개인정보처리업무를 방해할 목적으로 공공기관에서 처리하고 있는 개인정보를 변

경 또는 말소한 자는 10년 이하의 징역에 처한다.

② 제11조의 규정을 위반하여 개인정보를 누설 또는 권한없이 처리하거나 타인의 이용에 제공하는 등 부당한 목적으로 사용한 자는 3년 이하의 징역 또는 1천만원 이하의 벌금에 처한다.

③ 부정한 목적으로 제4조의2제2항을 위반하여 폐쇄회로 텔레비전의 설치목적 범위를 넘어 카메라를 임의로 조작하거나 다른 곳을 비추는 자 또는 녹음기능을 사용한 자와 거짓 그 밖의 부정한 방법으로 공공기관으로부터 처리정보를 열람 또는 제공받은 자는 2년 이하의 징역 또는 700만원 이하의 벌금에 처한다.

제24조(양벌규정) 법인의 대표자나 법인 또는 개인의 대리인, 사용인, 그 밖의 종업원이 그 법인 또는 개인의 업무에 관하여 제23조제2항 또는 제3항의 위반행위를 하면 그 행위자를 벌하는 외에 그 법인 또는 개인에게도 해당 조항의 벌금형을 과(科)한다. 다만, 법인 또는 개인이 그 위반행위를 방지하기 위하여 해당 업무에 관하여 상당한 주의와 감독을 게을리하지 아니한 경우에는 그러하지 아니하다.

제25조(벌칙 적용에서의 공무원 의제) 이 법에 의한 개인정보의 보유기관 및 개인정보를 위탁받아 처리하는 기관의 종사자중 공무원이 아닌 자는 형법 제129조 내지 제132조의 적용에 있어서는 이를 공무원으로 본다.

〈부록〉 7. 금융실명거래 및 비밀보장에 관한 법률·시행령·시행규칙의 주요 연결내용

[시행 2012. 3. 2] [법률 제10522호, 2011. 3. 1, 타법개정]

제1조(목적) 이 법은 실지명의에 의한 금융거래를 실시하고 그 비밀을 보장하여 금융거래의 정상화를 기함으로써 경제정의를 실현하고 국민경제의 건전한 발전을 도모함을 목적으로 한다.

시행령: 제1조(목적) 이 영은 금융실명거래 및 비밀보장에 관한 법률에서 위임된 사항과 그 시행에 관하여 필요한 사항을 규정함을 목적으로 한다.

시행규칙: 제1조 (목적) 이 규칙은 금융실명거래 및 비밀보장에 관한 법률 및 동법시행령에서 위임된 사항과 그 시행에 관하여 필요한 사항을 규정함을 목적으로 한다.

제2조(정의) 이 법에서 사용하는 용어의 정의는 다음과 같다.

1. "금융기관"이라 함은 다음 각목에 정하는 것을 말한다.

가. 한국은행 · 한국산업은행 · 한국수출입은행 · 중소기업은행 및 「은행법」에 따른 은행

나. 장기신용은행법에 의한 장기신용은행

다. 「자본시장과 금융투자업에 관한 법률」에 따른 투자매매업자 · 투자중개업자 · 집합투자업자 · 신탁업자 · 증권금융회사 · 종합금융회사 및 명의개서대행회사

라. 삭제

마. 상호저축은행법에 의한 상호저축은행과 그 중앙회

바. 「농업협동조합법」에 따른 조합과 그 중앙회 및 농협은행

사. 수산업협동조합법에 의한 수산업협동조합과 그 중앙회

아. 축산업협동조합법에 의한 축산업협동조합과 그 중앙회

자. 인삼협동조합법에 의한 인삼협동조합과 그 중앙회

차. 신용협동조합법에 의한 신용협동조합과 그 중앙회

카. 새마을금고법에 의한 금고와 그 연합회

타. 삭제

파. 삭제

하. 보험업법에 의한 보험사업자

거. 우체국예금 · 보험에관한법률에 의한 체신관서

너. 기타 <u>대통령령이 정하는 기관</u>

시행령: 제2조(금융기관) 「금융실명거래 및 비밀보장에 관한 법률」(이하 "법"이라 한다) 제2조제1호 너목에서 "대통령령이 정하는 기관"이라 함은 다음 각호의 것을 말한다.

1. 「국채법」 및 「공사채등록법」에 의한 채권등록기관
2. 「여신전문금융업법」에 의한 여신전문금융회사 및 신기술사업투자조합
3. 「기술신용보증기금법」에 의한 기술신용보증기금
4. 「한국정책금융공사법」에 따른 한국정책금융공사
5. 「중소기업 창업지원법」에 의한 중소기업창업투자회사 및 중소기업창업투자조합
6. 「신용보증기금법」에 의한 신용보증기금
7. 「산림조합법」에 의한 지역조합 · 전문조합과 그 중앙회
8. 「지역신용보증재단법」에 의한 신용보증재단

9. 삭제
10. 「자본시장과 금융투자업에 관한 법률」에 따른 한국거래소(「자본시장과 금융투자업에 관한 법률」 제392조제2항에 따라 같은 법 제391조제2항제1호의 신고사항과 같은 항 제3호에 따른 신고 또는 확인 요구사항에 대하여 정보의 제공을 요청하는 경우만 해당한다)
11. 「한국주택금융공사법」에 의한 한국주택금융공사
12. 기타 사실상 금융거래를 하는 개인 또는 법인으로서 총리령이 정하는 자

2. "금융자산"이라 함은 금융기관이 취급하는 예금 · 적금 · 부금 · 계금 · 예탁금 · 출자금 · 신탁재산 · 주식 · 채권 · 수익증권 · 출자지분 · 어음 · 수표 · 채무증서 등 금전 및 유가증권 기타 이와 유사한 것으로서 총리령이 정하는 것을 말한다.

시행규칙: 제2조 (금융자산) 법 제2조제2호에서 "총리령이 정하는 것"이라 함은 다음 각호의 것을 말한다.
1. 신주인수권을 표시한 증서
2. 외국이나 외국법인이 발행한 증권 또는 증서

3. "금융거래"라 함은 금융기관이 금융자산을 수입 · 매매 · 환매 · 중개 · 할인 · 발행 · 상환 · 환급 · 수탁 · 등록 · 교환하거나 그 이자 · 할인액 또는 배당을 지급하는 것과 이를 대행하는 것 기타 금융자산을 대상으로 하는 거래로서 총리령이 정하는 것을 말한다.

4. "실지명의"라 함은 주민등록표상의 명의, 사업자등록증상의 명의 기타 대통령령이 정하는 명의를 말한다.

시행령: 제3조(실지명의) 법 제2조제4호의 규정에 의한 실지명의는 다음 각호의 구분에 따른 명의로 한다.
1. 개인의 경우: 주민등록표에 기재된 성명 및 주민등록번호. 다만, 재외국민의 경우에는 여권에 기재된 성명 및 여권번호(여권이 발급되지 아니한 재외국민은 「재외국민등록법」에 의한 등록부에 기재된 성명 및 등록번호)
2. 법인(「국세기본법」에 의하여 법인으로 보는 법인격없는 사단 등을 포함한다. 이하 같다)의 경우: 「법인세법」에 의하여 교부받은 사업자등록증에 기재된 법인명 및 등록번호. 다만, 사업자등록증을 교부받지 아니한 법인은 「법인세법」에 의하여 납세번호를 부여받은 문서에 기재된 법인명 및 납세번호
3. 법인이 아닌 단체의 경우: 당해 단체를 대표하는 자의 실지명의. 다만, 「부가가치세법」에 의하여 고유번호를 부여받거나 「소득세법」에 의하여 납세번호를 부여받은 단체의 경우에는 그 문서에 기재된 단체명과 고유번호 또는 납세번호
4. 외국인의 경우: 「출입국관리법」에 의한 등록외국인기록표에 기재된 성명 및 등록번호. 다만, 외국인등록증이 발급되지 아니한 자의 경우에는 여권 또는 신분증에 기재된 성명 및 번호
5. 제1호 내지 제4호의 규정에 의하는 것이 곤란한 경우 총리령이 정하는 실지명의

제3조(금융실명거래) ① 금융기관은 거래자의 실지명의(이하 "실명"이라 한다)에 의하여 금융거래를 하여야 한다.

시행규칙: 제3조 (실명거래의 확인) 금융거래에 있어서 실지명의는 다음 각호의 구분에 따라 확인한다.
1. 개인의 경우
가. 주민등록증 발급대상자는 주민등록증. 다만, 주민등록증에 의하는 것이 곤란한 경우에는 국가기관, 지방자치단체 또는 교육법에 의한 학교의 장이 발급한 것으로서 실지명의의 확인이 가능한 증표 또는 주민등록표등본과 신분을 증명할 수 있는 증표
나. 주민등록증 발급대상자가 아닌 자는 주민등록표등본과 법정대리인의 가목의 증표 또는 실지명의의 확인이 가능한 증표·서류
다. 재외국민은 금융실명거래및비밀보장에관한법률시행령(이하 "영"이라 한다) 제3조제1호 단서의

규정에 의한 여권 또는 재외국민등록증
2. 법인의 경우
영 제3조제2호의 규정에 의한 사업자등록증이나 납세번호를 부여받은 문서 또는 그 사본
3. 법인이 아닌 단체의 경우
영 제3조제3호의 규정에 의하여 당해단체를 대표하는 자의 실지명의를 확인할 수 있는 제1호의 증표·서류, 다만, 영 제3조제3호 단서의 규정에 의한 단체는 고유번호 또는 납세번호를 부여받은 문서나 그 사본
4. 외국인 및 외국단체의 경우
영 제3조제4호의 규정에 의한 외국인등록증·외국인단체등록증 또는 여권·신분증
5. 제1호 내지 제4호의 규정에 의하여 실지명의를 확인하기 곤란한 경우
관계기관의 장의 확인서·증명서 등 금융위원회가 정하는 방법

② 금융기관은 제1항의 규정에 불구하고 다음 각호의 1에 해당하는 경우에는 실명의 확인을 하지 아니할 수 있다.
1. 실명이 확인된 계좌에 의한 계속거래와 공과금수납 · 100만원 이하의 송금등의 거래로서 대통령령이 정하는 거래
2. 외국통화의 매입, 외국통화로 표시된 예금의 수입 또는 외국통화로 표시된 채권의 매도등의 거래로서 대통령령이 정하는 기간동안의 거래
3. 다음 각목의 1에 해당하는 채권(이하 "특정채권"이라 한다)으로서 이 법 시행일 이후 1998년 12월 31일 사이에 재정경제부장관이 정하는 발행기간 · 이자율 및 만기등의 발행조건으로 발행된 채권의 거래
가. 고용안정과 근로자의 직업능력향상 및 생활안정등을 위하여 발행되는 대통령령이 정하는 채권
나. 외국환관리법 제14조의 규정에 의한 외국환평형기금채권으로서 외국통화로 표시된 채권
다. 중소기업의 구조조정지원등을 위하여 발행되는 대통령령이 정하는 채권
라. 「자본시장과 금융투자업에 관한 법률」 제329조에 따라 증권금융회사가 발행한 사채
마. 기타 국민생활안정과 국민경제의 건전한 발전을 위하여 발행되는 대통령령이 정하는 채권

시행령: 제4조(실명확인의 생략) ① 법 제3조제2항제1호 및 제2호의 규정에 의하여 실명의 확인을 하지 아니할 수 있는 거래는 다음 각호와 같다.
1. 실명이 확인된 계좌에 의한 계속거래
2. 각종 공과금 등의 수납
3. 100만원 이하의 원화 송금(무통장 입금을 포함한다)과 100만원 이하에 상당하는 외국통화의 매입 · 매각
4. 외국통화의 매입, 외국통화로 표시된 예금의 수입 또는 외국통화로 표시된 채권의 매도 등의 거래로서 법 시행일이후 1998년 12월 31일 사이에 이루어지는 거래

② 법 제3조제2항제3호 가목 · 다목 및 마목의 규정에 의한 특정채권은 다음 각호와 같다.
1. 삭제
2. 「중소기업진흥에 관한 법률」 제65조에 따라 중소기업진흥공단이 발행하는 채권
3. 「예금자보호법」 제26조의2의 규정에 의한 예금보험기금채권
4. 「금융기관부실자산 등의 효율적 처리 및 한국자산관리공사의 설립에 관한 법률」 제40조의 규정에 의한 부실채권정리기금채권

③ 법 제3조제2항의 규정에 의한 특정채권의 거래에는 당해 특정채권의 거래에 사용되는 수표거래가

포함되는 것으로 한다.

③ 실명거래의 확인방법 및 절차 기타 필요한 사항은 총리령으로 정한다.

제4조(금융거래의 비밀보장) ① 금융기관에 종사하는 자는 명의인(신탁의 경우에는 위탁자 또는 수익자를 말한다)의 서면상의 요구나 동의를 받지 아니하고는 그 금융거래의 내용에 대한 정보 또는 자료(이하 "거래정보등"이라 한다)를 타인에게 제공하거나 누설하여서는 아니되며, 누구든지 금융기관에 종사하는 자에게 거래정보등의 제공을 요구하여서는 아니된다. 다만, 다음 각호의 1에 해당하는 경우로서 그 사용목적에 필요한 최소한의 범위안에서 거래정보등을 제공하거나 그 제공을 요구하는 경우에는 그러하지 아니하다.

시행령: 제5조(금융기관에 종사하는 자의 범위) 법 제4조에서 "금융기관에 종사하는 자"라 함은 금융기관의 임·직원 및 그 대리인·사용인 기타 종업원으로서 금융거래의 내용에 대한 정보 또는 자료를 취급·처리하는 업무에 사실상 종사하는 자를 말한다.

시행령: 제6조(거래정보등의 범위) 법 제4조제1항 및 이 영 제5조에서 "금융거래의 내용에 대한 정보 또는 자료"라 함은 특정인의 금융거래사실과 금융기관이 보유하고 있는 금융거래에 관한 기록의 원본·사본 및 그 기록으로부터 알게 된 것(이하 "거래정보등"이라 한다)을 말한다. 다만, 금융거래사실을 포함한 금융거래의 내용이 누구의 것인지를 알 수 없는 것(당해 거래정보등만으로 그 거래자를 알 수 없더라도 다른 거래정보등과 용이하게 결합하여 그 거래자를 알 수 있는 것을 제외한다)을 제외한다.

1. 법원의 제출명령 또는 법관이 발부한 영장에 의한 거래정보등의 제공
2. 조세에 관한 법률에 의하여 제출의무가 있는 과세자료등의 제공과 소관관서의 장이 상속·증여재산의 확인, 조세탈루의 혐의를 인정할 만한 명백한 자료의 확인, 체납자의 재산조회, 국세징수법 제14조제1항 각호의 1에 해당하는 사유로 조세에 관한 법률에 의한 질문·조사를 위하여 필요로 하는 거래정보등의 제공
3. 국정감사및조사에 관한법률에 의한 국정조사에 필요한 자료로서 해당 조사위원회의 의결에 의한 금융감독원장 및 예금보험공사사장의 거래정보등의 제공
4. 금융위원회(증권시장·파생상품시장의 불공정거래조사의 경우에는 증권선물위원회를 말한다. 이하 이 조에서 같다), 금융감독원장 및 예금보험공사사장이 금융기관에 대한 감독·검사를 위하여 필요로 하는 거래정보등의 제공으로서 다음 각목의 1에 해당하는 경우와 제3호의 규정에 의하여 해당 조사위원회에 제공하기 위한 경우
   가. 내부자거래 및 불공정거래행위등의 조사에 필요한 경우
   나. 고객예금횡령·무자원입금기표후 현금인출등 금융사고의 적출에 필요한 경우
   다. 구속성예금 수입·자기앞수표선발행등 불건전금융거래행위의 조사에 필요한 경우
   라. 금융실명거래 위반과 부외거래·출자자대출·동일인 한도 초과등 법령 위반행위의 조사에 필요한 경우
   마. 예금자보호법에 의한 예금보험업무 및 금융산업의구조개선에관한법률에 의해 예금보험공사사장이 예금자표의 작성업무를 수행하기 위하여 필요한 경우
5. 동일한 금융기관의 내부 또는 금융기관 상호간에 업무상 필요한 거래정보등의 제공
6. 금융위원회 및 금융감독원장이 그에 상당하는 업무를 수행하는 외국금융감독기관(국제금융감독기구를 포함한다. 이하 같다)과 다음 각 목의 사항에 대한 업무협조를 위하여 필요로 하는 거래정보 등의 제공
   가. 금융기관 및 금융기관의 해외지점·현지법인 등에 대한 감독·검사
   나. 「자본시장과 금융투자업에 관한 법률」 제437조에 따른 정보 등의 교환 및 조사 등의 협조

7. 「자본시장과 금융투자업에 관한 법률」에 따라 설립된 한국거래소(이하 "한국거래소"라 한다)가 다음 각 목의 경우에 필요로 하는 투자매매업자·투자중개업자가 보유한 거래정보 등의 제공
   가. 「자본시장과 금융투자업에 관한 법률」 제404조에 따른 이상거래에 대한 심리 또는 감리를 수행하는 경우
   나. 이상거래에 대한 심리 또는 감리와 관련하여 한국거래소에 상당하는 업무를 수행하는 외국거래소 등과 협조하기 위한 경우. 다만, 금융위원회의 사전 승인을 얻은 경우에 한한다.
8. 기타 법률에 의하여 불특정다수인에게 의무적으로 공개하여야 하는 것으로서 당해 법률에 의한 거래정보등의 제공

② 제1항제1호 내지 제4호 또는 제6호 내지 제8호의 규정에 의하여 거래정보등의 제공을 요구하는 자는 다음 각호의 사항이 포함된 금융위원회가 정하는 표준양식에 의하여 금융기관의 특정점포에 이를 요구하여야 한다. 다만, 제1항제1호의 규정에 의하여 거래정보등의 제공을 요구하거나 동항제2호의 규정에 의하여 거래정보등의 제공을 요구하는 경우로서 부동산(부동산에 관한 권리를 포함한다. 이하 이 항에서 같다)의 보유기간·보유수·거래규모 및 거래방법 등 명백한 자료에 의하여 대통령령이 정하는 부동산거래와 관련한 소득세 또는 법인세의 탈루혐의가 인정되어 그 탈루사실의 확인이 필요한 자(당해 부동산 거래를 알선·중개한 자를 포함한다)에 대한 거래정보등의 제공을 요구하는 경우 또는 체납액 1천만원 이상인 체납자의 재산조회를 위하여 필요로 하는 거래정보등의 제공을 대통령령이 정하는 바에 따라 요구하는 경우에는 거래정보등을 보관 또는 관리하는 부서에 이를 요구할 수 있다.

시행령: 제6조의2(금융거래정보의 조회대상 부동산거래 등) ① 법 제4조제2항 각호외의 부분 단서에서 "대통령령이 정하는 부동산거래"라 함은 다음 각호의 1에 해당하는 부동산(부동산에 관한 권리를 포함한다. 이하 이 조에서 같다)거래를 말한다.
1. 「부동산등기 특별조치법」을 위반한 부동산거래
2. 「부동산실권리자 명의등기에 관한 법률」을 위반한 부동산거래
3. 「부동산중개업법」의 규정에 의한 중개업자등이 동법을 위반하여 직접 취득한 부동산을 양도한 부동산거래
4. 「주택법」을 위반하여 투기과열지구에서 주택의 입주자로 선정된 지위를 양도하거나 주택거래신고지역에서 소유권을 이전하는 계약을 체결하고 신고하지 아니하거나 허위로 신고한 부동산거래
5. 「소득세법 시행령」 제154조제1항의 규정에 의한 1세대가 부동산을 양도하는 거래로서 다음 각목의 요건을 모두 충족하는 부동산거래
   가. 부동산을 양도한 날부터 소급하여 1년 이내의 기간동안 3회 이상 부동산을 양도 또는 취득하였을 것
   나. 양도한 부동산의 「소득세법」 제99조의 규정에 의한 기준시가의 합계액이 5억원 이상(「국토의 계획 및 이용에 관한 법률」 제117조의 규정에 의한 토지거래계약에 관한 허가구역 안에서 토지거래계약의 허가를 받아야 하는 면적을 초과하는 토지를 분할하여 양도하는 거래중 국세청장이 정하는 부동산거래로서 그 기준시가의 합계액이 5억원 미만인 경우를 포함한다)이거나 부동산에 관한 권리를 양도한 부동산거래가 포함되어 있을 것
   다. 거래당사자가 실지거래가액의 확인에 필요한 증거서류를 제시하지 아니하거나 제시한 증거서류의 내용이 허위임이 명백할 것

② 법 제4조제2항 각호외의 부분 단서에서 "대통령령이 정하는 바에 따라 요구하는 경우"라 함은 다음 각호의 1에 해당하는 자의 명의로 거래정보등의 제공을 요구하는 경우를 말한다.
1. 국세청장·지방국세청장

2. 관세청장 · 서울세관장 · 인천공항세관장 · 인천세관장 · 부산세관장 · 대구세관장 · 광주세관장
3. 특별시장 · 광역시장 · 도지사

1. 명의인의 인적사항

시행령: 제10조(인적사항의 범위) 법 제4조제2항제1호에서 "명의인의 인적사항"이라 함은 다음 각호의 1에 해당하는 것을 말한다.

1. 명의인의 성명(법인 또는 단체의 경우에는 법인명 또는 단체명을 말한다)
2. 주민등록번호(여권번호 · 사업자등록번호 등 금융거래시 명의인의 확인을 위하여 사용하는 모든 번호를 포함한다)
3. 계좌번호
4. 증서번호
5. 기타 금융기관이 누구의 거래정보등을 요구하는 것인지를 알 수 있는 것

2. 요구대상 거래기간
3. 요구의 법적근거
4. 사용목적
5. 요구하는 거래정보등의 내용

시행령: 제7조(명의인의 요구에 의한 거래정보등의 제공) ① 제5조의 규정에 의한 금융기관에 종사하는 자(이하 "금융기관종사자"라 한다)는 명의인으로부터 거래정보등의 제공을 요구받은 경우에는 그 요구자가 명의인인지의 여부를 확인하여야 한다.

② 금융기관종사자는 명의인의 상속인 또는 유증에 의한 수증자 등 명의인의 금융자산에 대하여 법률상 명의인의 권한을 행사할 수 있는 지위에 있는 자가 거래정보등의 제공을 요구하는 때에는 그 권한의 유무를 확인하여야 한다.

③ 금융기관은 명의인의 확인 또는 거래정보등의 제공 과정에서 거래정보등이 다른 사람에게 유출되지 아니하도록 하여야 하며, 이를 위하여 명의인의 확인과 거래정보등의 제공에 관한 방법 및 절차를 정하여야 한다.

시행령: 제8조(명의인의 동의에 의한 거래정보등의 제공) ① 금융기관은 명의인의 동의에 의하여 명의인외의 자에게 거래정보등을 제공하고자 하는 경우에는 다음 각호의 사항이 기재된 동의서를 제출받아야 한다. 이 경우 명의인이 2인이상인 경우에는 명의인 전원의 동의서를 제출받아야 한다.

1. 거래정보등을 제공받을 자
2. 거래정보등을 제공할 금융기관
3. 제공할 거래정보등의 범위
4. 동의서의 작성연월일
5. 동의서의 유효기간
6. 명의인이 당해 금융기관에 등록한 인감(서명감을 포함한다) 또는 읍 · 면 · 동사무소(법인의 경우에는 등기소를 말한다)에 등록한 인감의 날인. 이 경우 명의인이 동의서를 직접 제출하거나 공무원이 공무수행을 위하여 명의인으로부터 동의서를 받아 제출하는 경우에는 명의인의 자필서명 또는 무인으로 대신할 수 있다.

② 금융기관은 제1항의 동의서의 기재내용이 불분명하거나 의심스러운 경우에는 명의인에게 그 내용을 확인할 수 있다.

시행령: 제9조(동일 금융기관의 내부 또는 금융기관 상호간의 거래정보등의 제공) ① 법 제4조제1항제5

호의 규정에 의하여 동일한 금융기관의 내부에서 업무상 필요한 거래정보등을 제공하는 경우는 당해 금융기관의 본점·지점·영업소 및 당해 금융기관의 위탁을 받거나 기타 계약에 의하여 그 금융기관의 업무의 일부를 처리하는 자간에 업무상 필요한 거래정보등을 제공하는 경우로 한다.

② 법 제4조제1항제5호의 규정에 의하여 금융기관 상호간에 업무상 필요한 거래정보등을 제공하는 경우는 금융기관이 다른 금융기관에게 업무상 필요한 거래정보등을 제공하거나 금융기관이 법령 또는 금융기관간의 협약 등에 의하여 거래정보등을 수집·관리·제공하는 자나 거래자간의 금융자산이체업무를 취급하는 자에게 업무상 필요한 거래정보등을 제공하는 경우로 한다.

6. 요구하는 기관의 담당자 및 책임자의 성명과 직책 등 인적사항

③ 금융기관에 종사하는 자는 제1항 또는 제2항의 규정에 위반하여 거래정보등의 제공을 요구받은 경우에는 이를 거부하여야 한다.

④ 제1항 각호의 규정(종전의 금융실명거래에관한법률 제5조제1항제1호 내지 제4호의 규정 및 금융실명거래및비밀보장에관한긴급재정경제명령 제4조제1항 각호의 규정을 포함한다)에 의하여 거래정보등을 알게 된 자는 그 알게 된 거래정보등을 타인에게 제공 또는 누설하거나 그 목적외의 용도로 이를 이용하여서는 아니되며, 누구든지 거래정보등을 알게 된 자에게 그 거래정보등의 제공을 요구하여서는 아니된다. 다만, 금융위원회 또는 금융감독원장이 제1항제4호 및 제6호의 규정에 의하여 알게 된 거래정보 등을 외국금융감독기관에 제공하거나 한국거래소가 제1항제7호의 규정에 의하여 외국거래소 등에 거래정보를 제공하는 경우에는 그러하지 아니하다.

⑤ 제1항 또는 제4항의 규정에 위반하여 제공 또는 누설된 거래정보등을 취득한 자(그로부터 거래정보등을 다시 취득한 자를 포함한다)는 그 위반사실을 알게 된 경우 이를 타인에게 제공 또는 누설하여서는 아니된다.

⑥ 다음 각호의 법률의 규정에 의하여 거래정보등의 제공을 요구하는 경우에는 당해 법률의 규정에 불구하고 제2항의 규정에 의한 금융위원회가 정한 표준양식에 의하여야 한다.

1. 감사원법 제27조제2항
2. 공직선거및선거부정방지법 제134조제2항
3. 공직자윤리법 제8조제5항
4. 독점규제및공정거래에관한법률 제50조제5항
5. 상속세및증여세법 제83조제1항 및 제2항
6. 특정금융거래정보의보고및이용등에관한법률 제10조제3항
7. 과세자료의제출및관리에관한법률 제6조제1항

제4조의2(거래정보등의 제공사실의 통보) ① 금융기관은 명의인의 서면상의 동의에 따라 거래정보등을 제공하거나 제4조제1항제1호·제2호(조세에 관한 법률에 의하여 제출의무가 있는 과세자료등의 경우를 제외한다)·제3호 및 제8호의 규정에 의하여 거래정보등을 제공한 경우에는 제공한 날(제2항 또는 제3항의 규정에 의하여 통보를 유예한 경우에는 통보유예기간이 종료한 날)부터 10일 이내에 제공한 거래정보 등의 주요내용·사용목적·제공받은 자 및 제공일자 등을 명의인에게 서면으로 통보하여야 한다.

② 금융기관은 통보대상 거래정보등의 요구자로부터 다음 각호의 1에 해당하는 사유에 의한 통보의 유예를 서면으로 요청받은 때에는 제1항의 규정에 불구하고 유예요청기간(제2호 또는 제3호의 사유에 의한 요청을 받은 경우로서 그 유예요청기간이 6월 이상인 경우에는 6월)동안 통보를 유예하여야 한다.

1. 당해 통보가 사람의 생명이나 신체의 안전을 위협할 우려가 있는 경우
2. 당해 통보가 증거인멸·증인위협 등 공정한 사법절차의 진행을 방해할 우려가 명백한 경우
3. 당해 통보가 질문·조사 등의 행정절차의 진행을 방해하거나 과도하게 지연시킬 우려가 명백한 경우

③ 금융기관은 거래정보등의 요구자가 제2항 각호의 1에 해당하는 사유가 지속되고 있음을 제시하고 통보의 유예를 서면으로 반복하여 요청하는 경우에는 요청받은 날부터 2회에 한하여(제2항제1호의 경우를 제외한다) 매 1회 3월의 범위내에서 유예요청 기간동안 통보를 유예하여야 한다. 다만, 제4조제1항제2호(조세에 관한 법률에 의하여 제출의무가 있는 과세자료등의 경우를 제외한다)의 규정에 의한 거래정보등의 제공을 요구하는 자가 통보의 유예를 요청하는 경우에는 요청을 받은 때마다 그 날부터 6월의 범위내에서 유예요청 기간동안 통보를 유예하여야 한다.

④ 제1항의 규정에 의하여 금융기관이 거래정보등의 제공사실을 명의인에게 통보하는 경우에 소요되는 비용은 대통령령이 정하는 바에 따라 제4조제1항의 규정에 의하여 거래정보등의 제공을 요구하는 자가 이를 부담한다.

시행령: 제10조의2(명의인에의 통보에 소요되는 비용의 범위) 법 제4조의2제4항의 규정에 따라 거래정보등의 제공을 요구하는 자가 부담하여야 하는 비용은 금융기관이 거래정보등의 제공사실을 명의인에게 통보하는 경우에 직접 소요되는 우송료로 한다.

⑤ 다음 각호의 법률의 규정에 의하여 거래정보등의 제공을 요구하는 경우에는 제1항 내지 제4항의 규정을 적용한다.

1. 감사원법 제27조제2항
2. 공직선거및선거부정방지법 제134조제2항
3. 공직자윤리법 제8조제5항
4. 독점규제및공정거래에관한법률 제50조제5항
5. 상속세및증여세법 제83조제1항 및 제2항
6. 과세자료의제출및관리에관한법률 제6조제1항

제4조의3(거래정보등의 제공내용의 기록 · 관리) ① 금융기관은 명의인의 서면상의 동의에 따라 명의인외의 자에게 거래정보등을 제공하거나 제4조제1항제1호 · 제2호(조세에 관한 법률에 의하여 제출의무가 있는 과세자료등의 경우를 제외한다) · 제3호 · 제4호 · 제6호 · 제7호 또는 제8호의 규정에 의하여 명의인외의 자로부터 거래정보등의 제공을 요구받거나 명의인외의 자에게 거래정보등을 제공한 경우에는 다음 각호의 사항이 포함된 금융위원회가 정하는 표준양식에 의하여 기록 · 관리하여야 한다.

1. 요구자(담당자 및 책임자)의 인적사항, 요구하는 내용 및 요구일자
2. 제공자(담당자 및 책임자)의 인적사항 및 제공일자
3. 제공된 거래정보등의 내용
4. 제공의 법적근거
5. 명의인에게 통보한 날

② 제1항의 규정에 의한 기록은 거래정보등을 제공한 날(제공을 거부한 경우에는 그 제공을 요구받은 날)부터 5년간 이를 보관하여야 한다.

③ 다음 각호의 법률의 규정에 의하여 거래정보등의 제공을 요구하는 경우에는 제1항 및 제2항의 규정을 적용한다.

1. 감사원법 제27조제2항
2. 공직선거및선거부정방지법 제134조제2항
3. 공직자윤리법 제8조제5항
4. 독점규제및공정거래에관한법률 제50조제5항
5. 상속세및증여세법 제83조제1항 및 제2항

6. 특정금융거래정보의보고및이용등에관한법률 제10조제3항
7. 과세자료의제출및관리에관한법률 제6조제1항

제4조의4(금융위원회의 업무) 금융위원회는 이 법 또는 다른 법률에 의한 거래정보등의 요구 및 제공현황에 관한 통계자료를 파악하여야 하며, 국회의 요구가 있을 때에는 국회에 이를 보고하여야 한다.

시행령: 제11조(통계자료의 요청) 금융위원회는 법 제2조의 규정에 의한 금융기관을 법령에 의하여 감독·검사하는 다음 각호의 금융기관 감독·검사기관의 장에게 금융기관의 업종별로 요구받은 거래정보등의 요구 및 제공건수, 요구기관별 거래정보등의 요구 및 제공건수에 관한 통계자료를 매분기 종료후 2월 이내에 제출하도록 요청할 수 있다. 이 경우 요청을 받은 금융기관감독·검사기관의 장은 특별한 사유가 없는 한 이에 협조하여야 한다.

1. 지식경제부장관
2. 금융감독원장
3. 「새마을금고법」에 의한 새마을금고연합회장
4. 「산림조합법」에 의한 산림조합중앙회장

제5조(비실명자산소득에 대한 차등과세) 실명에 의하지 아니하고 거래한 금융자산에서 발생하는 이자 및 배당소득에 대하여는 소득세의 원천징수세율을 100분의 90(특정채권에서 발생하는 이자소득의 경우에는 100분의 20(2001년 1월 1일 이후부터는 100분의 15))으로 하며, 소득세법 제14조제2항의 규정에 의한 종합소득과세표준의 계산에 있어서 이를 합산하지 아니한다.

제6조(벌칙) ① 제4조제1항 또는 제3항 내지 제5항의 규정을 위반한 자는 5년 이하의 징역 또는 3천만원 이하의 벌금에 처한다.

② 제1항의 징역형과 벌금형은 이를 병과할 수 있다.

제7조(과태료) ① 제3조·제4조의2제1항 및 제5항(제4조의2제1항의 규정을 적용하는 경우에 한한다)·제4조의3의 규정을 위반한 금융기관의 임원 또는 직원은 500만원 이하의 과태료에 처한다.

② 제1항의 규정에 의한 과태료는 대통령령이 정하는 바에 의하여 금융위원회가 부과·징수한다.

시행령: 제13조(과태료의 부과·징수절차) ① 법 제7조제1항의 규정에 의하여 과태료를 부과할 때에는 당해 위반행위를 조사·확인한 후 위반사실·과태료금액 등을 서면으로 명시하여 이를 과태료처분대상자에게 통지하여야 한다.

② 총리령이 정하는 금융기관감독·검사기관의 장은 제1항의 규정에 의한 위반행위를 조사하여 금융위원회에 통보하여야 한다.

③ 금융위원회는 제1항의 규정에 의하여 과태료를 부과하고자 할 때에는 10일이상의 기간을 정하여 과태료처분대상자에게 구술 또는 서면(전자문서를 포함한다)에 의한 의견진술의 기회를 주어야 한다. 이 경우 지정된 기일까지 의견진술이 없는 때에는 의견이 없는 것으로 본다.

④ 금융위원회는 과태료의 금액을 정함에 있어서는 당해 위반행위의 동기와 그 결과 등을 참작하여야 한다.

⑤ 과태료의 징수절차는 총리령으로 정한다.

시행규칙: 제5조 (과태료의 징수절차) 영 제13조제5항의 규정에 의한 과태료의 징수절차에 관하여는 세입징수관사무처리규칙을 준용한다. 이 경우 납입고지서에는 이의방법 및 이의기간등을 함께 기재하여 여 한다.

제8조(양벌규정) 법인의 대표자나 법인 또는 개인의 대리인, 사용인, 그 밖의 종업원이 그 법인 또는 개인의 업무에 관하여 제6조 또는 제7조의 위반행위를 하면 그 행위자를 벌하는 외에 그 법인 또는 개인에게도

해당 조문의 벌금 또는 과태료를 과(科)한다. 다만, 법인 또는 개인이 그 위반행위를 방지하기 위하여 해당 업무에 관하여 상당한 주의와 감독을 게을리하지 아니한 경우에는 그러하지 아니하다.

제9조(다른 법률과의 관계) ① 이 법과 다른 법률이 서로 저촉되는 경우에는 이 법에 의한다.

② 금융실명거래및비밀보장에관한긴급재정경제명령 시행당시 동 긴급재정경제명령보다 우선하여 적용하였던 법률은 제1항의 규정에 불구하고 이 법에 우선하여 적용한다.

부칙 (농업협동조합법)

제1조(시행일) 이 법은 2012년 3월 2일부터 시행한다. 〈단서 생략〉

제2조부터 제26조까지 생략

제27조(다른 법률의 개정) ① 생략

② 금융실명거래 및 비밀보장에 관한 법률 일부를 다음과 같이 개정한다.

제2조제1호바목을 다음과 같이 한다.

바. 「농업협동조합법」에 따른 조합과 그 중앙회 및 농협은행

③ 부터 〈25〉까지 생략

제28조 생략

〈부록〉 8. 정보통신망 이용촉진 및 정보보호 등에 관한 법률·시행령·시행규칙의 주요 연결내용

[시행 2011. 7. 6] [법률 제10560호, 2011. 4. 5, 일부개정]

제1장 총 칙

제1조(목적) 이 법은 정보통신망의 이용을 촉진하고 정보통신서비스를 이용하는 자의 개인정보를 보호함과 아울러 정보통신망을 건전하고 안전하게 이용할 수 있는 환경을 조성하여 국민생활의 향상과 공공복리의 증진에 이바지함을 목적으로 한다.

시행령: 제1조(목적) 이 영은 「정보통신망 이용촉진 및 정보보호 등에 관한 법률」에서 위임된 사항과 그 시행에 필요한 사항을 규정함을 목적으로 한다.

시행규칙: 제1조 (목적) 이 규칙은 「정보통신망 이용촉진 및 정보보호 등에 관한 법률」 및 같은 법 시행령에서 위임된 사항과 그 시행에 필요한 사항을 규정함을 목적으로 한다.

제2조(정의) ① 이 법에서 사용하는 용어의 뜻은 다음과 같다.

1. "정보통신망"이란 「전기통신사업법」 제2조제2호에 따른 전기통신설비를 이용하거나 전기통신설비와 컴퓨터 및 컴퓨터의 이용기술을 활용하여 정보를 수집·가공·저장·검색·송신 또는 수신하는 정보통신체제를 말한다.
2. "정보통신서비스"란 「전기통신사업법」 제2조제6호에 따른 전기통신역무와 이를 이용하여 정보를 제공하거나 정보의 제공을 매개하는 것을 말한다.
3. "정보통신서비스 제공자"란 「전기통신사업법」 제2조제8호에 따른 전기통신사업자와 영리를 목적으로 전기통신사업자의 전기통신역무를 이용하여 정보를 제공하거나 정보의 제공을 매개하는 자를 말한다.

시행령: 제2조(윤리강령) ① 「정보통신망 이용촉진 및 정보보호 등에 관한 법률」(이하 "법"이라 한다) 제2조제1항제3호에 따른 정보통신서비스 제공자 및 그 단체는 이용자의 개인정보를 보호하고 건전하고 안전한 정보통신서비스 제공을 위하여 정보통신서비스 제공자 윤리강령을 정하여 시행할 수 있다.

② 법 제2조제1항제4호에 따른 이용자의 단체는 건전한 정보사회가 정착되도록 이용자 윤리강령을 정하여 시행할 수 있다.

③ 정부는 제1항 및 제2항에 따른 윤리강령의 제정 및 시행을 위한 활동을 지원할 수 있다.

4. "이용자"란 정보통신서비스 제공자가 제공하는 정보통신서비스를 이용하는 자를 말한다.
5. "전자문서"란 컴퓨터 등 정보처리능력을 가진 장치에 의하여 전자적인 형태로 작성되어 송수신되거나 저장된 문서형식의 자료로서 표준화된 것을 말한다.
6. "개인정보"란 생존하는 개인에 관한 정보로서 성명·주민등록번호 등에 의하여 특정한 개인을 알아볼 수 있는 부호·문자·음성·음향 및 영상 등의 정보(해당 정보만으로는 특정 개인을 알아볼 수 없어도 다른 정보와 쉽게 결합하여 알아볼 수 있는 경우에는 그 정보를 포함한다)를 말한다.
7. "침해사고"란 해킹, 컴퓨터바이러스, 논리폭탄, 메일폭탄, 서비스 거부 또는 고출력 전자기파 등의 방법으로 정보통신망 또는 이와 관련된 정보시스템을 공격하는 행위를 하여 발생한 사태를 말한다.
8. "정보보호산업"이란 정보보호제품을 개발·생산 또는 유통하는 사업이나 정보보호에 관한 컨설팅 등과 관련된 산업을 말한다.
9. "게시판"이란 그 명칭과 관계없이 정보통신망을 이용하여 일반에게 공개할 목적으로 부호·문자·음성·음향·화상·동영상 등의 정보를 이용자가 게재할 수 있는 컴퓨터 프로그램이나 기술적 장치를 말한다.

10. "통신과금서비스"란 정보통신서비스로서 다음 각 목의 업무를 말한다.
가. 타인이 판매·제공하는 재화 또는 용역(이하 "재화등"이라 한다)의 대가를 자신이 제공하는 전기통신역무의 요금과 함께 청구·징수하는 업무
나. 타인이 판매·제공하는 재화등의 대가가 가목의 업무를 제공하는 자의 전기통신역무의 요금과 함께 청구·징수되도록 거래정보를 전자적으로 송수신하는 것 또는 그 대가의 정산을 대행하거나 매개하는 업무
11. "통신과금서비스제공자"란 제53조에 따라 등록을 하고 통신과금서비스를 제공하는 자를 말한다.
12. "통신과금서비스이용자"란 통신과금서비스제공자로부터 통신과금서비스를 이용하여 재화등을 구입·이용하는 자를 말한다.
② 이 법에서 사용하는 용어의 뜻은 제1항에서 정하는 것 외에는 「정보화촉진기본법」으로 정하는 바에 따른다.

제3조(정보통신서비스 제공자 및 이용자의 책무) ① 정보통신서비스 제공자는 이용자의 개인정보를 보호하고 건전하고 안전한 정보통신서비스를 제공하여 이용자의 권익보호와 정보이용능력의 향상에 이바지하여야 한다.
② 이용자는 건전한 정보사회가 정착되도록 노력하여야 한다.
③ 정부는 정보통신서비스 제공자단체 또는 이용자단체의 개인정보보호 및 정보통신망에서의 청소년 보호 등을 위한 활동을 지원할 수 있다.

제4조(정보통신망 이용촉진 및 정보보호등에 관한 시책의 마련) ① 행정안전부장관, 지식경제부장관 또는 방송통신위원회는 정보통신망의 이용촉진 및 안정적 관리·운영과 이용자의 개인정보보호 등(이하 "정보통신망 이용촉진 및 정보보호등"이라 한다)을 통하여 정보사회의 기반을 조성하기 위한 시책을 마련하여야 한다.
② 제1항에 따른 시책에는 다음 각 호의 사항이 포함되어야 한다.
1. 정보통신망에 관련된 기술의 개발·보급
2. 정보통신망의 표준화
3. 정보내용물 및 제11조에 따른 정보통신망 응용서비스의 개발 등 정보통신망의 이용 활성화
4. 정보통신망을 이용한 정보의 공동활용 촉진
5. 인터넷 이용의 활성화
6. 정보통신망을 통하여 수집·처리·보관·이용되는 개인정보의 보호 및 그와 관련된 기술의 개발·보급
7. 정보통신망에서의 청소년 보호
8. 정보통신망의 안전성 및 신뢰성 제고
9. 그 밖에 정보통신망 이용촉진 및 정보보호등을 위하여 필요한 사항
③ 행정안전부장관, 지식경제부장관 또는 방송통신위원회는 제1항에 따른 시책을 마련할 때에는 「정보화촉진기본법」 제5조에 따른 정보화촉진기본계획과 연계되도록 하여야 한다.

제4조(정보통신망 이용촉진 및 정보보호등에 관한 시책의 마련) ① 지식경제부장관 또는 방송통신위원회는 정보통신망의 이용촉진 및 안정적 관리·운영과 이용자의 개인정보보호 등(이하 "정보통신망 이용촉진 및 정보보호등"이라 한다)을 통하여 정보사회의 기반을 조성하기 위한 시책을 마련하여야 한다.
② 제1항에 따른 시책에는 다음 각 호의 사항이 포함되어야 한다.
1. 정보통신망에 관련된 기술의 개발·보급
2. 정보통신망의 표준화
3. 정보내용물 및 제11조에 따른 정보통신망 응용서비스의 개발 등 정보통신망의 이용 활성화
4. 정보통신망을 이용한 정보의 공동활용 촉진
5. 인터넷 이용의 활성화

6. 정보통신망을 통하여 수집·처리·보관·이용되는 개인정보의 보호 및 그와 관련된 기술의 개발·보급
7. 정보통신망에서의 청소년 보호
8. 정보통신망의 안전성 및 신뢰성 제고
9. 그 밖에 정보통신망 이용촉진 및 정보보호등을 위하여 필요한 사항

③ 지식경제부장관 또는 방송통신위원회는 제1항에 따른 시책을 마련할 때에는 「정보화촉진기본법」 제5조에 따른 정보화촉진기본계획과 연계되도록 하여야 한다.

시행령: 제3조(개인정보보호지침) ① 행정안전부장관 또는 방송통신위원회는 법 제4조에 따라 이용자의 개인정보를 보호하기 위한 개인정보보호지침을 정하여 고시하고, 정보통신서비스 제공자 및 제71조에 따른 정보통신서비스 제공자 외의 자에게 이를 준수할 것을 권장할 수 있다.

② 행정안전부장관 또는 방송통신위원회는 제1항에 따른 개인정보보호지침을 정하여 고시하려면 관련 업계 및 이용자단체 등의 의견을 수렴하고 관계 중앙행정기관의 장과의 협의를 거쳐야 한다.

제5조(다른 법률과의 관계) 정보통신망 이용촉진 및 정보보호등에 관하여는 다른 법률에서 특별히 규정된 경우 외에는 이 법으로 정하는 바에 따른다. 다만, 제7장의 통신과금서비스에 관하여 이 법과 「전자금융거래법」의 적용이 경합하는 때에는 이 법을 우선 적용한다.

제2장 정보통신망의 이용촉진

제6조(기술개발의 추진 등) ① 지식경제부장관은 정보통신망과 관련된 기술 및 기기의 개발을 효율적으로 추진하기 위하여 대통령령으로 정하는 바에 따라 관련 연구기관으로 하여금 연구개발·기술협력·기술이전 또는 기술지도 등의 사업을 하게 할 수 있다.

② 정부는 제1항에 따라 연구개발 등의 사업을 하는 연구기관에는 그 사업에 드는 비용의 전부 또는 일부를 지원할 수 있다.

③ 제2항에 따른 비용의 지급 및 관리 등에 필요한 사항은 대통령령으로 정한다.

제7조(기술관련 정보의 관리 및 보급) ① 지식경제부장관은 정보통신망과 관련된 기술 및 기기에 관한 정보(이하 이 조에서 "기술관련 정보"라 한다)를 체계적이고 종합적으로 관리하여야 한다.

② 지식경제부장관은 기술관련 정보를 체계적이고 종합적으로 관리하기 위하여 필요하면 관계 행정기관 및 국공립 연구기관 등에 대하여 기술관련 정보와 관련된 자료를 요구할 수 있다. 이 경우 요구를 받은 기관의 장은 특별한 사유가 없으면 그 요구에 따라야 한다.

③ 지식경제부장관은 기술관련 정보를 신속하고 편리하게 이용할 수 있도록 그 보급을 위한 사업을 하여야 한다.

④ 제3항에 따라 보급하려는 정보통신망과 관련된 기술 및 기기의 범위에 관하여 필요한 사항은 대통령령으로 정한다.

제8조(정보통신망의 표준화 및 인증) ① 지식경제부장관은 정보통신망의 이용을 촉진하기 위하여 정보통신망에 관한 표준을 정하여 고시하고, 정보통신서비스 제공자 또는 정보통신망과 관련된 제품을 제조하거나 공급하는 자에게 그 표준을 사용하도록 권고할 수 있다. 다만, 「산업표준화법」 제12조에 따른 한국산업표준이 제정되어 있는 사항에 대하여는 그 표준에 따른다.

② 제1항에 따라 고시된 표준에 적합한 정보통신과 관련된 제품을 제조하거나 공급하는 자는 제9조제1항에 따른 인증기관의 인증을 받아 그 제품이 표준에 적합한 것임을 나타내는 표시를 할 수 있다.

③ 제1항 단서에 해당하는 경우로서 「산업표준화법」 제15조에 따라 인증을 받은 경우에는 제2항에 따른

인증을 받은 것으로 본다.

④ 제2항에 따른 인증을 받은 자가 아니면 그 제품이 표준에 적합한 것임을 나타내는 표시를 하거나 이와 비슷한 표시를 하여서는 아니 되며, 이와 비슷한 표시를 한 제품을 판매하거나 판매할 목적으로 진열하여서는 아니 된다.

⑤ 지식경제부장관은 제4항을 위반하여 제품을 판매하거나 판매할 목적으로 진열한 자에게 그 제품을 수거·반품하도록 하거나 인증을 받아 그 표시를 하도록 하는 등 필요한 시정조치를 명할 수 있다.

⑥ 제1항부터 제3항까지의 규정에 따른 표준화의 대상·방법·절차 및 인증표시, 제5항에 따른 수거·반품·시정 등에 필요한 사항은 지식경제부령으로 정한다.

제9조(인증기관의 지정 등) ① 지식경제부장관은 정보통신망과 관련된 제품을 제조하거나 공급하는 자의 제품이 제8조제1항 본문에 따라 고시된 표준에 적합한 제품임을 인증하는 기관(이하 "인증기관"이라 한다)을 지정할 수 있다.

② 지식경제부장관은 인증기관이 다음 각 호의 어느 하나에 해당하면 그 지정을 취소하거나 6개월 이내의 기간을 정하여 업무의 정지를 명할 수 있다. 다만, 제1호에 해당하는 경우에는 그 지정을 취소하여야 한다.

1. 속임수나 그 밖의 부정한 방법으로 지정을 받은 경우
2. 정당한 사유 없이 1년 이상 계속하여 인증업무를 하지 아니한 경우
3. 제3항에 따른 지정기준에 미달한 경우

③ 제1항 및 제2항에 따른 인증기관의 지정기준·지정절차, 지정취소·업무정지의 기준 등에 필요한 사항은 지식경제부령으로 정한다.

제10조(정보내용물의 개발 지원) 정부는 국가경쟁력을 확보하거나 공익을 증진하기 위하여 정보통신망을 통하여 유통되는 정보내용물을 개발하는 자에게 재정 및 기술 등 필요한 지원을 할 수 있다.

제11조(정보통신망 응용서비스의 개발 촉진 등) ① 정부는 국가기관·지방자치단체 및 공공기관이 정보통신망을 활용하여 업무를 효율화·자동화·고도화하는 응용서비스(이하 "정보통신망 응용서비스"라 한다)를 개발·운영하는 경우 그 기관에 재정 및 기술 등 필요한 지원을 할 수 있다.

② 정부는 민간부문에 의한 정보통신망 응용서비스의 개발을 촉진하기 위하여 재정 및 기술 등 필요한 지원을 할 수 있으며, 정보통신망 응용서비스의 개발에 필요한 기술인력을 양성하기 위하여 다음 각 호의 시책을 마련하여야 한다.

1. 각급 학교나 그 밖의 교육기관에서 시행하는 인터넷 교육에 대한 지원
2. 국민에 대한 인터넷 교육의 확대
3. 정보통신망 기술인력 양성사업에 대한 지원
4. 정보통신망 전문기술인력 양성기관의 설립·지원
5. 정보통신망 이용 교육프로그램의 개발 및 보급 지원
6. 정보통신망 관련 기술자격제도의 정착 및 전문기술인력 수급 지원
7. 그 밖에 정보통신망 관련 기술인력의 양성에 필요한 사항

제12조(정보의 공동활용체제 구축) ① 정부는 정보통신망을 효율적으로 활용하기 위하여 정보통신망 상호 간의 연계 운영 및 표준화 등 정보의 공동활용체제 구축을 권장할 수 있다.

② 정부는 제1항에 따른 정보의 공동활용체제를 구축하는 자에게 재정 및 기술 등 필요한 지원을 할 수 있다.

③ 제1항과 제2항에 따른 권장 및 지원에 필요한 사항은 대통령령으로 정한다.

시행령: 제6조(정보의 공동 활용체제 구축 시책 등) ① 중앙행정기관의 장은 법 제12조에 따라 소관 분야의 정보의 공동 활용을 위한 계획을 수립하여 고시할 수 있다.

② 중앙행정기관의 장은 제1항에 따른 정보의 공동 활용을 위한 계획을 효율적으로 추진하기 위하여 필요한 경우에는 다음 각 호의 사업 등을 하는 자에 대하여 지원할 수 있다.

1. 보유·관리하는 정보 중 공동 활용 대상 정보의 선정
2. 정보통신망 상호간 연계 시스템의 구축 및 운영
3. 정보통신망의 연계에 따른 각 기관 간 비용부담의 조정
4. 그 밖에 정보의 공동 활용체제 구축을 위하여 필요한 사항

제13조(정보통신망의 이용촉진 등에 관한 사업) ① 지식경제부장관은 공공, 지역, 산업, 생활 및 사회적 복지 등 각 분야의 정보통신망의 이용촉진과 정보격차의 해소를 위하여 관련 기술·기기 및 응용서비스의 효율적인 활용·보급을 촉진하기 위한 사업을 대통령령으로 정하는 바에 따라 실시할 수 있다.

시행령: 제7조(정보통신망의 이용촉진 등에 관한 사업의 실시) 지식경제부장관이 법 제13조제1항에 따라 실시할 수 있는 사업은 다음 각 호와 같다.

1. 정보통신망의 구성·운영을 위한 시험적 사업
2. 새로운 매체의 실용화를 위한 시험적 사업
3. 정보화산업 육성을 위한 선도 응용사업 및 관련 연구 지원 사업
4. 전자거래에 관한 기술개발 등 전자거래의 활성화를 위한 기반 조성 사업
5. 정보통신망 이용촉진을 위한 법·제도 개선 등 지원 사업
6. 그 밖에 정보사회의 기반조성을 위한 관련 기술·기기 및 응용서비스의 효율적인 활용과 보급을 위한 시범사업

② 정부는 제1항에 따른 사업에 참여하는 자에게 재정 및 기술 등 필요한 지원을 할 수 있다.

제14조(인터넷 이용의 확산) 정부는 인터넷 이용이 확산될 수 있도록 공공 및 민간의 인터넷 이용시설의 효율적 활용을 유도하고 인터넷 관련 교육 및 홍보 등의 인터넷 이용기반을 확충하며, 지역별·성별·연령별 인터넷 이용격차를 해소하기 위한 시책을 마련하고 추진하여야 한다.

제15조(인터넷 서비스의 품질 개선) ① 지식경제부장관은 인터넷 서비스 이용자의 권익을 보호하고 인터넷 서비스의 품질 향상 및 안정적 제공을 보장하기 위한 시책을 마련하여야 한다.

② 지식경제부장관은 제1항에 따른 시책을 추진하기 위하여 필요하면 정보통신서비스 제공자단체 및 이용자단체 등의 의견을 들어 인터넷 서비스 품질의 측정·평가에 관한 기준을 정하여 고시할 수 있다.

③ 정보통신서비스 제공자는 제2항에 따른 기준에 따라 자율적으로 인터넷 서비스의 품질 현황을 평가하여 그 결과를 이용자에게 알려줄 수 있다.

제16조 삭제

제17조 삭제

제3장 전자문서중계자를 통한 전자문서의 활용

제18조(전자문서중계자에 의한 문서의 처리 등) ① 국가기관이나 지방자치단체의 장이 전자문서중계설비를 관리하는 자(이하 "전자문서중계자"라 한다)를 통하여 법령에서 규정한 허가·인가·승인·등록·신고·신청 등(이하 이 조에서 "허가등"이라 한다)을 전자문서로 처리하려면 대통령령으로 정하는 바에 따라 대상 업무와 전자문서중계자 등 필요한 사항을 정하고 고시하여야 한다.

시행령: 제8조(전자문서중계자를 통한 전자문서 처리시의 고시사항) ① 법 제18조제1항에 따라 국가기관 또는 지방자치단체의 장이 전자문서 처리를 위하여 고시하여야 할 사항은 다음 각 호와 같다.

1. 전자문서로 처리하는 대상 업무 및 그 표준화방식
2. 전자문서중계설비를 관리하는 자(이하 "전자문서중계자"라 한다)
3. 법 제20조제2항에 따른 전자문서의 보관기간
4. 그 밖에 전자문서로 처리하기 위하여 필요한 사항

② 국가기관 또는 지방자치단체의 장은 전자문서의 이용을 촉진하기 위하여 전자문서의 표준화계획을 수립·고시할 수 있다.

② 제1항에 따라 처리되는 전자문서와 그 문서상의 명의인을 표시한 문자 및 「전자서명법」 제2조제3호에 따른 공인전자서명은 각각 해당 법령에서 정한 문서와 그 문서상의 서명날인으로 본다.

③ 제1항에 따라 허가등을 전자문서로 처리한 경우에는 해당 법령에서 정한 절차에 따라 처리한 것으로 본다.

④ 전자문서중계자의 지정요건 및 지정절차에 필요한 사항은 대통령령으로 정한다.

시행령: 제9조(전자문서중계자의 지정 요건 및 절차) ① 법 제18조제4항에 따라 전자문서중계자로 지정될 수 있는 자는 다음 각 호와 같다.

1. 국가기관
2. 지방자치단체 또는 그 소속기관
3. 「전기통신사업법」 제2조제8호에 따른 전기통신사업자

② 제1항제3호에 따른 전기통신사업자가 전자문서중계자로 지정받으려면 지식경제부령이 정하는 바에 따라 국가기관 또는 지방자치단체의 장에게 신청하여야 한다.

시행령: 제3조 (전자문서중계자 지정신청 등) ① 「정보통신망 이용촉진 및 정보보호 등에 관한 법률 시행령」(이하 "영"이라 한다) 제9조제2항에 따라 전자문서중계자로 지정받으려는 자는 별지 서식의 전자문서중계자 지정신청서에 다음 각 호의 서류를 첨부하여 국가기관 또는 지방자치단체의 장에게 제출(전자문서를 통한 제출을 포함한다)하여야 한다.

1. 사업계획서 1부
2. 기간통신사업자 허가서 또는 부가통신사업자로 신고하였음을 확인할 수 있는 서류 사본 1부

② 제1항에 따라 지정신청을 받은 담당 공무원은 「전자정부법」 제21조제1항에 따른 행정정보의 공동이용을 통하여 법인등기부 등본을 확인하여야 한다. 다만, 신청인이 확인에 동의하지 아니하는 경우에는 신청인에게 직접 그 서류를 제출하게 하여야 한다.

③ 국가기관 또는 지방자치단체의 장이 전자문서중계자를 지정한 때에는 이를 지식경제부장관에게 통보하여야 한다.

제19조(전자문서의 송수신 시기) ① 전자문서는 작성자 외의 자 또는 작성자의 대리인 외의 자가 관리하는 컴퓨터에 입력되었을 때에 송신된 것으로 본다.

② 전자문서는 다음 각 호의 어느 하나에 해당할 때에 수신된 것으로 본다.

1. 수신자가 전자문서를 수신할 컴퓨터를 지정한 경우에는 지정한 컴퓨터에 입력되었을 때. 다만, 지정한 컴퓨터가 아닌 컴퓨터에 입력되었을 경우에는 수신자가 전자문서를 출력하였을 때를 말한다.
2. 수신자가 전자문서를 수신할 컴퓨터를 지정하지 아니한 경우에는 수신자가 관리하는 컴퓨터에 입력되었을 때

제20조(전자문서 내용의 추정 등) ① 전자문서의 내용에 대하여 당사자 또는 이해관계자 사이에 다툼이 있으면 전자문서중계자의 컴퓨터의 파일에 기록된 전자문서의 내용대로 작성된 것으로 추정한다.

② 전자문서중계자는 「공공기록물 관리에 관한 법률」 제19조에 따라 전자문서를 보관하여야 한다.

제21조(전자문서 등의 공개 제한) 전자문서중계자는 전자문서중계설비에 의하여 처리되는 전자문서 또는 관련 기록을 적법한 절차에 따르지 아니하거나 전자문서 발신자 및 수신자의 동의 없이 공개하여서는 아니 된다.

제4장 개인정보의 보호

제1절 개인정보의 수집·이용 및 제공 등

제22조(개인정보의 수집·이용 동의 등) ① 정보통신서비스 제공자는 이용자의 개인정보를 이용하려고 수집하는 경우에는 다음 각 호의 모든 사항을 이용자에게 알리고 동의를 받아야 한다. 다음 각 호의 어느 하나의 사항을 변경하려는 경우에도 또한 같다.

1. 개인정보의 수집·이용 목적
2. 수집하는 개인정보의 항목
3. 개인정보의 보유·이용 기간

② 정보통신서비스 제공자는 다음 각 호의 어느 하나에 해당하는 경우에는 제1항에 따른 동의 없이 이용자의 개인정보를 수집·이용할 수 있다.

1. 정보통신서비스의 제공에 관한 계약을 이행하기 위하여 필요한 개인정보로서 경제적·기술적인 사유로 통상적인 동의를 받는 것이 뚜렷하게 곤란한 경우
2. 정보통신서비스의 제공에 따른 요금정산을 위하여 필요한 경우
3. 이 법 또는 다른 법률에 특별한 규정이 있는 경우

제23조(개인정보의 수집 제한 등) ① 정보통신서비스 제공자는 사상, 신념, 과거의 병력(病歷) 등 개인의 권리·이익이나 사생활을 뚜렷하게 침해할 우려가 있는 개인정보를 수집하여서는 아니 된다. 다만, 제22조제1항에 따른 이용자의 동의를 받거나 다른 법률에 따라 특별히 수집 대상 개인정보로 허용된 경우에는 그 개인정보를 수집할 수 있다.

② 정보통신서비스 제공자는 이용자의 개인정보를 수집하는 경우에는 정보통신서비스의 제공을 위하여 필요한 최소한의 정보를 수집하여야 하며, 필요한 최소한의 정보 외의 개인정보를 제공하지 아니한다는 이유로 그 서비스의 제공을 거부하여서는 아니 된다.

제23조의2(주민등록번호 외의 회원가입 방법) ① 정보통신서비스 제공자로서 제공하는 정보통신서비스의 유형별 일일 평균 이용자 수가 대통령령으로 정하는 기준에 해당하는 자는 이용자가 정보통신망을 통하여 회원으로 가입할 경우에 주민등록번호를 사용하지 아니하고도 회원으로 가입할 수 있는 방법(이하 "대체수단"이라 한다)을 제공하여야 한다.

시행령: 제9조의2(주민등록번호 외의 회원가입 방법 제공 의무자 등) ① 법 제23조의2제1항에서 "대통령령으로 정하는 기준에 해당하는 자"란 다음 각 호의 어느 하나에 해당하는 자를 말한다.

1. 포털서비스(다른 인터넷주소·정보 등의 검색과 전자우편·커뮤니티 등을 제공하는 서비스를 말한다)의 경우는 전년도 말 기준 직전 3개월간의 일일평균 이용자수가 5만명 이상인 정보통신서비스 제공자
2. 게임서비스(「게임산업진흥에 관한 법률」 제2조제1호 및 제1호의2에 따른 게임물과 사행성게임물을 정보통신망을 이용하여 제공하는 서비스를 말한다)의 경우는 전년도 말 기준 직전 3개월간의 일일평균 이용자수가 1만명 이상인 정보통신서비스 제공자
3. 전자상거래 서비스(「전자상거래 등에서의 소비자보호에 관한 법률」 제2조제1호 및 제2호에 따른 전자상거래 및 통신판매를 정보통신망을 이용하여 제공하는 서비스를 말한다)의 경우는 전년도 말 기

준 직전 3개월간의 일일평균 이용자수가 1만명 이상인 정보통신서비스 제공자

4. 그 밖의 정보통신서비스의 경우는 전년도 말 기준 직전 3개월간의 일일평균 이용자수가 1만명 이상인 정보통신서비스 제공자

② 방송통신위원회는 법 제23조의2에 따른 주민등록번호 외의 회원가입 방법 제공에 필요한 준비기간, 적용기간 및 제1항 각 호에 해당하는 자 등을 인터넷 홈페이지에 게시하는 방법으로 공시하여야 한다.

② 제1항에 해당하는 정보통신서비스 제공자는 주민등록번호를 사용하는 회원가입 방법을 따로 제공하여 이용자가 회원가입 방법을 선택하게 할 수 있다.

제23조의3(본인확인기관의 지정 등) ① 방송통신위원회는 다음 각 호의 사항을 심사하여 대체수단의 개발·제공·관리 업무(이하 "본인확인업무"라 한다)를 안전하고 신뢰성 있게 수행할 능력이 있다고 인정되는 자를 본인확인기관으로 지정할 수 있다.

1. 본인확인업무의 안전성 확보를 위한 물리적·기술적·관리적 조치계획
2. 본인확인업무의 수행을 위한 기술적·재정적 능력
3. 본인확인업무 관련 설비규모의 적정성

② 본인확인기관이 본인확인업무의 전부 또는 일부를 휴지하고자 하는 때에는 휴지기간을 정하여 휴지하고자 하는 날의 30일 전까지 이를 이용자에게 통보하고 방송통신위원회에 신고하여야 한다. 이 경우 휴지기간은 6개월을 초과할 수 없다.

③ 본인확인기관이 본인확인업무를 폐지하고자 하는 때에는 폐지하고자 하는 날의 60일 전까지 이를 이용자에게 통보하고 방송통신위원회에 신고하여야 한다.

④ 제1항부터 제3항까지의 규정에 따른 심사사항별 세부 심사기준·지정절차 및 휴지·폐지 등에 관하여 필요한 사항은 대통령령으로 정한다.

제23조의4(본인확인업무의 정지 및 지정취소) ① 방송통신위원회는 본인확인기관이 다음 각 호의 어느 하나에 해당하는 때에는 6개월 이내의 기간을 정하여 본인확인업무의 전부 또는 일부의 정지를 명하거나 지정을 취소할 수 있다. 다만, 제1호 또는 제2호에 해당하는 때에는 그 지정을 취소하여야 한다.

1. 거짓이나 그 밖의 부정한 방법으로 본인확인기관의 지정을 받은 경우
2. 본인확인업무의 정지명령을 받은 자가 그 명령을 위반하여 업무를 정지하지 아니한 경우
3. 지정받은 날부터 6개월 이내에 본인확인업무를 개시하지 아니하거나 6개월 이상 계속하여 본인확인업무를 휴지한 경우
4. 제23조의3제4항에 따른 지정기준에 적합하지 아니하게 된 경우

② 제1항에 따른 처분의 기준, 절차 및 그 밖에 필요한 사항은 대통령령으로 정한다.

제24조(개인정보의 이용 제한) 정보통신서비스 제공자는 제22조 및 제23조제1항 단서에 따라 수집한 개인정보를 이용자로부터 동의받은 목적이나 제22조제2항 각 호에서 정한 목적과 다른 목적으로 이용하여서는 아니 된다.

제24조의2(개인정보의 제공 동의 등) ① 정보통신서비스 제공자는 이용자의 개인정보를 제3자에게 제공하려면 제22조제2항제2호 및 제3호에 해당하는 경우 외에는 다음 각 호의 모든 사항을 이용자에게 알리고 동의를 받아야 한다. 다음 각 호의 어느 하나의 사항이 변경되는 경우에도 또한 같다.

1. 개인정보를 제공받는 자
2. 개인정보를 제공받는 자의 개인정보 이용 목적
3. 제공하는 개인정보의 항목
4. 개인정보를 제공받는 자의 개인정보 보유 및 이용 기간

② 제1항에 따라 정보통신서비스 제공자로부터 이용자의 개인정보를 제공받은 자는 그 이용자의 동의가 있거나 다른 법률에 특별한 규정이 있는 경우 외에는 개인정보를 제3자에게 제공하거나 제공받은 목적 외의 용도로 이용하여서는 아니 된다.

③ 제25조제1항에 따른 정보통신서비스 제공자등은 제1항에 따른 제공에 대한 동의와 제25조제1항에 따른 개인정보 취급위탁에 대한 동의를 받을 때에는 제22조에 따른 개인정보의 수집·이용에 대한 동의와 구분하여 받아야 하고, 이에 동의하지 아니한다는 이유로 서비스 제공을 거부하여서는 아니 된다.

제25조(개인정보의 취급위탁) ① 정보통신서비스 제공자와 그로부터 제24조의2제1항에 따라 이용자의 개인정보를 제공받은 자(이하 "정보통신서비스 제공자등"이라 한다)는 제3자에게 이용자의 개인정보를 수집·보관·처리·이용·제공·관리·파기 등(이하 "취급"이라 한다)을 할 수 있도록 업무를 위탁(이하 "개인정보 취급위탁"이라 한다)하는 경우에는 다음 각 호의 사항 모두를 이용자에게 알리고 동의를 받아야 한다. 다음 각 호의 어느 하나의 사항이 변경되는 경우에도 또한 같다.

1. 개인정보 취급위탁을 받는 자(이하 "수탁자"라 한다)
2. 개인정보 취급위탁을 하는 업무의 내용

② 정보통신서비스 제공자등은 정보통신서비스의 제공에 관한 계약을 이행하기 위하여 필요한 경우로서 제1항 각 호의 사항 모두를 제27조의2제1항에 따라 공개하거나 전자우편 등 대통령령으로 정하는 방법에 따라 이용자에게 알린 경우에는 개인정보 취급위탁에 따른 제1항의 고지절차와 동의절차를 거치지 아니할 수 있다. 제1항 각 호의 어느 하나의 사항이 변경되는 경우에도 또한 같다.

시행령: 제10조(개인정보취급위탁의 통지) 법 제25조제2항 전단에서 "대통령령이 정하는 방법"이란 전자우편 · 서면 · 모사전송 · 전화 또는 이와 유사한 방법 중 어느 하나의 방법을 말한다.

③ 정보통신서비스 제공자등은 개인정보 취급위탁을 하는 경우에는 수탁자가 이용자의 개인정보를 취급할 수 있는 목적을 미리 정하여야 하며, 수탁자는 이 목적을 벗어나서 이용자의 개인정보를 취급하여서는 아니 된다.

④ 정보통신서비스 제공자등은 수탁자가 이 장의 규정을 위반하지 아니하도록 관리·감독하여야 한다.

⑤ 수탁자가 개인정보 취급위탁을 받은 업무와 관련하여 이 장의 규정을 위반하여 이용자에게 손해를 발생시키면 그 수탁자를 손해배상책임에 있어서 정보통신서비스 제공자등의 소속 직원으로 본다.

제26조(영업의 양수 등에 따른 개인정보의 이전) ① 정보통신서비스 제공자등이 영업의 전부 또는 일부의 양도·합병 등으로 그 이용자의 개인정보를 타인에게 이전하는 경우에는 미리 다음 각 호의 사항 모두를 인터넷 홈페이지 게시, 전자우편 등 대통령령으로 정하는 방법에 따라 이용자에게 알려야 한다.

1. 개인정보를 이전하려는 사실
2. 개인정보를 이전받는 자(이하 "영업양수자등"이라 한다)의 성명(법인의 경우에는 법인의 명칭을 말한다. 이하 이 조에서 같다)·주소·전화번호 및 그 밖의 연락처
3. 이용자가 개인정보의 이전을 원하지 아니하는 경우 그 동의를 철회할 수 있는 방법과 절차

② 영업양수자등은 개인정보를 이전받으면 지체 없이 그 사실을 인터넷 홈페이지 게시, 전자우편 등 대통령령으로 정하는 방법에 따라 이용자에게 알려야 한다. 다만, 정보통신서비스 제공자등이 제1항에 따라 그 이전사실을 이미 알린 경우에는 그러하지 아니하다.

시행령: 제11조(영업의 양도 등에 따른 개인정보 이전 시의 통지) ① 법 제26조제1항 각 호 외의 부분 및 제2항 본문에서 "대통령령이 정하는 방법"이란 전자우편 · 서면 · 모사전송 · 전화 또는 이와 유사한 방법 중 어느 하나의 방법을 말한다.

② 정보통신서비스 제공자 등 또는 영업양수자 등이 과실 없이 이용자의 연락처를 알 수 없는 경우에

해당되어 제1항의 방법에 따라 통지할 수 없는 경우에는 인터넷 홈페이지에 최소 30일 이상 게시하여야 한다.

③ 천재・지변이나 그 밖에 정당한 사유로 제2항에 따른 홈페이지 게시가 곤란한 경우에는 「신문 등의 진흥에 관한 법률」에 따라 전국을 보급지역으로 하는 둘 이상의 일반일간신문(이용자의 대부분이 특정 지역에 거주하는 경우에는 그 지역을 보급구역으로 하는 일반일간신문)에 1회 이상 공고하는 것으로 갈음할 수 있다.

③ 영업양수자등은 정보통신서비스 제공자등이 이용자의 개인정보를 이용하거나 제공할 수 있는 당초 목적의 범위에서만 개인정보를 이용하거나 제공할 수 있다. 다만, 이용자로부터 별도의 동의를 받은 경우에는 그러하지 아니하다.

제26조의2(동의를 받는 방법) 제22조제1항, 제23조제1항 단서, 제24조의2제1항·제2항, 제25조제1항, 제26조제3항 단서 또는 제63조제2항에 따른 동의(이하 "개인정보 수집·이용·제공 등의 동의"라 한다)를 받는 방법은 개인정보의 수집매체, 업종의 특성 및 이용자의 수 등을 고려하여 대통령령으로 정한다.

시행령: 제12조(동의획득방법) ① 정보통신서비스 제공자 등이 법 제26조의2에 따라 동의를 얻는 방법은 다음 각 호의 어느 하나와 같다. 이 경우 정보통신서비스 제공자 등은 동의를 얻어야 할 사항(이하 "동의 내용"이라 한다)을 이용자가 명확하게 인지하고 확인할 수 있도록 표시하여야 한다.

1. 인터넷 사이트에 동의 내용을 게재하고 이용자가 동의 여부를 표시하도록 하는 방법
2. 동의 내용이 기재된 서면을 이용자에게 직접 교부하거나, 우편 또는 모사전송을 통하여 전달하고 이용자가 동의 내용에 대하여 서명날인 후 제출하도록 하는 방법
3. 동의 내용이 적힌 전자우편을 발송하여 이용자로부터 동의의 의사표시가 적힌 전자우편을 전송받는 방법
4. 전화를 통하여 동의 내용을 이용자에게 알리고 동의를 얻거나 인터넷주소 등 동의 내용을 확인할 수 있는 방법을 안내하고 재차 전화 통화를 통하여 동의를 얻는 방법

② 정보통신서비스 제공자 등은 개인정보 수집 매체의 특성상 동의 내용을 전부 표시하기 어려운 경우 이용자에게 동의 내용을 확인할 수 있는 방법(인터넷주소・사업장 전화번호 등)을 안내하고 동의를 얻을 수 있다.

제2절 개인정보의 관리 및 파기 등

제27조(개인정보 관리책임자의 지정) ① 정보통신서비스 제공자등은 이용자의 개인정보를 보호하고 개인정보와 관련한 이용자의 고충을 처리하기 위하여 개인정보 관리책임자를 지정하여야 한다. 다만, 종업원 수, 이용자 수 등이 대통령령으로 정하는 기준에 해당하는 정보통신서비스 제공자등의 경우에는 지정하지 아니할 수 있다.

시행령: 제13조(개인정보관리책임자의 자격요건 등) ① 정보통신서비스 제공자와 그로부터 이용자의 개인정보를 제공받은 자(이하 "정보통신서비스 제공자등"이라 한다)가 법 제27조제1항 본문에 따라 지정하는 개인정보 관리책임자는 다음 각 호의 어느 하나에 해당하는 지위에 있는 자로 하여야 한다.

1. 임원
2. 개인정보와 관련하여 이용자의 고충처리를 담당하는 부서의 장

② 법 제27조제1항 단서에서 "대통령령으로 정하는 기준에 해당하는 정보통신서비스 제공자등"이란 상시 종업원 수가 5명 미만인 정보통신서비스 제공자등을 말한다. 다만, 인터넷으로 정보통신서비스를 제공하는 것을 주된 업으로 하는 정보통신서비스 제공자등의 경우에는 상시 종업원 수가 5명 미만으로

서 전년도 말 기준으로 직전 3개월간의 일일평균이용자가 1천명 이하인 자를 말한다.

② 제1항 단서에 따른 정보통신서비스 제공자등이 개인정보 관리책임자를 지정하지 아니하는 경우에는 그 사업주 또는 대표자가 개인정보 관리책임자가 된다.

③ 개인정보 관리책임자의 자격요건과 그 밖의 지정에 필요한 사항은 대통령령으로 정한다.

제27조의2(개인정보 취급방침의 공개) ① 정보통신서비스 제공자등은 이용자의 개인정보를 취급하는 경우에는 개인정보 취급방침을 정하여 이용자가 언제든지 쉽게 확인할 수 있도록 대통령령으로 정하는 방법에 따라 공개하여야 한다.

시행령: 제14조(개인정보취급방침의 공개 방법 등) ① 법 제27조의2제1항에 따라 정보통신서비스 제공자등은 개인정보의 수집 장소와 매체 등을 고려하여 다음 각 호 중 어느 하나 이상의 방법으로 개인정보 취급방침을 공개하되, 그 명칭을 '개인정보취급방침'이라고 표시하여야 한다.

1. 인터넷 홈페이지의 첫 화면 또는 첫 화면과의 연결화면을 통하여 법 제27조의2제2항 각 호의 사항을 이용자가 볼 수 있도록 하는 방법. 이 경우 정보통신서비스 제공자등은 글자 크기, 색상 등을 활용하여 이용자가 개인정보취급방침을 쉽게 확인할 수 있도록 표시하여야 한다.
2. 점포·사무소 안의 보기 쉬운 장소에 써 붙이거나 비치하여 열람하도록 하는 방법
3. 동일한 제호로 연 2회 이상 계속적으로 발행하여 이용자에게 배포하는 간행물·소식지·홍보지·청구서 등에 지속적으로 게재하는 방법

② 제1항에 따른 개인정보 취급방침에는 다음 각 호의 사항이 모두 포함되어야 한다.

1. 개인정보의 수집·이용 목적, 수집하는 개인정보의 항목 및 수집방법
2. 개인정보를 제3자에게 제공하는 경우 제공받는 자의 성명(법인인 경우에는 법인의 명칭을 말한다), 제공받는 자의 이용 목적과 제공하는 개인정보의 항목
3. 개인정보의 보유 및 이용 기간, 개인정보의 파기절차 및 파기방법(제29조 각 호 외의 부분 단서에 따라 개인정보를 보존하여야 하는 경우에는 그 보존근거와 보존하는 개인정보 항목을 포함한다)
4. 개인정보 취급위탁을 하는 업무의 내용 및 수탁자(해당되는 경우에만 취급방침에 포함한다)
5. 이용자 및 법정대리인의 권리와 그 행사방법
6. 인터넷 접속정보파일 등 개인정보를 자동으로 수집하는 장치의 설치·운영 및 그 거부에 관한 사항
7. 개인정보 관리책임자의 성명 또는 개인정보보호 업무 및 관련 고충사항을 처리하는 부서의 명칭과 그 전화번호 등 연락처

③ 정보통신서비스 제공자등은 제1항에 따른 개인정보 취급방침을 변경하는 경우에는 그 이유 및 변경내용을 대통령령으로 정하는 방법에 따라 지체 없이 공지하고, 이용자가 언제든지 변경된 사항을 쉽게 알아볼 수 있도록 조치하여야 한다.

시행령: 제14조(개인정보취급방침의 공개 방법 등) ② 법 제27조의2제3항에 따른 개인정보취급방침의 변경 이유 및 내용은 다음 각 호의 방법 중 어느 하나 이상의 방법으로 공지한다.

1. 정보통신서비스 제공자등이 운영하는 인터넷 홈페이지의 첫 화면의 공지사항란 또는 별도의 창을 통하여 공지하는 방법
2. 서면·모사전송·전자우편 또는 이와 비슷한 방법으로 이용자에게 공지하는 방법
3. 점포·사무소 안의 보기 쉬운 장소에 써 붙이거나 비치하는 방법

③ 정보통신서비스 제공자등이 제1항제1호에 따라 개인정보취급방침을 공개하는 경우에는 이용자가 인터넷을 통하여 개인정보취급방침의 주요 사항을 언제든지 쉽게 확인할 수 있도록 하기 위하여 방송통신위원회가 정하여 고시하는 방법에 따른 전자적 표시도 함께 하여야 한다.

시행규칙: 제8조 (개인정보 취급방침의 공개 방법 등) ① 정보통신서비스 제공자 외의 자는 법 제27조의2 제1항 및 제67조제1항에 따라 개인정보의 수집 장소와 매체 등을 고려하여 다음 각 호 중 어느 하나 이상의 방법으로 개인정보 취급방침을 공개하되, 그 명칭을 '개인정보 취급방침'이라고 표시하여야 한다.

1. 인터넷 홈페이지의 첫 화면 또는 첫 화면과의 연결화면을 통하여 법 제27조의2제2항 각 호의 사항을 재화 또는 용역을 제공받는 자가 볼 수 있게 하는 방법. 이 경우 글자 크기, 색상 등을 활용하여 개인정보 취급방침을 쉽게 확인할 수 있도록 표시하여야 한다.
2. 점포·사무소 안의 보기 쉬운 장소에 써서 붙이거나 갖춰 놓고 열람하게 하는 방법
3. 같은 제목으로 연 2회 이상 계속적으로 발행하여 이용자에게 배포하는 간행물·소식지·홍보지·청구서 등에 지속적으로 게재하는 방법
4. 재화 또는 용역을 제공하기 위한 이용계약서에 게재하여 배포하는 방법

② 법 제27조의2제3항 및 제67조제1항에 따른 개인정보 취급방침의 변경 이유 및 내용은 다음 각 호 중 어느 하나 이상의 방법으로 공지한다.

1. 정보통신서비스 제공자 외의 자가 운영하는 인터넷 홈페이지의 첫 화면의 공지사항란 또는 별도의 창을 통하여 공지하는 방법
2. 서면·모사전송·전자우편 또는 이와 비슷한 방법으로 재화 또는 용역을 제공받는 자에게 공지하는 방법
3. 점포·사무소 안의 보기 쉬운 장소에 써서 붙이거나 갖춰 놓는 방법
4. 재화 또는 용역을 제공하기 위한 이용계약서에 게재하여 배포하는 방법

제28조(개인정보의 보호조치) ① 정보통신서비스 제공자등이 개인정보를 취급할 때에는 개인정보의 분실·도난·누출·변조 또는 훼손을 방지하기 위하여 대통령령으로 정하는 기준에 따라 다음 각 호의 기술적·관리적 조치를 하여야 한다.

1. 개인정보를 안전하게 취급하기 위한 내부관리계획의 수립·시행

시행령: 제15조(개인정보의 보호조치) ① 법 제28조제1항제1호에 따라 정보통신서비스 제공자등은 개인정보의 안전한 취급을 위하여 다음 각 호의 내용을 포함하는 내부관리계획을 수립·시행하여야 한다.

1. 개인정보 관리책임자의 지정 등 개인정보보호 조직의 구성·운영에 관한 사항
2. 개인정보취급자의 교육에 관한 사항
3. 제2항부터 제5항까지의 규정에 따른 보호조치를 이행하기 위하여 필요한 세부 사항

2. 개인정보에 대한 불법적인 접근을 차단하기 위한 침입차단시스템 등 접근 통제장치의 설치·운영

시행령: 제15조(개인정보의 보호조치) ② 법 제28조제1항제2호에 따라 정보통신서비스 제공자등은 개인정보에 대한 불법적인 접근을 차단하기 위하여 다음 각 호의 조치를 하여야 한다.

1. 개인정보를 처리할 수 있도록 체계적으로 구성한 데이터베이스시스템(이하 "개인정보처리시스템"이라 한다)에 대한 접근권한의 부여·변경·말소 등에 관한 기준의 수립·시행
2. 개인정보처리시스템에 대한 불법적인 접근을 차단하기 위한 침입차단시스템 및 침입탐지시스템의 설치·운영
3. 비밀번호의 생성 방법 및 변경 주기 등의 기준 설정과 운영
4. 그 밖에 개인정보에 대한 접근통제를 위하여 필요한 조치

3. 접속기록의 위조·변조 방지를 위한 조치

시행령: 제15조(개인정보의 보호조치) ③ 법 제28조제1항제3호에 따라 정보통신서비스 제공자등은 접속

기록의 위조·변조 방지를 위하여 다음 각 호의 조치를 하여야 한다.
1. 개인정보취급자가 개인정보처리시스템에 접속하여 개인정보를 처리한 경우 접속일시, 처리내역 등의 저장 및 이의 확인·감독
2. 개인정보처리시스템에 대한 접속기록을 별도 저장장치에 백업 보관

4. 개인정보를 안전하게 저장·전송할 수 있는 암호화기술 등을 이용한 보안조치

시행령: 제15조(개인정보의 보호조치) ④ 법 제28조제1항제4호에 따라 정보통신서비스 제공자등은 개인정보가 안전하게 저장·전송될 수 있도록 다음 각 호의 보안조치를 하여야 한다.
1. 비밀번호 및 바이오정보(지문, 홍채, 음성, 필적 등 개인을 식별할 수 있는 신체적 또는 행동적 특징에 관한 정보를 말한다)의 일방향 암호화 저장
2. 주민등록번호 및 계좌정보 등 금융정보의 암호화 저장
3. 정보통신망을 통하여 이용자의 개인정보 및 인증정보를 송신·수신하는 경우 보안서버 구축 등의 조치
4. 그 밖에 암호화 기술을 이용한 보안조치

5. 백신 소프트웨어의 설치·운영 등 컴퓨터바이러스에 의한 침해 방지조치

시행령: 제15조(개인정보의 보호조치) ⑤ 법 제28조제1항제5호에 따라 정보통신서비스 제공자등은 개인정보처리시스템 및 개인정보취급자가 개인정보 처리에 이용하는 정보기기에 컴퓨터바이러스, 스파이웨어 등 악성프로그램의 침투 여부를 항시 점검·치료할 수 있도록 백신소프트웨어를 설치하여야 하며, 이를 주기적으로 갱신·점검하여야 한다.

6. 그 밖에 개인정보의 안전성 확보를 위하여 필요한 보호조치

시행령: 제15조(개인정보의 보호조치) ⑥ 방송통신위원회는 제1항부터 제5항까지의 규정에 따른 사항과 법 제28조제1항제6호에 따른 그 밖에 개인정보의 안전성 확보를 위하여 필요한 보호조치의 구체적인 기준을 정하여 고시하여야 한다.

② 정보통신서비스 제공자등은 이용자의 개인정보를 취급하는 자를 최소한으로 제한하여야 한다.

시행규칙: 제9조 (개인정보의 보호조치) ① 법 제28조제1항 및 제67조제1항에 따른 개인정보의 안전성 확보에 필요한 관리적 조치는 다음 각 호와 같다.
1. 개인정보의 안전한 취급을 위한 내부관리계획의 수립 및 시행
2. 개인정보 관리책임자의 의무와 책임을 규정한 내부 지침 마련
3. 개인정보의 안전한 보관을 위한 잠금장치 등 물리적 접근방지 조치
4. 개인정보보호를 위한 정기적인 자체 감사 실시
5. 그 밖에 개인정보의 안전성 확보에 필요한 관리적 보호조치

② 법 제28조제1항 및 제67조제1항에 따른 개인정보의 안전성 확보에 필요한 기술적 조치는 다음 각 호와 같다.
1. 개인정보에 대한 접근 권한을 확인하기 위한 식별 및 인증 조치
2. 개인정보에 대한 권한 없는 접근을 차단하기 위한 암호화와 방화벽 설치 등의 조치
3. 접속기록의 위조·변조 방지를 위한 조치
4. 침해사고 방지를 위한 보안프로그램의 설치 및 운영
5. 그 밖에 개인정보의 안전성 확보에 필요한 기술적 보호조치

③ 행정안전부장관은 업종별 특성을 반영하여 제1항 및 제2항 각 호에 따른 보호조치의 구체적인 기준을 정하여 고시할 수 있다.

제28조의2(개인정보의 누설금지) ① 이용자의 개인정보를 취급하고 있거나 취급하였던 자는 직무상 알게 된 개인정보를 훼손·침해 또는 누설하여서는 아니 된다.

② 누구든지 그 개인정보가 누설된 사정을 알면서도 영리 또는 부정한 목적으로 개인정보를 제공받아서는 아니 된다.

제29조(개인정보의 파기) 정보통신서비스 제공자등은 다음 각 호의 어느 하나에 해당하는 경우에는 해당 개인정보를 지체 없이 파기하여야 한다. 다만, 다른 법률에 따라 개인정보를 보존하여야 하는 경우에는 그러하지 아니하다.

1. 제22조제1항, 제23조제1항 단서 또는 제24조의2제1항·제2항에 따라 동의를 받은 개인정보의 수집·이용 목적이나 제22조제2항 각 호에서 정한 해당 목적을 달성한 경우
2. 제22조제1항, 제23조제1항 단서 또는 제24조의2제1항·제2항에 따라 동의를 받은 개인정보의 보유 및 이용 기간이 끝난 경우
3. 제22조제2항에 따라 이용자의 동의를 받지 아니하고 수집·이용한 경우에는 제27조의2제2항제3호에 따른 개인정보의 보유 및 이용 기간이 끝난 경우
4. 사업을 폐업하는 경우

제3절 이용자의 권리

제30조(이용자의 권리 등) ① 이용자는 정보통신서비스 제공자등에 대하여 언제든지 개인정보 수집·이용·제공 등의 동의를 철회할 수 있다.

② 이용자는 정보통신서비스 제공자등에 대하여 본인에 관한 다음 각 호의 어느 하나의 사항에 대한 열람이나 제공을 요구할 수 있고 오류가 있는 경우에는 그 정정을 요구할 수 있다.

1. 정보통신서비스 제공자등이 가지고 있는 이용자의 개인정보
2. 정보통신서비스 제공자등이 이용자의 개인정보를 이용하거나 제3자에게 제공한 현황
3. 정보통신서비스 제공자등에게 개인정보 수집·이용·제공 등의 동의를 한 현황

③ 정보통신서비스 제공자등은 이용자가 제1항에 따라 동의를 철회하면 지체 없이 수집된 개인정보를 파기하는 등 필요한 조치를 하여야 한다.

④ 정보통신서비스 제공자등은 제2항에 따라 열람 또는 제공을 요구받으면 지체 없이 필요한 조치를 하여야 한다.

⑤ 정보통신서비스 제공자등은 제2항에 따라 오류의 정정을 요구받으면 지체 없이 그 오류를 정정하거나 정정하지 못하는 사유를 이용자에게 알리는 등 필요한 조치를 하여야 하고, 필요한 조치를 할 때까지는 해당 개인정보를 이용하거나 제공하여서는 아니 된다. 다만, 다른 법률에 따라 개인정보의 제공을 요청받은 경우에는 그 개인정보를 제공하거나 이용할 수 있다.

⑥ 정보통신서비스 제공자등은 제1항에 따른 동의의 철회 또는 제2항에 따른 개인정보의 열람·제공 또는 오류의 정정을 요구하는 방법을 개인정보의 수집방법보다 쉽게 하여야 한다.

⑦ 영업양수자등에 대하여는 제1항부터 제6항까지의 규정을 준용한다. 이 경우 "정보통신서비스 제공자등"은 "영업양수자등"으로 본다.

제31조(법정대리인의 권리) ① 정보통신서비스 제공자등이 만 14세 미만의 아동으로부터 개인정보 수집·이용·제공 등의 동의를 받으려면 그 법정대리인의 동의를 받아야 한다. 이 경우 정보통신서비스 제공자는 그 아동에게 법정대리인의 동의를 받기 위하여 필요한 법정대리인의 성명 등 최소한의 정보를 요구할 수 있다.

② 법정대리인은 해당 아동의 개인정보에 대하여 제30조제1항 및 제2항에 따른 이용자의 권리를 행사할

수 있다.

③ 제2항에 따른 법정대리인의 동의 철회, 열람 또는 오류정정의 요구에 관하여는 제30조제3항부터 제5항까지의 규정을 준용한다.

제32조(손해배상) 이용자는 정보통신서비스 제공자등이 이 장의 규정을 위반한 행위로 손해를 입으면 그 정보통신서비스 제공자등에게 손해배상을 청구할 수 있다. 이 경우 해당 정보통신서비스 제공자등은 고의 또는 과실이 없음을 입증하지 아니하면 책임을 면할 수 없다.

제4절 개인정보분쟁조정위원회

제33조(개인정보분쟁조정위원회의 설치 및 구성) ① 개인정보에 관한 분쟁을 조정하기 위하여 개인정보분쟁조정위원회(이하 "분쟁조정위원회"라 한다)를 둔다.

② 분쟁조정위원회는 위원장 1명을 포함한 15명 이내의 위원으로 구성하며, 그중 1명은 상임으로 한다.

③ 위원은 다음 각 호의 어느 하나에 해당하는 자 중에서 대통령령으로 정하는 바에 따라 행정안전부장관이 임명하거나 위촉한다. 이 경우 다음 각 호의 어느 하나에 해당하는 자가 1명 이상 포함되어야 한다.

1. 대학이나 공인된 연구기관에서 부교수급 이상 또는 이에 상당하는 직에 있거나 있었던 자로서 개인정보보호 관련 분야를 전공한 자
2. 4급 이상 공무원(고위공무원단에 속하는 일반직공무원을 포함한다) 또는 이에 상당하는 공공기관의 직에 있거나 있었던 자로서 개인정보보호 업무에 관한 경험이 있는 자
3. 판사·검사 또는 변호사의 자격이 있는 자
4. 정보통신서비스 이용자단체의 임원직에 있거나 있었던 자
5. 정보통신서비스 제공자 또는 정보통신서비스 제공자단체의 임원직에 있거나 있었던 자
6. 「비영리민간단체 지원법」 제2조에 따른 비영리민간단체에서 추천한 자

④ 위원의 임기는 3년으로 하고, 연임할 수 있다.

⑤ 위원장은 위원 중에서 행정안전부장관이 임명한다.

시행령: 제16조(개인정보분쟁조정위원회 위원장의 직무) ① 법 제33조에 따른 개인정보분쟁조정위원회(이하 "분쟁조정위원회"라 한다)의 위원장(이하 "위원장"이라 한다)은 분쟁조정위원회를 대표하고, 그 직무를 총괄한다.

② 위원장이 부득이한 사유로 직무를 수행할 수 없는 때에는 위원장이 지명한 위원이 그 직무를 대행한다.

시행령: 제17조(분쟁조정위원회 등의 운영) ① 위원장은 분쟁조정위원회의 회의를 소집하며, 그 의장이 된다.

② 위원장이 분쟁조정위원회의 회의를 소집하려는 때에는 회의개최 5일 전까지 회의의 일시 · 장소 및 심사안건을 각 위원에게 통지하여야 한다. 다만, 긴급한 경우에는 그러하지 아니하다.

③ 분쟁조정위원회는 위원장을 포함한 재적위원 과반수의 출석으로 개의하며 출석위원 과반수의 찬성으로 의결한다.

⑥ 분쟁조정위원회의 업무를 지원하기 위하여 제52조에 따른 한국인터넷진흥원(이하 "한국인터넷진흥원"이라 한다)에 사무국을 둔다.

제33조 삭제

제33조의2(조정부) ① 분쟁의 조정업무를 효율적으로 수행하기 위하여 분쟁조정위원회에 5명 이하의 위원으로 구성되는 조정부를 두되, 그중 1명은 변호사의 자격이 있는 자로 한다.

시행령: 제17조(분쟁조정위원회 등의 운영) ④ 분쟁조정위원회 및 법 제33조의2에 따른 조정부(이하

"조정부"라 한다)의 회의는 공개하지 아니한다. 다만, 필요하다고 인정될 때에는 분쟁조정위원회의 의결로 당사자 또는 이해관계인에게 방청을 하게 할 수 있다.

② 분쟁조정위원회는 필요하면 일부 분쟁을 제1항에 따른 조정부에 맡겨 조정하게 할 수 있다.

③ 제1항에 따른 조정부의 구성 및 운영에 필요한 사항은 행정안전부령으로 정한다.

시행규칙: 제4조 (조정부의 구성 및 운영) ① 법 제33조의2에 따른 조정부(이하 "조정부"라 한다)는 법 제33조에 따른 개인정보분쟁조정위원회의 위원장(이하 "위원장"이라 한다)이 지명하는 5명 이내의 위원으로 구성한다.

② 위원장은 조정부의 회의를 소집한다.

③ 위원장은 조정부의 회의를 소집하려면 회의 일시·장소 및 심사 안건을 정하여 부득이한 사유가 있는 경우를 제외하고는 회의 개시 7일 전까지 각 위원에게 알려야 한다.

④ 조정부의 회의는 재적위원 과반수의 출석으로 개의(開議)하며 출석위원 과반수의 찬성으로 의결한다.

⑤ 조정부의 장은 위원 중에서 호선(互選)한다.

시행규칙: 제5조 (운영세칙) 이 규칙에서 정한 것 외에 조정부의 구성 및 운영에 필요한 사항은 개인정보분쟁조정위원회의 의결을 거쳐 위원장이 정한다.

제33조의2 삭제

제34조(위원의 신분보장) 위원은 자격정지 이상의 형을 선고받거나 심신상의 장애로 직무를 수행할 수 없는 경우 외에는 그의 의사에 반하여 면직되거나 해촉되지 아니한다.

제34조 삭제

제35조(위원의 제척·기피·회피) ① 위원은 다음 각 호의 어느 하나에 해당되면 해당 분쟁조정 청구사건(이하 이 조에서 "사건"이라 한다)의 심의·의결에서 제척된다.

1. 위원 또는 그 배우자나 배우자이었던 자가 해당 사건의 당사자가 되거나 그 사건에 관하여 공동권리자 또는 공동의무자의 관계에 있는 경우
2. 위원이 해당 사건의 당사자와 친족관계에 있거나 있었던 경우
3. 위원이 해당 사건에 관하여 증언이나 감정을 한 경우
4. 위원이 해당 사건에 관하여 당사자의 대리인 또는 임직원으로서 관여하거나 관여하였던 경우

② 당사자는 위원에게 심의·의결의 공정을 기대하기 어려운 사정이 있으면 분쟁조정위원회에 기피신청을 할 수 있다. 이 경우 분쟁조정위원회는 기피신청이 타당하다고 인정하는 경우에는 기피의 결정을 한다.

③ 위원이 제1항 또는 제2항의 사유에 해당하면 스스로 그 사건의 심의·의결에서 회피할 수 있다.

제35조 삭제

제36조(분쟁의 조정) ① 개인정보와 관련한 분쟁의 조정을 원하는 자는 분쟁조정위원회에 분쟁의 조정을 신청할 수 있다.

시행령: 제19조(조정전 합의권고) 분쟁조정위원회는 법 제36조제1항에 따른 분쟁조정의 신청을 받은 때에는 당사자에게 그 내용을 통지하고 조정 전 합의를 권고할 수 있다.

② 제1항에 따른 분쟁의 조정신청을 받은 분쟁조정위원회는 신청을 받은 날부터 60일 이내에 심사하여 조정안을 작성하여야 한다. 다만, 부득이한 사정이 있는 경우에는 분쟁조정위원회의 의결로 그 기간을 연장할 수 있다.

③ 제2항 단서에 따라 기간을 연장한 경우에는 기간연장의 사유나 그 밖의 기간연장에 대한 사항을 신청인에게 알려야 한다.

제36조 삭제

제37조(자료요청 등) ① 분쟁조정위원회는 분쟁조정을 위하여 필요한 자료의 제공을 분쟁당사자에게 요청할 수 있다. 이 경우 그 분쟁당사자는 정당한 사유가 없으면 요청에 따라야 한다.

② 분쟁조정위원회는 필요하다고 인정하면 분쟁당사자나 참고인을 분쟁조정위원회에 출석하도록 하여 그 의견을 들을 수 있다.

시행령: 제20조(의견청취) 분쟁조정위원회는 법 제37조제2항에 따라 의견을 들으려면 일시 및 장소를 정하여 의견청취 5일 전까지 당사자 또는 참고인에게 통지하여야 한다. 다만, 긴급한 경우에는 그러하지 아니하다.

시행령: 제21조(수당과 여비) 분쟁조정위원회 및 조정부의 회의에 출석한 위원 등에게는 예산의 범위에서 수당과 여비를 지급할 수 있다. 다만, 공무원인 위원이 그 소관업무와 직접적으로 관련되어 출석하는 경우에는 그러하지 아니하다.

시행령: 제22조(분쟁조정세칙) 이 영에서 규정한 것 외에 분쟁조정위원회의 운영 그 밖에 분쟁조정에 필요한 사항은 분쟁조정위원회의 의결을 거쳐 위원장이 정한다.

제37조 삭제

제38조(조정의 효력) ① 분쟁조정위원회는 제36조제2항에 따라 조정안을 작성하면 지체 없이 각 당사자에게 제시하여야 한다.

② 제1항에 따라 조정안을 제시받은 당사자는 제시받은 날부터 15일 이내에 조정안의 수락 여부를 분쟁조정위원회에 통보하여야 한다.

③ 당사자가 조정안을 수락하면 분쟁조정위원회는 즉시 조정서를 작성하여야 하며, 위원장 및 각 당사자는 그 조정서에 기명날인하여야 한다.

④ 당사자가 제3항에 따라 조정안을 수락하고 조정서에 기명날인을 하면 당사자 간에 조정서와 같은 내용의 합의가 성립된 것으로 본다.

제38조 삭제

제39조(조정의 거부 및 중지) ① 분쟁조정위원회는 분쟁의 성질상 분쟁조정위원회에서 조정하는 것이 적합하지 아니하다고 인정하거나 부정한 목적으로 신청되었다고 인정하는 경우에는 그 조정을 거부할 수 있다. 이 경우 조정거부의 사유 등을 신청인에게 알려야 한다.

② 분쟁조정위원회는 신청된 조정사건에 대한 처리절차를 진행하던 중에 한쪽 당사자가 소(訴)를 제기하면 그 조정의 처리를 중지하고 이를 당사자에게 알려야 한다.

제39조 삭제

제40조(조정절차 등) 제36조부터 제39조까지의 규정에서 정한 것 외에 분쟁의 조정방법·조정절차 및 조정업무의 처리 등에 필요한 사항은 대통령령으로 정한다.

제40조 삭제

제5장 정보통신망에서의 이용자 보호 등

제41조(청소년 보호를 위한 시책의 마련 등) ① 방송통신위원회는 정보통신망을 통하여 유통되는 음란·폭력정보 등 청소년에게 해로운 정보(이하 "청소년유해정보"라 한다)로부터 청소년을 보호하기 위하여 다음 각 호의 시책을 마련하여야 한다.

1. 내용 선별 소프트웨어의 개발 및 보급
2. 청소년 보호를 위한 기술의 개발 및 보급
3. 청소년 보호를 위한 교육 및 홍보

4. 그 밖에 청소년 보호를 위하여 대통령령으로 정하는 사항

시행령: 제23조(청소년보호시책) 법 제41조제1항제4호에서 "대통령령이 정하는 사항"이란 다음 각 호와 같다.

1. 청소년에게 유익한 정보의 개발 및 보급 촉진
2. 정보통신망을 통하여 유통되는 음란·폭력정보 등의 유해한 정보로부터 청소년을 보호하기 위한 청소년의 자발적 참여활동의 촉진 및 지원
3. 청소년 보호를 위한 학부모·교사 또는 민간단체 등의 자율적인 감시·상담·피해구제활동의 촉진 및 지원
4. 청소년보호활동을 위한 정보통신서비스 제공자 간의 협력체계 구축 지원
5. 그 밖에 법 제41조제1항 각 호에 따른 시책을 추진하는 데 부수되는 사항

② 방송통신위원회는 제1항에 따른 시책을 추진할 때에는 「방송통신위원회의 설치 및 운영에 관한 법률」 제18조에 따른 방송통신심의위원회(이하 "심의위원회"라 한다), 정보통신서비스 제공자단체·이용자단체, 그 밖의 관련 전문기관이 실시하는 청소년 보호를 위한 활동을 지원할 수 있다.

제42조(청소년유해매체물의 표시) 전기통신사업자의 전기통신역무를 이용하여 일반에게 공개를 목적으로 정보를 제공하는 자(이하 "정보제공자"라 한다) 중 「청소년보호법」 제7조제4호에 따른 매체물로서 같은 법 제2조제3호에 따른 청소년유해매체물을 제공하려는 자는 대통령령으로 정하는 표시방법에 따라 그 정보가 청소년유해매체물임을 표시하여야 한다.

시행령: 제24조(청소년유해매체물의 표시방법) ① 법 제42조에 따른 청소년유해매체물을 제공하는 자는 그 매체물에 19세 미만의 자는 이용할 수 없다는 취지의 내용을 누구나 쉽게 확인할 수 있도록 음성·문자 또는 영상으로 표시하여야 한다.

② 제1항에 따른 표시를 하여야 하는 자 중 인터넷을 이용하여 정보를 제공하는 자의 경우에는 기호·부호·문자 또는 숫자를 사용하여 청소년유해매체물임을 나타낼 수 있는 전자적 표시도 함께 하여야 한다.

③ 방송통신위원회는 정보의 유형 등을 고려하여 제1항 및 제2항에 따른 표시의 구체적 방법을 정하여 관보에 고시하여야 한다.

제42조의2(청소년유해매체물의 광고금지) 누구든지 「청소년보호법」 제7조제4호에 따른 매체물로서 같은 법 제2조제3호에 따른 청소년유해매체물을 광고하는 내용의 정보를 정보통신망을 이용하여 부호·문자·음성·음향·화상 또는 영상 등의 형태로 같은 법 제2조제1호에 따른 청소년에게 전송하거나 청소년 접근을 제한하는 조치 없이 공개적으로 전시하여서는 아니 된다.

제42조의3(청소년 보호 책임자의 지정 등) ① 정보통신서비스 제공자 중 일일 평균 이용자의 수, 매출액 등이 대통령령으로 정하는 기준에 해당하는 자는 정보통신망의 청소년유해정보로부터 청소년을 보호하기 위하여 청소년 보호 책임자를 지정하여야 한다.

시행령: 제25조(청소년보호책임자 지정의무자의 범위) 법 제42조의3제1항에서 "일일평균이용자의 수, 매출액 등이 대통령령이 정하는 기준에 해당하는 자"란 다음 각 호의 요건에 모두 해당하는 자를 말한다.

1. 다음 각 목의 어느 하나에 해당하는 자
   가. 전년도말 기준 직전 3개월간의 일일평균이용자가 10만 명 이상인 자
   나. 정보통신서비스부문 전년도(법인의 경우에는 전 사업연도) 매출액이 10억원 이상인 자
2. 「청소년보호법」 제2조제3호에 따른 청소년유해매체물을 제공하거나 매개하는 자

시행령: 제26조(청소년보호책임자의 업무) 법 제42조의3제1항에 따른 청소년보호책임자는 정보통신망상의 청소년유해정보(이하 "유해정보"라 한다)로부터 청소년을 보호하기 위하여 다음의 업무를 수행한다.

1. 유해정보로부터의 청소년보호계획의 수립
2. 유해정보에 대한 청소년접근제한 및 관리조치
3. 정보통신업무 종사자에 대한 유해정보로부터의 청소년보호를 위한 교육
4. 유해정보로 인한 피해상담 및 고충처리
5. 그 밖에 유해정보로부터 청소년을 보호하기 위하여 필요한 사항

시행령: 제27조(청소년보호책임자의 지정기한) 법 제42조의3제1항에 따른 청소년보호책임자의 지정은 매년 4월말까지 하여야 한다.

② 청소년 보호 책임자는 해당 사업자의 임원 또는 청소년 보호와 관련된 업무를 담당하는 부서의 장에 해당하는 지위에 있는 자 중에서 지정한다.

③ 청소년 보호 책임자는 정보통신망의 청소년유해정보를 차단·관리하고, 청소년유해정보로부터의 청소년 보호계획을 수립하는 등 청소년 보호업무를 하여야 한다.

④ 제1항에 따른 청소년 보호 책임자의 지정에 필요한 사항은 대통령령으로 정한다.

제43조(영상 또는 음향정보 제공사업자의 보관의무) ①「청소년보호법」 제7조제4호에 따른 매체물로서 같은 법 제2조제3호에 따른 청소년유해매체물을 이용자의 컴퓨터에 저장 또는 기록되지 아니하는 방식으로 제공하는 것을 영업으로 하는 정보제공자 중 대통령령으로 정하는 자는 해당 정보를 보관하여야 한다.

시행령: 제28조(영상 또는 음향정보의 보관 등) ① 법 제43조제1항에서 "대통령령이 정하는 자"란 전기통신회선을 통하여 정보를 유통시키는 자를 말한다. 다만, "방송", "텔레비전" 또는 "라디오"의 명칭을 사용하면서 일정한 편성계획에 따라 정보를 유통시키는 자 중 「방송법」 제2조제3호 · 제6호 및 제12호에 따른 방송사업자 · 중계유선방송사업자 및 전광판방송사업자는 제외한다.

② 법 제43조에 따른 정보제공자는 해당 정보를 이용에 제공한 때부터 6개월간 이를 보관하여야 한다.

② 제1항에 따른 정보제공자가 해당 정보를 보관하여야 할 기간은 대통령령으로 정한다.

제44조(정보통신망에서의 권리보호) ① 이용자는 사생활 침해 또는 명예훼손 등 타인의 권리를 침해하는 정보를 정보통신망에 유통시켜서는 아니 된다.

② 정보통신서비스 제공자는 자신이 운영·관리하는 정보통신망에 제1항에 따른 정보가 유통되지 아니하도록 노력하여야 한다.

③ 방송통신위원회는 정보통신망에 유통되는 정보로 인한 사생활 침해 또는 명예훼손 등 타인에 대한 권리침해를 방지하기 위하여 기술개발·교육·홍보 등에 대한 시책을 마련하고 이를 정보통신서비스 제공자에게 권고할 수 있다.

제44조의2(정보의 삭제요청 등) ① 정보통신망을 통하여 일반에게 공개를 목적으로 제공된 정보로 사생활 침해나 명예훼손 등 타인의 권리가 침해된 경우 그 침해를 받은 자는 해당 정보를 취급한 정보통신서비스 제공자에게 침해사실을 소명하여 그 정보의 삭제 또는 반박내용의 게재(이하 "삭제등"이라 한다)를 요청할 수 있다.

② 정보통신서비스 제공자는 제1항에 따른 해당 정보의 삭제등을 요청받으면 지체 없이 삭제·임시조치 등의 필요한 조치를 하고 즉시 신청인 및 정보게재자에게 알려야 한다. 이 경우 정보통신서비스 제공자는 필요한 조치를 한 사실을 해당 게시판에 공시하는 등의 방법으로 이용자가 알 수 있도록 하여야 한다.

③ 정보통신서비스 제공자는 자신이 운영·관리하는 정보통신망에 제42조에 따른 표시방법을 지키지 아니하는 청소년유해매체물이 게재되어 있거나 제42조의2에 따른 청소년 접근을 제한하는 조치 없이 청소년유해매체물을 광고하는 내용이 전시되어 있는 경우에는 지체 없이 그 내용을 삭제하여야 한다.

④ 정보통신서비스 제공자는 제1항에 따른 정보의 삭제요청에도 불구하고 권리의 침해 여부를 판단하기 어렵거나 이해당사자 간에 다툼이 예상되는 경우에는 해당 정보에 대한 접근을 임시적으로 차단하는 조치

(이하 "임시조치"라 한다)를 할 수 있다. 이 경우 임시조치의 기간은 30일 이내로 한다.

⑤ 정보통신서비스 제공자는 필요한 조치에 관한 내용·절차 등을 미리 약관에 구체적으로 밝혀야 한다.

⑥ 정보통신서비스 제공자는 자신이 운영·관리하는 정보통신망에 유통되는 정보에 대하여 제2항에 따른 필요한 조치를 하면 이로 인한 배상책임을 줄이거나 면제받을 수 있다.

제44조의3(임의의 임시조치) ① 정보통신서비스 제공자는 자신이 운영·관리하는 정보통신망에 유통되는 정보가 사생활 침해 또는 명예훼손 등 타인의 권리를 침해한다고 인정되면 임의로 임시조치를 할 수 있다.

② 제1항에 따른 임시조치에 관하여는 제44조의2제2항 후단, 제4항 후단 및 제5항을 준용한다.

제44조의4(자율규제) 정보통신서비스 제공자단체는 이용자를 보호하고 안전하며 신뢰할 수 있는 정보통신서비스를 제공하기 위하여 정보통신서비스 제공자 행동강령을 정하여 시행할 수 있다.

제44조의5(게시판 이용자의 본인 확인) ① 다음 각 호의 어느 하나에 해당하는 자가 게시판을 설치·운영하려면 그 게시판 이용자의 본인 확인을 위한 방법 및 절차의 마련 등 대통령령으로 정하는 필요한 조치(이하 "본인확인조치"라 한다)를 하여야 한다.

시행령: 제29조(본인확인조치) 법 제44조의5제1항 각 호 외의 부분에서 "대통령령으로 정하는 필요한 조치"란 다음 각 호의 모두를 말한다.

1. 「전자서명법」 제2조제10호에 따른 공인인증기관, 그 밖에 본인확인서비스를 제공하는 제3자 또는 행정기관에 의뢰하거나 모사전송 · 대면확인 등을 통하여 게시판이용자가 본인임을 확인할 수 있는 수단을 마련할 것
2. 본인확인 절차 및 본인확인정보 보관시 본인확인정보 유출을 방지할 수 있는 기술을 마련할 것
3. 게시판에 정보를 게시한 때부터 게시판에서 정보의 게시가 종료된 후 6개월이 경과하는 날까지 본인확인정보를 보관할 것

1. 국가기관, 지방자치단체, 「공공기관의 운영에 관한 법률」 제5조제3항에 따른 공기업·준정부기관 및 「지방공기업법」에 따른 지방공사·지방공단(이하 "공공기관등"이라 한다)
2. 정보통신서비스 제공자로서 제공하는 정보통신서비스의 유형별 일일 평균 이용자 수가 10만명 이상이면서 대통령령으로 정하는 기준에 해당되는 자

시행령: 제30조(정보통신서비스 제공자 중 본인확인조치의무자의 범위) ① 법 제44조의5제1항제2호에서 "대통령령으로 정하는 기준에 해당되는 자"란 전년도 말 기준 직전 3개월간의 일일평균 이용자수가 10만명 이상인 정보통신서비스 제공자를 말한다.

② 방송통신위원회는 법 제44조의5에 따른 본인확인조치에 필요한 준비기간, 적용기간 및 제1항에 해당하는 자 등을 인터넷 홈페이지에 게시하는 방법으로 공시하여야 한다.

② 방송통신위원회는 제1항제2호에 따른 기준에 해당되는 정보통신서비스 제공자가 본인확인조치를 하지 아니하면 본인확인조치를 하도록 명령할 수 있다.

③ 정부는 제1항에 따른 본인 확인을 위하여 안전하고 신뢰할 수 있는 시스템을 개발하기 위한 시책을 마련하여야 한다.

④ 공공기관등 및 정보통신서비스 제공자가 선량한 관리자의 주의로써 제1항에 따른 본인확인조치를 한 경우에는 이용자의 명의가 제3자에 의하여 부정사용됨에 따라 발생한 손해에 대한 배상책임을 줄이거나 면제받을 수 있다.

제44조의6(이용자 정보의 제공청구) ① 특정한 이용자에 의한 정보의 게재나 유통으로 사생활 침해 또는 명예훼손 등 권리를 침해당하였다고 주장하는 자는 민·형사상의 소를 제기하기 위하여 침해사실을 소명하여 제44조의10에 따른 명예훼손 분쟁조정부에 해당 정보통신서비스 제공자가 보유하고 있는 해당 이용자의 정보

(민·형사상의 소를 제기하기 위한 성명·주소 등 대통령령으로 정하는 최소한의 정보를 말한다)를 제공하도록 청구할 수 있다.

시행령: 제31조(청구할 수 있는 이용자 정보의 범위) 법 제44조의6제1항에서 "대통령령이 정하는 최소한의 정보"란 다음 각 호의 정보를 말한다.

1. 성명
2. 주소
3. 그 밖에 민・형사상의 소제기를 위하여 법 제44조의10에 따른 명예훼손분쟁조정부(이하 "명예훼손분쟁조정부"라 한다)가 필요하다고 인정하는 해당 이용자의 연락처 등의 정보

시행령: 제32조(정보제공청구의 절차) ① 법 제44조의6제1항에 따라 해당 이용자의 정보제공을 청구하려는 자(이하 "청구인"이라 한다)는 다음 각 호의 사항을 기재한 정보제공청구서를 소명자료와 함께 명예훼손분쟁조정부에 제출하여야 한다.

1. 청구인의 성명・주소・연락처(전화번호・전자우편주소 등을 말한다)
2. 제기하려는 소의 종류 및 소로써 구하는 취지
3. 침해된 권리의 유형 및 해당 이용자의 구체적인 권리침해사실

② 명예훼손분쟁조정부는 법 제44조의6제2항에 따라 정보제공 여부를 결정할 때 필요하다고 인정하는 경우 청구인에게 의견을 진술하게 할 수 있다.

② 명예훼손 분쟁조정부는 제1항에 따른 청구를 받으면 해당 이용자와 연락할 수 없는 등의 특별한 사정이 있는 경우 외에는 그 이용자의 의견을 들어 정보제공 여부를 결정하여야 한다.

시행령: 제33조(정보제공의 절차) ① 명예훼손분쟁조정부는 청구인으로부터 정보제공 요청을 받은 경우 해당 이용자의 정보제공 여부를 결정하여 그 결과를 청구인에게 통지하여야 한다.

② 명예훼손분쟁조정부는 정보제공을 결정한 경우 해당 정보통신서비스 제공자에게 제31조에 따른 정보를 제공해 주도록 요청하여야 한다. 이 경우 해당 정보통신서비스 제공자는 정당한 사유가 없으면 이에 따라야 한다.

③ 정보통신서비스 제공자는 제2항에 따른 정보를 제공한 사실을 해당 이용자에게 알려야 한다.

④ 명예훼손분쟁조정부는 이용자정보제공사실 등 관련 자료를 5년간 보관하여야 한다.

③ 제1항에 따라 해당 이용자의 정보를 제공받은 자는 해당 이용자의 정보를 민·형사상의 소를 제기하기 위한 목적 외의 목적으로 사용하여서는 아니 된다.

④ 그 밖의 이용자 정보 제공청구의 내용과 절차에 필요한 사항은 대통령령으로 정한다.

제44조의7(불법정보의 유통금지 등) ① 누구든지 정보통신망을 통하여 다음 각 호의 어느 하나에 해당하는 정보를 유통하여서는 아니 된다.

1. 음란한 부호·문언·음향·화상 또는 영상을 배포·판매·임대하거나 공공연하게 전시하는 내용의 정보
2. 사람을 비방할 목적으로 공공연하게 사실이나 거짓의 사실을 드러내어 타인의 명예를 훼손하는 내용의 정보
3. 공포심이나 불안감을 유발하는 부호·문언·음향·화상 또는 영상을 반복적으로 상대방에게 도달하도록 하는 내용의 정보
4. 정당한 사유 없이 정보통신시스템, 데이터 또는 프로그램 등을 훼손·멸실·변경·위조하거나 그 운용을 방해하는 내용의 정보
5. 「청소년보호법」에 따른 청소년유해매체물로서 상대방의 연령 확인, 표시의무 등 법령에 따른 의무를 이행하지 아니하고 영리를 목적으로 제공하는 내용의 정보

6. 법령에 따라 금지되는 사행행위에 해당하는 내용의 정보
7. 법령에 따라 분류된 비밀 등 국가기밀을 누설하는 내용의 정보
8. 「국가보안법」에서 금지하는 행위를 수행하는 내용의 정보
9. 그 밖에 범죄를 목적으로 하거나 교사(教唆) 또는 방조하는 내용의 정보

② 방송통신위원회는 제1항제1호부터 제6호까지의 정보에 대하여는 심의위원회의 심의를 거쳐 정보통신서비스 제공자 또는 게시판 관리·운영자로 하여금 그 취급을 거부·정지 또는 제한하도록 명할 수 있다. 다만, 제1항제2호 및 제3호에 따른 정보의 경우에는 해당 정보로 인하여 피해를 받은 자가 구체적으로 밝힌 의사에 반하여 그 취급의 거부·정지 또는 제한을 명할 수 없다.

③ 방송통신위원회는 제1항제7호부터 제9호까지의 정보가 다음 각 호의 모두에 해당하는 경우에는 정보통신서비스 제공자 또는 게시판 관리·운영자에게 해당 정보의 취급을 거부·정지 또는 제한하도록 명하여야 한다.

1. 관계 중앙행정기관의 장의 요청이 있었을 것
2. 제1호의 요청을 받은 날부터 7일 이내에 심의위원회의 심의를 거친 후 「방송통신위원회의 설치 및 운영에 관한 법률」 제21조제4호에 따른 시정 요구를 하였을 것
3. 정보통신서비스 제공자나 게시판 관리·운영자가 시정 요구에 따르지 아니하였을 것

시행령: 제34조(불법정보의 취급제한명령 등의 요청) ① 관계 중앙행정기관의 장이 법 제44조의7제3항에 따라 방송통신위원회에 정보통신서비스 제공자 또는 게시판 관리 · 운영자에게 같은 조 제1항제7호부터 제9호까지의 정보의 취급을 거부 · 정지 또는 제한하도록 하는 명령을 하여 줄 것을 요청하려는 때에는 다음 각 호의 사항을 적은 요청서를 증빙자료와 함께 방송통신위원회에 제출하여야 한다.

1. 요청의 취지와 그 이유
2. 관련 법령 및 위반내용
3. 해당 정보의 목록 및 제공처
4. 정보통신서비스 제공자 또는 게시판 관리 · 운영자 및 해당 이용자의 명칭 또는 성명과 주소 · 전화번호 · 전자우편주소 등의 연락처

② 방송통신위원회는 제1항에 따라 제출된 서류 등에 흠이 있음을 발견한 때에는 즉시 관계 중앙행정기관의 장에게 보완을 요구할 수 있다. 이 경우 5일 이상의 보완기간을 부여하여야 한다.

③ 방송통신위원회는 제2항에 따른 보완요구에도 불구하고 보완기간이 끝나는 날까지 보완이 이루어지지 아니한 때에는 제1항에 따라 제출받은 요청서와 증빙자료를 관계 중앙행정기관의 장에게 반려할 수 있다.

④ 방송통신위원회는 제2항 및 제3항에 따른 명령의 대상이 되는 정보통신서비스 제공자, 게시판 관리·운영자 또는 해당 이용자에게 미리 의견제출의 기회를 주어야 한다. 다만, 다음 각 호의 어느 하나에 해당하는 경우에는 의견제출의 기회를 주지 아니할 수 있다.

1. 공공의 안전 또는 복리를 위하여 긴급히 처분을 할 필요가 있는 경우
2. 의견청취가 뚜렷이 곤란하거나 명백히 불필요한 경우로서 대통령령으로 정하는 경우

시행령: 제35조(의견제출의 예외사유) 법 제44조의7제4항제2호에서 "대통령령이 정하는 경우"란 다음 각 호의 경우를 말한다.

1. 해당 이용자를 알 수 없는 경우(이용자의 의견제출의 경우에만 해당한다)
2. 법원의 확정판결 등에 따라 명령의 전제가 되는 사실이 객관적으로 증명되어 명령에 따른 의견청취가 불필요하다고 판단되는 경우

3. 의견제출의 기회를 포기한다는 뜻을 명백히 표시한 경우

제44조의8 삭제

제44조의9 삭제

제44조의10(명예훼손 분쟁조정부) ① 심의위원회는 정보통신망을 통하여 유통되는 정보 중 사생활의 침해 또는 명예훼손 등 타인의 권리를 침해하는 정보와 관련된 분쟁의 조정업무를 효율적으로 수행하기 위하여 5명 이하의 위원으로 구성된 명예훼손 분쟁조정부를 두되, 그중 1명 이상은 변호사의 자격이 있는 자로 한다.

② 명예훼손 분쟁조정부의 위원은 심의위원회의 위원장이 심의위원회의 동의를 받아 위촉한다.

③ 명예훼손 분쟁조정부의 분쟁조정절차 등에 관하여는 제33조의2제2항, 제35조부터 제39조까지의 규정을 준용한다. 이 경우 "분쟁조정위원회"는 "심의위원회"로, "개인정보와 관련한 분쟁"은 "정보통신망을 통하여 유통되는 정보 중 사생활의 침해 또는 명예훼손 등 타인의 권리를 침해하는 정보와 관련된 분쟁"으로 본다.

④ 명예훼손 분쟁조정부의 설치·운영 및 분쟁조정 등에 관하여 그 밖의 필요한 사항은 대통령령으로 정한다.

시행령: 제36조(명예훼손분쟁조정부의 설치 · 운영 및 분쟁조정 등) ① 명예훼손분쟁조정부의 회의는 명예훼손분쟁조정부의 장이 소집한다.

② 명예훼손분쟁조정부의 장이 명예훼손분쟁조정부의 회의를 개최하려는 때에는 회의일시 · 장소 및 안건을 정하여 부득이한 사유가 있는 경우를 제외하고는 회의개시 7일 전까지 위원에게 통지하여야 한다.

③ 명예훼손분쟁조정부의 회의는 재적위원 과반수의 출석으로 개의하며 출석위원 과반수의 찬성으로 의결한다.

④ 명예훼손분쟁조정부의 장은 위원 중에서 「방송통신위원회의 설치 및 운영에 관한 법률」 제18조에 따른 방송통신심의위원회(이하 "방송통신심의위원회"라 한다) 위원장이 지명한다.

⑤ 명예훼손분쟁조정부의 회의는 공개하지 아니한다. 다만, 필요하다고 인정될 때에는 명예훼손분쟁조정부의 의결로 당사자 또는 이해관계인에게 방청을 하게 할 수 있다.

⑥ 명예훼손분쟁조정부의 운영 및 분쟁조정 등에 관하여는 제19조부터 제21조까지의 규정을 준용한다. 이 경우 "분쟁조정위원회" 또는 "분쟁조정위원회 및 조정부"는 "명예훼손분쟁조정부"로 본다.

⑦ 이 영에서 규정한 것 외에 명예훼손분쟁조정부의 설치 · 구성 및 운영 그 밖에 분쟁조정에 필요한 사항은 방송통신심의위원회의 의결을 거쳐 정한다.

제6장 정보통신망의 안정성 확보 등

제45조(정보통신망의 안정성 확보 등) ① 정보통신서비스 제공자는 정보통신서비스의 제공에 사용되는 정보통신망의 안정성 및 정보의 신뢰성을 확보하기 위한 보호조치를 하여야 한다.

② 방송통신위원회는 제1항에 따른 보호조치의 구체적 내용을 정한 정보보호조치 및 안전진단의 방법·절차·수수료에 관한 지침(이하 "정보보호지침"이라 한다)을 정하여 고시하고 정보통신서비스 제공자에게 이를 지키도록 권고할 수 있다.

③ 정보보호지침에는 다음 각 호의 사항이 포함되어야 한다.

1. 정당한 권한이 없는 자가 정보통신망에 접근·침입하는 것을 방지하거나 대응하기 위한 정보보호시스템의 설치·운영 등 기술적·물리적 보호조치
2. 정보의 불법 유출·변조·삭제 등을 방지하기 위한 기술적 보호조치
3. 정보통신망의 지속적인 이용이 가능한 상태를 확보하기 위한 기술적·물리적 보호조치
4. 정보통신망의 안정 및 정보보호를 위한 인력·조직·경비의 확보 및 관련 계획수립 등 관리적 보호조치

제45조의2 삭제

제46조(집적된 정보통신시설의 보호) ① 타인의 정보통신서비스 제공을 위하여 집적된 정보통신시설을 운영·관리하는 사업자(이하 "집적정보통신시설 사업자"라 한다)는 정보통신시설을 안정적으로 운영하기 위하여 대통령령으로 정하는 바에 따른 보호조치를 하여야 한다.

시행령: 제37조(집적정보통신시설사업자의 보호조치) ① 타인의 정보통신서비스 제공을 위하여 집적된 정보통신시설을 운영 · 관리하는 사업자(이하 "집적정보통신시설사업자"라 한다)가 법 제46조제1항에 따라 정보통신시설의 안정적 운영을 위한 보호조치는 다음 각 호와 같다.

1. 정보통신시설에 대한 접근 권한이 없는 자의 접근 통제 및 감시를 위한 기술적 · 관리적 조치
2. 정보통신시설의 지속적 · 안정적 운영을 확보하고 화재 · 지진 · 수해 등의 각종 재해와 테러 등의 각종 위협으로부터 정보통신시설을 보호하기 위한 물리적 · 기술적 조치
3. 정보통신시설의 안정적 관리를 위한 관리인원 선발 · 배치 등의 조치
4. 정보통신시설의 안정적 운영을 위한 내부관리계획(비상시 계획을 포함한다)의 수립 및 시행
5. 침해사고의 확산을 차단하기 위한 기술적 · 관리적 조치의 마련 및 시행

② 방송통신위원회는 관련 사업자의 의견을 수렴하여 제1항에 따른 보호조치의 구체적인 기준을 정하여 고시한다.

③ 방송통신위원회는 제1항에 따른 보호조치의 이행확인을 하는 과정에서 다른 기관이 수행하는 업무와 관계되는 때에는 해당 기관과 미리 협의하여야 한다.

② 집적정보통신시설 사업자는 집적된 정보통신시설의 멸실, 훼손, 그 밖의 운영장애로 발생한 피해를 보상하기 위하여 대통령령으로 정하는 바에 따라 보험에 가입하여야 한다.

시행령: 제38조(보험가입) ① 집적정보통신시설사업자는 법 제46조제2항에 따라 사업 개시와 동시에 책임보험에 가입하여야 한다.

② 제1항에 따라 사업자가 가입하여야 하는 책임보험의 최저보험금액은 별표 1과 같다.

제46조의2(집적정보통신시설 사업자의 긴급대응) ① 집적정보통신시설 사업자는 다음 각 호의 어느 하나에 해당하는 경우에는 이용약관으로 정하는 바에 따라 해당 서비스의 전부 또는 일부의 제공을 중단할 수 있다.

1. 집적정보통신시설을 이용하는 자(이하 "시설이용자"라 한다)의 정보시스템에서 발생한 이상현상으로 다른 시설이용자의 정보통신망 또는 집적된 정보통신시설의 정보통신망에 심각한 장애를 발생시킬 우려가 있다고 판단되는 경우
2. 외부에서 발생한 침해사고로 집적된 정보통신시설에 심각한 장애가 발생할 우려가 있다고 판단되는 경우
3. 중대한 침해사고가 발생하여 방송통신위원회나 한국인터넷진흥원이 요청하는 경우

② 집적정보통신시설 사업자는 제1항에 따라 해당 서비스의 제공을 중단하는 경우에는 중단사유, 발생일시, 기간 및 내용 등을 구체적으로 밝혀 시설이용자에게 즉시 알려야 한다.

③ 집적정보통신시설 사업자는 중단사유가 없어지면 즉시 해당 서비스의 제공을 재개하여야 한다.

제46조의3(정보보호 안전진단) ① 다음 각 호의 어느 하나에 해당하는 자는 방송통신위원회가 안전진단을 수행할 수 있다고 인정한 자(이하 "안전진단 수행기관"이라 한다)로부터 자신의 정보통신망 또는 집적정보통신시설에 대하여 매년 정보보호지침에 따른 정보보호 안전진단을 받아야 한다. 이 경우 안전진단 수행기관은 15명 이상의 정보보호 기술인력을 보유하고 최근 3년 이내에 정보보호컨설팅을 수행한 실적이 있는 법인이어야 한다.

시행령: 제39조(정보보호 안전진단의 방법 및 절차 등) ① 법 제46조의3제1항에 따른 정보보호 안전진

단은 서면검사 및 현장검사의 방법으로 한다.

② 법 제46조의3제1항에 따라 안전진단을 받아야 하는 자(이하 "안전진단대상자"라 한다)는 정보보호 안전진단에 필요한 다음 각 호의 사항을 준비하여야 한다.

1. 정보보호 안전진단에 필요한 계획 수립
2. 정보보호 안전진단 일정 및 범위 설정
3. 정보보호 안전진단 대상 설비 및 시설의 목록 작성
4. 그 밖에 정보보호 안전진단에 필요한 서류로서 방송통신위원회 정하여 고시한 서류

③ 정보보호 안전진단은 안전진단수행기관에 소속된 자로서 제44조에 따른 자격기준을 갖춘 자만이 수행할 수 있다.

④ 안전진단대상자가 법 제46조의3제3항에 따라 정보보호 안전진단을 면제받으려는 경우에는 면제대상 설비 및 시설, 면제기간 등이 명시된 관련 증빙서류를 방송통신위원회에 제출하여야 한다.

⑤ 정보보호 안전진단의 방법 및 절차에 관한 구체적인 기준은 방송통신위원회가 정하여 고시한다.

시행령: 제40조(정보보호 안전진단의 수수료) 방송통신위원회는 다음 각 호의 사항을 고려하여 정보보호 안전진단 수수료 산정을 위한 구체적인 기준을 정하여 고시하여야 한다.

1. 정보보호 안전진단을 받는 정보통신설비 및 시설의 규모
2. 정보보호 안전진단에 참가하는 자의 전문성
3. 정보보호 안전진단 기간

1. 「전기통신사업법」 제2조제8호에 따른 전기통신사업자로서 전국적으로 정보통신망서비스를 제공하는 자(이하 "주요정보통신서비스 제공자"라 한다)
2. 집적정보통신시설 사업자
3. 정보통신서비스 제공자로서 매출액, 이용자 수 등이 대통령령으로 정하는 기준에 해당하는 자

시행령: 제41조(안전진단대상자의 범위) 법 제46조의3제1항제3호에서 "대통령령이 정하는 기준에 해당하는 자"란 다음 각 호의 어느 하나에 해당하는 자를 말한다.

1. 정보통신서비스부문 전년도(법인의 경우에는 전 사업연도) 매출액이 100억원 이상인 자
2. 전년도 말 기준 3개월간의 일일평균 이용자 수가 100만명 이상인 자

시행령: 제42조(정보보호 안전진단 확인증의 발급) 법 제46조의3제1항에 따른 안전진단수행기관(이하 "안전진단수행기관"이라 한다)은 정보보호 안전진단을 실시한 결과 법 제45조제2항에 따른 정보보호조치 및 안전진단 방법 · 절차 · 수수료에 관한 지침(이하 "정보보호지침"이라 한다)을 준수하는 자에 대하여는 방송통신위원회가 정하여 고시하는 정보보호 안전진단 확인증을 발급하여야 한다.

② 제1항에 따라 정보보호 안전진단을 받는 사업자는 관련 정보의 제공 및 시설·장소에의 출입 허용 등 안전진단 수행기관의 정보보호 안전진단 업무에 협력하고, 대통령령으로 정하는 바에 따라 정보보호 안전진단의 결과를 방송통신위원회에 제출하여야 한다.

시행령: 제43조(정보보호 안전진단 결과의 제출) ① 안전진단대상자가 법 제46조의3제2항에 따라 정보보호 안전진단 결과를 방송통신위원회에 제출하는 경우에는 안전진단수행기관으로부터 정보보호 안전진단 결과를 통보받은 날부터 15일 이내에 정보보호안전진단결과통지서를 제출하여야 한다.

② 안전진단수행기관이 법 제46조의3제5항에 따라 정보보호조치의 개선 권고내용 및 처리결과를 방송통신위원회에 통보하는 경우에는 그 권고를 하거나 처리가 완료된 후 15일 이내에 정보보호 조치의 개선 권고 내용 및 처리결과 통보서를 제출하여야 한다.

시행령: 제44조(정보보호 기술인력의 자격기준) 법 제46조의3제1항 및 제7항에 따른 정보보호 기술인

력의 자격기준은 별표 2와 같다.

시행령: 제45조(정보보호컨설팅 수행실적) 법 제46조의3제1항 및 제7항에 따른 정보보호컨설팅 수행실적은 전자적 침해행위에 대비하기 위한 정보시스템의 취약점 분석 · 평가와 이에 기초한 정보보호대책의 제시를 주된 목적으로 직접 수행한 실적으로 한다.

시행령: 제46조(안전진단수행기관의 인정절차 등) ① 법 제46조의3제1항 및 제7항에 따라 안전진단수행기관으로 인정받으려는 자는 안전진단수행기관인정신청서(전자문서로 된 신청서를 포함한다)에 다음 각 호의 서류(전자문서를 포함한다)를 첨부하여 방송통신위원회에 제출하여야 한다.

1. 법인의 정관
2. 정보보호기술인력 보유현황과 이를 증명할 수 있는 서류
3. 정보보호컨설팅 수행실적 명세서와 이를 증명할 수 있는 서류

② 제1항에 따른 안전진단수행기관인정신청서를 받은 방송통신위원회는 「전자정부법」 제36조제1항에 따른 행정정보의 공동이용을 통하여 법인 등기사항증명서를 확인하여야 한다.

③ 방송통신위원회는 제1항에 따른 인정신청을 받은 경우에는 제44조 및 제45조에 따른 정보보호 기술인력의 자격기준 및 정보보호컨설팅 수행실적의 충족여부를 심사하여 신청을 받은 날부터 30일 이내에 그 결과를 신청인에게 통지하고, 안전진단수행기관으로 인정하는 경우에는 신청인에게 안전진단수행기관인정서를 발급하여야 한다.

④ 제3항에 따라 안전진단수행기관으로 인정받은 자는 제44조 및 제45조에 따른 정보보호기술인력의 자격기준 및 정보보호컨설팅 수행실적을 충족하지 못하는 경우에는 방송통신위원회에 안전진단수행기관인정서를 반납하여야 한다.

③ 제1항에 따라 정보보호 안전진단을 받아야 하는 사업자가 「정보통신기반 보호법」 제9조에 따라 취약점의 분석·평가를 받거나 제47조에 따른 정보보호 관리체계의 인증을 받으면 그 분석·평가를 받거나 인증을 받은 해당 연도에는 제1항에 따른 정보보호 안전진단을 받은 것으로 본다.

④ 안전진단 수행기관은 제1항에 따른 정보보호 안전진단을 받은 사업자에게 안전진단의 결과에 따라 정보보호조치의 개선을 권고할 수 있다.

⑤ 안전진단 수행기관은 제4항에 따라 정보보호조치의 개선을 권고하였으면 그 권고내용 및 처리 결과를 방송통신위원회에 통보하여야 한다.

⑥ 방송통신위원회는 제2항에 따라 제출된 정보보호 안전진단의 결과와 제5항에 따른 통보내용에 따라 필요하면 정보보호 안전진단을 받은 사업자에게 정보보호조치에 관한 개선명령을 할 수 있다.

⑦ 제1항에 따른 정보보호 안전진단의 방법·절차·수수료, 안전진단 수행기관의 인정절차, 정보보호 기술인력의 자격기준, 정보보호컨설팅 수행실적, 그 밖에 필요한 사항은 대통령령으로 정한다.

⑧ 방송통신위원회는 제1항제3호의 요건에 해당하는지를 확인하기 위하여 필요하면 관계 행정기관, 관련 자료 보유기관 또는 정보통신서비스 제공자에 대하여 필요한 자료의 제공 또는 사실의 확인을 요청할 수 있다.

제47조(정보보호 관리체계의 인증) ① 정보통신망의 안정성 및 신뢰성을 확보하기 위하여 기술적·물리적 보호조치를 포함한 종합적 관리체계(이하 "정보보호 관리체계"라 한다)를 수립·운영하고 있는 자는 정보보호 관리체계가 제2항에 따라 방송통신위원회가 고시한 기준에 적합한지에 관하여 방송통신위원회나 한국인터넷진흥원이 지정하는 기관(이하 "정보보호 관리체계 인증기관"이라 한다)으로부터 인증을 받을 수 있다.

② 방송통신위원회는 제1항에 따른 인증에 관한 정보보호 관리기준 등 필요한 기준을 정하여 고시할 수 있다.

③ 제1항에 따라 정보보호 관리체계의 인증을 받은 자는 대통령령으로 정하는 바에 따라 인증의 내용을 표시하거나 홍보할 수 있다.

④ 제1항에 따른 인증의 방법·절차와 그 밖에 필요한 사항은 대통령령으로 정한다.

⑤ 정보보호 관리체계 인증기관 지정의 기준·절차·유효기간 등에 필요한 사항은 대통령령으로 정한다.

제47조(정보보호관리체계인증기관의 지정기준) ① 법 제47조에 따른 정보보호관리체계인증기관의 지정기준은 다음 각 호와 같다.

1. 인증심사업무를 전담하는 직원을 10명 이상 보유할 것
2. 방송통신위원회가 실시하는 업무수행능력심사에서 적합하다고 인정받을 것

② 방송통신위원회는 제1항제1호에 따른 직원의 요건 및 업무수행능력심사에 관한 세부기준을 정하여 고시한다.

시행령: 제48조(정보보호관리체계인증기관의 지정절차 등) ① 법 제47조에 따라 정보보호관리체계인증기관으로 지정을 받으려는 자는 정보보호관리체계인증기관 지정신청서(전자문서로 된 신청서를 포함한다)에 다음 각 호의 서류(전자문서를 포함한다)를 첨부하여 방송통신위원회에 제출하여야 한다.

1. 법인 또는 단체의 정관
2. 인증심사업무를 전담하는 직원의 보유현황과 이를 증명할 수 있는 서류
3. 정보보호 업무를 수행한 경력이나 전문화 정도 등 업무수행능력 심사를 위하여 필요한 서류로서 방송통신위원회가 정하여 고시하는 서류

② 제1항에 따른 지정신청을 받은 방송통신위원회는 신청인이 법인인 경우에는 「전자정부법」 제36조제1항에 따른 행정정보의 공동이용을 통하여 법인 등기사항증명서를 확인하여야 한다.

③ 방송통신위원회는 제1항에 따른 인정신청을 받은 경우에는 제47조제1항에 따른 지정기준 충족 여부를 심사하여 신청을 받은 날부터 3개월 이내에 그 결과를 신청인에게 통지하고, 정보보호관리체계인증기관으로 지정되는 신청인에게 정보보호관리체계인증기관지정서를 교부하여야 한다.

④ 방송통신위원회는 제3항에 따라 지정기준의 충족여부를 심사하는 때에는 필요한 범위에서 현장실사를 할 수 있다. 이 경우 현장실사를 수행하는 자는 자신의 자격을 증명하는 증표를 신청인에게 내보여야 한다.

⑤ 방송통신위원회는 제3항에 따라 지정기준의 충족 여부를 심사하는데 필요한 때에는 정보보호에 관한 학식과 경험이 풍부한 자를 위원으로 하는 심사위원회를 구성 · 운영할 수 있다. 이 경우 심사위원회의 구성 · 운영에 관한 세부사항은 방송통신위원회가 정하여 고시한다.

시행령: 제50조(정보보호관리체계인증의 방법 및 절차) ① 법 제47조제1항에 따른 정보보호관리체계의 인증을 받으려는 자는 정보보호관리체계인증신청서(전자문서로 된 신청서를 포함한다)에 다음 각 호의 사항에 대한 설명이 포함된 정보보호관리체계의 내역서(전자문서를 포함한다)를 첨부하여 법 제52조에 따른 한국인터넷진흥원(이하 "인터넷진흥원"이라 한다) 또는 정보보호관리체계인증기관에 제출하여야 한다.

1. 정보보호관리체계의 범위
2. 정보보호관리체계의 범위에 포함되어 있는 주요정보통신설비의 목록과 시스템 구성도
3. 정보보호관리체계를 수립 · 운영하는 방법과 절차
4. 정보보호관리체계와 관련이 있는 주요문서의 목록
5. 정보보호관리체계와 관련이 있는 국내외 품질경영체제의 인증을 취득한 경우에는 그 내역

② 인터넷진흥원 또는 정보보호관리체계인증기관은 제1항에 따른 신청을 받은 때에는 법 제47조제2항

에 따라 방송통신위원회가 정하여 고시하는 정보보호관리체계 인증에 관한 정보보호관리 기준 등(이하 "관리체계인증고시"라 한다)에 따라 신청인과 인증심사의 범위 및 일정 등에 관한 협의를 하여야 한다.

③ 법 제47조제1항에 따른 정보보호관리체계 인증심사는 관리체계인증고시에 따라 서면심사 및 기술심사의 방법으로 한다.

④ 정보보호관리체계 인증심사는 제47조에 따른 요건을 갖춘 자만이 수행할 수 있다.

⑤ 인터넷진흥원 또는 정보보호관리체계인증기관은 제3항에 따라 심사를 한 후 관리체계인증고시에 적합한 때에는 그 인증신청을 한 자에게 정보보호관리체계인증서를 발급하여야 한다.

⑥ 제1항에 따른 정보보호관리체계인증신청서 및 제5항에 따른 정보보호관리체계인증서의 서식은 방송통신위원회가 정하여 고시한다.

제47조의2(정보보호 관리체계 인증기관의 지정취소 등) ① 방송통신위원회는 제47조에 따라 정보보호 관리체계 인증기관으로 지정받은 법인 또는 단체가 다음 각 호의 어느 하나에 해당하면 그 지정을 취소하거나 1년 이내의 기간을 정하여 해당 업무의 전부 또는 일부의 정지를 명할 수 있다. 다만, 제1호나 제2호에 해당하는 경우에는 그 지정을 취소하여야 한다.

1. 거짓이나 그 밖의 부정한 방법으로 정보보호 관리체계 인증기관의 지정을 받은 경우
2. 업무정지기간 중에 인증을 한 경우
3. 정당한 사유 없이 인증을 하지 아니한 경우
4. 제47조제4항을 위반하여 인증을 한 경우
5. 제47조제5항에 따른 지정기준에 적합하지 아니하게 된 경우

② 제1항에 따른 지정취소 및 업무정지 등에 필요한 사항은 대통령령으로 정한다.

시행령: 제54조(지정취소 등의 기준) 법 제47조의2에 따른 지정취소 및 업무정지에 관한 행정처분의 기준은 별표 4와 같다.

제47조의3(이용자의 정보보호) ① 정부는 이용자의 정보보호에 필요한 기준을 정하여 이용자에게 권고하고, 침해사고의 예방 및 확산 방지를 위하여 취약점 점검, 기술 지원 등 필요한 조치를 할 수 있다.

② 주요정보통신서비스 제공자는 정보통신망에 중대한 침해사고가 발생하여 자신의 서비스를 이용하는 이용자의 정보시스템 또는 정보통신망 등에 심각한 장애가 발생할 가능성이 있으면 이용약관으로 정하는 바에 따라 그 이용자에게 보호조치를 취하도록 요청하고, 이를 이행하지 아니하는 경우에는 해당 정보통신망으로의 접속을 일시적으로 제한할 수 있다.

③ 「소프트웨어산업 진흥법」 제2조에 따른 소프트웨어사업자는 보안에 관한 취약점을 보완하는 프로그램을 제작하였을 때에는 한국인터넷진흥원에 알려야 하고, 그 소프트웨어 사용자에게는 제작한 날부터 1개월 이내에 2회 이상 알려야 한다.

④ 제2항에 따른 보호조치의 요청 등에 관하여 이용약관으로 정하여야 하는 구체적인 사항은 대통령령으로 정한다.

시행령: 제55조(이용자 보호조치의 요청에 관한 약관사항) 법 제47조의3제4항에 따라 이용자에 대한 보호조치의 요청에 관하여 이용약관으로 정하여야 하는 사항은 다음 각 호와 같다.

1. 이용자에게 보호조치를 요청할 수 있는 사유 및 요청하는 방법
2. 이용자가 하여야 할 보호조치의 내용
3. 이용자가 보호조치를 이행하지 아니할 경우 정보통신망으로의 접속 제한 기간
4. 이용자의 보호조치 불이행에 대하여 부당한 접속 제한을 한 경우 이용자의 이의제기 및 배상 절차

제48조(정보통신망 침해행위 등의 금지) ① 누구든지 정당한 접근권한 없이 또는 허용된 접근권한을 넘어 정보통

신망에 침입하여서는 아니 된다.

시행령: 제49조(정보보호관리체계인증기관 지정의 유효기간) ① 제48조에 따른 정보보호관리체계인증기관 지정의 유효기간은 3년으로 한다.

② 제1항에 따른 유효기간이 끝나기 전 6개월부터 끝나는 날까지 재지정의 신청을 할 수 있다. 이 경우 재지정의 신청에 대한 처리결과를 통지받을 때까지는 그 지정이 계속 유효한 것으로 본다.

③ 제2항에 따른 재지정에 관하여는 제47조, 제48조 및 제1항을 준용한다.

② 누구든지 정당한 사유 없이 정보통신시스템, 데이터 또는 프로그램 등을 훼손·멸실·변경·위조하거나 그 운용을 방해할 수 있는 프로그램(이하 "악성프로그램"이라 한다)을 전달 또는 유포하여서는 아니 된다.

③ 누구든지 정보통신망의 안정적 운영을 방해할 목적으로 대량의 신호 또는 데이터를 보내거나 부정한 명령을 처리하도록 하는 등의 방법으로 정보통신망에 장애가 발생하게 하여서는 아니 된다.

제48조의2(침해사고의 대응 등) ① 방송통신위원회는 침해사고에 적절히 대응하기 위하여 다음 각 호의 업무를 수행하고, 필요하면 업무의 전부 또는 일부를 한국인터넷진흥원이 수행하도록 할 수 있다.

1. 침해사고에 관한 정보의 수집·전파
2. 침해사고의 예보·경보
3. 침해사고에 대한 긴급조치
4. 그 밖에 대통령령으로 정하는 침해사고 대응조치

시행령: 제56조(침해사고 대응조치) 법 제48조의2제1항제4호에서 "그 밖에 대통령령으로 정한 침해사고 대응조치"란 다음 각 호의 조치를 말한다.

1. 주요정보통신서비스 제공자 및 법 제46조제1항에 따른 타인의 정보통신서비스 제공을 위하여 집적된 정보통신시설을 운영·관리하는 사업자에 대한 접속경로(침해사고 확산에 이용되고 있거나 이용될 가능성이 있는 접속경로만 해당한다)의 차단 요청
2. 「소프트웨어산업 진흥법」 제2조제4호에 따른 소프트웨어사업자 중 침해사고와 관련이 있는 소프트웨어를 제작 또는 배포한 자에 대한 해당 소프트웨어의 보안상 취약점을 수정·보완한 프로그램(이하 "보안취약점보완프로그램"이라 한다)의 제작·배포 요청 및 정보통신서비스 제공자에 대한 보안취약점보완프로그램의 정보통신망 게재 요청
3. 언론기관 및 정보통신서비스 제공자에 대한 법 제48조의2제1항제2호에 따른 침해사고 예보·경보의 전파
4. 국가 정보통신망 안전에 필요한 경우 관계 기관의 장에 대한 침해사고 관련정보의 제공

② 다음 각 호의 어느 하나에 해당하는 자는 대통령령으로 정하는 바에 따라 침해사고의 유형별 통계, 해당 정보통신망의 소통량 통계 및 접속경로별 이용 통계 등 침해사고 관련 정보를 방송통신위원회나 한국인터넷진흥원에 제공하여야 한다.

1. 주요정보통신서비스 제공자
2. 집적정보통신시설 사업자
3. 그 밖에 정보통신망을 운영하는 자로서 대통령령으로 정하는 자

시행령: 제57조(침해사고 관련정보 제공자) 법 제48조의2제2항제3호에서 "그 밖에 정보통신망을 운영하는 자로서 대통령령이 정하는 자"란 정보통신망을 운영하는 자 중 다음 각 호의 어느 하나에 해당하는 자를 말한다.

1. 「정보통신기반 보호법」 제6조 및 제10조에 따라 방송통신위원회가 수립 및 제정하는 주요정보통신기반시설보호계획 및 보호지침의 적용을 받는 기관

2. 정보통신서비스 제공자의 정보통신망운영현황을 주기적으로 관찰하고 침해사고 관련정보를 제공하는 서비스를 제공하는 자
3. 인터넷진흥원으로부터 「인터넷주소자원에 관한 법률」 제2조제1호가목에 따른 인터넷 프로토콜 주소를 할당받아 독자적으로 정보통신망을 운영하는 민간사업자 중 방송통신위원회가 정하여 고시하는 자
4. 정보보호산업에 종사하는 자 중 컴퓨터바이러스 백신소프트웨어 제조자

시행령: 제58조(침해사고 관련정보의 제공방법) 법 제48조의2제2항에 따라 침해사고 관련정보를 제공하는 자는 다음 각 호의 방법에 따라 침해사고 관련정보를 제공하여야 한다.
1. 방송통신위원회가 정보통신망의 특성, 침해사고 동향 등을 고려하여 정하는 제공방식에 적합할 것
2. 침해사고 관련정보의 훼손·멸실 및 변경 등을 방지할 수 있는 조치를 취할 것
3. 필요할 때에는 방송통신위원회가 정하는 암호기술을 적용할 것
4. 그 밖에 방송통신위원회가 정하여 고시하는 방법 및 절차에 적합할 것

③ 한국인터넷진흥원은 제2항에 따른 정보를 분석하여 방송통신위원회에 보고하여야 한다.

④ 방송통신위원회는 제2항에 따라 정보를 제공하여야 하는 사업자가 정당한 사유 없이 정보의 제공을 거부하거나 거짓 정보를 제공하면 상당한 기간을 정하여 그 사업자에게 시정을 명할 수 있다.

⑤ 방송통신위원회나 한국인터넷진흥원은 제2항에 따라 제공받은 정보를 침해사고의 대응을 위하여 필요한 범위에서만 정당하게 사용하여야 한다.

⑥ 방송통신위원회나 한국인터넷진흥원은 침해사고의 대응을 위하여 필요하면 제2항 각 호의 어느 하나에 해당하는 자에게 인력지원을 요청할 수 있다.

제48조의3(침해사고의 신고 등) ① 다음 각 호의 어느 하나에 해당하는 자는 침해사고가 발생하면 즉시 그 사실을 방송통신위원회나 한국인터넷진흥원에 신고하여야 한다. 이 경우 「정보통신기반 보호법」 제13조제1항에 따른 통지가 있으면 전단에 따른 신고를 한 것으로 본다.
1. 정보통신서비스 제공자
2. 집적정보통신시설 사업자

② 방송통신위원회나 한국인터넷진흥원은 제1항에 따라 침해사고의 신고를 받거나 침해사고를 알게 되면 제48조의2제1항 각 호에 따른 필요한 조치를 하여야 한다.

제48조의4(침해사고의 원인 분석 등) ① 정보통신서비스 제공자 등 정보통신망을 운영하는 자는 침해사고가 발생하면 침해사고의 원인을 분석하고 피해의 확산을 방지하여야 한다.

② 방송통신위원회는 정보통신서비스 제공자의 정보통신망에 중대한 침해사고가 발생하면 피해 확산 방지, 사고대응, 복구 및 재발 방지를 위하여 정보보호에 전문성을 갖춘 민·관합동조사단을 구성하여 그 침해사고의 원인 분석을 할 수 있다.

시행령: 제59조(민·관 합동조사단의 구성 등) ① 방송통신위원회가 법 제48조의4제2항에 따라 민·관합동조사단(이하 "조사단"이라 한다)을 구성할 때에는 다음 각 호의 자로 조사단을 구성하여야 한다.
1. 침해사고를 담당하는 공무원
2. 침해사고에 관한 전문지식과 경험이 있는 자
3. 인터넷진흥원의 직원
4. 그 밖에 침해사고의 원인 분석에 필요하다고 인정되는 자

② 제1항에 따른 조사단의 구성은 침해사고의 규모 및 유형에 따라 조정할 수 있다.

③ 방송통신위원회는 제2항에 따른 침해사고의 원인을 분석하기 위하여 필요하다고 인정하면 정보통신서비스 제공자와 집적정보통신시설 사업자에게 정보통신망의 접속기록 등 관련 자료의 보전을 명할 수 있다.

④ 방송통신위원회는 침해사고의 원인을 분석하기 위하여 필요하면 정보통신서비스 제공자와 집적정보통신시설 사업자에게 침해사고 관련 자료의 제출을 요구할 수 있으며, 제2항에 따른 민·관합동조사단에게 관계인의 사업장에 출입하여 침해사고 원인을 조사하도록 할 수 있다. 다만, 「통신비밀보호법」 제2조제11호에 따른 통신사실확인자료에 해당하는 자료의 제출은 같은 법으로 정하는 바에 따른다.

시행령: 제60조(조사단의 사업장 출입) ① 조사단이 법 제48조의4제4항에 따라 관계인의 사업장에 출입하는 때에는 그 권한을 나타내는 증표를 관계인에게 내보여야 한다.

② 제1항에 따른 증표는 별표 5와 같다.

⑤ 방송통신위원회나 민·관합동조사단은 제4항에 따라 제출받은 자료와 조사를 통하여 알게 된 정보를 침해사고의 원인 분석 및 대책 마련 외의 목적으로는 사용하지 못하며, 원인 분석이 끝난 후에는 즉시 파기하여야 한다.

⑥ 제2항에 따른 민·관합동조사단의 구성과 제4항에 따라 제출된 침해사고 관련 자료의 보호 등에 필요한 사항은 대통령령으로 정한다.

제49조(비밀 등의 보호) 누구든지 정보통신망에 의하여 처리·보관 또는 전송되는 타인의 정보를 훼손하거나 타인의 비밀을 침해·도용 또는 누설하여서는 아니 된다.

제49조의2(속이는 행위에 의한 개인정보의 수집금지 등) ① 누구든지 정보통신망을 통하여 속이는 행위로 다른 사람의 정보를 수집하거나 다른 사람이 정보를 제공하도록 유인하여서는 아니 된다.

② 정보통신서비스 제공자는 제1항을 위반한 사실을 발견하면 즉시 방송통신위원회나 한국인터넷진흥원에 신고하여야 한다.

③ 방송통신위원회나 한국인터넷진흥원은 제2항에 따른 신고를 받거나 제1항을 위반한 사실을 알게 되면 다음 각 호의 필요한 조치를 하여야 한다.

1. 위반 사실에 관한 정보의 수집·전파
2. 유사 피해에 대한 예보·경보
3. 정보통신서비스 제공자에 대한 접속경로의 차단요청 등 피해 확산을 방지하기 위한 긴급조치

제50조(영리목적의 광고성 정보 전송 제한) ① 누구든지 전자우편이나 그 밖에 대통령령으로 정하는 매체를 이용하여 수신자의 명시적인 수신거부의사에 반하는 영리목적의 광고성 정보를 전송하여서는 아니 된다.

시행령: 제61조(영리목적의 광고성 정보 전송기준) ① 법 제50조제1항 및 제4항에서 "그 밖에 대통령령이 정하는 매체"란 정보통신망을 통하여 수신자의 연락처로 부호 · 문자 · 화상 또는 영상을 전자문서 등 전자적 형태로 전송하는 매체를 말한다.

② 법 제50조제4항 및 제5항에 따라 영리목적의 광고성 정보를 전송하는 자가 해당 정보에 명시하여야 할 사항과 그 방법은 별표 6과 같다.

② 수신자의 전화·모사전송기기에 영리목적의 광고성 정보를 전송하려는 자는 그 수신자의 사전 동의를 받아야 한다. 다만, 다음 각 호의 어느 하나에 해당하는 경우에는 사전 동의를 받지 아니한다.

1. 재화등의 거래관계를 통하여 수신자로부터 직접 연락처를 수집한 자가 그가 취급하는 재화등에 대한 영리목적의 광고성 정보를 전송하려는 경우
2. 「전자상거래 등에서의 소비자보호에 관한 법률」 제13조제1항에 따른 광고 및 「방문판매 등에 관한 법률」 제6조제3항에 따른 전화권유의 경우

③ 오후 9시부터 그 다음 날 오전 8시까지의 시간에 수신자의 전화·모사전송기기에 영리목적의 광고성 정보를 전송하려는 자는 제2항에도 불구하고 그 수신자로부터 별도의 사전 동의를 받아야 한다.

④ 영리목적의 광고성 정보를 전자우편이나 그 밖에 대통령령으로 정하는 매체를 이용하여 전송하는 자는

대통령령으로 정하는 바에 따라 다음 각 호의 사항을 광고성 정보에 구체적으로 밝혀야 한다.

1. 전송정보의 유형 및 주요 내용
2. 전송자의 명칭 및 연락처
3. 전자우편주소를 수집한 출처(전자우편으로 전송하는 경우에만 해당한다)
4. 수신거부의 의사표시를 쉽게 할 수 있는 조치 및 방법에 관한 사항

⑤ 영리목적의 광고성 정보를 수신자의 전화·모사전송기기에 전송하는 자는 대통령령으로 정하는 바에 따라 다음 각 호의 사항을 광고성 정보에 구체적으로 밝혀야 한다.

1. 전송자의 명칭 및 연락처
2. 수신동의의 철회 의사표시를 쉽게 할 수 있는 조치 및 방법에 관한 사항

⑥ 영리를 목적으로 광고를 전송하는 자는 다음 각 호의 어느 하나에 해당하는 기술적 조치를 하여서는 아니 된다.

1. 광고성 정보 수신자의 수신거부 또는 수신동의의 철회를 회피·방해하는 조치
2. 숫자·부호 또는 문자를 조합하여 전화번호·전자우편주소 등 수신자의 연락처를 자동으로 만들어 내는 조치
3. 영리목적의 광고성 정보를 전송할 목적으로 전자우편주소를 자동으로 등록하는 조치
4. 광고성 정보 전송자의 신원이나 광고 전송 출처를 감추기 위한 각종 조치

⑦ 영리목적으로 광고성 정보를 전송하는 자는 수신자가 수신거부나 수신동의의 철회를 할 때 발생하는 전화요금 등의 금전적 비용을 수신자가 부담하지 아니하도록 대통령령으로 정하는 바에 따라 필요한 조치를 하여야 한다.

시행령: 제51조(인증의 유효기간) 제50조에 따른 정보보호관리체계인증의 유효기간은 3년으로 한다.

시행령: 제52조(인증의 사후관리) 인터넷진흥원 또는 정보보호관리체계인증기관은 정보보호관리체계의 인증을 받은 자가 관리체계인증고시에 따라 적합하게 관리체계를 운영 및 유지하고 있는 지를 확인하기 위하여 사후관리를 실시하여야 한다.

시행령: 제62조(수신거부 또는 수신동의 철회용 무료전화서비스 등의 제공) 법 제50조제7항에 따라 영리목적의 광고성 정보를 전송하는 자는 별표 6에서 정하는 바에 따라 수신거부 및 수신동의 철회용 무료전화서비스 등을 해당 정보에 명시하여 수신자에게 이를 제공하여야 한다.

제50조의2(전자우편주소의 무단 수집행위 등 금지) ① 누구든지 인터넷 홈페이지 운영자 또는 관리자의 사전 동의 없이 인터넷 홈페이지에서 자동으로 전자우편주소를 수집하는 프로그램이나 그 밖의 기술적 장치를 이용하여 전자우편주소를 수집하여서는 아니 된다.

② 누구든지 제1항을 위반하여 수집된 전자우편주소를 판매·유통하여서는 아니 된다.

③ 누구든지 제1항과 제2항에 따라 수집·판매 및 유통이 금지된 전자우편주소임을 알면서 이를 정보 전송에 이용하여서는 아니 된다.

제50조의3(영리목적의 광고성 정보 전송의 위탁 등) ① 영리목적의 광고성 정보의 전송을 타인에게 위탁한 자는 그 업무를 위탁받은 자가 제50조 및 제50조의2를 위반하지 아니하도록 관리·감독하여야 한다.

② 제1항에 따라 영리목적의 광고성 정보의 전송을 위탁받은 자는 그 업무와 관련한 법을 위반하여 발생한 손해의 배상책임에 있어 정보 전송을 위탁한 자의 소속 직원으로 본다.

제50조의4(정보 전송 역무 제공 등의 제한) ① 정보통신서비스 제공자는 다음 각 호의 어느 하나에 해당하는 경우에 해당 역무의 제공을 거부하는 조치를 할 수 있다.

1. 광고성 정보의 전송 또는 수신으로 역무의 제공에 장애가 일어나거나 일어날 우려가 있는 경우

2. 이용자가 광고성 정보의 수신을 원하지 아니하는 경우
3. 이용계약을 통하여 해당 정보통신서비스 제공자가 이용자에게 제공하는 서비스가 불법 광고성 정보 전송에 이용되고 있는 경우

② 정보통신서비스 제공자는 제1항에 따른 거부조치를 하려면 해당 역무 제공의 거부에 관한 사항을 그 역무의 이용자와 체결하는 정보통신서비스 이용계약의 내용에 포함하여야 한다.

③ 정보통신서비스 제공자는 제1항에 따라 거부조치를 하려면 그 역무를 제공받는 이용자 등 이해관계인에게 그 사실을 알려야 한다. 다만, 미리 알리는 것이 곤란한 경우에는 거부조치를 한 후 지체 없이 알려야 한다.

제50조의5(영리목적의 광고성 프로그램 등의 설치) 정보통신서비스 제공자는 영리목적의 광고성 정보가 보이도록 하거나 개인정보를 수집하는 프로그램을 이용자의 컴퓨터나 그 밖에 대통령령으로 정하는 정보처리장치에 설치하려면 이용자의 동의를 받아야 한다. 이 경우 해당 프로그램의 용도와 삭제방법을 고지하여야 한다.

시행령: 제63조(영리목적의 광고성 프로그램 등의 설치 제한 장치) 법 제50조의5 전단에서 "그 밖에 대통령령이 정하는 정보처리장치"란 휴대인터넷 · 휴대전화 등과 같이 정보통신망에 연결되어 정보를 송수신 할 수 있는 정보처리장치를 말한다.

제50조의6(영리목적의 광고성 정보 전송차단 소프트웨어의 보급 등) ① 방송통신위원회는 수신자가 제50조를 위반하여 전송되는 영리목적의 광고성 정보를 편리하게 차단하거나 신고할 수 있는 소프트웨어나 컴퓨터프로그램을 개발하여 보급할 수 있다.

② 방송통신위원회는 제1항에 따른 전송차단, 신고 소프트웨어 또는 컴퓨터프로그램의 개발과 보급을 촉진하기 위하여 관련 공공기관·법인·단체 등에 필요한 지원을 할 수 있다.

③ 방송통신위원회는 정보통신서비스 제공자의 전기통신역무가 제50조를 위반하여 발송되는 영리목적의 광고성 정보 전송에 이용되면 수신자 보호를 위하여 기술개발·교육·홍보 등 필요한 조치를 할 것을 정보통신서비스 제공자에게 권고할 수 있다.

④ 제1항에 따른 개발·보급의 방법과 제2항에 따른 지원에 필요한 사항은 대통령령으로 정한다.

시행령: 제64조(영리목적의 광고성 정보전송차단 소프트웨어 등 개발 지원) ① 방송통신위원회는 법 제50조의6에 따라 법 제50조를 위반하여 전송되는 영리목적의 광고성 정보를 편리하게 차단하거나 신고할 수 있는 소프트웨어나 컴퓨터프로그램(이하 "광고차단 · 신고 소프트웨어등"이라 한다)을 개발 · 보급하는 공공기관 · 법인 · 단체 등에 대하여 예산의 범위에서 해당 사업비의 전부 또는 일부를 지원할 수 있다.

② 방송통신위원회는 정보통신서비스 제공자등 및 이용자에게 제1항에 따라 개발된 광고차단 · 신고 소프트웨어등을 사용하도록 권고할 수 있다.

제50조의7(영리목적의 광고성 정보 게시의 제한) ① 누구든지 인터넷 홈페이지 운영자 또는 관리자가 구체적으로 밝힌 거부의사에 반하여 영리목적의 광고성 정보를 인터넷 홈페이지에 게시하여서는 아니 된다.

② 인터넷 홈페이지 운영자 또는 관리자는 제1항을 위반하여 게시된 영리목적의 광고성 정보를 삭제하는 등의 조치를 할 수 있다.

제50조의8(불법행위를 위한 광고성 정보 전송금지) 누구든지 정보통신망을 이용하여 이 법 또는 다른 법률에서 금지하는 재화 또는 서비스에 대한 광고성 정보를 전송하여서는 아니 된다.

제51조(중요 정보의 국외유출 제한 등) ① 정부는 국내의 산업·경제 및 과학기술 등에 관한 중요 정보가 정보통신망을 통하여 국외로 유출되는 것을 방지하기 위하여 정보통신서비스 제공자 또는 이용자에게 필요한 조치를 하도록 할 수 있다.

② 제1항에 따른 중요 정보의 범위는 다음 각 호와 같다.

1. 국가안전보장과 관련된 보안정보 및 주요 정책에 관한 정보
2. 국내에서 개발된 첨단과학 기술 또는 기기의 내용에 관한 정보

③ 정부는 제2항 각 호에 따른 정보를 취급하는 정보통신서비스 제공자에게 다음 각 호의 조치를 하도록 할 수 있다.

1. 정보통신망의 부당한 이용을 방지할 수 있는 제도적·기술적 장치의 설정
2. 정보의 불법파괴 또는 불법조작을 방지할 수 있는 제도적·기술적 조치
3. 정보통신서비스 제공자가 취급 중 알게 된 중요 정보의 누출을 방지할 수 있는 조치

제52조(한국인터넷진흥원) ① 정부는 정보통신망의 고도화(정보통신망의 구축·개선 및 관리에 관한 사항을 제외한다)와 안전한 이용 촉진 및 방송통신과 관련한 국제협력·국외진출 지원을 효율적으로 추진하기 위하여 한국인터넷진흥원(이하 "인터넷진흥원"이라 한다)을 설립한다.

② 인터넷진흥원은 법인으로 한다.

③ 인터넷진흥원은 다음 각 호의 사업을 한다.

1. 정보통신망의 이용 및 보호, 방송통신과 관련한 국제협력·국외진출 등을 위한 법·정책 및 제도의 조사·연구
2. 정보통신망의 이용 및 보호와 관련한 통계의 조사·분석
3. 정보통신망의 이용에 따른 역기능 분석 및 대책 연구
4. 정보통신망의 이용 및 보호를 위한 홍보 및 교육·훈련
5. 정보통신망의 정보보호 및 인터넷주소자원 관련 기술 개발 및 표준화
6. 지식정보보안 산업정책 지원 및 관련 기술 개발과 인력양성
7. 정보보호 안전진단, 정보보호 관리체계의 인증, 정보보호시스템 평가·인증 등 정보보호 인증·평가 등의 실시 및 지원
8. 개인정보보호를 위한 대책의 연구 및 보호기술의 개발·보급 지원
9. 분쟁조정위원회의 운영 지원과 개인정보침해 신고센터의 운영

시행령: 제66조(개인정보침해신고센터의 운영) ① 법 제52조제3항제9호에 따른 개인정보침해 신고센터(이하 "개인정보침해신고센터"라 한다)는 다음 각 호의 업무를 수행한다.

1. 개인정보 침해방지 및 보호와 관련한 법 제64조제10항에 따른 기술적 자문과 그 밖에 필요한 지원
2. 개인정보 침해 및 광고성 정보전송과 관련한 고충처리 및 상담
3. 개인정보 침해 관련 대책 연구
4. 개인정보 침해방지를 위한 교육 및 홍보
5. 제1호부터 제4호까지에 따른 업무와 관련되는 사업

② 행정안전부장관 또는 방송통신위원회는 개인정보의 보호와 관련하여 법 제64조제1항 및 제3항에 따른 정보통신서비스 제공자등(법 제67조에 따라 준용되는 경우에 해당되는 자를 포함한다)에 대한 관계 물품·서류 등의 제출요구 및 검사업무를 효율적으로 수행하기 위하여 필요한 경우에는 「국가공무원법」 제32조의4에 따라 소속 공무원을 인터넷진흥원에 파견할 수 있다.

10. 광고성 정보 전송 및 인터넷광고와 관련한 고충의 상담·처리
11. 정보통신망 침해사고의 처리·원인분석 및 대응체계 운영
12. 「전자서명법」 제25조제1항에 따른 전자서명인증관리
13. 인터넷의 효율적 운영과 이용활성화를 위한 지원

14. 인터넷 이용자의 저장 정보 보호 지원
15. 인터넷 관련 서비스정책 지원
16. 인터넷상에서의 이용자 보호 및 건전 정보 유통 확산 지원
17. 「인터넷주소자원에 관한 법률」에 따른 인터넷주소자원의 관리에 관한 업무
18. 「인터넷주소자원에 관한 법률」 제16조에 따른 인터넷주소분쟁조정위원회의 운영 지원
19. 방송통신과 관련한 국제협력·국외진출 및 국외홍보 지원
20. 제1호부터 제19호까지의 사업에 부수되는 사업
21. 그 밖에 이 법 또는 다른 법령에 따라 인터넷진흥원의 업무로 정하거나 위탁한 사업이나 행정안전부장관·지식경제부장관·방송통신위원회 또는 다른 행정기관의 장으로부터 위탁받은 사업

시행령: 제65조(인터넷진흥원의 운영 등) ① 방송통신위원회는 법 제52조제3항 각 호에 따른 인터넷진흥원의 업무와 관련 있는 공무원의 파견근무를 관계 기관의 장에게 요청할 수 있다.

② 제1항에 따라 공무원을 파견한 관계 기관의 장이 파견된 자에 대하여 파견근무기간 중 복귀시켜야 할 경우에는 미리 파견을 요청한 기관의 장과 협의하여야 한다.

③ 인터넷진흥원의 장은 행정안전부장관 또는 방송통신위원회의 승인을 받아 법 제52조제3항제4호에 따른 업무 중 일부를 정보통신 관련 연구기관이 수행하도록 할 수 있다.

④ 인터넷진흥원의 장은 법 제52조제3항에 따른 업무를 수행할 때 해당 업무가 공공기관의 정보보호와 관련되는 경우에는 관계기관의 장의 승인을 받아야 한다.

④ 정부는 인터넷진흥원이 사업을 수행하는 데에 필요한 경비를 충당하기 위하여 출연할 수 있다.

⑤ 인터넷진흥원에 관하여 이 법에서 정하지 아니한 사항에 대하여는 「민법」의 재단법인에 관한 규정을 준용한다.

⑥ 인터넷진흥원이 아닌 자는 한국인터넷진흥원의 명칭을 사용하지 못한다.

⑦ 인터넷진흥원의 운영 및 업무수행에 필요한 사항은 대통령령으로 정한다.

제7장 통신과금서비스

제53조(통신과금서비스제공자의 등록 등) ① 통신과금서비스를 제공하려는 자는 대통령령으로 정하는 바에 따라 다음 각 호의 사항을 갖추어 방송통신위원회에 등록하여야 한다.

1. 재무건전성
2. 통신과금서비스이용자보호계획
3. 업무를 수행할 수 있는 인력과 물적 설비
4. 사업계획서

② 제1항에 따라 등록할 수 있는 자는 「상법」 제170조에 따른 회사 또는 「민법」 제32조에 따른 법인으로서 자본금·출자총액 또는 기본재산이 5억원 이상의 범위에서 대통령령으로 정하는 금액 이상이어야 한다.

③ 통신과금서비스제공자는 「전기통신사업법」 제22조에도 불구하고 부가통신사업자의 신고를 하지 아니할 수 있다.

④ 「전기통신사업법」 제23조부터 제26조까지의 규정은 통신과금서비스제공자의 등록사항의 변경, 사업의 양도·양수 또는 합병·상속, 사업의 승계, 사업의 휴지·폐지·해산 등에 준용한다. 이 경우 "별정통신사업자"는 "통신과금서비스제공자"로 보고, "별정통신사업"은 "통신과금서비스제공업"으로 본다.

⑤ 제1항에 따른 등록의 세부요건, 절차, 그 밖에 필요한 사항은 대통령령으로 정한다.

시행령: 제66조의2(등록요건) ① 법 제53조에 따라 통신과금서비스제공자로 등록하려는 자는 다음 각 호의 요건을 모두 갖추어야 한다.

1. 자기자본, 출자총액 또는 기본재산에 대한 부채총액의 비율이 100분의 200 이내의 범위에서 방송통신위원회가 정하여 고시하는 비율 이하일 것. 이 경우 대주주가 「독점규제 및 공정거래에 관한 법률」 제2조제2호에 따른 기업집단(같은 법 시행령 제17조제1항제1호 및 제2호에 해당하는 기업집단은 제외한다)에 속하는 회사이면 그 기업집단을 기준으로 계산하되, 그 기업집단에 속하는 회사 중 금융업 또는 보험업을 영위하는 회사는 제외하고 계산한다.
2. 업무를 수행할 수 있는 다음 각 목의 인력과 물적 설비를 모두 갖출 것
   가. 전산업무 종사경력이 2년 이상인 5명 이상의 임직원
   나. 통신과금서비스를 원활하게 제공하는 데 필요한 전산설비와 각종 컴퓨터프로그램
   다. 법 제57조제2항에 따른 정보보호시스템
3. 자본금, 출자총액 또는 기본재산이 제2항에 따른 금액 이상일 것

② 법 제53조제2항에서 "대통령령으로 정하는 금액"이란 10억원을 말한다.

시행령: 제66조의3(등록절차) ① 법 제53조에 따라 통신과금서비스제공자로 등록하려는 자는 다음 각 호의 사항이 포함된 등록신청서를 방송통신위원회에 제출하여야 한다.

1. 상호 및 주된 사무소의 소재지
2. 대표자의 성명
3. 자본금, 출자총액 또는 기본재산
4. 출자자(방송통신위원회가 정하여 고시하는 소액출자자는 제외한다)의 성명 또는 명칭과 그 지분율

② 제1항의 등록신청서에는 다음 각 호의 서류를 첨부하여야 한다.

1. 정관
2. 제66조의2에 따른 등록요건을 갖추었음을 증명할 수 있는 서류
3. 업무개시 후 3년간의 사업계획서(추정 재무제표와 예상수지계산서를 포함한다)
4. 통신과금서비스이용자보호계획서(제66조의7부터 제66조의9까지의 사항을 포함하여야 한다)

③ 제1항에 따라 등록신청서를 제출받은 방송통신위원회는 「전자정부법」 제36조제1항에 따른 행정정보의 공동이용을 통하여 법인 등기사항증명서를 확인하여야 한다.

④ 방송통신위원회는 제1항 및 제2항에 따라 제출받은 서류에 흠결이 있으면 신청인에게 서류를 제출받은 날부터 10일 이내에 보완하여 제출할 것을 요청할 수 있다.

⑤ 방송통신위원회는 통신과금서비스제공자의 등록을 한 때에는 그 내용을 관보에 공고하고 인터넷 등을 통하여 일반인에게 알려야 한다

제54조(등록의 결격사유) 다음 각 호의 어느 하나에 해당하는 자는 제53조에 따른 등록을 할 수 없다.

1. 제53조제4항에 따라 사업을 폐지한 날부터 1년이 지나지 아니한 법인 및 그 사업이 폐지될 당시 그 법인의 대주주(대통령령으로 정하는 출자자를 말한다. 이하 같다)이었던 자로서 그 폐지일부터 1년이 지나지 아니한 자
2. 제55조제1항에 따라 등록이 취소된 날부터 3년이 지나지 아니한 법인 및 그 취소 당시 그 법인의 대주주이었던 자로서 그 취소가 된 날부터 3년이 지나지 아니한 자
3. 「채무자 회생 및 파산에 관한 법률」에 따른 회생절차 중에 있는 법인 및 그 법인의 대주주
4. 금융거래 등 상거래에 있어서 약정한 기일 내에 채무를 변제하지 아니한 자로서 방송통신위원회가 정하는 자

5. 제1호부터 제4호까지의 규정에 해당하는 자가 대주주인 법인

시행령: 제66조의4(등록의 결격사유) 법 제54조제1호에서 "대통령령으로 정하는 출자자"란 다음 각 호의 어느 하나에 해당하는 자를 말한다.

1. 해당 법인의 의결권 있는 발행주식 또는 출자지분(이하 이 조에서 "주식등"이라 한다)을 기준으로 본인과 「자본시장과 금융투자업에 관한 법률 시행령」 제8조 각 호의 어느 하나에 해당하는 특수관계인이 누구의 명의로 하든지 자기의 계산으로 소유하는 주식등을 합하여 그 수가 가장 많은 경우의 그 본인
2. 누구의 명의로 하든지 자기의 계산으로 해당 법인의 주식등의 100분의 10 이상을 소유하는 자 또는 임원의 임면 등의 방법으로 그 법인의 주요 경영사항에 대하여 사실상의 영향력을 행사하는 주주로서 「자본시장과 금융투자업에 관한 법률 시행령」 제8조 각 호의 어느 하나에 해당하는 특수관계인

제55조(등록의 취소명령 등) ① 방송통신위원회는 통신과금서비스제공자가 다음 각 호의 어느 하나에 해당하는 때에는 등록을 취소하거나 1년 이내의 기간을 정하여 사업의 정지를 명할 수 있다. 다만, 제1호에 해당하는 때에는 등록을 취소하여야 한다.

1. 거짓이나 그 밖의 부정한 방법으로 등록을 한 때
2. 제53조제1항에 따라 등록한 날부터 1년 이내에 사업을 개시하지 아니하거나 1년 이상 계속하여 휴업한 때

시행령: 제66조의5(행정처분) ① 법 제55조제1항제2호의 위반행위를 한 통신과금서비스제공자에 대하여는 그 등록을 취소한다.

② 방송통신위원회는 법 제55조에 따라 통신과금서비스제공자의 등록을 취소하려는 경우에는 청문을 실시하여야 한다.

③ 방송통신위원회는 법 제55조에 따라 통신과금서비스제공자의 등록을 취소한 경우에는 그 내용을 관보에 공고하고 인터넷 등을 통하여 일반인에게 알려야 한다.

② 제1항에 따른 처분의 기준, 절차, 그 밖에 필요한 사항은 대통령령으로 정한다.

제56조(약관의 신고 등) ① 통신과금서비스제공자는 통신과금서비스에 관한 약관을 정하여 방송통신위원회에 신고(변경신고를 포함한다)하여야 한다.

② 방송통신위원회는 제1항에 따른 약관이 통신과금서비스이용자의 이익을 침해할 우려가 있다고 판단되는 경우에는 통신과금서비스제공자에게 약관의 변경을 권고할 수 있다.

제57조(통신과금서비스의 안전성 확보 등) ① 통신과금서비스제공자는 통신과금서비스가 안전하게 제공될 수 있도록 선량한 관리자로서의 주의를 다하여야 한다.

② 통신과금서비스제공자는 통신과금서비스를 통한 거래의 안전성과 신뢰성을 확보하기 위하여 대통령령으로 정하는 바에 따라 업무처리지침의 제정 및 회계처리 구분 등의 관리적 조치와 정보보호시스템 구축 등의 기술적 조치를 하여야 한다.

시행령: 제66조의6(통신과금서비스의 안정성 · 신뢰성 확보를 위한 필요 조치) 통신과금서비스를 통한 거래의 안정성과 신뢰성을 확보하기 위하여 통신과금서비스제공자가 법 제57조제2항에 따라 하여야 하는 관리적 조치와 기술적 조치는 별표 7과 같다.

제58조(통신과금서비스이용자의 권리 등) ① 통신과금서비스제공자는 재화등의 판매·제공의 대가를 청구할 때에 통신과금서비스이용자에게 다음 각 호의 사항을 고지하여야 한다.

1. 통신과금서비스 이용일시
2. 통신과금서비스를 통한 구매·이용의 거래 상대방(통신과금서비스를 이용하여 그 대가를 받고 재화 또는 용역을 판매·제공하는 자를 말한다. 이하 "거래 상대방"이라 한다)의 상호와 연락처

3. 통신과금서비스를 통한 구매·이용 금액과 그 명세
4. 이의신청 방법 및 연락처

② 통신과금서비스제공자는 통신과금서비스이용자가 구매·이용 내역을 확인할 수 있는 방법을 제공하여야 하며, 통신과금서비스이용자가 구매·이용 내역에 관한 서면(전자문서를 포함한다. 이하 같다)을 요청하는 경우에는 그 요청을 받은 날부터 2주 이내에 이를 제공하여야 한다.

③ 통신과금서비스이용자는 통신과금서비스가 자신의 의사에 반하여 제공되었음을 안 때에는 통신과금서비스제공자에게 이에 대한 정정을 요구할 수 있으며(통신과금서비스이용자의 고의 또는 중과실이 있는 경우는 제외한다), 통신과금서비스제공자는 그 정정 요구를 받은 날부터 2주 이내에 처리 결과를 알려 주어야 한다.

④ 통신과금서비스제공자는 통신과금서비스에 관한 기록을 5년 이내의 범위에서 대통령령으로 정하는 기간 동안 보존하여야 한다.

시행령: 제66조의8(거래기록의 보존기간 및 방법) ① 통신과금서비스제공자는 법 제58조제4항 및 제5항에 따라 다음 각 호의 사항에 관한 기록을 해당 거래를 한 날부터 1년간 보존하여야 한다. 다만, 건당 거래 금액이 1만원을 초과하는 거래인 경우에는 5년간 보존하여야 한다.

1. 통신과금서비스를 이용한 거래의 종류
2. 거래금액
3. 거래 상대방
4. 거래일시
5. 대금을 청구·징수하는 전기통신역무의 가입자번호
6. 해당 거래와 관련한 전기통신역무의 접속에 관한 사항
7. 거래의 신청 및 조건의 변경에 관한 사항
8. 거래의 승인에 관한 사항
9. 그 밖에 방송통신위원회가 정하여 고시하는 사항

② 제1항에 따른 거래기록은 서면, 마이크로필름, 디스크, 자기테이프, 그 밖의 전산정보처리조직에 의하여 보존하여야 한다. 다만, 디스크, 자기테이프, 그 밖의 전산정보처리조직에 의하여 보존하는 경우에는 「전자거래기본법」 제5조제1항 각 호의 요건을 모두 갖추어야 한다.

⑤ 제2항에 따라 통신과금서비스제공자가 제공하여야 하는 구매·이용내역의 대상기간, 종류 및 범위, 제4항에 따라 통신과금서비스제공자가 보존하여야 하는 기록의 종류 및 보존방법 등에 관한 사항은 대통령령으로 정한다.

제59조(분쟁해결 등) ① 통신과금서비스제공자는 통신과금서비스에 있어서 이용자의 권익을 보호하기 위하여 자율적인 분쟁해결 등을 시행하는 기관 또는 단체를 설치·운영할 수 있다.

② 통신과금서비스제공자는 대통령령으로 정하는 바에 따라 통신과금서비스와 관련한 통신과금서비스이용자의 이의신청 및 권리구제를 위한 절차를 마련하여야 한다.

시행령: 제66조의9(이의신청 및 권리구제를 위한 절차) ① 통신과금서비스제공자는 법 제59조제2항에 따른 이의신청 및 권리구제를 위하여 통신과금서비스이용자 보호책임자 및 담당자를 지정하고, 그 연락처(전화번호, 모사전송번호, 전자우편주소 등을 말한다)를 인터넷 등을 통하여 통신과금서비스이용자에게 알려야 한다.

② 통신과금서비스이용자는 서면(전자문서를 포함한다), 전화, 모사전송 등을 통하여 통신과금서비스제공자에게 통신과금서비스와 관련된 이의신청을 할 수 있다.

③ 통신과금서비스제공자는 제2항에 따른 이의신청을 받은 날부터 2주일 이내에 그 조사 또는 처리 결과를 통신과금서비스이용자에게 알려야 한다.

第60조(손해배상 등) ① 통신과금서비스제공자는 통신과금서비스를 제공함에 있어서 통신과금서비스이용자에게 손해가 발생한 경우에 그 손해를 배상하여야 한다. 다만, 그 손해의 발생이 통신과금서비스이용자의 고의 또는 중과실로 인한 경우에는 그러하지 아니하다.

② 제1항에 따른 손해배상을 함에 있어서는 손해배상을 받을 자와 협의하여야 한다.

③ 제2항에 따른 손해배상에 관한 협의가 성립되지 아니하거나 협의를 할 수 없는 경우에는 당사자는 방송통신위원회에 재정을 신청할 수 있다.

第61조(통신과금서비스의 이용제한) 방송통신위원회는 통신과금서비스제공자에게 다음 각 호의 어느 하나에 해당하는 자에 대한 서비스의 제공을 거부, 정지 또는 제한하도록 명할 수 있다.

1. 「청소년보호법」 제17조를 위반하여 청소년유해매체물을 청소년에게 판매·대여·제공하는 자
2. 다음 각 목의 어느 하나에 해당하는 수단을 이용하여 통신과금서비스이용자로 하여금 재화등을 구매·이용하게 함으로써 통신과금서비스이용자의 이익을 현저하게 저해하는 자
   가. 제50조를 위반한 영리목적의 광고성 정보 전송
   나. 통신과금서비스이용자에 대한 기망 또는 부당한 유인
3. 이 법 또는 다른 법률에서 금지하는 재화등을 판매·제공하는 자

제8장 국제협력

第62조(국제협력) 정부는 다음 각 호의 사항을 추진할 때 다른 국가 또는 국제기구와 상호 협력하여야 한다.

1. 개인정보의 국가간 이전 및 개인정보의 보호에 관련된 업무
2. 정보통신망에서의 청소년 보호를 위한 업무
3. 정보통신망의 안전성을 침해하는 행위를 방지하기 위한 업무
4. 그 밖에 정보통신서비스의 건전하고 안전한 이용에 관한 업무

第63조(국외 이전 개인정보의 보호) ① 정보통신서비스 제공자등은 이용자의 개인정보에 관하여 이 법을 위반하는 사항을 내용으로 하는 국제계약을 체결하여서는 아니 된다.

② 정보통신서비스 제공자등은 이용자의 개인정보를 국외로 이전하려면 이용자의 동의를 받아야 한다.

③ 정보통신서비스 제공자등은 제2항에 따른 동의를 받으려면 미리 다음 각 호의 사항 모두를 이용자에게 고지하여야 한다.

1. 이전되는 개인정보 항목
2. 개인정보가 이전되는 국가, 이전일시 및 이전방법
3. 개인정보를 이전받는 자의 성명(법인인 경우에는 그 명칭 및 정보관리책임자의 연락처를 말한다)
4. 개인정보를 이전받는 자의 개인정보 이용목적 및 보유·이용 기간

④ 정보통신서비스 제공자등은 제2항에 따른 동의를 받아 개인정보를 국외로 이전하는 경우 대통령령으로 정하는 바에 따라 보호조치를 하여야 한다.

시행령: 제67조(개인정보 국외 이전시 보호조치) ① 법 제63조제4항에 따라 개인정보를 국외로 이전하는 경우에 하여야 하는 보호조치는 다음 각 호와 같다.

1. 제15조에 따른 개인정보보호를 위한 기술적 · 관리적 조치
2. 개인정보 침해에 대한 고충처리 및 분쟁해결에 관한 사항

3. 그 밖에 이용자의 개인정보 보호를 위하여 필요한 조치

② 정보통신서비스 제공자등은 제1항 각 호의 사항을 개인정보를 국외에서 이전받는 자와 미리 협의하고, 이를 계약내용 등에 반영하여야 한다.

제9장 보 칙

제64조(자료의 제출 등) ① 행정안전부장관 또는 방송통신위원회는 다음 각 호의 어느 하나에 해당하는 경우에는 정보통신서비스 제공자등(제67조에 따라 준용되는 자를 포함한다. 이하 이 조에서 같다)에게 관계 물품·서류 등을 제출하게 할 수 있다.

1. 이 법에 위반되는 사항을 발견하거나 혐의가 있음을 알게 된 경우
2. 이 법의 위반에 대한 신고를 받거나 민원이 접수된 경우
3. 그 밖에 이용자 보호를 위하여 필요한 경우로서 대통령령으로 정하는 경우

시행령: 제68조(자료제출 등) 법 제64조제1항제3호에서 "그 밖에 이용자 보호를 위하여 필요한 경우로서 대통령령이 정하는 경우"란 다음 각 호의 어느 하나에 해당하는 경우를 말한다.

1. 법 제41조제1항 각 호의 청소년보호를 위한 시책의 마련을 위하여 필요한 경우
2. 법 제42조의3제3항의 청소년보호책임자의 청소년보호업무 수행 여부를 확인하기 위하여 필요한 경우
3. 이용자 정보의 안전성과 신뢰성 확보를 현저히 해치는 사건·사고 등이 발생하였거나 발생할 가능성이 있는 경우

② 방송통신위원회는 이 법을 위반하여 영리목적 광고성 정보를 전송한 자에게 다음 각 호의 조치를 하기 위하여 정보통신서비스 제공자등에게 해당 광고성 정보 전송자의 성명·주소·주민등록번호·이용기간 등에 대한 자료의 열람이나 제출을 요청할 수 있다.

1. 제4항에 따른 시정조치
2. 제76조에 따른 과태료 부과
3. 그 밖에 이에 준하는 조치

③ 행정안전부장관 또는 방송통신위원회는 정보통신서비스 제공자등이 제1항 및 제2항에 따른 자료를 제출하지 아니하거나 이 법을 위반한 사실이 있다고 인정되면 소속 공무원에게 정보통신서비스 제공자등의 사업장에 출입하여 업무상황, 장부 또는 서류 등을 검사하도록 할 수 있다.

④ 행정안전부장관 또는 방송통신위원회는 이 법을 위반한 정보통신서비스 제공자등에게 해당 위반행위의 중지나 시정을 위하여 필요한 시정조치를 명할 수 있고, 시정조치의 명령을 받은 정보통신서비스 제공자등에게 시정조치의 명령을 받은 사실을 공표하도록 할 수 있다. 이 경우 공표의 방법·기준 및 절차 등에 필요한 사항은 대통령령으로 정한다.

⑤ 행정안전부장관 또는 방송통신위원회는 제4항에 따라 필요한 시정조치를 명한 경우에는 시정조치를 명한 사실을 공개할 수 있다. 이 경우 공개의 방법·기준 및 절차 등에 필요한 사항은 대통령령으로 정한다.

⑥ 행정안전부장관 또는 방송통신위원회가 제1항 및 제2항에 따라 자료 등의 제출 또는 열람을 요구할 때에는 요구사유, 법적 근거, 제출시한 또는 열람일시, 제출·열람할 자료의 내용 등을 구체적으로 밝혀 서면(전자문서를 포함한다)으로 알려야 한다.

⑦ 제3항에 따른 검사를 하는 경우에는 검사 시작 7일 전까지 검사일시, 검사이유 및 검사내용 등에 대한 검사계획을 해당 정보통신서비스 제공자등에게 알려야 한다. 다만, 긴급한 경우나 사전통지를 하면 증거인멸 등으로 검사목적을 달성할 수 없다고 인정하는 경우에는 그 검사계획을 알리지 아니한다.

⑧ 제3항에 따라 검사를 하는 공무원은 그 권한을 표시하는 증표를 지니고 이를 관계인에게 내보여야 하며, 출입할 때 성명·출입시간·출입목적 등이 표시된 문서를 관계인에게 내주어야 한다.

⑨ 행정안전부장관 또는 방송통신위원회는 제1항부터 제3항까지의 규정에 따라 자료 등을 제출받거나 열람 또는 검사한 경우에는 그 결과(조사 결과 시정조치명령 등의 처분을 하려는 경우에는 그 처분의 내용을 포함한다)를 해당 정보통신서비스 제공자등에게 서면으로 알려야 한다.

⑩ 행정안전부장관 또는 방송통신위원회는 제1항부터 제4항까지의 규정에 따른 자료의 제출 요구 및 검사 등을 위하여 인터넷진흥원의 장에게 기술적 자문을 하거나 그 밖에 필요한 지원을 요청할 수 있다.

⑪ 제1항부터 제3항까지의 규정에 따른 자료 등의 제출 요구, 열람 및 검사 등은 이 법의 시행을 위하여 필요한 최소한의 범위에서 하여야 하며 다른 목적을 위하여 남용하여서는 아니 된다.

제64조(자료의 제출 등) ① 방송통신위원회는 다음 각 호의 어느 하나에 해당하는 경우에는 정보통신서비스 제공자등(제67조에 따라 준용되는 자를 포함한다. 이하 이 조에서 같다)에게 관계 물품·서류 등을 제출하게 할 수 있다.

1. 이 법에 위반되는 사항을 발견하거나 혐의가 있음을 알게 된 경우
2. 이 법의 위반에 대한 신고를 받거나 민원이 접수된 경우
3. 그 밖에 이용자 보호를 위하여 필요한 경우로서 대통령령으로 정하는 경우

② 방송통신위원회는 이 법을 위반하여 영리목적 광고성 정보를 전송한 자에게 다음 각 호의 조치를 하기 위하여 정보통신서비스 제공자등에게 해당 광고성 정보 전송자의 성명·주소·주민등록번호·이용기간 등에 대한 자료의 열람이나 제출을 요청할 수 있다.

1. 제4항에 따른 시정조치
2. 제76조에 따른 과태료 부과
3. 그 밖에 이에 준하는 조치

③ 방송통신위원회는 정보통신서비스 제공자등이 제1항 및 제2항에 따른 자료를 제출하지 아니하거나 이 법을 위반한 사실이 있다고 인정되면 소속 공무원에게 정보통신서비스 제공자등의 사업장에 출입하여 업무 상황, 장부 또는 서류 등을 검사하도록 할 수 있다.

④ 방송통신위원회는 이 법을 위반한 정보통신서비스 제공자등에게 해당 위반행위의 중지나 시정을 위하여 필요한 시정조치를 명할 수 있고, 시정조치의 명령을 받은 정보통신서비스 제공자등에게 시정조치의 명령을 받은 사실을 공표하도록 할 수 있다. 이 경우 공표의 방법·기준 및 절차 등에 필요한 사항은 대통령령으로 정한다.

시행령: 제68조의2(시정조치의 명령의 공표방법 등) ① 행정안전부장관 또는 방송통신위원회는 법 제64조제4항에 따라 정보통신서비스 제공자등에게 시정조치의 명령을 받은 사실의 공표를 명하는 때에는 다음 각 호의 사항을 고려하여 공표의 내용 · 횟수 · 매체 및 지면의 크기 등을 정하여 이를 명하여야 한다.

1. 위반행위의 내용 및 정도
2. 위반행위의 기간 및 횟수

② 행정안전부장관 또는 방송통신위원회는 제1항에 따라 시정조치의 명령을 받은 사실의 공표를 명할 때에는 해당 정보통신서비스 제공자등과 공표 문안 등에 관하여 협의할 수 있다.

⑤ 방송통신위원회는 제4항에 따라 필요한 시정조치를 명한 경우에는 시정조치를 명한 사실을 공개할 수 있다. 이 경우 공개의 방법·기준 및 절차 등에 필요한 사항은 대통령령으로 정한다.

시행령: 제69조(시정명령의 공개) ① 법 제64조에 따른 시정조치를 명한 사실의 공개는 다음 각 호의 어느 하나에 해당하는 경우에 할 수 있다. 이 경우 행정안전부장관 또는 방송통신위원회는 해당 정보통신

서비스 제공자등에게 그 사실을 미리 알려야 한다.

1. 법 제71조부터 제74조까지의 규정에 해당하는 행위로 시정명령을 받은 경우
2. 연 2회 이상 시정명령을 받은 경우

② 제1항에 따른 시정명령의 공개는 인터넷 홈페이지 또는 「신문 등의 진흥에 관한 법률」에 따라 전국을 보급지역으로 하는 일반일간신문 등에 게재하는 방법으로 한다.

⑥ 방송통신위원회가 제1항 및 제2항에 따라 자료 등의 제출 또는 열람을 요구할 때에는 요구사유, 법적 근거, 제출시한 또는 열람일시, 제출·열람할 자료의 내용 등을 구체적으로 밝혀 서면(전자문서를 포함한다)으로 알려야 한다.

⑦ 제3항에 따른 검사를 하는 경우에는 검사 시작 7일 전까지 검사일시, 검사이유 및 검사내용 등에 대한 검사계획을 해당 정보통신서비스 제공자등에게 알려야 한다. 다만, 긴급한 경우나 사전통지를 하면 증거인멸 등으로 검사목적을 달성할 수 없다고 인정하는 경우에는 그 검사계획을 알리지 아니한다.

⑧ 제3항에 따라 검사를 하는 공무원은 그 권한을 표시하는 증표를 지니고 이를 관계인에게 내보여야 하며, 출입할 때 성명·출입시간·출입목적 등이 표시된 문서를 관계인에게 내주어야 한다.

⑨ 방송통신위원회는 제1항부터 제3항까지의 규정에 따라 자료 등을 제출받거나 열람 또는 검사한 경우에는 그 결과(조사 결과 시정조치명령 등의 처분을 하려는 경우에는 그 처분의 내용을 포함한다)를 해당 정보통신서비스 제공자등에게 서면으로 알려야 한다.

⑩ 방송통신위원회는 제1항부터 제4항까지의 규정에 따른 자료의 제출 요구 및 검사 등을 위하여 인터넷진흥원의 장에게 기술적 자문을 하거나 그 밖에 필요한 지원을 요청할 수 있다.

⑪ 제1항부터 제3항까지의 규정에 따른 자료 등의 제출 요구, 열람 및 검사 등은 이 법의 시행을 위하여 필요한 최소한의 범위에서 하여야 하며 다른 목적을 위하여 남용하여서는 아니 된다.

제64조의2(자료 등의 보호 및 폐기) ① 행정안전부장관 또는 방송통신위원회는 정보통신서비스 제공자등으로부터 제64조에 따라 제출되거나 수집된 서류·자료 등에 대한 보호 요구를 받으면 이를 제3자에게 제공하거나 일반에게 공개하여서는 아니 된다.

② 행정안전부장관 또는 방송통신위원회는 정보통신망을 통하여 자료의 제출 등을 받은 경우나 수집한 자료 등을 전자화한 경우에는 개인정보·영업비밀 등이 유출되지 아니하도록 제도적·기술적 보안조치를 하여야 한다.

③ 행정안전부장관 또는 방송통신위원회는 다른 법률에 특별한 규정이 있는 경우 외에 다음 각 호의 어느 하나에 해당하는 사유가 발생하면 제64조에 따라 제출되거나 수집된 서류·자료 등을 즉시 폐기하여야 한다. 제65조에 따라 행정안전부장관, 지식경제부장관 또는 방송통신위원회의 권한의 전부 또는 일부를 위임 또는 위탁받은 자도 또한 같다.

1. 제64조에 따른 자료제출 요구, 출입검사, 시정명령 등의 목적이 달성된 경우
2. 제64조제4항에 따른 시정조치명령에 불복하여 행정심판이 청구되거나 행정소송이 제기된 경우에는 해당 행정쟁송절차가 끝난 경우
3. 제76조제4항에 따른 과태료 처분이 있고 이에 대한 이의제기가 없는 경우에는 같은 조 제5항에 따른 이의제기기간이 끝난 경우
4. 제76조제4항에 따른 과태료 처분에 대하여 이의제기가 있는 경우에는 해당 관할 법원에 의한 비송사건절차가 끝난 경우

제64조의2(자료 등의 보호 및 폐기) ① 방송통신위원회는 정보통신서비스 제공자등으로부터 제64조에 따라 제출되거나 수집된 서류·자료 등에 대한 보호 요구를 받으면 이를 제3자에게 제공하거나 일반에게 공개하여서는

아니 된다.

② 방송통신위원회는 정보통신망을 통하여 자료의 제출 등을 받은 경우나 수집한 자료 등을 전자화한 경우에는 개인정보·영업비밀 등이 유출되지 아니하도록 제도적·기술적 보안조치를 하여야 한다.

③ 방송통신위원회는 다른 법률에 특별한 규정이 있는 경우 외에 다음 각 호의 어느 하나에 해당하는 사유가 발생하면 제64조에 따라 제출되거나 수집된 서류·자료 등을 즉시 폐기하여야 한다. 제65조에 따라 지식경제부장관 또는 방송통신위원회의 권한의 전부 또는 일부를 위임 또는 위탁받은 자도 또한 같다.

1. 제64조에 따른 자료제출 요구, 출입검사, 시정명령 등의 목적이 달성된 경우
2. 제64조제4항에 따른 시정조치명령에 불복하여 행정심판이 청구되거나 행정소송이 제기된 경우에는 해당 행정쟁송절차가 끝난 경우
3. 제76조제4항에 따른 과태료 처분이 있고 이에 대한 이의제기가 없는 경우에는 같은 조 제5항에 따른 이의제기기간이 끝난 경우
4. 제76조제4항에 따른 과태료 처분에 대하여 이의제기가 있는 경우에는 해당 관할 법원에 의한 비송사건절차가 끝난 경우

제64조의3(과징금의 부과 등) ① 방송통신위원회는 다음 각 호의 어느 하나에 해당하는 행위가 있는 경우에는 해당 전기통신사업자에게 위반행위와 관련한 매출액의 100분의 1 이하에 해당하는 금액을 과징금으로 부과할 수 있다. 다만, 제6호에 해당하는 행위가 있는 경우에는 1억원 이하의 과징금을 부과할 수 있다.

시행령: 제69조의2(과징금의 산정기준 등) ① 법 제64조의3제1항 각 호 외의 부분 본문에서 "위반행위와 관련한 매출액"이란 해당 전기통신사업자의 위반행위와 관련된 전기통신역무의 직전 3개 사업연도의 연평균 매출액을 말한다. 다만, 해당 사업연도 초일 현재 사업을 개시한지 3년이 되지 아니하는 경우에는 그 사업개시 후 직전 사업연도 말일까지의 매출액을 연평균 매출액으로 환산한 금액을 말하며, 해당 사업연도에 사업을 개시한 경우에는 사업개시일부터 위반행위일까지의 매출액을 연매출액으로 환산한 금액을 말한다.

1. 제22조제1항을 위반하여 이용자의 동의를 받지 아니하고 개인정보를 수집한 경우
2. 제23조제1항을 위반하여 이용자의 동의를 받지 아니하고 개인의 권리·이익이나 사생활을 뚜렷하게 침해할 우려가 있는 개인정보를 수집한 경우
3. 제24조를 위반하여 개인정보를 이용한 경우
4. 제24조의2를 위반하여 개인정보를 제3자에게 제공한 경우
5. 제25조제1항을 위반하여 이용자의 동의를 받지 아니하고 개인정보 취급위탁을 한 경우
6. 제28조제1항제2호부터 제5호까지의 조치를 하지 아니하여 이용자의 개인정보를 분실·도난·누출·변조 또는 훼손한 경우
7. 제31조제1항을 위반하여 법정대리인의 동의를 받지 아니하고 만 14세 미만인 아동의 개인정보를 수집한 경우

② 제1항에 따른 과징금을 부과하는 경우 전기통신사업자가 매출액 산정자료의 제출을 거부하거나 거짓의 자료를 제출한 경우에는 해당 전기통신사업자와 비슷한 규모의 전기통신사업자의 재무제표 등 회계자료와 가입자 수 및 이용요금 등 영업현황 자료에 근거하여 매출액을 추정할 수 있다. 다만, 매출액이 없거나 매출액의 산정이 곤란한 경우로서 대통령령으로 정하는 경우에는 4억원 이하의 과징금을 부과할 수 있다.

시행령: 제69조의2(과징금의 산정기준 등) ② 법 제64조의3제2항 단서에서 "대통령령으로 정하는 경우"란 다음 각 호의 어느 하나에 해당하는 경우를 말한다.

1. 영업을 개시하지 아니하거나 영업을 중단하는 등의 사유로 영업실적이 없는 경우

2. 재해 등으로 인하여 매출액 산정자료가 소멸되거나 훼손되는 등 객관적인 매출액의 산정이 곤란한 경우

③ 방송통신위원회는 제1항에 따른 과징금을 부과하려면 다음 각 호의 사항을 고려하여야 한다.

1. 위반행위의 내용 및 정도
2. 위반행위의 기간 및 횟수
3. 위반행위로 인하여 취득한 이익의 규모

④ 제1항에 따른 과징금은 제3항을 고려하여 산정하되, 구체적인 산정기준과 산정절차는 대통령령으로 정한다.

⑤ 방송통신위원회는 제1항에 따른 과징금을 내야 할 자가 납부기한까지 이를 내지 아니하면 납부기한의 다음 날부터 내지 아니한 과징금의 연 100분의 6에 해당하는 가산금을 징수한다.

⑥ 방송통신위원회는 제1항에 따른 과징금을 내야 할 자가 납부기한까지 이를 내지 아니한 경우에는 기간을 정하여 독촉을 하고, 그 지정된 기간에 과징금과 제5항에 따른 가산금을 내지 아니하면 국세 체납처분의 예에 따라 징수한다.

⑦ 법원의 판결 등의 사유로 제1항에 따라 부과된 과징금을 환급하는 경우에는 과징금을 낸 날부터 환급하는 날까지 연 100분의 6에 해당하는 환급가산금을 지급하여야 한다.

시행령: 제69조의3(과징금의 부과 및 납부) ① 방송통신위원회가 법 제64조의3에 따라 과징금을 부과하려는 경우에는 해당 위반행위를 조사·확인한 후 위반사실·부과금액·이의제기방법 및 이의제기기간 등을 서면으로 명시하여 이를 납부할 것을 과징금 부과대상자에게 통지하여야 한다.

② 제1항에 따라 통지를 받은 자는 통지를 받은 날부터 20일 이내에 방송통신위원회가 지정하는 금융기관에 과징금을 납부하여야 한다. 다만, 천재지변이나 그 밖에 부득이한 사유로 인하여 그 기간 내에 과징금을 납부할 수 없는 경우에는 그 사유가 없어진 날부터 7일 이내에 납부하여야 한다.

③ 제2항에 따라 과징금의 납부를 받은 금융기관은 과징금을 납부한 자에게 영수증을 발급하여야 한다.

제65조(권한의 위임·위탁) ① 이 법에 따른 행정안전부장관, 지식경제부장관 또는 방송통신위원회의 권한은 대통령령으로 정하는 바에 따라 그 일부를 그 소속 기관의 장 또는 체신청장에게 위임·위탁할 수 있다.

② 지식경제부장관은 제13조에 따른 정보통신망의 이용촉진 등에 관한 사업을 대통령령으로 정하는 바에 따라 「정보화촉진기본법」 제10조에 따른 한국정보사회진흥원에 위탁할 수 있다.

③ 행정안전부장관 또는 방송통신위원회는 제64조제1항 및 제2항에 따른 자료의 제출 요구 및 검사에 관한 업무를 대통령령으로 정하는 바에 따라 인터넷진흥원에 위탁할 수 있다.

④ 제3항에 따른 인터넷진흥원의 직원에게는 제64조제8항을 준용한다.

제65조(권한의 위임·위탁) ① 이 법에 따른 지식경제부장관 또는 방송통신위원회의 권한은 대통령령으로 정하는 바에 따라 그 일부를 그 소속 기관의 장 또는 체신청장에게 위임·위탁할 수 있다.

② 지식경제부장관은 제13조에 따른 정보통신망의 이용촉진 등에 관한 사업을 대통령령으로 정하는 바에 따라 「정보화촉진기본법」 제10조에 따른 한국정보사회진흥원에 위탁할 수 있다.

③ 방송통신위원회는 제64조제1항 및 제2항에 따른 자료의 제출 요구 및 검사에 관한 업무를 대통령령으로 정하는 바에 따라 인터넷진흥원에 위탁할 수 있다.

④ 제3항에 따른 인터넷진흥원의 직원에게는 제64조제8항을 준용한다.

시행령: 제70조(권한의 위임·위탁) ① 방송통신위원회는 법 제65조제1항에 따라 「전기통신사업법」 제21조제1항에 따른 별정통신사업의 등록을 한 자(이하 "별정통신사업자"라 한다)에 대하여 법 제76조에 따른 과태료 부과·징수의 권한을 중앙전파관리소장에게 위임한다.

② 행정안전부장관 또는 방송통신위원회는 법 제65조제1항에 따라 별정통신사업자 외의 자에 대한 다음 각 호의 권한(법 제50조 · 제50조의2부터 제50조의5까지 및 제50조의7에 관한 사항만 해당한다)을 중앙전파관리소장에게 위임한다.

1. 법 제64조제4항에 따른 시정조치의 명령
2. 법 제76조에 따른 과태료 부과 · 징수

③ 행정안전부장관 또는 방송통신위원회는 법 제65조제3항에 따라 다음 각 호의 업무를 인터넷진흥원의 장에게 위탁한다.

1. 법 제22조부터 제32조까지의 규정을 위반한 사실을 확인하기 위한 법 제64조제1항 및 제3항에 따른 자료제출 요구 및 검사에 관한 업무(개인정보 침해와 관련하여 인터넷진흥원에 접수된 고충처리 및 상담사항만 해당한다)
2. 법 제50조 · 제50조의2부터 제50조의5까지 및 제50조의7을 위반한 사실을 확인하기 위한 법 제64조제1항부터 제3항까지의 규정에 따른 자료제출 요구 및 검사에 관한 업무(광고성 정보 전송행위와 관련하여 인터넷진흥원에 접수된 고충처리 및 상담사항만 해당한다)

제65조의2 삭제

제66조(비밀유지 등) 다음 각 호의 어느 하나에 해당하는 업무에 종사하는 자 또는 종사하였던 자는 그 직무상 알게 된 비밀을 타인에게 누설하거나 직무 외의 목적으로 사용하여서는 아니 된다. 다만, 다른 법률에 특별한 규정이 있는 경우에는 그러하지 아니하다.

1. 제33조에 따른 분쟁조정위원회의 분쟁조정 업무
2. 제47조에 따른 정보보호 관리체계 인증 업무
3. 제52조제3항제4호에 따른 정보보호시스템의 평가 업무
4. 제46조의3에 따른 정보보호 안전진단 업무
5. 제44조의10에 따른 명예훼손 분쟁조정부의 분쟁조정 업무

제66조(비밀유지 등) 다음 각 호의 어느 하나에 해당하는 업무에 종사하는 자 또는 종사하였던 자는 그 직무상 알게 된 비밀을 타인에게 누설하거나 직무 외의 목적으로 사용하여서는 아니 된다. 다만, 다른 법률에 특별한 규정이 있는 경우에는 그러하지 아니하다.

1. 삭제
2. 제47조에 따른 정보보호 관리체계 인증 업무
3. 제52조제3항제4호에 따른 정보보호시스템의 평가 업무
4. 제46조의3에 따른 정보보호 안전진단 업무
5. 제44조의10에 따른 명예훼손 분쟁조정부의 분쟁조정 업무

제67조(정보통신서비스 제공자 외의 자에 대한 준용) ① 정보통신서비스 제공자 외의 자로서 재화등을 제공하는 자 중 대통령령으로 정하는 자가 자신이 제공하는 재화등을 제공받는 자의 개인정보를 수집·이용 또는 제공하는 경우에는 제22조, 제23조, 제23조의2, 제24조, 제24조의2, 제25조, 제26조, 제26조의2, 제27조, 제27조의2, 제28조, 제28조의2 및 제29조부터 제32조까지의 규정을 준용한다. 이 경우 "정보통신서비스 제공자" 또는 "정보통신서비스 제공자등"은 "재화등을 제공하는 자"로, "이용자"는 "재화등을 제공받는 자"로 본다.

또한 제22조, 제23조, 제23조의2, 제24조, 제24조의2, 제25조, 제26조, 제26조의2, 제27조, 제27조의2, 제28조, 제28조의2 및 제29조부터 제32조까지의 규정을 준용하는 자에 대하여는 제27조제1항·제3항, 제27조의2제1항·제3항 및 제28조제1항에 따른 기준, 방법 등 세부사항을 행정안전부령으로 정한다.

시행령: 제71조(정보통신서비스 제공자 외의 자의 범위) 법 제67조제1항 전단에서 "대통령령이 정하는 자"란 다음 각 호의 어느 하나에 해당하는 자를 말한다.

1. 「관광진흥법」 제3조제1항에 따른 여행업 또는 호텔업을 경영하는 자
2. 「항공법」 제2조제31호에 따른 항공운송사업을 경영하는 자
3. 「학원의 설립·운영 및 과외교습에 관한 법률」 제2조제1호에 따른 학원 또는 같은 조 제2호에 따른 교습소를 설립·운영하는 자
4. 그 밖에 재화 또는 용역을 제공하면서 회원제 또는 그와 유사한 형태로 개인정보를 수집하는 사업자로서 관계 중앙행정기관의 장과 협의하여 행정안전부령으로 정하는 자

시행규칙: 제6조 (정보통신서비스 제공자 외의 자의 범위) 영 제71조제4호에서 "행정안전부령으로 정하는 자"란 다음 각 호의 어느 하나에 해당하는 자를 말한다.

1. 「관광진흥법」 제3조제1항제2호나목에 따른 휴양 콘도미니엄업을 경영하는 자
2. 「유통산업발전법」 제2조제3호에 따른 대규모점포 중 대형마트·백화점 또는 쇼핑센터를 운영하는 자
3. 「유통산업발전법」 제2조제5호에 따른 체인사업을 운영하는 자
4. 「주택법」 제2조제5호에 따른 사업주체 중 주택건설사업을 시행하는 자
5. 「주택법」 제53조제1항에 따라 등록한 주택관리업자
6. 「건설기계관리법」 제2조제3호부터 제6호까지의 규정에 따른 건설기계대여업·건설기계정비업·건설기계매매업 및 건설기계폐기업을 하는 자
7. 「공인중개사의 업무 및 부동산 거래신고에 관한 법률」 제2조제4호에 따른 중개업자
8. 「자동차관리법」 제2조제7호에 따른 자동차매매업을 하는 자와 신조차의 매매 및 등록신청의 대행을 업으로 하는 자
9. 「여객자동차운수사업법」 제2조제4호에 따른 자동차대여사업을 하는 자
10. 「결혼중개업의 관리에 관한 법률」 제2조제5호에 따른 결혼중개업자
11. 「의료법」 제3조제1항에 따른 의료기관을 개설하여 의료업을 하는 자
12. 「직업안정법」 제4조제5호에 따른 유료직업소개사업을 하는 자
13. 「석유 및 석유대체연료 사업법」 제5조제1항에 따라 등록하여 석유정제업을 하는 자 중 같은 법 시행령 제9조제1항제1호 각 목의 석유정제시설을 모두 갖춘 자
14. 「체육시설의 설치·이용에 관한 법률」 제2조제3호에 따른 체육시설업자
15. 「영화 및 비디오물의 진흥에 관한 법률」 제2조제12호에 따른 비디오물의 대여업을 하는 자
16. 「출판문화산업 진흥법」 제2조제9호에 따른 출판문화산업의 종사자 중 서점을 운영하는 자
17. 「영화 및 비디오물의 진흥에 관한 법률」 제36조제1항에 따라 등록한 영화상영관 설치·경영자

② 제25조제1항에 따른 수탁자에 관하여는 제22조, 제23조, 제23조의2, 제24조, 제24조의2, 제26조, 제26조의2, 제27조, 제27조의2, 제28조, 제28조의2 및 제29조부터 제31조까지의 규정을 준용한다.

제67조 삭제

제68조 삭제

제68조의2(한국정보보호산업협회의 설립) ① 정보보호에 관련된 사업을 경영하는 자는 정보보호산업을 건전하게 발전시키고 국가산업 전반의 정보보호 수준을 높이기 위하여 지식경제부장관의 인가를 받아 한국정보보호산업협회를 설립할 수 있다.

② 한국정보보호산업협회는 법인으로 한다.

③ 한국정보보호산업협회의 인가절차·사업 및 감독 등에 필요한 사항은 대통령령으로 정한다.

④ 한국정보보호산업협회에 관하여 이 법에서 정한 것 외에는 「민법」 중 사단법인에 관한 규정을 준용한다.

제69조(벌칙 적용 시의 공무원 의제) 행정안전부장관, 지식경제부장관 또는 방송통신위원회가 제65조제2항 및 제3항에 따라 위탁한 업무에 종사하는 한국정보사회진흥원과 인터넷진흥원의 임직원은 「형법」 제129조부터 제132조까지의 규정에 따른 벌칙을 적용할 때에는 공무원으로 본다.

제69조(벌칙 적용 시의 공무원 의제) 지식경제부장관 또는 방송통신위원회가 제65조제2항 및 제3항에 따라 위탁한 업무에 종사하는 한국정보사회진흥원과 인터넷진흥원의 임직원은 「형법」 제129조부터 제132조까지의 규정에 따른 벌칙을 적용할 때에는 공무원으로 본다.

제10장 벌 칙

제70조(벌칙) ① 사람을 비방할 목적으로 정보통신망을 통하여 공공연하게 사실을 드러내어 다른 사람의 명예를 훼손한 자는 3년 이하의 징역이나 금고 또는 2천만원 이하의 벌금에 처한다.

② 사람을 비방할 목적으로 정보통신망을 통하여 공공연하게 거짓의 사실을 드러내어 다른 사람의 명예를 훼손한 자는 7년 이하의 징역, 10년 이하의 자격정지 또는 5천만원 이하의 벌금에 처한다.

③ 제1항과 제2항의 죄는 피해자가 구체적으로 밝힌 의사에 반하여 공소를 제기할 수 없다.

제71조(벌칙) 다음 각 호의 어느 하나에 해당하는 자는 5년 이하의 징역 또는 5천만원 이하의 벌금에 처한다.

1. 제22조제1항(제67조에 따라 준용되는 경우를 포함한다)을 위반하여 이용자의 동의를 받지 아니하고 개인정보를 수집한 자
2. 제23조제1항(제67조에 따라 준용되는 경우를 포함한다)을 위반하여 이용자의 동의를 받지 아니하고 개인의 권리·이익이나 사생활을 뚜렷하게 침해할 우려가 있는 개인정보를 수집한 자
3. 제24조, 제24조의2제1항 및 제2항 또는 제26조제3항(제67조에 따라 준용되는 경우를 포함한다)을 위반하여 개인정보를 이용하거나 제3자에게 제공한 자 및 그 사정을 알면서도 영리 또는 부정한 목적으로 개인정보를 제공받은 자
4. 제25조제1항(제67조에 따라 준용되는 경우를 포함한다)을 위반하여 이용자의 동의를 받지 아니하고 개인정보 취급위탁을 한 자
5. 제28조의2제1항(제67조에 따라 준용되는 경우를 포함한다)을 위반하여 이용자의 개인정보를 훼손·침해 또는 누설한 자
6. 제28조의2제2항을 위반하여 그 개인정보가 누설된 사정을 알면서도 영리 또는 부정한 목적으로 개인정보를 제공받은 자
7. 제30조제5항(제30조제7항, 제31조제3항 및 제67조에 따라 준용되는 경우를 포함한다)을 위반하여 필요한 조치를 하지 아니하고 개인정보를 제공하거나 이용한 자
8. 제31조제1항(제67조에 따라 준용되는 경우를 포함한다)을 위반하여 법정대리인의 동의를 받지 아니하고 만 14세 미만인 아동의 개인정보를 수집한 자
9. 제48조제2항을 위반하여 악성프로그램을 전달 또는 유포한 자
10. 제48조제3항을 위반하여 정보통신망에 장애가 발생하게 한 자
11. 제49조를 위반하여 타인의 정보를 훼손하거나 타인의 비밀을 침해·도용 또는 누설한 자

제72조(벌칙) ① 다음 각 호의 어느 하나에 해당하는 자는 3년 이하의 징역 또는 3천만원 이하의 벌금에 처한다.

1. 제48조제1항을 위반하여 정보통신망에 침입한 자
2. 제49조의2제1항을 위반하여 다른 사람의 개인정보를 수집한 자

3. 제53조제1항에 따른 등록을 하지 아니하고 그 업무를 수행한 자
4. 다음 각 목의 어느 하나에 해당하는 행위를 통하여 자금을 융통하여 준 자 또는 이를 알선한 자
가. 재화등의 판매·제공을 가장하거나 실제 매출금액을 초과하여 통신과금서비스에 의한 거래를 하거나 이를 대행하게 하는 행위
나. 통신과금서비스이용자로 하여금 통신과금서비스에 의하여 재화등을 구매·이용하도록 한 후 통신과금서비스이용자가 구매·이용한 재화등을 할인하여 매입하는 행위
5. 제66조를 위반하여 직무상 알게 된 비밀을 타인에게 누설하거나 직무 외의 목적으로 사용한 자
② 제1항제1호의 미수범은 처벌한다.

제73조(벌칙) 다음 각 호의 어느 하나에 해당하는 자는 2년 이하의 징역 또는 1천만원 이하의 벌금에 처한다.
1. 제28조제1항제2호부터 제5호까지(제67조에 따라 준용되는 경우를 포함한다)의 규정에 따른 기술적·관리적 조치를 하지 아니하여 이용자의 개인정보를 분실·도난·누출·변조 또는 훼손한 자
2. 제42조를 위반하여 청소년유해매체물임을 표시하지 아니하고 영리를 목적으로 제공한 자
3. 제42조의2를 위반하여 청소년유해매체물을 광고하는 내용의 정보를 청소년에게 전송하거나 청소년 접근을 제한하는 조치 없이 공개적으로 전시한 자
4. 제44조의6제3항을 위반하여 이용자의 정보를 민·형사상의 소를 제기하는 것 외의 목적으로 사용한 자
5. 제44조의7제2항 및 제3항에 따른 방송통신위원회의 명령을 이행하지 아니한 자
6. 제48조의4제3항에 따른 명령을 위반하여 관련 자료를 보전하지 아니한 자
7. 제49조의2제1항을 위반하여 개인정보의 제공을 유인한 자
8. 제61조에 따른 명령을 이행하지 아니한 자

제74조(벌칙) ① 다음 각 호의 어느 하나에 해당하는 자는 1년 이하의 징역 또는 1천만원 이하의 벌금에 처한다.
1. 제8조제4항을 위반하여 비슷한 표시를 한 제품을 표시·판매 또는 판매할 목적으로 진열한 자
2. 제44조의7제1항제1호를 위반하여 음란한 부호·문언·음향·화상 또는 영상을 배포·판매·임대하거나 공공연하게 전시한 자
3. 제44조의7제1항제3호를 위반하여 공포심이나 불안감을 유발하는 부호·문언·음향·화상 또는 영상을 반복적으로 상대방에게 도달하게 한 자
4. 제50조제6항을 위반하여 기술적 조치를 한 자
5. 제50조의2를 위반하여 전자우편주소를 수집·판매·유통하거나 정보 전송에 이용한 자
6. 제50조의8을 위반하여 광고성 정보를 전송한 자
7. 제53조제4항을 위반하여 등록사항의 변경등록 또는 사업의 양도·양수 또는 합병·상속의 신고를 하지 아니한 자
② 제1항제3호의 죄는 피해자가 구체적으로 밝힌 의사에 반하여 공소를 제기할 수 없다.

제75조(양벌규정) 법인의 대표자나 법인 또는 개인의 대리인, 사용인, 그 밖의 종업원이 그 법인 또는 개인의 업무에 관하여 제71조부터 제73조까지 또는 제74조제1항의 어느 하나에 해당하는 위반행위를 하면 그 행위자를 벌하는 외에 그 법인 또는 개인에게도 해당 조문의 벌금형을 과(科)한다. 다만, 법인 또는 개인이 그 위반행위를 방지하기 위하여 해당 업무에 관하여 상당한 주의와 감독을 게을리하지 아니한 경우에는 그러하지 아니하다.

제76조(과태료) ① 다음 각 호의 어느 하나에 해당하는 자와 제7호부터 제11호까지의 경우에 해당하는 행위를 하도록 한 자에게는 3천만원 이하의 과태료를 부과한다.
1. 제23조제2항(제67조에 따라 준용되는 경우를 포함한다)을 위반하여 서비스의 제공을 거부한 자

2. 제23조의2를 위반하여 필요한 조치를 하지 아니한 자
3. 제28조제1항제1호 및 제6호(제67조에 따라 준용되는 경우를 포함한다)에 따른 기술적·관리적 조치를 하지 아니한 자
4. 제29조 본문(제67조에 따라 준용되는 경우를 포함한다)을 위반하여 개인정보를 파기하지 아니한 자
5. 제30조제3항·제4항 및 제6항(제30조제7항, 제31조제3항 및 제67조에 따라 준용되는 경우를 포함한다)을 위반하여 필요한 조치를 하지 아니한 자
6. 제44조의5제2항에 따른 방송통신위원회의 명령을 이행하지 아니한 자
7. 제50조제1항부터 제3항까지의 규정을 위반하여 영리 목적의 광고성 정보를 전송한 자
8. 제50조제4항 또는 제5항을 위반하여 광고성 정보를 전송할 때 밝혀야 하는 사항을 밝히지 아니하거나 거짓으로 밝힌 자
9. 제50조제7항을 위반하여 비용을 수신자에게 부담하도록 한 자
10. 제50조의5를 위반하여 이용자의 동의를 받지 아니하고 프로그램을 설치한 자
11. 제50조의7제1항을 위반하여 인터넷 홈페이지에 영리목적의 광고성 정보를 게시한 자
12. 제71조부터 제74조까지, 제1호부터 제11호까지 및 제2항의 위반행위를 하여 제64조제4항에 따른 행정안전부장관 또는 방송통신위원회의 시정조치 명령을 이행하지 아니한 자

② 다음 각 호의 어느 하나에 해당하는 자에게는 2천만원 이하의 과태료를 부과한다.
1. 제25조제2항(제67조에 따라 준용되는 경우를 포함한다)을 위반하여 이용자에게 개인정보 취급위탁에 관한 사항을 공개하지 아니하거나 알리지 아니한 자
2. 제26조제1항 및 제2항(제67조에 따라 준용되는 경우를 포함한다)을 위반하여 이용자에게 개인정보의 이전사실을 알리지 아니한 자
3. 제27조제1항(제67조에 따라 준용되는 경우를 포함한다)을 위반하여 개인정보 관리책임자를 지정하지 아니한 자
4. 제27조의2제1항(제67조에 따라 준용되는 경우를 포함한다)을 위반하여 개인정보 취급방침을 공개하지 아니한 자

③ 다음 각 호의 어느 하나에 해당하는 자에게는 1천만원 이하의 과태료를 부과한다.
1. 제20조제2항을 위반하여 전자문서를 보관하지 아니한 자
2. 제21조를 위반하여 전자문서를 공개한 자
2의2. 제23조의3제1항을 위반하여 본인확인기관의 지정을 받지 아니하고 본인확인업무를 한 자
2의3. 제23조의3제2항에 따른 본인확인업무의 휴지 또는 같은 조 제3항에 따른 본인확인업무의 폐지 사실을 이용자에게 통보하지 아니하거나 방송통신위원회에 신고하지 아니한 자
2의4. 제23조의4제1항에 따른 본인확인업무의 정지 및 지정취소 처분에도 불구하고 본인확인업무를 계속한 자
2의5. 제24조의2제3항(제67조에 따라 준용되는 경우를 포함한다)을 위반하여 제공 또는 취급위탁에 대한 동의를 받을 때 개인정보의 수집·이용에 대한 동의와 구분하여 받지 아니하거나 이에 동의하지 아니한 이유로 서비스 제공을 거부한 자
3. 제42조의3제1항을 위반하여 청소년 보호 책임자를 지정하지 아니한 자
4. 제43조를 위반하여 정보를 보관하지 아니한 자
5. 제46조제2항을 위반하여 보험에 가입하지 아니한 자
6. 제46조의3제1항을 위반하여 정보보호 안전진단을 받지 아니한 자

7. 제46조의3제2항을 위반하여 정보보호 안전진단의 결과를 제출하지 아니하거나 거짓으로 제출한 자
8. 제46조의3제5항에 따른 권고 내용 또는 처리 결과를 거짓으로 통보한 자
9. 제46조의3제6항에 따른 개선명령을 이행하지 아니한 자
10. 제47조의3제3항을 위반하여 소프트웨어 사용자에게 알리지 아니한 자
11. 제48조의2제4항에 따른 시정명령을 이행하지 아니한 자
12. 제48조의4제4항에 따른 사업장 출입 및 조사를 방해하거나 거부 또는 기피한 자
13. 제52조제6항을 위반하여 한국인터넷진흥원의 명칭을 사용한 자
14. 제53조제4항을 위반하여 사업의 휴지·폐지·해산의 신고를 아니한 자
15. 제56조제1항을 위반하여 약관을 신고하지 아니한 자
16. 제57조제2항을 위반하여 관리적 조치 또는 기술적 조치를 하지 아니한 자
17. 제58조제1항을 위반하여 통신과금서비스 이용일시 등을 통신과금서비스이용자에게 고지하지 아니한 자
18. 제58조제2항을 위반하여 통신과금서비스이용자가 구매·이용 내역을 확인할 수 있는 방법을 제공하지 아니하거나 통신과금서비스이용자의 제공 요청에 응하지 아니한 자
19. 제58조제3항을 위반하여 통신과금서비스이용자의 요청에 대한 처리 결과를 통신과금서비스이용자에게 알려 주지 아니한 자
20. 제58조제4항을 위반하여 통신과금서비스에 관한 기록을 보존하지 아니한 자
21. 제59조제2항을 위반하여 통신과금서비스이용자의 이의신청 및 권리구제를 위한 절차를 마련하지 아니한 자
22. 제64조제1항에 따른 관계 물품·서류 등을 제출하지 아니하거나 거짓으로 제출한 자
23. 제64조제2항에 따른 자료의 열람·제출요청에 따르지 아니한 자
24. 제64조제3항에 따른 출입·검사를 거부·방해 또는 기피한 자

④ 제1항부터 제3항까지의 과태료는 대통령령으로 정하는 바에 따라 행정안전부장관 또는 방송통신위원회가 부과·징수한다.

⑤ 제4항에 따른 과태료 처분에 불복하는 자는 그 처분을 고지받은 날부터 30일 이내에 행정안전부장관 또는 방송통신위원회에 이의를 제기할 수 있다.

⑥ 제4항에 따라 과태료 처분을 받은 자가 제5항에 따라 이의를 제기하면 행정안전부장관 또는 방송통신위원회는 지체 없이 관할 법원에 그 사실을 통보하여야 하며, 그 통보를 받은 관할 법원은 「비송사건절차법」에 따른 과태료 재판을 한다.

⑦ 제5항에 따른 기간에 이의를 제기하지 아니하고 과태료를 내지 아니하면 국세 체납처분의 예에 따라 징수한다.

제76조(과태료) ① 다음 각 호의 어느 하나에 해당하는 자와 제7호부터 제11호까지의 경우에 해당하는 행위를 하도록 한 자에게는 3천만원 이하의 과태료를 부과한다.

1. 제23조제2항(제67조에 따라 준용되는 경우를 포함한다)을 위반하여 서비스의 제공을 거부한 자
2. 제23조의2를 위반하여 필요한 조치를 하지 아니한 자
3. 제28조제1항제1호 및 제6호(제67조에 따라 준용되는 경우를 포함한다)에 따른 기술적·관리적 조치를 하지 아니한 자
4. 제29조 본문(제67조에 따라 준용되는 경우를 포함한다)을 위반하여 개인정보를 파기하지 아니한 자
5. 제30조제3항·제4항 및 제6항(제30조제7항, 제31조제3항 및 제67조에 따라 준용되는 경우를 포함한다)

을 위반하여 필요한 조치를 하지 아니한 자
6. 제44조의5제2항에 따른 방송통신위원회의 명령을 이행하지 아니한 자
7. 제50조제1항부터 제3항까지의 규정을 위반하여 영리 목적의 광고성 정보를 전송한 자
8. 제50조제4항 또는 제5항을 위반하여 광고성 정보를 전송할 때 밝혀야 하는 사항을 밝히지 아니하거나 거짓으로 밝힌 자
9. 제50조제7항을 위반하여 비용을 수신자에게 부담하도록 한 자
10. 제50조의5를 위반하여 이용자의 동의를 받지 아니하고 프로그램을 설치한 자
11. 제50조의7제1항을 위반하여 인터넷 홈페이지에 영리목적의 광고성 정보를 게시한 자
12. 제71조부터 제74조까지, 제1호부터 제11호까지 및 제2항의 위반행위를 하여 제64조제4항에 따른 방송통신위원회의 시정조치 명령을 이행하지 아니한 자

② 다음 각 호의 어느 하나에 해당하는 자에게는 2천만원 이하의 과태료를 부과한다.
1. 제25조제2항(제67조에 따라 준용되는 경우를 포함한다)을 위반하여 이용자에게 개인정보 취급위탁에 관한 사항을 공개하지 아니하거나 알리지 아니한 자
2. 제26조제1항 및 제2항(제67조에 따라 준용되는 경우를 포함한다)을 위반하여 이용자에게 개인정보의 이전사실을 알리지 아니한 자
3. 제27조제1항(제67조에 따라 준용되는 경우를 포함한다)을 위반하여 개인정보 관리책임자를 지정하지 아니한 자
4. 제27조의2제1항(제67조에 따라 준용되는 경우를 포함한다)을 위반하여 개인정보 취급방침을 공개하지 아니한 자

③ 다음 각 호의 어느 하나에 해당하는 자에게는 1천만원 이하의 과태료를 부과한다.
1. 제20조제2항을 위반하여 전자문서를 보관하지 아니한 자
2. 제21조를 위반하여 전자문서를 공개한 자
2의2. 제23조의3제1항을 위반하여 본인확인기관의 지정을 받지 아니하고 본인확인업무를 한 자
2의3. 제23조의3제2항에 따른 본인확인업무의 휴지 또는 같은 조 제3항에 따른 본인확인업무의 폐지 사실을 이용자에게 통보하지 아니하거나 방송통신위원회에 신고하지 아니한 자
2의4. 제23조의4제1항에 따른 본인확인업무의 정지 및 지정취소 처분에도 불구하고 본인확인업무를 계속한 자
2의5. 제24조의2제3항(제67조에 따라 준용되는 경우를 포함한다)을 위반하여 제공 또는 취급위탁에 대한 동의를 받을 때 개인정보의 수집·이용에 대한 동의와 구분하여 받지 아니하거나 이에 동의하지 아니한 이유로 서비스 제공을 거부한 자
3. 제42조의3제1항을 위반하여 청소년 보호 책임자를 지정하지 아니한 자
4. 제43조를 위반하여 정보를 보관하지 아니한 자
5. 제46조제2항을 위반하여 보험에 가입하지 아니한 자
6. 제46조의3제1항을 위반하여 정보보호 안전진단을 받지 아니한 자
7. 제46조의3제2항을 위반하여 정보보호 안전진단의 결과를 제출하지 아니하거나 거짓으로 제출한 자
8. 제46조의3제5항에 따른 권고 내용 또는 처리 결과를 거짓으로 통보한 자
9. 제46조의3제6항에 따른 개선명령을 이행하지 아니한 자
10. 제47조의3제3항을 위반하여 소프트웨어 사용자에게 알리지 아니한 자
11. 제48조의2제4항에 따른 시정명령을 이행하지 아니한 자

12. 제48조의4제4항에 따른 사업장 출입 및 조사를 방해하거나 거부 또는 기피한 자
13. 제52조제6항을 위반하여 한국인터넷진흥원의 명칭을 사용한 자
14. 제53조제4항을 위반하여 사업의 휴지·폐지·해산의 신고를 아니한 자
15. 제56조제1항을 위반하여 약관을 신고하지 아니한 자
16. 제57조제2항을 위반하여 관리적 조치 또는 기술적 조치를 하지 아니한 자
17. 제58조제1항을 위반하여 통신과금서비스 이용일시 등을 통신과금서비스이용자에게 고지하지 아니한 자
18. 제58조제2항을 위반하여 통신과금서비스이용자가 구매·이용 내역을 확인할 수 있는 방법을 제공하지 아니하거나 통신과금서비스이용자의 제공 요청에 응하지 아니한 자
19. 제58조제3항을 위반하여 통신과금서비스이용자의 요청에 대한 처리 결과를 통신과금서비스이용자에게 알려 주지 아니한 자
20. 제58조제4항을 위반하여 통신과금서비스에 관한 기록을 보존하지 아니한 자
21. 제59조제2항을 위반하여 통신과금서비스이용자의 이의신청 및 권리구제를 위한 절차를 마련하지 아니한 자
22. 제64조제1항에 따른 관계 물품·서류 등을 제출하지 아니하거나 거짓으로 제출한 자
23. 제64조제2항에 따른 자료의 열람·제출요청에 따르지 아니한 자
24. 제64조제3항에 따른 출입·검사를 거부·방해 또는 기피한 자

④ 제1항부터 제3항까지의 과태료는 대통령령으로 정하는 바에 따라 방송통신위원회가 부과·징수한다.

⑤ 제4항에 따른 과태료 처분에 불복하는 자는 그 처분을 고지받은 날부터 30일 이내에 방송통신위원회에 이의를 제기할 수 있다.

⑥ 제4항에 따라 과태료 처분을 받은 자가 제5항에 따라 이의를 제기하면 방송통신위원회는 지체 없이 관할 법원에 그 사실을 통보하여야 하며, 그 통보를 받은 관할 법원은 「비송사건절차법」에 따른 과태료 재판을 한다.

⑦ 제5항에 따른 기간에 이의를 제기하지 아니하고 과태료를 내지 아니하면 국세 체납처분의 예에 따라 징수한다.

부 칙

제1조(시행일) 이 법은 공포 후 3개월이 경과한 날부터 시행한다.

제2조(일반적 경과조치) 이 법 시행 당시 종전의 본인확인업무를 개발 · 제공한 본인확인기관의 행위는 그 본인확인기관이 이 법에 따른 지정을 받은 경우에 한하여 적법하게 본인확인업무를 개발 · 제공한 것으로 본다.

제3조(본인확인기관 지정에 관한 경과조치) 이 법 시행 당시 본인확인업무를 하는 자는 이 법 시행일부터 3개월 이내에 제23조의3제1항의 개정규정에 따라 방송통신위원회로부터 본인확인기관으로 지정받아야 한다.

참고문헌

- 강경훈·남재현 (2009), “주요국의 신용정보 공유제도와 개인신용정보 보호규제 비교 연구”, 『비교경제연구』, 제16권 1호, 47-101.
- 권영준·남재현·조민정 (2011), “개인신용평가에서의 비전통적정보의 경제적 효과”, 2011 경제학공동학술대회 발표자료.
- 금융감독원 (2001), 『국내 은행 종합리스크관리 체제 선진화』, Workshop 자료.
- 금융감독원 (2006), 『신용리스크 따라잡기』.
- 금융감독원 (2008), 『통합리스크 모범규준』.
- 금융감독원 (2011), “신용카드 시장 건전성 강화방안”, 보도자료.
- 금융감독원 (2011), “2010년도 신용평가회사의 신용평가실적 분석”, 보도자료.
- 기술보증기금 (2011), 『2011년도 기금업무 안내책자』.
- 기술보증기금 (2010), 『2010년도 연차보고서』.
- 김병연 (2002), “은행과 외부신용평가사의 등급간 매핑(mapping)”, 『은행경영브리프』, 11권 44호, 한국금융연구원.
- 김상봉·Philip Ji·조경준 (2011), “부도예측모형을 이용한 기업부실화의 원인분석”, 『시장경제연구』, 40권 1호, 85-106.
- 김영걸·박찬욱·김형수 (2009), 『CRM 고객관계관리 전략 원리와 응용 』, 사이텍미디어.
- 남수중 (2008), “중국 신용정보 공유제도의 발전과 시사점”, 국제금융센터 중국금융 연구포럼 발표자료.
- 남주하 (2011), “서민금융지원제도의 현황과 정책과제”, 2011 한국금융학회 정기학술대회 및 특별 정책심포지엄 발표자료.
- 박영상 (2006), “중국 신용정보관리제도 개황-개인신용정보를 중심으로”, 은행연합회 금융, 44-51.
- 박재석·신재용·김영규·신승철 (2001), 『우체국금융의 전자금융 활성화를 위한 데이터웨어하우스 구축에 관한 연구』, 정보통신정책연구원.
- 박찬일 (2005), 『라틴아메리카 주요국의 신용정보시장: PCR과 CB의 현황 및 법제도적 환경』, 전국은행연합회.
- 박찬일·남수중 (2009), “금융부문의 발전과 법·제도의 역할: 주요 선진국들의 신용정보공유제도 분석을 중심으로”, 『국제지역연구』, 13권 3호, 105-134.
- 서봉교 (2002), “중국 신용카드 시장의 잠재력에 주목하라”, LG경제연구원 주간경제.
- 서봉교 (2010), “중국과 한국의 개인 신용정보제도 비교와 중국 신용카드 시장에 대한 시사점”, 『현대중국연구』, 제11집 2호, 91-122.
- 신용보증기금 (2010), “보증시장 최근동향과 정책적 시사점”, 『코딧리포트』, 2010-3호.
- 유정각·송주민 (2011), “개인정보 유출 관련 판례 및 금융권 시사점”, 『조사연구』, 금융결제원,
- 이명식·김정인 (2007), 『개인 신용평점제도』, 서울출판미디어.
- 이병윤 (2004), “신용위험평가 방법의 현황 및 전망”, 『은행경영브리프』, 한국금융연구원.
- 이인호·강경훈 (2010), “PCR과 민간 CB의 상생적 발전 방안”, 『조사연구 Review』, 29호, 금융감독원.
- 이종욱·남주하·오승현·김정렬·노용환·김상봉 (2009), 『중소기업금융의 시장실패와 정책적 보완』, 중소기업진흥공단.
- 이창영 (2009), 『중국의 금융제도』, 4장 신용정보제도, 한국금융연수원.
- 이현식 (2008), “한·미 FTA 체결에 따른 저축은행의 성장전략 모색”, 『통상정보연구』, 제10권 제3호, 2008, 265-290.

- 전승수(2001), “신용카드 CRM도입과 활용에 관한 연구 : CRM 적용사례 중심으로”, 단국대학교 경영대학원.
- 정찬우, (2010), 『서민금융정책의 방향』, 한국금융연구원.
- 정형권 (2005), “개인신용정보 공유 방안에 관한 연구”, 『금융경제연구』, 제216호.
- 전국은행연합회, (2011), 『신용정보 관리규약』.
- 조태현 (1997), 『금융마케팅전략론』.
- 중소기업연구원 (2007), 『신용보증의 성과분석과 발전방안』, 삼영사.
- 최동원(2006), 『한국형 신용카드 마케팅』, 고려원북스.
- Altman, E. I. (1968), "Financial Ratios, Discriminant Analysis and the Prediction of Corporate Bankruptcy," *Journal of Finance*, Vol.23, 189-209.
- Altman, E. I., R. G. Haldeman, and P. Narayanan (1977), "ZETA Analysis: A New Model to Identify Bankruptcy Risk of Corporations," *Journal of Banking and Finance*, Vol.1, 29-54.
- Altman, E. I. and R. Haldeman (1995), "Corporate Credit-Scoring Models: Approaches and Tests for Successful Implementation," *Journal of Commercial Lending*, Vol.77, 10-22.
- Asako, K. and Y. Uchino (1987), "Bank Loan Market of Japan-A New View on the Disequilibrium Analysis", *BOJ Monetary and Economic Studies*, 169-215.
- Bessis, J. (2002), 『Risk Management in Banking』, 2nd ed. John Wiley & Sons Ltd, England.
- Capon, N. (1982), "Credit Scoring System : A Critical Analysis", *Journal of Marketing*, Vol.46, 82-91.
- Carey, M. and M. Hrycay(2001), "Parameterizing Credit Risk Models with Rating Data," *Journal of Banking & Finance*, Vol.25, 197-270.
- Chatterjee, S. and S. Barcum(1970), "A Nonparametric Approach to Credit Screening," *Journal of American Statistical Association*, Vol.65, 150-154.
- Cheney, J. S. (2008), "Alternative Data and Its Use in Credit Scoring Thin- and No-File Consumers", Discussion Paper Payment Cards Center, Federal Reserve Bank of Philadelphia, February 2008.
- Churchill, G. A. Jr., J. R Nevin, and R. R. Watson (1977), "Developing a Credit Scoring System," *The Credit World*, April, 6-10.
- Cremer, R. E. (1972), "Consumer Credit Program Key to Montgomery Ward's Growth," *Direct Marketing*, September, 40-50.
- Crouhy, M., D. Galai, and R. Mark (1999), 『Risk Managment』, McGraw-Hill.
- Duffy, W. (1977), "The Credit Scoring Movement," *Credit*, September, 28-30.
- Durand, D. (1941), "Risk Elements in Consumer Installment Financing, Financial Research Program, Studies in Consumer Installment Financing," 8, NBER New York.
- Eisenbeis, R. A. (1978), "Problems in Applying Discriminant Analysis in Credit Scoring Model," *Journal of Banking and Finance*, Vol.2, 205～219.
- Gradstrom, J. (1996), "Seven Characteristics of an Effective Credit Risk Management System and How to Test for Them," *The Journal of Lending and Credit Risk Management*, December, 55-60.
- Jaffee, D. (1989), 『Money, Banking and Credit』, Worth Publishes.
- Jappelli, T. and M. Pagano (2002), "Information Sharing, Lending and Default: Cross-country Evidence", *Journal of Banking and Finance*, Vol.26, 2017-2045.

■ Kealhofer, S., and J. Bohn (2001), 『Portfolio Management of Default Risk』, Moody's KMV.

■ Krzanowski, W. J (1975), "Discrimination and Classification Using Both Binary and Continuous Variables", *Journal of American Statistical Association*, Vol.70, 782-790.

■ La Porta, R., F. Lopez-de-Silanes, and A. Shleifer (2002), "Government Ownership of Banks", *Journal of Finance*, Vol.57, 265-301.

■ Lee, A, M. Turner, R Varghewe, and P. Walker (2008), "You Score, You Win The Consequences of Giving Credit Where Credit is Due", PERC.

■ Leonard, K. L. (1995), "The Development of Credit Scoring Quality Measures for Consumer Credit Applications," International Journal of Quality and Reliability Management, Vol.12, 79-85.

■ Long, M. S. (1976), "Credit Screening System Selection," *Journal of Financial and Quantitative Analysis*, Vol.11, 313~28.

■ Merton, R. C. (1974), "On the Pricing of Corporate Debt: The Risk Structure of Interest Rates", *Journal of Finance*, Vol.29, 449-470.

■ Miller, Barry(1994), "Cause-and-Effect Ratio Analysis Adds Decision-Making Value to Credit Scoring Models," *Business Credit*, February, 27-29.

■ Myers, J. H. and E. W. Forgy (1962), "The Development of Numerical Credit Evaluation Systems," *Journal of American Statistical Association*, Vol.58, 799-806.

■ Turner, M. A. and A. Agarwal (2008), "Using non-traditional date for underwriting loans to thin-file borrowers: Evidence, tips and precautions," *Journal of Risk Management in Financial Institutions*, Vol.1, No.2.

■ Padilla, A. J. and T. Jappelli (2000), "Sharing Default Information as a Borrower Discipline Device", *European Economic Review*, Vol.44, 1951-1980.

■ Political and Economic Research Council & The Brookings Institution Urban Market Initiative (2006), "Give Credit Where Credit Is Due".

■ Stiglitz, J. and A. Weiss (1981), "Credit Rationing in Markets with Imperfect Information", *American Economic Review*, Vol.71, No.3, 393-410.

■ Weingartner, H. M. (1996), "Concepts and Utilization of Credit Scoring Techniques," *Banking*, Vol.58, 51-53.

■ Wolbers, H. L(1949), "The Use of the Biographical Data Blank in Predicting Good and Potentially Poor Credit Risks," *Journal of American Statistical Association*, 628-635.

저자약력

김상봉

(현) 단국대학교 경영대학원 신용카드학과 교수
(현) 한성대학교 경제학과 교수
(현) 민간금융위원회 위원
(현) 글로벌금융연구소 소장

김정렬

(현) 한성대학교 경제학과 교수
(현) 민간금융위원회 위원

박덕배

(현) 단국대학교 경영대학원 신용카드학과 교수
(현) 현대경제연구원 전문연구위원

손영범

(현) 단국대학교 경영대학원 신용카드학과 교수
(현) 신용카드연구소 부소장

심현섭

(현) 전국은행연합회 신용정보부 부장

이보우

(현) 단국대학교 경영대학원 신용카드학과 교수
(현) 신용카드연구소 소장

전인구

(현) PJSS 대표이사

조경준

(현) NH카드
(현) 글로벌금융연구소 대표이사

신용정보의 이해와 활용
Understanding Credit Information

발 행 일: 2011년 11월 28일 초판 인쇄
저　　자: 김상봉 · 김정렬 · 박덕배 · 손영범 ·
심현섭 · 이보우 · 전인구 · 조경준

발 행 처: (주)지필미디어
발 행 인: 고 현 희
등록번호: 제 312-1997-000043호 (1997년 07월 16일)
주　　소: 서울시 서대문구 미근동 72-3호
전　　화: (02) 362-4504
팩　　스: (02) 393-4509
이 메 일: book@jiphil.co.kr
홈페이지: www.jiphil.co.kr
ISBN: 978-89-964908-0-7 (93320)

편　　집: 우일미디어
인　　쇄: 성신프린팅

가격 28,000원